이 주석은 난해한 상징과 생소한 이미지라는 일곱 인으로 봉인된 듯한 요한계시록에서 그 인들을 하나씩 떼어내어 성경 본문의 의미를 밝게 조명해주는 책이다. 비일의 가장 탁월한 점은 요한계시록 본문을 구약의 빛으로 해석하는 능력이다. 그의 주석은 구약의 원문맥의 의미를 염두에 두고 난해한 본문을 읽어낸다. 그 결과 요한계시록의 단호한 메시지로 허약하고 부실한 교회와 성도들이 타협하지 않는 순교자적 신앙과 미혹에 대한 영적 분별력을 갖도록 무장시켜준다. 요한계시록에 대한 무천년적 해석과 상징적 해석의 정수를 알고 싶다면 이 주석을 반드시 옆에 두고 읽어야 한다.

김경식
웨스트민스터신학대학원대학교 신약학 교수

요한계시록에 대한 연구는 여러 가지 이유로 항상 쉽지 않은데, 특히 한국 신학계에서도 여전히 많이 다뤄지지 않은 분야다. 이런 맥락에서 미국 웨스트민스터신학교의 G. K. 비일 박사가 집필한 탁월한 주석이 우리말로 번역되어 소개된 것은 진심으로 기뻐해야 할 일이다. 아무쪼록 이 책이 널리 알려지고 읽혀서 어렵게만 생각되는 요한계시록이 한국 독자들에게 좀 더 가까이 다가가는 계기가 될 수 있기를 기대한다.

김경진
백석대학교 기독교전문대학원장

주석에는 설교를 위한 단순한 주해집 성격의 주석과 고도의 학문성을 추구하는 학자들을 위한 주석이 있다. 본 주석은 고도의 학문성을 추구하면서도 비교적 읽기 쉽게 쓰여 성경학자, 목회자, 신학자 모두가 사용할 수 있는 책이다. 본 주석은 요한계시록의 개론적 문제와 각 구절에 대한 상세한 주해 및 후속 연구를 위한 자세한 참고문헌을 포함하고 있어 요한계시록에 대한 백과사전이라 할 만하다. 요한계시록을 이해하려는 사람과 그 본문으로 설교하려는 사람 모두에게 필독서로 권한다.

김동수
평택대학교 신약학 교수

요한계시록의 세계적 거장인 그레고리 비일의 대작이 한국어로 번역되어 출간된 것을 대단히 기쁘게 생각한다. 무엇보다도 번역자의 노고에 경의를 표하지 않을 수 없다. 원작이 너무나 방대하고 세밀하여 이 책을 번역하는 것은 전문적 지식과 엄청난 인내를 요구한다. 비일의 주석은 참으로 오랜 인고의 세월을 거쳐서 빚어졌다. 비일은 그리스어 원문을 철저하게 분석한다. 원문 해석에 충실하고자 고심한 노력이 돋보인다. 무엇보다도 비일은 요한계시록의 구약 인용에 있어서 타의 추종을 불허하는 탁월한 업적을 남겼다. 더욱이 신구약 전체에 대한 깊은 성경신학적 안목이 충실하게 반영되어 있어 설교의 기반을 든든하게 놓아줄 것이다.

김추성

합동신학대학원 신약학 교수

비일은 "요한계시록이 미래학에 관한 것일 뿐만 아니라, 교회의 사상을 위한 구속사적이며 신학적인 심리학"임을 주장한다. 이 책은 방대한 연구사를 섭렵한 후, 헨드릭슨과 케어드, 그리고 윌콕스의 해석 전통에 따라 요한계시록의 신학적 메시지를 성실하고 풍요롭게 풀어놓는다. 요한계시록을 이용하여 속이려는 자들의 입을 막고, 그 안에 담긴 진리를 알리는 사람들에게 이 주석은 샘솟는 영감과 인식의 저장고가 되어준다. 현재 우리말로 기록된 요한계시록 서적 가운데 이것을 뛰어넘는 것이 없다.

김학철

연세대학교 학부대학 교수

G. K. 비일은 구약이 천명한 종말이 그리스도의 사건과 함께 근본적으로 시작되었다는 "시작된 종말론"과 "새 창조를 근간으로 하는 하나님 나라"를 핵심요소로 하는 성경신학적 관점을 견지하는 성경신학자다. 그뿐 아니라 비일은 성경 본문을 책-내 본문성(intra-textuality)과 특히 "신구약 사이의 책-간 본문성"(inter-textuality)에 천착하여 신학적으로는 건전하며 석의적인 관점에서는 철저하게 성경을 해석하는 탁월한 성경해석자다. 비일의 이러한 성경신학적 관점과 책-내 및 책-간 본문 연구가 생생한 예증적인 형태로 드러난 주석이 이번 새물결플러스를 통해 출판된 『NIGTC 요한계시록』이다. 이 책은 추천자 본인도 즐겨 읽는 책으로서 요한계시록을 바른 성경신학적 관점에서 그리고 바른 책-내 및 책-간 연구라는 측면에서 읽고 해석하기를 원하는 학자, 신학생 그리고 목회자에게 매우 유익한 주석이다.

류호영
백석대학교 신약학 교수

이 책은 비일 교수가 심혈을 기울여 완성한 요한계시록 주석서의 번역으로 몇 가지 의미에서 가치가 있다. 첫째는 저자가 그리스어 본문을 회피하지 않고 그것을 통해서 주석을 쓰고 있다는 점이다. 둘째로 저자는 역사적이고 신학적인 통찰을 통해 이 글을 쓰고 있어 독자로 하여금 시대사적인 언어와 신학을 잘 파악하도록 돕는다. 요한계시록을 관통하고 있는 종말이라는 주제가 과거와 현재를 거쳐 미래에까지 어떻게 이해되어야 하는지를 생각하게 하는 책으로서, 지금 시대를 살아가는 신앙인들에게 매우 의미 있는 사색의 시간을 선물하리라 의심치 않는다.

박두환
나사렛대학교 신학과 교수

비일 교수의 요한계시록 주석이 1999년에 NIGTC 시리즈로 출판된 이래, 추천자는 지금까지 이 책을 안심하고 활용하고 있다. 이 주석의 많은 장점 중 하나는 1993년에 출판된 리처드 보컴의『예언의 절정』과『요한계시록의 신학』못지않은 신학적 메시지를 많이 포함하고 있다는 점이다. 참고문헌에서 확인할 수 있는 방대한 자료와 10년 이상 씨름한 비일 교수와 전문 번역가이신 오광만 교수의 노고에 깊은 감사를 드린다. 오늘날 요한계시록의 최고 전문가인 J. A. 두란트 교수, 케네스 젠트리 Jr. 박사, 스티브 모이즈 교수의 연구서와 더불어 이 주석을 읽는다면 시너지 효과를 통해서 더 균형 잡힌 해석에 도달할 것이다.

송영목
고신대학교 신학과 교수

20년 가까이 고대해왔던 비일의『NIGTC 요한계시록』의 번역본이 드디어 출간되었다. 비일은 이미 한국교회에『성전 신학』등으로 소개된 훌륭한 신약학자다. 그는 특히 "요한계시록의 구약 사용"에 특별한 관심을 가져온 이 분야의 전문가다. 그러한 그가 요한계시록을 해석하는 데 있어서 구약 배경에 특별한 관심을 기울이는 것은 당연히 기대되는 바다. 하지만 그는 1세기 당시의 정치, 경제, 종교, 문화 상황도 간과하지 않는다. 그는 학자들의 다양한 견해를 균형 있게 섭렵하면서도, 자신의 입장을 선명하게 견지해나간다. 요한계시록에 대한 온갖 그릇된 해석들로 몸살을 앓고 있는 한국교회에 참으로 선명하고 건전한 요한계시록 주석이 시의적절하게 출간되어 이루 말할 수 없이 기쁘다.

양용의
에스라성경대학원대학교 신약학 교수

요한계시록 본문을 꼼꼼히 분석하여 명쾌하게 이해시키는 이 주석은 한마디로 경이적이다. 유대교와 구약성경의 전승을 관통하며 거대한 상호본문의 경계를 자유롭게 활보하는 G. K. 비일의 해석에 탄복할 수밖에 없다. 저자는 묵시문학의 모호성에 함몰되지 않고 역사와 신앙의 차원에서 요한계시록의 심층구조를 파헤쳐, 로마 제국의 위협에 굴복하거나 우상숭배의 미혹에 유린당할 위기에 처한 교회에게, 오염된 세상에서 그리스도를 담대하게 증언하라고 독려하는 요한계시록의 의도를 적확하게 짚는다. 저자의 이러한 독법은 성경연구자를 매료시켜 상징과 환상의 심연에서 1세기 그리스도인들이 보여주는 영성과 경건의 진면목을 확인시킨다.

윤철원
서울신학대학교 신학대학원 신약학 교수

이 책은 특히 세 가지 점에서 유익하다. 첫째, 신약의 구약 사용과 관련하여 탁월한 저작들을 남긴 저자가 요한계시록의 구약 인용을 구약의 문맥에서 해석해야 함을 보여준다. 둘째, 서론 부분에서 요한계시록의 주요한 논점들을 균형 있게 정리하고 자신의 주장을 설득력 있게 제시한다. 셋째, 원어를 아는 사람들은 그의 꼼꼼한 주해와 방대한 참고문헌에 감탄할 것이다. 이 책은 최근에 나온 요한계시록 주석들 속에서 가장 탁월한 책 중 하나로 신학생과 목회자에게 그리고 전문적인 지식을 가진 일반인들에게까지 큰 유익을 줄 것이다.

이상일
총신대학교 신약학 교수

비일 박사의 요한계시록 주석이 한글로 번역되다니 참으로 경이로운 일이 아닐수 없다. 한국교회의 요한계시록 이해가 한층 더 성숙해질 것이라는 사실을 의심하지 않는다. 비일 박사는 요한계시록을 해석하는 데 있어서 방대한 양의 구약과유대문헌 자료를 배경으로 사용한다. 이러한 방식의 요한계시록 해석은 그 해석의 신뢰성을 보장한다. 이것은 요한계시록을 지나치게 현재에 일어나는 사건과관련해서 해석하는 작금의 전천년설과 연루되는 세대주의적 경향에 쐐기를 박는다. 특별히 예수님의 십자가 사건을 중심으로 "이미 시작된 종말"에 대한 그의 강조는 지나치게 예수님의 재림을 중심으로 요한계시록을 해석하는 전통적 입장의불균형을 해소시키는 데 매우 효과적이다.

이필찬

이필찬 요한계시록연구소 소장

G. K. 비일의 『NIGTC 요한계시록』이 새물결플러스에서 출간된 것을 매우 기쁘게 생각한다. 이 책은 학문적인 주석 시리즈인 NIGTC 가운데 한 권으로 역사비평과 언어학에 근거하여 그리스어 본문을 자세히 다루며 석의하기에 요한계시록의 본문 및 신학적 이해를 더욱 풍성하게 해준다. 특히 이 주석의 장점은 본문을한 절씩 깊이 있게 석의하면서 본문의 배경과 상징의 사용을 구약성경과 세밀하게 연결시켜 설득력 있게 해설한 점이다. 저자는 구약성경의 신약 사용에 대한 전문가로서 그 전문성을 이 주석에서도 유감없이 드러내고 있다. 그뿐 아니라 저자는 유대교의 해석 전통과 묵시문학의 배경 및 당시의 역사적 맥락 속에서 본문을석의하고 있어서 요한계시록을 연구하는 독자들을 설득시키기에 충분하다. 요한계시록의 잘못된 해석과 가르침으로 혼란하고 혼탁한 한국교회에 새로운 말씀의기운을 불어넣으리라 기대하면서 모든 목회자와 신학생들에게 일독을 권한다.

조석민

에스라성경대학원대학교 신약학 교수

"좋은 주석"의 기준이 무엇일까? 고든 피와 더글라스 스튜어트에 따르면 "어려운 구절"을 해석하기 위한 충분한 정보와 의문에 대한 대답을 제공하는 주석, 그리고 해당 구절에 대해 여러 가지 해석의 가능성을 설명하는 주석이다. "어려운 구절"들로 가득 찬 요한계시록을 읽을 때 우리는 더욱 그런 좋은 주석을 필요로 한다. 정밀하고 정확하기로 소문난 NIGTC 시리즈, 그중에서도 비일의 요한계시록 주석은 단연 돋보인다. 비일은 논란과 견해가 분분한 배경과 구조의 문제를 명쾌하게 다룰 뿐 아니라, 자신의 주특기인 신약에서의 구약 사용에 대한 식견을 활용하여 요한계시록의 상징적 본문들을 풍성하게 풀어낸다.

조재천

햇불트리니티신학대학원대학교 신약학 교수

1999년 이후 서구권 목회자의 서재에 요한계시록 관련 도서 넘버원으로 자리 잡은 책을 꼽으라면 G. K. 비일의 요한계시록 주석일 것이다. 한국 독자들의 손에 이 책이 이제야 들려질 수 있다니 환영하고 축하할 일이다. 요한계시록 지형도를 파악하는 데 이처럼 능숙하고 편리한 역사-문학-신학적 내비게이션도 흔치 않다. 요한계시록의 구약 인용과 암시 본문들을 유대교 전통 안에서 치열하게 문맥적으로 접근하여 요한계시록 이해와 해석의 청사진을 제시하는 독법이야말로 이 주석의 백미다. 깔끔한 한복으로 갈아입은 것처럼 완성도 높은 "한글 주석"의 새 옷을 입고 비일의 주석이 우리 곁에 찾아온 것도, 이 가을에 한국교회와 신학교와 성도에게 소중한 선물이 아닐 수 없다.

허주

아세아연합신학대학교 신약학 교수

오래 기다려왔던 이 주석은 기막힌 성취로서 앞으로 요한계시록을 연구하는 데 매우 유용한 지침과 자료를 제공할 것이다. 비일이 특히 강조하는, 구약과 유대교 주석 전통을 가지고 본문을 해석하는 방법은 요한계시록 본문 자체가 요청하는 것이며, 신학적으로 심오한 이 본문을 신학적으로 성찰하려는 태도는 매우 반가운 일이다.

리처드 보컴
케임브리지 대학교 명예교수

비일은 요한계시록을 해석하는 데 있어 학계가 참고해야 할 장서에 탁월한 이바지를 했다. 이 저서는 책임감 있는 요한계시록 연구의 기준이 될 것이다.

M. 유진 보링
텍사스 기독교대학교 브라이트 신학교 신약학 명예교수

이 책은 믿을 수 없을 정도로 깊이 있는 연구서이며 성경에서 가장 어려운 책 중 하나에 대한 권위 있는 주석이다. 요한계시록에 있는 구약 암시를 더 깊게 살펴보거나 이상주의적 견해를 더 잘 보여준 책은 지금까지 없었다. 앞으로 이 저작은 요한계시록을 연구하는 모든 학자와 학생에게 필수 참고서가 될 것이다.

그랜트 오스본
트리니티 복음주의신학교 신약학 교수

요한계시록과 계시록의 유대교 배경 연구에서 비일에 필적할 만한 사람은 없다. 그의 저작은 본문과 비평적인 문제를 자세히 살펴보기 원하는 학자 및 학생들과, 요한계시록이 그 자체로 어떤 의미를 가졌었는지(그리고 오늘날엔 어떤 의미인지) 알아보기 원하는 목회자와 일반 독자에게 매우 유용할 것이다.

고(故) J. P. M. 스위트
케임브리지 대학교 신약학 교수

THE BOOK OF REVELATION

A Commentary on the Greek Text

G. K. Beale

NIGTC 요한계시록 (상권)

그레고리 K. 비일 지음 | 오광만 옮김

Holy
WavePlus

한나, 스티브, 낸시,

그리고 특별히 도린다에게

이 책을 바칩니다.

∽ 상권 ∽

서론 / 43

요한계시록의 저작 시기 / 46

요한계시록의 신학과 목표 / 303

주석 / 315

1:1-20: 서언 / 316

2:1-3:22: 일곱 교회에게 보내는 편지들: 그리스도는 교회에게 증언하라고 격려하시고, 타협을 경고하시며, 영생을 상속받기 위해 듣고 타협을 이기고 승리하라고 권하신다. / 384

15:5-16:21: 일곱 대접 심판: 하나님은 초림과 재림 기간에 불경건한 자들이 박해하고 우상을 숭배한 까닭에 그들을 징벌하시며, 마지막 날에 완전히 심판하신다. / 1342

17:1-19:21: 바벨론과 짐승이 받을 최후의 심판 / 1416

20:1-15: 천 년 통치는 교회 시대 동안 시작되었다. 하나님은 사탄의 속이는 능력을 제한하시고 죽임을 당한 그리스도인들을 하늘에서 왕 노릇 하게 하심으로써 그들을 신원하신다. 천 년 통치는 사탄이 교회를 속이는 활동을 다시 시작함과 최후의 심판으로써 마친다. / 1621

- 천 년 통치는 교회 시대 동안 만국을 속이고 교회를 멸하려는 사탄의 능력을 하나님이 축소하시고, 신자들의 영혼을 부활시켜 하늘에서 그리스도와 함께 왕 노릇 하게 하시는 것으로 시작된다(20:1-6) 1621

  └ 20:1-6과 19:11-21을 비연속적이며 시간적인 관계로 보는 논증 / 추기 1624

  └ 20:4-6의 이러한 분석을 지지하는 또 다른 관찰들 / 추기 1676

  └ "천 년"이 문자적인가? 아니면 비유적인가? / 추기 1693

- 사탄은 만국을 다시 미혹하기 위해 놓임을 받을 것이며, 만국은 교회를 없애려 할 것이다(20:7-10) 1700

- 우주 역사의 끝에 최후의 심판이 있을 것이다: 모든 사람은 다시 살아나 자기 행위대로 심판을 받으며, 죄인은 영원한 형벌에 들어갈 것이다 (20:11-15) 1717

21:1-22:5: 새 창조와 완전히 영광스럽게 된 교회 / 1728

- 새 창조에서 충성된 자들은 하나님과 긴밀한 교제라는 구원의 복을 경험할 것이다. 그러나 불충성한 자들은 이 복을 받지 못할 것이다(21:1-8) 1728

  └ 21:1b의 "바다도 다시 있지 않더라"와 병행인 21:4b의 배경에 대한 자세한 논의 / 추기 1746

  └ 21:4의 사본상의 문제 / 추기 1748

- 거룩한 성의 첫 모습: 하나님의 영광스러운 임재로 구속함을 받은 사람들의 침범할 수 없고 완전한 공동체가 세워진다(21:9-14) 1766

- 성 측량: 하나님의 영원한 임재는 구속함을 받은 공동체의 완전한 안전을 보장하고 보증한다(21:15-17) 1780

- 성의 재료: 하나님의 영원한 임재는 구속함을 받은 공동체의 완전한 안전을 보장하며, 그 공동체가 하나님의 영광을 반영하도록 한다(21:18-21) 1792

  └ 보석의 배경 / 추기 1794

- 그 성의 내부 모습과 거주민들: 하나님과 어린 양의 영광스러운 임재로 인해 참 신자들은 찬송한다. 하지만 거짓 신자들은 하나님의 임재에서 영원히 쫓겨날 것이다(21:22-27) 1810

- 그 성의 정원과 강과 주민과 광원: 그의 백성과 함께하시는 하나님의 영광스럽고 극치에 도달한 임재로 저주가 영원히 없을 것이며 그의 백성은 하나님의 영광을 찬송하고 반영하면서 영원한 제사장과 왕의 역할을 보장받는다 (22:1-5) 1831

  └ 21:1-22:5의 환상의 목적과 수사적 기능 / 추기 1855

22:6-21: 에필로그 / 1862

- 거룩하라는 첫 번째 권면(22:6-7) 1864
- 거룩하라는 두 번째 권면(22:8-10) 1871
- 거룩하라는 세 번째 권면(22:11-12) 1876
- 거룩하라는 네 번째 권면(22:13-17) 1888
- 거룩하라는 다섯 번째 권면(22:18-20) 1907
- 22:6-20과 요한계시록 전체의 결론(22:21) 1917

편집자 서문

근래 영어 신약성경 본문을 근거로 한 일련의 주석들이 많이 출간되었다. 하지만 특별히 그리스어 본문을 연구하는 학생들의 필요를 충족시키려고 시도한 주석은 그리 많지 않다. 새 국제 그리스어 성경 주석(*New International Greek Testament Commentary*, 약어로 *NIGTC*)의 출판을 통해 이러한 간격을 채워주려는 현재의 계획은 이 시리즈의 첫 편집자들 중 한 사람이었던 워드 가스크(W. Ward Gasque) 박사의 비전으로 이루어졌다. (현재의 편집자들은 가스크 박사가 여러 외부 중압감으로 편집자 직에서 부득이 사임하기까지 이 주석 시리즈의 체계를 세우고 연속해서 주석을 출판하는 일에 기여한 그의 사역을 높이 사고 있다). 많은 신학교에서 그리스어 과목을 축소시키고 있을 때, 우리는 편집자로서 *NIGTC*가 그리스어 신약성경을 지속적으로 연구하는 일의 가치를 입증하고, 이러한 연구에 자극제가 되기를 소망한다.

*NIGTC*의 주석들은 방대한 규모의 비평 주석보다는 덜 전문적인 내용을 원하는 학생들을 위한 것이다. 동시에 이 주석들은 현대의 학문적 업적들과 교류하면서 신약 연구에 공헌한 그 연구들의 학문적 업적을 반영하려고 노력했다. 학술논문과 학위논문 등에 나타난 신약성경과 관련한 심도 깊은 연구들이 끊임없이 풍성하게 나오고 있는 마당에 이 시리즈물은 그 연구결과를 잘 반영하여 독자들이 쉽게 접근할 수 있는 형태로 만들었다. 그러므로 이 시리즈에 속한 주석에는 완전하지는 않지만 그럼에도 충분한 참고문헌들이 포함되었으며, 주석들마다 신약성경 본문에서 제기되는 역사와 주석과 해석의 모든 중요한 문제를 다루려고 시도했다.

최근 학계가 얻은 것 중 하나는 신약성경의 여러 책에 신학적 특성이 있음을 인정한 것을 꼽을 수 있다. *NIGTC*에 속한 주석들은 역사비평과 언어학적 석의에 근거하여 본문에 대한 신학적 이해를 제공하려고 애썼다. 본문을 어떻게 설명해야 하는지 제시하려는 바람이 어느 정도 있기는 하지만, 본문을 현대 독자들에게 적용하고 설명하는 것이 이 주석의 주요 목표는 아니다.

무엇보다도 특정 작업을 하기에 적합한 전문적 자질을 고려하다 보니 집필진이 다양한 국적을 가진 학자들로 구성되지는 않았지만, 영어권 안에서 국제적 성격을 지니는 것이 이 시리즈의 목표다.

이 시리즈의 일차 목표는 하나님의 말씀 사역에 종사하는 사람들을 섬김으로써 하나님께 영광을 돌리는 데 있다. 이 주석이 이러한 사역에 도움이 되길 기도한다.

하워드 마셜(I. Howard Marshall)

도널드 해그너(Donald A. Hagner)

저자 서문

1987년 내가 이 주석을 집필하기 시작할 즈음, 과거에 요한계시록 주석을 집필한 몇몇 저자들이 놀라움을 표현한 내용을 읽었다. 이 막대한 작업을 완수할 수 있었다는 것이 그저 놀라울 따름이었다는 내용이었다. 마틴 키들(Martin Kiddle)이 요한계시록 주석 작업에 착수할 무렵, 제임스 모팻(James Moffatt)이 키들에게 이렇게 말했다고 한다. "요한계시록 주석을 쓰는 작업이 얼마나 힘든 일인지는 아무도 몰라. 그것을 해보기 전까지는 말이지." 나는 원래 이 주석 시리즈의 베드로후서와 유다서 주석을 쓰려고 계획했었다. 그런데 요한계시록 주석을 집필하기로 되어 있던 분이 작업을 고사하는 바람에 요한계시록 주석 집필이 내게 맡겨졌다. 베드로후서 대신 요한계시록 주석을 집필하기로 한 것은 중대한 결정이었다. 요한계시록은 베드로후서와 유다서를 합한 것보다도 열여덟 장이 더 많다. 걱정이 태산 같았지만 마음을 바꿔 먹기로 결정한 데는 이유가 있다. 나는 이미 요한계시록에 나타난 구약성경 사용에 관한 연구 몇 가지를 수행했고, 구약성경 사용 문제가 요한계시록을 이해하는 데 열쇠가 된다고 믿고 있었다. 그 당시 나는 이러한 관점으로 요한계시록을 철저하게 연구한 사람이 없다고 생각했다.

요한계시록 주석의 초고를 만드는 데 7년이 걸렸다. 8년째에 나는 초고를 교정했고, 지난 7년 동안 출판된 이차 자료들을 가지고 내용을 갱신했다. 1995년 가을학기에 최종 원고를 출판사로 넘겼다. 따라서 그 후에 출판된 방대한 양의 이차 자료는 이 주석에 반영할 기회가 없었다. 심지어 데이비드 아우니(David Aune)의 WBC 요한계시록 주석의 1권마저 이 주석에 반영하지 못했다(내가 이 책 서문을 쓰고 있는 시기에도 아우니의 주석 2, 3권은 아직 출간되지 않았다).

내가 주석 작업에 착수하자 사람들이 종종 내게 정말 또 다른 주석을 써야 할 필요가 있느냐고 질문했다. 요한계시록의 경우 나는 다음과 같은 내용이 담긴 주석이 여전히 필요하다고 믿는다. (1) 이전에 수행했던 것보다도 예리한 방법으로 구약의 암시를 연구함. (2) 이 동일한 구약 본문의 암시를 유대교 주석 전통은 어떻게 해석했으며, 그러한 해석이 요한계시록의 구약 사용과 어떻게 관계되는지를 연구함. (3) 요한계시록에서 주석적 논증을 좀 더 자세하게 추적함. 묵시문학이 지닌 모호성 때문에 이 작업이 무척 어렵다고 말하는 사람들이 간혹 있다. (4) 20세기 초에 출간된 찰스(Charles)와 스위트(Swete)의 기념비적인 주석을 비롯하여 그동안 출판된 방대한 양의 이차 자료들과 소통함.

이 4가지 목표를 정말 성공적으로 완수했는지, 또 어느 정도 완수했는지를 판단하는 것은 독자들의 몫이다. 내가 요한계시록 주석을 쓰려고 한 것은 교수와 목회자, 신학생 그리고 그밖에 교회의 유익을 위해 요한계시록을 진지하게 연구하고자 하는 여러 독자에게 도움이 되는 요한계시록 해석을 제공하려는 데 있다. 이 주석에서 요한계시록 본문은 그리스어를 그대로 사용했다. 하지만 그리스어를 능숙하게 하지 못하는 독자들이라도 이 주석을 읽을 때 유익을 얻게 하려고 그리스어 단어나 어구 뒤에 괄호로 영어 번역을 제공했다(한글 번역은 저자가 사역하여 강조한 곳을 제외하고는 개역개정의 번역을 따른다—역주).

나는 신학교 시절의 교수였던 A. 루이스 존슨(Lewis Johnson) 교수로부터 박사학위 연구주제로 요한계시록(특히 요한계시록의 구약성경 사용)을 연구해보면 어떻겠느냐는 제안을 받았다. 케임브리지 대학교에서 이 연구를 하는 동안 바나바스 린다스(Barnabas Lindars) 교수가 나를 지도한 첫 교수였다. 그 후 린다스 교수가 F. F. 브루스(Bruce) 교수의 후임으로 맨체스터 대학교로 부임하여 케임브리지 대학교를 떠나가는 바람에 J. P. M. 스위트(Sweet) 교수가 나의 논문 지도 교수가 되었다. 린다스 교수는 이 책을 마

무리하기 몇 년 전 숨을 거두기까지 내 작업에 무척 흥미를 가지고 조언을
해주었다. 내가 케임브리지 대학교에서 박사학위를 받고 난 후에도, 스위트
교수는 내가 요한계시록 주석을 진행하는 과정 내내 전처럼 내 글을 읽고
평가해주는 아량을 베풀었다. 그는 탈고된 요한계시록 주석을 거의 다 읽
고는 도움이 되는 많은 말씀을 해주었다. 나는 스위트 교수가 조언한 대부
분의 내용을 이 책에 반영했다. 이미 졸업한지 오래된 제자에게 이처럼 수
고를 아끼지 아니한 스위트 교수에게 많은 빚을 졌다. 스위트 교수야말로
진정 케임브리지 대학교를 대표하는 학자이자 교사의 대표적 모델이다.

이 주석은 특별히 헨드릭슨(Hendriksen), 케어드(Caird), 윌콕(Wilcock),
스위트 등 앞서 요한계시록 주석서를 쓴 여러 저자에게 이루 말할 수 없는
은혜를 입었다. 독자들 중에서는 나의 주석이 앞에 언급한 분들의 주석의
전통을 따랐다고 말할 사람도 있을 것이다. 나는 또한 마운스(Mounce)와
앨런 존슨(Alan Johnson)의 주석과 리처드 보컴(Richard Bauckham)의 여러
저서가 귀중한 저술임을 알게 되었다.

내게 안식년을 주고 이 프로젝트를 위해 재정 후원까지 해준 고든-콘
웰 신학교에 감사한다. 또한 수년 간 나의 요한계시록 강의를 수강하고 다
양한 의견을 제시해준 많은 학생에게도 빚을 졌다. 그들의 의견은 이 책의
수준을 향상시키는 데 도움이 되었다(실제로 그들의 의견 중에는 이 주석 각주
에 언급된 것도 있다). 특히 호스키어 시스템(Hoskier System, *Concerning the
Text of the Apocalypse*, vols. I-II)을 이용하여 서론에 있는 사본 전환 도표를
검증해준 후안 에르만데스(Juan Hermandez) 씨에게 고마움을 전한다. 더
욱이 나의 연구를 위해 도서관 교차대출과 그밖에 여러 자료를 구하느라
한결같은 마음으로 수고한 고든-콘웰 도서관의 여러 직원에게 감사를 표
하고 싶다. 그 중에서도 메러디스 클라인 2세(Meredith Cline Jr.), 프리만 바
톤(Freeman Barton) 씨께 특히 감사한다. 어드만 출판사의 요한계시록 편
집 담당자인 존 심슨(John Simpson) 씨도 내가 질문할 때마다 예의바르게
대답해주고 견뎌주었다. 나는 그의 세심한 편집의 결과가 이 책에 남아 있
다고 확신한다.

특별히 감사를 표할 분들이 있다. 매사추세츠 주에 있는 랜스빌 정통 회중교회의 교우들이 바로 그들이다. 이들은 나의 요한계시록 설교를 잘 경청해주었다. 그 설교는 이 주석을 쓰기 위한 연구의 기초가 되었다. 나는 우리 교회의 일원으로서 요한계시록 주석을 집필할 수 있는 기회를 가진 것을 감사하게 생각한다. 교회로 말미암아 나는 교회의 눈으로 요한계시록을 볼 수 있었다. 요한계시록 본문을 설교하고 난 후에 그 본문을 더 잘 이해한 적이 많았다. 이렇게 하는 것이 당연하다고 믿는다. 요한계시록이 원래 교회의 상황에서 이해해야 하는 것이었기 때문이다.

다른 어떤 사람들에게보다 나의 아내 도린다(Dorinda)와 세 자녀, 낸시(Nancy)와 한나(Hannah)와 스티븐(Stephen)에게 고마움을 전해야 할 것 같다. 이들 모두 요한계시록을 더 잘 이해하는 데 도움을 주었다. 우리는 수년간 식탁에 둘러 앉아 요한계시록을 가지고 토론했다. 내 아내 도린다와 지속적으로 이야기를 나누지 않았다면 요한계시록을 이처럼 잘 이해할 수 없었을 것이다.

무엇보다도 하나님께 감사한다. 하나님께서는 내게 이 책을 완성할 수 있는 힘을 주셨다. 요한계시록을 통해 하나님의 영광이 나타나기를 기도한다.

이 주석의 형식적 측면에 관해 두어 가지 언급할 것이 있다. LXX을 언급할 때 나는 랄프스(Rahlfs)가 편집한 그리스어 본문을 인용했고, 가끔은 코덱스 B만을 기초로 하여 만들어진 본문을 사용했다. 그 본문은 London Samuel Bagster and Sons의 특별판으로도 출판된 *The Septuagint Version of the Old Testament and Apocrypha with an English Translation*(Grand Rapids: Zondervan, 1972)이다. 이 두 성경에 장 번호나 절 번호가 다르게 표기된 곳이 있을 경우, 늘 랄프스의 본문을 먼저 언급하고, 이어서 괄호나 중괄호로 백스터 본문을 언급했다. 예를 들어, 특히 단 4장과 출애굽기의 몇몇 본문(특히 35-40장)과 욥기(특히 40-41장)의 경우, 그리스어 번역본마다(예. Rahlfs의 본문과 Bagster의 본문 간에) 절 표기가 다르다. 이러한 형식적 장치를 마련해둠으로써 그리스어를 모르는 독자들이라도 랄프스의 표준 그리스어 본문과 절 표기가 다르게 나타난 곳에서도 영

어로 대역한 LXX을 사용할 수 있게 하였다. 더욱이 다니엘서를 표기할 때
나는 "LXX"라는 약어로써 옛 그리스어 번역을 지칭했고, "Theod."라는 약
어로써 테오도티온 역을 지칭하였다. 테오도티온 역은 랄프스의 체계를 그
대로 따랐다.

사해사본을 언급할 때는 주로 A. Dupont-Sommer, *The Essene
Writings from Qumran* (Oxford: Basil Blackwell, 1961)에서 인용했다. (최
근에 학자들 사이에 널리 사용되는 García-Martínez가 편집한 새로운 쿰란문헌집은
내가 요한계시록을 집필하는 동안에는 출판되지 않았고, 주석이 완성되고 나서야 비
로소 세상에 나왔다.)

다양한 유대 문헌에 속한 일차 자료들을 자주 언급하고 인용했다. 유
대 문헌 인용에 사용된 영어 번역본은 다음과 같다. *The Babylonian
Talmud*, ed. I. Epstein (London: Soncino, 1948); *The Talmud of the Land
of Israel: A Preliminary Translation and Explanation* (the Jerusalem
Talmud), vols. 1-35, ed. J. Neusner (Chicago: University of Chicago, 1982-);
Mekilta de-Rabbi Ishmael, vols. 1-3, trans. and ed. J. Z. Lauterbach
(Philadelphia: Jewish Publication Society of America, 1976); *The Midrash
on Psalms*, Yale Judaica Series 13:1-2, trans. and ed. W. G. Braude
(New Haven: Yale University, 1959); *Midrash Rabbah*, vols. I-X, ed. H.
Freedman and M. Simon (London: Soncino, 1939); *Midrash Sifre on
Numbers* in Translations of Early Documents, Series III, Rabbinic
Texts, trans. and ed. P. P. Levertoff (London: Golub, 1926); *The Midrash
Tanhuma*, vol. 1, trans. and ed. J. T. Townsend (Hoboken: KTAV, 1989);
The Mishnah, trans. and ed. H. Danby (Oxford: Oxford University, 1980);
The Minor Tractates of the Talmud, vols. 1-2, ed. A. Cohen (London:
Soncino, 1965); *The Old Testament Pseudepigrapha*, vols. 1-2, ed. J. H.
Charlesworth (Garden City: Doubleday, 1983) (종종 같은 자료를 *Apocrypha
and Pseudepigrapha of the Old Testament*, vol. 2[Pseudepigrapha], ed. R. H.
Charles [Oxford: Clarendon, 1977]에서 인용하기도 했다); *The Pĕsiḳta dĕ-raḇ

Kahăna, trans. and ed. W. G. Braude and K. J. Kapstein (Philadelphia: Jewish Publication Society of America, 1975); *Pesikta Rabbati*, Yale Judaica Series 18:1 and 2, trans. and ed. W. G. Braude (New Haven and London: Yale University, 1968); *Pirķê de Rabbi Eliezer*, trans. and ed. G. Friedlander (New York: Hermon, 1916); *Sifre: A Tannaitic Commentary on the Book of Deuteronomy*, Yale Judaica Series, trans. and ed. R. Hammer (New Haven and London: Yale University, 1986); *Tanna de-be Eliyyahu*, trans. and ed. W. G. Braude and I. J. Kapstein (Philadelphia: Jewish Publication Society of America, 1981); *The Targums of Onkelos and Jonathan Ben Uzziel on the Pentateuch, with the Fragments of the Jerusalem Targum, on Genesis and Exodus*, trans. and ed. J. W. Etheridge (New York: KTAV, 1968); *The Aramaic Bible: The Targums*, ed. M. McNamara (Collegeville: Liturgical, 1987–).

고대 그리스어 작품들과 특히 필론과 요세푸스의 작품들(종종 영어 번역을 병기함)은 로엡 고전 전집(Loeb Classical Library)에서 인용했다. 속사도 시대 교부들의 글 인용과 영어 번역은 J. B. Lightfoot, *The Apostolic Fathers*, ed. and completed by J. R. Harmer (London: Macmillan, 1889)에서 인용했다. 내가 직접 번역한 것을 제외하고는 영어번역 성경은 New American Standard Bible(한글의 경우는 개역개정 – 역주)을 사용했고, 그리스어 성경은 NA^{26}판을 사용했다.

1998년 8월에

G. K. 비일

약어표

본문 비평 표기는 NA^{26}을 따랐다. 쿰란 문서는 표준 약어법을 따랐다.

ABD	D. N. Freedman, ed., *Anchor Bible Dictionary* I-V. New York: Doubleday, 1992
ANRW	*Aufstieg und Niedergang der römischen Welt*
ANF VIII	A. Roberts and J. Donaldson, ed., *The Ante-Nicene Fathers* VIII. Edinburgh: T. and T. Clark/Grand Rapids: Eerdmans, 1989
Apoc. Abr.	*Apocalypse of Abraham*
Apoc. Elijah	*Apocalypse of Elijah*
Apoc. Paul	*Apocalypse of Paul*
APOT	R. H. Charles, ed. *The Apocrypha and Pseudepigrapha of the Old Testament*. I-II. Oxford: Clarendon, 1913
ARN	*'Abot de Rabbi Nathan*
Asc. Isa.	*Ascension of Isaiah*
ASV	American Standard Version
AUSS	*Andrews University Seminary Studies*
b.	Babylonian Talmud
BAGD	W. Bauer, W. F. Arndt, F. W. Gingrich, and F. W. Danker, *A Greek-English Lexicon of the New Testament*. Chicago: University of Chicago, 1979

2-3 Bar.	*2-3 Baruch*
BDB	Brown, F., Driver, S. R. and Briggs, C. A., *A Hebrew and English Lexicon of the Old Testament*. Oxford: Clarendon, 1972
BDF	F. Blass and A. Debrunner, *A Greek Grammar of the New Testament and Other Early Christian Literature*, ed. R. W. Funk. Chicago: University of Chicago, 1961
BETL	Bibliotheca Ephemeridum Theologicarum Lovaniensium
BW	J. A. Brooks and C. L. Winbery, *Syntax of New Testament Greek*. Lanham: University Press of America, 1979
CBQ	*Catholic Biblical Quarterly*
CTA	A. Herdner, *Corpus des tablettes en cuneiformes alphabétiques découvertes à Ras Shamra-Ugarit*, 2 vols. Paris, 1963
DB	J. Hastings, ed., *Dictionary of the Bible* I-V. New York: Scribner, 1919
DM	H. E. Dana and J. R. Mantey, *A Manual Grammar of the Greek New Testament*. New York: Macmillan, 1927
DNTT	*The New International Dictionary of New Testament Theology* I-III, ed. C. Brown. Grand Rapids: Zondervan, 1975-78
DSS	Dead Sea Scrolls
EB	T. K. Cheyne and J. S. Black, ed., *Encyclopedia Biblica* IIV. New York: Macmillan, 1903
EDNT	*Exegetical Dictionary of the New Testament*, I-III, ed. H. Balz and G. Schneider. Grand Rapids: Eerdmans, 1990-93
EEC	E. Ferguson, ed., *Encyclopedia of Early Christianity*. New York: Garland, 1990
1-2 En.	*1-2 Enoch*

약어표

Eusebius

H.E.   *Historia Ecclesiastica*

EvQ   *Evangelical Quarterly*

ExpT   *Expository Times*

GELNT   J. P. Louw and E. A. Nida, *Greek-English Lexicon of the New Testament Based on Semantic Domains* I-II. New York: United Bible Societies, 1988, 1989

HBC   *Harper's Bible Commentary*, ed. J. L. Mays. San Francisco: Harper and Row, 1988

HBD   *Harper's Bible Dictionary*, ed. P. J. Achtemeier. San Francisco: Harper and Row, 1985

HDR   Harvard Dissertations in Religion

HR   E. Hatch and H. A. Redpath, *A Concordance to the Septuagint and the Other Greek Versions of the Old Testament* IIII. Graz: Akademische, 1954

IBD   J. D. Douglas, ed. *The Illustrated Bible Dictionary* I-III. Downers Grove: InterVarsity, 1980

ICC   International Critical Commentary

Ignatius

Eph.   *Ephesians*

Philad.   *Philadelphians*

Pol.   *Polycarp*

Rom.   *Romans*

JB   Jerusalem Bible

JBL   *Journal of Biblical Literature*

JETS   *Journal of the Evangelical Theological Society*

JJS   *Journal of Jewish Studies*

Jos. Asen.   *Joseph and Aseneth*

Josephus

Ant.	*Antiquities*
Ap.	*Contra Apionem*
JSNT	*Journal for the Study of the New Testament*
JSP	*Journal for the Study of the Pseudepigrapha*
JTS	*Journal of Theological Studies*
Jub.	*Jubilees*
KJV	King James Version
LSJ	Liddell, H. G., and Scott, R., *A Greek-English Lexicon.* Oxford: Clarendon, 1968
LXX	Septuagint
m.	Mishnah
Mart. Pol.	*Martyrdom of Polycarp*
MHT	J. H. Moulton, W. F. Howard, and M. Turner, *A Grammar of New Testament Greek* I-IV. Edinburgh: Clark, 1906-76
Midr.	*Midrash*
Rab.	*Rabbah*
Tanch.	*Tanchuma*
M-M	J. H. Moulton and G. Milligan, *The Vocabulary of the Greek Testament Illustrated from the Papyri and Other Non-Literary Sources.* Grand Rapids: Eerdmans, 1930
MT	Masoretic Text
NA(^{26}, ^{27})	*Novum Testamentum Graece*, ed. K. Aland, M. Black, C. M. Martini, B. M. Metzger, and A. Wikgren (Stuttgart: Deutsche Bibelgesellschaft, ^{26}1979; ^{27}1993
NASB	New American Standard Bible
NBD	J. D. Douglas, ed., *The New Bible Dictionary.* Grand Rapids: Eerdmans, 1970
NCBC	New Century Bible Commentary

NDIEC	G. H. R. Horsley and S. R. Llewelyn, *New Documents Illustrating Early Christianity* I-VI. North Ryde: Ancient History Documentary Research Centre, 1981-92
NDT	*New Dictionary of Theology*, ed. S. B. Ferguson, D. F. Wright, and J. I. Packer. Leicester: Inter-Varsity, 1988
NEB	New English Bible
NICNT	New International Commentary on the New Testament
NIGTC	New International Greek Testament Commentary
NIV	New International Version
NKJV	New King James Version
NovT	*Novum Testamentum*
NRSV	New Revised Standard Version
NT	New Testament
NTA	*New Testament Apocrypha* I-II, ed. W. Schneemelcher. Philadelphia: Westminster, 1991, 92
NTS	*New Testament Studies*
ODCC	F. L. Cross and E. A. Livingstone, ed., *The Oxford Dictionary of the Christian Church.* Oxford: Oxford University, ²1974
Odes Sol.	*Odes of Solomon*
OT	Old Testament
OTP	*The Old Testament Pseudepigrapha* I-II, ed. J. H. Charlesworth. Garden City: Doubleday, 1983
PGL	G. W. H. Lampe, *A Patristic Greek Lexicon.* Oxford: Clarendon, 1976
Philo	
Conf.	*De Confusione Linguarum*
Leg. All.	*De Legum Allegoriae*
Praem.	*De Praemiis et Poenis*

Spec. Leg.	*De Specialibus Legibus*
Vit. Mos.	*De Vita Mosis*
Pss. Sol.	*Psalms of Solomon*
RSV	Revised Standard Version
RV	Revised Version
SB	H. Strack and P. Billerbeck, *Kommentar zum Neuen Testament aus Talmud und Midrasch* I-IV. Munich: Beck, 1922-28
SBLDS	Society of Biblical Literature Dissertation Series
SBT	Studies in Biblical Theology
Sib Or.	*Sibylline Oracles*
Suetonius	
Dom.	*Domitianus*
SUNT	Studien zur Umwelt des Neuen Testaments
Targ.	*Targum*
Jer. Frag.	fragmentary (Jerusalem)
Neof.	*Neofiti I*
Onk.	Onkelos
Pal.	*Palestinian*
Ps.-J.	*Pseudo-Jonathan*
TDNT	*Theological Dictionary of the New Testament* I-X, ed. G. Kittel and G. Friedrich. Grand Rapids: Eerdmans, 1964-76
TDOT	*Theological Dictionary of the Old Testament* I-VII, ed. G. J. Botterweck and H. Ringgren. Grand Rapids: Eerdmans, 1974-95
Test. Abr.	*Testament of Abraham*
Test. Adam	*Testament of Adam*
Test. Asher	*Testament of Asher*
Test. Ben.	*Testament of Benjamin*

Test. Dan	*Testament of Dan*
Test. Jos.	*Testament of Joseph*
Test. Jud.	*Testament of Judah*
Test. Levi	*Testament of Levi*
Test. Mos.	*Testament of Moses*
Test. Naph.	*Testament of Naphthali*
Theod.	Theodotion
TR	Textus Receptus
TWOT	Archer, G. L., Harris, R. L., and Waltke, B. K., *Theological Wordbook of the Old Testament* I-III. Chicago: Moody, 1980
TynB	*Tyndale Bulletin*
UBS (^{3},^{4})	*The Greek New Testament*, ed. K. Aland, M. Black, C. M. Martini, B. M. Metzger, and A. Wikgren. New York: United Bible Societies, ^{3}1975; ^{4}1993
VTG	*Septuaginta. Vetus Testamentum Graecum Auctoritate Academiae Scientiarum Gottingensis.* Göttingen: Vandenhoeck und Ruprecht, 1926-
WBC	Word Biblical Commentary
WH	*The New Testament in the Original Greek*, ed. B. F. Westcott and J. J. A. Hort. London: Cambridge University, 1881
WTJ	*Westminster Theological Journal*
y.	Jerusalem (Palestinian) Talmud
Zeb.	*Zebaḥim*
ZNW	*Zeitschrift für die Neutestamentliche Wissenschaft*
ZTK	*Zeitschrift für Theologie und Kirche*

서론

본 주석에서 나는 본문을 한 절 한 절 석의하여 요한계시록 본문을 철저하게 해석하려 한다. 20세기에 출간된 다른 주석들과 비교할 때, 본 주석은 요한계시록의 문단 내에서 그리고 문단에서 문단으로 이어지는 사상의 흐름을 좀 더 날카롭게 추적하고, 문단과 더 넓은 단락의 중심 사상을 요약하고, 특히 요한계시록의 구약성경 사용을 분석하며, 요한계시록에 암시된 본문들을 다룬 유대교 해석 전승 및 구약 언급과 관련한 유대 전승의 흐름을 추적하려 한다.

요한계시록과 관련하여 전통적으로 제시되어왔던 역사적 문제들 가운데, 본서의 서론에서는 요한계시록 내용을 해석하는 데 가장 중요한 문제들에 최대한 집중할 것이다. 이 문제들 중에는 요한계시록의 저작 시기와 상황 문제도 포함된다. 하지만 시기와 상황을 규명하는 논의는 궁극적으로 여전히 미해결 과제로 남을 수밖에 없다. 그리고 저작 시기 문제가 요한계시록 해석과 관련한 핵심 문제들에 미치는 중요성은 아주 미미할지도 모른다. 요한계시록이 기록된 시기에 대한 두 가지 주요한 선택안은 요한계시록을 해석하는 좀 더 넓은 역사적 배경에 비춰볼 때 거의 차이가 없기 때문이다. 이를테면 두 시기 모두 로마를 장차 있을 심판의 주요 대상으로 삼는다. 나는 서론에서 요한계시록의 구조와 논증, 그리고 요한계시록의 구약 사용에 많은 관심을 집중할 것이다. 이 주제들은 해석 문제에 가장 중대한 영향을 준다.

나는 정경성,[1] 저자 문제, 장르, 수신자, 자료비평 문제들,[2] 수사비평의

---

1) 요한계시록의 정경성과 권위에 관해서는 Guthrie, *New Testament Introduction*, 929-32; Carson, Moo, and Morris, *Introduction to the New Testament*, 480-81; Wainwright, *Mysterious Apocalypse*, 108-16을 보라.

2) 자료비평에 대해서는 Wainwright, *Mysterious Apocalypse*, 119-22에 있는 개괄을 보라. 특정 본문에 관한 내용은 본서의 해당 단원을 참조하라.

이론들과 이와 비슷한 주제들에 대해서는 많이 다루지 않을 작정이다. 이런 관심사들은 좀 더 넓은 해석학적 논쟁을 위해서는 중요할지 몰라도, 요한계시록 본문의 의미를 밝히는 철저하고 귀납법적이며 역사적인 주석에는 그다지 중요하지 않다.[3] 또한 나는 상징, 요한계시록의 그리스어 문법, 본문비평, 그리고 요한계시록의 주요 해석법들의 차이와 같은, 서론에서 다룰 만한 중요한 문제들을 간단히 다룰 것이다. 이 주제들은 주석 곳곳의 적절한 지점에서 분석되기 때문이다. 이러한 서론적 문제들 대부분은 주석 한 권에서 충분히 다룰 수 없고, 그것들 자체만으로도 또 한 권으로 다뤄야 할 만큼 연구가 필요한 내용들이다.[4]

---

3) 서론적 문제들과 관련된 전반적 개관에 대해서는 아래에 인용한 신약서론에 관한 책들 이외에 Charles, Swete, I. T. Beckwith, Beasley-Murray, Mounce, Sweet, Johnson, Krodel, Boring 의 주석의 서론을 참조하라.

4) 이와 관련한 연구를 개관한 귀중한 연구서들은 다음과 같다. Murphy, "The Book of Revelation"; Schüssler Fiorenza, "Revelation," in *The New Testament and Its Modern Interpretations*.

요한계시록의 저작 시기

요한계시록이 도미티아누스의 통치 기간인 기원후 95년경에 기록되었다는 것은 20세기의 학자들 사이에서 별다른 이견 없이 받아들여지고 있다. 소수의 주석가들만이 요한계시록의 저작 시기를 기원후 70년 예루살렘이 멸망하기 직전으로 잡는다.[1]

저작 시기를 이해하는 입장이 서로 달라서 요한계시록 해석상의 차이가 야기될 수 있다. 요한으로 하여금 요한계시록을 기록하게 한 상황이 경우마다 다를 수 있기 때문이다. 초기 저작설은 요한계시록의 주요 의도를 예루살렘의 임박한 멸망을 예언하는 것으로 보려는 사람들에게 특히 중요하다. 초기 저작설을 주장하는 해석자들은 우선적으로 요한계시록을 배도한 유대교 신앙을 향한 격렬한 비판으로 이해하려 한다.[2] 그리고 초기 저작설은 요한계시록에 묘사된 많은 박해를 기원후 65년에 네로가 그리스도인들에게 가한 핍박으로 이해한다.

하지만 만일 요한계시록이 기원후 90년대에 기록되었다면, 요한계시록의 상황은 도미티아누스 황제 치하에 살던 그리스도인들의 상황에 해당한다. 이러한 상황 자체가 논쟁의 대상이다. 후기 저작설을 주장하는 대다수의 해석자들은 도미티아누스가 그리스도인들을 박해했다고 본다. 근래에 도미티아누스의 통치를 좀 더 호의적으로 보려는 일부 학자들이 있기는 하지만 말이다.[3]

사실 누구나 주요 해석법에 영향을 주지 않고도 초기 저작설 또는 후기 저작설을 주장할 수 있다. 두 입장 중 어느 것을 취하든지 간에 요한계시록

---

1) van der Waal and J. M. Ford의 주석; Robinson, *Redating the New Testament*, 221-53; Rowland, *Open Heaven*, 403-13; Bell, "Date of John's Apocalypse"; Gentry, *Before Jerusalem Fell*을 보라.

2) 예. Gentry, *Before Jerusalem Fell*.

3) 예. A. Y. Collins, *Crisis and Catharsis*, 69-73; L. L. Thompson, *Book of Revelation*.

은 로마, 특히 불경건한 로마 문화와 타협하는 것을 격렬하게 꾸짖는 책으로 이해될 수 있다. 초기 저작설은 반(反) 예루살렘에 초점을 맞추는 것을 허용한다. 그렇다고 해서 반드시 그래야만 하는 것은 아니다.

초기 저작설 또는 후기 저작설을 명확하게 지지하는 결정적 증거는 존재하지 않는다. 초기 저작설이 옳을 수도 있다. 하지만 그간 누적되어온 증거에 의하면 후기 저작설에 무게가 실린다. 계속해서 논의할 내용은 단지 후기 저작설을 지지하는 핵심 증거를 개관한 것에 불과하다.[4]

후기 저작설 논증

황제 숭배

요한계시록은 그리스도인들이 제국의 종교의식에 어느 정도 참여하도록 요구받았음을 전제한다(13:4-8, 15-16; 14:9-11; 15:2; 16:2; 19:20; 20:4). 로마의 황제들은 도미티아누스 시대 이전부터 이미 자신들을 신으로 예배하라고 요구하기 시작했다.[5] 로마에 살던 그리스도인들도 네로의 신성을 인정하라는 요구를 받았을 가능성이 있다. 하지만 그것이 네로가 그리스도인들을 박해하게 된 계기가 되었던 상황은 아니다. 네로가 그리스도인들을 박해한 까닭은 그가 로마의 대화재의 원인을 그리스도인들에게 돌린 데 있다. 이와는 반대로, 요한계시록에서 박해가 일어난 이유는 신이 아닌 왕을 숭배하는 것을 거절한 데 있다.

황제 숭배를 부추기는 법의 요구를 거절했다는 이유로 그리스도인들을 박해한 "명백한" 증거는 기원후 113년에 나온다. 이 시기는 트라야누스의 재임기간으로서, 그리스도인들을 박해한 내용은 플리니우스가 트라야누스

---

4) 두 입장 이외에 요한계시록의 저작 시기에 대해 제안된 몇몇 견해에는 다음이 포함된다. 티투스의 재위 기간(79-81년. 이는 Court, *Revelation*, 100-1에서 가능성 있는 몇 가지 연대 중 하나로 언급되었다)과 트라야누스 재위 기간(98-117년. Farrer, *Revelation*, 37. 참조. Hengel, *The Johannine Question*, 80-81. Hengel은 요한계시록이 네로의 박해 직후에 기록되었으며, 그 후 트라야누스 황제 재위 초기에 수정됐을 것이라고 추측한다).

5) Price, *Rituals and Power*에 있는 참고문헌을 보라.

에게 보낸 편지와 트라야누스가 플리니우스에게 보낸 답장에 들어 있다.[6] 트라야누스의 접근법은 다음과 같았다. 그리스도인들은 일부러 색출할 필요는 없지만, 고발당해 그리스도인으로 판명될 경우 처벌해야 할 대상이며, 유일한 탈출구는 그리스도인임을 부인하고 황제 숭배에 참여하여 그것을 공포하는 길밖에 없다고 했다. 하지만 다우닝이 언급한 것처럼, 플리니우스의 글에서는 그리스도인들을 처벌한 어떤 공식적 결정이나 선례가 발견되지 않는다. 특히 플리니우스는 선례를 찾으려고 혈안이 되어 있었기 때문에 이 사실은 그 당시 어떠한 확정된 정책이 존재하지 않았다는 방증이 된다. 트라야누스가 플리니우스에게 "그리스도인들은 탄원해서는 안 된다"라고 지시한 것도 바로 이러한 점을 보여준다. 이 사실은 로마에는 "그리스도인"이라고 주장하는 사람들을 법적으로 다룬 중대한 법정 기록이 존재하지 않았음을 의미한다.[7] 따라서 그리스도인들이 이런 저런 면에서 로마인들의 주목을 받게 되었을 때, 그들의 삶과 신앙은 다른 어떤 것보다도 철저한 조사 대상이 되었다. 지방 총독과 치안 판사들이 제국에 대해 어느 정도의 열정과 태도를 갖고 있느냐에 따라 그리스도인들은 박해를 받았다.

이러한 일이 하룻밤 사이에 일어났을 수도 있지만 그럴 개연성은 거의 없다. 같은 상황이 도미티아누스의 재임 17년 기간보다 더 이른 시기에 있지 않았다면, 이미도 점차 그러한 방향으로 나아가는 추세였을 것이다. 단언하건대 플리니우스가 트라야누스에게 보낸 편지에 "수년 전" 그리고 "25년 전", 즉 도미티아누스 통치 기간에 변절한 사람들을 언급한 기록이 있다. 이러한 변절은 이처럼 이른 기간에 비록 산발적이기는 하지만 현저한 박해가 있었다는 사실을 매우 강하게 암시한다.[8] 박해는 가끔 일어났다. 그리고 설사 법정 소송 사건이 있었다 해도, (제국의 관점에서 볼 때) 그러한 박해는 제국 진역에서 총독들이 따라야 할 법적 원칙이 충분히 확립되지 않았을

---

6) Pliny the Younger, *Epistles* 10.96-97. 거기에 있는 참고문헌을 보라.
7) Downing, "Pliny's Prosecutions of Christians," 106-13.
8) Kiddle, *Revelation*, xl; Sweet, *Revelation*, 29.

정도로 그다지 중요하지 않았던 것이 분명하다. 하지만 고대 로마 저술가들의 글에서 우리는 로마 제국이 이전의 어느 때보다도 도미티아누스 황제의 통치 마지막 시기에 문화적·사회적 영역에서 더 많은 혼란을 겪었다는 사실을 읽는다. 더욱이 도미티아누스가 폭정의 고삐를 더욱 단단히 조이기 위해 이전 황제들과는 비교되지 않을 정도로 더 강력하게 신적 칭호를 주장했다는 것을 우리는 안다. 이 새로운 칭호를 인정하기를 거절하는 사람들은 박해를 받았다.[9]

하지만 톰슨은 도미티아누스가 스스로를 신성시한 일에 대한 진술을 후대 황제들의 비위를 맞추려는 로마 저술가들의 심각한 편향성 탓으로 돌린다.[10] 톰슨은 도미티아누스의 국가적·정치적 정책에 대해 칭송하는 증거를 제시하는 다른 자료들을 근거로, 타키투스, 수에토니우스, 플리니우스, 디온 크리소스토모스, 디오 카시우스가 그러한 편향성을 가졌다고 추론한다. 그래서 톰슨은 도미티아누스 이전의 통치 때보다 더 심각한 국가적 혼란도 없었을 뿐더러, 도미티아누스가 요구했거나 그에게 사용된 더 높은 신적 칭호가 없었다고 결론을 내린다. 톰슨의 입장이 일부 옳을 수 있을지라도, 그가 이 상반되는 자료들 자체에 선입견이 있을 수 있었다는 사실을 탐구하지 않은 것은 애석하다. 이러한 누락은 눈에 띄는데, 이들이 도미티아누스 황제와 동시대인들이고, 후기의 저술가들이 트라야누스를 노골적으로 칭송했듯이 그들도 자신의 유익을 위해 얼마든지 도미티아누스를 지나치게 칭송하는 글을 쓸 수 있었기 때문이다.[11] 다른 사람들은 도미티아누

---

9) Thompson, *Book of Revelation*, 95-115에 있는 일차 자료를 보라.

10) 이것은 무엇보다도 트라야누스에게 환심을 사려고 한 행동이었다. Thompson, *Book of Revelation*과 거기에 인용된 자료들을 보라.

11) Thompson의 입장에 대한 추가 논의를 위해서는 아래 내용 참조. Thompson을 비평한 내용은 Strand, "Review of Thompson"에서도 발견된다. Strand는 또 다른 취약점을 지적한다. 그 중 몇 가지를 소개하면 이렇다. (1) 트라야누스와 네르바 황제가 도미티아누스의 평판을 철저하게 떨어뜨리기를 원했다면, 그들이 단지 도미티아누스만을 언급하고 플라비우스 왕조 전체를 언급하지 않은 이유는 무엇인가? (2) 도미티아누스가 운명했을 때 신성시되기보다는 저주를 받았다는 사실은 도미티아누스가 운명한 후 몇 년이 지났을 때에야 부정적으로 평가되었다는 Thompson의 주장과 상반된다.

스를 신성시한 언급들을 절대적이며 폭군적인 제국 정책을 반영한 것이 아니라, 도미티아누스에게 아첨하는 로마 관료들의 노력을 반영한 것으로 이해한다. 이것은 모든 다양한 자료를 좀 더 정확하게 반영한 평가다.[12]

진실은 (톰슨과 그밖에 여러 학자들이 제시한) 최근에 도미티아누스를 역사적으로 재평가한 것과 그에 대한 전통적인 평가 사이의 어딘가에 놓여 있을 것이다. 도미티아누스를 긍정적으로 평가하는 것과 부정적으로 평가하는 모든 고대의 증거에는 정도가 다양한 선입견과 진실이 포함되어 있기 때문이다. 어느 정도 개연성이 있는 것은 도미티아누스에게 압제를 받았던 사람들 중에는 그리스도인들이 있었다는 사실이다. 예를 들어, 디오 카시우스는 도미티아누스가 귀족 플라비우스 클레멘스를 "무신론자"(ἀθεότης)라는 이유로 처형하고 그의 아내 플라비아 도미틸라를 추방했다고 기록한다. 개중에는 이것이 기독교 신앙을 언급하는지 아니면 이 두 사람이 단지 황제의 기분을 상하게 한 로마의 귀족을 숙청한 것에 불과한 것인지가 분명하지 않다고 생각하는 사람들이 있다.[13] 균형 잡힌 평가는 이것이다. (기독교를 향한) 그러한 박해는 사회적·정치적 요구와 종교가 중첩한 문화에서 제국의 종교 의식에 참여하기를 거절하는 종교를 공공연히 따르는 일의 위험을 부각시킨다는 사실이다.[14]

하지만 기독교 신앙이 플라비우스 클레멘스와 플라비아 도미틸라가 당한 박해의 적어도 부분적인 근거가 되었을 가능성은 많다. "무신론"이라는 말은 박해가 진행되던 기간에 그리스도인들을 비방하는 흔한 고발 내용이었기 때문이다. 디오의 주장 전체로 보아, "무신론"이라는 말은 "유대 방식에 빠져든 많은 사람을 정죄한 고소 내용"으로 간주되었다.[15] 비슷하지

---

12) A. Y. Collins, *Crisis and Catharsis,* 69-73. 그리고 거기에 인용된 자료를 보라.
13) Dio Cassius, *Roman History,* 67.14; A. Y. Collins, *Crisis and Catharsis,* 69; Robinson, *Redating,* 233-34; Carson, Moo, and Morris, *Introduction,* 474을 보라. Suetonius, *Domitian* 14-15에 근거하여 Bell, "Date of John's Apocalypse," 94-95은 로마 귀족들을 숙청하려는 것을 박해가 발생하게 된 유일한 원인으로 이해한다.
14) De Silva, "Social Setting," 274.
15) Dio Cassius, *Roman History,* 67.14.

만 이보다 나중에 기록된 진술은[16] 도미티아누스의 박해가 분명히 양면성을 띠고 있었음을 단언한다. 하나는 "마이에스타스(*maiestas*, 반역죄)"를 방지하는 것이고, 또 다른 하나는 "유대교적 삶의 양식을 받아들이지" 못하게 하는 것이다. 이러한 법을 어긴 사람들에게는 경제 영역으로부터의 추방과 심지어 사형에 이르는 징벌들이 가해졌다.[17] 반역죄로 기소된 사람들은 유대인으로 살아간다고 혐의를 받은 사람들과는 다름이 분명하다. 유대인으로 분류된 사람들 중에는 귀족과 출생 신분이 낮은 사람들도 포함되었다. 유대인으로 사는 것은 반역죄와 동일했을 가능성이 있지만, 정치적 음모와 종교적으로 국가의 종교를 따르지 않는 것은 구별될 수 있다. 사실 플리니우스는 도미티아누스 치하에서 박해받은 그리스도인들 중에 로마 시민권자들과 비 시민권자들 모두 있었다고 하며, 과거에 박해를 받은 이러한 사람들은 "모든 계급과 연령과 남녀"를 막론한 그리스도인들이었다고 말한다. 여기에는 심지어 "여자 노예"와 "도시와…마을과 농촌 지역에" 사는 사람들까지 포함되었다.[18]

설령 도미티아누스가 박해를 가한 유일한 동기가 귀족들 중 얼마를 고발할 구실로서 기독교를 사용하여 귀족들을 숙청하려는 데 있었다고 하더라도, 많은 사람이 그렇게 고발을 당했다면, 그리스도인들은 이것을 틀림없이 박해로 여겼을 것이다. 사실 황제를 신으로 숭배하기를 거절한 것에서 입증되듯이, 기원후 100년 이후 계속해서 그리스도인들이 박해를 받은 통상적 근거는 그들이 로마에 충성하지 않았다는 데 있다.[19] 도미티아누스의 지배하에 작은 기독교 공동체에서 높은 지위를 차지했음 직한 소수의 그리스도인 귀족들까지 사형당한 일은 로마 시민의 관점에서는 대수롭지 않게 보였을지 몰라도, 로마 교회로서는 교회의 존폐에 위협을 느낄 만한 강한

---

16) Dio Cassius, *Roman History*, 68.1.

17) Dio Cassius, *Roman History*, 67.14.

18) Pliny, *Epistles*, 10.96.

19) Pliny, *Epistles*, 10.96.

일격이었을 것이다.[20] 후기 기독교 전통에 따르면, 도미티아누스의 박해는 귀족 계급에 속한 그리스도인들을 겨냥했다.[21]

이런 질문이 제기될 수 있다. "유대인의 생활양식을 채택한"[22] 사람들 중에 그리스도인들이 포함될 수 있었을까? 주석가들 중에는 1세기 말까지는 유대교와 기독교 사이에 커다란 간격이 있어서 심지어 이교도 저술가들도 두 집단을 함께 취급하지는 않았을 것이라고 주장하며 이 질문에 부정적으로 대답하는 사람들이 있다.[23] 그러나 기독교가 2세기 초에 유대교와 구별된 종교로 인식되기 시작했을지는 모르지만,[24] 1세기의 믿지 않는 로마인들이 볼 때 기독교는 유대교와 절대적으로 구별된 종교가 아니라 유대교에서 갈라져 나온 한 분파나 종파로 인식되었을 것이다. 플리니우스는 113년에 "그들(그리스도인들)의 신조의 특성"에 대해서는 아직 무어라 단언하기는 어렵지만, 적어도 그들의 "융통성 없는 고집"은 처벌을 받아 마땅하다는 확신이 든다고 말한다.[25] 심지어 타키투스는 70년 이전에 "군중들에 의해 그리스도인들이라고 불리는" 사람들이 "혐오스런 행위로 인해 증오의 대상인 계층"으로 따로 취급받았다고 주장한다. 반면에 같은 페이지에서 타키투스가 기독교적 "미신"이 유대에서 기원했다고 주장하는 것을 보면, 그리스도인들은 유대교의 한 종파로 간주되기도 했을 것이다.[26]

이와 비슷한 관점에서 에우세비오스는 예수의 친척들이 도미티아누스

---

20) Bell, "Date of John's Apocalypse," 96.

21) *Eusebius, H. E.* 3.17은 "사형을 당한 사람들" 중에는 "가문과 직업 면에서 로마에서 유명한 사람들"이 많이 있었다고 증언한다. "그밖에 많은 상류층 사람이 추방당하고 재산을 몰수당했다." 또한 *H. E.* 3.20에서는 도미티아누스가 로마에 살고 있던 예수의 친척들을 박해하지는 않았다고 주장한다. 도미티아누스가 그들을 눈에 띄는 정치적 위협이 되지 않은 하층민에 속한 "열간이들"로 간주했다는 것이 이유다.

22) 앞에 언급한 Dio Cassius의 글을 보라.

23) Bell, "Date of John's Apocalypse," 94; Dio의 작품은 기원후 215년경에 나왔는데, 그는 도미티아누스에 관한 정보를 얻기 위해 Suetonius, Tacitus, 그리고 Pliny에 의존했을 것이다 (Thompson, *Book of Revelation*, 96-97을 보라).

24) Thompson, *Book of Revelation*, 130.

25) Pliny, *Epistles* 96.

26) Tacitus, *Annals* 15.44.

황제 앞에 끌려왔다고 기록한다. "그들이 다윗 가문에 속했다고 보고되었고", "그리스도" 운동에 참여했다고 밝혀졌다는 것이 그 이유였다.[27] 기독교가 주류인 유대교와 천천히 그러나 확실히 구별되기 시작하자, "허가받은 종교"(religio licita)인 유대교의 독특한 권리를 점차로 덜 누리게 되었다. 그 특권에는 "그들의 율법 전통을 준수하는 것과 예배를 위해 회당에 모이는 것…또는 (암묵적이긴 하지만) 국가 종교에서 면제되는" 권리가 들어 있다.[28] 기독교는 유대교에 속한 불법적인 한 종파의 모습을 취했을 가능성이 많다. 플라비우스 클레멘스와 플라비아 도미틸라에게 "무신론"이라고 혐의를 씌운 것은 유별난 것은 아니었지만, 디오가 전해주듯이 "유대인 방식으로 사는 여느 많은 사람을 단죄한 혐의"였다.[29] 유대교는 "허가를 받은" 종교였기에, 로마에 사는 주류 유대인들을 "무신론자"라고 비난하는 것은 근본적으로 적절한 표현은 아니다. 그러한 일이 도미티아누스 치하에서 발생했다고 하는 것은 가능성은 있지만 개연성은 거의 없다.[30] 그러나 점차 유대교와 구별되지만 여전히 유대교와 연결되었고 또한 유대교의 저급한 종파의 일원으로 간주되었던 그리스도인들은 그러한 비난을 받을 수밖에 없었다.[31]

이교도 이웃들과 도시, 지방 및 제국 관료들이 그리스도인과 유대인을 더욱 분명하게 구별하게 된 때가 언제인지는 단정하기 어렵다. 두 집단 간의 구별이 소아시아의 여러 도시에서는 단번에 이루어진 것 같지 않고 장

27) Eusebius, *H. E.* 3.20.
28) Thompson, *Book of Revelation*, 144, 참조. 138-45; Josephus, *Ap.* 2.6. Josephus는 유대인들이 황제를 신으로 예배하지 않아도 되고, 그 대신 황제를 "존경할 만한 사람"으로 경의를 표하는 제사를 드릴 특권을 부여받았다고 주장한다. 유대인들이 가지고 있던 특권에는 황제에게 직접 기도하지는 않더라도 황제를 위해 기도하는 것이 포함되었을 것이다. 유대인들이 황제를 통치자로서 존경하여 제사를 드리며, 그들을 신으로 생각하지 않았다는 점에 대해서는 Philo, *Legatio ad Gaium* 349-67, 특히 357을 보라.
29) Dio Cassius, *Roman History*, 67.14.
30) Barnard, "Persecution of Domitian," 259-60. Barnard는 플라비우스 클레멘스와 플라비아 도미틸라가 유대교 주변에서 생활하던 "하나님을 경외하던 자"였다는 R. L. P. Milburn과 E. M. Smallwood의 주장을 설득력 있게 반박한다.
31) Barnard, "Persecution of Domitian," 259-60.

소와 시간에 따라 달리 이루어졌을 것이다.[32] 2세기 중엽과 말엽의 소아시아의 여러 교회들, 특히 사데와 빌라델비아와 마그네시아와 트랄레스 지방의 상황에서는 그리스도인들이 유대교와 연관되거나 유대교의 풍습이나 교리와 가까워지고자 하는 유혹을 받는 사람들로 인식되었다는 지속적인 문제가 반영된다.[33] 이교도가 어떤 사람을 "유대인의 생활양식을 받아들였다"거나[34] "무신론자"라고[35] 비난했다면, 그것은 기독교를 향한 것이지 유대교를 향한 것은 아니었다.[36]

이러한 배경 아래 이교도인 로마 저술가들과 로마의 관료들, 그밖에도 2세기 초의 여러 사람이 여전히 기독교를 유대교에 속한 한 종파이지만 거기서 탈당하려는 운동으로 쉽게 인식했다는 것은 거의 확실하다. 특히 2세기 후반 교회의 상황에 비춰볼 때, 디오 카시우스와 같은 저술가가 두 운동을 구별하지 못하고 혼동했을 수 있다는 것은 개연성이 전혀 없는 것은 아니다.[37]

특별히 플라비아 도미틸라와 관련한 비문의 내용과 기독교 전통에 따르면,[38] 도미틸라는 독실한 그리스도인이었다. 그렇다면 도미틸라는 그 이유로 황제의 신성을 믿는 사람들에 의해 "무신론자"라는 비난을 제일 먼저 받았을 것이다.[39] 그러한 박해는 (기원후 96년에 기록된) 1 Clement 1.1에 반영되었다. 클레멘스는 "우리에게 닥친 갑작스럽고 반복되는 재앙과 좌절"에 대해 넌지시 비춰준다.[40]

---

32) Thompson, *Book of Revelation*, 130.
33) Thompson, *Book of Revelation*, 130과 125-27.
34) Dio Cassius, *Roman History*, 68.1; 즉 유대교 제의.
35) Dio Cassius, *Roman History*, 67.14.
36) Barnard, "Persecution of Domitian," 259은 로마인들의 생각에 그리스도인들이 유대인들의 의식과 무신론과 연관된다고 보도하는 초기 교회의 문헌을 인용한다.
37) 이에 대해 Bell은 반대 입장을 취한다. Bell, "Date of John's Apocalypse," 94. Bell은 그 증거가 Dio 자신에게서 온 것인지, 아니면 그보다 더 이른 자료에서 온 것인지, 아니면 후대의 편집자에게서 온 것인지 단정 짓기가 불가능하다고 주장함으로써 Dio의 *Roman History* 67-69장에 있는 모든 증거를 평가절하하려한다.
38) 예. Eusebius, *H. E.* 3.18.
39) Beckwith, *Apocalypse of John*, 204.
40) 계속해서 아래의 내용을 보라.

대체로 초기의 세속 자료나 기독교 자료에서 나온 증거들에는 로마의 정책이 기독교를 압제하고 괴롭혔음이 입증되어 있다. 이러한 탄압은 그리스도인들이 그리스-로마 사회의 정치적·종교적 생활에 참여하지 않는 현저한 상황을 국가에서 점점 더 용납할 수 없게 되었을 때 가해졌다. 그리스도인들을 용납하지 못하는 이런 전반적인 상황보다도 교회가 받은 박해에 대해 요한이 제시하는 더 중요한 증거는 황실 숭배를 열정적으로 따르는 지역에 관한 소아시아 문헌들이다. 황실 숭배는 다른 지역의 제의와 혼합되기도 했고(예. 무역조합에 속한 수호신 숭배), 참여하기를 거부하는 그리스도인들을 향한 지역적 적개심(이러한 박해에 대해서는 바로 다음 주제인 "그리스도인들의 박해"를 보라)과 결부되기도 했다.

그러므로 황제 숭배가 가까운 미래에 점차 단계적으로 이루어질 것이라는 요한계시록의 증거와, (비록 산발적인 것만 언급하지만) 계 13장이 임박하거나 이미 발생한 것으로 묘사한 광범위하고 계획적이고 합법적인 박해에 대한 증거를 비춰볼 때, 네로가 재임하던 기간에 요한계시록이 기록될 수도 있겠지만, 도미티아누스 치하인 후기의 상황이 더 개연성이 있다. 전면적인 압제는 가끔씩 일어났을 것이고, 요한은 박해가 곧 거세질 것을 예상했을 것이다.

타키투스, 수에토니우스, 플리니우스, 디온 크리소스토모스, 그리고 디오 카시우스가 보도한, 도미티아누스를 지칭하고 공식적으로 요구된 신적 칭호들과 국가의 무질서는 편향성에 의해 야기된 것이라는 톰슨의 주장에는 어느 정도 장점이 있다.[41] 그러나 톰슨은 요점을 너무 과장했다. 첫째, 톰슨은 이 역사가들이 도미티아누스가 자신을 "주와 신"(*Dominus et Deus*)으로 부르라고 요구했음을 보도하는 기록이 도미티아누스의 재임 때로 측정된 자료에서는 발견되지 않는다고 주장한다. 황제의 요구로 그 칭호를 사용했다면, 이 주장이 옳을 수도 있다. 하지만 칭호 전체와 부분적 형식들이 사용되었다는 것 자체는 도미티아누스 시대의 자료에

---

41) 예를 들어 Suetonius, *Domitian* 13에 있는 칭호를 보라.

기록되었다. 이것은 신적 칭호가 아첨하려는 동기에서 사용되었다는 콜린스(A. Y. Collins)의 견해를 뒷받침한다. 톰슨은 칭호가 그런 목적으로 사용되었다는 사실을 인정한다. 하지만 그는 단지 그 칭호가 도미티아누스를 기분 좋게 하려고 사용했다고 천명한 시인 마르티알리스의 글에서만 발견될 뿐이라고 주장한다.[42] 이 사실은 도미티아누스가 자신을 "주와 신"으로 부르기를 요구했다는 타키투스, 수에토니우스, 플리니우스, 디온 크리소스토모스, 그리고 디오 카시우스의 보도를 평가한 톰슨의 입장을 어느 정도 약화시키기는 한다. 트라야누스를 지지하는 편향성이 이들 저술가들에게 영향을 끼쳐 황제가 그 칭호를 요구했다고 말하게 한 동기는 되었겠지만, 그 저술가들이 전혀 근거 없이 그 칭호를 보도하지는 않았을 것이다. 이 칭호들은 도미티아누스에게 아첨하려고 귀족들 사이에서 회자되던 것을 다시 모은 것이라는 사실이 더 개연성이 있다. 또 하나의 가능성은 이것이다. 도미티아누스는 정책적으로 이러한 칭호를 사용하라고 요구하지 않았어도, 자기에게 충성심을 보이라고 요구할 때, 그 칭호를 사용하지 않았다는 이유로 사람들을 박해했던 시기가 있었을 수 있다. 플리니우스의 증거는 이러한 경우가 불과 몇 년 뒤인 트라야누스 황제 때 있었음을 보여준다.[43]

시실 마르티알리스 말고도 도미티아누스를 분명하게 신이라고 주장한 도미티아누스와 동시대의 저술가들이 있었다. 마르티알리스와 관련한 수많은 언급들 외에도, 스코트는 스타티우스, 유베날리스, 실리우스 이탈리쿠스의 글뿐만 아니라 소아시아에서 발굴된 비문과 동전에 적힌 글로 그 증거를 제시한다. (Juvenal의 글은 기원후 115년에서 127년 사이에 기록되었지만) 이 문헌들은 백성이 도미티아누스를 신으로 칭했음을 증언한다.[44] 마찬가지로 최근에 프리센은 1세기 말부터 2세기 초의 비문을

42) Martial, *Epigrams*, 10.72.
43) Pliny, *Epistles* 10.96. 비록 황제를 지칭하는 "주와 신"이라는 정확한 칭호는 거기에 나타나지 않지만 말이다.
44) Scott, *The Imperial Cult under the Flavians*, 88-146(Statius에 관해서는 100, 107, 137;

비롯하여 소아시아에서 발굴된 비문으로부터 "제의를 거행하는 상황에
서는 신과 황제를 동일시"하지만, 전통적인 신들의 신성과 도미티아누스
를 비롯한 황제들의 신성을 구별하는 많은 증거가 있다고 결론을 내렸
다.[45] 톰슨도 도미티아누스와 동시대를 살았던 퀸틸리아누스의 글에서
도미티아누스를 신으로 언급하는 부분을 인용한다. 이것은 같은 페이지
에서 톰슨이 퀸틸리아누스를 평가한 것과 상충된다.[46] 스코트는 마르티
알리스뿐만 아니라 스타티우스와 그밖에 이와 비슷한 주장을 하는 다른
저술가들을 지지하면서 아첨이 (황제를 신으로 칭하게 된) 동기였다고 이
해한다.[47] 스코트는 플리니우스가 도미티아누스를 평가한 것을 선입견
과 과장에서 비롯된 것으로 간주하면서도, 도미티아누스가 작은 구실을
만들어서라도 백성에게 혐의를 씌우려 했다는 수에토니우스의 보도를
지지할 만한 근거가 있다고 본다.[48] 프라이스는 일찍이 아우구스투스 시
기에는 황제에게 외교적으로 다가가 제국의 제의를 찬미함으로써 특권
을 구하는 것이 관례였음을 주목한다.[49]

　　이를 바탕으로 좀 더 개연성이 있는 시나리오를 구성하면 이렇다. 톰
슨은 타키투스, 수에토니우스, 플리니우스, 디온 크리소스토모스, 그리
고 디오 카시우스의 증거를 무시하는데, 이들의 증거를 철저하게 무시해
서는 안 된다. 오히려 이 저술가들은 귀족들 중에 도미티아누스에게 아
첨하는 사람들이 있었다는 이전의 저술가들에 의해 확증된 내용을 확인
해준다. 유베날리스는 이렇게 썼다. "이보다 더 명백한 아첨이 어디 있겠
는가…? 그의 권력이 신들과 동일한 것으로 칭송을 받을 때 그는 자신에

Juvenal에 관해서는 117, 125; Silius Italicus에 관해서는 155; 비문과 동전의 증거에 관해서
　는 96-97; Martial에 관해서는 88-146 전체를 보라).
45) Friesen, *Twice Neokoros*, 149. 참조. 146-59.
46) Thompson, *Book of Revelation*, 105.
47) Scott, *The Imperial Cult under the Flavians*, 89, 99-100, 118, 141, 159.
48) Scott, *The Imperial Cult under the Flavians*, 126-27.
49) Price, *Rituals and Power*, 243-47.

관한 모든 것을 믿을 수밖에 없었다."[50] 이 내용은 아첨이 도미티아누스에게 어떻게든 영향을 주었음을 암시한다는 점에서 눈에 띄는 진술이다. 도미티아누스는 신으로 추앙받을수록 아첨하는 말을 더욱 기대했을 것이다.

디온 크리소스토모스는 도미티아누스가 "헬라인들과 야만인 모두에게서 '주와 신'으로 불리기는 했지만 사실 그는 악마였다"고 말하는데, 이것은 몇몇 아첨이 "실생활"에서는 어떠했는지 보여준다. 그리고 나서 자신은 이런 방법으로 황제에게 아첨하지 않았으며, 특별한 간청을 드려 그의 미움을 피하려고 하지 않았다고 덧붙인다.[51] 이것을 다음과 같이 표현할 수 있을 것이다. 아첨은 주로 통속적인 기회주의적 동기에서 나왔거나 반드시 도미티아누스로부터 혜택을 받으려는 사람들에게서 나온 것이라고 할 수는 없다.[52] 또한 아첨은 징계를 피하려는 방법으로도 사용되었을 것이다. 디온 크리소스토모스는 고통 속에서도 아첨으로 징계를 덜어보려고 시도하지 않았다. 디오 카시우스는 한 귀족이 도미티아누스 앞에서 허리를 굽혀 절하면서 그를 "이미 다른 사람들이 도미티아누스를 부를 때 사용한 용어"인 "주님"과 "신"이라고 호칭함으로써 징계를 피했다고 주장한다.[53] 도미티아누스의 통치 기간이 길어질수록 그는 더 폭군이 되었다는 스코트의 견해는 결정적 증거가 없다고 하더라도 얼마든지 추측 가능한 견해다.[54] 물론 톰슨은 이 견해를 일고의 가치도 없는 것으로 일축한다.[55] 하지만 스코트의 결론은 계속된 아첨이 황제의 자아상 형성에 영향을 주었으며, 그로 인해 도미티아누스가 점차적으로

---

50) Juvenal, *Fourth Satire*, 69-71.
51) Dio Chrysostom, *Oratio* 45.1; 나중에 언급한 것에 대해서는 *First Discourse on Kingship* 1.14-15를 참조하라.
52) Thompson, *Book of Revelation*, 106은 이렇게 생각한다.
53) Dio Cassius, *Roman History* 67.14; Scott, *The Imperial Cult under the Flavians*, 110-11.
54) Scott, *The Imperial Cult under the Flavians*, 103.
55) Thompson, *Book of Revelation*, 106.

부풀린 자아상을 갖게 되었다는 생각과 일치한다.

도미티아누스가 어느 누구도 자신을 도미누스(dominus, 주)라고 칭하지 못하도록 했다는 스타티우스의 증언은 제국 안에서 널리 집행된 정책을 객관적으로 평가한 증거 자료가 될 수는 없다.[56] 그의 증언은, 특히 스타티우스의 다른 글에서 이 증언과 상충되는 증거가 자주 발견된다는 것을 고려하면, 단지 그런 식으로 황제를 부르는 것이 적합하지 않은 경우에만 해당한다. 이와는 다르게, 심지어 이보다도 이른 시기인 가이우스(칼리굴라) 황제 시절에, 자기예찬을 하던 가이우스는 유대인들이 자기에게 제사하는 대신 자기를 대신하여 그들의 신에게 제사를 드리는 것을 알고는 분노했다. "다른 모든 나라에서는 짐을 신으로 인정하는데, 너희만 나를 그렇게 부르지 않는구나."[57] 플라비우스 필로스트라투스는 도미티아누스가 자신에게 무례하게 대하는 사람에게 대답하면서 자신을 "모든 인류의 유일한 신"으로 여기라고 요구했다고 묘사한다.[58]

톰슨이 인용하는 증거는 트라야누스를 칭송하는 글을 쓴 선입견을 가진 역사학자들과 도미티아누스 시대의 저술가들을 명확하게 구분하는 그의 입장을 지지하지 않는다. 트라야누스의 통치가 이전의 플라비아누스 왕조와 철저하게 단절했음을 제시하려 한 저술가들로 추정되는 사람들 중에 디오 카시우스와 타키투스는 플라비우스 왕조의 초기 단계를 칭송할 수 있었으며, 심지어 타키투스는 도미티아누스의 초기 통치를 긍정적으로 평가했다.[59] 도미티아누스가 이전의 황제보다 더 높은 수준의 신격화를 요구한 폭군이었다는 증거가 없다는 톰슨의 결론은 대체적으

---

56) Thompson, *Book of Revelation*, 105-6과 반대다.
57) Philo, *Legatio ad Gaium* 353-57.
58) *Life of Apollonius* 8.4(기원후 3세기). 이밖에도 Pliny, *Panegyricus* 33에는 도미티아누스에게 적용된 여러 신적 칭호들이 등장한다. 이 글에서는 도미티아누스가 "스스로를 신격과 신성을 [가졌다고 보았으며] 자신을 신과 동등한 존재로 여겼다"고 묘사한다. Suetonius, *Domitian* 13("우리 주와 우리 하나님"); Martial, *Epigrams*, 5,8("우리 주와 하나님").
59) Thompson, *Book of Revelation*, 111-12, 115(있다고 주장된 구별), 99-100, 102(Dio Cassius와 Tacitus).

로 공정하다.[60] 톰슨은 로마 제국 시대 동안 황제의 신성을 강조하는 경향이 있었다는 사실을 인정한다.[61] 하지만 이러한 판단은 도미티아누스의 신성에 대한 주장과 박해 정책이 이전의 여러 황제들과 달랐다는 그의 입장을 바꾸는 데는 전혀 영향을 주지 않는다. 이는 일관성이 없다. 트라야누스는 도미티아누스가 사용한 것과 같은 신적 명칭으로 호칭되었다.[62] 이것은 플리니우스가 증언하는 기독교 박해가[63] 도미티아누스 치하에서 선별적으로 진행되었음을 암시한다.

　그러므로 트라야누스를 선전하는 역사가와 시인들이 도미티아누스를 적대하는 편향성을 가지고 있었다고 하더라도(황제나 고대 역사가들의 심리와 동기를 정확하게 추측하는 것은 어렵다), 도미티아누스를 둘러싼 그들의 증언을 도매금으로 취급해서는 안 된다. 도미티아누스는 이전의 황제들과 그 직후에 출현한 황제들보다 더 악했을 것이다. 하지만 선전원들이 그에 대해 말하는 것만큼 악하지는 않았을 것이다. 톰슨이 도미티아누스의 통치를 선전원들의 평가와 다르게 평가하려고 인용한 비명과 동전 및 인물 연구의 증거는, 그 증거의 수와 그 증거를 평가하는 해석적 가치를 고려해 볼 때, 그가 주장하는 것만큼 의미심장하지는 않다.

　E. P. 잰즌은 화폐학 증거를 연구한 후 도미티아누스 통치 기간에 주조된 동전들이, 선임 황제들이 천명했던 것을 능가하는 신성에 관한 주장을 비롯하여 그의 증가하는 과대망상을 나타낸다고 결론을 내린다. 잰즌은 이 증거를 대다수 로마의 저술가들(특히 시인들)이 도미티아누스를 부정적으로 평가했음을 입증하는 것으로 간주한다. 잰즌은 톰슨의 저작이 화폐학 증거를 거의 반영하지 못했음을 주시하고, 고대 자료를 재평가한 톰슨의 입장을 역으로 재평가할 필요가 있다고 확신한다.[64]

---

60) Thompson, *Book of Revelation*, 107.
61) Thompson, *Book of Revelation*, 104.
62) Thompson, *Book of Revelation*, 104-5.
63) Pliny, *Epistles* 10.96.
64) Janzen, "The Jesus of the Apocalypse Wears the Emperor's Clothes," 653-61.

그리스도인들에게 가해진 박해

박해 문제는 황제 숭배에 관한 논쟁과 긴밀히 연관된다. 요한계시록에는 황제 숭배가 그리스도인 박해의 이유로 묘사되었기 때문이다. 요한계시록의 내적 증거는 상대적으로 평온한 상황과 선별적 박해를 묘사하며, 방대하고 계획적인 규모로 강화되는 박해가 임박했음을 예상하는 듯하다.[65]

네로에 의해 로마에서 자행된 그리스도인들에 대한 박해가 요한계시록을 받은 교회들이 있었던 소아시아에까지 확대되었다는 증거는 없다. 하지만 요한은 로마에서 발생한 박해를 제국 전역으로 확장되는 박해의 첫 단계로 해석했을 것이다.

도미티아누스 치하에서 박해가 일어났을 가능성은 있다. 하지만 그것은 도미티아누스 통치 이후에 활동한 저술가들의 문헌에서만 그 증거가 발견될 뿐이다.[66] 설령 그러한 지속적 박해가 없었다고 해도, 요한은 폭풍의 구름이 형성되고 있는 것을 보았을 것이며, 그것을 기초로 하여 박해가 임박했다고 표현했을 것이다. 이것은 특히 박해가 점차 확대되고 있었다는 플리니우스의 증거를 고려하면 개연성이 높다. 하지만 플리니우스는 그리스도인들을 박해하는 지침을 제시하는 어떤 형태의 제국 정책을 알지 못했다. 그가 황제에게 송사와 같은 문제들을 어떻게 처리해야 할 것인지 물은 것을 보면, 박해는 서서히, 그렇지만 확실하고 좀 더 계획적으로 진행되었던 것이 분명하다.[67]

그렇다면 저작 시기는 네로 시대나 도미티아누스 시대 모두 가능하다. 어느 견해가 되었든지 간에, 소아시아의 교회들이 점차 증가하는 박해가 임박했다고 예상했다는 것이 요한계시록의 관점이다.

---

65) 가까운 과거에 있었던 선별적 박해에 대해서는 계 1:9; 2:3, 9, 13; 3:8; 6:9[?]; 13장을 보라. 임박하고 체계적인 압제가 있었다는 증거에 대해서는 6:9[?]; 13장; 17:6; 18:24; 19:2; 20:4을 보라. 여기에 언급된 본문들은 이미 진행 중인 박해를 가리킬 수도 있다.

66) 앞에 논의한 내용과, Carson, Moo, and Morris, *Introduction*, 474을 보라.

67) Pliny, *Epistles* 10.96. *Epistles* 10.97에는 황제가 pliny에게 보낸 답장이 기술되었다. 도미티아누스 황제는 그리스도인들을 다루기 위한 "일반적인 규칙을 제시할 수가 없다"고 말하고 나서, 개략적인 지침 몇 가지를 제시한다!

하지만 앞에서 황제 숭배와 관련하여 우리가 내린 결론에 비춰볼 때, 요한계시록에 묘사된 박해는 네로 때보다는 도미티아누스 때에 발생했다는 것이 더 개연성이 있다. 요한이 네로 치하에 밧모 섬에 유배됐을 수도 있었겠지만(1:9), 그 사건은 황제 숭배에 참여하기를 거절한 사람들에게 가해진 박해의 형태가 점차로 증가하고 좀 더 조직화되기 시작한 도미티아누스 치하의 상황에 더욱 잘 어울린다. 일곱 교회에 보낸 편지에는 유대인 출신의 그리스도인들이 황제 숭배에서 제외되었던 유대 회당과 같은 형식의 예배를 추구함으로써 박해를 피하려 했음이 암시되어 있다. 이방인 출신의 그리스도인들은 박해를 피하려고 무역조합 제의와 심지어 황제 숭배와 타협하려는 유혹을 받았다. 이러한 상황은 1세기 중엽보다는 1세기 말엽에 존재했을 가능성이 더 많다.[68]

앞에서 언급했듯이 도미티아누스 치하에서 극심한 박해가 있었다는 증거는 *1 Clement* 1:1(기원후 96년)에서 찾을 수 있다. 클레멘스는 "우리 앞에 갑작스럽고 반복되는 재앙과 손실이 닥쳤다"고 썼다. 바나드는 이것이, 특히 4-7장 내용에 비춰볼 때, 클레멘스가 증거를 정확하게 평가했다는 개연성을 보여줌을 입증했다.[69] 예를 들어 7장에서 클레멘스는 "수많은 선민"이 ("온갖 수모와 고문으로," 6장) 받은 박해를 비롯하여, 일찍이 로마인들에게 순교당한 베드로와 바울의 예(5장)를 그의 독자들의 당대 상황에 비교한다. "우리는 같은 상황에 있습니다. 같은 갈등이 우리 앞에 있습니다"(7:1). 저자는 자신과 독자들을 바울과 베드로와 같은 세대에 놓지만, 이 말은 저자가 이 두 충성스러운 사도들을(47장도 이처럼 쉽게 이해할 수 있다)보다는 수 년 뒤에 살고 있음을 암시한다. 하지만 그 시기는 (*1 Clement*의 시기에 대해서는 아래에서 논하겠지만) 기원후 70년보다 이르지 않고 100년보다 그렇게 늦지도 않다. 바나드가 제시하는 증거에 덧붙여, 39장에는 "무감각하고 어리석

---

68) Hemer, *Letters to the Seven Churches*, 7-12을 보라. 이와 반대되는 견해는 Gentry, *Before Jerusalem Fell*, 261-99이다.

69) "Clement of Rome," 255-58.

고 멍청하고 무식한 사람들이 우리를 보고 야유와 조롱을 보낸다"는 내용
이 기술되었다. 45장과 46장에는 독자들이 따라야 할 "모범"으로 다니엘과
세 친구의 인내가 제시된다.

이 증거는 앞에서 인용한 타키투스와 플리니우스와 디오 카시우스의
증거와 함께, 적어도 도미티아누스 치하에서 선별적이지만 상당한 박해가
있었다는 개연성을 높여준다. 그러므로 도미티아누스 치하의 박해를 언급
하는 후기 기독교 자료 안에 핍박의 계획적 특성과 혹독함을 과장한 것이
있을지라도, 이 자료들을 전적으로 무시하지는 말아야 한다.[70]

지금까지 분석한 것과 같은 맥락에서 프라이스는 "도미티아누스가 지
방 황제 숭배의 일환으로 에베소에 거대한 황제 동상을 세웠으며", 이것은
"짐승의 우상"에게 경배하지 않은 이유로 죽임당하는 신자들을 묘사한 계
13장 내용의 "배경이 된다"고 결론을 내렸다. 확실히 "알려진 장소와 시기
적 정황에 맞는 [계 13장] 해석은 이것이 가장 적합할 것이다." 특히 에베소
에서 열린 이 행사에서 "(소아시아) 전 지역이 황제 숭배에 참여했고, 수많
은 도시가 순차적으로 황제에게 헌신을 표시한 것이 이를 입증한다."[71] 프
라이스는 전 지역이 이처럼 대규모로 관여한 것 때문에 그리스도인들도 평
소와 다르게 다른 사람들처럼 행동해야 할 강한 압박을 받았다고 추론한
다. 그것이 이처럼 중요한 사건이라는 것을 알면, 요한이 13장에서 느부갓
네살의 거대한 신상에 절하지 않은 단 3장(특히 단 3:12, 18 LXX)의 사드락과
메삭과 아벳느고에 대해 이야기한 이유가 설명된다(이 문제와 관련해서는 본
서의 계 13:7-8, 14-15의 주석을 참조하라). 아마도 에베소에서 일어난 이 사건
과 박해는 초기 교회가 다니엘의 세 친구를 순교자의 전형과 박해 받는 그
리스도인들의 모델로, 그리고 느부갓네살의 신상을 로마 제국 형상의 원형

70) "Clement of Rome," 258.
71) Price, *Rituals and Power*, 197-98. 1세기 말 에베소에 세워진 거대한 황제 동상이 도미티아
누스의 동상이라는 Price의 주장을 제한시킬 수 있는 가능성을 언급한 본서 13:15의 주석을
참조하라. 최근에는 그 동상이 도미티아누스 직전 황제의 동상이라고 주장하는 연구도 발표되
었다. Warden, "Imperial Persecution," 211은 Price가 평가한 것이 그럴 듯하다고 인정하면
서도 이의를 제기한다.

으로 여기게 되는 계기가 되었을 것이다.[72] 황제 숭배의 압박과 관련한 이런 유의 **소아시아 지방의 증거**는 계시록이 기원후 70년 이전에 쓰였다는 것을 지지하는 데 사용될 수 없다.

이러한 평가는 소아시아에서, 특히 도미티아누스 황제가 재임하던 시기 이후부터 공식적으로 황제 숭배에 충성을 표시해야 하는 분위기가 점점 더 고조됐다는 사실로도 입증된다. 지역의 행정당국은 일반적으로 마을과 도시에 사는 주민들에게 제국의 종교를 위해 다각적인 지원을 하도록 요구했다.[73] 이러한 비공식적인 문화적 압박[74]과 공식적인 정부의 강요는 주로 축제나 절기 때까지 연장되었다.[75] 이러한 축제는 신전이나 시민회관에서 열렸다. 심지어 일반 시민도 최종 목적지로 향하는 축제 행렬이 집 앞을 지나가는 동안 집 밖으로 나와 제사에 참여하라는 요구를 받았으며,[76] 각 도시는 "모든 시민에게 도시에서 행하는 행사와 황제 숭배에 참여하라고" 지시를 하달했다.[77] 결론적으로 말해서, 도미티아누스에 대한 신격화와 그의 통치 아래 수행된 박해를 입증할 만한 직접적인 증거에서보다, 지역의 종교 행사(예. 무역조합에 속한 수호신 제사)와 합동으로 거행된 황제 숭배를 향한 지역주민들의 열정과 그리스도인들이 그 제의에 참여하지 않았다는 이유로 그들에게 보인 지역주민들의 적개심에서 소아시아 지방의 교회 박해를 입증하는 더 중요한 증거가 발견된다.

1세기 후반에 소아시아에서 황제 숭배를 향한 대중들의 충성심 표현이 전반적으로 점증되었다는 프라이스의 평가는 대체로 프리센의 최근 연구와도 일치한다.[78] 프리센은 세바스토이 제사가 1세기 말의 커지는 황제 권

---

72) 3, 4세기의 증거뿐만 아니라 로마 카타콤에서 발견된 이와 관련한 초기 2세기의 증거에 대해서는 Price, *Rituals and Power*, 199을 보라.

73) Price, *Rituals and Power*, 78-124, 155-66, 207-22.

74) Price, *Rituals and Power*, 17.

75) 통상적으로 황제의 탄생일이나 황제가 그 도시를 방문한 경우에 그랬다(Price, *Rituals and Power*, 101-26). 이뿐만 아니라 사적인 협회나 조합의 축제와도 관련이 있다(209).

76) Price, *Rituals and Power*, 112, 121.

77) Price, *Rituals and Power*, 114.

78) Price의 연구를 수정한 Friesen, *Twice Neokoros*, 142-68을 보라. Friesen의 수정은 우리가

위의 특성을 입증하는 증거라고 주장한다. 도미티아누스 치하에 아시아에서 수행된 지방 제의는 "지방 제사의 중심이라기보다는 하나의 네트워크를 구축하기 위한 유례가 없는 시도였다."[79] 그 결과, 그러한 제의는 과거의 어느 때보다도 삶의 기초가 되었고 사회 구조에서 매우 중요한 부분을 차지하게 되었다. 제의를 확립하려는 초반의 추동력이 도미티아누스에게서 나왔다는 증거는 많지 않다. 그 대신 황제 숭배에 미친 주된 영향은 현지에서 일어났으며, 에베소와 아시아 지역의 발전에서 기인한다. 자신의 권력과 영향력을 강화하려는 사회의 엘리트들은 지방 자치적 기반에서 자신들이 맡은 단순한 역할로부터 로마를 위해 일하는 도(都) 단위의 봉직지로 이동하고 있었다. 이렇게 함으로써 그들은 로마의 눈에 좀 더 충성하는 것으로 보였으며, 로마로부터 재정 후원을 받을 수 있는 더 좋은 지위를 얻었다. 이 모든 것이 그들의 권력 기반을 강화하는 데 기여했을 것이다.

프리센은 1세기 말의 소아시아 지역과 관련한 그의 상황 연구에 근거하여, 도미티아누스의 신성을 인정하지 않은 그리스도인들을 박해하려는 직접적인 시도가 요한계시록이 기록된 이유라는 입장을 뒷받침하지 않는다고 주장한다. 하지만 프리센은 1세기 말의 황제 숭배를 견고히 하는 지역적·지방적 발전의 누적 효과 때문에 요한이 요한계시록을 썼다고 결론을 내린다.[80] 그리스도인들이 황제 숭배의 요구에 순응하고 타협하라는 압박을 점점 더 느꼈을 것이기 때문이다. 궁극적으로 도미티아누스가 부추긴, 그리스도인들을 향한 공식적이고 광범위한 박해가 제국 전역에 걸쳐 있었는지가 논의되고 있기에, 프리센과 프라이스가 언급하는 증거는 요한계시록 기록 당시의 상황을 좀 더 개연성이 있고 정확하게 제시한다. 특히 이러한 배경에서 도미티아누스를 신으로 언급한 것은 로마의 지방관료들과 지

분석하고 있는 것과 그다지 관련은 없다. Friesen은 황제의 신성을 천명함에 있어, Price가 제사 요소들 중에 더 제한받은 것이 있다고 잘못 주장함으로써 황제를 신으로 숭배하는 것을 덜 강조했다고 지적한다. Friesen은 1세기 말과 2세기 초의 비문을 언급한다. 그 비문은 전통 신화 속의 신과 신으로서의 황제를 구별하지 않는다(*Twice Neokoros*, 149).

79) Friesen, *Twice Neokoros*, 154-55.
80) Friesen, "Ephesus."

역주민들에 의해 사용된 것으로 이해해야 한다. 지역주민들은 로마로부터 호의를 얻어 그들의 사회·정치적인 지위를 견고히 할 목적으로 황제에게 아부하려고 했다.[81]

Eusebius, *H. E.* 3.17, 20(Hegesippus와 Tertullian을 인용함); 4.26 (Melito of Sardis를 인용함)와 테르툴리아누스(*Apologia* 5)는 도미티아누스가 통치하는 기간에 행해진 주요 박해를 언급한다.

B. 뉴먼은 요한계시록이 도미티아누스 황제 때 기록되었다는 이레나이우스의 증언을 받아들이면서도, 요한계시록이 도미티아누스 황제의 통치 기간의 박해에 대응하여 기록한 것이라는 증거가 있다는 것에는 의구심을 갖는다.[82]

*1 Clement*의 저술 시기를 1세기 90년대 중반으로 잡는 것은 거의 일치된 견해다. *ODCC*,[83] 베크위스,[84] 스나이더[85]를 보라. 이 세 책에 언급된 참고문헌을 참조하라. 웰본은 저술 시기를 90년대 중반으로 잡는 "거의 일치된 견해"를 대표하는 여러 문헌을 소개한다.[86]

웰본은 클레멘스의 저작 시기에 대해 예외적 입장을 지닌 몇 안 되는 사람들에 속한다.[87] 웰본은 *1 Clement*에 언급된 "우리에게 닥친 갑작스럽고 반복되는 재앙과 좌절"은 박해를 가리키는 것이 아니라, 단지 로마 교회 내부에서 일어난 갈등을 가리킬 뿐이며, 이러한 갈등만이 로마 교회와 고린도 교회가 직면한 문제라고 주장한다. 그러면서 웰본은 편지가 공동체의 평화를 가져오기를 바라는 저자들이 채용한 관례적인 문학 장르라는 입장을 취한다.

웰본은 그러한 문학 장르에 외적인 박해 요인들이 배제된다고 생각

---

81) A. Y. Collins, *Crisis and Catharsis*, 69-73.
82) B. Newman, "Fallacy of the Domitian Hypothesis," 133-39.
83) "Clement of Rome," *ODCC* 299-300.
84) *Old Testament Canon*, 22, 50.
85) "Clement of Rome," 216-17.
86) Wellborn, "Date of First Clement," 36-38, 49.
87) Wellborn, "Date of First Clement."

하는 오류를 범한다. 특히 박해는 공동체로 하여금 앞으로 올 박해에 어떻게 반응할 것인지와 관련된 내부 문제를 야기할 수 있다. 신약의 서신들 중에 부분적으로는 박해로 인한 내부 갈등 때문에 기록된 서신들이 있는 것도 사실이다(예. 히브리서, 베드로전서, 계 2장의 버가모 교회와 두아디라 교회에 보낸 편지들). 웰본은 1 Clement 7:1("우리는 같은 지역에 있습니다. 같은 갈등이 우리 앞에 있습니다")이 클레멘스가 편지를 쓰게 된 분명한 목적을 제시한다고 바르게 이해한다. 하지만 그가 "지역"과 "갈등"을 외적인 박해와는 전혀 관계가 없는 교회 내부의 도덕적 갈등에 한정하려고 한 것은 의외이며 이해하기 힘들다. 하지만 앞에서 논의했듯이, 7장과 관련하여 5-6장에서는 외적인 박해가 교회 내부 문제와 어떻게 관련이 되었는지가 분명히 핵심이다. 웰본은 그 편지에서 박해를 가리키는 분명한 언급이 없다고 생각한다(예. 5-6, 39, 45-46장. 이에 대해서는 앞의 설명 참조). 웰본은 클레멘스 편지의 저술 시기에 대해 의견 일치를 보이는 주석가들이 그들의 결론을 도출하기 위한 "변증적 동기"를 감추고 있지는 않은지 의심한다.[88] 하지만 웰본 자신에게도 그러한 변증적 충동이 없다고는 말할 수 없을 것이다.

소아시아에 있는 교회들의 상황

계 2-3장에 묘사된 교회들의 정황은, 그 정황들을 함께 고려할 때, 요한계시록의 초기 저작설보다는 후기 저작설을 지지한다. 첫째, 에베소 교회, 사데 교회, 라오디게아 교회의 영적 가사(假死) 상태가 너무도 만연하고 심각해서 각 교회는 전체적으로 그리스도의 교회라는 정체성을 잃을 위기에 있었다. 이러한 영적 타락이 전개되는 데는 상당한 기간이 걸렸을 것이다. 예를 들어, 에베소 교회는 "처음 사랑"을 잃었다. 이것은 교회가 세워진 불과 수년 안에 이루어진 것임을 의미할 수 있다. 하지만 여기에 사용된 용어로 봐서는 좀 더 오랜 시간에 걸쳐 진행되었다고 보는 것이 낫다. 아마도

---

88) Wellborn, "Date of First Clement." 44.

교회가 세워지고 두 세대 만에 이루어졌을 것이다. 라오디게아 교회는 "부유하다"고 불렸다. 하지만 그 도시는 기원후 60-61년에 지진으로 말미암아 황폐해졌다. 그래서 라오디게아가 경제적으로 회복하는 데 3, 4년 이상 걸렸다고 추정하는 것이 자연스럽다. 많은 주석가가 제시하듯, 서머나에 교회가 존재한 것은 후기 시대에나 가능했다. 60-64년 이전까지는 교회가 그곳에 아예 존재하지 않았을 가능성이 있기 때문이다.[89)]

네로 환생 신화

주석가들 중에는 요한계시록의 몇몇 본문(특히 13:3-4; 17:8)에 "네로의 환생" 신화가 반영되었다고 주장하는 이들이 있다. 이 본문들은 짐승의 죽음과 이어지는 환생에 대해 말한다. 특히 계 13:3-4은 치명적인 상처에서 회복된 짐승을 언급한다. 네로 신화의 진상은 이렇다. 네로가 죽음에서 살아나서 로마 제국을 공격하려고 파르티아 족의 군대를 이끌고 온다는 것이다. 만일 이 본문들이 그 신화를 반영하고 있다면, 요한계시록은 초기보다는 후기에 쓰인 것으로 보는 것이 더 낫다. 상식적으로 생각해도 네로가 기원후 68년에 운명한 후 네로 신화가 만들어져 사람들 사이에 회자되는 데까지는 꽤 오랜 시간이 걸렸을 것이기 때문이다.

하지만 요한계시록의 후기 저작설을 주장하는 사람들 중에서도 이 본문들이 정말 네로 신화와 연관되었는지 의문을 제기하는 사람들이 있다. 본문에 묘사된 내용이 네로 신화와 많은 점에서 다르기 때문이다. 따라서 네로 신화 자체가 요한계시록의 저술 시기 문제를 확정짓는 데 중요하게 작용하지는 않는다. 하지만 보컴은 요한이 네로 신화의 두 형식을 창조적으로 개작했다고 주장한다. 두 형식은 짐승의 생애에서 독특한 사건을 묘

---

89) 이 3가지 내적 논증을 논박하는 내용은 Robinson, *Redating the New Testament*, 229-30; Gentry, *Before Jerusalem Fell*, 318-30을 보라. Colin Hemer, *Letters to the Seven Churches*, 2-12은 각 교회를 둘러싼 지역 상황을 철저히 조사한 후에, 그의 연구의 축적된 결과가 도미티아누스 황제 재위 기간에 요한계시록이 기록되었음을 확증한다고 주장한다.

사하는 13장과 17장에서 각각 하나씩 개작되었다는 것이다.[90] 13장은 "하나님과 그의 백성을 대적하는 로마 제국의 힘과 성공"을 묘사한다. 17장은 "로마 제국의 궁극적 멸망"을 묘사한다.[91] 요한은 기독론적 패러디에 관심을 가졌는데, 이것이 두 형식의 전설을 개작하는 데 영향을 주었다. 그래서 13장 짐승의 환생은 17장 짐승의 재림과 구별된 사건을 형성한다.[92] 보컴의 주장과 결론 대부분은, 비록 여러 면에서 다듬을 필요가 있다고하더라도, 가능성이 있어 보인다(17:10-11의 주석 참조). 요한이 2중적인 네로 전승을 개작했을 가능성이 있다면, 요한의 네로 전설 언급은 요한계시록의 기록 시기에 결정적 영향을 주었음을 의미한다.

요한이 네로 전설을 얼마만큼 의식적으로 언급했는지는 불분명하다. 보컴은 "요한계시록에 역사적인 네로에 관해 분명하게 말하는 부분은 없다"고 잘라 말한다.[93]

젠트리는 네로 전설의 시작을 일찍이 갈바와 오토 황제의 재위 시기(기원후 68-69년)로 잡으려고 한다. 두 황제의 통치가 다양한 방법으로 네로와 연결되었다는 것이 그 이유다.[94] 하지만 네로 전설과 두 황제가 연결된 것이 네로의 평판을 높이는 데 기여했는지는 몰라도, 갈바와 오토가 "네로 환생" 전설과 분명하게 연결된 내용이 없다는 것이 일반적 생각이다. 네로 전설은 1세기 말엽과 그 후에 등장했다.[95] 흥미로운 것은, 로마 귀족들이 도미티아누스를 제2의 네로로 여겼다는 것이다.[96] 더욱이 젠트리는 계 13장과 17장에 반영된 네로 전설의 2중 특성을 인식하지 못했다. 네로 전설의 2중 특성은 기원후 70년 이전에는 전례가 없던

90) Bauckham, *Climax of Prophecy*, 384-452. 계 13장과 17장이 짐승의 생애에서 구별되는 사건들을 묘사한다는 주장에 대해서는 같은 책 429-31을 보라.
91) Bauckham, *Climax of Prophecy*, 430.
92) Bauckham, *Climax of Prophecy*, 440.
93) Bauckham, *Climax of Prophecy*, 412.
94) Gentry, *Before Jerusalem Fell*, 308-9.
95) 일차 자료에 대한 정보는 본서 13:3의 주석과 Bauckham, *Climax of Prophecy*, 423-50을 보라.
96) Juvenal 4.37ff.는 도미티아누스를 "머리가 벗겨진 네로"라고 불렀다. Martial, *Epigrams*, 11.33은 도미티아누스의 죽음을 "네로의 죽음"이라고 언급한다.

것이며, 수년 뒤에야 비로소 나타났다.

로빈슨은 네로의 죽음 이후 수년 간 네로 신화의 발전 단계를 추적한 과거의 시도들을 인정한다. 하지만 그는 네로의 환생을 기대하는 대중 심리가 이보다 일찍 생겨났을 것이라고 주장한다.[97] 로빈슨은 그 증거 자료로 Tacitus, *Hist* 2.8f.와 Suetonius, *Lives of the Caesars, Nero*, 57을 인용한다. 로빈슨의 글은 보컴의 글보다 먼저 나왔기에, 보컴이 네로 전승을 좀 더 발전된 형태로 개정하고 그 전승이 계 13장과 17장에 어떻게 사용되었는지를 설명한 것을 고려할 수 없었다. 보컴의 관점을 로빈슨의 입장과 양립시키기는 무척 어렵다. 네로 전설에 대해서는 본서에서 13:3과 17:10-11을 논의한 것을 참조하라.

그리스도에 관한 구약성경과 사도들의 전승은 요한이 성경 밖의 전승과 신화를 비롯하여 다른 모든 구전 자료와 문서 자료를 해석할 때 사용한 주요 해석 렌즈일 가능성이 많다. 그러므로 그러한 전승과 신화들은 성경 사상에 비해 부차적으로 여겨지며, 요한계시록에서는 변형되어 용과 짐승과 그밖의 다른 형상에 적용되었다. 요한은 그의 독자들 마음에 뭔가를 떠오르게 하려고 시각적 표현을 사용했다. 독자들 중에는 전에 이교도들이었던 사람들이 많았으며, 이런 신화가 친숙했을 것이다. 요한이 이 신화를 채용한 부분적인 까닭은 독자들의 신화적 배경을 성경적 관점으로 돌리려는 데 있었다. 요한은 심지어 그 신화를 형성한 불경건한 세상에 대항해 논쟁을 수행할 목적으로 이 전설들을 활용했을 수도 있다. 예를 들어, 계 12:3의 "일곱 뿔"의 출처는 구약성경이 아니라 일곱 머리를 가진 괴물 로탄(Lotan)을 묘사하는 우주론적 전승인 것으로 보인다. 또한 요한이 네로 전승을 채용한 다른 이유는 짐승이 그리스도를 모방하는 장면을 보충하고 그 짐승이 받을 심판을 강조하려는 까닭에 있을 것이다. 이는 특히 짐승이 미래에 출현하는 것이 그리스도의 재림과 다르게 자신의 파멸과 그의 나라의 멸망으로 마무리된다는 사실을

97) Robinson, *Redating the New Testament*, 245.

보이려고 한 것이다. 마찬가지로 행 17장에서 바울은 제우스의 성품과 관련된 주장을 하나님께 적용하여 그러한 이교도의 주장이 오직 참되신 하나님께만 해당한다는 것을 강조한다. 요한은 계 1:4과 다른 곳에서 같은 논쟁을 한다.[98] 이러한 방법으로 구약성경 저자들은 이것과 똑같은 교훈을 주려고 가나안 신화에서 유래한 바알의 성품을 여호와께 적용했다.

"바벨론"

요한계시록의 저작 시기로 기원후 70년 이전을 선호하는 사람들은 "바벨론"을 배역한 예루살렘을 가리키는 상징적인 명칭으로 여긴다.[99] 하지만 요한이 그 명칭을 사용한 것은 70년 이후 시대를 가리키는 가장 강력한 내적 증거일 수 있다.[100] "바벨론"은 기원후 70년 이후에 나온 유대문학, 그리고 요한계시록과 대체적으로 동시대인 저술에서 로마를 가리킨다.[101] 유대 주석가들은 로마를 "바벨론"이라고 불렀다. 바벨론이 기원전 6세기에 그랬듯이, 로마 군대가 기원후 70년에 예루살렘과 예루살렘 성전을 파괴했기 때문이다.[102] 바벨론이라는 명칭을 이런 식으로 사용한 예는 다른 유대 전통에서 그랬듯이 요한에게도 영향을 주었을 것이다(바벨론이 등장하는 본문의 주석 참조). 기원후 70년 이전 유대 문헌에 로마가 바벨론으로 언급된 것이 있다면, 그것은 단지 유대인들이 여전히 포로기를 살고 있다는 믿음에서 나온 것이다. 비록 유대인들이 약속의 땅에 살고 있지만, 그들이 외세의 압제를 받고 있고, 겔 40-48장에 언급된 새 성전이 아직 건축되지 않았으며, 새 창조가 아직 발생하지 않았기 때문이다. 이 모든 일이 이스라엘의 포로기가 완전히 끝날 때에 발생할 것으로 기대했다.[103] 하지만 유대인들은 기

---

98) 계 1:4의 주석과 Beale, Review of Hemer를 보라.

99) 아래의 논의를 보라.

100) Collins, *Crisis and Catharsis*, 57-58.

101) 무엇보다도 4 Ezra 3:1-2, 28-31; *2 Bar.* 10:1-3; 11:1; 67:7; *Sib. Or.* 5.143, 159-60을 보라.

102) Hunzinger, "Babylon als Deckname."

103) 유대인들이이 계속해서 포로기에 있다는 그들의 믿음에 관해서는 Scott, "Restoration of Israel"; Beale, "Old Testament Background of Reconciliation in 2 Cor. 5-7"을 보라.

원후 70년이 지나서야 비로소 로마를 "바벨론"이라고 명명한 것으로 보인다. 사실 초기에 "바벨론"을 유일하게 비유적으로 사용한 예는 요한계시록 이외에 4 Ezra와 2 Baruch, Sybylline Oracles에서 발견되는데, 이것들은 분명히 70년 이후에 기록된 저서들이다.

J. 크리스천 윌슨은 기원후 70년 이전의 유대 문학에서 (구약, LXX, 사해사본, 위경) 바벨론은 주로 포로와 연관되고 예루살렘의 멸망과는 거의 연관되지 않는다고 주장한다. 반면에 (기원후 70년 이후에 기록된) 4 Ezra와 2 Baruch에서는 그 명칭이 예루살렘의 멸망과 분명히 연결된다. 요한계시록에서는 "바벨론"이 예루살렘의 멸망과 연결된 적은 한 번도 없고, 단지 성도들이 포로기에 살고 있는 장소를 가리킬 뿐이다. 윌슨은 요한계시록이 기원후 70년 이전에 기록되었다고 결론을 내린다.[104] 윌슨의 결론은 그럴 듯하다. 하지만 그의 분석은 부분적으로 침묵에 의한 논증에 근거한다. 게다가 윌슨이 구약성경과 LXX에서 바벨론을 포로의 장소라는 의미만을 지닌다는 것을 보여주려 한 나머지, 바벨론이 그 문헌에 등장하는 예루살렘의 멸망과 연관되었다는 사실을 너무도 지나치게 숨긴다.

가장 초기의 전통들

가장 초기의 교부들의 증언은 요한계시록이 도미티아누스 통치 기간에 기록된 것임을 지지한다. 이 증거들 중에서 가장 중요한 사람들은 이레나이우스,[105] 페타우의 빅토리누스,[106] 에우세비오스,[107] 그리고 알렉산드리아의 클레멘스[108]와 오리게네스[109]일 것이다.

　가장 결정적이고 초기에 속한 증거는 이레나이우스다. 그는 요한계시록

---

104) Wilson, "Babylon as a Cipher for Rome."
105) Adversus Haereses 5.30.3.
106) Apocalypse 10.11(기원후 304년).
107) H. E. 3.17-18(기원후 260-340년).
108) Quis Dives Salvetur 42.
109) Matthew 16.6. Gentry, Before Jerusalem Fell, 68-85, 97-99은 Clement와 Origen를 후기 저작설의 증거로 보는 것을 논박한다.

에 나오는 적그리스도의 정체를 논의하면서 이렇게 썼다. "하지만 우리는 적그리스도의 이름을 직접 언급하는 위험을 초래하지 않을 것이다. 그의 이름을 이 시점에서 분명하게 드러내야 한다면, **묵시를 본 사람**이 직접 언급했을 것이다. **그 묵시가 나타난 때는 그리 오래지 않다. 거의 우리의 시대인 도미티아누스의 재위 말기였다.**"[110] 몇몇 주석가는 "묵시가 나타난(it was seen)"이라는 어구를 "그(요한)가 나타난"이라고 번역해야 한다고 제안한다. 그럴 경우 이 어구는 요한계시록이 도미티아누스 기간에 기록되었다는 의미가 아니라, 요한이 도미티아누스 재임 기간에 살아 있었다는 의미에 불과하다.[111] 하지만 "묵시"가 가장 가까운 선행사이며, 이레나이우스의 라틴어 번역에는 이 어구가 이런 식으로 해석되었다.[112] 교부들과 그 이후 현대에 이르기까지 대다수의 주석가들은 이레나이우스의 어구를 묵시가 "나타난" 때를 가리킨다고 이해한다.[113]

같은 문맥에서 이레나이우스는 "짐승"의 수(666)의 정체를 밝히려는 다양한 가능성들을 논한다. 하지만 그는 그 짐승이 네로와 동일시될 수 있다는 가능성을 고려하지 않는다.[114] 심지어 이레나이우스는 짐승을 로마 황제 중 특정 인물과 동일시될 수 있다는 가능성도 배제한다(Irenaeus, *Adversus Haereses* 5.30.3). 이레나이우스가 이런 것을 고려하지 않았다는 사실은 놀랍다. 박해자이며 폭군으로서 네로의 악명이 여전히 잘 알려졌을 텐데 말이다.[115] 과거주의적 견해와 다르게, 이레나이우스가 네로에 대해 침묵한 이유는 짐승이 미래에 출현할 것을 예상했기 때문이라고 볼 수 없다.[116] 이레나이우스가 고려하는 것 중 하나는 라테이노스(*Lateinos*), 즉 라

---

110) 그리스어 번역은 Eusebius에 의해 보존되었다. *H. E.* 3.18.3; 5.8.6.

111) 예. Gentry, *Before Jerusalem Fell*, 46-67.

112) 현존하는 사본 증거는 없지만, Gentry, *Before Jerusalem Fell*, 55-56은 라틴어 사본이 손상된 후 원래대로 복원할 때 요한을 동사의 주어로 삼았다고 주장한다.

113) 심지어 요한계시록의 초기 저작설을 옹호하는 많은 사람조차 이 번역을 인정한다. 예. Robinson, *Redating*, 221; Hort(Swete, *Apocalypse*, cvi).

114) Morris, *Revelation*, 38을 보라.

115) Morris, *Revelation*, 174.

116) Gentry, *Before Jerusalem Fell*, 203-8의 항변에 반대함.

틴어를 사용하는 사람이다. 이것을 이레나이우스는 과거와 현재와 미래의
로마 제국과 동일시하며, 단 2장과 7장에 예언된 네 번째 왕국의 성취의 시
작으로 이해한다. 짐승의 수는 "초기와 중간기에 발생했고 또 마지막에 발
생할 배교의 반복"을 가리키며,[117] "6,000년 동안 발생한 배교 전체를 요약
하는 것"이라고 주장한다.[118] 이레나이우스는 확실히 "네로 환생설"의 어떤
형식을 그가 "이미와 아직"의 관점에서 계 13:18을 해석한 것에 통합할 수
도 있었을 것이다(본서의 해당 본문 주석 참조).

초기 저작설 논증

성전과 예루살렘

계 11:1-2에서 예루살렘 성전이 여전히 건재하다고 언급되었다는 점이 종
종 기원후 70년 이전 저작설의 증거로 이해되곤 한다. 그리스도인 또는 유대
인 저자가 성전이 파괴된 후에 그러한 언급을 할 수 없다는 것이 그 이유다.
    하지만 이것은 11:1-2을 문자적으로 읽고 그 성전이 1세기의 헤롯 성전
을 가리킨다는 추정을 따른 것이다. 요한계시록 전체와 특히 11장(예. 3-7
절)에 사용된 상징에 비춰볼 때 본문을 문자적으로 읽는 것에 의문을 제기
할 수밖에 없다. 더욱이 성전 묘사와 성전 측량은 문자적으로나 건축학적
으로 헤롯 성전이 아니라 겔 40-48장에 언급된 종말론적 성전에 근거한다.
요한계시록에 묘사된 것은 새 시대에 있는 에스겔 성전의 종말론적 성취다
(자세한 논의는 11:1-2의 주석 참조). 이것은 11:1에 대해 "이어지는 본문 내용
에 비춰볼 때 이것이 지상의 도시에 있는 옛 성전임이 분명하다"고 주장하
는 로빈슨을 논박할 만한 내용이다.[119]
    "거룩한 성"(11:2)과 "큰 성"(11:8)에 대한 언급 역시 로마가 역사적인 예

---

117) Irenaeus, *Adversus Haereses* 5.30.1.
118) Irenaeus, *Adversus Haereses* 5.28.2.
119) Robinson, *Redating*, 238; 비교. Adams, *The Time Is at Hand*, 68-69. Adams는
    Robinson의 입장을 예견했다.

루살렘을 멸망시키기 직전의 예루살렘을 문자적으로 가리키는 것으로 이해
된다. 그럴 가능성이 있지만, 이렇게 "성"을 문자적으로 이해한다는 것은 성
전을 문자적으로 이해하는 것과 같은 약점을 안게 된다. 본문을 문자적으로
이해하면 본문의 상징적 의미를 다루지 못한다(11:2과 11:8의 주석 참조). 여기
에 하나를 더 지적하자면, 로빈슨은 그 성이 11장 마지막에 완전히 파괴되지
않았음을 주목하며, 이 사실을 바탕으로 역사적 예루살렘이 요한이 요한계
시록을 쓸 무렵까지는 아직 파괴되지 않았다고 추론한다. 하지만 일곱 번째
대접(16:17-21)은 사실 "큰 성"이 철저하게 파괴되었다고 묘사한다.

일곱 왕

계 17:9에는 "일곱 산"이 언급되었다. 대부분의 학자들은 이것이 역사적 로
마와 로마의 일곱 언덕을 가리키는 한 방법이라는 점에 의견을 같이한다.
그 후에 10절에서 천사는 요한에게 이 산이 일곱 왕을 의미한다고 설명한
다. "다섯은 망하였고 하나는 있고 다른 하나는 아직 이르지 아니하였다."
여섯 번째 왕은 요한이 글을 쓸 때 권세를 잡고 있던 왕이다.

요한계시록이 초기(기원후 70년 직전)에 기록되었다고 믿는 사람들은 이
"왕들" 중 첫 번째 왕을 공식적으로 로마의 첫 번째 황제인 아우구스투스와
동일시하며, 여섯 번째 왕을 네로의 죽음 이후 짧은 기간(기원후 68-69년)을
통치한 갈바와 동일시한다. 혹은 로마 황제의 모든 권력을 가졌다고 처음
으로 주장한 율리우스 카이사르를 첫 번째 왕이라고 하는 사람도 있을 것
이다.[120] 그럴 경우 네로는 여섯 번째 왕이 되고, 갈바는 일곱 번째 왕이 된다.

요한계시록이 후기(기원후 95년경)에 기록되었다고 주장하는 사람들은
황제의 목록을 여러 방식으로 이해한다. 주석가들 중에는 황제 목록을 칼
리굴라로부터 시작하는 사람들이 있다. 칼리굴라는 그리스도의 죽음과 부

---

120) 율리우스 카이사르가 첫 번째 왕이며, 네로가 여섯 번째 왕이라는 제안은 Gentry가 주도면
밀하게 주장해왔던 것이다(*Before Jerusalem Fell*, 146-64). Gentry의 견해에 대해서는 본
서 17:10의 주석 부록에서 논의한다.

활로 시작된 새 시대 이후에 세워진 첫 번째 로마의 통치자이며, 대체적으로 안티오코스 에피파네스(기원전 175-164년에 이스라엘을 괴롭혔던 셀레우코스 왕조의 통치자-역주)의 특성을 반영한 로마의 첫 번째 통치자였다. 그는 예루살렘 성전에 자신의 상(像)을 세우려한, 기독교 전통에서 적그리스도의 선구자다(예. 마 24:15). 티베리우스를 첫 번째 왕으로 보는 사람들도 있다. 티베리우스 황제 치하에 그리스도가 십자가에 못 박히셨고, 유대인들이 그리스도인들을 박해하기 시작했다는 것이 그 이유다. 만일 티베리우스를 첫 번째 왕으로 생각한다면, 일곱 번째 왕은 도미티아누스다. 몇몇 사람은 아우구스투스로 시작하여 티베리우스, 칼리굴라, 클라우디우스와 네로(망한 다섯 왕들)를 거쳐, 베스파시아누스("하나는 있고")와 티투스("하나는 아직 이르지 아니하였으나")에 이른다. 종종 여덟 번째 왕("전에 있었다가 지금 없어진 짐승")을 도미티아누스와 동일시하는 경우도 있다. 하지만 네로 이후 짧은 기간 연속해서 통치했던 갈바와 오토와 비텔리우스를 배제해도 되는가? 고대 저술가들 중에서는 이들을 적법한 황제로 여긴 사람들이 있었다.[121] 이들을 배제하는 근거는 어디에 있는가?

요한계시록에 언급된 일곱 왕이 누구인지 찾을 때 직면하는 질문들은 이렇다. 어느 통치자부터 시작해야 하는가? 모든 황제를 그 수에 포함시킬 것인가? 아니면 단지 황제 숭배를 조성한 사람들만을 포함시킬 것인가? 모든 황제를 포함시킨다면, 요한계시록이 네로 시대에 기록되었다고 하든, 도미티아누스 시대에 기록되었다고 하든, 황제의 수가 너무 많다. 그리고 역사적으로 여덟 번째인 황제를 "일곱 중 하나"(17:11)에 어떤 방식으로 포함시킬 것인가?

네로를 여섯 번째 왕과 동일시하고, 그의 통치를 요한계시록이 기록된 시대와 동일시하는 경우 다음과 같은 구체적 문제에 직면한다.

(1) 갈바의 짧은 통치는 짐승의 마지막 환생과 동일시해야 할 것이다. 짐승은 이 마지막 등장 이후 결정적으로 멸망한다(17:11). 하지만 갈바는

---

121) 예. *Sib. Or.* 5.35; Josephus, *War* 4.491-96.

"바벨론"(이 이론에 따르면 예루살렘)의 멸망 이전에 죽었다. 이와는 다르게, 17-18장에서는 바벨론이 짐승보다 먼저 멸망한다. 갈바의 통치를 짐승이 살아있는 마지막 단계와 동일시하는 것은 "잠시 동안" 진행된 "일곱째" 왕의 통치(17:10)를 짐승의 짧은 통치("한 시간", 17:12)와 동일시한다면 가능할 수도 있다. 하지만 문제는 복잡하다. 짐승(즉 교회를 박해하는 로마 제국)은 갈바의 통치와 더불어 결정적으로 패배한 것이 아니라, 수세기에 걸쳐 역사적인 형태를 지니며 지속되었기 때문이다. 이것은 교회가 요한계시록의 신적 권위를 인정함에 있어 극복할 수 없는 문제였다. 계 17:11이 바벨론이 짐승보다 먼저 멸망당한다는 17-18장의 메시지와 상충되는 거짓 예언으로 이해되기 때문이다.

(2) 마찬가지로 갈바의 통치가 짐승의 최후 회생과 그의 마지막 박해를 가리킨다면(17:8, 11과 11:7을 비교) 역사적인 불일치가 발생한다. 갈바의 통치 기간중에는 현저한 박해가 없었다.

(3) 여섯째 왕이 현재 존재한다("하나는 있고", 17:10)고 언급되었더라도, 짐승이 현재 현저하게 활동하는 것으로 묘사되지는 않는다(17:11). 가능성 있는 본문 독법은 여섯째 왕이 현재 통치한다고 해도, 짐승이 그를 사주하여 일곱째 왕처럼 혹독하게 박해하지는 않았다는 것이다. 설령 이것이 17:11의 "전에 있다가 지금 없어진"의 정확한 의미가 아닐지라도, 11:7과 20:1-9은 여전히 하나님의 백성을 박해하는 마지막 역사적인 대적자(즉 일곱째 왕)가 이전의 통치자들보다 더욱 거대하고 가혹하게 박해할 것을 가리키는 증거가 된다(11:7과 20:1-9의 주석뿐만 아니라 17:8a, 10-11의 주석 참조). 하지만 만일 여섯째 왕이 네로라면, 17:10-11의 묘사는 적합하지 않다. 네로는 1세기 로마의 여느 황제보다도 더한 박해자로 악명 높았기 때문이다. 70년 이전 저작설을 주장하는 로빈슨은 네로가 여섯째 왕일 수 없음을 인정한다. "확실한 것 하나가 있다면, 그것은 네로가 죽었고 '지금 통치하지 않는다'는 사실이다."[122]

---

122) Robinson, *Redating*, 243.

(4) 계 17:8, 9-11이 "네로 환생" 신화를 반영한다는 가설에 따르면(앞부
분을 보라), 네로의 죽음이 17:9-11의 이미지에 전제된 경우, 그는 지금 통
치하고 "있는" 왕(17:10)과 지금 "있지 않은" 왕이 동시에 될 수 없다.[123]

(5) 마지막으로 이 견해는 다른 견해와 마찬가지로 17:12의 "열 왕"을
분명히 밝힐 수 없다(이 문제에 대해서는 아래 논의 참조).

　　요한계시록의 네로 시대 저작설을 주장하는 칠튼은 앞에서 제시한
(1)과 (2)에 대해서 이렇게 답변한다. 짐승은 갈바의 통치 때뿐만 아니라
이후의 황제들의 통치 기간에도 부활했다고 말이다. 칠튼은 이렇게 주장
하는 근거를 짐승이 "여덟째" 왕(17:11)과 동일시된 것에서 찾는데, 여덟
은 부활을 가리키는 숫자적 상징으로 해석된다.[124] 숫자에 이러한 상징
적 가치가 들어 있을 수는 있지만, 그 자체로서는 막연한 미래의 왕들을
통해 지속될 부활을 정당화하지는 못한다. 칠튼의 제안은 가능하지만,
갈바에 이르기까지 황제들의 수는 문자적으로 계수하고 반면 "여덟째"
는 비문자적으로 이해함으로써 후에 이어지는 역사적 사건들을 무시하
는 부조화를 해명하려 하지 않는다. 여덟 번째 왕으로서의 짐승을 갈바
나 갈바 이후에 등장하는 다른 한 명의 왕과 동일시해서는 안 될 이유는
없는 것 같다. 하지만 거기까지다.

　(1)과 (2)도 윌슨에게는 문제가 되지 않는다. 윌슨은 요한이 (요한계
시록을 기록할 당시 통치했던) 여섯째 왕에 관한 이야기를 통해 역사를 기
록하고 있지만, 장차 나타날 일곱째 왕(갈바가 되었든지 오토가 되었든지)에
관해 예언하려 할 때 실수를 저질렀다고 믿는다. 그래서 윌슨은 일곱째
왕에 관한 요한의 묘사와 그 왕의 통치 기간에 일어났던 실제 역사적 사
건들을 이어주는 연관성이 부족하다는 점을 70년 이전 저작설을 비판하
는 반대 논증으로 삼아서는 안 된다고 생각한다.[125] 이 견해와 관련된 문

123) 17:11; Collins, *Crisis and Catharsis*, 60도 동일하게 주장한다.
124) Chilton, *Days of Vengeance*, 436-37.
125) Wilson, "Problem of the Domitianic Date of Revelation," 597-605.

제들 중 하나는 요한계시록의 정경성 문제다. 요한은 자신이 지금 주님의 말씀을 기록하고 있음을 강조한다(2:7, 17, 29; 19:9; 22:18-19). 만일 요한이 일곱 번째 왕에 관한 예언을 기록하면서 명백하게 오류를 범했다면, 다음 세대가 요한계시록을 하나님의 말씀으로 받아들였다는 것은 이상하다. 이에 대해 이렇게 대답할 수 있을 것이다. 계 17:9-11의 예언이 초기에는 상징적으로 해석되어 그 예언을 오류가 있는 것으로 이해되지 않았다고 말이다. 하지만 초기의 해석자들이 본문을 상징적으로 해석한 것이 가능했다면, 아마도 이것이 원래의 의도였다고 주장할 수도 있을 것이다. 이미 2세기에 교회는 차명으로 기록된 저서들 또는 하나님의 말씀이라고 주장하지만 실제로는 상충되는 내용을 담고 있는 저서들을 (정경으로) 받아들이지 않으려고 조심 또 조심했다.[126) 요한계시록의 정경성이 초기 교회의 몇몇 집단들 내부에서 도전을 받았다는 것은 사실이다. 하지만 그러한 의문은 계 20장의 천년왕국을 지독히 문자적으로 해석한 집단들의 견해 때문에 일어났을 뿐이다.

좀 더 가능성이 있는 견해는 일곱 왕을 역사상 등장했던 통치자들과 구체적으로 동일시할 것이 아니라, 전 세대를 통틀어 교회를 박해하는 세계 정부의 세력과 동일시하는 것이다. 이들은 스스로를 신의 대사라고 사칭하면서 하나님의 백성을 박해한다. 이렇게 결론을 내리는 근거는 다음과 같다. (ㄱ) 단 7:4-7의 비유적이고 망원적인 사용, (ㄴ) 유대 문헌에서 단 7장 본문의 이해, (ㄷ) 수세기에 걸쳐 등장한 사악한 나라들을 상징하는 구약 전체의 바다짐승 비유 사용, (ㄹ) 단 11장의 적그리스도를 설명하는 신약성경의 초시간적 이해(살후 2:6-8; 요일 2:18), (ㅁ) 요한계시록에서 일곱 머리를 가지며 어느 구체적인 역사적 시대뿐만 아니라 역사상 대대로 권세를 행사하는 바다짐승이 어린 양을 흉내 낸 악의 화신이라고 밝힌 것.

이 문제를 더 자세히 논의한 17:9-10의 주석과 17:10에 대한 추기를 보라. 로마 황제 일곱 명은 원래 요한이 염두에 둔 사람들이며, 그들이 역사

126) Ellis, "Pseudonymity and Canonicity"를 보라.

상 대대로 나타난 모든 악한 나라를 가리키는 상징이었을 가능성은 있다.

"666"

네론 카이사르(Nero[n] Caesar)라는 이름의 숫자적 가치는 히브리어 표기에 따른 숫자의 의미를 고려한 것이라고 주장하는 사람들이 있다. 왜냐하면 히브리어에서 네론 케사르(נרון קסר)라는 이름의 숫자적 가치를 더하면 666이 되며, 이것은 13:18에 언급된 짐승의 이름의 수에 해당한다고 믿기 때문이다. 이것은 요한계시록이 기원후 70년 이전에 기록되었음을 암시하는 것으로 여겨진다. 요한계시록의 짐승이 요한이 글을 쓰고 있을 때 활동한 것처럼 보인다는 것이 그 이유다(13장을 순전히 예언적으로 보는 사람도 있지만 말이다).

그러나 그 이름을 네로와 동일시하는 것은 그리스어를 사용하는 원래 독자들 사이에서 히브리어와 히브리어의 게마트리아(자모 하나하나에 숫자적 의미가 있다는 이해—역주) 체계를 이해하는 지식이 있다고 잘못 가정한 것에 기인한다. 더욱이 "Caesar Nero"라는 명칭을 선택한 것은 네로 시대에 요한계시록이 기록되었다고 너무 쉽게 전제한 결과다. 사실 네로를 가리키는 칭호와 명칭은 무척 많다. 또한 외국 이름을 히브리어로 옮길 때 모음을 처리하는 방식에 상당한 선택의 여지가 있으며, 자음 에스(s)의 음과를 표기하는 데도 세 가지의 가능성이 있었다. 그리고 왜 저자가 그리스어를 사용하지 않고 히브리어를 사용했는지도 의문이다. 그리고 그리스어로 "짐승"(θηρίον)에 해당하는 히브리어의 숫자적 가치가 666이라는 것이 우연일까?

요한계시록에 사용된 다른 숫자들은 역사의 어느 특정한 시점에 존재했던 역사적 실체를 구체적으로 언급하지 않고 비유적으로 사용되었을 개연성이 많다. "수"(ἀριθμός)라는 단어는 다른 곳에서 매번 셀 수 없는 무리를 가리키기 위해 비유적으로 사용되었다(5:11; 7:4, 9[동족 동사가 사용됨]; 9:16[2번]; 20:8).

계 13:9은 들음에 대한 비유를 사용하여 사탄적이며 또한 짐승의 품성을 가진 제도들에 순응하라고 유혹하는 속임을 영적으로 분별하라고 신자들에게 권면한다. 18절의 권면의 말씀에도 같은 의미가 있다. 단지 18절에서는 귀 비유를 사용하는 대신에 지혜 있는 자만이 그 수를 셀 수 있다는 비유가 사용된다. 수를 셈으로써 지혜를 사용하라는 권면을 문자적으로 해석한다면, 말도 안 되는 이야기이지만, "귀가 있거든 들을지어다"라는 권면 역시 신체적 귀를 가지고 들으라는 문자적 표현으로 해석해야 할 것이다! 이것은 지적으로 탁월한 사람만이 풀 수 있는 수수께끼가 아니라 영적 위험을 알아차리라는 권면이다.

"바벨론"

적어도 두 가지 이유로 요한계시록에서 "바벨론"이 예루살렘을 가리키는 것으로 본다. 첫째, 11:8에 "큰 성"으로서 "그들의 주께서 십자가에 못 박히신 곳"이 언급되었다는 사실과 뒤에 나오는 장에서도 "큰 성"은 "바벨론"으로 불린다는 것이다(18:10, 16, 18, 19, 21; 비교, 14:8; 17:5).[127] 하지만 큰 성을 예루살렘과 동일시하는 것은 11:8에서 예루살렘을 결정적으로 언급한 본문을 문자적으로 이해할 경우에만 옳다. "그들의 주께서 십자가에 못 박히신 곳"은 "영적으로 하면"이라고 소개되기에, 이러한 동일시는 개연성이 없다. 예루살렘에 대한 언급 바로 앞에 소개된 "소돔과 애굽"이라는 지명 역시 분명히 비유적인 언급이다. 더욱이 예루살렘을 언급하기 시작하는 "곳"(ὅπου)은 요한계시록 곳곳에서 영적 또는 상징적 장소를 소개하기 위해 사용되었다.[128]

바벨론이 "세마포 옷과 자주 옷과 붉은 옷을 입고 금과 보석과 진주로" 꾸몄다는 것(18:16; 비교, 17:4)은 이스라엘의 대제사장의 의복을 암시하는 듯하다. 그래서 요한계시록에서 그 이미지는 반역한 이스라엘을 가리킨다

---

127) Beagley, *Sitz im Leben*을 보라. Beagley는 "바벨론"이 로마가 아니라 배교한 예루살렘을 가리킨다고 주장한다. 그래서 그는 요한계시록 전체에서 바벨론의 멸망 장면이 예루살렘 심판을 묘사한다고 이해한다. Beagley, *Sitz im Leben*, 179은 이에 대한 증거를 2:9; 3:9; 11:8에서 그리고 예루살렘 멸망을 경고하는 구약 본문의 사용에서 찾는다.
128) 더 자세한 논의는 본서 11:8의 주석 참조.

고 생각된다. 그러한 암시를 이렇게 이해하는 것이 가능하고 또 어느 정도 이런 내용이 내포되기는 했지만, 그 암시에는 에덴동산에 있던 아담의 의복을 반영하는 이방인 두로 왕의 옷이 포함되기도 한다.[129]

앞에서 언급했듯이, "바벨론"이라는 단어의 사용은 요한계시록이 기원후 70년 이후에 기록되었다는 강력한 내적 증거 중 하나가 될 수 있다. 70년 이후 유대교 내부에서 바벨론은 로마에게 적용된 전형적인 명칭이었다.[130] 반면에 70년 이전이나 이후에 "바벨론"이 이스라엘을 가리키는 상징적인 명칭으로 사용된 예는 하나도 없다. 이것이 곧 바벨론을 예루살렘에 적용하는 것이 불가능하다는 의미는 아니다. 하지만 바벨론을 예루살렘과 동일시("바벨론 = 예루살렘")하는 사람들에게 자신들의 주장을 입증해야할 책임이 있다. 구약성경의 일반적인 선례에 따르면 예언자들 중에서 몇 사람이 이스라엘을 종종 "소돔"이나 "애굽"으로 명명한 경우는 있다(예. 사 1:10; 3:9; 렘 23:14; 겔 16:44-58).

계 1:7의 첫 주제 제시

계 1:7은 예수에 대하여 "그가 구름을 타고 오시리라. 각 사람의 눈이 그를 보겠고 그를 찌른 자들도 볼 것이요, 땅에 있는 모든 족속이 그로 말미암아 애곡하리니 그러하리라"라고 언급한다. 과거주의적 입장에 서 있는 주석가들 중에는 이 본문을 로마인들을 징계의 막대기로 사용하여 기원후 70년에 예루살렘을 심판하러 오시는 예수의 강림을 가리키는 것으로 해석하는 사람들이 있다. 본문의 후반부는 슥 12:10을 인용한 것인데, 스가랴서 본문에서 애곡하는 사람들은 "다윗의 집과 예루살렘 주민들"이다. 이것을 근거로, 슥 12:12에서처럼, 계 1:7에서 "땅"은 이스라엘 땅을, "족속"은 슥 12장의 예언의 성취로 기원후 70년에 심판받은 이스라엘 족속(지파)을 문자적으로

---

129) 본서 17:4과 18:16, 그리고 21:18-20의 주석의 마지막 언급 참조.
130) 앞에서 요한계시록의 후기 저작설을 주장하는 "바벨론" 단원을 보라.

가리키는 것이 틀림없다고 결론을 내린다.[131]

하지만 이러한 관점을 둘러싼 난제들이 있다. 첫째, 슥 12장은 이스라엘의 심판이 아니라 이스라엘의 구원을 예언한다는 사실이다. 더욱이 스가랴서 본문 인용은 단 7:13과 결합되어 있다. 다니엘서 본문 역시 이스라엘의 심판이 아니라 이스라엘의 종말론적 구원을 언급한다.

둘째, "땅의 족속들"이라는 어구는 이스라엘 족속들(지파들)을 가리키지 않는다. "땅의 모든 족속들"은 LXX에 등장하는 모든 곳에서 모든 나라를 가리킨다(πᾶσαι αἱ φυλαὶ τῆς γῆς, 창 12:3; 28:14; 시 71[72]:17; 슥 14:17). 구약성경에서는 "**이스라엘**의 모든 족속들"이라는 어구가 반복해서 등장한다(25번). 계 1:7b에서는 슥 12장에서 이스라엘에 관해 말한 것을 "땅에 있는 모든 족속"이라는 표현을 사용함으로써, 지금 이스라엘의 역할을 하며 하나님의 전달자를 거절한 후 회개한 땅의 백성에게로 전환한다. 이렇게 바꾼 것은 슥 14:17의 "땅에 있는 모든 족속들"과 모든 사람을 가리키는 단 7:14의 "모든 백성"의 사용에서 동력을 얻었을 것이다. 요한계시록에서도 "땅에 있는 모든 족속"으로 변환한 것과 아울러 "각 사람의 눈"이라는 말로써 보편성이 강조된다. 애곡하는 사람들은 문자적으로 예수를 못 박은 사람들이 아니라 그를 저버린 죄를 지은 사람들이다. 이들은 예외 없이 모든 사람을 가리키지 않고, 나라들 중에서 믿음을 가진 모든 사람을 가리킨다. 이는 열국의 구원이 주요 주제인 5:9과 7:9에서 "족속"이라는 단어가 분명하게 우주적 범위를 가리키는 것에서 명확히 나타나 있다.[132]

스가랴서의 인용이, 자기들에게 닥친 임박한 심판을 두려워하는 나라들의 애곡을 의미하기 위해, 스가랴서의 원래의 의도와 상관없이 당대 상황에 적용된 것이라고 믿는 사람들이 있다. 하지만 요한은 구약성경 문맥의 사상에 충실하며 그 사상을 일관성 있게 발전시킨다. 이러한 규칙에 예외

---

131) 예. Gentry, *Before Jerusalem Fell*, 121-32과 거기에 언급된 저자들.

132) φυλή의 복수형은 11:9; 13:7; 14:6에서 믿지 않는 사람들을 가리키는 **보편적인** 언급이다.

가 있음을 주장하려면 그렇다는 사실을 입증해야 한다.[133] 분명한 것은 이것
이다. 1:7b에서 나라들은 자기 자신에 대해 애곡한 것이 아니라 예수에 대
해 애곡한다. 이것을 심판보다는 회개로 이해하는 것이 본문에 더 적합하
다.[134] 그리고 애곡하는 것을 이스라엘에서 믿음을 가진 나라들로 확대 적용
하는 것은 일관성이 있는 발전이다. 이제 믿음을 가진 나라들이 진정한 이
스라엘로 이해되기 때문이다.[135]

결론

요한계시록의 기록 시기와 관련한 문제에 대해 스위트가 내린 결론은 균형
잡힌 판단을 반영한다. "한 마디로 말해서, 초기 저작설이 옳을지도 모른다.
하지만 내적 증거는 이레나이우스에서 기원한 확고한 전통보다 비중이 있
다고 할 만큼 충분하지 않다."[136]

---

133) 본서 서론의 "요한계시록에서의 구약 사용"과 본서 전체에 걸쳐 나타나는 구약 암시 분석을
    보라.
134) Caird, *Commentary*, 18.
135) 21:24-22:3에서 나라들의 구원을 강조한 내용을 보라. Sweet, *Revelation*, 63과 본문 1:7의
    주석을 참조하라.
136) Sweet, *Revelation*, 27. Sweet의 전체 논의(21-27)를 보라. 독자들의 편의를 위해서, 두 진영
    의 주장을 간단하게 요약하는 저자들을 소개한다. Guthrie, *New Testament Introduction*,
    948-62; Johnson, *Revelation*, 406; Carson, Moo and Morris, *An Introduction to the
    New Testament*, 473-76; Michaels, *Interpreting Revelation*, 43-46; Michaels는 기원후
    70년 이후 95년까지 어느 시대든 상관이 없다고 생각한다. 이들 모두는 후기 저작을 선호
    하는 결론을 내린다. 결론에 이르지 못한 주장이긴 하지만 초기 저작을 선호하는 철저한 연
    구를 위해서는 Gentry, *Before Jerusalem Fell*을 보라. Moberly, "When Was Revelation
    Conceived?"는 외적 증거와 내적 증거에 기초하여 4-22장의 주요 환상이 기원후 69년에 기
    록되었고, 편지들은 도미티아누스의 죽음 후 기록되거나 갱신되었다고 주장한다. 좀 더 세
    부적인 연구를 위해서는 아래 열거한 저서들 여러 군데에서 발견되는 세속적·성경적·교
    회사적 일차 자료를 참고할 필요가 있다. Thompson, *Book of Revelation*; A. Y. Collins,
    Crisis and Catharsis; Bell, "Date of John's Apocalypse"; Newman, "Fallacy of the
    Domitian Hypothesis"; Barnard, "Persecution of Domitian"; Robinson, *Redating the
    New Testament*; Gentry, *Before Jerusalem Fell*; Hemer, *Letters to the Seven Churches*.

교회의 상황과 요한계시록의 목적과 주제

요한계시록을 수신한 교회들의 상황은 저작 시기를 논하는 부분에서 이미 간략히 언급했다. 그 정확한 상황에 대해서는 다양한 논의가 있지만, 대다수의 주석가들이 동의할 수 있는 한 가지는 그리스도인 청중들 사이에 인지된 다음과 같은 불일치가 요한계시록 기록의 한 원인이 되었다는 것이다. 한편으로 그리스도인들은 하나님 나라가 시작되었고, 하나님이 역사에 주권을 가지고 계시며, 그리스도가 역사를 끝내기 위해 곧 재림하신다는 사실을 믿었다. 그러나 다른 한편으로는 악의 세력이 현실적으로 계속 존재하며, 문화를 지배하고, 심지어 번창하고 있으며, 신자들을 다양하게 억누르고 있다. 복음의 진리는 어떻게 이 어려운 문화·사회·정치·경제의 현실과 실천적으로 또 구체적으로 관계하는가? 이 모든 것은 그리스-로마 종교의 다양한 형태와 떼려야 뗄 수 없을 정도로 연결되어 있다.[1]

요한계시록이 기록될 때까지 계획적인 박해는 없었고, 단지 산발적인 압제만 있었을 뿐이다. 저자는 밧모 섬에 유배되어 있었다. 안디바는 믿음 때문에 순교를 당했으며(2:13), 서머나 교회는 경제적 박해를 받았다(2:9). 한편 요한계시록에는 플리니우스가 묘사하는 것보다도 더 강렬하고 공식적인 박해가 장차 강하게 나타날 것으로 그려진다.[2] 플리니우스는 그가 대담한 사람들 중에 몇몇 사람이 자기들은 한때 그리스도인이었지만 "20년 전"에 기독교를 떠났다고 말했다고 적었다. 이것은 도미티아누스 통치 기간에 있었던 어느 정도의 선별적 박해로 인해 배교하게 되었음을 암시한다.[3] 플리니우스는 트라야누스 황제가 그리스도인들을 애써 "색출할" 필요

---

1) 예. Morris, *Revelation*, 19-20을 보라. Morris는 요한계시록이 기록된 이유로 이 견해를 주장한다. 비교. A. Y. Collins, *Crisis and Catharsis*, 142ff. Collins 역시 이와 비슷한 견해를 가지고 있다. 하지만 그는 그 관점을 단지 수신자만이 아니라 요한 자신에게까지 확대한다(위기가 감지되었다는 점에 대해서는 Murphy, "Book of Revelation," 188을 보라).
2) Pliny가 묘사하고 있는 박해에 대해서는 앞장의 내용을 참조하라.
3) 기원후 93년경. Downing("Pliny's Prosecutions of Christians")은 Pliny가 기록한 배교에 앞

가 없지만, 그리스도인인 것이 밝혀지거나 그리스도인으로 고소를 당한다면 처형할 것을 말했다고 기록한다.[4]

　요한은 지금 유배의 고통을 겪고 있다. 그리고 일곱 교회 중에 몇몇은 이미 어느 정도의 "환난"을 견뎠으며(2:9), 그리스도의 "이름 때문에" 박해를 받고 있었다(2:3). 이런 중에서도 교회는 그리스도의 이름을 부인하지 않았다(2:13; 3:8). 서머나 교회의 많은 성도는 장차 옥에 갇히고, 심지어 죽임을 당하게 될 것이다(2:10). 6:9-11에 묘사된 순교한 성도들에 대한 환상은 과거에 발생한 박해를 가리킬 수도 있다. 하지만 그 본문은 확실히 미래에 있을 압제를 분명하게 묘사한다. 그러한 압제는 (6:11에 언급되었듯이) 장차 절정에 도달할 것이다. 11:3-6이 미래에 있을 박해를 언급한다고 보는 사람들도 있지만(환난이 산발적으로 일어난다는 것에 대해서는 11:5의 조건절을 주목하라), 과거에 가끔씩 발생했던 박해를 묘사하는 것일지도 모른다. 마찬가지로 12:6, 14-17; 13:1-18; 17:6; 20:4은 시작된 박해 또는 다가올 박해를 언급한다고 할 수 있다. 11-13장의 시간대를 결정하는 골치 아픈 문제와 이와 연관된 문제로서 11-13장에 언급된 박해를 문자적으로 이해해야 할지, 아니면 비유적으로 이해해야 할지의 문제는 본서의 해당 장 주석에서 설명할 것이다. 11-13장에서 묘사된 것을 완전히 문자적으로 이해해야 한다면, 그것은 미래에 일어날 계획적이며 보편적인 박해로 이해하는 것이 더 낫다. 또는 이렇게 이해할 수도 있다. 11-13장의 내용을 철저하게 비유적 묘사로 이해한다면, 해당 장에 있는 내용이 1세기의 박해의 상황을 묘사한다고만 볼 수는 없을 것이다. 둘 중에 어느 것이 되었든지, 11:7ff.의 내용은 20:7-9처럼 미래 역사의 끝에 성도들에게 가해질 범세계적인 시련을 언급한다.[5]

　박해의 상황에 대한 논쟁을 염두에 둔다면, 중간 입장을 취할 수도 있

서 이런 것이 박해의 결과였음을 설득력 없이 의심한다.
4) Pliny, *Epistles* 97.
5) 6:9-11과 11-13장의 시간적·비유적 중요성을 철저하게 분석한 본서의 해당 주석을 참조하라.

다. 그리스도인들에게 가해진 압제는 요한이 요한계시록을 기록하기 전에
도 간헐적으로 있어왔다는 사실에 대해서는 모든 사람이 의견을 같이한다.
하지만 요한은 박해가 장차 강해질 것을 미리 내다보았을 뿐만 아니라, 이
미 어느 정도 서서히 강화되면서 진행되고 있다는 것도 알았을 것이다.

　이것은 콜린스의 제안과 완벽하게 일치한다. 콜린스는, 저자가 진행되
고 있던 박해의 한 가운데서 그리스도인을 위로할 목적이 아니라 "많은 그
리스도인이 인식하지 못한 위기를 지적할 목적으로" 글을 쓰고 있다고 주
장한다.[6] 콜린스의 견해는 데이비드 A. 드실바에 의해 좀 더 자세하게 진척
되었다.[7] 드실바는 요한계시록이 묵시문학 장르에 속한 것으로서 마지막
때 상황이 바뀌어 박해자들은 심판을 받고 박해를 받는 사람들은 승리자가
될 것이라는, 박해받는 사람들의 간절한 소망을 나타낸다고 믿었던 과거
주석가들의 전제를 반박한다. 오히려 요한계시록은 이미 고난을 받고 있는
그리스도인들에게 신정론을 제시할 뿐만 아니라, 자신이 살고 있는 사회의
지배적인 정치·경제·종교 세력에 맞서는 그리스도인들을 위해 현실을 정
의하는 예언서다. 드실바에 따르면, 요한은 교회를 하나님이 계시하신 "현
실에 대한 '역(逆) 정의'를 위한 '타당성 구조'"를 보호하는 기능을 해야하는
집단으로 본다. 구체적으로 말해서, 교회의 예배는 신자들에게 그들과 모든
사회를 견고하게 묶어주는 진정한 우주적 질서를 상기시킨다. 이것은 요한
계시록의 환상에서 발견되는 예배 본문이 지향하는 목적과 동일하다.[8] 감
지하기 어려운 위기를 이처럼 분석한 것은 도미티아누스의 박해를 입증하
는 이교도의 자료가 없다며 기원후 70년 이전 저작설을 주장하는 몇몇 사
람의 비평에 대한 대답이 될 수 있을 것이다.[9]

　이것은 특별히 무역조합과 그들의 수호신과의 타협에 비추어 이해해야

---

6) Collins, *Crisis and Catharsis*, 77. 또한 69-76도 보라. 이와 비슷한 견해를 표출한
　Thompson, *Book of Revelation*, 27-28, 174-85도 보라.
7) De Silva, "Social Setting of Revelation."
8) De Silva, "Social Setting of Revelation," 280-81, 296-97. 하지만 De Silva는 요한계시록의
　신정론 기능은 부인한다.
9) De Silva, "Social Setting of Revelation," 280-81,

한다. 분명한 것은 소아시아의 교회들 중에서 그러한 무역조합의 수호신들에게 공개적으로 충성을 표현하는 것이 엄청나게 큰 죄라고 생각하지 않는 집단이 상당히 있었다는 사실이다. 이것은 특히 해마다 조합의 수호신을 경배하기 위해 열리는 식사에 참석함으로써 조합의 신들에게 "경의"를 표한 경우에 발생했다. 지역 신들을 예배하는 행위는 황제를 신으로 존경하는 것을 동반했다. 일반적인 문화의 관점에서 볼 때, 이러한 충성 표현은 애국심에 속하는 것이었다. 결국 알려진 대로라면, 조합의 수호신들은 로마 제국의 신과 더불어 그 문화가 누려왔던 사회적·경제적 복을 주는 존재였다. 이런 신들에게 감사를 표하지 않으면 나쁜 시민이었다. 황제 숭배의 요구가 서서히 그러나 확실히 증가하고 있었을 가능성은 이러한 상황을 심화시켰을 것이다. 황제 숭배에 충성을 보이라는 공식적이고 전반적인 요구는 아마도 없었을 것이다. 하지만 적어도 도미티아누스 재임 때 황제를 신으로 표현하는 언급들이 로마의 총애를 받기 위해 황제에게 아첨하려는 로마의 지방관료들과 지역주민들에 의해 사용되었다는 증거는 있다.[10]

이따금씩 반복되는 경제적 박탈과 정부 차원의 공식적 박해로 인해 그리스도인들은 여전히 지역 무역조합의 제의 및 황제 숭배와 타협하려는 유혹을 받았을 것이다. 요한의 목적은 이런 상황에 처한 그리스도인들에게 정신을 번쩍 들게 하여 신앙으로 놀아가게 하고, 두 수인에게 충성할 수 없고 오직 한 분에게만 충성해야 한다는 점을 일러주어 그들 죄의 심각성을 일깨우는 데 있다.[11] 그리스도인들이 이교도의 제의에 참여할 수 있다거나 그럼에도 불구하고 여전히 신실하게 여겨질 수 있다고 가르치는 거짓 교사들은 용납하지 말아야 한다(2:14-15, 20-24). 본질적으로 니골라 당 같은 거짓 교사들은 사도적 전통을 변형시켜 그리스도인들이 주변 사회와 더 평화롭고 이익이 되는 삶을 용이하게 살아갈 수 있게 했을 것이다. 요한은 이러한

---

10) Collins, *Crisis and Catharsis*, 71-72; Thompson, *Book of Revelation*, 95-115.
11) 무역조합과 제국의 신들과 관련한 충분한 배경은 본서 서머나 교회, 버가모 교회, 두아디라 교회, 라오디게아 교회에게 보낸 편지 주석 참조.

교사들과 그들을 추종하는 사람들을 염두에 두고 "두려워하는 자들"과 "믿
지 아니하는 자들"이라는 용어를 사용한다(21:8). 이들은 말로는 그들이 속
한 공동체의 이름(그리스도인)의 의미를 증언하는 것 같지만, 실제로는 "그
공동체의 '역(逆) 정의'의 의미를 부인했다."[12] 거짓 교훈은 버가모와 두아
디라 이외의 교회들에서도 발견된다. 서머나와 라오디게아에서도 타협의
증거가 나타나기 때문이다(3:2ff., 14ff. 주석 참조). 4-21장에서 비유적 환상이
많이 나타나는 주요 이유 중 하나는 교회들에게 무시무시한 장면을 보여주어
그들이 처한 위태로운 환경의 영적 무게를 묘사하려는 데 목적이 있다. "들을
귀"가 있는 사람들은 상황의 심각성을 알고 타협하는 것을 멈출 것이다.[13]

　　제국과 지역 무역조합의 압박 외에도, 또 다른 타협의 문제가 유대인 공
동체에서 발생했다. 로마법에 따르면, 원래의 발상지 밖에 있는 종교는 불
법으로 간주되었다. 종교 행위와 관련된 명백한 사회적 범행이 일어나지
않는다면 이 법이 적용되지 않았지만 말이다. 이 법의 유일한 예외가 유대
교였다. 유대교의 종교 생활은 제국 전역에서 허락되었다. 기원후 70년 이
후에는 이교도들이 그리스도인들을 유대교와 완전히 분리하여 생각하지
않았겠지만, 기원후 70년까지는 기독교를 유대교의 한 분파로 간주했을 것
이다. 70년 이후에는 유대교가 스스로 기독교와 공식적으로 단절하려고 했
다.[14] 그리스도인들이 예루살렘의 멸망이 유대인들이 예수를 십자가에 못
박은 까닭에 내려진 심판이라고 주장했다는 것은 유대교가 기독교와 단절
한 적어도 부분적인 이유가 된다. 더욱이 기독교는 이전에 유대인 회당 예
배에 참석했었던 상당히 많은 "하나님을 경외하는" 이방인들을 그리스도인
이 되게 했다. 이것이 교회를 향한 유대인의 적대심을 증가시켰을 것이다.
유대인들이 기독교가 하나님을 경외하는 자들에게 율법을 지키지 않고도

---

12) De Silva, "Social Setting of Revelation," 300. 참조. 299-301.
13) "들으라"는 문구의 목적에 대해서는 본서 2:7의 주석과 특히 Beale, "The Hearing Formula
　　and the Visions of John in Revelation"을 보라.
14) Horbury, "Benediction of the Minim"을 보라. Horbury는 1세기 말과 그 이후 그리스도인
　　들을 향한 유대인들의 고조되고 공식적인 적대 행위를 입증하는 증거를 논한다.

구원을 얻을 수 있다면서 반쪽 유대교를 제안하는 종교로 보았을 것이므로, 반감은 극에 달했을 것이다.

적어도 이 요소들 중 일부분은 유대인들이 서머나 교회(2:9)와 빌라델비아 교회(3:9)를 박해한 이유였다.[15] 분명한 것은 유대인들이 지방정부 관료들에게 그리스도인들이 유대교 내에 있는 적법한 종파가 아니라 새로운 종교이며, 그들은 팔레스타인 밖에서 그들의 종교생활을 수행할 법적인 권리가 없다는 사실을 명확히 했다는 사실이다. 이러한 선동으로 인해 로마인들은 그리스도인들을 더 주시하게 되었고, 황제의 신성을 향한 그리스도인들의 충성심을 조사했을 것이다. 유대인들의 이러한 압박 때문에 일부 그리스도인들은 자신들의 믿음에 관해 보다 침묵하는 태도를 유지하여 유대인 앞에서나 로마인 앞에서 주목을 덜 받으려고 했을 것이다.

그리스도인들이 유대교와 구별되었다는 이유로 주목을 받았든지, 아니면 조합이나 제국의 제의에서 요구하는 대로 행하지 않았다는 이유로 주목을 받게 되었든지 간에, 그들은 다양한 정도로 박해를 받았을 것이다. 비록 산발적으로 또는 가끔 일어난 일이라고 하더라도, 그리스도인들이 로마 관료들 앞에 끌려가서 로마의 여러 신들의 이름을 부르며 황제에게 충성심을 보이고, "규칙에 따라 황제의 동상 앞에 술과 향을 바치고 그리스도를 저주하라"고 요구를 받는 위협이 지속되었다.[16] 다신교도에게 "카이사르는 주님이다"라고 말하는 것은 문제가 되지 않는다. 하지만 순전한 그리스도인들에게 그렇게 하는 것은 "예수가 주님이시다"라는 신앙고백과 정면으로 부딪히는 것이었다.[17]

그리스도인들은 이러한 상황에 여러 가지 방법으로 대처했을 것이다. 첫째, 플리니우스가 일부 그리스도인들이 그렇게 했다고 기록했듯이, 자신

---

15) Beagley, *"Sitz im Leben" of the Apocalypse*를 보라. Beagley는 요한계시록 전체에서 그리스도인들의 주요 원수가 일차적으로 로마가 아니라 유대인들이라고 주장한다(그 이유에 대해서는 앞에서 인용한 *Sitz im Leben*을 보라).

16) Pliny, *Epistles* 10.96에 따르면, 이것은 적어도 기원후 113년에 요구되었다.

17) 롬 10:9; 고전 12:3. Boring, *Revelation*, 18.

의 기독교 신앙을 철회하고 그것을 부인하는 사람들이 있었을 것이다. 둘째, 플리니우스가 또한 우리에게 그런 일이 실제로 일어났다고 말해주듯이, 그리스도인들 대부분은 그리스도를 공공연히 고백하고 박해를 받았을 것이다. 셋째, 그들은 타협했을 것이다. 교회 안에 있는 몇몇 거짓 교사들이 부추기던 것이 바로 이것이다(2:14-15, 20). 타협의 가능성을 주장하는 사람들은 다음의 형식으로 타협이 이루어졌다고 생각한다(이 점에 대해서는 2:14-15과 특히 2:24-25의 주석 참조). 일부는 그들이 무역조합 축제에 참여하라는 요구를 받는다면 수호신들을 찬양하거나 카이사르를 신으로 인정했을 것이다. 그리스도인들은 우상숭배에 참여함으로써 "사탄의 깊은 것을 알"고 사탄의 내부 회의에 참여할 수 있다고 생각했을 것이다(2:24). 그런 지식은 그리스도인들이 사탄적 대적자들의 속임수를 알고 장차 사탄을 더 잘 이길 수 있게 한다고 했을 것이다. 또는 그리스도인들이 그리스도교와 이방 종교를 혼합하기로 결정한 것은 아마도 그들의 그리스도교 신앙이 통합적이면서도 온전하게 유지될 수 있다고 판단해서였을 것이다. 구약시대의 이스라엘이 바알 숭배와 야웨 섬김을 혼합하려고 한 것처럼 말이다. 대안으로 선택할 수 있었던 것은 일부 그리스도인들이 겉으로는 이교도의 신들 앞에서 자신의 신앙을 공공연히 고백함으로써 사람들을 속였지만(결국 무신론자인 이교도들도 그들의 관점에서 동일하게 행하지 않는가), 사실 자신들은 그리스도에게 절대적으로 충성한다고 마음으로 느꼈을 수도 있다. 가능성이 있는 것은 이것이다. 몇몇 사람은 유대인들이 하는 것에서 영감을 받아, 황제에게 신으로서가 아니라 존경할 만한 인간으로 경의를 표하고 기도를 하되, 로마의 통치자에게가 아니라 그를 대신하여 기도했을 수도 있다. 그리스도인들은 유대인이 생각했던 이런 구별을 마음에 품고 이교의 신들을 예배하는 데 참석했을 것이다. 자신의 이교도 동료들이 그런 섬세한 차이를 인지하지 못했다는 것을 알았겠지만 말이다.[18] 그러한 행동은 "가이사의 것은 가이사에

---

18) 그리스도인이 이교도 제의에 참여하는 것과 관련하여 가능성 있는 설명을 자세히 논한 본서 2:14-15, 20의 주석을 참조하라.

게, 하나님의 것은 하나님께 바치라"는 예수의 말씀을 오해함으로써 불에 기름을 붓는 형국이 되었다(막 12:17).[19] 요한이 21:8, 27과 22:15에서 "거짓말하는 자"라는 단어를 사용할 때, 특히 이런 신자들을 염두에 두었다.[20]

이런 내용에 비춰 보컴은 요한계시록이 로마를 대항하여 예언적 논쟁을 하고 있다고 주장한다. 단지 로마가 교회를 박해한 것 때문만이 아니라, "로마의 권력 체제" 자체의 부패성 때문에 더욱더 그렇다는 것이다. 교회는 로마 체제의 타락과 관계를 끊어야 한다. 그리고 교회가 지속적으로 로마와 관계를 단절한다면 지속적인 박해가 있을 것이라고 요한은 내다봤다.[21]

일곱 교회를 제시하는 곳에서 교차대구 구조를 발견할 수 있다. 첫 번째(에베소) 교회와 마지막(라오디게아) 교회는—비록 그리스도가 첫 번째 교회의 몇 가지를 칭찬하시지만—그리스도인으로서의 정체성을 잃을 위기에 있다(2:5; 3:16). 두 번째(서머나) 교회와 여섯 번째(빌라델비아) 교회는 연약하지 않고, 충성스런 증인 노릇 하는 것을 계속하라는 권함을 받는다. 교차대구 구조에서 중앙에 위치하는 세 번째(버가모) 교회와 네 번째(두아디라) 교회, 그리고 다섯 번째(사데) 교회는 혼합된 상태에 있다. 세 교회는 선한 일 몇 가지로 인해 칭찬을 듣지만, 그럼에도 심각한 문제를 교정 받는다. 교회가 그 문제를 고치지 않는다면 분열될 것이다. 교회들의 모든 문제는 우상숭배와 타협할 유혹을 받는 와중에도 증인으로서의 삶을 살라는 도전과 어떤 식으로든 관련을 맺고 있다.

교차대구 구조의 중심 사상은 종종 중앙에 강조가 있기도 하지만, 통상적으로 맨 바깥 행에 있다. 여기서 교차대구의 중요성은 소아시아의 교회들이 심각한 문제에 직면하고 있음을 강조한다. 교차대구에 따르면, 교회는 그들의 정체성을 잃을 수가 있다. 그 패턴의 중앙에 있는 교회들은 건강하지 못하다. 일곱 교회가 1세기의 교회와 교회사 전체에 있는 보편적인 교회들

---

19) J. P. M. Sweet의 주장을 따랐다.
20) Boring, *Revelation*, 21-23.
21) Bauckham, *Theology of the Book of Revelation*, 38.

을 대표한다면(1:4, 11의 주석 참조), 교차대구는 각 시대의 교회가 전형적으로 건강하지 못하고 증인 노릇을 하지 않는 교회임을 강조하는 데 그 의의가 있다. 하지만 서머나 교회와 빌라델비아 교회처럼 증인으로서의 역할을 충실하게 수행하는 적은 수의 교회도 늘 존재하는 법이다. 교회의 대체적인 상태를 냉철하게 평가한 내용은 딤후 1:15의 가르침과 일치한다. 물론 딤후 1:15("아시아에 있는 모든 사람이 나를 버린 이 일을 네가 아나니")에서 교회는 요한계시록에서보다 더 부정적으로 평가되었다. 복음 사역자들은 교회를 이렇게 현실적으로 평가한 것을 의식하여, 현대 기독교계에 대한 승리주의적 기대가 이루어지지 않았을 때에라도 그들의 소명이 파멸되지 않게 해야 한다.

그렇다면 요한이 요한계시록을 기록한 목적은 이것이다. 우상숭배와 타협하지 않는 사람들에게는 그 상태를 계속 유지하도록 격려하고, 우상숭배와 타협한 사람들에게는 영적 무감각을 벗어나라고 경고함으로써 그들이 처한 영적 위험을 직시하고 회개하여 부활하신 그리스도를 주님으로 증언하는 증인들이 되라고 격려하는 것이다. 전혀 반응하지 않는 사람들에게는 심판만이 따를 것이다.

요한의 심판 경고는 우선적으로 배교자와 거짓 성도로 드러난 교회 공동체 내부의 사람들을 겨냥한다. 이들은 궁극적으로 불경건한 세상 제도와 자신을 동일시한 사람들이다. 신자들을 박해하는 교회 밖 이교도들 역시 심판의 대상이다. 하지만 요한계시록은 일차적으로 이러한 외부인들에게 믿으라고 권하거나 또는 믿지 않는다면 다가오는 심판이 있을 것이라고 경고하려고 쓴 것은 아니다. 비록 저자가 이교도들이 복음을 믿어 구원을 경험해야 한다는 것과, 그들이 믿지 않는다면 심판을 받게 될 것임을 확실하게 주장할 테지만 말이다(예. 14:6-11; 17-18장).

그러므로 요한계시록의 초점은 타협하고 우상숭배를 하는 교회와 세상 속에서 교회 공동체에게 그리스도를 증언하라고 권하는 데 있다.[22]

---

22) 요한계시록의 상황을 자세히 묘사한 내용은 본서 2-3장의 주석과 Hemer, *Letters to the Seven Churches*; Sweet, *Revelation*, 27-35; Thompson, *Book of Revelation*, 95-167을 보라.

94

저자

요한계시록이 한 사람에 의해 기록되었는지, 아니면 여러 저자 또는 여러 편집자들에 의해 만들어진 결과물인지를 두고 오랫동안 논의가 진행되었다. 요한계시록 저자가 많은 구약성경 본문과 유대 문헌 및 그리스-로마 자료를 암시한 것은 확실하지만, 오늘날은 한 사람의 저자가 요한계시록을 기록했다는 사실에 대해서는 이견이 없다.[1] 나는 본 주석에서 이것을 전제하고서 논의를 진행할 것이다. 하지만 몇몇 부분에서는 다양한 단락에서 사용된 자료와 그것을 기록했다고 여겨지는 각기 다른 저자들과 관련한 주장들을 논할 것이다.[2]

요한계시록의 저자에 대해서는 3가지 가능성이 있다. 하나는 사도 요한이고, 다른 하나는 (종종 장로 요한으로 언급되는) 요한이며,[3] 나머지 하나는 "요한"을 가명으로 사용한 사람이다.

마지막 제안은 가장 가능성이 낮다.[4] 미지의 저자가 자신을 사도 요한처럼 잘 알려진 그리스도인과 동일시하려 했다면, 그는 아마도 자신을 단지 "요한"이라고 칭하지 않고 "사도 요한"이라고 칭했을 것이다. 그런데 요한계시록의 저자는 그렇게 하지 않았다. 자신을 종, 동료 신자, 그리스도의 증인, 그리고 증인이기 때문에 유배되었다고 밝힌 것 말고는 사실 저자에 대한 정보가 거의 없다(1:1, 9-10). 더욱이 이 시기에 위경들이 그리스도인들 사이에서 받아들여지는 것이 관례였는지 의문이 제기되었다.[5] 학자들

1) Bauckham, *Climax of Prophecy*, 1-37을 보라.
2) 19세기와 20세기 초에 나온 다중 저자와 자료들에 관련한 이론들을 평가한 Beckwith, *Apocalypse of John*, 216-39과 이외의 여러 곳을 보라. Beckwith는 단일 저자를 지지한다.
3) Guthrie "Elder John"은 저자가 열두 사도 이외에 예수의 제자들 진영에 속하는 팔레스타인 출신이라고 밝힌다.
4) 이 대안을 거부하는 견해에 대해서는 Charles, *Revelation* I, xxxviii-xxxix을 보라.
5) Guthrie, *Introduction*, 1011-28; Carson, Moo, and Morris, *Introduction*, 367-71; Ellis, "Pseudonymity and Canonicity"를 보라.

사이에서는 "요한"이 차명이 아니라 실제의 요한을 가리키는 자기언급이라는 데 견해를 같이한다.

요한계시록을 기록한 사람이 "요한 학파"를 대표하는 무명의 한 사람이라고 주장한 사람들이 있다. 하지만 이것은 알려지지 않은 저자가 요한의 이름을 도용하여 글을 쓴다는 의미이기에, 이미 우리가 거부한 차명론과 비슷하다.[6]

저자가 (열두 사도 중의 한 사람인) 사도 요한인지 아니면 사도단 밖에 있는 사람으로 알려졌을 수도 있는 또 다른 요한인지를 밝히는 것은 무척 어려운 문제다.[7] 요한복음과 요한 서신들과 다른 문체(문법, 어휘 등등)가 사용된 것만으로는 사도가 아닌 사람이 요한계시록의 저자라고 결정을 내릴 수는 없다. 그 정도의 차이는 장르가 다른 글(묵시적 예언서)에서 얼마든지 예상할 수 있기 때문이다.[8] 더욱이 글을 쓰는 상황과 목적의 다름은 글의 문체에 상당한 영향을 줄 수 있다. 개중에는 요한계시록의 신학이 같은 저

---

6) 이 견해와 관련한 또 다른 문제에 대해서는 Carson, Moo, and Morris, *Introduction*, 472을 보라.

7) Guthrie, "Elder John." Justin은 요한계시록의 저자를 "그리스도의 사도들 중에 한 사람인 요한이며, 그는 자기에게 주어진 계시로 예언했다"라고 말한다. Justin, *Dialogue with Trypho* 81(기원후 132-35년). 영지주의 문서인 *Apocryphon of John*(기원후 150년 무렵, 서론에는 요한계시록의 저자가 "야고보의 형제 요한…이들은 세베대의 아들들이다"라는 언급이 있다(이에 대해서는 Helmlold, "Note on the Authorship of the Apocalypse"를 보라).

8) 예를 들어, Poythress "Johannine Authorship"은 장르상 요한복음 및 요한 서신들과 비슷한 요한계시록의 단락(1:1-8; 1:17b-3:22)이 접속사 사용에 있어서 그 문서들과 문체상 유사한 점이 있음을 보여주었다. 요한계시록의 본론(4-22장)에서 접속사 사용과 문체가 일관되게 다르게 나타난다고 해서 다른 저자를 가리키는 것은 아니다. 이것은 역사적인 이야기나 편지글보다는 환상에 알맞은 문체에 맞추려는 저자의 의도 때문에 발생한 일이다. Whale, "The Lamb of John"도 참조하라. Whale은 요한복음과 요한계시록 사이에 존재하는 어휘의 차이를 다룬 통상적인 목록이 R. H. Charles가 제시한 이전의 목록을 종종 무비판적으로 답습한 것이었음을 폭로한다. Whale은 또한 실제로 증거의 왜곡이 있었음을 증명했다. Whale은 두 문서 간에 차이를 분석한 결과, Charles가 소위 다르다고 추론한 것이 사실 그렇게 중요한 것이 아니라고 결론을 내린다. 예를 들면, "어린 양"을 지칭하는 단어(ἀρνίον), "부르다"(καλέω), "나라"(ἔθνος), "세상"(κόσμος), "~까지"(ἕως), 그리고 "증인"(μαρτυρέω+목적어) 등이다. Whale은 그가 생각하기에 더 중요한 어휘와 문법의 다른 점을 지적하지만, 저자 문제에 결정적 영향을 줄 만한 것들은 아니라고 암시한다.

자에게서 나왔다고 하기에는 요한복음과 요한 서신들의 신학과 너무도 다
르다고 주장하는 사람들도 있다. 하지만 이러한 평가는 구절별 주해의 결
과에 의존한 것이다. 본서의 주석에 의하면, 요한계시록의 신학은 요한복
음이나 요한 서신의 신학과 정확히 일치한다.

　　S. S. 스몰리는 요한계시록과 요한복음 간의 수많은 유사성에 근거하
여 "사랑하는 제자"이며 사도인 요한이 요한계시록과 요한복음을 썼다고
결론을 내린다. 두 성경 사이의 유사한 신학 중에서 가장 대표적인 것들
은 출애굽과 모세 주제, 기독론(말씀, 어린 양, 인자, 심지어 죽음을 통해 영화
롭게 되신 분으로서의 예수), 종말론 사상, 그리고 두 책이 주석 전통을 사용
한 방법 등을 들 수 있다.[9] 마찬가지로 C. G. 오잔은 요한계시록에 사용된
목자, 만나, 생명수, 생명과 빛 등이 요한복음과 요한 서신에서도 공통적
으로 사용된 단어들과 어구들이며, 이 3개의 문헌에 거의 제한해서 사용
된 단어들임을 주목했다. νικάω, τηρεῖν τὸν λόγον, τηρεῖν τὰς ἐντολάς,
ὁδηγεῖν(영적 지침과 관련함), σκηνόω, ποιέω, σημεῖον, μαρτυρία 그리고
ἀληθινός 등. 게다가 오잔은 요한계시록에서 발견되는 수많은 셈어 어법
(Semitism)과 문법적 실수들이 "어떤 특별한 목적을 위해 의도적으로 구
성한 것"이라고 결론을 내린다. 그러므로 좀 더 자연스럽고 일반적인 문
체에 따라 다른 문서를 작성하는 과정에서는 저자에게 부자연스러움이
없다.[10]

　　사도 요한이 요한계시록을 기록했다는 것은 일반적으로 받아들여지는
사실이지만, 또 다른 요한이 요한계시록을 기록했을 수도 있다. 이 문제가
요한계시록의 메시지에 영향을 주지 않기에 그 문제를 확정 짓는 것은 그
리 중요하지 않다. 어느 요한이 기록했든지 간에, 요한계시록의 저자는 자
신을 예언자라고 밝힌다(예. 1:1-3, 10-19; 4:1-2; 17:1-3; 21:9-10; 22:6-7). 그러

---

9) Smalley, "John's Revelation and John's Community."
10) Ozanne, "Language of the Apocalypse," 9. 문법적 실수의 의도성에 관해서는 본서에서 요
　　한계시록의 문법을 간단히 논의한 것을 참조하라.

므로 요한을 사회적으로 초기 그리스도교 순회 예언자들 집단에 속한 사람
이라고 말할 수 있을 것이다.[11]

---

11) 본 주석에서는 저자 문제가 핵심적 문제는 아니다. 하지만 이와 관련된 문헌은 소개할 필요
    가 있다. Charles, Swete, Beckwith, Kiddle, Beasley-Murray, Mounce, Sweet의 주석들
    이다. 이 주석들에는 저자 문제가 좀 더 심도 있게 다뤄졌다. 또한 Guthrie, *New Testament
    Introduction*, 932-48과 Carson, Moo, and Morris, *Introduction*, 468-73을 보라. 요한의
    사회적 정체성을 예언자로 규명한 논의에 대해서는 Murphy, "Book of Revelation," 186-
    87과 거기에 언급된 참고문헌; Aune, "The Social Matrix of the Apocalypse of John"; de
    Silva, "The Social Setting of Revelation," 282-86을 보라. 마지막에 언급한 두 사람(Aune,
    de Silva)은 순회 예언자인 요한에 대해 논한다. 요한복음과 요한계시록의 공동 저자설을 두
    고 찬반 논의와 증거, 그리고 특히 문체와 내용과 신학을 둘러싼 논증에 대해서는 Feuillet,
    Apocalypse, 95-108을 보라. Feuillet는 공동 저자설을 지지한다. 하지만 그는 그리스어에 서
    툰 비서의 손을 빌려 요한계시록을 기록했을 가능성도 고려한다.

장르

현대 주석가들은 요한이 묵시, 예언, 편지 등 세 장르를 이용하여 요한계시록을 기록했음을 일반적으로 인정한다. (묵시의 형식, 주제, 내용 또는 기능에 따라) 묵시를 정의하는 방법이 많이 있지만, 묵시는 예언의 극화로 가장 잘 이해된다. 그간 묵시와 예언 장르 간에 너무도 많은 구별을 해왔다. 구약성경 중에 묵시와 예언을 혼합한 책들이 있다.[1] 묵시에는 예언에서 발견되는 문학적 특성과 주제들이 더욱 고조되고 밀집되어 있지만, 묵시를 예언과 판이한 것으로 이해하지 말아야 한다.[2] 특히 요한계시록이 그런 경우다. 요한계시록은 1:3과 22:6-7, 10(여기서 1:1, 3의 표현의 축자적 병행이 발견된다)에서 "예언"으로 묘사된다(본문 1:1의 주석과 22:6의 "예언자들"을 보라). 1:1의 "묵시"("계시")라는 단어는 단 2장을 직접 암시한다. 단 2장에서는 이 단어가 하나님이 예언자 다니엘에게 주신 예언적 계시를 의미하기 위해 사용되었다(본문 1:1의 주석 참조). 이런 의미에서 요한계시록은 구약성경, 특히 에스겔서와 다니엘서, 스가랴서처럼, 예언과 묵시가 혼합된 장르로 이해하는 것이 가장 좋다.[3]

확실한 것은 저자의 이름을 차명으로 쓴 것이 요한계시록에 반영된 묵시적 특성은 아니라는 사실이다. 학자들은 "요한"이 차명일 가능성이 거의

---

1) 예. 이사야서, 에스겔서, 스가랴서, 다니엘서. Schüssler Fiorenza, *Book of Revelation: Justice and Judgment*, 168; Carson, Moo, and Morris, *Introduction*, 479을 보라.

2) 비교. Longman, "Review of Rowland," 178-80; Ladd, "Why Not Prophetic-Apocalyptic?"; Schüssler Fiorenza, *Book of Revelation: Justice and Judgment*, 133-56, 168-70; A. Y. Collins, "Eschatology in the Book of Revelation," 63-67.

3) Mazzaferri, *Genre of the Book of Revelation*. Mazzaferri는 요한계시록의 장르가 예언이지만 묵시는 아니라고 주장한다. 이것이 진실에 가깝기는 하다. 하지만 Mazzaferri는 요한계시록의 장르를 정의하면서 너무 지나치게 "묵시"를 배제한 것 같다(이와 비슷한 비평은 Mathewson, "Revelation in Recent Genre Criticism," 204을 보라). Mazzaferri가 요한계시록과 위경적 유대 묵시 장르의 구별을 지적했다는 점에서는 옳다. 그렇지만 요한계시록과 묵시는 공통점이 많다. 두 문서 모두 이사야서, 에스겔서, 다니엘서, 스가랴서를 비롯한 구약성경에 강하게 의존한다. Longman의 정의에 따르면(Longman, "Review of Rowland," 178-80), 요한계시록과 함께 초기의 유대 묵시문학은 크게 "구약의 예언적-묵시서"로 분류될 수 있다.

없다는 점을 인정한다.[4] 예언은 역사의 중간에 하나님의 구원을 내다보며, 묵시는 역사 끝에 있는 구원을 기대한다는 사실에 근거하여 예언과 묵시를 구별하는 사람들이 있다. 하지만 요한계시록에는 마지막 때의 구원에 대해 "이미와 아직"의 접근이 반영된다. 이것은 예언적·묵시적 주제를 포함한다 (1:1-19의 주석 참조. 특히 본서 서론의 "계 1:19을 둘러싼 논쟁의 중요성"을 보라).

그러므로 묵시적 예언으로서 요한계시록은 예언서보다도 계시의 원천에 더 초점을 맞춘다. 계시의 기원은 하늘 성전에 있는 하나님의 보좌다. 이것은 예언 장르의 한 부분을 형성하는 특징이다(예. 사 6; 겔 1-2장). 하지만 요한계시록에서는 이 특징이 일곱 교회에 보낸 계시의 신적·천상적 기원을 강조하기 위해 두드러지는 초점이 된다. 동시에 일곱 교회에게 세상에서 일어나고 있는 장면들 배후에 진정한 영적 전투가 진행되고 있음을 상기시키기 위한 천상적 관점을 강조하기도 한다. 일곱 교회를 대표하는 천사를 통해 교회에게 말씀하시는 이유는 교회로 하여금 이미 그들이 천상적 차원에 참여하기 시작했으며, 그들의 참되고 영원한 집이 새 하늘과 새 땅의 차원에 있음을 상기시키려는 데 있다(본서 3:14의 주석 참조). 교회는 이런 내용을 기억하여, 믿지 않고 우상숭배 하는 "땅에 거하는 자들"처럼 옛 세상에 궁극적 안전을 두지 않을 힘을 얻는다(이 문제를 논한 6:17의 주석 참조). 또한 교회는 그들의 초점을 하늘의 관점에 둠으로써 우상숭배와 타협하라는 협박을 이기고 마침내 하늘 영역에서 승리가 임할 것을 깨닫게 된다(1:19의 주석 참조). 하늘은 어린 양과 하나님이 보좌에 앉아 계시며 성령님을 통해 땅에 권세를 행사하시는 곳이다. 성령님의 "등불"은 교회에게 힘을 주어 온 땅에 증거의 빛을 밝히는 교회의 "촛대"로서의 사명을 감당하게 한다(1:4, 12-13; 4:5; 5:6의 주석 참조). 교회가 이 천상적 관점을 기억하는 방법 하나는 묵시적 환상으로 전달된 하늘의 예배를 모델로 하여 예배하는 데 있다(1:19의 주석 참조).

4) 요한계시록에는 반영되지 않은 묵시의 독특한 특성에 대해서는 Schüssler Fiorenza, *Book of Revelation: Justice and Judgment*, 168을 보라.

요한계시록의 묵시적 예언의 특성은 과거·현재·미래의 종말론적 구속사에 관한 하나님의 신비로운 계획에 대해 하나님이 (환상과 음성을 통해) 계시적으로 해석하시는 것과 하늘의 특성 및 작용이 이것과 어떻게 관련되는지로 정의할 수 있다.[5] 이 계시는 감추어진 외적·천상적 차원에서 지상적 차원으로 불쑥 나타나 예언자(요한)에게 주어진다. 요한은 그것을 교회에 전하기 위해 기록해야 했다. 일반적으로 천상적 계시는 역사의 평가와 상반되고, 인간적이고 세상적인 관점으로 보는 가치관에 역행한다. 그래서 천상적 계시는 백성에게 그들의 관점을 바꾸고 하늘의 관점으로 재조정하라고 요구한다. 이런 관점에서 그 계시는 교회 안에 있는 사람들에게 그 책의 메시지의 요구에 순복하라고 촉구하며, 그렇지 않으면 심판에 직면할 것이라고 경고한다. 특히 요한은 교회에게 하나님의 초월적 진리가 아니라 세상 제도의 가치관을 본받을지도 모르는 실제적 위험이 있음을 간파하고 요한계시록을 기록한다. 지금까지 우리가 논의한 것에 비춰볼 때, 이미 작은 규모로 시작된 임박한 박해의 압박이 독자들 또는 청중들이 타협을 생각하게 된 구체적 상황이었을 것이다.

요한은 묵시적·예언적 문체에 편지 형식을 혼합한다. 요한계시록에 "기도, 기원, 감사"는 없지만, 편지의 일반 형식은 식별된다. 요한계시록은 전형적인 편지의 방식으로 시작하고 마친다(본서 1:4과 특히 22:21의 주석 참조). 신약성경의 편지 장르의 주요 목적은 다양한 교회에서 일어난 문제들을 다루는 것이다. 신약의 서신서 저자들은 독자들에게 순종을 호소하는 근거로, 그들이 현재와 미래에 그리스도 안에 참여하고 그의 복을 누리고 있다는 사실에 호소한다. 요한계시록의 편지 형식이 신약성경의 여느 편지들 형식과 같은 기능을 한다면, 요한계시록의 목적 역시 청중들에게 그들이 현재와 미래에 그리스도의 복에 참여한다고 호소함으로써 일곱 교회에게 닥

---

5) 이와 비슷하게 "묵시"를 전반적으로 설명한 Rowland, *Open Heaven*, 1-189을 보라. Rowland가 묵시에 대해 내린 정의에는 기독교적 묵시와 함께 유대교적 묵시가 포함되기 때문에, 그는 종말론적 측면에만 초점을 맞추지는 않는다.

친 당대의 문제를 겨냥한다. 이것은 요한계시록 전체가 미래에 관한 것만을 다루지 않고, 1세기 독자들이 생각해야 하고 그들의 행동을 바꾸어야 하는 과거와 현재에 초점을 맞춘 신학적 심리학임을 드러내는 많은 암시 중 하나에 불과하다. 신약의 서신들 중에서 미래의 성취에 대한 대망에만 초점을 맞춘 것은 하나도 없다. 이것은 1-3장만이 아니라 4-21장의 환상들도 포함하는 요한계시록에서도 마찬가지다. 4-21장이 절대적으로 미래를 지향한다고 주장하는 사람들은 그들의 입장이 참이라는 사실을 증명해야 한다. 이 단락은 다른 단락(1-3장)처럼 상당 부분 편지 형식으로 되어 있기 때문이다.

이러한 평가는 (일반적으로 감사와 축복 단원으로 시작하는) 신약의 매 서신의 서론이 편지의 본론에서 발전될 주요 주제를 "씨앗 형태"로 제시한다는 사실로도 확증된다.[6] 계 1-3장(또는 1장만이라도)을 서론으로 본다면, 우리는 거기에 포함된 주요 주제들이 요한계시록의 본론(4-21장)에서 발전되기를 기대할 것이다. 1-3장의 주요 주제 중 하나는 현재와 미래를 살아가는 신자들을 위해 그리스도가 죽으시고 부활하셨다는 것이기에, 우리는 동일한 "이미와 아직"의 사상이 요한계시록 본론 전체에 퍼져 있을 것이라고 기대할 수 있다.

그러므로 가장 좋은 입장은 이것이다. 요한계시록은, 청중들에게 이 책의 메시지의 초월적인 실재에 비추어 그들의 행위를 바꿀 것을 촉구하기 위한, "묵시적 틀에 편지 형식으로 기록된 예언"이다.[7] 램지 마이클스는 판단력 있는 결론을 내린다. 마이클스는 요한계시록의 장르를 "혼합된" 그리고 "독특한" 것이라고 말한다. "만일 편지라면, 요한계시록은 우리가 소유하고 있는 초기 기독교의 여느 편지와 같지 않다. 묵시라면, 그것은 다른 묵시와 다르다. 예언이라면, 예언서 중에서 독특하다."[8]

---

6) O'Brien, *Introductory Thanksgiving*을 보라.

7) Carson, Moo, and Morris, *Introduction*, 479. 장르 논의는 그 주제와 관련한 이차 자료를 개괄적으로 제시한 것을 보라.

8) Michaels, *Interpreting Revelation*, 30, 31-32. 또한 요한계시록이 복합장르라는 것과 요한

요한계시록의 장르에 관한 논의는 활발하게 진행되어왔다.[9] 1979년
에 세계성서학회(SBL)의 묵시 분과에서 묵시 연구의 결과물을 출판했
다. 여기서는 묵시문학 전체를 다른 작품들과 구별 짓는 반복적인 특징
을 주목함으로써 묵시 장르를 정의하려고 했다. 13개의 핵심 특징을 지
닌 "주요한 양식"이 관찰되었는데, 이는 내용과 형식을 아우르며 대부분
세분화돼 있다.[10] 그 연구 집단은 묵시가 유대교, 그리스도교, 헬레니즘,
영지주의, 바사 등 어디서 유래한 것과 상관없이, 모든 묵시에서 발견되
는 본질 요소들임을 밝혔다. 이러한 공통 요소들로부터 다음과 같은 정
의가 내려졌다.

> "묵시"는 이야기 구조를 지닌 계시 문학의 한 장르다. 계시는 다른 세계
> 에 속한 존재에 의해 인간 수신자에게 전달되며, 종말론적 구원을 묘사
> 한다는 점에서 시간적이며, 다른 초자연적 세계를 포함한다는 점에서
> 공간적 실체를 계시한다.[11]

이 정의는 이 세상을 넘어 다른 세상, 즉 초자연적 세상에 초점을 맞
추는 "초월성"의 중요한 측면을 강조한다. 이 정의가 묵시문학의 형식과
내용을 나루려고 한다는 장점이 있지만, 묵시 장르의 **기능**을 적절하게
다루지는 못한다.

계시록을 기록하는 데 있어 묵시와 예언과 편지의 특성이 합쳐졌다는 사실을 좀 더 확장시킨
Schüssler Fiorenza, *Revelation: Justice and Judgment*, 133-56, 168-70, 175-77도 참조하라.
9) 요한계시록의 장르 연구에 대한 더 알찬 개관은 다음의 도서들을 참조하라. Mathewson,
"Revelation in Recent Genre Criticism"; Mazzaferri, *Genre of the Book of Revelation*,
60-75, 160-84; Aune, "Apocalypse of John and the Problem of Genre," 67-76; L. L.
Thompson, *Book of Revelation*, 18-34. 그리고 좀 더 간략하게 소개한 A. Y. Collins, "Reading
the Book of Revelation in the Twentieth Century," 235-41. 요한계시록의 장르·배경·목적
을 다룬 중요한 작품들의 참고문헌은 Harrington, *Revelation*, 33-36을 보라.
10) J. J. Collins, "Introduction: Towards the Morphology of a Genre," 5-8.
11) J. J. Collins, "Introduction: Towards the Morphology of a Genre," 9. 이러한 틀에서 묵시
문학은 다른 세계로 여행하는 내용을 담고 있는 묵시문학과 그런 내용이 없는 묵시문학 등 두
개의 유형으로 나뉜다. 이 유형들에는 하부 유형들이 있다.

1983년에는 웁살라 묵시록 학회(Uppsala Colloquium on Apocalypti-cism)에서 발표된 논문이 출간되었다.[12] 그 학회에서 학자들은 형식 및 내용과 아울러 기능이 묵시 장르를 정의하는 데 결정적이라고 주장했다. 특히 라르스 하르트만은 묵시를 완벽하게 정의하려면 문체와 어휘, 내용과 더불어 글을 쓰는 저자의 목적과 사회적·언어적 기능도 고려해야 한다고 주장한다. 하르트만이 이해하기에, 묵시의 통상적 기능은 위로하고 믿음으로 인내하라고 격려하는 권고에 있다.[13] 동일한 선집에서 E. 쉬슬러 피오렌자는 유대교 묵시와 대조하여 기독교 묵시의 특징을 지적한다. 그 특징은 낙관적이고 비관적이지 않을 뿐만 아니라, 절대적으로 미래적이지만은 않은 데 있다. 신약의 묵시에서 "마지막 때의 사건들은" 그리스도의 죽음과 부활을 통해 "이미 시작되었다."[14] 이러한 약속과 성취의 틀은 요한의 묵시록이 묵시보다는 구약의 예언에 더 가까움을 보여준다. 요한이 본 환상은 그리스도인들에게 박해하는 로마의 세력에 "지속적으로 저항하는 힘을 주기 위해 다른 세상과 다른 나라에 대한 환상을 제공하는" 기능을 한다.[15]

　모든 묵시에 통용되는 구체적인 사회적 정황을 식별하는 것은 어렵다. 특히 요한이 요한계시록을 기록하게 된 정확한 상황이나 위기에 관해 의견일치를 보려는 시도도 많았고 문제도 많았다. 예를 들어 많은 주석가와 다르게, A. Y. 콜린스는 요한계시록이 기록될 당시 전면적 박해의 증거가 거의 없다고 주장한다. 요한은 그(와 다른 사람들)가 단지 위기라고 **여긴 것**에 반응하려고 요한계시록을 기록했다는 것이다. 더욱이 콜린스는 상대적으로 궁핍한 청중들이 요한의 묵시적 환상을 통해 현실에서 벗어나 구원과 정의의 소망이 실현되는 상상의 세계에 마음을 두

---

12) *Apocalypticism in the Mediterranean World and the Near East*, ed. Hellholm.
13) Hartman, "Survey of the Problem of Apocalyptic Genre," 312.
14) Schüssler Fiorenza, "The Phenomenon of Early Christian Apocalyptic," 312.
15) Schüssler Fiorenza, "The Phenomenon of Early Christian Apocalyptic," 312.

게 되었다고 말한다.[16] 실제 위기인지 아니면 실제라고 여긴 위기인지를
두고 논의가 벌어졌다. 학자들 중에는 묵시문학의 사회적·문학적 기능
을 개념적으로 구별해야 한다고 주장하는 사람들도 있다.[17] 문학적 기능
에 대한 연구는 본문의 목적을 결정하기 위해 본문 그 자체의 증거에 초
점을 맞춘다. 사회적 기능에 대한 연구는 저자가 묵시를 기록하는 동기
가 된 사회적 상황이 무엇인지, 그리고 종종 그 작품이 그 후에 따라오는
사회적 맥락에서 어떻게 기능하는지를 묻는다. 톰슨은 그 둘을 분명하
게 구별해서는 안 된다고 올바르게 주장한다. "어떤 것이 '문학적'이면,
그것은 동시에 '사회적'이라"는 것이 그 이유다.[18] 어떤 구체적인 역사적
배경이나 상황이 성경 이외의 자료에서도 분명하게 밝혀지지 않는 경우,
사회적 상황을 알려주는 유일한 증거는 본문 자체 안에 있는 암시다. 이
것은 사회에서 대체적으로 감지하는 것처럼 실제의 사회적 상황을 분명
하게 묘사하지 않을 수도 있다. 하지만 그것은 적어도 사회적 상황을 바
라보는 저자의 통찰을 알려준다. 이 사실은 중요하다.[19]

1986년에 초기 기독교 묵시사상에 관한 세미나를 개최한 세계성서
학회(SBL)의 또 다른 연구모임이 연구결과를 책으로 출간했다.[20] 연구모
임 참석자들은 그 책에서 1979년에 출판된 것을 넘어서 묵시 장르에 대

16) A. Y. Collins, *Crisis and Catharsis*, 84-110, 154ff.
17) 예. Hartman, "Survey of the Problem of Apocalyptic Genre," 332-39; J. J. Collins, *Apocalyptic Imagination*, 31-32; A. Y. Collins, "Introduction: Early Christian Apocalypticism," 6. 이 논문에서 A. Y. Collins는 문학 양식, 내용, 문학 기능, 사회 정황과 기능의 관점에서 진행된 중요한 장르 연구를 요약한다. Hellholm, "The Problem of Apocalyptic Genre and the Apocalypse of John," 17-28; Aune, "Apocalypse of John and the Problem of Genre," 89을 비교하라. 또한 Hemer, Court, Schüssler Fiorenza, Gager, A. Y. Collins와 같은 학자들이 주장한 요한계시록의 사회 정황에 관한 이론들을 요약한 L. L. Thompson, *Book of Revelation*, 202-10을 보라. Hemer를 좀 더 자세히 논의한 Beale, "Review of Hemer"; Michaels, *Interpreting Revelation*, 36-40을 보라(여기에는 W. M. Ramsay에 대한 평가도 있다).
18) Thompson, *Book of Revelation*, 32.
19) Thompson, *Book of Revelation*, 32-34에 있는 논의를 참조하라.
20) *Semeia* 36 (1986).

한 한 차원 높은 정의를 제안했다. 즉 묵시는 "초자연적 세계와 미래에
비춰 현재와 지상의 상황을 해석하고, 신적 권위로 청중의 이해와 행위
에 영향을 주려고 의도한다."[21] D. 아우니는 여기에 종종 종말론적이라
고 불리는 초월적 관점은 "저자가 감지하고 그의 청중에게 전해주는 이
상과 현실 사이의 불일치"가 동기가 된다는 사실을 첨가한다. 게다가 아
우니는 묵시의 3가지 기능을 강조한다. 첫째, 합리적이거나 통상적인 자
료에 호소해서는 정당화 할 수 없는 메시지에 초월적인 권한을 부여하
기. 둘째, 독자/청중들에게 선견자의 경험을 다시 체험할 수 있게 하기.
특히 실제 메시지를 희미하게 감추는 이미지적·문학적 관례를 통해 상
징적 전달을 판독하는 경험을 할 수 있게 하기. 셋째, 초월적 관점에 기
초하여 사고와 행위를 조율하도록 권하기 등.[22] 이러한 세계성서학회
(SBL)의 연구는 요한계시록이 "박해와 궁핍이 발생한 실제의 사회적·정
치적 상황을 반영하는지, 아니면 단지 어떤 특정한 위기와는 관련이 없
는 '상징적 우주'만을 반영하는지"에 대해서는 결정을 내리지 않았다.[23]

매튜슨의 긍정적인 전망과는 다르게, 이러한 묵시 장르 연구에서 얻
은 수확은 별로 없었다. 특히 요한계시록과 관련된 중요한 새로운 해
석학적 통찰의 관점에서 볼 때 그러하다.[24] 예를 들어 콜린스 부부(J. J.
Collins와 A. Y. Collins)가 (앞에서 인용한) *Semeia* 14호와 16호에서 요약
하여 제시한 정의는 매우 일반적인 범위에 그친다. 이전에 나온 많은 요
한계시록 주석들도 이런 종류의 정의에 기초하여 작업했다. *Semeia* 14
호에서 J. J. 콜린스는 구체적으로 요한계시록을 "(역사적 논평이나 다른 세
계에로의 여행이 없는) 우주적이며/또는 정치적인 종말론과 결부된 묵시"
의 부(副)묵시적 장르에 속하는 것으로 분류하였다. 코트는 이렇게 분류

---

21) A. Y. Collins, "Introduction: Early Christian Apocalypticism," 7.

22) Aune, "Apocalypse of John and the Problem of Genre," 88, 91.

23) Mathewson, "Revelation in Recent Genre Criticism," 202.

24) 최근의 장르 연구의 해석학적 유익에 대해 이와 비슷하게 부정적으로 판단하는 다음 글
    을 보라. Michaels, *Book of Revelation*, 26-27; Mazzaferri, *Genre of Revelation*, 164-74;
    Vorster, "'Genre' and the Revelation of John," 111-20.

하는 것이 주관적임을 지적한다. 그는 묵시에 역사적 논평과 다른 세계
에로의 여행이 없다는 것을 모든 사람이 동의하는 것은 아니라는 사실
을 상기시킨다(역사적 논평과 관련해서는 계 17:7-18과 인, 나팔, 대접 재앙을
보라. 다른 세계에로의 여행에 대해서는 4:1-2; 17:1-3; 21:9-10을 보라).[25] 요한
계시록에 위기가 존재한다는 인상과 그 위기를 해결하려는 것은 단지 요
한의 심리적 인식에 불과하며 역사적으로나 신학적으로 실제로 존재하
는 것이 아니었다는 A. Y. 콜린스의 제안은, 요한이 천명한 진리에 대한
가치 판단이며 해석자 개인의 전제에 따라 다른 평가를 받을 것이다.[26]

　　H. 쾨스터는 요한계시록과 대부분의 유대 묵시 간의 차이점을 주목
했다. 그중에 가장 중요한 것은 요한계시록이 위서(僞書)가 아니라는 점
과 허구적인 장소에서 발생하거나 작은 종파에게 비밀스런 지식을 알리
는 계시의 책이 아니라고 지적한 데 있다. 그리고 요한계시록은 이미 알
려진 역사적 사건들을 일부러 분명하게 언급하지 않으며, 특히 반복되는
일곱 단락처럼 복잡한 구조를 가지고 있다. 쾨스터는 이러한 다른 점들
을 볼 때, 기독교 관점에서 유대교 묵시의 기대를 비평하려는 의도가 드
러난다고 결론을 내린다.[27] 쾨스터가 제시하는 요한계시록만의 특징들
에 다음과 같은 것도 추가할 수 있다. 묵시의 시작된 종말론과 편지 형식
의 구조(1:4-8; 2:1-3:22; 22:10-21), 유대 묵시문학에는 없는 권면 내용, 유
대 묵시의 특징인 예언처럼 기록된 역사(vaticinia ex eventu)의 부재 등
이다(비록 소수의 주석가들이 17장에서 이러한 현상을 보기는 하지만 말이다).
이러한 내용은 요한계시록이 전형적인 묵시 장르에 맞지 않고, 그 장르
를 정확히 정의하기 어려운 주요한 이유에 속한다.

　　최근에 B. J. 말리나는 요한계시록이 별자리 예언 장르에 가장 잘 어

---

25) Court, *Revelation*, 81.
26) A. Y. Collins의 견해를 심도 있게 평가한 Beale, Review of A. Y. Collins를 보라.
27) Koester, *Introduction* II, 248-57. 다른 묵시들과 비교하여 요한계시록이 가지고 있는
　　복잡한 구조를 Aune와 Collins도 주목한다. Aune, *The New Testament in Its Literary
　　Environment*, 241; A. Y. Collins, "Numerical Symbolism," 1272-73, 1286. Collins는 숫자
　　의 상징들이 유난히 부각된다는 사실을 주목한다.

울린다고 주장했다. 별자리 예언은 "별과 관련된 천상의 인물과 예언자 및 선견자 간의 상호작용, 그리고 그 상호작용의 결과를 보도하는 내러티브"로 특징된다. 그래서 요한의 환상은 "하늘을 읽는 것에 뿌리를 두고 있다"고 한다. 말리나에 따르면, 요한이 하늘 환상으로 본 것은—기독교 신앙이라는 해석 렌즈를 통해 보긴 했어도—그의 고대 동시대인들이 하늘에서 본 같은 이미지, 즉 별자리였다. 예를 들어 계 5장의 어린 양은 양자리(백양궁)에 상응하고, 6:9의 제단은 은하수에 상응하며, 네 말 탄자와 일곱 나팔과 일곱 대접은 혜성에 상응한다는 식이다.[28]

잘 연구되었으며 매우 흥미롭고 창의적인 말리나의 저서를 평가할 만한 지면이 많지는 않지만, 다음과 같은 비평적 분석을 제시하는 것이 좋을 것이다. 각각의 내용은 더 발전시켜야 할 필요가 있다.

(1) 요한계시록의 어떤 부분에서는 별에 관한 고대 사상이 이차적 배경으로 작용함을 주목한 사람들이 많이 있는 것이 사실이지만(예. 1-3장의 일곱 별과 일곱 촛대, 4장의 이십사 장로와 네 생물[그룹], 새 예루살렘 환상의 보석 이미지 등), 요한계시록 환상의 주요 인물들을 이해하는 렌즈로서 구약성경과 유대교 대신 그러한 천문을 배경으로 삼으려는 시도는 증거가 보증할 수 있는 것보다 더 많은 것을 요구한다. 예를 들어 6:9의 제단을 은하수와 같은 것으로 보거나, 네 말 탄 자와 일곱 나팔과 일곱 대접이 혜성을 대표한다고 보는 것은 그 개연성을 주장하기가 어렵다. 사실 구약성경과 명백하게 단어가 일치하는 인용과 암시들이 요한계시록에 있다고 오랫동안 인정되어 왔다. 하지만 천문과 관련해서는 말리나가 제시하는 흥미로운 개념적 병행에도 불구하고, 그러한 단어가 일치하는 병행 어구들은 인식되지 않았다. 먼저 구약의 암시를 분석하는 데 더 노력하고, 그다음에 그것이 천문 배경과 어떻게 관련되었는지를 논의해야 한다.

---

28) Malina, *Genre and Message of Revelation*, 19, 26, 50-51, 53-54. 특히 천문에 상응하는 요한계시록의 주요 이미지들의 전체 목록은 58-61에 있다.

(2) 말리나는 요한의 환상에 사용된 이미지와 가시적인 하늘(sky)의 천체들 사이의 문자적인 일대일 관련성을 지나치게 기정사실화한다. 대부분의 주석가들은 요한계시록에서 "하늘(heaven)"이 종종 우리가 볼 수 없는 것을 가리키고, 요한이 "성령에 감동하여" 이동한 다른 차원을 의미한다는 점에 의견을 같이한다(예. 1:10-11; 4:1-2). 말리나는 이러한 문자적 관련성을 생각하면서 요한계시록이 신약의 여느 책들보다 더 상징적인 책은 아니라는 충격적인 결론을 내린다.[29]

(3) 중요한 환상들이 주어진 장소는 모두 하늘이 아니다. 산(13:1), "광야"(17:3; 12:13-17), 땅과 바다(13:1-10), 또는 땅에서만(13:11-18) 주어지기도 했다. 그러므로 이 단원의 초점은 하늘을 이해하는 관점에 있지 않다.

---

29) Malina, *Genre and Message of Revelation*, 2.

주요 해석법

요한계시록을 이해하는 주요 해석법은 4가지다. 본 주석 여러 곳에서 이 해석들을 평가할 것이므로, 이 단원에서는 각 해석법을 단지 요약하고 간단하게만 평가하려 한다.[1]

과거적 관점

과거적 관점에는 두 개의 형태가 있다. 첫 번째 형태는 요한계시록을 기원후 70년에 발생한 예루살렘의 멸망을 예언한 것으로 이해하고, 요한계시록의 기록 시기를 70년 이전으로 생각한다. "큰 성 바벨론"은 그리스도인들을 박해하는 로마의 조력자인 배역한 이스라엘을 대표한다. 따라서 요한계시록의 목적은 그리스도인들을 박해하는 유대인들이 배역함으로 인해 심판받을 것이라고 그리스도인들을 위로하는 것과 독자들이 지금 참 이스라엘이라고 확신을 주는 데 있다.[2] 이 입장의 문제에 대해서는 이미 앞에서 논의했으며(요한계시록의 기록 시기에 대한 단원을 보라), 요한계시록을 주석하면서 적절한 곳에서 다시 언급할 것이다.

　과거적 해석을 고수할 때 야기되는 심각한 문제는 그 해석이 요한계시록의 구원과 심판에 관한 예언의 대부분을 기원후 70년에 제한하고, 이 예언들이 그 때에 절정에 이르는 성취를 이루었다고 주장하는 데 있다. 사실 요한계시록 전체에서 암시된 단 2장과 7장의 예언은 주로 믿지 않는 이스

---

1) A. F. Johnson, "Revelation," 408-13을 보라. Johnson은 이러한 접근법들을 요약하며, 과거의 주석가들을 이 네 가지 해석학적 관점에 따라 편리하게 분류한다. Johnson과 비슷한 견해를 가진 Mounce, 39-45; Beckwith, 318-36; Swete, ccvii-ccxix을 참조하라. 과거의 잘못된 요한계시록 해석을 개괄한 Krodel, 13-32을 보라. 그밖에 과거의 천년왕국 해석을 간략하게 정리한 본 주석 계 20장 분석의 서론 부분을 보라.
2) 최근에 이 해석을 옹호하는 사람은 Van der Waal(*Openbaring*), Chilton(*Days of Vengeance*), Gentry(*Before Jerusalem Fell*)이다.

라엘이 아니라 악한 나라들의 마지막 심판을 예견한다.[3] 흥미로운 것은 이 과거적 관점의 해석자들이 계 13:1ff.에 등장하는 단 7장의 짐승을 이교도 국가(로마)와 동일시한다는 사실이다. 다니엘서는 그 짐승을 마지막 심판의 대상으로 보았다. 하지만 과거적 관점은 요한계시록의 다른 곳에 등장하는 배교한 이스라엘을 다니엘이 예언한 마지막 심판의 주요 대상과 동일시한다(본서 11:15-18의 주석 참조). 구약성경과 신약성경에서 배교한 이스라엘이 장차 열국과 함께 심판받을 것이라고 예상된 것은 사실이다. 요한도 이 원리를 따른다. 그렇지만 다니엘이 악한 나라들을 심판의 일차 대상으로 보았다는 것을 고려하면, 요한이 믿지 않는 이스라엘을 악한 나라들을 대신하는 심판의 일차 대상으로 본다는 것은 이상하다. 그러므로 요한계시록 전체에서 마지막 심판을 예언한 것처럼 보이는 내용을 기원후 70년에 비유적으로 성취되었다고 해석하는 것은 이 견해를 시종일관 주장할 때 마주치는 가장 어려운 문제 중 하나다.[4]

이것과 밀접하게 관련된 문제는 이 과거적 관점의 해석자들이 요한계시록에 언급된 마지막 심판 예언을 이스라엘에 한정해야 한다고 이해한다는 것이다. 단 2장과 7장에는 **보편적** 심판이 예견되고 있는데도 말이다. 요한이 다니엘서를 암시하는 것을 포함한 그의 묘사들은 다니엘서와 같은 방법으로 해석해야 가장 좋다. 그렇다면 이 과서적 해석자들은 다니엘서의 마지막 심판의 일차 대상인 이방 나라들을 이스라엘로 바꾸고, 마지막 심판의 대상을 대개 이스라엘로 제한하며, 그 심판을 보편적으로 적용하지 않는 해석의 근거를 제공해야 한다.

중요한 사실은 "각 족속과 백성과 방언과 나라 가운데에서 사람들"이라는 어구가 요한계시록에서는 구원을 받은 자와 구원을 받지 못한 자 모두를 가리키는 말로 사용된다는 점이다(5:9; 7:9; 10:11; 11:9; 13:7; 17:15). 여기

---

3) 단 2장과 7장을 암시하는 본문은 1:1, 7, 13, 19; 4:1; 14:14; 22:6과 특히 4-5장, 13, 17장이다.
4) 예. 본서 11:18의 주석과 Chilton, *Days of Vengeance*, 287-91을 보라. Chilton은 11:19의 절정에 대한 표현을 기원후 70년에 성취된 것으로 이해할 뿐만 아니라, 다니엘이 심판의 대상으로 예견한 다니엘서의 네 번째 나라의 세력이 이스라엘을 심판하는 자가 된다고 주장한다.

서 반복되는 같은 어구가 역시 반복해서 사용된 단 3-7장의 내용을 암시한
다는 것은 우연이 아니다. 단 3-7장에서는 이 어구가 온 땅에서 바벨론이
나 바사 제국의 속국 또는 마지막 때에 세워질 하나님 나라에 복종하는 나
라의 백성을 언급한다(본서 5:9의 주석). 단 7:14(Theod.)에서는 이 어구가 인
자에게 복종하는 온 세상의 모든 백성을 분명히 가리킨다. 동일한 보편적
의미가 요한계시록에도 있으며 13:7-8에서 강조된다. 여기서는 그 어구가
"이 땅에 사는 자들"과 동일시된다. 요한계시록에서 이처럼 명백하게 보편
적 의미를 지니는 형식과 이와 비슷한 어구가 이스라엘이나 그밖에 1세기
의 어느 집단에게 한정되었다는 주장은 지금까지도 설득력 있게 입증되지
못했다.[5]

과거적 해석의 두 번째 형태는 요한계시록이 신자들의 박해자로서 "큰
성 바벨론"인 로마 제국이 기원후 5세기에 멸망함을 예언한다고 주장한다.
요한계시록의 목적은 그리스도인들을 격려하여 인내하게 하는 데 있다. 그
리스도인들을 박해하는 자들이 확실하게 심판받을 것이기 때문이다. 더욱
이 그리스도인들은 소아시아에 영향을 미치기 시작한 우상숭배를 조장하
는 로마의 제도를 어떤 형태라도 받아들임으로써 그들이 증언하는 일을 타
협하지 말라고 권함을 받는다. 과거적 접근을 이런 식으로 설명하는 것은
예언이 기원후 70년에 성취되었다고 주장하는 견해보다 더 그럴듯한 설명
이다. 이 설명은 초기 연대를 필요로 하지 않을뿐더러 예루살렘보다는 로
마를 "바벨론"과 동일시할 가능성이 더 많기 때문이다.[6] 하지만 이 설명은
마지막 심판을 가리키는 많은 분명한 예언들이 기원후 5세기 로마 제국의
멸망으로 이미 성취되었다고 이해하는 난제에 직면한다.

해석가들 중에서는 범세계적 멸망을 다룬 요한의 예언들(중에 어떤 것들)
을 비유적이 아니라 문자적으로 이해해야 하지만, 요한이 잘못 알고 있었기
때문에 실현되지 않았다는 과거적 해석의 형태를 취하는 사람들도 있다.

---

5) 계 1:7과 13:7-8에 사용된 용어와 관련하여 Chilton, *Days of Vengeance*, 66, 333-34를 보라.
6) 1:8; 14:8; 16:19; 17:5의 주석 참조.

역사주의적 관점

역사주의적 해석에는 많은 견해가 있다. 역사주의적 관점은 일반적으로 요
한계시록이 기독교 역사의 주요 운동을 예언했으며, 그 대부분이 요한계시
록 주석가들 당대에 성취된 것으로 이해한다. 이 주석가들 중 대다수는 일
곱 인, 일곱 나팔, 일곱 대접을 대체적으로 연대기적 순서에 따라 연차적으
로 펼쳐지는 역사의 사건들로 이해해왔다.[7] 그리스도의 재림은 통상적으로
매우 임박한 것으로 이해되었다. 전형적으로 이 견해는 요한계시록의 여러
부분을 고트족과 모슬렘들이 기독교화 된 로마 제국을 침입할 것이라는 예
언의 일부분으로 본다. 더욱이 중세 교황제의 부패, 샤를마뉴 대제의 통치,
개신교의 종교개혁, 그리고 나폴레옹과 히틀러가 저지른 참사 등이 요한에
의해 예언된 것으로 해석되었다.

이 견해는 역사적 운동들을 너무도 구체적으로 밝히고, 요한계시록의
예언들을 범세계적인 교회를 제쳐두고 서구 교회사에 한정한다. 교회사의
각기 다른 시기에 살면서 이 견해를 주장하는 사람들은 상징의 의미를 저
마다 자기들이 사는 당대의 구체적인 역사적 사건에만 한정하는 까닭에,
서로 의견을 같이할 수가 없다.

이 접근의 또 다른 취약점은 미래 역사를 이렇게 예상하는 것이 1세기
의 요한계시록 독자들의 상황과 거의 관련이 없다는 데 있다.[8] 이런 식으
로 예상하는 사람들에게 이렇게 대답할 수 있다. 첫 번째 독자들을 비롯하
여 어느 독자들의 관점에서 보든지 그리스도의 강림은 즉시 이루어질 것으
로 이해되었다고 말이다. 그러므로 1세기 또는 2세기의 역사주의적 해석자
들 편에서 볼 때, 그리스도의 재림에 앞서는 사건들을 직접적으로 묘사하
는 환상들을 가장 초기의 독자들에게 적용하는 것은 어렵지 않을 것이다.[9]

---

7) Beckwith, *Apocalypse*, 330-31.
8) Hailey, *Revelation*, 49.
9) 보다 광범위한 역사적 접근을 시도한 Feuillet가 여기에 적합할 것이다. Feuillet, *Apocalypse*,
　54-62. Feuillet는 일곱 인과 일곱 나팔을 교회와 유대교와의 갈등에 적용할 수 있고, 요한계시

미래주의적 관점

미래주의적 관점에는 두 형태가 있다. 두 형태 모두 4장부터 22장까지의 환상을 역사의 마지막 직전의 미래만을 가리킨다고 이해한다.

미래주의적 해석의 가장 대중적 형태는 세대주의적 미래주의다. 세대주의적 미래주의는 환상들의 순서를 매우 문자적으로 해석하고 대체로 미래 사건들의 역사적 순서를 보여주는 것으로 이해한다. (1) 이스라엘 민족이 그들의 땅으로 회복됨(이스라엘의 회복은 4:1-22:5에 묘사된 사건들 직전에 분명하게 시작된다), (2) 교회의 휴거, (3) 7년간의 환난, (4) 적그리스도의 통치, (5) 예루살렘을 둘러싸고 전쟁을 벌이는 악한 나라들의 모임, (6) 그리스도의 재림과 악한 나라들의 멸망, (7) 그리스도의 천년 통치, (8) 천년 통치 마지막에 사탄의 최후의 반역. 사탄은 전 세계로부터 믿지 않는 자들을 모아 그리스도와 신자들을 대항하여 전쟁을 벌임, (9) 새 하늘과 새 땅에서 신자들과 함께하는 그리스도의 영원한 통치 등. 1:19은 종종 요한계시록의 개요로 이해되곤 한다. "그러므로 네가 본 것"은 1장에 묘사된 과거를 가리키고, "지금 있는 일"은 2-3장에 묘사된 현재를 가리키며, "이후에 장차 될 일"은 4:1-22:5에 묘사된 미래를 가리킨다고 한다. 이 구조를 더 자세히 설명하고 비평적으로 평가한 내용은 서론의 후반부에서 다룰 것이다.[10]

미래주의의 두 번째 형태는 "수정된 미래주의"라고 할 수 있다. 수정된 미래주의는 대중적 해석처럼 요한계시록을 문자적으로 해석하지도 않고, 환상들이 미래 역사의 연대기적 순서를 의미한다고 벽창호처럼 고집하지도 않는다. 특히 이 견해는 교회가 참된 이스라엘이며, "환난 전 휴거"가 없다고 주장한다. 오히려 그리스도인들은 시련의 마지막 기간을 통과할 것이다. 이 견해를 주장하는 주석가들 중에는 4:1-8:1이 그리스도의 부활부터

록의 나머지 부분들은 교회와 로마와의 갈등에 적용될 수 있다고 생각한다. 이와 비슷하게 설명하는 Hopkins도 참조하라. Hopkins, "Historical Perspective." Feuillet와 Hopkins의 관점은 이미 17세기에 Alcasar가 예상했던 내용이다(Swete, *Apocalypse*, ccxiv).

10) 본서의 "구조와 계획"과 "요한계시록의 해석적 열쇠로서 논쟁되는 1:19의 중요성" 단원을 보라.

역사의 마지막까지를 다루고, 8:2-22:5은 여전히 미래에 있을 마지막 환난과 계속되는 사건들에 관련이 있는 본문이라고 주장하는 사람들이 있다.[11]

수정된 미래주의의 또 다른 형태는 일곱 인, 일곱 나팔, 일곱 대접이 다 (이상주의자들이 주장하듯이) 연이어 동일하게 일어나는 사건을 가리키지만, 그 사건들은 미래에 있는 환난 기간만을 가리킨다고 주장한다.[12] 수정된 미래주의 입장에서 이 문제를 설명한 것은 엄격한 미래주의보다는 조금은 유동적이다. 하지만 이 입장들도 중대한 문제에 직면한다.[13]

미래주의적 입장은 특히 요한계시록에 1세기 독자들과 관련된 내용이 없다는 난제를 피할 수 없다. 하지만 역사적 관점처럼 미래주의는 요한계시록에 그러한 관련성이 있다고 주장할지도 모른다. 그리스도의 강림은 늘 급박하게 이루어질 것이라고 기대되었고, 그래서 1세기 독자들도 "마지막 대환난"에 관한 환상들이 어쩌면 그들과 직접 관련이 있다라고 생각했을 수 있다고 주장할지도 모른다. 더욱 엄격한 미래주의자들은 이러한 대답을 강하게 주장할 수는 없을 것이다. 그들은 교회가 하늘로 "휴거"되고 4:1-22:5에 묘사된 땅 위에서 벌어지는 사건들을 겪지 않을 것이라고 주장한다. 재림의 임박함에 호소하는 것은 일곱 교회에게 보낸 편지들의 원래 의도가 교회사의 연속적이고 확장된 일곱 시기를 계획하는 것이었다고 주장하는 사람들에게도 널 매력적이다. 일곱 시기는 이른바 교회의 "휴거"로 마무리된다.[14]

이상주의적 해석

이상주의적 접근은 요한계시록이 선과 악, 하나님의 군대와 사탄의 군대

---

11) 예, Mounce, *Revelation*.

12) 예, Beasley-Murray, *Revelation*. 이러한 견해는 이미 3세기에 Victorinus of Petau에 의해 예견되었다(Beckwith, *Apocalypse*, 322을 보라).

13) 본서의 "구조와 계획"과 "요한계시록의 해석 열쇠로서 논쟁되는 1:19의 중요성" 단원을 보라.

14) 비교, Mounce, *Revelation*, 42-43.

간의 갈등을 상징적으로 묘사한 것이라고 주장한다. 이 견해의 가장 급진적인 형태는 요한계시록에 이러한 갈등이 무시간적으로 묘사되었다고 보는 것이다. 이러한 해석의 문제는 요한계시록에, 하나님의 최후의 승리이든 악한 자들의 최후의 심판이 되었든, 역사의 마지막 절정이 묘사되지 않는다는 데 있다. 이상주의적 해석은 과거적 해석과 역사적 해석이 직면한 것과 정반대의 문제에 직면한다. 이상주의적 해석은 요한계시록의 상징들 중에서 어느 하나도 구체적인 역사적 사건과 동일시하지 않는다.

본 주석의 관점: 절충주의 또는 수정된 이상주의의 구원사적 형태

이상주의적 관점의 좀 더 가능성 있는 다른 형태는 구원과 심판에서 마지막 절정을 인식하는 것이다. 아마도 이 다섯 번째 견해를 "절충주의"(eclecticism)라고 부르는 것이 가장 좋을 것이다.[15] 그래서 요한계시록에서는, 구원하고 심판하며 절정에 도달한 새 창조에서 하나님 나라의 최종 모습을 세우기 위해 오시는 그리스도의 재림을 제외하고는 구체적으로 예언된 역사적 사건들은 감지되지 않는다. 이 규칙에 예외적인 예언이 몇 개 있기는 하다.[16] 계시록은 역사 전체에 걸쳐 일어나는 사건들을 상징적으로 묘사한다. 역사는 어린 양의 죽음과 부활의 결과로, 그의 주권 아래 있는 것으로 이해된다. 어린 양은 마지막 심판을 행하시고 그의 나라를 결정적으로 세우신다고 마침내 공표하실 때까지 묘사된 사건들을 인도하신다. 이것은 구체적 사건들이 그리스도의 초림부터 그의 재림까지 확장되는 세대 전체에 나타나는 하나의 이야기 또는 상징과 동일시할 수 있음을 의미한다. 우리는 그리스도의 초림으로 시작되었고 그의 마지막 출현으로 마무리되는 이 시대를 "교회 시대", "초림과 재림 사이 시대" 또는 "마지막 때"라고

---

15) Hailey, *Revelation*, 50은 이 용어를 선호한다.
16) 예. 2:10, 22과 3:9-10. 이 본문들은 구체적으로 서머나와 두아디라, 빌라델비아와 같은 지역 교회에서 즉시 성취될 무조건적인 예언들이다.

부를 수 있다. 요한계시록에 등장하는 대다수의 상징들은 "교회 시대" 전체에서 얼마든지 적용 가능한 사건들이라는 의미에서 초시간적이다(본서의 "상징 해석" 단원을 보라).

　그러므로 역사주의자들이 종종 특정 사건을 정확한 역사적 인물 및 사건과 동일시하면서 바르게 지적하는 경우도 있지만, 그 동일시를 어느 하나의 역사적 실체에 국한하는 오류를 범하기도 한다. 동일한 판단을 과거적 학파, 특히 큰 성을 로마로 이해하는 견해에도 적용할 수 있다. 요한계시록에 미래와 관련한 예언이 있다는 것은 확실하다. 이런 의미에서 해석자의 핵심적이지만 문제가 되는 과제는 각각 과거·현재·미래에 적용되는 본문들을 세심한 석의를 거쳐 해석하고 원래의 역사적 배경에 비추어 이해하는 것이다.

　본 주석은 케어드, 존슨, 스위트, 그리고 무엇보다도 헨드릭슨과 윌코크와 같은 이전에 나온 주석들의 주된 해석의 틀 안에 속한다고 할 수 있다.

상징 해석

요한계시록 주석들 중에는 서론에 요한계시록에서 상대적으로 더 중요한 상징들의 의미를 요약한 단원을 할애한 책이 있다. 본 주석에서는 상징이 처음 등장하는 다양한 본문을 주석하면서 상징의 의미를 설명하려고 한다. 여기서는 요한계시록에 나오는 상징의 특성과 그 상징 해석에 관한 방법론적인 논평만 간단하게 언급하겠다.

요한계시록의 상징적 특징

요한계시록은 이 책을 "묵시"라는 단어를 사용하여 소개할 뿐만 아니라, 하나님이 천사를 통해 책의 내용을 요한에게 "알게 하"셨다는 말로 소개한다. "알게 하신"(RSV, NRSV, NEB, JB, NIV)은 그리스어 σημαίνω의 부정과거 시제를 번역한 것이다. 표준 신약 그리스어 사전[1]은 이 단어를 "알게 하다"(make known), "보도하다"(report), "전달하다"(communicate)로 번역한다. 이는 그 단어가 다른 문헌에서 "미리 말하다"(foretell), "의미하다"(mean), 또는 "나타내다"(signify)를 의미할 수 있음을 인정한 것이다. 이모든 단어는 전달한다는 것이 무엇을 의미하는지 그것의 정확한 특성을 정의하지는 않았지만, 일반적으로 "의사소통"을 의미한다.

"알게 하다"라는 단어의 의미를 충분히 이해하기 위해서는 그 단어가 앞뒤 문맥에서 어떤 역할을 하는지 기억할 필요가 있다. 이 단어는 단 2:28-30, 45을 암시하는 것이 분명하다. "계시라.…하나님이…반드시 속히 일어날 일들을…보이시려고…알게 하신 것이라(σημαίνω)"라는 어구는 단 2장과 계 1:1에만 등장한다.[2] 단 2장 LXX에서 σημαίνω는 아람어 *yĕda*'("알

---

1) BAGD, 747.
2) 1:1의 이 복합 어구가 단 2장을 언급한다는 사실을 심도 있는 원문 분석으로 증명한 1:1의 주

게 하다")의 번역이다. Theod.에는 γνωρίζω("알게 하다")가 사용되었다. 비록 아람어와 Theod.에서 더 일반적으로 등장하는 용어가 사용되었지만, 의사소통의 방식은 환상의 문맥에 의해 정의되며, 그 문맥은 꿈에 의한 환상을 수단으로 한 상징적 의사소통이다. LXX에서 의사소통의 상징적 특성은 σημαίνω의 사용으로 암시되기도 한다. 단 2:45을 예로 들어보자.

> 손대지 아니한 돌이 산에서 나와서 쇠와 놋과 진흙과 은과 금을 부서뜨린 것을 왕께서 보신 것은 크신 하나님이 장래 일을 왕께 알게 하신 것이라 (ἐσήμανε).

계시는 추상적인 것이 아니라 회화적이다. 왕은 네 부분이 각기 다른 네 가지 금속(금, 은, 동 철)으로 만들어진 거대한 신상을 보았다. 신상은 돌에 의해 산산이 부서지고, 돌은 온 땅을 가득 채울 만한 산이 되었다. 다니엘은 왕이 본 상징적 환상을 이야기하고 그것을 해석한다. 거대한 신상의 각 부위는 세상의 주요 나라들을 대표한다. 그들 중 마지막 나라는 하나님의 영원한 나라에 의해 멸망되고, 하나님 나라가 그 자리를 차지한다. LXX 번역자는 정확히 어떠한 의사소통 방법이 사용되었는지를 강조하려고 "알게 하다"라는 뜻을 지닌 σημαίνω를 선택했을 것이다. 의사소통 방법은 상징적 의사소통이다.

σημαίνω는 "나타내다", "선언하다", "보이다"라는 의미에서 좀 더 일반적이고 추상적인 개념인 "알게 하다"라는 단어와 의미가 겹친다.[3] 하지만 σημαίνω의 더 구체적이면서도 일반적인 의미는 "징조로 보여주다", "징조(신호)를 주다(만들다)" 또는 "의미하다(signify)"이다(Douay, KJV, NASB의 난외주에 1:1의 해당 단어의 번역으로 signify가 사용되었다). σημαίνω가 일반적 의

석과 본서의 "구조와 계획", "요한계시록의 해석적 열쇠로서 논쟁되는 1:19의 중요성"을 보라. σημαίνω는 단 2:45(LXX)만 아니라 느부갓네살 왕의 꿈을 설명한 도입부인 단 2:23, 30(LXX)에도 등장한다.
3) BAGD; LSJ, 592. 이 동사는 단 2:15(LXX)에서 좀 더 일반적 의미를 지닌다.

미인 "알게 하다"라는 뜻으로 사용되지 않는 경우에는, 전형적으로 이러한
상징적 의사소통을 의미한다. LXX에서는 추상적 의미와 구체적 의미 두
가지 모두 발견된다. 5번 등장하는 신약성경의 용례 중 두 경우에 "알게 하
다"라는 의미가 있다(행 11:28; 25:27). 그중 1곳(행 11:28)은 (만일 이 경우가 행
21:10-11에서 같은 예언자에 의해 주어진 상징적 계시의 예언 양식과 병행을 이룬다
면) 상징적 정보의 뉘앙스가 있긴 하지만 말이다. 나머지 세 경우는 요한복
음에 등장하는데, 거기서는 예수가 십자가에서 죽으신 사건을 회화적으로
묘사한다(요 12:33; 18:32; 21:19). 복음서 저자들은 예수의 기적을 겉으로 드
러나는 "표적" 또는 그분의 품성과 사역의 "상징"임을 말하려고 σημαίνω와
같은 어원을 가진 σημεῖον을 반복해서 사용한다.[4]

단 2장에서 상징적으로 사용된 σημαίνω는 계 1:1의 사용 방식을 결정
하는데, 단순히 일반적인 정보 전달이 아니라 상징적인 의사소통을 가리킨
다. 그러므로 요한이 γνωρίζω("알리다") 대신에 σημαίνω를 선택한 것은 우
발적이 아니라 의도적이다. 어떤 아람어나 그리스어 단어 또는 역본을 사
용했느냐와 상관없이 단 2:28-30, 45의 암시는 상징적 환상과 그 해석이 요
한계시록 전체에서 의사소통의 기초가 됨을 시사한다. 이런 결론은 요한이
구약성경의 문맥을 상당히 의식하고 구약 본문을 사용했다는 가정에 근거
한다. 이 점에 대해서는 나중에 논의할 것이다.[5]

계 1:1에서 σημαίνω가 "상징으로 전달하다"를 의미한다는 사실은 1절
의 첫 어구에 δείκνυμι("보여주다")가 병행 사용된 것으로써 확증된다. "예수
그리스도의 계시라. 이는 하나님이 그에게 주사…그 종들에게 보이시려고."

---

4) 예컨대, 요 4:46-54에서 죽어가는 사내아이를 예수가 고치신 것은 문맥(5:19-29)에 비춰볼 때
모든 사람에게 부활 생명을 실제로 주실 뿐만 아니라 영적 생명을 주시는 예수의 능력을 상징하
는 행동이다. 오천 명을 먹인 "표적"은 영의 양식과 구원의 양식을 주실 수 있는 예수의 능력을 상
징한다. K. H. Rengstorf, *TDNT* VII, 229-59과 비교하라. 당대 문헌에 "알게 하다"라는 일반적
의미를 지닌 σημαίνω의 예는 출 18:20(LXX); 1 Esdr. 2:2(4); 8:48(49); 에 2:22을 보라. 구체적
은유 사용의 예는 나팔을 불어 "알리는" LXX의 예(민 10:9; 수 6:8[7]; 삿 7:21; 욥 39:24-25; 렘
4:5; 겔 33:3, 6)와 발로 신호를 보내는 예(잠 6:13)를 보라.
5) 본서 서론의 "구약 사용" 단락과 본 주석 전체에서 석의 시범을 보인 예들을 보라.

여기서 "보여주다"는 "알리다"라는 의미를 지닌 다른 단어와 동의어가 아니다. 다른 문맥에서는 그런 의미로 사용될 수도 있지만 말이다. 여기서 "보여주다"는 천사를 통해 전달되고 하늘의 상징적 환상을 수단으로 하는 계시를 말한다. δείκνυμι가 "보여주다"를 의미한다는 사실은 요한계시록에서 그 동사가 7번 사용되었고 또 모든 경우에 그런 의미를 지닌다는 점에서 분명해진다(4:1; 17:1; 21:9-10; 22:1, 6, 8). 각각의 경우 상징적 환상은 "보인" 것이며, 요한은 그가 회화적 계시를 "보았다"고 밝힌다(예. 17:3, 6; 21:22; 22:8). 환상 단락에는 "또 내가 보매"(καὶ εἶδον)라는 표현이 여러 번 반복된다. 1:1에서 σημαίνω가 δείκνυμι와 적절하게 병행을 이룬다. 단 2:28-30(LXX)에서 δηλόω("보이다" 또는 "계시하다")와 σημαίνω가 나란히 등장하는 것을 볼 수 있기 때문이다.

이 모든 논의의 중요성은 요한계시록을 해석하는 전반적인 접근방식과 관련이 있다. 주석가들 중에는 요한계시록에 환상의 의미가 종종 분명하게 설명되기 때문에 "설명이 없는 곳에서는, 문맥에서 분명히 다르게 말하지 않는 한, 표현의 자연적(즉 문자적) 의미에 따라 정상적으로 해석할 수 있다"라고 주장하는 사람들이 더러 있다.[6] 그래서 대중적 주석이나 학문적 주석에 상관없이 수많은 저자가 문맥에 분명히 언급되어 상징적으로 해석할 수밖에 없는 것을 제외하고는 반드시 문사적으로 해석해야 한다고 주장한다. 그러나 앞에서 1:1을 분석한 결과에 따르면, 이 규칙을 완전히 뒤집어 생각해야 한다. 요한계시록 서론에서 이 책에 있는 대부분의 자료가 계시적 상징이라는 것을 말한다(적어도 1:12-20과 4:1-22:5). 그러므로 그 자료에 접근하는 주도적 방법은 비문자적 해석이어야 한다. 물론 상징적 내용이 아닌 부분도 있다. 하지만 요한계시록의 본질은 비유적이다. 어떤 것이 상징적인지 분명하지 않은 곳에서는 판단의 저울을 비문자적인 분석의 방향으로 기울여야 한다. 이미지를 공식적으로 분명하게 설명한 부분이 적다는 것은, 곧 설명되지 않은 이미지를 "문자적으로" 이해해야 한다는 의미라고

---

6) Walvoord, *Revelation*, 30.

가정하는 것은 문자적으로 해석하는 사람들에게서조차도 반박을 받는다. 그들은 요한계시록 전체에서 분명한 해석이 없는 이미지의 상징적 의미를 인정한다. 예를 들어 어린 양, 사자, 책(5장), 여자(12장), 하나님의 보좌, 시험의 때("한 시간", 3:10), 그리스도의 입에서 나오는 칼(1:16; 2:16; 19:15), 바벨론이 "한 시간"에 멸망된다는 것(18장)이 대표적 예다. 더욱이 성경 여러 곳에서 분명히 비유적 이미지인데도 불구하고 공식적인 설명이 없는 상징적 장르가 감지되곤 한다.

요한계시록이 두드러지게 상징적인 장르라는 것을 인정하는 것은 요한계시록을 해석함에 있어 결정적이다. 요한계시록의 대부분의 단락, 특히 4장 이후의 대부분의 단락에서 의사소통의 네 단계가 있음을 생각할 수 있다. 첫째는 언어적 단계다. 이것은 읽히거나 듣게 할 본문 기록의 구성과 관련된 것이다. 둘째는 환상 단계다. 이것은 요한이 실제로 본 환상 경험으로 이루어졌다. 셋째는 지시내상 단계다. 이것은 환상으로 본 대상과 역사적 대상의 동일시다. 넷째는 상징 단계다. 이것은 환상에 등장하는 상징들이 역사적 지시대상에 관해 어떤 의미를 함축하는지에 관한 것이다.[7] 예를 들어 19:7-8에서 본문의 묘사는 읽히거나 듣게 할 수 있는 언어적 수준을 보여준다. 신부와 세마포 옷 이미지는 요한이 본 환상 단계에 해당한다. 지시대상 단계에서는 신부와 신랑의 결혼 장면이 그리스도의 재림 이후 그리스도와의 연합을 향유하는 실제 신자들을 가리킨다. 마지막으로 상징적 단계는 신부와 신랑의 연합이 의미하는 바와 결혼 이미지 전반에 대해 우리가 결정하는 의미를 가리킨다(세마포는 "성도들의 의로운 행실"로 분명하게 해석된다). 적어도 상징적 의미 중 하나는 교회가 그리스도의 임재 안에서 그분과 영적으로 하나가 되어 온전함에 이르고, 이런 최종적인 하나 됨과 관련된 기쁨과 축제가 있다는 것이다. 많은 해석자가 해석을 하면서 이런 구별

---

7) 요한계시록의 의사소통 단계를 4가지로 구별한 것은 대체적으로 Poythress, "Genre and Hermeneutics"의 분석을 따랐다. Poythress는 종종 지시대상인 역사적 단계와 의미의 상징적 단계를 혼동하기도 한다. 논란의 대상이 되는 20:1-6을 상징적으로 분석할 때 도출되는 함의에 대해서는 Poythress의 논의와 본서 20:1-6의 주석 참조.

을 공식적으로 인식한다. 요한이 환상을 기록했는지 아니면 들리는 소리를 기록했는지의 문제는 의사소통의 상징적 특성을 실질적으로 변경시키지는 못한다. 상징은 환상과 소리를 통해 기능하기 때문이다(자세한 내용은 아래 내용 참조).

13:1ff.의 환상에도 같은 네 단계가 분명하게 나타난다. 독자나 청중을 위한 분명한 언어적 단계가 있다. 환상 단계는 짐승을 보는 요한의 경험으로 이루어졌다. 지시대상의 단계에서는 짐승 이미지가 역사에 등장하는 한 인물 또는 집단과 관련이 있다. 그리고 짐승은 단지 역사적 세력을 가리키는 사진 같은 묘사만이 아니라 구체적 의미를 지닌 상징이다. 즉 짐승은 하나님을 대적하고, 큰 힘을 가지고 하나님의 백성을 압제하며, 사탄적 성품으로 하나님을 비방하는 인간 세력이다(13:1ff. 주석 참조). 짐승의 상징과 구약에서 짐승의 사용례, 짐승과 연결된 다른 이미지들은 그 상징의 의미를 강화한다.

하지만 주석가들 중에서는 의사소통의 환상·상징 단계를 지시대상과 역사적 단계로 이해하여, 환상·상징 단계의 가능성과 심지어 개연성마저 무시하는 사람들이 있다. 이런 문자적 단계를 고집하는 주석가들 중 다수는 본질적으로 환상을 아직까지 역사에서 발생했다고 볼 수 없을 만큼 이상하고 기괴한 역사적 사건의 직접적 재현으로 이해한다. 그들은 이런 사건이 미래, 즉 그리스도의 최종적인 강림 직전에 문자적으로 일어날 것으로 묘사한다.[8]

존 왈부어드는 그의 주석에서 이런 유의 문자적 접근의 예를 풍성하게 제공한다. 거기서 왈부어드는 "상징과 그 해석은 정상적 방법으로 성취되는 것으로 간주해야 한다"고 주장한다.[9] 이것은 역사적 사건과 본문의 묘사 사이, 즉 지시대상의 단계와 언어적 단계 간에 문자적이고 직접적인 상

---

8) 요한계시록 곳곳에 있는 이런 예를 보려면 Poythress, "Genre and Hermeneutics," 49-54을 보라.
9) Walvoord, *Revelation*, 21.

응을 시사한다. 불가피한 경우가 아니라면 상징적 의미는 인정되지 않는다. 다시 말해서 상징이 요한계시록의 다른 곳에서 분명하게 설명되거나, 문맥에서 상징적 해석이 명백한 경우가 아니라면 상징적으로 해석해서는 안 된다는 것이다. "정상적"이라는 말은 결국 상징적 의사소통 방법이 예외적이라는 의미다. 이는 실천적인 면에서 환상 단계와 상징적 단계를 진지하게 인식하지 않고, 대다수의 환상을 비상징적으로 해석하는 결과를 낳는다.

그래서 왈부어드는 일곱 나팔과 일곱 대접을 다룬 본문에 묘사된 재앙들이 요한이 눈으로 본 그대로 자세하고 정확하게 일어날 것이라고 결론을 내린다. 그런 재앙들은 출애굽 재앙에 기초하고, 출애굽기에 기록된 이미지들은 애굽에서 발생한 문자적이고 역사적인 사건과 일대일로 상응한다는 것이 그 이유다. 예를 들어 (계 8장의 첫째 나팔 재앙으로 묘사된) 수목과 푸른 풀을 태운 우박과 불은 상징이 아닌데, 이런 묘사가 출 9:18-26의 재앙을 모델로 삼아 묘사된 것이 분명하기 때문이라고 말한다. 애굽에 내린 재앙 이야기에서 우박과 불은 애굽을 강타한 문자적 우박과 불이었다. 따라서 첫째 나팔의 우박과 불도 이렇게 미래에 일어날 역사적 재앙을 마치 사진 찍듯이 묘사한 것으로 이해해야 한다는 것이다.

그러나 출애굽기와 병행을 찾는 것은 문자적 성취를 지지할 만큼 분명한 증거가 되지 못한다. 그런 병행이 보여주는 것은 단지 두 묘사가 상응한다는 것뿐이다. 다시 말해서 두 묘사는 어떤 식으로든 본질적인 관계가 있다는 것이다. 하지만 그 관계의 성격은 결정될 필요가 있다. 두 묘사는 물리적 형태와 효과에서 상응하는가? 아니면 신학적 의미에서 그러한가? 아니면 둘 다인가? 묘사된 이미지들이 지시대상의 단계에서 실제적 사건을 언급한다는 것은 확실하다.

그렇지만 요한계시록이 두드러지게 상징적인 장르임을 결론 내린 분석에 비춰볼 때, 우박과 불이 설령 출애굽기에서처럼 상징적 단계에서 실제의 사람과 사건을 가리킨다고 하더라도, 출애굽기의 역사 장르처럼 이야기에 등장하는 이미지와 실제 사건 사이에 일대일의 문자적 연관은 존재하지 않는다. 요한계시록에서 우박과 불은 상징적 단계에서 하나님의 심판의 특정한 측면을 표현하는 것으로 이해해야 하며, 이는 출애굽기에 나오는 우박 재앙의 신학적 의미를 주해함으로써 더 깊이 살펴볼 수 있다. 특히 첫째 재앙은 그 뒤에 따르는 세 재앙과 함께 출애굽 재앙의 모델을 따른 것으로서, 하나님의 백성을 박해하고 우상을 숭배한 경건하지 않은 사람들이 하나님을 멀리 떠나 있는 사람이라는 것을 나타내기 위해 그들이 땅에서 누렸던 안전을 박탈해버리시는 하나님에 대해 언급한다. 이런 분석은 여러 초기 유대 문헌에서 출애굽 재앙을 설명한 것에서도 암시되었음을 볼 때 가능하다. 출애굽 재앙에 대한 이런 암시는 이스라엘 또는 인간에게 내리는 하나님의 심판을 비유적으로 묘사한다. 더욱이 계 8:7에 반영된 구약의 여러 암시는 구약의 원래 문맥에서 비유적으로 기능한다(예. 겔 5장). 마지막으로, 요한계시록 초반부에서 언급된 "불"은 분명히 비유적이다(예. 4:5. 8:6-12의 주석의 자세한 설명을 보라).

상징 해석 방법

비유적 비교인 상징: 은유, 직유, 그 외 비교 형식들

"은유"에서 본질적인 요소는 일반 사용례에 근거하여 확정된 단어의 의미를 위반하는 것이다. 같은 원리가 복음서의 "비유"에도 적용된다. 그래서 비유적인 비교에 대해 논의한 내용 대부분을 비유에도 적용할 수 있다. 한 단어의 확정된 의미를 위반하는 것은 그것을 다른 단어나 단어들의 연관된 의미로 사용한다는 것이다. 예를 들어 "조지는 늑대야"라는 진술에서 우리는 인간과 동물이라는 두 개의 각기 다른 개념 범주에 속하는 명사들을 사용한다. 사람인 조지가 늑대라는 범주로 설명되고 있다. 이는 인간과 동물이라는 개념적·어휘적 범주를 위반한 것이다. "피터는 바위야"라고 말한다면, 생명체와 무생물의 개념적 경계를 위반한다. 그러므로 단어의 개념적 경계를 위반할 때 은유에서는 비교나 유비가 발생한다.

이 두 요소에 근거하여, 은유는 언어의 의미 경계의 의도적 위반이라고 정의할 수 있다. 이러한 위반은 의미를 담고는 있지만 문자적으로는 이해

할 수 없다. 은유에는 문자적 주제(대의), 비유적 주제(수단), 그리고 그 결과
나타난 비교점 등 세 개의 핵심 요소가 있다. 비유적 주제는 어떤 방식으로
든 늘 문자적 주제를 설명한다. 비유적 주제는 비교의 핵심(혹은 핵심들)을
추론하고 문자적 주제에 적용하는 필터 또는 렌즈다. 비교점은 통상적으로
인지적 요소와 감정적 요소를 전달한다. 그래서 조지가 위험한 범죄자로
인식되는 문맥에서 "조지는 늑대야"라고 말한다면, 늑대의 이미지를 통해
조지가 사람에게 해를 입히는 사람임을 더 잘 이해하게 된다. 이런 이미지
는 두려움을 유발한다.

　　은유마다 하나 이상의 비교점이 있을 수 있다. 이것은 요한계시록에서
특히 그렇다. 앞에서 예로 든 "조지는 늑대야"에서 넓은 문맥에서는 조지
가 늑대처럼 위험한 사람이라는 의미일 뿐만 아니라, 그가 교활하고, 날렵
하며, 요리조리 잘 빠져나가며, 썩은 음식을 찾아 헤매며, 등쳐먹으며, 욕정
으로 가득 찬 사람이라는 의미일 수도 있다. 어쩌면 이런 비교점 모두 혹은
몇 가지를 염두에 두었을 수 있다. 요한은 가끔 이미지를 환상으로 묘사한
후에 그 이미지가 무엇을 가리키는지 밝힘으로써 암시된 비유를 설명하기
도 한다. 이렇게 하지 않는 곳에서는 전후 문맥과 넓은 문맥이 요한이 의도
한 의미가 무엇인지를 결정하는 가장 중요한 요인이다. 요한이 어떤 이미
지가 가리키는 것이 무엇인지 분명하게 밝히고 나중에 그 이미지를 되풀이
한다면, 처음에 밝힌 것이 나중에 사용한 곳에서도 적용되거나 적어도 포
함된다고 생각해야 할 것이다. 예를 들어 1장의 촛대는 2-3장에 등장하는
교회로 분명하게 밝혀졌기 때문에, 같은 식별이 11:4의 두 촛대에도 적용될
수 있다. 요한계시록에서 공식적으로 설명되지는 않지만 이미지가 의미하
는 것이 무엇인지 어느 정도 밝혀진 경우에는, 처음에 밝혀진 내용이 나중
에 반복해서 등장하는 경우에도 적용될 수 있다. "내러티브에 처음 등장한
어느 한 용어나 이미지 또는 주제가 기정사실이 되면, 그것은 나중에 전개
되는 장면에서도 같은 의미를 지닌다."[10]

---

10) L. L. Thompson, "Literary Unity," 354. Thompson은 J. Bruner의 견해를 따라 이것을 다음

요한계시록의 문맥에서 분명하게 언급하지 않은 비교점을 선택할 때 잘 알려지고 상투적인 장면의 조합 역시 도움이 된다. 이것은 성경의 세계와 고대 세계에서 일차 자료를 통해 만들어진 상투적인 조합들을 철저히 검토해야 함을 의미한다. 특히 히브리어 구약성경, LXX, 유대 문헌, 이교도 문헌, 그밖에 고대 동전과 금석문, 인물 연구에서 얻은 자료들이 여기에 해당한다. 구약성경과 유대교는 요한계시록의 이미지와 사상을 이해하는 일차 배경이다. 본 주석은 구약성경과 요한이 암시하는 상징적인 본문들의 유대교 주석 전통을 추적하는 문제에 초점을 맞출 것이다. 우리는 구약성경의 상징들의 상투적 조합을 그 상징들이 해석되는 과정 가운데서 발견하기를 소망한다. 그렇지만 그리스-로마 세계 역시 요한계시록을 이해하기 위해 필요한 배경의 중요한 자료다.

문맥 및 잘 알려진 상투적인 조합 외에 저자가 의도한 비교점을 파악할 수 있는 가장 분명한 방법은 뭐니뭐니해도 문자적 주제다. "늑대"와 비교되는 사람 "조지"라는 문자적 주제에서는 모피나 쫑긋한 귀, 날카롭고 긴 이빨 등 늑대와 관련한 내용들이 즉시 제외된다. 물론 문맥이 이런 것을 적용할 수 있는 상황이라면 이런 것들조차도 조지와 연결시킬 수는 있다. 장면과 문자적 주제 사이의 관련성의 정도는 무척 다양하다. 관련성이 높으면 그 장면의 형상에 본질적인 어떤 것이 문사적 주제에 적용된다. 관련성이 낮다면 그 형상이 비유적 주제의 좁은 측면으로 제한된다.[11]

요한계시록의 언어를 연구할 때는 비교점을 밝히기 위해 신중하게 사고할 필요가 있다. 요한계시록에서는 어떤 상징이든 다중적인 비교점을 가지는 것이 보통이다. 저자는 하나의 은유가 하나 이상의 비교점을 지니도록 의도하기도 한다. 그래서 하나의 은유에서 하나 이상의 비교점을 밝히면서 알레고리 해석을 한다는 죄책감에 사로잡힐 필요가 없다. 오히려 그

과 같은 과정에 비교한다. "정신이나 컴퓨터 프로그램이 이전에 계산한 결과를 반복해서 사용하고 그것을 다음 작업에 입력될 수 있는 기정사실로 취급한다." Thompson, "Literary Unity," 362-63. 이와 비슷한 주장을 한 Mealy, *After the Thousand Years*, 13을 보라.

11) Caird, *Language and Imagery*, 153-59을 보라.

렇게 하는 것이 저자가 은유를 사용한 원래의 의도를 발견하는 길이다.

적어도 세 가지 형태의 비교가 요한계시록에서 발생한다. 첫째는 공식적인 은유다. 여기서는 문자적 주제가 "~이다"라는 형식으로 비유적 주제와 연결된다(예. "주님은 나를 사랑하는 **나의 목자다**"). 둘째는 직유다. 두 주제가 "처럼, 같이"로 연결되는 것이다(예. "**주님은 목자처럼** 나를 사랑하신다"). 셋째는 가정(*hypocatastasis*)이다. 가정은 문자적 주제가 서술되지 않고 가정될 때 발생한다("목자"[와 같으신 주님]가 "나를 사랑하신다").

비유적 비교는 저자가 의도적으로 단어의 경계를 범하는 사실을 독자가 알아차릴 수 있을 때 감지된다. 저자가 언어의 경계를 침범하려 한다는 의도를 나타내는 분명한 표지는 다음과 같다. (1) 전혀 다른 의미를 가진 두 단어를 공식적으로 연결하여 하나를 다른 것에 비교하는 경우(1:20, "일곱 촛대는 일곱 교회니라"), (2) 핵심적 서술 용어를 사용하여 독자들에게 경각심을 불러일으켜 비교적 관계를 제시하는 경우(1:20, "일곱 별의 **비밀**"; 11:8, "그 성은 **영적으로 하면** 소돔이라고도 하고 애굽이라고도 하니"), (3) 문자적 해석으로는 인지가 불가능한 경우(10:10, "작은 두루마리를 갖다 먹어 버리니"), (4) 문자적으로 해석하면 지나치게 거짓되거나 상충될 경우(11:3-4, "나의 두 증인[은]…두 감람나무와 두 촛대니"), (5) 문맥상 문자적으로 해석해서는 안 될 것 같은 경우, (6) 요한계시록의 다른 곳에서 같은 단어가 분명히 그리고 반복해서 비유적으로 사용된 경우 등이다.[12] 이 중에서 마지막에 언급한 것이 가장 유익하다.

요한계시록에서 몇몇 비교적 비유법은 해석을 필요로 하는 시각적 묘사인 반면에, 다른 것들은 단지 좀 더 추상적이고 정신적인 수준에서만 감지되는 것임을 인식하는 것이 중요하다. 추상적·정신적 수준에서 감지되는 비유는 보통 서로 다른 것처럼 보이는 수많은 시각적 묘사가 결합된 곳에서 발생한다. 이미지들이 결합되면 거의 불가능하거나 매우 어색한 시

---

12) 11:8의 주석 참조. 비교적인 진술을 밝히는 그 외의 방법에 대해서는 Caird, *Language and Imagery*, 186-97을 보라.

각화가 만들어진다. 여러 장면을 기계적으로 하나의 커다란 시각적 묘사
로 만들지 않도록 주의해야 한다. 반면에 각 이미지의 해석 아이디어를 고
려해야 하며 각각의 아이디어는 서로 관련되어야 한다. 이렇게 여러 장면
을 조합하는 것은 "상상력을 압도하고" 회화적 시각화를 초월한 아이디어
를 표현하려는 데 그 목적이 있다.[13] 예를 들어 "한 어린 양이 서 있는데 일
찍이 죽임을 당한 것 같더라. 그에게 일곱 뿔과 일곱 눈이 있으니 이 눈들
은 온 땅에 보내심을 받은 하나님의 일곱 영이더라"(5:6)와 하늘에 있는 새
예루살렘의 규모와 묘사가 이에 해당한다(21:15-21의 주석 참조).

　　스위트는 이렇게 장면들을 조합하는 것은 눈보다는 귀를 더 자극하려
는 데 있다고 주장한다. 특히 요한계시록의 서론이 "예언의 말씀을 듣는 자
들"이 복을 받는다는 말로 시작하며(1:3), 일곱 교회에게 보낸 각 편지를
"귀 있는 자는 성령이 교회들에게 하시는 말씀을 들을지어다"라는 권면으
로 마무리하는 것이 그 증거라고 본다(비교. 13:9). 이미지화의 이런 효과는,
물론 반대의 경우도 있지만, 요한의 환상이 종종 환상에 이어지는 들음(청
각 환상)에 의해 해석되는 곳에서도 암시되어 있다고 볼 수 있다. 언어의 이
러한 기능은 히브리어의 이미지화와 일치한다. 히브리어의 이미지는 "눈보
다는 귀를 더 자극하고 마음에 어떤 장면을 떠오르게 할 필요가 없이 강력
한 심리적 인상을 창조해낸다."[14] 이 사실을 주목하면 유익하다. 이 생각이
옳다면, 인지적 생각은 정신적 시각화보다는 듣는 것으로 전달되고 추상적
으로 이해될 것이다.

　　구약성경과 유대교 및 요한계시록의 근접 문맥이 요한계시록의 이
미지를 이해하는 데 일차적 배경을 제공하기는 하지만, 요한계시록의
많은 이미지와 관련된 다중적 아이디어의 폭을 넓히기 위해 그리스-
로마 세계에 대한 다양한 자료를 개관하는 연구가 더욱 많이 진행되어
야 한다. 그와 같은 연구의 결과를 낸 좋은 예는 스티븐슨(Stevenson)의

---

13) Caird, *Language and Imagery*, 149을 보라.
14) Sweet, *Revelation*, 14. 17, 70, 164도 참조하라.

"Conceptual Background"다. 스티븐슨은 전통적으로 요한계시록 주석가들이 인정한, 면류관과 관련된 승리와 왕위가 특히 4:4, 10과 14:14에서 하나님의 영광과 존귀 사상을 포함하는 것으로 확대될 필요가 있음을 증명했다. 특별히 스티븐슨의 연구에서 얻을 수 있는 교훈은 이십사 장로들이 그들의 면류관을 하나님의 발 앞에 드리는 행위(4:10)가 하나님의 창조 사역에서 사람들에게 궁극적 시혜자(benefactor)가 되시는 하나님을 존경하는 행위라고 결론을 내린 것이다.

숫자의 상징적 의의

과거의 주석가들은 요한계시록에서 적어도 3, 4, 7, 12 등 네 숫자와 이들의 제곱 숫자들에 상징적 의미가 있다는 데 일반적으로 의견일치를 보였다. 또한 그들은 이 숫자들이 구약성경에서 그 비유적인 의미를 취했다는 사실에도 동의한다.[15] 물론 요한계시록을 문자적으로 해석하는 사람들은 요한계시록의 장면을 해석할 때도 그랬듯이, 그 숫자들을 이해하는 데 있어서도 시종일관 문자적 방법을 고수한다. 요한계시록의 회화적 이미지들을 상징적으로 보아야 하는 것과 같은 이유로 숫자 역시 상징적으로 이해해야 할 것 같다(앞에서 계 1:1의 배경으로 단 2장의 의의를 설명한 부분을 보라). 개중에는 중립적인 접근을 취하여 숫자에는 비유적 의미가 있기는 하지만 문자적 의미도 포함된다고 주장하는 사람도 있을 수 있다. 숫자 7이 비유로 제시된 구약의 예로, 제사장이 희생제물의 피를 제단에 7번 뿌린 본문에는 그 행위가 문자적으로 7번 행해졌지만, 동시에 그것이 완전함이라는 상징적 의미도 포함한다는 것을 제시할 수 있다(대표적 예로 레 8:11을 꼽을 수 있다. 비교. 레 13-16, 23-26장). 하지만 요한계시록에 비유적 의미와 문자적 의미가 다 포함된다고 증명하려면 정말 요한계시록에서 숫자가 그런 의미로 사용되었다는 것을 입증해야 한다. 왜냐하면 (우리가 앞에서 보았듯이) 1:1은 요

---

15) 다양한 숫자의 구약의 용례를 간단하게 개관한 내용을 보려면 본서에서 그 숫자가 처음 등장하는 본문의 주석을 참조하라.

한계시록의 회화적 환상들을 문자적·역사적 사건들과 일대일로 연결하지 않고 거기에 상징적 의미가 있는 것으로 소개하기 때문이며, 보통 상징적 이라고 동의된 것들 중에는 이와 같이 비유적이면서도 동시에 문자적인 방 식으로 기능하지 않는 것이 있기 때문이다(예. 촛대, 별, 어린 양, 사자, 책, 일곱 인, 보좌, 용, 짐승 등).

완전수로서 7은 창 1장에 나오는 창조의 7일에서 분명히 볼 수 있다. 7 일은 하나님의 창조 사역의 완전한 기간을 의미한다. 마찬가지로 7일로 이 루어진 일주일을 이해하는 히브리인들의 방식은 7이라는 숫자를 완전수와 연결할 수 있는 가능성을 높였다. 구약성경은 비유적으로 완전함을 표현하 려고 7이라는 숫자를 반복적으로 사용한다. 이와 비슷하게 창 4:15, 14과 시 79:12에 등장하는 7중적인 진노는 의로움을 만족시키는, 충분하거나 완 전한 진노를 가리키는 것으로 이해하는 것이 가장 좋다. 로마의 통치자들 중에서 하드리아누스(기원후 117-138년)와 콤모두스(기원후 180-192년)는 동 전을 주조하면서 거기에 일곱 별과 함께 그들의 형상을 새겼다. 이것은 아 마도 전 세계를 다스리는 그들의 통치권을 상징했을 것이다(계 1:16의 주석 참조).[16] 무지개가 일곱 색으로 이루어졌다는 것도 7을 완전함과 연결하는 근거를 제공한다(7의 비유적 의미에 대해서는 1:4, 16의 주석 참조).

숫자 4 역시 완선수다. 4는 특히 우수적 범위 또는 전 세계적 범위를 의 미한다. 예를 들어 *Sib. Or.* 4.24-26에서는 하나님의 인간 창조 또는 인간 으로 하여금 온 땅을 다스리게 하는 하나님의 목적의 완전함을 언급하는 가운데 다음과 같은 내용이 등장한다. "하나님은 아담을 네 글자로 창조하 셨다. 처음 창조된 사람은 그의 이름으로 동서남북을 실현했다"(마찬가지로, 2 *En.* [J] 30:13에는 "내가 그[아담, ADAM]에게 네 요소, 즉 동쪽으로부터 글자 A, 서쪽으로부터 글자 D, 북쪽으로부터 글자 A, 남쪽으로부터 글자 M으로 이름을 부여 했다." *Hellenistic Synagogal Prayers* 12:35에는 아담이 "우주의 소우주"이며, "세 상의 시민"이었다고 천명한다. 숫자 4의 비유적인 사용례에 대해서는 계 4:6b-8; 7:1

---

16) A. Y. Collins, "Numerical Symbolism," 1262-63.

의 주석과 아래에 언급된 필론의 용례를 보라).

이스라엘 국가가 열두 지파로 구성되었듯이, 숫자 12도 다양성 속에 통일성이라는 사상과 더불어 완전함을 나타낸다. 열두 사도들은 신약시대의 하나님의 백성을 지칭하는 같은 실체를 잘 보여준다. 1년은 열두 달이고, 하루 24시간에는 두 세트의 12가 있다(12의 비유적 사용을 둘러싼 더 많은 예는 7:4-8의 주석 참조). 숫자 10도 완전함을 표현한다.[17]

완전함의 또 다른 예는 일곱 인, 일곱 나팔, 일곱 대접이다. 이것들은 하나님의 전 세계적인 심판의 완전성을 강조한다. 그리고 만일 요한계시록을 7중적으로 구분하는 것이 정확하다면, 이런 구분은 심판과 구원에 관한 요한계시록의 메시지의 완전함을 암시할 것이다. 요한계시록을 좀 더 넓게 4중적으로 구분하는 것도 같은 점을 강조한다. 4중적 구조는 완전함에 더하여 요한계시록의 메시지에 완전한 보편적 적용이 있음을 암시한다(요한계시록의 7중적 구소와 4중적 구조의 가능성에 내해서는 본서 서론의 "요한계시록의 구조와 계획"을 보라). 요한계시록이 2-3장의 일곱 교회에게만 보내졌다는 사실은 이 교회들이 보편적인 교회를 대표한다는 것을 의미한다(이 점을 좀 더 자세하게 논의한 1:4a 주석 참조).

4, 7, 그리고 12는 하나님이 세상의 질서를 잡으시고 세상을 다스리시는 그의 통치 사상을 비유적으로 전달하기도 한다. 이 숫자들은 하나님의 뜻에 의해 모든 사건이 이루어진다는 사실을 가리킨다. 예를 들어 반복되는 일곱 시리즈(특히 편지, 인, 나팔, 대접)의 증가는 (일곱 구분이라고 공식적으로 숫자가 붙여지지 않지만 그렇게 식별되는 단락과 함께) 요한계시록의 본질적인 구조를 형성하며, 요한계시록 각 부분의 철저하고 세심한 배열을 보여준다. 각각의 7중적 단락은 하나님과 그의 백성에 대항하는 악한 세력들의 전쟁 이야기를 전해주며, 원수의 패배와 하나님의 승리로 마무리된다. 이 반복되

---

17) "10"의 비유적 의미는 "십계명"; 창 18:32; 레 26:26; 삼상 1:8; 18:7-8; 21:11; 시 3:6; 91:7; 전 7:19; 단 1:12-14, 20(비교. 계 2:10); 7:7, 20, 24(비교. 계 13:1; 17:3, 12)에서 찾을 수 있을 것이다. 그리고 아래에서 Philo, *On Creation* 103-5에 대해 논의한 것을 보라.

는 복합 패턴의 전반적인 비유 효과 가운데 하나는 독자들로 하여금 하나
님의 전 포괄적인 뜻이 마치 사탄과 그의 군대를 사로잡는 정교한 거미줄
과 같다는 인상을 받게 한다는 것이다. 사탄과 그의 군대는 하나님의 주권
에서 벗어나려고 하지만, 궁극적 패배를 피할 수는 없다. 숫자의 반복과 반
복되는 숫자의 연속은 아무렇게나 또 우연히 일어나는 것이 하나도 없음을
강조한다.[18] 이것을 체스 경기에 비교하면 적절할 것이다. 그리스도가 십
자가에서 희생의 죽음을 당하신 것은 마귀에게 체크 메이트(피할 수 없는 장
군)를 부른 것과 같다(즉 마귀에게 치명적 상처를 입히셨다). 따라서 마귀의 패
배는 불가피하다. 그럼에도 마귀는 최후의 패배를 벗어나려고 발버둥을 치
며 반역의 게임을 계속한다.[19]

　　리처드 보컴은 그리스어의 핵심 어구들이 4와 7에 관련한 패턴으로 사
용되었음을 보여줌으로써, 숫자와 그 숫자들의 제곱수의 비유적 의미를 강
조했다. 이것은 결국 신학적 완전함이라는 의미를 강화한다.[20]

　　다음은 보컴의 논의에서 가장 주목할 만한 내용이다.

　　(1) 7가지의 복은 하나님의 백성에게 내린 완전한 복을 암시하며, 심
지어 구원에 관한 요한계시록의 메시지를 요약하는 역할도 하는 것 같다.

　　(2) 숫자 4는 땅의 네 방위(7:1; 20:8)와 "네 바람"(7:1)에서처럼 우주
적 완전함을 가리키는 수다. 숫자 4가 이러한 의미를 암시한다는 사실을
5:13에서도 추론할 수 있다. 본문에서는 우주의 네 부문에 있는 모든 피
조물이 하나님과 어린 양에게 4중적인 찬양을 드린다. 다른 곳에서도 세
상이 언급될 때에는 세상이 네 부분으로 나뉜다(8:7-12; 14:7; 16:2-9). 땅
의 이 네 부분은 첫 네 나팔과 첫 네 대접 재앙의 대상이다. 이것은 하나
님의 심판하시는 권능이 창조세계 전체에 미침을 보여준다. 이런 점에서

---

18) A. Y. Collins, "Numerical Symbolism."
19) 이 유비에 대해서는 Mulholland, *Revelation*, 228을 보라.
20) Bauckham, *Climax of Prophecy*, 29-37. 내가 Bauckham과 다른 결론을 유추해 내는 경우
　　가 종종 있다. Wendland가 제시한 다양한 7중적 구조 분석은 뒤에 따라오는 Bauckham의 논
　　의를 보충한다("7×7"; 아래 "요한계시록의 구조와 계획"에 요약된 내용을 보라).

일곱 인과 일곱 나팔, 일곱 대접이 4+3 패턴으로 나뉜 것은 앞의 네 재앙이 세상에 미치는 심판이 되도록 기획한 결과다. 이것을 설명하면서 보컴은 필론의 *On Creation* 97-106에 의존했을 것이다. 필론은 그의 책에서 4와 3을 7의 핵심적 요소로 반복해서 언급하며, 심지어 7은 "3과 4로 이루어졌으며…우주에서 변함없고 올곧은 모든 것을 제시한다"라고 분명하게 말하기까지 한다(Loeb 번역을 따름).

보컴은 심지어 일곱 심판에도 4개의 시리즈가 있음에 주목한다(10:3-7에 폐지된 시리즈를 포함시킨다면 말이다). 여기서 4×7은 온 세상에 미치는 완전한 심판의 함축된 의미를 강조한다. 이것은 레 26:18-28과 일맥상통한다. 레위기 본문에는 이스라엘에 내리는 7중 심판의 경고가 4번 반복된다. 요한계시록에서 여섯 절이라는 짧은 공간(14:14-19)에 "낫"이라는 단어가 7번 반복된 것도 전 세계적인 규모의 심판의 완전함을 의미하는 것으로 이해할 수 있다. 이와 관련하여 "땅의 상인들"로부터 바벨론(=로마)에 수입된 물건 목록(18:11-13)이 28개(4×7)인 것도 우연은 아닐 것이다. 이것은 전 세계로부터 생산되는 물품 전체를 의미한다.

"모든 족속, 방언, 백성, 나라"라는 4중 형식은 (다른 순서로) 7번 사용되어 땅에 있는 모든 인류를 가리킨다(5:9과 7:9 등 처음 두 등장은 구원받은 사람들을 가리키고, 나머지는 구원받지 못한 사람들을 가리킨다).

(3) 하나님과 그리스도의 어떤 이름들도 4와 7의 패턴으로 반복된다. "세세토록 살아 계시는 이"는 피조물을 다스리시는 영원한 창조자이신 하나님을 지칭하려고(참조. 4:11; 10:6) 하나님께 4번 적용된다(4:9, 10; 10:6; 15:7). (주격 형태의) "전능하신 주 하나님"이라는 완전한 칭호와 "보좌에 앉으신 이"라는 칭호는 각각 7번 등장한다(1:8; 4:8; 11:17; 15:3; 16:7; 19:6; 21:22과 4:9; 5:1, 7, 13; 6:16; 7:15; 21:5. 참조. 19:4). 첫 번째 어구("세세토록 살아 계시는 이")의 또 다른 변형은 숫자 7을 보존하려는 목적에서 사용되었을 것이다. 이와 비슷하게 그리스도와 하나님이 자신을 "알파와 오메가"로 명명하신 것과 이와 같은 묘사가 7번 등장한다(1:8, 17; 21:6[2번]; 22:13[3번]).

"그리스도"[21]라는 이름은 7번 등장하며, "예수"라는 이름은 14번 등
장한다. 그리스도를 지칭하는 "어린 양"은 28번 사용되었고, 7번은 어린
양과 하나님이 함께 등장한다. 이러한 칭호가 7×4 형태로 등장하는 것
은 어린 양의 완전한 승리의 보편적 범위를 강조한다.

(4) 하나님의 주권의 충만함을 표시하기 위해 "일곱 영"이 4번 언급
되었다(1:4; 3:1; 4:5; 5:6). 일곱 영은 교회의 예언자적 증인으로서의 사역
을 통해 "온 세상에 보냄을" 받았다(5:6). 이런 점에서 "예언"은 7번 언급
된다(1:3; 11:6; 19:10; 22:7, 10, 18, 19). 성령의 충만한 주권 사상을 강조하
기 위해 "영"[22]이라는 단어가 (단수로) 14번(7×2) 사용된다. 이 중에서 7
번은 매 서신 끝에 반복구로 계속 등장하며, 다른 4개는 요한의 예언자
로서의 사명의 온전한 효과를 언급하려고 "성령으로" 또는 "성령에 (감동
되어)"라는 4중적 반복(1:10; 4:2; 17:3; 21:10)에 등장한다.

(5) 사탄과 짐승 또는 거짓 예언자의 이름을 지칭할 땐 그러한 숫자
패턴이 보이지 않는 것은 의미심장하다. 단 이들이 하나님이나 그리스도
를 패러디한 경우는 예외다(12:3; 13:1; 17:3, 7, 9-11).

(6) 12는 하나님의 백성의 숫자다. 12의 제곱 숫자는 완전함을 가리키
며, 12에 일천을 곱한 숫자는 광대함을 가리킨다. 이 숫자는 매우 중요해
서 새 예루살렘을 묘사하는 곳에서 성도들의 마지막 때의 완전함을 표시
하기 위해 12번 등장한다(21:9-22:5. 여기에는 21:13에서 각 방위에 있는 3개의
문과 21:19-20에서 첫째부터 열둘까지 서수 형태가 등장하는 것이 포함된다).

(7) 보컴이 든 예에 아래 내용을 첨가할 수 있을 것이다. 여기에 첨가
한 것 외에도 중요한 사례가 더 있겠지만 말이다. 1:1, 19; 4:1; 22:6에 단
2:28ff.의 내용이 4번 등장한 것(약간의 변형이 있지만)은 요한계시록의 또
다른 4중적 구분을 암시하며, 절정을 향해 가는 역사를 위한 전체를 포

---

21) "예수 그리스도"라는 구의 "예수"도 포함한다.
22) Bauckham은 이 셈에서 11:11과 22:6을 제외시킨다. Bauckham이 판단하기에, 이 두 본문에
    서 영은 성령을 가리키는 용어가 아니다. 마찬가지로, 악한 "영"을 가리키는 단어도 제외되었다.

괄하는 요한계시록의 메시지를 제시한다. 단 2장에서 역사의 개요가 같은 단어로 시작하고 끝나기 때문에(참조. 단 2:28과 2:45), 요한계시록에서도 특히 4번씩이나 단 2장을 반복해서 암시하며 같은 방식으로 역사의 개관을 보여주는 것은 요한계시록 메시지의 포괄적이고 전 세계적인 특성을 알려준다(본서 서론의 "요한계시록의 구조와 계획"을 보라).

이와 비슷하게 출 19:16ff.의 내용을 암시하는 어구("번개와 음성과 우렛소리")는 요한계시록의 중요한 문학적 연결 부분에서 마지막 심판을 암시하며, 새로운 장면을 소개하거나(4:4) 마무리하면서(8:5; 11:19; 16:18) 4번 등장한다. 이 4중적 반복은 마지막 심판의 최종성과 보편성을 강조한다. 심판의 파국적 특성은 암시 용어들의 점진적 확장으로 고조된다.

"여자"(γυνή)는 10번,[23] "신부"(νύμφη)는 3번,[24] 그리고 "성도"(ἅγιος)는 14번[25] 등장한다. 이 단어들 모두 하나님의 공동체를 표현하는 것이다. 불경건한 공동체를 표현하는 용어들로 "음녀"(πόρνη)는 4번,[26] "여자"(γυνή)는 7번,[27] 그리고 "땅에 거하는 자들"(τῶν κατοικούντων ἐπὶ τῆς γῆς)은 10번[28] 등, 하나님의 공동체와 대칭되는 용어로 소개된다. 대조

---

23) 12:1, 4, 6, 13, 14, 15, 16, 17; 19:7; 21:9.

24) 21:2, 9; 22:17. 숫자 3은 하나님과 관련이 있으며(비교. 1:4, 8; 4:8; 11:17의 시간을 표현하는 3 중적 공식), 아마 삼위일체와도 연결된다. 성경에서 3은 완전함을 표시하기도 한다. 예를 들어, 3은 1:4-5에서 성부, 성자, 성령의 완전함으로 표현되며, 13장(과 16:13. 13장의 결론과 13:18 의 주석 참조)에서는 용과 짐승, 거짓 예언자로 패러디되었다. "신부"가 하나님의 3중성을 반영한다는 것은 적절하다. "신부"(νύμφη)는 실제로 전부 4번 등장한다(18:23; 21:2, 9; 22:17). 하지만 18:23에서 신부라는 단어는 하나님의 공동체를 가리키는 말로 사용되지 않았다(어떤 사본에는 19:7에도 νύμφη가 있다). 18:23에 "신부"가 처음 언급된 것은 혹시 21, 22장에 3번 등 장할 것을 예상해서 그런 것은 아닐까? 그래서 부패한 옛 세상엔 전혀 없었던 것이 새 세상에 서는 영원히 있을 것(이것이 새 세상을 더욱 멋지게 만든다)이라고 예상한다고 볼 수는 없을까(18:22-23을 14:2; 22:5과 비교)?

25) 5:8; 8:3, 4; 11:18; 13:7, 10; 14:12; 16:6; 17:6; 18:20, 24; 19:8; 20:9; 22:11(총칭 단수). 여기에 22:21의 열등한 이문(ἁγίων)은 포함시키지 않았다(NA²⁶ 22:21의 본문비평 각주를 보라).

26) 17:1, 15, 16; 19:2. "큰 성 바벨론"과 "음녀"가 다스리는(17:5) 사람들을 언급하기 위해 복수형 이 5번 등장한다.

27) 2:20; 17:3, 4, 6, 7, 9, 18(여기서 14:4의 복수형 "여자"는 제외했다. 이 단어는 부정적으로 쓰였 지만 비유적인 여자 이세벨 또는 바벨론을 분명하게 지칭하지는 않는다).

28) 3:10; 6:10; 8:13; 11:10a, b; 13:8, 14; 17:2, 8.

를 표현하는 이 숫자 패턴은 아마도 불신 세상의 총체와 대조되는 하나
님의 백성의 총체를 강조하는 것 같다. "바벨론"이라는 용어와 바벨론을
"큰(μεγάλη) 성"으로 묘사한 것이 6번 사용된 것은 바벨론이 불완전하고
미완성(이는 타락하고 구원받지 못한 인류의 특징이다. 13:18의 주석 참조)이라
는 사실을 말하려고 짐승과 관련짓는 것이 아닐까(짐승의 수는 666이다)?
"여자"라는 단어 중에서 6번은 음녀 바벨론을 언급한다. 이것 역시 같은
사상을 부각시킨다. 이러한 관찰에 비춰볼 때, 6:15의 구원받지 못한 사
람의 계층이 7개 또는 6개 집단으로 계산될 수 있다는 것을 단순히 우연
이라고 할 수만은 없을 것이다(6:15의 주석 참조). 7개로 나눠지는 것은 믿
지 않는 모든 사람은 예외 없이 심판을 받을 것이며, 여섯으로 나눠지는
것은 인간의 죄악 된 불완전함 때문에, 특히 영적인 우상숭배를 통해 인
간성을 채우려는 까닭에 심판이 내려진다는 사실을 암시한다.

　단어의 반복 중에서 요한계시록의 결론에 다다를수록 더 증강되는
반복이 있다는 사실을 아는 것이 중요하다. 이것은 아마도 반복된 단어
와 관련된 사건이 절정에 이르렀음을 강조하려는 데 목적이 있을 것이
다. 12는 하나님의 백성의 온전한 하나 됨을 강조하려고 요한계시록 결
론에 반복적으로(21:9-22:5에 12번) 등장한다. 그리스도의 이름인 "알파와
오메가"와 그에 상응하는 명칭은 그가 역사를 마무리하실 분이심을 강
조하려고 21, 22장에 더 반복되었을 것이다. 요한계시록이 "알파와 오메
가"로 시작하고 마치는 것(1:8, 17; 21:6[2번]; 22:13[3번])은 역사를 존재하
게 하신 하나님과 그리스도께서 역사를 마무리하신다는 사실을 입증하
는 수미상관으로 사용하려는 의도를 반영한다(인용된 구절의 주석 참조).

　보컴이 이 숫자의 패턴 중에 어떤 것들은 우연일 수 있다고 결론을
내린 것은 옳다. 하지만 대부분이 우연인 것 같지는 않다. 이런 패턴은
무척 많이 있고, 이러한 패턴에 요한계시록의 가장 핵심적인 신학적·인
류학적 용어들이 포함되어 있는 까닭이다.[29]

---

29) 숫자 패턴에 대한 중요성에 반박할 수 있는 것 하나는 사본상의 차이로 인해 같은 패턴에서

A. Y. 콜린스는 숫자 4, 7, 12이 묵시문학, 특히 요한계시록에서 우주적 질서를 나타낸다고 주장한다.[30] 특히 요한은 하나님이 모든 사건 배후에 계시며 그 사건들을 이끄는 분이심을 암시하려고 이런 숫자들을 사용한다. 숫자들은 하나님의 뜻을 "사탄의 세력을 잡고 모든 방위에서 포위하고 제한하는 그물"로 제시하여 하나님의 백성의 궁극적 승리를 이미 확신한다.[31] 숫자들이 자주 반복되는 것은 아무것도 무작위로 또는 우연히 발생하지 않는다는 사실을 강조한다.

콜린스의 연구는 요한계시록의 숫자 연구에 중요하고 유익한 기여를 했다. 콜린스는 상당히 많은 주석가가 증명하지도 않고 7이라는 숫자가 완전수라고 확신하는 것을 보면서, "완전함"이 정말로 숫자 7에 함의되어 있는지 의문을 제기한다.[32] 하지만 그가 이해한 우주적 질서와 완전함이라는 개념이 양립할 수 없는 것은 아니다. 더욱이 우리가 이 문제와 관련해서 논의한 것은 완성과 온전함이라는 개념이 숫자 4, 7, 12의 사용에 수반된다는 사실을 증명한다. 콜린스가 이러한 의미를 배제한 것은, 얼마든지 그럴 수 있는 일이겠지만, 궁극적으론 설득력이 있다고 할 수 없다. 콜린스는 구약성경에 등장하는 숫자를 거의 분석하지 않았다. (이 숫자들과 관련한) 그의 개론적 설명은 완성과 충분함, 완전성을 의미하는 비유 사용을 반박할 수 있는 증거가 되지 못한다(예를 들어 콜린스는 창 4:15, 24; 시 79:12에서 "일곱 배"라는 용어가 그렇게 사용되었을 가능성을 인정한다).[33]

콜린스가 몇몇 자료에 있는 "7"이라는 숫자를 어떻게 사용하는지 보여주는 한 가지 예는 필론의 숫자 사용에 대해 그가 내린 결론에서 찾을 수 있다. 콜린스는 필론이 *On Creation* 102-3에서 7이라는 숫자를 "완성, 충분함 또는 완전함"을 의미하기 위해 사용하지 않고 단지 실체가 질

변화가 발생한 경우다. 위에서 분석한 등장 횟수는 NA[26]에서 택한 독법에 근거한다.

30) Collins, "Numerical Symbolism."
31) Collins, "Numerical Symbolism," 1286.
32) Collins, "Numerical Symbolism," 1223, 1275-76.
33) Collins, "Numerical Symbolism," 1276.

서 정연하다는 사실을 암시하려는 것뿐이었다고 결론을 내린다.[34] 하지만 *On Creation* 96-127의 넓은 문맥을 살펴보면, 질서와 완성(또는 충분함과 완전함) 모두 감지할 수 있다. 예를 들어 "7은 미(美)에 속한 또 다른 아름다움을 보여준다. 우리 마음에 떠오르는 매우 거룩한 대상을 말이다. 7은 3과 4로 만들어져 우주에서 자연히 확고부동하고 올곧은 모든 것을 나타낸다"(97). "1부터 시작하여 7까지 모든 숫자를 더하면 28이 된다. 이것은 **완전수**[τέλειον]**다**"(101). "자궁의 열매는 일곱 달이 되면 자연히 **충분히 무르익게** 된다[τελειογονεῖσθαι]"(124). "날들의 네 세트"로 숫자 28이 "**완성된다**(συμπεπλήρωται)." 28일은 달이 궤도 전체를 도는 데 걸리는 시간이다(101).[35] 콜린스는 필론이 *On Creation* 102-3에서 사용한 τελεσφορός("완전하게 하다" 또는 "완벽하게 하는 힘")가 단지 실체의 질서 정연함을 가리킬 뿐이라고 주장한다. 이러한 지적이 옳을지도 모른다. 하지만 완성, 충분함, 완전 사상 역시 포함되어 있다. 필론은 *On Creation* 103-5에서 한 사람의 생애를 7년으로 이루어진 단계로 묘사한다(이것은 인생의 일곱 단계를 생각한 Solon[기원전 638-558쯤에 살았던 아테네의 입법자이며, 그리스 일곱 현인의 한 사람—역주]과 열 단계를 생각한 Hippocrates의 전통을 따른 것이다). 한 사람의 생애를 서술하는 이러한 묘사에 완성, 충분함, 완전을 표현하는 것이 곳곳에 드러나며, 각 일곱 단계는 사람의 성숙도를 가리키는 측면의 완성으로 끝을 맺는다(치아의 성장, 사춘기 등등). 완성의 분명한 표현은 다음과 같다. "열정을 **더 완전하게**(πλέον) 길들이기", "삶의 종말(τέλος)", "하나님이 인생의 둘째 주를 **마치실**(γυτελέση) 때, 곧 **젊음의**(또는 "남성의", ἥβης) **황금기**가 돌아올 때, 많은 징조가 나타난다", "네 번째 7주기는 각 사람에게는 힘이 가장 충만하게("최상의", ἄριστος) 보여 모든 사람이 생각하기에 최상의(ἀρετῆς) 때이

---

34) Collins, "Numerical Symbolism," 1277.
35) Collins, "Numerical Symbolism," 1252에서 달과 관련한 일곱 주기에 대해 M. Terentius Varro가 동일한 견해를 논의한 내용을 보라.

다." "10개의 단위가 **완성되면**(τελέσας), 사람은 생을 끝낸다." 구약성경에서 한 사람의 일반 수명을 70년으로 언급하고 있는 것은 흥미롭다(시 90:10). 마지막으로 *On Creation* 106-7에서 필론은 이렇게 말한다. "그러므로 일곱 번째 숫자는 그 숫자와 함께 완전(τελεσφορόν)을 가지고 온다.…하지만 7은 완전을 가져올(τελεσφορός)뿐만 아니라, 절대적으로 조화롭고 어떤 의미에서 가장 훌륭한 미의 잣대의 원천이라고 말할 수 있다. 숫자 7에는 조화의 모든 것(πάσας)과…발전의 모든 것(πάσας)이 있다." 이런 예들 대부분은 필론만의 유별난 알레고리 방법에서 기인한 것이 아니라, 솔론과 히포크라테스의 전통에서 볼 수 있듯이, 다른 고대의 저술가들에게서도 찾을 수 있는 것들이다.

숫자 7에는 오직 우주적 질서**만** 포함되어 있다고 이해하는 콜린스는 결국 짐승의 수 666이 미완성이나 불완전과 같은 비유적 사상과는 전혀 상관이 없다고 결론을 내린다. 콜린스는 이렇게 단정하는 3가지 중요한 이유를 제시한다. 첫째, 숫자 6은 요한계시록 다른 곳에서 그런 의미로 기능하지 않는다. 둘째, 숫자 7이 용(12:3의 일곱 머리와 일곱 면류관)과 짐승(13:1; 17:3, 7, 9의 일곱 머리)에게도 적용된다. 셋째, 필론에게 6은 완전을 의미한다. 첫 번째 견해와 관련하여, 만일 숫자 7이 요한계시록 전체에서 완성을 의미한다면, 단독으로 사용되었지만 (3중적인 반복으로) 강화된 숫자 6은 미완성의 수로서 더욱 매력적이다. 더욱이 일곱 인, 일곱 나팔, 일곱 대접 재앙의 매 시리즈에서 여섯 번째 요소는 불완전한 인류의 심판에만 초점을 맞춘다. 또한 요한계시록에서 "바벨론"이라는 단어가 6번만 반복된다는 것은 이렇게 생각할 가능성을 높여준다(불경건한 사람들을 여섯 범주로 분류한 것도 여기에 해당할 것이다). 두 번째 견해와 관련하여, 만일 이 시리즈 중에 어느 하나라도 여섯 번째 요소로 끝난다면, 역사에 대한 불완전한 묘사가 남았을 것이다. 각각의 경우에 7번째는 새 창조 또는 하나님 나라를 어느 정도 암시하기 때문이다. 더욱이 요한은 종종 숫자 7 또는 3을 사용하여 하나님 나라를 흉내 내는 껍데기뿐인 마귀의 나라를 부각시킨다. 13:18에서 6이 3중으로 사용된 것(666)은 용,

짐승, 거짓 예언자가 성부, 성자, 성령을 어느 정도 패러디하고 있다(본서 13:18의 주석과 13:18의 비유적 의미에 대해 자세히 논한 13장의 결론을 보라).

마지막으로 필론이 숫자 6을 완전수로 볼 수 있었던 것은 사실이다. 하지만 그는 이것을 드물게 언급하며(On Creation 14, 89; Leg. Alleg. 1.3), 다른 곳에서는 6을 완전수라고 생각한 것에 대한 주요한 언급이 없다. 그렇다면 숫자 6을 완전수로 이해한 필론의 견해는 보편적인 것 같지 않다고 말할 수 있다.

"땅의 네 모퉁이"(7:1; 20:8)나 "땅의 사방의 바람"(7:1)과 같이 숫자 4가 사용된 곳에서 완성 사상을 쉽게 감지할 수 있다. 이것은 완성 사상에 가까운 전 세계를 의미하는 말이다. 마찬가지로 숫자 7은 성경에서 완성 또는 완전함과 연결된다. 7은 하나님이 온 세상을 완전하게 창조하시는 데 걸린 날을 가리키는 완전수다. 또한 일곱 째 날은 하나님이 안식하신 절정의 날이다. 더욱이 일곱 나팔과 일곱 대접이 우주의 네 요소들을(땅, 공기, 불, 물)에 영향을 주었다는 것은 그 재앙이 전 세계적인 재앙이고 그 효과가 철저함을 강하게 시사한다.[36] 사실 나팔과 대접 시리즈는 연속된 출애굽 재앙(창세기의 원래 창조에 반하는 창조 파괴 과정)에 기초하기 때문에, 요한계시록에서 우주적 숫자 4를 7에 연결한 것은 자연스럽다.[37] 이 동일한 창조세계의 파괴 개념이 요한계시록에 반영되었을 것이다.[38] 많은 주석가가 이 숫자들이 완성 또는 완전함을 의미한다는 사실을 증명하려 하지 않는다고 생각된다. 7이 완성과 완전함을 나타낸다는 것은 거의 성경(특히 구약성경)에서 자명한 진리인 까닭이다. 하지만 콜린스가 그 숫자들이 본질적으로 우주적 질서에 초점을 맞춘다고 한 것은 염두에 둘 만한 중요한 사실이다.

---

36) A. Y. Collins, "Numerical Symbolism," 1278은 반대의 주장을 한다. Collins는 네 요소가 우주적 실체를 대표한다는 점을 인정하면서도(1263), 7을 세상 영역의 통치로 본다(1262).

37) 예. Lee, "Genesis 1 and the Plagues Tradition in Ps. 105"를 보라.

38) 예. Paulien, Decoding Revelation's Trumpets, 229-30, 252-53, 285-86, 384, 392-93, 410; Chilton, Days of Vengeance, 196-98을 참조하라.

요한의 상징들을 설명하는 "새 해석"의 관점

E. 보링[39]은 널리 받아들여졌던 요한계시록의 상징 해석법을 요약했다.[40] 보링은 상징을 대상을 가리키는 명제적 언어로 독해해야 하는 것이 아니라, 궁극적 실체를 가리키지만 그것을 묘사할 수 없는 비객관화된 그림과 같은 언어로 남겨두어야 한다고 이해한다. 그림 언어는 우리의 유한한 정신과 인지적 범주에 속한 언어를 초월하는 까닭이다. 상징은 교리적 진리를 전달하지 않는다. 상징은 수학의 부호처럼 각각의 상징이 언급하는 지시대상을 하나만 갖는 암호가 아니다. 오히려 상징은 결론이 열려있으며, "긴장을 일으키고, 생각을 자극하고, 다양한 기능을 한다." 요한계시록의 상징을 1세기의 역사적 실체와 동일시하는 것은 부분적으로는 옳지만, 상징을 이후 세대의 역사적 실체에 적용하는 것도 배제되지 않는다. 요한계시록의 언어는 논리적이고 명제석인 언어 규칙에 매이지 않고 추론하기도 어렵다. 요한이 시공에 구속된 단어들로 하나님의 초월적 세계의 실체를 전달하려고 하기 때문이다. 초월적 차원의 궁극적 실체는 우리의 논리적 사고의 범주를 깨뜨린다. 명제적 언어는 직설적이고 시간 순서로만 실체를 다룬다. 하지만 요한계시록의 언어는 통시적(通時的)이 아니라 공시적(共時的)이다. 이것은 요한계시록의 시간 구조에만 해당할 뿐만 아니라 다양한 상징들 간의 관계에도 적용된다. 예를 들어 다양한 상징은 같은 실체를 나타낼 수 있다. 하지만 상징을 설명하는 명제적 해석들은 서로 조화를 이룰 수 없으며, 상징들의 합을 하나의 이해 가능한 장면으로 축소할 수도 없다. 초월적 진리를 전달하기 위해서는 하나 이상의 다양한 장면이 필요하다. 명제적 언어는 "신화"와 "진리"를 대조하지만, 요한계시록은 그림과 같은 언어를 채용하여 신화를 진리 전달의 도구로 사용한다.

보링의 접근은 여기서 제시한 것보다도 더 철저하게 분석할 만한 가치

---

39) E. Boring, *Revelation*, 51-59.
40) 예. Schüssler Fiorenza, "Revelation," 417-18.

가 있다. 하지만 간단하게 평가하는 것이 적절할 것이다. 첫째, 보링의 해석 관점은 귀납법적 분석을 통해서는 정당성을 입증받을 수 없는 성격의 가정들이다. 보링은 명제적인 인간 언어가 초월적인 하나님에 관한 진리와 이것과 관련한 진리를 표현할 수 없다고 추정한다. 이것은 신학자들이 철학적인 수준에서 계속해서 논쟁해온 곤란한 문제다.[41] 문제가 되는 질문은 이것이다. 인간의 지식과 신적인 지식의 관계는 과연 전적으로 유비적인가, 아니면 어떤 점에서 같은 것일 수 있는가? 이런 논의는 그런 지식을 표현하는 언어까지 다룬다. 모든 지식과 언어는 유비적이라고 주장하는 사람들이 있는 반면에, 인간의 지식이 신적인 지식과 비교하여 완전하지는 않지만 어떤 점에서는 같은 것이라고 주장하는 사람들도 있다.

　보링이 모든 지식과 언어를 신적 지식에 대한 전적인 유비라고 생각하는지, 아니면 확실하게 중첩되는 점이 있다고 생각하는지는 분명하지 않다.[42] 보링은 자신의 관점을 요약할 때는 유비적 관점을 선호하지만, 요한계시록에서 예를 들 경우에는 요한의 언어를 어떤 면에서 신적인 지식과 동일하면서도 완전하지는 않은 것으로 본다. 필자는 요한의 언어가 어떤 점에서는 신적인 지식과 동일하지만 완전하지는 않다는 견해를 취한다. 예를 들어 보링은 13장과 17장에 등장하는 짐승을 로마와 동일시한 것이 역사적으로는 개연성이 있지만, 이 상징을 후속하는 세계의 박해하는 세력에게도 적용할 여지는 있다고 설명한다. 그는 이것을 명제적 언어의 규범을 파기한 것이라고 단정한다. 하지만 결론이 열려 있고 다양한 기능을 하는 의미가 명제적 진술과 양립할 수 없는 것은 아니다. 그러한 진술들은 참된 진술이기는 하지만 완전한 진술은 아닌 것으로 이해될 수 있다. 이러한 다양한 기능과 확장된 적용이 저자의 의도라는 것을 증명할 수만 있다면, 그것은 명제적 용어로 표현될 수 있다(이러한 짐승 이해는 본서 13장과 17장의 주석 참조).

---

41) K. Barth, C. Van Til, Gordon Clark의 논쟁이 대표적 예다. Frame, *Knowledge of God*을 보라.
42) 이 문제를 균형 있게 다룬 Frame, *Knowledge of God*, 18-40을 보라.

물론 고대 저자들의 마음을 철저하게 조사하는 것은 불가능하다. 우리가 저자의 의미를 결정하기 위해 가지고 있는 것은 고대 사본뿐이고, 기독교적 전제를 가진 독자들은 그 사본을 성경의 정경적인 문맥을 비롯하여 근접 문맥과 역사적 배경에 비추어 해석해야 한다. 이러한 정경적 해석은 성경 저자들 배후에 성경의 신적 저자가 계시다는 전제에 근거한다. 신적인 저자는 정경의 어느 한 부분에 있는 그의 말씀을 영감된 그 문헌의 다른 말씀을 통해 유기적으로 해석하실 수 있다.[43]

요한의 묘사가 그림과 같은 환상을 묘사하기 어렵다는 관찰 역시 명제적 언어와 상반되지 않는다. 보링은 1:12-16의 혼합된 은유로 구성된 인자 환상을 예로 제시하면서, 그리스도를 그가 말씀하실 때 입에서 검을 내시는 분으로 묘사한 것을 우리가 어떻게 "객관화시킬" 수 있는지 질문한다. 하지만 이러한 묘사는 먼저 그림으로 보아야 하고, 그런 다음 상징들의 결합에 비추어 해석해야 한다. 제시된 그림과 해석된 상징들을 구별해야 한다는 말이다. 우리는 각각의 상징을 개별적으로 해석하고, 그 해석한 것들을 결합하여 하나의 개념적 총체를 형성한다. 보링은 검이 하나님의 말씀의 능력을 가리킨다고 명제적으로 해석한다. 이 경우는 위와 같은 해석 방법을 인정하는 셈이다. 비유들의 결합에서 독립된 장면들은 하나의 거대한 상징적 장면을 형성하기 위해 함께 모아져서는 안 된다. 인자 환상의 각 부분은 독립해서 분석할 수 있다(특히 구약 배경에 비추어 해설할 경우). 그리고 개별 장면이 아니라 각 사상을 시각적 모자이크가 아닌 하나의 개념으로 모을 수 있다. 우리는 이미 요한계시록의 다른 곳에서 이러한 결합을 살펴보았다. 예를 들어, 죽임을 당했으나 서 있는 어린 양(5:6)은 동물인 어린 양에 대한 정상적 개념으로 설명하기가 곤란하다. 하지만 그 장면을 그리스도의 죽음과 부활을 가리키는 은유로 이해하는 명제적 해석은 가능하다.

이처럼 사자이면서 동시에 어린 양이신(5:5-6) 그리스도가 분명하고 명

---

43) "저자의 의도성" 문제를 자세히 논의한 Kaiser, "The Single Intent of Scripture"; Payne, "Fallacy of Equating Meaning"을 보라.

제적인 개념을 전달하지 않는다고 주장하는 사람들도 있다. 하지만 이것은 궁극적으로 해석의 문제다. 은유적 언어의 특성은 다양한 통상적 조합들(즉 의미들)의 가능성을 열어두고, 이런 조합들은 문맥으로부터 분명해지는 경우도 있고 그다지 분명하지 않은 경우도 있다. 예를 들어 사자와 어린 양 이미지는 분명히 구약성경 본문에서 온 것이다. 그래서 구약성경 문맥에서 이미지의 의미가 결정되면, 계 5:5-6에서 사용된 그 이미지는 더 잘 평가될 수 있다(5:5-6의 주석 참조). 요한의 언어가 "명제보다는 장면을 묘사한다"[44]고 말하는 것은 일반적 의미에서 비유적 언어의 특성을 오해한 것이다. 앞에서 논의했듯이, 비유적 주제들을 문자적 주제들과 비교하는 목적은 비유적이지 않은 주제를 명제적으로 설명하는 데 있다.

요한의 언어가 공시적이고 통시적이지 않다는 보링의 주장은 부분적으로는 맞다. 하지만 그것이 참된 주장이 되려면 조심스럽게 제시되어야 한다. 예를 들어 요한계시록 전체에서 제시되는 환상들의 순서가 역사에 발생하는 사건들의 순서를 묘사하는 것이 아닐 개연성이 많다. 그러나 보링은 이것이 각기 다른 환상들이 논리적으로 조화될 수 없다는 것을 의미한다고 생각한다. 일례로 보링은 요한계시록에 그리스도와 관련하여 상충되는 환상이 있음을 주목한다. 곧 고난을 당하신 후에 하늘에서 통치하시는 그리스도와 자신의 공동체에 임재하고 백성의 고난에 동참하시는 그리스도에 대한 환상이 그것이다. 이 다양한 장면들의 정확함을 가정한다면, 그 장면들이 조화되지 않는 실체들을 묘사한다고 할 수 있을까? 하늘에서 통치하시면서도, 고난당하셨고 교회와 더불어 계속해서 고난을 당하시는 지상의 예수를 생각하는 것은 논리적으로 상충되지 않는다. 요한의 언어는 논리적 모순이 아니라 역설적 실체를 표현하는 것이다. 결국 예수는 지상 사역 동안 고난을 당하시는 중에도 그의 메시아적 통치를 시작하셨다. 하지만 나는 요한계시록에서 이러한 2중 고난이라는 주제를 발견하지 못했다. 비록 교회가 지금 그와 같은 역설적 실체를 경험하고 있지만 말이다(예. 1:9).

44) Boring, *Revelation*, 52.

마지막으로 명제적 언어에 따르면 "신화"와 "진리"는 대조되는 반면에, 요한계시록에는 신화를 진리의 전달 도구로 사용하는 그림 언어가 채용되었다는 보링의 견해에 대해 의문을 제기해야 할 것 같다. 구약성경과 요한계시록에서는 신화에 등장하는 신들의 품성들이 성경의 하나님께 적용되어, 하나님이 신들로 알려진 여타의 신들과 대조되는 참 하나님이심을 보여준다. 구약성경에서는 바알의 품성이 야웨께 적용되어 바알이 아니라 야웨가 참 하나님이심을 증명한다(시 29편). 같은 현상이 요한계시록에서 하나님을 가리키는 3중적인 이름, "전에도 있었고, 지금도 있고, 장차 오실이"(1:4, 8; 4:8의 주석 참조)의 반복적인 사용으로 그려진다. 그 이름은 헬라 세계에서 제우스에게 적용되었던 이름이다. 그런데 이제 요한은 그 이름을 제우스를 대항하여 논쟁적 차원에서 하나님께 적용하며, 그러한 품성은 구약의 하나님께만 속하는 것임을 보여준다. 성경 저자들이 자신의 하나님을 묘사하면서 근동의 신화나 그리스-로마 신화를 부비판석으로 사용한 것 같지는 않다. 성경 저자들은 하나님을 늘 그들 주변의 거짓 신들과 대조하는 작업을 수행했다. 요한도 예외는 아니었던 것 같다.

보링이 "명제적"이라는 단어의 정의를 너무 좁게 설정했고, 그런 후 그 단어를 요한의 언어를 이해하기에 부적절한 범주로 거부했을 가능성이 있다. 요한계시록의 상징들은 그것이 언급하는 천상의 실체와 신학적 내용을 담고 있는 실체들의 의미를 완벽하게 묘사하지는 않는다. 하지만 그 상징들이 이 실체들의 명제적 의미를 어느 정도 전달할 개연성은 많다.

보링만큼 계획적으로 일관성 있는 것은 아니지만, 쉬슬러 피오렌자가 보링과 비슷한 견해를 가지고 있다. 쉬슬러 피오렌자는 과학에서 단 하나의 지시대상을 가리키기 위해 사용되는 "좁은 의미의 상징"(steno-symbols)과 의미의 전 범위를 불러일으킬 수 있고 하나의 지시대상으로는 완전히 또는 적절하게 표현될 수 없는 "넓은 의미의 상징"(tensive symbols)을 대조한다.[45] 쉬슬러 피오렌자는 요한이 넓은 의미의 상징을 사용했다고 이해한

---

45) Schüssler Fiorenza, *Book of Revelation*, 183.

다. 하지만 그녀는 해석자들이 어떤 상징의 결정적 의미를 절대로 확신할 수 없으며, 단지 상징적 문학작품의 "모호성과 개방성 및 미결정성"에 만족해야 한다고 주장한다.[46] 따라서 이러한 문학작품들은 백성이 바르게 행동하도록 신학적 근거와 논증으로 설득하지 않고, "상징들의 '연상시키는' 힘과 설교체, 상상과 감정적 언어, 극적 움직임"으로 설득한다.[47]

쉬슬러 피오렌자의 견해는 대체적으로 바르다. 하지만 합리적 분석이 상징 해석에 중요한 역할을 하지 못한다고 하며 특정한 합리적 의미가 분명하게 발견되지 않는다는 인상을 남긴 것을 볼 때, 그녀의 견해가 지나치다는 생각을 떨쳐버릴 수가 없다. 그녀는 이렇게 주장한다. "요한계시록의 이미지들과 비유들을 명제적 언어와 논리적·사실적 언어로 표현하려는 시도는 이미지와 비유가 지닌 설득의 힘을 앗아가는 일이다."[48] 하지만 앞에서 논의했듯이, 독자들이 의도된 효과를 얻으려면 상징은 비유로 이해해야 한다. 은유를 바르게 이해하는 것에는 감정적 이해와 **인지적** 이해 모두 포함된다. 쉬슬러 피오렌자가 요한계시록의 다양한 상징을 분석하면서, 그 상징들에 구체적인 해석이 있다고 결론을 내린 것은 놀랍다. 비록 수집된 의미들이 다양하고 완전하지는 않은 것이라고 독자를 상기시키기는 하지만 말이다.[49] 쉬슬러 피오렌자의 실제 해석은 그녀가 제시한 해석학 이론보다는 좀 더 현실적인 입장을 반영한다.

요한계시록의 상징들 대부분에는 다양한 것들이 결합되어 있거나 다양한 의미들이 있으며, 해석자가 어느 한 상징에 들어있는 모든 의미를 발견했다고 확신할 수 없다는 것은 사실이다. 하지만 이 말이 곧 상징에 무궁무진한 의미(예. 해석자 개인의 주관적 입장과 상황에 의존하는 의미)가 있다는 뜻은 아니다. 해석자는 고대의 저자가 의도한 상징들의 일부 "핵심적인" 결합 또는 의미들을 평가할 수 있을 것이다. 이러한 "핵심적" 내용은

---

46) Schüssler Fiorenza, *Book of Revelation*, 186.
47) Schüssler Fiorenza, *Book of Revelation*, 187.
48) Schüssler Fiorenza, *Revelation, Vision of a Just World*, 31.
49) 비교. Schüssler Fiorenza, *Book of Revelation*, 186-92.

요한계시록의 근접 문맥에 주로 집중함으로써 접근할 수 있고, 구약성경
과 초기 유대교, 신약성경의 다른 곳, 당대의 그리스-로마 환경에서 드러
나는 그 상징들의 이전 사용례에서도 얻을 수 있다.[50] 이 모든 것은 다양한
결합 또는 함축을 낳는다. 요한계시록의 은유적 구조는 "여러 의미의 겹이
있는 양파나 장미와 같거나, 심지어 다양한 방식으로 의미를 굴절시키는
프리즘과 같다."[51]

요한계시록에서 상징의 일반적 목적

상징에는 비유적 기능이 있으며, 독자들을 격려하고 설득하려고 의도된다.
상징은 그리스도의 죽음과 부활, 그리고 오순절에 성령을 보내심으로써 현
재의 옛 세상에 스며든 초월적인 새 창조를 묘사한다. 요한의 환상은 옛 세
상의 가치에 어긋나며 새로운 세상에서 그리스도인의 삶의 "터전이 되는
의미 구조"를 제공하는 가치를 전달한다.[52] 또한 요한의 상징은 그리스도의
삶과 죽음, 부활의 영원한 의미와 결과, 그리고 독자들이 현재 선택하고 행
동하는 것의 영원한 의미와 결과를 제공한다.[53] 그래서 요한은 독자들에게
세상과 타협하지 말고 그들의 생각과 행동을 새 창조의 하나님 중심이라는
표준에 맞추라고 동기를 부여하려 한다. 독자들은 이제 이 세상에서 그들이
처한 상황을 그들의 진정한 고향이 된 새 창조에 비추어 이해해야 한다.
　사람들이 일반적 경고에 더 이상 주의를 기울이지 않고, 영적으로 목이
곧고 계속해서 불순종하는 사람들이 그 경고를 들으려 하지 않을 때, 상징

50) 확률 판단에 근거하여 고대 저자의 작품을 입증하는 해석의 가능성에 대한 자세한 논
　의는 Hirsch의 훌륭한 분석에서 찾을 수 있다. E. D. Hirsch, *Validity in Interpretation*
　(New Haven: Yale University, 1967). 동일한 노선을 따르는 Beale, *John's Use of the Old
　Testament in Revelation* (ch.1)도 참조하라. Beale은 이 책에서 요한계시록을 "독자 비평"으
　로 접근하는 최근의 방법론을 평가한다. 독자 비평은 의미의 중심지가 원저자의 마음이 아니
　라 요한계시록을 읽는 독자의 창조적 마음에 있다고 간주한다.
51) Schüssler Fiorenza, *Revelation, Vision of a Just World*, 19.
52) Thompson, "Mapping an Apocalyptic World," 120.
53) 나는 요한의 이미지의 수사적 기능을 이해하는 데 J. P. M. Sweet에게 많은 빚을 졌다.

적 비유라는 문학 형식이 등장한다.[54] 구약 예언자들과 예수의 사역에서 비유는 심판의 징조였으며, 언약 공동체 다수의 사람들을 둔감하게 만드는 역할을 한다. 비유는 참 성도들인 남은 자들에게 충격을 주어 바른 영적 자각을 하게 하며, 대다수의 불신자들 가운데 있는 남은 자들에게 정신이 번쩍 들게 하여 참된 믿음으로 나오게 한다. 요한의 상징 사용도 이와 동일하게 기능한다.[55]

---

54) 이 논의의 나머지 부분은 본서 2:7의 논의를 요약한다.

55) 요한의 상징의 신학적 목적을 자세히 논의한 본서 2:7의 주석과 아래의 "요한계시록의 신학" 단원, 그리고 Beale, "The Hearing Formula and the Visions of John in Revelation"을 보라.

요한계시록 본문[1]

본 주석의 석의 분석은 네슬레-알란트, *Novum Testamentum Graece* 26 판(27판은 사용하기에 너무 늦게 출판되었다)에 기초한다. 우리가 여기서 가장 귀중한 사본 증거들을 검토하겠지만, 먼저 기억해야 할 사실은 요한계시록 본문의 역사는 신약의 다른 책들과 상당히 다르다는 것이다.[2] 가장 중요한 요한계시록의 사본들은 신약성경 다른 책의 사본들과 다른 경우가 종종 있다. NA[26]에는 요한계시록의 "꾸준한 증거들" 목록에 다음과 같은 사본들이 포함되어있다.[3]

사본	연대(세기)	내용
질(質)범주 1		
𝔓[18]	3-4세기	1:4-7
𝔓[24]	4세기	5:5-8; 6:5-8
𝔓[47]	3세기	9:10-17:2, 빠진 부분 있음
ℵ(01)	4세기	전부
A(02)	5세기	전부
2053	13세기	전부
2062	13세기	1, 15-22장
2344	11세기	거의 대부분

---

1) 아래에 개관적인 평가는 NA[26], 47-54에 기초한 것이다. 이 단원에 인용된 저서들 이외에 요한계시록의 본문에 관한 20세기 저서들에 대해서는 Feuillet, *Apocalypse*, 121-23을 보라.

2) 아래 요한계시록의 4개의 사본 계열을 논의한 부분을 참조하라.

3) Aland and Aland, *Text of the New Testament*, ch. Ⅲ; NA[26], 684-710을 개작한 것이다.

질(質)범주 2

$\mathfrak{P}^{43}$	6-7세기	2:12-13; 15:8-16:2
$\mathfrak{P}^{85}$	4-5세기	9:19-10:2, 5-9
C(04)	5세기	대략 절반 정도: NA[26], 689쪽을 보라.
1006	11세기	전부
1611	12세기	거의 대부분
1841	9-10세기	거의 대부분
1854	11세기	전부
2050	12세기	1-5, 20-22장
2329	10세기	전부

질(質)범주 3

0169	4세기	3:19-4:3
0163	5세기	16:17-20
0207	4세기	9:12-15
0229	8세기	18:16-17; 19:4-6
2351	10세기	1:1-13:17; 14:4-5
2377	14세기	13:10-14:4; 19:21-20:6; 20:14-21:16

질(質)범주 5

P(025)	9세기	1:1-16:11; 17:2-19:20; 20:10-22:5
046	10세기	전부
052	10세기	7:16-8:12

"변함없는 증거"는 사본이 포함하는 본문에서 발생한 모든 이문(異文)을 NA[26]가 나열하는 가치 있는 사본이다. 질(質)범주 1과 2에 속한 사본들은, 비록 사본들 자체는 3세기에서 13세기에 이르는 것이지만, 4세기 이전에 속한 본문들을 대표한다. 질(質)범주 1에 속하는 사본들은 알렉산드리아 유형의 사본을 대표하며, 3, 4세기의 대문자사본과 파피루스사본들이 포함되어 있다. 질(質)범주 2에 속하는 사본들은 특히 비잔틴사본과 같은 사본에 영향받은 것으로서 질(質)범주 1과는 구별된다. 하지만 질(質)범주 2에 속하는 사본들 역시 원문을 결정하는 데 중요한 사본들이다. 질(質)범주 3에 속하는 사본들은 독립적인 사본들이다. 하지만 일반적으로 원본과 사본의 역사를 연구하는 데 있어 중요한 사본들이다. 질(質)범주 4에 속하는 사본들은 D사본을 대표한다. 이 범주에 속하는 사본들 중에 요한계시록을 포함하는 사본은 없다. 질(質)범주 5에 속하는 사본들은 대부분 또는 전적으로("시리아", "코이네" 또는 "다수 사본"이라고도 불리는) 비잔틴 유형의 사본들이다.[4] 본문 비평가들 중에는 몇 가지 이유로 이 범주에 속하는 사본들을 비판하는 사람들도 있지만, 독자들의 편의를 위해 선입견 없이 여기에 표기해놓았다.[5]

가끔은 NA[26]의 비평 각주에 이문이 발생한 것을 표기하면서 이 사본들 중 어느 하나를 다수 사본과 일치한다는 이유로 열거하지 않은 경우도 있다. 요한계시록에서 다수 사본은 $\mathfrak{M}^A$와 $\mathfrak{M}^K$로 나뉜다. $\mathfrak{M}^A$는 카이사레아의 안드레아스(Andreas of Caesarea)의 6세기 말 또는 7세기 초의 요한계시록 주석 사본을 따른 수많은 사본을 대표한다. $\mathfrak{M}^K$는 비슷하게 많은 수의 사본들로서 엄격하게 비잔틴(= 코이네 또는 다수 사본) 유형의 사본을 보여준다. P사본(= 025)은 $\mathfrak{M}^A$를 가장 잘 대표하는 사본이고, 046은 $\mathfrak{M}^K$를 대표한다.[6]

---

4) 이 범주에 속하는 사본의 특징에 대해서는 Aland and Aland, *Text of the New Testament*, 106, 159을 보라.

5) Ellingworth, *Hebrews*에 나오는 평가를 따랐다.

6) 비교. Hodges, "The Ecclesiastical Text of Revelation." Hodges는 소위 표준적인 "시리아" 사본, 교회의 사본, 또는 비잔틴 사본이 요한계시록에는 존재하지 않는다고 주장한다. 반대로 대다수의 필기체 소문자사본은 두 개의 대등하며 거의 동일한 전통의 흐름을 보여준다.

$\mathfrak{P}^{47}$은 요한계시록의 모든 부분에서 가장 초기의 사본이다.[7] 연대로 볼 때 시나이 사본(ℵ)은 $\mathfrak{P}^{47}$을 따른다. 대문자사본인 A사본과 C사본은 신약성 경 다른 곳에서는 가치가 덜한 것으로 판정을 받기는 해도, 요한계시록에 있어서만큼은 $\mathfrak{P}^{47}$과 ℵ보다 더 가치 있는 것으로 여겨진다. 특히 중요한 소 문자사본인 2053, 2062, 2344로 입증되는 곳에서 그러하다.[8]

요한계시록 사본을 번역한 여러 역본은 철저한 연구가 필요한 실정이 다.[9] 하지만 요제프 슈미트는 H. C. 호스키어가 수집한 방대한 그리스어 사 본 증거(Concerning the Text of the Apocalypse)를 주의 깊게 검토한 후 다른 사본 비평가들에 의해 일반적으로 받아들여진 요한계시록의 본문 전승에 대해 다음과 같은 결론에 도달했다.[10] 곧 A사본과 C사본(그리고 이 두 사본과 일치를 보이는 여러 다른 사본)으로 대표되는 본문이 가장 훌륭한 것으로 판단 된다고 말이다. 이 사본에는 다른 사본 전통보다도 원본(Schmid가 결정한 것) 을 대표하는 더 좋은 단일 독법이 포함된다. 이 사본들 중에 A사본이 가장 완 벽하다. 그 다음으로 가치 있는 사본은 $\mathfrak{P}^{47}$과 ℵ으로 대표되는 사본 전통이 다. 이 전통은 원본에 가까운 두 번째로 많은 수의 독특한 독법을 보여준다.

중세의 중요한 소문자사본 전통의 두 갈래인 $\mathfrak{M}^{A}$와 $\mathfrak{M}^{K}$는 요한계시록과 관련한 대다수의 사본을 포함하며, 원문 독법을 재구성하기 위한 중요도에

---

7) 요한계시록의 다른 사본의 증거와 관련하여 $\mathfrak{P}^{47}$ 본문의 특성과 가치를 평가한 것은 Sanders, "The Beatty Papyus of Revelation and Hoskier's Edition"; Tasker, "Chester Beatty Papyrus"를 보라.

8) 애석한 것은 2344사본이 상태가 좋지 못하여 늘 인용되지 않는다는 점이다. 이따금씩 읽고 해 독하는 것조차 불가능할 때가 있다. 2377사본 또한 요한계시록 본문의 작은 단편만을 포함하기 때문에 대부분의 경우 언급되지 않는다.

9) 요한계시록의 번역본 사본들은 Aland and Aland, Text of the New Testament, 185-221; Metzger, Text of the New Testament (3rd ed.), 67-86과 UBS³, xxvi-xxx을 보라. 교회에서 정기적으로 읽는 성구집(lectionary)에는 요한계시록 본문을 담고 있는 성구집이 없다. 비잔틴 성구 시스템에서는 요한계시록이 읽히지 않았다(Aland and Aland, 163).

10) Schmid의 결과를 논의한 아래의 내용은 Birdsall, "Text of Revelation"에 근거한다(영 어권의 독자는 이 책을 보라). Kilpatrick, "Professor J. Schmid on the Greek Text of the Apocalypse"도 유익하다. Birdsall과 Kilpatrick 두 사람 모두 Schmid의 저서에 긍정적으로 반응한다. Schmid는 Studien zur Geschichte des griechischen Apokalypse-Textes II, 146-51에서 그의 작업을 요약한다. 자세한 논의는 44-146을 보라.

서 세 번째 위치를 차지한다. A사본과 C사본, 𝔭⁴⁷과 ℵ이 계획적인 사본 교
정 작업의 증거를 보이지 않는 반면에, 𝔐ᴬ와 𝔐ᴷ는 둘 다 그런 작업을 나타
낸다. 𝔐ᴬ와 𝔐ᴷ는 서로 많은 것을 공유하지만, 각각 독립적으로 교정 작업
을 한 것으로 보인다. 𝔭⁴⁷과 C사본이 보존하는 본문과 같은 시대의 사본들
을 교정한 듯하다. 그렇다면 𝔐ᴬ와 𝔐ᴷ의 기반에는 초기 시대까지 추적할
수 있는 우수한 본문 자료가 감지된다. 신약의 다른 본문과 비교할 때, 요한
계시록에서는 다수 사본이 더 중요하다. AC과 𝔭⁴⁷ℵ은 𝔐ᴬ 𝔐ᴷ와 여러 독법
을 공유한다. 그러나 𝔐ᴬ 𝔐ᴷ와 공유하는 독법이 각각 다르기에 AC과 𝔭⁴⁷ℵ
은 별개의 본문 전통으로 구별된다.[11]

요한계시록에서는 "서방" 사본 계통을 입증하는 사본이 존재하지 않
는다.

사본의 이문들과 더불어 방대한 사본 목록은 Hoskier의 *Concerning the Text of the Apocalypse*에서 볼 수 있다. 안타깝게도 호스키어는 대체적으로 현대 그리스어 신약성경에서는 더 이상 사용되지 않는 시스템을 따랐으며 거기에 근거하여 사본에 번호를 매겼다. 호스키어의 책 제2권에는 새 그레고리 시스템(New Gregory System)에 상응하는 번호를 제시하는 전환표가 포함되었다. 아래의 도표는 다른 방향으로 작성되었다. 맨 처음에 그레고리 시스템 번호를 표기했고, 오른 쪽에는 호스키어 시스템의 숫자를 표기했다.[12] 아래의 도표에서는 소문자사본들만 열거했

11) Hodges, "Critical Text"는 대문자사본인 A사본과 C사본이 전통의 한 주류를 이끌었고, 𝔭⁴⁷과 ℵ은 또 다른 주류를 이끌었다는 Schmid의 결론을 반박한다. Hodges는 네 사본 모두 하나의 표본으로 거슬러 올라갈 수 있으며, 단 하나의 주된 본문 전통의 두 지류를 대표한다고 주장한다.
12) 이전에 나를 도와 수고한 연구 조교 Gerald A. Wooten에 감사한다. Wooten은 아래의 변환표를 그렸다. 좀 더 최근에는 Elliot이 Wooten이 만든 것과 같은 변환표에 간략한 논의와 Hoskier와 Tischendorf의 제8판과 연계된 부가적 변환표를 첨가했다. Elliot, "Manuscripts of the Book of Revelation." Elliot의 표는 Hoskier의 원본을 업데이트 했고 약간 수정했으며, 호스키어의 원래 표의 개정판을 포함한다.
　　이 표는 D. Aune, *Revelation 1-5* (WBC; Dallas: Word, 1997), cxxxix-cxlviii에 있는 비슷한 변환표에 근거하여 출판되기 직전에 업데이트 되었다(Aune의 책 다른 부분은 시간 제약 때문에 참고하지 못했다. Aune의 주석 2, 3권은 아직 출판되지 않았다[지금은 출판되었

다. 소문자사본들이 NA 또는 UBS 본문과 관련하여 호스키어의 비평 각 주를 사용하는 데 있어 가장 많은 문제를 야기하기 때문이다.

새 그레고리 시스템	호스키어 시스템	호스키어의 연대	새 그레고리 시스템	호스키어 시스템	호스키어의 연대
공란(339)	83	—	91*	4	11세기
2063	공란	12세기	93	19	11세기
1*	1	—	94*	18	12세기
18	51	1364년	104	7	1087년
35	17	11세기	110	8	12세기
42	13	11세기	141	40	13세기
60	10	1297년	149	25	15세기
61	92	16세기	172	87	13-14세기
69	14	15세기	175	20	10세기
82*	2	10세기	177	82	11세기
88	99	12세기	180	44	1273년

다-편집자 주]). 소문자사본에 관한 본문 비평 자료들 중에는 내가 접근하지 못했지만 Aune 가 사용한 것들도 있다. Aune의 주석에 근거하여 개정된 것들은 다음과 같다. (1) Hoskier가 나열한 사본의 수는 실제로 주석에 들어있지만, 주석에 있다고 표기되지는 않았다(표에서 별 표시가 되어있는 사본은 Aune의 주석에 명기되었음을 의미한다). (2) 대략 145개의 사본의 연대는, 비록 겨우 한 세기나 그보다 덜 차이가 난다고 하더라도, 변경되었다. (3) Hoskier의 시스템에 등장하는 사본들과 새 그레고리 시스템에 따랐다고 알려진 사본들 중에서 Aune의 주석에 발견되지 않는 것도 있다(대략 11개의 사본들. 본서의 표에서 °표시는 Aune의 주석에 서 빠져 있음을 가리킨다). 이러한 개정 이외에, Aune가 열거한 새 그레고리 시스템에서 50개 가량은 호스키어 시스템에서는 전혀 발견되지 않는다(또는 본서에 변환 표에서도 생략되었 다. 하지만 이 사본들 대다수는 매우 늦은 시기의 사본들이다. 대부분이 14세기에서 17세기의 것들이다).

    Aune의 목록은 유용하다. 각각의 사본에 신약 본문이 어느 정도 들어 있는지 약자로 표시 한 내용이 부기되었고, 각 사본이 속한 사본 계통을 표시하기 때문이다. 일반 독자들은 본문상 의 문제를 자세히 논의한 Aune의 주석 서론과 그의 주석 전체에서 이문을 더욱 자세하게 분 석한 것을 참고하면 좋을 것이다.

새 그레고리 시스템	호스키어 시스템	호스키어의 연대	새 그레고리 시스템	호스키어 시스템	호스키어의 연대
181	12	15세기	456	75	10세기
201	94	1357년	459	45	1092년
203	107	1111년	466?°	89	11세기
205	101/88	15세기	467	53	15세기
209	46	15세기	468	55	13세기
218	33	13세기	469	56	13세기
241	47	11세기	498	97	14세기
242	48	12세기	506	26	11세기
250*	165	11세기	517	27	11-12세기
254*	251	14세기	522	98	1515년
256	109	11세기	582	102	1334년
296	57	16세기	598°	204	13세기
314*	6	11세기	616	156	1434년
325	9	11세기	617*	74	11세기
336	16	15세기	620	180	12세기
337	52	12세기	627	24	10세기
339	83	13세기	628	69	14세기
367	23	1331년	632	22	14세기
368	84	15세기	664	106	15세기
385	29	1407년	680	104	14세기
386	70	14세기	699	89	11세기
424	34	11세기	713?°	90	12-15세기
429	30	15세기	743*	123	14세기+
432	37	15세기	757	150	13세기
452	42	12세기	792	113	13세기

새 그레고리 시스템	호스키어 시스템	호스키어의 연대	새 그레고리 시스템	호스키어 시스템	호스키어의 연대
808	149	12세기	1637	230	1328년
824	110	14세기	1652	231	16세기
866°	—	—	1668	235	11세기
886*	117	1454년	1678*	240	15세기
919	125	12세기	1685	198	1292년
920	126	13세기	1704	214	1541년
922	151	1116년	1719	210	1287년
935	153	14세기	1728	211	13세기
986	157	14세기	1732	220	1384년
1006	215	11세기	1733	221	14세기
1072	160	14세기	1734	222	1015년
1075	161	14세기	1740	229	13세기
1094	182	14세기	1745	227	15세기
1277	185	14세기	1746	228	14세기
1328	190	14세기	1760	199	10세기
1352b	194	14세기	1771	224	14세기
1380°	151	1112년	1774	232	15세기
1384	191	11세기	1775*	236	1847년
1424	197	9-10세기	1776*	237	1791년
1503	192	1317년	1777*	238	19세기
1551	212	13세기	1778*	203	15세기
1597	207	1289년	1785	195	13-14세기
1611	111	12세기	1795	196	12세기
1617	223	15세기	1806	205	14세기
1626	226	15세기	1824*	—	17세기

새 그레고리 시스템	호스키어 시스템	호스키어의 연대	새 그레고리 시스템	호스키어 시스템	호스키어의 연대
1824	124	12세기	2014*	21	15세기
1841	127	9-10세기	2015*	28	15세기
1849	128	1069년	2016	31	15세기
1852	108	13세기	2017	32	15세기
1854	130	11세기	2018*	35	14세기
1857	131	13세기	2019*	36	13세기
1859*	219	14세기	2020*	38	15세기
1862*	132	9세기	2021	41	15세기
1864	242	12세기	2022*	43	14세기
1865	244	13세기	2023*	49	15세기
1870	133	11세기	2024	50	15세기
1872	134	12세기	2025	58	15세기
1876	135	15세기	2026*	59	15세기
1882°	115(39)	13-14세기	2027	61	13세기
1888*	181	11세기	2028*	62	1422년
1893	186	12세기	2029*	63	16세기
1894	187	16세기	2030	65	12세기
1897°	249	없음	2031*	67	1301년
1903	243	1636년	2032*	68	11세기
1918	39	14세기	2033*	72	16세기
1934*	64	11세기	2034*	73	15세기
1948	78	15세기	2035*	77	16세기
1955	93	11세기	2036*	79	14세기
1957	91	15세기	2037*	80	14세기
2004	142	12세기	2038*	81	16세기

새 그레고리 시스템	호스키어 시스템	호스키어의 연대	새 그레고리 시스템	호스키어 시스템	호스키어의 연대
2039	90	12세기	2064*	158	16세기
2040°	95	11-12세기	2065*	159	15세기
2041	96	14세기	2066*	(118)	1574년
2042*	100	14세기	2067*	119	15세기
2043*	103	15세기	2068*	162	16세기
2044*	136	1560년	2069*	163	15세기
2045*	137	13세기	2070*	164	1356년
2046*	138	16세기	2071*	167	1622년
2047*	139	1543년	2072*	168	1798년
2048	140	11세기	2073*	169	14세기
2049	141	16세기	2074*	170	10세기
2050	143	1107년	2075*	171	14세기
2051*	144	16세기	2076	172	16세기
2052*	145	16세기	2077*	174	1685년
2053*	146	13세기	2078	176	16세기
2054*	147	15세기	2079	177	13세기
2055*	148	15세기	2080	178	14세기
2056*	120	14세기	2081*	179	11세기
2057	121	15세기	2082	112	16세기
2058*	122	14세기	2083*	184	1560년
2059*	152	11세기	2084	188	15세기
2060*	114	1331년	2087	15	15세기
2061	154	15세기	2091*	189	15세기
2062*	155	13세기	2114*	234	1676년
2063*	116	16세기	2116*	248	1687년

새 그레고리 시스템	호스키어 시스템	호스키어의 연대	새 그레고리 시스템	호스키어 시스템	호스키어의 연대
2136	247	17세기	2259*	213	11세기
2138	246	1072년	2286*	241	12세기
2186*	208	12세기	2302*	193	15세기
2195°	224	14세기	2305*	166	14세기
2196	233	16세기	2321°	200	10세기
2200	245	14세기	2322°	201	10세기
2254*	216	16세기	2323	202	12-13세기
2256	218	15세기	2324°	129	11세기
2258	217	17세기	2325°	155a	__

요한계시록의 구약 사용

1980년대 초 이전까지만 해도 요한계시록의 구약 사용은 신약성경의 다른 곳의 구약 사용에 비해 상대적으로 주목을 받지 못했다. 겨우 2권의 저서[1]와 6편의 중요한 논문[2]이 출간되었을 뿐이다. 요한계시록의 구약 인용 주제를 다룬 중요한 논의는 몇몇 주석과 그 외 단권 서적에서 발견된다. 특히 스위트(Swete),[3] 찰스(Charles),[4] 보스(Vos),[5] 케어드(Caird),[6] 반더발(Van der Waal),[7] 포드(Ford),[8] 비슬리-머리(Beasley-Murray)[9]와 그보다 중요도가 덜하지만 델링(Delling),[10] 콩블랭(Comblin),[11] 파러(Farrer),[12] 홀츠(Holtz)[13]의 저서를 보라. 하지만 1980년대 초 이후, 이 주제에 관한 6권의 중요한 서적이 저술되었다. 비일(Beale)의 *The Use of Daniel in Jewish Apocalyptic Literature and in the Revelation of St. John*(1984. 이 책은 1980년 케임브리지 대학교에서 취득한 박사학위 논문을 기초로 했다), J. M. 포

---

1) Schlatter, *Das Alte Testament in der johanneischen Apokalypse*; Jenkins, *Old Testament in the Book of Revelation*.
2) Vanhoye, "Livre d'Ezéchiel dans l'Apocalypse"; Lancellotti, "L'Antico Testamento nell'Apocalisse"; Trudinger, "Some Observations concerning the Text of the Old Testament in Revelation"; Gangemi, "L'utilizzazione del deutero-Isaia nell'Apocalisse di Giovanni"; Marconcini, "L'utilizzazione del T.M. nelle citazione isaiane dell'Apocalisse"; Goulder, "Apocalypse as an Annual Cycle of Prophecies"; 또한 가치가 비교적 제한적이긴 하지만 Cambier, "Les images de l'Ancien Testament dans l'Apocalypse de saint Jean"과 Lohse, "Die alttestamentliche Sprache des Sehers Johannes"도 참조하라.
3) (1911), 여러 곳에서 발견되지만, 특히, cxl-clvi.
4) (1920), 여러 곳에서 발견되지만, 특히, lxv-lxxxii.
5) *Synoptic Traditions in the Apocalypse*, 16-53.
6) (1966), 여러 곳.
7) (1971), 174-241.
8) (1982), 243-306.
9) (1981), 여러 곳.
10) "Zum Gottesdienstlichen Stil der Johannes-Apokalypse."
11) *Le Christ dans l'Apocalypse*.
12) (1964).
13) *Die Christologie der Apokalypse des Johannes*.

겔게장(Vogelgesang)의 "Interpretation of Ezekiel in Revelation"(미출간 박사학위 논문, Harvard University, 1985), J. 폴리앙(Paulien)의 *Decoding Revelation's Trumpets*(1988),[14] 루이즈(Ruiz)의 *Ezekiel*(1989), 페케스(Fekkes)의 *Isaiah and Prophetic Traditions in the Book of Revelation*(1994), 그리고 모이즈(Moyise)의 *The Old Testament in the Book of Revelation*(1995) 등이 그것이다. 같은 기간에 동일한 주제를 다룬 다수의 논문이 쏟아져 나왔다.[15]

예비적 고찰

무엇이 인용되었나

전체 숫자의 통계를 내려는 시도는 다양했지만, 대부분의 학자는 신약성경의 어느 책보다도 요한계시록에 더 많은 구약 언급이 포함되어 있다는 것을 대체적으로 인정한다.[16] 통계의 다양함은 구약성경을 직접 언급한 것과 구약성경을 "반영(echo)"한 것, 구약성경의 일반적인 병행 어구를 결정하기

---

14) Paulien에 관한 언급과 평가에 대해서는 Beale, "Review of Paulien"을 보라.

15) 이 6권의 책, 그리고 논문들을 언급하고 평가한 내용은 본 주석 전체와 이 단락에서 이어지는 논의 그리고 Beale, *John's Use of the Old Testament in Revelation*(1장)에서 발견할 수 있다. 마찬가지로 Murphy, "Book of Revelation," 200-1에 있는 최근 문헌들을 다룬 논의를 보라. 최근에 나온 논문 중에서는 Beale, "Use of the Old Testament in Revelation"; A. S. Bøe, "Bruken av det Gamle Testament i Johannes' Åpenbaring"; McComiskey, "Alteration of OT Imagery in the Book of Revelation"을 보라. 현재 단락은 나의 "Use of the Old Testament in Revelation"을 약간 수정한 것이다.

16) UBS³, 901-11=394; NA²⁶, 739-74 = 635; H KAINH ΔIAΘHKH, ed. G. D. Kilpatrick (British and Foreign Bible Society, 1958²), 734-87 = 493; Hühn, *Alttestamentliche Citate und Reminiscenzen*, 269ff. = 455; Dittmar, *Vetus Testamentum in Novo*, 263-79 = 195; Swete, *Apocalypse*, xcl = 278; Charles, *Revelation*, lxv-lxxxii = 226; van der Waal, *Openbaring*, 174-241 = 1000(대략). 다른 주석가들이 제공한 통계에 대해서는 Fekkes, *Isaiah in Revelation*, 62을 보라. 요한계시록의 특정 단락(8:7-9:21과 11:15-18)에 있는 암시의 다양한 목록은 Paulien, "Elusive Allusions," 37ff.를 보라. 통계 숫자가 다른 이유 중에 하나는 이 목록들 중의 일부가 암시와 인용과 더불어 병행 어구도 포함하기 때문이다.

위해 사용된 기준이 다름에서 그 이유를 찾을 수 있다.[17] 인용된 구약성경
의 범위는 사사기, 사무엘상하, 열왕기상하, 시편, 잠언, 아가서, 욥기, 대선
지서, 소선지서가 포함된다. 구약을 언급한 것 중에서 대략 절반 이상이 시
편, 이사야서, 에스겔서, 다니엘서에서 인용한 것이고, 각 책의 분량을 감안
하여 비율을 계산한다면 다니엘서가 가장 많이 인용되었다.[18]

최근 연구에서도 다니엘서가 가장 많은 영향을 끼친 성경으로 평가된
다.[19] 다니엘서를 암시한 것 중에서 가장 많은 수가 단 7장에서 왔다. 에스
겔서는 두 번째로 많이 사용된 책이다.[20] 사실 실제로 암시된 본문의 수를
고려하면 이사야서가 첫 번째이고, 통계의 차이가 있기는 하지만 에스겔서,
다니엘서, 시편이 그 뒤를 따른다.[21] 일반적으로 다니엘서보다 에스겔서가
요한계시록에 더 많은 영향을 주었다고들 생각한다(아래 내용 참조). 구약성
경이 대체적으로 이러한 중요한 역할을 담당하기에, 요한계시록 전체를 충
분히 이해하려면 구약성경 사용을 바르게 이해해야 한다.

요한계시록이 구약성경 본문을 인용한 방식에 대해서는 심도 있는 논
의가 필요하다. 공식적인 인용 형식이 없고 대부분이 암시이며, 어느 것이
인용이고 암시인지를 밝히는 데 적잖은 어려움이 있기 때문이다. 히브리어
본문과 초기 그리스어 번역의 복잡한 관계의 역사는 대체로 우리에게 알
려지지 않았기 때문에, 요한이 히브리어 본문을 의존했는지 또는 그리스어
번역본을 의지했는지를 밝히는 것은 여간 어려운 일이 아니다.[22] 하지만 안
타깝게도, 현재 논의의 범위 제한으로 인해 이런 중요한 주제를 여기서 철

---

17) Vos, *Synoptic Traditions*, 17-19과 Vanhoye, "Utilisation du livre d'Ezéchiel," 438-40에
   있는 개요와 평가를 보라.
18) Swete, *Apocalypse*, cliii. 이곳에서는 인용된 구약성경마다 인용된 본문 통계 숫사가 제시되
   었다.
19) Beale, *Use of Daniel*.
20) Vanhoye, "Utilisation du livre d'Ezéchiel," 473-75.
21) Swete는 이사야서가 암시된 곳을 46개로 열거한다. Fekkes의 좀 더 예리한 분석에 따르면
   "확실하고 개연성이 높은" 이사야서 암시가 50개다. Fekkes, *Isaiah in Revelation*, 280-81.
   또한 Swete는 다니엘서 암시를 31개, 에스겔서 29개, 시편 27개로 제시한다.
22) Vogelgesang, "Interpretation of Ezekiel in Revelation," 19-22.

저하게 분석하기는 어렵다.[23] 대다수의 주석가는 요한이 주로 LXX을 의존
했다는 스위트의 평가를 따르지 않고,[24] 요한이 그리스어 구약성경보다는
히브리어 구약성경에 더 영향을 받았다는 찰스의 결론을 따른다.[25] 찰스의
결론은 요한의 암시가 그리스어 본문의 표현과 다르다는 관찰에 주로 근거
한다.[26] 하지만 그런 표현은 중요한 부분에서 히브리어 본문에서도 벗어난
다.[27] 요한이 셈어와 그리스어 성경 자료를 둘 다 사용하는 가운데 종종 두
자료를 수정했다고 보는 것이 개연성이 높다.[28] 찰스는 비록 요한의 패턴이
히브리어 본문을 번역했고 그리스어 번역본을 인용한 것은 아니지만, "요
한이 어휘를 선택하면서 종종 LXX과 다른 그리스어 번역본(이른바 원(元)
Theod.)의 영향을 받았다"는 점은 인정한다.[29]

본 주석은 (다음과 같은 암시 범주의 용어를 줄곧 언급하지는 않겠지만) 이 기
준을 사용하여 요한계시록에 나타난 구약의 암시를 밝힐 것이다.

1. **분명한 암시.** 표현이 구약의 자료와 거의 일치하며, 몇몇 공통적 핵심
   의미를 공유하고, 다른 자료에서 온 것 같지 않은 경우.
2. **개연성 있는 암시.** 표현이 구약 본문에 아주 가깝지는 않지만, 특정한
   구약 본문에서만 흔적을 찾을 수 있는 사상이나 단어를 포함하거나,

---

23) 하지만 Trudinger, "Observations concerning the Text of the Old Testament"; Beale, *Use of Daniel*, 154-259, 306-13; 같은 저자, "King of Kings and Lord of Lords' in Rev. 17:14"; 같은 저자, "Text of Daniel in the Apocalypse"를 보라.
24) Swete, *Apocalypse*, clv-clvi.
25) Charles, *Revelation* I, lxvi-lxvii, lxviii-lxxxii; Ozanne, "Language of the Apocalypse"; Trudinger, "Observations concerning the Text of the Old Testament"; S. Thompson, *Apocalypse and Semitic Syntax*, 1-2, 102-8.
26) Charles, *Revelation* I, lxvi.
27) Moyise, *Old Testament in Revelation*, 17을 보라.
28) Moyise, *Old Testament in Revelation*, 17. 이 결론은 이미 19세기 중엽에 Moses Stuart, *Commentary on the Apocalypse* I, 231-32과 T. C. Laughlin, *The Solecisms of the Apocalypse*, 21이 내린 결론이다. 참조. W. F. Howard in MHT II, 480. LXX의 영향에 대해서는 Beale, "'King of Kings and Lord of Lords' in Rev. 17:14"; 같은 저자, "Text of Daniel in the Apocalypse"를 보라.
29) Charles, *Revelation* I, lxvii.

그 본문에서만 흔적을 찾을 수 있는 사상의 구조를 보이는 경우.

3. **가능성 있는 암시**. 언어가 표현이나 사상에 있어 원천자료라고 알려진 본문과 대체로 유사한 경우.

제시된 구약의 암시가 분명하거나 개연성이 있는 것으로 받아들여지는 경우에, 저자의 동기를 합리적으로 설명한 내용이 제시돼야 한다. 예를 들어 요한은 예언이 어떻게 그리스도의 초림과 오순절, 교회의 설립으로 성취되었고 또 성취되고 있는지를 구약성경의 암시를 통해 보여주려는 것 같다.[30] 암시의 범위를 규명하는 이런 기준은 유대 자료든지[31] 그리스-로마 자료든지 간에 구약성경 이외의 자료에 대한 암시를 파악할 때도 적용할 수 있다. 이처럼 다른 자료들에 대한 의존 여부를 판단할 때는 신중해야 하며, 존재하지도 않는 병행 어구를 찾고자 하는 유혹을 거부해야 한다.[32]

혼합된 암시와 문학적 의식의 문제

우리는 이미 요한계시록에서는 정형화된 형식 없이 구약성경이 언급된다는 사실을 확인했다. 이 때문에 암시를 밝히는 것뿐만 아니라, 제시된 암시가 의식적으로 이루어진 것인지 무의식적으로 이루어진 것인지 말하기가 어렵다. 이 문제는 복잡하다. 구약성경을 언상시키는 많은 것들, 아니 거의 대부분이 묶음으로 결합되었기 때문이다. 종종 4개나 5개, 또는 더 많은 다른 구약 본문들이 하나의 장면으로 합쳐진다. 이것을 알 수 있는 좋은 예는 그리스도를 묘사하는 장면(1:12-20), 보좌에 앉으신 하나님과 그를 둘러 서

---

30) 본서 서론 이 단락 끝에 있는 추기와 Beale, *Use of Daniel*, 308을 보라. 또한 암시의 기준과 정당성을 논의한 Paulien, "Elusive Allusions"를 보라.

31) 예를 들어, Parker, "Scripture of the Author of the Revelation of John"을 보라. Parker는 요한이 정경에 속하지 않는 유대 묵시 전통에 흠뻑 젖어 있었다고 주장한다. 그러면서도 구약성경을 직접 인용한 것과 비교할 때, 이 자료들을 직접 의존한 것은 적다고 생각한다(이에 대한 심도 있는 평가는 Mazzaferri, *Genre of Revelation*, 47-49). 사실 Parker가 이 자료를 언급한 것은 넓은 의미에서 개념의 병행에 속하지, 언어가 일치하는 문학적 의존에 속하지 않는다.

32) 이 점에 있어 Sandmel과 Donaldson의 경고를 주의하라. S. Sandmel, "Parallelomania"; Donaldson, "Parallels: Use, Misuse and Limitations."

있는 천군들(4:1-11), 그리고 마귀의 특성을 지닌 짐승(13:1-8)이다.[33] 이렇게 혼합된 암시들을 어떤 방식으로 연구하면 좋을까? 몇몇 사람이 주장하듯, 이러한 현상이 덜 의도적이고 기억이 구약의 언어와 사상으로 포화된 결과로, 언어와 사상이 "만화경의 변화무쌍한 패턴처럼" 무의식적으로 저자의 환상 안에서 조직화되었다면 분석하기가 특히 어렵다.[34] 이 경우, 요한의 구약 사용을 더 잘 이해하기 위해 암시의 구약성경 문맥의 의미를 조사할 필요는 없다. 왜냐하면 요한은 그가 인용한 구약성경 본문의 맥락을 의식적으로 반영하지 않았기 때문이다. 사실 많은 사람은 요한계시록에 공식적 인용이 없는 이유가 이런 사실에 있다고 결론을 내렸다.

하지만 케어드는 요한이 "마음의 심상을 떠올리고 감정을 자극하려고" 그러한 암시의 혼합을 의식적으로 사용했다고 단정한다.[35] 그러므로 구약성경과 신약성경의 문맥에서 각 인용 본문의 의미를 찾으려 하는 것은 무의미하다. 저자가 의도한 감정적 효과를 이해하기 위해서는 다양한 가닥을 분리하거나 분석하지 말고 전체 장면을 함께 염두에 두어야 하기 때문이다. 물론 이런 모자이크에는 늘 의식적 의향과 무의식적 활동이 혼합될 가능성이 존재하기 마련이다.

하지만 이런 환상의 혼합에 있는 다양한 암시적 부분을 구약적 문맥에 비추어 독립적으로 연구할 때, 종종 더 나은 이해를 얻기도 하고 감정적 효과를 느끼게 된다. 보스는 구약성경의 암시들이 무의식적으로 혼합된 적절한 예로 계 4:2-9을 인용한다. 하지만 각 암시의 구약적 문맥을 연구하면, 이 암시들 모두가 예외 없이 이스라엘이나 열국에 대한 심판의 선언을 소개하는 도입으로 기능하는 신현 묘사에서 온 것임을 알게 된다. 보스가 언급한 본문들은 다음과 같다. 계 4:2 = 사 6:1과/또는 왕상 22:19; 계 4:3-4 = 겔 1:28; 계 4:5a = 겔 1:13과/또는 출 19:16; 계 4:6a = 겔 1:22; 계 4:6b = 겔

33) 이외에 여러 예들을 열거한 철저한 목록은 Vos, *Synoptic Traditions*, 39-40을 보라.
34) Swete, *Apocalypse*, cliv; Vos, *Synoptic Traditions*, 38-39.
35) Caird, *Revelation*, 25.

1:5과 1:18; 계 4:7 = 겔 1:10; 계 4:8a = 사 6:2; 계 4:8b = 사 6:3; 계 4:9 = 사 6:1. 보스는 계 4:5b = 겔 1:13; 슥 4:2, 6을 언급하지 않았다. 계 4-5장 전체에 걸쳐 단 7:9-13의 영향이 우세하다는 것을 알게 되면, 신현-심판 주제의 공통분모는 더욱 증대된다. 이런 분명한 공통 주제는 요한계시록에서 유사한 신현을 묘사하기 위해 더욱 의도적으로 본문을 주제에 맞춰 구성했다는 것을 보여준다. 계 5:1(단 7:10; 겔 2:9-10; 슥 5:1-3)에서처럼, 암시된 구약의 세 본문의 근접 문맥에도 심판과 관련된 "책" 이미지가 포함된다는 사실을 고려하면, 우리가 내린 결론이 옳을 가능성이 많다. 이런 구약 문맥에서의 일반적인 장면과 주제 모두 계 4:2-9의 장면의 인지적·감정적 측면을 강화한다.[36]

그러므로 저자가 무의식적으로 암시했을 가능성이 있지만, 저자의 무의식적 활동이 있었다고 주장할 때는 주의해야 한다. 예를 들어, 추측이기는 하지만, 앞에서 언급한 석의적 연결들이 이전의 전통(예. 회당이나 그리스도교 예배 전통)에서 이미 온전히 존재했으며 요한이 무의식적으로 암시했다고 주장할 수는 있다. 매 경우마다 이것을 석의 분석으로 결정해야 하지만, 무의식적 활동은 덜 분명하거나 혼합되지 않은 암시들을 가지고 발생했을 가능성이 더 크다. 더욱이 바누아가 결론을 내렸듯이, 구약의 암시들을 독립적으로 사용하는 것은 요한의 전형적인 방식이 아니다. 앞에서 계 4-5장을 예로 들어 설명했듯이, 요한은 구약의 암시들을 유사성에 근거하여 서로 혼합한다.[37]

지면이 부족하기는 해도, 이 단락에서 요한계시록이 문학적으로 정형화되어 있는지, 아니면 환상 경험으로까지 추적할 수 있는지, 아니면 이 둘이 혼합되어 있는지를 논의하는 것이 도움이 될 것이다.[38] 경험적인 기초가 있

---

36) 같은 예를 계 1:12-20; 13:1-8; 17:1ff.에서도 찾을 수 있다. Vos, *Synoptic Traditions*, 37-40은 그가 제안한 무의식적 결합을 뒷받침하려고 다른 예들을 인용한다. Beale, *Use of Daniel*, 154-270을 보라.

37) Vanhoye, "Utilisation du livre d'Ezéchiel," 467.

38) Hartman, *Prophecy Interpreted*, 106; Beale, *Use of Daniel*, 7-9을 참조하라.

었다면(가능성이 무척 크다), 그러한 환상들에 대한 묘사는 아마도 의식적으로나 무의식적으로나 저자의 사고 형성에 영향을 끼친 전통에 의해 채색되었을 것이다. 더욱이 실제 환상들은 저자의 사고 형식 속에서 경험되었을 것이다. 따라서 환상 경험을 묘사한 것과 의식적으로든 무의식적으로든 다양한 전통(구약성경과 유대 문헌)을 사용하여 경험한 것을 재서술하는 것을 구별하기는 어렵다. 요한은 실제로 환상을 보았고 그 후에 이 환상들을 문학 형식으로 기록했을 것이다. 구약성경에 대한 암시와 그런 암시의 다양한 형태는 실제 환상을 기록한 것의 결과물이다. 이 기록은 저자가 습득했던 전통과 그 환상을 기록하는 동안 구약성경을 반추한 결과에 의해 영향을 받았을 것이다.[39] 의심할 여지없이 요한은 그가 경험한 환상과 음성들을 비슷한 구약성경 본문들과 연결하고, 그가 보고 들은 것을 기록하려고 구약성경 본문에 사용된 용어들을 채용했을 것이다.

　　요한은 자신을 구약의 예언자들의 계열에 위치시켰음이 분명하나. 이것은 요한이 초기 예언자들의 사상을 의식적으로 발전시켰고, 그래서 그의 저서에 있는 더 분명한 구약의 언급이 그의 의도적 활동의 결과임을 암시한다(참조. 1:1-3, 10; 4:1-2; 17:3; 21:10).[40] 더욱이 우리가 1, 4-5, 13, 17장에서 언급했고 다른 곳에서 입증한 연결된 본문들의 고리는 저자 편에서 의도적 활동이 있었음을 더욱 분명하게 해준다. 이 결론은 아래에서 고찰할 추가적인 증거로 인해 한층 더 강화된다.

문맥적 사용과 비문맥적 사용

요한이 구약성경을 무의식적으로만 암시했다고 결론을 내리는 사람들에게는 요한이 구약을 암시하면서 사용한 방법론을 공부할 가능성은 거의 없을 것이다. 그러한 연구는 의식적인 활동을 상정해야 하기 때문이다. 하지만

---

39) Rissi, *Time and History*, 18-21의 탁월한 분석을 보라. Rissi는 요한의 환상 경험의 진정성에 대해 제기된 몇몇 반대 의견을 검토하고 평가한 뒤에 진정성이 있다고 결론을 내린다.

40) Vos, *Synoptic Traditions*, 52.

우리가 앞에서 요한이 의도적으로 암시했다고 결론을 내린 사실에 비춰볼 때, 우리가 제기할 수밖에 없는 첫 번째 질문은 이것이다. 요한은 구약성경 본문을 그 본문이 놓인 넓은 문맥의 의미와 조화를 이루며 사용했을까?

요한이 고도의 자유로움과 창의력을 가지고 구약성경을 사용했다는 점을 부인하는 사람은 거의 없다. 그래서 많은 사람은 요한이 문맥의 원래 의미를 고려하지 않을뿐더러, 상당히 모순되는 의미를 부여하면서까지 수많은 구약 본문을 다룬다고 결론을 내린다. 그들이 이렇게 결론을 내리는 이유가 적어도 4가지는 된다.

(1) 요한은 구약 인용을 지시하는 문구를 사용하지 않고 단지 비공식적인 선집 방식으로 구약성경을 인용할 뿐이다. 이것은 요한이 구약의 단어를 원래 문맥과는 상관없이 자신의 새로운 사상을 포장하는 것으로만 사용하고 있음을 의미한다.[41] 하지만 비공식적인 인용이나 암시는 논리적으로 구약성경의 비문맥적 사용을 수반하지 않는다. 또는 요한이 구약성경을 해석하려 하지 않았다는 사실을 의미하지도 않는다. 특히 신약성경 여러 곳에 등장하는 수많은 구약 인용도 비공식적이며 암시적인데,[42] 신약성경의 저자들이 이 모든 인용을 구약의 문맥을 염두에 두지 않고 해석한다고 생각하는 것은 지나친 추측이다.

(2) 요한의 묵시적 문체가 그의 예언자 정신에 의존했다고들 주장한다. 이들에 따르면, 묵시적 문체는 요한이 자신의 목적을 선포하려고 창안한 것이다. 그는 가르치고 주장하려는 목적으로 권위 있는 다른 글을 의식적으로 인용하지 않는다.[43] 그래서 요한은 구약성경을 문맥적으로 해석하려고 하지 않았다. 그러나 이것은 "'예언자 정신'이 무에서(*ex nihilo*) 나와야 하는 것은 아니라는 사실을 고려하지 않은 주장이다. 이 점은 포로기와

---

41) Schüssler Fiorenza, "Apokalypsis and Propheteia. Revelation in the Context of Early Christian Prophecy," 107-10.

42) Fekkes, *Isaiah in Revelation*, 286-87.

43) Schüssler Fiorenza, "Apokalypsis and Propheteia," 109. Schüssler Fiorenza는 K. Stendahl을 답습했다.

포로기 이후의 예언자들에게서 분명하게 나타난다. 그들은 이전 예언자들의 자료를 다시 사용하고 새롭게 표현하며 현실화했다."[44] 더욱이 요한은 자신을 그가 받은 구약의 전통이나 유산과 상관없는 예언자로 이해하지 않고, 구약의 예언자적 사명을 가리키는 언어를 자신에게 적용한다. 이것은 아마도 요한의 예언자적 권위가 구약의 예언자들의 권위와 동등하다는 것을 보여주며, 그의 메시지가 구약 예언자들의 메시지와 연속선상에 있음을 증명하려는 데 목적이 있을 것이다(본서 1:10; 4:1-2; 17:3; 21:10의 주석 참조).

(3) 요한이 구약의 문맥을 무시했다는 세 번째 주장은 그의 독자들이 이교적·그리스적 배경을 가졌거나 문맹이었거나 혹은 둘 다였기에, 그들이 구약성경을 석의적으로 사용한 것을 이해할 수 없었을 것이라는 추측에 근거한다. 이런 반대 의견은 다음과 같은 요인들을 고려하지 않은 것이다. (ㄱ) 소아시아의 교회들은 유대인 출신의 열성적 성도들과 이방인 출신의 하나님을 경외하는 사람들로 이루어졌다. 하나님을 경외하는 사람들은 유대인처럼 회당에 참여했다(사도행전에 그 증거가 있다). (ㄴ) 서머나와 빌라델비아에 있는 그리스도인들은 비록 적개심을 갖긴 했지만 여전히 어느 정도 회당과 관련을 맺고 있었다. 이것은 그들 중 몇몇 사람이 구약의 전통을 알고 있었음을 암시한다(비교. 2:9; 3:9). 사실 3:9은 회당 출신의 더 많은 유대인 적대자들이 가까운 시간에 그리스도인이 될 것이라는 기대를 표현하는 것 같다. 이는 빌라델비아 교회가 전한 복음 메시지가 구약성경 및 메시아이신 예수 안에서 구약이 성취되었다는 사실에 상당히 기초했다고 추정할 수 있다(3:9의 주석 참조). (ㄷ) 두아디라 교회에 구약에 있는 이름("이세벨")을 가진 거짓 "예언자"가 언급된 것은 그 교회에 구약과 신약의 전통을 곡해하는 교훈이 있었음을 시사한다(2:20). (ㄹ) 본문 자체에 언어적 증거가 있다. 만약 요한이 이들 공동체를 잘 알고 그들과 목회적인 관계를 가지고 있었

---

44) Fekkes, *Isaiah in Revelation*, 288. 이와 비슷한 비평을 보려면 Bauckham, *Climax of Prophecy*, 262-63, 298-98을 참조하라. Bauckham은 Schüssler Fiorenza가 구약성경을 당대의 유대 석의 전통에서 이해하고 해석하는 방법에 비추어 요한의 구약 사용을 연구하려 하지 않는다는 점을 주목한다.

으며, 자신이 언급하는 것을 교회가 인식하지 못해서 유익을 얻지 못한다는 것을 알았다면, 이처럼 많은 양의 구약 암시를 사용하지는 않았을 것이다. 예를 들어 "만나", "이세벨", "발람", "성전", "새 예루살렘"과 같은 일곱 교회에게 보낸 편지에 있는 명백한 구약의 암시들은 독자들에게 구약성경에 대한 기초적 지식이 있었음을 가리키는 수많은 증거 중 하나에 불과하다. (ㅁ) 요한이 그의 계시를 먼저 동료 예언자들 그룹에 전달했고, 그다음에 그들이 그 계시를 일곱 교회에 전달한 것이 사실이라면(22:16a의 주석 참조), 그 계시를 "성경적 지식과 집중력을 가지고"[45] 연구했을 이 예언자들 역시 청중이라고 봐야 할 것이다. (ㅂ) 요한이 자신을 예언자로 이해했다(1:1, 10; 4:1-2; 17:3; 19:10; 21:10; 22:9)는 것은 적어도 일곱 교회에서 일반적으로 받아들여졌던 것으로 보인다. 이 사실은 요한이 교회 안에서 예언자적 권위를 가지고 가르쳤음을 암시한다. 특히 그는 교회 안에 있는 소위 다른 예언자들에게도 자기처럼 가르치는 역할이 있다고 생각하기 때문이다(2:20에 근거하여 추론할 수 있다).[46] 만일 그렇다면, 일곱 교회의 몇몇 그룹은 구약성경을 잘 알고 있었을 개연성이 있다. 따라서 잘 선정된 구약성경의 핵심단어와 어구는 청중 가운데 다수에게 중요한 성경의 주제와 맥락을 상기시켰을 것이다.[47] (ㅅ) 우리는 사도행전과 신약의 다른 곳에서 유대인 출신과 이방인 출신의 신자들이 초기 교회의 성경인 구약성경에 근거하여 그들의 새로운 믿음을 훈련받았다는 것을 알고 있다(예. 행 17:10-12; 18:24-28; 딤후 2:2, 15; 3:16-17). (ㅇ) 요한계시록이 교회에서 연속적으로 낭독되는 동안 청중은 처음 읽었을 때보다 더 많은 암시를 알아차렸을 것이다. 이것은 2세기와 아마도 1세기에 편지가 초기 교회에서 **반복해서** 읽혔다는 잘 알려진 사실에 근거한다. 예를 들어, 골 4:16과 살전 5:27, 계 1:3은 이 사실을 시사한다. (ㅈ) 마지막으

---

45) Bauckham, *Climax of Prophecy*, 30, 83-91.
46) 이것은 부분적으로 Fekkes, *Isaiah in Revelation*, 287의 견해를 따른 것이다. 요한이 교회에서 가르치는 사역을 했다는 것은 *Didache* 11:10-11(Fekkes가 인용함)에 묘사된 교회에서 예언자들이 가진 역할과 일맥상통한다.
47) 이 사실의 근거를 제시하기 위해 Fekkes, *Isaiah in Revelation*, 287과 그곳에 인용된 참고문헌을 보라.

로 그리스-로마 세계에서 이교적 그리스인들과 유대인들 대다수가 어렸을 때 읽기(그리스어나 히브리어, 또한 라틴어까지)를 배웠다는 것은 일반적으로 인정되는 사실이다. 정도가 다르기는 하겠지만 이러한 경향은 심지어 노예들에게까지도 확대되었다.[48] 이 모든 요인의 누적 효과에 비춰볼 때 요한의 편지를 받은 교회들에 속한 수많은 사람에게는 구약성경을 이해하는 다양한 지식이 있었을 것이고, 이전에 이러한 지식을 가지고 있지 않던 사람들은 그런 지식을 얻었을 개연성이 높다. 비록 이 모든 증거가 어리석게 무시된다 하더라도, 우리가 진행하는 요한계시록의 암시 연구를 불필요한 것으로 만들지는 않는다. "거대한 문학적 창안 과정은 독자들이 관심을 기울일 것을 반드시 계산에 넣지는 않는다."[49]

(4) 종종 요한이 구약성경의 문맥에 주목하지 않았음을 상정하는 마지막 이유는 요한이 문맥을 고려하여 작업한다고 이해하는 사람들에게 경고 형식으로 제기되었다. 이 주장에 따르면, 저자가 구약 본문으로부터 **문학적으로 영향을 받았다**는 사실이 그 본문의 의미에 **해석상** 의존하거나, 그 본문에 대한 해석 또는 주석을 제공하려 했다는 결론을 논리적으로 수반하지 않는다. 구약의 본문을 단순히 인용하는 차원을 넘는 증거가 마련되어야 한다는 것이다.[50]

그럴 수도 있다. 하지만 단지 구약 본문을 언급한 사실을 두고도 저자가 그 구약 본문의 의미에 의존하고 그 본문을 해석하려 했느냐고 질문을 제기하는 것은 지극히 정당하다. 어느 한 저자가 구약 본문을 많이 언급할수록, 그 본문의 의미에 친숙하다는 것을 나타낸다. 특히 같은 구약 본문을 많이 언급하면, 그것이 특정한 절이 되었든지 단락이 되었든지 간에 저자가 그 본문을 깊이 묵상했음을 암시하며, 그가 그 본문의 의미에 익숙해 있었을 개연성을 높여준다. 그리고 저자가 본문의 의미를 다양하게 의존하거

---

48) Townsend, "Education: Greco-Roman Period"를 보라. 여기서 관련된 참고문헌도 얻을 수 있다.

49) Bauckham, *Climax of Prophecy*, 30.

50) Ruiz, *Ezekiel*, 123. Ruiz는 Beale, *Use of Daniel*에 대해 이런 비판을 제기한다.

나 적어도 그 구약 본문을 해석하려 했음을 시사한다(계 4-5장에서 다니엘서와 에스겔서의 사용을 보라). 이것은 요한이 구약을 사용한 경우에도 해당한다. 앞에서 제시한 세 가지 주요 요점에 비추어 보면 특히 더 그렇다. 본서의 서론의 이 단락에서도 죽 살펴보았듯이, 최근 연구도 이러한 결론을 지지한다. 예를 들어, 드레이퍼는 요한계시록이 쿰란 공동체의 성경 해석 방법과 비슷한 방법으로 구약성경을 해석했다고 주장한다. 요한계시록의 해석이 암시적으로 수행된 반면에, 쿰란 공동체의 해석은 명시적으로 수행되기는 했지만 말이다.[51]

보스는 대체적으로 요한이 구약성경의 문맥을 고려하지 않고 구약 본문을 다룬다고 주장하는 사람들의 대표 주자로 간주될 수 있다. 보스는 그의 석의 논평의 대부분을 가장 분명한 구약 언급으로 여겨지는 것에 한정하고, 스물두 본문 중에 적어도 일곱 곳에서 구약의 문맥을 "무시한 것"이 보인다고 결론을 내린다.[52] 이 7개 중에 4개는 하늘의 존재들을 언급하는 본문이다. 첫 번째 본문은 야웨를 묘사하던 것(겔 43:2)을 인자에게 적용한 것이다(계 1:15). 하지만 이것은 문맥과 상관없이 사용한 것이 아니라 적용을 바꾼 것이라고 보는 것이 더 낫다. 인자는 계 1장에서 신적 인물로 분명하게 묘사되기 때문이다. 계 18:1에서는 야웨를 묘사하는 내용(겔 43:2b)이 하늘에서 내려오는 천사에게 적용된다. 그런데 구약성경과 요한계시록에서 천사들은 신적 명령을 전달하는 존재이기에, 신적 말씀을 전달하는 존재의 특성 이외에도 다른 신현적 특성을 띨 가능성이 있다. 덧붙인다면, 구약성경에서 하나님은 종종 신적 존재의 모습으로 등장하시곤 한다. 이것은 아마도 요한계시록에도 해당될 것이다(예. 10:1-16. 이 본문은 단 10-12장을 기초로 한 것인데, 다니엘서 본문에서는 천상적 존재가 신적 존재로 소개된다). 따라서, 적용점에 있어서는 변화가 가해졌을 수 있지만 예언자에게 신적 명령을 계시하는 천상적 존재와 관련한 구약의 전반적인 사상이 요한계시록에

---

51) Draper, "Twelve Apostle."
52) Vos, *Synoptic Traditions*, 21-37, 41.

도 온전히 남아 있다고 해야 할 것이다. 이와 유사하게 계 7:14에서 겔 37:3 을 사용한 경우에도 일반적으로 동일한 결론에 도달할 수 있다. 계 4:8a에 서 사 6장의 스랍을 묘사한 것은 겔 1장의 그룹을 묘사한 것과 합쳐져 있 다. 하지만 하나님의 보좌를 지키는 신적 존재를 표현하는 구약의 주요한 틀은 여전히 유지된다.

또한 보스는 계 11:11에서 겔 37:10b을 사용하면서도 문맥을 무시한 예 가 있다고 주장한다. 에스겔서 본문은 이스라엘을 여러 나라로부터 모으 게 될 미래를 가리키는 은유로 부활 사상을 사용한다. 반면에 요한은 그것 을 두 증인의 부활에 적용한다. 이들은 참 이스라엘로서 증언하는 교회의 상징이다(Caird와 Sweet를 비롯한 여러 사람이 이렇게 이해한다). 이런 유의 언 급은 **이스라엘의 부활**이라는 공통된 생각이 있기 때문에 유비적 사용 범주 에 꼭 들어맞는다(아래 설명을 보라). 에스겔서 본문을 참 이스라엘인 교회 에 적용하고 에스겔서의 언어를 문자적인 부활을 분명하게 의미하는 것으 로 이해하는 것은 종말론적 확대에 해당한다. 부활 용어는 이제 역사적 단 계에서만이 아니라 종말의 단계에서도 이해된다. 다른 적용이나 심지어 다 소 바뀐 의미로 인해 문맥을 무시할 수 있는 가능성이 있지만, 상호관련성 과 연속성을 감지할 수 있다(두 본문에서 "부활한" 사람들이 이전 나라들 사이에 서 죽임을 당한 사람들임을 주목하라. 겔 37:9-14, 21-22/계 11:7-10 참조).

또한 보스는 계 3:7의 사 22:22 사용이 문맥을 벗어났다고 주장한다. 이 스라엘을 다스리는 엘리야김의 권세가 하나님 나라를 다스리는 그리스도 의 권세에 적용되기 때문이다. 그러나 이것은 이스라엘을 다스리는 엘리야 김의 인간적·지상적·정치적·시간적 통치를 온 세상을 다스리시는 그리스 도의 신적·천상적·영적·영원한 통치와 연결하는 확대적 유비로 이해할 수 있다(참조. 계 1-5장). 더욱이 사 22:20-22은 엘리야김 통치의 제사장적 함 의를 거론한다. 엘리야김은 이스라엘 백성의 "아버지"와 같으며, 그의 권세 는 히스기야 왕의 권세와 동등하고, 그는 야웨의 "종"으로도 언급된다. 이러 한 요소들은 "다윗의 집"이 주는 메시아적인 함의와 더불어(22절), 요한이 사 22:22의 문맥을 상당히 의식하면서 엘리야김의 통치의 이러한 측면들을 의도적으로 그리스도의 통치의 장중한 규모로 확대했다는 점을 강조한다. 이러한 상호관련성은 너무도 훌륭하므로 절대로 놓칠 수 없었을 것이다.[53]

그러므로 우리로서는 적용의 전환을 말할 수 있을지 모르지만, 이것이 구약성경의 문맥을 **무시한 것**을 의미한다고 결론을 내릴 필요는 없다. 우리가 논의한 본문들은 시험 사례이며, 그 본문들과 관련하여 우리가 내린 결론은 다른 구약 본문에도 적용될 수 있다. 요한은 **의도적으로 암시를** 하며, 구약성경의 문맥을 존중한다는 것을 다양하게 보여주는 것 같다.[54] 본 주석에서는 요한계시록 본문을 자세히 주해하면서 수많은 다른 사례 연구를 살펴 볼 것인데, 각 사례 연구는 요한이 구약을 문맥적으로 다양하게 사용했다는 결론으로 인도할 것이다.

종종 의식적인 활동이 있었는지 아니면 무의식적인 활동이 있었는지 알기 어려운 경우도 있다는 것은 인정한다. 무의식적 암시가 발생한 곳에서는 구약 본문이 문맥과 상관없이 사용되었다는 것을 기대할 수 있다. 요한계시록 저자의 마음은 그가 배운 전통에서 나온 구약성경의 언어에 흠뻑 젖어 있어서 환상을 묘사할 때 깊은 생각 없이 구약의 언어를 자연스럽게 사용한 경우가 종종 있다는 것은 의심할 여지가 없다. 예를 들어 "몸을 돌이켜 **나에게 말한 음성을 알아보려고** 돌이킬 때에"(1:12a)는 아마도 단 7:11(LXX)에서 왔을 것이다. 하지만 다니엘서에서 그 표현은 짐승의 "교만한 말"을 가리킨다. 단 7장이 계 1:7-14에 영향을 준 것이 분명하기 때문에, 이 표현은 무의식적으로 가져왔을 가능성이 많다.

"문맥"이라는 단어가 의미하는 바가 무엇인지를 분명히 하는 것이 중요하다. 통상적으로 그 단어는 **문학적** 문맥을 의미한다. 즉 한 본문이 책의 논의의 논리적 흐름에서 어떻게 기능하느냐의 문제다. 하지만 또한 **역사적** 문맥도 있다. 예를 들어 호 11:1의 역사적 문맥은 출애굽이지, 호세아

---

53) 참조. von Rad, *Old Testament Theology* II, 373. von Rad는 사 22:22과 계 3:7 사이의 예표론적 관계를 설득력 있게 주장한다.

54) Fekkes가 입증한 평가와 Paulien이 일반적으로 제시하는 평가를 보라. Fekkes, *Isaiah in Revelation*, 70-103(과 그 책 여러 곳); Paulien, *Decoding Revelation's Trumpets*.

의 논지가 아니다. 여기에 덧붙여 **주제적인** 구약 문맥도 있다. 신약성경의 저자는 먼저 구약성경의 일반 주제(예. 심판 또는 회복)에 초점을 맞추고 그 다음에 그 주제와 관계가 있는 구약 여러 다른 책의 특정한 본문들에 호소한다.[55] 저자는 이 3가지 문맥 중에 오직 하나만을 반영할 수도 있고, 3가지를 다 반영할 수도 있으며, 또는 이 모두를 무시할 수도 있다. 앞에서 논의한 본문들에 비춰볼 때, 요한은 문학적 문맥과 역사적 문맥과 주제적 문맥을 인식하고 다양하게 제시하는 것 같다. 이 중에서도 문학적 문맥과 주제적 문맥이 단연 돋보인다. 주제적 문맥에 관심을 가지면 왜 저자가 특정한 문학적 문맥에 초점을 맞추는지 이해하게 된다. 구약의 문학적 문맥에 적게 일치하는 본문들은 반쯤 문학적인 것이라고 칭할 수 있다. 그런 본문들은 우리가 통상적으로 "문맥적" 사용이라고 부르는 것과 "문맥과 상관이 없는" 사용이라고 부르는 양 극단의 중간에 위치하는 것 같기 때문이다.[56] 아래에서 고찰할 구약 사용의 범주들은 이 결론들을 좀 더 분명하게 보여줄 것이다.

요한계시록에 나타난 구약성경의 다양한 사용례[57]

문학적 원형인 구약의 단락

요한은 가끔씩 구약성경의 문맥이나 연속적인 사건들을 그의 창의력 있는 저술의 모델로 취한다.[58] 이러한 모델화는 오직 하나의 구약 문맥으로만 추적할 수 있는 주제적 구조나, 동일한 구약 문맥과 결부되어 있는 일단의 분

---

55) 구약 문맥의 주제적 발전에 대해서는 Fekkes, *Isaiah in Revelation*, 70-103을 보라.
56) 요한의 문맥적 사용과 그의 결정적 의도를 바탕으로 요한이 문맥을 어느 정도 의식했는지를 파악하려는 시도에 대해서는 McComiskey, "Alteration of OT Imagery"를 보라. 하지만 McComiskey는 구약의 역할을 지나칠 정도로 경시한다.
57) 다음에 제시할 사용례들 이외에 Fekkes, *Isaiah in Revelation*, 70-103에 제시된 사용례를 세부적으로 분석한 것을 보라. 이 단락에 제시된 구약성경 사용을 자세히 설명한 것은 Beale, *John's Use of the Old Testament in Revelation* (ch.2)을 보라.
58) 참조. Schüssler Fiorenza, "Apokalypsis and Propheteia," 108.

명한 암시에서 뚜렷하게 나타난다. 종종 2개가 다 관찰되는 경우가 있는데, 그런 경우에는 구약성경 원형의 명료함이 한층 더 강조된다. 계 1, 4-5, 13, 17장에 대해서는 그 본문들이 다니엘서(특히 2, 7장)의 전반적인 패턴을 따랐다는 심도 있는 주장이 제기되었다. 특히 1장과 4-5장은 다니엘서의 여러 단락에서 유래한 암시들의 결합과 구조적 개요를 보인다.[59] 요한계시록 본문이 다니엘서를 모델로 삼았다는 사실에서 우리는 해당 장들이 지닌 의도성을 보게 되며, 요한이 무의식적으로 구약성경을 사용한 것이 아님을 확신하게 된다. 이러한 다니엘서 사용을 미드라쉬(유대 주석방법 중 하나―역주)의 모델로 사용한 예가 유대 묵시문학에서도 관찰된다. 이것은 이러한 유의 구약 사용이 보편적이었다는 사실을 보여준다(예. 1QM 1; *1 En.* 69:26-71:17; 90:9-19; 4 Ezra 11-13; *2 Bar.* 36-40).[60] 다니엘서의 이러한 영향이 심지어 요한계시록 전체 구조에까지 확대된다고 주장하는 사람들도 있다. 단 2:28-29의 암시가 요한계시록의 중요한 전환점에서 나타난다는 것이 그 이유다(1:1; 1:19; 4:1; 22:6). 더욱이 다니엘서의 묵시적 환상 5개(2, 7, 8, 9, 10-12장)가 종말론적 미래의 같은 시간을 다룬다. 이것은 요한계시록에서 공시적 병행 단락으로 알려진 몇몇 본문에서 요한계시록이 따르는 원형적 구조일 수 있다.[61]

비슷한 맥락에서 굴더는 에스겔서의 많은 분량이 적어도 요한계시록의 11개의 주요한 단락에 막대한 영향을 끼쳤다고 주장했다(계 4장; 5장; 6:1-8;

---

59) Beale, *Use of Daniel*, 154-305, 313-20. Ruiz, *Ezekiel*, 123-28을 보라. Ruiz는 이러한 증거로는 수긍하지 않는다. 그는 특히 에스겔서보다는 단 7장이 계 4-5장의 모델이 되었다는 것을 인정하지 않는다. 하지만 Ruiz의 평가는 계 4-5장 전체에서 다니엘서의 구체적인 단어들이 암시된다는 귀납적인 증거(Beale, *Use of Daniel*, 185-222을 보라)와 겔 1장이나 사 6상과 비교하여 단 7장의 전체적 개요(비교. Beale, *Use of Daniel*, 181-228), 또는 단 7장을 모델로 삼았음(Beale, *Use of Daniel*, 224-27)을 충분히 고려하지 않은 것이다. 내 제안에 회의적인 반응에 대한 응답은 Beale, *John's Use of the Old Testament in Revelation* (ch. 2, Excursus: "Rejoinder to Critical Evaluations of the Use of Segments of Daniel as Midrashic Prototypes for Various Chapters in Revelation")을 보라

60) Beale, *John's Use of the Old Testament in Revelation*, 67-153.

61) Beale, *Use of Daniel*, 271-85; 같은 저자, "Influence of Daniel," 413-23.

6:12-7:1; 7:2-8; 8:1-5; 14:6-12; 17:1-6; 18:9-24; 20:7-10; 21:22).[62] 굴더는 이러한 에스겔서의 사용례가 요한계시록 구조에 주된 영향을 주었음을 관찰한다. 사용된 에스겔 본문들이 에스겔서에서 발견되는 것과 동일한 순서로 요한계시록에서도 발견된다는 것이 그 이유다.[63] 하지만 굴더는 문학적인 설명보다는 예전적인 설명이 에스겔서와 요한계시록의 병행 어구의 순서를 설명하는 더 나은 방법이라고 제안한다. 굴더는 이 사실을 요한계시록이 대체로 유대 달력에 맞춰졌다고 추측함으로써 증명하려 한다. 그는 특히 유대의 절기와 성일들, 이 예전적 달력의 패턴이 에스겔서에 대해서보다도 요한계시록의 구조를 형성하는 데 더 많은 영향을 주었다고 믿는다.[64] 굴더의 예전적 이론을 따르지는 않지만, S. 모이즈 역시 에스겔서가 다니엘서보다는 요한계시록의 모델에 더 가깝다고 결론을 내린다.[65] 예전적 배경을 상정하지 않으면서도 사실상 굴더의 견해와 같은 결론에 이른 것은 포겔게장의 견해다. 포겔게장은 여기서 훨씬 더 나아가 요한이 요한계시록 전체 구조의 모델로 에스겔서를 사용하였기에 에스겔서가 "요한계시록의 메시지 전체를 이해하는 열쇠"라고 결론을 내린다.[66] 다른 사람들도 특히 계 20-22장에서 에스겔서의 전반적 영향을 인정했다. 계 20-22장의 사건들 순서는 겔 37-48장에서 취한 것처럼 보인다.[67] 많은 주석가(예. Caird와 Sweet)가 에스겔서를 계 4장[68] 또는 4:1-5:1의 전형으로 여긴다. 그리고 초기 유대교 예전 전통이나 그리스도교 예전 전통에서 나온 또 다른 예전적 패러다임이 제안되었다.[69]

---

62) 참조. Goulder, "Apocalypse as Annual Cycle of Prophecies," 343-49.

63) Goulder, "Apocalypse as Annual Cycle of Prophecies," 353-54.

64) Goulder, "Apocalypse as Annual Cycle of Prophecies," 349-64.

65) Moyise, *Old Testament in Revelation*, 74-83; 이와 비슷하게 Mazzaferri, *Genre of Revelation*, 365.

66) J. M. Vogelgesang, "Interpretation of Ezekiel in Revelation," 394. 또한 16, 66-71.

67) Selwyn, "Dialogues on the Christian Prophets," 332-34; Wikenhauser, "Problem des tausendjährigen Reiches"; Kuhn, "Gog-Magog"; Lust, "Order of the Final Events."

68) Goulder, "Interpretation of Ezekiel in Revelation," 43-51.

69) 참조. Carnegie, "Hymns in Revelation"; Läuchli, "Gottesdienststruktur" ("Worthy Is the

계 8:6-12에 제시된 "나팔" 재앙과 16:1-9에 제시된 대접 재앙이 창조적으로 재구성되고 적용되긴 했지만, 출애굽기의 재앙과 시련(출 7-14장)의 전형을 따랐다는 사실은 대부분의 사람이 동의하는 내용이다(예. Beasley-Murray, Caird, Sweet). 이미 이 출애굽 모델은 암 8-9장에서 사용되었고, Wis. 11-19장에서 창조적으로 적용되었다. 지혜서는 아마도 요한이 이런 식으로 적용하는 데 영향을 주었을 것이다.[70] J. S. 케이시는 요한계시록의 다른 단락뿐만 아니라, 나팔 재앙과 대접 재앙이 출애굽 모형에 중요한 영향을 받았다고 주장한다.[71] 드레이퍼는 슥 14장의 종말론적 계획이 "계 7장의 미드라쉬적 발전의 기초를 제공한다"고 주장하며,[72] 스위트는 같은 내용이 계 20-22장에도 적용된다고 망설이며 제안한다.[73]

앞에서 제안된 구약의 모델 모두는 구약의 같은 책 다른 부분과 구약의 다른 곳에서 유래한 암시들로 짜여 있다. 이 중 많은 것이 공통적 주제, 그림, 주제어 등등에 기초한다. 이런 다른 본문은 이따금 구약 원형의 해석적 확장으로 작용한다. 요한이 이 모델들을 의도적으로 따랐다고 합리적으로 가정할 수 있는데, 그 모델들 중 2개가 중요하게 사용된다. 첫째, 구약의 패턴들은 미래(종종 임박한) 종말의 성취를 이해하고 예상하는 형식으로 사용되는 것 같다(참조. 13, 17장).[74] 둘째, 원형들은 과거와 현재의 종말적 성취를 이해하는 렌즈로 활용된다(참조. 1, 4-5장). 이 구약의 원형들이 해석의 수단인지 아니면 해석의 대상인지는 항상 분명하지만은 않다. 아마도 이 둘 사이를 오가는 것이 있을 것이다. 구약은 신약을 해석하고, 신약은 구약을 해석한다는 것 말이다.

Lamb," 245에 제시된 Carnegie의 평가를 보라); Prigent, *Apocalypse et Liturgie* (*Use of Daniel*, 184에 제시된 Beale의 평가를 보라).

70) Sweet, *Revelation*, 161-62.

71) Casey, "Exodus Typology." Casey의 논문을 이해하기 쉽게 요약한 Mazzaferri, *Genre of Revelation*, 367-73을 보라.

72) Draper, "Heavenly Feast of Tabernacles."

73) Sweet, "Maintaining the Testimony of Jesus," 112.

74) 유대 문헌에 동일하게 채용된 다니엘서의 모델을 보라. 1QM 1; *1 En.* 46-47; 69:26-71:17; 90; 4 Ezra 11-13; *2 Bar.* 36:1-42:2.

주제적 사용

특정한 구약 본문을 암시하는 것 이외에, 요한계시록의 저자는 구약의 중요한 **주제**들을 발전시킨다. 이 중 많은 주제가 주요 주석에서 어느 정도 설명되었다. 페케스는 여러 주제 중에서 요한이 종말의 심판 및 구원과 같은 구약의 주제를 발전시켰다고 증명해보였다.[75] 심판과 구원은 각각 하부 주제가 있다. 주목할 만한 특별한 연구로서 대표적인 것들은 포드가 다니엘서의 "멸망의 가증한 것"을 추적한 주제 연구,[76] 롱맨이 진행한 구약의 용사이신 하나님 개념 연구,[77] 보컴의 구약의 지진 사상에 관한 연구와[78] 구약의 "거룩한 전쟁" 주제에 대한 요한의 재해석,[79] 계 2-3장과 요한계시록 전체에서 근동과 구약의 언약 형식 채용에 관한 최근의 논문들,[80] 그리고 구약의 "주의 날" 개념[81] 등을 들 수 있다. 이 중에서 특히 주목할 만한 연구는 C. H. 기블린이 "거룩한 전쟁" 주제를 더욱 발전시킨 연구다. 여기서 기블린은 구약의 이 거룩한 전쟁 사상이 "본질적인 (8중적인) 제도적 특징으로" 계 4-22장에 등장하는 "사건들의 전 과정의 구조를 형성한다"는 것[82]과 이것이 1-3장의 전체 사상도 형성함을 보여주었다.[83]

카네기는 구약성경에서 찬송의 기능과 요한계시록에서 찬송의 재사용에 관한 매우 흥미 있는 연구물을 제공했다. 카네기는 사 40-55장에서 다양한 노래들이 소구분들 끝에 나와 단락을 마무리 짓는다는 것을 입증했다. 찬송은 감사로 단락을 끝맺을 뿐만 아니라 단락 전체의 주제를 해석하며 요약한다(사 48:20ff.; 52:9 등등). 요한계시록에서 일련의 찬송은 이사야서

75) Fekkes, *Isaiah in Revelation*, 70-103과 여러 곳.
76) *Abomination of Desolation in Biblical Eschatology*, 243-314.
77) "Divine Warrior," 291-302.
78) "Eschatological Earthquake."
79) Bauckham, *Climax of Prophecy*, 210-37.
80) Shea, "Covenantal Form of the Letters to the Seven Churches"; Strand, "Further Note on the Covenantal Form in Revelation."
81) Gray, "Day of the Lord and Its Culmination in the Book of Revelation."
82) Giblin, *Revelation*, 29, 25-34, 224-31.
83) Giblin, *Revelation*, 25-36, 224-31.

의 노래에 영감을 받아 같은 기능을 하는 것으로 보인다(계 4:11; 5:13ff.; 7:9-12; 11:15-18; 19:1-8).[84]

유비적 사용

유비는 요한계시록에서 구약의 사용례를 가장 일반적으로 묘사하는 방법이라고 할 수 있을 것이다. 구약 본문을 언급하는 행위가 구약 본문을 신약의 내용과 어느 정도 비교하는 관계에 놓기 때문이다. 하지만 우리는 여기서 잘 알려진 구체적인 인물과 장소 및 사건에 관심을 집중하려 한다. 장면들은 창조적으로 변한다(확장, 압축, 보충 이미지 등등). 물론 그 장면들은 각기 다른 역사적 상황에 적용된다.[85] 하지만 구약성경의 맥락에서 핵심 사상은 일반적으로 신약의 상황에 적용할 주요 특징이나 원리로 이어진다.[86] 그래서 비록 요한이 구약의 인물을 창조적이고 자유롭게 다룬다고 하더라도, 그 인물은 넓은 의미에서 거의 항상 구약과 본질적인 유대 관계를 유지하며 구약과 신약의 연속성의 원리를 전달한다.[87]

예를 들어 계 12:9(비교. 20:2)에서 속이는 "옛 뱀" 이미지는 원시 종교사의 일화를 떠올리게 하며, 이것은 신학적으로 역사의 최종적이며 종말적인 국면에서도 같은 의미를 유지한다.[88] 이러한 연속성을 유지하는 저자의 신학적 근거는 구약의 역사와 신약의 역사가 하나님의 통일된 구원 계획의 수행이라는 점, 그리고 신구약 역사가 하나님에 대한 믿음, 구원 약속을 성취하시는 하나님의 신실하심, 하나님의 약속 성취를 막으려는 반신정주의 세력들, 그리고 사탄의 나라를 정복하는 하나님 나라의 승리라는 불변하는

---

84) Carnegie, "Worthy Is the Lamb," 250-52.

85) 이러한 변화의 탁월한 예는 계 8:6-12; 16:2-13의 출애굽 재앙 이미지를 논의한 Vos의 글에서 찾아볼 수 있다. Vos, *Synoptic Tradition*, 45-47.

86) Vos, *Synoptic Tradition*, 47-48.

87) Cambier, "Images de l'Ancien Testament," 116-20; 비교. Gangemi, "Utilizzazoine del deutero-Isaia nell'Apocalisse," 322-39.

88) Cambier, "Images de l'Ancien Testament," 118-19.

원리들을 다룬다는 저자의 확신에서 찾을 수 있다.[89]

　아래 내용은 이러한 유비들을 보여주는 표본과 연속성의 주된 내용을 간략하게 묘사한 것이다.

심판

　심판을 소개하는 신현(사 6장; 겔 1장; 단 7장/계 4-5장).

　심판의 책(겔 2장; 단 7장; 단 12장/계 5:1-5과 겔 2장/계 10장).

　심판을 행하시는 유대 지파의 사자(창 49:9/계 5:5).

　심판을 행하시는 "만왕의 왕, 만주의 주"(단 4:37[LXX]/계 17:14; 19:16).

　심판을 행하는 신적 대리자로서 말 탄 자(슥 1장과 6장/계 6:1-8).

　심판을 가하는 출애굽의 재앙들(출 7:14-12:57/계 8:6-12; 16:1-14).

　심판의 대리자인 메뚜기(욜 1-2장/계 9:7-10).

　심판을 통해 증언하는 예언자들(출 7:17; 왕상 17:1/계 11:6).

　하나님이 "한 시간"만에 "바벨론"을 심판하심(단 4:17a[LXX]/계 18:10, 17, 19).

하나님의 백성의 환난과 박해

　열흘간의 환난(단 1:12/계 2:10).

　세 때 반의 환난(단 7:25; 12:7/계 11:2; 12:14; 13:5).

　박해가 일어나는 악명 높은 장소인 소돔과 애굽과 예루살렘(계 11:8).

　짐승들로 상징된 박해하는 통치자들(단 7장/계 11-13, 17장).

　"큰 성 바벨론"(단 4:30 등등/계 14:8; 16:19; 17:5; 18:2).

미혹하고 우상숭배를 조장하는 교훈

---

89) Cambier, "Images de l'Ancien Testament," 119-20.

발람(민 25장; 31:16/계 2:14).

이세벨(왕상 16:31; 왕하 9:22/계 2:20-23).

하나님의 보호

생명나무(창 2:9/계 2:7; 22:2, 14, 19).

"인 맞은" 이스라엘 백성(겔 9장/창 7:2-8).

독수리의 날개(출 19:4; 신 32:1/계 12:14).

원수를 이기는 하나님 백성의 승리의 전투

아마겟돈(슥 12:11/계 16:16[19:19]; 참조. 겔 38-39:16/계 20:8의 곡과 마곡).

배교

음녀(겔 16:15 등등/계 17장).

하나님 백성의 능력인 하나님의 영

(슥 4:1-6/계 1:12-20; 11:4). 몇몇 유비는, 보통 어느 정도 구약 문맥의 범위 안에 있지만, 다른 방식으로 반복되고 창조적으로 발전된다.

보편화

바누아는 구약 사용의 공식적 범주로서 보편화를 논한 유일한 학자라고 할 수 있다. 요한계시록의 저자는 이스라엘이나 다른 실체에게만 적용하던 구약성경을 세상에 적용하는 경향이 있다.[90] 이런 현상이 나타나는 예가 몇 가지 있다. 야웨께서 출 19:6에서 이스라엘에게 부여한 칭호("제사장 나라")는 계 1:6과 5:10에서 "모든 족속과 백성과 나라"(계 5:9)로부터 온 왕 같은 제사장들로 구성된 교회에 적용된다. 계 5:9에서 보편성을 가리키는 이 어

---

90) 에스겔서와 관련한 Vanhoye의 논문을 보라. Vanhoye, "Utilisation du livre d'Ezéchiel," 446-67.

구는 아마도 단 7:14에서 취했을 것이다. 다니엘서 본문에서 이 어구는 이스라엘의 통치에 복종하는 세상의 여러 나라를 가리킨다. 그런데 이제 이 통치는 이 모든 나라가 수행하는 통치로 확장된다(비교. 계 5:10).[91] 계 1:7에서 "각 사람의 눈이 그를 보겠고 그를 찌른 자들도 볼 것이요 땅에 있는 모든 족속이 그로 말미암아 애곡하리니 그러하리라"는 온 세상에 있는 사람들을 가리킨다. 그러나 슥 12:10에서 이 표현은 이스라엘 족속으로 제한된다. 슥 12:10을 동일하게 확장 적용하는 예는 요 19:31-37에서도 발견된다. 요한복음 본문에서는 로마 군인의 행동이 이 예언이 성취되는 시작으로 이해된다.[92]

이런 경향이 나타나는 또 다른 대표적 예는 출애굽의 재앙 이미지가 계 8:6-12과 16:1-14에서 애굽 땅에서 온 "땅"으로 확장되는 경우다. 예를 들어 8:9에서 강과 강에 있는 물고기 대신에 물고기와 선박을 비롯한 바다의 삼분의 일이 영향을 받는다. 16:10에서 태양이 어두워지는 대신에, 사탄적 짐승의 나라가 어두워진다. 다니엘과 그의 친구들이 경험한 "열흘간의 환난"(단 1:12)과 이스라엘이 겪은 세 때 반의 환난(단 7:25; 12:7)은 모두 온 세상에 있는 종말론적이며 참된 이스라엘인 교회의 환난으로 확장된다. 이 환난의 한 부분은 나중에 등장할 "큰 성 바벨론"이 일으키는 환난이다(단 4:30). 바벨론은 단지 이스라엘 족속에 속한 신자들만 박해하는 것이 아니라 온 세상에 있는 성도들도 박해하며(계 17:5-8; 18:24), "나라들"과 "땅의 임금들"과 세상의 경제에도 영향을 준다(18:1-23). 그러므로 "큰 성 바벨론"이 멸망될 때에는, 땅의 어느 한 지역만 영향을 받는 것이 아니라 "만국의 성들"도 무너진다(16:19). 마찬가지로 구약시대에 하나님의 백성을 괴롭히던 이전의 박해자들(소돔, 애굽, 예루살렘)은 이제 "나라와 족속과 방언과 나라들"로 정의된다(계 11:8-10).

91) Beale, *Use of Daniel*, 214-29.
92) J. R. Michaels, "Centurion's Confession and the Spear Thrust"; Sweet, "Maintaining the Testimony of Jesus," 112.

요한계시록은 이스라엘을 위해 보존하기로 예언된 종말의 성전을 언급하는 것으로 마무리한다. 이제는 그 성전의 제의적 혜택이 이방인들에게도 확장되었지만 말이다(비교. 계 21:3에 언급된 겔 37:27; 44:9; 48:35). 겔 47:12에서 예언한 이스라엘을 치료하는 "치유하는 잎사귀들"이 계 22:2에서 "**만국을 치료하기 위하여 존재하는 잎사귀**"가 되었다.

보편화의 근거가 종종 구약의 문맥에서 이미 발견되기도 한다(참조. 겔 14:12-21; 계 6:8). 비록 구약성경에서 협의로 이스라엘을 가리키던 언급이 보편성을 담고 있는 구약 본문과 결합되는 데서 영감을 받기도 하지만 말이다. 예를 들어, 이스라엘을 겨냥한 겔 2:9-10의 심판의 책은 계 5:1과 10:8-11에서 우주적인 차원으로 나타난다. 왜냐하면 이 본문은 보다 넓은 우주적 적용을 제시하는 구약의 심판의 책 암시와 결부되었기 때문이다(비교. 계 5:1-5에 암시된 단 7:10; 12:4, 9. 그리고 계 10:1-6에 암시된 단 12:4-9). 하지만 확장된 적용을 하는 가장 중요한 이유는 신약성경과 요한이 그리스도의 주 되심과 죽음이 우주적 차원을 지녔다고 생각한 데 있다(참조. 계 1:5; 5:9-10. 보편화를 보여주는 또 다른 예들은 다음과 같다. 1:12-13, 20[촛대]; 2:17[만나]; 7:9, 15[겔 37:26]; 17:1ff.[음녀]; 18:9[겔 26:16ff.; 27:29-35]; 19:7[신부]; 3:12과 21:2[예루살렘]).

우리는 요한이 보편화의 과정에서 구약성경을 원래 문맥의 의미에 따라 다루지 않았다고 결론을 내려는 유혹을 받는다. 하지만 바누아의 평가가 이치에 맞다. 바누아는 보편화가 구속의 성취를 설명하기 위해 기독교 정신에 동기부여를 받긴 했어도, 구약의 의미와 상충되지 않는다고 주장한다. 비록 저자가 (본문을) 다르게 적용하고 구약 선조들의 적용과 발전을 넘어선 것은 확실하지만, 같은 해석의 틀 안에 머물며 구약 메시지의 대체적 테두리에 매우 충실하다.[93] 이것은 가능한 분석이다. 이 모든 보편화는 구약의 유비적 사용의 하부 범주로 여겨질 수 있기 때문이다. 비록 요한이 구약을 창조적으로 다시 작업하고 다르게 적용했을지라도, 우리는 요한이 묘사한 장면들이 구약성경의 문맥에 상응하는 핵심을 유지하고 연속성이라는

---

93) Vanhoye, "Utilisation du livre d'Ezéchiel," 467.

구속사적 원리를 표현한다고 주장했다. 우리가 인용한 보편화의 모든 예는 이러한 원리의 전개와 조화를 이룬다고 생각된다. 예를 들어 이스라엘 민족의 구원과 관련된 구약의 본문이 세상의 구원에 적용되는데, 이는 요한계시록에서 그리스도를 믿는 믿음과 그리스도의 공동체적 대표성에 따라 하나님의 참된 백성을 정의하는 것에 근거한다. 그리스도는 그 안에 참 이스라엘의 모든 것이 집약되어 있는 분이시다. 그러므로 교회는 참된 이스라엘로 여김을 받는다.

간접적 성취가 가능한 사용

설령 요한계시록에 예언의 성취를 가리키는 증거 본문으로 사용된 구약의 공식적인 인용(도입 문구를 포함한 인용)이 없다고 하더라도, 구약의 예언이 현재 또는 미래에 성취될 것을 나타내기 위해 몇몇 구약 본문이 **비공식적으로** 언급된다. 특정한 본문이 미래의 성취를 가리키는지 아니면 현재의 성취를 가리키는지를 결정하는 것은 종종 해석자의 전반적 이해(예. 과거주의, 역사주의, 이상주의, 미래주의 등)에 의존한다.

특별히 주목할 것은 요한계시록의 서론이다. 이 서론은 단 2:28-29, 45을 암시한다. δεῖξαι … ἃ δεῖ γενέσθαι("반드시 속히 일어날 일들을…보이시려고")는 단 2:28(LXX, ἐδήλωσε … ἃ δεῖ γενέσθαι ἐπ᾽ ἐσχάτων τῶν ἡμερῶν. "그가 후일에 될 일을 알게 하셨나이다." 계 1:1)에서처럼 ἐν τάχει("속히")가 바로 이어진다. 요한의 "속히"는 다니엘서의 "후일에"를 대체하는 단어다. 그래서 다니엘이 먼 미래에 발생할 것으로 기대한 우주적인 악의 멸망과 하나님 나라의 도래를 요한은 그 자신의 세대에 성취되기 시작할 것으로 기대한다. 어쩌면 하나님 나라는 이미 시작되었다. 이러한 임박함 그리고 심지어 **막 시작된** 종말은 1:3에서 "때가 가까움이라"(γὰρ καιρὸς ἐγγύς)라는 어구로 입증된다. 이 어구는 다른 곳에서 "이미"와 "아직"의 요소를 다 포함한다(막 1:15; 마 26:45; 애 4:18. 비교. 마 3:2과 4:17).[94]

---

94) 참조. Beale, "Influence of Daniel," 415-20.

단 12:4, 9도 계 22:10에서 이와 같이 사용되었다. 다니엘은 "마지막 때까지 이 말을 간수하고 이 글을 봉함하라"(12:4)고 명령을 받은 반면에, 요한은 "때가 가까우니, 이 두루마리의 예언의 말씀을 인봉하지 말라"는 완성에 대한 명령을 받는다. 계 1:1의 단어와 어구가 계 22:6에서 그대로 반복된 것에 다니엘서 본문이 직접적으로 연결된 것을 미루어볼 때, 1:1-3에서 다니엘서의 사용이 계 22:10에서 심화되었다는 것을 알 수 있다.

인자에 관한 언급(1:13-14) 역시 예수가 인자의 고양에 관한 단 7:13의 예언을 성취하기 시작하셨다는 요한의 믿음을 시사하는 것 같다. 비록 계 1:7에서는 이와 비슷한 언급이 여전히 실현되기를 기다리는, 동일한 예언의 다음 국면을 가리키지만 말이다. 같은 유의 "이미"와 "아직" 사상이 2:26-27에서도 발견된다. 이 본문에서 예수는 자신이 시 2:7의 예언을 성취하기 시작하셨다는 것과 자신을 따르는 사람들도 미래에 있을(아마도 죽을 때) 성취에 참여할 것이라고 말씀하신다.

계 1장과 4-5장 모두 단 7장을 모델로 삼았다는 주장이 유지될 수 있다면,[95] 요한은 예수의 죽음과 부활 그리고 모인 교회가 다니엘서의 시작된 성취라는 것을 보이려고 했다고 할 수 있다. 미래의 유일한 성취를 기대했다는 증거도 있다. 그중에서 가장 분명한 예는 시 2:1/계 11:18; 시 2:8/계 12:5과 19:15; 시 25:8/계 21:4; 사 65:17과 66:22/계 21:1; 겔 47:1, 12/계 22:1-2이다.

이 모든 본문은 직접적이고 문자적인 구약 예언의 성취와 관련이 있다. 요한이 **간접적인 예표론적 예언**으로 이해한, 구약의 역사적 서술에 있는 본문이 있을 수도 있다. 앞에서 유비적 사용으로 열거한 많은 본문이 이 범주에 속할 수 있는 본문들이다. 그렇다면 이 모든 본문은 단지 유비에 불과한가? 우리는 이미 유비의 본질이 구약의 예언이나 **역사적** 서술, 그리고 신약에 있는 어떤 것 사이에 존재하는 의미의 기본적 **관련성**이라는 사실을 확인했다. 구약의 이러한 역사적 요소 중에는 요한의 손을 거쳐 확대되는 것

---

95) 참조. Beale, *Use of Daniel*, 154-228.

들과 심지어 보편화되는 것들도 있다. 아마도 이 역사적인 본문들을 확대하는 예언적인 이유가 있었을 것이다. 어쨌든 그러한 사용례는 이런 면에서 좀 더 탐구할 가치가 있다. 특히 "마지막 때"가 시작되었다는 것과 교회가 마지막 때의 이스라엘이라는 것, 그리고 구약 전체가 구원 역사에서 이 절정을 지향한다는 요한과 신약성경의 인식에 비추어 연구해야 한다.[96] 마태복음과 히브리서 및 그밖에 신약의 다른 성경에서 명백히 예표적인 예언 사용의 선례는 요한계시록에서도 그럴 가능성이 있음을 암시한다.

뒤바뀐 사용

구약의 본문을 암시하는 본문 중 겉으로 보기에는 구약성경의 문맥의 의미와 분명히 상충되게 보이는 것들이 있다. 하지만 좀 더 깊이 연구해보면 그런 식으로 분류하는 것은 부정확한 분류라는 것이 드러난다. 가장 분명한 예는 계 3:9이다. 이 본문은 이방인들이 이스라엘에 와서 이스라엘 앞에 서고 이스라엘을 하나님의 택한 백성으로 인정할 것이라는 이사야서의 예언을 언급한다(사 45:14; 49:23; 60:14). 유대인들의 이 소망은 뒤바뀌었다. 이제 하나님이 교회에게 복종하도록 하실 사람들은 그리스도인들을 괴롭히는 유대인 박해자들이다. 이사야서가 사용한 용어를 이처럼 뒤바꾸어 사용한 것은 믿음이 없는 유대 민족이 이방인들에게서 복종받기를 기대했지만, 역설적이게도 그들이 교회에게 복종하는 상황이 왔음을 표현하려는 데 그 의도가 있다. 유대인들은 교회에 복종할 수밖에 없다.[97] 요한은 유대 민족이 그리스도를 저버리고 그리스도인들을 박해하기 때문에 믿지 않는 이방인처럼 되었다고 결론을 내린다. 사실 이러한 역설적 요소는 요한이 이방인 교회가 참 이스라엘의 위치에 있다고 언급하는 3:9의 마지막에서 강조

---

96) 시작된 종말론 용어에 대해서는 막 1:15; 행 2:17; 고전 10:11; 고후 6:2; 갈 4:4; 딤전 4:1; 딤후 3:1; 히 1:2; 9:26; 약 5:3; 벧전 1:20; 요일 2:18; 유 18; 계 1:1; 1:19; 4:1; 22:6, 10; 참조. Beale, "Influence of Daniel," 415-20. 신약 종말론의 "이미"와 "아직"의 특성에 대해서는 Beale, "Eschatology"; 같은 저자, "The Eschatological Conception of New Testament Theology" 를 보라.

97) Vos, *Synoptic Traditions*, 25; Mounce, *Revelation*, 118.

된다. 요한은 사 43:4을 뒤바꾸어 적용하여 이것을 성취한다. 사 43:4은 원래 하나님이 열국보다 이스라엘을 더 사랑하고 존귀하게 하신다는 것을 말한 본문이다. 보스는 9절 전반부의 역설을 인정하지만, 사 43:4 인용과 관련해서는 "인용 본문의 문맥이 전적으로 무시되었다"고 결론을 내림으로써 일관성을 상실한다.[98] 보스가 주장하는 것과 다르게, 요한은 사 40-66장의 주요 주제 중 몇몇을 일관되게 역설적으로 이해하고 있음을 보여준다. 그리고 그러한 관점은 구약의 문맥을 인식한 데서 나온 반면, 신약은 구약의 의미를 완전히 반대로 사용하기에, 이것을 뒤바뀐 사용 또는 역설적인 사용으로 분류하는 것이 가장 좋다.

계 5:9에 사용된 단 7:14의 우주적 보편성을 가리키는 용어 역시 의도된 뒤바뀜을 보여준다. 다니엘서에서 그 용어는 이스라엘의 통치에 복종한 나라들을 언급했다. 그런데 요한계시록에서는 바로 이 나라들이 메시아와 함께 통치한다.

그러한 사용의 또 다른 예를 주목할 필요가 있다. 단 7:21은 "성도들과 더불어 싸워 그들에게 이"긴 압제하는 "뿔"을 언급한다. 이것은 미가엘과 그의 사자들이 사탄을 내쫓는 일을 묘사하는 계 12:7-8에서 거꾸로 적용된다. 이러한 뒤바뀐 적용은 무의식적 활동이나 문맥과 동떨어진 주석을 반영하지 않는다. 오히려 그 반대다. 그것은 우주적 원수를 하나님 나라의 힘으로 멸망시킨다는 것을 묘사함으로 표현된 논쟁적 역설이다. 이것은 이 원수가 하나님의 군대를 어떻게 멸망시키기 시작하는지를 묘사하는 단 7장에 사용된 이미지와 같은 이미지를 사용한 것이다. 이것은 동해(同害)보복법(lex talionis)의 역설적 비유일 것이다. 하나님은 원수들이 하나님을 정복하려고 사용한 것과 같은 방법으로 원수를 정복하실 것이다. 이러한 용어가 의도적으로 난 7:21에서 뒤바뀐 방법으로 채용된 것이라는 사실은 용어의 유사함(비교. Theod.)으로만 입증되는 것이 아니라, 바로 이어지는 단 2:35의 암시와(계 12:8b) 단 7:21이 계 17:14에서 동일하게 뒤바뀌었다는 사실에

---

98) Vos, *Synoptic Traditions*, 26.

서도 명확해진다. 계 17:14에서는 다니엘서에 언급된 "만왕의 왕과 만주의 주"(= 단 4:37[LXX])가 철저하게 멸망시키는 분으로 등장한다.

같은 유의 보복적 역설이 묵시문학 여러 곳에서 발견된다. 계 12:4, 9, 10에 사용된 단 8:10, 계 5:6-7에 사용된 단 7:7ff.(또한 *1 En.* 90:9-13, 16; *Test. Jos.* 19:6-8; 4 Ezra 13:1ff.; 참조. *Midr. Rab.* 창 99:2),[99] 계 13:7-8에 사용된 단 7:14, 계 13:4에 사용된 출 8:10과 15:11, 계 17:8(비교. 1:4, 8; 4:8; 11:17; 16:5; 참조. 1QM 1.6b에 사용된 스 9:14b과 1QM 1.4에 사용된 단 11:40, 44-15)에 사용된 출 3:14(특히 *Midr. Rab.* 출 3:14) 등, 이런 유의 역설적 사용의 핵심은 하나님과 그의 백성을 이기려고 하는 원수의 교만을 조롱하고 거기에 걸맞은 의로운 심판을 강조하려는 데 있다.

이런 전환의 다른 예들이 있을 수 있다. 하지만 이미 논의한 내용으로 봐서는 문맥과 상관이 없는 사용이나 문맥과 동떨어진 사용, 또는 단순한 문맥적 사용에 관해 안이한 주장을 하지 않도록 주의해야 한다. 묵시문학의 문체가 항상 그런 범주로 쉽게 분류되는 것은 아니기 때문이다. 더욱이 우리가 앞에서 논의한 구약성경의 모든 언급은 적어도 **넓은 의미에서** 문맥적이라고 분류될 수 있다. 바누아는 요한이 늘 그의 통일된 논의에 도움이 되는 관점으로 구약 본문을 사용했다는 점과 매 장마다 "고대의 예언과 그런 예언의 표현 방식을 온전히 숙지했음을 증언하는 예리한 지능이 있음"을 주목했다.[100] 강게미는 요한이 구약성경의 암시를 마구잡이로 선택한 것이 아니라, 요한계시록의 주요 주제들(하나님의 초월성, 구속, 야웨의 종, 바벨론의 심판, 새 창조인 하늘에 있는 예루살렘 등)과 부합하게 선택했음을 주시한다.[101] 요한은 요한계시록의 이런 통일된 주제들을 틀림없이 구약성경에서 가져왔으며 구약 구원사의 근본적인 맥을 계속해서 전개하고 있다.[102]

---

99) 참조. Beale, "Problem of the Man from the Sea."

100) Vanhoye, "Utilisation du livre d'Ezéchiel," 462-64.

101) Gangemi, "Utilizzazoine del Deutero-Isaiah nell'Apocalisse," 322-38.

102) Cambier, "Images de l'Ancien Testament," 118-21; Gangemi, "Utilizzazoine del Deutero-Isaiah nell'Apocalisse," 332-39.

구약 언어의 문체적 사용

구약 언어의 사용은 지금까지 논의한 것 중에서 가장 보편적인 범주를 대표한다. 요한계시록에 수많은 어법 위반이 있다는 것은 오랫동안 인정된 사실이다. 찰스는 요한계시록에 고대 여타의 헬라 문헌보다 더 많은 문법상의 불규칙이 있다고 주장했다. 찰스는 이것을 그의 유명한 금언으로 묘사한다. "요한은 그리스어로 글을 쓰는 동안 히브리어로 사고했다. 사고는 자연히 표현 수단에 영향을 주었다." 이런 판단에 동의하는 목소리가 특히 근래에 와서 더욱 커졌다.[103]

　하지만 이것이 요한 편에서 볼 때 의도적인 것이었을까? 아니면 그의 셈족적인 사고에서 부수적으로 나온 무의식적 결과인가? 요한이 저지른 문법적 "어이없는 실수들"은 그의 그리스어 사용에서 셈어적 표현과 LXX 표현을 구사하려는 의도로 보인다. 요한이 사용한 그리스어는 당대의 그리스어 번역본들, 특히 아퀼라 역본과 매우 비슷하다.[104] 요한이 대부분의 경우 문법의 규칙들을 지킨다는 사실은 그가 의도적으로 문법상의 불규칙을 시도했다는 방증이 된다.

　요한이 이런 식으로 글을 쓰는 이유가 무엇일까? 그 이유는 요한계시록을 듣는 사람들에게 의도적으로 "성경적인" 효과를 창조해내어 그의 글이 하나님의 감동으로 기록된 구약성경과 연대를 이룸을 증명하려는 데 있다.[105] 논쟁적인 목적도 작용했을 것이다. 요한은 새 이스라엘인 교회를 통해 구약성경의 진리가 타협 없이 이방 세계에 침투해 들어가고, 이 일이 그

---

103) Charles, *Revelation* I, cxliii. 참조. Sweet, *Revelation*, 16-17; Collins, *Crisis and Catharsis*, 47; 그 누구보다도 S. Thompson, *Apocalypse and Semitic Syntax*, 여러 곳. 비록 Porter가 소위 셈어 어법이라는 것이 "1세기에 그리스어를 사용할 수 있는 사람들의 범위 안에" 있는 것이라고 주장하면서 반대 목소리를 내지만, 여전히 많은 학자가 요한계시록이 통상적인 그리스어 문법에서 벗어났다고 생각한다(Porter, "Language of the Apocalypse"). 이 문제를 자세히 논의한 본 주석 서론의 "요한계시록의 문법"을 참조하라.

104) Sweet, *Revelation*, 16. 특히, S. Thompson, *Apocalypse and Semitic Syntax*, 108과 여러 곳을 보라.

105) Sweet, *Revelation*, 16.

리스도의 재림 때까지 계속될 것이라는 생각을 표현했다.[106]

결론

요한계시록에 구약의 영향이 매우 큰 한 가지 이유는 저자가 그의 환상들
을 서술하면서 비슷한 환상들을 서술한 구약의 예언자들이 사용한 언어를
사용하는 것이 최선의 방법이라고 생각한 데에 있을 것이다. 요한계시록에
서의 구약 사용과 특히 구약 사용례를 몇 가지 범주로 나누어 조사한 것에
의하면, 프랜슨이 평가한 것이 옳다고 판단된다.

> 구약성경에 친숙해지는 일은, 구약성경의 정신으로 살아가는 일과 더불어,
> 요한계시록을 유용하게 읽는 데 있어 가장 필요한 조건이다.[107]

이 결론은 신약성경 전반에 있어 구약의 주된 역할을 다룬 린다스의 일
반적 평가와는 상반된다.

> 신약신학을 형성하는 데 있어 구약은 종의 위치에 있다. 구약성경은 필요
> 할 때마다 복음을 돕고, 논쟁을 강화하고, 암시를 떠올림으로써 의미를 채
> 우는 역할을 하는 반면에, 주인으로 행동하지 않고 길을 인도하지 않으며,
> 심지어 장면 뒤에 있는 사상의 과정을 안내하지도 않는다.[108]

린다스의 위와 같은 분석에는 요한계시록에 대한 그의 평가가 배제된
것 같다.[109] 그는 요한계시록에 반영된 구약성경의 문맥의 의미를 더욱 존

---

106) 이와 다소 비슷한 Collins, *Crisis and Catharsis,* 47; S. Thompson, *Apocalypse and Semitic Syntax*, 108 참조.

107) Fransen, "Cahier de Bible. Jesus, le Témoin Fidéle"; 또한 Sweet, "Maintaining the Testimony of Jesus," 111.

108) Lindars, "Place of the Old Testament," 66.

109) 비교. Lindars, *New Testament Apologetic*, 여러 곳; Lindars, "Place of the Old

중해야 하고 그것을 발견하는 데 열려 있어야 한다고 분명히 표명한다. 린다스가 판단하기에 요한의 글은 변증학적 염려로 인해 급박하게 즉석에서 쓰인 글이 아니라, 기독교 묵시의 비교적 후기 단계에 서재에서 조용히 진행한 명상에서 나온 것이기 때문이다.[110]

그러므로 이 간략한 개관의 결론은 요한계시록의 사상을 형성하는 데 있어 구약성경이 종의 위치와 함께 안내자의 위치에 있다는 것이다. 요한에게 그리스도 사건은 구약성경을 이해하는 열쇠다. 구약의 문맥을 반추하면 그리스도 사건을 더욱 깊이 이해하게 되고, 요한계시록의 묵시적 환상을 더 잘 이해하는 구속사적 배경을 제공받는다. 신약은 구약을 해석하고, 구약은 신약을 해석한다.[111] 이 주석 전체에서 제시한 분석에는 이러한 방향을 지향하는 증거가 제공된다. 신약성경 다른 곳에서도 구약과 이러한 상호 관계가 있는지는 여기서 다루기에는 벅찬 질문이다. 하지만 신약성경 중 상당히 많은 부분이 변증학적 동기에서 기록되었을 뿐만 아니라, 묵시적 분위기에서 기록되었다는 사실은 이러한 가능성을 열어놓게 한다.

우리가 내린 결론은 모이즈의 결론과 크게 다르지 않다. 모이즈 역시 구약과 신약의 상호 해석적 관계를 주장한다.[112] 그는 구약의 모든 암시가 엄밀히 따지면 원래의 문학적 문맥에서 벗어나 신약의 새로운 문학적 문맥에 놓였다는 의미에서, 문맥에서 이탈했음에 주목한다. 그러므로 구약성경에 사용된 단어는 새로운 문학적 문맥 때문에 새로운 의미를

Testament," 63-64.

110) Lindars, "Place of the Old Testament," 63.

111) 내가 볼 땐 설득력이 부족하지만, Ruiz, *Ezekiel*, 120-21은 구약성경이 요한의 해석의 대상이 아니라, 단지 그의 창조적 해석의 수단일 뿐이라는 편파적 견해를 고수한다. 구약이 해석의 대상이며 동시에 수단이라는 것과 이와 관련된 문제들을 자세히 논의한 Beale, *John's Use of the Old Testament in Revelation* (ch. 2), "Excursus: Rejoinder to Evaluations of Daniel as Midrashic"을 보라.

112) Moyise, *Old Testament in Revelation*, 58, 82-83, 102, 110-11, 115, 128. 그런데 요한이 자신이 의도적으로 인용한 구약의 책들을 분명히 해석하고 있는데도, 왜 Moyise가 이 사실을 부인하려고 하는지는 분명하지 않다.

지닐 수밖에 없다.[113] 더욱이 구약 본문과 기독교 전통이 나란히 놓인 것
으로 인해 요한이 해결하지 못하는 긴장이 발생한다. 요한이 구약 본문
과 기독교 전통 중 어느 것을 다른 어느 것에 비춰 해석해야 하는지 암
시하지 않는 것처럼 보이기 때문이다.[114] 실제로 질문하고 싶은 것은 이
것이다. 두 문맥은 서로 어떻게 작용하는가? 신약의 구약 사용에 일관성
이 있고 유기적인 발전이 있는가? 아니면 조화로운 발전을 감지할 수 없
을 정도로 인지의 불협화음이 존재하는가?[115] 요한은 구약의 청중이 놀
랄만한 구약 본문의 새로운 이해와 성취를 제시하는 것 같다. 이 "새로
운" 해석은 요한이 구약성경을 바라볼 때 새로운 렌즈를 전제한 결과다.
그중에서 가장 중요한 렌즈는 다음과 같다. (1) 그리스도는 공동체적으
로 구약과 신약의 참 이스라엘을 대표하신다. (2) 역사는 지혜롭고 주권
적인 계획에 의해 하나가 되었다. 따라서 정경 역사의 초기에 속한 부분
은 성경 역사 후기에 속한 것과 예표론적으로 관련을 맺는지 그것을 가
리킨다. (3) 마지막 때로서 성취의 시대는 그리스도의 초림과 함께 시작
되었다. (4) 둘째와 셋째 내용에 비춰볼 때, 성경 역사의 후기에 속한 것
은 초기에 속한 것을 해석한다(이것은 초기의 구약성경과 관련하여 구약 전통
후기에 이미 시작된 경향이다). 그래서 역사의 중심이신 그리스도는 구약의
초기 부분을 해석하는 열쇠다.

　이러한 전제가 타당하다면 요한이 구약성경을 해석한 것은 구약의
문맥을 존중했음을 보여준다. 그리고 요한의 해석은 그의 관점의 형성이
구약으로부터 영향받았음을 보여준다. 하지만 만일 이 전제가 옳지 않
다면, 요한의 해석이 구약성경의 원래 의미와는 낯선 것으로 봐야 한다.
요한은 이 전제들이 구약 자체로부터 유기적으로 생겨난 것으로 보았을
것이다. 왜냐하면 이 전제들은 궁극적으로 예수가 그의 제자들에게 물려

---

113) Moyise, *Old Testament in Revelation*, 19-20, 112-13.

114) Moyise, *Old Testament in Revelation*, 108-38.

115) Moyise는 이것이 신약이 구약의 문맥을 존중하는지 묻는 것과는 다른 질문이라고 주장한다
　　(*Old Testament in Revelation*, 142). 하지만 나는 두 질문의 실제적 차이를 발견하지 못했다.

주신 해석 접근법으로까지 거슬러 올라가기 때문이다.[116]

비록 모이즈가 요한이 구약이 신약을 해석했는지 아니면 그 반대인
지에 대해서는 공식적으로 해결점을 제시하지 않았다고 말하지만, 나는
그가 구약의 영향과 구약성경을 새로운 방식으로 읽는 신약의 전제 사
이의 해석적 상호작용을 염두에 두었다는 느낌이 든다. 다음과 같은 몇
가지 이유에서 그러하다. (1) 모이즈는 요한의 구약 사용의 중요한 예가
"예표론의 범주로 분류될 수 있다"는 점을 인정한다.[117] 그래서 모이즈가
제시한 해석적 결론은 많은 경우 토머스 그린의 문학적 범주, 즉 "구약
본문을 어렴풋하게 모방한 것이 아니라 진정한 구약의 계승자"에 해당
한다.[118] (2) 모이즈는 요한의 구약 사용이 구약의 예언자적 전통과 유기
적 관계에 있다는 보컴의 견해(내 견해와 비슷하다)를 무비판적으로 인정
한다.[119] (3) 모이즈는 내가 (모이즈만큼은 아니지만) 구약 본문과 신약 본
문의 유사한 상호작용을 고수하고 있음을 인정한다.[120] (4) 모이즈가 새
로운 해석학적 관점의 결과라고 주장하며 언급한 신약에서의 구약 해석
의 몇몇 예는 요한의 명백한 기독교적 전제에서 나온, 일반적으로 받아
들여지는 구약의 재해석이다.[121] 그렇다면 모이즈는 다른 전통적인 용어
로 이전에 이미 묘사된 현상을 묘사하려고 현대 해석학(독자반응 이론 등
등)에 속하는 새로운 용어를 사용하는 것 같다.

구약의 본문과 기독교 전통이 동시에 등장할 때 생겨나는 긴장을 해

---

116) 여기서는 이 문제를 더 길게 논의할 지면이 부족하다. 이 문제들은 *Right Doctrine from Wrong Texts? Essays on the Use of the Old Testament in the New*, ed. G. K. Beale (Grand Rapids: Baker, 1994), 특히, "Did Jesus and His Followers Preach the Right Doctrine from the Wrong Texts?" 387-404에서 좀 더 자세히 논의했다.

117) Moyise, *Old Testament in Revelation*, 83.

118) Moyise, *Old Testament in Revelation*, 119.

119) Moyise, *Old Testament in Revelation*, 98-99.

120) Moyise, *Old Testament in Revelation*, 62, 111. 이 상호작용에 대해서는 내 논문에서 자세히 설명했다. "Did Jesus and His Followers Preach the Right Doctrine from the Wrong Texts?"

121) Moyise, *Old Testament in Revelation*, 128-29, 134-35.

결하는 요한의 해석은 구약의 더 큰 문맥이나 신약의 더 큰 문맥, 또는
이 둘 모두에서 찾아야 한다. 이 두 문맥이 모호한 정보를 제공하는 경우
도 있겠지만, 그렇다고 해서 요한의 생각이 명료하지 않다는 의미는 아
니다. 모든 해석은 개연성과 가능성의 문제다. 그리고 이것은 요한의 구
약 사용에도 해당한다. 서로 어울리지 않게 상호작용을 하는 것처럼 보
이는 본문이나 사상이 나란히 등장하는 것은 대체적으로 요한이 사용한
셈어 문체에 속하는 것으로 이해하는 것이 가장 좋다. 그것은 접속사 없
이 사고하는 셈어적 어법 방식이다. 21세기의 현대 독자와는 달리 요한
은 두 개의 전혀 다르고 때로는 서로 모순되는 것처럼 보이는 단어나 사
상을 전혀 불편함이 없이 나란히 놓을 수 있다. 이러한 병렬이 구약성경
에서 사용될 경우에는 일반적으로 넓은 문맥이 이 긴장을 해결한다.[122]
이것이 새로운 해석학적 이론을 만드는 것보다 증거를 설명하기에 더
좋은 방법으로 보인다.

---

122) Caird, *Language and Imagery of the Bible*, 117-21.

요한계시록의 문법

요한의 문법, 특히 요한의 일반적이지 않은 문법적 구조와 구문론적 구성을 분석하려고 지금까지 많은 연구가 수행되었다. 요한의 문법은 종종 "어법 위반"(solecisms)으로 지칭된다.[1] 이 단락의 목적은 이 주제에 관한 가장 중요한 저술들을 간략하게 개괄하고, 어법 위반을 적어도 부분적으로라도 해결하면서 요한의 독특한 그리스어 사용을 더 잘 이해할 수 있는 새로운 관점을 제공하는 데 있다.[2]

구약 암시가 존재한다는 표시로서 어법 위반

일찍이 3세기 전반부터 알렉산드리아의 디오니시오스(Dionysius of Alexandria, 기원후 264-265년경에 사망)는 요한이 "부정확하게 그리스어를 사용하고, 상스러운 말을 채용하며, 어느 곳에서는 명백하게 어법 위반을 감행했다"는 점을 주목했다(Eusebius, *H. E.* 7.25.26-27). 현대 학자 중에는 요한이 조악한 그리스어를 사용한다고 비난하는 사람들도 있다. 이러한 문법상의 불규칙이 발생한 다양한 이유가 제시되었다. 이러한 어법 위반이 요한의 완벽하지 못한 그리스어 지식에서 비롯된 오류라고 결론 내린 사람도 있고,[3] 요한의 특이한 문장 구조를 요한이 그리스어로 글을 쓰기는 했지만 히브리어 문법에 따라 사고하며 셈어 문체의 영향을 많이 받은 탓으

---

1) 어법 위반의 문제를 설명하는 다양한 접근들을 대표하는 20세기의 논의를 간단하게 개괄한 Murphy, "Book of Revelation," 190-91을 보라.
2) 요한의 문법을 가장 철저하게 연구한 중요한 학자와 저술은 다음과 같다. Stuart, *Commentary of the Apocalypse* I, 232-57: "Peculiar characteristics of the language and style of the Apocalypse"; Charles, Revelation I, cxvii-clix: "A Short Grammar of the Apocalypse"; 그리고 Mussies의 방대한 연구서인 *The Morphology of Koine Greek as Used in the Apocalypse of John*. 또한 Bousset, "Die Sprache der Apokalypse" in *Die Offenbarung Johannis*, 159-79을 보라.
3) 예. Selwyn, *The Christian Prophets and the Prophetic Apocalypse*, 258.

로 돌리는 사람들도 있다.[4] 그 후 요한의 언어를 독특한 히브리어 문법 구
조를 반영한 뚜렷한 방언, 즉 "유대적 그리스어"로 이해해서는 안 된다고
올바르게 반박한 견해가 제시되었다. 몇몇 학자는 요한의 언어의 불규칙이
글쓰기의 실수나 셈어의 어법 때문에 발생한 것이 아니라, 당대에 수용되
기는 했지만 보편적이지는 않았던 그리스어 구문에 속한 범주를 반영한 것
이라고 생각한다. 이는 당대 헬레니즘 그리스어에서 입증된다.[5] 몇몇 학자
는 난해한 표현들(예. 1:20a; 2:27; 4:4; 5:6; 6:1; 13:3a; 17:3; 21:12-14)이 부분적
으로는 문법적 구조가 단어의 의미에 의해 결정된다는 이해(*constructio ad
sensum*) 때문에 발생했다고 생각한다. 얼마든지 그럴 가능성이 있다.[6] 최
근에는 어법 위반이 발생한 이유가 지배적인 그리스-로마 세력에 속한 우
세한 언어에 반발하여 요한이 이제 막 시작된 저항의 성명으로서 자신만의
고유한 문법을 기록하려고 한 결과라고 주장하는 제안이 제시되었다.[7]

이전에는 주목을 받지 못했지만 이런 불규칙이 구약을 암시하는 중에
도 많이 발생한다. 요한이 구약의 본문을 암시할 때마다 그 본문들이 기록
된 원래 언어의 문법 형식까지 그대로 가져왔기 때문에, 수많은 표현이 불

---

4) Charles, *Revelation* I, cxlii-cxliv. 이와 비슷하게 M. Turner in MHT IV, 146-58과 S.
Thompson, *Apocalypse and Semitic Syntax*, 108이 이를 따른다. Turner와 Thompson은
모두 아람어와 히브리어가 요한에게 영향을 준 중요한 요인이라고 생각한다. 그밖에 Ozanne,
"Language of Apocalypse"도 대체적으로 이런 입장이다. Torrey, *The Apocalypse of John*
은 요한계시록이 아람어에서 그리스어로 번역된 것이라고 주장한다. 이와 비슷하게 Scott,
*The Original Language of the Apocalypse*는 요한계시록이 히브리어에서 그리스어로 번역
되었다고 천명한다. 간략하지만 Torrey와 Scott의 입장을 잘 비평한 Ozanne, "Language of
Apocalypse," 3-4을 보라. 요한의 문체가 셈어에 많은 영향을 받았다는 일반적 생각을 지지하
는 다른 저술을 열거한 Porter, "Language of the Apocalypse," 583-84을 보라. 참조. Mussies,
"Greek of the Book of Revelation"; Sweet, *Revelation*, 16.

5) 예. Porter, "Language of the Apocalypse"; MHT III, 315(Moulton과 Howard의 견해다. 하
지만 분명히 Turner의 견해는 아니다). Porter, *Verbal Aspect*, 111-61은 신약 전체의 언어
적 측면에서 셈어의 영향을 다양하게 연구한 연구서들을 철저하고 비평적으로 개관했다. 또한
NDIEC V, 5-48 역시 신약 전체에서 그리스어에 끼친 셈어의 영향, 특히 "유대적 그리스어" 방
언 또는 언어가 있었다는 생각에 관한 논쟁을 총체적으로 다룬 비평적 개론이다.

6) 예. Robertson, *Grammar*, 135; Stuart, *Apocalypse* I, 236-38. 특히 본서 5:6; 17:3; 21:12-13
의 주석 참조.

7) Callahan, "Language of the Apocalypse."

규칙했던 것 같다. 요한은 종종 구약성경의 다양한 그리스어 역본을 인용했고, 가끔 히브리어 본문을 인용하기도 했다.[8] 요한은 요한계시록에서 근접한 구문론의 문맥에 맞추려고 구약의 문법 형식을 변경하지 않는다. 그래서 구약의 표현이 눈에 띄기 마련이다. 이 때문에 "구문론적인 부조화"가 발생한다. 종종 구약 본문의 정확한 문법은 유지되지 않으며 셈어의 문체나 LXX의 어법이 부조화를 창출하기 위해 결합된다.

이 "부조화"는 요한이 독자들의 관심을 그 어구에 두고 구약의 암시가 있음을 알아보게 하려고 사용하는 방법 중 하나다. 본 주석의 주해 부분의 분석은 요한계시록의 어법 위반이 이런 방식으로 구약의 암시를 알리는 신호로서 작용한다는 점을 보여줄 것이다. 여기서는 그 모든 데이터를 반복하기보다는, 독자가 몇몇 구절의 주석에서 작은 글씨로 된 추기를 참고하기 바란다(특히 1:4, 5, 10-11, 12, 15; 2:13, 20; 3:12; 4:1; 5:6a, 12; 7:4, 8, 9b; 8:9; 9:14; 10:2, 8; 11:4, 15; 12:5, 7; 14:7, 19; 19:6, 20; 20:2).

대부분의 이런 어법 위반은 격(格), 수, 성 또는 인칭의 부조화다. 어법 위반을 논의한 다른 예 중에는 일반 문법을 완전히 위배한 것이 아니라, 오히려 특이한 문체상의 변형으로 분류하는 것이 더 좋을 만한 것들이 있다. 예를 들어 관계절에서 대명사 거듭 쓰기(resumptive pronouns, 3:8; 7:9), 이어지는 절에서 분사를 정동사에 편입시키기(1:5-6; 2:20), 명확한 이유 없이 동사의 시제와 법(法)을 섞어 쓰기(21:24-27), 그리고 히브리어 표현이나 아람어 표현인 것처럼 보이는 문체(4:9-10) 등이 그것이다. 명확한 어법 위반에 속하는 것 중에는 어떠한 이론으로도 설명하기 어려운 것들이 있다(예.

---

8) 이 단락의 초고를 마친 뒤에 나는 Bauckham과 Wilcox가 이리한 결론에 가까운 입장을 취하고 있음을 알게 되었다. Bauckham, *Climax of Prophecy*, 286; Wilcox, "Aramaic Background of the New Testament," 370. Bauckham은 이렇게 썼다. "요한계시록의 특이하고 난해한 어구들은 흔히 구약의 암시로 밝혀졌다." 하지만 Bauckham은 어법 위반에 대해서는 논의하지 않았다. 그는 단지 문법적으로 어법 위반에 속하지 않는 두 예만을 제시할 뿐이다. 이와 비슷하게 Wilcox는 이렇게 말한다. "부적절한 그리스어는 때로 성경 암시나, 어떤 경우엔 성경과 연결된 미드라쉬 자료를 감추는데, 성경이 암시 된 것이라고 즉각 알아볼 수는 없다." Wilcox 역시 문법적 불규칙이 발생하지 않은 하나의 예만을 제시할 따름이다.

11:18; 14:12. 14:12에 대해서는 Stuart가 해결책을 모색했다).[9]

루이즈는 특이한 어법 위반이 독자(의 독법)를 멈추게 하여 요한계시록의 특정 부분을 자연스럽게 이해하는 데 있어 당혹감을 갖게 하려는 의도라고 주장한다.[10] 현재 우리가 논의하는 내용은 그러한 해석학적 의도가 없음을 시사한다. 상당히 많은 어법 위반 탓에 독자들이 요한계시록을 읽다가 가끔씩 중간에 멈추게 되는 것은 사실이다. 하지만 그것은 구약의 문맥에서 구약 암시의 원래 의미를 반추하기 위해서 그렇게 의도한 것이다. 이런 의미에서 어법 위반은 요한계시록의 문맥에 대한 이해를 향상시킨다.

19세기에 스튜어트는 독자들로 하여금 절(특히 동격절과 설명절)을 좀 더 자세히 주목하게 하려는 수사학적인 목적으로 구문론적 특이성이 의도적으로 사용되었다고 주장했다.[11] 내가 도달한 결론은 이러한 평가를 개선한 설명이다. 구약의 영향에까지 추적할 수 있는 어법 위반 중에는 단어의 의미에 의해 결정된 문법적 구조 때문에 발생했다고 설명할 수 있는 것도 있다. 하지만 대부분의 경우에는 이렇게 설명되지 않는다. 그리고 구약의 암시에 의해 어법 위반이 발생했는지 혹은 문법 구조 때문에 발생했는지 두 가지 설명이 다 가능한 경우에는, 구약의 영향으로 어법 위반이 발생했다고 보는 것이 더 낫다. 그것이 좀 더 객관적인 증거에 기초하기 때문이다. 하지만 구약의 암시도 존재하고, 동시에 단어의 의미에 의해 결정된 문법적 구조가 존재하는 것도 가능하다. 이런 경우는 특이한 구문이 발생하게 된 결정적 책임이 후자에게 있다.

개중에는 요한계시록의 어법 위반에 히브리어나 셈어의 문체가 반영되었다는 사실을 부정하는 사람들도 있고, 반대로 이러한 문체와 어법이 요한계시록의 특이함을 온전히 설명한다고 주장하는 사람들도 있다. 또한 이런 표현이 입증된 불규칙적인 그리스어(코이네 또는 토착어) 숙어와 셈어의

---

9) Stuart, *Apocalypse* I, 235.
10) Ruiz, *Ezekiel in Apocalypse*, 220.
11) Stuart, *Apocalypse* I, 235.

문체를 반영한 것이라고 결론을 내리는 사람들도 있다.[12) 로버트슨은 해결
점에 가장 가까운 위치에 있다. 그는 이렇게 주장한다. "요한계시록에서 우
리가 마주하는 것은 특이한 히브리 어법이 아니라, 본문 어디서나 LXX의
단어들이 섞여 있는 LXX의 독특한 맛이다."[13)

　앞에서 분석한 것과 로버트슨의 일반적인 제안에 비춰볼 때, 우리는 문
체와 관련하여 LXX의 어법이 요한계시록에 섞여있음을 보았다. LXX의 문
체적 특성은 단순히 그리스어 번역 문체를 반영하기 위해서가 아니라, 특
정한 구약 본문을 암시하고 있음을 나타내기 위해 사용되었다. 이러한 LXX
의 어법은 1세기 그리스어 용례에 속하는 "분야에서 얼마든지 가능한 일이
라"고 말할 수 있다.[14) 하지만 우리의 질문은 단지 몇 개의 문법적인 불규칙
에 관한 것이 아니라, 다른 저서들에 비해 수많은 난제와 그런 현상의 횟수
와 관련이 있다.[15) 왜 요한은 이러한 특이한 언어를 사용하며 또 대부분은
표준 헬레니즘의 표준적인 그리스어의 규칙을 여전히 유지하는가? 이렇게
설명할 수 있다. 이런 특이함은 그리스어의 사용 영역에서 얼마든지 가능
하기는 하지만, 단순한 특이함의 반영이 아니라 문체상 LXX의 어법을 반
영한 것이라고 말이다. 요한계시록에서 이러한 반쯤 불규칙적인 헬레니즘
그리스어 표현들이 발생했던 것은 이 표현들이 저자에게 그의 히브리 배경
과 특히 그의 그리스어 구약성경의 배경의 결과로 자연스럽게 느껴졌기 때
문일 것이다.[16) 요한의 어법 위반의 또 다른 경우는 좀 더 구체적으로 설명

---

12) Robertson, *Grammar*, 135-37. 또한 Fanning, *Verbal Aspect*, 271-74 참조.

13) Robertson, *Grammar*, 136.

14) 요한의 그리스어가 히브리어의 문법 체계의 영향을 받았다고 설명하려는 시도들에 대해
　　Porter가 대답한 것이다. Porter, "Language of the Apocalypse," 603.

15) Robertson, *Grammar*, 136, 414.

16) Fanning, *Verbal Aspect*, 273. Wilcox는 기원후 1세기 말 아람어에서 그리스어로 번역된 것
　　으로 추정되는 바바사 아카이브(Babatha Archive) 파피루스를 인용한다. Wilcox, "Aramaic
　　Background of the New Testament," 367-68. Wilcox는 그 파피루스 증거가 아람어가 그리
　　스어로 번역될 경우 LXX의 영향을 받은 신약의 셈어 어법과 매우 유사한 점을 드러낸다는 사
　　실에 주목한다. 이 사실에 비추어 그는 히브리어나 아람어보다 LXX의 영향이 더 크다고 가정
　　하는 것을 경고한다. 이 경고는 적절하지만 요한계시록에서 LXX에 근거하여 구약을 암시하면
　　서 생겨나는 어법 위반에는 적용되지 않는다.

할 수 있는데, 그런 문법적 어색함은 구약성경 원래의 구문형식 그대로 사용된 구약의 암시에 속하기 때문이라고 할 수 있다. 이미 앞에서 살펴보았다시피, 이 LXX의 어법과 셈어 문제, 어색한 구약의 암시를 반영한 대체적인 목적은 청중들에게 "성경적인" 효과를 만들어내고, 그 글이 구약과 깊이 결속되었음을 보이려는 데 있다.[17] 언어의 이런 문체적 사용은 구약의 계시가 참 이스라엘인 교회를 통해 되돌릴 수 없고 단호한 방법으로 이교도 세계에 스며든다는 저자의 통찰을 표현하는 것 같다.[18]

"셈어 어법"과 "LXX 어법"의 차이

"셈어 어법"과 "LXX 어법"의 정확한 정의를 두고 논쟁이 있다. "셈어 어법"은 일반적으로 "히브리어나 아람어의 구전 또는 기록된 자료를 지나치게 문자적으로 번역하여 만든 비(非)그리스어적 구조"로 정의된다. "LXX 어법"은 그리스어 숙어와 셈어 구조를 완전히 벗어난 것을 가리킨다. "LXX 어법은 LXX에서 등장하는 구조이며, 중요도에 있어서 다른 헬레니즘 그리스어 사용례에 반비례한다."[19] 가장 분명한 LXX 어법은 셈어 구문을 의존하거나 모방하지 않고, "셈어 구조를 LXX의 번역 문제 중 하나와 일치하는 그리스어로 번역하는" 구문론적 특이성이다.[20] 더욱이 LXX 어법은 신약 본문의 표현에 다른 방식으로 영향을 준 구약의 문맥에 등장하곤 한다(예. 해

---

17) Beale, "Use of the Old Testament in Revelation," 332. Beale은 Sweet, *Revelation*, 16을 따랐다.

18) 어느 정도 이와 유사하게 생각하는 S. Thompson, *Apocalypse and Semitic Syntax*, 108; Collins, *Crisis and Catharsis*, 47. 이 단락에서 논의한 내용대로 요한계시록의 어법 위반을 더욱 자세히 분석한 Beale, "Solecisms in the Apocalypse as Signals for the Presence of Old Testament Allusions: A Selective Analysis of Revelation 1-22"와 같은 저자, *John's Use of the Old Testament in Revelation* (ch. 5)을 보라.

19) Porter, *Verbal Aspect*, 118. 이곳에서는 LXX 어법의 예와 LXX의 향상 문제도 논의되었다(예. 120-26, 133, 138-39).

20) Schmidt, "Semitisms and Septuagintalisms in the Book of Revelation," 594. 이 견해에 이 문단의 내용을 기초하고 있다.

당 본문의 신약 문맥에 있는 다른 본문에 직접적·문자적 암시를 제공한 보다 큰 LXX
의 문맥).[21] 이 사실을 가장 잘 보여주는 좋은 예는 다니엘서다. 다니엘서의
Theod.은 히브리서와 아람어 본문을 상당히 문자적으로 번역했으며, 셈어
로 기록된 본문에 직접 의존하고 전형적인 셈어 표현으로 구분되는 독특한
그리스어 어구를 가졌다. 반면에 다니엘서의 옛 그리스어 번역의 독특한
문체상의 특징은 히브리어와 아람어를 비교적 자유롭게 번역한 데 있다.
그래서 옛 그리스어 번역은 그리스어적인 특징도 없고 또한 셈어적인 특징
도 없다. 다니엘서의 옛 그리스어와 비슷한 요한계시록의 문법 구조는 MT
을 동일하고 독특한 방법으로 번역한 결과에서 비롯된 우연의 일치라기보
다, 옛 그리스어 번역의 언어적 영향이나 문학적 영향(혹은 둘 다) 아래서 일
어난 것으로 설명하는 것이 훨씬 낫다.[22]

　　이러한 구조를 지칭하기에 가장 적합한 용어는 "문체적인 LXX 어법"
또는 LXX적으로 향상된 구조다. 그래서 요한의 전반적인 그리스어 문법
구조가 아니라, 그리스어를 표현하는 요한의 문체만이 LXX의 영향을 받
았다(요한계시록에서의 셈어 어법의 기능에 있어서도 마찬가지다).[23] 다니엘서
에 사용된 옛 그리스어와 같은 증거가 없는 경우에는, 요한계시록이 셈
어 배경에 영향을 받았는지 LXX 그리스어의 배경에 영향을 받았는지
결정하기가 쉽지는 않을 것이다. 적어도 이런 경우에 요한계시록에 나타
나는 독특한 그리스어 표현들이나 통상적인 어법들이 이 두 배경들 중
하나에서 유래한 것으로 간주될 수 있다고 하더라도 말이다. 이런 경우
셈어 배경을 주장하는 사람들에게 그 사실을 입증할 책임이 있다. 두 언
어 패턴이 상호 간섭하는 상황에서는, 전형적으로 형태소의 가장 분명한
패턴을 가진 것이 하나의 모델로 모방된다.[24] 예를 들어 **그리스어로 글**

---

21) Schmidt, "Semitisms and Septuagintalisms," 603.
22) Schmidt, "Semitisms and Septuagintalisms," 597을 따름. Schmidt는 598-603에서 예들을
　　제시한다.
23) Porter, "Language of the Apocalypse," 597.
24) 이것은 연관된 문제와 관련하여 Weinreich를 따른 Porter의 글에서 인용한 원리를 각색한 것
　　이다. Porter, "Language of the Apocalypse," 602-3.

을 쓰는 신약의 저자에게 구약을 인용할 것인지 혹은 구약을 암시할 것
인지 아니면 구약의 문체를 재생할 것인지 선택할 여지가 있다면, 그는
셈어 문체보다는 그가 이용할 수 있는 구약성경의 옛 그리스어 모델을
따를 가능성이 더 많다. 물론 이 원칙에 예외가 있기는 하겠지만 말이다.
그리고 앞에서 결론을 내렸듯이, 이따금 요한계시록의 어법 위반의 예가
특정한 히브리어나 아람어 또는 LXX에 의존한 실제적인 구약의 암시에
속하는 경우, 그 어법 위반들의 정확한 구약적 배경이 감지되기도 한다.

어떤 구조가 셈어 어법인지 아니면 LXX 어법인지를 둘러싼 논쟁의
한 예를 Wilcox, "The Aramaic Background of the New Testament"
에서 발견할 수 있다. 월콕스는 LXX에서처럼 "이르시되"(λέγων λέγουσα)
라는 표현이 아람어를 그리스어로 번역한 기원후 1세기 말의 문서인
바바사 아카이브(Babatha Archive. 사해동굴에서 발견된 문서로서 바바사라
는 여자가 보관했던 귀중한 파피루스 문서들—역주)에서 직접화법을 소개하
는 어구로 사용된다는 사실에 주목한다. LXX에서는 λέγων이 히브리
어 *lē'mōr*를 번역한 것이며, 바바사 아카이브에서는 λέγων이 아람어
*lmymr*를 번역한 것인데, 이는 아마도 LXX적인 표현은 아닐 것이다. 이
에 비춰볼 때, 월콕스는 신약성경에서 직접화법을 소개하는 λέγων이 항
상 LXX적인 표현이라고 생각하는 것에 대해 경고한다. λέγων은 히브리
어나 아람어로부터 영향받았을 수도 있다.[25]

월콕스의 견해에 대한 반응으로, 셈어나 LXX의 영향이 둘 다 가능한 상
황이라면 입증의 책임은 전자에게 있다고 앞에서 주장한 바 있다. 왜냐하
면 **그리스어로 글을 쓰는** 신약의 저자에게 구약에서 어떤 것을 인용할 수
있는 선택이 주어진다면, 그는 셈어의 모델보다는 그가 이용할 수 있었던
그리스어 모델을 따랐을 가능성이 더 많기 때문이다. 이러한 분석에 비춰
볼 때, 요한계시록에서 λέγων의 불규칙적인 사용에 LXX의 영향이 있었
을 가능성이 많이 있다(예. 4:1과 해당 주석 참조). 이것은 14:7에 나타난 것과

---

25) Wilcox, "Aramaic Background," 367-68.

같은 유의 어법 위반을 연구하면 더욱 분명해진다(본서 14:7의 주석 참조).

어법 위반이 있는 본문들의 중요한 사본의 이문(異文)들

본 주석의 앞에서는 27개의 중요한 문법적 어법 위반을 거론했고, 아래에서 이를 분석하여 특별히 논했다. 아래의 자료는 이 본문들 중 25곳에 대해 (NA[26]에 열거된 대로) 요한계시록의 "변함없는 증언들" 중에서 본문상의 이문들의 패턴을 개관한 것이다. 1:5과 5:12은 배제되었는데, 중요하지 않은 소문자사본에 입증된 이문들이 있기는 하지만 "변함없는 증거들" 중 어느 것에도 속하지 않은 까닭이다. 유일한 예외는 2050사본이다. 이 사본은 5:12의 더 쉬운 독법을 지지하고, 아래 두 번째 도표의 등급에 포함된다. 5:6a의 어법 위반은 구약의 암시임을 시사하지는 않지만 여기에 포함되었다.

첫 번째 도표("난해한 문법적 독법을 가리키는 본문상 증거")는 증거들이 난해한 문법적인 독법("D")이나 보다 쉬운 독법("E")을 지지하고 있음을 보여준다. 두 번째 도표("우수함에 의한 사본 등급")는 사본들의 우수함을 나타내는 등급을 제공한다. 감지할 수 있는 패턴이나 경향을 보여주는 충분한 증거가 모든 사본에 있는 것이 아니어서 등급을 전부 다 매길 수는 없었다.[26] 이 등급은 "난해한" 독법이 원본이며, "보다 쉬운" 독법이 이차적인 수정본이라는 가정에 근거하여 제시되었다. 25개의 본문에서 NA[26]은 보다 난해한 독법을 선호하는 것으로 결정했는데, 나도 동의한다.

이 선별된 개관과 분석의 결과들은 사본과 관련해서 현재의 합의된 내용을 대체적으로 지지한다. 즉 대문자사본 A와 C 그리고 그와 관련된 사본 전통이 가장 훌륭하고, 시나이 산 사본(א)으로 대표되는 전통이 우

---

26) 이 도표들의 자료를 수집하는 데 수고한 고든-콘웰 신학교의 학생들인 Elizabeth Evans, Greg Goss, Derek Yoder, 그리고 그 누구보다도 도표들의 최종본을 만들어준 Mark Gibbs 에게 감사한다.

수함에 있어 그 뒤를 따르며, 마지막으로 다수 사본($\mathfrak{M}^A$와 $\mathfrak{M}^K$) 전통이 순서를 차지한다.[27] 예외가 있을 수 있다면 $\mathfrak{p}^{47}$이다. $\mathfrak{p}^{47}$은 평소와는 달리 등급이 낮지만 시나이 산 전통을 대표하는 것으로 간주된다. 이것들은 $\mathfrak{p}^{47}$을 고려하면 이례적인 통계라고 할 수 있다. 특히 $\mathfrak{p}^{47}$은 우리가 다루고 있는 25개의 본문 중에서 오직 8개만 가지고 있기 때문이다. 한편 묵시문헌을 비롯하여 신약성경에서는 "난해한 본문이 우월하다"라는 일반적인 규칙에 예외들이 있다. 그래서 $\mathfrak{p}^{47}$에서는 상당히 많은 "보다 쉬운" 독법이 원본일 가능성이 있다.[28]

---

27) 서론의 "요한계시록의 본문"을 보라. 비교. J. N. Birdsall, "Text," 233.

28) 참조. Schmid, *Studien zur Geschichte des griechischen Apokalypse-Textes* II, 250. Schmid는 묵시문학의 몇몇 중요한 사본에서 "난해한 본문이 우월하다"는 일반 원칙의 예외가 가능성이 있는지를 논의한다.

난해한 문법적 독법을 가리키는 본문상 증거

	p18	p24	p43	p47	p85	ℵ	A	C	P	046	051	052	0163	0169	0207	0229	1006	1611	1841	1854	2030	2050	2053	2062	2329	2344	2351	2377	M^A	M^K
20:2						E		E	E	E							E	E	E	E	E	D	E	E	E	E		E	E	E
19:20						D	D	D	D	E							D	D	D	D	D			D	D	D	D	D	E	E
19:6						D	D	D	D	E						D	D	D	D	E	E			D	D	D	D	D	E	E
14:19			E			E	D	E	E								E	E	E		D				D	D		D		
14:7			E			D	D	D	D	E							D	E	D	D	E				D	D		D		
12:7			E			E	D	D	D	D	D						D	D	D		D				D	D	D	D	E	E
12:5			E			E	D	D		E						D	D		D	E	D				D	D	D	E		E
11:15			E			E	D	E	D	E					D		E	E	E	E	E				E	E	E	E		
11:4						D	D	D	D							D	E		E	E	E				D	D		E		
10:8						D	D	D	D	D	D					D	E		E	E	E				E	E	D	D		
10:2						D	D	D	D	D						D	D			D	D		D	D	D	D		E		
9:14					E	D	D									D	E	E	E	E					E		E	E	E	E
8:9						E	D	D	D	D							D	D	D	D	D				D	D	D			
7:9b						D	D	E									E	E	E	E	E				E	E		D		E
7:8						D	D	D	E								D	D	E		D				E	D	D	D		E
7:4						D	D	D	D	E							D	D	D	D	D									E
5:6a		D				D	D	E	D								D	E	E	E	D	E			D	E	D	E	E	E
4:1						D	D	D	D	E					D		D	D	D	E	D		E		E	E	D	E		
3:12						D	D	E									E	D	D	E	D		D		D	D	D			D
2:20						D	D	E									E	E	E	E	E				E		E		E	E
2:13						E	D	D									E	E	E	E	E	D			E		E		E	E
1:15						E	D	D	E	E							E	E	E	E	E	E	E	E	E	E	E		E	E
1:13						D	E	D	D	E							E	E	D	E	E		E	D	E	E		E	E	D
1:11						D	D	D	D	D							D	D	D	D	D	D	D	D	D	D	D	D		
1:4	D					D	D	D	D													D							E	E

D = 가장 난해한 독법 E = 보다 쉬운 독법

우수함에 의한 사본들의 등급

사본	등급	보다 난해한 독법의 수	보다 쉬운 독법의 수
A(02)	1	24	1
C(04)	2	16	3
2377	2	16	3
0207	3	5	1
P(025)	4	16	4
2344	5	16	5
046	6	15	5
$\aleph$(01)	7	16	8
2050	8	8	3
2351	9	12	7
2053	10	15	9
2329	10	15	9
1841	11	13	11
1006	12	12	12
2062	13	3	3
1611	14	9	11
051	15	4	6
1854	16	9	15
$\mathfrak{P}^{47}$	17	2	6
$\mathfrak{M}^{A}$	18	4	16
$\mathfrak{M}^{K}$	19	2	15
$\mathfrak{P}^{18}$	불충분한 증거로 인해 등급을 정할 수 없음		
$\mathfrak{P}^{24}$	불충분한 증거로 인해 등급을 정할 수 없음		
$\mathfrak{P}^{43}$	불충분한 증거로 인해 등급을 정할 수 없음		
$\mathfrak{P}^{85}$	불충분한 증거로 인해 등급을 정할 수 없음		

052	불충분한 증거로 인해 등급을 정할 수 없음
0163	불충분한 증거로 인해 등급을 정할 수 없음
0169	불충분한 증거로 인해 등급을 정할 수 없음
0229	불충분한 증거로 인해 등급을 정할 수 없음
2030	불충분한 증거로 인해 등급을 정할 수 없음

요한계시록의 구조와 계획

요한계시록을 해석하려고 시도했던 수많은 주석가에게 요한계시록은 복인 동시에 저주였다. 이것은 요한계시록의 문학적 구조를 제안한 수많은 개요에서 특히 그렇다. 다양한 제안은 해석의 혼란을 야기하는 미로다.

이 단락에서 추구하는 첫 번째 목적은 다양한 부분의 해석 관계를 다루지 않고 제안된 요한계시록의 문학적 개요들을 개관하는 데 있다. 두 번째 목적은 요한계시록의 여러 부분의 해석적 상호관계에 초점을 맞추는 데 있다. 주석가들은 요한계시록의 구조의 여러 부분을 어떤 식으로 연결하려 했는가? 그 구조가 시간적 구도에 따라 구성되었는가? 아니면 주제적 구성에 따랐는가? 아니면 이 둘을 혼합했는가? 이 질문은 요한계시록 해석의 역사에서 주석가들을 끊임없이 괴롭혀왔던 질문이다.

문학적 개요

여기서 우리의 관심은 뚜렷이 구별되는 주제 단위와 더불어 구분을 나타내는 가장 분명한 지시어들을 관찰함으로써 본문의 중요한 문학적 단락 구분에 초점을 맞추는 것이다. 이런 분석은 단락 중 일부가 다른 단락의 하부 주제가 될 수 있는 가능성을 열어서, 구조 안에 또 다른 구조가 있거나 서로 조화되는 구조의 다른 "단계들"이 있게 된다. 여기서는 여러 단락의 시간적 관계 문제를 다루지는 않을 것이다. 그 문제는 다음 부분에서 논의할 예정이다.

요한계시록 전체를 어떻게 개괄해야 할지에 대해 일치된 견해는 아직 없다. 우리가 반드시 인정해야 하는 것은 요한계시록이 비록 복잡하지만 잘 엮어진 문학적 통일체라는 사실이다. 이것은 요한계시록 전체에서 반복되는 많은 어구에서 분명히 나타난다. 이 어구들은 핵심적인 문학적 연결점과 요한계시록의 모든 주요 단락에서 발견된다.[1] 몇몇 주석가들 사이에서는 1-16장의 문학적 디자인을 두고 일반적으로 의견이 일치한다. 연속적인 단락이 정확히 어디서 끝나고 시작하는지에 대해서는 여전히 불일치가 있지만 말이다. 전반적으로 1-16장의 대표적인 개요는 다음과 같다. 1:1-8(서론); 1:9-3:22(일곱 편지); 4:1-8:1(일곱 인; 종종 4:1-4:15을 독립된 서론으로 보는 경우도 있다); 8:2-11:19(일곱 나팔); 12:1-14:20(15:2을 비롯한 일곱 표적?[2]); 15:1-16:21(일곱 대접). 이 개요에서 조차 문제가 제기된다. 그중에 하나는 종종 "막간" 또는 "삽입구"라고 명명되는 단락들이 상세하게 설명되지 않았다는 것이다(예. 7:1-1-17; 10:1-11:14). 그래서 몇몇 학자는 이 단락들을 별도로 삽입구, 또는 앞 단락의 종속 단락, 또는 심지어 앞 단락의 일부분이라고 밝히기를 더 좋아한다. 또한 한 단락이 끝나고 다른 단락이 시작되는 경계 사이에 있는 작은 삽입 단락도 문제의 여지가 있다(8:2-5; 15:2-5[또는 15:2-8]). 이 단락들은 통상적으로 앞 단락이나 혹은 이어지는 단락의 결론 또는 도입부에 속하는 것으로 간주된다. 마찬가지로 4:1-5:14이 독립된 단락인지, 일곱 인 단락에 속하는 것인지, 일곱 인의 도입부인지, 혹은 6:1-11:19 또는 6:1-16:21의 도입부인지, 심지어 6:1-22:6의 도입부인지에 대해서도 의견이 일치하지 않는다. 대부분의 학자는 4:1-5:14이 이런 도입부 중 하나로 기능한다고 생각한다.

17-22장의 문학적 개요에 대해서는 의견 차이가 현저하다. 아래의 제

---

1) 참조. Bauckham, *Climax of Prophecy*, 1-37. Bauckham은 이 반복 중에서 가장 중요한 것을 요약한다. 또한 본 주석 아래에 논의한 것을 보라.
2) Farrer, *Rebirth of Images*, 47-50; L. L. Thompson, "Cult and Eschatology," 333. Farrer와 Thompson은 도입 어구인 "또 내가 보니"와 이와 유사한 어구에 근거하여 12-14장에서 7중적 구조를 포착한다. 약간의 수정을 가했지만 Collins, *Combat Myth in the Book of Revelation*, 14은 대체적으로 Farrer의 견해를 따른다. Bauckham, *Climax of Prophecy*, 17은 12:1-15:4에서 과연 7중적 구조를 포착할 수 있는지에 대해 의문을 제기한다. Collins는 15:1에 있는 환상 어구는 계산하지 않는다. 그는 15:1을 16:1에서 시작되는 대접 환상을 공식적으로 소개하는 삽입구로 간주한다. Bauckham은 15:1의 전체 어법이 12:1, 3과 비슷하다고 보기 때문에 15:1을 계산에서 빼서는 안 된다고 하며, 15:1은 12:1ff.에서 시작하는 일련의 환상들의 일부분으로 이해해야 한다고 주장한다. 이 문제를 충분히 논의한 12장에 대한 서론적 언급과 12:1의 주석을 참조하라.

안들은 의견이 일치되지 않음을 보여준다.

(1) 17:1-20:3, 7-10; 20:4-6, 11-22:5; 22:6-20[3]

(2) 17:1-19:10; 19:11-21:4; 21:5-22:7; 22:8-21[4]

(3) 17:1-19:10; 19:11-22:5; 22:6-21[5]

(4) 17:1-19:10; 19:11-21; 20:1-15; 21:1-22:5; 22:6-21[6]

(5) 17:1-19:5; 19:6-20:15; 21:1-22:5; 22:6-21[7]

(6) 17:1-19:5; 19:6-22:5; 22:6-21[8]

(7) 15:1-18:24; 19:1-22:21[9]

(8) 17:1-20:15; 21:1-22:5; 22:6-21[10]

(9) 16:17-19:10; 19:11-20:15; 21:1-22:5[11]

가장 개연성이 있는 구성은 C. H. 기블린이 처음 제안한 것이다. 기블린은 뚜렷이 구별되는 세 단락(17:1-19:10; 19:11-21:8; 21:9-22:6ff.)을 포착했다. 그의 주장의 대부분은 설득력이 있다. 여기서는 그의 주장을 요약하는 것으로 그치겠다. 17:1ff.와 21:9ff.의 도입부는 두 단락 모두 대접을 가진 천사 중에서 한 천사가 등장하거나 초대하는 것을 묘사하는 동일한 어구로 표시된다(17:1; 21:9). 그리고 그 천사는 요한을 황홀경의 환상 상태로 인도한다(17:3a; 21:10a). 그밖에 다른 유사성들은 이 단락이 도입부로서 기능할지도

---

3) Bowman, "Revelation to John: Its Dramatic Structure and Message," 436-53.

4) Lohmeyer, *Offenbarung*, 1ff.

5) Rissi, *Zeit und Geschichte*, 9-26. 영어 번역서(*Time and History*, 1-21)에서는 이것이 약간 바뀌었다. 17:1-19:10; 19:11-20:15; 21:1-22:5; 22:6-22. 비교. Gilmour, "Revelation," 963-68.

6) Swete, *Apocalypse*, xxxix.

7) Mounce, *Revelation*, 47-49.

8) Loenertz, *Apocalypse*, xiii-xix.

9) Farrer, *Rebirth of images*, 45.

10) Morris, *Revelation*, 43-44.

11) Lambrecht, "Structuration of Rev 4,1-22,5," 86.

모른다는 개연성을 더욱 높여준다.[12] 이 단락들의 결론에는(19:9-10; 22:6-9) 같은 어구와 주제가 있다. 이를테면 앞서 전한 메시지가 하나님의 진실한 말씀이라는 선언, 요한이 천사에게 경배하려고 그의 발 앞에 엎드린 것을 묘사한 것, 자기에게 경배하는 것을 금하고 그 역시 요한과 그의 형제들과 마찬가지로 동료 종이라고 설명하는 천사, 하나님께 경배하라고 권하는 것 등이다.[13] 19:11이 새로운 단락을 시작한다는 것은 앞에서 "하늘에 열린 문"(4:1)이나 "하늘의 성전이 열렸다"(11:19; 15:5)는 어구의 사용으로 표시되었다. 이 어구들은 주요한 새 단락의 도입을 표시하는 기능을 한다.[14] 기블린은 21:1ff.가 19:9-10처럼 깔끔하게 한계가 정해진 결론이 아니라는 것을 인정하면서도, 마지막 단락을 21:9부터 22:20까지 확장된 것으로 이해한다. 대부분의 학자가 22:6ff.를 바로 앞에 있는 문맥과 분리하지만,[15] 기블린은 22:6ff.가 21:9에서 시작된 단락의 "한계가 정해진 결론이기보다는 개방적인 결론"일 가능성이 많다고 설득력 있게 주장한다. 이것은 일찍이 4:1에서 시작되는 중요한 문학적 단락들의 결론이 한계가 정해지지 않고 개방적이며 포용적인 것이라는 U. 바니(Vanni)의 관찰에 부분적으로 근거한 것이다.[16] 기블린은 21:9에서 시작하는 단락의 결론을 17:1-19:19의 천사의 전달의 단계적 확대[17]와 요한계시록 전체의 결론과 합쳐진 것으로 이해한다.[18] 대접 환상과 21:8에서 결론을 맺는 단락의 거의 마지막 부분을 가리키는 특징적인 어구는 "되었다"(16:17, γέγονεν) 또는 "이루었도다"(21:6, γέγοναν)의 반복적 사용이다.[19]

　　단락을 마치는 정확한 경계에 예외가 있다는 것을 받아들이면서도 여

---

12) Giblin, "Structural and Thematic Correlations," 489.

13) Giblin, "Structural and Thematic Correlations," 490.

14) Giblin, "Structural and Thematic Correlations," 491.

15) Ladd, Morris, Mounce, Beasley-Murray, Loenertz, A. F. Johnson의 주석 참조.

16) Giblin, "Structural and Thematic Correlations," 491.

17) Giblin, "Structural and Thematic Correlations," 504.

18) Giblin, "Structural and Thematic Correlations," 488.

19) Bauckham, Climax of Prophecy, 7.

러 학자들(특히 M. Wilcock[20]과 A. Y. Collins.[21] Collins는 22:6-21을 종결 부분으로 이해한다)은 기블린이 개관한 단락 분석에 대체로 동의한다.[22] 17:1-21:8이 더 넓고 구별되는 단락으로 의도되었을 가능성도 있다. 이 단락에서는 등장인물들이 요한계시록에서 최후의 심판을 받거나 또는 최후의 보상을 받는 자로 소개되기 때문이다(바벨론과 짐승들, 17:1-19:21; 사탄, 20:1-10; 불신자들, 20:11-15; 신자들, 21:1-8).[23] 이 단락은 12-14장과 교차대구를 통해 대조되는 것 같다. 악을 행하는 악한 등장인물들이 12-14장에서는 순서가 거꾸로 소개되기 때문이다. 21:8은 요한계시록에서 최후의 심판에 관한 마지막 공식적인 서술로서, 이 심판의 교차대구에 적합한 절정을 제공한다. 더욱이 불 못에 관한 비유적 언급은 심판 주제의 결론에 특히 적합하다. 앞에서 언급한 하나님 나라를 대적하는 네 인물들 모두 같은 은유로 묘사된 심판을 받기 때문이다.[24]

수석가 중에는 내가 지금까지 언급했던 것보나도 너 넓은 요한계시록의 단락 구분을 가리키는 문학적 지시어들을 주목한 사람들이 더러 있다. 요한계시록은 1:1과 22:6에서 발견되는 "반드시 속히 일어날 일들"(ἃ δεῖ γενέσθαι ἐν τάχει)이라는 문구와 1:19과 4:1에서 발견되는 이와 비슷한 "이 후에 마땅히 일어날 일들"(ἃ δεῖ γενέσθαι μετὰ ταῦτα)이라는 문구를 따라 구분할 수도 있다. 이 네 본문에 등장하는 문구는 모두 단 2:28-29, 45을 암시한다. 이것은 요한계시록의 4중적인 또는 2중적인 구분을 설명하는 근

---

20) Wilcock, *I Saw Heaven Opened*, 15ff., 112-15.

21) Collins, *Combat Myth in the Book of Revelation*, 19.

22) Ladd, *Revelation*, 15-17과 Kline, "A Study in the Structure of the Revelation of John"은 이 단락을 좀 더 넓게 나눈다(17:1-21:8; 21:9-22:5; 22:6-21). Beasley-Murray, *Revelation*, 29-33과 Schüssler Fiorenza, "Composition and Structure"는 이 단락을 다른 방식으로 넓게 나눈다. Beasley-Murray는 17:1-19:10; 19:11-22:5; 22:6-21로 나누고 Schüssler Fiorenza 는 15:1, 5-19:10; 19:11-22:9; 22:10-21로 나눈다.

23) Kline, "Structure of the Revelation," 3.

24) 참조. 19:20; 20:10; 20:14-15. 14:10과 18:8ff.에는 바벨론의 종말을 묘사하는 부분이 생략되었다. 20:14의 "불 못에 던져진" "사망과 음부"가, 비록 6:8에만 등장하긴 하지만, 아마도 요한계시록에서 악한 성품을 지닌 또 다른 주요 등장인물의 결정적 멸망을 언급하는 것 같다(1:18 참조).

거가 될 수 있다(1:19-3:22; 4:1-22:6).[25] 또 다른 넓은 구분은 1:10; 4:2; 17:3;
21:10에 등장하는 "내가 성령에 감동되어"(ἐγενόμην ἐν πνεύματι)나 "성령
으로 나를 데리고"(ἀπήνεγκέν με ἐν πνεύματι)와 같은 반복 어구를 근거로
하여 제안되기도 한다. 이에   따르면 요한계시록은 1:1-8; 1:9-3:22; 4:1-
16:21; 17:1-21:8; 21:9-22:5; 22:6-21로 나뉜다(마지막 두 단락은 하나로 합
쳐지기도 한다).[26] 여기서 제안된 단락 나누기의 정당성은 이 단락들 간의
중첩과 상호관계에 의해 확증된다(참조. 1:1, 19[비교. 1:9]; 4:1-2; 22:6. 22:6은
21:9-10에서 시작한 단락의 결론으로 기능한다). 요한은 요한계시록의 이 넓은
단락 나눔을 표시하려고 단어(나 어구)를 반복해서 사용했다. 입으로 낭독
하려면 요한계시록의 이러한 단락 나눔이 필요하기 때문이다. 그래야 청중
들이 이 단락들을 더 잘 인식할 수 있을 것이다.[27]

요한계시록의 가장 그럴듯한 문학적 개요는 지금까지 우리가 살펴본
배경에 비춰 제시하는 것이 좋을 것이다. 요한계시록의 개요를 제시하려
는 과거의 여러 시도는 7중 시리즈에 근거한 구성 원리를 감지한 관찰에
의한 것이라고 특징지을 수 있다.[28] 이러한 제안 가운데 탁월한 것은 물튼

---

25) Beale, "Influence of Daniel," 415-21; Vanni, *Structtura letteraria dell'Apocalisse*를 보라.
또한 이 단락 아래에서 논의한 내용을 참조하라.

26) Ladd, *Revelation*, 14-17; Tenney, *Interpreting Revelation*, 32-34; C. Smith, "Structure of
the Book of Revelation," 373-93(Smith는 구조와 관련하여 최근의 다른 제안들을 검토하기
도 한다); Allo, *Saint Jean, L'Apocalypse*, lxxxv-xcvi(Allo의 책에는 다양한 형태의 구조가
소개되었다).

27) Bauckham, *Climax of Prophecy*, 23. 또한 Barr, "Apocalypse of John as Oral Enactment"
를 보라. Barr는 구술의 목적과 요한계시록의 특성을 논의한다.

28) 또한 교차대구적인 구조를 따라 요한계시록을 개괄하려는 시도도 주목할 만하다. 이런 시도
를 한 가장 두드러지는 학자들은 다음과 같다. Lund, *Chiasmus in the New Testament*, 323-
30; 같은 저자, *Studies in the Revelation*, 34-37; Schüssler Fiorenza, *Book of Revelation*,
175-76; Strand, *Interpreting the Book of Revelation*; 같은 저자, "Chiastic Structure and
Some Motifs in the Book of Revelation," 401-8; 같은 저자, "Eight Basic Visions." 교차대
구로써 요한계시록을 개괄하는 것은 주제의 관점에서 볼 때 흥미롭지만, 엄격하게 문학적인
관점에서 보면 설득력이 없다. 요한계시록의 다양한 단락을 분석한 Lund의 몇몇 지적은 우리
의 이해를 돕는다.

(Moulton), 파러(Farrer), 로마이어,[29] 보우만[30]이 제안한 구조다. 다른 사람들은 "번호를 붙이지 않은" 단락의 세분된 부분을 열거하려고 하지 않고, 요한계시록을 좀 더 일반적으로 일곱 단락으로 나누는 것을 좋아한다.[31] 이렇게 해서 만들어진 개요 중에 파러의 개요가 가장 유력하다. 1-3장; 4-7장; 8:1-11:14; 11:15-14:20; 15-18장; 19-22장. 하지만 A. Y. 콜린스가 지적한 것처럼, 파러의 개요는 여전히 여러 문제가 있다. 콜린스는 파러가 네 개의 천상적 제의 장면들(8:1-6; 11:15-19; 15:1-16:1; 19:1-10)이 각각 뒤에 이어지는 내용을 소개하는 것으로 오해했다고 바르게 지적한다. 이 장면들 중 적어도 처음 두 개는 앞에 소개된 일련의 일곱 인과 일곱 나팔의 극적인 결론으로 기능한다. 일련의 인 재앙은 7:17에서 끝나지 않는다. 일곱째 인이 8:1에서 떼어지기 때문이다. 마찬가지로 나팔 재앙 역시 11:14에서 끝나지 않는다. 일곱째 나팔이 11:15에서 불리기 때문이다. 반면에 파러는 19:10을 16:19에서 시작한 "바벨론 심판" 단락의 절정과 19:11ff.에 있는 환상들의 결론적 내용의 소개로 이해한다.

콜린스는 자신이 "맞물림"이라고 명명한 문학적 기술을 파러가 의식했다면 이러한 일관성 없는 행위를 피했을 것이라고 주장한다.[32] 맞물림은 한 단락이 문학적 경첩 또는 전환으로 작용하는 장치로서, 앞 단락을 결론짓고 이어지는 단락을 소개하는 역할을 한다. 8:2-5은 2절에 있는 주장과 함께 분명히 다음 단락을 소개한다. 하지만 땅에 던져진 불 역시 처음 세 나팔의 불붙는 심판을 예측하고 있음이 분명하다. 8:3의 "금향로" 장면은 9:13의 "금향로" 언급과 어떤 방식으로든 연결되어 있다. 게다가 8:2-5은 인 재

---

29) Lohmeyer의 개요를 따른 Rist, "Revelation," 360-63도 참조하라.

30) 좀 더 실용적인 방식으로 Bowman의 구조를 개선한 Spinks, "Critical Examination of J. W. Bowman's Proposed Structure of the Revelation," 211-22도 주목하라.

31) Hendriksen, *More than Conquerors*, 22ff.와 여러 곳. Loenertz, *Apocalypse*, xiii-xix; Kline, "Structure of Revelation"이 그러하다. 서론과 종결 부분을 독립된 단락으로 포함시키기는 하지만 Steinmann, "Tripartite Structure," 78-79도 참조하라. 서론과 종결 부분이 각각 이어지는 단락이나 앞에 있는 단락과 합쳐진다면, 일곱 단락이 드러난다.

32) Collins, *Combat Myth*, 15-16.

앙의 결론 역할을 한다. 첫째, 일곱째 인을 뗐을 때 발생하는 사건 중 하나는 일곱 나팔을 든 천사들을 소개하는 일이다. 이것은 나팔이 어떻게든 일곱 인과 필수불가결하게 연결되어 있음을 보여준다. 둘째, 8:2-5에 "성도들의 기도"와 "금향로"가 언급된 것은 다섯째 인(6:9-11)에서 발견되는 같은 두 주제를 다시 다루는 것이다. 8:3-5 역시 일곱째 인에서 다루는 주요 내용인 최후의 심판 이미지를 묘사한다. 그러므로 8:3-5의 환상은 6:9-11에서 원수 갚아주시기를 구하는 기도에 표현된 주제의 연속이다.[33]

또한 콜린스는 15:2-4이 12:1-14:20에서 일곱 대접 장면으로 넘어가는 전환적 역할을 비슷하게 수행한다고 바르게 주장한다. 비록 정확한 연결점을 설명하지는 않지만 말이다. 콜린스는 15:2-4이 일곱 천사를 소개하는 장면 뒤를 따르고 천사들의 활동을 묘사하는 부분 앞에 놓여, 8:2-4처럼 괄호 기능을 한다는 사실만을 주목한다. 그리고 콜린스는 2:1-3:22과 11:1-13을 제외하고는 맞물림의 또 다른 예를 제시하지 않는다. 두 본문이 맞물림의 기능을 하고 있다고 할 수는 있지만, 8:2-5이나 15:2-4처럼 기능하지는 않는다(11:1-13이 2:1-3:22보다는 더 가깝다).[34]

콜린스의 제안은 옳다. 하지만 실증이 더 필요하다.[35] 8:2-4에서 발견되는, 전후 문맥을 연결하는 것과 같은 종류의 맞물림을 15:2-4에서도 발견할 수 있다. "바다"에 대한 언급이 "짐승과 그의 우상과 그의 이름의 수를 이기고 벗어난" 성도들과 연결된 것은 앞에 열거된 내용들(12:11, 17; 13:1, 14-15, 16-18)을 전개한 것임이 분명하다. 하지만 이러한 전환 단락은 이어지는 단락과 더 많은 연결점을 가진다.

---

33) Collins, *Combat Myth*, 17-18.

34) Collins, *Combat Myth*, 18-19. 2:1-3:22이 맞물림의 예인 것 같지는 않다. 오히려 이 본문은 하나의 독립된 주요 단락으로 등장했다고 보는 것이 더 자연스럽다.

35) Mazzaferri, *Genre of Revelation*, 354을 보라. Mazzaferri는 Collins의 "맞물림" 이론에 대해 치명적인 것은 아니라 하더라도 몇 가지 비평을 가한다. Mazzaferri는 Collins의 구조 분석을 평가한 일반적 비평 이외에 Schüssler Fiorenza와 Lambrecht의 제안과 같은 다른 여러 제안을 요약하고 평가한다(331-63).

(1) 15:3에 하나님의 성품을 찬양하는 내용은 16:7에서 같은 어구로 반복되며, 15:3-4 전체에 언급된 성품들은 16:5에서 좀 더 발전된다 ("거룩하신 이여 이렇게 심판하시니 의로우시도다").

(2) "짐승을 이기고"(15:2)는 "그 대접을 짐승의 왕좌에 쏟"은(16:10) 천사 이미지와 어느 정도 관련이 있다.

(3) "짐승과 그의 우상과 그의 이름의 수를 이기고"(15:2)는 마찬가지로 대접을 쏟으니 "짐승의 표를 받은 사람들과 그 우상에게 경배하는 자들에게 악하고 독한 종기가 나더라"(16:2)와 개념적으로 어느 정도 중첩된다.

(4) 마지막으로 하나님을 두려워하고 영화롭게 한다는 주제(15:4)는 16:9에서도 다뤄지는 것 같다. "사람들이…하나님의 이름을 비방하며 또 회개하지 아니하고 주께 영광을 돌리지 아니하더라."

11:19; 17:1-3; 19:9-10; 21:9-10; 22:6 역시 8:2-4과 15:2-4처럼 같은 종류의 맞물림 역할을 하고 있음이 분명하다. 물론 이 본문들은 8:2-4과 15:2-4처럼 새로운 환상을 소개한 후와 일련의 실제 이야기 앞의 삽입구로 놓이지는 않았지만 말이다. 하지만 이 본문들은 맞물림과 삽입구의 기능을 한다. 11:19은 11:1의 주제를 이어가고("하나님의 성전." 비교. 11:2), 14:17("하늘에 있는 하나님의 성전." 비교. 14:15)과 13:6("그의 장막 곧 하늘에 사는 자들")을 예측한다. 17:3은 "일곱 대접을 가진 일곱 천사 중 하나"를 언급함으로써 대접 심판과 바벨론의 심판("큰 음녀." 비교. 16:17-20)을 분명히 회상한다. 물론 17:1-3은 우선적으로 심판 주제를 다루는 17:4-19:8의 서론으로서 앞으로 전개될 내용을 예시한다. 비슷한 방식으로 19:9-10은 19:7-8의 결혼 은유를 계속하며, 동시에 (그 자체로 19:7-8의 반복인) 21:2의 같은 은유를 개략적으로 알려준다. 또한 2번 반복된 "예수를 증언함"(μαρτυρίαν ᾿Ιησοῦ)이라는 어구가 20:4에 등장한다. 21:9-10은 결혼 은유로 앞에 있는 환상(비교. 21:2)과 연결되며, 이어지는 환상을 소개하는 역할을 한다. 사실 21:1-8은 17:1-3(또는 19:11)에서 시작된 단락의 결론으로 볼 수 있으며, 21:9과 더불어

새 창조와 새 예루살렘 환상을 소개하는 역할을 한다. 마지막으로 22:6은 21:9-22:5에 나오는 새 창조 환상의 결론이면서 동시에 요한계시록 전체의 결론이며 종결 부분의 서론이기도 하다.[36]

이러한 관찰에 근거하여 요한계시록의 대부분의 주요한 문학적 "연결 부분들"은 맞물림 기능이 있다고 말할 수 있다. 심지어 3:21-22도 그렇다. "이기는 자"와 "들으라"는 권면은 일곱 교회에 보내는 편지의 마지막에서 동일하게 반복되는 개념을 상기시킨다. 반면에 "보좌" 위에 앉아 계신 "이기는 자"이신 그리스도에 대한 언급은 5:5ff.의 같은 주제를 예측한다. 이러한 맞물림이 발생한 연결 부분들의 해석적 중요성은 아래에서 논할 것이다.

이 모든 사실에 비춰볼 때 가장 훌륭한 개요는 요한계시록을 일곱 단락이나 여덟 단락으로 나누는 것이다. 일곱 단락으로 나눌 경우, 1-3장; 4-7장; 8:1-11:14; 11:15-14:20; 15-16장; 17:1-21:8; 21:9-22:21로 나눌 수 있다. 또는 여덟 단락으로 나눌 경우, 1-3장; 4-7장; 8:1-11:14; 11:15-14:20; 15-16장; 17:1-19:10; 19:11-21:8; 21:9-22:21로 나눌 수 있다. 어느 것이 더 나은 단락 구분인지는 판단하기 어렵다. 아마도 요한은 두 가지 개요를 다 염두에 두었을 것이다. (절 언급과 관련하여) 많은 단락의 정확한 경계는 요한의 맞물림 기술 까닭에 약간은 모호하다는 사실을 기억할 필요가 있다.[37] 더욱이 7중 구조와 8중 구조 모두 1:1-8과 22:6-22을 각각 서론과 종결 부분으로 봄으로써 좀 더 개선할 수 있다. 그리고 4-5장은 비록 일곱 인의 문학적 단락의 시작이기도 하지만, 6:1-16:21의 서론으로 이해하는 것이 가장 좋다.[38] 요한이 요한계시록 전체에서 7이라는 숫자를 즐겨 사용

---

36) 22:6을 충분히 논의한 Bauckham, *Climax of Prophecy*, 5을 보라. Bauckham은 요한계시록의 마지막에 있는 맞물림 단락을 22:6-9로 이해한다.

37) 맞물림 단락의 더 충분한 분석은 본서의 주석을 참조하라. Schüssler Fiorenza, *Revelation: Vision of a Just World*, 33-34 역시 "맞물림" 현상으로 인한 요한계시록의 경계의 모호성을 인정한다.

38) Strand는 8중 구조를 선호하며("Eight Basic Visions," 107-21), 몇몇 학자가 이를 따른다. Bauckham, *Book of Revelation*; Wilcock, *I Saw heaven Opened*, 114-15; 201-3; L. L.

하고 있기에 7중 구조도 선호할 만한 구조다. 한편 숫자 8은 예수와 새 창조의 수라는 본질적 특징이 있다(그리스어에서 "예수"[Ἰησοῦς]를 구성하는 낱말을 더하면 888이 된다. 이에 대해서는 13:18의 주석 참조).

"8"은 초기 기독교에서 예수의 부활과 새 창조를 가리키는 의미가 있었던 것 같다. 일곱째 날 안식은 창조의 과정을 완성했으며, 새 창조의 규칙적 활동의 시작인 여덟째 날을 시작하는 것으로 이해할 수 있다. 마찬가지로 그리스도는 일주일의 여섯째 날에 죽으셨고 안식일에 무덤에서 쉬셨으며, 여덟째 날에 죽은 자 가운데서 다시 살아나셨다. 앞에서 제시한 요한계시록의 8중 구조에 따르면, 21:9ff.에 언급된 새 창조의 장면이 여덟 번째 단락을 형성한다고 보는 것이 적절하다.[39] 한편 21:9ff.의 내용은 새 창조의 완성을 나타내기 때문에 일곱 번째 단락으로 적합할 수도 있다.

이 7중 구조와 8중 구조가 앞에서 언급한 좀 더 넓은 4중 구조의 부차적인 구분으로 보는 것이 가장 좋다는 사실을 기억할 필요가 있다. 4중 구조는 단 2장의 표시에 근거하여 1:1-19(20); 1:19(20)[40]-3:22; 4:1-22:5; 22:6-21로 나눌 수도 있고, 성령에 감동 되어 환상을 경험했다는 반복 어구에 근거하여 1:9-3:22; 4:1-16:21; 17:1-21:8; 21:9-22:5로 나눌 수도 있다.[41] 마찬가지로 (교차대구를 비롯하여) 여기서 논의한 세부적인 구조도 얼마든지 4중 구조와 7중 구조 및 8중 구조에 연결할 수 있다. 요한계시록에서 실행 가능한 다양한 구조가 공존하는 하나의 모델은 오버헤드 프로젝터에서 사용하는 투명 필름에 비교할 수 있다. 필름 하나하나는 그 구조의 본질적 측면을 더욱 보여준다. 하지만 각각의 필름만으로는 의도한 구조의 단지 한

Thompson, "Cult and Eschatology," 334. Bauckham, *Climax of Prophecy*, 21-22의 개요는 8중 구조에 가깝다. 그는 다른 사람들보다 좀 더 정확하게 단락의 시작과 끝을 정한다. Bauckham은 4:1-5:14을 인과 나팔, 대접 재앙의 서론으로 보려 하지만 6:1ff.와는 구분한다. 쉽게 8중 구조에 맞출 수 있는 Lambrecht, "Structuration of Rev 4,1-22,5"와 비교하라.

39) Wilcock, *I Saw heaven Opened*, 202-3. 좀 더 자세한 논의는 본서 17:11의 주석 참조.

40) 1:19-20은 1:1-18의 서론적인 단락과 2-3장 사이에 놓인 맞물린 전환구이기도 하다.

41) Mazzaferri, *Genre of Revelation*, 395-96은 1:1-8을 서론으로, 22:6-21을 종결 부분으로 이해하면서 이 구조를 선택했다.

부분만 제시될 뿐이다.[42]

요한계시록을 "일곱"이라는 다중 묶음으로 나누려한 가장 흥미롭고 인상적이며 일관성 있는 시도 중 하나는 E. R. 벤트란트(Wendland)의 시도다.[43] 벤트란트는 요한계시록을 서론(1:1-3)과 종결 부분(22:6-21)을 포함한 2개의 큰 단락으로 나눈다(1:4-3:22과 4:1-22:5[?]). 1:4-20에 나오는 편지들의 서론에서처럼, 첫 번째 단락에서 일곱 편지는 각각 일곱 부분으로 나뉜다(수신자, 저자, 평가, 정죄, 회개의 촉구, 약속, 권면). 요한계시록의 두 번째 단락은 일곱 장면으로 나뉜다. 각 장면은 다시 7개로 나뉜다(지면의 제약으로 자세히 다룰 수는 없다). 4-5장은 7개의 주제로 나눌 수 있으며, 일곱 인이 이어진다. 일곱 나팔이 있는데, 그중에 다섯째 나팔과 여섯째 나팔은 중간에 자리 잡은 10:1-11:14처럼 7개의 주제로 나뉜다. 11:19-15:4은 7개의 "이[표]적"으로 구성되었다. 이중에 처음 3개(12:1-17; 13:1-10; 13:11-18)는 다시 7개의 단위로 나눌 수 있다(나머지 네 이적 단위는 14:1-5; 14:6-11; 14:14-20; 15:1-4). 일곱 대접 다음에 "일곱 말씀"이 이어진다(17:1-19:10). 그 말씀 중 두 번째와 네 번째 말씀에는 식별 가능한 7개의 단락이 포함되어있다(이 단위의 7개 단락은 배경 설정인 17:1-3a 이후, 17:3b-6; 17:7-18; 18:1-3; 18:4-19이며, 삽입구 20절에 이은 18:21-24; 19:1-5; 19:6-10이다). 19:11-20:15에는 "7개의 장면"이 포함되었고, 이후 21:1-22:5의 "7개의 계시"가 이어진다(배경인 21:1 이후에, 21:2; 21:3-4; 21:5; 21:6-8; 21:9-21; 21:22-27[이 단락 자체도 일곱 부분으로 나눠짐]; 22:1-5). 종결 부분은 "7개의 권면"으로 나뉜다.

---

42) 다중적 투명 필름 은유는 L. L. Thompson, "Mapping an Apocalyptic World," 126이 요한계시록의 또 다른 특징을 논의하는 중에 같은 이미지를 사용하면서 등장하게 되었다.
43) "7×7," 371-87.

단락들의 해석적 관계

문학적 단락들이 서로 시간적으로 연결되는가? 아니면 주제적으로 연결되는가? 아니면 둘 다인가? 그 동안 논의의 주요 흐름은 4:1-22:6이 사건들의 연속적 발생을 예측하는지, 아니면 몇몇 단락이 시간적·주제적으로 중첩되는지에 집중했다. 4:1-22:6 내용이 사건들의 연속적 발생을 예측한다는 입장을 취하는 사람들은 근본적으로 환상들의 순서가 미래의 종말에 일어날 사건들의 대체적인 순서를 보여주는 것으로 이해한다. 이 본문이 시간적·주제적으로 중첩되는 내용을 포함한다는 입장을 취하는 사람들은 일련의 환상들이 시간과 주제 문제와 관련하여 "반복되는 것"으로 이해한다. 대부분의 학자들은 이 두 입장 중에 하나를 따르고 있다. 첫 번째 그룹에 속한 사람들은 전형적으로 4:1-22:21을 오직 그리스도의 재림 직전에, 그리고 재림의 완성 기간에 발생하는 사건들의 파노라마로 이해한다. 반면에 두 번째 그룹에 속한 사람들은 4:1-22:21을 그리스도 초림의 구속 사역, 교회가 시작된 종말 시대 과정, 그리고 그리스도의 재림 및 우주 역사의 절정과 관련된 사건을 가리키는 3중적 시간 언급으로 이해한다. 이러한 이해의 예외는 비슬리-머리다. 그는 미래주의자이면서 동시에 반복설을 지지하는 학자로서 병행 단락들이 종말론적인 미래의 다른 측면들을 다룬다고 이해한다.

미래주의 입장

미래주의 견해는 다소 복잡하고 몇 개의 다른 방식으로 나타난다고 하더라도 이해하기가 매우 간단하다. 가장 기본적인 접근은 4:1부터 22:5에 등장하는 환상들의 순서가 일반적으로 미래에 발생할 사건들의 순서를 보여준다는 입장이다.[44]

---

44) 대표적인 연속적 미래주의 견해는 Charles, *Revelation*; Walvoord, *Revelation*; Pentecost, *Things to Come*, 187-88에서 볼 수 있다. Pentecost는 일곱 인, 일곱 나팔, 일곱 대접이 연대기적으로 연속되지만 12-14장은 일곱 인과 일곱 나팔에 대한 앞 단락들을 반복한다고 이해한다. 추가적인 반복 단락(11:1-13; 17-18장)이 있음을 인정하기는 하지만 Thomas, "Structure

몇몇 사람이 볼 때, 미래 역사의 시간표는 8:2ff. 이전까지는 시작되지 않는다. 그들은 일곱 인이 다 제거되기까지는 5장에 언급된 책이 펼쳐질 수 없다고 주장한다. 그렇다면 책의 내용은 일곱 나팔의 계시와 그 이후 이어지는 환상들에 가서야 계시된다. 특히 일곱 나팔과 일곱 대접, 번호 표시가 되어 있지 않은 13:1-14:20의 환상들은 책의 내용 또는 일곱째 인의 내용, 아니면 (대부분의 사람들이 믿듯이) 둘 다로 여겨진다.[45] 8:2 이후 요한계시록의 나머지 부분을 일곱째 인에 포함시키는 것은 일곱째 인에 어떤 내용도 제시되지 않은 데 그 까닭이 있다. 더욱이 일곱째 나팔도 이와 마찬가지로 계시의 내용을 담고 있지 않다. "셋째 화"가 성취되었지만 그 내용이 언급되지 않았고(비교. 9:12, 18), 일곱째 나팔 묘사가 무척 간단하기 때문이다 (11:15ff.). 그러므로 번호 표시가 되어 있지 않은 12:1-14:20의 환상들과 일곱 대접(15:1ff.)은 일곱째 나팔의 내용을 구성하는 것으로 여겨진다.[46] (학자들 중에는 심지어 17:1ff.의 내용을 일곱 대접에 포함시키는 사람들도 있다. 17장 내용이 일곱째 인을 확장한 단락으로 보인다는 게 그 이유다.)[47] 이 구도에 따르면,

---

of the Apocalypse"도 같은 입장이다. (앞서 언급한 모든 미래주의 구도와 비교하여 비슷하지만 덜 엄격한 견해는 Court, *Myth and History*, 43-81; Johnson, "Revelation"(Johnson은 어느 정도 반복을 허용한다); Ladd, *Revelation*; Mounce, *Revelation*; Farrer, *Rebirth of Images*(Farrer의 이해 역시 반복적인 견해와 어느 정도 비슷하다).

45) 예. Swete, *Revelation*, 106; Beckwith, *Apocalypse*, 549-606; Ladd, *Revelation*, 81, 95-96; Mounce, *Revelation*, 46-47, 151, 163; Johnson, "Revelation," 466-67; 13:1-14:20에 대해서는 주석을 하지 않지만 비슷한 견해를 가진 Taylor, "Seven Seals," 266-71.

46) 일곱째 인이 일곱 나팔에 해당하고 일곱째 나팔이 일곱 대접에 해당한다고 이해하는 사람들은 다음과 같다. Beckwith, *Apocalypse*, 549, 606-11; Glasson, *Revelation*, 12; Walvoord, *Revelation*, 150-51, 184; Hoeksema, *Behold He Cometh*, 287-88; Ladd, *Revelation*, 122; Johnson, "Revelation," 466-67, 491; Chilton, *Days of Vengeance*, 198. 또한 Milligan, *Revelation*, 134을 보라. Milligan은 일곱 대접이 일곱째 나팔에서 유래한 것이 아니라, 일곱 나팔과 일곱 대접 모두 동일하게 일곱째 인에서 나온 것이라고 주장한다. 흥미로운 사실은 Milligan과 Hoeksema 두 사람 모두 역사적인 이상주의자들이며 일곱 인과 일곱 나팔, 일곱 대접이 시간적으로 반복된다고 이해한다는 사실이다. 반면에 Chilton은 요한계시록이 기원후 70년을 염두에 두고 기록되었다는 과거주의자다.

47) 참조. Düsterdieck, *Revelation*, 12-13. 비교. 이와 비슷한 Lambrecht, "A Structuration of Rev 4,1-22,5," 87. 하지만 Lambrecht가 시간이나 주제의 직선적인 전개로 보고 있는지는 분명하지 않다.

일곱 인은 일반적으로 8:2ff.에서 시작하는 환상 이야기 바로 앞에 놓인 예비적 사건으로 이해된다.[48] 이러한 미래주의 견해의 전형적 형태는 다음과 같이 도식화할 수 있다.[49]

일곱 인   1 2 3 4 5 6 7
일곱 나팔   1 2 3 4 5 6 7
일곱 대접   1 2 3 4 5 6 7 (일곱째 대접 = 끝)

이러한 관점은 다른 방식으로도 도표화 할 수 있다.[50]

미래주의 구조의 다른 변형들은 미래주의 해석자들 사이에서 폭넓은 지지를 얻지 못했다. 일곱 인과 일곱 나팔 및 일곱 대접을 일반적으로 같은 미래 기간의 다른 관점에서 서로 반복되는 것으로 해석하는 사람들이 있다.[51] 반면에 세 시리즈의 일곱 번째에 해당하는 사건이 완전히 반복되는 것을 보면서 그 사건이 앞선 사건들과 어느 정도 중첩된다고 이해하는 사람들이 있다.[52] 건드리는 다음과 같은 도식을 사용하여 그의 견해를 제시한다.[53]

---

48) 예. Ladd, *Revelation*, 81, 95-96; Mounce, *Revelation*, 46-47, 151; Johnson, "Revelation," 472. 이 세 사람은 수정된 미래주의를 지지하며, 일곱 인 사건들이 교회 시대 전체에 걸쳐 발생하는 것으로 이해한다.

49) 이것은 주로 Gundry, *Church and Tribulation*, 75에서 빌려왔다.

50) 이러한 관점을 나타내는 도표는 물론이고 이와 비슷한 구조를 표시하는 도표들은 성경의 여느 책보다 요한계시록에 많이 집중되어 있다. 이 단락 전체에 걸쳐 여러 도표를 제시한 것은 이 구조를 좀 더 분명히 하려는 데 있고, 이 도표들이 요한계시록의 해석사, 특히 최근의 해석사와 밀접한 관련이 있는 두드러진 접근들을 나타내기 때문이다.

51) 예. Kiddle, *Revelation*, 126-29; Tenney, *Interpreting Revelation*, 41; Beasley-Murray, *Revelation*, 30-32.

52) Kiddle과 Beasley-Murray의 견해가 Davis, "Relationship between the Seals, Trumpets, and Bowls"에 의해 수정되었다. Davis는 인과 나팔과 대접 시리즈 처음 6개에 나타난 사건들이 연대기적으로 연속해서 이어지지만, 각 시리즈의 일곱째에 나타난 사건들은 같은 시간대에 일어난 사건이라고 믿는다. Gundry, *Church and Tribulation*, 74-77도 비슷한 입장을 취한다. Gundry는 일곱째 인과 일곱째 나팔, 일곱째 대접은 그리스도의 재림과 관련이 있으며, Beasley-Murray가 상정하는 만큼은 아니지만, 세 시리즈의 다른 요소들 사이에 어느 정도 중첩이 있다고 주장한다.

53) Gundry, *Church and Tribulation*, 75.

일곱 인	1	2	3	4	5	6	7				
일곱 나팔					1	2	3	4	5	6	7
일곱 대접							1	2	3	4	5 6 7

이와 비슷한 또 다른 견해 역시 각 시리즈의 일곱 번째 수를 최후의 심판에 해당하는 같은 사건을 언급하는 것으로 이해하지만, 앞에 있는 6개에서는 중첩이 일어난다고 생각하지는 않는다. 일련의 6개는 각각 앞에 언급된 여섯 시리즈와 시간적으로 이어지지만, 일곱째는 소위 "망원경" 방식으로 반복된다. 이 견해는 아래의 도표로 도식화 할 수 있다.[54]

기본적인 미래주의 관점을 옹호하는 5가지 주요 논거가 있다. (1) 1:19이 과거("네가 본 것," 1:9-1:18), 현재("지금 있는 일," 2:1-3:22), 미래("장차 될 일," 4:1-22:5) 등 요한계시록 전체를 3개의 시간 단위로 나눈다는 것이다.[55] (2) 4:1b("이후에 마땅히 일어날 일들을 내가 네게 보이리라")이 요한계시록의 나머지 부분에 있는 진노 환상이 2-3장에서 개괄적으로 묘사된 교회 시대의 사건들 이후에 발생할 것임을 확증한다고 한다. 이 결론은 "교회"라는 단어가, 설령 서론과 2-3장에서처럼 종결 부분(22:16)에 다시 등장하기는 하지만, 모든 다양한 화를 묘사하는 환상 단락에 등장하지 않는다는 관찰에 의해 부분적으로 지지받는다.[56] (3) 환상의 순서는 일반적으로 미래 사건들의 순서를 의미한다고 가정한다. 이것은 특히 숫자가 붙여진 일련의 환상

---

54) Thomas, "Structure of the Apocalypse," 45-65에서 인용함.

55) 예. Thomas, "John's Apocalyptic Outline," 334-41; Walvoord, *Revelation*, 47-49. 이 견해를 표명했던 초기의 주석가들은 Bousset, *Offenbarung*; Swete, *Revelation*; Charles, *Revelation*; 그리고 Lohmeyer, *Offenbarung*이다.

56) 이 주장에 대해 답변한 Gundry의 반박을 보라. Gundry, *Church and Tribulation*, 78. 그 중 몇 개를 소개한다. (1) 이것은 아무것도 입증하지 못하는 침묵으로부터의 논증이다. "교회"라는 단어는 하늘에 있는 하나님의 백성을 묘사할 때도 언급되지 않는다. 하지만 전형적인 세대주의적 미래주의자들의 이해에 따르면, 교회는 환난 전 휴거의 결과로(4장ff. 사건에 앞서 하늘에 있게 된다. (2) 몇몇 복음서와 서신서에는 "교회"라는 단어가 등장하지 않는다. 그렇다고 해서 이것을 근거로 해당 복음서와 서신서가 1세기의 신자들이나 현재의 교회 시대를 언급하지 않는다고 결론을 내릴 이유가 없다.

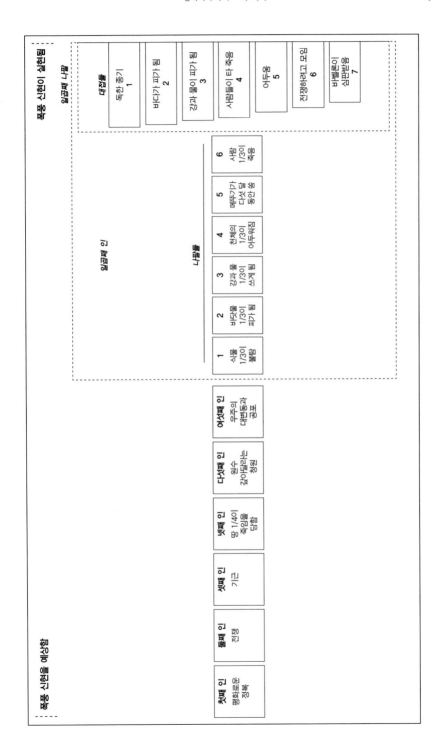

목록 신현을 예상함

첫째 인	둘째 인	셋째 인	넷째 인	다섯째 인	여섯째 인
평화로운 정복	전쟁	기근	땅 1/4의 죽음을 당함	원수 갚아달라는 청원	우주의 대변동과 공포

일곱째 인

나팔들

1	2	3	4	5	6
식물 1/3이 불탐	바닷물 1/3이 피가 됨	강과 물 1/3이 쓰게 됨	천체의 1/3이 어두워짐	메뚜기가 다섯 달 동안 쏨	사람 1/3이 죽음

목록 신현이 실현됨

일곱째 나팔

대접들

1	2	3	4	5	6	7
독한 종기	바다가 피가 됨	강과 물이 피가 됨	사람들이 타 죽음	어두움	전쟁하려고 모임	바벨론이 심판받음

을 이해하는, 보다 더 "정상적"이고 "자연스러운" 것처럼 보인다는 것이 그이유다.[57] 따라서 이와 다르다는 것을 증명하고 싶은 사람들은 자신의 입장을 스스로 증명해야 한다. 이러한 가정은 8:1-2과 같은 본문의 지지를 받는 것처럼 보인다. 그 본문에는 "일곱 나팔을 든 천사들 환상이 일곱 인 직후에 등장한다. 이것은 일곱 인과 일곱 나팔이 연속해서 일어난다는 인상을 준다."[58] 또한 9:12과 11:14에서 세 번째 화가 시작되기 전에 첫 번째와 두번째 화가 완료되었다고 분명하게 선언하는 것도 이 견해를 선호하는 근거가 된다.[59] (4) 만일 일곱 인과 일곱 나팔 및 일곱 대접의 순서가 역사적으로 발생한 순서에 따른 역사적 사건들을 묘사하지 않는다면, 그리고 일곱 나팔과 일곱 대접이 일곱 인 안에 포함되어 있지 않다면, 일곱 나팔과 일곱 대접은 4:1-5:14의 서론적인 보좌 환상에서 분리된다고 한다(일곱 인과 요한계시록의 나머지 환상들은 4:1-5:14에서 자연스럽게 흘러나온다고 본다).[60] (5) 요한계시록에서 심판의 강도가 거세어지는 것은 또 다른 주장이다. 이와 관련해서 가장 부각되는 본문은 15:1이다. 이 본문에는 대접이 "일곱 재앙"으로 묘사된다. 대접 재앙은 "곧 **마지막** 재앙이라. 하나님의 진노가 이것으로 마친"다고 한다. 그리고 대접 재앙은 16:17의 극적 선언(γέγονεν)으로 성취된 것처럼 보인다. 더욱이 요한계시록의 결론이 확실하게 마지막 때를 언급하는 환상으로 끝난다면(21:1-22:5), "결론 앞에 있는 묘사들을 이 결론을 향해 점차적으로 나아가는 것으로 보지 않을 이유가 없다. 그렇다면 결론 앞에 묘사된 내용들은 서로가 일종의 시간적 패턴을 따르고 있음이 분명하다."[61] 이와 관련하여 미래주의자들은 일곱 인과 일곱 나팔과 대조하여 일

---

57) Thomas, "Structure of the Apocalypse," 58-59.

58) Tenney, *Interpreting the Revelation*, 71.

59) Thomas, "Structure of the Apocalypse," 59. McLean, "Seventieth Week of Daniel 9:27," 251-52도 비슷한 견해를 취한다. McLean은 일곱 시리즈의 각 연속적 숫자는 시간적 전개를 가리킨다고 주장한다.

60) Thomas, "Structure of the Apocalypse," 51.

61) Feuillet, *Apocalypse*, 56. Feuillet 역시 15:1의 중요성을 언급하지만, 반복 이론의 모든 측면을 거절하지는 않는다.

곱 대접 심판의 보편적 결과에 호소한다.

　데이비스는 연속적 견해를 선호하는 덜 강력한 4가지 주석적 논증을 제시한다. 이를테면 그는 일곱 나팔과 일곱 대접의 이미지들이 비슷하기는 하지만, 각 이미지들의 문맥적 기능이 달라서 전혀 다른 사건을 언급하는 것이 틀림없다고 주장한다. 하지만 그의 논의는 이것을 증명하기에는 충분하지가 못하며, 그의 다른 주장들 역시 마찬가지다.[62] J. 코트는 일곱 인(현재의 경고와 권면)과 일곱 나팔 및 일곱 대접(강화된 회개 촉구와 심판) 사이에 있는 사상들의 연속은 "역사…의 연이은 설명"과 "심판의 절정을 향해 나아가는 하나님의 심판의 과정"을 보여준다고 생각한다.[63] 코트는 이 3개의 일곱 시리즈 재앙이 공관복음의 묵시적 강설(감람산 강설, 막 13장; 마 24장; 눅 21장)을 대체적으로 모델로 삼아 작성된 것이라고 주장함으로써 이 견해를 지지한다. 코트에 따르면 공관복음의 묵시적 강설은 동일한 3중적 시간 순서를 반영한다.[64] 코트의 공관복음 강설 분석이 설득력이 있기는 하지만, 그는 요한이 공관복음 강설을 똑같은 방법으로 사용한다는 사실을 결정적

---

62) Davis, "Relationship between Seals, Trumpets, and Bowls," 149-51. 또한 Johnson이 제시하는 연속설을 옹호하는 논증을 주목하라. Johnson, "Revelation," 490-91. Johnson의 논증 가운데 몇 개를 소개한다. (1) 각 시리즈의 내용이 다르고 사건들의 연속이 존재한다. (2) 다섯째 나팔에 인침을 받지 않은 사람들이 7:1-8에서는 인침을 받은 것으로 전제된다. (3) 일곱 대접은 아마도 일곱 나팔과 병행이 아닐 것이다. 여섯째 인 및 여섯째 나팔 사이와 일곱째 인 및 일곱째 나팔 사이에 삽입구가 있는 것과 다르게, 여섯째 대접과 일곱째 대접 사이에는 삽입구가 존재하지 않기 때문이다(하지만 Michaels와 Steinmann은 삽입구가 단순히 여섯째 인과 여섯째 나팔의 연속으로 보는 것이 가장 좋을 것 같다고 주장한다. Michaels, *Interpreting the Book of Revelation*, 55-60; Steinmann, "Tripartite Structure"). Johnson의 첫 번째 논지는 (동일한 비평을 받는 앞에 언급한 Davis의 논지와 같다. 단지 2개의 다른 점만이 간략하게 눈에 띈다(549). 그중에 첫 번째 것은 잘못된 관찰에 근거한 것이다. 마지막 2개는 다음에 논할 반복 이론의 틀에 정확히 들어맞는다.

63) Court, *Myth and History*, 80-81.

64) Court, *Myth and History*, 43-81, 특히 46-51, 74-75. Farrer, *Revelation*, 7-22도 보라. Farrer 역시 공관복음 강설이 요한계시록의 구조를 형성하는 근거가 되었다고 주장한다. 그래서 약간의 다른 이유를 대기는 하지만, 3개의 일곱 시리즈는 "순수한 역사적 연속선상에 있는 세 기간"을 의미한다고 생각한다(23). 이와 비슷하게 McLean, "Seventieth Week of Daniel 9:27," 187-258은 주제적·언어적 증거에 근거하여 공관복음 강설의 틀이 계 4-19장에 반영되었다고 주장한다.

으로 증명해야 할 것이다.[65] 미래주의적 해석자들 중에서는 6:1-22:5이 미래를 묘사하는 것이 틀림없다고 주장하는 사람들이 있다. 그곳에 묘사된 환난의 사건들이 아직 발생하지 않은 것이 분명하다는 것이 그 이유다.[66]

점진적인 반복(병행) 입장

심판-구원 결론의 반복. 반복 견해를 지지하는 가장 강력한 논증은 다양한 단락의 결론에서 발견되는, 심판과 구원의 절정이 섞여 있는 장면들이 요한계시록 전체에서 반복적으로 관찰된다는 것이다. 이러한 장면의 패턴은 항상 같다. 심판 묘사가 나오고 구원 장면이 이어진다. 6:2-17과 7:9-17; 11:18a과 11:18b; 14:14-20과 15:2-4; 16:17-21(과 요한계시록 전체의 심판적 결론을 강조하는 17:1-18:24)과 19:1-10; 20:7-15과 21:1-8(과 요한계시록 전체의 구원적 결론을 강조하는 21:9-22:5) 등. 사실 요한계시록의 마지막 부분에서 확장된 최후 심판에 대한 이 단락과 뒤따라오는 구원에 대한 확장된 단락은 요한계시록 전체에서 발견되는 같은 패턴을 확대한다. 심판과 구원의 패턴은 19:11-21과 20:4-6에서도 발견된다. 이 단락들은 결론을 강조하는 이 목적에 기여한다. 이러한 2중적 패턴은 앞에서 제안한 문학적 개요를 확증한다. 심판과 구원은 가장 눈에 띄는 문학적 표시들이 등장하는 곳에서 정확히 나타난다.

몇몇 사람은 반복되는 심판과 구원의 절정을 설명하는 이 반복 견해를 거부한다. 그들은 이런 장면이 심판 및 구원과 관련이 없기 때문에 거절하는 것이 아니라, 요한계시록의 끝(예. 20:11-15)에 이르기 전에는 절정의 요소가

---

65) 예. Sweet, *Revelation*, 19-21 참조. Sweet는 요한계시록이 막 13장을 모델로 삼아 작성되었다는 데 동의하지만, Court가 내린 것과 같은 결론을 내리지는 않는다. 주요 주석가들은 공관복음 강설에서 연속적 사건의 개요가 아니라, 마지막 때로 이어지는 환난의 때와 연관된 일련의 병행 장면을 본다. 이를테면 막 13:5-23에는 시간 순서가 없지만, 다가올 환난에 관한 일련의 병행 말씀이 있다. Gundry는 이 병행 말씀들이 교차대구로 이루어졌음을 발견했다(*Mark* [Grand Rapids: Eerdmans, 1993], 733). 막 13:24-27은 그리스도의 강림을 언급하며, 28-37절은 그리스도의 강림을 준비하는 문제와 관련한 일련의 병행 말씀으로 구성되었는데, 5-23절과 같은 기간으로 되돌아간다.

66) Walvoord, *Revelation*, 101.

없음을 부인하기 때문에 그렇게 한다. 몇몇 주석가는 이 장면들을 최종적인 환난기 동안 절정의 사건 이전에 일어나는 심판과 구원에 관한 장면으로 이해한다. 반면에 정도의 차이가 있기는 하지만, 일부 미래주의자들은 이 장면들을 악한 자들에게 내릴 최후의 심판과 의인들이 받을 최후의 보상을 예상해서 보여주는 환상(20장), 그리고 마지막 때의 화들이 발생하는 전반적 시간 틀 안에 삽입된 장면으로 이해한다.[67] 후자가 가장 가능성 있는 미래주의 견해다. 이 모든 장면에는 절정의 특성이 있기 때문이다. 이 본문들을 20:11-15에 있는 최후의 심판을 예상하는 것으로 볼 경우 직면하게 되는 문제는 실제로 이 본문들이 20장에 묘사된 심판만큼이나 확정적이며 설명에 있어서 자세하다는 점이다(비교. 특히 6:12-17; 14:14-20; 16:17-21; 또한 17-19장). 미래주의자들 중에서 비슬리-머리가 가장 일관성 있는 입장을 취한다. 그는 미래주의적 반복을 주장하며, 앞에 언급한 본문을 장차 있을 것을 예상하는 심판이 아니라, 마지막 심판을 묘사하는 실제 장면으로 이해한다.

반복 견해를 지지하는 가장 기본적인 주석적 논증만을 여기서 강조하려 한다.[68] 절정에 달한 심판과 구원을 보여주는 가장 분명한 본문은 11:14-18이다. 여기서는 하나님과 그리스도의 영원한 나라와 불경건한 자들에게 내리는 최후의 심판 및 믿는 자들에게 내리는 구원이 완전하게 이루어졌다고 선언된다(18절). 본문이 이 주제가 아닌 다른 내용을 담고 있다고 주장하는 사람이 있다면 그는 자신의 주장이 옳다는 증거를 제시해야 한다. 특히 혼란스러운 주장은 일곱째 나팔에는 아무런 내용이 없기 때문에 12-16장이 일곱째 나팔의 내용을 형성한다는 몇몇 사람의 주장이다. 이 본문에 사용된, 절정을 암시하는 용어들은 20:11-15에 나오는 최후 심판의 장면과 독특한 병행을 이룬다. "죽은 자를 심판하시며…또 작은 자든

---

67) 일반적으로 11:15-18; 14:14-20, 그리고 이따금씩 6:12ff.도 예기적인 것으로 이해된다. Moffatt, Charles, Beckwith, Ladd. 반면에 다른 사람들은 11:15-18만 예기적인 것으로 이해한다. Kiddle, Ford, Mounce, Sweet가 그러하고, Walvoord은 14:20ff.를 예기적인 것으로 이해한다.

68) 반복 견해 입장을 지지하며 본문을 좀 더 철저하게 분석한 것은 해당 본문의 주석을 참조하라.

지 큰 자⋯에게 상 주시[는]⋯때로소이다"(11:18)는 20:12-13과의 병행이
다. 최후의 심판을 요약하여 묘사하는 이 본문은 일곱째 나팔의 내용을 구
성하기에 충분하다. 일곱째 나팔에 최후의 심판이 이처럼 간략하게 묘사된
이유는 같은 마지막 기간이 바로 앞 11:7-13에서 설명되었다는 점일 것이
다. 두 증인(=교회)이 "그들의 증언을 마쳤다"(11:7a)는 것은 교회 시대의 끝
을 암시하며, 바로 대단원으로 이어진다. 이것은 이 사건 직후에 "무저갱으
로부터 올라오는 짐승이 그들과 더불어 전쟁을 일으켜 그들을 이기고 그들
을 죽인다"는(11:7b) 사실에 의해 지지된다. 그리고 같은 어구가 17:8a에 사
용될 때, 그 어구는 짐승의 최후 멸망의 때를 언급한다. "짐승은⋯장차 무저
갱으로부터 올라와 멸망으로 들어갈 자니." 그렇다면 11:13은 "땅에 거하는
자들"의 운명과 성도들의 부활, 그 짐승의 멸망에 대한 반응을 가리키는 비
유일 가능성이 많다.[69] 11:18은 이것이 최후 심판의 시작임을 분명히 한다.

같은 맥락에서 16:17의 "되었다"(γέγονεν)는 심판의 종말적 과정의 완성
을 강조한다. 이것은 21:6과 사실상 같은 표현(γέγοναν)으로 입증된다. 두
표현 모두 하늘 "보좌"에서 나온 음성이다. 해석적 측면에서 누가 그 말씀
을 한 것인지를 밝히는 것은 두 본문이 각각 요한계시록 전체의 강화된 심
판과 구원의 결론 부분(비록 서론 역할도 하기는 하지만)에 속한다는 것을 알
면 더욱 분명해질 것이다.[70] 16:17의 어구는 "맹렬한 진노의 포도주"를 쏟는
것을 언급한다(16:19b). 이 사실은 14:10-11에 있는 같은 어구가 최후의 심
판을 분명히 언급하기 때문에, 일곱째 대접 심판에 종결적인 특성을 부가한
다. 미래주의자들이 시간적 순서를 지지하려고 15:1과 16:17에 호소하기는
하지만(앞에서 논의한 내용을 보라), 그들이 17-20장에서 또 다른 심판이 시간
상 나중에 있을 것이라고 보는 것은 일관성이 없다. 이미 15:1과 16:17에서
심판이 설정에 도달했고 또 성취되었다고 선언하기 때문이다.

피상적으로 보면 6:12-17은 우주적 격변 때문에 최후의 심판처럼 보인

---

69) 이에 대한 논증은 Kline, "Structure of Revelation," 24을 보라.

70) 비교. Bauckham, *Climax of Prophecy*, 7.

다. 하지만 구약성경에서 그러한 용어들은 이스라엘 역사 내내 악한 왕국
들에게 임하는 하나님의 심판과 멸망을 비유적으로 표현하기 위해 전형적
으로 사용되던 용어들이다. 설령 이 용어들이 여기서 우주의 물리적 소멸
을 비롯한 파괴적 심판을 문자적으로 묘사한다고 이해할 수 있다고 하더라
도,[71] 6:12-17이 공관복음의 묵시적 강설(막 13:24-27과 병행 어구)에서 사용
된 우주적인 화재 이미지에 의존했다는 사실을 인정하면, 그 장면이 비유
적일 가능성이 한층 높아진다. 학자들 중에서는 공관복음의 묵시적 강설에
등장하는 언어를 예루살렘의 멸망에 비유적으로 적용해야 한다고 보는 사
람들이 있다.[72] 하지만 만일 6:12-17이 문자적이라면, 그 본문은 세계 역사
의 마지막 순간을 가리키는 것이 틀림없다. 거기에 묘사된 내용은 너무도
과격하여 절정 이전의 심판이나 최후의 환난기에 일어날 사건에도 맞지 않
는다. 6:12-17에 묘사된 것처럼 문자적으로 절정에 도달한 심판 이후에 어
떤 심판이 더 임할 수 있을지 상상하기가 어렵다.

만일 그 장면을 비유적인 것으로 이해한다면, 그것이 최후의 심판을 묘
사하는지 아니면 마지막 심판 전에 있을 심판을 묘사하는지는 문맥에 의거
해서 결정해야 한다. 그 장면이 최후의 심판을 염두에 두었다는 사실은 이
단락과 일곱째 나팔과 일곱째 대접 사이에 있는 병행 어구로써 알 수 있다.
첫째, 6:17은 임박한 심판을 "그들의 진노의 큰 날이 이르렀다"는 식으로 말
한다. 이것은 요한계시록의 다른 곳에서 최후의 심판을 묘사하는 11:18("주
의 진노가 내려")과 매우 유사하다. 더욱이 14:10에는 "하나님의 진노"가 영원
한 심판을 묘사하는 것이 분명한 "어린 양 앞"과 직접 연결되었다. (불신자들
중에서는 아무도 없다는 대답을 예상하는) 16:17b의 "누가 능히 서리요?"는 그
장면이 보편적이고 절정에 달한 것임을 한층 강화한다. 둘째, 6:17a 역시 하

---

71) 이러한 용어는 일반적으로 시대의 마지막과 국가의 종말을 비유적으로 의미하기 위해 사용
되었다. 삿 5:4; 시 18:7-15(= 삼하 22:8-16); 114:3-6; 144:5-7; 사 2:19, 21; 5:25b, 30; 13:10-
13; 34:4; 64:3; 렘 4:23-28; 10:10; 겔 30:3, 18; 32:7-8, 11-16; 34:12; 암 8:8-10; 미 1:4-6;
나 1:5; 합 3:6-7, 10-12. 하지만 문자적으로 사용되었음 직한 본문도 보라. 시 102:25-26; 사
24:1-6, 19-23; 51:6; 64:1; 겔 38:19-20; 욜 3:15; 학 2:6-7.
72) 참조. France, *Jesus and the Old Testament*와 거기에 인용된 참고문헌을 보라.

나님의 진노의 최종적인 실행("그의 맹렬한 진노의 포도주", 16:19. 이 표현은 일찍이 14:10에서 이런 방식으로 독특하게 등장하여 최후의 심판을 언급하는 것으로 여겨진다)과 관련하여, "되었다"(γέγονεν)라는 말로 소개되는 16:17과 매우 비슷하다.

그리고 6:12, 14ff.의 지진 이미지는 16:18-20에 등장하는 이미지와 거의 같다. "…큰 지진이 있어 얼마나 큰지…각 섬도 없어지고 산악도 간 데 없더라." 이 이미지는 20:11의 심판 장면에 나오는 "크고 흰 보좌"와 상응하는데, 심판의 종결적인 특성을 부각한다. 6:14은 "하늘은 두루마리가 말리는 것같이 떠나가고 각 산과 섬이 제자리에서 옮겨지매"라고 말하며, 이런 사건의 원인을 "보좌에 앉으신 이의 얼굴"(6:16)에서 찾는다. 마찬가지로 20:11에서 요한은 "보좌와 그 위에 앉으신 이를 보니 땅과 하늘이 그 앞에서 피하여 간 데 없더라"라고 말한다. 20:11의 마지막 심판 이미지와 병행하는 6:12, 14ff.와 일곱째 대접을 볼 때, 6:12-17 역시 마지막 심판을 묘사한다고 볼 수 있을 것이다.

더욱이 우리는 출 19:16("우레와 번개와…나팔 소리가 매우 크게 들리니")이 일곱 인의 결론(8:5)과 (순서가 다르기는 하지만) 일곱 나팔의 결론(11:19) 및 일곱 대접의 결론(16:18)에 암시되고 점차적으로 확장된 반복구로 등장한다는 사실을 주목할 필요가 있다. 출애굽기에서 가져온 이 반복되는 심판 이미지는[73] 이 본문들의 종결적인 형벌 기능을 강조한다. 게다가 각 본문은 전후 문맥에서 하늘에 있는 성전이나 제단을 언급하며,[74] 우리는 여섯째 인(6:12-17; 7:1-8, 9-17)과 여섯째 나팔(9:13-21; 10:1-11; 11:1-13), 여섯째 대접(16:12-14, 15, 16)에서 3중적 문학 구조를 감지할 수 있다. 이 모든 본문은 일곱째 인과 나팔, 대접에서 설명된 최후 심판 직전에 있을 신자들과 불신

---

73) 비교. 출 19:16-25. 출 19:16-25ff.를 마지막 심판을 유형론적 언어로 말하는 것으로 이해하는 히 12:18-26도 보라. P. Fairbairn, *The Interpretation of Prophecy*, 410-11. Fairbairn은 "큰 지진"의 반복은 공시적 병행을 나타내는 것이라는 사실을 인지한다.

74) 이 마지막 점에 대해서는 Davis, "Relationship between Seals, Trumpets, and Bowls," 152를 보라.

자들의 상황이라는 동일한 주제를 다룬다.[75]

확실한 것은 아니지만, 7:9-17은 6장의 진노의 피날레에 이어지는 신자들의 궁극적인 복을 묘사한다고 할 수 있다. 같은 구약 본문(사 25:8과 겔 37:27)을 암시하는 것은 물론이고, 7:15-17과 21:3-6에 같은 단어가 사용되었기 때문이다. 마침내 "큰 환난"을 통과한 의인들 무리 전체를 언급하는 7:9과 14절에서도 이런 암시를 찾을 수 있다.[76] 하지만 7:9-17에 있는 환상은 또한 절정에 이르기 전 모든 시대에 걸쳐 성도들이 누리는 시작된 복을 언급할 수도 있다.[77] 그러므로 이 환상에서 "아직" 임하지 않은 미래 종말과 아울러 "이미" 임한 종말이 있다고 볼 수 있다.[78] 미래주의자들 중에는 이것을 종말을 가리키는 예기적 언급으로 이해하는 사람들이 있다.

우리가 앞에서 여섯째 인이 최후 심판의 시작이라고 설명한 것에 비춰 볼 때, 일곱째 인을 그 장면의 연속이라고 이해하는 것이 이치에 맞는다. 일곱째 인을 뗄 때 "하늘이 반시간(30분)쯤 고요하더니"(8:1)라고 묘사한 깃은 일곱째 인이 상대적으로 내용이 없음을 의미하지 않는다.[79] 오히려 이것은

---

75) Steinmann, "Tripartite Structure," 70-79. Steinmann은 여섯째 대접의 3중적 구분이 일곱 인과 일곱 나팔처럼 분명하지 않다는 사실은 인정한다. Steinmann이 대다수의 주석가들과 다르게 7장과 10:1-11을 삽입구로 보지 않지만(Michaels, *Interpreting Revelation*, 55-60처럼), 이 단락들이 "삽입구"인 동시에 여섯째 인과 여섯째 나팔의 하부 단락이라고 볼 수는 없을까?

76) 참조. Kline, "Structure of Revelation," 12.

77) 예. Giblin, "Recapitulation and the Literary Coherence of John's Apocalypse," 92. Giblin 은 "성전"(ναός)이 새 창조에서는 존재하지 않고 어린 양과 하나님으로 대체될 것이기 때문에 (21:22), 7:15에 언급된 "성전에서 섬기는" 사람들은 "새 창조의 열매들을 예기적인 방법으로 향유한다"고 한다. 그런데 요한이 21장에 와서야 비로소 이런 방법으로 성전이 대체되었다고 말한 다른 이유가 있을 것이다. 그 중에 몇 가지를 꼽아보자. (1) 마지막 때의 성전을 가리키는 구약의 표현(특히 겔 40-48장)이 반영되었기 때문에 7:15이 전적으로 절정의 상황을 언급한 다고 보는 것이 가능하다. (2) 21:22은 성전의 최종적이고 온전한 정의다. 이것은 이미 하늘에 있는 성전을 언급한 곳에서 내포되었다.

78) 종말을 두 견해(이미와 아직)로 이해할 가능성에 대해서는 본서 7:9-17의 주석을 참조하라.

79) 많은 주석가는 일곱째 인에 내용이 결여되었다고 보는 것이 아니라, 심판과 관련된 내용이 없다는 견해를 취한다. 이런 맥락에서 일곱째 인은 종종 몇 가지 사실을 가리키는 것으로 이해된다. (1) 긴장감을 고조시키기 위한 극적 휴지(休止), (2) 하나님의 백성의 기도를 듣기 위한 시간(이것은 일부 다양한 탈무드 전통에 근거한다), (3) 다가올 진노(최후의 심판에 여전히 앞선다)를 기다리는 행위의 잠깐 멈춤, (4) 계시가 잠깐 중단됨 등.

심판을 가리키는 비유적 표현이다. 이것은 구약성경과 묵시문학에서 고요
함에 대해 반복해서 언급하는 것을 보면 분명해진다.[80] 구약성경과 유대 문
헌 어디에도 고요함이 내용의 부재나 부족함을 의미하는 곳은 없다. 그러
므로 일곱째 인의 내용이 비었고 일곱 나팔이 그 내용을 채운다는 것은 개
연성이 없다. 일곱째 인이 묘사하는 내용이 짧다는 이유로 아예 내용이 없
다고 생각하는 것은 전혀 이치에 맞지 않는다. 11:18 역시 짧지만 마지막
심판을 분명히 언급하기 때문이다.

　이와 관련하여 앞에서 언급했듯이, 5장의 책이 일곱 인이 제거된 뒤에
야 비로소 읽힐 수 있었다는 사실을 논리적으로 주목한 사람들이 있다. 따
라서 그 책의 내용은 일곱 나팔이 불릴 때, 또는 11장의 내용이 알려질 때
에야 비로소 계시되었다고 한다.[81] 이러한 가정이 옳을 수도 있지만, 4가
지 난제에 부딪힌다.[82] (1) (증언을 의미하는) 일곱 인이 문서의 내용을 요약
했다는 구약 성경의 증거가 있다. 그래서 인을 뗀다는 것은 그 문서 내용
의 일부가 알려짐을 의미한다.[83] (2) 각각의 인을 떼는 것은 나팔 환상과 본
질적으로 같은(나팔 환상이 더 강렬하지만), 종말론적 진노의 내용을 담은 환
상을 계시한다.[84] (3) 5:3ff.는 어린 양만이 그 책의 인을 떼고 그 내용을 읽
기에 합당하시다고 설명한다. 하지만 인이 떼어진 후에 그 책의 내용을 실

---

80) 예. 사 41:1; 47:5; 애 2:10; 3:28-29; 암 8:3; 습 1:7, 11; 합 2:20; 슥 2:13. 비교. 4 Ezra 7:30-31(6:39
　　을 보라)과 2 Bar. 3:7. 2 Bar. 3:7에서는 새 창조 이전에 하나님의 심판이 있을 것이라고 언급
　　한다. Wis. 18:14-16을 주목하라. 더 자세한 내용에 대해서는 본서 8:1의 주석을 참조하라.

81) Taylor, "Seven Seals in the Revelation"을 보라. 이런 관찰은 종종 다음과 같은 주장으로 지
　　지를 받는다. (1) 5장의 책이 10장의 책과 같다. (2) 그 책은 그 책을 들고 있는 큰 천사와 비
　　교해서만 "작은 책"이라고 일컬어진다. (3) 10장의 책은 이제 "펼쳐졌다"고 묘사된다. 참조.
　　Michaels, Interpreting Revelation, 60-61. Michaels는 그 책의 내용이 일곱 나팔로써 계시
　　된다고 이해한다. 마찬가지로 Bauckham, The Theology of the Book of Revelation, 80-84.
　　Bauckham, Climax of Prophecy, 243-46은 두 책이 같다고 여기며, 책 내용이 11:1-13에서
　　계시된다고 주장한다. 두 책의 관계를 더 자세히 설명한 10:2의 주석을 참조하라.

82) 5장에 소개된 책의 특성을 좀 더 철저하게 분석한 것으로는 본서 5:2의 주석을 참조하라.

83) 이 견해를 지지하는 사람들의 견해를 요약한 Holtz, Christologie der Apocalypse, 32-33;
　　Court, Myth and History, 55-57을 보라.

84) Collins, Combat Myth, 25.

제로 읽었다는 것은 언급되지 않았다. 또한 이어지는 장(章)에서도 독자들이 인봉된 책의 내용을 소개받았다는 암시가 없다. 일곱 나팔은 그 자체의 독특한 서론을 가지고 있는 것처럼 보이며, 10장은 (5장과 병행하는) 또 다른 책을 소개한다. 10장의 책에서는 일단의 새로운 환상이 시작된다.[85] 이 사실로부터 콜린스는 다음과 같이 결론을 내린다. "그 책 이미지는 그 책을 읽는 것과 그 안에 기록된 사건들의 계시 사이에 엄격한 상관관계가 설정된 방식으로 사용되지 않는다."[86] 콜린스는 그 책이 읽힌 정확한 시점이 특별히 의미가 있는 것은 아니라고 주장한다. 어린 양이 그것을 읽었다거나 요한이 읽었다고 분명하게 언급되지 않기 때문이다. 그러므로 일곱째 인에 이어지는 것만이 그 책의 내용을 계시한다고 섣불리 가정할 수는 없다. (4) 마지막으로 만일 그 책이 두루마리 형태가 아니라 책의 형태로 된 문서로 묘사되었다면(Aland, Roberts, Skeat에 따르면 그럴 가능성이 있다),[87] 인이 하나씩 떼어질 때마다 그 책의 일부분이 읽힐 수 있도록 드러났다는 것은 비유적인 관점에서 볼 때 비논리적이지 않다.

12-14장에 숫자가 붙여지지 않았다는 환상들의 결론과 관련하여 마지막 논평을 하는 것이 적절할 것이다. 14:8-11에서 바벨론과 짐승을 따르는 사람들에게 최후의 심판이 선언되었다는 것은 논란의 여지가 없다. 신실한 자들을 격려하는 삽입구 후에 이러한 심판 주제는 14:14-20에서 확대된다. 설령 많은 사람이 이것이 마지막 날에 있을 정죄를 가리킨다고 생각하지 않더라도, 본문이 마 13:39, 41(비교. 24-43절)과 24:30-31(과 병행 어구)에 암시적으로 의존한다는 사실은 이런 견해와 상충된다.[88] 15:2에 언급된 성도들

---

85) 후자에 대해서는 Court, *Myth and History*, 55을 보라.

86) Collins, *Combat Myth*, 25.

87) Aland and Aland, *Text of the New Testament*, 75-76, 101-3; Roberts and Skeat, *Birth of the Codex*, 38-63; Skeat, "Origin of the Christian Codex"를 보라. Thiede, "Papyrus Magdalen Greek 17"은 $\mathfrak{p}^{64}$과 $\mathfrak{p}^{67}$이 코덱스 형태로 된 가장 초기의 현존하는 단편이며, 아마도 기원후 1세기 말 직전에 기록된 것일 가능성이 많다고 주장한다. 반면에 기원후 3, 4세기 이전에는 코덱스가 등장하지 않았다고 생각하는 Gottwald, *The Hebrew Bible*, 110을 보라.

88) Vos, *Synoptic Tradition in the Apocalypse*, 144-52.

의 결정적인 승리 선언 역시 12-14장의 결론에 속한 것으로 이해해야 한다.

구조적 패턴의 반복. 요한계시록의 주요 단락에 있는 여러 다른 유사점 가운데 일곱 편지, 일곱 인, 일곱 나팔, 일곱 대접처럼 일곱으로 나뉜 것이 있다. 일부 학자들은 숫자가 언급되지 않은 단락(12:1-15:4과 19:11-21:8)에서도 일곱으로 나뉜 경우가 있음을 포착하기도 했다. 19:11-21:8의 경계와 그 안에 일곱 시리즈라고 할 수 있는 것에 대해서는 논란이 있다(위에서 논의한 내용을 보라).[89]

이처럼 일곱 시리즈의 환상이 반복되었다고 해서 각 단락의 상응하는 숫자들 사이에 동일한 병행이 요구되는 것은 아니다. 하지만 그러한 반복은 병행을 암시하며, 동시에 다른 요인들도 그 방향을 지향한다. 예를 들어 일곱 인과 일곱 나팔, 그리고 어쩌면 (일곱 나팔과의 병행 때문에) 일곱 대접 역시 4+3 단락 구분을 보여준다. 일곱 나팔과 일곱 대접은 모두 출애굽 재앙을 모델로 삼았다. 같은 재앙을 암시한다는 점에서만 아니라, 이런 암시를 서로 같은 순서로 제시한다는 점에서도 그렇다.[90] 서로 간에 존재하는 차이들은 전반적으로 누적된 유사성과 비교하면 미미하며, 병행되는 환상들을 사진을 찍는 것처럼 정확하게 재생하는 것보다도 같은 기간의 다양한 측면들을 적절하게 묘사할 필요로부터 생겨난다. 일곱 시리즈 3개의 동시대 병행 구조는 나음의 노표로 요약할 수 있다.[91]

몇몇 학자들이 나팔 재앙은 회개에 초점이 있고 대접 재앙은 심판에 초점이 맞춰져 있기 때문에 일곱 대접 재앙은 일곱 나팔에 시간적으로 뒤따라온다고 주장하는 것은 논리적으로 따를 만한 것이 못 된다. 이런 주제적

---

89) 소위 숫자가 언급되지 않은 단락에서 일곱 형식 또는 몇 개로든 구분하려는 시도를 Caird가 통찰력 있게 반박한 것을 아래에서 보라.

90) 이것을 도표로 탁월하게 작성한 Beasley-Murray, *Revelation*, 238-39를 보라. 일곱 나팔과 일곱 대접이 동시대의 사건을 가리킨다고 논증한 Lund, *Studies in the Book of Revelation*, 168-76을 보라.

91) 이 도표는 Boring, *Revelation*, 120-21에서 가져온 것이다. Boring은 세 시리즈에서 시간적으로 "직선적인 전개"를 거부한다. Boring은 "시리즈 간의 상당한 병행"이 있음을 발견하면서도, 이 시리즈들이 "반복 구조에 깔끔하게 맞지는 않는다"고 결론을 내린다(32).

재앙의 7중 패턴

	인		나팔		대접	
	6:1-2:	흰 말, 활, 면류관, 이기다	8:7:	우박, 불, 피	16:2:	독한 종기
	6:3-4:	붉은 말, 칼로 땅에서 평화를 제함	8:8-9:	바다에 던져진 불붙은 산, 바다의 1/3이 피가 됨	16:3:	바다가 피가 됨
	6:5-6:	검은 말, 저울	8:10-11:	별이 강들의 1/3에 떨어짐, 쑥, 물이 쓴 물이 됨	16:4-7:	강과 물 근원이 피가 됨
	6:7-8:	청황색 말, 검, 흉년, 전염병, 짐승	8:12:	해 1/3, 달 1/3, 별 1/3	16:8-9:	해(태양)
	6:9-11:	제단 아래 있는 순교자들, "어느 때까지," "잠시 동안"	8:13:	"화, 화, 화" 마귀 같은 메뚜기가 어두운 구멍에서 나옴	16:10:	어두움
	6:12-17:	지진, 해와 달과 별이 떨어짐, 모두 두려워함	9:13-21:	유브라데에서 오는 마귀 마병대 2억	16:12-16:	동방의 왕들이 유브라데를 건너 아마겟돈에서 전쟁을 준비함
	7:1-8:	144,000에게 인을 침 / 허다한 무리	10:1-11:	책을 먹음	(막간 없음)	
			11:1-3:	두 증인		
	8:1:	고요함	11:15:	마지막이 선언되고 기뻐함. 하지만 내용은 묘사되지 않음	16:17-21:	신현 "하나님이 큰 성 바벨론을 기억하심"
					17-18장:	일곱째 대접을 자세히 설명. 바벨론 멸망의 계속과 그 멸망을 설명함

자연 재앙

재앙이 마지막에 절정에 다다름

막간

결론

구별이 일반적으로는 옳을 수 있겠지만, 많은 조건이 필요하다. 이를테면 그 차이는 사람들이 생각하는 것만큼 크지 않다. "회개"는 실제로 나팔 시리즈에서 단 한 번 언급되며(11:13),[92] 대접 시리즈에서는 두 번 언급되기 때문이다(16:9; 16:11). 또한 개중에는 일곱 대접이 일곱 나팔보다 늦게 발생한 것이 대접 재앙에 더 광범위한 파괴적 효과가 있기 때문이라고 주장하는 사람들도 있다. 하지만 이런 차이는 일곱 나팔이(만일 일곱 대접과 동등하다면) 이전에 이야기된 것보다 더 광범위한 효과가 있음을 보여주는 기능을 하는 것일 수 있다. 또는 설령 정확한 심판의 내용은 다를 수 있을지라도, 나팔 재앙과 대접 재앙은 동시에 발생한다고도 볼 수 있다. 반복적으로 소개되는 "최후 심판과 구원"의 결말과 더불어 방금 언급한 대략적 유사성을 염두에 둔다면, 마지막에 설명한 두 선택 중 하나가 최선의 것으로 보인다. 사실 연속해서 나타나는 재앙 시리즈에 광범위한 효과가 있다는 것은 이 3가지 7중 시리즈 사이에 강렬함이 점점 더해가는 주제가 있다는 반복 이론의 주장과 잘 들어맞는다. 요한계시록의 이야기가 진행됨에 따라 점차 강렬해지며 극적인 효과를 지니는 이런 상승하는 주제의 움직임은 원뿔 모양의 나선형으로 그릴 수 있다.[93] 사실 동일하게 증가하는 주제의 강조는 3가지 재앙 시리즈 안에서도 각각 관찰된다. 각 시리즈의 일곱째 요소들(종종 여섯째가 포함되기도 하는데)은 앞선 재앙들이 단편적인 효과만 있었음을 언급한 후에 보편적이며 극적인 최고조에 도달한다.[94]

실제로 각 시리즈에서 일곱째 요소는 최후의 심판을 나타내는 반면에, 앞의 여섯 개는 반드시 시간적 순서대로 일어나는 것은 아니다. 숫자를 매긴 주요 의도는 요한이 본 환상의 순서를 나타내는 것이지, 단지 역사적 사

---

92) 과연 이것이 구원에 이르는 회개인지를 논의한 11:11-13의 주석 참조.

93) Schüssler Fiorenza, "Composition and Structure," 360. Schüssler Fiorenza는 일곱 인을 이해하는 데 이 구조적 은유를 제안한다. 또한 일곱째 인, 나팔, 대접과 후반부에 등장하는 몇몇 환상들(14:14-19; 19:1-21; 20:9-22:5)이 그 동일한 최후의 심판에 관한 새로운 정보를 점차적으로 밝혀준다고 결론을 내린 Steinmann, "Tripartite Structure," 78도 보라.

94) 일곱 인을 이런 관점에서 분석하고 설명한 Schüssler Fiorenza, "Composition and Structure," 360을 보라.

건들의 순서를 나타내려는 데(이는 부차적이다) 있지 않다. 이 사실을 명심하는 것이 요한계시록의 핵심적 해석 원리다. 이 원리는 각 시리즈의 숫자가 붙은 요소들에만 적용되는 것이 아니라, 일곱 인, 일곱 나팔, 일곱 대접의 순서와 숫자가 붙어 있지 않은 환상에도 적용된다. 요한이 요한계시록 전체에서 "이후에"와 "이 일 후에"와 "내가 보니"라는 전환 표현들을 반복해서 사용한 것은 매우 중요한 이 문학적 원리에 주석적 기반을 제공한다.

　일곱째 인과 일곱째 나팔 전에 막간 또는 삽입구가 있고 일곱째 대접 앞에는 그런 단락이 없다는 사실이 앞의 두 시리즈와 일곱 대접 사이에 시간적 차이가 있음을 말하는가? 그렇지는 않은 것 같다.

　A. Y. 콜린스는 요한계시록에서 훨씬 더 넓은 병행을 발견했다. 콜린스는 요한계시록을 1:9-11:19과 12:1-22:5 등 두 개의 큰 환상 사이클로 나눈다. 콜린스의 것과는 별도로, D. M. 레옹은 요한계시록에서 동일한 2중적인 구분을 관찰하였다.[95] 콜린스는 각 사이클이 7중 시리즈 세 개를 포함하는 것으로 이해한다. 첫 번째 사이클에는 일곱 편지와 일곱 인과 일곱 나팔이, 두 번째 사이클에는 일곱 대접과 대접 환상 앞뒤로 숫자가 언급되지 않은 일곱 환상 두 시리즈가 있다. 첫 번째 사이클은 저자의 예언자적 사명으로 시작하며(1:10-11, 19: 4:1-2), 뒤따르는 장들의 계시를 상징하는 한 책이 따라온다. 요한은 이것을 기록된 형태로 전해야 했다. 두 번째 사이클 역시 예언자적 사명으로 소개되며(10:1-11), 뒤따르는 장들에 기록된 계시를 나타내는 한 책이 다시 등장한다. 5장과 10장 사이에 존재하는 다른 병행들은 선견자와 대화하는 "강한 천사"(5:2; 10:2)와 어린 양 묘사 또는 책을 받는 요한이다(5:7-8과 10:9-10). 콜린스는 두 책 모두 "펼쳐졌다"든가, 두 곳에 겔 2장에 대한 암시가 있다든가, 두 책이 단 12장의 마지막 때의 예언과 관련되었다는 등, 두 책 사이의 다른 관련성을 더 지적할 수도 있었을 것이다. 콜린스는 두 번째 사이클이 첫 번째 사이클의 암시적이고 단편적이고 신비로

---

95) D. M. León, "Estructura del Apocalipsis"; 또한 Barr, "Apocalypse as Symbolic Transformation of the World," 44-45을 보라.

운 특징을 더욱 분명하게 한다고 주장한다.[96] 이 제안은 우리가 앞에서 설명한 것과 부합하며, 일례로 왜 일곱 대접이 일곱 나팔과 동일한 병행이면서도 더 광범위한 효과를 지니고, 어느 정도 다른 방식으로 묘사될 수 있는지를 설명한다.

요한계시록에는 교차대구 구조도 파악될 수 있다. 교차대구 구조는 병행 단락이 같은 시간대와 주제로 연결되는 틀을 보여준다(아래 도표 참조).[97] 이 교차대구는 7중 구조(서론과 종결 부분은 포함되지 않음)를 보여주며 앞에서 분석한 구조적 단락 나눔의 대부분과 부합한다. 19:17-20:15 단락이 문학적으로 보았을 때 맞지 않고 다소 지나친 것처럼 보이기는 하지만 말이다.[98]

타당성이 있는 또 다른 7중 교차대구 구조를 쉬슬러 피오렌자가 제안했다.[99]

> A. 1:1-8
> 　B. 1:9-3:22
> 　　C. 4:1-9:21; 11:15-19
> 　　　D. 10:1-15:4
> 　　C´. 15:1, 5-19:10

---

96) Collins, *Combat Myth*, 19-43; 비교. Humphrey, "Sweet and Sour," 455-56. Humphrey도 두 책이 주요한 구조적 의의를 지닌다고 생각한다. 하지만 그는 특이하게 5장에 있는 책의 내용이 6-9장과 15:4-19:8이며, 10장에 있는 책의 내용이 11-14장이라고 이해한다. Giblin은 Collins가 요한계시록의 새로운 사이클의 시작이 10장에 있으며, 10장에서 천사가 새로운 시작의 경험을 제공한다고 보는 것에 대해 올바르게 의문을 제시한다. "이것은 일곱 나팔의 통일성을 파기하는 것이다." Giblin, "Recapitulation and the Literary Coherence of John's Apocalypse," 89. 하지만 Collins의 견해는 타당하다. 10장은 11:1-13과 더불어 막간의 일부분이며, 이전 자료의 배경을 재검토할 뿐만 아니라 이어지는 장들의 내용을 대비하기도 한다. 이미 앞에서 언급했지만, 요한이 그의 책을 개론적으로 서술하는 데 있어 서로 공존할 수 있는 다른 "단계"를 가지고 있었다는 사실을 기억할 필요가 있다.

97) 아래의 교차대구 구조는 Kline, "Minor Prophets"에서 가져와 변경하고 보완했다.

98) Morris, *Revelation*, 43-44은 17:1에서 20:15까지 확장되는 단락을 포함하는, 이와 비슷하지만 교차대구가 아닌 개요를 만들었다.

99) Schüssler Fiorenza, *Book of Revelation*, 175-76.

B´. 19:11-22:9

A´. 22:10-22:21

케어드는 숫자가 언급되지 않은 단락에서 미묘한 7중 형식 패턴을 탐지하려는 시도에 대해 반박한다. 그는 이 단락들은 숫자가 표기된 시리즈인 일곱 인과 일곱 나팔 및 일곱 대접과 대조하기 위한 것이라고 주장한다. 케어드에 따르면 이 시리즈들은 완전함을 상징하며 또한 "하나님의 심판의 총체성을 이해하는 요한의 전반적인 관점"을 함축하는 의도로 제시되었다. 반대로 숫자가 언급되지 않은 환상들은 일부러 체계적으로 구성되지 않았는데, 요한이 이 단락들에서는 포괄적인 내용이 아니라 세세한 내용을 다루도록 의도했기 때문이다. 대부분의 "숫자가 표기된 환상들이 좀 더 정형화되었고 언뜻 보기에도 구약의 교훈에 거의 혹은 전혀 추가하는 것이 없는 듯이 보인다"는 점에서, 케어드의 이 분석은 부분적으로는 정당한 것 같다. 숫자가 언급되지 않은 환상에서 요한은 그리스도의 구속 행위에 비춰 구약의 사상들을 해석하고 변형한다.[100]

케어드의 주장은 다음 사실로 다소 약화될 수 있다. 여섯째 인과 나팔의 필수적인 부분으로도 여겨질 수 있으며 인과 나팔 시리즈의 중간에 있는, 이른바 막간은 철저하게 그리스도에 비추어 구약을 해석한다는 사실이다. 그렇지만 케어드의 견해에는 장점이 있다. 숫자가 언급되지 않은 단락에서 미묘한 숫자적 구별을 여전히 고수하면서도(특히 12-14장), 그의 핵심 주장은 요한이 구약을 재해석한 것이 포괄적이고 보편적인 의미를 지니고 있음을 나타내는 데 유효하다(12장의 서론적인 언급을 보라).

중요한 주제와 이미지, 어구의 반복. 이 반복들 중에는 앞에서 주목했던 것이 있다. 여기서는 몇 개만 더 언급하려고 한다(좀 더 철저한 분석은 관련 본문 주석 참조).

---

100) Caird, *Revelation*, 106.

A. 서론: 언약의 경고를 가지고 오는 신실한 증인의 강림이 임박함(1:1-8)

　B. 환상: 세상에 있는 불완전한 교회에게 인내할 경우 구원을 약속함(1:9-3:21)

　　C. 일곱 인: 세상에 이미 임한 심판, 아직 임하지 않은 심판(4:1-8:1)

　　　　서곡: 하늘 보좌에 있는 승리한 사자이신 어린 양(4:1-5:14)

　　　　환상: 책을 펼침. 이기는 말 탄 자로 시작되고 하나님에 의해 완성
　　　　　된 심판(6:1-17; 8:1)

　　　　막간: 어린 양으로부터 보호 받고, 최후의 구원을 받으며, 흰옷을
　　　　　입은 성도들(7장)

　　　D. 일곱 나팔: 불경건한 세상과 큰 성에 내리는 심판들(8:2-11:18)

　　　　서곡: 일곱 천사들의 천상적 임명 (8:2-6)

　　　　환상: 심판의 나팔을 붊(8:7-9:21; 11:14-18)

　　　　막간: 증언하는 교회 대(對) 박해하는 세상(10:1-11:13)

　　　E. 여러 세대에 걸친 전쟁(11:19-14:20)

　　　　서곡: 하늘에 있는 언약궤(11:19)

　　　　환상: 용과 두 짐승 대(對) 하늘에 있는 여자와 그 아들과 성도들
　　　　　(12:1-13:18)

　　　　막간: 복이 포함되긴 하지만, 심판을 포함하는 언약의 경고(14장)

　　　D′. 일곱 대접: 세상과 큰 성에 내리는 심판들(15:1-19:10)

　　　　서곡: 일곱 천사들의 천상적 임명(15장)

　　　　환상: 심판의 대접이 부어짐(16장)

　　　　막간: 불경건한 음녀인 세상 대(對) 신실한 신부인 교회(17:1-
　　　　　19:10)

　　C′. 세상에 내려진 최후의 심판이 다양한 관점에서 묘사됨(19:11-21:8)

　　　　서곡: 승리하신 메시아와 그의 군대(19:11-16)

　　　　환상: 메시아이신 말 탄 자가 거짓 예언자가 이끄는 불경건한 마병
　　　　　대들을 심판하심, 사탄과 그의 하수인들 심판, 심판을 위한 책
　　　　　이 펼쳐짐(19:17-20:15)

　　　　막간: 신적인 남편을 위해 단장한 어린 양의 신부(21:1-8)

　B′. 환상: 약속된 구원을 받은 영광을 입은 완전한 교회(21:9-22:5)

A′. 종결 부분: 그리스도 재림의 임박함이 신실한 증인들에 의해 입증됨(22:6-21)

(1) 11:2, 3; 12:6, 14; 13:5에서 반복되는 세 때 반의 박해는 11장(1-13절)과 12장, 13장이 서로 시간적으로 이어지는 것이 아니라 동일한 사건임을 암시한다.

(2) 16:14; 19:19; 20:8에 언급된 $\sigma\upsilon\nu\alpha\gamma\alpha\gamma\epsilon\hat{\iota}\nu$ $\alpha\mathrm{\dot{\upsilon}}\tau o\mathrm{\dot{\upsilon}}\varsigma$ $\epsilon\mathrm{\dot{\iota}}\varsigma$ $\tau\mathrm{\grave{o}}\nu$ $\pi\mathrm{\acute{o}}\lambda\epsilon\mu o\nu$("전쟁을 위하여 그들을 모으더라")의 반복(약간의 변경은 존재함)은 15:1-16:21; 17:1-19:10; 19:11-21:8이 같은 시간과 사건을 다룬다는 것을 강하게 시사한다. 그리고 이 어구가 3번 언급된 곳이 바벨론과 짐승과 용의 심판을 묘사한 곳이라는 것이 눈에 띈다. 아마도 이 언급은 세 악한 인물들이 함께 패한 하나의 전쟁을 가리킬 것이다.

(3) 19:17-18, 21과 20:8-9에 있는 전쟁 이미지는 모두 겔 39장(각각 겔 39:4, 17-20과 39:1, 6)의 동일한 종말 전쟁에서 온 것이다. 이에 비춰볼 때, 만일 요한이 원래의 문맥을 염두에 두고 이 구약 본문을 사용했다면, 20:8-10에 묘사된 장면은 19:17-21의 장면을 보충하는 것일 가능성이 무척 높다.

(4) 14:5; 16:19; 17:16; 18:2, 10, 17, 19-21; 19:2-3에 있는 바벨론 멸망에 대한 반복구는 다른 일련의 사건을 묘사하는 것이 아니라 같은 대재앙 심판을 묘사하는 것이 확실하다.

편지들과 환상들의 관계. 파러는 그의 주석에서 편지들에 소개된 주제들, 특히 그곳에 언급된 악의 형상들이 4-22장의 환상에서 더욱 자세하게 설명된다고 주장한다.[101] 파러는 이것을 지지하기 위해 요한이 1장에 있는 인자 환상의 본질적 부분들을 2, 3장 메시지의 근거로 사용하고 있음을 주목한다.

첫째, 요한은 둘째 편지와 여섯째 편지부터 일곱 인 단락까지 이르는 부분에서 거짓 회당과 참 이스라엘 개념을 추적한다. "(참) 유다 지파의 사자"인 어린 양과 "모든 족속과 방언과 백성과 나라"에서 온 참 이스라엘(5:5-10)로 구성된 어린 양을 따르는 자들과는 대조적으로, 육체를 따라 난 이스라엘은 거짓 유대인임이 밝혀진다(2:9; 3:9). 그리고 이 참 이스라엘 백성이

---

101) Farrer, *Revelation*, 83-86; Sweet, *Revelation*, 44-47. Sweet는 Farrer의 견해를 따른다.

7:4-8에서 열두 지파로 제시되는 상황에서, 유다 지파가 제일 먼저 언급된 것은 적절하다.

둘째, 파러는 환난, 박해, 순교 사상의 전개를 주목한다. 서머나 교회의 성도들은 "열흘"이라는 짧은 기간 동안 시험을 받을 것이라고 경고를 받고, 그들은 믿음 때문에 재림 때 신원함을 받기 전 "잠시 동안"만 죽임을 당할 것이다(6:9-17). 빌라델비아 교회는 온 세상에 임하는 시험으로부터 영적 보호를 받을 것을 약속받았다. 신자들은 7장에서 영적으로 인침을 받아 다가오는 마지막 때의 화(禍)로 인한 해를 받지 않을 것이다. 이 인침은 나중에 신적인 이름들이라고 설명된 신적인 표를 주는 것으로 분명하게 이루어진다. 이 이름은 이기는 빌라델비아 교회(3:12)와 버가모 교회(2:17)에게도 기록된다. 하나님의 이름이 기록된 것을 받을 것이라고 빌라델비아 교회에게 하신 약속이 "내 하나님 성전에 기둥이 되게 하리"라는 확신을 동반하는 것처럼, 7장의 인은 신자들이 하늘에 있는 성전에서 영원히 섬길 수 있게 하는 표다(7:15). 더욱이 신실한 증인이요 순교자인 안디바(2:13; 또한 1:5, 9)는 6:9-11에 언급된 순교자들과 11:3-13의 순교한 두 증인이 어떤 사람들인지를 요약적으로 보여준다(이외에 다음과 같은 본문도 포함될 수 있다. 12:6, 11, 13-17; 13:6-7, 15-17; 14:13; 16:6; 17:6; 18:24; 19:2; 20:4, 9).

셋째, 버가모 교회에게 보내는 편지에 등장하는 거짓 예언사와 사탄적인 왕은 9:1-11과 12-13장(박해하는 용과 두 짐승)에서 더욱 자세하게 묘사된다. 두 짐승 중 하나는 거짓 예언자다(13:13-14). 마지막으로 두아디라 교회에 보내는 편지에서 이세벨에 상응하는 것은 하나님의 백성의 피를 마시고 많은 무리를 유혹하는 음녀이자 여황인 바벨론이다(참조. 14:8; 17:1-19:5. 2:20-22; 17:2-3; 18:3에 언급된 πορνεύω["행음하다"]를 주목하라). 바벨론이 멸망된 후, 신자들은 깨끗한 옷을 입으며(참조. 3:18; 19:8), 어린 양의 잔치에 초대를 받고(3:20과 19:9), 하늘의 열린 문은 예수가 아멘이시고 충성되며 참이심을 계시한다(3:14과 19:9-13).

파러는 이밖에 다른 중요한 연결점도 언급할 수 있었을 것이다. 이를 테면 이김(2:7ff.; 12:11; 15:2; 17:14; 21:7), 인내하라는 권면(2:5, 16; 3:3과 16:15;

2:7과 13:9; 비교. 2:13, 19; 14:12), "큰 환란"(2:22; 7:14), 우상숭배의 죄(2:14, 20과 9:20; 13:4, 12-15), 입에서 나오는 검으로 심판하시는 예수 이미지(2:16; 19:15) 등이 있다. 파러가 인용하는 다른 병행 어구들은 이만큼 설득력이 없다. 하지만 서로 연결되는 이 모든 병행 어구에서 우리는 일곱 편지가 환상과 밀접하게 관련이 있고, 환상 단락이 2-3장에 언급된 교회 상황과 필수적으로 관련된다는 사실을 보게 된다. 이 병행 어구들은 우리가 지금까지 논의한 반복의 내용들을 독립적으로 증명하지 않지만, 이런 내용들을 한층 강화하기 위한 점증적 증거로 작용한다.

　　이러한 점에서 요한계시록을 넓은 의미에서 "편지"로 이해해야 한다는 점은 무척 중요하다. 편지의 내용은 장르상 묵시이며 동시에 예언이다(1:1-3의 주석 참조). 서론 1:4에 제시된 것처럼 22:21에서도 "은혜"가 교회에 선포된다(1:4; 22:21의 주석 참조). 22:20 역시 편지의 결론임을 강조하려고 "아멘"으로 마친다. 신약성경에서 편지 장르의 목적은 다양한 교회에서 제기된 현존하는 문제들을 다룬다. 편지를 쓰는 사람들은 순종을 요구하는 근거로 그리스도 안에서 독자들이 현재 참여하고 미래에 누리게 될 복을 언급한다. 요한계시록의 편지 형식이 이와 비슷하게 작용한다면, 묵시적 편지의 본론(4-22장의 환상들)은 현재 그리스도의 복 안에 참여하고 또 장차 참여하게 될 것에 호소함으로써 일곱 교회에서 벌어지고 있는 문제들을 다룬다.

　　이러한 "이미"와 "아직"의 구도가 요한계시록 본론 전체에 등장한다는 사실은 각 서신의 주요 사상을 제시하는 신약성경의 다른 서신들의 서론에서도 감지된다. (요한계시록의 서론이 1:3, 1:6, 1:8, 1:20 중 어디에서 끝나든지 간에) 요한계시록 서론에는 구약 예언의 시작과 미래의 성취가 포함되어 있다. 그러므로 4-22장을 비롯하여 요한계시록 전체에 동일한 2중 주제가 있다고 생각하는 것은 합리적이다.

　　일곱 편지와 환상들을 이렇게 연결하여 생각하다 보면, 옛 창조 안에 있는 교회의 불완전함(2-3장)과 새 창조에서 이에 상응하는 완전함(21:9-22:5) 사이의 반제적인 병행이 더욱 두드러진다. 클라인이 이 병행을 상세하게 열거한다.

거짓 예언자들(2:2)	참 열두 사도들(21:14)
거짓 유대인들(2:9; 3:9)	참 이스라엘 지파의 이름들(21:12)
사탄의 보좌가 있는 곳에 그리스도인들이 거주함(2:13)	하나님의 보좌가 있는 곳에 그리스도인들이 거주함(22:1)
교회에 있는 몇몇이 죽음 (3:1)	새 예루살렘에 있는 모든 사람이 어린 양의 생명책에 기록됨(21:27)
교회는 흔들리는 한시적인 촛대임(1:20; 2:5)	하나님과 어린 양이 영원한 등불이 되심(21:23-24; 22:5)
교회는 부정한 우상숭배자들(2:14-15, 20)과 거짓말하는 자들로 꽉 차 있음(2:9; 3:9)	새 창조에는 오직 정결함과 참된 것만 있을 것임(21:8, 27)
그리스도인들은 박해에 직면하여, 이기는 자들에게 주시는 하나님의 약속을 소망함(2:8-10, 13)	새 창조에서 그리스도인들은 왕 노릇 하며, 이러한 약속들을 유업으로 받을 것임(2:7 = 22:2; 2:17 = 22:4; 3:5 = 21:27; 3:12 = 21:10과 22:4; 3:21 = 22:1과 22:5).[102]

    클라인이 제시한 것과 비슷하게, 미니어는 "이기는 자들"에게 주시는 약속들 하나하나는 절정에 도달한 새 창조에 관한 최종 환상에서 완전히 성

---

102) Kline, "Structure of Revelation," 19.

취되었음을 관찰했다.

　　음식: 2:7과 22:2

　　성전: 3:12과 21:22ff.

　　영원한 도시가 밝혀짐: 3:12과 21:2, 10

　　위대한 이름: 3:12과 22:4

　　영원한 안전: 3:5과 21:27

　　썩지 않는 옷: 3:5과 21:2, 9ff.(비교. 19:7-8)

　　빛나는 돌과 광채: 2:17, 28과 21:11, 18-21, 23; 22:5, 16

　　그리스도의 왕적 능력에 참여함: 2:26-27; 3:21과 22:5

　　"둘째 사망"에 들어가지 않음: 2:11; 21:7-8.[103]

　　그러므로 편지인 요한계시록의 첫 단락과 새 창조인 결론 단락은 공시적이거나 주제적인 병행이 아니라, 내부에 있는 다섯(또는 여섯) 단락의 경계 또는 수미상관을 이루는 반제적인 병행이다. 이 두 단락은 서로 반복한다. 이러한 구조를 특히 우리가 이 책에서 채택한 7중 구조나 8중 구조에 비추어 아래와 같이 도표로 만들 수 있다.[104]

---

103) Minear, *I Saw a New Earth*, 59-61. 이 문제를 더 충분히 논의한 21:7의 주석 참조.

104) 아래의 도표는 (내 학생 중 한 명이 배열했듯이) 앞서 논의한 Kline의 구조 이해에 가장 가깝다.

다니엘서의 암시(1:1의 문학적 경첩) 1:1-8 서론

다니엘서의 암시(1:19-20a의 문학적 경첩)
1:9-3:22 세상에 있는 교회의 불완전함

I

다니엘서의 암시(4:1의 문학적 경첩)
4:1-8:1 일곱 인

II

8:2-11:19 일곱 나팔

III

12:1-14:20 더 깊은 갈등

IV

15:1-16:21 일곱 대접

V

17:1-21:8 악한 원수들에게 내려진 최후의 심판
17:1-19:21 바벨론, 짐승   20:1-10 사탄
20:11-15 불신자들   21:1-8 이기는 자들

21:9-22:5 영광 중에 있는 교회의 완전함

다니엘서의 암시(22:6의 문학적 경첩) 22:6-21 결론

예언문학과 묵시문학의 특징인 반복. 요한계시록에 매우 강하게 영향을 끼친 구약성경이 시편, 이사야서, 에스겔서, 다니엘서라는 것은 일반적으로 인정되는 사실이다. 순전히 사용된 분량으로만 볼 때는 이사야서가 1위이

고 에스겔서와 다니엘서가 그 뒤를 따르지만, 각 책의 분량에 비례해서는
다니엘서가 가장 많이 사용되었고, 그다음으로 에스겔서다.[105] 이사야서와
다니엘서, 에스겔서의 구조가 주로 반복으로 이루어졌고 가끔 교차대구 형
식으로 구성되었다는 것이 우연한 일치는 아닌 것 같다.[106] 스가랴서도 상
당히 많이 사용되었으며(대략 15번), 교차대구 형식으로 병행되는 구조를
보여준다.[107] 요한이 요한계시록 전체에서 예언자적 선례를 언급하는 경향
이 있기 때문에 예언자들이 반복적으로 사용한 환상의 문체를 놓치기 어려
웠을 것이다. 다니엘서와 스가랴서는 특히 이 점과 관련이 있다. 두 책은 묵
시적 환상 문체를 명확하게 띠며 형식에 있어서 요한계시록의 장르와 가장
가깝다.

다니엘서에서 같은 내용을 담은 5개의 병행 환상(2, 7, 8, 9, 10-12장) 구
조는 요한계시록의 구조에 가장 많은 영향을 끼쳤을 것이다. 다니엘서는
요한계시록에서 상당히 많이 사용되었고, 요한계시록의 전반적인 구조를
나누어 표시하기 위해 사용되었다(이하 계속되는 설명 참조). 불완전한 예상
을 담은 1-3장과 온전한 완성을 언급하는 22:9-22:21을 바깥 경계선으로
삼아, 요한계시록에서 반복되는 다섯 단락의 윤곽이 이것으로써 확실해지
는 것 같다. 다니엘서에 있는 병행 환상 5개는 미래에 일어날, 전반적으로
같은 기간을 보충하는 관점들이다. 다니엘서의 병행 구조를 모델로 삼으면
서도 미래에 일어날 전반적으로 같은 기간과 관련이 없는 병행 단락을 가
진다는 것은 요한계시록과 같은 책에서는 예상 밖의 일이다. 오히려 그 병

---

105) 통계와 그와 관련된 참고문헌은 Beale, "Use of the Old Testament in Revelation"을 보라.
106) 이사야서에 대해서는 Gottwald, *Hebrew Bible*, 505-6; Dumbrell, "Purpose of the Book
of Isaiah"를, 다니엘서에 대해서는 Lenglet, "Structure Litteraire de Daniel 2-7"; Baldwin,
Daniel, 59-63; D. Ford, *Daniel*, 25-29; J. J. Collins, *Apocalyptic Vision of Daniel*, 116-
17, 133을, 에스겔서에 대해서는 대부분의 주석(예. J. W. Wevers와 J. B. Taylor)에 언급된
개요를 보라. Sims, *Comparative Literary Study of Daniel and Revelation*, 115-19는 (앞
에서 Schüssler Fiorenza가 제안한 것처럼 요한계시록의 구조가 대체적으로 다니엘서의 구
조, 특히 아람어로 된 단 2-7장의 교차대구를 반영한다고 주장한다.
107) Baldwin, *Haggai, Zechariah, Malachi*, 74-81; Gottwald, *Hebrew Bible*, 504; 비교.
Kline, "Structure of the Book of Zechariah."

행 어구들이 "이미와 아직"의 시간적 관점을 반영하는 것이 좀 더 자연스러운 듯하다. 특히 미래와 관련한 다니엘서의 중요한 환상들이 그리스도의 초림으로 성취되기 시작했기 때문이다. 다니엘서에서 발견되는 반복의 동일한 현상이 *Sib. Or.*(the third sibyl)[108]과 the Similitudes of Enoch, 4 Ezra(3:1-9:22; 11:1-13:58)[109]와 같은 유대 묵시문학에서도 등장한다는 것은 요한계시록에서도 같은 현상이 있다는 것을 나타낸다.

다니엘서에 대한 암시의 구조적 중요성과 시작된 종말론 및 반복의 함의.[110] 1:1에 있는 요한계시록 서론과 요한계시록의 제목은 단 2:28-29, 45을 암시한다(δεῖξαι...ἃ δεῖ γενέσθαι, "반드시 속히 일어날 일들을 그 종들에게 보이시려고." 참조. LXX과 Theod.). 이 어구 바로 뒤에 ἐν τάχει("속히")가 이어진다. 이것은 아마도 LXX의 ἐπ' ἐσχάτων τῶν ἡμερῶν("후일에")을 변형한 것으로 판단된다. 이 어구는 LXX에서는 2:28, 29, 45에 등장하며, Theod.에서는 2:28에 등장한다.[111] ἐν τάχει는 단 2장의 예언이 즉각적으로 성취된다고 말하기보다는 성취되는 방식이 신속하다는 것을 의미하는 것으로 이해되는 경우도 있지만,[112] 여기서는 가까운 미래에 성취될 것을 의미하는 것 같다. ἐν τάχει가 다니엘서의 ἐπ' ἐσχάτων τῶν ἡμερῶν 대신 사용되는 것으로 보아, 성취가 현재 이미 시작되었을 것이나. 이것은 물론 성취의 시간을 언급하고 그것의 속도를 언급하지는 않는다. 다니엘이 아주 먼 "후일"에 발생할 것이라고 기대했던 것은 우주의 악이 멸망되고 하나님 나라가 임하는 것이었다. 요한은 이것이 이미 일어나지 않았다면, 그의 시대에 시

---

108) Collins, *Combat Myth*, 43; J. J. Collins, *The Sybylline Oracles of Egyptian Judaism* (SBLDS 13; Missoula: Scholars, 1974), 37.

109) 참조. Breech, "These Fragments I Have Shored against My Ruins," 270.

110) 이 단락에 대한 충분한 설명과 증거를 보려면, 본서의 다음 부분인 "요한계시록 해석의 열쇠로서 계 1:19의 논의"를 보라.

111) 이것과 거의 같은 것이 단 2:28 Theod.(비교. 2:29, 45)과 단 2:45 LXX이다. 단Ἀποκαλύπτω는 단 2장의 이 구절들에서 반복적으로 사용되며, σημαίνω 역시 발견된다(단 2:45, LXX). 그러므로 다니엘서가 계 1:1과 유사하다는 것이 또한 드러난다.

112) 이 어구와 관련하여 해석의 다양한 선택을 논의한 Mounce, *Revelation*, 64-65을 보라.

작되기를 기대한다.[113) 그러므로 요한은 단 2장(과 이와 병행인 단 7장ff.의 내용)이 이어지는 요한계시록의 전체 내용을 이해하는 주요 틀 중에 하나라고 주장하는지도 모른다. 계 1:6, 9과 1:13-15이 현재 시작된 예언의 성취임을 암시하는 것과 아울러, 계 1장에 등장하는 나라에 대한 언급(1:6, 9)과 "인자"(1:7), 환상(1:13-15) 등은 이 언급에 다니엘서의 틀이 있음을 입증한다.

실제로 요한이 단 2장을 "시작된" 후일의 관점에서 이해한다는 점은 1:3의 ὁ γὰρ καιρὸς ἐγγύς("때가 가까움이라")라는 어구에서 더욱 분명해진다. 이 표현은 문자적으로 현재를 의미할 수 있는 임박함을 가리키는 과장된 표현이다. 때가 가깝다는 말은 막 1:15의 πεπλήρωται ὁ καιρὸς καὶ ἤγγικεν ἡ βασιλεία τοῦ θεοῦ("때가 찼고 하나님의 나라가 가까이 왔으니")와 놀랍게 병행하는 내용이다. 막 1:15의 문맥과 동의 대구에서 분명하게 나타나는 것은 구약성경에 예언된 "하나님 나라의 가까움"에 관한 두 번째 어구가[114) 단지 첫 번째 어구에 서술된 것을 명확하게 하는 것에 불과하다는 점이다. 하나님 나라가 가까이 왔다는 것은 지금 막 시작된 성취를 가리키는 비유다. 이와 동일한 현재적 측면이 계 1:3b에서 작용하는 것 같다. 적어도 말할 수 있는 것은 여기에 사용된 용어들 자체는 즉각적인 미래를 언급한다는 사실이다. 요한은 그리스도의 죽음과 부활을 다니엘이 예언한 마지막 때에 속한, 오랫동안 기다렸던 나라를 시작하는 것으로 이해했을 것이다. 이 마지막 때는 교회 시대 전체에 걸쳐 지속될 것이다.[115) 그래서 1:1의

---

113) 요한이 단 2장을 이미 성취되기 시작한 것으로 이해했다면, 이것 자체는 신약성경에서 전혀 독특하지는 않다. 눅 20:18(마 21:44)이 단 2:34-35의 "돌"을 그리스도와 동일시했고, 단 2장의 예언을 예수의 지상 사역에서 실현되기 시작했다고 이해하기 때문이다. 단 2:35을 동일하게 "시작된 종말론적" 관점으로 이해한 것은 계 12:8에도 분명하게 나타나는 것 같다.

114) 막 1:15의 이 두 번째 어구가 단 7:22의 예언을 암시한다고 이해하는 사람들이 있다는 것은 의미심장하다(예. Dodd, *According to the Scriptures*, 69; Bruce, *New Testament Development of Old Testament Themes*, 22-30), France, *Jesus and the Old Testament*, 139는 이에 반대한다.

115) 비교. 계 1:5-6, 9, 13-18. 이 구절에서는 약속된 나라가 현재 성취되기 시작한 것으로 이해된다. 또한 1:3은 눅 21:8을 암시한 것일 가능성이 있다. 눅 21:8에서 ὁ καιρὸς ἤγγικεν("때가 가까이 왔다")은 "현재 성취되었다"는 의미를 지닌다(암시의 가능성에 대해서 Vos, *Synoptic Tradition*, 178-81을 보라). 따라서 막 1:15과 눅 21:8은 계 1:3을 기록할 때 염두에 둔 것이

어구는 1:3b, 6, 9, 13-15의 "시작된 마지막 때"의 틀 안에서 이해돼야 한다. 1:3b에 분명하게 나와 있듯이, 1절에 등장하는 어구는 단지 임박한 미래에 성취될 것을 가리키는 것이 아니라, 현재 이미 성취되었음을 의미하는 비유적 표현일 수 있다.

계 1장의 환상의 결론은 19-20절이다. 그런데 19-20절은 요한계시록의 또 다른 서론이기도 하다. 19절에 언급된 요한이 기록하려고 하는 3가지 내용은 8b절 내용에서 채용한 것이든지(비교. 18a절), 이와 비슷하게 사용되던 일반 어구를 사용한 것이다.[116] 그 형식의 셋째 부분은 1절의 내용을 반영하며, 주로 단 2:28-29a, 45-47(참조. LXX. Theod.)의 용어들로 구성되었다. ἃ μέλλει γενέσθαι μετὰ ταῦτα("이후에 장차 될 일").[117] μέλλει가 몇몇 사본에서 다니엘서의 δεῖ를 대체하지만, 사본 전통에서 δεῖ는 여전히 중요한 사본상의 증거를 갖고 있다.[118] 단 2장에서 ἐπ' ἐσχάτων τῶν ἡμερῶν("후일, 즉 장래에")과 μετὰ ταῦτα("이후에")가 동의어로 사용되고 있는 것으로 생각되기 때문에, 요한은 19절에서 세 번째 어구를 "후일(장래)"이라는 의미로 사용했을 수도 있다. 이를테면 다니엘서와 요한계시록에서 μετὰ ταῦτα는 종말론적 의미를 지닌다.[119]

단 2:29a, 45이 계 1:19에서 가장 염두에 둔 본문이라는 사실은 단 2:29, 47에서도 발견되는 20절의 τὸ μυστήριον("비밀")이라는 단어로 확증된다.[120] 더욱이 단 2장에서처럼, μυστήριον이 분명히 마지막 때와 관련한 문

며, 적어도 이러한 사용례와 관련한 대표적 병행 어구로 이해될 수 있다. 사실 애 4:18의 또 다른 병행 어구는 이 비유적 표현이 숨어있을 가능성을 암시한다.

116) van Unnik, "A Formula Describing Prophecy"를 보라.

117) 본문의 어구는 단 2:45(Theod.)과 거의 비슷하다.

118) 비교. אּ *pc*(δεῖ μέλλειν), C 2073^vid(δεῖ μέλλει), 2321(δῆ μέλλει), 2050 latt(δεῖ); Josephus, *Ant*. 10,210.

119) 단 2:29, 45의 LXX에는 ἐπ' ἐσχάτων τῶν ἡμερῶν("후일에")이라고 되어 있는 반면에, Theod. 에서는 μετὰ ταῦτα("이후에")라고 되어 있다. 두 어구는 아람어 'ahărē denâ를 번역한 동의어임이 분명하다. Theod.에서 이 번역들은 2:28의 ἐπ' ἐσχάτων τῶν ἡμερῶν을 다시 언급하는 듯이 보인다. 동일한 현상이 행 2:17에서도 발견된다. 여기서 베드로는 욜 3:1(LXX)의 μετὰ ταῦτα('ahărē-kēn)를 ἐν ταῖς ἐσχάταις ἡμέραις로 바꾼다.

120) τὸ μυστήριον("비밀")은 구약성경에서 다니엘서에서만 등장하며, 마지막 때의 뉘앙스를 지

맥에서 등장하며 "해석" 개념과 밀접히 관련하여 사용된다. 계 1장의 환상은 "인자"의 메시아적 왕위가 성취되었음에 관심을 가지며, "비밀"이 다루는 것은 이미 성취되기 시작하였으며 교회와 성도와 수호천사로 해석되는 마지막 날의 나라이다(1:6, 9도 참조).

그러므로 1절의 서론은 19절에서 설명되는 것이 분명하다. 요한은 그가 본 다니엘의 환상을 그의 책에 기록하여 일곱 교회에게 보내라는 명령을 받는다. 그런 다음 19절은 요한계시록 전체가 다니엘서의 특성을 지니고 있음을 재천명한다. 19절은 1장의 결론이면서 동시에 적어도 이어지는 두 장의 서론이며, 아마도 요한계시록 전체를 다시 소개하는 기능을 한다(비교. 1:11).

"후일에" 사상과 의미론적으로 동일한 μετὰ ταῦτα("이후에")는 19절을 이해하는 해묵은 견해에서 중요성을 지닌다. 우리가 앞에서 살펴보았듯이, 몇몇 미래주의자들은 19절이 요한계시록의 시간적 개요로서 기능한다고 주장했다. 즉 "네가 본 것"은 요한이 1:19-20에서 경험한 환상을 가리키고, "지금 있는 일"은 2-3장의 1세기의 일곱 교회들의 상황을 가리키며, "이후에(μετὰ ταῦτα) 장차 될 일"은 재림까지 이어지는 먼 미래의 환난에 관련된다고 한다.[121] 하지만 만일 μετὰ ταῦτα가 일반적으로 요한이 이미 시작되고 있는 것으로 여긴 종말의 세대만을 가리킨다면, 19절은 이러한 잘 정돈된 시간적 형식을 표현할 수가 없다. 따라서 "이 일 후에 장차 될 일"은 과거와 현재에 시작되었고 동시에 미래도 언급하는 후일의 기간을 가리키는 것이 틀림없다.[122]

난다. 단 2:28-30에서 ἃ δεῖ γενέσθαι는 μυστήρια와 τὸ μυστήριον을 따라온다. 하지만 2:28a에서는 동일한 어구 앞에 나온다. 앞서 인용한 증거에 따르면, 사 48:6은 계 1:19에 암시되지 않았다는 것이 밝혀진다. 이 점에 대해서는 대부분의 주석가들이 동의한다.
121) 이와 관련하여, 일찍이 앞에서 인용한 Thomas, "John's Apocalyptic Outline"을 보라.
122) 1:19이 요한계시록의 시간적 개요가 될 수 없다는 사실은 1, 2-3장과 4-21장의 뚜렷이 구별된 시간적 단락들에서 과거와 현재의 요소들이 미래와 함께 등장한다는 사실로도 입증될 수 있다(예. 12:2ff.; 13:9-10; 14:12-13; 17:8-11). 19절의 3중 어구를 다르게 이해하고 번역한 3가지 다른 제안은 van Unnik, "A Formula Describing Prophecy"; Mounce, *Revelation*, 82; Johnson, "Revelation." 429을 보라. 이 제안들은 미래주의자들의 이해와 대조되며 우리

계 1장에 단 2장이 암시된 것을 감안하면, 요한계시록의 다음 중요한 단락의 서론(4:1) 역시 단 2장을 암시한다는 사실은 중요하다.[123] 거기에 사용된 용어가 단 2:28-29, 45을 반영할 뿐만 아니라,[124] 그 암시 역시 1:1, 19과 같은 방식으로 사용된 것이 분명하다. δείξω σοι ἃ δεῖ γενέσθαι μετὰ ταῦτα("이후에 마땅히 일어날 일들을 내가 네게 보이리라"). 1:19에서처럼, μετὰ ταῦτα는 다니엘서의 ἐπ᾽ ἐσχάτων τῶν ἡμερῶν("후일에")과 동의어다. 그러므로 다음에 이어지는 환상은 범위에 있어 종말적이다. 만일 우리가 4:1b의 μετὰ ταῦτα에 관해 추론한 것이 정확하다면, 이 본문이 4장 이후에 등장하는 모든 환상이 1-3장이 말하는 미래 기간 그 후에 일어날 일들을 가리키는 것으로 이해한다고 볼 수 없고, 단지 4장 이후의 환상들이 "실현된 것"과 "아직 실현되지 않은 것"을 다 포함하는 "후일"을 설명해주는 더 자세한 환상에 불과하다는 점만 나타낸다고 할 수 있다. 하지만 미래주의 입장에 있는 대부분의 주석가들은 4:1을 그들의 입장을 지지해주는 가장 분명한 증거 중 하나로 이해한다.

그렇지만 우리의 논의에 따르면, μετὰ ταῦτα는 신약 구속사의 연속성을 따라 과거와 현재 및 미래의 사건들을 언급하는 총체적인 마지막 때다. "후일"과 "마지막 때", 이와 비슷한 것을 표현하는 신약성경의 상당히 많은 언급은 미래만을 가리키지 않고, 이미 시작됐고 지금도 계속되며 미래의 어느 시점에 완성에 달하는 마지막 기간을 가리킨다(예. 막 1:15; 행 2:17; 갈 4:4; 고전 10:11; 고후 6:2; 딤전 4:1; 딤후 3:1; 벧전 1:20; 벧후 3:3; 히 1:2; 9:26; 약 5:3; 요일 2:18; 유 18). 그러므로 계 4:1에 대한 우리의 논의가 정당하다면, 이 본문 이후 시작되는 모든 환상이 미래만을 다루는 것으로 이해해서는 안 된다.

가 이 주석에서 제시한 견해와 겹치는 부분이 없지 않다.

123) 대부분의 주석가들은 4:1을 새로운 단락에 대한 서론이라고 본다. 그리고 이 사람들 중에 대부분은 4:1을 요한계시록 결론까지 포함되는 모든 환상을 소개하는 것으로 이해한다(예. Tenney, *Interpreting Revelation*, 70-71; Beasley-Murray, *Revelation*, 25-26; Sweet, *Revelation*, 47).

124) 무엇보다도 단 2:29, 45(Theod.)과 비교하라. 물론 4:1이 단 2장의 모든 유사한 단어와 어구를 합성한 것일 수 있다.

또 다른 중요한 단락 처음에 단 2장을 세 번째로 암시한 것은 어떤 패턴
이 드러남을 제시한다. 이를테면, 요한이 요한계시록 전체를 구성하는 구
조를 형성하기 위해 같은 (구약의) 암시를 문학적인 장치로서 사용하고 있
다고 말이다. 이 결론이 지나치게 사변적인 것이 아니라는 점은 같은 다니
엘서의 암시가 22:6에 다시 등장한다는 사실로 확인된다. 여기서 요한은 요
한계시록의 마지막 단락을 소개하면서 앞 단락을 마무리한다(δεῖξαι τοῖς
δούλοις αὐτοῦ ἃ δεῖ γενέσθαι ἐν τάχει, "그의 종들에게 반드시 속히 되어질 일을
보이시려고"). 22:6에 사용된 단어들은 서론 1:1에서 사용된 단어에 상응하
며, 그 어구가 두 본문에서 동일한 방식으로 사용될 개연성이 있다.

만일 요한이 단 2장을 암시함으로써 요한계시록의 주요 단락들을 의식
적으로 소개하고 있다면(그렇게 보인다), 4:1의 암시와 관련해 더 많은 결론
을 내릴 수 있다. 4:1-22:5을 여러 단락으로 나누는 것이 타당하다는 것은
의심의 여지가 없지만, 요한이 4:1-22:5을 하나의 폭넓은 단위로 인식했을
수도 있다. 이 하나의 단위는 "멸망에 관한 환상(6-20장)이" 4-5장과 21:1-
22:5에 있는 "창조자와 구원자이신 하나님에 관한 포괄적 환상으로써 앞뒤
로 둘러싸여 있다는 사실로 입증된다."[125] 이미 언급했다시피, 단 2장의 표
식에 따르면, 요한계시록의 대략적 구조는 다음과 같이 나눌 수 있다. (1)
1:1-18(서론); (2) 1:19-3:22; (3) 4:1-22:5; (4) 22:6-21(결론).[126]

이러한 구조적 계획은 단 2장을 주목하면 좀 더 확증을 얻는다. 28-29
절은 환상 자체(31-35절)를 소개하며, 45b절의 같은 어구는 설명된 환상의
공식적 결론에 속한다. 이처럼 다니엘서에서 유래한 같은 어구들이 계 4:1-
22:6(또는 1:1-22:6; 두 절에 사용된 비슷한 단어들을 비교하라)의 환상 자체를 소
개하고 마무리한다. 그럼으로써 이러한 요한계시록의 구조가 단 2장의 구
조에 의존하고 있음을 보여준다. 계 22:6b의 (단 2:28) 암시가 결론을 나타
낸다는 사실은 22:6a에 의해 강조된다. 여기서는 앞장에 있는 모든 환상이

---

125) Sweet, *Revelation*, 47.
126) Günther, *Der Nah- und Enderwartungshorizont in der Apokalypse*, 65.

"신실하고 참되다"(πιστοὶ καὶ ἀληθινοί)고 선언한다. 이 어구 역시 단 2장 환상의 결론에 근거하고 있음이 분명하다.[127]

이 단 2장의 암시들이 의도되었고, 그 암시들과 더불어 단 2장 문맥의 사상들도 가져왔다고 결론을 내릴 수 있다면, 이것은 우주적 악에 내려지는 마지막 때의 심판과 그 결과로 영원한 나라가 세워질 것이라는 요한계시록 전체 사상의 중요한 틀을 제공한다고 주장할 수 있는 근거가 된다.[128] 앞에서 보았듯이 이것은 일곱 교회에게 보낸 편지뿐만 아니라 환상 전체에 퍼져 있는, 시작된 종말 사상이다. 이것은 환상들이 미래적으로만 이해될 수 없고 종말적인 과거 및 현재와 관련된 중요한 단락들을 포함함을 의미한다. 이 결론은 요한계시록 전체에 걸쳐 과거와 현재와 미래를 다루는 반복되는 단락들이 나타난다고 하는 반복 견해와 가장 잘 맞는다.

요한계시록 구조의 제의적 접근과 이것이 반복 견해에 끼치는 영향. 바바라 W. 스나이더는 요한계시록의 사건들을 묘사하는 넓은 공간적 틀이 성막 또는 성전으로 언급된 우주(하늘과 땅)라고 제안했다.[129] 특히 1-16장은 현재의 창조세계를 나타내는 하늘의 성막으로 두드러진다. 17-22장에 사용된 주요 이미지는 21:1-22:5에 묘사된, 새 성전 바깥뜰에서 행해질 오는 세대의 심판 이미지다.

스나이더는 성막/성전과 비슷한 점 2가지에 근거하여 이런 결론을 내렸다. 첫째, 1-3장의 일곱 촛대는 지성소 바깥쪽에 있는 하늘 지성소를 암시한다. 둘째, 4:1ff.에서 선견자는 하늘 보좌가 있는 방으로 올라간다. 이 또한 지성소다. 여기서 그는 4-16장의 환상들을 본다. 이 상황은 4-5

---

127) 비교. 단 2:45b(Theod.). "그 꿈은 참되고 그 해석은 믿음직하다"(ἀληθινὸν τὸ ἐνύπνιον καὶ πιστὴ ἡ σύγκρισις αὐτοῦ). 이 어구가 ἃ δεῖ γενέσθαι("반드시 있을")와 결합된 것은 계 22:6이 단 2:45과 암시적으로 연결되었음을 시사한다.

128) 비교. Goppelt, *Typos*, 197. Goppelt는 단 2:28이 계 1:1, 19; 4:1; 22:6에서 전략적으로 등장하기 때문에 요한계시록의 "지침이 되는 원리"라고 주장한다.

129) Snyder, "Combat Myth in the Apocalypse," 159-207. Snyder의 논제를 요약하기는 어렵지만, 이어지는 논평으로 핵심을 요약해보고자 한다.

장에 그룹이 있다는 점과 4:6의 유리 바다로써 확증된다. 이것은 지성소 바깥에 있는 성막의 동으로 만든 물두멍을 나타낸다. 성막이 우주 전체를 상징하므로 1-3장의 성소와 4ff.장의 지성소는 하늘 영역을 나타내며, 바깥뜰은 하나님께 적대적인 땅의 영역을 나타낸다. 바다가 하나님께 적대적인 세력에 연결된 것과(4:6의 주석 참조), 11:1-2에서 바깥뜰이 성막 구역에서 땅의 영역을 나타낸다는 점에 그 근거가 있다. 바깥뜰은 그곳에서 하나님의 백성을 박해하는 적대 세력들에게 모독을 당한다. 새 창조가 오면, "바다"는 성전구역에 포함되지 않고 바깥으로 쫓겨나 "불 못"으로 변한다(21:8).

성전의 다양한 영역들로 암시된 관점 변화는 우리가 이미 관찰한바 요한이 성령에 감동되었다는 언급으로써 소개되는 요한계시록의 전반적인 구분에 잘 맞는다. 1:10은 성소의 환상을 소개한다. 4:1-2의 문구는 하늘의 지성소를 소개한다. 거기서 요한은 여전히 바깥뜰의 측면들을 보지만, 5-14장의 환상들을 보기도 한다. 17:1-3은 성전 바깥뜰에서 벌어지는 바벨론에 내리는 희생적인 심판을 소개한다. 21:9은 지성소가 성전 전체임에 초점을 맞춘다. 이 지성소는 새 창조와 동일하다.

스나이더는 여기에 언급된 성전 틀 자체는 마지막 때의 초막절이라는 시간적 맥락에서 이해해야 한다고 주장한다.[130] 스나이더는 요한계시록의 전반적 구조를 미쉬나에 따라 1세기에 초막절 축제를 지키던 방식과 비교한다(비교. 레 24:3; 민 15장).

율법 두루마리를 읽음 = 5장에 두루마리의 일곱 인이 소개됨. 6:1-8:1에서
　　인이 떼어짐, 즉 읽힘
매일 아침 번제 전에 드리는 향 = 8:3-4과 8:5
제사 위해 나팔을 붊 = 일곱 나팔
아침 제사에 쏟는 물과 포도주 = 일곱 대접

---

130) Snyder, "Combat Myth in the Apocalypse," 207-41.

레위인들이 음악을 연주함 = 5:8; 14:2-3; 15:2-3. 마지막 구절은 대접을 쏟는다는 첫 번째 언급 직후에 나타남

스나이더는, 15-16장의 대접과 관련하여, 8:5의 하늘 제단의 불이 심판과 관련이 있는 제사라는 사실을 변호하기 위해 구약성경에서 종종 심판을 제사라고 비유적으로 묘사한다는 사실을 상기시킨다(예. 신 13:12-18; 습 1:7-8; 사 34:1-8; 겔 39:17-20. 이 구절들은 계 17:16b[과 18:16-18; 19:2-3]; 8:1; 14:11 + 19:3; 19:17-18에서 암시되었다). 또한 스나이더는 성도들이 종려나무 가지를 들고 있는 7:9을 언급한다. 이것은 1세기에도 지속된 초막절 축제의 본래 특징이었다(참조. 레 23:40-42; 느 8:15). 스나이더는 이 성전과 초막절 상황을 고대 근동과 구약의 패턴을 반영하는 "전쟁 신화"라는 폭넓은 틀 안에 배치한다. 이 모든 것은 그리스도의 죽음과 부활로 말미암아 변화된다.[131]

스나이더는 다음과 같이 결론을 내린다. 일곱 인과 일곱 나팔, 일곱 대접이 주제적으로나 시간적으로 서로 반복되며, 초막절의 과정을 주제적·시간적으로 반영하는 초막절의 첫 7일에 일어나는 같은 사건들을 이야기한다. 또한 요한은 특히 일곱 나팔과 일곱 대접을 초막절의 패턴과는 구별되게 묶음으로써 심판의 가혹함의 주제적 과정을 표현한다. 스나이더는 지금까지의 시도 중 가장 쓸만한 요한계시록의 교차대구법 개요를 제시한다. 이것은 스나이더가 지지하는 요한계시록의 반복적 견해를 더 분명히 천명한다.[132]

A. 서론: 묵시, 편지, 예언(1:1-3, 4-8, 9-20)

 B. 환상: 땅에 있는 성도들(2-3장)

  C. 심판과 즉위식을 위해 소집된 하늘에 있는 산헤드린(4-5장)

---

131) Snyder, "Combat Myth in the Apocalypse," 242-358.

132) Snyder, "Combat Myth in the Apocalypse," 84. (앞에서 논의한 Kline의 저술에 근거한 교차대구도 가능하다.)

　D. 일곱 인(6:1-8:1)

　 E. 일곱 나팔(8:2-9:21)

　　 F. 신현: 바다와 땅으로 내려오는 주님의 전달자(10장)

　　　G. 땅에 있는 성도들과의 전쟁(11장)

　　　G´. 하늘에 있는 용과의 전쟁(12장)

　　 F´. 역 신현: 바다와 땅으로부터 올라가는 얌(바다)의 두 전달자
　　　(13장)

　　 E´. 숫자가 언급되지 않은 일곱 선언 시리즈(14장)

　 D´. 일곱 대접(15-16장)

　C´. 심판을 위해 소집된 하늘에 있는 산헤드린과 메시아의 통치(17-
　　20장; 비교. 20:4-15)

 B´. 환상: 하늘에 있는 성도들(21:1-22:5)

A´. 결론: 묵시, 편시, 예언(22:6-9, 10-20, 21)

　스나이더의 제의적인 관점에는 전체적으로 어느 정도 타당성이 있는
것 같다. 특히 그가 결론적으로 언급한, 일곱 인과 일곱 나팔 및 일곱 대접
이 반복된다고 평가한 점이 그렇다. 하지만 다른 이론과 마찬가지로 그의
견해에는 몇 가지 불일치하는 부분이 있다.

　가장 심각하게 불일치하는 것은 다음과 같다.

　(1) 요한이 일곱 나팔과 일곱 대접을 7일 구조에 넣어 하나하나가 매
일 시행되는 것으로 제시하는 대신에 일곱 개를 함께 묶어놓은 이유는
무엇인가? 요한이 심판의 심각성의 주제적 진행을 강조하려는 것 때문
에 차이가 발생했다는 스나이더의 대답은 가능한 응답이지만 설득력이
부족하다.

　(2) 4:6의 "유리 바다"가 "보좌 앞에" 있는 것으로 묘사되었지, 멀리
바깥뜰에 있지 않다.

　(3) 스나이더는 1-15장의 정확하고 두드러진 이미지가 하늘에 있는
성막 이미지인 반면에, 16-21장을 지배하는 이미지는 지성소로만 묘사

된 새 창조의 성전이라고 주장한다. 스나이더는 15장이 대하 5, 7장에 설
명된 솔로몬의 새 성전 봉헌을 모델로 삼기 때문에 15장에서 성막이 성
전으로 바뀐다고 주장한다. 이것은 가능성이 전혀 없지는 않으나 분명하
지 않다.[133] 이러한 성전 이미지의 전환은 명확하지 않으며 기껏해야 미
묘한 전환에 불과하다. 하지만 이러한 전환은 이스라엘의 광야 성막이
예루살렘의 솔로몬 성전으로 전환되며 성전에 포함된다는 구속사적인
전환 패턴을 따른 것이다.

(4) 17-20장은 심판의 희생 제사가 벌어지는 성전 바깥뜰 상황에
맞지 않는 것 같다. 이 본문은 오히려 스나이더가 잘 분석한 1-16장과
21:1-22:5의 관점으로 읽어야 한다. 17-20장의 초점은 주로 심판이다.
반면에 21:1-22:5은 그러한 장면을 시사한다(21:8과 21:27을 그 문맥과 비
교하라. 또한 22:14-15과 비교). 17:1-21:8을 지배하는 상황은 광야이지 성
전이 아니다.

(5) 이와 마찬가지로 12-13장의 상황은 성막이라는 틀 안에 있는 것
같지 않다. 11:19의 제의적 분위기가 12장 서론의 한 부분을 형성하기는
하지만 말이다. 4-5장의 성막 상황을 여기서도 여전히 주도적인 것으로
보려는 것은 4:1-2의 정형화된 서론의 중요성에 너무 많이 의존하는 것
으로 보인다.

(6) 스나이더가 제시한 교차대구는 이와 비슷한 여느 제안보다 낫다.
그리고 병행 어구들 중에는 정당한 것들도 여럿 있다. 하지만 그의 개요
는 여전히 요한계시록의 가장 자연스러운 문학적인 문단 나누기(이 책
앞에서 채택한 개요)에 따라 그 책을 나누지 않는 것으로 생각된다. 12-14
장은 한 단위로 취급하는 것이 가장 좋은데, 스나이더는 이것을 세 단위
로 나눈다(12장에 대해 자세히 설명한 서론적 주석 참조). 또한 스나이더는
17-20장을 하나의 단락으로 취급했는데, 이 본문들은 우리가 보았듯이
21장의 앞부분과 함께 취급하는 것이 좋다.

---

133) Snyder, "Combat Myth in the Apocalypse," 175, 224-28.

결론 반추: 요한계시록 구조의 해석적 중요성과 사상의 큰 흐름

계 6:1부터 20:15까지 두드러지는 주제는 중요도에 따라 심판, 박해, 구원/
상이라는 것과, 이 주제들이 요한계시록이 진행되어감에 따라 더욱 강화된
다는 사실은 모든 사람이 동의하는 내용이다. 많은 사람이 이러한 점진적
강조가 요한계시록이 시간적 순서로 구성되었다는 증거라고 추론한다. 하
지만 반복되는 수많은 병행 어구는 반복 구조를 지지한다. 나는 이 단락에
서 증가하는 주제의 강조가 미래주의적인 연속적 구도보다는, "이미와 아
직"의 공시적 반복이라는 전반적 틀과 주제적 병행에 더 잘 어울린다는 사
실을 보여주고자 했다.[134] 요한계시록에서 주제가 여러 번 강조되는 타당
한 이유가 있다면, 그중에 하나는 적어도 타협과 의심의 한 가운데에서 살
고 있는 혼란스러워하는 교회에게 심판과 박해, 구원이라는 3가지 주제
의 실재를 강조하는 데 있을 것이다. 사실 요한계시록 전체에 공포 이미지
가 사용된 이유가 바로 여기에 있다. 독자들이 타협을 시작했던 제도는 악
하기 때문에 요한은 이런 이미지로써 독자들을 교훈해야만 했다. 이 주제
적 강조를 지향하는 또 다른 문학적 특성은 4:5에 등장하는 "번개와 소리
와 우레"라는 어구다. 이 어구는 우리가 분석한 요한계시록 구조에서 단락
의 시작이나 마침 부분을 표시한 바로 그 지점에서 3번 반복된다(8:5; 11:19;

---

134) 반복적 구조를 지지하는 다른 주석가들은 다음과 같다. Fairbairn, *Interpretation of
Prophecy*, 410-11, 415, 427; Barr, "Apocalypse as a Symbolic Transformation of the
World"; Steinmann, "Tripartite Structure"; 그리고 Kuyper(8-9), Milligan, Hendriksen,
Kline, Lenski, Morris, Giblin, Wilcock, A. Y. Collins, Mulholland의 주석과 좀 더 일반
적으로 설명한 Caird와 Beasley-Murray(Beasley-Murray는 미래주의자인데도 반복 구조
를 지지한다). Schüssler Fiorenza("Eschatology and Composition"; "Composition and
Structure," 364-66)는 특별히 인과 나팔, 대접과 관련하여 주제적·점진적 병행을 주장한다.
그는 이러한 점진적 병행이 마치 원뿔형의 용수철처럼 발전한다고 이해한다(*The Book of
Revelation*, 171). Schüssler Fiorenza는 정확한 시간적 틀을 만드는 것에 대해서는 주저한
다. 단지 "하나님의 나라가 개입한다는 것"은 두드러지는 사상이며, 이것은 분명히 "마지막이
이르기 전 매우 짧은 시간"에 일어날, 독자들의 현재 시간을 가리킨다고 언급할 뿐이다(*The
Book of Revelation*, 46-51). 네덜란드의 주석가들을 비롯하여 "이미와 아직"의 틀 안에서 반
복 견해를 지지하는 다른 주석가들은 Hoekeman, *Bible and the Future*, 223에 열거된 참
고문헌을 보라. 참조. Bornkamm, "Komposition der apokalyptischen Visionen."

16:18-21). 이 형식은 반복될 때마다 조금씩 확장되며, 이것은 심판의 주제
가 강화된다는 문학적 시사점을 제공한다.[135]

　　아래의 내용은 요한계시록의 여러 단락을 해석하여 요약하고 그 해석
들의 논리적이고 주제적인 관계를 간략하게 반추한 것이다. 각 단락을 해
석하여 요약한 것들의 논리적·개념적 관계 중에는 그 내용을 좀 더 자세
히 설명한 것도 있지만, 대부분의 개요는 그 자체로 명료하다. 개요의 핵심
은 앞에서 언급한 요한계시록의 구조에 초점을 맞추려고 하기보다는, 가끔
은 추적하기 어려운 것도 있지만, 사상의 논리적 흐름을 강조하려는 데 목
적이 있다. 한 단락에서 다른 단락으로 전환되는 부분에 대해 좀 더 구체적
인 설명을 보려면 본서의 해당 본문 주석을 참고하면 좋을 것이다. 이 단락
에서 설명한 것들은 모두 우리가 앞서 채택한 요한계시록의 개요와 구조와
함께 가야 하는 내용들이다.

　　1:1-3: 서론. 묵시는 증언할 목적으로 계시되었다. 증언에는 복이 따른다.
　　여기서 주요 강조점은 요한계시록을 읽고 듣는 사람들에게 내리는
복에 있다.

　　1:4-8: 인사. 요한은 전능하신 성부와 성령과 성자를 대신하여 일곱 교
회에게 인사한다. 하나님의 구속 사역으로 말미암아 교회의 신자들은 새로
운 지위를 얻었으며, 모두가 하나님께 영광을 돌린다.

　　이 본문은 복보다도 요한계시록의 더 큰 목표에 초점을 맞춤으로써
더욱 발전된다. 그 목표는 하나님께 영광을 돌리는 데 있다.

　　1:9-20: 요한이 받은 사명. 요한은 일곱 교회에 편지를 써야 한다. 교회
의 담대함이 그리스도가 죽음을 이기고 승리하심으로써 심판자와 제사장,
교회의 통치자로 세우심을 받았다는 사실에 있기 때문이다.

　　요한계시록의 내용은 이제 좀 더 구체적이 된다. 교회가 그리스도의
사역에 확신을 가지는 것이 교회의 복이며(1-3절), 궁극적으로는 하나님
께 영광이 된다(4-8절). 이 두 가지가 1장의 핵심 주제다. 그러므로 이 단

---

135) Bauckham, *Climax of Prophecy*, 9. 더 자세한 내용은 본서 8:5의 주석 참조.

락은 앞 두 단락의 기초라고 할 수 있다.

2:1-3:22: 일곱 교회에 보내는 편지들. 그리스도는 교회에게 증언하라고 격려하시며 타협에 대해 경고하신다. 그리스도와 함께 영생의 약속을 유업으로 받기 위해서는 세상과 타협하는 것을 극복하라고 권면하신다.

이 단락은 1장, 특히 1:9-20의 인자 환상의 설명이다. 그리스도는 1:12-20에 소개되었고, 지금은 교회의 통치자와 심판자로서 각 교회의 구체적 상황을 다루신다. 교회가 장차 이기게 된다는 사실에 근거하여 일곱 교회에게 주시는 반복된 약속은 예언의 말씀에 순종함으로써 받게 되는 복(1:3)이 어떤 것인지를 자세히 설명하고 발전시킨다.

4:1-5:14: 보좌, 책, 어린 양. 하나님과 그리스도가 **영광을 받으신다.** 그리스도의 부활이 하나님과 어린 양에게 피조물을 심판하고 구원할 주권이 있음을 증명하기 때문이다.

1:12-3:21의 심판자와 주권을 가진 왕으로서 그리스도의 역할이 본문에서 더욱 발전되었다. 편지에서 왕이신 그리스도는 "이기게 될" 참 그리스도인들의 모델이시다(5:5-6을 보라). 고난을 받는 그리스도인들은, 하나님과 그리스도가 만물을 다스리는 주권을 가지셨고 그들을 고난으로부터 구원하시고 선한 것을 주시며 그리스도인들 중에서 타협하는 사람들과 그들을 압제하는 교회 밖 사람들을 심판하신다는 사실로 인해 위로를 받을 수 있다. 4-5장의 내용은 3:21에서 연속되며 성부와 그리스도의 보좌를 언급한다. 4-5장은 하나님의 주권의 성격과 그리스도가 어떻게 성부와 함께 우주의 보좌에 앉게 되셨는지를 설명한다. 그러나 4장과 5장의 핵심은 이것이 아니다. 하나님과 어린 양의 주권적 통치로 인해, 4장의 결론은 하나님의 영광으로 절정에 이르고, 5장은 하나님과 어린 양의 영광으로 절정에 도달한다. 이것은 1장(과 1-3장 전체)의 요점인 하나님의 영광 주제로 다시 돌아간다(1:6).

6:1-8: 처음 네 인. 그리스도는 교회 시대 전체를 통해 백성에게 시련을 가하기 위해(정화나 징계의 목적) 하늘의 악한 세력들을 사용하심으로써 백성의 심판자와 왕의 역할을 수행하기 시작하신다.

6:9-11: 다섯째 인. (6:1-8의 화로 인해) 박해를 받고 영광을 얻은 그리스도인들은 하나님께 그들을 박해하는 자들을 심판하심으로써 공의를 보여 주시기를 간청한다. 하나님의 모든 백성이 그가 정하신 고난을 온전히 감내할 때 그리스도인들의 간청이 응답받는다.

6:12-17: 여섯째 인. 하나님은 성도의 간청에 응답하신다. 하나님은 믿지 않는 세상에 최후의 심판을 내리심으로써 그의 의를 보이실 것이다.

7:1-8: 열두 지파에게 인을 침. 천사들은 신자들이 그들의 믿음을 잃지 않도록 영적으로 보호받기까지, 6:1-8에 언급된 악한 세력이 땅에 파괴적 활동을 시작하는 것을 막는다.

7:9-17: 허다한 무리들. 하나님과 어린 양은 정결케 하는 환난을 통해 허다한 무리들을 보호하심으로써 구원을 베푸신 것으로 인해 찬송을 받으신다.

8:1, 3-5: 인 시리즈의 결론인 일곱째 인. 6:10에 나온 믿지 않는 세상을 심판해달라는 하나님께 대한 성도들의 간청에 대한 공식적 응답으로 마지막 심판이 반복된다.

8:6-9:21: 첫 여섯 나팔. 하나님은 6:10에 언급된 성도들의 기도에 응답하신다. 그는 천사들을 보내어 박해를 가하는 세상에 최후의 심판까지 이르는 일련의 심판을 내리신다.

10:1-11: 요한이 다시 사명을 받음. 요한은 기쁨과 애곡을 역설적으로 동반하는 심판에 대해 예언해야 한다.

11:1-13: 두 증인. 하나님은 그의 백성과 그들의 실질적 증언에 함께하겠다고 약속하신다. 하나님의 함께하심은 두 증인이 죽임을 당하는 중에도 계속되며, 그들을 박해하는 사람들을 심판하는 것에서 절정에 달한다.

계 10:1-11:13은 삽입구에 해당하는 단락이며, 시간적지체를 표현한 다기보다는 7장처럼 문학적인 지체에 해당한다. 첫 여섯 나팔은 교회 시기 내내 불경건한 자들이 겪을 일련의 심판에 초점이 맞춰져 있다. 하지만 삽입구 10:1-11:13은 같은 시간에 있을 악한 자들과 의인들 간의 관계를 설명한다. 악한 자들은 의인들을 박해할 것이다. 믿지 않는 자들은 바로 이 적대적 관계로 인해 교회 기간 동안 나팔 심판의 징계를 받는다. 여섯째 인과 여섯째 나팔 그리고 일곱째 인과 일곱째 나팔 사이에 있는 지체함이라는 문학적 병행 어구는 주제적 병행을 암시한다. 7장에서 그리스도인들은 6개의 나팔 심판이 가져오는 영적으로 파괴적인 해로부터 보호되는 인침을 받는다. 11:1-13은 그리스도인들이 인침을 받아 인내할 수 있고 복음을 충실하게 증언할 수 있음을 보여준다. 이것은 그들의 증언을 저버리는 사람들이 받을 최후 심판의 근거를 놓기 시작한다.

그러므로 삽입구는 여섯째 나팔과 일곱째 나팔 사이에 끼어든 시간적 개입이 아니라, 처음 여섯 나팔이 다루는 교회 시대라는 같은 기간을 이해하는 것을 돕는 더 자세한 해석을 제공한다. 특히 이 삽입구는 나팔로 묘사된 심판의 신학적 근거를 설명한다. 이것은 앞의 여러 장에 내포된 암시를 명확하게 드러낸다. 곧 나팔 재앙이 자신을 신원하여 압제한 사람들을 심판해주시기를 간청한 성도들의 기도에 대한 하나님의 응답이라는 것이다(6:9-11; 8:3-5; 9:13). 결과적으로 10-11장에 언급된 요한의 예언은 경건한 자들이 받을 상보다는 불경건한 자들이 받을 심판에 더 초점이 맞춰져 있다. 두 증인은 주로 박해자들이 받을 심판의 근거를 제공하기 위해 묘사되었고(11장), 그들이 신원받는다는 사실은 부차적이다.

11:14-19: 일곱째 나팔. 하나님은 일곱째 나팔의 내용과 나팔 시리즈의 결론과 절정으로서, 완성된 나라를 세우며 최후의 심판을 행하신다.

12:1-17: 마귀를 이긴 그리스도의 승리. 하나님은 마귀의 분노와 해로부터 메시아 공동체를 보호하신다.

12장은 새로운 환상을 시작하는 장이면서 동시에 앞 단락들의 주제를 발전시킨다. 12장은 1-11장에서 점차적으로 전개된 세상과 교회 간의 영적 싸움의 더 깊은 차원으로 들어간다. 요한은 2-3장에서 그 싸움을 그리스도인들이 타협하려는 유혹을 다양하게 받는 싸움으로 설명한다. 유혹은 교회 안팎에서 일어난다. 계속되는 환상에서 요한은 그 싸움의 영적 근원을 점점 강하게 묘사한다. 일곱 인은 부활하신 그리스도의 명령에 따라 하나님의 보좌 주위에 있는 네 생물이 영적으로 악한 세력

들로 하여금 신자나 불신자 할 것 없이 대항하도록 한다는 사실을 보여
준다. 일곱 나팔은 심판을 행하는 마귀의 세력이 강퍅한 인간을 심판하
기 위해 보냄을 받는다는 것을 보여준다. 하지만 심지어 이들도 천사들
에 의해 놓임을 받는다. 일곱 인과 나팔 묘사에 삽입구가 곳곳에 있어 하
나님의 백성이 환난을 받는 동안 영적으로 보호받음을 보여준다. 이것은
참 신자들에게 믿음을 정련하는 시련의 역할을 한다.

12-22장은 1-11장과 같은 이야기를 들려주며, 1-11장이 단지 소개
하고 암시한 것을 더 자세히 설명한다. 12장은 사탄이 악의 깊은 원천임
을 밝힌다. 마귀에 대한 암시는 6:8과 9:11에서 이미 등장했다. 11:7은 역
사의 말기에 등장할 "짐승"을 언급한다. 12장은 더욱 거대한 악마를 드
러낸다. 마귀는 (2:10, 13에 언급되었듯이) 성도들의 환난과 박해를 촉발한
어마어마한 악의 근원이다. 마귀는 하나님의 백성을 박해하고 세상을 속
이기 위해 "짐승"을 출현시키는 존재이다.

12:18-13:18: 권면. 신자들은 그들의 믿음을 굳게 붙들기 위해 거짓을
분별하고 박해를 이기며 마귀와 두 짐승들이 선전하는 거짓 예배에 참여하
지 말라는 권면을 받는다.

14:1-20; 15:2-4: 역사의 끝. 하나님은 신자들에게 상을 주시고 짐승과
짐승을 따르는 사람들을 마침내 최후 심판으로 벌하심으로써 영광을 받으
신다.

하나님이 심판과 복을 통해 영광을 받으시는 요한계시록의 주된 목
적이 다시 부각된다. 이 목적은 4-5장에서 천명되었고 여기서 더 자세히
설명된다.

15:5-8: 일곱 대접 심판이 다시 소개됨.

16:1-21: 경건하지 않는 자들에게 내리는 심판. 하나님은 불경건한 자
들이 신자들을 박해하고 우상을 숭배했기 때문에 그들을 중간 시기 동안
도 심판하실 뿐만 아니라 마지막 날에는 결정적으로 심판하신다.

일곱 나팔에 매우 비유적으로 묘사된 것이 일곱 대접에서는 좀 더 직
접적으로 서술된다. 일반적으로 볼 때 처음 여섯 나팔과 처음 다섯 대접

은 그리스도의 부활과 그의 재림 사이의 기간에 해당한다. 반면에 마지막 나팔과 대접은 최후 심판을 이야기한다. 일곱 나팔과 일곱 대접들 간에 약간의 차이가 있는 것은 사실이지만, 두 시리즈는 전반적으로 같은 기간 동안 임하는 하나님의 심판들에 대한 동일한 포괄적 계획에 속한 것으로 간주될 정도로 비슷하다. 15:1에 언급된 "마지막 일곱 재앙"이라는 어구는 역사의 마지막에 인과 나팔 재앙 이후에 발생하는 화(禍)들이 아니라, 선견자가 본 공식적인 7중 환상의 연속 안에서 인 재앙과 나팔 재앙 이후에 발생하는 화들을 가리킨다. 그 재앙이 "마지막"인 것은 앞에 언급된 화와 관련한 환상들에 계시된 사상을 완료한다는 점에서 그렇다 (자세한 내용은 본서 15:1의 주석 참조). 이것은 대접 재앙이 6-14장에 언급된 일련의 심판 이후에 역사의 시간 속에서 발생하는 것이 아니라는 의미다. 일곱 대접은 시간적으로 뒤로 돌아가 역사 전체에 나타난 화들을 더 자세하게 설명하며, 최후의 심판에서 절정에 달한다. 일곱 나팔은 나팔 재앙을 시작으로 묘사된 하나님의 마지막 날 출애굽 심판의 범위와 적용을 더 자세하게 설명할 목적으로 일곱 대접에서 반복된다(자세한 내용을 담고 있는 16장 주석의 서론을 보라).

일곱 나팔과 마찬가지로 대접 재앙은 단순한 경고가 아니라 심판으로 보는 것이 더 좋다. 출애굽기의 재앙이 일곱 대접의 문학적·신학적 모델로 사용되었기 때문이다. (출애굽 배경을 신학적으로 분석한 내용을 자세하게 설명한 8장 주석의 서론을 보라.)

일곱 대접은 일곱 나팔처럼 박해하는 자들을 심판해주시기를 구하는 성도들의 간청(6:9-11)에 대한 하나님의 응답을 제시한다. 이러한 연결은 "제단"과 "거룩하신" 하나님과 그의 심판이 "참되다"고 언급하는 16:5-7에 분명히 나타난다. 6:9-11과의 이런 연관성은 일곱 대접이 왜 단순한 경고가 아니라 궁극적으로 심판이며 "진노의 대접"이라고 불리는지를 설명한다(16:1. 비교. 15:1). 대접 재앙의 심판을 경험하는 사람들은 짐승 편에 있는 사람들이고 어린 양을 따르는 사람이 아니기 때문에 심판을 받는다. 처음 여섯 개 대접의 모든 일시적 심판은 일곱째 대접의 큰 최후의 심판에서 절정에 달한다(16:17-21).

요한은 출애굽의 재앙들을 처음 다섯 대접에서는 그리스도의 부활과 재림 사이에 살고 있는 완악한 불신자들에게, 그리고 마지막 두 대접에서는 역사의 마지막에 있는 사악한 자들에게 예표론적으로 적용한다(여섯째 대접은 마지막 대접 바로 직전에 발생한다). 숫자 7은 비유적이다. 7은 7개의 구체적인 화를 가리키는 것이 아니라, 이 심판들의 완료와 가혹함을 가리킨다(자세한 내용은 15:6의 주석 참조). 일곱 대접 심판의 목표는 죄인들을 벌하시는 하나님의 비교할 수 없고 의로운 심판을 보여주는 것만이 아니라, 궁극적으로는 그의 영광을 드러내는 데 있다(15:8; 16:9. 비교. 11:13, 15-16; 15:4; 19:1-7). 그래서 하나님의 영광이라는 주요 주제가 다시 부각된다.

앞장들에서는 용의 출현(12장), 짐승(13:1-13), 거짓 예언자(또는 두 번째 짐승, 13:1-18), 마지막으로 바벨론(14:6-11)이 묘사되었다. 16장에는 이런 악한 주인공들의 순서가 역으로 등장하기 시작한다. 악한 주인공들의 죽음을 설명하면서, 바벨론이 첫 번째로 언급되고(16:17-21. 17-18장), 짐승과 거짓 예언자가 그 뒤를 이으며(19:17-20), 마지막으로 용이 언급된다(20:10). 이렇게 역순으로 언급된 것은 요한계시록이 시간적 순서에 관심이 없음을 시사한다. 네 원수들은 모두 같은 시간에 사라지는데, 그들의 멸망을 묘사하기 위해 같은 단어와 같은 구약의 암시를 사용한다는 점에서 분명하게 나타난다(16:14; 19:19; 20:8의 주석 참조).

17:1-18: 음녀인 성. 세상의 경제적·종교적 조직과 국가의 영향은 치명적이다. 하지만 이 둘의 연합은 결국 파멸로 끝나게 될 것이다.

17:1-19:10은 바벨론의 심판을 예언한 여섯째 대접과 일곱째 대접을 해석하는 큰 단편이다. 개중에는 환상의 요점이 음녀의 심판이라고 1절에 언급되지만, 17장 전체에서 한 절만(16절) 실제로 바벨론의 심판과 관련된다는 점은 분명한 모순이라고 주장하는 사람들이 있다. 그러나 17:1-19:10의 커다란 문학적 단위를 음녀의 심판이 지배한다고 이해하면 이 모순은 사라진다. 17장의 많은 지면에서 짐승이 다뤄지고 있는데,

음녀와 짐승의 관계를 제외하고서는 여자의 중요성과 힘을 충분히 이해할 수 없기 때문이다. 그러므로 짐승 역시 충분히 포괄적으로 이해돼야 한다. 17장은 무엇이 바벨론의 멸망을 초래했는지 강조하며(16:12-13 내용의 발전임), 짐승과 그의 연합군의 종말(16:14-21 내용의 발전임)도 언급한다. 따라서 18:1-19:4은 바벨론의 멸망에만 초점을 맞추며 17:3에서 시작한 환상(16:14-21 내용의 발전이며, 17:1에 선언된 요지)을 계속 다룬다. 그들의 종말을 공식적으로 온전히 묘사하는 부분이 18:1ff.에서 시작된다는 것은 18:3이 사실상 17:2의 반복이라는 점에서 분명해진다.

18:1-24: 바벨론의 멸망을 기뻐함. 우상을 숭배하는 세상과 타협하지 않는 성도들은 바벨론 휘하의 세계 조직에 내린 하나님의 심판을 보고 기뻐해야 한다. 기뻐하는 것은 그들의 믿음의 온전함과 하나님의 의로움을 증명하는 일이다.

17:1에서 천사는 선견자에게 "많은 물 위에 앉은 큰 음녀가 받을 심판을 네게 보이리라"라고 약속한다. 하지만 이 심판은 우리가 이미 보았듯이 17장의 한 절(16절)에서만 묘사된다. 그러나 천사의 약속은 18장 전체에서 자세히 성취된다. 바벨론이 받을 심판 선언(18:1-19)은 성도들의 기쁨의 근거다. 그 심판은 성도들의 신원(20-24절)과 하나님의 의로움(18:20-19:6)을 입증하는 증거일 뿐만 아니라, 하나님의 왕 되심에 영광을 돌려야 하는 이유가 된다(19:1-6). 문학적·개념적 관점에서 볼 때, 계속해서 바벨론의 멸망을 강조하는 19:1-6(과 어쩌면 19:7-8)은 18장의 결론이다.

19:1-10: 어린 양의 혼인. 임박한 바벨론의 심판(18:1-19:5)과 그 결과로 세워질 하나님의 통치(19:6)는 성도들을 신원하고 어린 양이 그의 의로운 백성과 온전하게 연합하는 것의 기초가 되며, 그 결과 성도들은 하나님께 영광을 돌린다(19:7-10).

앞에 놓인 여러 단락에서처럼, 하나님의 영광은 하나님이 참 성도들을 신원하시고 타협하는 자들과 박해자들을 심판하시는 사역의 광대한 목표라는 것이 다시 밝혀진다.

19:11-21: 짐승과 연합군의 패배. 그리스도는 그의 백성을 신원하시려

고 바벨론과 연합한 자들을 심판하심으로써 그의 주권과 그가 하신 약속에 신실하심을 계시하실 것이다.

17:1-19:3에 서술된 바벨론의 멸망은 모든 악의 세력의 완전한 멸망은 아니었다. 17:12-18은 바벨론을 심판하는 하나님의 도구가 짐승과 그를 따르는 세력이라는 것을 밝힌다. 그러므로 결정적인 승리를 얻기 위해서는 이러한 세력들도 파멸되어야 한다. 특히 19:7-9은 하나님이 그의 백성의 의로움을 드러내시기 위해 바벨론을 멸하신다고 말한다. 하지만 성도들을 세상의 비방과 박해로부터 완전하게 신원하기 위해 교회를 박해하는 자들도 모두 심판을 받아야 한다. 무엇보다도, 10절의 맞물린 전환 부분에서 두 번씩이나 강조된 "예수의 증언"은 참된 것으로 이해해야 한다. 바벨론 심판 뒤에 짐승과 거짓 예언자, 그들을 따르는 자들에게 내리는 심판이 이어지는 것은 이 증언을 한 사람들이 의인들이고 또 그들의 증언이 참되다는 것을 보여준다. 예수의 증언을 부인하는 짐승과 거짓 예언자들이 속아서 자기들을 따르는 사람들과 함께 심판받는다는 사실은 11-21절의 논리적인 절정이며 하나님의 진리에 대한 적합한 증명이 된다.

20:1-15: 천년 통치. 천년 통치는 하나님이 사탄의 속이는 힘을 제한하시고 죽임을 당한 그리스도인들이 하늘에서 그들의 통치를 통해 신원을 받는 교회 시대 동안 시작된다. 천년 통치는 교회를 대항하는 사탄의 미혹하는 활동이 재개되고 마침내 심판을 받게 될 때 끝난다.

20장은 17:1에서 시작하여 21:8까지 확장되는 넓은 문학적 단락에 속한다. 그 단락의 첫 번째 부분은 역사의 마지막에 있을 바벨론의 멸망 선언(17장), 그 멸망에 대한 자세한 설명, 특히 구원받지 못한 자들과 구원받은 사람들의 반응(18:1-19:10), 그리고 역사의 끝에 있을 세상의 악한 세력들에게 내리는 그리스도의 심판을 다룬다(19:11-21).

20장과 19장의 정확한 주제적·시간적 관계는 뜨거운 논쟁의 대상이다. 본 주석에서는 20장을 주석하면서 20:1-6이 교회 시대의 과정을 언급한다는 것과 그것이 17-19장에 언급된 최후의 심판 이야기보다 시간적으로 앞선 사건을 묘사한다는 것, 20:7-15은 19:11-21의 최후 심판 묘사를 반복한다는 사실을 천명할 것이다.

21:1-22:5: 새 예루살렘. 장차 올 새 세상에서는 하나님의 온전하고 영광스러운 임재가 그들과 영원히 함께 있을 것이기 때문에 구원받은 사람들의 공동체가 완성되고 온전해지고 침범할 수 없게 되며 영광스럽게 될 것이다. 반면에 신실하지 못한 사람들은 그 복에서 제외될 것이다.

21:1-8은 요한계시록의 여섯째 주요 단락의 마지막 부분을 마무리한다. 21장의 첫 절은 "또 내가 크고 흰 보좌와 그 위에 앉으신 이를 보니 땅과 하늘이 그 앞에서 피하여 간 데 없더라"라는 20:11과 연결된다. 20:12-15에서는 우주적 파멸 뒤에 심판이 이어지지만, 21:1ff.에서는 처음 세상을 대체하기 위한 우주의 소멸 후에 새 창조가 이어진다. 앞에서 다뤄진 심판 사상이 완전히 잊힌 것은 아니지만(21:8, 27), 새 창조 주제가 21장을 무색하게 한다.

21:9-22:5은 요한계시록의 일곱 번째이면서 마지막인 주요 단락이다. 21:1-8은 21:9-22:5을 예상하며, 거기서 반복된다. 앞에 있는 다섯 단락(4ff.장)은 과거와 현재와 미래의 측면들에 초점을 맞추며, 최후의 심판 또는 그리스도의 승리가 적어도 각 단락의 일곱째 하부 단락에서 설명된다. 이 마지막 주요 단락의 목적은 불완전한 교회(1-3장)와 완전한 교회 간의 대조를 부각시키는 데 있다. 1-3장은 옛 시대 내내 교회의 연약함에 초점을 맞춘다. 하지만 여기서 대조적으로 의도하는 것은 교회의 영원히 계속될 완전한 상태를 내다보는 것이다.[136] 환상은 새 예루살렘과 불경건한 바벨론을 대조하기도 한다. 교회의 죄와 바벨론의 이러한 대조 그리고 전체 단락은, 신자들이 교회의, 그리고 궁극적으로 하나님의 최상의 영광에 참여하기 위해 타협의 유혹을 견디라고 권하는 데 그 의도가 있다.

22:6-21: 거룩함을 위해 권면함.

---

136) 이와 비슷한 개요와 설명은 Wilcock, *I Saw Heaven Opened*, 200-3을 보라.

이 단락은 요한계시록 전체의 공식적 결론이다. 이 마지막 구절들은 특히 1:1-3의 서론과 연결된다. 서론과 결론 모두 요한계시록을 하나님의 말씀이라고 밝히며(단 2:28-29, 45과 같은 단어를 사용한다), 받은 계시를 증언하는 "증인"인 요한에 초점을 맞추고, 계시를 "듣는 자들"에게 전해진 "예언"으로 언급한다. 하지만 결론은 요한계시록의 다른 주제들도 언급하기에 서론보다 길다. 서론에는 계시에 순종하는 모든 사람에게 복이 선언되는 반면에, 결론에는 계시에 불순종하는 모든 사람에게 저주가 있다고 확실히 말하면서 불순종으로 초래되는 최후의 심판과 그리스도의 재림이 강조된다(이 내용은 1:7에 암시되어 있다). 예수 그리스도의 극적인 재림 때 최후의 심판이 시행될 것이다.

이 결론에서 요한계시록의 목적이 하나님의 백성이 구원의 상을 받도록 하기 위해 그들에게 거룩한 순종을 권하는 데 있음이 드러난다. 21:1-22:5에서 서술하는 하나님의 백성이 하나님의 영광에 참여하게 된다는 절정의 사상은 지금까지 이야기한 요한계시록의 주된 주제다. 하지만 그 절정이 이 책의 궁극적 핵심은 아니다. 이 절정은 22:6-20에서는 거룩함을 위한 권면의 보조 주제다. 거룩함을 지향하는 반복되는 권면들이 종결 부분의 핵심 주제다. 이 권면은 그리스도의 재림을 바라는 감탄사에 의해 지지받는다. 마지막 열다섯 절 중에서 여덟 절이 순종하라고 권하는 요한계시록의 의도를 강조한다. 그 권면은 순종하라고 직접 권하든지, 거룩한 생활을 하는 사람들에게 복을 약속하든지, 아니면 거룩하지 못한 생활을 하는 사람들에게 심판을 경고하든지와 같은 다양한 방법으로 표현된다. 이것은 순종하는 자들에게 주는 복을 주제로 삼는 1:1-3과 맥을 같이한다. 이러한 복이 계시(1:1)와 요한이 증언한 것(1:2)의 목표이기도 하다. 사실 서론과 종결 부분 모두 거룩한 생활을 하라는 권면과 심판이 임한다는 경고의 근거를 장차 일어날 계시 사건들에 두고 있다(1:3b을 22:7a과 22:7b, 11-12, 18-20과 비교하라).

21절은 22:6-20만 아니라 요한계시록 전체를 마무리하는 편지의 전형적 결론이다.

그러므로 요한계시록의 서론과 결론은 요한계시록 논의의 주요 목표가 하나님의 백성이 마지막 구원을 상속받기 위해 신실함을 지키라고 권하는 데 있음을 보여준다. 4-5장은 22:5에 이르는 요한계시록의 나머지 환상들의 서론이다. 이 서론으로 6:1-22:5에 있는 모든 내용이 무색하게 되었지만, 4-5장은 1-3장의 주요 주제들을 다시 끄집어낸다. 즉 성도들에게 복을 주고 불경건한 자를 심판하심으로써 드러나는 그리스도의 통치는 하나님과 그리스도의 영광으로 이어진다는 점이다. 4-5장의 요점은, 그리스도의 부활이 하나님과 그리스도가 심판하고 구속하실 피조물을 다스리는 주권을 가지고 계시다는 증거가 되기 때문에, 하나님과 그리스도가 **영광을 받으신다**는 것이다.

연속해서 등장하는 모든 환상은 4-5장의 서론적 환상에서 흘러나오며, 하나님의 주권의 역사적인 결과로 이해해야 한다. 예를 들어 일곱 인과 나팔, 숫자가 언급되지 않은 환상들(12-14장)과 일곱 대접(이와 아울러 17-19장의 추가 환상들)은 구원과 심판을 행하시는 하나님의 주권으로 나타나는 과거·현재·미래 역사의 결과들을 보여준다. 4-5장 이후에 이어지는 단락들 중에는 악한 자들을 심판하시고 성도들에게 복을 주시는 하나님의 사역의 목표가 하나님의 영광이라는 사실을 부각시킨다(예. 15장).

4장과 5장의 결론에서처럼, 19:1-8의 환상 단락의 결론에서 우리는 성도들이 하나님께 영광을 돌려야 한다고 말하는 내용을 본다. 하나님께 영광을 돌리는 일은 바벨론의 최종적인 멸망과 어린 양과 그의 신부의 결혼으로 인해 역사의 마지막에 일어날 것이다. 어린 양의 신부는 결혼을 위해 더할 나위 없이 완벽하게 꾸며질 것이다. 결혼식 예복을 입은 신부에 초점을 맞추는 것은 성도들로 하나님께 영광을 돌리게 하려는 데 그 목적이 있다. 하나님께 영광을 돌린다는 사상은 21:1-22:5에서도 중심이 된다. 앞에서 보았듯이, 새 예루살렘(= 하나님의 백성)은 하나님의 영광을 반사하는 것과 관련해서 설명할 수밖에 없기 때문이다.

하지만 1:1-22:5의 핵심인 하나님의 영광은 22:6-20에서 성도들에게 거룩하라고 권면하는 요한의 궁극적 목적을 지지하는 기능을 한다. 그러므로 요한계시록 전체의 주요 교훈은 개략적으로 다음과 같이 요약할 수 있다. 구원하시고 심판하심에 나타난 하나님과 그리스도의 주권은 하나님께 영광을 가져온다. 이것은 성도들이 하나님을 예배하고 그의 말씀에 순종함으로써 그의 영광스러운 성품을 반영하는 동기가 된다(예. 22:9의 주석 참조). 14:7에 있는 권면은 요한계시록의 이 핵심 교훈을 거의 요약한다. "하나님을 두려워하며 그에게 영광을 돌리라. 이는 그의 심판의 시간이 이르렀음이니 하늘과 땅과 바다와 물들의 근원을 만드신 이를 경배하라."

요한계시록 해석의 열쇠로서 계 1:19 논의

대부분의 해석자들은 계 1:19을 요한계시록 전체의 구조와 해석의 열쇠가
되는 구절로 이해한다. 하지만 1:19의 의미에 대해서는 의견이 거의 일치되
지 않는다. 이 단락에서는 1:19과 요한계시록 전체의 관계를 이해하려는 새
로운 견해를 먼저 제시하고, 이어서 다양한 견해들을 논의하려 한다. 다른
여러 견해를 논의하는 목표는 이 구절의 "신비로움"이 더 이상 신비롭지 않
다고 생각하게 되도록 다양한 견해들의 내용을 활용하는 데 있다.[1] 이 논
의는 무척 중요하다. 이 논의는 비단 1-3장뿐만 아니라 요한계시록 전체를
과거와 현재와 미래의 내용과 관련하여 이해하는 이 주석의 논거를 형성하
기 때문이다.

새로운 견해: "이 일 후에 장차 될 일"은 단 2:28-29, 45에서 온 종말론적 표현이다(첫 번째 견해)

여기서 제시할 새로운 견해는 1:19이 문학적이거나 역사적인 **구조**보다는
요한계시록의 **종말론적** 또는 **연대기적** 특성과 더 많은 관련이 있다는 가정
에 기초한 다른 견해들과 다르다. 이 새로운 견해에 따르면, 1:19은 환상들
이 제시하는 환상이나 사건의 시간적 순서를 강조하는 것이 아니라, 세대
들의 극적인 종말을 묘사하기 위해 이 사건들에 초점을 맞춘다.

　1:19은 요한계시록에서 단 2:28-29, 45을 암시하는 일련의 본문 중에
서 가장 중요하다. 우리는 다른 중요한 세 본문(1:1; 4:1; 22:6)에 나타난 단 2

---

[1] 이 견해들과 아류들뿐만 아니라 그밖에 다른 견해들을 설명한 내용은 Beale, "Interpretative
　Problem of Rev. 1:19"을 보라. 이 단락은 내가 이 논문에서 제시한 것을 약간 수정한 것이다.
　이 단락의 초고를 편집하는 데 도움을 준 내 연구 학생 Greg Gross에게 감사한다. 이 단락의 일
　부분은 앞 단락인 "요한계시록의 구조와 계획"의 하부 단락을 발전시킨 것이기에 같은 내용이
　반복되는 것이 불가피했다(특히 "종말론과 반복에 대한 다니엘 암시의 구조적 중요성" 단락을
　보라).

장의 명시적인 영향을 보여줌으로써, 1:19이 단 2:28-29, 45에 근거하고 그
본문들의 공통적인 문맥을 공유한다는 사실을 증명할 것이다. 이 핵심적인
본문들이 다니엘서를 암시하기 때문에, 가장 핵심적인 본문인 1:19 역시 그
러할 것이다.

1:1

요한계시록의 문맥에서 1:1의 위치는 일반적으로 잘 이해되고 있다고 생각
된다. 이 구절은 요한계시록의 서론으로 알맞고 "요한계시록"이라는 책의
제목도 제공해주는 본문이다. 하지만 1:1의 원천 자료인 단 2:28-29, 45은
독자들에게 요한계시록의 목적을 이해하는 단서를 제공한다. 계 1:1과 단
2:28 사이에 존재하는 병행 어구를 볼 때 두 본문은 매우 밀접하게 연결되
어 있다는 것을 알 수 있다.

단 2:28(LXX)[2]	계 1:1
ἐδήλωσε…ἃ δεῖ γενέσθαι ἐπ' ἐσχάτων τῶν ἡμερῶν ("그가…후일에 될 일을 알게 하셨나이다.")	δεῖξαι…ἃ δεῖ γενέσθαι ἐν τάχει ("하나님이…속히 일어날 일들을… 보이시려고")

　하지만 만일 이 두 구절이 사실상 연결되었다면, 그 차이를 어떻게 설명
할 것인가?
　첫째, δείκνυμι와 δηλοῦν은 의미론적으로 동등하다. 두 단어 모두 "보
이다"라는 의미다.[3] 둘째, 더 중요한 것은 ἐπ' ἐσχάτων τῶν ἡμερῶν에서 ἐν

---

2) LXX과 거의 같은 번역이 단 2:28(비교. 2:29, 45)의 Theod.과 단 2:45의 LXX이다. Ἀποκαλύπτω
　는 단 2장(Theod.)의 해당 구절에서 반복되며, σημαίνω 역시 (2:45, LXX에서) 발견된다. 그러
　므로 이 구절들이 계 1:1과 더욱 비슷하다는 것을 보여준다.
3) 두 단어 모두 하나님이 그들에게 "보인" 것을 계시하는 예언자의 역할을 묘사한다. 예를 들어
　δείκνυμι는 암 7:1, 4, 7; 8:1; 슥 1:9; 2:3; 3:1; 렘 24:1; 겔 11:25; 40:4; 43:10; 단 10:1에 등장한
　다. 마찬가지로 δηλόω는 느부갓네살의 꿈에 담긴 계시를 묘사하기 위해 단 2장에서 13번 사용
　되었다. 다니엘은 이것을 왕 앞에서 요약한다(비슷한 경우가 단 7:16에서도 발견된다). 반면에

τάχει로 바뀐 것이 임의로나 목적 없이 된 것이 아니라는 사실이다. 이러한 변경은 요한이 본 요한계시록과 다니엘서의 관계를 이해하는 통찰을 제공한다. ἐν τάχει("속히")를 빠른 성취의 **방식**을 가리키는 것으로 이해하는 사람들이 있는 반면에, 성취의 임박한 **때**를 언급한다고 이해하는 사람들도 있다.[4] "속히"라는 어구는 성취가 시작되었거나(다시 말해 성취되고 있거나), 가까운 미래에 시작될 것을 지시하는 것처럼 보인다. 단순하게 표현하자면, 요한은 먼 때를 언급했던 다니엘서의 어구를 자신의 시대를 가리키는 것으로 이해한다. 요한은 다니엘서의 본문을 이런 이해에 맞게 경신한 것이다.[5] 다니엘이 먼 "후일"에 발생하리라고 기대했던 것은 우주적 악의 멸망과 하나님 나라의 도래였다. 요한은 다니엘이 기대한 것이 이미 시작하지 않았다면, 자기 시대에 "속히" 발생하기를 기대한다.[6]

그러므로 요한이 계 1:1의 어휘들을 단 2장의 종말론적 문맥에 비추어 이해했다면, 그는 아마도 그의 책에서 일어나게 될 일의 상당 부분을 단 2장(과 단 7장과 같이 병행되는 묵시 장들)의 주제의 틀 안에서 이해했음을 의미한다. 계 1장에는 실제로 요한계시록이 다니엘서의 주제의 틀을 반영한다는 많은 증거가 있다. 일례로 신현 환상(계 1:13-15; 비교. 단 7:9-10)에 묘사된 "인자"(1:7, 13; 비교. 단 7:13-14)가 하나님 나라를 소유하신다(1:6, 9; 비교. 단 7:14)라는 언급은 단 2장과 계 1장이 같은 사건을 서술하며 약속과 성취로 연결되었음을 강하게 시사한다. 더욱이 계 1:6, 9, 13-15의 사건들이 모두 현재적 실체라는 사실은 단 2장의 성취가 단지 임박한 것만이 아니라 요한이 지켜보는 가운데 이루어지고 있음을 암시한다.

δείκνυμι는 요한계시록에서만 등장한다.

4) 이 어구를 설명하는 다양한 해석을 논의한 Mounce, *Revelation*, 64-65을 참조하라.

5) 1:1과 관련하여 이와 거의 동일하게 관찰한 Wilcock, *I Saw Heaven Opened*, 32-33을 참조하라.

6) 요한이 단 2장을 이미 성취되기 시작한 것으로 이해했다는 것은 신약성경에서 이곳에서만 발견되는 독특한 표현은 아니다. 눅 20:18(= 마 21:44)에서 예수는 단 2:34-35의 "돌"을 예수 자신의 사역과 동일시하신다. 단 2:35을 동일하게 "시작된 종말 때"의 관점으로 이해한 것은 계 12:8에도 분명하게 나오는 것 같다(본서의 해당 구절 주석을 참조하라).

계 1:1이 단 2장에 약속된 내용이 성취되기 시작했음을 묘사한다는 또다른 증거는 ὁ γὰρ καιρὸς ἐγγύς("때가 가까움이라")라는 표현이 있는 계 1:3에서도 발견된다. 이 어구는 때가 임박했음을 선언하는 과장된 표현으로 이해할 수도 있다. 단순히 때가 임박했다는 것만이 아니라 실제로 **여기**에 와 있다고 말이다. 침략군이 가까이 왔고, 방금 전에 보스턴 북부 해안에 발을 내디뎠다는 뉴스가 보도되었다고 하자. 그럴 경우 군대가 "가까이 왔다"는 말은 침략이 막 시작되었다는 것과 더 큰 침략이 임박했다는 사실 모두를 암시할 것이다. 계 1:3이 가까이 임했다고 말할 때 이런 의미가 내포되었음을 지지해주는 본문은 막 1:15이다. πεπλήρωται ὁ καιρὸς καὶ ἤγγικεν ἡ βασιλεία τοῦ θεοῦ("때가 찼고 하나님의 나라가 가까이 왔으니"). 예수는 이 어구를 사용하여 그의 사역과 하나님 나라가 가까이 온 것만 아니라 **실제로 시작되었음**을 묘사하신다. 다시 말해서, 하나님 나라가 참으로 가까이 왔고 실제로 그리스도의 지상 사역 동안 시작되었다면,[7] 요한의 시대에는 그것이 얼마나 더 현존했겠는가. 특히 요한이 이와 비슷한 성취 문구를 사용하고 있으니 말이다.[8]

계 1:1, 3과 다니엘서 간의 이런 강력한 본문상의 병행과 주제적 병행을 고려해볼 때, 우리는 최소한 이 본문들에 등장하는 단어들이 임박한 미래를 언급한다고 말할 수 있다. 하지만 더욱 개연성 있는 주장은 이것이다. 요한은 단 2장에 예언된 오랫동안 기다려왔던 마지막 때의 나라가 그리스도의 죽음과 부활로 인해 시작된 것이라고 이해했다고 말이다.[9] 그렇다면 우

---

7) 완료형 ἤγγικεν은 과거사건(마지막 때의 시작)의 완료를 암시한다고 생각한다. 마가와 요한 시대의 사람들이 여전히 이것을 느끼고 있었다.

8) 막 1:15의 이 두 번째 어구를 단 7:22 예언을 암시한 것으로 보는 사람들이 있다는 것은 중요하다(예. Dodd, *According to the Scriptures*, 69; Bruce, *New Testament Development of Old Testament Themes*, 23-30). France, *Jesus and the Old Testament*, 139은 이 견해에 반대한다.

9) 1:5-6, 9와 1:13-18은 약속된 나라의 성취가 현재에 시작된 것으로 본다. 또한 1:3은 눅 21:8을 암시한다고 할 수 있다. 눅 21:9에 있는 ὁ καιρὸς ἤγγικεν은 현재 성취되었다는 의미를 지닌다(이러한 암시의 가능성에 대해서는 Vos, *Synoptic Tradition*, 178-81을 보라). 다른 본문이 없다면, 막 1:15과 눅 21:8이 계 1:3b를 기록할 때 염두에 두었던 본문이며, 적어도 계 1:3b과 병행을 이루는 본문을 대표한다고 말할 수 있을 것이다. 사실 애 4:18의 병행 어구는 이 비유적 언어

리는 한 마디로 이렇게 정리할 수 있다. 요한계시록의 본문상의 이유(1절은 단 2장에 대한 분명한 암시다)와 문맥적 이유(1, 3b, 6, 9, 13-15절은 단 2장 및 7장과 공통적 관점을 가지고 있다)와 주제적 이유(1절은 단 2장에 예언된 마지막 때가 시작되었음을 묘사한다)를 보면 계 1:1을 단 2장에 비추어 이해하는 것이 이치에 맞다.

1:19

계 1:19-20은 계 1장의 환상의 결론이면서 동시에 또 다른 서론으로 기능한다. 앞에서 논했듯이, 19절에서 과거·현재·미래를 언급한 어구들은 8b절(비교. 18a절) 또는 이와 비슷하게 일반적으로 사용되는 어구를 사용한 것일 수 있다.[10] 그 형식의 세 번째 부분(ἃ μέλλει γενέσθαι μετὰ ταῦτα)은[11] 1절에서 사용된 용어(ἃ δεῖ γενέσθαι ἐν τάχει)를 반영하며, 이것은 앞에서 증명했듯이 단 2:28-29a, 45-47(ἃ δεῖ γενέσθαι ἐπ' ἐσχάτων τῶν ἡμερῶν)에서 인용한 것이다.[12] 단 2장에서는 μετὰ ταῦτα가 ἐπ' ἐσχάτων τῶν ἡμερῶν과 동의어로 취급된다. 두 어구 모두 마지막 때의 일반적인 시대를 가리킨다(LXX 28, 29, 45절에 ἐπ' ἐσχάτων τῶν ἡμερῶν이 사용되었지만, Theod. 29, 45절에서는 μετὰ ταῦτα가, 28절에는 ἐπ' ἐσχάτων τῶν ἡμερῶν이 사용되었다). 만일 요한이 구약의 문맥에 맞게 다니엘서의 용어를 사용하고 있다면, 그는 μετὰ ταῦ-τα를 종말론적인 내용, 특히 마지막 날과 관련한 총체적 기간을 가리키는 것으로 사용했을 가능성이 높다. 그 기간은 이미 시작되었고, 지금 진행되고 있으며, 절정 때까지 미래에 계속될 것이다.[13] 다니엘서와 요한계시록을

가 숙어였을 가능성을 시사한다.

10) 이 문제를 자세하게 설명한 van Unnik, "Formula Describing Prophecy," 86-94을 보라.

11) 비록 19절의 대부분의 사본에서 μέλλει가 다니엘서의 δεῖ를 대체하고 있지만, ℵ *pc*(δεῖ μέλλειν), 2050 *pc* latt(δεῖ), C(δεῖ μέλλει)에 δεῖ가 있다. 비교. Josephus, *Ant.* 10.210.

12) 여기에 사용된 어휘는 단 2:45(Theod.)과 거의 유사하다. ἃ δεῖ γενέσθαι μετὰ ταῦτα.

13) 매우 중요한 이 주장을 입증할 만한 증거는 단 2:29의 MT에 있는 "이후에"('aḥărē denâ)가 28절의 "후일"에와 동의 대구라는 사실에서 찾을 수 있다. 이것은 "이후에"에 종말론적 의미가 있음을 강하게 암시한다(참조. Keil, *Daniel*, 111-12). 그리스어 번역자들은 이 어구들을 동일한 것으로 이해했다. Theod.에서는 단 2:29, 45에 μετὰ ταῦτα가 있다. **반면에 같은 절에서 옛**

비교해보면 단 2:28의 "후일에"가 단 2:29, 45과 계 1:19c의 "이후에"와 같다
는 것이 더 분명하게 드러난다.

단 2장	단 2장
단 2:28(Theod.): ἃ δεῖ γενέσθαι ἐπ' ἐσχάτων τῶν ἡμερῶν("후일에 될 일")	
단 2:29(LXX): ὅσα δεῖ γενέσθαι ἐπ' ἐσχάτων τῶν ἡμερῶν("후일에 될 일")	단 2:29(Theod.): τί δεῖ γενέσθαι μετὰ ταῦτα("이후에 될 일")
단 2:45(LXX): τὰ ἐσόμενα ἐπ' ἐσχάτων τῶν ἡμερῶν("후일에 있을 일")	단 2:45(Theod.): ἃ δεῖ γενέσθαι μετὰ ταῦτα("이후에 될 일")
	계 1:19 ἃ μέλλει γενέσθαι μετὰ ταῦτα ("이후에 [곧] 될 일")

그러므로 μετὰ ταῦτα는 막연히 미래를 언급하는 것이 아니라, 계 1:1에
반영된 단 2장에 대한 암시와 계 1장의 전체 문맥, 신약성경 전반에서 말하
는 시작된 종말과 다르지 않다(아래 각주 26번을 보라). 이러한 사상은 다니
엘서에서 후일의 전반적인 시기가 바벨론 제국 당시 이미 시작했다고 이해
한다는 사실로 인해 더욱 강화된다(자세한 내용은 본서 4:1의 주석 참조).
  계 1:19의 "이후에 장차 될 일"의 배경에 단 2:29a, 45이 있다는 주장을
지지하는 또 다른 증거는 두 본문 사이에 있는 본문상의 유사성뿐만 아니
라 그 본문들의 문맥상의 유사성으로도 확증된다. μυστήριον("비밀")이 계

LXX은 ἐπ' ἐσχάτων τῶν ἡμερῶν이라고 읽는다. 이 어구는 아람어 본문의 "이후에"에 내포된
마지막 때를 더욱 분명하게 한다(또한 행 2:17에서 욜 3:1의 'aḥărē kēn[LXX의 μετὰ ταῦτα]
을 ἐν ταῖς ἐσχάταις ἡμέραις로 번역했다). 그러므로 단 2장에서 μετὰ ταῦτα는 ἐπ' ἐσχάτων τῶν
ἡμερῶν처럼 분명하지는 않지만 이 어구와 동일한 종말론적인 표현이다. 이와 마찬가지로, μετὰ
ταῦτα는 계 1:19과 4:1에서 종말적인 표현이다. 다시 말해 이 어구는 다음 환상으로 넘어가는
단순한 문학적 또는 일반적인 시간 전환 표식이 아니라, 다니엘서의 종말론적 "이후에"에 해당
하는 마지막 때를 가리킨다.

1:20과 단 2:29, 45의 거의 똑같은 문맥에서 발견된다. 단 2장에서 하나님은 비밀들(μυστήρια)의 온전한 계시자로 2번이나 찬양을 받으신다. 기본적인 어구 "장래 일"은 다니엘이 하나님의 영감으로 받은 느부갓네살의 꿈 해석의 시작과 끝에 등장한다. 이와 비슷하게 계 1장에서 인자 형상을 하신 신적 존재는 촛대의 "비밀"(μυστήριον)을 계시하심으로써 요한이 본 환상을 해석하기 시작하신다. 더욱이 요한의 환상은 다니엘서의 "인자"(단 7:13)가 가지신 메시아적 왕위의 성취가 시작되었다는 것과, 교회와 교회의 수호천사가 그 성취에 참여한다는 것을 묘사한다(예언된 나라의 시작된 성취에 대해서는 6, 9절도 참조하라).[14] 1:20의 "비밀"의 이런 문맥적 이해와 비밀이 19절의 "이후에 장차 될 일"과 직접 연결되었다는 사실에서, 우리는 이 어구에 단 2장이 암시된 것이 시작된 마지막 때를 언급하며 미래에만 초점을 맞춘 것이 아니라고 결론을 내리게 된다.

계 1:19을 다니엘서에 대한 암시로 보는 것에 내해 한 가지 이의를 제기한다면 본문들이 서로 충분히 일치하지 않는다는 것이다. 계 1:19에 있는 단어는 μέλλει("하려 하다" 또는 "~가 필요하다")이지, 다니엘서(와 계 1:1; 4:1; 22:6)에 등장하는 δεῖ("~가 필요하다")가 아니라는 것이다. 계 1:19 원문에 δεῖ가 있었을 가능성은 있다.[15] 그러나 δεῖ는 아마도 필경사가 19c절의 표현을 1:1; 4:1; 22:6b에 맞추려고 한 부차적인 삽입일 것이다.[16] 좀 더 만족스러운 설명은 요한이 문자적으로 인용한 것이 아니라 다른 말로 바꾸어 표현한 것

---

14) μυστήριον("비밀")은 LXX에서 후일과 관련된 다니엘서에서만 등장한다. 단 2:28-30에서는 μυστήρια와 τὸ μυστήριον 다음에 δεῖ γενέσθαι가 이어진다. 하지만 2:28a에서는 μυστήρια가 같은 어구 앞에 위치한다. 앞에서 인용한 증거에 따르면, 대부분의 주석가들이 동의하듯이, 계 1:19에 언급된 "이후에 일어날 일"은 사 48:6(ἃ μέλλει γίνεσθαι)을 암시하지 않는 것 같다 (Moffatt, "Revelation," 347. Moffatt은 여기에 이사야서의 암시가 있다고 주장하는 유일한 주석가인 것 같다. 하지만 그는 이 견해를 입증할 논의를 제시하지 않는다). 그러나 설령 이사야서를 염두에 두었다고 해도, 요한계시록의 사상은 다니엘서의 문맥과 매우 유사하다. 다니엘서와 이사야서는 모두 하나님과 이스라엘이 열국을 다스릴 장차 올 마지막 때를 예언한다. 요한이 이바지한 것이 있다면, 이 마지막 때와 관련한 예언이 성취되기 시작했다고 말한 데 있다.

15) 이 단락의 각주 11번과 ℵ C 2050 *pc* latt을 보라. 비교. Josephus, *Ant.* 10.210.

16) 최소한 본문의 다양한 독법이 1:19의 마지막 문구를 1:1; 4:1b; 22:6b의 형식과 동일시하는 초기 해석 전통을 반영하고 있다고 말할 수 있다.

으로 여기는 견해다. 요세푸스가 단 2:28, 29, 45의 ἃ δεῖ γενέσθαι(또는 이에 대응되는 MT 표현)를 두 번씩이나 τὰ μέλλοντα(와 나중에 τί γενήσετι)로 바꾸어 표현했기 때문에,[17] 요한도 똑같이 바꾸었다고 보는 것이 타당하다.

1:19을 다니엘서에 대한 암시로 보는 것에 반대하는 또 다른 견해는 계 1:19이 요한계시록에 등장하는 7개의 3중 문구 중 하나이며,[18] 다른 문구 중 어떤 것도 다니엘서를 암시하지 않기에 1:19도 다니엘서를 암시한다고 볼 수 없다는 것이다. 이 견해에 대한 대답으로 우리는 3중 문구에 다니엘서에 대한 암시가 포함될 수 없는 필연적 이유가 없다는 사실을 지적하고 싶다. 사실, 요세푸스가 단 2:28-29, 45을 다른 말로 바꾸어 표현한 것에도 3중적인 시간적 문구가 들어있다. 그중에서 마지막 어구는 다니엘서에 근거한다. "나(요세푸스)는 아직 일어나지 않은 일이 아니라 과거에 일어난 일에 대해 기록하려고 한다."[19] 다니엘서를 암시하는 3중 문구의 다른 예는 *Barnabas* 1:7에 있다. "주님께서 예언자들을 통해 우리에게 과거의 일과 현재의 일과 장차 올 일을(τὰ παρεληλυθότα καὶ τὰ ἐνεστῶτα καὶ τῶν μελλόντων) 알게 하셨습니다."[20] *Barnabas* 1:7은 매우 중요하다. 그 구절 바로 뒤에 δοὺς ἀπαρχὰς ἡμῖν γεύσεως("우리로 [장차 올 것의] 첫 열매를 맛보게 하신다")가 이어지기 때문이다. 이것은 "장차 올 것"이 독자들의 삶 가운데서 이미 시작되었음을 의미한다.[21] 이것은 앞에서 계 1:1, 19에 대해 주장했던 것처럼 단 2:28ff.이 성

---

17) Josephus, *Ant.* 10.210, 267.

18) 나머지 3중 문구는 1:4, 8, 17; 4:8; 11:17; 17:8에 등장한다.

19) 흥미롭게도 단 2:28-29, 45에 등장하는 어구의 시간적 범위는 주로 미래에 초점을 맞추고 있지만, 그 직전의 과거 및 현재와 관련된 부차적 언급도 포함한다(단 2:37-38).

20) *Barnabas* 1:7에 등장하는 공식의 마지막 두 부분인 τὰ ἐνεστῶτα καὶ τῶν μελλόντων 과 *Barnabas* 4:1의 τῶν ἐνεστῶν...τοῦ νῦν καιροῦ...εἰς τὸν μέλλοντα와 비교해보면, *Barnabas* 1:7이 다니엘서와 연결되었다는 것을 추론할 수 있다. *Barnabas* 4:1에 사용된 어구들은 1:7의 2중적 문구를 발전시키고 그것을 단 7:7-8, 24을 공식적으로 인용할 때 소개하는 문구의 일부분으로 포함시킨다. 인용의 요지는 "현 시기의 속임"(4:1)이 다니엘이 예언한 네 번째이자 마지막인 악한 나라에 대한 말씀을 성취하기 시작하는 것이라고 밝히는 것이다.

21) "장차 될 일"이 이렇게 시작되었다는 것은 *Barnabas* 1:7에 바로 이어지는 절("그리고 이 각각의 일들이 여러 번 성취되는 것을 볼 것이다")에서 더욱 강조된다. 이것은 1:7 처음에 제시된 시간적 문구를 구성하는 각각의 세 시간대의 성취를 가리킨다. *Barnabas* 5:3에서는 이러한

취되기 시작했다는 이해를 입증하는 당대의 기독교적 증거다. 요세푸스와
*Barnabas*에 있는 3중적 문구가 단 2장을 암시하는 것이 분명하다는 사실
은 계 1:19에도 이러한 암시가 포함되었을 가능성을 높여준다. 반면에 계
1:19이 3중적 문구에 근거하여 작성됐다고 말하는 것은 잘못된 판단일 수
있다.

계 1:19과 단 2:29a, 45 사이의 본문과 문맥상의 수많은 유사성을 고려
하면, 계 1:19이 단 2장을 인용한 것이 분명하다고 말할 수 있다.

4:1

계 1장에서 관찰되는 단 2장의 암시에 비춰볼 때, 요한계시록의 그다음 주
요 단락의 서론인 4:1에서도 단 2장에 대한 암시가 있다는 것은 의미심장
하다.[22] 4:1의 어휘가 단 2:28-29, 45을 자세히 반영할 뿐만 아니라,[23] 이 암
시 역시 1:1과 1:19에서 봤던 것과 같은 방식으로 사용된 것이 분명하다.
1:19에서처럼 μετὰ ταῦτα는 다니엘서의 마지막 때를 총칭하는 어구인 ἐπ᾽
ἐσχάτων τῶν ἡμερῶν과 동의어다.[24] 그러므로 4:1에 이어지는 환상들 역
시 종말론적 미래에 관한 내용일 뿐만 아니라 대체로 좀 더 종말론적인 환
상들이기도 하다. 그 중에 일부는 시작된 환상들이고, 나머지는 여전히 절
정을 기다린다.[25] 그러므로 만일 계 4:1b의 μετὰ ταῦτα가 다니엘서의 시작

성취가 "과거의 일과…현재의 일과…장차 올 일들"을 총 망라하는 예언자적 계시를 이해하는
근거가 된다. 이것은 일찍이 1:7에 등장한 문구의 반복이다.

22) 대부분의 주석가들은 4:1을 요한계시록에서 새로운 단락의 서론으로 여기며, 이 중 많은 사
람이 4:1을 요한계시록의 마지막까지 이르는 모든 환상을 소개하는 것으로 이해한다(예.
Tenney, *Interpreting Revelation*, 70-71; Beasley-Murray, *Revelation*, 25-26; Sweet,
Revelation, 47).

23) 무엇보다도 단 2:29, 45(Theod.)을 비교하라. 단 2장에 등장하는 비슷한 어구들을 합성했을
수도 있지만, 계 1:19에서 본문을 비교한 것을 보라.

24) 앞의 각주 13번과 계 1:19을 분석한 내용을 보라.

25) 이것은 계 1:1과 1:19에 나타난 단 2장 암시에서만 아니라, 신약성경 여러 곳에서 사용된
ἐπ᾽ ἐσχάτων τῶν ἡμερῶν과 이와 비슷한 표현들로도 입증된다. 이 표현들은 종종 이미 시작
한 사건을 가리킬 때 사용된다. 예. 막 1:15; 행 2:17; 갈 4:4; 고전 10:11; 고후 6:2; 엡 1:10; 딤
전 4:1ff.; 딤후 3:1ff.; 벧전 1:20; 벧후 3:3; 히 1:2; 9:26; 약 5:3; 요일 2:18; 유 18 등. 특별히 주

요한계시록 해석의 열쇠로서 계 1:19 논의

된 종말론을 가리킨다면, 이어지는 환상들이 1–3장의 환상들 이후 시대를 언급한다고 볼 필요가 없다. 이 어구는 단지 이후에 소개될 환상들이 "실현된" 측면과 "실현되지 않은" 측면을 지닌 "후일"에 대한 설명에 관심이 있음을 의미할 뿐이다.

미래주의 주석가들 대부분은 4:1을 그들의 입장을 가장 분명하게 지지해주는 본문들 가운데 하나로 취급해왔다. 하지만 μετὰ ταῦτα가 신약의 구속사의 연속성에 따라 요한계시록이 기록되기 전에 시작된 과거와 현재와 미래의 사건들을 가리키는 마지막 때를 전반적으로 언급하는 것이라고 주장한 우리의 결론이 옳다면, 4:1이 그 후에 이어지는 모든 환상이 전적으로 혹은 대부분의 경우 미래를 가리키는 것으로 본다고 주장할 수 없다.

어떤 기간이 γενέσθαι 다음에 놓이고, μετὰ ταῦτα εὐθέως("이 일 후에 즉시")가 다음 문장을 시작하는 것이라면, 4:1이 다니엘서의 암시라는 사실에 대해 이의를 제기할 수 있다. 교부들이 본문을 이런 식으로 읽었다. 암브로시우스는 계 4:1b을 마지막 어구인 μετὰ ταῦτα 없이 인용했다. 비록 실제로는 마지막 어구가 생략된 요한계시록 본문에서 인용한 것이 아니라 암브로시우스가 선택하여 인용한 결과였을 수도 있지만 말이다.[26] 히에로니무스는 μετὰ ταῦτα로 4:2을 인용하기 시작한다.[27] 라흐만(Lachmann)과 웨스트코트(Westcott)와 호트(Hort)는 2절이 시작하는 곳에 μετὰ ταῦτα를 배치한다.

하지만 단 2장이 사실 암시되었을 것이라는 개연성은 1:1, 19과 22:6의 ἃ

목할 만한 예외는 벧전 1:5과 요 6:39-40, 44, 54이라고 생각한다. 하지만 요 11:24-26, 40-44; 12:1에 비춰 보면, 심지어 요 6장의 어구들도 예수 당대의 상황을 언급한다. 사실 벧전 1:5은 "말세"라고 부르는 기간을 가리킨다. 이것은 이미 시작된 기간을 언급하는 1:20의 "말세"와 연결된다. 신약 종말론의 "이미와 아직"의 특성에 대해서는 Beale의 "Eschatology"와 "The Eschatological Conception of NT Theology"를 보라. 비교. Thomas, "Kingdom of Christ in the Apocalypse," 126-28. Thomas는 내가 전에 출판한 책에서 단 2장이 요한계시록의 구조와 신학에 핵심적이라고 결론 내린 것에 동의했다. 하지만 그는 요한이 단 2장 예언을 성취되기 시작했지만 여전히 미래의 실현을 기다리는 것으로는 이해하지 않았다고 주장한다.

26) Ambrose, *Expositio Evangelii secundam Lucam* 7.893-99.

27) Jerome, *In Danielem* 2:607-10. Griesbach는 그의 그리스어 신약성경의 비평 장치에 Ambrose와 Jerome의 독법을 표기했다.

δεῖ γενέσθαι 병행 어구들 모두 단 2장을 암시하고, 4:1이 그러하듯이 요한계시록의 주요한 문학적 연결 부분에서 등장한다는 사실로 입증된다. 이러한 단 2장에 대한 암시는 4-5장을 소개하기에 적합하다. 4-5장은 단 7장을 모델로 삼고 있다.[28] 더욱이 4:1에 시간을 나타내는 어구가 ἃ δεῖ γενέσθαι 뒤에 이어진다고 보는 것은 요한계시록의 다른 곳에서도 ἃ δεῖ γενέσθαι 뒤에 시간을 암시하는 어구가 있는 것을 볼 때 더욱 확실해진다(1:1과 22:6 에는 ἐν τάχει가, 1:19에는 μετὰ ταῦτα가 따라온다).[29] 대부분의 주석가들과 그리스어 성경의 여러 판은 계 4:1에 단 2:29, 45의 병행 어구나 암시가 있음을 인정한다.

22:6

단 2장을 언급하는 이 마지막 본문은 권면의 결론 단락을 소개하며,[30] 1:1 의 다니엘서 암시 내용과 정확히 일치한다(δεῖξαι τοῖς δούλοις αὐτοῦ ἃ δεῖ γενέσθαι ἐν τάχει). 확실히 이것은 우연이 아니다. 또한 이 어구는 1:1에서처럼 단 2장을 언급하는 것으로 다시 사용되었을 개연성이 있다(앞 논의 참조).

이러한 분석은 계 1:19이 의도적으로 단 2:28-29, 45을 암시한 것이라는 사실을 확립하려고 시도했다. 주석가들 중에는 어느 누구도 요한의 다니엘서 암시의 해석적 사용을 탐구하는 데 충분한 비중을 두지 않았지만, 주석가들 대부분이 이 사실을 받아들인다.[31] 계 1:1, 19; 4:1; 22:6의 모든 구절에 단 2장이 암시되었다는 것은 단 2장이 문맥적으로 사용되었고 다니엘서의 예언이 시작되었지만 아직 절정에 이르지 않은 "장래"를 언급하는 "이미와

---

28) 이렇게 다니엘서를 모델로 삼은 것에 대해서는 Beale, *Use of Daniel*, 178-228을 보라. 하지만 이 문제에 대해서는 논쟁이 있는 것은 사실이다.
29) 1:19의 본문의 다양한 이문이 나올 만한 이유에 관해서는 앞서 논의한 내용을 참조하라.
30) 이 구절은 1:19처럼 앞 단락의 결론 역할도 할 수 있다.
31) 이렇게 된 이유 중에 하나는 주석가들 중에서는 다니엘 암시가 의도적이라고 생각하지 않는 데 있다. 물론 요한이 그 암시를 의식하지 않았다면, 암시에서 해석학적 의도를 찾으려는 시도는 헛되다.

아직"의 종말론적 의미를 지닌 것으로 이해함을 보여준다.[32] 단 2장의 구약 문맥은 요한계시록의 문맥과 주제적으로 잘 맞는다.

요한은 의식적으로 단 2장에 대한 암시로써 요한계시록의 주요 단락을 소개한다. 이를 근거로 요한계시록을 개괄하면 다음과 같다. (1) 1:1-18(서론); (2) 1:19-3:22; (3) 4:1-22:5; (4) 22:6-21(결론).[33] 4:1-22:5을 다시 여러 단락으로 나누는 것이 타당하다는 점은 분명하지만, 요한은 4:1-22:5을 하나의 커다란 단위로 이해했을 것이다. 사실 4-5장과 21:1-22:5에는 "멸망에 관한 환상들(6-20장)이 창조주와 구원자이신 하나님에 관한 대단히 중요한 환상을 괄호로 하여 묶여 있다."[34]

요한계시록의 이러한 구조적 계획을 지지하는 것은 다음과 같은 사실이다. 단 2:28-29의 어구들은 단 2:31-35의 환상을 소개하며, 2:45b의 같은 어구는 환상 해석의 공식적 결론의 일부분이다. 이처럼 다니엘서의 같은 어구들이 계 4:1-22:6의 환상 단락을 소개하고 마무리한다.[35] 이것은 4:1-22:6이 단 2장의 단어에만 의존한 것이 아니라 그 구조에도 의존했음을 의미한다. 계 22:6b에 있는 암시의 결론을 맺는 기능은 그 절을 시작하는 어구에 의해 강조된다. 이 어구는 앞장에 있는 모든 환상이 "신실하고 참되다 (πιστοὶ καὶ ἀληθινοί)"라고 천명한다. 그리고 이 절의 결론이 단 2장 환상의 결론에 기초한 것이라는 점은 전혀 놀라운 일이 아니다.[36]

---

32) 이런 결론과 유사한 주장을 한 사람은 Boring이 유일할 것이다. Boring, *Revelation*, 84. Boring은 19절을 풀어서 다음과 같이 번역한다. "이것들(4-22장의 환상들)은 이미 동터오고 있는 종말론적인 미래를 그려준다." 애석하게도 Boring은 그가 이렇게 번역하게 된 이유를 논하지 않는다.

33) 내 개요와 별도로 Günther, *Nah- und Enderwartungshorizont*, 65도 이렇게 요한계시록을 이해한다.

34) Sweet, *Revelation*, 47.

35) 또는 1:1과 22:6b의 병행 단어를 고려하면, 1:1-22:6에서도 해당 어구가 서론과 결론 역할을 한다.

36) 비교. 단 2:45b(Theod.), ἀληθινὸν τὸ ἐνύπνιον καὶ πιστὴ ἡ σύγκρισις αὐτοῦ("이 꿈은 참되고 이 해석은 신실하니이다"). ἃ δεῖ γενέσθαι가 있는 연결 부분(단 2:45a, Theod.)에 이 어구가 있다는 것은 계 22:6이 단 2:45을 사용했다는 가능성을 한 층 더 높여준다(본서 22:6의 주석 참조).

요한계시록의 개요를 구성함에 있어, 이러한 단 2장에 대한 암시들이 의도적인 것이라고 결론을 내릴 수 있다면,[37] 단 2장의 꿈의 내용이 요한계시록의 내용을 해석하는 중요한 틀을 제공한다는 사실을 주장할 만한 견고한 주해적 근거가 생긴다.[38] 요한계시록 해석의 중요한 틀은 우주적 악에 대한 종말론적 심판이 시작되었다는 것과 하나님의 영원한 나라가 세워진다는 것이다. 단 2장이 문맥적으로 사용되었다는 것은 요한이 의식적으로 다른 구약 본문을 사용할 때 구약의 문맥을 (정도의 차이는 있지만) 대단히 존중하면서 사용했다는 사실에 의해 분명해진다.[39] 요한의 다른 구약 인용과 암시들이 문맥적으로 사용된다고 가정하면, 우리는 요한이 요한계시록 전체와 특히 1:19에서 단 2장을 사용한 것도 문맥을 존중하며 사용했다고 결론을 내릴 수 있다.

이제 앞에서 분석한 계 1:19에 단 2장이 암시되었다는 사실에 비춰 계 1:19을 둘러싼 다른 해석들을 살펴보고, 이런 다른 견해에 그 암시가 어떤 영향을 미쳤는지를 살펴보면 도움이 될 것이다.

두 번째 견해: 연대순 견해

많은 주석가는 계 1:19이 요한계시록을 3개의 연속적이지만 상호 배타적인

---

37) 개중에는 1:19의 세 번째 목적절(과 그 병행 어구들)이 궁극적으로 다니엘서에 근거했지만 요한 당시 기독교 예언자들이 의식하지 않고 사용했을 정형화된 예언 문구라고 보기를 선호하는 사람들이 있다. 앞에서 1:1; 1:19; 4:1; 22:6의 본문들을 비교하여 논의한 결과 우리는 단 2장이 요한계시록 표현의 원천 자료라는 것과 사실 다니엘서의 사용이 의식적으로 또 공공연하게 이루어졌을 가능성을 확인했다.
38) 참조. Goppelt, *Typos*, 197. Goppelt는 단 2:28이 요한계시록의 "지침이 되는 원리"라고 주장한다. 이 구절이 계 1:1; 1:19; 4:1; 22:6에 전략적으로 등장한다는 것이 그 이유다.
39) 나는 이 점을 앞의 "구약 사용" 단락에서 심도 있게 논했다. 신약이 구약을 사용할 때 문맥을 존중했다는 주장은 Dodd(*According to the Scriptures*)가 예리하게 논의했고, 최근에는 Hays가 좀 더 미묘하면서도 현대적인 자료를 반영하며 논의하였다. R. B. Hays, *Echoes of Scriptures in the Letters of Paul* (New Haven: Yale University, 1989). 이 문제를 설명하는 양 진영의 최근 참고문헌들을 분석하고 평가한 자료를 다룬 내 논문 "Did Jesus and His Followers Preach the Right Doctrine from the Wrong Texts?"를 보라.

역사 기간으로 나누는 단순한 시간 구분을 의미하는 것으로 이해한다.

"네가 본 것"은 앞에 있는 1장의 환상을 가리킨다. 이 환상은 1세기의 사
건들과 관련이 있다.

"지금 있는 일"은 2-3장과 관계가 있으며, "교회 기간" 동안 소아시아
(와 세계)에 있는 교회들의 상태를 묘사한다. 이 시기는 1세기에서 확장
되어 "대 환난"이 시작될 때까지 계속된다.

"이후에 장차 될 일"은 최후의 환난을 이야기하는 4:1-22:5에 전적으로
적용된다. 최후의 환난은 역사의 끝 직전에 시작되어 그리스도가 역사를
마무리하러 최종적으로 임하실 때까지 짧은 기간 동안 계속될 것이다.[40]

이러한 연대순의 관점은 의심의 여지없이 계 1:19을 이해하는 대중적인
관점이며, 4-22장을 미래 사건들을 이해하는 데 감질나게 하는 통찰을 주
는 본문으로 이해한다. 하지만 계 1:19을 이런 식으로 이해할 경우 심각한
문제가 생긴다. 가장 중요한 문제는 요한계시록의 문학적 형식을 충분히
고려하지 않아 그 책의 상징적 장르에 더 적합한 비유적 방법을 사용하기
보다 단순하고 문자적으로 읽고 해석한다는 데 있다.

더욱이 ("교회 시대"만을 묘사한다고 추측되는) 2-3장과 (미래의 "대 환난"을
다룬다고 생각하는) 4-22장에 과거[41]와 미래[42]가 반복적으로 언급되기 때문
에, 어느 단락도 엄격히 연대순으로 해석할 수는 없다. 이 장들이 어떤 의미
에서 1:19에 의해 설명되고 있기에, 1:19 역시 엄격히 따지면 연대순의 문
제를 언급하는 본문이 아니다. 4-22장은 과거와 현재와 미래의 사건들을

---

40) Lohse, *Offenbarung*, 19; Thomas, "Chronological Interpretation of Revelation 2-3";
Ladd, *Revelation*, 34을 보라. 이 입장은 Lindsey가 대중화했다. Lindsey, *There's a New
World Coming*, 18-19, 25. 종종 미래와 관련된 마지막 단락이 6장이나 심지어 나중에 시작되
는 것으로 이해된다.

41) 2-3장에는 1장의 첫 환상과 그리스도의 구속 사역과 관련된 내용이 있으며, 12:1-5에는 구약
말기와 그리스도의 생애와 관련된 내용이 포함되어있다.

42) 예를 들어 2-3장에는 "이기는 자들"에게 주는 약속과 그리스도의 재림과 관련한 권면이 있다.

묘사할뿐더러, 이 큰 단락에 속한 작은 단락들은 같은 사건을 다른 방식으로 반복한다(자세한 내용은 본서 서론의 "구조와 계획" 단락을 참조하라). 2-3장과 4-22장의 과거와 미래 사건들은 핵심과 별로 관계가 없고, 이 큰 이야기에서 본질적인 부분은 아니라고 반박하는 사람들도 있을 것이다.[43] 하지만 반복 견해를 배제하면서 요한계시록의 사건들이 엄격히 연대순임에 **틀림없**다고 주장하는 것은 선험적 가정이다. 사실 연대순에서 벗어난다고 말하는 부분들은 모두 역사 전반의 과거·현재·미래의 사건을 다루는 요한계시록 여러 단락의 유기적 부분들이다.

연대순의 접근은 1:19(과 4:1)의 μετὰ ταῦτα("이 일 후에")를 세상 역사에서 연속되는 시대를 의미한다고 잘못 이해한다. 이 어구에 이런 의미가 있을 수는 있지만, 문맥에 따르면 그런 의미가 아니다. 오히려 μετὰ ταῦτα는 요한이 본 환상의 순서를 언급한다(아래 참조).

"연대순 견해"를 주장하는 사람들이 단 2:28, 29, 45의 의도적 암시를 인정하고 적극적으로 활용하려 한다면, 계 1:19의 "이 일 후에"를 단순히 일반적인 미래만을 언급하는 것이 아니라, 다니엘이 예언한 미래의 마지막 때를 구체적으로 언급한 것이라고 보완하면 될 것이다. 다니엘서와 특히 요한계시록의 단 2장에 대한 암시에서 μετὰ ταῦτα를 사용한 것을 고려한다면, 연대순 견해를 주장하는 사람들이 이해하는 μετὰ ταῦτα("이 일 후에")는 견지될 수 없다. 우리가 앞에서 살펴보았듯이, μετὰ ταῦτα가 시작된 "장래(마지막 때)"와 의미론적으로 동의어라는 사실은 1:19에 근거한 요한계시록의 미래주의적 시간표와 잘 맞지 않는다. 만일 μετὰ ταῦτα가 전반적인 종말 시대, 즉 요한이 이미 시작된 것으로 보았고, 다니엘서에서도 막 시작됐다고 이해한 종말 시대를 가리킨다면, 19절은 이러한 깔끔한 연대순의 문구를 표현할 수 없다. 그러므로 "이 일 후에 될 일"은 틀림없이 과거와 현재와 미래에서의 시작을 포함하는 종말론적 기간을 언급할 것이다.

---

43) 신약성경의 상당히 많은 부분에 구약성경(과거)이 인용되거나 암시되었으며, 또는 예언(미래)이 포함되어 있다.

　　3중적 연대순 견해의 또 다른 문제는 다른 견해들을 논의하는 중에 더 명백해질 것이다. 그 문제는 다음과 같이 요약할 수 있다. 첫째, 1:19의 "네가 본 것"은 아마도 1:12-18에 있는 첫 환상을 가리키지 않으며, 그러므로 1:19의 다음 어구들에 언급된 현재 및 미래와 구별되는 과거만을 다루지도 않는다. 오히려 "네가 본 것"은 요한계시록의 전체 환상을 가리킨다("네가 본 것", 부정과거 시제[εἶδες]는 환상의 시간이 아니라 환상의 총체성을 가리킨다). 이런 가능성은 19절이 독립해서 존재하지 않고 전체 단락(9-20절)의 부분이라는 사실에 주목함으로써 입증된다. 1:9-20은 사명 내러티브로 이해하는 것이 가장 좋다. 그렇다면 "네가 본 것을 기록하라"는 말은 이 책의 환상들을 다 기록하라는 11절의 명령을 반복한 것에 지나지 않는다(이 내용은 아래에서 자세하게 논의한다). 둘째, "지금 있는 일"은 아마도 2-3장에 묘사된 현재의 일을 가리킬 뿐만 아니라, 요한계시록 전체에서 현재와 관련한 언급을 가리킬 것이다. 이 어구 자체는 사실 시간과 전혀 관계가 없고, 해석할 필요가 있는 요한계시록의 비유적 특성을 암시하는 언급일 것이다(그래서 ἅ εἰσί를 "그것들[그림같은 환상들]이 의미하는 것"이라고 번역하는 사람들도 있다. 자세한 내용은 아래 참조).

세 번째 견해: 현재와 미래를 2중으로 언급한다는 견해

이 견해에 따르면 "네가 보는 것을 기록하라"는 말은 전체 환상을 기록하라는 1:11 명령의 반복이다.

　　이에 근거하여, "네가 본 것과 지금 있는 일과 이후에 장차 될 일"이 연속해서 이어지는 2중적 연대순, 즉 1-3장의 "이미"와 4-22장의 "아직"을 나타내는 것으로 생각하는 사람들이 있다. 단 2장의 암시를 적용함으로써 미래주의적 연대순 관점과 동일한 다듬어진 미래주의적 관점이 나오게 되었다. 하지만 이 견해에 동의하기는 어렵다. 요한계시록의 나머지 부분은 2중적 구조를 분명하게 지지하지 않으며(3중 구조를 지지하지 않는 것 못지않다), 이 견해가 앞에서 언급한 연대순 견해에 대한 비평을 동일하게 받을 수밖

에 없기 때문이다.[44]

이 관점의 두 번째이면서 좀 더 개연성 있는 이론은 "지금 있는 일과 이후에 장차 될 일"이 엄격한 연대순으로 현재와 미래를 묘사하는 것이 아니라, 묵시의 전반적인 2중적 특성을 묘사한다고 보는 것이다. 이를테면 모든 큰 환상 단락에는 현재와 미래를 지칭하는 언급들이 혼합되었다는 것이다.[45] 그리스어 본문을 보면 이런 해석은 타당성이 있어 보인다. καί...καί 시리즈는 "이것과 저것 모두"(both...and, even...and)나 "즉…그리고"(that is...and)와 같이 둘 다 언급할 수 있기 때문이다. 전체적으로 볼 때 이 견해는 설득력이 강하다. "네가 본 것을 기록하라"는 말은 1:11a에 있는 명령의 반복이기 때문이다(아래에서 계속 논의한다).

"이후에 될 일"이 단 2:28ff.의 종말론적 본문을 암시한다고 이해하는 것은 2중적으로 언급한다는 견해의 이 두 번째 변형과 결합될 수 있다. 이 어구는 현재를 가리키는 환상들("지금 있는 것")의 중요성에 강조가 있음을 시사한다. 특히 요한의 현재는 다니엘의 장래에 속하기 때문이다. 그렇다면 이 어구는 다음과 같이 읽어도 된다. "그러므로 네가 본 것(이 환상 전체), 즉 지금 있는 일과 장래에 반드시 일어나게 될 일을 기록하라."

네 번째 견해: "네가 본 것"과 "지금 있는 일"은 1:12-20을 가리키고, "이후에 장차 될 일"은 4-22장을 가리킨다는 견해

이 견해에 따르면, 방금 전에 서술한 (세 번째) 견해처럼, 19a절은 11절의 공식적인 재서술이자 기록하라는 명령의 반복이다. 19절과 11절의 차이는 11-18절의 그리스도가 나타나신 결과로서 환상이 시작되었다는 데 있다. 이러한 관점에서 19b절의 εἰσίν은, 요한계시록 여러 곳에서 그러

44) 앞에 언급한 두 번째 견해를 참조하라.
45) Moffatt, "Revelation," 347; Beckwith, *Apocalypse*, 442-44; McDowell, *Meaning and Message*, 32-33; Caird, *Revelation*, 26; Beasley-Murray, *Revelation*, 68; Mounce, *Revelation*, 82; Rissi, *Time and History*, 33.

하듯이, "그것(환상들)이 의미하는 것", "그 의미는", 또는 "그것이 나타내
는 것"[46) 등을 의미한다고 볼 수 있다(1:20; 4:5; 5:6, 8; 7:14; 11:4; 14:4; 16:14;
17:9a-b, 12, 15).[47) 두 번째 목적절의 복수형 εἰσίν 다음에 세 번째 절의 단
수형 μέλλει (γενέσθαι)가 이어진다는 것은 이 두 절이 구별되어야 하고, 두
절 모두 시간을 언급하지 않는다는 사실을 시사한다. 요한이 "본 것"(19a절)
은 12-18절의 환상만을 가리킨다. 두 번째 절(19b절)에 암시된 복수형 주
어는 해석이 필요한 인자 환상에 속하는 내용을 가리킨다. 그 해석은 20절
에서 바로 제시된다. 세 번째 절은 4-22장의 환상들을 가리키는데, 이 환상
들은 아직 요한이 보지 못한 것들이다. 다른 곳(7:1, 9; 15:5; 18:1; 19:1)에서처
럼 μετὰ ταῦτα가 요한의 관점에서는 환상들의 시간적 순서를 가리키고, 역
사 가운데서 성취되어야 할 사건들의 시간적 순서를 가리키는 것이 아니
다. 그러므로 이 세 번째 절은 요한이 이 첫 환상 이후에 보게 될 환상들을
가리키지, 환상들에 나타나는 사건들의 연대순을 가리키는 것은 아니다. 즉
19c절은 이 첫 환상 이후에 보게 될 환상들을 언급하지만, 이 환상들이 미
래에 있을 사건들과 연관된다는 사실을 언급하는 것은 아니다.[48)

이 견해가 앞에서 묘사한 몇몇 다른 견해와 비교하여 가지는 강점은
1:19의 "네가 보는 것"과 "지금 있는 일"을 앞뒤 문맥과 연결하려 했다는 것

---

46) εἰσίν의 이런 의미에 대해서는 Stuart, *Apocalypse*, II, 54; Alford, *Greek Testament* IV,
    559(Alford는 그가 동의하거나 동의하지 않는 옛 주석가들을 많이 인용한다); Johnson,
    "Revelation," 429; Gundry, *Church and Tribulation*, 66; Chilton, *Days of Vengeance*,
    78; Michaels, "Revelation 1:19 and the Narrative Voices of the Apocalypse"를 보라. 비교.
    Moffatt, "Revelation," 347. Moffatt은 εἰσίν이 1:12-18 환상을 설명하는 해석에 대해서만 언
    급하고 요한계시록의 모든 환상에는 적용되지 않는다고 이해하는 것은 너무도 제한된 생각이
    라고 주장한다. 이러한 제한에 제동을 건 것은 옳지만 εἰσίν의 이런 해석을 완전히 거절한 것
    은 옳지 않다. 왜냐하면 εἰσίν은 요한계시록의 모든 환상의 의미를 밝히는 해석을 가리킨다고
    할 수 있기 때문이다(본서 서론의 "결론" 단락을 참조하라).

47) 이 열두 본문들은 εἰσίν이 등장하는 스물네 본문 중 절반에 해당한다. 그렇다면 적어도 절반은
    이런 해석의 뉘앙스가 있다는 의미이다. 나머지 중에서 여섯 절에서는, 1:19(εἶδες)에서처럼,
    εἶδον과 같은 어근을 가진 단어들이 앞에 나온다.

48) Alford, *Greek Testament*, 559; Johnson, "Revelation," 429; Gundry, *Church and
    Tribulation*, 64-66.

33

33

이다. 하지만 이 견해의 약점은 첫 두 어구를 첫 환상에만 전적으로 제한한다는 것이다(아래 논의 참조).[49]

다섯 번째 견해: 요한계시록 사상들의 일시적으로 불가사의하거나 초역사적 특성을 표현한다는 견해

W. C. 판 위닉은 19절의 문구 전체가 1-22장을 다 가리킨다고 주장하고, 요한이 역사 전체와 그 의미에 관해 예언하라는 명령을 받았다고 설명한다. 그 역사의 진리는 어느 한 역사적 기간을 초월한다. 판 위닉은 호머의 시기부터 기원후 4세기에 이르는 이교도의 종교적 맥락에서 비교 가능한 수많은 3중적 예언 문구의 예들을 근거로 이를 주장한다.[50]

판 위닉은 전형적인 예로 기독교 전통 내부에서 나온 것이기는 하지만, 영지주의 문헌인 *Apocryphon of John* 2.15-20을 인용한다. 여기서 계시자가 요한에게 다음과 같이 말한다. "나는 이제 지금 있는 일과 전에 있었던 일 그리고 장차 일어날 일을 네게 가르치려고 왔다. 너는 계시되지 않은 것들과 계시된 것들을 알게 될 것이다. 나는 네게 완전한 사람의 흔들리지 않는 민족에 관하여 가르칠 것이다."[51] 여기서 3중 문구가 언급된 주요 목적은 그 계시가 과거·현재·미래와 관련되었다고 말하려는 것이 아니라, 그 계시가 역사와 궁극적 실체의 내적인 의미로 뚫고 들어왔다는 점을 강조하

3

---

49) 이 일반적 견해의 강점과 비평을 자세히 설명한 Beale, "Interpretative Problem of Rev. 1:19," 362-65을 보라.

50) van Unnik, "Formula Describing Prophecy"; 또한 van Unnik, *Sparsa Collecta* 2, 183-93도 보라. 비교. van Unnik의 견해를 채용한 Sweet, *Revelation*, 73. van Unnik의 *Het Godspredikaat "Het Begin en het Einde" bij Flavius Josephus en in de Openbaring van Johannes*도 보라.

51) 본문은 F. Wisse가 재구성하고 번역한 것이다. F. Wisse in J. M. Robinson, ed., *The Nag Hammadi Library* (San Francisco: Harper and Row, [2]1988), 105-6. 본문의 전후 문맥인 2:1-25는 계 1:12-19를 모델로 한 것이다. 이 3중 문구는 요한이 "나이든 사람"을 보고 있다는 언급 후 바로 등장한다. "나이든 사람"은 "썩지 않고" 요한에게 "용기를 내라"고 권하는 "인자"와 "완전한 사람"과 관련된다.

려는 데 있다. 여기서 계시는 그리스도와 동일시될 수 있는 "완전한 사람"을 중심으로 한다. 계 1:19에 대한 현존하는 가장 초기(2세기 중엽)의 해석인 이 해석은 1:19에서 이 3중 문구가 요한계시록의 잘 정돈된 연대순의 개요가 아니라, 모든 역사와 역사 속 그리스도의 역할을 설명하는 초월적 해석을 제시하는 것으로 이해된다.

　　판 위닉은 이러한 문구들을 개괄적으로 제시한 후에 이렇게 결론을 내린다. 다양하게 배치된 어구인 "과거에 있었던 일과 지금 있는 일과 장차 될 일"은 영원한 기간뿐만 아니라, 역사적 시간을 초월하고 역사 전체에서 존재와 역사의 의미를 밝히는 계시를 표현하는 것이라고 말이다. 예언자들은 자기들이 받은 신적 영감이 진짜임을 밝히려고 이 문구를 채용함으로써 그들이 계시하는 비밀들의 진리를 확립했다.

　　19절이 비유적으로 기능함에 있어 중간 요소로 보충되는 상극법(merism. 양 극단을 언급함으로써 전체를 지시하는 방법)으로써 기능할 수 있다는 사실을 주목하면 판 위닉의 견해는 그 정당성을 입증받는다. 상극법은 비유적 중요성을 강조한다. 이러한 사실은 계 1:4, 8; 4:8(사소한 변경이 있지만 11:17도)에 이와 비슷한 3중 문구(ὁ ὢν καὶ ὁ ἦν καὶ ὁ ἐρχόμενος["이제도 계시고 전에도 계셨고 장차 오실 이"])가 두드러진다는 사실로도 입증된다. 이것은 **전 포괄성**을 강소하기 위해 중간 요소를 삽입한 또 다른 상극법이다. 이 어구는 특별히 부각되는 상극법으로서 하나님의 분명한 존재의 시간성이 아니라, 그의 초월하심과 역사의 전 과정에서 발생하는 모든 사건을 주관하는 주권을 강조한다. 이 문구들에서 중간에 있는 요소는 하나님의 주권적 초월성의 현재적 실체를 강조한다. 하나님은 특별히 현재를 비롯하여 모든 역사 안에서 행동하시고 역사 위에 통치하신다. 하나님은 세계 역사의 시초에 존재하시며 주권을 발휘하셨고 또 역사의 끝에 주권을 발휘하시고 존재하실 뿐만 아니라, 시작과 끝 사이의 모든 시간에도 주권을 발휘하시고 존재하신다. 이러한 방식으로 1:19은 사건들의 연대순이 아니라 역사의 감춰진 의미가 그리스도께 중심을 둔다는 사실을 계시를 통해 전달한다. 그리스도는 역사의 궁극적인 해석자이시다. 그는 역사를 계획하셨고 인도하시는 초

월적이고 주권적이고 무소부재한 분이시기 때문이다.[52]

이런 유형의 문구가 이교도의 예언 문학에 풍부하게 있으므로, 요한이 왜 이교적 문구를 사용했는지 질문을 제기할 수 있다. 요한은 그의 독자들 마음에 역설적인 논쟁점을 끌어내기 위해 3중적 사명 진술을 3중적인 이교 적 예언 공식의 형태로 만들어냈을지도 모른다. 요한은 일곱 교회에 보내 는 편지에서 독자들이 그 지역의 사상과 종교에 대해 알고 있음을 보여준 다. 따라서 요한은 논쟁의 목적을 위해 독자들의 이교 사회를 비평하려고 구약의 암시들을 선택했다.[53] 요한은 요한계시록의 범 역사적 범위를 보여 주기 위해 3중적인 이교도 문구를 모델 삼아 그의 3중적 문구를 만들었을 지도 모른다. 다시 말해서, 3중적 문구가 이교도 예언자들이 전한 메시지의 정당성을 입증하기 위해 사용되었다면, 모든 인간 역사를 망라하는 요한의 계시는 얼마나 더 정당하겠는가. 마지막 날을 시작하게 하신 그리스도가 요한에게 계시를 기록하라고 명령하신 바로 그분이기 때문이다.

하지만 판 위닉의 접근에는 세 가지 결함이 있다. 하나는 본문과 관련된 것이고 두 개는 주제와 관련된 것이다.

본문상으로 볼 때, 계 1:19이 실제로 판 위닉의 3중적인 이교도 문구들 과 관련된다고 볼 수 있는지는 살펴보아야 할 문제다. 판 위닉이 제시하는 문구들(과 1:4, 8; 4:8; 비교. 11:17)은 매우 긴밀한 병행 어구로 되어 있다. 각 요소는 계 1:19과 대조적으로 **시간적인** 용어로 구성되었다. 대부분의 주석 가들은 판 위닉이 11절의 기록하라는 명령과 19절의 첫 부분 간에 존재하 는 분명한 연결을 충분히 다루지 못했다고 믿는다.[54] 특히 "네가 본 것을 기 록하라"는 것은 공식적으로 과거 시제에 해당하는 요소를 가리키는 것이 아니라, 요한계시록의 전체 환상을 기록하라는 명령을 다시 언급하는 것이

---

52) Smith는 van Unnik의 견해를 부분적으로 지지하면서, 이 견해에 비슷하지만 수정된 내용 을 제안했다. C. R. Smith, "Revelation 1:19." 그의 견해는 Beale, "Interpretative Problem of Rev. 1:19," 379-81에 요약되었다.

53) 이 점과 관련해서는 Hemer, *The Letters to the Seven Churches of Asia*를 평가한 내 서평을 보라.

54) 아래 제시될 여섯 번째 견해와 이 단락의 결론을 보라.

다. 반면에 (앞에 언급한 "2중적인 내용을 언급한다는 견해"와 다른 견해들과의 혼합에 따르면) 19절의 공식 중 두 번째와 세 번째는 환상의 두 시간 대를 언급한다. 그러므로 "네가 본 것"은 3중적인 시간적 문구의 일부분이라는 생각이 들지 않는다.

더욱이 판 위닉의 1:19 해석(환상이 영원한 사건들과 관련되었을 뿐만 아니라 영원한 통찰을 제공하기도 한다는 해석)은 주어진 단어나 어구에 지나치게 많은 의미를 부여하는, 의미 과잉의 예라고 생각이 된다.[55] 판 위닉의 3중적 어구는 환상의 시간 폭(즉 영원한 기간)을 가리키거나, 환상의 의미(존재와 역사의 의미 전체를 계시하는 것)를 가리킬 수도 있다. 하지만 두 가지를 동시에 가리키지는 않는 것 같다.[56]

판 위닉은 1:19이 역사의 총체성과 의미에 관해 기록하라는 요한의 사명을 반영한다고 믿는다. 그리고 이런 유의 문구들이 이미 세상 역사 전체를 포함하기 때문에 다니엘서의 "마지막 날" 암시에 어떤 가치가 있는지 이해하는 것은 어렵다고 한다. 비록 마지막 날의 **시간성**이 이 문구에 포함되지만, 다니엘서의 암시에 따르면 다니엘이 예언한 마지막 날의 독특한 **특성**은 이 날들이 그리스도의 구속사역으로 시작(되고 궁극적인 의미가 발견)되기까지 감춰져 있다는 데 있다.[57] 그리스도의 죽음과 부활은 모든 역사의 의미를 여는 열쇠다.

판 위닉의 견해가 옳다고 가정한다면, 요한의 이교적 문구 사용은 매우 논쟁적일 것이다. 요한은 그의 예언자적 통찰("네가 본 것")이 이교도 예언자들이 파악했다고 하는 모든 것의 최대 범위("지금 있는 일"- 역사적 과거, 현재, 미래)를 설명할뿐더러, 그 모든 것을 초월하고 대체하는 종말론적 실체("이

---

55) 일상적인 대화에서는, 상징적 그림이나 언어유희, 2중적 의미를 갖는 어구 등과 같은 비유적 표현을 제외하고는, 단어나 어구가 전형적으로 하나의 의미만을 지닌다. 의미가 모호한 경우 "가장 적절한 뜻은 가장 적은 의미를 가진 것이다"(Silva, *Biblical Words and Their Meaning*, 153. 이는 M. Joos를 인용한 것이다).

56) 마지막 두 가지 비평은 내 연구 학생인 Greg Goss가 전해준 것이다.

57) 이것은 첫 번째 견해와 여섯 번째 견해, 그리고 아마도 세 번째 견해를 조금 수정한 것이 결합된 것일 것이다.

후에 장차 될 일")가 침투해 들어왔음을 설명한다. 이 사실에 비춰볼 때, 계
1:19은 다음과 같이 번역할 수 있다. "너는 네게 주어진 예언자적 통찰에 따
라 이 시대에 일어나는 일들과 장차 역사 속으로 들어올 일들에 관한 내용
을 기록하라는 신적 명령을 받았다."[58]

여섯 번째 견해: 요한계시록의 복합적인 문학 장르들을 가리키는 장르 문구라는 견해

장르 견해는 19절의 세 목적절을 모든 다른 관점과 다르게 이해한다. 앞에서
언급한 대부분의 관점들은 다양한 방식으로 19절의 세 어구를 과거·현재·
미래를 가리키는 시간적 지시어로 이해하는 반면에, 장르 견해는 이것들을
우선적으로 요한계시록 전체의 장르에 관한 주장으로 이해한다. 비록 이
견해는 여전히 19절을 요한계시록을 이해하는 열쇠로 생각하지만, 3중적
인 구조는 환상이 발생하는 때가 아니라 환상의 문학적 특성을 묘사한다.
장르 견해를 표현하는 다양한 방식이 있지만, 요한계시록에 접근하는 방법
과 관련해서는 그 차이가 상당하거나 궁극적이지는 않다. 번잡함을 피하기
위해 여기서는 한 가지만을 제시한다.[59]

　　이 장르 관점에 따르면 "네가 본 것"은 묵시를 가리키고, "지금 있는 일"
은 비유적 언어를 의미하며, "장차 될 일"은 다니엘서에 근거한 종말론적
언어를 가리킨다. 이 모든 것은 1-22장 전체에서 발견된다. 이 관점은 세
번째 절을 다니엘서의 암시로 생각하는 견해와 "2중적 내용을 언급"한다는
견해, 첫 번째와 두 번째 절이 1:12-20을 가리키고 세 번째 절이 4-22장을
언급한다는 견해를 종합한 것이다. 19절은 이렇게 풀어 쓸 수 있다. "그러므
로 네가 본 것과 그것(환상)들이 의미하는 것과[혹은 "심지어"] 후일에[과거

---

58) Smith, "Revelation 1:19"에 이렇게 번역되었다.
59) 이 관점을 이해하는 다른 형식들은 Beale, "Interpretative Problem of Rev. 1:19," 377-79을
　　보라. 내 학생이었던 Greg Gross가 단 2장을 해석하는 내 관점을 적용하면서 이런 장르 관점
　　의 다른 견해들 중 하나를 처음으로 제안했고, 나는 그것을 수정해서 여기에 언급한다.

와 현재와 미래에] 마땅히 일어날 일을 기록하라." 이 견해는 19절을 요한
계시록 전체에 대한 3중의 **시간적** 진술로 이해하지 않는다. 그 대신 19절은
전체 묵시의 **3중적인 해석학적 특성이나 장르를 상술한다.** 환상은 특성상
묵시적(환상적)이고("네가 본 것"), 요한계시록 전체는 **비유적으로**("지금 있는
일"; 12-18절과 20절 비교) 그리고 **종말론적으로**("장차 될 일"; 단 2:28-29, 45과
비교) 해석해야 하기 때문이다. "네가 본 것"과 "지금 있는 일"을 1:12-20에
있는 환상에 제한해서는 안 된다. 이 어구는 요한계시록 전체를 포함한다.

결론

이 단락에서 논한 여러 견해들 중에서 가장 나은 견해는 "이미와 아직"의
의미를 가지고 "이후에 장차 될 일"을 단 2장에 대한 암시로 이해하는 견해
와, 19절의 각 세 목적절이 요한계시록 전체를 동일하게 언급한다고 주장
하는 견해다. 우리가 선택한 견해를 선호도 순으로 나열하면 다음과 같다.

1. 두 번째 목적절과 세 번째 목적절이 현재("지금 있는 일")와 다니엘서
   의 종말론적인 과거·현재·미래("장차 될 일")를 함께 아우르는 묵시 전
   체의 총체적 특성을 묘사하는 것으로 받아들이는 한편 "네가 본 것을
   기록하라"는 문구를 1:11에 서술된 명령의 반복으로 취하는 "2중적
   내용 언급" 견해와 결합된 "새로운 견해."
2. "2중적 내용 언급" 견해(비록 시간적 내용을 염두에 두지는 않았다고 하더
   라도)와 "장르 공식" 견해를 종합한 "새로운 견해." 이 경우 세 구절 다
   요한계시록 전체를 가리킨다. 첫 번째는 요한계시록을 묵시로 간주하
   며, 두 번째는 비유적 언어로, 세 번째는 다니엘서의 종말론으로 간주
   한다.
3. "2중적 내용 언급" 견해와 종합한 "새로운 견해"다. 하지만 여기서는
   판 위닉의 이해를 부분적으로 반영한다. 이 경우 세 절 모두 요한계시
   록 전체를 역사에 궁극적 의미를 부여하는 다니엘서의 종말론으로 언

급한다.

4. 판 위닉의 견해 일부와 종합한 "새로운 견해." 이 경우 3중 형식의 세
　부분은 모두 요한계시록 전체를 예언과 이 시대, 그리고 오는 시대의
　"이미와 아직"의 관점에서 언급한다.

이 4가지 종합이 최상인 것 같다. 이 네 견해는 세 목적절에서 다니엘서
가 사용된 방식을 가장 공정하게 다루기 때문이다.[60] 물론 만일 요한이 실
제로 다니엘서에 의존하지 않았거나, 다니엘서를 사용한다는 사실을 의식
하지 않았거나, 구약의 문맥에 관심을 갖지 않고 다니엘서를 암시했다면,
다니엘서의 관점을 받아들일 필요도 없이 "새로운 견해"를 제외한 다른 관
점들 중 하나를 선택해야 할 것이다.

　이 4가지 견해를 선택하는 또 다른 이유는 그것들이 "네가 본 것"을
11절의 반향, 즉 요한계시록 전체를 기록하라는 명령으로 간주한다는
데 있다(van Unnik의 견해가 이 점에 있어 일관성이 떨어지기는 한다). 하지만
19절이 11절 내용을 반복하고 또 11절 명령과 똑같다는 것은 이 시점에
서 충분히 논의할 필요가 있다.

　전후 문맥에서 "네가 본 것을 기록하라"는 어구가 차지하는 위치를
고려해볼 때, 이 어구는 분명히 1:12-20의 처음 환상을 가리킨다. 하지만
ἃ εἶδες은 비단 1:12-20만 아니라 요한계시록의 기록 전체를 가리킬 개
연성도 있다. 제한을 암시하는 언어가 없기 때문이다. 이 어구의 포괄적
인 언급은 1:11의 "네가 보는 것을 두루마리에 써서"(ὃ βλέπεις γράψον εἰς
βιβλίον)가 1:2b-3의 "자기가 본 것…그 가운데에 기록한 것"(ὅσα εἶδεν…
τὰ ἐν αὐτῇ γεγραμμένα)을 지시한다는 사실에서 입증된다. 이 어구는 분
명히 요한계시록의 환상 전체를 가리킨다. 1:19이 1:11과 단어가 일치하

---

60) 이 네 선택을 고려하는 접근법 하나는 이 선택들을 서로 배타적으로 취급하지 않는 것이다. 첫 번째와 두 번째 선택은 주된 의도를 설명한다. 하지만 이 의도가 표현된 방식은 세 번째와 네 번째 선택이 제시하는 이교적 예언 문구에 의해 동기부여를 받았을 가능성이 많다.

는 병행이고 밀접한 문맥적 관계가 있기 때문에, 만일 1:11a이 환상 전체를 암시한다면 1:19a(γράψον οὖν ἃ εἶδες) 역시 그러하다.[61] 2b, 11, 19절 사이의 내포된 연결성은 두 어구를 2절 끝에 첨부한 본문 전통에 의해 강조된다. 두 어구는 19절에서처럼 3개의 절을 만들어낸다. ὅσα εἶδεν και ατινα εισι και ατινα χρη γενεσθαι μετα ταυτα(ℵᴬ: "그가 본 것들과 지금 있는 일과 이후에 반드시 될 일들을"). 이것은 적어도 전체 환상을 언급하는 1:2을 1:19과 동일시하는 초기의 해석을 나타낸다.

19a절이 (12-18절만 아니라) 요한계시록 전체를 기록하라는 11절의 명령을 재서술하고 있음을 지적한다는 두 번째 이유는, 19절의 세 어구들 각각 앞에 놓여 있는 관계대명사 ἃ 역시 19절이 12-18절의 장면에 한정되지 않고 요한계시록의 전체 파노라마를 지칭함을 강하게 시사한다는 데 있다. 19절의 첫 번째 ἃ는 1:1의 첫 ἃ와 1:2의 ὅσα, 11절의 ὅ(이 것은 틀림없이 집합의 의미를 지닌다)를 다시 다루며, 그 어구(와 그러므로 19절의 두 번째, 세 번째 ἃ 역시)가 요한계시록의 다양한 환상을 염두에 둔 것임을 암시한다. 1:1-2, 11은 분명히 요한계시록의 다양한 환상을 언급하고 있기 때문이다. 더욱이 1:1과 22:6에 암시된 단 2장에 전 포괄적인 초점이 있다는 사실은[62] 1:19의 세 번째 ἃ 역시 그러할 가능성이 많으며,[63] 이것은 ἃ의 처음 두 경우도 동일하게 전 포괄적인 초점이 있음을 가리킨다.

하지만 19절이 전부 요한계시록의 환상 전체를 포함한다는 사실을 가장 설득력 있게 암시하는 것은, 1:9-11과 1:12-20이 함께 보다 더 큰

---

61) Moffatt, "Revelation," 347; Beckwith, *Apocalypse*, 442-43; Mounce, *Revelation*, 82; Morris, *Revelation*, 55-56; Hailey, *Revelation*, 114도 그렇게 생각한다.

62) 4:1의 ἃ는 집합적 복수형으로 쉽게 이해될 수 있다. 특히 그 구절을 종말론적으로 이해하고 이어지는 환상들을 언급하는 것으로 이해하지 않는다면 말이다.

63) 이 견해에 이의를 제기할 만한 것은 1:20의 복수형 관계대명사 οὕς + εἶδες가 12-16절의 처음 환상의 요소들만 언급한다는 점이 분명하다는 점이다. 그래서 같은 상황이 19절의 복수형 관계절에도 해당될 수 있다는 것이다. 이 주장은 제기될 수 있지만, 복수형 ἃ를 1:1-2; 1:11; 22:5에 비춰 이해하는 것도 동일하게 가능하다. 그리고 이 구절들이 단 2장과 공통적인 문맥을 공유한다는 사실을 고려하면, 계 1:19의 세 번째 ἃ가 단수가 아닌 복수의 지시대상을 언급할 가능성이 더 높다.

문학적 단위로 기능하며 부활하신 그리스도가 요한에게 그가 증언할 환
상들을 기록하라는 예언자적 사명을 주시는 것으로 요한계시록 전체를
소개한다는 사실이다. 이 사실은 19절 첫 부분에서 사명을 재진술한 것
으로 입증되며, 이는 11절과 더불어 수미상관을 이룬다. 11절의 현재형
이("네가 보는 것", βλέπεις) 19절에서 부정과거형("네가 본 것", εἶδες)으로 바
뀐 것은, 그리스도가 말씀하시는 순간(인자 환상)을 기준으로 할 때 과거
인 것만을 가리키는 것이 아니라, 요한이 그 명령을 실행하여 글을 쓰기
시작할 순간에 있는 일 또는 지나갈 일(요한계시록 전체의 환상)을 우선적
으로 가리킨다.[64]

　　10절에 있는 사명 도입부는 에스겔이 성령에 감동됐을 때 사용한 같
은 언어로 표현되었다. 따라서 에스겔이 사명을 받았을 때 예언자적 권
위를 받았듯이, 요한에게도 예언자적 권위가 부여된다(참조. 겔 2:2; 3:12,
14, 24; 11:1; 43:5. 또한 계 4:2; 17:3; 21:10을 보라).[65] 구약의 예언자들이 사명
을 받은 것과 비슷한 방법으로 요한이 사명을 받는다는 또 다른 증거는
11절에서 제시된다. "책에 기록하라"(γράψον εἰς βιβλίον)라는 명령은 야
웨께서 그의 종 예언자들이 받은 계시를 이스라엘에게 전할 임무를 주
신 것을 반영한다(출 17:14; 사 30:8; 렘 37[30]:2; 39[32]:44; Tob. 12:20).[66]

---

64) Beckwith, *Apocalypse*, 443에 동의함. 이 견해와 밀접히 관련된 것은 몇몇 사람이 제안한, 19
　　절의 기록하라는 명령이 예기적이라는 주장이다("네가 보게 될 것들을 기록하라"). 이 문구는
　　요한계시록 전체의 계시되는 환상을 기록하라는 11a절의 현재 시제 명령과 병행이기 때문이
　　다(예. Moffatt, "Revelation," 341; Mounce, *Revelation*, 82). 또는 εἶδες가 히브리어의 예언적
　　완료형과 같은 기능을 하거나("네가 볼 내용을 기록하라") 미래 완료의 뉘앙스를 지닌다는 것
　　이다("네가 앞으로 보게 될 것"; Morris, *Revelation*, 56). 요한이 전체 환상이 계시되는 중간중
　　간에 기록했다고 볼 수도 있다(참조. 10:4). 이 경우 19절은 1:1-2과 아마도 1장 전체처럼 그가
　　환상 전체를 받은 뒤에 기록했을 것이다.
65) 이렇게 예언자적 권위와 동일시되는 것은 "나팔 소리 같은" 음성이라는 말이 추가됨으로 강
　　조된다. 나팔 소리는 여호와가 시내 산에서 계시하실 때 모세가 들은 동일한 소리를 떠올리
　　게 한다(출 19:16, 19-20. 계 1:11의 음성은 인자 환상을 소개하는 천사의 소리다[4:1-2에서
　　도 그렇다]).
66) 구약성경의 내용을 잘 아는 독자는 예언자들이 받은 이러한 사명이 이스라엘에게 내리
　　는 심판의 내용을 기록하라는 명령들이라는 사실을 인식했을 것이다(사 30:8; 렘 37[30]:2;
　　39[32]:44; 비교. 출 34:27; 사 8:1; 렘 36:1; 합 2:2). 따라서 요한계시록이 시작되는 바로 이 지

10-11절과 12-18절이 예언자적인 사명 주제와 묶여 있다는 사실은
17a절에서도 드러난다. 여기서 요한은 예언자적 사명을 받은 구약의 예
언자들(특히 다니엘)의 4중적 패턴이 반영되었음을 보여준다. (1) 환상을
봄, (2) 두려워 엎드림, (3) 천상적인 존재에게 담대하라는 격려를 받음,
(4) 천상적인 존재로부터 또 다른 계시를 받음(단 10:5-11, 12-20; 비교. 단
8:15ff.) 등.

정리하자면, 그리스도는 10-11절에서 12-18절의 사명 부여를 위한
권위를 제공하는 자신의 신성을 보여줌으로써 요한에게 (계시를 기록하
라고) 명령하신다.[67] 그리고 이 권위에 근거하여 19절에서 그 명령을 다
시 말씀하신다. 그러므로 19절의 οὖν은 2중적 방법으로 기능한다. 11절
과 관련해서는 반복적으로 기능하고,[68] 11-18절과 관련해서는 추론적으
로 기능한다. 다시 말하면 요한은 11절에서 받은 명령을 성취하기 시작
해도 된다는 말을 19절에서 듣는다. 왜냐하면 요한이 두려워 죽은 자처
럼 되었지만(17a절), 이제 그리스도가 죽음을 지배하는 권세를 가지셨다
고 주장하심으로써(17b-18절) 그 두려움이 제거되었기 때문이다. 그래서
οὖν은 앞의 11절 명령의 전 포괄적 성격과 연결되었음을 가리킨다는 점
에서 의의를 지닌다. 물론 20절은 12-18절에만 한정되는데, 이는 20절
이 그 단락만을 설명하는 첫 부분이기 때문이다.[69]

점에서 요한계시록의 주요 주제들 중 하나가 심판이라는 암시가 이미 주어진다.

67) 즉 그리스도는 12-18절에서 그가 죽음을 이기고 승리하여 교회와 세상의 종말론적 심판자·
제사장·왕이 되셨다고 계시하심으로써 그의 대표자로서의 권위를 계시하신다.

68) Moffatt, "Revelation," 346; Charles, *Revelation* I, 33; Swete, *Apocalypse*, 21; Robertson,
Word Pictures VI, 294; 비교. BAGD, 593.

69) 1:11의 명령형처럼 동일한 지명과 결부된 γράφω의 반복되는 명령형들은 2-3장의 일곱 교회
에게 보내는 편지에도 등장한다. 명령형들은 1:19와 묶여 있고 인자에 대한 첫 환상의 전개를
소개하는 것이 분명하다. 이 명령형들은 11절과 19절에 제시된 기록이라는 전 포괄적인 명령
들의 성취의 시작이다. 11절 및 19절과 대조하여 이 명령형들은 공식적으로 각 편지에 있는 그
리스도의 이어지는 말씀에 한정되며, 그로 인해 공식적으로 인자 환상에만 한정된다고 할 수
있다. 1:11과 1:19의 전반적 명령의 부분적 성취는 10:4; 19:9; 21:5에도 등장한다.

요한계시록의 신학과 목표

이 단락의 목적은 요한계시록의 신학을 철저히 논하는 것이 아니라, 요한의 성서신학의 중요한 측면을 반추하는 데 있다.[1]

고난과 승리

요한복음에서처럼 요한계시록에서도 그리스도의 죽음과 실패는 사실 사탄을 이긴 그의 승리다(5:5-6의 주석 참조). 어린 양을 따르는 사람들은 그들의 삶에서 그의 이 역설적인 승리의 모델을 반복해야 한다. **환난**을 당할 때 인내함으로써 그들은 메시아의 보이지 않는 **나라**에서 통치한다(1:6, 9의 주석 참조). 그리스도가 십자가에서 그러셨듯이, 그리스도인들은 그들의 고난 중에 왕권을 행사한다. 그리스도인들은 자신들의 삶속에서 예수의 원형적인 승리를 모방함으로써 승리자들이 되라고 부름을 받는다. 그리스도인들의 외적인 몸은 박해를 당하고 고난을 당하기에 취약하지만, 하나님은 참 성도들의 중생한 내적인 영을 보호하겠다고 약속하신다(11:1-7의 주석 참조).[2] 그리스도의 몸인 교회가 땅에 거주하기를 마칠 때에, 교회의 현존은 그리스도의 현존처럼 완전히 제거될 것이며, 그런 다음 부활할 것이다(11:7-12의 주석 참조. 비교. 20:8-22:5).

역으로 말해서, 교회의 원수들이 하나님의 백성을 박해할 때, 겉으로 보기에는 사탄이 그리스도를 이기고 물리적인 승리를 쟁취한 듯했지만 십자가에서 패배했던 것과 같이, 원수들은 영적으로 패한다(비교. 골 2:14-15). 성도들을 압제하는 행위를 회개하지 않는다는 것은 압제를 가하는 자

---

1) 요한계시록의 성서신학에 관해서는 본서 앞에서 다뤘던 "구조와 계획"의 "결론 반추: 요한계시록 구조의 해석학적 중요성과 사상의 큰 흐름" 항목을 보라.
2) 이 논의는 Caird, *Revelation*, 291-97을 따른 것이다.

들이 받을 최후의 심판을 위한 토대를 쌓아가는 일이다. 심지어 그 행위는 지속적으로 반항하는 백성에게 내리는 하나님의 심판의 표현이 되기도 한다(자세한 내용은 8:2-11:19의 주석의 서론을 보라. 비교. 11:3-6).

　요한계시록의 문학적 논지의 주요한 수사적 목표는 하나님의 백성에게 어린 양의 역설적인 모범을 따르라고 부름 받은 것에 충성하고 타협하지 않도록 권하는 데 있다. 이 모든 것의 최종 목표는 마지막 구원을 상속받는 데 있다. 하지만 이것이 요한계시록에서 가장 중요한 신학 사상은 아니다(21:1-22:5에 대한 결론을 보라).[3] 요한계시록의 중요한 신학적 주제는 하나님께 돌려야 할 영광이다. 하나님이 충만한 구원과 최후의 심판을 이루신 까닭이다(1:6; 4:11; 5:11-13; 19:1, 5, 7의 주석 참조; 비교. 11:17). 고난 중에 역설적으로 통치하는 그리스도와 교회, 그리고 물리적인 승리 중에서도 영적 패배를 경험하는 믿지 않는 박해자들은 하나님의 지혜를 보여주고, 그 결과 우리의 시선을 하나님의 영광으로 향하게 한다.[4]

보좌

4-5장의 환상은 하늘 세계를 묘사한다. 거기에는 하나님과 어린 양의 보좌가 중앙에 있고, 만물이 그 보좌를 둘러 서있다. 맨 먼저 무지개가, 그다음에 보좌를 수호하는 "네 생물"이, 그다음 두 번째 바깥 원의 보좌 위에 앉은 이십사 장로들이, 그리고 맨 마지막에는 우주에 있는 모든 피조물이 둘러서 있다.[5] 하나님의 "보좌"가 (요한계시록 전체에 걸쳐 34번 등장하는 중에) 4-5장에 17번 등장한다는 사실은 이 두 장이 하나님의 주권의 중심성을 강조하고 있다는 증거다. 하나님은 4:9-11과 5:12-13에서 그의 주권으로 인해

---

3) 요한계시록 신학을 잘 분석한 Bauckham, *Theology of the Book of Revelation*을 보라. 내가 본 주석 전체에서, 특히 11:11-13의 중요성과 관련하여 Bauckham의 분석에 수정을 덧붙였다.
4) 어린 양과 지혜, 하나님의 영광을 서로 연결하는 5:12의 주석 참조. 이 내용은 4장 마지막에 있는 찬양에서는 발견되지 않는다.
5) Hendriksen, *More than Conquerors*, 101-4.

지극한 영광을 받으신다. 그리스도의 부활이 하나님과 그리스도에게 피조물을 심판하고 구원하시는 주권이 있다는 증거인 까닭에 하나님과 그리스도는 영광을 받으신다. 4장과 5장에서 분명하게 추론할 수 있는 것은 어린양이 하나님과 동일한 신적 지위를 가지고 있다는 것이다. 앞부분에 암시된 이 사실은 요한계시록의 뒷부분에서도 반복된다(예. 1:13-14의 주석 참조).

4-5장은 6:1-22:5의 환상들을 소개하며 무색하게 한다. 6:1-22:5의 모든 환상은 이 서론적 환상으로부터 나오며, 구속과 심판의 행사에 나타난 하나님의 주권의 역사적 결과로 이해해야 한다. 하나님과 그리스도는 신자들과 불신자들 모두에게 임하는 모든 화를 궁극적으로 주관하는 분이시다.

하나님과 그리스도가 이렇게 유쾌하지 않은 사건들에 대해 절대적인 주권을 가지고 계시다는 사실은 신학적 문제에 직면한다. 하나님과 그리스도께서 **모든** 심판과 궁극적인 신적 감독 아래 수많은 파괴적 심판을 수행하는 마귀적 대리자들의 배후에 있는 근본적 원인이라면, 하나님과 그리스도의 의로움과 선함과 거룩함이 어떻게 유지될 수 있겠는가? 아예 신학적 문제가 없다고 생각하는 주석가들도 있다. 그들은 하나님과 그리스도를 심판의 직접적인 원인으로 이해하지 않는다. 그리스도는 단지 네 말 탄 자들과 같은 인물들에게 그들의 화를 집행하도록 "허락"하거나 "용인"하시는 것뿐이라고 한다.[6) 요한계시록은 하나님의 보좌가 신자들의 시련과 불신자들이 당하는 화의 배후에 있는 것으로 이해할뿐더러, 하나님은 일곱 인과 나팔과 대접 이야기를 형성하는 데 중요하게 작용한 구약의 주요 본문들에서 예외 없이 시련의 궁극적 원인으로 제시되고 있다(슥 6:1-8; 겔 14:21; 레 26:18-28과 계 6:2-8에 이 본문들이 사용된 예들).

이러한 신학적 난제를 해결하는 단서는 일련의 화가 신자들의 믿음을 정련하고 불신자들을 징벌한다는, 화의 궁극적인 목적에서 찾을 수 있다. 4-5장이 6:1-8의 말 탄 자들의 화와 직접 연결된 것은 이 문제를 더욱 분명하게 해준다. 6:1-8은 그리스도의 죽음과 부활의 결과에 대해 알려준다.

---

6) 예. Caird, *Revelation*, 81-83.

그리스도는 십자가의 고난을 승리로 바꾸셨으며, 자신을 십자가에 못 박은 악의 세력들에 대해 주권을 획득하셨고(참조. 1:18; 골 2:15), 그 결과 그의 백성을 정결하게 하고 악에 머물며 반항하는 사람들을 심판할 목적으로 악의 세력을 사용하신다(자세한 내용은 6:1-8을 보라).

4장과 5장 끝에 표현된 것처럼 19:7-8의 환상들의 마지막에도 성도들이 하나님을 영화롭게 해야 한다고 천명된다. 이러한 영광 돌림은 어린 양과 그의 신부의 혼인으로 인해 역사의 끝에 임할 것이다. 어린 양의 신부는 혼인을 위해 완벽하게 단장될 것이다. 단장된 신부에 초점이 맞춰진 것은 성도들에게 하나님께 영광을 돌리도록 하는 데 목적이 있다. 하나님의 영광이라는 사상은 21:1-22:5에서도 중심을 차지한다. 앞에서 보았듯이, 새 예루살렘(= 하나님의 백성)은 하나님의 영광을 반영하는 그 도성의 영광과 관련해서만 정의될 수 있기 때문이다. 사실 새 예루살렘 성의 주인공은 등불처럼 그 성읍을 밝히시는 하나님과 어린 양이시다(참조. 21:22-23; 22:5). 그러므로 새 예루살렘은 하나님과 그리스도의 영광을 반영하며 하나님과 그리스도와 온전한 교제를 갖는 하나님의 백성이라고 더욱 완벽하게 정의할 수 있다.

새 창조: 요한계시록이 지향하는 목표 중 하나

새 언약, 새 성전, 새 이스라엘, 새 예루살렘 묘사는 구약과 신약의 주요 예언 주제의 확실한 미래 성취를 천명한다. 이 모든 것의 궁극적 절정은 새 창조에 있다. 새 창조 자체는 성경의 약속들 중에서 가장 중요한 것이며, 따라서 앞에 언급된 4가지 새로운 실체들은 단지 새 창조의 여러 국면에 불과하다.[7] 이 5가지 약속과 관련한 구약의 역사적 형식을 요한이 반복적으로 암시한 것은 구약의 제도와 실체들이 신약에서 확대된 관련 실체들의

---

7) Dumbrell, *End of the Beginning*을 보라. 또한 새 창조는 그 안에서 다른 모든 **주요** 주제와 교리(예. 언약, 성전, 이스라엘, 예루살렘, 칭의, 화목, 성화)를 이해할 수 있는 신약신학의 "중심"이라고 주장하는 Beale, "The Eschatological Conception of New Testament Theology"를 보라. 하지만 새 창조의 궁극적인 목표까지도 하나님의 영광으로 이해해야 한다.

예언적 그림자라고 보는 역사의 예표론적 해석을 표현한다. 이를테면 창조, 하나님의 언약의 성취와 새 창조인 출애굽, 성막, 솔로몬 성전, 옛 예루살렘 등이다. 이러한 예표론적·예언적인 주제들은 하나님이 모든 역사의 주권적 디자이너라는 믿음을 제시한다. 모든 역사는 하나님의 영광을 목적으로 계획되었다.[8] 새 언약, 새 성전, 새 이스라엘, 새 예루살렘, 새 창조 등, 이 5가지 성경의 사상은 **하나님이 자기 백성과 함께하시는 그의 친밀하고 영광스러운 임재라는 하나의 실체를 가리키는 은유들이다.**

이 동일한 5가지 주제는 마침내 21:1-22:5에서 함께 절정에 이르고, 요한계시록 이 부분까지의 절정과 주요 요지를 형성한다. 특히 4-5장에서 소개되고 요한계시록 전체에서 전개된 하나님의 영광의 임재라는 중심 사상은 마침내 21:1-22:5의 환상에서 절정에 달한다. 최종 환상을 주석하며 설명하겠지만, 요한이 역사의 끝에 최종적으로 성취된다고 이해한 수많은 구약 예언이 신약의 다른 곳에서는 이미 그리스도와 교회 안에서 성취되기 시작한 것으로 간주된다. 예를 들어 새 창조, 새 성전, 성전의 기초로서 사도들, 새 예루살렘, 하나님의 거하시겠다는 임재의 약속(21:3), 성도들의 왕위 등이다. 심지어 요한계시록에서도 이 예언들이 1세기 말엽에 이미 성취되기 시작했다고 분명히 제시된다. 예를 들면 새 창조(3:14), 새 성전(1:12-13, 20의 일곱 촛대, 6:9-11의 하늘 성전에서 지복을 누리는 성도들), 왕위(1:5-6, 9, 13; 2:27; 3:21; 5:10) 등이다.

하지만 21:1-22:5의 새 창조에 관한 결론적 환상들은 요한계시록 전체의 주요 주제를 표현하지는 않는다. 그 환상들은 결론 가까이에 등장하는데, 요한이 책을 쓰는 최종 목적과 근거를 강조한다. 그리스도인들에게 신실함을 유지하라고 권면하고 격려하는 것이 요한계시록의 최종 목적이다. 이런 까닭에 계 22:6-21에서 성도들에게 그리스도가 곧 오신다고 천명하고 경고하면서, 이에 대해 반복되는 약속과 권면의 시각적이 아닌 청각적인 후기로 마무리한다. 하나님의 영광스런 임재와 영원한 교제 안에 있는,

---

8) 이와 비슷한 견해를 표명한 Caird, *Revelation*, 292을 보라.

장차 온전하게 될 하나님의 백성을 묘사하는 환상은 독자들로 하여금 그들을 타협하게 만들지도 모르는 시험에서 인내하고 격려할 의도로 제시되었다. 미래의 승리를 기대하는 전망은 지금 타협하지 않음으로써 부분적 승리를 쟁취하는 데 자극이 된다.

17:1-22:5에 있는 신부와 음녀의 대조는 음녀와 타협함으로써 어려움을 겪는 교회들에게, 타협하지 말고 그들이 장차 온전해지고 영광스럽게 될 것을 기대하면서 그 모습을 생각하라고 격려하는 데 목적이 있다. 이러한 의도는 2-3장에 명명된 교회의 불완전함이 21:1-22:5에 명명된 완전함과 반제적으로 관련을 맺고 있다는 사실로써 암시된다.[9]

세상에서 그리스도인들의 위치

이 모든 사실과 이어지는 주석에서 진행한 석의 분석에 비춰볼 때, 우리는 이미 본서 서론의 "요한계시록의 구조와 계획" 단락에서 요한계시록의 주요 사상을 대략 다음과 같이 요약할 수 있다고 주장했다. 성도들은 구원과 심판에 나타난 하나님과 그리스도의 주권으로 영광에 이른다. 이것은 성도들로 하여금 하나님을 예배하고 그의 말씀에 순종함으로써 그의 영광스러운 성품을 반영하고자 하는 동기를 부여한다(22:9의 주석 참조). 요한계시록에서 예배와 관련된 가장 중요한 표현들이 하나님의 영광이 강조되는 곳에 등장한다는 것은 결코 우연이 아니다(4-5장; 7:9-12; 11:15-19; 15:2-8; 19:1-8; 또한 "예(경)배"라는 단어가 발견되는 본문도 보라). 우상숭배는 단순히 다른 신들을 경배할 뿐 아니라, "만물의 주님이신 분을 경배하지 않는 것"으로 이해된다.[10]

요한계시록은 그리스도의 죽음 빛 부활과 오순절에 성령의 파송으로 현재의 옛 세상에 돌입한 종말의 새 창조를 묘사한다. 요한의 환상은 옛 세

---

9) 본서 서론의 "요한계시록의 구조와 계획"과 21:1-22:5의 주석의 결론을 보라.

10) M. M. Thompson, "Worship in the Book of Revelation," 51.

상의 가치들과 반대되는 가치들을 전해주며 또한 새로운 세상에서 그리스
도인들의 삶에 "초석이 되는 의미 구조"를 제공한다.[11] 새로운 세상을 묘사
하는 상징들은 그리스도의 생애와 죽음과 부활, 그리고 독자들의 현재의
선택과 행위의 영원한 중요성과 결과를 서술한다. 요한계시록의 주요 주제
에는 독자들에게 세상과 타협하지 말고 그들의 생각과 행위를 새 창조의
하나님 중심적인 표준에 맞추도록 동기유발 하는 것도 포함된다. 독자들은
지금 그들의 진정한 고향이 된 새로운 세상의 영원한 관점에 비춰 그들의
상황을 바라보아야 한다.

이런 점에서 교회들은 공동체에서 요한계시록을 읽고 또 읽어야 한다.
그래야만 하나님의 실제적이고 새로운 세상을 지속적으로 기억할 수 있다.
그 세상은 지금 교회가 살고 있는 타락한 옛 제도와는 다르다. 이렇게 지속
적으로 기억함으로써 교회는 그들의 고향이 이 옛 세상이 아니라, 천상적
환상에서 비유적으로 그려진 새로운 세상임을 깨닫게 될 것이다. 요한계
시록을 꾸준히 읽으면, 참 성도들은 그들이 믿고 아는 것이 이상하거나 낯
선 것이 아니라, 하나님의 관점에서 보면 참으로 정상적이라는 사실을 인
식하게 될 것이다. 교회는 교회 바깥에 있는 세상적인 것과 심지어 교회 안
에 잠입해 들어온 것 때문에 낙심하지 않을 것이다. 세상적인 것은 늘 경건
한 표준을 이상한 것처럼 보이게 하며, 죄악 된 가치를 정상적인 것으로 보
이게끔 한다.[12] 요한은 요한계시록에서 진정한 불신자들을 "땅에 거하는 자
들"이라고 부른다. 그들의 궁극적인 고향이 잠시 있다 없어질 이 땅이기 때
문이다. 그들은 눈으로 보는 것과 물리적 감각으로 파악하는 것 이외에는
어느 것도 믿지 않는다. 불신자들은 땅에 있는 안전만을 신뢰하는 영원히
땅에 속한 사람들이다. 더럽혀진 우주가 마침내 심판받아 없어질 마지막
때에 불신자들도 이 옛 질서와 함께 멸망될 것이다.[13] 반면에 그리스도인들

---

11) L. L. Thompson, "Mapping an Apocalyptic World," 120.
12) 이 개념에 대해서는 Wells의 *God in the Wasteland*, 35-59과 *No Place for Truth*를 보라.
13) 이 사상에 대해서는 Caird, *Revelation*, 88과 본서 6:17의 주석 참조.

은 이 세상을 지나가는 순례자들과 같다. 그들은 새로운 질서에서 하나님의 계시에 마음을 두어야 하며, 타락한 제도와 우상숭배적 형상들과 그와 연결된 가치들을 본받지 말고, 점진적으로 하나님의 형상을 반영하고 본받으며 새 세상의 가치를 따라 더욱 성숙하게 살아야 한다(참조. 롬 12:2).

이와 관련하여 그리스도가 왜 일곱 교회에게 그들의 대표 천사들을 통해 말씀하셨는지 질문하는 것이 유익할 것이다. 특히 일곱 교회의 죄를 두고 천사들을 꾸짖는 것이 이치에 맞지 않게 보이기 때문이다. 이에 대한 대답 하나는 이렇다. 대표자는 집단에 대해 책임이 있으며, 집단은 대표자의 행동에 대해 책임이 있다는 것이 공동체적 대표성의 본질이라는 사실이다. 그래서 어떤 의미에서 천사들이 교회들에 대해 책임이 있지만, 교회 역시 천사들의 지위로부터 유익을 얻는다.

이런 점에서 교회가 하늘에 있다는 점은 교회를 대표하는 천사들 안에서 나타나고 구현된다. 사실 요한계시록의 환상 곳곳에 이처럼 많은 천사가 등장하고 특히 교회를 대표하는 천사들을 통해 교회에게 말씀하시는(2-3장) 한 가지 이유는, 참 그리스도인들에게 그들 존재의 한 차원이 이미 하늘 영역에 있다는 것과 그들의 진정한 고향이 믿지 않는 "땅에 거하는 자들"과 함께 있지 않다는 점, 그들이 이교적인 환경을 본받지 않으려고 애쓰는 가운데 하늘의 도움과 보호를 받는다는 사실을 상기시키려는 데 있다. 그리고 앞에서 살펴본 요한계시록의 목적에 더하여, 매주일 교회가 땅에서 모이는(1:3, 9에서처럼) 중요한 목적은 천사들과 하늘에 있는 교회가 높이 들리신 어린 양께 드리는 예배를 모델 삼아 예배함으로써 교회의 천상적 정체성을 상기해야 하는 데 있다. 이것이 바로 요한계시록 전체와 특히 이전 환상 이야기의 해석으로 작용하는 결론 단락에 하늘의 예배 장면이 어우러진 이유다.[14] 이렇게 교회는 모일 때마다 어떻게 예배하는지를 배워야 하

---

14) 요한계시록에서 천사의 이런 중요성에 대해 더 자세히 설명한 1:20b의 주석 참조. 요한계시록에서 기독론과 천사론의 관계에 대해서는 Gundry, "Angelomorphic Christology"를 보라. Gundry는 7:2-3; 10:1-7; 18:1-3; 20:1-3에 등장하는 천사가 그리스도를 나타내고 그와 구별된 전달자가 아니라고 주장한다. 마치 구약성경의 여호와의 "천사"가 하나님 자신을 언급하는

며, 참 하나님을 예배하는 열심을 내야 한다. 요한계시록은 다음과 같은 결과를 기대한다. 신자들이 하나님을 예배하는 경외심이 증가하며, 교회로 모일 때만이 아니라 그들 삶의 모든 면에서 존재하고 역사하는 하나님의 주권에 머리를 조아리는 것이다.

상징 사용의 신학적 의미

천상 세계와 다른 불가시적인 세력(예. 마귀 세력)을 상징화하는 요한의 방법에는 신학적 중요성이 있다. 사람들이 일상적인 경고에 더 이상 주의를 기울이지 않고, 영적으로 냉담하며 계속해서 불순종하기로 마음먹고서 아예 경고에 귀를 기울이지 않을 때, 상징적 비유라는 문학 형식이 등장한다.[15] 구약의 예언자들의 메시지에 있는 비유적 측면은 하나님의 말씀에 귀를 기울이지 않는 백성의 눈을 감겨 보지 못하게 하는 수단의 하나였다 (참조. 사 6:9-10). 하지만 비유는 다수의 타협하는 사람들 사이에서 안주하는 남은 자들에게 충격 효과로도 작용한다. 그래서 신자인 체하는 사람들은 각성하여 진정으로 돌이키게 된다. 에스겔서와 예수의 사역에서 비유는 이와 동일한 방식으로 기능한다. 그러므로 구속사에서 비유의 등장은 언약 공동체의 대다수에게는 심판의 표지다.

　　이러한 구약과 복음서의 배경에 비추어볼 때 요한의 반복되는 들음 공식 사용("귀 있는 자는 들을지어다")은 전혀 새로운 것이 아니라, 이전의 예언자적 패턴과 맥을 같이한다. 요한이 이 어구를 사용한 것은 사 6:9-10과 겔 3:27(비교. 겔 12:2)과 연결되며, 이것은 복음서에서 사용된 그 어구를 발전시킨 것이다(예. 마 13:9-17, 43). 복음서의 어구 자체도 사 6:9-10을 상술한 것이다. 구약의 예언자들과 예수에게서 찾아볼 수 있듯이, 들음에 관한 표

또 다른 방법인 것처럼 말이다(10:1ff. 주석 참조).

15) 이 논의의 나머지 부분은 Beale, "The Hearing Formula and the Visions of John in Revelation"에서 들음 형식을 분석한 내용과 본서 2:7의 주석을 요약한다.

현은 비유 전달을 통해 진정으로 남은 자들의 눈을 여는 것과 더불어 언약 공동체의 거짓 회원들의 눈을 감기게 하려는 의도가 있음을 시사한다. 그 표현은 어떤 사람들에게는 진리를 계시하고, 다른 사람들에게는 진리를 감출 것이다. 요한은 그 들음 문구를 참 이스라엘과 참 언약 공동체의 연속인 교회에게 전한다. 하지만 교회는 이스라엘처럼 영적으로 둔해졌고 우상숭배에 참여함으로써 타협하기 시작했다.

요한계시록에서 계시의 비유적 방법이 도입된 이유는 일곱 교회 안에 있는 많은 사람이 타협하는 일에 이미 만성화되었다는 데 있다. 요한계시록의 상징들은 믿지 않는 사람들에게는 강팍하게 하는 효과가 있고, 동시에 교회의 현재 상태에 만족하며 안주하는 참 성도들에게는 충격 효과를 준다. 일례로 상징들은 하나님의 참 백성이 참여하기 시작한 끔찍하고 본질상 사탄적인 우상숭배를 계시한다. 그것의 목표는 하나님의 백성이 이런 제도들의 끔찍한 특성을 인식하고 우상숭배를 즉시 끊는 것이다.

매 편지의 끝에 있는 들음 문구는 4-21장의 환상 비유를 예상한다. 그리고 이와 비슷한 문구가 13:9에 등장한다. 이것은 요한이 4-21장의 상징적 내용을 담고 있는 환상들로 하여금 어떤 사람들의 눈은 열고 다른 사람들의 눈은 감기게 하는 2중적 계시 기능을 하도록 의도했다는 단서다. 이것은 4-21상의 상징적 환상들이 2-3장에서 더욱 추상적으로 표현된 내용을 비유로 묘사했다는 의미다. 그러므로 일곱 교회에게 보낸 편지들은 상징적 환상들을 전반적으로 해석해주며, 그 반대도 사실이다. 상징의 2중적인 영적 기능은 요한이 출애굽기의 재앙 표적에 따라 나팔 시리즈와 대접 시리즈의 패턴을 구성했다는 사실로써 더욱 지지를 받는다. 출애굽기의 재앙은 애굽 사람을 강팍하게 하고 이스라엘 백성에게는 깨달음과 구속을 주는 등 2중적 기능을 수행했다. 하지만 애굽 사람들 중 남은 자는 재앙에 적극적으로 반응하여 이스라엘과 함께 애굽을 떠났다. 그리고 애굽을 떠난 대다수의 이스라엘 백성은 신앙이 없었다는 것이 드러났다(시 95편을 보라). 그러므로 구약의 예언자들과 예수가 그러했듯이, 요한이 사용한 상징들은 타락한 사람들의 마음을 완악하게 할뿐더러, 참 신자들에게는 정신이 번쩍 들게 하여 영적 잠에서 깨어나게 하고, 믿지 않는 무리들 속에 있는 남은 자들에게는 충격을 주어 믿게 한다. 요한은 출애굽의 모델을 교회와 세상에 적용한다. 그래서 요한계시록의 상징적 자료 대다수는 이스라엘의 역경에 대해 말씀한 구약의 예언자들과 예수의 역할을 소아시아 일곱 교회의 상황에 대해 말하는 자신의 역할과 동일시하려는 요한의 신학적 의도에서 주로 기인한다.

많은 사람이 요한계시록을 반드시 일어날 미래의 사건들을 알려주는 지도로 간주한다(특히 4-22장). 중요한 단락들이 미래를 바라보는 것이 사실이지만, 많은 단락이 과거와 현재도 언급한다. 앞에서 논의한 것을 종합하여 우리는 이렇게 말할 수 있다. **요한계시록은 미래학에 관한 것뿐만 아니라, 교회의 사상을 위한 구속사적이며 신학적인 심리학이기도 하다.**

주석

1:1-20 서언

서론: 요한계시록은 증언을 위해 계시되었다. 증언은 복을 수반한다 (1:1-3)

이 세 절에는 요한계시록 전체가 요약되어있다.

요한은 하나님이 그리스도 안에서 행하신 일을 하늘의 관점에서 설명한 계시를 받았으며, 이 계시를 증언해야 했다(1:1-2)

계 1:1-2은 요한계시록의 기원, 주제, 특성, 그리고 이 책의 목적 중 하나를 전달한다.

1절 ἀποκάλυψις("계시 또는 묵시")라는 단어는 요한계시록의 주제와 특성을 표현한다. 요한계시록은 강화된 예언 형식이다. 그래서 1-3절과 22:7에서 "묵시" 또는 "예언"이라는 단어가 사용된 것에서 분명히 알 수 있듯이, 요한계시록은 "묵시"로 언급될 수 있다.[1] ἀποκάλυψις("묵시")가 묵시문학 장르를 지칭하는 전문용어가 아닐 가능성은 그 단어가 단 2장에 대한 암시의 한 부분이라는 점을 인식하면 분명해진다. 계 1:1 전체가 단 2:28-29, 45-47(비교. LXX, Theod.)의 전반적 구조를 패턴으로 삼았기 때문이다. 다니엘서 본문에서 동사 ἀποκαλύπτω("계시하다")는 5번 등장하고(비교. Theod.의 2:19, 22), ἃ δεῖ γενέσθαι("반드시 이루어질")라는 어구는 3번(Theod.을 보라), σημαίνω("표시하다")는 2번(LXX; 비교. 2:23 LXX) 등장한다.

1절의 구약 배경이 단 2장이라는 사실은 이어지는 어구 δεῖξαι...ἃ δεῖ γενέσθαι("반드시...일어날 일들을...보이시려고")를 검토해보면 가장 잘 이해된다. 이 어구는 ἐν τάχει("속히")와 함께 (위에서 논의한 것처럼) 단 2:28-29, 45에서 온 것이다. ἐν τάχει는 다니엘서의 ἐπ' ἐσχάτων τῶν ἡμερῶν("장래[후

---

1) 요한계시록의 3중적 장르를 확대해서 논의한 본서 서론의 "장르" 단락을 보라.

일]"; 예. 단 2:28)을 의도적으로 대체한 것이다. 이 어구는 다니엘서의 예언
이 성취되는 빠르기나,[2] 그것이 미래의 언젠가 성취될지 모르는 막연한 가
능성을 의미하는 것[3]이 아니라, 현재 이미 시작된 성취의 결정적이고 임박
한 때를 의미한다. 이 사실은 단 2장의 ἐπ' ἐσχάτων τῶν ἡμερῶν("장래[후
일]")이 예언 성취의 시간적 측면만을 언급하고, 성취의 빠르기를 언급하는
것이 아님을 인정하면 분명히 드러난다. 요한은 이것을 ἐν τάχει("속히")로
바꾸었다. 이는 다니엘이 먼 "마지막 때"에 발생하리라고 기대한 종말론적
환난과 악의 멸망, 하나님 나라가 세워지는 것 등이 요한 자신의 세대에서
시작되고, 실상 이미 이루어지기 시작했다는 요한의 기대를 암시한다(하나
님 나라가 임하기 전에 환난이 있을 것이라는 기대에 대해서는 단 2장과 병행을 이루
는 단 7장을 보라).

　　그러므로 요한이 다양한 이유를 근거로 먼 미래에 발생하게 될 일이 실
제로 가까운 것임을 인식하는 예언자적 관점을 가졌다는 사상을 1절에 도
입하는 것은 불필요하다. 개중에는 요한이 다가오는 핍박의 위기만을 예상
했다고 믿는 사람들이 있다.[4] 하지만 계 1장에 이어지는 내용과 단 2장(과
7장)의 문맥에 비춰볼 때, 요한이 악을 이기신 하나님의 승리와 하나님 나
라의 시작을 기대하고 있었다는 것은 분명하다.

　　특히 계 1:1은 요한계시록 전체의 주요 사상을 소개하는 것으로 이해돼
야 한다. 사실상 많은 사람이 이 구절을 책 전체의 제목으로 이해한다. 그
러므로 요한이 1:1에 반영된 다니엘서의 암시를 단 2장의 종말론적 문맥에
비추어 이해했다면, 요한은 요한계시록에 이어지는 내용이 단 2장(과 그것
과 같은 내용을 다룬 묵시적인 몇몇 장)의 틀 안에 있든지, 또는 적어도 이 틀과
긴밀하게 연결된 것으로 주장한다고 볼 수 있다. 1-3절에서 "속히"와 "가깝
다"는 것은 우선적으로 예언자적 성취의 시작과 그 성취의 지속적 측면에

---

2) Walvoord, *Revelation*, 35과 반대다.

3) A. F. Johnson, "Revelation," 416-17과 반대다.

4) 예. Caird, *Revelation*, 12.

초점이 있지, 성취의 절정이 가깝다는 데 초점이 있는 것이 아니다. 비록 성취의 절정이 가깝다는 점은 예언자적 성취의 시작과 그 성취의 지속적 측면에서 나온 것으로서 부차적으로 염두에 있지만 말이다.

1:1에 이어지는 내용에 따르면, 최종적 성취가 아니라 성취의 시작에 초점이 맞춰져 있음이 드러난다. 임박한 종말론적 기간(3b절), 그리스도가 현재 세상의 여러 왕들 위에 왕 노릇 하신다는 사실(5절), 성도들의 나라의 처음 형태(6, 9절), 이어서 따라오는 "인자"에 대한 언급(1:7)과 인자 환상(13-15절. 단 7장의 초기 성취를 암시한다)은 요한계시록이 성취의 "시작"에 초점을 맞추고 있음을 강하게 시사할 뿐 아니라 요한계시록 내에 다니엘서의 틀이 발견된다는 점도 시사한다(아래 해당 절 주석 참조). 마찬가지로 슥 4장에서 온 12, 20절의 "일곱 촛대" 암시와 16절에 사 49:2과 11:4이 언급된 것("메시아의 입에 있는 검")은 이 구약의 본문에 언급된 예언들이 성취되고 있음을 타나낸다. 사실 계 1장 전체 중 한 절에만 그리스도의 마지막 출현(재림)을 분명하게 언급하는 내용이 있다. 그리고 심지어 그 구절(1:7)마저 모든 시대에 단 7:13이 성취되는 과정을 언급한다. 이 모든 것은 그리스도의 최종 강림으로 절정에 도달할 것이다(시대의 끝이 1:4a과 1:8b에서는 하나님의 이름에, 17절에서는 그리스도의 이름에 포함된다). 단 2장의 환상이 상징들을 통해 전해졌듯이(비교. 단 2장; 요 12:33; 21:19에 있는 σημαίνω["표시하다"]), 요한의 환상의 내용도 같은 방식으로 요한에게 계시되었다.[5]

요한계시록을 시작하는 ’Αποκάλυψις ’Ιησοῦ Χριστοῦ("예수 그리스도의 계시")라는 표현은 그 "계시"가 예수에 의하여 또는 예수로부터 주어진 것을 의미할 수 있다(주어 소유격 또는 기원의 소유격). 하지만 그 어구는 그 계시가 예수에 관한(목적어 소유격) 것임을 말할 수도 있다. ’Ιησοῦ("예수의")가 요한계시록의 많은 본문에서 이런 의미로 이해될 수 있기 때문이다(1:9; 12:17;

---

5) 계 1:1의 다니엘서 배경을 입증하고 다니엘서 예언의 시작된 성취와 관련하여 시간적 함의를 자세하게 논의한 본서 서론의 "요한계시록 해석의 열쇠로서 계 1:19 논의" 중 첫 번째 견해를 참조하라.

14:12; 17:6; 19:10a, b; 20:4; 비교. 6:9; 12:17; 19:10). 이 견해가 많은 학자들 사이에서 논쟁의 대상이 되기는 한다.[6] 본문에 인접한 앞뒤 문맥은 주어 소유격을 선호한다. (1) 이어지는 내용은 그 계시를 "하나님이 (예수에게) 주셨다"(또는 계시하셨다)고 말한다. (2) 그리스도는 일련의 계시 안에 놓였기에 계시자 중 한 분이시다. (3) 신약성경과 요한계시록에서 예언은 그리스도로부터 나와 예언자에게 이른다. 그리고 메시지의 내용이 항상 그리스도에 관한 것은 아니다.[7] 계 22:16, 20은 예수가 그의 천사들을 통해 교회들에게 계시를 증언하신다고 묘사함으로써 이 사실을 확증한다.[8]

1절에 나타난 일련의 전달 내용은 하나님에게서 시작하여 예수와 천사와 요한, 그리고 마침내 그리스도인 "종들"에게로 이어진다. τοῖς δούλοις αὐτοῦ("그의 종들에게")라는 어구는 제한된 예언자들 집단보다는 일반적인 예언자 소명[9]을 가진 믿음의 공동체를 가리킨다. 이러한 전달 체계는 요한계시록 뒷부분에 나오는 몇몇 말씀에서 화자가 하나님인지, 그리스도인지 아니면 천사인지 구별하기 힘든 이유의 설명이 될 것이다. 메시지가 실제로 이 셋 모두에게서 나오기 때문이다(마찬가지로 구약성경에서도 주의 천사와 하나님 자신을 구별하지 못할 때가 종종 있다[창 18:1-33; 22:12-18; 삿 6:11-18; 13:1-24]). 요한계시록의 결론에는 이 사실이 합당하게 천명되었다. 그리스도에게서 보냄을 받은 한 천사가 모든 환상을 요한에게 계시했다고 말이다(참조. 22:6, 8, 16).

그러므로 요한의 책은 예수 그리스도 안에서 하나님 나라에 관한 구약 예언들의 임박한 성취와 시작된 성취를 다루는 예언서다(아래에서 1장의 시

---

6) 많은 주석가는 Ἰησοῦ가 이 본문들에서 목적 소유격이 아니라고 주장한다. 예를 들어, Sweet, "Testimony of Jesus," 103-4; Vos, *Synoptic Traditions*, 196-209; 그리고 앞서 인용한 성구들이 단지 주격 소유격이라고 너무 제한적으로 보는 다른 학자들; 본서 2장의 주석 참조. Hughes, *Revelation*, 15은 1:1a에서 목적 소유격을 선호하는 몇 안 되는 사람들 중 하나다.

7) Boring, *Revelation*, 64-65.

8) Ladd, *Revelation*, 294.

9) 참조. 22:6-9; Satake, *Gemeindeordnung*, 88-93; Sweet, *Revelation*, 59.

작된 종말을 논의한 내용을 보라).[10]

2절 요한계시록의 주제가 이제 더욱 분명하게 설명된다. 요한이 모든 환상을 보았을 때, 그 경험은 다름이 아니라 요한이 하나님과 예수 그리스도에 관한 계시, 그리고 하나님과 그리스도가 주시는 계시를 증언하는 것이었다. 1절에 처음 등장하는 소유격 구조처럼, τὸν λόγον τοῦ θεοῦ καὶ τὴν μαρτυρίαν Ἰησοῦ Χριστοῦ("하나님의 말씀과 예수 그리스도의 증거")의 소유격 어구는 (대부분의 주석가들이 주장하듯이) 하나님과 예수가 계시의 주체 자임을 의미할 수 있다. 그러나 소유격은 이 환상들이 하나님과 예수에 관한 환상이라는 사상을 표현하기도 한다(1절을 주석하면서 언급한 본문들, 특히 1:9; 6:9; 20:4을 비교하라. 이 본문들에서 동일한 소유격 구문에 주어의 의미와 목적어의 의미가 다 포함된다). 본문에 등장하는 이 표현은 1:9b에 등장하는 같은 표현에 분명히 연결되어 있다. 1:9b은 요한이 복음서의 예수 전승으로부터 익히 알았던 지상의 그리스도를 증언한 것에 초점을 맞춘다.[11] 그러므로 1:1과 1:2, 그리고 요한계시록 전체에 있는 이와 비슷한 소유격 어구에는 의도적인 모호함이 있다고 이해하는 것이 가장 좋다. 그러므로 이 어구는 주어적 측면과 목적어적 측면이 다 포함된 "일반적인" 소유격이다.[12]

καὶ τὴν μαρτυρίαν Ἰησοῦ Χριστοῦ("예수 그리스도의 증거")는 τὸν λόγον τοῦ θεοῦ("하나님의 말씀")와 병행이며 하나님의 말씀의 내용을 좀 더 정확히 밝힌다. "하나님에 관한 계시적 말씀"은 하나님이 예수 그리스도를 통해 행하신 일에 관심을 갖는다.

2절의 마지막 어구인 ὅσα εἶδεν("그가 본 것")은 난해하다. 이 어구는 1절에 "나타난" 것의 대상을 가리킬 수 있다("그는 그가 본 것을…나타냈다"). 아울러 2절 앞에 있는 모든 내용이 요한이 누구인지를 설명하는 삽입구로 작용

---

10) 요한계시록 전체와 1, 3절에서 임박함의 신학적 문제에 대해서는 22:6-7의 주석 참조. 또한 1:7; 2:5; 10:6-7; 12:12의 주석 참조.

11) 비교. Vos, *Synoptic Traditions*, 196-201.

12) 비교. MHT III, 210-11; Zerwick, *Biblical Greek*, 13-14.

한다.[13] 하지만 "그가 본 것"은 "하나님의 말씀과 예수의 증거"와 동격으로, "그가 본 것을 다 증언했다"에서처럼 "증언하다"의 또 다른 목적어일 수도 있다.[14]

신자들이 구속사를 이해하는 천상적 관점을 가지고 역사의 주인이신 분의 명령에 순종하여 복을 받도록 하기 위해 묵시는 계시되었다(1:3)

요한은 하나님이 그리스도 안에서 행하신 것과 관련된 천상적 주석에 대해 증언한다. 이것은 묵시적 호기심을 유발할 목적으로 제시된 것이 아니라, 그리스도인들에게 최근에 이루어진 구속사의 빛에 비춰 하나님이 그들에게 어떠한 삶을 살기를 원하시는지를 알려주려는 데 그 목적이 있다. 요한계시록에는 지성에 만족을 주는 정보가 포함되어 있다. 하지만 그것은 윤리적 의무를 포함하는 정보다. 요한계시록에 궁극적인 윤리적 목표가 있다는 사실은 1:1-3 서언의 의도적 확장인 22:6-21의 결론과 특히 1:3의 윤리적 강조에 의해 입증된다(비교. 22:7b, 9b, 10b, 18a, 19a에 있는 병행 어구를 비교하라).

　　3절　　하나님의 명령("듣다"와 "지키다"는 모양은 다르지만 뜻은 하나인 단어들로 순종을 강조한다)에 순종하는 사람들에게는 "복"이 임할 것이다. 반면에 순종하지 않는 사람들에게는 저주가 내릴 것이다(참조. 22:18-19). 그러므로 3절의 προφητεία("예언")는 예언적 계시가 아니라, 우선적으로 구약의 "예언"과 맥을 같이하여 윤리적 반응을 요구하는 하나님의 계시를 가리키는 용어다. 이것은 주로 현재 상황을 언급하며, 부차적으로만 장차 일어날 일을 예고한다.

　　요한은 여기서 그의 독자들이 요한계시록의 윤리적 명령에 주의를 기

---

13) M. Stuart, *Apocalypse* I, 7-8.

14) 2절의 어구의 어색함 때문에 𝔐ᴬ는 2절 끝에 και ατινα εισι και ατινα χρη γενεσθαι μετα ταυτα를 첨가했다(아랍어 성경[Gill, *Revelation*, 693]도 그렇다). 이렇게 추가된 내용을 고려해서 본문을 읽으면 이렇다. "(그가 본 것과 지금 있는 일과 이후에 장차 반드시 일어날 일." 이것은 거의 동일한 3중적 시간 어구를 가진 1:19와 수미상관을 이루려고 의도적으로 보충되었을 것이다.

울여야 하는 이유를 제시한다. ὁ γὰρ καιρὸς ἐγγύς("때가 가까움이라"). 하지만 이 문장의 정확한 의미를 결정해야, 이 문장이 어떻게 앞에 언급한 것의 근거로서 작용하는지 이해할 수 있다. 이 문장은 임박함의 또 다른 시간적 표현인 1절의 ἐν τάχει("속히")와 연결된다. 이 연결은 여기서 요한이 1a절에 있는 구약성경(특히 단 2장)을 관조하는 "시작된" 종말론적 관점을 더욱 발전시키고 있다는 사실을 내비친다. 임박함을 지시하는 두 표현들 간의 관련성은 요한계시록의 결론에서 고조에 달한다. 여기서는 1:3a을 바꾸어 표현한 이 결론(22:7b. "이 두루마리의 예언의 말씀을 지키는 자는 복이 있으리라")이 1:1a의 반복(22:6-7a. "그의 종들에게 반드시 속히 될 일을 보이시려고 …보라! 내가 속히 오리니")에 의해 소개된다. 또한 결론에서는 ὁ καιρὸς γὰρ ἐγγύς ἐστιν("때가 가까우니라")과 τοὺς λόγους τῆς προφητείας τοῦ βιβλίου τούτου("이 두루마리의 예언의 말씀")가 반복된다(22:10).

ὁ καιρὸς ἐγγύς("때가 가까우니라")는 현재의 때를 포함하는 임박함의 과장된 표현이다. 이 진술에는 막 1:15과 놀라울 정도의 비유적 병행이 있다. πεπλήρωται ὁ καιρὸς καὶ ἤγγικεν ἡ βασιλεία τοῦ θεοῦ("때가 찼고 하나님의 나라가 가까이 왔으니"). 막 1:15의 동의적 병행의 관점에서 볼 때, 구약성경에 예언된 "나라"가 가까이 왔다는 것은 분명 지금 "때가" 찼다고 선언하는 첫 번째 문장의 내용을 구체적으로 설명한 것이다. 동일한 현재적 측면이 계 1:3b에 적합하다고 생각한다. 적어도 요한계시록의 어휘는 임박한 미래를 가리킨다고 말할 수 있다. 요한은 오랫동안 기다려왔던 종말의 나라가 그리스도의 죽음과 부활을 통해 시작된 것으로 이해했을 것이다. 시작된 종말론적 나라는 구약성경(예. 다니엘서)이 예언하고 교회 시대에 계속해서 존재하게 될 바로 그 나라다.[15]

1절과 3절에서 임박함을 표현하는 두 어구에도 포함된, 성취가 아직 절정에 도달하지 않았다는 측면은 이미 시작된(참조. 1:9; 2:9, 22; 3:10) 임박한

---

15) 특히 여기서 시작된 종말론을 지칭하려고 사용한 관용어와 관련하여 3b절을 심도 있게 논의한 1:1의 주석 참조.

환난과 그리스도의 오심을 가리킨다. 그런데 7절에서 보겠지만, 2ff.장에서 반복적으로 주장되는 그리스도가 "속히 오시리라"라는 어구는, 그가 세상 끝에 묵시적으로 모습을 드러낼 것을 암시하는 것이 아니라, 전(全) 세대에 걸쳐 보이지 않게 심판하러 오신 일과 마지막 재림에서 그의 드러나심이 절정에 달할 것을 암시한다(2:16; 3:11; 비교. 2:5, 16; 16:15).

그러므로 3a절의 윤리적 주장은 3b절의 "이미와 아직"의 종말론적 측면에 근거한다(22:7에 있는 거의 동일한 어구 및 논리적 연결과 비교하라. 또한 3:10-12; 22:12을 보라). 독자들은 그들의 주님이 자기들에게 행하신 일과 미래에 행하실 일로 인해 요한이 전하는 예언적 말씀의 윤리적 경고에 순종해야 한다(6-7절에는 이 두 마지막 때와 관련된 시간 요소들이 나란히 놓여 있다). 그리스도가 행하신 과거의 구속 사역에서 유익을 얻었다고 주장하는 일은 현재와 미래에 주님이신 그분께 복종하겠다는 자인을 수반한다.

인사: 요한은 성부와 성령과 성자를 대신하여 교회들에게 인사한다. 삼위 하나님의 구속 사역으로 교회는 새로운 지위를 얻는다. 모두가 하나님께 영광이 된다(1:4-8)

인사는 3절에서 암시만 되었던 독자가 누구인지를 밝히며, 1:1-2에 간단하게만 언급되었던 하나님과 그리스도를 자세하게 묘사한다. 뒷부분에 묘사된 내용은 1-3절에서 시작된 요한계시록의 주제를 요약한다.

요한은 영원하신 성부와 성령과 신실한 성자로부터 일곱 교회에 은혜와 평강을 전한다. 성자는 죽음을 이기고 승리하셨고, 왕으로 다스리기 시작하셨으며, 하나님의 영광을 위해 신자들을 구속하여 왕과 제사장으로 삼으셨다(1:4-6)

4a절 4-5b절은 고대 편지의 인사 형식을 취한다. 요한은 이런 식으로 묵시적 예언 장르(1-3절)에 편지 장르를 혼합한다. "일곱 교회"는 아시아에 실제로 있었던 일곱 교회를 가리킨다. 하지만 "7"이라는 숫자는 우연히 언급되지는 않았을 것이다. 이것은 요한계시록에서 즐겨 사용되는 숫자다. 요

한이 7이라는 숫자를 사용한 것은 틀림없이 구약에서 선호되는 숫자의 영향을 받았을 것이다. 구약성경에서 7은 "충분함"을 의미하기 위해 사용된다. 이를테면 7은 어떤 것을 효과 있게 수행할 수 있는 시간이나, 철저하게 또는 완벽하게 행해진 것을 지칭하는 일반적 표현이다(4b절의 주석 참조). 7이 문자적 의미와 비유적 의미를 다 갖는 경우도 있다(예. 레 4-16장에서 "피를 7번 뿌린다"는 것은 문자적 행위와 완전하고 효과적인 행동을 가리키는 비유다). 다른 경우 7은 순전히 완전함을 가리키는 비유적 표현이다(예. 레 26:18-28. 이스라엘이 회개하지 않는다면 하나님이 "7번" 벌하실 것이다. 이것은 뚜렷이 구분되는 7가지 징계가 아니라 완전한 징계를 의미한다). 완전함이라는 사상은 창 1장의 창조 기사에서 유래했다. 창 1장에서 6일 동안의 창조 이후 일곱째 날에 하나님이 안식하심으로써 절정으로 이어진다.

그러므로 이러한 배경과 요한계시록의 다른 곳에서 "일곱"의 분명히 비유적인 사용례에 비춰볼 때, 본문에서도 7은 "충분함"을 가리키는 비유적 표현이 틀림없다(본서 서론의 "상징 해석" 단락의 "숫자의 상징적인 의의" 항목을 참조하라). 그런데 어떤 종류의 충만함을 염두에 두었는가? 그 숫자는 부분으로써 전체를 표현하는 말하기 방식인 제유법의 한 예다. 즉 실제로 존재한 일곱 교회는 소아시아의 모든 교회와 거기서 더 나아가 보편적인 교회를 대표한다고 볼 수 있다. 일곱 교회가 온전한 보편적인 교회를 시칭한나는 점은, 특히 일곱 인과 나팔과 대접이라는 숫자에서 **범세계적** 심판을 비유적으로 언급한다는 점, 2장과 3장 이후에는 "보편적인 교회가 무대의 중심에 나서며, 개별적인 교회는 구체적으로 언급되지 않는다"는 점,[16] 그리고 요한이 요한계시록 전체에서 "그의 예언을 성경적 전통 전체의 마지막 정점으로 묘사하려고 한 것이 분명하다"는 사실에서 확실하게 나타난다.[17]

"일곱 교회"의 우주적 특성은 이어지는 이야기에 의해 더욱 분명해진다. 특히 일곱 촛대(1:12; 또한 11:3ff.의 내용도 보라)는 그리스도의 초림과 재

---

16) Moyise, *Old Testament in Revelation*, 24.

17) Bauckham, *Theology*, 16.

림 사이에 있는 하나님의 백성 전체를 대표한다. 또한 일곱 촛대는 그리스도가 임재하시는 영적이며 하늘에 있는 성전으로서 교회의 우주적이고 보편적인 정체성을 가리킨다(1:16의 주석 참조. 또한 1:6; 5:9-10도 보라). 마찬가지로 슥 4:10과 계 5:6에서도 "일곱 등불"(="일곱 영"="성령")이 촛대에 올려져 있을 때 하나님의 효과적이고 **보편적인** 사역(5:6, "온 땅에")을 수행하는 것으로 이해된다. 그러므로 촛대 역시 그 보편적 사역에 포함되어야 하며 보편적 정체성을 지닌다(아래 논의와 1:12; 4:5; 5:6의 주석 참조). "일곱 교회"가 교회 전체(온 세상의 교회가 아니라면 적어도 소아시아의 교회)를 대표한다는 사실은 2-3장에서 특정한 교회들에게 주신 편지가 각 편지의 말미에 모든 "교회"에게 말씀하시는 것으로 언급된다는 점으로도 암시된다.[18] 이러한 보편적인 식별은 일찍이 2세기의 무라토리 정경 목록(기원후 180년)에서도 발견된다. "요한 역시 요한계시록에서, 비록 일곱 교회에게 편지를 쓰지만 모두에게 말한다."

편지 인사의 전형적 요소인 χάρις ὑμῖν καὶ εἰρήνη("은혜와 평강이 너희에게")는 신약성경의 다른 편지에서와 마찬가지로 편지의 이어지는 내용과 독자들의 역사적 상황에 의해 결정된다(개역개정 성경에는 어순을 자연스럽게 하느라 이 어구가 5절에 놓여 있다—역주). 그리스도인 독자들은 환난 상황, 특히 타협의 압박을 받는 중에 믿음으로 인내하기 위해 은혜가 필요하다(참조. 2-3장). 그리고 그런 외적인 격동 속에서 독자들은 시공 역사의 부침 앞에 주권을 가진 영원하신 하나님만이 주실 수 있는 내적 "평강"이 필요하다. 이 계시는 "지금도 계시고 전에도 계셨고 장차 오실 이"를 이해하는 영원하고 초역사적인 관점을 제공하는 데 그 목적이 있다. 독자들은 이런 관점을 가지고 하나님의 계명들을 이해할 수 있고 그럼으로써 하나님께 순종할 동기부여를 받는다(비교. 3절). 땅에서 일어나는 모든 일을 하나님이 주권적으로 인도하신다는 사실을 확신하면, 믿음을 시험하는 역경에 직면하여 꿋꿋이 설 용기를 얻는다. 이것이 바로 "지금도 계시고 전에도 계셨고 장차 오실 이"라는 어구 배후에 놓인 구약 표현의 진정한 의미다.

---

18) Hughes, *Revelation*, 18.

완벽한 3중적 어구는 이사야서에서 하나님을 2중적·3중적 시간으로 묘사한 것(참조. 41:4; 43:10; 44:6; 48:12)과 더불어 출 3:14을 반영한다. 이사야서의 시간적 묘사 그 자체는 출 3:14에 언급된 야웨의 이름의 의미를 발전시킨 것일 가능성이 많다. 출 3:14에 나오는 야웨의 이름은 후기 유대 전통에서도 2중적·3중적 방법으로 확장되었다. "나는 이제도 있는 자이며 장차 있게 될 자니라"(*Targ. Ps.-J.* 출 3:14); "나는 이제와 과거에 항상 있었고 앞으로도 항상 있게 될 자니라"(*Midr. Rab.* 출 3:6; *Alphabet of Rabbi Akiba*; 또한 *Midr.* 시 72:1); "나는 이제도 존재하고 과거에 존재했던 자이며, 나는 장차 있게 될 자니라"(*Targ. Ps.-J.* 신 32:39; 또한 *Targ. Neof.* 출 3:14의 주석 참조). *Mekilta Shirata* 4:25-32; *Baḥodesh* 5:25-31에 이와 비슷한 3중 문구가 신 32:39과 직접 연결하여 출애굽기의 하나님을 묘사하기 위해 사용되었다(*Shirata*에 언급된 것도 사 41:4에 기초한 3중 문구와 연결되었다. *Midr. Rab.* 창 81:2; *Midr. Rab.* 신 1:10; *Midr. Rab.* 애 1:9 §1에 있는 사 44:6에 기초한 3중 문구를 주목하라. 정확한 구약의 본문을 언급하지 않은 이와 비슷한 3중 문구에 대해서는 Josephus, *Ap.* 2.190; Josephus, *Ant.* 8.280; Aristobulus, fragment, 4.5; *Sib. Or.* 3.16을 보라. 비교. 롬 11:36).

요한이 신 32:39만을 의존한 것 같지는 않다.[19] 그 문구의 첫 번째와 마지막 요소가 요한의 문구와 맞지 않기 때문이다. 그렇다면 요한은 앞에 열거한 출 3:14을 확장한 여러 본문들로 대표되는 일반적인 전통에 익숙했을 가능성이 더 많다.[20] 이 모든 확장은 각 문맥에서 하나님을 묘사하기 위해 사용되었으며, 단순히 역사의 시작과 중간과 끝에 계시는 분으로서만이 아니라, 역사 위에 주권을 행사하시는 비교할 수 없는 주님으로 묘사한다. 하나님은 예언을 성취하실 수 있는 분이시며, 엄청난 역경에도 불구하고 애굽에서든지 바벨론에서든지 열국에서든지 그의

---

19) Trudinger, "OT in Revelation," 87에 반대함.

20) Delling, "Zum Gottesdienstlichen Stil," 124-26. McNamara, *New Testament and Palestinian Targum*, 105-12이 타르굼 본문들을 논의한 내용과 비교하라.

백성을 구원할 능력이 있으시다. 요한계시록에서 3중 어구 중 마지막 부분인 ὁ ἐρχόμενος("장차 오실 이")는 종말론적으로 봐야하며, 미래에 하나님이 주권적으로 역사를 절정으로 이끄심을 가리키는 것으로 이해해야 한다. 이 사실은 11:17과 16:5에서 이 세 번째 요소가 어떻게 해석되었는지를 보면 분명해진다. 성도들은 결국 그들이 인내한 것에 대해 상을 받으며(11:17-18), 그들을 박해하던 자들은 심판을 받는다(16:5-7)는 것을 확신할 수 있다. 이와 비슷한 3중 형식이 이교의 헬라 문학에서는 신들의 칭호로 발견된다.[21] 이것은 요한이 변증적 목적으로 유대교 문구에 호소하는 데 불을 지폈을 것이다(예. Pausanias, *Description of Greece*, 10; *Phocis, Ozolian Locri*, 12.10; Ζεὺς ἦν, Ζεὺς ἔστιν, Ζεὺς ἔσσεται [제우스는 전에도 있었고, 제우스는 이제도 있고, 제우스는 장차 있을 것이다]; 마찬가지로 Plutarch, *Isis and Osiris*, 9; Orphica 39; Plato, *Timaeus* 37E [Irenaeus, *Adversus Haereses* 3.25.5은 플라톤 형식을 인용함]).[22]

ἀπὸ ὁ ὤν καὶ ὁ ἦν καὶ ὁ ἐρχόμενος는 요한계시록의 특징적인 어법 위반 중 하나다. ἀπό 다음에는 소유격 구문이 와야 하는 데 그렇지 않기 때문이다. 필경사들이 이 분명한 실수를 교정하려고 전치사 뒤에 θεοῦ를 첨가하기도 했다("하나님[으로부터]": 𝔐 [a] t; Vic Prim).[23] 하지만 이것을 그리스어를 잘 알지 못한 사람의 실수로 판단하는 것은 현대적 사고에서 비롯된 착오다. 다른 곳에서 종종 그러하듯이, 여기서도 주석가들은 일반적으로 이 "부정확한" 문법이 의도적이라는 사실을 인정한다. ὁ ὤν은 아마도 출 3:14에서 취했을 것이다. 거기서 이 어구는 야웨라

21) M. Stuart, *Apocalypse* II, 16.

22) Moffatt(21)은 파피루스에서 애굽의 신 아니(Ani)에 대해 사용된 이와 비슷한 형식을 인용한다. 그밖에 다른 예들은 Lohmeyer, *Offenbarung*, 168, 179, 181; McNamara, *New Testament and Palestinian Targum*, 102을 보라. 초기 교부들의 언급을 보려면 Charles, *Revelation* II, 220-21를 참조하라.

23) Mussies, *Morphlogy*, 94은 사본 증거도 제시하지 않고 설득력 없는 추측을 한다. 즉 하나님의 이름이 동격 관계에 있는 ὁ ὤν과 더불어 ἀπό 다음에 기록되었다는 것과 그 이름이 "손가락으로 지워졌든지 아니면 사본이 부패해진 것"이었다는 것, 필경사들이 ὁ ὤν이 원래 전치사 바로 다음에 따라온 것이라고 오해했다고 말이다.

는 하나님의 성호를 설명하기 위해 2번 등장한다. 요한은 출애굽기에 대한 암시로서 그 어구를 강조하기 위해 주격 형태를 유지한다.[24] 더욱이 이 온전한 3중 어구는 유대교에서 하나님을 가리키는 일반적인 칭호가 되었을 수도 있다(위에서 언급한 내용을 보라).[25] 이것은 저자가 주격 형태를 유지할 만한 충분한 이유가 된다. 베크위스와 로버트슨, 그밖에 여러 다른 주석가들은 요한이 LXX에 있는 하나님의 성호를 바꾸어 표현한 이유가 성호의 격이 변할 수 없는 것이라고 요한이 생각했다는 데 있다는 불필요한 주장을 한다. 격의 불변하는 형태가 하나님의 엄위와 주권과 불변하심에 적합하다는 것이 그 이유다.[26] 정말 그렇다면 20:2에서 마귀의 이름에 적용된 같은 유의 문법적 불규칙도 동일한 의미가 있다고 해야 할 것이다![27]

요한은 "성경적인 효과"를 주어서 그의 책이 구약성경에 있는 하나님의 계시의 책과 유대가 있음을 보이려고, 이곳과 다른 곳에서 히브리 어법으로서 이런 유의 문법구조를 사용했을 가능성이 많다.[28] 이러한 의도적인 어법 위반의 예는 1:5; 2:20; 3:12; 9:14에서도 발견된다.

4b절   이 예언적인 편지는 "그의 보좌 앞에 있는 일곱 영"으로부터 보내진 것이기도 하다. 학자들 중에는 이 영들을 유대 문헌에 언급된 대천사 일곱(예. *1 En.* 20:1-8)이나 일곱 나팔과 대접에 등장하는 일곱 천사들(계 8:2; 15:1, 6-8)이라고 생각하는 사람들도 있지만, 이 표현은 성령의 효과적인 사역을 지칭하는 비유일 가능성이 더 많다. 이것은 신약성경에서 πνεῦμα의 정체를 표현하는 특징적 방식이다. 특히 그 어구가 하나님과 그리스도가 등장하는 분명한 형식과 연결되거나 그 형식의 일부분으로 사용

---

24) MHT II, 154이 이렇게 주장한다. M. Stuart, *Apocalypse* II, 15은 같은 본문에서 YHWH가 격변화를 하지 않는다는 사실이 이 점을 강조한다고 주장한다.

25) DM, 70을 보라.

26) Beckwith, *Apocalypse*, 424; Robertson, *Grammar*, 270, 414, 459, 574-75.

27) 참조. Sweet, *Revelation*, 65.

28) Charles, *Revelation* I, 13. 히브리어에서 간접적인 격을 가진 명사는 어미변화가 없다.

되는 경우에 그러하다.[29] 성령을 그리스도보다 앞에 언급한 이유는 분명
하지 않다. 이 어구는 4:5에서 확대된다. 4:5에서는 "**보좌 앞에 켠 등불 일
곱**"이 "하나님의 일곱 영"과 동일시된다. 이 "등불"(=성령)을 요한의 비유적
인 관점에서 "일곱 금촛대"(즉 교회들, 1:12ff.)에서 불붙은 것으로 이해하는
것은 지나친 추론은 아니다. 그러므로 성령은 세상에서 증거의 환한 등불
로 효과 있게 사역하라고 힘을 공급하는 분이시다.[30] 이 어구가 4절에 포함
된 것은 이러한 까닭에 있다. 계 5:6 역시 "일곱 영"을 효과적인 보편적 사역
을 수행하시는 분으로 이해한다. 하지만 그 영은 그리스도와 관련해서 언급
되었을 뿐 하나님과 관련해서는 언급되지 않았다. "일곱" 영이 성령께서 활
동하시는 일곱 교회 때문에 1:4에 인용되었다는 주장 역시 타당성이 있다.

성령은 하나님께서 "은혜와 평강"을 주시는 수단이시며, 성령으로 말미
암아 교회는 순종하고 증언할 용기를 얻는다(3절). 사실 "일곱 영"이라는 말
은 (4:5과 5:6에서 입증되었듯이) 슥 4:2-7을 말을 바꾸어 암시한 것이다. 스가
랴서 본문에서는 "일곱 등불"을 하나님의 한 성령이라고 밝힌다. 성령의 역
할은 성전 재건축의 성공적 완공으로 말미암아 이스라엘에게 하나님의 은
혜(참조. 슥 4:7: "은혜로다, 은혜로다")를 전달하는 데 있다(자세한 내용은 1:12;
4:5; 5:6의 주석 참조). 일곱 영이 "보좌 앞에" 있다는 것은 하나님(4:5)과 그리
스도(5:6)의 명령을 수행하는 사신으로서의 역할을 강조한다.[31]

사 11:2ff.(LXX)이 스가랴서와 나란히 "일곱 영"의 배경에 포함된다
고 할 수 있다. 이 본문이 계 5:5-6에 암시되었기 때문이다(비교. 사 11:1
의 "뿌리"는 5:5에, 그리고 "하나님의 일곱 영"이라는 언급은 5:6에 암시되었다.[32]
또한 1:16에 사 11:4이 사용된 것도 주목하라).[33] 사 11:2ff.(LXX)은 메시아가

---

29) 다른 견해를 지지하는 사람들을 개괄하는 Brütsch, *Clarté*, 27을 보라.
30) 비교. Caird, *Revelation*, 15.
31) 이교 세계, 구약성경, 유대교, 신약성경의 용례와 더불어 완전 또는 완료로서 "일곱"이라는 숫
자의 상징적 의미를 다룬 글 중 무엇보다도 M. Stuart, *Apocalypse* I, 425-32; E. D. Schmitz,
DNTT II, 690-92; K. H. Rengstorf, *TDNT* II, 627-35; H. Balz, *EDNT* II, 47-48을 참조하라.
32) Farrer, *Revelation*, 61.
33) Fekkes, *Isaiah and Prophetic Traditions*, 108-10에 반대함. Skrinjar, "Sept esprits," 114-

그의 마지막 때의 통치를 위해 하나님의 일곱 영으로 무장할 것임을 보여준다. 그리고 이 사상은 이미 계 1:4b에서 암시되었고, 3:1은 그리스도가 "하나님의 일곱 영을 가지셨다"고 설명함으로써 이 사상을 확장한다 (Living Bible은 4절 내용을 "7중 성령"[seven-fold Spirit]이라고 잘 표현했다. 이와 유사하게 *1 En.* 61:6-62:4에서는 택함 받은 자가 "영들의 주님"을 찬양하기 위해 사 11:1에 나온 7중 성령을 소유하고 있다고 표현한다. 이것은 그에게 "땅을 붙들고 있는…왕들"에게 행할 종말론적 심판의 역할을 부여했다는 의미다).

5절　　　이 인사도 예수 그리스도에게서 온 인사다. 그리스도는 교회의 "은혜와 평강"의 근거가 되는 3중적 어구로 묘사된다. 그 묘사는 그리스도의 역할의 집약체. 그는 심지어 죽음에 이르는 박해에 직면해서도 성부의 충성된 증인으로 견디셨고 죽음을 이기셨다. 그리고 우주의 통치자가 되셨다. 3중 어구 중 마지막 두 요소인 부활과 우주적 왕 되심은 신약의 다른 여러 곳에 등장하는 공통 주제들이다. 하지만 그리스도를 "충성된 증인"이라고 독특하게 언급한 내용과 함께 이 2가지를 소개한 것은 소아시아의 교회들의 특수한 상황에 적합하다. 이어지는 장에 의하면, 소아시아의 교회들이 (심지어 죽음에 이르는) 박해의 위협으로 인해 증언하는 일을 타협하려는 유혹을 받고 있음이 드러난다. 교회는 그리스도의 삶을 모델 삼아 이러한 유혹을 이기기 위해 "은혜와 평강"이 더욱 필요하다. 이미 그들의 일원이었던 안디바가 그랬듯이 말이다(2:13의 Ἀντιπᾶς ὁ μάρτυς μου ὁ πιστός μου["내 충성된 증인 안디바"]; 비교. 11:7과 17:6에서는 그리스도인들이 그들의 μαρτυρία["증언"] 때문에 죽는다고 언급된다).

신자들은 박해를 받더라도 충성스런 증인으로 남아 있으면 그들도 그리스도와 함께 왕 노릇 할 것이라는 약속으로 인해 용기를 얻을 수 있다. 그들이 타협을 이기고 영적 승리를 얻었기 때문이다(참조. 2:10-11; 3:21). 마운스는 이 3중 묘사가 "곧 혹독한 박해를 당할 신자들을 격려하려" 한 것이라고 바르게 주장한다. 신자들은 그리스도가 같은 일을 당하고 이기셨

36은 이 두 구약 본문의 영향이 있다고 동의한다.

던 것처럼 자신들도 마찬가지로 이길 힘이 있다는 확신을 가질 수 있기 때문이다.[34] 사실 이 증언은 주로 예언적 특성이 있다. 그래서 성령의 능력을 통해서 효과를 발휘한다(19:10; 11:3, 7-11; 비교. 1:1-2; 22:19-20).[35] 그러므로 μαρτυρία("증언"과 그 단어와 관련된 어군)는 요한계시록에서 "순교자"를 가리키는 전문 용어는 아닌 것 같다.[36] 그렇지만 그 어군은 충성스런 그리스도인의 증언이 구약 예언자들의 전형적인 특성이기도 한 고난을 초래한다는 점(비교. 눅 11:47-51)을 말하기 위해 그리스도인들의 죽음과 결합하여 반복적으로 사용된다(1:5; 2:13 이외에 1:9; 11:7; 17:6 참조).[37]

주석가들은 시 88(89):27, 37에서 그리스도가 "충성스런 증인"과 "장자", "세상 왕들의 지존자(통치자)"로 명명된 것을 발견하는데 이는 백번 옳다. 세 어구가 다 거기에 등장한다. 하지만 이 암시의 중요성은 보통 논의되지 않는다. 시편의 문맥은 다윗을 "기름 부음 받은" 왕으로 언급한다. 그는 모든 원수를 다스릴 것이며, 그의 후손은 그의 보좌에 영원히 앉을 것이다(시 88[89]:18-32 LXX; 여러 유대 문헌에는 시 89:28이 메시아적으로 이해되었다 [Midr. Rab. 출 19:7; 그리고 아마도 Pesikta Rabbati 34:2]). 요한은 예수를 고조된 종말론적 수준의 이상적인 다윗혈통의 왕으로 이해한다. 예수의 죽음과 부활로 인해 그의 영원한 왕위와 그의 "사랑하는" 자녀들의 왕위가 수립되었으며(비교. 5b절), 이 사상은 6절에서 발전된다. "충성스런 증인" 또한 사 43:10-13에 근거한 것일 것이다(이에 대해서는 3:14의 주석 참조).

"장자"는 그리스도가 죽은 자 가운데서 부활한 결과로 가지신 높고 특권적인 지위를 가리킨다(예. 구약의 장자 사상, 특히 왕위 계승의 문맥과 관련된 지위 [시 89:27-37은 이 사상을 삼하 7:13-16과 시 2:7-8에서 가져와 발전시킨다]). 그리스도는 우주에 대해 이러한 주권적 지위를 얻으셨다. 그가 모든 피조물 중

34) Mounce, Revelation, 71.
35) Brox, Zeuge und Märtyer, 96.
36) Brox, Zeuge und Märtyer, 97-105; Trites, "Μάρτυς and Martyrdom."
37) 요한계시록에서 그 단어의 의미를 둘러싼 최근의 논쟁을 요약한 Ellingworth, "The Marturia Debate"를 보라.

에 먼저 창조된 존재로 인정되었다거나 우주의 기원으로 인정되었다는 의미에서가 아니라, 3:14에 설명되었듯이 자신의 부활로 말미암아 새 창조의 창시자가 되셨다는 의미에서 그러하다(3:14의 주석 참조. 같은 언어와 사상이 사용된 골 1:18 비교).

"세상 왕들"에 대한 그리스도의 왕권은 이 시점에서 그의 구속함을 받은 백성이 아니라[38] 패배한 원수들을 다스리는 그의 통치를 가리킨다. 요한계시록 여러 곳에서 οἱ βασιλεῖς τῆς γῆς("땅의 임금들")라는 거의 같은 표현은 하나님 나라에 대해 적대적인 사람들을 가리키는 전형적 표현이기 때문이다(6:15; 17:2; 18:3, 9; 19:19; 비교. 16:14). 여기에는 나라들과 그 나라들로 대표되는 백성뿐만 아니라, 그 나라 배후에 있는 사탄의 세력도 포함된다. 그리스도의 현재적인 통치로 말미암아 패배한 왕들 중에 몇몇이 회심하는 일이 일어날 것이다. 이것은 어쩌면 "세상의 왕들"이 하늘에 있는 성으로 물밀듯이 들어간다는 21:24에 묘사된 내용일 것이다(자세한 내용은 해당 본문 주석 참조).

저자는 시 88(89)편과 관련하여 그리스도의 왕위와 그가 **왕족의 후손**이라는 사실을 묵상할 때 마음이 벅차올라 τῷ ἀγαπῶντι ἡμᾶς("우리를 사랑하사")라는 어구를 시작으로 6절까지 송영을 표현한다. 그리스도는 자신의 죽음("피")을 통해 자기 백성을 그들의 죄에서 구속하심으로써 그의 사랑을 표현하셨다. 백성은 예수의 희생적 죽음을 믿는 믿음으로 말미암아 죄의 권세와 징벌에서 해방된다.[39] 이것은 제사장의 기능을 암시하는데, 구약의 제사장들은 이스라엘을 위해 희생 동물의 피를 뿌려 제사와 속죄를 드렸기 때문이다.[40] 6절에 출 19:6이 분명하게 암시된 것에서 나타나듯이, 이것은 이스라엘이 유월절 어린 양의 피로 애굽에서 받은 구속함의 예표론적 성취다. 히브리서에서와 마찬가지로 여기서도 그리스도는 제사장과 희생제물

38) Minear, *New Earth*, 14; Schüssler Fiorenza, "Redemption as Liberation," 223에 반대함.
39) αἷμα("피")의 중요성에 대해서는 Morris, *Apostolic Preaching*, 112-28과 그 책 여러 곳을 참조하라.
40) 비교. 레 16:14-19; 출 24:8; Loenertz, *Apocalypse*, 43.

로 묘사된다.

시 88(89):38(37)(LXX)의 "충성된 증인"은 구체적으로 달의 끊임없는 증언을 가리킨다. 이 사실이 보좌 위에 앉은 다윗 후손의 끊임없는 통치와 비교된다(비교. 시 88[89]:29). 요한은 이 어구를 메시아 자신의 충성된 증언에 직접 적용한다. 메시아는 자신의 충성된 증언으로 말미암아 영원한 왕이 되신다. *Midr. Rab.* 출 19:7은 시 89:28의 "장자"를 "왕이신 메시아"에 적용한다. *Midr. Rab.* 창 97은 시 89:37을 메시아적 예언으로 이해한다.

쉬슬러 피오렌자는 시 89편과 함께 사 55:4도 암시되었다고 주장한다. "내가 그(다윗)를 만민에게 증인(μαρτύριον)으로 세웠고 만민의 인도자(ἄρχοντα)와 명령자로 삼았나니."[41] 이런 가능성에 대해서는 3:14의 주석을 참조하라.

ὁ μάρτυς ὁ πιστός ὁ πρωτότοκος("충성된 증인으로 죽은 자들 가운데에서 먼저 나시고")는 주격이지만 엄밀한 의미에서는 소유격이어야 한다(앞의 ἀπὸ Ἰησοῦ Χριστοῦ에 이어지기 때문이다). 1:4(이것도 ἀπό에 이어진다)의 어법 위반처럼, 5절의 어구는 그것이 구약의 문맥에서 주격인 구약 암시의 한 부분이기에 주격을 유지하고 있다. 시 88(89):38(37)에는 ὁ μάρτυς...πιστός가 등장하고, 같은 시편의 27절에는 πρωτότοκον이 등장한다. 저자는 구약의 암시에 직접 주의를 환기시키려고 주격을 유지하기를 원한다. 또한 4절에서처럼 그 어구가 메시아를 지칭하는 것 때문에 그랬을 가능성도 있다(이미 유대교에서 이런 인식이 있었든지 아니면 요한이 새롭게 구성했든지 상관은 없다).[42] "장자"는 구약의 목적격 형태를 바꾼 표현이다. 그것이 이름이 되었기 때문이든지, 아니면 주격 형태인 ὁ μάρτυς ὁ πιστός("충성된 증인")와 동화시키느라 그랬을 것이다.

---

41) Schüssler Fiorenza, *Priester für Gott*, 199-200.

42) MHT III, 314. 하지만 이것은 "충성된 증인"이라는 어구 자체가 그 당시 메시아 칭호였다는 주장의 충분한 증거는 아니다. Laughlin, *Solecisms*, 15은 "충성된 증인"이라는 말이 시 89:37의 LXX에서 직접 인용한 것이라고 말함으로써 우리가 내린 결론에 가장 가까운 입장을 취한다.

ἐν τῷ αἵματι αὐτοῦ는 수단으로 기능한다("그의 피로").[43] λύσαντι ἡμᾶς ἐκ τῶν ἁμαρτιῶν ἡμῶν("우리 죄에서 우리를 해방하시고")은 신약성경에서 이곳에만 등장하며, 아마도 사 40:2에서 유래했을 것이다. 이문(異文)인 λουσαντι("씻기시고")는 ου와 υ의 발음이 같기 때문에 생긴 오류일 것이다.[44] 전자가 더 나은 사본상의 지지를 받으며, 출애굽 이미지에 더 잘 어울린다.

분사 ἀγαπῶντι("사랑하사")와 λύσαντι("해방하시고")는 이어지는 동사 ἐποίησεν("삼으셨다")과 잘 어울린다. 이것은 분사들이 셈어의 영향 하에 있는 동사로 기능함을 암시한다.[45] 비록 같은 현상이 "호메로스부터 파피루스에 이르기까지" 널리 입증되지만 말이다.[46] 몇몇 사본상의 증거는 그 동사를 앞의 두 분사와 조화시키기 위해 ἐποίησεν을 ποιήσαντι로 바꾸었다(046 1854 2053 2062 pc).

6절   그리스도는 죽음과 부활로(5절) 2가지 직분을 얻으셨다. 자신을 위해서만이 아니라(참조. 13-18절), 신자들도 위해서다.[47] 신자들이 그리스도의 부활과 왕 되심(5a절)과 동일시된다는 것은, 그가 부활하시고 높아지신 것처럼 신자들도 부활하고 그와 함께 통치하는 것으로 간주된다는 의미다. 그리스도는 "세상 임금들의 머리시다.…그들을 나라로 삼[기 위함이다]." 신자들은 그의 나라와 신하들이 되었을 뿐만 아니라, 그의 죽음과 부활과 동일시되었기 때문에 그와 함께 왕이 되고 또한 그의 제사장직에 참여한다.

하지만 성도들이 제사장직을 수행하기는 하지만, 하나님 나라의 시민일 뿐이며 왕권은 아직 행사하지 않는다고 주장하는 사람들이 있다. 이 모든 것은 그리스도의 최종 강림 때에야 비로소 이루어진다는 것이 그 이유다(참조.

---

43) Moule, *Idiom-Book*, 77.

44) Metzger, *Textual Commentary*, 191.

45) MHT II, 428-29; IV, 155; Mussies, *Morphology*, 326; S. Thompson, *Apocalypse and Semitic Syntax*, 66-67을 보라.

46) Porter, *Verbal Aspect*, 140.

47) Feuillet, "Chrétiens prêtres," 47.

20:6과 22:5).[48] 이 주장에 한 마디로 대답하면 이렇다. 이 두 단어가 매우 밀접하게 연결되어 있기 때문에, 하나의 기능이 지금 시작하지만 다른 하나는 시작되지 않았다고 주장하려면, 그렇다는 것을 입증해야 한다. 더욱이 두 기능이 시작되었다는 것은 출 19:6("너희는…되리라")의 미래적 선언과 계 1:6에서 성취되었다고 한 선언("우리를…삼으신") 사이의 대조로써도 나타난다.[49]

βασιλείαν, ἱερεῖς("나라, 제사장")는 이와 비슷한 어구를 가지고 있는 출 19:6에 기초한다(βασίλειον ἱεράτευμα. 비교. MT). 출애굽기의 이 어구를 "왕 같은 제사장"으로 이해해야 할지 아니면 "제사장 나라"라고 이해해야 할지 약간 모호한 구석이 있다. 하지만 둘 사이의 차이는 중요하지 않다. 둘 다 왕적 요소와 제사장적 요소를 포함할 수 있기 때문이다.[50]

교회가 정확하게 이 기능을 어떻게 행사하는지는 분명하지가 않다. 하지만 그리스도가 친히 이 두 직분을 어떻게 수행하셨는지를 이해하는 데 해답이 있다는 것은 그리 놀랍지 않다. 그리스도는 제사장으로서 희생의 죽음을 통해 중재하시고, 타협하지 않는 "충성스런 증인"으로서 세상에서 사역함으로써 하나님의 진리를 계시하셨다(1:5a). 또한 역설적으로 그리스도는 십자가에서 패하셨지만, 그 후 부활하심으로써 죽음과 죄를 이기고 왕으로 통치하셨다(1:5). 신자들은 그의 모범을 따라 같은 직분을 이 시대에 영적으로 성취한다. 특히 그리스도의 제사장적 권위와 왕적 권위를 세상에 전하여 충성된 증인이 됨으로써 말이다(앞에서 5절에 대해 논의한 내용과 아래 1:9의 주석, 그리고 안디바가 "충성된 증인"이라고 불린 2:13을 보라. 페쉬타 역은 1:6의 이 어구를 "영적인 나라"라고 번역했다).[51] 요한계시록의 나머지 부분에

48) Mealy, *After the Thousand Years*, 31-32, 84; Schüssler Fiorenza, *Priester für Gott*, 330, 338; 같은 저자, *Book of Revelation*, 76. Schüssler Fiorenza는 제사장직의 능동적 역할도 부정한다.
49) Vanhoye, *Old Testament Priests and the New Priest*, 284; 성도들이 이미 왕위를 행사한다는 주장에 대해서는 아래 별도의 논의를 참조하라.
50) 출 19:6과 계 1:6의 다른 의미를 논한 Gelston, "Royal Priesthood"; Dumbrell, *End of the Beginning*, 124-26, 159-60을 보라.
51) Caird, *Revelation*, 17, 297을 보라.

서는 성도들이 이교 사회에서 고난을 당하는 중에 생명을 무릅쓰고 어떻게 이 직분을 감당했는지가 설명된다.

출 19:6의 표현은 이스라엘을 향한 하나님의 목적을 요약한다. 이스라엘 백성은 이방인들에게 증언함으로써 야웨의 구원의 계시의 빛을 전하며 왕과 제사장 나라가 되어야 했다(사 43:10-13). 구약의 예언자들은 이 목적을 성취하지 못한 이스라엘을 반복해서 꾸짖었다(예. 사 40-55장). 구약의 제사장들처럼, 이제는 하나님의 백성 전체가 중보자 없이 자유롭게 하나님의 존전에 나아가게 되었다.[52] 그리스도가 그의 대속의 피로써 죄의 장애물을 제거하셨기 때문이다.[53] 하나님의 백성이 세상에 반사해야 할 것은 바로 하나님의 임재의 빛이다.

교회를 제사장적인 증인으로 보며 출 19:6을 적용한 이런 예는 벧전 2:5-10에서도 입증된다(9절. "너희는…왕 같은 제사장들이요…이는 너희를 어두운 데서 불러내어 그의 기이한 빛에 들어가게 하신 이의 아름다운 덕을 선포하게 하려 하심이라"). 요한계시록의 구속사적 성취와 예언의 종말론적 성취의 문맥에 비춰볼 때,[54] 출 19:6에서 하나님의 백성을 묘사한 것이 베드로전서에 사용된 것은 단지 교회를 이스라엘 나라에 비교하는 것뿐만 아니라, 교회가 이제 참 이스라엘로서 기능한다는 암묵적인 사상을 전달한다. 한편 믿지 않는 이스라엘 민속은 스스로 참 "유대인"이라고 주장하지만 "실제로는 아닌 자"들이다. 그들은 "사탄의 회당"에 불과하며(2:9) "거짓말하는 자들"이다(3:9). τῷ θεῷ καὶ πατρί("그의 아버지 하나님을 위하여")는 지시의 여격 또는 이익의 여격이다. 이 말은 그리스도가 신자들을 왕과 제사장으로 삼으신 것이 그의 아버지를 섬기게 하려는 데 있다는 의미다. 이는 아버지의 영원한 영광과 통치를 위한 것이다.

1-6절과 1장 전체의 핵심이 여기에 있다. 곧 그리스도의 사역과 그의 백

---

52) I. T. Beckwith, *Apocalypse*, 430.
53) Vanhoye, *Old Testament Priests and the New Priest*, 289.
54) 1:1의 주석 참조.

성이 왕과 제사장으로 섬김을 통해 하나님의 영광을 달성하는 것이다. 하나
님이 영광을 받으신다는 것은 그분만이 구속사를 성공적으로 완수하신 분
으로 인정을 받으시기에 합당하다는 것을 의미한다(하나님의 영광이 목표로
제시된 4:11과 5:11-13의 주석 참조. 5:11ff.도 출 19:6에 대한 암시 직후에 이어진다).

　모세는 제단 위에 희생의 피를 뿌림으로써 아론과 그의 아들들을 제
사장으로 거룩하게 구별했다(출 29:20-21). 이스라엘 국가 전체가 제사장
의 특성을 지녔다는 것은 모세가 동일한 방법으로 이스라엘 백성을 거
룩하게 구별했다는 사실로써 드러난다(출 24:4-8). 계 1:6에서 모든 성도
를 제사장으로 임명한 것은 아마도 이런 배경에서 기인했을 것이다.[55]
　주석가들 사이에서는 6절에 언급된 성도들의 왕 노릇이 어떤 것인지
를 두고 일반적으로 의견이 나뉜다. 몇몇 사람은 1:6, 9과 5:10에 있는 성
도들의 현재 능동적인 통치를 그 통치의 절정, 곧 미래의 단계와 함께 생
각한다.[56] 다른 사람들은 동일한 본문에서 오직 미래 통치만을 염두에
두었다고 주장한다.[57] 우리는 특히 요한의 종말론의 어떤 측면과 관련하
여 융통성 없이 "시공간"적으로 판단하는 일에 대해 일깨운 P. S. 미니어
의 경고를 주목할 필요가 있다.[58]
　아래의 여섯 가지 내용을 고려할 때, 그리스도가 성도들을 현재 왕과
제사장으로 기능하도록 세우셨다는 사실은 분명하다. (1) 쉬슬러 피오렌
자는 왕상 12:31에서 부정과거 ἐποίησεν이 복수 목적격인 ἱερεῖς와 더불
어 "제사장을 삼는다"는 의미로 사용된 중요한 병행 어구라는 사실에 주
목한다. 열왕기 본문에는 북 이스라엘에 속한 모든 사람이 비록 레위 지
파 출신이 아니라고 하더라도 제사장 직에 임명될 자격을 구비했다고
묘사된다(삼상 12:6의 LXX에 모세와 관련해서도 그렇다). 신약성경에서도 목

55) Düsterdieck, *Revelation*, 124.
56) 예. Minear, *New Earth*, 232; Beasley-Murray, *Revelation*, 57-58, 64; Sweet, *Revelation*, 130; Caird, *Revelation*, 17, 20; A. F. Johnson, "*Revelation*," 424.
57) I. T. Beckwith, *Apocalypse*, 429; Schüssler Fiorenza(앞을 보라); A. Y. Collins, *Apocalypse*, 8.
58) Minear, "Cosmology of the Apocalypse."

적격을 동반한 ἐποίησεν이 제자들의 임명과 관련하여 **어떤 직책으로 임명**하는 의미로, 그리고 그리스도를 주와 그리스도가 되게 하시는 경우에 사용되었다(행 2:36). 그러므로 계 1:6의 용어는 그리스도가 성도들을 왕위와 제사장직에 임명하신 것을 표현한다.[59] (2) 계 5:10("그들로 우리 하나님 앞에서 나라와 제사장들을 삼으셨으니")과 20:6b에 병행으로 사용된 동일한 출애굽기의 암시로 미루어볼 때, 구별되지만 서로 관련이 있는 두 직책의 기능을 염두에 두었다는 것은 분명하다. 5:10 역시 출 19:6의 형식에서 βασιλεία("나라")가 지니는 통치의 능동적인 기능을 설명하려고 동사 βασιλεύω("다스리다")를 첨가하였다. 사본들 중에는 이 동사가 현재형으로 된 것들도 있다(본문비평의 문제에 대해서는 5:10의 주석을 참조하라. 20:6에서는 A사본과 두어 개의 소문자사본들[2062와 1948]만 현재형을 지닌다). 𝔐ᴬ에는 1:6에 βασιλεῖς καὶ("왕과")가 있다. 이것은 원문의 어색함을 제거하려고 시도한 것처럼 보이지만, 왕위와 제사장직의 두 기능을 좀 더 분명하게 설명한다(불가타 역 "나라[또는 왕권, regnum]와 제사장들"). (3) 1:9에서 "환난과 나라와 참음에 동참하는 자"라는 어구는 세 활동에 연관되었음을 암시하고, 단지 세 영역에 존재한다는 것을 가리키지 않는다. (4) βασιλεία는 1:6, 9과 5:10 이외에도 요한계시록에서 6번 등장하는데(11:15; 12:10; 17:12, 17, 18), 그중 5번은 능동적인 통치 사상을 갖고 있다("보좌"와 병행인 16:10 역시 그럴지 모르지만, 이 단어는 짐승이 통치하는 영역도 가리키는 것 같다).[60] (5) 출 19:6을 번역한 대부분의 초기 유대 문헌에서도 요한이 왕위와 제사장직의 독특한 기능을 구분한 것과 맥을 같이한다. 이 사실 역시 성도들이 제사장 직분만 아니라 왕권도 행사하기 시

---

59) Schüssler Fiorenza, *Book of Revelation*, 43. βασιλεία는 "왕위", "왕적 능력", "왕적 통치" 또는 "나라"로 번역될 수 있다(BAGD, 134).

60) (3)과 (4)의 견해에 대해서는 Bandstra, "A Kingship and Priests," 17-18을 보라. Bandstra는 그의 논문 전체에서 Schüssler Fiorenza, *Book of Revelation*, 10-25의 미래주의 견해에 반대하며, 1:6의 시작된 왕권 사상을 지지한다. 벧전 2장의 출 19:6 사용에 관한 Elliot의 논문, *Elect and Holy*, 118-19은 계 1:6과 5:10의 현재적 왕권과 제사장직 사상을 지지한다(공동체적인 의미로만 제한된다). 반면에 1:9은 확실히 개인적 의미를 포함한다.

작했다는 사실을 강조한다(예. *Targ. Neof* 출 19:6: "너희는 왕과 제사장이 되리라"; *Targ. Pal.* 출 19:6: "너희는 관을 쓴 왕과 거룩하게 구별되는 제사장이 될 것이다"; *Targs. Onk.* 19:6: "너희는 내 앞에서 왕과 제사장과 거룩한 백성이 될 것이다"; *Midr. Rab.* 출 30.13과 51:4은 출 19:6을 이스라엘이 "왕"으로 부름을 받게 될 일을 말하는 것으로 이해했다. 또한 *Midr. Rab.* 출 45.1. 참조. *Jub.* 16:18; 2 Macc. 2:17; Philo, *De Sobrietate* 66에는 "나라[또는 왕궁]와 제사장[또는 제사장직]"이 등장한다. Philo, *Abrahamo* 56은 "'왕 같은' 그리고 '제사장직'"으로 달리 표현한다. 출 19:6의 주제를 발전시킨 신 28:1, 9과 연결하여, *Targ. Pal.* 신 28:13은 하나님이 "너희[이스라엘]를 왕으로 세웠고 종으로 세우지 않았다"고 주장한다. *Tanna de-be Eliyyahu Zuṭa*, 179은 출 19:6의 부르심을 각 이스라엘 사람이 관을 쓰게 될 것으로 이해한다. 이와 비슷하게 *Midr. Rab.* 애 3.6 §1).[61] (6) 계 11:4은 슥 4장의 촛대 이미지와 왕의 형상 및 제사장 형상을 재림 이전 시대의 교회에 적용한다. 유대 문헌에도 슥 4:3, 11-14을 일반적으로 제사장과 왕을 언급하는 것으로 해석하는 까닭에 이 사실은 의미심장하다(11:4의 주석 참조). 슥 4장이 계 1장의 배경이기에(1:12, 16, 20의 주석 참조), 이런 관찰은 교회가 왕권과 제사장직 모두를 현재 수행하고 있다는 우리의 결론을 한층 더 강조한다.

몇몇 LXX의 이문들(108 Syh Sym. Theod. Aquilla);[62] *Midr.* 시 10.1; *ARN* 24b; *b. Zeb.* 19a; 그리고 *Mekilta Pisha* 15.4은 "제사장들의 나라"를 모호하게 읽는다. 이것은 동격 소유격일 것이다(나라, 곧 제사장—역주).[63] 계 1:6은 출애굽기의 ἱεράτευμα("제사장직")를 ἱερεῖς("제사장." 2351 pc vg^ms는 예외)로 바꾸었다.

"그가 우리를(ἡμᾶς) 나라(와) 제사장으로 삼았다" 대신에, 중요한 사본들에는 "그가 우리를 위하여(ἡμῖν) 나라(와) 제사장을 삼았다(또는 임명

61) 출 19:6과 유대 문헌에서 그 본문의 사용을 철저하게 분석한 Schüssler Fiorenza, *Priester für Gott*, 78-155을 보라.
62) *VTG* Exodus on Theod.; Field, *Origenis Hexapla on Aquila*를 보라.
63) Mussies, *Morphology*, 94의 판단에 반대함.

했다)"라고 되어 있다(A 1678 1854 2053 2062 2080 2344 *pc*). 아마도 여격은
성도들이 왕과 제사장이 아니라, 단지 그들을 위해 준비된 나라와 그들
을 위해 제사장 역할을 하는 사람들이 있다는 것을 의미할 것이다. 하지
만 목적격이 원문일 가능성이 더 많다. 5:10의 병행 어구는 목적격을 사
용하며, 여격으로 된 이문은 없다.[64]

　　몇몇 훌륭한 사본(예. 𝔓[18] A P 2050 [2344])에 τῶν αἰώνων("무궁히")이
생략되어 있지만, 이와 동일하게 훌륭한 사본들(예. א C)에는 포함되어
있다. 그 어구는 겹치는 낱말을 탈락시키는 오류 때문에 우연히 생략된
것 같다. 앞에 있는 τοὺς αἰῶνας("영원히")가 거의 같기 때문이다. 반면에
이 어구는, 필경사들이 다른 곳에서 종종 그러하듯이, 좀 더 완벽하고 통
상적인 예전 공식에 맞추려고 첨가된 것일 수도 있다. 좀 더 완벽한 문구
는 요한계시록의 다른 곳에서 11번 사용되었다. 본문 독법 중 어느 것이
원본인지를 결정하기는 쉽지 않다.[65]

역사를 주관하시는 성자의 왕권과 성부의 주권은 교회의 은혜와 평강, 하나님 아버지의 영광의 기초로 강조된다(1:7-8)

7-8절이 4절에서 시작된 인사의 결론에 속한다는 것은 아래의 내용을 관
찰하면 분명해진다. (1) 7-8절에는 앞의 내용과 구별되며 공식적인 분리를
표시하는 도입 접속사가 없다. (2) 7절은 땅의 여러 나라를 다스리는 그리
스도의 왕위를 천명함으로 5b절과 비슷한 주장을 이어간다. (3) 7절은 6절
처럼 "아멘"으로 마무리한다. 이것은 7절이 앞 단락의 연속임을 의미한다.
(4) 8절은 인사말을 시작할 때 사용된 하나님을 지칭하는 3중적 칭호와 똑
같은 표현으로 결론을 맺는다. 그래서 4절과 8절은 인사 단락의 문학적 경
계를 공식적으로 표시하는 수미상관이다.[66] 4-6a절처럼 7-8절은 하나님이

---

64) Vanhoye, *Old Testament Priests and the New Priest*, 308.

65) Metzger, *Textual Commentary*, 732.

66) 참조. Schüssler Fiorenza, "Redemption as Liberation," 222. Schüssler Fiorenza는 4절과 8
　　절 사이의 유사한 관련성을 관찰한다.

영광을 받으셔야 하는 또 다른 이유를 제공한다(6b절).

7절   7절은 구약의 두 본문 인용으로 되어 있다. 첫 번째 인용은 단 7:13에서 왔다. 이 본문은 원래 문맥에서 하나님이 악한 제국들을 심판하신 사건 이후(단 7:9-12) 모든 나라를 다스리는 인자의 등극(단 7:14)을 언급한다. 이 본문을 예수에게 적용한 것은 그분이 그 본문을 성취하셨음을 보여주고 그분의 종말론적 왕위를 강조한다. 이것은 이미 5절에서 소개된 주제다(다니엘서의 인자를 메시아적으로 이해한 것은 이미 유대 문헌에 등장한다. 예. 4 Ezra 13장; *1 En.* 37-71장). 두 번째 인용은 슥 12:10ff.에서 왔다. 이 인용문은 스가랴서에서 하나님이 이스라엘의 주변 적대국들을 멸하시고 이스라엘 백성이 그들의 하나님과 사자(즉 그들이 찌른 자)를 저버린 죄를 회개하고 구원받게 될 마지막 때를 다룬다.

마 24:30에 단 7장과 슥 12장이 사용된 것은 요한이 여기서 동일한 조합으로 본문을 사용하는 데 영향을 주었을 것이다(*Midr. Wayoša*[67])와 Justin, *Dialogue* 14.8에도 두 본문이 함께 등장한다. 마 24:30은 [24:31에 비춰볼 때] 회개를 언급한다). 그렇든 그렇지 않든 간에, 요한은 두 본문이 이스라엘의 원수들을 하나님이 마지막 때 멸하신다는 공통 주제를 다룬다는 것을 알았다. 그래서 이 본문들은 요한이 이미 시작된 종말론적인 나라를 가리키려고 사용한 구약의 암시들을 보충하기에 매력적인 본문들이었다.[68] 슥 12:10의 통곡이 "장자(πρωτότοκος)를 위하여 하듯" 하리라는 것도 한 가지 요인이 되었을 수 있다. 같은 단어가 시 89편에서는 왕을 묘사하고 계 1:5에서는 예수를 묘사하기 위해 사용되었기 때문이다.

스가랴서의 본문은 2가지 중요한 방법으로 변경되었다. πᾶς ὀφθαλμός ("각 사람의 눈")와 τῆς γῆς("땅에 있는")가 그 본문의 원래의 의미를 보편화시키기 위해 첨가되었다. 하나님의 사자를 저버리고 그 결과 회개의 통곡을

---

67) Casey, *Son of Man,* 143.
68) 요한이 두 본문을 결합하도록 한 이 두 본문 사이의 또 다른 가능한 관계성에 대해서는 Beale, *Use of Daniel*, 155-56을 보라.

한다는 일은 이스라엘 백성에게만 제한되지 않고 모든 나라에 대해서도 천명되었다. 애곡하는 사람들은 실제로 그리스도를 십자가에 못 박은 사람들이 아니라 그를 저버린 죄가 있는 사람들이다. 이것이 모든 사람을 예외 없이 가리키는 것이 아니라 믿음을 가진 나라들 중 모든 사람을 언급한다는 사실은 5:9과 7:9(참조. 11:9; 13:7; 14:6에서 복수형 φυλή["족속"]가 믿지 않는 자들을 가리키는 **보편적인** 언급으로 사용되었다)에서 분명히 드러난다. γῆ("땅")는 이스라엘 땅에 한정될 수 없고 보편적 함의를 지닌다. πᾶσαι αἱ φυλαὶ τῆς γῆς(여기서 온전한 어구인 "땅에 있는 모든 족속")는 구약성경에서 보편적 의미만을 지닌다.[69] 구약성경에서 "이스라엘의 모든 지파"라는 어구가 (대략 25번) 반복적으로 등장하는 것 역시 구약의 "이스라엘" 개념의 확장을 암시하는 계 1:7b의 다른 표현을 강조한다. 슥 12장에서 이스라엘에게 적용된 것이 이제는 회개한 이스라엘의 역할을 하는 땅의 모든 백성에게로 이전되었다. 슥 12:14의 πᾶσαι αἱ…φυλαί("모든 지파")에 τῆς γῆς("땅에 있는")가 첨가된 것은 슥 14:17의 πασῶν τῶν φυλῶν τῆς γῆς("땅에 있는 모든 족속들")와 단 7:14(Theod.)의 πάντες…φυλαί("모든 족속들")에서 동기 부여를 받았을 것이다. 여기서는 보편적인 명칭이 의도되었다(비록 슥 12:12에서 γῆ["땅"]가 1:7b의 어휘에 부분적인 영향만을 주지만 말이다). 이것은 계 1:6의 출 19:6 사용에서 본 동일한 유의 적용에 계속된다.

임박한 심판으로 인해 나라들이 애통한다는 의미를 전달하기 위해 스가랴서 인용이 원래의 의도와 상반되게 사용되었다고 믿는 사람들도 있다. 하지만 요한은 전형적으로 그가 인용한 구약 본문의 문맥적 사상을 고수하고 그것을 지속적으로 발전시키는 경향이 있다. 그래서 이러한 규칙에 예외가 있다고 제안하는 사람은 그렇다는 것을 입증해 보여야 한다.[70] 사실 1:7b에서 나라들은 자신을 위해 애곡한 것이 아니라 예수를 위해 애곡한

---

69) 기원후 70년 과거주의 견해에 반대함. 이들은 "땅"이 이스라엘 땅을 언급하는 것으로 이해한다. 참조. 창 12:3; 28:14; 시 71[72]:17; 슥 14:17의 LXX.

70) 본서 서론의 "요한계시록에서 구약 사용"을 보라.

다. 이것은 심판보다는 회개로 이해하는 데 더 적합하다.[71] 이스라엘의 애곡이 믿는 나라가 애곡하는 것으로 확장 적용된 것은 일관성이 없는 발전이 아니다. 나라들이 참 이스라엘로 이해되기 때문이다(계 21:24-22:3에 나라들의 구원이 강조된 것을 주목하라).[72]

그러므로 회개한 이방인들은 그리스도의 재림 때에 스가랴서의 예언을 성취하는 것으로 이해된다. 하지만 단 7장의 언급은 교회 시대의 전 과정을 포함한다. 그 기간에 그리스도는 심판과 복을 내림으로써 역사의 사건들을 인도하신다. 계 1:13의 인자 암시에는, 1:5-6과 1:14-20의 구약 언급이 그러하듯이 현재적 적용이 담겨 있다(비교. 14:14). 막 13:26과 14:62에 인용된 단 7:13에서 같은 내용은 그리스도의 최종 강림이 아니라, 기원후 70년에 있을 예루살렘의 심판을 위해 인자가 오심을 가리킨다.[73] 그리고 마 24:30에서 단 7:13과 슥 12:10이 동일하게 혼합된 것은 같은 의미를 가진다. 비록 그리스도의 최종 재림을 염두에 두었을 가능성이 있지만 말이다. 물론 공관복음에는 역사를 마무리하기 위해 인자가 오신다는 분명한 언급이 있다(마 19:28; 25:31). 공관복음서의 이런 언급을 볼 때 요한의 독자들은 인자 예언이 그리스도가 역사의 절정에 임하실 때뿐만 아니라, 그보다 앞선 기간에도 적용되는 것을 예상할 수 있었을 것이다.

더욱이 2, 3장에서 그리스도의 "오심"은 그리스도의 재림을 암시할 수는 있겠지만, 교회를 심판하러 오시는 그의 조건적인 방문을 가리키는 것 같다(참조. 2:5, 16; 3:11. 또한 16:15을 보라). ἔρχομαί ταχύ("내가 네게 속히 가서 [와서]")는 예수의 조건적 오심(2:16; 3:11; 비교. 2:5)과 최종적 오심의 확실함(분명하게 22:7, 12, 20)을 모두 표현하는 데 사용되었다. 이것은 일곱 편지에서 언급된 그리스도의 오심과 결론에서 묘사한 그분의 오심을 개념적으로 밀접하게 연결해준다. 그러므로 1:7과 요한계시록 다른 곳에서 그리스도

---

71) Caird, *Revelation*, 18.

72) Sweet, *Revelation*, 63을 보라.

73) 참조. France, *Jesus and the Old Testament*, 140-42, 227-39.

의 "오심"은 역사 전체에 걸쳐 발생하는 한 과정으로 이해하는 것이 낫다. 소위 "재림"은 실제적으로 오심의 전체 과정을 마무리 짓는 마지막 오심이다.[74] 단 7:13에서 인자의 "오심"은 우선적으로 세상에 종말론적 왕위를 행사하시는 그의 권세 받음을 가리킨다. 계 1:7과 요한계시록의 다른 "오심"에 대한 언급에서 이것은 그리스도의 부활시 성취되기 시작했고, 역사의 끝에 인자가 마지막으로 오실 때까지 계속 성취될 것이다.

그러므로 시간의 과정 속에서 복과 심판을 행하시러 "오시는 것"은 그가 이 종말론적 권세를 행사하신다는 것을 나타내는 행위다. 스가랴서의 인용은 단 7장 암시에 표현된 역사적 과정의 절정을 함의한다. 하지만 요 19:37은 십자가 가까이서 예수를 "찌르고" 분명히 회개한 이방 군인을 언급하면서 슥 12:10을 인용한다(참조. 요 19:324-37; 막 15:39).[75] 슥 12:10을 비슷하게 적용한 분명한 예가 계 1:7에서도 발견된다.[76] 그래서 슥 12장의 인용은 마지막 재림 이전, 이방인들이 메시아를 믿는 기간에 적용되는 것도 포함할 수 있다. 만일 그렇다면 "본다"는 것은 요한의 관점에서 볼 때 비유적으로 이해될 수밖에 없고, 미래만을 가리키는 것으로 봐야 된다. 주석가들 중에는 1:7이 요한계시록의 기조(基調)로 작용한다고 올바르게 주장한 사람들이 있다. 하지만 이 기조는, 앞에서 논의했듯이 구약의 결합 인용을 설명하는 요한의 "이미와 아직"의 관점에 비춰 이해해야 한다.[77]

---

74) Brüsch, *Clarté*, 31. Brüsch는 그의 의견을 지지해주는 Godet와 von Speyr를 인용한다.

75) Michaels, *Interpreting*, 102-9.

76) 슥 12:10의 MT(=Theod.)은 하나님이 찔림을 당한 분이시라는 점에서 모호한 구석이 있다. 하지만 하나님은 자신을 함께한 사람과 동일시하신다("그들이 그 찌른 바 그를 바라보고 그를 위하여 애통하리라"). 요한은 예수를 스가랴서의 찔림 받은 하나님과 동일시하기 위해 스가랴서 본문을 암시한다(Hultberg, "Significance of Zech 12:10." 그의 논의는 더 미묘하다).

77) 앞에서 1:7에 대해 분석한 것처럼, Porter는 ἔρχεται("그가 오신다")를 분명한 미래적 현재로 보지 않는다. 그래서 그는 1:7을 "보라. 그가 구름을 타고 오시는 과정에 있으며, 모든 눈이 그를 볼 것이라"고 풀어서 번역한다(*Verbal Aspect*, 231; 또한 437 참조). 이와는 대조적으로 Thompson은 ἔρχεται("그가 오신다")를 셈어의 영향 아래 있는 미래적 현재로 이해한다(*Apocalypse and Semitic Syntax*, 34-35).

내가 슥 12:10ff. 사용에 대해 분석한 것을 Bauckham, *Climax of Prophecy*, 319-22도 독자적으로 확증했다. 메시아 시편인 시 71(72):17에서 이 본문의 사용이 창 12:3과 28:14의 의

8절　8절의 목적은 4절에서 하나님을 3중적으로 묘사한 것을 반복하고 다른 두 어구를 첨가하여 그 의미를 설명함으로써 모든 역사를 주관하시는 하나님의 주권을 강조하려는 데 있다. 이러한 강조는 7절에 언급된 내용의 기초로 작용한다. 역사가 절정에 도달할 수 있다고 확신 있게 주장하려면 전능하신 하나님이 전제될 때에야 가능하기 때문이다.[78] 이 하나님의 전능하심은 6절에서 하나님이 영광을 얻으시는 것에 대해 이와 비슷한 확언의 기초가 되기도 한다. τὸ Ἄλφα καὶ τὸ Ὦ("알파와 오메가")는 상극법이라고 불리는 표현 방식이다(상극법은 양 극단 사이에 있는 모든 내용을 부각시키려고 극단의 두 내용을 언급하는 표현법). 이와 비슷한 상극법은 ἡ ἀρχὴ καὶ τὸ τέλος("처음과 마지막", 21:6; 22:13)와 ὁ πρῶτος καὶ ὁ ἔσχατος("시작과 마침", 22:13; 비교. 1:17)이다. 이 상극법들은 모든 역사, 특히 구원과 심판으로써 역사를 마지막에 이르게 하시는 하나님의 지배권을 표현한다. 알파벳의 첫 글자와 마지막 글자를 사용하여 상극법을 표현하는 것은 고대의 전형적 방법이었다. 예를 들어 유대인들은 히브리어의 알파벳을 사용하여 율법을 "알레프(א)부터 타우(ת)까지" 지켜야 한다고 말함으로써 율법 전체를 가리키곤 했다.[79]

"알파와 오메가" 상극법은 사 41-48장에 나오는 이와 비슷한 어구들을 반추하여 만들었을 가능성이 많다. 계 1:17b의 ὁ πρῶτος καὶ ὁ ἔσχατος("시작이요 마지막")는 같은 이사야서 어구를 근거로 한 것이며(비교. 사 41:4; 44:6; 48:12), 8b절에서 4절 내용을 반복한 3중 어구 역시 이사야서와 관련이 있

도적 발전이라는 Bauckham의 관찰은 도움이 된다. 창세기 본문에는 하나님이 아브라함에게 열국에 대하여 복이 되게 하시겠다는 약속이 천명되었다. Bauckham은 동일한 발전이 계 1:7에서 제시된다고 결론을 내린다. 슥 12:10ff.에 대한 다양한 해석, 특히 "찌름"에 대해 개괄한 Baldwin, *Haggai, Zechariah, Malachi*, 190-94를 보라. *B. Suk.* 52a에는 슥 12:10, 12이 메시아 벤 요셉의 죽음을 애도하는 이스라엘에 적용되었다.
　특히 다양한 구약성경의 그리스어 역본들과 히브리어, 사복음서의 병행 어구와 비교하여 단 7장과 슥 12장에 관련한 어휘를 자세히 분석한 A. Y. Collins, "'Son of Man' Tradition and Revelation," 536-47을 보라.
78) 참조. I. T. Beckwith, *Apocalypse*, 432.
79) 유대 문헌에서의 예를 보려면 Gill, *Revelation*, 696을 참조하라.

다(앞의 4절 주석 참조). 시간을 초월하시는 하나님은 역사의 시작과 끝을 지배하는 주권자이시므로 역사의 전 과정을 인도하신다.

이러한 역사적 초월성은 이사야서의 사용례에서 분명하게 드러나듯이, παντοκράτωρ로서 역사를 통치하시는 그의 주권의 기초다(본서 1:4의 주석 참조). λέγει κύριος ὁ παντοκράτωρ("전능하신 주의 말씀이니라")라는 문구는 학개서와 스가랴서, 말라기서에서 그의 백성의 역사를 주권적으로 지배하시는 분이신 하나님을 지칭하는 어구로 반복해서 사용되었다. 사실, ὁ παντοκράτωρ("전능한 자")는 계 1:8의 마지막에 부가되어 앞 구절에서 묘사한 내용을 규정하는 역할을 한다. 이 의미는 "옛적에도 계셨고 지금도 계신 주 하나님 곧 전능하신 이"라는 어구가 등장하는 11:17b에서 부각된다. 그리고 11장 본문에서는 "장차 오실 이"라는 어구가 생략되었고, 그 자리를 "친히 큰 권능을 잡으시고 왕 노릇 하시도다"라는 어구가 대체했다(이와 비슷한 19:6을 보라).

중요한 사본에 ὦ("오메가") 다음에 ἀρχὴ καὶ τέλος("처음과 마지막")라는 어구가 추가되었다(ℵ*² 1854 2050 [2329] 2351 𝔐ᴬ). 이것은 아마도 21:6에 등장하는 좀 더 완벽한 칭호 시리즈에 맞추려고 한 까닭으로 보인다("나는 알파와 오메가요 처음과 마지막이라").[80] 21:6의 두 칭호는 22:13에서 다시 등장하는데, 이것은 동화시키려는 유혹 때문에 그랬을 것이다.[81]

아우니(Aune, "Apocalypse of John and Greco-Roman Revelatory Magic")는 ΑΩ가 마술서에서 신적 이름으로 기능했으며, 이교도의 마술책에도 등장하는 신적 이름인 ΙΑΩ의 본질적 구성요소였음에 주목한다. 아우니는 계 1:8에서 요한이 이교도의 이름을 그리스도(하나님?)에게 적용하여 그리스도만이 인간의 마술 행위의 조작을 초월하는 참 하나님이

---

80) Metzger, *Textual Commentary*, 732.

81) 본문과 1:17, 그리고 그밖에 요한계시록 여러 곳에 나오는 이 칭호들을 상세하게 논한 Fekkes, *Isaiah and Prophetic Traditions*, 122-24을 참조하라.

심을 보려주려 했다고 해석한다. 이러한 배경을 염두에 두었다면, 1:8은 앞에서 설명한 구약의 배경에 이교적 배경을 혼합한 것일 것이다.[82]

요한은 일곱 교회에 편지하라는 명령을 받는다. 교회는 그리스도가 죽음을 이기고 승리하신 결과로 온 세상의 심판자와 제사장과 교회의 통치자가 되신 사실에서 믿음의 확신을 얻는다(1:9-20)

요한은 자신의 상황과 편지를 쓰도록 부르심 받았음에 대해 설명한다(1:9-11)

9절   9절에서 요한은 스스로를 그의 독자들, 그리고 환난에서 인내함으로써 초기 형태의 하나님 나라에서 통치하시는 예수와 동일시한다. 요한의 자기소개는 5-7절(특히 6절)의 주제인 하나님 나라를 계속 이어간다. 그의 자기 묘사는 편지를 받는 사람들("너희 형제요⋯동참하는 자")에게도 적용할 수 있는 내용이다. 요한과 그들은 그리스도와 동일시되기 때문이다(ἐν Ἰησοῦ).

"환난과 나라와 참음"(τῇ θλίψει καὶ βασιλείᾳ καὶ ὑπομονῇ)이라는 여격 3 개가 하나의 관사로써만 소개되는 것은 이 3가지가 하나의 단위로 함께 해석돼야 함을 시사한다.[83] 특히 이 어구는 바로 앞에 있는 구절에서 같은 현상이 발생한 직후에 일어난 경우라서, 이것을 하나의 단위로 해석해야 한다는 것이 더욱 분명해진다.[84] 개중에는 θλίψις("환난")에만 관사가 있고 맨 처음에 언급되었다는 것을 들어, θλίψις가 핵심 단어이고 "나라와 참음"이 마치 θλίψις를 수식하는 형용사처럼 기능한다는 것을 암시한다고 이해하는 사람들이 있다.[85] 관사가 하나라는 사실이 중요하다면, 명사 세 개가 상호적으로 해석되고, 특히 "예수 안에서"라는 어구의 틀 안에 있는 것으로

82) 요한이 구약 배경과 그리스-로마 배경을 혼합하여 하나의 이미지나 어구로 만드는 경향에 대해서는 Hemer, *Letters to the Seven Churches of Asia*를 논평한 Beale의 서평과 본서 서론의 "계 1:19의 중요성"을 논의한 것 중 다섯 번째 견해를 참조하라.

83) 참조. J. M. Ford, *Revelation*, 381.

84) I. T. Beckwith, *Apocalypse*, 433.

85) Thomas, *Revelation 1-7*, 86.

이해해야 한다.

요한과 그의 공동체는 지금도 예수의 나라에서 함께 다스리는 사람들이다(앞에서 논의한 1:6을 보라). 하지만 이것은 대부분의 유대인들이 예상하지 못했던 나라다. 환난을 신실하게 견딜 때에만 이 나라에서의 통치가 시작되며 또 지속된다. 다음은 왕위를 가리키는 문구다. 환난을 신실하게 견디는 것은 현재 예수와 더불어 왕 노릇 하는 수단이다. 신자들은 그리스도의 나라에서 단지 신하에 불과한 사람들이 아니다. "동참하는 자"라는 말은 환난을 견디는 데서만 아니라 환난 중에 왕 노릇 하는 데 있어서도 성도들의 능동적인 참여를 강조한다(본서 1:6의 주석 참조).

그러한 왕위는 죽음의 순간에 강조되고(2:10-11), 최종 재림 때 절정에 도달할 것이다(21:1-22:5). 이러한 역설적 통치의 시행은 그리스도의 통치를 모델로 삼았다. 그리스도는 하늘의 통치를 이루기 위해 고난을 참고 죽음을 당하심으로써, 그가 높아지시기 전 땅에서 그의 감춰진 왕위를 계시하셨다(참조. 1:5). 그리스도가 고난을 통해 감춰진 방법으로 통치하셨듯이, 그리스도인들도 그러하다. 이 사실은 성도들이 그들의 원수들을 이기고 높아지는 때인 그리스도의 재림 때에야 비로소 왕 노릇 하게 된다는 주장과 완전히 반대되는 내용이다(본서 1:6의 주석 참조).

이 사실에 비춰볼 때, 9절의 3중적 자기 묘사는 5a절의 그리스도에 대한 묘사를 모델로 삼았다. 요한은 그리스도인들이 그리스도와 공동체적으로 동일시된다고 이해한다(ἐν은 14:12, 13에서처럼 그리스도와 관련하여 영역과 연합 모두를 의미할 수 있다). 이러한 공동체적 동일시는 그리스도인들이 직면하는 시험과 그 시험을 견디는 것, 왕으로서 하나님 나라에 참여할 수 있는 능력의 기초다(참조. 눅 24:46; 행 14:22; 빌 1:29). 일곱 절밖에 되지 않는 본문에서 "인자" 형상이 2번(7절과 13절)에 걸쳐 예수에게 적용된 것은 무척 적절하다. 단 7장의 "인자"가 고난과 통치의 관점에서 볼 때 성도들의 공동체적인 대표자이며, 이 칭호는 복음서에서 베일에 가려졌고 고난 중에 시작된 왕위를 가리키기 위해 예수께서만 사용하신 칭호이기 때문이다(아래의 "1:12-20 요약" 항목을 보라). 비록 여러 유대 문헌에는 단 7:13-14이 개인적인 메시아적 인물에게 적용되었지만(예. 4 Ezra 13:1-39; *1 En.* 37-71; *2 Bar.* 36-40), *Midr.* 시 2.9
은 단 7:13-14을 공동체적으로 이스라엘을 언급하는 것으로 해석한다.

그러므로 신자들은 그들의 믿음 안에서 "참을" 때, "**그리스도의 인내
의 말씀을 지켰다**"는 평가를 받는다(3:10). 요한계시록은 신자들의 다스림
이 (예수의 첫 왕권처럼) 시험에 직면해도 신실하게 증언하는 일을 타협하지
않음으로써 "이기는 것"(2:9-11, 13; 3:8; 12:11), 악의 세력들 위에 왕 노릇 하
는 것(6:9-11과 관련하여 6:8), 그들의 삶에서 죄를 멸하는 것(2-3장), 예수와
동일시함으로써 사망과 사탄 위에 왕 노릇 하기 시작하는 것(1:5-6, 18)으
로 이루어졌음을 드러낸다. 신자들의 참음은 "이기는" 과정에 속한다(각 편
지의 결론 부분에 제시된 결론적인 약속을 보라). "환난"은 현재적 실체이며(2:9
처럼) 가까운 미래에도 교회 가운데 계속될 것이다(2:10-22). 이러한 역경의
때에 믿음의 인내가 요구된다(13:10과 14:12. 이 본문들에서는 ὑπομονή["인내"]
와 πίστις["믿음"]가 환난 가운데 믿음 안에서 참음과 동일시되며 언급된다). 거짓
교훈이 교회에 발을 딛지 못하게 하거나 다양한 형태의 박해로 인해 그리
스도만을 섬기는 데 타협하라는 유혹을 받지 않기 위해서는 인내하는 믿음
이 필요하다(계 2:2-3에서 ὑπομονή["인내"]는 거짓 교훈을 신실하게 거부하는 것을
말하며, 3:10에서 ὑπομονή는 박해에도 아랑곳 하지 않고 예수께 지속적으로 충성함
을 의미한다. 일곱 교회에 보내는 편지에는 예상할 수 있는 다양한 형태의 타협과 박
해의 종류, 즉 "환난"이라고 표현할 수 있는 것들이 묘사된다).

요한 자신은 그리스도의 복음을 충성되게 증언한 까닭에 유배를 당
한 환난 속에서도 충성했다.[86] 요한이 유배된 것은 9a절에 언급된 "환난"
을 이미 경험하고 있는 방법 중 하나였을 것이다.[87] 여기 본문과 1:2에서
μαρτυρία("증언") 어군은 법정에서 하는 "증언"을 의미할 수 있다. 법정은 그
리스 세계에서 이 단어가 우선적으로 표현되는 상황이며, 이 단어는 요한
복음에서 이런 식으로 사용되었다. 이것은 세상과 세상 법정이 예수와 그

---

86) 참조. Vos, *Synoptic Traditions,* 199-201.
87) 참조. Hailey, *Revelation,* 106.

리스도인들의 "증언"을 거부한다는 사실이 곧 하늘 법정에서 세상을 심판하는 근거가 된다는 의미다.[88]

쉬슬러 피오렌자는, 성도들이 비록 그리스도가 마지막으로 재림하실 때에야 비로소 실제로 그와 같은 왕권을 행사하겠지만, 이미 하나님의 현재적 나라를 대표하는 자로 "임명"되었으며 이미 "그리스도의 왕적인 통치"에 동참한다고 주장한다.[89] 이 주장에 명백한 모순이 있다는 것은 차치하고라도, 쉬슬러 피오렌자는 이런 구별을 지지하는 증거를 제시하지 않는다.[90]

τὸν λόγον τοῦ θεοῦ/κυρίου("하나님/주님의 말씀")라는 어구는 신약성경 여러 곳에서 전형적으로 예수의 말씀과 행위에 관한 복음 전승을 가리킨다(예. 눅 5:1; 8:11, 21; 11:28; 행 4:31; 6:2, 7; 8:14, 25; 11:1; 12:24; 13:5, 44, 48-49; 15:35-36; 17:13; 18:11; 19:10, 20; 고전 14:36; 고후 2:17; 4:2; 살전 1:8; 4:15).

다시 말하지만 소유격 구문은 주어의 의미와 목적어의 의미를 다 포함하는 것 같다("하나님에게서 오는 말씀 또는 하나님에 관한 말씀, 예수에 의한 증언 또는 예수에 관한 증언"; 1:1-2의 주석 참조). 9절 끝부분에 있는 διά 구문이 요한이 밧모 섬에 있는 목적을 표현한다고 주장하는 사람이 있지만(그는 "하나님의 말씀"을 받기 위해, 또는 전형적이지 않지만, 말씀을 전파하려고 거기 있었다), διά+목적격이 이런 의미를 갖는 경우는 없다. 그 구문은 통상적으로 원인 또는 결과를 의미한다("~때문에"; 참조. BAGD, 181).[91] 이것은 그리스도인의 충성됨을 그들의 박해의 이유라고 언급하는 6:9과 20:4에서 같은 절이 사용된 것과 요한이 밧모 섬에 유배되었다는 초기 전통에 의해서 확증된다.[92]

---

88) Caird, *Revelation*, 17-18. Caird가 형벌의 장소로 밧모 섬을 논한 것과 그리스도인들의 법적 지위에 대해 전반적으로 논의한 것도 도움이 된다(*Revelation*, 21-23).

89) Schüssler Fiorenza, *Book of Revelation*, 50.

90) Schüssler Fiorenza, *Priester für Gott*, 330, 338을 보라.

91) 이 절을 목적으로 이해해서는 안 된다는 자세한 논증은 Charles, *Revelation* I, 22을 보라.

92) I. T. Beckwith, *Apocalypse*, 434-35.

10-11절에서 요한은 그가 증언하는 계시를 기록하여 교회들에게 전하라는 예언자적 사명을 받는다.

10a절   요한은 그가 본 것을 기록하라는 그의 사명을 묘사하기 시작한다. 요한은 지상의 예수에 관한 계시를 증언하는 일에 충성했기 때문에 하늘의 예수에 관한 계시를 증언하는 임무를 받았다(2a절과 9b절에서 같은 어구가 사용되었다는 것은 의미심장하다. 2a절 주석 참조).

환상은 "주의 날"에 요한에게 임했다. 추측컨대 요한이 "주일"에 예배하는 중에 환상이 임했을 것이다(비교. *Barnabas* 15:9).

ἐν τῇ κυριακῇ ἡμέρᾳ("주의 날에")가 구약성경에 예언된 주님의 종말론적 날을 가리킨다고 주장하는 사람들이 있다. 그래서 요한의 환상(특히 4-22장)은 이 장래에 대한 기대가 어떻게 성취되는지(또는 성취되어 가는지)를 설명하는 것이라고 한다. 이것은 매력적인 생각이다. 요한계시록 환상의 초점이 마지막 때의 심판에 있으니 말이다.[93] 하지만 κυριακός는 LXX이나 신약성경 또는 초기 교부들의 글에서 "주의 날"로 사용된 적이 없다.[94] 이것은 결정적 반증은 아니지만, "주의 날" 입장을 주장하는 사람들에게 증명할 책임을 요구할 만한 내용이다. 그 어구는 2세기 중엽부터 분명히 그리고 꾸준히 일요일을 가리키는 용어로 사용되었다. 요한은 구약의 주의 날 사상을 최후의 심판이라는 한정된 기간으로 제한하며, 그 심판으로 이어지는 예비적 심판들은 제외한다(참조. 계 6:17; 16:14).[95]

최근에는 이 어구가 기독교의 일요일을 가리키는지,[96] 아니면 부활의 날을 가리키는 것인지를[97] 두고 더 많은 논쟁이 벌어졌다. 그 어구가 일요일을 언급한다고 보는 것이 분명히 더 낫다. 2세기에 이 용어가 그런 의미로 사용된 것이 분명한 반면에, 같은 시기에 같은 어구가 부활

---

93) S. Bacchiocchi, *Sabbath to Sunday*, 111-31.
94) Stott, "Note on KURIAKH."
95) R. J. Bauckham, "Lord's Day," 222-32.
96) Stott, "Note on KURIAKH."
97) 참조. K. A. Strand, "Another Look at the Lord's Day," 174-81. Strand는 부활의 날 언급을 반박하는 Stott의 주장에 의문을 제기한다.

의 날을 언급한다는 것은 분명하지 않기 때문이다.[98] 일부 학자들은 계 1:1-8에서 초기 기독교의 예전 문답이 반영되었음을 간파하기도 한다. 이것은 "주의 날"을 일요일과 동일시할 수 있는 가능성을 한층 더 높여 준다.[99] 계 1:10에 그리스도인들이 안식일을 지켰음이 암시되었다는 생각은 가장 가능성이 낮은 견해다.

10b-11절   사명을 소개하는 말에는 예언자 에스겔이 성령에 사로잡힌 일을 묘사한 용어가 사용되어, 요한의 계시에 구약 예언자들의 계시처럼 예언자적 권위가 부여된다(참조. 겔 2:2; 3:12, 14, 24; 11:1; 43:5).[100] 요한의 계시에 이처럼 예언자적 권위가 있다는 사실은 요한이 "나팔 소리 같은 큰 음성을" 들었다는 묘사로써 강조된다. 이것은 야웨께서 시내 산에서 모세에게 계시하실 때 모세가 들었던 음성을 떠올리게 한다(출 19:16, 19-20. 계 1:11의 음성은 [4:1-2처럼] 인자 환상을 소개하는 천사의 음성일 가능성이 많다). 이러한 사상은 "책에 기록하라"(γράψον εἰς βιβλίον)는 명령으로 더욱 강조된다. 계시를 기록하라는 명령도 야웨께서 그의 종 예언자들에게 그들이 받은 계시를 이스라엘에게 전하기 위해 책에 기록하라고 명령한 것을 반영한다(참조. 출 17:14; 사 30:8; 렘 37:2; 39:44의 LXX; Tob. 12:20[BA]). 구약성경을 잘 아는 독자는 예언자들이 받은 그러한 모든 사명이 이스라엘에게 내리는 심판의 마지막 말들을 기록하라는 명령이라는 것을 간파했을 것이다(사 30:8; 렘 37:2; 39:44의 LXX; 또한 출 34:27; 사 8:1; 렘 36:1; 합 2:2 참조). 그러므로 요한계시록의 주요 관심사 중 하나가 심판이라는 암시가 요한계시록의 비교적 앞부분에서 이미 제시된다(앞으로 밝혀지겠지만 여기서 말하는 심판은 세상과 교회 안에 있는 사람들 중에 세상과 타협하는 사람들에게 내리는 심판이다. 계 2-3장을 보라).

몇몇 사람은 교회를 언급한 순서가 요한 이후의 교회 시대를 암시하며,

---

98) Bauckham, "Lord's Day," 222-35.

99) 예. Vanni, "Liturgical Dialogue in Revelation"; Harrington, *Revelation*, 48-50을 보라.

100) 이런 분석을 입증한 것은 계 4:2; 17:3; 21:10의 주석 참조. Jeske, "Spirit and Community," 454-55. Jeske는 미 3:8을 유일한 구약 배경으로 이해한다. 그럴 가능성은 있지만 절대적이지는 않다

일곱 교회의 영적 상태가 교회 시대의 연속적으로 이어지는 일곱 단계를
예언적으로 나타낸다고 주장하려고 하지만, 그 순서에는 별다른 중요성이
없다.[101] 예언의 이런 의도를 시사하는 내용이 없을뿐더러, 교회사 역시 이
런 패턴을 입증하지 못한다.[102] 개연성 있는 견해는 "일곱"이라는 수가 지
리적·시간적 의미에서 보편 교회를 가리키며(1:4의 주석 참조), 각 교회에게
보내는 편지의 결론이 모든 교회에게 적용되는 것으로 확장된다는 것이다.
그러므로 우리가 일곱 교회에서 발견하는 것은 모든 시공간에 있는 교회에
도 적용할 수 있는 내용이다.

다른 이들은 요한이 이 교회들을 선정한 이유가 그 교회들이 그의 예언
자적 권위를 대부분 인정했거나 그를 잘 알던 소아시아의 교회들이었기 때
문이었든지, 아니면 요한이 말하고 싶어 한 특징들을 그 교회들 대부분이
겉으로 드러냈기 때문이라고 주장한다.[103] 이 견해들 중 어느 것도 그것을
지지하는 증거가 빈약하다. W. M. 람지는 이 일곱 도시가 선택된 것은 그
도시들의 지리적 위치가 소아시아에서 통신을 위한 천혜의 핵심 도시들이
었고 편지를 분배하는 중요한 중심지였기 때문이었다고 주장한다. 그는 이
도시의 교회들도 이처럼 기독교적 통신의 중요한 중심지가 되었다고 추측
한다. 이 사실에 비춰볼 때, 일곱 교회는 그 지역의 주도적인 교회들이었기
에, 요한이 그의 편지를 보내어 보급시키는 데 마음이 끌렸다고 생각할 수
밖에 없다.[104] 일곱 교회의 지정학적 위치는 특히 요한의 비유적 목적에도
작용했을 것이다.

스튜어트는 분사 λεγούσης("이르시되")의 선행사가 σάλπιγγος("나팔")
이며,[105] 계 19:6을 이런 이해를 지지하는 병행으로 볼 수 있다고 주장

---

101) Boyer, "Are the Seven Letters Prophetic?"; Lindsey, *There's a New World Coming*,
22-23과 2-3장 여러 곳에서 이렇게 주장한다.

102) 참조. Thomas, "Chronological Interpretation of Revelation 2-3."

103) 예. Prigent, *L'Apocalypse de Saint Jean*, 26.

104) Ramsay, *Letters to the Seven Church*, 176-96과 최근에 이 내용을 좀 더 보강하고 확증한
Hemer, *Letters*, 15을 보라.

105) M. Stuart, *Apocalypse* II, 41.

한다. 물론 이것은 개연성이 적은 견해다. λεγούσης의 선행사는 목적격 φωνήν("음성")일 것이며, 그 "음성"(φωνήν)은 요한이 들은 음성이다. 그 래서 예상된 동사의 형태는 단수 목적격 λέγουσαν이며, 이는 주도하는 명사 φωνήν과 일치하고, 구문론적으로 소유격인 σάλπιγγος와 일치하지 않는다.[106] 그렇지만 분사의 예상되는 목적격 형태는 σάλπιγγος의 소유 격과 일치된 결과로 소유격 λεγούσης가 되었다.

이 구조가 불규칙적이고 φωνήν을 λεγούσης의 적절한 선행사로 보아 야 한다는 사실은 φωνή와 λέγω("내가 말하다")의 다른 사용례를 관찰하 면 분명해진다. 예를 들면 5:12; 6:6, 7, 10; 8:13; 9:13-14; 10:4, 8; 11:12; 12:10; 14:7, 9, 13; 16:1, 17; 18:2, 4; 19:1, 6, 17; 21:3 등이다. (1) 이 모든 구절은 우레나 나팔과 같이 구별 안 되는 소리가 아니라 알아들을 수 있 는 음성을 발하는 천상적 존재(들)의 음성을 언급한다(여기에 언급한 본문 중 거의 절반은 1:10-11처럼 "큰 음성"을 언급한다). (2) φωνή가 λέγω의 분사 형태의 선행사로 사용되는 경우가 종종 있다. 두 단어는 서로 일치되어 있다(6:6; 10:4, 8; 11:12; 12:10; 14:13; 16:1, 17; 18:4; 21:3. 이중 절반에 φωνήν... λέγουσαν이 있다. 이 구문은 σάλπιγγος에 일치시키려는 목적이 아니었다면 1:10- 11에 등장했을 것이다). (3) 2번이나 들린 φωνή는 분사 형태의 λέγω의 선 행사인 것이 분명하다. 하지만 1:10-11에서도 그랬듯이, 분사는 선행사와 동일한 격이 아니다(6:7; 9:13-14; 각 본문 주석 참조. 19:6의 주석도 참조하라).

σάλπιγγος에 맞추려는 어색한 일치는 본문의 배경이 출 19장에 있 음을 더 강조하기 위해 음성의 나팔 소리를 부각시키려는 의도가 있었 을 것이다. 출 19장에서 모세와 이스라엘은 하나님의 "큰" 음성이 아니 라 "매우 크게 들리는 나팔 소리"를 들었으며(출 19:16), "나팔 소리는 점 점 커졌다"(출 19:19). 만일 그렇다면 이것은 요한이 예언자적 권위와 동 일시되었음을 한층 더 강조한다. 출 19장은 하나님의 말씀을 받아 그것 을 백성에게 전해주는 예언자의 대표자인 모세에게 초점을 맞추기 때문

---

106) Swete, *Apocalypse*, 13; I. T. Beckwith, *Apocalypse*, 436; Thomas, *Revelation 1-7*, 95.

이다(19:19-21). 이런 분석은 계 4:1에도 거의 같은 문법적 불규칙이 발생한다는 사실로 인해 그 가능성이 더 높아진다(ἡ··φωνὴ ἣν ἤκουσα ὡς σάλπιγγος λαλούσης). 여기서 요한은 1:10-11을 언급하면서도 출 19장과 그밖에 다른 구약의 본문을 암시함으로써 그의 예언자적 권위를 강조한다(4:1의 주석 참조). 6:7과 9:13-14에 등장하는 φωνή와 λέγω의 분사 형태가 결합된 비슷한 불규칙 구문이 구약의 암시를 소개하는 것은 아마도 우연이 아닐 것이다(해당 구절 주석 참조). 스위트는 1:11의 변경을 새롭게 만든 구문을 강조하려고 구문의 특이한 변화를 의미하는 환치법이라는 수사적 표현의 한 형식으로 이해한다.[107]

𝔐^A는 그리스도가 자신을 "알파와 오메가요 처음과 마지막"이라고 밝힌 내용을 추가한다. 이렇게 한 것은 1:8의 칭호를 보충하고 적절한 요한계시록의 서론을 구성하려는 데 목적이 있을 것이다. 계 22:13의 결론에는 𝔐^A의 1:8과 1:11에서 발견되는 3중적 칭호가 등장한다.

요한은 일곱 교회에 기록하여 보내라는 사명을 받는다. 그가 받은 첫 환상에는 성도들의 확신이 그리스도가 죽은 자 가운데서 다시 살아나심으로 심판자와 제사장, 그리고 교회의 통치자가 되셨다는 사실에 근거하고 있음이 나타난다(1:12-20)

12-20절의 환상은 구약성경과 유대 묵시문학의 전형적인 환상 패턴을 따른다. (1) 첫 환상(12-16절)에 (2) 선견자의 반응이 이어지고(17a절), 그다음에 (3) 환상 해석이 이어진다(17b-20절). 주석가들이 이렇게 분명하게 관찰되는 사실이 환상의 의미를 결정하는 데 어떤 도움이 될 수 있는지 이해하려고 하지 않았다는 점은 놀랍다. 많은 사람이 단지 20절만 공식적 해석으로 간주해왔으나, 실제로 (밧모 섬 환상) 해석은 17b절에서 시작한다. 사실 17b-20절은 전체 단락의 의미에 특히 결정적이다. 이 구절이 공식적인 해석 단락이기 때문이다.

환상은 이미 1-9절에서 발견한 고난, 나라, 제사장직이라는 주제를 발전

---

107) Swete, *Apocalypse*, 13; 비교. Bullinger, *Figure of Speech*, 535.

시키며, 심판자이신 그리스도라는 새로운 주제를 소개한다. 12-16절에서 그리스도는 종말론적인 하늘의 제사장과 마지막 때의 통치자 및 심판자로 묘사되었다. 해석 단락은 그가 이런 직분을 받게 된 것이 죽음을 이기고 승리하셨기 때문이라는 것(17b-18절)과 그의 왕권은 우선적으로 교회를 다스리는 그의 통치와 관련된다는 사실을 계시한다. 환상은 9-20절 전체의 역할이 부활하신 그리스도가 요한에게 그가 증언하는 환상 전체를 기록하라는 임무를 부여하심을 보여주는 데 있음을 밝힌다. 이 사실은 19절에서 사명을 다시 서술함으로써 입증된다. 그리스도는 10-11절에서 요한에게 사명을 주시며, 용기를 주는 권면(17a절)과 12-18절에서 사명을 부여하는 권위의 기초로서 그의 신적 신임과 구속 사역을 제시하신다. 그리스도는 **이런 권면**(17a절)과 자신의 권위에 **근거하여** 19절에서 사명을 다시 주신다(19절의 접속사 "그러므로"[οὖν]를 주목하라). 그러므로 12-20절은 9-11절의 내용의 연속이며, 예언자적 소명에 대한 환상과 요한계시록 전체의 서론 역할을 한다.

우리는 이미 그리스도의 왕위와 제사장직이 어떻게 교회의 상황과 관련되는지를 살펴보았다(1:5-6의 주석 참조). 하지만 심판자로서 그의 역할은 교회의 상황과 어떻게 관련되는가? 교회가 고난 가운데 "예수의 증거"를 신실하게 증언함으로써 자신의 제사장적 왕 역할을 유지하지 않는다면, 그들은 그리스도에게 심판을 받을 것이다. 만일 교회가 충성하여 정당하지 못하게 박해를 받는다면, 그들은 두려워하지 말아야 한다(17절). 그리스도가 그러하셨듯이, 그들도 궁극적으로는 승리할 것을 확신할 수 있기 때문이다. 더욱이 교회는 그들을 박해하는 자들이 그리스도의 손에서 참되고 공의로운 심판을 받게 될 것을 확신할 수 있다. 사실 17a절의 "두려워하지 말라"는 권면은 12-18절의 중요한 교훈이다. 12-16절과 17b-18절은 그 권면의 기초다. 그렇다면 12-18절은 12-20절의 핵심인 환상 내용을 기록하라는 명령을 뒷받침하며, 이것은 17a절에서 절정에 달한다.

이 본문에서 구약에 대한 암시들은 환상의 의미와 환상 해석의 의미를 밝히는 데 결정적이다. 그 암시들의 중요성을 강조하지 않으면 본문 자체의 해석을 강조하지 않게 된다. 구약 암시들 간의 연결 역시 이 단락에서

사상의 흐름을 추적함에 있어 무척 중요하다.[108]

12절 인자 환상(12-16절)에서 요한이 본 첫 번째 이미지는 "일곱 금 촛대" 이미지다. 일곱 촛대 이미지의 일반적 배경은 출 25장, 37장, 민 8장 이지만 좀 더 구체적으로는 슥 4:2, 10이다. 이는 다음의 3가지 관찰에 의 거한다. (1) 계 1:4의 "일곱 영" 언급(비교. 슥 4:6), (2) 슥 4:2과 같은 동일한 환상-해석 패턴을 따르는 20절에서 12절의 촛대 환상을 해석한 것, (3) 계 4:5과 5:6에 분명하게 나타난 슥 4:2, 10의 암시는 다니엘서 본문 암시들과 밀접하게 연결됨 등.

"일곱 촛대"는 교회를 가리킨다(1:20). 슥 4:2-6에서 일곱 등불을 가진 촛대는 성전의 기물 중 하나로서 성전 전체를 가리키는 비유적 제유법이 다. 이 의미는 확대되어 신실한 이스라엘을 가리키기도 한다(슥 4:6-9). 이 스라엘은 "힘으로 되지 아니하며 능력으로 되지 아니하고 오직 나의 영으 로 되는" 삶을 살아야 한다(슥 4:6). 유대 문헌도 스가랴서의 촛대를 이스라 엘, 특히 마지막 때에 모든 세대로부터 모여든 의인들을 상징한다고 이해 한다. 성막과 성전에서 촛대는 하나님의 임재 안에 있었으며, 그 촛대에서 퍼져 나오는 빛은 분명히 하나님의 임재를 상징했다(민 8:1-4. 출 25:30-31에 서 촛대는 "진설병"[임재의 떡] 바로 뒤에 언급된다. 마찬가지로 출 40:4; 왕상 7:48-49). 이와 유사하게 슥 4:2-5에서 촛대 위에 있는 등불들은 4:6에서 저항에 굴하지 않고 성전 재건을 마치도록 이스라엘(=촛대)에게 힘을 주시는 하 나님의 임재 또는 성령을 대표하는 것으로 해석된다(참조. 슥 4:6-9). 그래서 새 이스라엘인 교회는 세상의 저항에 맞설 때 그 힘을 하나님의 임재이신 성령에게서 받는다. 이 사실이 계 1:4과 4:5에서 부각되는데, 이 두 본문에 서 일곱 등불은 슥 4장에서처럼 성령과 동일시된다(1:4의 주석 참조). 촛대를 하나님의 임재가 교회와 함께 계심을 의미하는 것으로 이해하는 것은 계 11:4에서 확증된다. "그들은 이 땅의 주 앞에 서 있는…두 촛대니."

그러므로 "촛대"(교회)는 타협하지 않고 세상에 빛으로 증언하는 힘을

---

108) 1:12-20의 구약 사용을 심도 있게 분석한 Beale, *Use of Daniel*, 154-77을 보라.

그 위에 있는 일곱 등불에게서 받는다. 그래서 지옥의 대문들(비교. 2:9-11, 13)은 하나님의 성전을 세우는 것을 무너뜨리지 못할 것인데, 하나님의 성전은 참 이스라엘로서 하늘의 성전과 동일시된다(1:16의 주석 참조). 이것은 계 1:6에서 출 19:6을 사용함으로써 표현된 참 이스라엘의 사명을 반복한다. 이 사실은 마지막 때의 성전이 교회 안에서 시작되었음을 암시한다 (*Midr. Rab.* 민 15:10에는 하나님이 마지막 때의 성전을 회복시키실 때 "그가 촛대도 회복시키실 것이라"는 소망을 표현한다). 계 1:11-13은 촛대가 참 성전으로서 교회와 그리스도의 부활과 그의 마지막 강림 사이에 증언하는 하나님의 백성 전체를 가리킨다는 점을 확증한다. *Targ. Ps.-J.* 슥 4:7은 세상의 반대 가운데에서도 성전의 성공적 건립이 "모든 나라를 다스리실 기름 부음 받은 자"에 의해 궁극적으로 성취될 것을 내다본다(아래 참고 자료를 보라). 계 1:5-6에 비춰볼 때, 그리스도의 죽음과 부활로 새로운 성전의 초석이 놓였다. 그리스도는 성령(촛대 위의 등불)으로 말미암아 새 성전을 세우실 것이다. 스가랴서의 촛대 하나가 요한계시록에서 일곱으로 바뀐 것은 요한계시록의 편지들이 마지막 때의 보편적인 교회를 겨냥한 것이라는 점을 강조할 뿐만 아니라, 참 이스라엘이 더 이상 한 국가에 제한된 것이 아니라 모든 백성을 망라한다는 것을 강조하기도 한다(촛대의 단계적 확대는 이미 솔로몬의 성전에서 신례를 보였다. 성막의 촛대 하나와 비교할 때 솔로몬 성전에는 촛대가 10개 있었다[왕상 7:49]).

요한이 "그에게 말씀하시는 음성을 보았다"는 것은 단순한 환치(말씀하시는 이를 나타내는 음성)로 설명될 수 있다.[109] 문제의 핵심은 권위 있는 말씀을 표현하는 음성을 강조하는 것이다. 이것은 예언자가 "목소리를 주목했다"는 단 7:11(LXX)의 영향을 받았을 것이다(하지만 다니엘서에서는 하나님의 원수의 권위 있는 체하는 목소리를 언급하는 반면에, 요한계시록에서는 단 7:13과 대조적으로 인자의 진정한 권위가 암시된다). 이것보다 더 적절한 본문은 출 20:18이다. "뭇 백성이 우레와…나팔 소리…를 본지라." 계

---

109) Thomas, *Revelation 1-7*, 96; 이와 비슷한 NEB.

1:10-11에 암시된 출 19:16, 19에 비춰볼 때(1:10-11의 주석 참조), 1:12의 음성을 본다는 어색한 표현은 출애굽기에 대한 암시의 연속으로 이해하는 것이 가장 좋다(Philo, *Decalogue* 46-47에 출 19:16-19의 음성을 본다는 것이 강조되었다). 출 20장을 암시했다고 생각되고 계 1:10에 암시된 겔 3:12-13(LXX)에서 예언자는 이렇게 말한다. "때에 주의 영이 나를 들어 올리시는데 내가 내 뒤에서 크게 울리는 소리를 들으니…**내가 보니** 이는 생물들의 날개가 서로 부딪치는 **소리더라**"(참조. 겔 43:5-6, LXX). 찰스워스는 계 1:12의 음성 그 자체는 본질적으로 하늘의 음성이라고 주장한다.[110] 하지만 이것을 지지하기 위해 인용한 모든 유대 문헌의 병행 어구들은 은유나, 의인화나, 유대교의 반(反)신인동형론적 표현의 결과로 이해하는 것이 더 낫다.

Midr. 시 16.12; *Midr. Rab.* 레 32.8; *Midr. Rab.* 전 4.1 §1; *Sifre* 신 10; 그리고 *Pesikta Rabbati* 51.4은 슥 4:2-3의 촛대를 마지막 때에 모든 시대로부터 모여든 이스라엘 백성과 동일시한다. *Midr. Rab.* 레 30.2; *Midr. Rab.* 민 13.8; *Midr. Rab.* 애 4.7 §1; *Pesikta de Rab Kahana Piska* 27.2; *Pesikta Rabbati* 7.7; 8:4은 슥 4:2의 촛대를 이스라엘을 대표하는 것으로 해석한다.

Midr. Rab. 민 8.2-3은 촛대 위에 지속적으로 일곱 등불을 밝히는 이스라엘이 받을 상이 하나님이 그들의 "영혼을 모든 악한 것"에서 보존하는 것이라고 말하며(15.4), 그들의 복이 "결코 없어지지 않을 것"이라고 표현한다(15.6). 이런 일곱 등불을 배경으로 하나님의 임재가 함께했다(15.9). *Targ. Ps.-J.* 레 24:2-4은 하나님의 영광이 이스라엘에 거하는 것을 촛대 위의 일곱 등불이 지속적으로 타오르는 것과 직접 연결한다. 쿰란의 의의 교사는, 그의 대적자들이 있음에도 "일곱 개의 빛을 발할 것이라.…너는 내게 영원한 빛이며, 너는 나의 발을 견고하게 했기 때문이라"고 주장한다(1QH 7.24-25). 마찬가지로 일곱 촛대(= 교회)에서 등불

---

110) Charlesworth, "Hypostatic Voice."

(=성령)이 지속적으로 탄다는 것은 그리스도(= 옛적부터 계신 신적 인물[14절])의 임재가 지속적으로 교회와 함께 할 것이며 그들을 영적으로 보호한다는 의미다.

Midr. Tanch. 창 6; Toledoth §20; 쿰란문서는 슥 4:1-14에서 메시아적 예언을 보았다.[111] 슥 4:9을 발전시킨 *Midr. Rab.* 창 97은 메시아가 스룹바벨로부터 나와서 성전을 재건하실 것이라고 말한다. *ARN* 30b은 슥 4:14의 인물들 중 하나를 메시아와 동일시한다.

새로운 영적 성전인 교회에 대해서는 본서 11:1-2의 주석을 참조하라. 또한 고전 3:16-17; 6:19; 고후 6:16; 엡 2:21-22; 벧전 2:5도 참조하라. 요 2:19-22과 복음서 여러 곳에서 그리스도는 이미 자신의 부활의 몸을 참된 성전과 동일시하셨으며, 이 사상은 계 21:22에서 발전된다.

13-15절   13-15절의 구약 암시들을 분석해보면, 인자의 두드러진 특징들이 단 7장과 특히 단 10장에서 온 것임을 알 수 있다. 반면에 인자를 묘사하는 데 있어 다른 본문들은 부차적인 역할을 했을 뿐이다. 대부분의 주석가들은 이것의 중요성이 그리스도가 왕의 형상과 제사장의 형상으로 묘사되었다는 데 있음을 인정한다. 다니엘서의 두 본문에서 인자 형상은 같은 특징을 지니기 때문이다.[112] 그리스도의 제사장 역할 중 하나는 촛대를 돌보는 것이다. 구약의 제사장은 등대를 손질하고, 심지나 묵은 기름을 제거하며, 신선한 기름으로 등대를 다시 채우고, 꺼진 불을 다시 켰다.[113] 이처럼 그리스도는 교회가 어두운 세상에서 빛의 전달자로서의 역할을 적합하게 감당하도록 교회를 칭찬하고 교정하고 권고하고 경고함으로써(계 2-3장) 교회인 촛대를 돌보신다.

13절의 의복이 왕의 의복과 비슷하다고 할 수 있겠지만, 여기서 묘사된 옷은 제사장 이미지를 불러일으킨다. 본문의 분위기가 "촛대"의 성전 분위

---

111) 참조. 1QS 9.10-11; Dupont-Sommer, *Essene Writings*, 317.
112) 단 7:9-14을 하늘에 있는 성전-보좌가 있는 방(房) 환상으로 이해한다면, 이렇게 생각할 수 있다. Lacocque, *Daniel*, 124-26.
113) 참조. Edersheim, *Temple*, 135.

기이고, 15:5-8에서 같은 옷을 입은 천사가 하늘 성전에서 나오기 때문이다. 여기서 요한은 의도적으로 모호하게 표현했을 수 있다. 아마도 왕과 제사장 모두를 염두에 두었을 것이다. 이것은 슥 4:3, 11-14의 두 인물(계 11:4의 주석 참조)과 이스라엘의 "총독과 대제사장"이었던 요나단(1 Macc. 10:88-89; 14:30)과 시몬(1 Macc. 14:32-47)을 묘사한 부분에서 선례를 찾을 수 있다. 그리스도가 교회를 주권적으로 감독하신다는 것은 교회 안에 그가 계속 임재하신다는 사실을 전제한다.

주석가들 중 몇몇은 일반적으로 단 10장, 겔 9장, 1 Maccabees 문맥에서 제사장이 고려의 대상이 아니었다는 사실에 근거하여 제사장과 관련된 어떠한 함의도 부인하려는 사람들이 있다.[114] 하지만 이것은 넓은 문맥을 무시하며 1 Maccabees를 볼 때만 해당되는 내용이다. 더욱이 다니엘서와 에스겔서에서 천상적 인물들이 제사장으로 불리지는 않지만, 그들의 옷은 구약성경 여러 곳에서 이와 비슷하게 옷 입은 제사장의 의복에 비추어 이해하는 것이 가장 좋다. 특히 LXX은 ποδήρης라는 단어로 (12번 사용된 것 중) 왕의 옷을 지칭한 예가 없다. 그런데 이스라엘의 왕과 지도자들은 어느 정도 제사장적 책임을 지녔다(예. 다윗). 그래서 그들의 옷은 제사장의 옷과 어느 정도 유사했다는 점은 예상할 수 있다. 예를 들어 엘리아김은 사 22:21-22에서 옷을 입고 띠를 띤 것으로 묘사되었는데, 이것을 타르굼은 왕의 옷과 제사장의 옷이라고 분명하게 해석했고, "에봇을 입은 제사장"인 그의 아들들과 직접 연결한다(흥미롭게도 사 22:22은 계 3:7에서 그리스도에게 적용된다).

옛적부터 계신 심판자의 품성(참조. 단 7:9-12)이 그리스도에게로 전이된 것은 마지막 때의 신적 심판자로서 그의 역할을 상기시키며, 19:12에서도 분명하게 나타난다(19:12에서 οἱ δὲ ὀφθαλμοὶ αὐτοῦ [ὡς] φλὸξ πυρός["그 눈은 불꽃같고"]는 심판 비유다[참조. 2:18-23]). 예수가 지속적으로 교회에 임재하신다는 것은 그가 늘 교회의 영적 상태를 아신다는 의미다. 이에 따라 그는

---

114) 예. I. T. Beckwith, *Apocalypse*, 437-38.

복을 주시든지 심판하신다(예. 2:18과 2:23에서 발전된 ὁ ἔχων τοὺς ὀφθαλμοὺς αὐτοῦ ὡς φλόγα πυρός["그 눈이 불꽃같고"]).[115] 이러한 심판의 역할은 단 10장을 통해 강화된다. 다니엘서 본문에서 천상적 인물의 주요 기능은 이스라엘의 박해자들이 심판을 받게 된다는 신적 명령을 계시하는 것이다(10:21-12:13). 단 10:6에는 심지어 "횃불 같은 눈"을 가진 "인자"가 묘사된다. 옛적부터 계신 분의 품성을 그리스도에게 적용한 것은 그의 아버지와 함께 가지고 있는 영생이 그에게 있음을 암시한다(참조. 1:6b).[116]

그리스도의 발은 "풀무불에 단련한 빛난 주석 같다"고 묘사된다(15절). 이것은 그의 도덕적 순결을 암시하며, 그가 함께 거니시는 사람들에게 도덕적 무력감 속에서도 이러한 순결을 반영하라고 요구하시는 것의 기초가 될 것이다("불로 연단한"이란 표현이 이렇게 사용된 3:18을 보라).[117]

요한은 단 3, 7, 10장에 등장하는 천상적 존재들에 관한 묘사들을 모두 그리스도에게 적용하려고 "촛대 사이에 인자 같은 이"라는 어구를 채용한다(LXX의 단 3:25, 92; 7:13; 10:5-6, 18). 부차적으로 사용된 겔 9:2, 11과 더불어 단 10장의 영향은 단 10:5의 천상적 인물을 암시하는 13절의 결론 어구에서도 분명해진다. 단 10:5에는 천상적 인물이 옷을 입고 "금으로 된 허리띠"를 찼다. 이것은 제사장의 의복을 묘사한다(예. 출 25:7; 28:4, 31[27]; 29:5; 35:9[8]; 슥 3:5; Wis. 18:24; Sir. 45:8; Josephus, Ant. 3.159에 ποδήρης["발에 끌리는 옷"]가 사용됨. 특히 계 15:6).

인자의 머리와 머리칼을 묘사한 내용(14a절)은 단 7:9의 옛적부터 계신 이를 묘사한 것에서 취했다. 그리고 그의 눈과 발은 다시 단 10:6(LXX)을 따른다. "풀무불"이 언급된 것(15b절)은 다시 단 3:25(93, Theod.)의 묘사를 반영한다. 겔 1:27도 가깝기는 하지만 말이다. 단 10:6이 "인자"의 말소리가 무리의 소리 같다는 언급으로 끝나듯이, 계 1:15

---

115) Holz, *Christologie*, 121-22.
116) Sickenberger, *Erklärung*, 49.
117) 참조. Thomas, *Revelation*, 102.

도 그렇게 끝난다. 그 음성을 묘사하는 실제 표현은 하나님의 음성을 많은 물소리에 비교한 겔 1:24과 43:2(MT)에서 취했을 것이다. 겔 43:2에 언급된 하나님의 음성은 40-48장의 마지막 때 성전 가까이에서 나오는 것으로 묘사되며, 유대 문헌은 그 음성이 이스라엘의 성전에서 나온다고 설명한다(*Midr. Rab.* 창 3.4; *Pesikta de Rab Kahana* 21; *Midr.* 시 104.4; *Midr. Rab.* 레 31.7). 인자의 음성도 하늘 성전 상황을 배경으로 한다(1:12, 16의 주석 참조). 이것은 그리스도의 신적 품성을 강조한다.

목적격 υἱόν("아들")은 어법 위반이다. ὅμοιον("같은") 다음에는 통상적으로 여격이 이어진다.[118] 그래서 필경사들은 υἱόν을 여격인 υἱῷ로 바꾸었다(A C 1006 1854 2053 2062 2351 𝔐ᴬ). 반면에 원래의 더 어려운 독법인 목적격을 유지한 사본도 있다(ℵ 1841 2050 2329 𝔐ᴷ). 같은 현상이 단 7:13의 "인자" 암시를 담고 있는 14:14에서도 발생했다.[119] 무시스는 따라오는 명사와 한 단어를 이루는 셈어의 *ke*("같은") 문체를 모방하려고 목적격 υἱόν이 그것의 보어인 ὅμοιον에 동화된 것이라고 설명한다.[120] 아마도 1:4-5에서처럼 불규칙적인 문법은 독자의 관심을 불러일으키고 그 본문이 다니엘서에서 왔음에 주의를 환기할 목적으로 의도되었을 것이다.

소유격 πεπυρωμένης("불에 단련한, fired")가 여격 καμίνῳ("풀무불") 다음에 이어지는 것도 단 3:21, 23, 26(93)의 Theod.에 3번 반복적으로 암시된 구약 본문에 주의를 환기하려고 이와 비슷하게 의도된 불규칙 구문일 수 있지 않을까? 다니엘서에도 "풀무불"에 따라오는 "불"과 "타는"에 해당하는 단어가 소유격이다(τῆς καμίνου τοῦ πυρὸς τῆς καιομένης. 하지만 다니엘서에서는 명사 형태 πῦρ가 분사 대신에 등장하며, 이것은 καίω의 소유격 분사 형태로 강조된다). 필경사들은 소유격을 여격인 πεπυρωμένῳ로

---

118) MHT IV, 150.

119) Schmid에 의하면 이런 관찰은 원문에 어법 위반이 있었음을 지지한다. 본문 독법이 어렵다는 사실이 이런 판단을 내리는 데 일조한다. Schmid, *Apokalypse-Textes* II, 249.

120) Mussies, *Morphology*, 139.

바꾸거나(ℵ 2050 2053 2062 pc), πόδες("발")에 맞추려고 πεπυρωμένοι (𝔐)로 바꾸어 어법 위반을 교정하려 했다. 여기서 분사는 절대 소유격일 가능성이 많다("그의 발은 풀무불에 단련했을 때처럼 빛난 주석 같았다").[121]

단 10:5-6에 근거한 천상적 실체들을 이와 비슷하게 묘사한 것에 대해서는 *Apoc. Abr.* 11; *Apocalypse of Zephaniah* 6:11-13; *2 En.* 1:5; *3 En.* 35:2; *Jos. Asen.* 14:9을 보라. *Apoc. Abr.* 17을 비교하라.[122]

16절　　지금까지 관찰한 단 10장의 영향에 비춰볼 때, "별" 은유가 다니엘서에서 기원했다고 볼 만한 이유가 있다(천상적 인물과 "별"을 밀접하게 연결한 단 12:3, 6-7[LXX, Theod.]을 보라). 단 12:6-13에 언급된 "강물 위쪽"의 천상적 "인물"은 단 10장에 등장하는 인물과 같은 인물이며, 단 12:3의 "별들"(ἀστέρες)은 부활하여 하늘의 영광으로 올라간 이스라엘 사람들 중 "지혜로운 자"를 상징한다. 계 1:20은 별들을 "천사들"과 동일시한다(해당 본문 주석 참조). 그리스도는 땅에 있는 교회뿐만 아니라 하늘에서 교회에 상응하는 영역도 다스리는 제사장적 통치자라는 것이 요지다("손"은 주권을 가리키는 비유다).

일곱 촛대처럼, "일곱 **별**" 역시 부분적으로 슥 4장의 "일곱 **등불**"에서 왔을 것이다. 유대 문헌에서 슥 4:2의 촛대는 이스라엘의 의인들을 상징한다고 언급되었고, 단 12:3의 별처럼 빛나게 될 지혜로운 사람과 동일시된다(*Midr. Rab.* 레 30:2; *Sifre* 신 10; *Pesikta de Rab Kahana* 27.2; *Pesikta Rabbati* 51.4). 맥나마라는 출 40:4을 해석한 팔레스타인 탈무드를 계 1:20a의 배경으로 이해한다. 거기서 성막의 "일곱 등불"은 "자신의 의로움으로 인해 영원히 빛나는 의인들을 닮은 일곱 별에 해당하는 것"으로 해석되었다. 이 후자의 어구는 단 12:3을 분명히 암시한다![123] 스가랴서의 촛대와 단 12:3의 별들은 이런 식으로 유대 문헌에서 동일시되었다. 그러므로 계 1:20에서 이

---

121) Thomas, *Revelation*, 102.
122) 계 1:13-16과 병행 어구를 갖고 있는 다양한 구약성경 및 유대 문헌을 논의한 Rowland, "Vision of the Risen Christ"를 보라.
123) McNamara, *New Testament and Palestinian Targum*, 197-99.

두 본문이 혼합된 것은 자연스러우며, "별들"은 설령 천사를 가리킨다고 해도 교회의 천상적 존재를 나타내며, "촛대"는 그 교회의 지상적 존재를 나타낸다.[124]

그러므로 "별들"을 단순히 신화적이고 점성술적인 배경에서 채용했다고 볼 필요가 없다. 하지만 이 장면은 죽어서 하늘의 별들을 다스리는 신적 통치자가 된다는 황제 아들의 제국 신화에 대한 비판으로 볼 수도 있다.[125] 1:5의 "땅들의 왕들의 통치자"라는 칭호는 이러한 비판적인 함의를 지니기 때문이다.[126] 만일 그렇다면, 여기서 그리스도의 우주적 주권이 강조된다.

초기 유대교에서 성전의 일곱 등불을 7개의 행성들과 상징적으로 동일시한 것은 이교도의 신비 사상을 암시하는 것이 아니라, 이스라엘의 지상 성전과 그 기물들이, 그것들의 원형이 되며 하늘에 있는 하나님의 성전-집의 축소판이라는 구약성경과 유대교의 신앙을 암시한다. 요한계시록의 이 시점에서 이런 배경이 염두에 있다면, 그리스도와 일곱 별에 가까운 일곱 촛대 이미지는 교회가 그리스도가 다스리시는 하늘 성전 또는 영적 성전에 자리 잡고 있다는 사실을 떠올리게 한다.

예수의 입에서 나오는 "좌우에 날 선 검"은 사 11:4과 49:2의 예언에 근거한다. 이 본문들은 추가적으로 예수를 종말론적 심판자와 이 메시아 대망을 성취하기 시작한 분으로 묘사하는 데 일조한다(아래에서 유대 문헌의 사 11:4 사용을 논의한 내용을 보라). 이것이 본문의 일차적 의미라는 사실은 2:16과 19:15의 같은 비유 사용에 비춰볼 때 분명하다. 특히 19:15은 사 11:4이 우선적으로 염두에 둔 본문임을 보여준다. 사 11:4을 인용한 계 19:15의 ἵνα ἐν αὐτῇ πατάξῃ τὰ ἔθνη("그것으로 만국을 치겠고")는 καὶ ἐκ τοῦ στόματος αὐτοῦ ἐκπορεύεται ῥομφαία ὀξεῖα("그의 입에서 예리한 검이 나오니") 다음에

---

124) 비교. 타르굼에 언급된 내용을 다르게 분석한 McNamara의 분석을 보라.

125) Caird, *Revelation*, 15; Lohmeyer, *Offenbarung*, 18.

126) Shütz, *Offenbarung und Kaiser Domitian*, 35-36; Brütsch, *Clarté*, 28. Roloff, *Revelation*, 36은 미트라 신이 손에 곰자리의 일곱 별을 붙잡고 있는 것으로 묘사된 미트라 전례를 인용한다.

바로 이어진다. 계 1:4과 5:5-6에 사 11:2-3이 사용된 사실은 이 사실을 확증한다. 아시아에 있는 그리스도인들은 예수가 이러한 방법으로 악한 나라들(19:15)만 아니라, 교회들 가운데 그들의 믿음을 타협하는 모든 사람(2:16)과 싸우실 것임을 알아야했다. 이 검이 전쟁터에서 사용하는 로마 군인의 칼을 예로 든 것이라는 점에 대해서는 이견이 없다.

마지막으로 "인자"를 묘사하는 "그 얼굴은 해가 힘 있게 비치는 것 같더라"(16c절)는 단 10장의 개요를 따랐다. 하지만 실제로 여기서 사용된 용어는 삿 5:31(LXX B)에서 유래했다. 사사기에 등장하는 승리자 이스라엘의 용사가 해가 힘 있게 돋듯이 등장한다는 설명과 단 10장의 "인자" 묘사, 그리고 요한계시록에서 예수를 용사로 묘사한 것이 서로 연결된다. 삿 5:31의 용사는 삿 5:20의 "하늘에서부터 싸우는 별들"과 연결되며, 유대 문헌에서는 그 별들이 단 12:3의 "별"과 직접 연결된다는 사실이 중요하다. 이 사실에 비춰볼 때, 삿 5:31 역시 그리스도에게 적용되었을 수 있다. 그 본문은 이상적인 메시아적 용사의 예표로 이해되었으며, 요한이 "인자"를 16a, 20b 절에서 "별"과 연결했기 때문이다. 삿 5:31은 승리한 용사를 묘사한다. 계 1:16에서는 이 의미의 절정을 그리스도에게서 찾는다.

방금 언급한 것과 관련하여, "일곱 별"의 숫자를 슥 4장의 "일곱 등불"에서 부분적으로라도 기인한 것으로 보는 것은 지나친 추측이 아니다. 두 상징들이 계 1:20에서 직접적으로 연관되었기 때문이다(슥 4장과 다니엘의 "인자" 사이의 "돌"과 관련된 언급 이외에도 단 12:3[Theod.]의 $\lambda\alpha\mu\pi\rho\acute{o}\tau\eta\varsigma$["빛남"]와 슥 4:2-3의 $\lambda\alpha\mu\pi\acute{\alpha}\delta\iota o\nu$["등잔대"]은 더더욱 매력적인 요인들로 작용한다). 슥 4장의 등잔대 하나가 보편성을 제시하려고 7개로 증가됐기에, 단 12장의 별은 동일한 해석적 발전 과정을 거쳤을 수 있다. 이와 비슷한 현상이 "흰 천사 일곱"과 "별"(= 천사) 70개가 다니엘서의 문맥에 근거하는 *1 En.* 90:20-25에서 추적된다(단 7:10; 9:2, 24; 12:1-3;[127] 참조. 또한 *1 En.* 21:3. 여기서 일곱 별은 일곱 천사와 동일시된다). 이런 증거는 이

---

127) Beale, *Use of Daniel*, 67-88.

별들이 천상적 천사들임을 암시한다(*1 En.* 86:1-3과 88:1을 보라. 여기서 별들 역시 천사들을 상징한다).

성전에 있는 일곱 등불을 일곱 행성들과 상징적으로 동일시한 초기 유대교 문헌은 Josephus, *Ant.* 3.145; *War* 5.217; Philo, *Quis Rerum Divinarum Heres* 45.221-25; *Vit. Mos.* 2.102-5; *Quaestiones et solutiones in Exodum* 2.73-81; *Targ. Pal.* 출 40:4을 보라. *Midr. Rab.* 민 12.13은 일곱 등불을 "하늘의 궁창에 있는 빛들"과 동일시한다.[128]

초기 유대교에서 사 11:4의 이미지 사용에 관한 것은 페케스를 참조하고,[129] 무엇보다도 인자가 그의 입에서 나오는 불로써 말세의 적을 멸망시키고 심판한다는 4 Ezra 13:10을 보라. 좀 더 일반적으로는 시 149:6; 습 2:12; Wis. 18:15 그리고 이와 더불어 그 이미지가 하나님의 말씀이나 율법을 나타낸다고 하는 4 Ezra 13:10, 38-39을 보라.

셈어의 영향 때문에 분사 2개가 정동사(φαίνει)와 함께 등장하는지를 [130] 논한 내용은 앞의 1:5의 주석을 참조하라. 사본 중에 하나(1611)는 앞에 있는 분사 2개에 맞추느라 정동사를 분사형태인 φαίνων으로 바꾼다. 분사 ἔχων이 동사적으로 사용된 예외를 논한 10:2의 주석을 참조하라.

Midr. Rab. 창 12.6; *Midr. Rab.* 레 28.1; *Midr. Rab.* 민 13.12; *Midr.* 시 11:6과 49:1; *Tanna de-be Eliyyahu* 16; *Pesikta de Rab Kahana* 8; *Pesikta Rabbati* 18.1과 48:3; 그리고 *Sifre* 신 10과 47은 삿 5:31을 장차 올 시대/세상에서 하나님이 의인들의 얼굴을 새롭게 하시는 것에 적용한다(*Midr.* 시 11:6과 *Sifre* 신 10과 47은 삿 5:31과 단 12:3을 혼합한다). 마찬가지로 *Midr. Rab.* 전 1.3 §1과 마 17:2은 변화산에서 그리스도의 얼굴이 "해처럼 빛났다"고 묘사한다. 이것은 하늘을 통치하시는 그리스도의 완전한 영광을 예상한다. 이 영광의 일부분이 계 1:12-18에서 그려졌

128) 참조. Eliade, *Myth*, 6-17; Keel, *Symbolism*, 171-76; L. Goppelt, *TDNT* VIII, 256-57.
129) Fekkes, *Isaiah and Prophetic Traditions*, 118-22.
130) Thompson, *Semitic Syntax*, 66-67, 109.

다(참조. 마 16:28).

17a절 여기서는 환상을 본 요한의 반응이 단 8장과 10장에서 발견되는 4중적 패턴을 따른다. 예언자가 환상을 봄, 두려워 얼굴을 땅에 댐, 천상적 존재에게 힘을 받음, 천상적 존재에게 추가 계시를 받음 등. 이것은 λαλέω("이르시되")의 형식으로 소개된다. 이것은 요한과 그의 메시지를 구약의 예언자적 권위와 동일시할 수 있는 또 다른 단서다(참조. 1:10).

4중적 패턴은 단 10:5-11과 10:12-20 두 군데서 발견된다. 단 8장이 암시에 포함되기도 하지만, 단어의 순서와 계 1:17a의 사상들은 단 10:8-20에 더 가깝다. 따라서 단 10:8-20이 이 장면의 배경이다(참조. 단 10:9-10, 17-19; 참조. 겔 1-3장, 8-11장, 43-44장. 에스겔서에서는 4중적 패턴이 감지되지만, 약간은 모호한 형태를 지닌다). μὴ φοβοῦ("두려워하지 말라")라는 어구는 단 10:12, 17-19에 2번 등장한다. 하지만 단 8장이나 에스겔서에는 등장하지 않는다. 이는 단 10장에 좀 더 초점을 맞추었음을 시사한다(이 어구가 구약의 다른 본문에 등장하는 것은 사실이다. 이 점에 대해서는 아래 내용 참조).

환상은 17b-20절에서 해석된다. 17b-18절에서 인자는 먼저 자신을 설명하며 앞에서 언급한 환상 내용을 해석한다. "인자"는 맨 먼저 자신을 "처음이요 마지막"이라고 칭한다. 이것은 사 41:4; 44:6; 48:12에 언급된 야웨의 자기 단언을 가리키는 분명한 어구다.

이사야서에 근거한 시간적 상극법은 (22:13에 제시된) 1:8의 시간적 공식과 본질적으로 같은 의미를 지닌다. 이사야서와 계 1:8; 21:6; 22:13에서 그 표현들은 역사를 주관하시는 하나님의 주권, 특히 예언의 성취와 구원 및 심판으로써 세상사를 절정에 이르게 하는 그의 주권을 언급한다. 하나님은 시간을 초월해 계시며 역사가 진행되는 방법을 통치하신다. 그는 역사의 시작과 끝을 통제하시기 때문이다. 이사야서와 계 1:8에서 언급된 하나님에 관한 내용이 지금 그리스도에게 적용된다. 그가 죽으시고 부활하셨기 때문이다. 이로 말미암아 그리스도는 지극히 높은 지위를 얻으셨다. 그리스도는 하나님과 같은 초월적 품성을 소유하신다. 이러한 전이는 22:13에서 설명된다. 22:13(과 여기)에서 그리스도는 분명히 신적인 인물로 이해된다. 이사야서에서처럼 17b절에서 "처음이요 마지막"이라는 표현은 요한과 그의 독자들에게 그리스도가 역사의 부침을 통제하신다는 확신을 주는 기능을 한다. 역사가 아무리 잘못되어 보인다 하더라도 말이다. 사실 그리스도는 역사의 배후에 계신 힘이며 역사를 그가 의도하신 목적에 이르도록 작용하신다.

요한의 독자는 이사야의 독자들처럼 하나님의 주권을 확신해야 한다. 그러한 확신으로 말미암아 그들은 힘을 얻어 예언자적 증언을 할 수 있다. μάρτυς("증인")도 이와 마찬가지로 사 43:10-13과 44:6-8에서 이스라엘에게 적용된다. 이것을 우리는 이미 1:4, 8, 17에서 3중적이고 2중적인 신적 문구의 부분적 근거로 언급했다. 그러므로 이것은 1:5과 요한계시록의 다른 여러 곳에서 언급된 요한의 "증인" 이해의 기초가 되었을 것이다. 그리스도의 주권을 이런 식으로 확신하게 되면 독자들은 절망하지 않고 그 결과 세상적인 세계관과 타협하지 않도록 보호를 받을 것이다(예. 우상숭배[참조. 2:14-15, 20-22]). 이 점에서 요한과 그의 독자들은 "두려워하지 말아야" 한다. 얼핏 보면, 1:17의 μὴ φοβοῦ("두려워하지 말라")는 그리스도의 영광스러운 모습을 두려워하지 말라는 그의 권면만을 가리키는 것처럼 보인다. 하지만 2:8-11에 따르면, 죽음을 이기신 그리스도의 승리와 그 승리에 이어지는 그의 높아지심을 신뢰하는 까닭에, 고난을 두려워하지 말라는 내용도 그 권면에 분명히 포함된다(2:8-10에서는 μὴ φοβοῦ가 1:1b-18에서 인용한 그리스도의 주권과 관련된 동일한 문구와 밀접하게 연결되었다는 사실을 주목하라). "두려워하지 말라"라는 권면은 그리스도를 지칭하는 문구처럼 이사야서에서 취한 것이며 교회를 겨냥한다. 믿지 않는 "사탄의 회당"인 유대 민족과는 대조적으로, 교회는 참 이스라엘을 내다보는 이사야서의 마지막 날에 관한 예언을 성취하기 때문이다(참조. 2:9).

표어와 일반 장면들로 이루어진 문맥상의 연결점들이 사 41:4; 44:6; 48:12을 반추하도록 한다. (1) 사 41:4의 문맥에는 칼로써 적들을 멸망시키는 하나님의 종과 관련한 장면이 포함되며(41:2), 핵심 어구인 μὴ φοβοῦ("두려워하지 말라") 바로 뒤에 하나님이 "강하게 하시고" 오른팔로 의인을 "붙드신다"라는 하나님의 위로의 말씀이 이어진다(41:10). (2) 사 44:6 문맥에도 μὴ φοβοῦ가 있다(참조. 44:2). (3) 사 48:12 뒤에는 사 41:10, 단 12:6-7, 계 1:17의 장면과 같은 장면이 즉시 이어진다. 그것은 "과연 내 손이 땅의 기초를 정하였고 내 오른손이 하늘을 폈나니"로 표현된다(48:13). 이러한 공통 요소들은 단 10장의 예언자적 위로의 장면에서 시작하여 이스라엘을 위로하시는 야웨를 묘사하는 이사야서의 세 본문을 연결하는 가교를 제공한다.

18절   "살아 있는 자"요 심지어 "이제 세세토록 살아 있는"이라는 예수의 자기 정체성은 그가 죽은 자 가운데서 부활하셨음을 언급하며, "처음이요 마지막"으로서 이러한 주권적 품성을 가졌다는 증거다(18a절의 καί는 17b절의 결론적 칭호를 설명한다). 예수는 심지어 사망의 역사적 세력들까지 통제할 수 있으시다. "처음이요 마지막"이라는 말에는 영원성도 포함된다. 그가 영원한 분이시라는 사실은 이제 그의 부활로 증명된다. 18a절에서 부활을 묘사하는 3중 문구("살아 있는 자…죽었었노라…살아 있어")는 우연이라고 할 수 없다. 이것은 17b절에서 언급된 초월적 품성이 정당하다는 것을 입증하려고 의도되었고, 1:4과 1:8의 3중적 시간 문구를 모델로 삼았으며, 여기에 17b절이 밀접하게 연결되었다. 세심한 독자라면 3중 문구의 이러한 유사성으로부터 예수의 죽음과 부활이 역사 속에 나타난 하나님의 목적에서 필수적인 사역이며 바로 예수가 역사를 인도하고 계신다는 사실을 간파했을 것이다. 그리스도를 "세세토록(영원히) 살아 계신 분"이라고 말하는 것은 그의 신성을 나타내는 또 다른 표현이다. 이 어구는 구약성경에서 하나님에 대해 반복해서 사용되던 어구였기 때문이다(신 32:40; 단 4:34[Theod.]; 12:7; Sir. 18:1).

18b절에서 "인자"는 "사망과 음부의 열쇠를 가졌다"고 주장하신다. 이 어구는 목적어 소유격("사망과 음부에 이르게 하는 열쇠")일 수도 있고, 소유의 소유격("사망과 음부가 소유한 열쇠")일 수도 있다. 두 선택 모두 염두에 있을 것이다. 그리스도께는 이러한 영역을 지배하는 권위가 있으며, 이 영역은 비유적으로 그의 소유 안에 있다. 이 어구는 타르굼이나 랍비 문서(아래 설

명을 보라)에 있는 "열쇠" 이미지를 통해 이해할 수도 있다. 하지만 사 22:22
이 개연성이 더욱 높은 배경이다. 계 3:7에 이 점이 더욱 분명하게 표현된
다. 만일 사 22장을 염두에 두었다면, 그 본문이 어떻게 해서 언급되었는지
는 분명하지 않다. 엘리아김이 (계 3:7에 언급되었듯이) 장차 통치할 왕과 제
사장적 특성을 지닌 메시아적 "종"의 예표로 이해된 것을 제외하고 말이다.
이것은 앞에서 언급한 제사장 및 왕의 이미지와 17b절의 이사야서 인용과
쉽게 연결될 것이다. 이사야서의 이미지가 그리스도의 부활로 말미암아 나
타난 결과들을 묘사하는 데 쉽게 적용될 수 있었기에 이사야서 본문은 확
실히 매력적이다. 그 이미지는 그리스도가 부활의 승리로 말미암아 그가
이전에 갇혀 계셨던 사망의 영역에서도 왕이 되셨음을 가리키는 데 활용된
다. 이제 그는 더 이상 사망의 굴레에 붙들려 계시지 않을뿐더러 그 영역의
출입을 지배하신다(3:7; 참조. 9:1-2; 20:1-3, 7).

18절은 5b절에서 그리스도의 죽음과 부활에 관해 이미 언급한 목회적
지침을 반복한다. 죽음(이나 고난)을 두려워하는 사람들은 "예수 안에 있는
그들의 인내"로 말미암아 무덤을 이기는 것을 보상으로 받는다고 확신할
수 있다. 그리스도가 역사 속으로 들어오셨고 죽으시고 죽음을 정복하셨기
때문이다. 사실 18a절은 이 점을 분명하게 하려고 서머나 교회에게 보내는
편지에 다시 등장한다(2:8-11; 참조. 2:13).

18절의 첫 어구("살아 있는 자")가 17절의 ὁ πρῶτος καὶ ὁ ἔσχατος ("처
음이요 마지막")와 더불어 3중 어구의 마지막 부분을 형성한다는 주장[131]
은 개연성이 낮다. ὁ πρῶτος καὶ ὁ ἔσχατος ("처음이요 마지막")와 다른 비
슷한 표현들은 전형적인 상극법이고 요한계시록의 다른 곳에서는 (1:4,
8b과 4:8의 결론처럼) 3중 문구의 한 부분으로 등장하는 일이 없으며, 오
직 쌍으로만 결합하여 등장하기 때문이다(참조. 1:8a; 21:6; 22:13; 특히 2:8
을 보라. 여기서는 17b절과 18a절의 어구들이 함께 등장하지만 3중 문구로는 등장
하지 않는다). 게다가 이런 식으로 1:17b-18a을 이해하는 것은 1:8과 같

131) Holtz, *Christology*, 81-88.

은 2중 또는 3중 패턴과 일치한다. 그리고 1:8b의 ὁ παντοκράτωρ("전능한 자")는 아마도 1:18의 마지막 어구("열쇠를 가졌노니")에 상응할 것이다. 이 어구는 전형적으로 요한계시록 여러 곳(4:8; 11:17; 16:7)에서 3중 문구 앞 또는 뒤에 위치하기 때문이다.

Targ. Pal. 신 28:11-12은 하나님 이외에 "생명과 무덤의 열쇠"를 가진 자가 없다고 주장한다. 요한이 그리스도를 신적 존재로 이해했기에, 이것은 요한이 그리스도를 묘사한 것과 일관성이 없지 않다. *2 En.* 42:1은 "음부의 열쇠를 가진 (마귀적인) 수호자들"을 언급한다. *Apocalypse of Zephaniah* 6:11-15은 계 1:13-15에 서술된 것과 같은 천상적 인물을 묘사한다. 그는 "모든 영혼이 갇혀 있는 무저갱과 음부를 지배하신다"라고 말이다.

아우니(Aune, "Apocalypse and Magic")는 음부의 열쇠를 가지신 그리스도에 대한 묘사가 이집트 문서에서 유래한 이교도의 마술행위를 겨냥하여 논쟁적으로 사용할 목적으로 의도된 것이라고 주장한다. 이집트의 문서에는 온 세상의 모든 열쇠를 소유하는 여신 헤카테를 묘사하는 부분이 있다. 그에게는 죽은 자들과 음부의 영역을 지배하는 주권이 있다. 아우니는 헤카테가 "많은 것과 관련이 있는 복잡한 여신"이었으며, 다른 신들(예. 아이아코스와 아누비스) 역시 "음부의 대문을 여는 열쇠를 가지고 있는" 것으로 분명하게 묘사되었음을 인정한다. 이로 볼 때, 좀 더 일반적인 비판이 의도되었을 수 있다. 그것은 헤카테뿐만 아니라, 지하의 통치자들이라고 생각되던 이교의 모든 신을 겨냥한 비판이다.

19절   요한은 다시 ("기록하라"는) 명령을 받았고, 환상 해석은 19-20절에서 계속된다. 19절에서 요한은 그리스도가 어떤 분이신지, 그가 무엇을 행하셨는지, 그리고 이것이 그를 따르는 사람들에게 불러일으키는 담대함에 근거하여(οὖν), 11절에서 처음 받았던 사명인 "기록하라"는 명령을 다시 받는다.

19절의 3중적 목적절은 4a절과 8b절에서 가져와 각색했을 것이다(참조. 18a절). 그 공식의 세 번째 부분은 1:1a처럼 단 2장에 있는 용어들로 구성된

다. 앞에서 주장했듯이, μετὰ ταῦτα("이 일 후에")에는 마지막 때라는 뉘앙스
가 있을 수 있다. 단 2장에 ἐσχάτων τῶν ἡμερῶν("후일[장래]에". 행 2:17의 욜
3:1 사용도 이와 같음)과 의미가 비슷한 같은 어구가 사용되었다. 사실 1장의
문맥에 비춰볼 때, 이 어구에는 **시작된** 마지막 때란 의미가 있을 가능성이
많다. 1장에서는 마지막 때와 관련한 구약의 예언들이 성취되기 시작했음
이 다양하게 표현된다.

어렵기로 악명 높은 이 3중적 어구를 설명하는 수많은 해석 중에 아래
의 6가지 해석이 가장 개연성이 있는 것으로 보인다. (1) 요한은 전체 환
상, 특히 1-3장(19b절)과 역사적으로 1-3장 환상 이후에 등장하는 4장 이
하의 환상들(19c절)을 기록해야 한다(19a절). (2) 요한은 1:12-18의 환상
(19a절)과 2-3장의 환상들(19b절), 그리고 순서상 1-3장의 환상들 이후에
보게 될 4장 이하의 환상(19c절)을 기록해야 한다. (3) 요한은 그가 본 환상
전체를 기록해야 한다(19a절). 이것은 현재(19b절)와 미래(19c절)와 관련하
여 일어나는 일들에 관련이 있다. (4) 1:4과 1:8의 3중적 어구와 맥을 같이
하여, 19절의 3중적 어구는 영원한 기간을 표현할 뿐만 아니라, 역사적 시
간을 초월하고 존재와 역사 전체의 의미를 밝혀주는 계시도 표현한다. (5)
요한은 현재 일어나는 일들(19b절)과 관련하여 그가 본 환상 전체(19a절)를
기록해야 한다. 현재 일어나는 일들은 마지막 때의 시작이고 또한 역사의
끝에 마치게 될 것(19c절)으로 이해해야 한다. (6) 요한은 3중적 문학 장르
를 포함하는 책 한 권을 기록하라는 명령을 받는다. 환상 묵시(19a절), 비유
적 내용(19b절. "그 의미는"), 종말론적 내용(19c절. 이것은 "이미와 아직"의 의미
로 이해된다) 등이 그것이다. 이 6가지 선택 중에서 마지막 3가지가 선호되
는 해석이다.

가장 개연성이 낮은 해석은 19절을 요한계시록 전체에서 연속적으로
이어지는 시간적 개요로 이해하는 해석이다. 즉 19a절은 1:12-18의 환상이
주어진 시간만을 언급하고, 19b절은 2-3장에서 묘사된 교회 시대만을 가
리키며, 19c절은 (4-21장에 묘사된) 그리스도의 재림을 비롯하여 재림 바로
직전인 미래의 환난 기간만을 언급한다고 주장한다.

19절의 의미는 결정적이다. 그 구절은 일반적으로 요한계시록 전체의 구조와 내용의 전형으로 이해되기 때문이다. 이 구절의 주해와 대안적 견해, 해석학적인 문제를 둘러싼 자세한 논의는 본서 서론의 "1:19의 의의"를 참조하라.

20a절   단 2:29, 45이 계 1:19에 암시되었다는 사실은 20절을 시작하는 τὸ μυστήριον("비밀")이라는 어구로써 입증된다. 이 어구는 단 2:29, 45에도 이어서 등장한다. 첫 문장은 어색한데, "비밀에 대해서는(as for the mystery)" 쯤으로 번역하는 것이 최선이다(RSV, NASB).

히브리어 구약성경의 LXX 여러 형태에서 τὸ μυστήριον("비밀")이 등장하는 곳은 다니엘서가 유일하다(외경에는 12회 등장). 단 2:28과 29에서는 μυστήρια("비밀들")가 ἃ δεῖ γενέσθαι("반드시 이루어질") 앞에 등장하며, 이어 30절에서는 τὸ μυστήριον이 등장한다. 브라운은 용례의 유사성 때문에 계 1:20a과 단 2장의 "연결"을 주목하며, 스위트는 20a절에 단 2:29의 "비밀"이 분명히 암시되었다고 생각한다. 하지만 두 사람 중 어느 누구도 1:19c에서 단 2:28ff.의 암시를 발견하지 못했다.[132] 킬패트릭(Kilpatrick)의 그리스어 신약성경의 난외주만이 19c절과 20a절에 단 2:29ff.의 내용이 암시되었음을 표시하는 유일한 자료다. "비밀"이 다니엘서에서만 종말론적인 의미를 지니면서 등장하는 까닭에, 계 1:20의 문맥과 같은 곳에서 그 단어가 등장하는 것은 본문이 단 2장과 연결되었다는 확실한 증거다. 20절이 어떠한 전환 문구 없이 "비밀"이라는 단어로 시작된다는 사실이 구문적으로는 어색하지만, 이것은 19절을 결론짓는 단 2장의 넓은 문맥이 분명하게 암시되었음을 알리려고 의도되었다고 할 수 있다. "비밀"이 해석에 중요하다는 점에 대해서는 이 단락 끝에 이어지는 "1:12-20 요약"과 Beale, *John's Use of the Old Testament in Revelation*(3장, D 단락)을 보라. 거기서 나는 구약과 유대교 및 신약 전체에서 사용한 "비밀"을 요한계시록에서의 사용과 관련하여 논의했다.

---

132) Brown, "Mystery," 36; Swete, *Apocalypse*, cxxxvii.

20b절　　　이제 "촛대"는 "교회"라고 분명하게 설명된다. "천사"가 가리키는 것이 무엇인지에 대해서는 견해가 다양하다. (1) 천상적 존재들, (2) 교회의 대표자들 또는 수호자들인 천상적 존재들(따라서 교회도 염두에 있다),[133] (3) 교회의 인간 지도자들 또는 교회의 대표자들,[134] (4) 교회에 만연한 정신 또는 특징의 의인화 등이다.[135] ἄγγελοι("천사")가 요한계시록의 환상 단락에서 예외 없이 천상적 존재를 가리킨다는 사실을 주목하면(60회 사용), 여기서도 같은 방식으로 이해해야 한다는 것을 알 수 있다. 이 천사들은, 확신하기 어렵지만, 유대 전통에 알려진 대천사 일곱과 동일시될 수 있을 것이다(예. *1 En.* 20:1-8; Tob. 12:15).

공동체적 대표성 사상에 따라, 1:20에서 ἄγγελοι("천사들")는 천상적 존재와 지상의 교회를 다 포함한다. 이것은 요한계시록 여러 곳에서 천상적 존재들이 그리스도인에 상응하는 하늘의 실체들로서 그리스도인들과 공동체적으로 동일시된 것으로도 암시된다. 19:10과 22:9에서 천사는 이렇게 말한다. "나는 너와 및 예수의 증언을 받은 네 형제들과 같이 된 종이니."[136] 여기에 덧붙이면, 계 8:3-4에서 천사가 성도들의 기도를 받아 하나님 앞에서 대표로 바치는 까닭에, 천사는 성도들을 대표하는 것 같다.[137] 그러므로 1:20b의 "천사들"은 교회를 대표하는 천상적 존재를 가리킨다(이런 결론을 내리게 된 더 자세한 논의와 분석은 아래를 참조하라).

교회가 그들의 대표 천사들을 통해 편지를 받는 이유는 어디에 있는가? 특히 교회가 저지른 죄를 두고 천사들을 비난하거나 책망하는 것은 이치에 맞지 않아 보이기 때문이다. 이 질문에 먼저 제시할 수 있는 대답은 공동체적 대표성 사상에 있다. 이를테면 집단에 대한 대표자의 책임과 대표자의

---

133) 예. Holtz, *Christology*, 16; A. F. Johnson, "Revelation," 430.

134) 예. Beasley-Murray, *Revelation*, 69. 또는 교회를 대표하면서 그리스도의 메시지를 각각의 교회에게 전달하는 인간 사신들이 있다. Thomas, *Revelation*, 118-19.

135) 예. I. T. Beckwith, *Apocalypse*, 445-46.

136) 이것은 Krodel, *Revelation*, 102이 주목한 것이다. 하지만 Krodel은 이것이 1-3장의 "천사들"과는 관련이 없는 것으로 보았다.

137) Mulholland, *Revelation*, 93.

행동에 대한 집단의 책임이 그 핵심이다. 그래서 **어떤 의미**에서 천사들은
교회에 대해 **책임**(예. 감독 책임)이 있다. 하지만 교회 역시 천사들의 지위로
부터 유익을 얻는다.

교회의 대표 천사를 통해 교회에게 말씀하시는 더 자세한 이유는 교회
로 하여금 그들 존재의 차원이 이미 하늘에 있다는 것과 그들의 실제 고향
이 믿지 않는 "땅에 거하는 자들"(3:10을 비롯한 여러 곳에서 "땅에 거하는 자"라
고 언급되었음)과 함께하는 것이 아니라는 것, 그들이 이교도의 환경에 동화
되지 않으려고 전쟁을 벌이는 동안 하늘의 도움과 보호를 받는다는 것을
상기시키는 데 있다. 교회가 매주일 땅에서 교회로 모이는(1:3, 9) 목적 중에
하나는 천사들과 하늘에 있는 교회가 높아지신 어린 양을 예배하는 것을
모델로 삼아 교회의 천상적 존재와 정체성을 상기하는 데 있다. 요한계시
록 전체, 특히 요한계시록의 각 단락 결론부에 천상적 예배 장면이 제시되
는 까닭이 여기에 있다. 각 예배 장면은 선행하는 환상을 해석한다.[138] 이미
1장에 예배가 이처럼 강조되었다는 사실은 요한계시록의 주제들을 소개하
는 1:4-8, 10의 예전적 배경에서 분명히 나타난다.[139]

1:20b의 ἄγγελοι가 교회를 대표하는 하늘의 천사들을 가리킨다는 결
론은 아래의 전반적인 사항 두 가지로 인해 더욱 지지를 받는다.

(1) **구약성경과 유대교에서 성도들과 천사들을 지칭하는 비유인 별.**
20b절에서 "별"이 교회들의 "사자(또는 천사)"라고 공식적으로 해석된 것
은 "별"이 단 12:3에서 유래했다고 앞에서 주장한 내용을 더욱 확증한다.
미가엘은 단 12:1에서 이스라엘을 수호하는 "천사"로 해석되고(참조. 단
10:21), 12:3의 "별"과 직접 연결되기 때문이다. 단 12:3의 "별"은 하늘 영
광의 지위를 보상받은 이스라엘의 "지혜 있는 자"를 가리킨다. 이것은 계
1:20의 ἄγγελοι가 교회의 인간 지도자들만을 언급한다는 의미는 아니다.

---

138) 요한계시록에서 예배 찬송의 중요한 역할에 대해서는 본서 서론의 "요한계시록의 신학과 목
     표"를 보라.
139) 1:4-8, 10의 예전적 특성을 인정하는 사람들을 요약한 Prigent, *L'Apocalypse*, 15 참조.

아마도 요한은 다니엘서의 "별"을 일반적인 천상적 존재들과 연결했을 것이다. 그리고 유대교에서 이 비유를 천사 사상과 연결했기 때문에 요한이 별을 천상적 존재와 연결하게 되었을 것이다(별이 천상적 존재를 지칭하는 비유는 일찍이 삿 5:20에 등장한다).

실제로 단 12:3에는 부활한 이스라엘 사람들의 천상적 지위가 천사들의 지위와 연결된다. 단 8:11, 7:27, 8:24에서 증거를 찾을 수 있듯이, 단 8:10의 "별"이 천사를 가리키기 때문이다(7:27과 8:24에는 "거룩한 백성"이 언급되는데, 천사와 거룩한 이스라엘 백성을 다 암시하려고 의도적으로 모호하게 말했을 것이다).[140] *1 En.* 104:2-6도 이런 방식으로 단 12:3의 내용을 발전시킨다. 그곳에는 환난을 견딘 신자들에게 그들이 "하늘의 빛처럼 빛날 것이며…하늘의 천사들처럼 큰 기쁨을 얻게 되며…하늘의 천군에 참여하게 될 것이라"는 약속이 주어진다(이와 비슷한 내용을 담고 있는 유대 문헌을 참조하라. 특히, *2 Bar.* 51:5, 10; *1 En.* 43:1-44:1; 좀 더 일반적인 내용을 담고 있는 Pseudo-Philo 33.5; *4 Macc.* 17:5; 4 Ezra 7:96-97; *2 En.* 66:7. 이 문헌들에서는 고난을 당하고 죽은 성도들을 빛나는 별에 비유했다. 마지막 세 문헌 역시 단 12:3의 내용을 발전시켰을 것이다). 이스라엘 역시 그들의 종말론적 고난이 지난 후에 "그들이 살게 될 곳, 곧 별들의 하늘에 들어가며"라는 약속을 받는다(*Assumption of Moses* 10:9; 이와 비슷한 9:9; Wis. 3:7; 5:5-6; *Asc. Isa.* 8:14 참조). 쿰란과 초기 기독교 전승은 이러한 천사적인 지위가 현재에도 유효하다고 주장한다(1QH 3.19-23; 11.3-14; 1QSa 2.3-11; 1QM 7.4-6;[141] 참조. *Martyrdom of Polycarp* 2.3; Hermas, *Similitudes* 9.27.3).

유대교 문헌에서 스가랴서의 촛대와 단 12:3의 별을 동일시한 것, 성막의 등불을 별과 동일시한 것에 대해서는 본서 1:6의 주석을 참조하라.

(2) **구약과 신약, 유대교 문헌에서 성도들의 공동체적 대표자인 천사**

---

140) 단 7-8장의 "케도쉼"을 이해하는 대안적 해석들을 간략히 조사한 Poythress, "Holy Ones of the Most High in Dan 7," 208-13; J. J. Collins, "Apocalyptic Eschatology," 32-34 참조. Collins는 내가 단 12:3을 해석한 것과 의견이 같다.

141) 참조. J. J. Collins, "Apocalyptic Eschatology," 34-37.

들. 다니엘서에서 천사들은 지상 나라에 상응하는 하늘에 있는 수호자들로 등장한다(단 10:20-21; 12:1; 참조. 7:27; 8:10, 24). 그리고 같은 현상이 일반적으로 신약(마 18:10; 행 12:15)과 타르굼(예. *Targ. Jer.* 창 33:10; 48:16), 종종 다니엘서를 발전시킨 유대 묵시문학에 등장한다(예. 1QM 12.1-10; 14.9-10; 17:5-9; *1 En.* 89:68-90:27; *Asc. Isa.* 3:15은 이와 관련해서 "그[그리스도]의 무덤을 열 미가엘"과 직접 연결하여 "마지막 날에…하늘에 있는 교회의 천사의 강림"을 두드러지게 언급한다). 이것은 구약과 유대 묵시문학 및 신약의 특징이 되는, 한 개인이 한 집단을 대표하는 공동체 대표성 개념의 근거가 된다.[142] 같은 현상이 계 1:20에도 등장한다. 그래서 계 2, 3장의 편지마다 "교회의 사자에게"라고 직접 언급한 것은 이런 배경에 비추어 이해하는 것이 최선이다.[143] 편지의 시작과 끝에 언급된 그리스도와 성령의 관계는 각 편지의 시작과 끝에 언급된 천사(사자)와 교회의 이와 유사한 관계를 암시한다.[144] 이것은 천사와 교회의 공동체적 정체성과 천사의 대리적 역할을 더욱 확증한다.

앞서 언급한 모든 문헌에서 이스라엘을 천사들과 연결하는 전통은 시작된 종말론(쿰란)이나 마지막 날에 있을 부활의 문맥 안에 놓여 있다. 이는 이스라엘을 천사들과 연결하는 전통이 이 두 종말론적 특징이 모두 발견되는 계 1:20의 문맥의 배경으로 적합하다는 깃을 보여준다(이와 관련하여 그리스도의 부활은 종말론적인 이스라엘의 부활과 동일시된다).

계 1:20b에 있는 문법 문제와 관련하여 몇 가지 언급할 것이 있다. 20절의 목적격 형태의 λυχνίας("촛대")는 문법적으로 불일치한다. 선행

---

142) H. W. Robinson, *Corporate Personality*; A. R. Johnson, *The One and the Many*를 보라 (비록 여기서 다루어진 공동체적 인격 사상에 의심의 여지가 있지만 말이다). 바울의 "그리스도 안에" 공식과 이와 비슷한 방식으로 표현한 계 1:9도 참조하라.

143) Beasley-Murray, *Revelation*, 69은 단 10:13ff., 20ff.의 내용을 "교회들의 천사들"을 지칭하는 배경으로 이해한다. 또한 Brownlee, "Priestly Character of the Church"는 같은 어구를 단 12:3과 말 2:7에 의존한 것으로 이해한다. 그러나 다니엘서의 배경에 대해 Brownlee가 제안한 것과 반대되는 견해는 Satake, *Gemeindeordnung*, 151을 보라.

144) Brütsch, *Clarté*, 44-45.

하는 소유격 ἀστέρων("별")과 일치해야 하기 때문이다. 이에 대해 물튼 (Moulton)은 "학식이 없는 자들의 파피루스"에 나타나는 일반적인 현상이므로, 이런 불규칙이 셈어적 특성을 가리키는 것이 아니라고 설명한다.[145] 하지만 요한은 일반적으로 일치의 규율을 따른다(예. 1:4c). 이런 점에서 예외가 발생한 것이 요한의 실수 때문인 것 같지는 않다. 마찬가지로, 통상적인 경우를 벗어난 격 사용에는 이유가 있다. 1:12(εἶδον ἑπτὰ λυχνίας)과 유사하게, 1:20의 목적격 λυχνίας는 일곱 "별" 다음에 이어지는 εἶδες("보았다")의 목적어로 쉽게 설명된다.[146] 또는 목적격 사용이 슥 4장이나 1:12에 처음 등장하는 "촛대"에 주의를 환기하려는 의도일 수 있다(참조. 슥 4:2의 ἑπτὰ λύχνοι["일곱 등불"]; 슥 4장의 암시에 대해서는 1:12의 주석 참조).

1:12-20 요약: 구약 암시의 신학적 함의

1장은 1-3절, 4-8절(여기 2개의 소 단락이 있다), 9-20절(여기 4개의 소 단락이 있다) 등 적어도 세 단락으로 나뉜다. 1-3절의 요지는 요한계시록을 읽고 순종함에서 오는 복이다. 이것은 독자들에게 내리시는 하나님과 그리스도의 복을 묘사한 부분(4-6a절)과 함께 하나님이 영원한 영광과 능력을 받으신다는 선언의 근거가 된다(6b절). 마찬가지로 아들(7절)과 하나님(8절)의 여전한 주권 역시 6b절에 언급된 하나님의 영광의 근거가 된다. 그리스도는 죽음을 이기신 승리로 말미암아 통치하시는 주님으로 높아지셨으며, 이는 요한이 그리스도의 승리에서 나오는 구원의 복을 받기 때문에(9-20절) 요한에게 두려워하지 말라고 권할 수 있는 근거가 된다. 이 승리와 권면은 또한 11절에서 글을 쓰라고 명령하고 19절에서 그 명령을 반복한 것의 근

---

145) MHT I, 9.

146) Zerwick and Grosvenor, *Grammatical Analysis*, 744.

거로 작용한다. 1-3절 및 7-8절과 더불어, 9-20절은 6b절의 하나님의 영광
을 위한 또 다른 근거를 제공한다. 9-20절은 1장 전체의 요지인 6b절을 시
사한다. 이것은 요한계시록의 중심이 되는 4-5장, 11장, 15장, 16:1-19:10,
21:1-22:5과 일반적으로 조화를 이룬다. 각 단락의 논리적 요지는 하나님
의 구원과 심판의 결과로 나타난 그의 영광이다.

계 1장의 구약 사용에 관한 결론

7-20절에서 구약 언급의 절반가량이 다니엘서에서 왔다. 이 중에 대부분
은 단 7장과 10장에서 왔다. 다니엘서 중에서도 특히 단 7, 10장에 암시가
지나치게 많이 집중되었기 때문에, 우리는 7-20절이 다니엘서의 이 두 장
을 해석한 "미드라쉬"일 수 있다고 결론을 내린다(여기서 "미드라쉬"는 그 의미
를 보충하려고 다른 본문을 인용한 한 본문의 해석적 확장을 가리키는 일반적인 의미
로 사용되었다). 요한은 단 7장과 10장을 "인자"를 묘사하는 모델로 사용하여
그의 환상을 재구성하고, 구약의 다른 본문들을 이 틀에 짜 넣었다.

이런 결론은 7a절에 소개된 "인자"가 13-20절에서 부각된 사실로써 강
조된다. 또한 1-6절은 이 미드라쉬의 서론으로 작용할 수 있음이 분명하다.
4-20절에 있는 이미지들의 전반적 구조는 단 7장의 구조와 비슷하기 때문
이다.

하나님이 보좌에 앉아 계심(계 1:4; 단 7:9a)

보좌를 둘러 선 천상적 존재들의 다양함(계 1:4; 단 7:10b)

인자(그리스도)의 우주적 통치(계 1:4; 단 7:13-14)

성도들에게 나라가 주어짐/성도들이 나라가 됨(계 1:6, 9; 단 7:18, 22, 27a)

인자가 권세를 가지고 구름 타고 오심(계 1:7a; 단 7:13)

심판과 관련한 책 이미지(계 1:11; 단 7:10)

천상적 인물과 상세한 그의 주변 묘사(계 1:12-16; 단 7:9-10)

환상으로 인한 선견자의 감정적 괴로움(계 1:17a; 단 7:15)

선견자가 환상의 일부분을 해석할 수 있는 천상적 자문을 받음(계 1:17-

20; 단 7:16-17)

대부분의 주석가들은 13-17절이 전반적으로 다니엘서의 영향을 받았다는 데 의견의 일치를 보인다. 하지만 앞서 관찰한 내용을 고려하면, 다니엘서의 패턴이 단순한 영향보다는 더 광범위하게 영향을 끼쳤으며, 단 10장보다 단 7장이 더 많은 영향을 주었음이 드러난다. 이 사실에 비춰볼 때, 계 1장이 단 2:28ff.에 대한 암시로 소개되고 마무리되는 것은 매우 적절하다(계 1:1, 19b-20a).

요한의 사상에서는 구약의 언급들이 핵심 단어나 공통 주제를 통해 연결되었다. 이 모든 것은 일종의 해석학적 "자석"으로 작용하는 단 7장과 10장의 장면에 지배를 받는다. 겔 1-3장과 에스겔서에 있는 다른 관련 문맥들(8-11장, 43장)이 단 7장과 10장의 문맥과 유사하기 때문에, 에스겔서도 암시되었다고 할 수 있다.[147]

계 1장에 나타난 구약의 성취와 종말론에 관련된 신학적 결론

이 단락의 구약 암시들은 중요한 석의적·신학적 함의를 지닌다. 일반적으로 단 10장에 대한 언급은 "인자"의 제사장직과 왕위를 시사하고, 스가랴서의 "촛대"는 제사장적 요소를 한층 더 돋보이게 한다는 사실이 인정된다. 제사장과 촛대는 성전 분위기를 상기시키기 때문이다. 또한 왕위의 심판적 측면이 불과 검 비유를 통해 분명하게 드러난다는 사실도 인정을 받아왔다(14b-16절). 하지만 대부분의 주석가들은 단 7장을 충분히 발전시키지 않았다. 그리스도는 하나님 나라를 다스리기 위해 권세를 받은 "인자"에 관한 단 7장의 예언을 성취하기 시작한 분으로 이해된다(계 1:5, 6, 13). 이와 관련하여, "예수 안에서 환난과 나라와 참음"(1:9)은 단 7:13-27을 구체적으로 가리키는 것으로 이해해야 한다. 따라서 이 어구는 "인자"가 단 7장 문맥

---

147) 단 7장의 병행 어구에 대해서는 아래 계 4-5장의 주석 참조. 에스겔서와 단 10장 사이, 그리고 단 2장, 슥 4장, 슥 12장 사이에서의 병행에 대해서는 Beale, *Use of Daniel*, 174-76을 보라.

에서 암시된 성도들의 종말론적 고난 및 그들의 나라와 동일시됨을 반영한
것일 수가 있다(즉 성도들이 왕 노릇 하기 전에 고난을 당해야 한다면, "인자"도 그
러해야 한다. 단 7장에서 인자는 공동체적으로 성도들을 대표하기 때문이다).[148]

요한이 성도들이 왕 노릇 할 것이라는 단 7장의 예언이 성취되기 시작
했다고 이해한다는 점에서도 이러한 성취 사상이 생생하게 나타난다(계
1:6, 9). 단 7장에서 각각 따로 논의된 "환난"과 "나라" 사상은 통일되고 역설
적인 개념으로 통합되었다. 계 1:13-16, 20은 인자의 나라에 속한 연약하
고 고난을 당하는 교회들 가운데 "인자"가 주권을 가지고 **현존하심**을 보여
준다. 다니엘서에서 대망하던 나라는 예상 밖의 형태로 나타났으며, 성취
의 시작에 도달했다. 그리고 요한은 성취의 역설적 특성과 그 나라에 대한
대망의 역전을 강조하기 위해 다니엘서에서 유래한 τὸ μυστήριον("비밀")
을 소개한다. 단 2장에서 "비밀"은 상징의 감춰진 의미와 관계가 있다. 상
징의 해석은 종말론적 의의를 지닌다. 계 1:20에서 "비밀"은 표면적으로 볼
때, 곧 해석될 별과 촛대의 감춰진 의미를 가리킨다. 하지만 "비밀"은 현재
의 문맥에서 별과 촛대의 의미에 내포된 예상 밖의 종말론적 성취의 의미
를 전달한다. 사실 μυστήριον("비밀")은 요한계시록의 여러 곳에 등장하며,
신약성경의 다른 곳에서와 마찬가지로 예상 밖의 방법으로 나타난 예언 성
취를 시사한다(10:7과 17:5, 6의 주석 참조. 이에 더하여, 마 13:11과 병행하는 절;
롬 11:25; 고전 2:7; 엡 3:3ff.; 살후 2:7; 이와 관련하여 Beale, *John's Use of the Old
Testament in Revelation*[3장, D 단락]의 자세한 설명을 보라). 계 1장과 비교하
여 눈에 띄는 것은 마 13:11과 병행하는 절의 "하나님 나라의 비밀들"에 관
한 예수의 언급이다. 여기에는 예수의 비유의 감춰진 의미와 그 비유가 말
하는 하나님 나라의 예상 밖의 형태, 이 2가지가 다 언급되었다. 그 본문에
서 하나님 나라는 구약 예언의 첫 성취로 드러나며, 예수는 그 뒤에 이어지
는 비유로써 하나님 나라를 해석하신다. μυστήριον("비밀")은 계 1:20에서

---

148) 이의를 제기한 것이 설득력이 없기는 하지만, 이러한 논쟁을 논의한 France, *Jesus and the
Old Testament*, 128-30을 보라.

땅(=촛대)에 있는 교회와 하늘(=별. 참조. 1:16의 주석)에 있는 교회에 분명히 적용된다. 그 비밀은 슥 4장의 성전 예언과 단 2장과 7장의 (하나님) 나라 예언이 예상 밖으로 처음 성취된 것을 의미한다.

3b절의 ὁ γὰρ καιρὸς ἐγγύς("때가 가까움이라") 역시 "때가 이르매 성도들이 나라를 얻었더라"라는 내용을 담은 단 7:22b을 반영한다. 계 1:7a에서 언급한 그리스도의 "오심"은, 이미 성취되기 시작한 단 7장의 예언이 여전히 실현되는 과정에 있고 세상 끝(이 세대 끝)에 완전히 성취될 것이라고 말함으로써 불안해하는 독자들에게 확신을 준다. 옛적부터 항상 계신 이의 품성이 "인자"에게 적용됨으로써, 인자의 새로운 통치의 지위와 그의 신성이 강화된다. "인자"가 "옛적부터 항상 계신 분으로"(ὡς παλαιὸς ἡμερῶν) 다가오는 것을 묘사하는 단 7:13(88 Sy)의 LXX(옛 그리스어 역)에서는 사본상의 이문이 발견된다. 이것은 요한이 "인자"가 어떻게 그러한 신적 품성을 가지고 자신에게 나타날 수 있었는지를 이해하는 데 도움을 준 전승을 가리킬 수 있다.[149]

---

149) 사본상의 이문과 그것이 이후 이 구절을 이해하는 데 끼쳤을 만한 영향을 논의한 A. Y. Collins, "Son of Man' Tradition and Revelation," 553-58을 보라.

2:1-3:22: 일곱 교회에게 보내는 편지들: 그리스도는 교회에게 증언하라고 격려하시고, 타협을 경고하시며, 영생을 상속받기 위해 듣고 타협을 이기고 승리하라고 권하신다.

편지들

요한계시록의 다른 부분과의 관계

이미 우리는 편지에 담긴 어구와 개념들이 1장의 서론적 환상과 4-20장의 환상들 및 21:8-22:5의 새 창조의 결론 장면과 어떻게 관련되는지를 논했다.[1] 편지 도처에서 인자 환상(1:9-20)이 분명하게 발전된 것을 보면, 편지들이 요한계시록의 다른 부분과의 관계에서 동일한 방식으로 기능한다고 제안한 우리 주장의 실효성을 더욱 높여준다. 이러한 제안은 편지에서 나온 어구와 개념들이 이어지는 환상 단락에 왜 존재하는지를 가장 잘 설명한다. 인자 환상은 제일 먼저 편지의 서론에서 발전되었다(비록 그것이 몇몇 편지의 본론과 요한계시록의 이어지는 다른 부분에서도 발전된 것이 사실이기는 하지만 말이다). 각 편지의 결론의 약속들은 요한계시록의 결론과 마지막 낙원 환상을 예상한다.[2] 심지어 교회를 현혹하는 위협들조차, 성도들에게 위협을 가했기 때문에 "둘째 사망"에 떨어질 실체들의 특성을 묘사하는 결론 부분에 다시 반영된다(21:8을 보라). 이런 관찰은 편지의 본론이 요한계시록의 본론과 필수불가결하게 관련되어 있을 가능성을 시사한다. 이것은 요한이 전통적인 기독교 편지틀에 환상을 배치시켰다는 사실과 일치한다. 요한은 전통적인 기독교 편지틀에 확장된 서론(1-3장)과 결론적 권면(22:6ff.), 축복

---

1) 본서 서론의 "편지와 환상의 관계"를 보라.
2) 참조. 19-22장; Sweet, *Revelation*, 77; Minear, *New Earth*, 61; 본서 서론의 "편지와 환상의 관계."

(22:20-21)을 더했다.[3]

이런 서신서 패턴의 주요 특징 중 하나는 편지의 서론의 주제들이 편지의 본론 전체에서 발전된다는 것이다.[4] 일곱 편지의 서론과 요한계시록에 제일 먼저 등장하는 인자 환상은 전반적으로 같은 시간대와 관련이 있으며, 서로를 해석한다. 이것은 일곱 편지의 결론과 요한계시록의 마지막 복환상이 서로 관련이 있는 것과 마찬가지다. 이 사실은 동일한 관계가 편지의 본론과 요한계시록의 환상 단락 사이에 결속되었을 가능성을 암시한다. 이러한 의미에서 우리는 편지들을 요한계시록 전체의 대우주적 구조에 속한 문학적 소우주라고 명명할 수 있다.

또한 우리는 본서 서론에서 편지에 등장하는 여러 상징들을 우선적으로 1장의 환상 문맥에서 해석해야 하는지, 아니면 주로 편지의 역사적 문맥에서 해석해야 하는지와 관련된 구체적 문제를 논의했다. 특히, 1-3장에서 그리스도를 이처럼 다양하게 묘사한 것들을 이 이미지들이 나온 역사적 상황에서 해석해야 하는가? 아니면 그 이미지들이 역시 기원을 둔 구약성경의 문학적 맥락에서 해석해야 하는가? 이 질문에 우리는 1장의 환상과 편지들 사이에는 해석적 상관관계가 있다고 대답했다. 그러므로 교회의 역사적 배경과 구약성경의 문학적 배경은 서로를 해석한다. 역사적 배경은 종종 우선적으로 초점의 대상이 된다. 구약 암시의 선별이 역사적 상황에서 나온 사상으로 촉발될 수 있기 때문이다. 따라서 많은 경우 구약은 1세기 이교에 대한 논쟁의 일환으로 사용된다. 반면에 구약의 한 본문이 선택되면, 그 본문은 독자들이 처한 상황에 어떻게 반응하는 것이 더 나은지에 대한 통찰을 준다. 더욱이 일단 구약에 대한 암시가 이루어지면, 그 암시가 일련의 다른 유사한 구약의 어구나 사상들과 연관 짓는 일의 발단이 된다. 이것이 요한계시록의 전형적인 현상이다. 다른 유사한 구약의 어구나 사상들 역시 요한이 다루는 문제에 도움이 된다. 또한 역사적 상황의 여러 측면들은

---

3) Schüssler Fiorenza, "Apocalyptic and Gnosis," 575.
4) 참조. O'Brien, *Introductory Thanksgivings*.

왜 요한이 특정한 구약을 암시하는지를 설명하는 대답이 될 수 있다(예를 들어 1:4의 주석에서 "지금도 있고 전에도 있었고 장차 오실 이"라는 하나님의 칭호를 논의한 내용을 보라).

문학적 구조

비록 우리가 1:9-20의 환상이 소명 내러티브이며 독립된 서론 단락이라고 논의했다고 해도, 1:9-20은 1:9-3:22의 더 큰 문학 단락에 속한 것으로 이해해야 한다. 이것은 1:11과 1:19에 있는 기록하라는 명령이 각 편지의 초입에서 반복된다는 사실에서 분명해진다. 매 편지의 서론은 인자 환상의 특정한 측면으로부터 묘사를 시작하며, 이것은 통상적으로 각 편지의 본론에서 발전된다.[5]

일곱 편지는 엄밀한 의미에서 전형적인 편지 형식이 아니다. 오히려 "예언자적 메시지"라고 언급하는 것이 더 낫다.[6] 그 동안 일곱 편지 모두에 공통적인 구조가 다양하게 제안되었다.[7] 일반적으로 말해서, 각 편지는 약간의 변경이 있기는 하지만 전형적으로 일곱 단락으로 나뉜다.

1. 교회의 사자에게 편지하라고 명령함.
2. 1장의 묘사에서 유래하고 τάδε λέγει ("이가 이르시되")로 소개되는 그리스도의 자기소개.
3. 교회의 선한 행위들을 칭찬함.

---

5) 편지의 본론과 기독론적 서론의 관계에 대해서는 Gerhardsson, "Christologische Aussagen"을 보라.
6) 일곱 편지의 다양한 장르에 대한 자세한 논의와 장르 문제에 관련된 이차 자료를 다루는 Aune, "Form and Function of the Proclamations"를 참조하라. 편지들을 전형적 서신서가 아닌 "예언자적 메시지"로 분류하는 것과 관련해서는 Hahn, "Sendschreiben"; Hartman, "Form and Message"; Müller, *Prophetie und Predigt*, 47-100; Muse, "Revelation 2-3"; Aune, *Prophecy*, 274-79을 보라. Aune는 Hahn과 Müller의 논의를 요약하고 평가한다. 고대의 서신서 형식에 대해서는 Doty, *Letters*; White, *Form and Function*을 보라. 요한계시록 편지들의 수사를 분석한 Kirby, "Rhetorical Situations"를 보라.
7) Aune, *Prophecy*, 275-78; 같은 저자, "Form and Function"을 보라.

4. 어떤 죄를 정죄함.

5. 심판 경고나 격려로 회개하라고 권함.

6. 앞에서 제시한 메시지의 진리를 분별하라("귀 있는 자는…")고 권함.

7. 이기는 자들에게 주시는 약속.

세 번째 항목은 라오디게아 교회에게 보내는 편지에서는 생략되었다. 네 번째 항목과 다섯 번째 항목의 후반부는 서머나 교회와 빌라델비아 교회에게 보내는 편지에서는 생략되었다. 이 두 교회는 충성스러운 교회라고 여김을 받기 때문이다. 세 번째와 네 번째, 다섯 번째 항목은 한 항목으로 이해될 수 있다. 이는 οἶδα("내가 아노라")로 소개되며, 격려를 받거나 심판을 피하기 위해 회개하라는 권면을 담은 칭찬 또는 정죄가 이어진다.[8]

각 편지의 논리적 흐름은 일반적으로 다음과 같은 패턴이다.

그리스도는 특별히 각 교회의 상황에 맞는 어떤 품성을 가진 분으로 자신을 소개하신다. 교회가 직면한 특정한 문제를 이기는 근거로써 믿음이 제시된다.

(교회의) 상황과 특정한 문제를 진단한다("내가 아노라"로 소개된다).

(교회의) 상황과 문제에 근거하여 그리스도는 (충성스런 교회에게는) 갈등에 직면하여 인내하라고 권하든지, (충성스럽지 못한 교회에게는) 심판을 피하기 위해 회개하라고 권한다.

(교회의) 상황과 문제와 각 경우에 상응하는 격려나 권면은 그리스도가 격려나 권면에 주의하라("들을지어다")고 교회에게 촉구하는 근거가 된다.

---

8) Aune는 첫 번째 단락과 두 번째 단락을 결합하고, 내가 여기서 제시한 것처럼 세 번째 단락부터 다섯 번째 단락까지를 결합한다. 그래서 Aune는 다음과 같은 구조를 제안한다. (1) 기독론적인 묘사를 담은 사명 공식, (2) "내가 아노라" 단락. 여기에는 전형적으로 칭찬, 권면, 정죄가 결합되며, 회개를 촉구하고 심판을 경고하며 약속이 제시됨, (3) 분별하라는 권면, (4) 이기라는 권면 등(Aune, *Prophecy*, 275-78과 그 책의 뒤표지 안쪽). 내가 제시한 것과 다른 7중 또는 8중 문학적 구조에 대해서는 Aune, "Form and Function"을 보라.

긍정적 반응("들을지어다" 이후에 따라오는 "이기는 자에게는")에 근거하여 그리스도는 교회에게 자신과 함께 영생을 상속할 것이라고 약속하신다. 이 약속은 그리스도의 품성이나 교회의 상황에 맞게 독특하게 주어진다(들음 문구는 마지막 네 편지들에서 주어진 약속 이후에 놓여도 근거 어구로 작용한다).

그러므로 각 편지의 논리적 흐름은 각 편지의 주요 주제인 그리스도와 함께하는 영생을 상속한다는 약속으로 절정에 이른다. 각 편지의 본론에는 성령께서 교회들에게 "들음"으로 반응하라고 촉구하는 내용의 근거가 제시된다. 교회는 반드시 "이기게 될" 것이며, 그 결과 각 교회는 각각의 약속을 상속하게 될 것이다.

각 편지의 결론에는 "(모든) 교회들"을 대상으로 한다는 내용이 있다. 각 편지가 특정한 교회의 특정한 상황을 겨냥한 것이긴 하지만, 그 편지는 "일곱" 교회 모두에게, 그리고 보편적인 교회에게도 적합하다("일곱"의 비유적 의의에 대해서는 1:4의 주석 참조).

일곱 교회는 세 그룹으로 나눌 수 있다. 첫 번째와 마지막 교회(에베소, 라오디게아)는 교회로서의 정체성을 잃을 위험에 처한 교회들이다. 그래서 그들은 심판을 피하기 위해 회개하고, 참 믿음을 가진 교회가 받게 되는 약속을 상속하라는 권면을 받는다. 중심에 있는 세 편지에 언급된 교회들에는, 정도가 다르기는 하지만, 신실하게 남은 사람들과 이교 문화와 타협한 사람들이 있었다. 이 교회들 중에 버가모 교회는 최상의 상태였고, 사데 교회는 최악의 상태였다. 이 교회들은 타협한 사람들(어쩌면 신실한 자들도)에게 내리는 심판을 피하기 위해서 그들 가운데 있는 타협의 요소를 제거하여, 타협을 이긴 자들에게 주시는 약속을 상속하라는 권면을 받는다. 두 번째(서머나)와 여섯 번째(빌라델비아) 편지는 유대인과 이교도들에게서 박해를 받는 중에서도 그리스도의 "이름"에 충성하고 신실함을 입증한 교회를 겨냥하여 기록되었다. 그들은 "궁핍했고" "적은 능력"을 가지고 있었지만, 더 많은 시련을 직면할 것이기 때문에 "참 이스라엘"로서 계속 인내하라는 권면을 받는다. 그들은 영원한 구원의 약속을 상속받을 것이라는 소망을 가지고 시험을 견뎌야 한다(두 교회는 "면류관"을 받을 것이다).[9]

이 사실에 비춰볼 때, 일곱 교회의 상태는 a b c c c b′ a′라는 교차대구의 문학형식으로 제시되었다. 이 구조는 기독교회 **전체**가 궁핍한 상태에 있다는 것을 보여준다는 점에서 중요하다. 부유한 교회의 수가 적기 때문만 아니라, 문학적 패턴이 이러한 강조를 암시하기 때문이다. 최악의 상태에 있는 교회들이 편지의 문학적 경계를 이루고, 심각한 문제를 가지고 있는 교회들이 여기서 중심부를 이루고 있다. 중간에 있는 편지의 중심부에는 "모든 교회가", 그리스도가 자기를 따른다고 하면서도 불충성한 사람들의 모든 것을 다 아시는 심판자이신 줄 "알지니라"라는 일반 선언이 놓여 있다(2:23). 각 편지의 결론을 제외하고는 이런 진술이 "모든 교회들"에 대해 언급한 유일한 말씀이라는 것이 더욱 분명하게 드러난다.[10]

본 주석이 공헌하는 것 중 하나는 일곱 교회에 보내는 모든 편지가 전반적으로 이교 문화 속에서 그리스도를 증언해야 하는 문제를 다룬다는 점을 보여주는 것이다. 문제를 안고 있는 교회들은 모두 다양한 방법으로 더 강하게 증언하라고 권함을 받는다. 그리고 문제가 없는 교회들은 그들이 지금까지 해온 대로 충성되게 증언하는 일을 인내를 가지고 계속하라고 권함을 받는다.

W. H. 쉐아는 매 편지에 5개의 본질적 단락이 포함되며, 각 단락은 출 21장 이하와 신명기 전체에서 야웨께서 이스라엘에게 부과한 고대 근동의 5중적 언약 형식을 주제적으로 반영한다고 주장했다. (1) 전문(그리스도의 말씀["이르시되"]과 1장에 언급된 그를 지칭하는 서술적 칭호들), (2) 서언("나는 네 행위를 알고." 여기에는 앞에서 언급한 칭찬과 꾸짖음으로 된 두 단락이 포함됨), (3) 율법 조항(여러 권면을 비롯한 "그러므로…회개하라"는 다양한 표현들), (4) 언약에 대한 증거("성령이 교회들에게 하시는 말씀을 들을지어

9) 이러한 세 구분을 더 자세히 논의한 Kiddle, *Revelation*, 19-20을 보고 21-65을 참조하라.
10) 참조. Mulholland, *Revelation*, 112.

다"), (5) 결론적인 복과 저주들("이기는 자에게는 내가…을 주리라").[11]

쉐아의 주장은 과장되었다. 한 절 한 절 연구해보면, 전체 패턴에 수많은 예외가 있음이 드러나기 때문이다.[12] 하지만 쉐아의 견해를 약간 수정하면 그럴 법하다. 쉐아가 기록하라는 첫 명령을 그의 구도에 맞추려하지는 않았지만, 그 첫 명령을 틀에 추가하는 것은 자연스럽다. 그 명령이 야웨께서 언약의 사자들(모세나 후기 예언자들, 1:11의 주석 참조)을 통해 이스라엘에게 그의 언약을 말씀하시는 문맥에서 등장하기 때문이다. 더욱이 복과 저주는 편지에서 구별된다. 저주는 전형적으로 "율법 조항" 단락의 결론에 등장한다. 이 단락들마다 고정된 문구로 시작하기 때문에, 이 단락들을 각 편지의 5개의 문학적 구분으로 이해하는 것이 가장 좋다. 처음에 제시된 기록하라는 명령을 확실히 그 패턴의 여섯 번째 요소로 포함시켜야 하지만 말이다.

쉐아가 제안한 언약 구도가 적어도 전체 배경에 속한다는 사실은 다음과 같은 몇 가지 요인에 의해서 지지받는다. 첫째, 언약의 5중 패턴이 요한계시록 전체에 영향을 끼쳤음이 관찰된다(특히 부분적으로 신 4:2을 암시하는 22:7b, 18-19의 결론과, 천사와 성령, 교회 및 예수가 공식적으로 "증인"으로 명명된 22:16-20).[13] 둘째, 요한계시록 여러 곳에서 구약의 어구와 주세들을 많이 암시한다는 사실은 이러한 주요 수제를 채용했을 가능성을 높여준다. 셋째, 언약 주제는 특히 적절하다. 야웨의 품성을 가진 분으로 이해되는 예수가 교회에 편지하시기 때문이다. 교회는 이제 참 이스라엘의 연속으로 이해된다. 결정적으로 심판을 받은 옛 언약 공동체와 대조되는 새 언약 공동체가 이제 출범했기 때문에, 언약 문구의 반복은 적합하다. 교회가 충성을 다한다면, 교회는 처음에 이스라엘에게 약속한 새 창조의 언약적 복을 상속할 것이다.[14] 하지만 충성하지 않으면 복을 받

---

11) Shea, "Covenantal Form."
12) Aune, "Form and Function," 182.
13) Strand, "Further Note on the Covenant Form"을 보라.
14) 예. 사 40-60장; Dumbrell, *End of the Beginning*, 여러 곳(예. 97-101)을 보라.

지 못하고 저주를 초래할 것이다.

아우니는 2-3장의 문학 장르가 "왕 또는 황제의 칙령 장르인 반면에, 그 형식은 권면적 구원-심판 신탁이라 불리는 예언자적 연설 형식"이라고 주장했다.[15) 만일 이교 왕의 칙령 장르를 배경으로 염두에 두었다면, 그리스도는 자신을 그의 신하들에게 말씀하시는 왕, 즉 로마 황제의 거짓 왕권과 대조되는 진정한 주권을 가진 분으로 제시하신다.[16) 이런 관점을 고려한다면, 앞에서 논의한 언약 형식을 배제할 필요는 없다. 언약을 배경으로 한다면 출애굽기와 신명기의 언약적 저주와 복을 발전시킨 구약의 예언자적 연설 형식이 한층 부각되기 때문이다(자세한 내용은 2:1의 주석 참조).

역사적 배경

과거의 여러 저술에 일곱 편지의 역사적 배경을 철저하게 개관한 것이 있기 때문에, 여기서는 단지 편지의 해석에 집중하고, 특히 편지의 논거를 주해하는 일과 관련될 경우에만 역사적 상황을 언급할 것이다. 편지의 해석에 결정적 중요성을 지닌 배경에 대해 많은 제안이 있었다. 하지만 그러한 암시들의 개연성을 증명하기 어려울 때가 많다.[17)

---

15) Aune, "Form and Function," 183과 여러 곳.

16) Aune, "Form and Function," 199, 204.

17) 자세한 논의와 참고문헌에 대해서는 특히 Ramsay, *Letters*; Cadoux, *Ancient Smyrna*, 특히 202-366; Barclay, *Letters*; Yamauchi, *Archaelogy*; Hemer, *Letters*(와 *Buried History*에 있는 Hemer의 몇몇 논문을 비롯하여 그곳에 인용된 자료들과 *ANRW*에 게재된 소아시아와 소아시아 도시에 관한 논문들)를 참조하라. Hemer의 글이 가장 자세하다. Beale, review of Hemer와 최근에 Hemer를 긍정적으로 평가한 Scobie, "Local References"를 보라. 특히 참조할 책은 Price, *Rituals and Power*다. 이 책은 소아시아의 종교, 정치, 경제, 사회에서 황제 숭배가 가졌던 두드러진 역할을 철저하게 논하고 문헌들도 제시한다. 본서에서 논의할 배경 자료 대부분은 일반적으로 잘 알려진 것들이다.

그리스도는 교회의 정통성을 잘 지킨 에베소 교회를 칭찬하며, 증언이 부족하다고 책망하신다. 또한 그리스도는 영생을 상속받으려면 이러한 부족함을 극복하라고 권면하신다(2:1-7)

1-3절 에베소 교회가 먼저 언급된 것은 아마도 이방인 세계에서 기독교회가 시작될 때 그 교회가 주도적 역할을 수행했기 때문일 것이다(에베소는 바울 선교의 중심이었고 이후에는 요한이 거주한 곳이었다).[18] 에베소는 소아시아 지역으로 들어오기 위한 가장 좋은 항구였기 때문에 지역적 우월함도 있었다(예를 들어, 그 지역에 속한 다른 지방으로 가는 로마 총독들은 에베소에 정박했다).

예수는 구약의 예언자들이 하나님으로부터 받은 예언의 말씀을 소개하기 위해 사용한 고정된 문구를 사용하여 자신을 소개하신다. τάδε λέγει κύριος παντοκράτωρ("전능하신 주가 이렇게 말씀하시니라"). 이 구약 문구는 소예언서에 21번 등장하며(스가랴서에는 12번 등장하는데, 요한계시록에서처럼 새로운 문학 단락을 소개하는 도입부로 작용한다). 마찬가지로 τάδε λέγει κύριος는 에스겔서(적어도 65번), 예레미야서(약 30번), 아모스서(8번)에서 주님의 말씀을 소개하며, 새로운 문학 단락을 소개한다. 그러므로 여기서와 일곱 편지에서 그리스도의 말씀을 소개하기 위해 사용된 이 어구는 그리스도가 야웨의 역할을 수행하고 있음을 강조한다. 그리스도의 이러한 역할은 이미 1:12-18에서 다른 문제와 관련하여 제시되었다.[19] 사실 우리는 이 어구 때문에 2-3장을 단순한 편지가 아닌 일단의 예언자적 메시지로 이해해야 한다.

그리스도는 자신을 일곱 별을 붙잡고 금 촛대 사이를 거니는 분으로 소개하신다. 이것은 그리스도를 에베소 교회의 문제와 직접 연결하려고 1장에 소개된 내용을 상기시킨다. 그리스도는 늘 에베소 교회 가운데 계시며 그 교회가 어떻게 생활하는지를 정확히 아신다. 하지만 그리스도는 에베소

18) Kraft, *Offenbarung*, 54.
19) 본서 1:12-18의 주석; Boring, *Revelation*, 87-88을 보라.

교회의 문제를 직접 말씀하시기 전에 그 교회가 교의적인 충실함을 유지하느라 수고한 것을 칭찬하신다(2a절에서 에베소 교회의 특성을 묘사한 3중 형태와 연관해 살전 1:3을 참조하라). 3절은 거의 같은 용어로 이 사실을 강조한다.

특히 에베소 교회는 스스로 "사도"라고 부르는 교회와 연합한 어느 집단에서 교리적인 모순을 감지했다. 이들은 스스로를 의인 야고보, 실라, 안드로니고 및 유니아 등을 포함한, 열두 사도 바깥 진영에 있는 사람들이라고 주장했던 것 같다(행 14:14; 롬 16:7; 고전 15:7; 갈 1:19; 살전 2:6).[20] 에베소 교회는 이 집단을 자세히 살핀 뒤에 그들이 "거짓" 교사들이며 "악하다"라고 결정하고, 그들이 그런 집단이라고 폭로했다. 그들의 거짓 교훈은 아마도 니골라 당의 교훈과 발람 집단 및 이세벨을 추종하는 사람들과 그리 다르지 않았던 것 같다(각 해당 절 주석 참조). 교의적인 오류를 경계하는 모습은 에베소의 1세대 그리스도인들에게 거짓 교사를 주의하라고 주의를 주었던 바울의 교훈을 반영할 수 있다(행 20:28-32; 참조. 딤전 1:3-11; 4:1-8; 6:2-7, 20-21; 딤후 3:1-17).

초기 교회의 다른 지역들도 비슷한 위기에 직면했다(참조. 고후 11:13의 ψευδαπόστολοι ["거짓 사도들"]). 이런 거짓 교사들은 "그리스도의 사도들" 및 "의의 종"으로 가장하여 활동했기 때문에 감지하기 어려웠다(고후 11:13-15). 하지만 에베소의 그리스도인들은 신학적 감각을 발휘하여 이렇게 속이고 가장한 것을 꿰뚫어봄으로써 그들이 거짓 "사도들"이며 "거짓말쟁이"라는 것을 드러냈다. 그래서 교회에는 내부적으로 믿음의 순결한 교리를 지키기 위한 인내가 필요하다는 것이 강조된다. 인내는 교회가 어쩌다 발휘하는 힘이 아니라, 내적 순결을 위해 늘 경계해야 하는 태도다. 이런 태도는 2세기에 거짓 선생들로부터 지속적인 위협에 직면하였을 때까지 잘 유지되었다(Ignatius, *Eph.* 7:1; 9:1).

"에베소에 있는 [그](τῆς) 교회의 사자에게" 대신에, 몇몇 사본은 "에베소에 있는(τω) 교회의 사자에게"라고 읽는다(A C 1854 *pc*). 이것은 천

---

20) Caird, *Revelation*, 31.

사가 실제로 교회에 있음을 암시한다.[21] 빌라델비아 교회와 라오디게아
교회에게 보내는 편지(3:7, 14)를 제외하고는 각 편지의 서론에 이런 이
문(異文)이 등장한다(2:8, 12, 18; 3:1). 이런 식으로 변경을 가한 것은 "사
자"를 교회 **안**에 있는 감독이나 목사나 장로와 동일시하려는 동기에서
비롯된다. 사본의 외적 증거와 천사의 지위가 교회 위에(교회의 수호천사
로) 놓여 있는 것을 볼 때, 소유격("교회의 사자")이 더 개연성이 있다. 만
일 "사자"가 편지를 전달하는 인간 전달자로 이해된다면(두기고처럼. 엡
6:21-22; 골 4:7-9), 목적 소유격을 염두에 두었을 것이다("교회에게").[22]

  2:3의 시나이 사본(ℵ)은 "너희도 **모든 환난**을 겪고 있다"(θλίψεις
πάσας)로 읽는다. 이것은 에베소의 시련이 단순한 내적 갈등 이상의 외부
적 박해를 포함한다는 주장의 초기 해석을 반영한 독법이다(1:9; 2:9, 10,
22; 7:14에 θλίψις ["환난"]가 이런 식으로 사용된 예를 보라).

  2절에서 λέγω(λέγοντας, "주장하다")의 분사 형태가 뒤따라오는 정동
사 εἰσιν("이다")으로 변경된 것에 대해서는 1:5의 주석을 참조하라(동
일한 변경은 2:9과 3:9의 주석; 이와 비슷한 2:20을 보라). 3절에서 부정과거
ἐβάστασας("참고")에서 완료형 κεκοπίακες("견디고")로 바뀐 것의 석의적
중요성은 없는 것 같다. 단지 문체의 변경 때문일 수 있기 때문이다.

  초기 교회에서는 주로 행동과 교훈을 검토하여 거짓 예언자들을 감
지했다(참조. 살전 5:19-21; 요일 4:1-3; *Didache* 11:1-12:1).[23]

  διὰ τὸ ὄνομά μου("내 이름을 위하여")라는 어구는 믿음의 주격 형태
가 아니라 목적격 형태를 가리킨다. 이것은 2:13에서 τὸ ὄνομά μου("내
이름을")가 τὴν πίστιν μου("나를 믿는 믿음을")와 동의어고, 3:8에서 μου
τὸν λόγον("내 말을")이 τὸ ὄνομά μου("내 이름을")와 동의어로 사용된 것
을 보면 분명하다.

---

21) 이 사본이 원본이라고 지지하는 Charles, *Revelation*, I, clvii을 보라.
22) Thomas, *Revelation 1-7*, 154.
23) Aune, *Prophecy*, 222-29.

4절   에베소의 그리스도인들이 사도적 교훈의 순수성을 지켜왔지만, 그 동일한 믿음을 외부 세계에 증언하는 일에는 부지런하지 않았다(사도적 교리의 내용은 요한계시록과 신약성경 자체의 문맥에 의해 결정되어야 한다. 참조. 고전 15:1-4). 그리스도가 "처음 사랑"을 버렸다고 그들을 책망하신 의미가 이것이다. 문제의 핵심은 대부분의 주석가들이 주장하듯이 그들이 서로에 대한 사랑을 잃어버린 데 있는 것은 아니다(예를 들어 모팻은 이렇게 번역한다. "너희는 처음처럼 서로 사랑하는 것을 포기했다"). 또한 이것은 그들이 그리스도를 사랑하는 사랑을 잃었다는 일반적 의미도 아니다(몇몇 주석가들이 생각하듯이 말이다. 참조. 렘 2:2; 겔 16:8). 이것은 에베소의 그리스도인들이 이전에 **세상에서 그리스도를 증언함으로써** 드러내던 그리스도를 향한 열정적인 사랑을 더 이상 표현하지 않았다는 의미다. 이것이 그리스도가 1절에서처럼 자신을 소개하신 이유다. 그가 "일곱 금 촛대 사이를 거니"신다고 주장하신 것은, 내향적인 독자들에게 그들이 주님과 관계를 맺은 주요한 역할이 외부 세계에 증거의 빛 역할을 하는 것임을 상기시키려는 데 그 의도가 있다.

"처음 사랑"을 잃어버린 것이 열정 없는 증인이 되었다는 표현이라는 사실은 본문을 마 24:12-14과 관련해서 이해하면 잘 알 수 있다. 마 24:12-14에는 마지막 때와 관련된 기대가 이렇게 표현된다. "많은 사람의 사랑이 식어지리라. 그러나 끝까지 견디는 자는 구원을 얻으리라. 이 천국 복음이 모든 민족에게 **증언**되기 위하여 온 세상에 전파되리니 그제야 끝이 오리라."[24] 이로 볼 때 사랑을 잃어버린 것은 "증언하기 위해" 꿋꿋이 복음을 전파하는 언약적 과제에 불충성한 것으로 설명된다.[25] 실제로 에베소에서 벌어지고 있었듯이, 처음 사랑을 잃어버린 것은 사람들을 "미혹하는 거짓 예언자들"이 증가하는 일과 함께 일어날 것이다(마 24:10-11, 23-26).

---

24) Gill, *Revelation*, 705; Sweet, *Revelation*, 79. Gill과 Sweet는 마 24:12과 연결은 시켰지만 "증언"을 강조하지 않았다. 참조. Krodel, *Revelation*, 107.

25) 많은 석의적 증거를 제시하지는 않았지만, Mulholland, *Revelation*, 95-96은 최근에 "처음 사랑을 잃어버린 것"의 초점은 충성스런 증인이 되지 않은 것과 관련된다고 보았다.

5절   그러므로 그리스도는 "[그들이] 어디서 떨어졌는지를 기억하고 회개하여 (그들이 이전에 행하던 충성스런 증언의) 처음 행위를 가짐"으로써 그들 등불의 열정적인 불꽃이 다시 타도록 하라고 권하신다. 앞에서 그리스도를 "오른손에 일곱 별(=사자)을 붙잡고 계신 분"으로 묘사했는데, 이런 사실은 그리스도가 에베소의 그리스도인들이 증언하는 촛대로서 그들의 지위를 되찾기 위해 노력하는 데 하늘의 도움을 주실 수 있음을 암시한다. 주된 관심사가 증언이라는 사실은 만일 교회가 회개하지 않으면 그리스도가 그들에게 "가서 촛대를 그 자리에서 옮기리라"라고 경고한 것에서도 나타난다(현재형 ἔρχομαι ["내가 가서"] 다음에 등장하는 κινήσω ["옮기리라"]는 미래적 현재형이다). 이것은 다음과 같은 사실로 미루어볼 때 명약관화하다. 즉 일곱 편지에 언급된 여러 심판 경고 중에서 촛대를 옮긴다는 경고가 에베소로 보내는 편지의 독특한 점이라는 사실과, 빛의 전달자들인 그들의 역할에 특히 동해보복법(lex talionis)에 따라 심판한다는 점이 적합하다는 사실이다. 에베소의 그리스도인들이 증거의 촛대가 되라는 그들의 소명을 행사하지 않는다면, 구약의 이스라엘처럼 그들의 촛대는 옮겨질 것이다(1:6, 12의 주석 참조). 이스라엘 역시 촛대라는 상징물로 상징화되었다(예. 슥 4장). 하지만 후속 세대들이 여러 나라에 빛이 되라는 그들의 소명을 저버리자(사 42:6-7; 49:6), 하나님은 그의 빛을 전달하는 백성인 그들을 제거하셨으며 그 상징물을 교회로 옮기셨다. 촛대의 주된 의미가 증언하는 것이라는 사실은 "촛대"가 하나님의 "예언자적 증언"을 하는 사람들이라고 언급하는 계 11:3-7, 10에서 확증된다. 이와 비슷하게, 막 4:21과 눅 8:16에서도 "등불"을 "등잔대(촛대)"에 놓은 이유가 불을 밝히려는 데 있다고 언급된다. 여기서도 촛대는 "귀 있는 자는 들을지어다"라는 기본적인 문구와 밀접하게 연결하여(막 4:23; 눅 8:8), 하나님의 계시를 진정으로 소유한 사람들의 증언자로서의 역할을 강조한다(또한 마 5:14-16!). 이 두 본문에도 하나님의 백성 중에서 빛을 비추지 않는 사람들이 그들의 등불을 빼앗길 것이라는 점이 암시된다(막 4:25; 눅 8:18).[26]

---

26) 복음서를 이해하는 이런 통찰은 내 대학원생 D. Yoder가 전해주었다.

촛대는 일반적으로 성령의 힘을 상징하기도 한다. 이는 슥 4:6에서 촛대의 의미로 암시하는 것이다. 그러나 이 사실을 조금 더 정확히 살펴보았듯이, 요한은 "등불"을 "촛대"(교회)에서 타오르고 교회에게 증언할 힘을 주시는 성령으로 이해했다. 그러므로 에베소의 그리스도인들이 그들의 "처음 사랑을 버렸다"는 것은 그리스도인 공동체가 효과적으로 증언하는 데 필수적인 성령의 은사들을 억제했다는 의미다. 실제로 11:3-7, 10은 증언이 예언자적 역할을 행사하는 것으로 수행된다는 점을 보여준다. 하지만 증언 활동과 연결시키지 않고 성령의 카리스마적 은사를 억제하는 것에만 초점이 있다고 생각하는 것은 지나친 강조다.[27]

요한은 1세대의 증언하는 일을 유지하지 못한 에베소 교회의 2세대에게 편지하고 있을 가능성이 많다. 그들이 회개하지 않는다면, 그리스도가 그들에게 가서 심판하실 것이다. 교회 존재의 본질로 분명하게 밝혀진 기능을 더 이상 수행하지 않을 때 그들은 교회로서 존재하기를 그치고 만다. 하지만 에베소 교회는 이러한 권면에 분명히 적극적으로 반응했다(참조. Ignatius, *Eph.* 1:1; 9:1; 11:2).

그리스도가 오신다는 사실이 조건부가 아니라, 단지 그가 심판하러 오실 것인지 상을 주러 오실 것인지가 조건부이며, 이는 독자들의 반응에 달려있다고 주장하는 사람들이 있다.[28] 이것은 가능한 주장이지만, 너무도 미묘한 관점이다. 요한계시록 이외에 신약성경의 조건문에서 조건절 εἰ δὲ μή 다음에 전적으로 조건적인 귀결절이 항상 뒤따라오기 때문이다(12회). 그러므로 "옮긴다"와 "가다" 둘 다 조건적이다. 만일 2:5에서 "가다"가 조건적이 아니라면, 조건적이지 않다는 분명한 암시를 문맥에서 제시해야 한다. 많은 주석가가 인정하듯이 본문의 문맥은 다른 방향을 지시한다. 이는

---

27) Kraft, *Offenbarung*, 57-58이 주장하듯이 말이다.
28) Bauckham, "Synoptic Parousia Parables," 173-74. Bauckham은 3:3과 3:20에 근거하여 이렇게 주장하며, 2:5, 16에도 이런 암시가 있다고 생각한다. Holtz, *Christologie*, 207; Satake, *Gemeindeordnung*, 153; Krodel, *Revelation*, 109; Thomas, *Revelation 1-7*, 143-47, 154.

주석가들이 2:16과 3:3, 20의 예수의 오심에 대해서도 주장하는 것이다.[29] 2:25과 3:11에서 그리스도의 오심에 관한 묘사는 마지막 재림을 가리킬 가능성이 있다. 하지만 그 묘사는 조건적 형식으로 주어지지 않았다.

그러므로 "옮기리라"가 조건적인 반면에 "가서"는 조건적이지 않다는 주장은 가능성이 적다. 더욱이 "내가 네게 가서 네 촛대를 그 **자리에서** 옮기리라"는 말씀은 세상에 증언의 빛 역할을 하는 교회를 옮긴다는 데 초점이 있다. 이것은 그리스도의 재림 **이전에** 그렇게 한다는 의미다. 교회의 증언은 그리스도의 재림 이전에만 적절한 활동이지 그 이후에는 할 필요가 없는 것이기 때문이다.[30] 실제로 "증언"해야 할 내용에는 그리스도가 심판하고 구원하기 위해 재림하신다는 약속도 포함된다(1:2의 주석을 전반적으로 참조하라. 또한 19:7-21[참조. 9-10절]; 22:7-20[참조. 8, 16, 20절]은 "증언"을 재림과 연결시킨다).[31] 이것은 촛대 가운데 거니시는 그리스도의 환상 문맥에도 잘 어울린다. 거기서 그리스도는 교회가 하는 행위에 따라 그들을 교정하기도 하고 제거하기도 하는 제사장적 관리인으로 등장하신다.[32] 이런 분석은 2:21-22에도 적합하다. 여기서 이세벨이 회개하지 않자, 그리스도는 이세벨과 그를 따르는 사람들에게 역사가 끝나기 전에 환난을 보내겠다고 약속하신다. 이런 분석은 그 특정한 상황에 한정된다. 에베소 교회가 회개했고 그들의 사랑을 다시 회복했다는 이그나디우스의 보도는, 에베소의 초기 교회가 2:4-5의 권면이 그리스도의 재림에만 연관된 것이 아니라고 이해했음을 시사한다.

하지만 2:25과 3:11을 그리스도의 재림 이전에 있는 다른 오심을 가리킨다고 이해하려는 시도는 얼마든지 가능하다는 점을 인정해야 한다. 2:5, 16과 3:3, 20에서는 그리스도의 오심이 조건적이 아니라, 다만 그의 오심의

29) Caird, *Revelation*, 27-28; Roloff, *Revelation*, 45.
30) Thomas, *Revelation 1-7*, 146-47은 촛대를 옮긴다는 것을 증언의 상실을 암시한다고 본다. 그러면서도 그는 이것을 재림 때에만 있게 될 심판으로 이해한다.
31) 이와 비슷한 견해를 주장하는 Bauckham, *Climax of Prophecy*, 166-67을 보라.
32) Mounce, *Revelation*, 89.

결과가 조건적이라고 주장하는 것이 최선일 것이다. 그렇다면 조건적인 오심이 무조건적인 오심으로 해석되어야 하는가? 아니면 그 반대인가? 그리스도의 강림들을 똑같은 것으로 이해하지 않고, 조건적인 강림은 교회 시대 동안 진행되는 지역적인 개입으로 보고, 무조건적인 강림은 마지막 재림을 가리키는 것으로 이해하는 것이 가장 좋을 것 같다. 그러나 심지어 무조건적인 강림도 재림 이전의 강림을 암시할지도 모른다. 우리는 그 선례를 단 7:13의 "오심"을 그리스도의 사역에 적용한 예(막 10:45; 눅 7:34; 19:10)와 그가 예루살렘의 심판을 선언하신 예(마 10:23; 막 13:26; 14:62)에서 찾을 수 있다.[33] 아마도 이 말씀들에는 의도적인 모호함이 존재하는 것 같다. 신약성경과 특히 계 1장(참조. 1:5, 7, 13-18)과 2-3장(1장에 언급된 그리스도가 왕으로 시작하셨다는 묘사가 매 편지의 도입부로 사용되는 곳)에는 그리스도의 종말론적 오심이 이미 시작되었다고 가르치기 때문이다. 메시아의 예언된 강림은 성취되기 시작했으며, 현재 성취되고 있고, 미래의 어느 순간에 완성될 것이다. 일곱 교회에 보낸 편지에 그리스도의 오심이 모호하게 되어 있는 것은 "이미와 아직" 사이의 긴장을 표현한 것으로 이해해야 한다. 이것은 요한계시록의 처음 세 장 전체를 지배하는 사상이다(1:7의 논의를 보라).

이런 결론은 약속과 심판이라는 성만찬 주제가 일곱 편지 전체에 엮여 있고, 그 이미지의 일부분이 성만찬 배경에서 유래했다고 주장하는 다른 학자들에 의해서도 입증된다(가장 분명하게 나타나는 2:17, 20을 보라). 성만찬에서 신자들은 현재 그리스도의 마지막 강림에 따른 심판의 결과와 구원의 결과를 반복해서 대망한다.[34] 일곱 편지에는 그리스도가 이렇게 임재하시며 교회들 안에 "오신다"고 암시하는, 이와 동일한 배경이 있다. 이런 의미에서 그의 재림은 결정적인 미래의 사건만은 아니다.[35] 모든 편지의 결론에

---

33) 참조. France, *Jesus and the Old Testament*, 227-39.

34) 참조. Moule, "Judgment Theme."

35) Sweet, *Revelation*, 35, 41-42; 82; Prigent, *Apocalypse et Liturgie*, 14-45. 사실 Prigent이 제안한 수많은 병행 어구들은 설득력이 없다. Prigent의 의견에 반대하는 E. F. Scott, *Revelation*, 140-41을 보라.

서 성령을 그리스도와 동일시하는 것은 이런 사상의 흐름에 잘 어울린다. 교회와 함께하시는 그리스도의 구원의 임재는 성령을 통해서 이루어지며, 그리스도의 심판에 대한 경고 역시 성령의 임재를 통해 주어질 것이다.

6절   에베소의 그리스도인들은 교회 안에서 "니골라 당"이라 불리는 다른 집단을 징계한 일로도 칭찬을 받는다. 니골라 당이 "거짓 사도들"과 같은 집단이라는 몇몇 사람의 주장은 가능성은 있지만 확실하지는 않다. 니골라 당은 에베소의 우상숭배 문화에 어느 정도 참여하는 것이 허용된다고 가르쳤다. 에베소의 도시 생활이 이교 신전에 의해 주도되었기 때문에 우상숭배에 참여하려는 유혹과 압박은 극심했다. 에베소는 아데미 여신의 "신전 관리인"(νεωκόρος)으로 알려졌으며, 수천 명의 남녀 사제가 신전 구역에서 일을 했다(참조. 행 19:35). 에베소 도시의 경제적 번영은 일부분 아데미 신전과 관련된 무역에 의존했다(행 19:23-41). 에베소는 황제 숭배에 봉헌된 두 신전의 "신전 관리인"으로 선언되기도 했다. 이것은 황제 숭배가 에베소의 도시 생활에서 본질적 부분을 담당했음을 의미한다. 그러므로 교회가 우상숭배적 사회의 여러 측면에 맞추라는 내부 압박에 저항했다는 것은 그것 자체로 칭찬받을 만하다(니골라 당 이단을 자세한 논의한 2:14-15, 20-21의 주석 참조).[36]

7절   모든 편지의 결론처럼 에베소 교회에 보내는 편지의 결론은 그리스도가 말씀하신 것과 구원의 약속에 귀를 기울이라는 최종 권면으로 이루어졌다. 결론적 권면은 일곱 편지에서 동일하다.[37] "귀 있는 자는 성령이 교회들에게 하시는 말씀을 들을지어다"('Ο ἔχων οὖς ἀκουσάτω τί τὸ πνεῦμα

---

36) "니골라 당"을 설명한 간략한 해석사는 Alford, *Greek Testament* IV, 563-64을 보라. "니골라 당"이라는 명칭의 기원을 제시한 사변적 제안들을 개괄한 Brütsch, *Clarté*, 58을 보라. 그리스어 이름의 히브리어 음역에 해당하는 숫자적 가치를 더하면 666이 된다고 제시한 Topham, "Hanniqola 'ītēs"를 보라. 이 연구의 결과 Topham은 니골라 당이 13:11-18에 등장하는 두 번째 짐승과 거짓 예언자로 밝혀졌다고 주장한다. Topham에 따르면, 이것은 황제에게 충성을 표현하기 위해 니골라 당이 우상숭배를 부추겼음을 암시한다.

37) 앞의 세 편지에서는 이 문구 다음에 약속이 이어지고, 마지막 네 편지에서는 그 앞에 약속이 주어진다.

λέγει ταῖς ἐκκλησίαις). "귀 있는 자는 들을지어다"는 공관복음서의 용어와 거의 같은 용어에 근거한다. 이 어구 자체는 사 6:9-10을 암시한다(참조. 겔 3:27; 12:2; 렘 5:21; 아래 자세한 논의를 보라). 복음서에서 이 권면은 상징적 비유에 귀를 기울이라는 공식적 권면이다. 신약성경에서 이 어구의 전형적인 사용례에 비춰볼 때(마 13:9-17; 막 4:9, 23; 눅 8:8), 이 어구는 선택받은 사람들은 상징적 계시를 받아들이며 불신자들은 거절한다는 것을 상징하는 2중 기능을 한다. 그러므로 이 권면은 혼합된 독자들을 가정하며, 그중에 일부분의 사람들만 적극적으로 반응할 것이다. 또한 이 문구는 그리스도의 말씀이 바로 성령의 말씀이며, 그리스도가 성령을 통해 교회 가운데 거하심을 보여준다.

메시지를 받아들이는 사람들은 구원의 복을 상속한다는 약속을 받는다. νικάω("이기다")라는 단어가 모든 편지의 결론적 약속에서 구원을 상속하는 조건으로 반복된다. 약속된 상속은 각 편지가 지향하는 요지다. 각 편지의 본론의 권면에 주의를 기울이는 것에 근거하여 신자들이 그 약속을 상속받을 것이다. 약속들은 매 편지마다 다른 어구로 표현되었다. 그 약속들은 "이기는 자들"에게 주어지는 요한계시록의 최종 약속을 다각적으로 묘사한 것이다. 이것은 일반적으로 21:7에서 νικῶν κληρονομήσει ταῦτα("이기는 자는 이것들을 상속으로 받으리라")라고 서술되었다. 여기서 "상속"은 하나님이 백성 가운에 언약적으로 함께 계심을 향유하는 것으로 곧바로 설명된다(21:3의 주석 참조).

이것이 2:7의 약속이 지니는 정확한 의미다. "하나님의 낙원에 있는 생명나무의 열매를 주어 먹게 하는 것"은 죄 용서와 그에 따르는 하나님의 친근한 임재의 경험을 묘사하는 장면이다(22:2-4). 동일한 마지막 때의 소망이 초기 유대 문헌에 거의 같은 언어로 언급되었다(Test. Levi. 18:10-11; Pss. Sol. 14:2-3, 10; 4 Ezra 8:52; 2 En. 8:3-7[참조. 1 En. 25:4ff.; 3 En. 23:18; 4 Ezra 2:12; Apocalypse of Moses 28:2-4; Odes Sol. 20:7]). 그리고 창 2-3장의 "생명나무" 이미지는 "하나님의 낙원" 이미지와 더불어 아담과 하와가 에덴동산에서 추방당했을 때 그들로부터 분리된 하나님의 생명 주시는 임재를 상징한다(참조. 2:9; 3:22-24[23-25, LXX]; 겔 28:13; 31:8-9). 요한계시록은 하나님이 사람들과 함께 계시는 이런 임재가 현재에 이미 시작되었으며, 그 회복이 미래의 어느 시점에 절정에 도달할 것이라고 말한다(22:2-4). 그러므로 "나무"는 하나님의 임재의 회복을 가져온 십자가의 구속의 결과를 언급하지, 십자가 자체를 가리키는 것은 아니다.[38]

계 2:7에 성취의 시작된 측면이 포함되었다는 것은 2:10-11, 26-27, 3:20-21에서 성취되기 시작한 약속들의 특징에 의해 암시된다(또한 요한계시록 전체에서 흰옷이 시작된 현재의 보상을 가리킨다는 사실을 암시하는 3:4-5을 보라.[39] 참조. 눅 23:43). 신자들이 이 약속들에 참여하는 일은 죽을 때든지 심지어 그보다 일찍이 시작된다. 회개하지 않으면 촛대가 옮겨지고 그리스도의 임재에서 떨어질 것이지만(2:1b), 죄를 이기는 사람은 지금 그리스도의 임재에 참여할 것이며, 종말에 그보다 높은 수준의 임재를 경험하게 될 것이다.

그러므로 "이기는"($\nu\iota\kappa\acute{\alpha}\omega$) 자들은 하나님 구원의 임재의 복을 받을 것이다. 계 2:7에서 교회가 우선적으로 이겨야 하는 것은 박해와 환난이 아니라, 그리스도를 외부 세계에 증언하지 않는 교회의 죄다. 하지만 박해라는 잠재적 위협이 증언하려는 교회의 갈망을 꺾었을지도 모른다. *2 Clement* 16:2에도 동사 $\nu\iota\kappa\acute{\alpha}\omega$가 사용된다. "만일 우리가…영혼의 악한 욕망을 꺾음으로써 우리 영혼을 **이기면**, 예수의 자비에 참여할 것입니다." 계 2-3장에서 $\nu\iota\kappa\acute{\alpha}\omega$는 시험이나 타협이나 환난을 견디고 인내한 교회의 승리에 적용되는데, 이것은 그리스도가 "시험"을 이긴 것을 모델로 삼는다(3:21; 5:5의 $\nu\iota\kappa\acute{\alpha}\omega$ 참조; 15:2과 더불어 17:12-14 참조; 자세한 내용은 2:27b 주석을 보라).

에베소의 그리스도인들이 하나님의 증거의 촛대가 되어 이긴다면, 하나님이 그들을 "생명나무"와 동일시하신다는 말은 적절하다. "생명나무"와 촛대는 모두 하나님의 임재의 상징이다. 특히 촛대에서 퍼져 나오는 빛은 이

---

38) Hemer, *Letters*, 41-52; Kraft, *Offenbarung*, 59과 다른 사람들이 주장하듯이 말이다.
39) 2:18-20의 주석에 이어지는 "'이김'의 역설에 대하여"를 보라.

스라엘이 세상에 전해야 하는 하나님의 임재를 의미한다(1:12의 주석 참조). 하나님의 임재를 교회와 동일시하는 촛대 사상은 11:4에서 확증된다. 거기서 "촛대는 이 땅의 주 **앞에** 서 있는" 것으로 묘사된다. 11:4에서 촛대는 "두 감람나무"와 동일시되기도 한다. 성막의 촛대가 생명나무를 대표한다는 것을 인식하면, 구약의 두 상징물인 촛대와 생명나무가 동일시된다는 사실이 한층 강조된다.

"나무 모양을 한 조각과 그것을 묘사하는 식물과 관련된 용어(출 25:31-40; 37:17-24)는 제의적 촛대가 영원하고 보이지 않으시는 하나님의 열매 맺는 능력을 상징했음을 암시한다."[40] 심지어 솔로몬 성전과 에스겔서의 종말론적 성전의 일부로 묘사된, 장식된 종려나무와 꽃 조각 및 그룹들도 에덴동산 정경에 대한 암시였을 것이다(22:2의 주석 참조). 1QH 6.14-19은 쿰란공동체의 성도들을 "빛의 원천"과 "불타는 화염"이 있는 에덴동산의 나무와 연결한다. 이것은 의의 교사의 "유언"과 직결된다. 이런 관점에서, 요한계시록의 촛대에 있는 일곱 등불이 1QH 7.24의 찬송하는 사람의 확언("주께서 주님의 영광을 위하여 만드신 **에덴**에서 존재하는 **일곱 개**의 빛으로 밝힐 것입니다")과 관련될 수 있을까? 흥미롭게도, 구약 성경의 "생명나무"는 증언하는 것과 연결될 수 있다(잠언 11:30. "의인의 열매는 생명나무라. 지혜로운 자는 사람[영혼]을 얻느니라").

아마도 구약의 생명나무는 그리스도인이 받을 상의 상징물로 선택되었을 것이다. 나무 이미지는 여신 아데미나 거대한 아데미 신전이 번성했던 에베소와 오랫동안 관련되었기 때문이다.[41] 이교가 약속한 것을 구약의 소망들의 성취인 기독교만이 전달할 수 있었다.

Barnabas 11:10-11에는 새 창조의 나무에서 먹는 이미지(겔 47:1-12; 참조. 계 22:2)가 **현재의** 세례 경험으로 사용되었다. *Odes Sol*. 11:16-24은 현재 낙원의 나무의 복과 동일시된 사람들을 언급한다(20:7도 그렇

---

40) C. L. Meyers, *HBD* 546, 1093.
41) Hemer, *Letters*, 41-50.

다). *Pss. Sol.* 14:2은 "주님의 낙원, 곧 생명나무가 그의 경건한 자들이라"
고 주장한다. 하지만 이것은 14:10에서 장래의 소망으로 이해된다. 1QH
6.14-17은 쿰란 공동체를 하나님이 과거에 심으셨고 미래에 온 땅에 그
늘을 제공할 에덴의 나무에 비교한다. 초기 교부들 대부분은 생명나무와
낙원 상징들을 그리스도인들이 이미 참여한 시작된 실체를 언급하는 것
으로 이해했다.[42]

　본문과 2:17에서 τῷ νικῶντι δώσω에 αὐτῷ가 첨가된 것("이기는 그에
게는 내가…하리라")은 겹말(의미에 불필요한 표현)이다. 이런 겹말은 LXX과
비성경 그리스어에도 등장하지만, 아마도 히브리어의 덧말 표기(*ăšer…
lô*)를 반영했을 것이다.[43] 사본들 중에는 겹말이 생략된 것도 있다(ℵ *al* it
vg^{cl} Bea).

"귀 있는 자는 들을지어다": 편지에서 이 어구의 중요성과 요한계시록 전체에서의 위치

이미 논의했듯이, 이 문구의 배경은 공관복음과 구약성경이다. 두 경우 모
두에서 이 문구는 상징적 계시 또는 비유적 계시와 연결하여 등장한다. 구
약에서 이 어구는 예언자들의 상징적 계시가 이스라엘 백성에게 미치는 효
과를 가리킨다. 이스라엘 역사의 마지막 즈음에 살았던 예언자들(예. 이사야,
예레미야, 에스겔)의 주된 역할은 이스라엘에게 임박한 파멸과 하나님의 심
판을 경고하는 것이었다. 예언자들은 처음에 그들의 경고를 합리적이고 설
교적인 방식으로 전달했다. 청중에게 그들의 죄에 대해 촉구하고, 동일한
불순종으로 하나님의 심판을 초래한 조상들의 과거 역사를 상기시켰다. 하
지만 이스라엘이 우상숭배와 영적 무기력에 빠졌기 때문에 이 예언자적 메

42) Daniélou, *Symbols*, 30-35(교부들에 관한 부분).
43) MHT I, 8, 85; MHT III, 325.

시지를 전하는 사람들은 거의 성공하지 못했다. 백성은 목이 곧아 오랫동안 익숙해 있던 삶의 길을 바꾸지 않았다. 그들은 지당하고 역사적이고 설교 투의 경고에 반응하기에는 영적으로 너무도 무뎌 있었다.

그래서 예언자들은 다른 형식으로 경고하기 시작했다. 그들은 사람들의 주의를 끌려고 상징적 행위와 비유를 채용했다.[44] 하지만 경고 형식의 이러한 변화는 이미 영적 통찰이 있는 사람들에게만 효과가 있다. 상징적 비유는 "들을 귀는 있지만 듣지 않는" 사람들에게 더욱 오해를 불러일으킬 소지가 있다. 상징적 비유(mašal)의 문학 형식은 "평범한 경고가 더 이상 주목을 끌지 못하는 경우에 등장한다(참조. 마 13:10)."[45] 그리고 애초부터 계속 불순종하기로 마음을 먹은 강퍅한 사람들은 어떤 경고에도 주의를 기울이지 않는다. 사 6:9-10에서 가르치는 요지가 바로 이것이다. 예언자 이사야는 이스라엘에게 가서 이런 메시지를 전하라는 사명을 받는다. "**듣기는 들어도** 깨닫지 못할 것이요…이 백성의 마음을 둔하게 하며 **그들의 귀가 막히고**…그들이…**귀로 듣고**…다시 돌아와 (회개하여) 고침을 받을까 하노라."

사 1-5장에서 이사야의 메시지는 주로 비유를 사용하지 않은 채 심판을 경고했고, 회개를 조건으로 복을 약속했다. 7장 이후 이사야의 설교는 이스라엘 백성 중 대다수의 눈을 멀게 하고 귀가 막히게 하여 심판을 내리고, 오직 남은 자에게만 긍정적인 효과를 낸다.[46] 비록 5:1-7의 포도원 비유로 예상되었지만, 비유적 메시지는 7:3과 8:1-4에 등장한다. 예언자 이사야의 메시지의 비유적 측면은 6:9-10에 언급되었듯이 백성의 마음을 강퍅하게 하라는 사명과 밀접하게 연결되며, 이런 의미에서 비유의 메시지는 백성의 눈을 감기게 할 수단의 하나로 간주될 수 있다. 하지만 비유는 타협하는 대다수의 사람들 사이에서 현실에 안주하는 남은 자들에게는 충격 효과

---

44) Jeffrey, "Literature in an Apocalyptic Age." Jeffrey는 예언자들의 이러한 전환에 나의 관심을 끈 첫 번째 인물이다.

45) Jeffrey, "Literature in an Apocalyptic Age."

46) 사 6:9-10의 석의적·신학적 문제를 둘러싼 여러 측면을 논의한 자료들에 대해서는 Beale, "Isaiah VI 9-13"을 보라.

의 의미도 있다(예언자 나단이 다윗에게 비유를 말한 경우에서도 같은 효과가 관찰된다). 남은 자에 속하지 않은 소수의 사람들조차 충격을 받아 남은 자와 동일시될 것이다. 같은 패턴이 에스겔서에서도 분명하게 나타난다. 에스겔서에서는 이사야의 들으라는 말이 겔 3:27에 등장하는데, 예언자의 처음 비유가 바로 이어진다. 그리고 12:2에서도 들을 귀에 대해 언급하고, 바로 3-16절에서 방관하는 이스라엘 백성에게 보인 예언자의 첫 비유적 행동이 따라온다(3-16절).[47]

이런 배경에 의하면, 예수의 "들을 귀 있는 자는 들으라"라는 문구의 사용은 전혀 새로운 것이 아니라 구약의 예언자의 패턴과 맥을 같이한다. 신약성경에서 사용된 "귀 있는 자는 들으라"(참조. 마 13:9-17; 이와 거의 같은 형식을 가진 막 4:9, 23; 눅 8:8)라는 표현 대부분은 사 6:9-10을 직접 발전시킨 것이며, 비유적 계시는 참 신자들을 깨우치고 불신자들의 눈을 감기려는 두 가지 목적으로 의도되었다(참조. 마 13:9-16; 비유와 함께 사용된 눅 14:35; 또한 이사야서의 예언과 연결된 마 11:15도 보라).[48] 비유는 대다수의 믿지 않는 이스라엘 백성 중 소수에게 믿음을 갖게 할지도 모른다.

계 2-3장의 이 반복되는 문구가 공관복음의 문구를 암시한다는 점은 대부분의 주석가들이 일치를 보는 견해다. 일각에서는 그 문구가 나온 공관복음의 눈맥이 시야에서 사라졌다고 주장하기도 하지만 말이다.[49] 그렇다고 하더라도 매 편지의 결론의 같은 부분에서 그 문구가 반복된 것은 그 문구가 단지 복음서의 표현을 초기 기독교가 답습한 상투적인 요소를 반영한 것이 아니라, 그 문구가 사용된 공관복음서의 문맥을 잘 알고 활용한 것임을 시사한다.[50] 그러므로 사 6장과 공관복음서에서처럼 그 문구는 그리스도의 메시지가 어떤 사람들은 깨우치지만 다른 사람들은 눈을 감기게

---

47) 겔 3:27, ὁ ἀκούων ἀκουέτω("들을 자는 들을 것이요"); 12:2, ὦτα ἔχουσιν τοῦ ἀκούειν καὶ οὐκ ἀκούουσιν("들을 귀가 있어도 듣지 아니하나니"). 또한 15장과 17장; 렘 5:21 참조.

48) 비유와 관련된 외경의 사용례에 대해서는 Aune, "Form and Function," 194을 보라.

49) Enroth, "Hearing Formula." Enroth는 공관복음서에 있는 마음을 강퍅하게 하거나 눈을 감기게 한다는 의미는 그 문구 사용에서 사라졌다고 주장한다.

50) Vos, *Synoptic Traditions*, 73-75.

할 것이라는 사실을 내포한다. 그러나 이제 그 문구가 하나님의 백성으로서 참 이스라엘의 연속인 교회를 겨냥한다. 교회는 이스라엘처럼 타협하고 영적으로 가사상태에 처했으며 우상숭배에 빠졌다. 그래서 비유적 계시 방법이 도입되었다. 요한계시록 전체에서 비유는 믿지 않는 자들에게 심판의 효과만 갖는 것이 아니다. 비유는 신자들에게 그들이 어울리기 시작한 우상숭배의 끔찍하고 짐승과 같은 특성을 알림으로써 타협하고 안주해 있는 교회에게 충격을 주기도 한다.

"귀 있는 자는 들을지어다"라는 문구의 사용은 부분적으로 그리스도와 또한 그가 편지에서 말씀하시는 것에 주의를 환기시킨다. 그래서 이 문구는 2-3장과 문학적 한 단위를 형성하는 상징적인 "인자" 환상(1:9-20)을 가리키기도 한다. 더욱이 그 문구는 앞에서 언급한 2중적 계시 기능을 하도록 의도된 4-21장의 환상 비유들을 예상하기도 한다. 이것은 13:9에서 같은 문구("누구든지 귀가 있거든 들을지어다")가 사용된 것에서도 암시된다. 이 본문은 13:10의 권면과 함께 현재의 독자들을 위한 삽입 어구를 형성한다.[51]

이것은 4-21장의 상징적인 여러 환상이 일곱 편지의 비교적 더 추상적이고 명제적으로 표현된 권면과 경고와 약속들을 비유적으로 묘사한 것이어서, 후자가 전자를 해석한다는 것을 의미한다. 이러한 논제는 나팔과 대접 환상들이 출애굽 재앙의 표적들을 모델로 삼은 데서 입증된다. 출애굽 재앙은 원래 바로와 애굽 사람들을 강퍅하게 하는 기능을 했지만, 이스라엘에게는 계시와 구원을 전달하는 기능을 했다. 이 모델은 이제 교회와 세계에 적용된다. 이것은 우리가 제안한 그리스도의 비유적인 "들음" 문구에 잘 들어맞는다. 그러므로 요한계시록에 대단히 많은 상징적 전달이 존재하는 신학적인 이유가 있다.

---

51) 13:9의 들음 문구처럼 환상 단락에서 일곱 편지의 어구와 사상을 비슷하게 발전시킨 본문들은 14:12, 13; 16:15a, b(각각 순서대로, 2:13, 19; 2:10-11; 2:5, 16; 3:17-18)이다. 13:18과 17:9 역시 현재형으로써 분별하라고 권면한다. 그래서 두 본문은 일곱 교회에 보낸 편지와 13:9, 10c에 있는 문구와 본질적으로 동의어다(13:10c의 문구와 13:9; 13:18; 17:9의 밀접한 관계를 주목하라). 참조. Sweet, *Revelation*, 82; Beale, "Danielic Background for Revelation 13:18 and 17:9."

들음 문구가 궁극적으로 사 6:9-10에 뿌리를 둔다는 사실을 상기하면, 왜 그 문구가 우상과 타협하는 문맥에서 사용되었는지 설명하는 데 도움이 된다. 우상이 눈은 있지만 볼 수 없고 귀가 있지만 들을 수 없듯이, 사 6:9-10은 배교한 이스라엘 백성도 이렇게 그들이 경외하는 것을 영적으로 닮게 되었음을 비유적으로 묘사한다(시 115:4-8; 135:15-18). 이스라엘 백성은 그들의 우상들처럼 영적으로 생명 없는 존재가 되고 말았다.[52] 비록 일곱 교회가 아직은 그 당시 문화의 우상들에게 굴복하지 않았지만, 개중에는 굴복하는 사람들이 있었고, 또 유혹에 직면한 사람들도 있었다. 그러므로 들음 문구는 우상숭배의 분위기에 젖어 있는 교회에게 우상과 동일시되지 말라고 경고하기에 적합한 말씀이다.[53]

그리스도는 환난을 견딘 서머나 교회를 칭찬하신다. 그는 임박하고 더욱 혹독한 박해를 예상하시며, 영생과 하늘의 왕위를 상속하기 위해 계속 충성하라고 권하신다(2:8-11).

8-9절　　　그리스도는 다시 이 교회의 상황에 가장 적합한 1장 환상의 내용으로 사신을 소개하신다. 그는 홀로 영원성을 가지고 역사를 주관하시는 신적 주권자이시다("처음이며 마지막"). 그리스도는 죽은 자 가운데서 부활하심으로써 이러한 신적 품성을 계시하셨다(8b절의 완전한 의미를 논의한 본서 1:17b-18a 주석 참조). 그리스도가 역사를 통치하신다는 사실은 유대인들의 모함 때문에 경제적 어려움을 겪고 있는 교회에게 위로의 근거를 제공한다. 하지만 서머나 교회의 성도들이 그런 환난에 직면해서도 충성한 것은 그들이 영적으로 부유하다는 증거다(몇몇 사본에서 본문과 2:13에 οἶδα["내가 알거니와"] 다음에 τὰ ἔργα["행위"]를 첨가한 것은 2:2; 3:2, 8, 15과 부차적으로 조

---

52) 사 6장에서 이 점을 석의적으로 자세히 논의한 Beale, "Isaiah VI 9-13"을 보라.
53) 요한계시록의 상징적 비유 사용과 관련하여 들음 문구의 중요성에 대해 더 자세하게 설명한 Beale, "The Hearing Formula and the Visions of John in Revelation"을 보라.

화를 이룬다). 경제적 궁핍 속에서도 이처럼 영적으로 부유한 것은 이 땅에
서 나그네 생활을 하는 신자들의 전형적인 특징이다(고후 6:10; 약 2:5; 고전
1:26-29). 이것은 (경제적으로는) 부유하지만 믿음에 있어서는 가난하며 불
경건한 "땅에 거하는 자들"과 대조된다. 라오디게아 교회는 그렇게 될 위험
에 처해 있었다(3:17-18).

　우리가 알고 있는 1세기 말엽의 소아시아의 상황을 보면, 이 그리스도
인들이 어떻게 박해를 받았는지 추측할 수 있다. 1세기 말엽까지는 기독교
가 로마에 의해 (하나의 종교로) 용인된 유대교의 우산 아래에서 어느 정도
보호를 받았다. 유대인들은 카이사르를 신으로 경배하라는 강요를 받지는
않았으며, 그 대신 황제를 신이 아니라 통치자로 존경하며 제물을 드리도
록 허용되었다(자세한 내용은 2:24-25의 주석 참조). 하지만 네로의 박해 이후
기독교는 의심의 대상이 되었다. 로마 제국에서는 새로운 종교가 용납되지
않았기 때문이다. 때때로 그들이 믿는 구약의 하나님과 아울러 다른 신들
을 경외하는(semi-revering) 것을 꺼려하지 않았던 유대인은 종종 로마 당
국자들에게 그리스도인들이 유대 종파가 아니라는 것을 폭로했다.[54]

　유대인들이 그리스도인들을 고발한 이유 중 하나는 유대인 동료들이
나 이방인 가운데서 "하나님을 경외하는 사람들"이 기독교로 개종하는 것
에 화가 났기 때문일지도 모른다(Ignatius, *Smyrneans* 1:2) 유대인들은 기독
교가 유대인의 율법을 파괴하고 구원을 쉽게 얻는 삐딱한 방법을 제시하는
종교로 여겼을 것이다. 또한 유대인들은 십자가에 못 박힌 범죄자를 하나
님의 메시아로 예배하는 그리스도인들을 신성모독자로 간주했다(행 26:9-
10과 바울이 갈 3:13에서 신 21:23을 사용한 것 참조. 이는 바울이 동일한 본문을 유
대인들이 전용[轉用]한 것에 대응하기 위한 것이었다. 회당에서 그리스도인들에게
저주를 선언한 실례에 대해서는 Justin, *Dialogue* 16, 47, 96 참조).

　유대인들의 비방을 언급한 직후 10절에서 로마의 박해가 언급된 것은

---

54) 소아시아에서 유대인들의 혼합주의의 예는 Price, *Rituals and Power*, 220-21; J. M. Ford,
Revelation, 393(과 거기에 있는 참고문헌들)을 참조하라.

유대인들이 로마인들 및 이방인들과 연합하여 그리스도인들을 압박했다는 역사적 보도와 일치한다(예. 행 13:45, 50; 14:2-7, 19; 17:5-9; 살전 2:14-16; *Martyrdom of Polycarp* 12:1-2; 13:1; Tertullian, *Scorpiace* 10). 유대인들이 정부의 당국자들 앞에서 고발했던 구체적 내용은 아마도 그리스도인들이 현 사회의 평화를 뒤엎는다는 것과 그들이 유대교의 한 종파가 아니라는 것, 그리고 카이사르를 주님으로 경외하지 않는다는 것이었을 것이다(요 19:12과 행 24:1-9에 이 내용이 예상되었다). 이에 더하여, 서머나의 역사를 보면 그 도시는 나름대로 로마에 충성했고, 특히 로마의 종교를 기리기 위해 하나 이상의 신전을 세웠다는 것이 밝혀진다(Tacitus, *Annals* 4.55-56). 이러한 종교적 애국심은 황제의 신성에 경의를 표하지 않는 그리스도인들에게 일반적으로 관용을 베풀지 않음을 의미한다.[55]

사실 황제 숭배는 도시의 구석구석과 종종 소아시아의 작은 마을까지 스며들었다. 그래서 개인들은 어느 정도 로마의 제의에 참여함으로써만 경제적 번영과 더 높은 사회적 지위를 얻을 수 있었다. 상류층이든지 하류층이든지 막론하고 모든 시민은 지방법에 따라 다양한 경우에 행해지는 황제 숭배에 참여해야 했으며, 가끔은 방문자들이나 외국인들까지도 초대받았다. 시의 관원들은 이 제의에 지나치게 헌신적이어서 공공기금에서 출원한 돈을 개인에게 나눠주어 황제에게 제사를 드리라고 부추기기도 했다(에베소에서 일어난 일이 대표적이다). 제국의 이러한 제의에 참여하지 않고 도시의 공적 생활을 하는 것은 거의 불가능했다.[56] 그리스도인들에게 제의에 참여하기를 요구하는 압박은 도미티아누스 치하(기원후 81-96년)에 증가했을 것이다.[57] 참여하지 않는 사람들은 정치적으로 충성하지 않고 애국심이 없는

---

55) 얼마 뒤에 기독교에 가해진 로마의 박해 상황을 담은 문헌은 Pliny, *Epistles* 10.96, 97; Sweet, *Revelation*, 28-30과 그곳에 인용된 자료를 보라.
56) 소아시아에서 이러한 황제 숭배의 영향을 논한 Price, *Rituals and Power*, 78-121, 243-48을 보라. 또한 소아시아에서 잘 알려진 제단·성전·제사장과 공식적 황제 숭배의 장소들, 황제 숭배용이 아닌 이교 신전들을 전반적으로 개괄한 Price, *Rituals and Power*, xxi-xxvi, 249-74을 보라.
57) 서론의 "그리스도인들에게 가해진 박해"와 "교회의 상황과 요한계시록의 목적과 주제"를 보라.

사람으로 여겨져 로마법에 따라 체포되고 (유배나 사형 등) 벌을 받았다. 하지만 참된 그리스도인들은 그리스도 이외에는 어느 누구도 주님이라고 부를 수 없었다.

그런데 유대인들이 서머나 교회를 공격한 것은 역설적이다. 유대인들은 서머나 교회를 핍박함으로써, 자신들이 "거짓 유대인"일뿐더러 "사탄의 회당"이라는 것이 밝혀졌고, 교회는 "참 이스라엘"이라는 것이 넌지시 드러났기 때문이다. 주석가들 중에는 교회를 마지막 때의 이스라엘과 동일시하는 것에 이의를 제기하는 이들이 더러 있다.[58] 그럼에도 교회를 참 이스라엘과 동일시하는 것은 요한계시록의 넓은 문맥에서 드러날 뿐만 아니라(예. 1:6, 7, 9, 12; 2:17; 3:9, 12; 5:9-10; 7:4-9, 15-17; 11:1-4), 교회가 이스라엘에 관한 이사야서의 예언을 성취한다고 이해하는 앞뒤 문맥에서도 확증된다(1:17; 2:10의 주석 참조). 특히 교회의 시련과 다니엘과 그의 세 친구들이 당한 시련이 서로 연결된 것에서 이 사실은 한층 강조된다(2:10). 성도들을 거짓 고소하여 박해를 받게 한 유대인들은 "사탄"("거짓 참소자")과 동일시되었다. 이것은 하나님의 백성을 박해하는 짐승의 특성이기 때문이다(참조. 13:1, 5-6; 17:3-6의 βλασφημίας["신성모독"]; 참조. 요 8:44). 이러한 공모로 인해 로마 당국자들은 그리스도인들에게 다양한 경제적 제재를 가했고, 종종 상거래를 금지하며(무역조합에서 강제 탈퇴), 가끔은 옥에 가두기도 했다(히 10:34은 그리스도인들이 그들의 믿음을 위해 재산을 빼앗기기도 했다고 한다).

믿지 않고 박해하는 유대인들이 "사탄의 회당"이라고 불리는 까닭에 교회가 참 회당임을 암시하는 내용은 쿰란 문헌과 병행을 이룬다. 쿰란 문헌에서 배교한 유대인들은 "벨리알의 회중들"이라고 불렸다. 반면에 "당신의 언약을 의지하는" 쿰란 공동체에 참 유대인이 있다고 이해한다(1QH 2.22). 이와 비슷하게 1QH 7.34은 택함 받은 자들을 "외식하는 사람들의 총회"와 대조한다(참조. CD 11.7-9).

---

58) Thomas, *Revelation 1-7*, 165.

크라프트는 거짓 유대인들이 원래는 그리스도인들이었으며 박해가 닥쳤을 때 회당으로 피신했다고 믿는다.[59] 물론 이 사실을 지지하는 증거는 없다. 9절에서 정동사에 의해 지속되는 분사의 현상을 논의한 1:5의 주석과 MHT II, 429을 보라.

10절   서머나 교회는 그런 박해를 "두려워하지 말라"는 권면을 받는다. 종종 그랬듯이, 그 박해가 투옥이나 사형과 같은 더욱 가혹한 형태를 띤다고 해도 말이다. 사실 그리스도께서는 서머나의 그리스도인들에게 더 가혹한 형벌을 대비하라고 말씀하신다. 그들은 임박한 시험을 "두려워하지 말아야" 한다. 그들의 목숨과 운명이 역사를 주관하는 영원한 전능자의 손에 있기 때문이다. 그리스도는 이미 박해를 경험하셨고 심지어 죽기까지 하셨지만 부활하심으로써 죽음을 이기셨다(1:8b. "두려워하지 말라"와 "처음이며 마지막"과 "죽었으나 살아 있다"는 것 사이의 동일한 논리적 연결에 대해서는 1:17b-18a을 참조하라). 서머나의 그리스도인들은 로마인들과 유대인들을 동원하여 전방위적 압박을 가하는 마귀를 두려워해서는 안 된다(9절). 예수가 마귀를 멸하셨고(1:1, 18; 12:1-12), 마귀의 반역하는 여러 노력들이 오히려 역사를 주관하시는 그리스도의 주권적인 계획을 성취하는 데 이바지했기 때문이다(참조. 17:17). 그러므로 참 성도들은 박해를 통해 교회 안에서 타협을 시도하려는 마귀의 궤계를 두려워해서는 안 된다. **왜냐하면**(ἰδού를 주목하라[2050에는 γαρ가 있기도 하다]) 이런 박해는 사실 교회 안에서 참 신자들과 거짓 신자들을 구별하는 "하나님의 시험"이기 때문이다(참조. 고전 11:19).

실제로 예수는 이 시험들을 통해 자기 백성을 강하게 하려는 목적(ἵνα)을 갖고 마귀의 여러 다양한 시도를 사용하신다. 하지만 예수가 역사의 궁극적 주관자이시므로 그는 다가오는 환난의 기간을 단축시킬 수 있음을 보여주신다. 그러므로 성도들은 시험의 기간이 곧 끝날 것을 알기 때문에 충성할 수 있다. 그러므로 그리스도가 누구이신지 알고 독자들이 그와 관련

59) Kraft, *Offenbarung*, 61.

이 있는 것에 근거하여, 주님은 서머나 교회에게 두려워하지 말고 "충성하라"고 명하신다. "두려워하지 말라"는 권면은 그리스도에게 적용된 문구("처음이며 마지막")처럼 이사야서에서 취한 것이며, 지금은 교회에 적용된다. 이것은, "사탄의 회당"인 믿지 않는 유대 민족과 대조적으로, 마지막 날과 관련한 이사야서의 예언이 참 이스라엘인 교회에서 성취되고 있기 때문이다(자세한 내용은 2:17의 주석을 보라. 참조. 2:9).

옥에 던지는 것이 서머나의 그리스도인 몇 사람을 위협하는 주된 환난은 아니다. 로마 세계에서 투옥은 전형적으로 재판과 처형의 전조였다. 가끔은 감옥이 임시 구류의 장소로 사용되기도 했지만 말이다(예. 행 16:23-40; 고후 11:23 참조). 10절의 마지막 어구("죽도록 충성하라")의 내용으로 미루어 볼 때, 환난은 대체로 사형을 염두에 두었음이 분명하다.

그들이 "십 일 동안 환난을 받으리라"는 것은 단 1:12-15의 암시다. 다니엘서 본문에는 다니엘과 세 친구들이 "열흘 동안 시험"받았다는 내용이 2번 반복된다. 이 기간에 그들은 "왕이 택하여 준 음식"을 먹지 않았다. "시험"의 목적은 그들이 왕이 주는 음식을 먹은 청년들처럼 건강할 수 있는지를 결정하는 것이었다. 다니엘과 세 친구들은 왕의 식탁에서 음식을 먹으라는 압박을 받음으로써 이교와 타협하게 하는 유혹을 받았다. 그들이 그렇게 하기를 거절했던 것은 그 음식이 우상에게 드려졌던 음식이었기 때문이다(참조. 단 1:2; 5:3-4). 더욱이 고대 근동에서 왕과 함께 식탁에서 음식을 먹는 것은 어느 누구보다 왕에게 완전히 충성한다는 상징적 행위였다. 하지만 히브리 젊은이들은 그렇게 할 수가 없었다. 왕이 자신을 신이라고 생각했기 때문이다(예. 단 3:2a LXX과 단 4:37 LXX을 비교해보라).

요한은 그의 독자들의 상황을 이 배경과 적절히 비교한다. 카이사르를 주님으로 섬긴다는 공적 표시를 하지 않고 축제 음식을 통해 수호신들에게 경의를 표하는 무역조합의 활동에 참석하지 않는다고 유대인들이 혐의를 제기했기 때문에 독자들은 박해를 받았다(이런 배경에 대해서는 2:14-15의 주석 참조). 유대교와 초기 기독교에게 다니엘과 그의 세 친구들은 우상을 숭배하기보다는 그들의 믿음을 위해 차라리 박해를 받으려는 사람들의 모델

이 되었다.[60] 2세기 중엽 서머나 교회의 감독이던 폴리카르포스(Polycarp)
의 순교 이야기는 그보다 일찍이 그 교회의 신앙을 위협했던 위기의 단면
을 보여준다. 폴리카르포스는 로마 총독에게 카이사르를 주님으로 공적으
로 인정하지 않으면 처형된다는 말을 들었다. 폴리카르포스는 신앙을 위해
목숨을 내놓았다. 폴리카르포스가 계 2장의 서머나 교회에게 보낸 편지를
읽은 독자들 중 한 사람이었을지도 모른다고 주장하는 사람이 있다. 폴리
카르포스가 기원후 115년에 서머나의 감독이 되었고, 죽기 전에 그 편지의
메시지로 용기를 얻었다는 것이 그 이유다.

이처럼 한시적인 혹독한 시험은 요한계시록에서뿐만 아니라(1:9; 2:22;
3:10의 주석 참조) 신약성경 전체에서 가르치는(특히 바울 서신에서 θλῖψις["환
난"] 사용을 주목하라) 그리스도인의 실존의 특징인, 시작된 종말론적 환난의
일부일 뿐이다. 그 환난이 얼마나 계속되든지 간에, 교회에 있는 모든 사람
이 이러한 혹독한 시험을 겪어야 하는 것은 아니다(참조. ἐξ ὑμῶν["너희 가운
데에서 몇 사람"]).[61]

그리스도는 이처럼 최고의 시험을 직면할 사람들에게 죽기까지 충성한
다면 영생의 상("생명의 면류관")을 약속하신다("생명의 면류관"의 의미에 대해
서는 11절 주석 참조). "십 일"은 문자적 열흘일 수도 있다.[62] 하지만 "십 일"은
시험 기간을 가리키는 비유적 표현일 가능성이 더 많다. 그 숫자는 그리스

---

60) 참조. *4 Macc.* 18:11-18; Daniélou, *Origins of Latin Christianity*, 321-23; Frend,
   Martyrdom and Persecution, 67. 계 2:10에 다니엘과 그의 친구들이 암시된 것은 사드락과
   메삭과 아벳느고가 느부갓네살의 신상에 절하지 않는 이야기를 서술한 단 3장을 계 13장에 암
   시할 것을 예고한 것일 수 있다(계 13:7-8, 14-15, 18의 주석 참조, 단 3:12, 18 LXX 참조). 느부갓
   네살의 신상은 초기 교회에서는 로마 황제의 신상의 원형으로 이해되었다(카타콤에서 나온 2세
   기 초의 증거와 3, 4세기의 다른 증거에 대해서는 Price, *Rituals and Power*, 199을 보라).

61) 동작의 대상으로 기능하는 ἐξ ὑμῶν의 부분적 표현("너희 가운데에서 [몇 사람]")은 성경에 쓰
   이지 않는 그리스어의 특징이 아니라 히브리어와 아람어의 숙어를 반영한다(MHT IV, 151).

62) "십 일"이 24시간 단위로 열흘을 의미한다는 Thomas의 주장(*Revelation 1-7*, 170-71)은 이
   것이 우선적으로 시험에 초점을 맞추는 다니엘서의 문학적 암시라는 것과 다니엘서가 상징
   을 그 특징으로 하는 묵시문학이라는 사실을 고려하지 않은 주장이다(본서 서론의 "요한계시
   록의 구조와 계획"을 보라). *Test. Jos.* 3:4은 단 1:8-16을 암시하며, 그것을 요셉이 시험을 받는
   기간에 70년간 금식하는 것에 적용한다. 이 시험은 "시험 열 개" 중 하나이다(*Test. Jos.* 2:7).

도인들이 겪게 될 기간의 혹독하지만 한시적인 특성을 지시하기 위해 사용
된 다니엘서의 문학적 암시다.[63] 그리스도와 동일시되고(참조. 1:9), 그의 영
원한 부활에 참여하는 것을 보증하는 것은 오직 인내하는 믿음뿐이다(참조.
2:8b에서 그리스도를 소개할 때 죽음과 부활을 언급한 것).

사본 하나(2050)는 θλῖψιν 뒤에 μεγάλην을 첨가하여 본문을 "큰 환
난"으로 읽는다. 이것은 아마도 그리스도인들이 "큰 환난에서 나왔다"(ἐκ
τῆς θλίψεως τῆς μεγάλης)고 말하는 7:14과 2:22의 θλῖψιν μεγάλην의 영
향 때문인 것 같다(2:22의 주석 참조).

11절   11b절에 계속되는 약속은 "생명의 면류관"이 영생을 가리키
는 비유라는 것을 분명하게 보여준다. 그리스도께서는 그리스도인들에게
위협적인 박해에 직면하여 타협하려는 유혹을 "이기면" "둘째 사망의 해를
받지 않을 것이라"고 약속하신다(참조. 마 10:28; 눅 12:4-5). 즉 최후의 심판
을 받지 않는다는 것이다(20:11-15; 21:8에서 "둘째 사망"이 이런 의미로 사용된
예를 보라). 혹독한 시험을 경험할 서머나의 모든 그리스도인은 죽음의 위
협을 받았을 것이다. 하지만 그들이 로마의 관을 쓴 권세에 의해 죽임을 당
하는 것은 곧 그들이 생명의 승리와 하늘의 "면류관"을 상속받음을 의미한
다(10절). 이 면류관은 그리스도의 천상적 승리의 통치에 참여함을 의미한
다(6:2; 14:14에서 στέφανος ["관"]가 이런 의미로 사용되었다). 10절의 소유격 τῆς
ζωῆς ("생명의")는 "면류관"과 동격이든지 면류관의 특성을 설명한다. 마찬가
지로 τὸν στέφανον τῆς ζωῆς ("생명의 면류관")는 약 1:12에서 시험에서 인내
한 상을 언급하며, 벧전 5:4의 τῆς δόξης στέφανον ("영광의 관")에도 동일한
의미가 있다(벧전 4:19-5:7을 보라).

그러므로 "이긴다"는 것은 이 땅에서 죽음에 이르는 패배가 하늘의 승

---

63) πειρασθῆτε...ἡμερῶν δέκα ("너희가 십 일 동안 환난을 받으리라")는 단 1:12(πείρασον...ἡμέρας
δέκα, "열흘간 시험하여"), 14(ἐπείρασεν αὐτοὺς ἡμέρας δέκα, "그가 열흘간 시험하였다")에 근
거한다. 단 7장에 근거한 계 12:3; 13:1; 17:3, 7, 12, 16에서 숫자 10의 비유적 사용과 구약에서
열흘이 철저한 시험을 언급하기 위해 사용된 예를 주목하라(예. 창 24:55; 31:7, 41; 출애굽기
의 열 재앙; 민 14:22; 욥 19:2-3).

리와 생명이라는 역설적 이김을 나타낸다. 이것은 5:5-6에서 그리스도와
관련하여 νικάω["이기다"]의 동일한 사용 패턴을 따른 것이다(참조. 3:12. 교
회와 관련하여 νικάω["이기다"]의 비슷한 이해에 대해서는 2:26-29의 주석 참조). 이
와 비슷하게, 성도들의 이김은 2:8에 소개된 패턴에 근거한다. 2:8에는 그
리스도의 죽음이 그를 부활의 생명으로 이끌었다고 한다. *Martyrdom of
Polycarp*는 이 약속에 비춰 해석되었을 것이다. *Martyrdom of Polycarp*
17:1에는 이렇게 기록되었다. "의인들의 가족을 괴롭히던 악한 자"는 폴리
카르포스가 죽은 후에 "**불멸의 면류관**을(τὸν τῆς ἀφθαρσίας στέφανον) 쓰
게 되었다는 것"에 몹시 분개하였다. 그래서 그는 사형집행관에게 죽은 폴
리카르포스의 시신을 불에 태우라고 지시했다. 19:2에는 이런 내용이 나온
다. "폴리카르포스는 인내함으로써 불의한 통치자를 이겼으며, 이렇게 하여
불멸의 면류관을(τὸν τῆς ἀφθαρσίας στέφανον) 얻었다"(Hermas, *Similitudes*
8.3.6에 나오는 νικάω와 στεφανόω를 보라: "악마와 싸워 **이긴** 사람들은 다 **면류관**을
받았다. 이들은 율법을 위해 고난을 받은 사람들이다". 두 단어가 동일하게 등장하여
같은 의미를 지니는 경우가 4 *Macc.* 17:12-18에도 등장한다. 거기서는 이긴 사람들
이 "생명"을 상속했다는 내용이 첨가되었다).[64]

계 2:10에서의 경우와 아울러 이런 사용례에 비춰볼 때 "면류관"은 죽을
때 받게 되는 상이라는 것이 드러난다(딤후 4:8과 벧전 5:4에서 "면류관"은 그리
스도의 재림 때 받게 되는 상으로, 2 *Bar.* 15:8에서는 종말에 받게 되는 상으로 그려
졌다). 본문에서 면류관은 죽을 때 완전하게 주어지는 상으로 보는 것이 가

---

[64] στέφανος는 Wis. 5:16에서 하늘에서 하나님과 더불어 행사하는 승리의 통치를 의미하고, 시
8:5에서는 LXX의 여러 곳에서처럼 왕위를 가리킨다. 이 단어에는 헬라 세계에서 승리라는 일
반적 의미가 있다. 이 단어는 경기 승리의 화관과 함께 사용되고, 신랑, 축제, 성실히게 일한 지
방 공무원에게 주는 상, 제국의 사제들, 신비종교에서 입문 의식, (1세기 이후 계속해서) 기독
교의 세례 등과 다양하게 결합된다. στέφανος가 결합된 수많은 예들, 특히 고대 서머나와 관련
하여 연결된 예들에 대해서는 Hemer, *Letters*, 70-76을 보라. 또한 Price, *Rituals and Power*,
170-71; *NDIEC* II, 50(여기서는 면류관이 사후에 내리는 상으로도 언급된다. 또한 *NDIEC* IV,
13); Prigent, *Apocalypse et Liturgie*, 17-19. Prigent이 이 단어에 세례 배경이 있다고 제안한
것은 추측에 불과하다(Brütsch, *Clarté*, 62; Daniélou, *Théologie du Judéo-Christianisme*,
282-84).

장 좋지만, 성도들이 이미 부분적으로 향유하고 있는 것이 분명하다. 3:11
에서 빌라델비아 교회는 "네가 가진 것을 굳게 잡"으라는 명령을 받는데,
바로 이어 그것이 "면류관"으로 설명된다("아무도 네 면류관을 빼앗지 못하게
하라"; Odes Sol. 20:7에는 신자들이 현재 "주님의 은혜를 입고, 주님의 낙원에 가서
주님의 나무로 자신을 위하여 면류관을 만들라"는 권면을 받는다. 성도들에게 이 면
류관은 과거와 현재의 실체다[1:1-3; 17:1; 참조. Asc. Isa. 9:18]).

10-11절의 약속은 20:4-6에서 확장된다. 거기서 믿음 때문에 죽은 신
자들이 "생명"과 그리스도와 함께 통치하는 것과 "둘째 사망"에서 보호받
는 것을 상으로 받는다. 마귀는 신자들을 옥에 던지고 죽일 권세를 받았다
(2:10). 하지만 마귀 자신도 이미 영적인 옥에 갇혔으며, 그의 권세는 제한
되었다. 그래서 마귀는 신자들에게 궁극적인 "둘째 사망"의 해를 가하지 못
한다(2:10과 20:2-3, 7에 "던지다, 마귀, 옥"[βάλλω, διάβολος, φυλακή]이라는 단어
가 결합되어 사용된 것을 주목하라. 두 본문이 병행관계일 가능성에 대해서는 20:1-7
의 주석 참조). 그리스도는 부활하심으로써 죽음의 전 영역을 다스리는 권세
를 받으셨다(그는 지금 "사망과 음부의 열쇠"를 가지셨다[1:18b]). 그리스도는 그
권세를 가지고 사망과 음부의 영역을 지배하는 사탄적 통치자를 결박할 수
도 있고 사탄의 궁극적인 해로부터 자기 백성을 보호할 수도 있으시다. 이
런 사상은 1:18b("볼지어다 이제 세세토록 살아 있어 사망과 음부의 열쇠를 가졌노
니")에 의거한 것이 분명하다. 이것은 "두려워하지 말아야 할" 이유일 뿐만
아니라, 이기는 자는 "둘째 사망의 해를 받지 않는다"는 결론적 주장의 근
거이기도 하다(2:11b). 1:18a("살아 있는 자라 내가 전에 죽었었노라")에 묘사된
내용이 서머나 교회에게 보내는 편지의 도입부에 사용되었다(2:8). "둘째 사
망"을 받는 사람들은 성도들의 부활이나 장차 올 새 세상의 생명에 참여하
지 못할 것이다. 그들에게는 영원히 계속되는 벌만 기다리고 있을 뿐이다.[65]

---

65) Targ. 렘 51:39, 57; Targs.(Pal. Onk., Neof., frag. Jer.) 신 33:6; Targ. 사 22:14; 65:6, 15;
   McNamara, New Testament and the Palestinian Targum, 117-25; Philo, Praem. 2.419의
   "둘째 사망"을 참조하라. 또한 본서 계 19:20; 20:6, 14; 21:8의 주석 참조.

그리스도는 버가모 교회가 환난 중에도 끝까지 증언한 것을 칭찬하고, 우상숭배와 타협한 것을 책망하신다. 또한 심판을 받지 않고 그리스도와 하나가 되고 그와 종말론적인 교제를 상속받기 위해서는 이것을 이기라고 격려하신다(2:12-17).

12-13절   그리스도는 1장의 환상에서 자신에 대해 묘사한 것 중 하나로 자신을 다시 소개하시는데, 이 교회의 상황에 가장 적절한 묘사를 사용하신다. 도입부에 그리스도를 묘사한 것은 버가모 교회에게 보내는 편지의 문학적 틀을 지배한다. 1:16의 동일한 이미지가 이 편지의 결론(2:16)을 형성하기 때문이다. 그러므로 교회의 죄로 인해 위협적인 심판자로 교회 위에 서 계시는 그리스도는 버가모에 보내는 편지 전체를 지배하는 사상이다(참조. 1:16에서 "검" 이미지를 논의한 내용).

하지만 그들을 괴롭히는 죄 문제를 다루기 전에, 그리스도는 그 교회의 교우들이 충성했던 일을 칭찬하신다. 그들은 서머나의 그리스도인들처럼 그리스도를 믿는 그들의 믿음을 공공연하게 증언했다("네가 내 이름을 굳게 잡아서"). 심지어 심각한 박해가 벌어졌을 때에도 그들은 그리스도를 믿는 믿음을 부인하지 않았다. 2:13의 τὴν πίστιν μου는 목적어 소유격("나를 믿는 믿음을")으로 보는 것이 가장 좋다.[66] 안디바와 같은 "나의 승인, 나의 충성스러운 자"들조차 죽임을 당했다. 여기서도 소유격 μου는 대상("나를 증언한 증인, 나에게 충성스러운 자")을 언급할 것이다.[67] 이것은 NIV에서는 "나의 충성스러운 증인"으로, JB에서는 단순히 "충성스런 증인"으로 풀어 번역된다(1:5의 주석 참조. 참조. 행 22:20).

그리고 서머나 교회에서처럼 "사탄"이 박해를 촉발한 배후의 실체로 거명된다. 버가모에 있는 "사탄의 보좌"는 소아시아 지역의 로마 정부와 이교의 중심으로 그 도시를 언급하는 한 방법이다. 버가모는 소아시아에서 로

---

66) D. S. Deere, "Faith/Loyalty."

67) Swete, *Apocalypse*, 35.

마의 통치자를 위해 신전을 건립한 최초의 도시였으며, 황제 숭배를 수행하는 전 지역의 수도였다. 버가모는 카이사르 숭배를 위해 헌정된 신전의 "신전 관리인"(νεωκόπος)으로 스스로를 자랑스럽게 명명했다. 이러한 정치와 종교의 중심지에서의 생활은 카이사르를 신으로 여겨 그에게 공적으로 경의를 표하라는 압박을 가중시켰다. 이를 거절하는 것은 국가를 반역하는 것을 의미했다.[68]

더욱이 버가모는 여러 다양한 신들을 숭배하는 이교 의식의 중심지이기도 했다. 예를 들어 버가모에서는 치료의 뱀 신인 아스클레피우스 제의가 유명했다. 아스클레피우스의 상징인 뱀은 그 도시의 상징물 중 하나였기에 요한이 "사탄의 보좌"를 언급하게 되었을 것이다(참조. 12:9; 20:2!). 제우스, 아테나, 데메테르, 디오니소스 등도 당시 중요한 제의의 대상이 되었던 신들이다. "사탄의 보좌"라는 언급은 버가모 도시 뒤편에 많은 신전이 있는 원뿔 모양의 언덕을 염두에 두고 사용한 것일지도 모른다. 그 곳의 신전들 중에 보좌처럼 생긴 제우스 제단이 가장 유명하다. 그것 하나만으로도 마귀의 보좌라는 생각을 불러일으키기에 충분했다. 13:2에는 사탄이 "짐승"에게 "그의 보좌와 커다란 권세"를 주었다고 언급되었다(참조. 16:10). 이렇게 사탄은 버가모에서 하나님의 백성을 박해하려고 불경건한 세상의 정치적 권력을 통해 일한다(13:1ff. 주석 참조).[69]

그러므로 이런 분위기에서 그리스도인들이 이방 종교를 공적으로 용납한 사람들과 마찰 없이 자기들의 믿음을 유지한다는 것은 무척 어려웠을 것이다. 이 모든 종교의 배후에는 사탄이 최고 통치자로 자리하고 있었다. 이것은 대부분의 헬라 도시에서 지역의 종교적 전통 때문에 시민들이 오랫동안 경의를 표했던 신들에게 제사를 드리는 것이 당연시되었다는 사실로도 한층 강조된다. 이러한 숭배는 심지어 카이사르에게 경의를 표하기에 앞서 거행되었던 것 같다. 그리스도인들이 황제에게 제사 드리기를 종

---

68) Charles, *Revelation* I, 61.
69) Mulholland, *Revelation*, 106-7.

종 강요받았던 것은 그들이 이미 숭배의 대상이 된 여러 지역 신들을 인정
하기를 거부하여 로마 당국자들로부터 소환되었던 까닭에 있었다.[70]

그리스도의 검의 심판하는 힘은 교회 안에 배교하는 자들을 심판하는
데 있을뿐더러(참조. 2:16), 버가모에서 그리스도인들을 박해하는 데 권력
을 남용하는 사탄적인 로마 사법의 중심을 타파하려는 데도 사용된다(로마
의 총독들에게는 최고의 "검을 사용할 권한"[ius gladii, 즉 사형]이 있었다). 그리스
도의 보좌는 사탄의 보좌를 지배한다. 하나님이 정해주신 무력을 잘못 사
용하는 사탄의 대리자들(롬 13:1-4)은 하늘의 법정에서 심판을 받을 것이다
(단 2:37-38; 5:18-21). 이교적인 국가들을 멸하는 바로 이 심판은 검이라는
동일한 이미지를 사용하여 19:15, 21에 묘사되었다. 이 사실에 비춰볼 때,
박해를 받는 그리스도인들은 그들이 마지막 날에 신원함을 받게 될 것이라
는 사실로 용기를 얻을 것이다.

13절의 결론적 어구("사탄이 있는 곳에서")는 빛과 어두움이 서로 평화롭
게 공존하지 못한다는 사상을 강조하려고, 13절을 시작할 때 언급된 어구
("네가 어디에 사는지를 내가 아노니")와 대조된다. 그러므로 세상에 증언하는
교회는 박해받는 교회가 될 것이다.[71]

MHT는 ἐν ταῖς ἡμέραις("때에도") 뒤에 바로 이어지는 Ἀντιπᾶς ὁ
μάρτυς μου ὁ πιστός μου("내 충성된 증인 안디바가")라는 어구를 "그리스
어 구문에 위배되는" 셈어 어법으로 분류한다. 주격 Ἀντιπᾶς가 격 변화
를 하는 이름이기에 당연히 소유격 Ἀντιπᾶ가 되어야 하며, 이어지는 ὁ
μάρτυς...ὁ πιστός도 그래야 한다는 것을 그 이유로 제시한다.[72] 설령 그
이름이 격 변화를 하지 않는 명사라고 해도, 그것은 동격인 ὁ μάρτυς...ὁ
πιστός처럼 여전히 "~할 때에도"와 소유격의 관계에 있다.[73] 고유명사는
명칭의 주격으로 간주되지 않는다. 격 변화를 하지 않는 고유명사는 전

70) 참조. Price, *Rituals and Power*, 155-65, 221-22.
71) 참조. Mounce, *Revelation*, 97.
72) MHT I, 12; 또한 BDF §§53-55을 보라.
73) 참조. Metzger, *Textual Commentary*, 734.

형적으로 문장에서 그 쓰임새에 의해 요구되는 격을 갖기 마련이기 때문이다. 그러므로 수식어구인 "나의 충성된 증인"은 명칭의 주격을 수식하는 까닭에 주격으로 이해할 수가 없다.

하지만 문법적으로 소유격을 요구하는 1:4, 5의 어법 위반처럼, 여기서 그 어구는 주격을 유지한다. 1:5처럼 동일한 구약 암시에 속하기 때문이다. 1:5에서는 ὁ μάρτυς...ὁ πιστός가 시 88(89):38(37)의 주격 ὁ μάρτυς...πιστός의 암시로 등장한다(1:5의 주석 참조). 다시 말하지만, 안디바의 증언을 예수의 증언과 분명히 동일시하려고 구약의 암시에 주의를 환기시키는 어색한 주격이 의도적으로 사용되었다. 사실 "충성된 증인" 사상 배후에 있는 다른 구약 본문은 사 43:10-12이다(3:14의 주석 참조!). 이사야서 본문에서는 구속의 새 시대에 하나님과 그의 종과 더불어 이스라엘 백성이 "나의 증인"(ἐμοὶ μάρτυρες, 주격이다)이 될 것이라는 어구가 2번 반복된다. 그러므로 Ἀντιπᾶς가 Ἀντιπᾶ 대신에 부주의하게 삽입되었거나[74] 문법 교육을 받지 못한 사람의 코이네 문체의 특징인 것 같지는 않다.[75]

안디바라는 이름이 일반적으로 격 변화를 하지 않는 셈어 이름일 가능성은 있다. 헬라화 된 셈어 이름 중에 종종 격 변화를 하는 것도 있고 그렇지 않은 것도 있기 때문이다.[76] 하지만 "안디바"가 격 변화를 하지 않는 예는 발견되지 않았다. 더욱이 주격이 -ας로 끝나는 헬라화 된 셈어 고유명사는 일반적으로 제1명사 변화(-ας, -α, 등등)의 규칙에 따라 격 변화를 하는 것이 상례다.[77] 그 이름이 설령 여기서 격 변화를 하지 않는다고 해도, "나의 충성된 증인"이 주격인 이유는 격 변화를 하지 않는 이름 뒤에 "실수"로 삽입되었다는 데 있다고 말하는 것보다 더 자세한 설

---

74) Robertson, *Grammar*, 255과 MHT IV, 146-47이 추측하듯이 말이다.

75) MHT IV, 146-47.

76) Mussies, *Morphology*, 94; 같은 저자, "Antipas"; 참조. Robertson, *Grammar*, 255.

77) BDF §§53-55; Charles, *Revelation* I, 52. Lachmann과 그밖에 여러 사람들을 따라 Charles는 그 이름이 격 변화를 한다고 확신하며 추측하여 교정한 Ἀντιπᾶ를 제안한다.

명이 필요하다. 1:5에서는 같은 주격 문장이 소유격 Ἰησοῦ Χριστοῦ와 동등한 관계에 있다. 필경사들은 "안디바" 앞에 αις나 εν αις를 첨가하여 그리스어 독법을 부드럽게 하려고 했다. 하지만 그렇게 하더라도 여전히 이름의 소유격과 동격절의 소유격이 요구되는 까닭에, 필경사들의 시도는 성공하지 못했다.[78]

14절 하지만 버가모 교회는 타협한 집단으로 책망을 받는다. 이 맥락에서 검 이미지는 그 공동체를 바로 잡지 못한 것을 두고 교회에게 주는 경고의 상징이다. 문제는 에베소의 경우와 정 반대다. 내부 교리의 순수성을 지나치게 강조하면 바깥세상을 보는 관심이 부족할 수 있다. 반면에 내부 문제를 덜 강조하면 세상과 지나치게 동화될 수 있다. 버가모의 그리스도인들은 이교의 정치적·종교적 권세자들에게서 오는 외부적인 타협의 압박에 충실하게 맞섰지만, 내부적으로 발전한 미묘한 타협의 형태를 그만 허용하고 말았다. 이처럼 내부적 타협은 발람이 이스라엘과 타협했던 것을 예로 들어 설명된다(민 22:5-25:3; 31:8, 16). 이스라엘은 발람의 거짓말에 속아 우상을 숭배하고 음행을 저질렀다.

민수기에 근거한 이 고사는 버가모 교회에 있는 일단의 거짓 교사들에게 적용된다. 두 상황 간에 신학적 연속성의 원리가 감지되기 때문이다. 거짓 교사들은 요한이 바르게 가르친 것과 다르게 신자들이 이교의 문화·제도·종교와 밀접한 관계를 가질 수 있다고 주장했다. 이것이 "우상의 제물을 먹게 하였고 또 행음하게 하였느니라"라는 표현의 중요한 점이다. 두아디라 교회의 상황에 같은 어구가 적용된 것에서 분명하게 나타나듯이(2:20),

---

78) Metzger, *Textual Commentary*, 734을 보라. Stuart, *Apocalypse*, 71-72은 약간은 망설이면서도 미완료과거 ἦν에 주목함으로써 이 구문론적 문제를 해결하려 한다. "나의 충성된 증인인 안디바가 있었던 때에도." Stuart는 이런 식으로 설명하는 경우에 이 자체에도 문제점이 있다는 것을 인정한다(비슷하지만 좀 더 확신 있게 연구한 Düsterdieck, *Revelation*, 143과 Gill, *Revelation*, 709을 보라). 몇몇 소문자사본은 "안디바, 나의 증인, 나의 충성된 자" 뒤에 근거가 되는 어구 οτι πας μαρτυς πιστος("모든 증인이 충성되기 때문이다")를 덧붙여, 안디바가 넓은 의미의 증인들 범주에 속한 것을 설명한다(이와 비슷하게 시리아 역본과 아르메니아어 역본을 비롯한 다른 사본 증거에도 이런 내용이 있다. Hoskier, *Text of the Apocalypse* II, 67-68을 보라).

이것은 민수기 이야기에만 해당되는 것이 아니라 버가모의 문제에도 해당된다. 몇몇 사람들이 εἰδωλόθυτον을 **우상에게 바친** 후 시장에서 판매하는 고기를 가리킬 수 있다고 주장하지만(참조. 고전 8장; 10:23-30), 본문에서는 우상숭배의 맥락에서 그런 고기를 먹는 데 초점이 있다(이것은 고전 10:1-22의 문제이기도 하다). 이것은 발람과 이후에 이세벨(참조. 2:20)이 함께 등장하는 병행 어구에서 분명하게 드러나며, 두 경우 모두 노골적인 우상숭배를 겨냥한다.[79]

이것은 몇몇 사람들이 고전 8장의 상황이었다고 주장한 것처럼 단순히 양심이나 무관심의 문제가 아니었다. 오히려 카이사르를 공식적으로 인정하는 어떤 표지나 이교의 축제에 참여하는 것을 염두에 두었든지, 아니면 심지어 두 가지 모두를 생각하며 이 말을 했을 것이다. 당시 모든 무역조합이 카이사르의 신성을 공식적으로 인정했기 때문이다. (폴리카르포스는 "우리의 신들을 무너뜨리는 자이고 많은 사람을 가르쳐 제사나 숭배를 하지 못하게" 한 죄로 고소를 당했다[*Martyrdom of Polycarp* 12:1-2]). 특히 여기에 포함시킬 수 있는 것은 축제와 종종 성적으로 부도덕한 행위를 동반한 수호신 행사를 포함한 무역조합 축제다. 이런 행사에 참여하지 않는 것은 경제적·사회적 배척을 초래할 수 있었다(참조. 벧전 3:11-21). 그러므로 타협을 강요하는 압박이 실로 컸다. 이스라엘이 성적으로 또 영적으로 음행에 영향을 받았듯이, 버가모 그리스도인들도 마찬가지였다.

발람처럼, 이들은 우상 축제에 참여하는 것이 그리스도인들에게 허용되었다고 가르침으로써 그 축제에 참여하기를 독려한 거짓 예언자들 집단이었다. 다른 사람들처럼 우리도 이런 식으로 행동하는 것이 다음과 같은 논리로 합리화되었다고 추측할 수 있다. 즉 우상 축제에 참여하는 것이 애국심과 사회적 의무를 다 하는 것을 보여주는 몸짓에 불과하며, 그리스도

---

79) Witherington, "Not So Idle Thoughts"는 고린도전서를 비롯한 신약성경에서 εἰδωλόθυτον의 사용례 모두가 "우상에게 제사를 드린 고기와 우상 앞 또는 신전 구역에서 고기를 먹는 행위"를 가리킨다고 주장한다.

인들이 숭배의 대상이 되는 신들을 진정으로 믿지 않는 한 적법한 것이라고 생각했다는 것이다(자세한 내용은 2:24-25의 주석 참조). 그리고 발람처럼, 그들은 아마도 자신의 예언자적 교훈으로 복을 받을 거라고 믿었을 것이다(참조. 민 23:10). 거짓 교사들이 활개를 칠 수 있었던 이유 중에 하나로 그들이 올바른 교리를 가르친다고 철석같이 믿었다는 사실을 들 수 있다. 설령 속이려고 할 수 있었다고 해도, 그들이 의도적으로 교회를 속이려고 한 것 같지는 않다. 물론 그들의 교훈이 여전히 교회의 강점이었던, 버가모의 그리스도인들이 세상을 향해 증언하는 절대적인 주장을 결국 희석시켰을 것이다. 거짓 교사들이 그러한 태도를 취할 수밖에 없었던 데에는 아마도 경제적 박탈이 가해질지 모른다는 위협이 작용했을 것이다. 이것은 발람과 쉽게 비교할 수 있다. 발람과 관련한 이야기를 잘 살펴보면, 발람이 경제적 이득을 얻으려고 속임을 베풀었다는 것이 드러나기 때문이다.

발람은 침략해 들어오는 이스라엘 백성에게 저주를 선언하도록 모압 왕 발락이 고용한 이교 예언자였다. 하나님은 발람을 막아 이스라엘을 저주하지 못하게 하셨고, 그 대신 축복하도록 하셨다(민 22:5-24:25). 하지만 발람은 나중에 꾀를 내어 하나님께 계속 불순종했다. 모압 여자들로 하여금 이스라엘 남자들을 꾀어 "여호와 앞에 범죄하게" 했다(31:16). 이스라엘 남자들은 모압 여자들과 음행했고 그들과 함께 이교 신들을 숭배하는 데 참여했다(25:1-3). 이 계획은 성공했고, 하나님은 이스라엘 백성이 우상숭배에 연루한 죄를 물어 징계하셨다. 하나님은 모세에게 이스라엘에 내린 재앙을 그치게 하려면 백성의 지도자들을 처형하라고 명령하셨다. 하지만 모세는 즉시 순종하지 않았다. 그 대신 지도자들에게 실제로 음행과 우상숭배의 죄를 저지른 자들을 죽이라고 일렀다. 심지어 이것조차 충분히 실행되지 않았다. 그러나 이스라엘이 마침내 징계를 받자 재앙이 거두어졌다(민 25:4-9을 보라).[80]

---

80) 발람에 관한 유대 전통을 개괄한 Vermes, *Scripture and Tradition*, 127-77; Ginsberg, *Legends* III, 354-82; K. G. Kuhn, *TDNT* I, 524-25을 보라.

발람은 돈을 위해 신자들에게 타협하여 불충성하라고 부추기고, 멈추라는 하나님의 경고를 받고서도 계속 불순종하여 마침내 징벌을 받았던 거짓 교사의 한 모델이 되었다(민 22:7; 신 23:4; 느 13:2; 벧후 2:14-16; 유 5-12; Philo, *Vit. Mos.* i.264-314; *De Migratione Abrahami* 114).[81] 유대 전통에 따르면, 발람은 이스라엘 백성에게 죽임을 당할 때 미디안의 여러 왕들과 함께 있었다(민 31:8; 수 13:21-22). 발람이 이스라엘 백성에게 올무를 놓으라는 꾀를 제공해준 것에 대한 보상을 챙기러 돌아온 것이 화근이었다(*b. Sanhedrin* 106a; *Midr. Rab.* 민 20.20; 22.5).

행 15:29; 21:25(참조. 행 15:20; 계 9:20-21)에 εἰδωλόθυτον과 πορνεία("음행")가 연결된 것에 주목하라. 구약과 유대 전통은 발람이 우상숭배와 음행에 관해 조언해준 것을 매매(賣買)(*Targ. Pal.* 민 24:14; *Midr. Rab.* 민 20.23; *Pirqe de Rabbi Eliezer* 47[과 Friedlander 판의 각주 1-2번])와 금식(민 25:1-2; *Targ. Pal.* 민 24-25장; Philo, *Vit. Mos.* 1.294-301; Josephus, *Ant.* 4.126-140[Philo과 Josephus는 발락이 발람의 교훈을 받았다고 주장한다]; *Midr. Rab.* 민 20.23; *b. Sanhedrin* 106a; *ARN* 17a)와 연결한다.[82]

ἐδίδασκεν τῷ Βαλάκ이라는 구문은 낯설다. 동사 διδάσκω는 일반적으로 이중 목적격(가르침의 대상과 가르치는 내용)을 취하는데, 여기서는 가르침을 받는 대상이 여격으로 등장하기 때문이다. 낯설기는 하지만 이 여격은 수단의 여격("발락에 의해 가르침을 받은")이든지 이익의 여격("발락을 위하여") 기능을 한다.[83]

단어 πορνεύω("음행하다")는 구약과 신약성경의 몇몇 문맥에서는 문자적 의미와 비유적 의미를 다 전달한다. 특히 바알브올 이야기에서 그러하다. 바알브올 이야기에서 이스라엘 백성은 실제로 외국 여자들과 간통했으며, 그들의 신들과도 영적 음행을 저질렀다(참조. 민 25:1과 25:2-3에서

---

81) Ginsberg, *Legends* III, 361, 370을 보라.
82) Vermes, *Scripture and Tradition*, 164은 이와 관련하여 *y. Sanhedrin* 10b(8.a-m)과 *Sifre* 민 137을 인용한다.
83) Stuart, *Apocalypse* II, 74.

ἐκπορνεύω가 사용됨). 하지만 본문에서 요한은 폭넓은 영적 뉘앙스를 강조한다. 요한계시록 여러 곳에서 πορνεύω(와 연관 어군)는 전형적으로 비유적의미를 지니기 때문이며(2장 이외에 13번이 비유적 의미를 지닌다. 문자적 의미는 9:21; 21:8; 22:15에만 있다), 버가모 교회의 모든 타협이 성적 부도덕과 연관된 것은 아닐 것이기 때문이다. 구약성경의 이세벨에서 πορνεύω의 의미를 가져온 2:20에 이 점이 강조된다. 이세벨은 아합과 이스라엘에게 바알을숭배하도록 하는 일에만 영향을 주었다(비록 부차적으로 성적 부도덕도 염두에두었겠지만 말이다. 성적 부도덕은 바알 숭배에 포함되었으며, 사실 그러한 성적 부도덕은 요한 당대에 이교 신 숭배에도 종종 동반되었다). 본문의 음행을 비유적으로이해해야 한다는 것은 이스라엘을 유혹하여 혼합주의적 우상숭배에 빠뜨린 이세벨의 행적을 강조하려고 πορνεία("음행")가 이세벨에게 적용된 왕하9:22(LXX)에 의해서도 지지받는다(참조. αἱ πορνεῖαι Ἰεζάβελ; 또한 왕상 16:31-32을 보라). 계 2:20-21에서 πορνεύω와 πορνεία가 μοιχεύω("간음하는")와 동일시된 것은 보다 일반적인 영적 음행이 포함되었음을 보여준다. 2:22에서μοιχεύω는 그리스도와 결혼한 신자들이 이교의 신들과 영적 부도덕을 저질러 더럽혀졌음을 비유적으로 언급하는 것이 분명하기 때문이다. πορνεία가 우상숭배라는 영적 의미를 지닌 것은 Wis. 14:12("우상들의 궤계는 음행의시작이다"); 시 105(106):39; 사 47:10; 니 3:1 4(참조. 1:14)에서도 입증된다.

　　15-16절　　발람이 계속해서 이스라엘을 대적한다면, "주님의 사자"의"검에 의해 죽임을 당할 것"이라고 경고를 받는다는 점은 특히 흥미롭다(민22:23, 31).[84] 발람이 그 경고에 주의하지 않는다면, 그는 "검으로 죽임을 당할 것"이다. 이것은 "장차 올 세상"의 생명에 들어가지 못한다는 것을 확증하는 말이다(b. Sanhedrin 90a; 105a; ARN 31b-32a).

　　버가모의 타협하는 사람들도 만일 회개하지 않는다면, 빌람에게 내려진

---

84) 참조. 수 13:22, "브올의 아들 점술가 발람도 칼날로 죽였더라"; 민 31:8, "브올의 아들 발람
　　을 칼로 죽였더라"(Βαλααμ...ἀπέκτειναν ἐν ρομφαίᾳ); 계 2:16, "내…검으로 그들과 싸우리
　　라"(πολεμήσω μετ' αὐτῶν ἐν τῇ ρομφαίᾳ); 19:21: "그 나머지는…검에 죽으매"(ἀπεκτάνθησαν
　　ἐν τῇ ρομφαίᾳ). Hengstenberg, *Revelation* I, 186을 보라.

것과 똑같은 운명이 더 큰 영적 규모로 그들에게도 임할 것이다. 이와 비슷하게, *m. Aboth* 5:22에서 발람의 제자들은 "게헨나를 상속받을 것이며 멸망의 구덩이에 던져질 것"이라는 판결을 받는다. 이와 반대로, 아브라함의 제자들은 "에덴동산을 상속받으며, 장차 올 세상을 상속받고…내가 그들의 보화를 채워줄 것"이라는 약속을 받는다. 계 2:15-16에서처럼 이것은 부를 가져오는 탐욕과 가난에 처하게 되는 믿음을 대조하는 것 같다.

교회는 이런 백성을 징계하지 않는다면 동일한 상황을 벗어날 것이라고 생각하지 말아야 한다(수 13:22; 민 31:8; 계 2:16; 19:21에 발람의 운명을 묘사하기 위해 놀라울 정도로 같은 단어가 사용된 것을 입증한 각주 84번을 보라). 그리고 우상숭배한 사람들을 즉각 징계하지 않은 이스라엘 백성처럼, 교회가 우상숭배에 연루된 사람들을 허용하는 이상, 하나님의 백성은 고난을 당할 것이다. 거짓 교사들은 특히 현재 그리고 그리스도가 훗날 다시 오실 때에 심판을 받을 것이다. 2:16에 사용된 이미지가 1:16에서는 현재적 실체와 관련하여 등장하고, 19:21에서는 미래의 절정의 실체와 관련하여 언급된다.[85]

교회는 이러한 움직임을 용인하지 않고, 회개하며, 그것을 따르는 사람들을 징계할 책임이 있다. 특히 발람 당과 같은 것을 가르치는 "니골라 당"이라 부르는 다른 집단이 있었기 때문이다(참조. 2:15). 재빠르게 행동을 취하지 않으면, 교회 전체는 이런 교사들에게 사로잡힐 수가 있다. "니골라 당"이 발람 당을 지칭하는 또 다른 명칭이라고 제안하는 사람들이 있다. 그들의 교훈이 다른 집단의 교훈과 같다는 것이 그 이유다. "이와 같이(οὕτως) 네게도 (같은 방식으로, ὁμοίως) 니골라 당의 교훈을 지키는 자들이 있도다." 두 교훈은 그들 명칭의 어원적 유사성에 의해 동일시된다. νικᾷ λαόν은 "그가 백성을 이기다"라는 의미다. 랍비 문헌에 "발람"(bil'ām)은 어원학적으로 bl'm 또는 blb'm으로 표현되는데, "백성을 삼키는 자"라는 뜻이다(예. b. Sanhedrin 105a). 또는 "백성을 지배하다"는 뜻으로도 이해될 수 있다(b'l'm). 실제로 우상숭배에 참여하는 것이 버가모의 문제였으며, 이 문

---

85) Thomas, *Revelation 1-7*, 196에 반대함.

제는 즉시 교정되어야 할 필요가 있었다.

　　일곱 편지에서 그리스도의 "오심"의 시작의 측면과 임박함의 측면 간
의 긴장을 논의한 2:5의 주석을 참조하라. 그밖에 요한계시록 여러 곳에
서 이 문제를 다룬 곳은 1:7; 10:6-7; 12:12; 22:6-7이다.

　　몇몇 사본에는 οὖν("그러므로")이 빠져 있다. 아마도 바로 앞에 있는
μετανόησον("회개하라")의 마지막 음절이 중복해서 쓰였기 때문일 것이
다(א 2053 2329 2351 𝔐ᴬ latt syʰ saᵐˢ). 설령 생략된 사본이 원본이라고 해
도, 15절은 여전히 16절의 논리적 근거로 작용한다.

　　17a절　　에베소의 그리스도인들처럼 버가모의 그리스도인들은 그들
이 지은 죄를 "이겨야" 한다. 그래서 그들은 그렇게 하라고 지금 권면을 받
는다. 버가모의 그리스도인들이 관용의 죄를 "이기고" 두 집단을 징계한다
면, 그리스도는 그들에게 상속을 약속하신다. 이그나티우스(*Pol.* 3:1)는 2세
기에도 지속된 소아시아 교회들의 문제를 보여주는 동일한 생각을 다음과
같이 표현했다. "그럴듯하게 보이지만 이상한 교리를 가르치는 사람들이
너희를 멸망시키지 않게 주의하라.…징벌을 견디고 승리하라(νικᾶν)."

　　"감추인 만나"를 주겠다는 약속은 마지막 때에 그리스도와 교제를 나누
고 그와 하나가 되는 것을 의미하는 비유적 묘사다. 이런 복은 어린 양의 혼
인 잔치에서 질정에 도달하며, 이교 축제에 참여하기를 거절하는 사람이 받
게 될 상이다(참조. 요 6:31-35과 2:7의 주석에 "생명나무의 열매를 먹는 것"이라는
약속).[86] "만나"는 "우상에게 바친 것" 또는 우상의 제물과 대조하려고 언급되
었을 것이다.[87] 이것은 (몇몇 사본에) δώσω αὐτῷ("내가 주고") 다음에 의문스
러운 φαγεῖν("먹을 것")을 삽입한 것에 의해 지지받는다(저자는 언급하지 않았
지만, 1611 1854 2344 2351 𝔐ᴬ ar sa와 같은 사본들에 φαγεῖν이 있음—역주). 이는
적어도 φαγεῖν εἰδωλόθυτα("우상의 제물을 먹게 하였고", 14절)와 φαγεῖν τοῦ

---

86) 동사의 목적어로서 τοῦ μάννα("만나의 [어느 정도의 분량을"])의 부분 소유격 표현은 히브리
　　어와 아람어의 관용적 표현을 반영한 것이다(2:10의 주석 참조).
87) A. Gangemi, "Manna."

μάννα("만나를 먹게")를 대조하는 초기 해석을 반영한다. 만나는 유대 문헌에서 종말론적 대망을 묘사하는 용어다(*b. Hagigah* 12b; *2 Bar.* 29:8; *Sib. Or.* 7.149; *Midr. Rab.* 전 1.0; 참조. 출 16:32ff.; 2 Macc. 2:4-7). 그 약속은 종종 우상에게 경배하지 않은 사람들에게 주시는 약속으로 표현되었다(*Sib. Or.* fragment 3.24-49).

앞에서 이스라엘이 광야 여행길에 발람을 맞닥뜨린 내용을 묵상했기에 만나가 떠올랐을 것이다. 이스라엘은 우상의 식탁에 참여하기보다는 삶을 유지하기 위해 하나님이 주시는 하늘의 양식을 의존해야 한다. 교회가 동일하게 타협하지 않으면 하늘의 만나를 먹을 것이다.[88]

만나가 "감춰었다"는 것은 그것이 종말에 하나님의 백성에게 계시되거나, 아마도 죽을 때 각 사람에게 계시될 것이라는 의미다. 이 약속을 입증할 만한 물증은 볼 수 없지만, 이기는 자들은 하나님의 보이지 않는 말씀에 소망을 두어야 한다(참조. 히 11장).

> 개중에는 만나가 감춰졌다는 것이 예레미야가 성전이 파괴되기 전에 만나를 법궤 안에 감췄고 그것이 메시아가 임하실 때 다시 계시된다는 유대 전통과 연결된다고 주장하는 사람이 있다(참조. 출 16:32ff.와 2 Macc. 2:4-7). 이것은 감춰진 것을 앞에서 설명한 방식대로 이해한 것과 부합할 수 있다. 광야에서 이스라엘에게 주신 만나는 창조의 "시작부터…높은 하늘에 감춰었고"(*Targ. Ps.-J.* 출 16:4), 마침내 "종말의 때"에 이스라엘을 풍성하게 한다고 언급되기도 했다(*Targ. Neof.* 8:16).[89]

17b절   "흰 돌"에 해당하는 단 하나의 배경만 있을 수는 없을 것이다. 이것은 아마도 의도적 암시이며, 다양하지만 서로 연관이 있는 역사적인 것들을 암시할 가능성이 있다.[90] 다양한 배경이 존재하는 것은 우리가 이미 여러 번 직면했고 요한계시록 전체에서 다시 만나게 될 현상이다(예. 논쟁적

---

88) 참조. Charles, *Revelation* I, 65-66.

89) 참조. Malina, *Palestinian Manna Tradition*, 75-77.

90) 참조. Hemer, *Letters*, 96.

인 구약의 암시들). 흰 돌은 일반적으로 무죄투표(참조. 4 Macc. 15:26; 행 26:10)
나 찬성투표와 관련이 있다.[91] 반대로 검은 돌은 유죄를 의미했다.[92] 흰 돌
은 가끔 특별한 상황에서 입장권으로 사용되기도 했다. 이러한 배경에 비
춰볼 때, 본문에서 흰 돌의 의미는 아마도 세상 제도들이 이기는 자들에게
우상의 제물에 참여하지 않는다고 내린 유죄 판결을 뒤집는 것(즉 무죄)을
가리킬 것이다. 따라서 "흰 돌"은 예수의 (혼인 잔치) 식사에 참여하라는 초
대가 된다(참조. 19:9).[93] 잔치 음식을 염두에 두었다는 것은 "만나"가 언급된
것에서 지지받는다.

유대의 전통에 따르면, 만나와 더불어 보석이 하늘에서 내려왔다(참조.
Midr. 시 78:4). 몇몇 주석가들은 여기서 대제사장이 입는 에봇의 어깨 위에
열두 지파의 이름을 써놓은 2개의 보석을 본다(출 28:9-12). 또 다른 유대 전
통에 따르면, 이 제사장의 옷에 있는 보석들은 감춰진 법궤에 보관되었고,
메시아의 때에 계시될 것이다(참조. *2 Bar.* 6:7-8).[94]

"흰 돌"은 만나가 하늘의 상이라는 사상을 강조한다. 구약성경에는 하늘
의 만나가 하얀 베델리엄 보석과 비슷한 것으로 묘사되었기 때문이다(참조.
출 16:31; 민 11:7).[95] 민 11:7의 LXX은 흰 돌을 "**수정과 같은 모습**"에 비교한
다.[96] *B. Yoma* 75a에는 만나가 "둥글고⋯진주처럼 흰색"이라고 언급되었
다. 흰색의 돌은 타협하지 않고 자신을 "더럽히지 않은" 성도들의 의로움을
묘사한다(3:4). 그러므로 흰 돌은 무죄 선고를 의미했다. 잔치에의 초대와
직접 관련하여 흰색과 의가 연관된 예는 19:8-9이다. 여기서 "빛나고 깨끗
한 세마포 옷"은 "성도들의 옳은 행실"을 의미한다. 이것은 "어린 양의 혼인
잔치에 초대를 받은" 내용 직후에 언급된다(요한계시록에서는 "흰색"이 늘 의를
가리키는 비유로 사용된다[13번]). 흰색은 아마도 인내하는 믿음과 의로움으로

---

91) *NDIEC* I, 84.

92) BAGD, 892.

93) 참조. Swete, *Apocalypse*, 40-41; Charles, *Revelation* I, 66-67.

94) Barclay, *Letters*, 62; Hemer, *Letters*, 96-102.

95) 참조. D. C. Chilton, *Days of Vengeance*, 110.

96) BAGD, 454의 κρύσταλλος 참조.

이긴 사람의 승리를 의미하기도 할 것이다(참조. 6:2; 19:14).[97]

17c절   돌 위에 "새 이름을 기록한 것"은 친근한 교제가 일어나는 종말론적 식사를 더욱 확증한다. 계 3:12은 2:17의 이름이 "하나님의 이름과 하나님의 성 곧 하늘에서 내 하나님께로부터 내려오는 새 예루살렘의 이름과 나의 새 이름"을 그 신자에게 기록하는 것을 함축함을 말한다.[98] 이 이름 각각에 독자적 의미를 부여해서는 안 된다. 이 이름들은 모두 하나님과 그리스도가 그의 백성과 가지는 친근한 종말론적 임재를 가리킨다. 이 내용은 22:3-4에 매우 분명하게 표현된다. "하나님과 그 어린 양의 보좌가 그 가운데에 있으리니 그의 종들이 그를 섬기며 **그의 얼굴을 볼 터이요 그의 이름도 그들의 이마에 있으리라**"(참조. 14:1-4). *Pseudo-Titus Epistle*(NTA II, 70)은 계 2:17을 다음과 같이 풀어썼다. "그들은 흰 돌을 받을 것이다.… 그 위에는 하나님의 형언할 수 없는 이름이 기록되었으니, 그것을 받은 자 외에는 아무도 그것을 알 사람이 없다."

계 21:2은 하나님의 백성을 "하나님께로부터 하늘에서 내려오는 새 예루살렘"으로 묘사한다. 그래서 "이기는 자들" 위에 기록된 이름은(3:12) 그들의 정체를 드러낸다. 계 21:2은 계속해서 "새 예루살렘"인 교회에 대해 "신부가 남편을 위하여 단장하였다"고 말한다. 이것은 19:7에서 이미 시작된 사상("어린 양의 혼인 기약이 이르렀고 그의 아내가 자신을 준비하였으므로")의 연속이다. 어린 양의 신부는 "빛나고 깨끗한 세마포 옷을 입었는데" 이 세마포 옷은 "성도들의 옳은 행실이로다"(계 19:8). 이러한 준비는 "어린 양의 혼인 잔치에 청함을 받는" 자격이다(19:9). 이 최후의 식사에 참여하는 사람들은 "자기 외에는 아는 자가 없는" 어린 양의 "이름을 쓴 것"과 결정적으로 동일시되며(19:12), 그 이름은 즉시 "하나님의 말씀"과 "만주의 주요 만왕의 왕"이라는 것이 드러난다(19:13, 16).[99] 이와 비슷하게 *Odes Sol.* 42:8, 9, 20

97) 행복의 표시 또는 승리의 상징물 등, 고대 세계에서 돌의 또 다른 의미에 대해서는 Barclay, *Letters*, 62과 Hemer, *Letters*, 96-102을 보라.
98) 예. Lohmeyer, *Offenbarung*, 27.
99) 이와 동일하게 생각하는 Prigent, *Apocalypse et Liturgie*, 22; *L'Apocalypse*, 54을 참조하라.

에는 신자들이 그들의 정체성이 그리스도에게 있다는 사실을 표시하기 위
해 그리스도의 이름을 받는다고 기록된다. 이것은 "신부의 잔치에" 신랑과
신부 이미지로도 묘사되었다(참조. 39:7, 13; 42:15).

그러므로 "새 이름"을 받는다는 것(2:17)은 "자기 외에는 아는 자가 없
는" 예수의 승리하신 왕의 "이름"을 받는다는 의미다(19:12-16). 하지만 그
는 그 이름을 각 사람이 생을 마감할 때에 더 나은 방식으로, 또 역사의 끝
에 **그의 백성에게만 계시하고 나눠주신다**(3:12).[100] 계 2:17과 19:12은 눅
10:22의 유사한 사상을 발전시킨 것 같다. "내 아버지께서 모든 것을 내게
주셨으니 아버지 **외에는 아들이 누구인지 아는 자가 없고**(οὐδεὶς γινώσκει
τίς ἐστιν ὁ υἱὸς εἰ μὴ) 아들과 또 아들의 소원대로 계시를 받는 자 외에는
아버지가 누구인지 아는 자가 없나이다"(참조. 또한 눅 10:17).

고대 세계와 구약성경에서 어떤 이의 이름, 특히 하나님의 이름을 아는
것은 그와 친근한 관계에 들어가고 그의 성품과 능력을 공유하는 것을 의미
했다. 새 이름을 받는다는 것은 새로운 지위를 가리켰다. 그래서 하나님의
이름이 구약성경의 어느 곳(예. 성전)에 적용이 되는 경우, 그것은 그의 임재
가 그곳에 계심을 의미한다. 어느 누가 다른 사람이나 사물에 이름을 지어
주는 경우, 그것은 그들이 그 사람이나 사물을 소유했음을 의미했다.[101]

이런 의미에서 신자들이 이 이름을 받는다는 것은 그리스도의 나라와
그의 주권적 권위 아래에서 그리스도의 친근하고 종말론적인 임재 및 능력
에 절정으로 동일시되며 연합되는 최후의 상을 받는 것을 의미한다. 이 이
름과 동일시되는 것은 실제로 그리스도가 백성에게 자신을 계시하시고 그
들이 그의 이름을 믿음으로 고백할 때 시작된다. 그 일이 발생할 때, 신자
들은 새로운 영적 지위를 가지며, "작은 능력으로도 그의 이름을 부인하지
않"고, 심지어 최후의 환난 중에서도 인내한다(3:8-10; 같은 내용이 2:13a에

---

100) 참조. Kiddle, *Revelation*, 35.
101) "이름"이 이런 식으로 사용되는 경우에 대해서는 H. Bietenhardt, *TDNT* V, 253-58, 277;
Eichrodt, *Theology* II, 40-45, 310-11; Jacob, *Theology*, 82-85; Johnson, "Revelation,"
442을 보라.

도 있음. 그리스도가 하나님의 이름을 신자들에게 계시하는 것이 그들이 **지금** 하나님 의 보호의 임재에 참여함을 의미한다는 요 17:6-26 참조[비교. 9-13절, 21-26절; 눅 10:17-22]).

사실, 그리스도인들이 "나의[그리스도의] 이름"에 충성하고 그를 "부인 하지"(ἀρνέομαι) 않는다는 것은 버가모와 빌라델비아 교회에게 보낸 편지에 만 등장하는데(2:13; 3:8), 이는 우연히 일어난 일이 아니다. 두 편지 모두 동 일하게 이기는 자들은 "새 이름"을 상속할 것이라는 약속을 받는 것으로써 결론을 맺는다. 이것은 신자들이 죽기 전(또는 재림 전)에 이미 그리스도의 이름을 소유하고 있으며, 그 이름에 포함된 미래의 약속이 그들의 인내로 인해 더 충만한 방법으로 그리스도와 동일시될 때를 암시함을 보여준다. 경건하지 못한 사람들은 이 이름의 실체를 알지도 못하고 경험하지도 못한 다. 그 이름은 신자들을 위해서만 간직된 것이기 때문이다.

그러므로 "새 이름"은 구원받은 자들의 공동체 안에서 참된 회원의 표 시다. 그것이 없이는 "하나님의 영원한 도시"에 들어갈 수가 없다. 새 이름 은 불신자들이 받은 사탄의 "이름"과 대조된다. 그 이름은 불신자들이 마 귀의 품성을 가지고 있고 불경건한 "인간의 도시"라는 것을 의미한다. 2:17 의 ὄνομα καινὸν γεγραμμένον...ὁ λαμβάνων("새 이름을 기록한 것이 있나 니 받는 자")과 14:11(비교. 13:16-18)의 λαμβάνει τὸ χάραγμα τοῦ ὀνόματος αὐτοῦ("그의 이름의 표를 받는 자")를 비교하라.

이 결론은 2:17의 "새 이름"이 미래 이스라엘의 새로운 지위에 관해 예 언한 사 62:2과 65:15을 암시한다는 사실을 통해서도 드러난다(참조. 두 본 문의 καλέω["부르다"] + ὄνομά καινόν["새 이름"]이 들어있다. 비교. 사 56:5).[102] 이 스라엘의 성도들은 (환유법으로) 예루살렘이라고 비유적으로 언급된다. 예 루살렘은 (새로운 개인의 이름으로가 아니라!) "새 이름으로 불릴 것이다." 이 사야서 본문에서 "새 이름"은 이스라엘의 미래 왕으로서 지위(62:3)와 야웨 의 언약적 임재로의 회복을 의미하며(62:4a; 참조. 56:4-8; 65:15-19에 "이름"과

---

102) 또한 Hengstenberg, *Revelation* I, 190을 보라.

관련한 동일한 중요성 참조), 특히 이스라엘이 누리는 주님과 새로운 "결혼" 관계를 강조한다(참조. 62:4b-5. 이 본문은 이스라엘을 "신부"로, 하나님을 "신랑"으로 언급한다). 이 예언이 약속하는 복들은 종말론적인 이스라엘이며 (우상숭배와) 타협하지 않는 교회 안에 있는 사람들 가운데서 성취될 것이다. 이스라엘이 하나님의 종말론적 임재로 회복될 것이라는 이사야서의 예언은 요한계시록에서 신자들의 "이름"(3:12; 14:1; 22:4)과 하나님 또는 그리스도의 "이름"(3:12; 22:4; 19:12-13, 16)을 언급하는 다른 본문들의 기초가 되기도 한다.

그러므로 이 문맥에서 καινός("새")는 예언 성취의 새로움을 부각시킨다. 이러한 사용례는 마지막 때나 구속사적 전환점을 묘사하는 신약의 다른 문맥에서도 발견된다. 그곳에서 예언적 성취는 예언이 실현되지 않은 옛 언약 시대와 대조하여 새 언약의 실체에 없어서는 안 될 것으로 암시되었다(더 자세한 논의는 21:1의 주석 참조).

예수는 이사야서의 "새 이름" 예언을 성취하신 첫 번째 인물이시다. 이것은 그가 마지막 때의 이스라엘이심을 의미함이 틀림없다. 계 3:12에 이점이 가장 분명하게 제시된다(또한 14:1과 22:4에도). 다른 사람들은, 그들이 현재 그의 이름과 동일시되는 것에서 분명하게 나타나듯이, 그들이 믿을 때 그리스도의 새 이름을 얻는다. 2:17에서 그리스도와 이사야서의 새 이름을 동일시한 것은 19:12에서도 암시된다. 19:12-15에서 그리스도가 마지막 때에 사 11, 49, 63장의 예언을 성취하시는 분으로 묘사된 것을 우연이라고 할 수는 없다.

이사야서의 예언을 이해하는 이러한 다양한 관점의 성취는 *b. Baba Bathra* 75b에도 반영된다. 이 본문에는 사 43:7의 "이름"과 관련한 병행 예언에 근거하여 "하나님의 이름을 따라 이름 지어진 것이 셋이 있는데, 그것은 의인과 메시아와 예루살렘이다"라고 천명한다. *Tanna de-be Eliyyahu*, 121은 "이름"을 받게 될 하나님의 "종들"(사 65:15)을 "메시아의 날에 합당한 유대인과 이방인"으로 해석한다. *Pesikta de Rab Kahana* 22[5a]은 하나님이 "장래에…메시아의 이름과 예루살렘의 이름을 새롭게 하실 것"이라고 언급하면서 사 62:2을 이를 입증하는 증거 본문으로 제시한다.

이처럼 이사야서 예언의 한 부분을 떠올렸던 것은 앞에 있는 사 11:4과
49:2의 "검"을 언급한 데 그 까닭이 있다. 두 본문 역시 이스라엘의 미래 회
복에 관한 문맥에서 나온 것이며, 이 교회가 회복의 약속을 상속하고 심판
을 피하려면 충성스럽게 행동해야 한다는 사실을 강조하는 역할을 한다.
사 62, 65장의 예언 단락이 선택된 것도 버가모의 문제, 특히 우상숭배 축
제에 타협하여 참여하는 문제에 적합하기 때문이다. 사 65:15의 일차 문맥
에서는 이스라엘에 있는 하나님의 충성스러운 종들이 음식 및 잔을 우상과
거짓 신들에게 바침으로써 타협하는 이스라엘 백성과 대조된다(3-4, 7, 11
절; *Targ.* 사 65:4은 티베리우스 황제를 기념하여 세워진 동상에 경의를 표하는 사람
들에게 적용된다[103]). 종말에 충성된 사람들은 "먹고 마시는 것으로써"(16-19
절) 그들이 이전에 당한 환난에서 위로를 받을 것이다. 반면 타협하는 사람
들은 "굶주리고 목마른 것"(13절)과 "칼"에 죽임을 당하는 것(12절)으로 심
판받을 것이다. 이것은 *Targ.* 사 65:6, 15에서 "둘째 사망"과 동일시된다. 같
은 두 사상이 버가모 편지의 결론부인 두 절을 완성하면서 다시 등장하는
것은, 구약의 예언이 이 공동체에서 성취될 것이며 독자들에게 불순종에
대한 심판의 경고와 충성에 대한 복을 제시하고 있음을 보여준다.[104]

"새 이름"

**특히 19:12ff.에서 새 이름을 그리스도의 이름과 연결짓는 것과 관련
하여, 오직 그리스도만 그의 이름을 안다고 언급된 부분을 바탕으로
19:12ff.와 2:17의 이름의 연관성을 부인하는 사람들이 있다. 신자들은
그것을 알지 못한다는 것이다.[105] 하지만 앞에서 논의했듯이, "이름을 안**

---

103) Chilton, *Isaiah Targum*, 123.
104) "새 이름"을 더욱 자세하게 다룬 3:12의 주석과 Hendriksen, *More than Conquerors*, 84-
    87, 265을 보라.
105) 예. Hemer, *Letters*, 102-3.

다"는 것은 단지 인지적 지식이 아니라, 그 이름이 대표하는 인물과 능력에 경험적으로 가까이하는 것을 의미한다. 19:12의 "이름"을 요한계시록에 결코 계시되지 않은 비밀이 아니라, 앞뒤 문맥인 11-16절, 특히 16절에서 그리스도를 가리키는 이름들을 통해 설명된 것으로 이해하는 것이 가장 좋다. 16절에 ὄνομα γεγραμμένον("이름 쓴 것")은 12절의 내용을 반복한 것이며, 계속해서 "만왕의 왕, 만주의 주"로 설명된다. 이것은 네 줄이라는 적은 공간에서 발생하는 모순이 아니다. 여기서 강조하는 것은 마지막 때의 왕과 주님의 품성과 지위를 가지신 그리스도에게 있다(자세한 내용은 본서 19:12의 주석 참조).

더욱이 요한계시록에서 그리스도가 그의 확고한 이름을 그가 원하는 사람에게 계시할 수 없다는 것을 암시하는 본문은 없다. 2:17과 19:12 간에 놀라울 정도로 언어가 일치한다는 점은 그러한 계시를 암시한다(두 본문에 ὄνομα γεγραμμένον ὃ οὐδεὶς οἶδεν εἰ μὴ["이름 쓴 것 하나가 있으니 자기밖에 아는 자가 없고"]가 있음). 그리스도가 그의 품성과 능력을 신자들에게 계시하신다는 일반 사상은 요한계시록의 여러 곳에서 발견된다(예. 7:3-4; 9:4. 14:1에 신자들에게 "이름을 쓴 것"이 있다는 것과 14:3의 "능히 이 노래를 배울 자가 없는 새 노래를 부른다"의 연결을 보라). 그러므로 만일 19:12의 그리스도의 이름이 그에게만 알려진 비밀스런 이름이 아니라 다른 사람들에게 계시된 이름이라면, 2:17의 이름 역시 개별 신자들을 위한 다른 비밀스러운 이름이 아니라 기독교 공동체 전체가 함께 아는 이름임에 틀림이 없다.[106]

"새 이름"을 이해하는 이러한 관점은 2:17의 마지막 어구("돌 위에")가 신자들이 그리스도에게서 받을 돌이 "거룩함의 기록과 그의 이름을 나의 이름을 붙든 성도들의 수에 섞은 돌"을 의미한다고 해석한 아르메니아어 번역과 일치한다.[107]

---

106) Fekkes, *Isaiah and Prophetic Traditions*, 128-29에 반대함.
107) Hoskier, *Text* II, 74의 *Arm* 1을 보라.

마술이 그 배경인가? 앞에서 분석한 내용은 베크위스(Beckwith)가 제안한 것과 상충된다. 베크위스는 다른 사람들과 함께 "새 이름"이 하나님이나 그리스도의 이름이 될 수 없다고 주장한다. 그 이름이 그것을 받는 개인에게만 알려진다는 것이 그 이유다. 그래서 심지어 동료인 다른 이기는 사람들도 그 이름을 알지 못한다. 베크위스는 돌 위에 있는 이 이름의 비밀에 대한 배경에는, 주문, 서원 그리고 (종종 돌 위에 기록된) 이와 유사한 것들에 있는 신적 이름이 마술적 힘, 특히 악으로부터 보호하는 힘을 지녔다는 고대 세계의 일반적 믿음, 특히 그 이름의 능력이 비밀로 간직되는 데 있는 것으로 여기는 믿음이 있다고 결론을 맺는다. 예를 들어 애굽의 태양신의 이름은 돌로 된 풍뎅이 심장에 기록되었고, 죽은 자의 심장에 능력을 주어 심판 때 징벌을 면하도록 그의 죄를 숨기기 위해 그것을 미라 안에 놓기도 했다.

베크위스는 이름을 아는 것을 이기는 자 개인에게 한정하는 오류를 범했다. 일곱 편지는 모두 개인에게 주어지는 영원한 상을 언급하지만, 집단적인 의도를 가지고 말한다. 이는 계 3:12의 그리스도의 "새 이름"의 약속에도 마찬가지다. 신자들은 각기 다른 새 이름을 받는 것이 아니다. 모두가 같은 만나를 상으로 받고 다른 편지에 기록된 같은 상들을 받는 것처럼, 같은 이름을 받는다. 그것은 바로 그리스도의 새 이름일 가능성이 많다(14:1과 14:3을 비교해보면 이 점이 드러난다). 마지막 약속은 결코 이기는 자들을 서로 대조하지 않는다. 대조가 있다면 그것은 회개하라는 경고에 주의하지 않는 사람들과 이기는 자들 간의 대조일 뿐이다(자세한 내용은 2:26-29을 보라).

앞에서 주목했듯이, "새 이름을 안다"는 것은 단순히 인지적 지식이 아니라, 그 이름이 대표하는 인물과 능력에 경험적으로 가까이하는 것을 의미한다. 그래서 그리스도의 이름을 아는 사람들은 그의 품성과 마지막 때의 능력을 공유한다(*1 En.* 69:14-19은 하나님의 "감춰진 이름"을 언급한다. 이것은 그의 능력을 계시한다는 것을 반영한다). 구약성경과 요한계시록 여러 곳에서 하나님의 이름을 어떤 곳에 둔다는 것은 하나님의 임재가 그곳에 있을 것을 의미한다. 그렇다면 그리스도의 "새 이름"을 받는 사람들은 장래에 그의 임재와 나라를 향유하게 된다. 하지만 비밀스럽게 주문으로 사용되는 신적 이름들에 대한 마법적 배경이 2:17의 결론적 어구의 의미를 독자들에게 부차적으로 강조할 가능성이 여전히 남아 있다. 특히 그리스도의 능력과 이교 신들의 능력을 대조하는 의미에서 그러하다. 그리스도의 능력은 그리스도인들의 지식과 경험에 한정되고, 역사의 끝에 그리스도가 모든 사람에게 마침내 계시될 때까지는 불신자들과 땅에 있는 사람들의 눈에는 감추어진다.

제사장적 배경인가? 하나님의 존전에 있는 나라의 대표자로서 열두 지파의 이름을 기록한 대제사장의 에봇 양 어깨에 있는 두 보석(출 28:9-12)은 본문의 돌을 이해하는 데 배경이 될 수 있을 것이다. 2개의 돌(보석)이 하나로 줄어든 것은 그리스도가 이스라엘을 품으시며, 이스라엘의 참된 대표자인 그의 이름만이 제사장으로서의 신자들이 지닌 마지막 때의 돌에 기록될 필요가 있기 때문이다. 이러한 연결의 정당성을 주장하는 논증은 다음과 같다. (1) 유대 전통에 따르면, 이 돌들은 메시아의 때에 계시되기 위해 감춰진 언약궤에 보관되었다(*2 Bar.* 6:7-8). (2) 이사야서에서 "새 이름"은 하나님과 언약적으로 관련되었을 뿐만 아니라, 구원받은 이스라엘 백성과 함께 제사장 같은 과업을 행할 이방인들과 연결된다. 이들은 "여호와의 제사장들"이라고 불릴 것이다(사 56:5-7을 61:6; 사 65:15에 대한 *Tanna de-be Eliyyahu*, 121과 비교하라). (3) 그리스도인들은 새 언약의 제사장들이다(1:6; 5:10; 20:6의 주석 참조). 같은 이유에서 계 2:17의 돌이 대제사장의 이마에 있는 금으로 된 돌(문자적으로는 "빛나는 것")과 관련이 있다. 그 위에는 "여호와께 성결"이라고 기록되었다(출 28:36-38; 슥 3:7-10. 스가랴서 본문은 대제사장 여호수아[예수]를 설명하는 것인데 계 5:6[참조. 슥 4:10]에서 예수 그리스도에게 적용할 수 있다).[108] 만일 이 견해가 일리가 있다면, 돌에 기록된 그리스도의 이름은 제사장인 신자들의

---

108) M. Stuart, *Apocalypse* II, 78-79.

이마에 있는 야웨의 이름과 동일시된다(계 14:1; 22:4).

"새 이름을 받는다"는 말이 제사장과 관련된 함의가 있다는 것은 *Test. Levi.* 8:12-14에 분명히 나타난다. 여기서 레위의 후손들은 "새 이름을 받을 것인데, 유다로부터 한 왕이 일어나 이방인의 모형에 맞추어 모든 나라를 위한 새로운 제사장직의 기초를 놓을 것이기 때문이라"는 약속을 받는다.[109] 제사장과 연결된 것은 감춰진 만나를 설명하는 데에도 도움이 될 수 있다. 만나는 법궤에 보관되었고 일 년에 한 번 지성소에 들어가는 대제사장을 제외하고는 아무도 그것을 볼 수 없었기 때문이다.[110]

그리스도는 두아디라 교회가 그리스도인으로서 해야 할 증언 사역을 잘 했다고 칭찬하신다. 하지만 우상숭배와 타협하는 것을 허용한 점을 책망하시며, 심판을 받지 않고 그리스도와 함께 마지막 때의 통치권을 상속받기 위해 이것을 극복하라고 권면하신다(2:18-29)

18절　　두아디라 교회에게 보내는 편지에서 관심의 대상이 되는 주제와 상황은 버가모의 상황과 거의 같다. 그래서 여기서도 그리스도는 자신을 1:14-15에 묘사된 신적 심판자의 품성을 가진 분으로 소개하신다(1:14-15의 주석 참조).

ὁ υἱὸς τοῦ θεοῦ("하나님의 아들")라는 어구는 1장에서는 발견되지 않는다. 추측컨대 이것은 1:13의 υἱὸν ἀνθρώπου("인자")를 해석하여 번역한 것 같다. 2:18에 열거된 품성들이 1:14-15에도 언급되었기 때문이다. 본문과 1:15에서 χαλκολιβάνῳ("주석")과 함께 ὡς φλόγα πυρός("불타는 불과 같은")는 다니엘의 세 친구가 던져졌던 "용광로"(단 3:24-25, 49, 93, Theod.)와 "눈은 횃불 같고…발은 빛난 놋과" 같은 "인자"를 반영한 것일 수 있다(단

10:6, 16). "하나님의 아들"이라는 명칭이 덧붙여진 것은 단 3장을 염두에 두었음을 확증한다. 다니엘의 세 친구는 "하나님(들)의 아들 같은 이"에 의해 구원을 받았다. "하나님의 아들"이 그들을 보호했듯이, 심지어 박해 중일지라도(단 3:25), 그리스도는 두아디라에 있는 신실한 자들을 위해 영적으로 동일한 일을 행하실 것이다.

그리스도의 이름이 "하나님의 아들"로 바뀐 것은 단 7장의 인자를 단 3장의 하나님의 아들과 동일한 인물로 이해한 유대교와 기독교 전통에 그 뿌리를 둔다. 그래서 두 칭호는 종종 서로 바뀌 사용되기도 했다.[111] 이러한 해석 전통은 편지의 결론에 분명하게 인용될 시 2편을 예상하면서 이곳에 사용되었다(유대 전통 역시 단 7장의 인자와 시 2편의 하나님의 아들을 연결하고 두 본문을 이스라엘로 해석한다[Midr. 시 2]). 계 2:18의 시작부터 시 2편을 단 7장과 혼합한 것은 심판 주제를 강조한다. 시 2편에서 하나님의 아들의 주된 역할이 심판이기 때문이다(9-12절; 비교. 5절). 동시에 이 칭호는 지역의 조합 신인 아폴론-튀림노스와 신으로서 경배를 받으려는 황제를 대조하려는 의도로 언급되었을 것이다. 이들은 제우스 신의 아들들로 언급되었다. 독자들은 예수만 경배해야 하며, 경제적 복지에 대해 그만을 의뢰해야 한다. 예수만이 하나님의 참 아들이시다.

계 2:10에 단 1장이 언급되었던 것처럼, 여기서도 단 3장이 반영된 것은 3장에서 왕의 신상 앞에 절하기를 거절한 세 유대인들을 넌지시 암시한다(2:10의 주석 참조; 유대교와 초기 기독교에 드러난 다니엘서 순교자 원형에 대한 전승 참조).

헤머는, 본문보다 이른 시기에 χαλκολίβανος를 두아디라 도시와 분명하게 연결한 예가 없기는 해도, 1:15의 내용을 읽은 두아디라의 그리스도인들이 그 단어를 지역의 생산품으로 인식했을 것이라고 믿을 만

---

111) Kim, *Son of Man*, 1-6, 19-31은 다음 본문을 그 증거로 제시한다. 4QpsDan Aª[= 4Q243]; 4 Ezra 13:1-3, 32, 37, 52; Philo, *conf.* 146; 마 16:13-17; 막 8:38; 14:61-62; 요 1:49-51; 3:14-18; 5:25-27; *Midr.* 시 2:9; 참조. *Test. Abr.* 12 [recension A].

한 이유가 있다고 주장한다. 헤머는 χαλκολίβανος를 두아디라의 특산물과 무역 용어로 추정할 수 있는 고대 자료를 제시한다. 그 용어는 지역의 무역조합과 연결되었으며, 그 의미는 두아디라 사람들에게 친숙했을 것이다. 헤머는 단 10:6에서 χαλκός의 사용과 단 10:6의 문맥이 계 1:15과 2:18의 의미를 결정하는 데 중요하지는 않다고 결론을 내린다. 오히려 χαλκολίβανος는 지역의 산업이라는 역사적 배경과 그 산업의 지역 수호신인 아폴론-튀림노스에 비추어서만 이해해야 한다는 것이다. 그렇다면 이러한 해석의 요지는 이 편지에서 그리스도의 모습이 이 지역 신과 지역 및 제국 종교의 혼합에 대해 비판적인 의미를 지닌다는 점이다. 지역의 수호신은 제국의 동전과 두아디라의 동전에도 등장한다. 특히 두아디라 동전에는 지역 신과 함께 로마 황제의 상이 함께 부조되어 있었다.[112] 이 점은 기원후 83년에 죽은 도미티아누스의 아들을 신격화하기 위해 주조된 동전에서 확증된다. 그 동전에는 일곱 별로 둘러싸여 지구 위에 앉아 있는 아이가 새겨져 있다(참조. 계 1:16, 20; 2:1). 그래서 요한 역시 논쟁적으로 예수를 이 편지에서 "하나님의 아들"과 동일시한다(참조. 시 2:7). 요한계시록 전체에서 이런 기독론적 칭호가 유일하게 이곳에 등장한다는 사실은 논쟁적인 의도의 가능성을 더 높여준다.[113]

　　헤머의 가정은 다니엘서와의 연관성을 불필요할 정도로 덜 강조하긴 해도 매력적이고 상당히 설득력이 있다. 두 배경은 요한에게 의미가 있다. 다른 곳에서와 마찬가지로 이곳에서도 지역의 상황은 저자의 마음을 구약성경으로 향하게 하는 계기가 되었다.[114] 단 7장과 10장의 "인자"이신 예수는 참 "하나님의 아들"이시며(이 칭호의 교차 사용에 대해서는 앞의 내용을 보라), 불경건한 나라들(단 7:9-13; 4 Ezra 13:1-13, 32, 37, 52)과 또

112) Ramsay, *Letters*, 318-22. 황제는 종종 소아시아 지역에서 전통 신들의 신전에서 숭배되곤 했다. 그런 황제 숭배가 보통은 지역 신들을 향한 숭배와 동등하지는 않았다(Price, *Rituals and Power*, 155, 164-65, 232).
113) 참조. Hemer, *Letters*, 111-17, 127.
114) Hemer 자신이 요한계시록의 다른 본문에서 관찰하듯이 말이다(*Letters*, 42, 51).

그들과 타협함으로써 하나가 되는 자들(단 11:30-38, 45)을 심판하시는 옛적부터 항상 계신 분의 권위를 행사하시는 분이다.

19절　　　두아디라 교회에 대해 맨 먼저 언급된 "행위"(개역개정에는 "사업"이라 번역됨-역주)는 그리스도인의 "섬김"과 관련된 일반적인 행위가 아니라, 인내를 가지고 외부 세계에 증언하는 행위다. 구체적으로 이것을 의미한다는 사실은 "믿음"과 "참음", 특히 "인내와 믿음"이 요한계시록에 등장할 때 항상 인내하는 증언을 가리킨다는 사실에서도 알 수 있다.[115] 더욱이 "네 나중 행위가 처음 것보다 많(크)도다"는 에베소 교회와 대조하려고 사용된 어구다. 에베소 교회는 공적 증언의 "처음 행위"가 그들의 마지막 증언 행위보다 더 컸다(비교. 2:5). 그러므로 버가모 교회에 말씀하신 것과 동일하게 그리스도는 두아디라 교회더러 외부 세계에 증언하라고 격려하신다. 두아디라 교회는 아직 박해를 당하지 않은 것이 분명하다.

20절　　　버가모 교회처럼 두아디라 교회는 하나님의 종들에게 영향을 끼쳐 이교 사회의 우상숭배와 타협하도록 부추긴 거짓 교사들 집단이 멋대로 행하도록 방임한 죄로 책망을 받는다. 여기서 염두에 둔 거짓 교사는 한 명일 가능성이 높으며, 아마도 여자일 것이다. 하지만 "여자"와 "그의 자녀들"(2:23)이라는 말은 요이 1절의 "택하심을 받은 부녀와 그의 자녀들"을 상기시키며, 이것은 문맥상 각 공동체 전체와 그 공동체를 구성하는 개인들을 가리킨다(이와 동일하게 벧전 5:13과 구약의 이스라엘과 신약의 교회가 여성으로 의인화 되었다).[116] 타협을 권하는 이런 가르침은 구약시대에 이세벨이 이스라엘에게 영향을 끼쳤던 타협을 암시하는 것으로 설명된다. 여기서 이세벨의 교훈은 버가모의 발람 당과 니골라 당의 거짓 교훈과 거의 같다(2:14-15의 주석 참조). 몇몇 사람들은 이세벨을 그 지역의 예언자 시빌(Sibyl)과 동

---

115) "사랑"과 "믿음"과 "참음"은 요한계시록 여러 곳에서 인내하는 증언을 의미한다. 2:4의 ἀγάπη ("사랑"), 13:10과 14:12의 ὑπομονή와 πίστις("참음, 믿음"), 2:13의 πίστις("믿음"), 1:19과 3:10의 ὑπομονή("참음"). 2:2-3에 예외가 있다. 또한 1:5; 2:10; 3:14; 17:14의 πιστός("충성된")을 보라.

116) S. S. Smalley, 1, 2, 3 John (WBC; Dallas: Word, 1984), 318-19.

일시하기도 하지만, 개연성이 없다. 이세벨은 교회 안에서 존경받는 지위를 누리고 있었음이 분명하기 때문이다.

이세벨은 아합 왕과 이스라엘을 부추겨 바알을 숭배케 함으로써 타협하고 "음행"하게 했다(왕상 16:31; 21:25; 왕하 8:18; 9:22 LXX). 이와 비슷하게 두아디라 교회의 거짓 교사들은 어느 정도 우상숭배에 참여하는 것이 두아디라의 문화이며 허용된다고 주장하고 있었다. πορνεῦσαι καὶ φαγεῖν εἰδωλόθυτα("행음하게 하고 우상의 제물을 먹게 하는도다")가 (순서는 다르지만) 2:14과 2:20에 동일하게 사용되었다는 사실은 사회적 상황과 사회의 우상숭배적 측면과 타협하는 문제가 버가모와 두아디라 교회의 공통 현상이었음을 보여준다. 그것은 특히 두아디라에서 문제가 되었다. 그곳은 번창하는 대규모 무역조합의 경제적 중심지였기 때문이다.[117] 두아디라에는 거의 모든 무역과 관련된 조합이 있었다. 그리고 경제활동을 하는 대부분의 시민들은 이런 저런 조합에 속해 있었다. 또한 모든 조합이 수호신들을 가지고 있었기 때문에 조합의 그리스도인 회원들은 조합의 공식 모임에서 이교도 신들에게 경의를 표해야만 했다. 그 행사는 대개 성적 행위를 동반하는 축제였다. 참여하지 않는 것은 경제적인 따돌림으로 이어졌다.[118] 이런 경제적 요인이 이세벨의 교훈을 따르는 이유가 되었을 것이다.

버가모의 상황과 두아디라의 상황이 비슷하기는 하지만 다른 점이 조금 있다. 여기서는 거짓 예언(προφῆτις["여 예언자"])과 거짓 교훈에 강조점이 있다. 본문에서는 좀 더 분명하게 διδάσκει καὶ πλανᾷ("가르쳐 **꾀어[곁길로 가게]**")라는 어구가 사용되었다.[119] 이러한 강조는, 21-23절에 의해 확증되고 2:14a에서 암시되듯이, 그 교사들이 버가모의 교사들보다 더 오래 활개치고 다녔음을 시사한다. 2:14에서 그리스도가 버가모 교회를 향해 두어

---

117) Ramsay, *Letters*, 324-25; 참조. 행 16:14.

118) 참조. Ramsay, *Letters*, 352.

119) J. M. Ford, "Proto-Montanism"은 이 본문이 목회 서신에서 언급한 거짓 교훈을 하는 여자들 무리의 교훈과 함께, 여성 예언자들이 중요한 역할을 했던 몬타누스파의 등장을 입증할 수 있는 첫 번째 증거라고 주장한다.

가지 책망할 것이 있다고 하신 것은 그 교훈이 버가모에서는 많은 지지세력을 얻지 못했음을 암시한다.[120]

이 거짓 예언자들을 계속해서 용인하는 일은 거짓 교리로 하나님의 백성을 삼키려고 접근하는 사탄적인 특성을 지닌 짐승을 용인하는 것과 같다. 나중에 요한은 두아디라 사람들에게 이 거짓 교사들의 실체를 참된 하늘의 관점으로 밝히기 위해, 예언자라고 거짓말하고 속이는 사람들을 짐승과 "거짓 예언자"로 묘사한다. 그들의 주군은 마귀의 성품을 지닌 짐승이다 (13:11; 16:13; 19:20; 참조. 2:20; 13:14; 19:20에서 거짓 예언자를 묘사하며, 18:23에서는 바벨론과 함께 사용된 πλανάω["미혹하다"]). 이렇게 연관 짓는 것이 두아디라 교회로 하여금 상황의 심각성을 깨닫도록 하고, 이단 교사들에게 징계 조치를 취할 정도로 충격을 안겨주었길 바랄뿐이다.

거짓 예언자들의 속이는 행위와 짐승을 따르는 사람들의 경배를 서술하는 편지의 권면이 현재 시제로 다시 표현되었다는 사실에서 이 부분이 뒷부분과 의도적으로 연결된 것을 감지할 수 있다([2:13, 19에 근거한] 13:9; 14:12; [3:2-4에 근거한] 16:15). 이세벨이 참여하라고 권유하는 로마 사회의 우상숭배적 측면은 요한계시록 뒷부분에서 무시무시하게 묘사된다. πλανάω("미혹하다")는 2:20 이외에 요한계시록의 환상 단락에만 등장하며, 그곳에서 이 단어는 전적으로 사탄의 대리자들의 행위를 가리킨다. 이것은 환상이 교회의 상황을 비유적으로 묘사하고 있음을 시사하는 또 하나의 표시다.[121]

사실 이세벨의 교훈을 따르는 자들은 궁극적으로 우상숭배 하는 세상 제도와 거의 동일시된다. 이세벨 자신은 나중에 "바벨론"라고 명명되는 이 제도의 대표자였으며, 이세벨 당은 교회 내부에 있는 이적행위 운동이었다. 이에 비춰볼 때, 이 편지와 요한계시록 뒤에 나오는 환상들 간의 또 다른 관련성을 제안하는 것은 지나친 추측이라고 할 수 없다. 18장에서 바벨론을 장황하게 꾸짖는 것은 그 제도와 그것과 동일시하는 교회 안에 있는 모

---

120) Sweet, *Revelation*, 88.
121) 참조. Sweet, *Revelation*, 94.

든 사람에게 내리는 장차 올 마지막 때의 심판을 묘사한다(참조. 18:4). 이세 벨과 그의 추종자들에게 심판을 예고한 것은 18장에 서술된 심판을 예상한 것일 수 있다. 두 본문 간에 다음과 같은 병행 어구가 강조된다.

백성은 음녀(17:1-2; 18:3, 8-9)와 "행음한다"(2:20-21에서처럼 18:3, 9에서도 πορνεύω["행음하다"]와 πορνεία["행음"]가 사용됨).

이 인물은 백성을 "속인다"(18:23과 2:20에 πλανάω["미혹하다"]).

행음은 소아시아 전역에 수많은 조합을 가지고 있는 경제 무역 거래를 가리키는 비유다(참조. 18:3, 11-22). 그중에 잘 알려진 몇몇 조합이 두아디라에 있었다(예. 세마포, 붉은 옷감, 청동, 주석, 노예 거래).[122]

하나님의 백성은 이세벨과 함께 "사망"(θάνατος, 18:4, 8; 2:22-23)에 처해지 는 심판을 받지 않으려면 "그의 죄에 참여하지" 말라는 명령을 받는다. 하나님은 누구나 "행위대로" 심판하시기 때문이다(참조. 18:6; 2:23에 있는 κατὰ τὰ ἔργα ὑμῶν[αὐτῆς]).

γυναῖκα 다음에 있는 σου("너의" 아내)는 원본일 가능성이 높으며, 공식 적으로 인정을 받은 교사들을 언급하고 있음을 강조하면서 이세벨이 교 회와 긴밀하고 공식적인 관계를 맺고 있음을 암시한다(A 1006 1841 1854 2351 𝔐ᴷ sy Cyp Prim). 그렇다고 해서 "너의 아내"를 교회의 감독이나 다 른 지도자의 실제 아내를 의미하는 것으로 읽어서는 안 된다(요한계시록 뒤에 나오는 "그리스도의 신부"를 문자적으로 이해해서는 안 되는 것과 마찬가지 다).[123] "너의"는 공동체로서 두아디라 교회를 언급하는 것이 틀림없다. 19-20절에서도 4번 사용된 단수 "너의"가 그런 의미인 것이 분명하기 때 문이다. 20절은 왕상 20:25의 Ἰεζάβελ ἡ γυνὴ αὐτοῦ("그의 아내 이세벨") 를 암시한다. 20절은 아합의 아내가 그의 생애에 미친 전반적 영향을 요

---

122) 참조. 행 14:16; Ramsay, *Letters*, 324-26.

123) Swete, *Apocalypse*, 43에 동의함.

약한다. "그의 아내 이세벨이 그를 미혹하여 가증한 일[우상숭배]을 행하게 하고"(왕상 19:1[여격 형태]; 20:5, 7 LXX에도 Ἰεζάβελ ἡ γυνὴ αὐτοῦ가 등장한다).

격 변화를 하지 않는 Ἰεζάβελ은 목적격인 τὴν γυναῖκα("여자")와 동격이다. 이어지는 어구 ἡ λέγουσα("~라 하는") 역시 주격보다는 목적격이어야 한다(몇몇 사본에서는 이 단어가 목적격으로 바뀌었다[ℵ 1854 2050 𝔐ᴬ]. 그리고 다른 사본들에서는 관계절로 바뀌었다. ἡ λέγει["~라 하는", 1006 1611 1841 2351 𝔐ᴷ]). 불규칙 구문은 부주의로 인한 것이 아니라 구약에 대한 암시로 주의를 환기시키려는 의도에서 나왔다. 구약 본문에서 "이세벨"에 이어 "아내"(ἡ γυνή)가 등장하며, 이것은 그 절에서 주어로 사용되기에 주격이다(왕상 20:5, 7 LXX. 19:1에서는 여격). 이와 비슷한 의도적 불일치에 대해서는 1:4, 5, 10-11, 13; 2:13의 주석을 참조하라.

21-23절　　　어떤 점에서 그리스도는 (분명하게 교회를 통해 말씀하지 않으시지만) 거짓 교사들 집단에게 회개하라고 경고하신다. 그리스도는 그들에게 이러한 경고에 귀를 기울일 시간을 주셨다. 이것은 거짓 교사들이 두아디라 교회에서 유혹하는 집단으로서 버가모의 교사들보다 더 오래 존재했음을 암시한다.[124] 그러므로 그리스도는 곧 이 사람들과 그들의 교훈을 따르는 모든 사람을 심판할 것이라고 선언하신다. 하지만 제자들에게 반응할 시간을 조금 더 주신다("만일 그의 행위를 회개하지 아니하면", 22b절). 이세벨에게 내린 "침상에 던질 것"이라는 심판은 질병을 가리키는 환유법이며, 이것은 일반적으로 고난을 가리키는 비유적 표현이다.[125] 이세벨의 추종자들이 "큰 환난 가운데 던져지게 된다"라는 말은 유사한 심판을 받는다는 의

---

124) καὶ οὐ θέλει μετανοῆσαι("그가 회개하고자 하지 아니하는도다")라는 어구는 몇몇 사본(ℵ al saᵐˢ)에 생략되었다. 이것은 앞에 있는 μετανοήσῃ에서 바로 μετανοῆσαι로 건너 뛴 필경사의 시각 착오 때문에 생긴 일이다.

125) MHT IV, 154에 따르면, 히브리 표현이다. "자리에 눕다"라는 말은 "병에 걸리다"라는 의미이며, 이것은 여기서 "질병의 침상에 던지다"와 결국 같은 의미다(Charles, *Revelation* I, 71). 이 표현은 조합 축제의 우상숭배와 부도덕한 잔치의 침상을 논쟁적으로 상기시킨다(Ramsay, *Letters*, 351-52).

미다. 3:10에 따르면, θλῖψιν μεγάλην("큰 환난")은 "땅에 거하는" 불신자들
에게 임할 "시험의 때"(τῆς ὥρας τοῦ πειρασμοῦ)의 시작이며, 아마도 7:14에
언급된 "큰 환난"(τῆς θλίψεως τῆς μεγάλης)일 것이다. 여기서 신자들은 영적
으로 보호받을 것이다(7:14의 어구에 관사가 사용된 것은 앞에 언급한 환난을 암
시하는데, 아마도 2:22을 가리킬 것이다. 7:14의 주석 참조).[126] 그러므로 이세벨과
그의 집단이 받게 되는 심판은 불신자들이 마땅히 받을 심판이다. 불신자
들은 심판을 받는 중에 그들 스스로가 심판받을 자임을 증명한다. 이 환난
은 두아디라 교회의 몇몇 구역에서 이미 일어나고 있었다(참조. 1:9; 2:9-10).

이 백성이 겪을 환난은 23절에서 좀 더 상세하게 기술되었다. 그들은
이세벨의 추종자들로서 "자녀"라고도 불리며, 그들이 받을 환난에는 그들
의 죽음도 포함된다. 이것은 이세벨의 선동으로 말미암아 나봇을 죽인 죄
로 인해 이세벨과 아합의 아들 70명에게 내린 심판이기도 하다(왕상 21:17-
29; 왕하 9:3-37; 10:1-11). 6:8에 이 환난이 더 자세하게 묘사된 것 같다. 2:23
의 ἀποκτενῶ ἐν θανάτῳ("내가 사망으로…죽이리니")와 6:8의 ἀποκτεῖναι…ἐν
θανάτῳ("그들이…사망으로써 죽이더라")를 비교하라.[127] 22절의 추종자들을

---

126) Thomas, *Revelation 1-7*, 220-21은 2:22과 7:14의 "큰 환난"을 미래에 있는 환난만을 가리
키는 것으로 이해한다. Thomas의 이런 이해는 2:25-27이 미래의 사건만을 언급하고, 4-19
장이 소위 "교회 시대" 이후에 있을 미래의 환난의 기간만을 다룬다는 그의 견해에 근거한다.
이 견해를 자세히 분석한 것은 7:14의 주석을 보고, 좀 더 일반적인 분석은 본서 서론 "1:19의
의의"의 연대순 견해를 참조하라.

127) Krodel, *Revelation*, 126은 겔 33:27의 표현(θανάτῳ ἀποκτενῶ)과 계 2:23의 표현(ἀποκτενῶ
ἐν θανάτῳ)를 비교한다. 두 본문 모두 "내가 사망(또는 재앙)으로써 죽이리라"라고 번역할
수 있다. 요한이 실제로 겔 33장을 암시한다는 사실은 다음의 내용으로 드러난다. 겔 33:29
의 "내가 [여호와인] 줄을 그들이 알리라"(καὶ γνώσονται ὅτι ἐγώ εἰμι [κύριος])와 계 2:23
의 "나는 [살피는] 자인 줄 알지라"(καὶ γνώσονται…ὅτι ἐγώ εἰμι [ὁ ἐραυνῶν]). 에스겔은
심판받고 있는 사람들을 "그 입으로는 사랑을 나타내어도 마음으로는 이익(Beale은 "더러
움"[pollutions]으로 읽음—역주)을 따르는" "아들"(개역성경은 "백성"—역주)이라고 칭한다
(겔 33:31). "그들(너희)이 내가 ~인 줄을 알리라"라는 어구(참조. Krodel, 127)는 LXX 에스
겔서에 정형화된 결과절로 대략 50회 등장한다. 이러한 사실 역시 요한계시록의 암시를 강조
한다(HR I, 270; 이 문구는 출애굽기, 이사야서, 요엘서 등에서 약 15회 등장한다). 이 어구 대
부분은 계 2:23에서처럼 심판의 결과로 알려진 하나님을 가리킨다. 이것은 예수가 심판을 행
하신다는 그의 신적 품성을 더욱 부각시킨다.

23절의 이세벨의 "자녀들"과 다른 집단이라고 추측하는 몇몇 사람들의 생각은, 가능성은 있지만 확정적이지는 않다. 23절은 셈어의 겹말 사용으로 22절을 강조하고 확장시키는 역할을 할 수도 있기 때문이다. 그래서 이세벨이 미혹하는 하나님의 "종들"(20절)과 "그와 더불어 행음하고 있는" 사람들, "그의 자녀들"은 다 동일한 사람들일 것이다. 그들은 이세벨의 거짓 교훈에 대해 회개하지 않으면 심판을 받을 것이다. 이런 환난의 심판은 너무잘 알려져서 모든 교회는 그리스도가 주장하시는 대로 그리스도가 심판자이시라는 사실을 명백히 알게 될 것이다(18절). 그리스도께서는 누가 죄인이고 의인인지 아시고 거기에 따라 심판하실 것이다.

   "사람의 뜻과 마음을 살피는 자"는 이전에 묘사한 불꽃같은 그리스도의눈을 문자적 의미로 설명한 것이다(18절). 그의 지식은 우리 존재의 중심을꿰뚫으시며, 그가 내리시는 심판과 상의 근거가 된다. 이것은 그의 신적 특성과 역할을 더욱 잘 나타낸다(참조. 2:13).[128] "심장과 폐부"를 살피시는 하나님의 지식은 성경 전체를 통해 의롭게 심판하실 능력이 그분께 있음을가리키는 상투적 표현이며, 같은 사상이 전형적 표현인 "각 사람의 행위대로 갚아 주리라"로 표현된다.[129] 여기서 무엇보다 염두에 둔 구약성경은 렘17:10이다. 두 표현 모두 등장하는 곳이 유일하게 예레미야서뿐이기 때문이다.[130] 예레미야서의 진술은 경제적 동기에서 우상숭배를 행한 이스라엘 공동체 내부에 있는 사람들에게 하나님의 심판을 언급하기 때문에 특히 적합하다 (참조. 렘 17:3, 11; 11:10-17, 20). 예레미야서에서처럼 우상숭배를 조장하는 두아디라의 거짓 교사들은 인간의 눈으로부터 그들의 악한 동기를 숨길 수 있을지는 몰라도, 하나님의 면밀히 살피시는 눈길 앞에서는

---

128) 신성에 관한 암시에 대해서는 Thomas, *Revelation 1-7*, 223-24.

129) 시 7:8-11; 렘 11:20; 17:10; 20:12; 참조. 롬 8:27; 살전 2:4; 비교. 삼상 16:7. 같은 사상이 "나[하나님]는 각 사람의 행위대로…주리라"(δώσω ἑκάστῳ κατὰ τὰ ἔργα [αὐτοῦ])로 표현된다: 시 27[28]:4; 61[62]:13[12]; 잠 24:12; 렘 17:10; 마 16:27; 롬 2:6; 고후 11:15; 벧전 1:17; 계 20:12-13; 22:12; 참조. 욥 34:11; 겔 18:30; 24:14; 33:20; Sir. 16:12, 14; 계 18:6.

130) 이와 비슷한 내용이 등장하는 곳은 왕상 8:39이다. 비교. 렘 39:17-19 LXX; 롬 2:6, 16; *2 Bar.* 48:38-39.

숨길 수 없다.[131] 그러므로 여기서 δίδωμι("주다")는 "갚다, 보답하다"라는 의미다.[132]

24-25절　　두아디라에는 미혹하는 이 교훈에 빠지거나, 거짓 교사들이 계속해서 가르치도록 용납하는 죄를 짓지 않은 사람들이 어느 정도는 남아 있었다(2:20).[133] 부패한 교훈의 핵심 중 하나는 그리스도인에게 "사탄의 깊은 것을 아는 것"이 허용되었다는 점이다. 이것은 거짓 교사들 자신이 사용한 표현이다(ὡς λέγουσιν["그들이 말하는 것처럼"]의 주어). 몇몇 사람들이 추측하듯이, 그들이 원래 말하던 것은 "하나님의 깊은 것"을 가리켰을 것이다. 하지만 요한은 그들의 교훈에서 실제 드러난 것에 해당하는 명칭을 붙였다(또는 만일 두아디라 그리스도인들이 ὡς λέγουσιν의 주어라면, 그들이 이렇게 명명했을 것이다).[134] 이 표현은 그리스도인들이 어느 정도 우상숭배에 참여하여 귀신과 사탄의 영역을 경험했지만, 거기에 참여함으로써 영적으로는 해를 받지 않았을 가능성이 있다는 견해를 암시한다.

동일한 유의 합리화가 이스라엘 역사의 순간순간에(참조. 신 32:15-22), 고린도의 몇몇 사람들 사이에서(고전 8-10장), 그리고 버가모에서(계 2:13-14) 일어났다. 버가모의 상황과 관련하여 앞에서 언급했듯이, 그리스도인들이 진지한 마음으로 참여하지 않고, 거짓 신들에게 경의를 표하지만 실제로는 믿지 않는다면, 이런 식으로 우상숭배에 참여하는 것은 정당하다고 거짓 교사들이 제안했을지도 모른다(2:14의 주석 참조). 거짓 교사들은 고전 8:4에 있는 바울의 주장을 아전인수격으로 해석하여, 만일 진정 "우상이 세상에 실제로 존재하지 않는다면" 우상을 칭송하려고 축제에 참여하는 것이 영적으로 전혀 해될 것이 없다고 말했을 것이다.[135] 거짓 교사들은 이러한 가르침을 지지하기 위해 복음서에 있는 예수의 말씀에 호소했을 수도 있다

---

131) 참조. Kraft, *Revelation*, 70-71.

132) S. Thompson, *Apocalypse and Semitic Syntax*, 13.

133) M. Stuart, *Apocalypse* II, 82.

134) 참조. Alford, *Greek Testament* IV, 576.

135) De Silva, "Social Setting," 291-94을 보라.

("가이사의 것은 가이사에게, 하나님의 것은 하나님께 드려라." 마 22:21; 막 12:17).
또는 "각 사람은 위에 있는 권세들에게 복종하라"는 바울의 권고도 인용했
을 것 같다(롬 13:1). 거짓 교사들은 그리스도인들이 수호신이나 카이사르
에게 제사를 드리는 것을 유대인의 성전에서 황제를 통치자로 경의를 표하
는 제사와 같은 것으로 이해했을 수도 있다(이것은 황제를 신으로 생각한 것은
전혀 아니었다. Josephus, *Ap.* 2.6; Philo, *Legatio ad Gaium* 349-67, 특히 357).

또한 이러한 왜곡된 교훈은 우상숭배 하는 자들과 사귀지 말라는 고전
5:9-11이나, "약한" 형제에게 걸림돌이 되지 않는 한 "강한 자들"이 우상숭
배를 하는 귀신의 자리에 참여하는 것을 어느 정도 허용한 고전 8-10장에
있는 바울의 권면을 잘못 읽은 탓도 있을 것이다.[136] 그리고 이것이 다른 사
람들에게는 "그리스도 안에 있는 진정한 자유"의 한 예로 그려지고, 일종의
영지주의의 원형이 되었을 것이다(요일 1:5-10; 2:3-6; 3:4-12에서 공격을 받은
교훈처럼 말이다. 참조. 계 2:18-26).[137]

영지주의적 가르침은 물리적 세상은 중요하지 않은 것으로 여기면서
영적 차원을 강조한다. 그래서 우상의 신전에 있거나 우상의 식탁에 참여
하는 것이 그 사람의 믿음에 영향을 끼치지 않는다고 생각하기에 이르렀을
수도 있다. 또는 이 교사들은 하나님과 관계가 매우 가깝다면 죄를 짓거나
귀신의 영역에 있더라도 그 관계를 해칠 수 없다는 입장을 고수했을 것이
다. 거짓 교사들은 사탄의 본거지에서 죄를 경험하여 죄의 진정한 특성을

---

136) 참조. Caird, *Revelation*, 40.

137) Prigent, "L' Hérésie asiate." Schüssler Fiorenza("Apocalyptic and Gnosis," 565-61)는,
버가모 및 에베소와 마찬가지로, 여기서도 거짓 교훈이 고린도전서에 등장하는 바울의 영지
주의적·자유방임적 경향을 지닌 적대자들에 의해 고수되던 것이었다고 주장한다. Ignatius,
Eph. 7:1-2은 2세기 에베소에 영지주의적 경향을 띤 거짓 교사들이 있었음을 폭로한다. 이
거짓 교사들은 아마도 영지주의자들이었을 것이다. 초기의 교부들은 영지주의자들을 "우상
에게 제물로 바친 고기를 먹고" "우상을 숭배하는 모든 축제"에 참여하지만 스스로는 그것으
로 영적 해를 입지 않는다고 생각하는 사람들이라고 밝혔다(Irenaeus, *Adversus Haereses*
1.6; Justin, *Dialogue* 35; Eusebius, *H. E.* 4.7). Irenaeus, *Adversus Haereses* 1.24.5 역시
우상에게 바친 고기를 먹고 우상숭배가 거행되는 축제와 성적 부도덕에 참여하는 거짓 교사
들을 언급한다.

배움으로써 하나님의 은혜를 더욱 충분히 이해할 수 있다고 생각했을 가능성도 있다.[138]

하지만 거짓 교사들에게 사탄에 관해 하나님이 계시하신 신비로운 지식의 "깊은 것"으로 보였던 것이 사실은 "사탄의 깊은 것"에 불과했다. 그것은 단지 불경건한 자들만이 헤아릴 수 있는 것이다(11:7; 13:1["바다"]; 17:8["무저갱"]에서 "무저갱에서 올라온" 짐승이나, 9:1-2의 "무저갱의 구멍"에서 올라온 귀신들처럼 말이다).[139] 이런 의미에서 "사탄의 깊은 것"은 "사탄적인 깊은 것"을 가리키는 형용사 기능을 하는 소유격이다.

그리스도는 이러한 사고의 흐름에 미혹을 받지 않은 사람들에게 그들이 진정으로 관심을 가져야 할 것은 그리스도가 오실 때까지 그들이 붙들고 있는 것을 타협하지 말고 계속 지키는 것임을 강조하신다(여기서 "오심"이 마지막 재림인지 아니면 조건적 또는 한시적인 오심인지에 대해서는 앞에서 논의한 1:7과 2:5의 주석 참조). 그리스도는 행 15:28의 사도회의의 결의에서 이방인 그리스도인들에게 일반적으로 부가한 것 이외에 다른 짐(βάρος)을 두아디라 그리스도인들에게 지우지 않으신다(계 2:20, 24와 행 15:28-29을 비교하라. "이 요긴한 것들 외에는 아무 짐(βάρος)도 너희에게 지우지 아니하는 것이 옳은 줄 알았노니 우상의 제물과…음행을 멀리할지니라[ἀπέχεσθαι εἰδωλοθύτων…καὶ πορνείας]").[140]

26-27절   그리스도는 타협을 "이기는" 사람들과 타협하고 있는 이세벨 당을 징계하는 사람들이 그와 함께 그의 나라에서 다스릴 것이라고 약속하신다. "끝까지" 인내하는 것은 그들이 약속한 것을 받기 위해 반드시 필요한 조건이다. 그들이 이렇게 인내하면, 그리스도께서 그들로 하여금 시 2편에 예언된 메시아의 나라에 참여하게 하실 것이다. 그는 (시 2:8-9을 인용하여) 다스리는 권세를 이미 받았다고 밝히신다. 그리스도는 편지를 시작하

---

138) A. F. Johnson, "Revelation," 445.
139) 이 통찰은 내 연구 학생인 H. Okayama에게서 얻었다.
140) 참조. 행 15:19-20; Hengstenberg, *Revelation* I, 202-3; Alford, *Greek Testament* IV, 576-57; Charles, *Revelation* I, 74; Hughes, *Revelation*, 51; Krodel, *Revelation*, 127-28.

면서 자신을 시 2편의 "하나님의 아들"이라는 칭호로 소개하셨다(2:18의 주석 참조). 이 칭호는 그가 시편의 예언을 성취하기 시작하셨음을 천명하므로, 시 2편의 약속으로 두아디라 교회에게 보내는 편지를 마무리하는 것은 적합하다. 그들은 생애의 "끝"(τέλος), 곧 그들이 "그리스도의 일을 지켰"다는 것이 마침내 드러나는 때에 그리스도와 함께 다스리는 권세를 받을 것이다. "끝"은 그리스도가 마침내 오시는 때를 가리킬 수도 있지만, 그리스도인으로서 그들의 생을 "마칠 때"도 포함된다. 이것은 순교만을 언급하는 것은 아니다(이러한 대안을 논의한 1:7; 2:5, 10-11의 주석 참조).[141]

ὁ νικῶν…δώσω αὐτῷ는 이어지는 약속을 상속하는 조건으로서 "이김"의 절대적 필요를 강조하려고 채용된다. 이 어구는 잉여 대명사(resumptive pronoun)가 따라오는 미완성 독립격(*casus pendens*)이다(3:21에서도 같은 현상이 발생한다).[142] 분사의 주격 구문은 동사의 의미와 거의 같은 기능을 한다.[143]

시편 인용에 문제가 있다. 요한은 LXX에 일치시키느라 ποιμαίνω("양을 치다")를 사용했지만, 이것은 r''(라아, "부수다")라고 읽는 MT와 대조를 이룬다. 구약성경 여러 곳에서 그렇다고 알려지듯이(시리아어 페쉬타, 불가타. Jerome은 이 점에서 LXX과 일치한다), LXX이 히브리어 원본을 나타낸다는 것은 얼마든지 있을 수 있는 일이다. 하지만, 결정적인 것은 아니지만, 시편의 병행 어구는 이것과 반대다(시 2:9b은 "부수다"이다). 발음 표시가 없는 히브리어 본문에는 *tr'm*(MT에서 이 단어는 독특한 문법 형태를 띤다)으로 되어 있는데, 발음 표시에 따라 어근이 "너는 부술 것이다"(r'')가 되기도 하고 "너는 양을 칠 것이다"(r'b)가 되기도 한다. 그리

---

141) Schüssler Fiorenza, *Priester für Gott*, 365-68. Schüssler Fiorenza는 26-28절의 약속을 그리스도의 최종 재림에서만 성취되는 것으로 이해한다.

142) MHT II, 423-24. MHT I, 69은 이 문장 구조를 그리스어 문체에서 전형적인 파격 구문으로 이해한다. Robertson, *Grammar*, 683은 이것을 히브리어와 그리스어에 병행 어구를 가진 관용어로 이해한다. BDF §466은 이것을 파격 구문, 특히 미완성 독립격(*casus pendens*)이라고 부른다.

143) Robertson, *Grammar*, 1130 역시 이 구문을 독립 주격이라고 부른다.

고 LXX은 필시 원래의 발음 전통을 유지했을 것이다. 요한은 자연스럽
게 LXX에서 빌려왔거나, 히브리어에서 그가 독자적으로 번역했을 가능
성이 높다. 어느 경우이든지 간에, 요한이나 LXX 번역자 중 한 쪽이 히
브리어 본문을 오해했거나, 그것을 해석했거나, 역동적으로 번역했을 것
이다. 마지막 두 선택이 개연성이 더 많다. 이들을 지지하는 타당한 설명
이 더 많기 때문이다. 요한이나 LXX 번역자, 또는 두 사람 모두 발음 표
시가 없는 본문에서 "철장"이 불경건한 나라들을 파멸시키는 상징이지
만, 동시에 이스라엘을 보호하는 표지였다는 점에서 역설적이라고 느꼈
을 것이다. 결과적으로 ποιμαίνω(rʿh)가 rʿʿ("부수다")보다 명백하게 상반
되는 두 사상을 더 잘 포괄할 수 있기에 선택되었다. 이렇게 해석하여 번
역한 것은, LXX 여러 곳에서 ποιμαίνω가 통상적으로 "양을 치다"는 의
미뿐만 아니라, "파괴하다" 또는 "황폐하게 하다"는 의미를 가지고 있다
는 점에서, rʿh의 가능한 번역으로 등장했을 것이다(참조. 미 5:5[6]; 렘 6:3;
22:22; rʿh는 시 79[80]:2[1]에서도 이런 의미를 가지고 있는 듯하다). 요한은 동
일한 해석적 이유에서 MT보다는 LXX을 선호했을 수 있다.[144]

　　LXX 여러 곳의 ποιμαίνω 사용례에 비춰볼 때, 요한(또는 LXX)이 해
석적 함축이 없이 MT에 상응하는 번역을 제시했을 가능성이 있다.[145]
하지만 요한이 2중적 의미를 염두에 두었을지도 모른다는 사실은 계
19:15(과 12:5?)에서 "심판하다" 또는 "파괴하다"를 의미하려고 ποιμαίνω
를 사용했고(참조. 19:15과 병행하는 πατάσσω["치다"]), 7:17에서는 그 동사
에 "양을 치다"라는 확실한 뉘앙스가 있다는 사실에 의해서 암시된다. 따
라서 예수가 시편의 성취로서 다스리기를 시작하려고 받으신 "권세"는
왕이 그의 백성을 보호하고 원수들을 멸할 때 행사하는 권세로 이해해
야 한다. 이 권세는 그리스도의 십자가와 부활에서 성취되기 시작한 것
으로 이해하는 것이 가장 좋다. 십자가와 부활에는 신자들을 구원으로

144) 시편 사용의 다른 접근을 논의한 S. L. Johnson, *Use of the Old Testament*, 17-19을 보라.
145) 참조. L. P. Trudinger, "Text of the Old Testament," 84-85.

보호하는 동시에 불신자들을 심판한다는 2중적 의미가 있다.

성취되기 시작했다고 보며 이 시편을 적용한 것은 신약성경 여러 곳에서 그리스도와 관련하여(행 13:33; 롬 1:4; 히 1:2, 5; 5:5; 7:28), 그리고 그의 원수들의 배반과 관련하여(행 4:25-28) 언급된다.[146] 그 권세가 이미 메시아의 나라에 참여했다는 말을 듣는 "이기는 자들"에게 현재 적용된다면(계 1:5-6, 9; 5:10), 그들이 시편을 성취하기 시작하면서 행사하는 "권세"는 그들이 고난으로써 그리스도의 죽음과 부활을 증언하는 것을 가리킨다. 이것은 어떤 사람들에게는 구원의 보호가 되지만, 다른 사람들에게는 멸망의 근거가 된다(동일한 2중적 효과가, 계 2:27에서처럼 고후 2:15-17의 바울의 사도적 증언에서도 발견되는 점을 주목하라).[147] 이러한 역설적인 사고의 흐름을 따라, 시리아어 페쉬타는 계 2:27에서 인용된 시편을 이렇게 번역한다. "그가 철장을 가지고 그들을[이기는 자들을!] 칠 것이다[shepherd]. 질그릇을 깨뜨리는 것과 같이 그들은 산산조각이 나리라. 나도 내 아버지께 징계를 받았노라[그리스어 본문의 ἐξουσία를 대신한다]." 이 번역은 신자들과 관련하여 ἐξουσία("권세")가 사용된 유일한 다른 곳이 왜 11:6(2번)뿐인지, 그 이유에 대한 설명이 될 수 있다. 계 11:6에서는 고난을 동반하는 두 증인의 μαρτυρία("증언")에 권세가 포함된다고 설명되었다(11:7). 마찬가지로, 12:10(12:5에서 사용된 시 2:8의 발전이다!)에서 그리스도의 "권세"를 나타내기 시작한 것은 11절에서 "이긴" 성도들과 직접 연결된다. 성도들은 "자기들이 증언하는 말씀으로써 그를 이겼으니, 그들은 죽기까지 자기들의 생명을 아끼지 아니하였도다."

계 2:26-28처럼, *Midr. Rab.* 시 2.9은 시 2:7-8을 메시아의 강림과 공동체적으로 이스라엘에 적용한다.

---

146) 4QFlor 1.18-21은 시 2:1-3을 "마지막 날…시험의 때"에 "이스라엘의 택함을 받은 자들"을 압제할 나라들에 적용한다. *Midr. Rab.* 창 97은 시 2:9을 메시아에게 적용하고, *Sib. Or.* 8.245은 그리스도에게 적용한다. 시 2편을 메시아적으로 이해하는 랍비들의 해석에 대해서는 Lövestam, *Son and Saviour*, 16-23을 참조하라.

147) 이것과 맥을 같이하면서 2:26-27에 대해서도 같은 원리를 적용한 Sweet의 더 일반적인 제안을 보라. Sweet, *Revelation*, 96.

28절   그리스도가 또 이기는 자에게 "새벽 별을 주신다"는 진술은 방금 전에 언급한 절정의 약속을 재천명한다. 이것이 고난받는 성도들이 죽은 자 가운데서 부활할 때 영원히 빛나는 별과 같이 될 것이라는 구약과 유대교 전통을 가리키며, 그 결과 이기는 자의 불멸이 강조된다고 주장하는 사람들이 있다(1:19의 주석 참조). 이런 주장이 가능성이 있기는 하지만, 사 11:1 예언을 자세히 설명하기 위해 계 22:16에서 이런 식으로 사용된 것에서 분명하게 나타나듯이, "별"은 (환유법으로) 예수 안에서 성취되기 시작한 메시아적 통치를 대표하는 것 같다(22:16의 주석 참조; *Pseudo-Titus Epistle*은 계 2:28의 새벽 별을 예수가 이미 받으신 메시아적 통치라고 밝힌다). 별 이미지가 지니는 이러한 의미는 미래 이스라엘의 종말론적(비교. 14절) 통치자가 "열국의 왕들을 부수고"(시 2:9) 그들을 "다스리고" 그들을 "상속"으로 받는(시 2:8) "떠오르는 별"과 "규"(참조. 27절과 시 2:9의 *sebet*)로 묘사된 민 24:14-20에서 확증된다.[148] 시편과 민 24장 사이의 병행 어구들 이외에, 민수기의 예언은 계 2:26-28에서 시 2편의 예언과 결합되는 것이 자연스럽고 적합하다. 민수기의 예언은 발람이 한 예언이고, 발람은 2:20에서 묘사된 동일한 이단을 가리키는 상징(계 2:14)이기 때문이다. 민 24:17은 유대 문헌에서 메시아적으로 해석되었다(*Test. Levi.* 18:3; *Test. Jud.* 24:1[24:4-6에서 사 11:1-4과 결합되었음]; CD 7.18-21; 1QM 11.6-7; 4QTest 9-13; *j. Ta'anith* 68d[=Soncino 판의 4.5(X.G-I)]).

시 2:7-8과 민 24:17의 결합은 시 2:6-7의 언급에 이어 민수기의 암시(φωσφόρος ἀνατείλη)가 제시된 벤후 1:17-19과 같은 패턴을 따른 것이다. 여기서 πρωϊνός("새벽")는 예수의 죽음과 부활로 말미암아 시행되기 시작한 메시아적 통치의 시작된 측면을 부각시킬 수 있다(22:16).[149] 민 24장의 ἀνατελεῖ ἄστρον("별이 떠오르며")은 계 2:28의 τὸν ἀστέρα τὸν πρωϊνόν("새

---

148) 참조. Gangemi, "Stella del mattino."
149) "별"의 정체를 설명하는 다른 여러 해석들에 대해서는 Mounce, *Revelation*, 107; Prigent, *Apocalypse et Liturgie*, 25-26을 보라.

벽 별")에 영감을 주었을 것이다. ἀνατολή가 "일출" 또는 "새벽"을 의미할 수
있기 때문이다.[150] 그러므로 "새벽 별"은 메시아적 통치와 관련이 있는 상징
이다. 이와 비슷하게, 민 24:17에서 "별"은 타르굼에서 "왕"을 가리키는 은유
로 해석된다. "규"와 동의적 병행이기 때문일 것이다.[151] 본문에서 이 상징
물을 신자들에게 적용한 것은 그들이 이긴다면 이러한 통치에 참여할 것임
을 암시한다. 이런 생각은 "새벽 별"(금성)이 고대 세계와 특히 로마에서 주
권의 상징이었다는 사실로 인해 한층 더 강조된다. 로마의 황제들은 자신
들이 여신인 금성의 후손이라고 주장했다. 로마의 장군들은 금성에게 봉헌
하는 신전을 건립했으며, 이것은 로마 군단에서 계속되어온 관행이었다.[152]
이것이 본문을 이해하는 배경이라면, 로마와 같은 악한 세계 제국이 주장
하는 것과 다르게 그리스도가 세계의 참된 주권자임을 강조하기 위해 민수
기 본문이 떠올랐을 것이다.[153]

"이김"의 역설에 대하여

"이기는 자"는 두아디라와 버가모에 보내는 편지에서처럼 신자가 2:26-28
의 약속을 상속하기 **전에** 등장한다. 그리고 이처럼 죄를 "이기는 것"(2:4-5,
14-16, 20-24)은 세상에게 정복당하는 것을 동반한다. 신자들이 세상과 타
협하지 않을 때, 그들은 세상으로부터 박해를 받기 때문이다. 이것은 서머
나 교회와 빌라델비아 교회에게 보내는 편지에서처럼 나머지 다섯 교회에
게도 해당한다. 다른 다섯 편지에 박해가 분명하게 언급되지 않았더라도
말이다. 다른 다섯 교회 모두 세상에서 증언하는 데 영향을 주는 죄 문제를

150) 참조. Daniélou, *Primitive Christian Symbols*, 109.
151) *Targs. Onk.* 민 24과 *Targ. Jer. Frag.* 신 24. 참조. Vermes, *Scripture and Tradition*, 165.
    사 9:2이 부분적으로 별 상징물 배후 본문일 수 있다.
152) 참조. Lohmeyer, *Offenbarung*, 30.
153) 참조. Beasley-Murray, *Revelation*, 93.

가지고 있음이 분명하다. 그래서 만일 교회들이 그들의 죄를 이긴다면, 서머나 교회와 빌라델비아 교회가 그러하듯이 세상으로부터 고난을 받을 것이다. 교회가 증언하는 믿음을 유지하면서 인내한다면, 세상에서는 고난을 당하고 멸망할지라도 땅에서 승리한다.

계 12:11과 15:2, 롬 8:35-37에서 νικάω("정복하다, 이기다")가 사용된 것을 보면, 편지들에 언급된 이기는 것을 역설적으로 이해하는 것이 가장 좋음을 알 수 있다. 3:21에서 입증되듯이, νικάω를 이처럼 역설적으로 이해하는 것은 그리스도의 "이김" 이해를 모델로 삼는다. 계 5:5-6과 요 16:33에는 그리스도의 이김이 십자가 위에서 그의 죽음을 통해 이루어졌다고 역설적으로 해석되었다. 이처럼 롬 8:36-37에서 고난을 당하는 성도가 이긴다는 내용은 계 5:5-6의 묘사와 매우 유사하다. 로마서의 ὡς πρόβατα σφαγῆς…ὑπερνικῶμεν("도살 당할 양같이…우리가 넉넉히 이기느니라")를 계 5:5-6의 ἐνίκησεν…ἀρνίον ἑστηκὸς ὡς ἐσφαγμένον("그가 이겼으니…한 어린 양이 서 있는데…죽임을 당한 것 같더라")와 비교하라. 이런 사상의 흐름을 따라 시리아어 페쉬타는 계 2:26-28의 성도들의 "이김"과 그리스도의 승리를 "내[그리스도]가 내 아버지께 징계를 받은 것처럼, 산산조각이 되리라"로 정의한다(2:26-27의 주석 참조).

모든 교회가 타협하려는 유혹에 직면했으며, 그중에 몇몇 교회(버가모, 두아디라, 사데, 라오디게아)는 이 유혹에 굴복하고 말았다. 그러므로 이기라는 권면은 타협에 대항하여 계속 굳게 서라는 권고이든지 아니면 타협을 중단하라는 권고다. 이와 관련하여 2:7과 2:17에서 νικάω는 2:6과 2:15의 Νικολαϊτῶν("니골라 당")에 대한 역설적 언어유희일 개연성이 높다.[154] 그래서 이 권면은 그리스도인들을 타협으로 이끌어 그들의 믿음을 무너뜨리려고 시도하는 거짓 정복자들을 이김으로써 진정으로 이기는 자가 되라는 권면이다. 서머나 교회에게 보내는 편지에 묘사된 것처럼, 타협하지 않음으로써 영적으로 이기는 것은 역설적으로 어느 정도 물질적인 면에서 박해

---

154) Farrer, *Revelation*, 74.

를 받아 정복당하는 것을 수반한다. 이러한 사용례는 마카비 형제들의 순
교에 대해 νικάω라는 단어를 사용한 유대인들의 해석 전통과 연결되었거
나 그것을 발전시킨 것일 수 있다. 마카비 형제들은 고난과 죽음을 당하여
세상의 관점에서는 패했을지라도, 하나님의 율법을 믿는 그들의 믿음을 굳
게 지켰기 때문에 진정한 정복자들로 평가를 받았다. 이렇게 마카비 형제
들은 그들을 박해하는 "폭군을 이겼다"(4 Macc. 1:11; 6:10; 7:3; 9:6, 30; 11:20-
21; 16:14; 17:12-18).

　짐승이 성도들에게 물리적 고난을 더함으로써 그들을 "이겼다"고 언급
되는 상황(11:7; 13:7), 그리고 그리스도와 성도들 역시 그 고난을 인내하는
중에 그들의 충성스런 증언을 유지함으로써 짐승을 이긴다고 하는 것을 볼
때, "이김"을 이처럼 역설적으로 이해하는 것은 더욱 지지를 받는다. 여기에
동일한 단어 "이기고 있다"가 사용되었다(5:5-6; 12:11; 15:2; 17:14). νικάω가
짐승과 그리스도 및 성도들에게 2중적·역설적으로 적용된 것은 단 7:21에
그 뿌리를 두고 있다. 단 7:21은 성도들을 이기는 마지막 때의 대적자들을
언급하는데, 요한은 이것을 계 11:7; 12:7b; 13:7에서 문맥적으로 인용한다.
그러고는 그 본문을 역설적으로 뒤바꾸어 17:14에서는 예수와 성도들을 가
리키고, 12:7-8에서는 천사들을 언급하는 데 사용한다(자세한 내용은 11:7;
12:7-8; 13:7; 17:14 본문 주석 참조).

　모든 편지에서 이기는 자들에게 주시는 약속이 믿음을 위해 순교한 사
람들에게만 해당한다고 보려는 사람들이 있다.[155] 이런 결론은 대개 신자
들의 이김이 그리스도의 이김을 모델로 삼고(3:21; 참조. 5:5-6), 죽도록 충성
하는 것을 이기는 것으로 암시하는 2:11과 12:11에 초점을 맞춘다. 그리스
도의 죽음은 신약성경 전체에서 모든 그리스도인의 전범(典範)으로 제시
된다. 하지만 그리스도의 죽음은 모든 종류의 고난을 위한 패러다임도 포
함하며 꼭 순교에만 국한되지 않는다(예. 롬 8:36-37; 빌 2:1-11; 벧전 2:21-25;

---

155) 예. Charles, *Revelation* I, 54; Caird, *Revelation*, 27-28, 33-34, 58; Kiddle, *Revelation*,
　61-65.

3:9-18; 4:12-13). 더욱이 이기는 자들에게 주는 약속은 (다른 모든 편지에서
와 마찬가지로) 서머나 교회의 모든 사람에게 주어진다. 하지만 오직 "몇 사
람"만 죽게 될 것이(며, 2:11a은 "교회들" 안에 있는 모든 신자에게 그 약속을 확
대한)다. 동일한 자격이 12:11에서 이기는 자들과 관련해 주어졌다("죽도록
[ἄχρι]"; 모든 신자는 12:10의 마귀의 참소에 직면하며, 12:11에서는 이들이 마귀를
이기는 자들로 묘사된다). 편지들에 주어진 그 약속은 죽음에 이르기까지 인
내하는 사람들에게만 한정되지 않고, 여러 종류의 고난을 견디는 사람들도
포함한다.

사람들이 이기는 자임을 증명하는 것은 그들이 어떻게 죽느냐가 아니
라, 그리스도인으로서 그들의 삶 전체가 "이기는 자"로 특징지어지는지에
달려있다. 이기는 것은 한 과정이며 죽을 때 완성된다. 분사의 독립적 용법
인 ὁ νικῶν("이기는 자는")은 문맥상 참 신자의 지속적인 특징을 말해준다.
이와 비슷한 분사 구문인 2:26의 ὁ τηρῶν("지키는 자는") 역시 동일한 의미
를 전달하며, ὁ νικῶν이 병행 어구에 의해 즉시 설명되는 일곱 편지에서
유일하게 등장한다는 면에서 중대한 의미가 있다. 이 구문은 이기는 것을
우선적으로 믿음에 인내하는 일과 선한 행위로 이해해야 함을 보여준다.
τὰ ἔργα μου("내 일")는 믿음과 행위를 다 포함한다. 2:19b에서 τὰ ἔργα σου
τὰ ἔσχατα("네 나중 행위")가 총체적인 것을 언급하기 때문이다(19a절에 비춰
보면 그렇다. 이와 같은 경우가 2:2, 5; 3:1-2, 8에도 등장하며, 모든 본문에서 실제 강
조는 믿음에 있다. 자세한 내용은 2:19의 주석 참조).[156] 이러한 2중적 강조가 요
한계시록 뒷부분에서 발전된다(12:17; 14:12-13). 그러므로 이김은 요한1서
(5:4-5; 2:13-14)의 경우와 마찬가지로 한 개인의 총체적인 믿음 생활의 승
리를 가리킨다. 요한일서의 모든 사례에서 νικάω는 공동체 내부에서 나온
거짓 교훈에 굴복하지 않음을 표현하는 데 사용된다. 이것은 요한계시록에
서 버가모와 두아디라 교회에게 보낸 편지에서도 동일하게 강조된다.

계 21:7에서 사용된 νικάω 역시 이김이 모든 신자를 총체적으로 가리킨

---

156) 참조. Brütsch, *Clarté*, 54.

다는 사실을 전달한다. 여기서 이 단어는 21:8의 모든 불신자와 대조되어, 모든 신자가 향유하는(21:3-7, 2-26; 22:1-5) 구원의 복을 상속하는 데 사용되었다(이와 비슷하게 21:1-22:5, 11-19에서 신자와 불신자가 전반적으로 대조된다).[157] 일곱 편지에서 이기는 자에게 주시는 모든 약속은 하나님과 교제를 나누는 구원의 복과 관련이 있다. 그 복은 삶에 필수적인 모든 것(안전, 거주지, 능력, 음식, 옷, 이름 등)을 제공한다. 그러므로 약속은 하나님의 집에 있는 모든 신자에게 적용된다. "하나의 기본적인 약속이 다양한 이미지를 통해 전달된다. 이 모든 것은 '내가 있는 곳에 승리자가 있을 것이라'라는 원리를 예시하기 때문이다."[158] **모든 불신자가 받는 사탄의 이름과 신자들이 받는 하나님의 이름을 의도적으로 대조한 것은 같은 결론을 지향한다(2:17의 주석 참조).**

이런 결론은 일곱 편지에서 이기는 자들에게 주신 모든 약속이 요한계시록의 마지막 환상에서 묘사되며, 일반적으로 하나님의 영원한 나라에 참여하는 것을 가리킨다는 이전의 관찰에 의해 지지를 받는다. 이 약속들에는 심판으로부터의 보호(2:10; 3:5), 하나님의 성을 상속 받음(3:12), 그리스도의 다스림에 참여함(2:26-28; 3:21), 영생(2:7; 3:5) 등이 포함된다. 구원과 관련한 이처럼 광범위한 약속은 순교자들에게만 국한되는 것이 아니며, 모든 성도를 염두에 두었을 것이다.[159] 그리스도인들은 죽기 전에도 일곱 교회에 인용된 몇몇 약속이 성취되기 시작한 열매를 맛본다. 동일한 이유에서, 이기는 자들은 "세속적" 그리스도인들과 대조되는 "영적" 그리스도인들에게만 한정되지 않는다.[160] 이것은 자신이 "이기는 자"임을 증명하지 못하는 사람들은 스스로 그리스도인임을 증명하지 못한다는 의미다.

몇몇 약속들이 성취되기 시작한 측면에 대해서는 2:7의 주석과 매 편지의 결론에 주어진 약속들을 논한 부분을 보라. 2:26-27과 3:21을 1:5-

---

157) ὁ νικῶν("이기는 자는")의 분사적 뉘앙스에 너무 많은 뜻을 부여했지만 이와 비슷하게 본문을 이해한 Sweet, *Revelation*, 83을 보라.

158) Minear, *New Earth*, 60; 참조. 21:3, 7; 22:3-4.

159) Beasley-Murray, *Revelation*, 77-78.

160) Thomas, *Revelation 1-7*, 151-52.

6, 9; 2:17b과 비교하라. 2:10의 "면류관"을 3:11과 비교하라. 요한은 2:7, 10-11에 언급된 영생이 믿음으로 예수의 죽음과 부활과 동일시됨으로써 시작된다고 이해한 것 같다(참조. 1:5, 18). 몇몇 편지에 있는 그리스도의 "강림들"이 재림 이전에 있을 방문을 포함하는 것이라면, 성도들의 이김과 이에 수반되는 약속도 마지막 절정 이전에 시작되는 것임이 분명하다(2:5의 주석 참조). 요한의 다른 문헌과 바울 서신에서 사용된 νικάω 역시 "이김"이 믿음 안에서 인내함으로써 이생에서 시작된 것임을 암시한다(요일 2:13-14; 4:4; 5:4-5; 롬 8:35-37; 12:21). 동일한 용례가 *4 Macc.* 1:11; 6:10; 7:3; 9:6, 30; 11:20-21; 16:14; 17:12-18에도 등장한다.

그리스도는 증언하는 일의 부족함과 타협으로 인해 사데 교회를 책망하신다. 그리고 구원의 생명의 복을 상속 받으려면 타협을 이기라고 권하신다(3:1-6)

1절 그리스도의 2중적인 자기소개("하나님의 일곱 영과 일곱 별을 가지신 이")는 사데의 상황에 매우 적합하다. 그리스도의 자기소개는 에베소에 보내는 메시지에 있는 자기소개와 거의 동일하며(2:1), 다음 절에서 소개되듯이 에베소 교회에서처럼 사데 교회에서도 같은 목적을 가지는 것 같다.

그리스도가 "내가 네 행위를 아노니 네가 살았다 하는 이름은 가졌으나"라고 인정하신 것은 그 교회의 현재 영적 건강에 대해 긍정적으로 칭찬하시는 것이 아니라, 이것이 그 교회의 고백과 평판임을 단지 인정하시는 것에 불과하다. 하지만 그들의 고백과 평판은 사실 그들의 실제 모습과 모순된다. 실제로 그들은 "죽은" 자들이다(2:9과 3:9에 있는 유대인들의 고백과 관련하여 대조되는 주장을 주목하라). 전반적으로 사데 성이 지금은 있지 않은 과거의 평판에 의존하여 사는 것처럼, 같은 태도가 교회도 감염시켰다.[161] 사

---

161) Hemer, *Letters*, 129-34; A. F. Johnson, "Revelation," 448.

데 교회는 자신이 영적으로 살아 있다고 생각했고, 그 지역의 다른 교회들이 사데의 그리스도인들을 존경했을지 모르지만, 사실 그들은 영적으로 죽은 상태에 있었다(참조. 신약성경에서 "죽은"이 이렇게 사용된 예). 2절을 보면 사데 교회의 상태에 대한 이런 평가가 그 교회의 불안정한 영적 상태와 곧 죽을 위기에 처해 있음을 강조하려는 비유적 과장임이 드러난다.

2a절　　그리스도는 독자들에게 그들의 "죽은" 상태에 반응하여 영적으로 각성하라고 명령하신다. "너는 일깨어(깨어 있는 자가 되라)"[162]라는 명령은 독자들이 이교 문화 한 가운데서 그들 믿음의 절대적인 요구에 무감각했음을 보여준다.[163] 그들이 깨어나는 방법은 "죽게 된 것을 굳건하게" 하는 것이다. 미완료 동사 ἔμελλον은 글 쓰는 때와 시간적으로 조금도 분리되지 않는 행동을 표현하며, "죽음의 문턱에 쭉 서 있었던" 또는 "곧 죽게 될" 등 진행적 완료의 의미로 번역하는 것이 가장 좋다.[164] 독자의 관점에서 볼 때, 미완료 시제는 저자가 환상을 본 때를 가리킬 것이다.[165]

"남은 것"(τὰ λοιπά)은 독자들이 충실한 섬김의 생활을 시작했지만 더욱 전진하지 못하게 하는 방해거리가 생겼음을 암시한다. 그들의 믿음의 순전함과 그들이 고백하는 **그리스도인**이라는 "이름"에 합당함을 보여주기 위하여 이 그리스도인들이 행할 일이 여전히 남아 있다. 그래서 그들의 "행위"는 "하나님 앞에서 온전히" 못했다. 이것은 그들의 행위가 사람에게는 인정을 받았을지 모르지만, 하나님께는 인정받지 못했음을 시사한다.[166] 어쩌면 이 가식적인 그리스도인들은 견고히 붙잡지 않고 있는 그들의 구원을 잃을 위기에 처했을 지도 모른다. 하지만 사데의 그리스도인들이 "자칭 유대인이라 하나 그렇지 아니하고 거짓말하는" 사람들과 유사하다고 보는 것이 더 낫다(3:9; 참조. 2:9). 이 거짓 유대인들은 자신들이 참되고 충성스러운

162) Porter, *Verbal Aspect*, 491.
163) 이것과 비교되는 "귀 있는 자는 들을 지어다"라는 표현을 설명한 2:7의 주석 참조.
164) 참조. Burton, *Syntax*, 28; Robertson, *Grammar*, 884.
165) A. F. Johnson, "Revelation," 450.
166) 참조. Hemer, *Letters*, 144.

유대인이 아니라는 것을 그들의 불경건한 생활양식으로(예. 교회를 박해하는 것으로) 입증했다. 이와 마찬가지로, 사데의 **소위** 그리스도인이라고 하는 사람들은 그들이 정말 참되고 살아 있는, 그리스도를 믿는 믿음을 가지고 있는지 의심할 만한 삶을 살고 있었다. 그리스도인이라는 **명칭**을 그들에게 진정으로 적용해도 되는가? 에베소 교회 역시 동일한 위기 가운데 있었다 (2:4의 주석 참조).

하지만 사데 교회의 정확한 문제는 무엇인가? 그들의 심각한 문제가 일종의 총체적 불충성으로 이해될 수 있지만, 1-5절에 있는 여러 특징으로 미루어볼 때, 그들의 영적 가사 상태를 구체적으로 표현할 수 있는 것은 그들이 불신앙적인 문화 앞에서 자신들의 믿음을 **증언하지** 않은 데 있다.[167] 이미 서머나, 버가모, 두아디라에 보낸 메시지에서 암시되었듯이, 이런 종류의 타협은 이교 사회의 압박에 기인했다고 추정할 수 있다. 다른 말로 표현하면 이렇다. 만일 사데의 그리스도인들이 그 도시에서 그리스도인다운 모습을 확고히 유지했었다면, 그들은 다양한 종류의 박해에 직면했을 것이다. 먼저 보낸 편지들에 언급된 것과 그렇게 다르지 않은 박해 말이다. 서머나와 빌라델비아에서처럼 이방인들만 아니라 유대인들에게서도 압박이 있었을 것이다. "사데의 유대인 공동체는 소아시아에서 가장 규모가 크고 중요한 공동체 중 하나였기 때문이다."[168]

이러한 구체적인 문제에 대한 첫 번째 암시가 1절에 있는 그리스도의 자기묘사다. 그리스도는 자신을 "하나님의 일곱 영과 일곱 별을 가지신 이"로 소개하신다. 2:1에 있는 이와 비슷한 자기묘사가 이교 문화에게 증언을 하지 않은 문제와 관련이 있었기 때문에, 여기서도 동일한 문제를 다루고 있을 것이다. 2:1에서처럼, 본문에서 "일곱 별"(= 천사)은 그리스도인들을 돕는 하늘의 공급이 있음을 묘사한다. 만일 사데 교회가 세상을 향해 복음을 전하는 이전의 위상을 다시 회복하기를 갈망한다면 말이다. 본문의 자기

---

167) 참조. Wilcock, *Heaven Opened*, 52.
168) Smallwood, *Jews under Roman Rule*, 139; 참조. 509.

묘사와 2:1의 자기묘사 간에 차이가 하나 있다면, 그것은 "일곱 금 촛대" 대신에 "하나님의 일곱 영"이 언급되었다는 점이다. 하나님의 일곱 영이 "촛대"(=교회) 위에서 불타고 교회에게 능력을 주어 어두운 불신앙의 세상에 증언함으로써 빛을 발하게 하시는 성령을 대표한다는 것은 우리가 이미 인정한 사실이다.

그러므로 3:1에서는 2:1보다도 교회가 증언하는 일에 힘을 주는 초자연적 원천을 더욱 강조한다. 이것이 특히 적절한 것은 일곱 교회 중에 사데 교회만이 무기력하여 그리스도인으로서의 역할을 감당하지 못하고, 영적으로 죽었다고 생각할 만한 처지에 있는 교회인 까닭이다. 그래서 사데 교회는 부활하신 주님으로부터 복음을 선포하라는 그들의 소명을 수행하기 위해 성령의 생명을 주시는 능력의 충만이 필요하다(1:4의 주석 참조). 성령의 능력은 예수를 죽은 자 가운데서 다시 살렸고, 사데 교회를 그들의 영적 무기력으로부터 소생시킬 것이다.

이문 ημελλες αποβαλλειν("너희가 곧 내던지려고 했다")은 몇몇 사본과 역본(1006 1611 1841 𝔐ᵏ syph bo)의 지지를 받는다. 이것은 개연성은 있지만 부차적이다. 다른 외적 증거에도 생략되어있고, 필경사가 ΕΜΕΛΛΟΝ ΑΠΟΘΑΝΕΙΝ("그들은 죽음의 문턱에 있었다")를 ΗΜΕΛΛΕΣ ΑΠΟΒΑΛΛΕΙΝ("너희가 곧 내던지려고 했다")이라고 잘못 읽었을 가능성이 있기 때문이다. 또는 어느 필경사가 "내던짐"이 "굳게 하라"(2a절)와 "지켜"(3절)에 더 잘 대조된다고 생각했을 가능성도 있다. "네가 버리려고 하는 남은 것[너의 명성? 참조. 1절]을 굳게 지키라."[169] ἀποθανεῖν은 ℵ A C 2053 등 우수한 증거들과 다른 사본들에 의해 지지를 받고 그밖에 다른 사본들은 이를 따른다.

2b-3절   사데 교회가 거의 죽은 상태에 있다는 것은 하나님을 섬김에 있어 그들의 "행위"가 온전하지 못했음을 묘사하는 표현이다. 그 교회의 교우들은 하나님을 섬기는 것이 부족하기 때문에(γάρ) 깨어서 그들의 처음

---

169) 이것은 B. Lindars가 내게 제안한 것이다.

열정을 되찾으라는 권면을 받는다(2a절).

요한은 방금 전에 말한 것을 근거로 독자들에게 너무 늦기 전에 그들이 일찍이 가지고 있었던 믿음의 헌신을 일깨움으로써 그들의 영적 무기력에 대응하라고 강력히 권한다(추론적인 놀라움을 나타내는 οὖν["그러므로"]의 사용을 주목하라).[170] 이 권면이 에베소 교회에게 주는 권면과 유사하다는 것은 본문에서 다시 염두에 둔 것이 우선적으로 증언하는 일의 부족에 있음을 암시한다. 2:5처럼, 3:3에는 그들의 영적 활력을 "기억하고",[171] 증언하는 일과 부합되게 행동하기 시작하며, 회개하라는 권면 등 3중적 권면이 있다. 그 권면 다음에는, 만일 그 권면에 주의를 기울이지 않으면 그리스도가 오셔서 심판하실 것이라는 조건적 경고가 이어진다.[172] 이러한 유사성은 2절의 결론적 문장으로 한층 더 강조된다. "내 하나님 앞에 네 행위의 온전한 것을 찾지 못하였노니." 이것은 2:5a("처음 행위를 가지라")을 상기시킨다. 에베소의 문제가 그들이 증언하는 수고를 하지 않은 데 있다는 평가가 옳다면, 우리가 지금까지 관찰한 두 본문 간의 병행 어구에 비춰볼 때, 사데의 상황도 동일하게 평가할 수 있을 것이다. 그러므로 3절의 결론에서 깨어 있으라는 권면에 주의하지 않는 가능성을 언급한 이유는, 그들이 빛의 전달자로 부름을 받은 대로 살지 않음으로 심판을 받지 않게 하려고, 거의 죽어 있는 독자들을 일깨워 세상에서 열정적으로 증언하도록 촉구하는 데 있다(참조. 엡 5:14ff.).

3b절은 마 24:42-44의 도둑 비유를 발전시킨 것이지만, 여기서는 그리스도의 최종 강림보다는 재림 이전에 그리스도의 조건적인 "오심"에 적용

---

170) 참조. DM, 255.

171) 완료형 εἴληφας("네가 받았으며")가 접속사(καί)에 의해 부정과거 ἤκουσας("네가 들었는지")와 결합된 것은 완료형에게는 부정과거적 의미를 부여하고 부정과거에게는 완료적 의미를 더한다(Mussies, *Morphology*, 338), 아니면 두 단어 모두 부정과거적 또는 완료적으로 기능한다(Robertson, *Grammar*, 901).

172) 2:5과 3:3이 거의 동일한 3중적 권면을 함에 있어 서로 매우 유사하지만, 3:3은 "들은 것"을 기억하고 그것을 "지키라"는 권면을 첨가한다. 3:2b-3a을 2:5에 더 동화시키는 1006 1841 M^K의 추가적 권면이 생략된 것은 부차적인 것으로 보인다.

했을 가능성이 더 많다. 마지막 강림을 지지하는 가장 강력한 주장 중 하나
는 16:15에서 3:3을 암시하는 권면이 재림을 언급한다는 것이다. 하지만 그
것은 3:3과 일시적으로 다른 방식으로 그 어구를 적용한 것일 수 있다. 더
욱이 16:15 자체는, 무조건적인 강림이기는 하지만, 재림 이전의 강림을 언
급하는 것으로 이해할 수도 있다. 3:3이 최후의 강림을 언급한다는 또 다른
증거가 있다. 종말론적인 도둑 이미지는 마 24:42-44, 살전 5:2, 벧후 3:10
에서 분명히 그리스도의 최후의 강림을 가리키기 때문이다. 하지만 이 이
미지를 사용하는 본문 중에 어느 하나도 계 3:3처럼 조건적 형식으로 표현
한 것은 없다.[173]

그러므로 여기서 도둑 이미지는 역사를 마무리 지을 그리스도의 재림
이전에 그리스도가 역사적으로 방문하신다는 사상을 더욱 시사한다.[174] 하
지만 역사 속의 이런 강림은 최후의 강림과 연결된다. 두 강림 모두 시작된
마지막 때의 과정에 동일하게 속하기 때문이다. 둘 사이를 구별할 수 있다
면, 최후의 강림이 부활이나 그리스도의 지상 사역에서 시작된 과정의 결
론이라는 사실로 구별된다(단 7:13에 비춰 그리스도의 강림의 시작과 최후의 특
성에 대해서는 본서 1:7의 주석 참조. 단 7:13의 강림의 시작을 그리스도의 사역에 적
용한 예를 참조하라: 막 8:38-9:9; 10:45; 눅 7:34; 19:10).

이 사실에 비춰볼 때, 일곱 편지에서 반복적으로 언급된 그리스도의 "강
림"은 종말론적 과정의 연속에서 정확히 어느 시점을 염두에 두고 있는지
모호하다. 계 3:3이 바로 이런 모호함의 한 예가 될 수 있다. 사실 모호함은
임박함의 요소를 강조하여 독자들로 하여금 그들의 문제를 다루어야 한다
는 긴급함을 느끼게 하려는 목적으로 의도될 수 있다. 독자들이 회개하지 않
고 깨어 있지 않는다면, 그리스도가 오실 때 그들은 놀랄 것이다. 고레스가

---

173) 마 24:42-44 비유가 이곳에 사용된 것을 논의한 Bauckham, "Synoptic Parousia Parables,"
    170-73을 보라. 하지만 Bauckham은 다른 사람들과 마찬가지로 이 비유가 최후의 강림을
    언급한다고 이해한다. 이 이미지가 그리스도의 재림 자체를 가리키는지 그의 조건적인 재림
    의 결과를 언급하는지를 논의한 본서 2:5의 주석 참조.

174) 참조. Mounce, *Revelation*, 111-12; Caird, *Revelation*, 48-49; Beasley-Murray,
    Revelation, 97; Morris, *Revelation*, 76.

공격하기 전(기원전 549년)과 안티오코스 대제가 나중에 공격해 들어오기 전 (기원전 218년), 사데 성이 경계를 소홀히 하여 허를 찔렸듯이 말이다.[175]

　　4절　　사데 교회에 있는 대부분의 사람들이 그들의 믿음을 증언하지 않음으로 타협한 것과 다르게, 그 일에 충성한 사람 몇 명이 남아 있었다. 남은 사람들이 "그들의 옷을 더럽히지 않았다"는 사실로 미루어볼 때, 사데 의 대부분의 그리스도인들이 증언을 하지 못한 이유가 그들이 매일 서로 영향을 주고받는 이교 문화의 우상숭배 분위기에서 저자세를 취했다는 데 있음이 드러난다. 우상숭배의 상황을 염두에 두었다는 사실은 요한계시록 여러 곳에서 우상숭배의 오염으로 "더럽혀지는" 위기를 표현하는 데 사용 된 μολύνω("더럽히다")가 사용된 것에서 분명해진다. 14:4과 14:6-9에서는 "여자로 더럽히지 않은 사람들"이 성적 부도덕에서 절제함을 가리키는 비 유로 사용되었다. 이것은 신자들이 우상숭배에 연관되지 않은 것을 가리킬 가능성이 높다(에티오피아어 역과 콥트어 역에서는 3:4을 14:4과 동일시하면서 "여 자로 인해 그들의 옷을 더럽히지 않았다"라고 번역한다). 2:14, 20-21에는 비슷한 비유적인 방법으로 "음행"(πορνεύω)이 사용된다(참조. 비슷한 경우인 고전 8:7 과 μολυσμός["더러운 것"]가 사용된 고후 7:1[비교. 6:14-18]; 우상으로 말미암아 더 럽혀진 것을 표현하려고 μολύνω를 사용한 사 65:4 LXX).

　　버가모와 두아디라 교회에 보내는 편지와 관련하여 이미 언급했듯이, 사데의 그리스도인들은 아마도 이런 환경에서 그리스도인으로서 저자세를 유지함은 물론이고, 이교의 신들(카이사르든지 조합의 수호신이든지)에게 경 의를 표함으로써 유혹에 굴복했던 것 같다. 다른 교회들도 그랬듯이, 사데 교회가 유혹에 굴복할 수밖에 없었던 것은 박해, 특히 경제적 따돌림을 당 할 것을 두려워한 것이 작용했을 것이다.

　　하지만 충성하는 사람들은 "흰 옷을 입고 나[그리스도]와 함께 다니리 니 그들은 합당한 자인 연고라." 이생에서 그들이 그리스도를 따른다고 인

---

175) 독자들이 이런 유의 역사적 예를 알고 있었음에 대해서는 Hemer, *Letters*, 129-34, 143-44, 150; 같은 저자, "Sardis Letter"를 보라.

정하면, 다음 생애에서도 그와 하나되어 친교를 나누게 것이다. 그들이 합당한 이유는 구체적으로 "그들의 옷을 더럽히지 아니한" 데 있다. 이것은 더럽혀지지 않은 옷을 입고 그리스도와 함께 다니는 미래의 복을 받는 **기초**가 된다(결론을 맺는 ὅτι절을 주목하라). 그들은 예수의 모델을 기꺼이 따르고 있었다는 점에서 "합당하다"(ἄξιοις). 예수는 자신의 신실한 증언 때문에 고난을 겪으셨기에 "합당하신"(ἄξιοις) 분으로 여김을 받으셨다(참조. 5:9, 12). 예수의 합당함이 그러하듯이, 그들의 합당함은 그들이 충성스런 증언으로 인해 고난을 받았다는 사실에서 찾을 수 있다. 이것은 요한계시록 곳곳에서 예수가 고난을 받으셨기 때문에 "합당하시다"고 밝혀진 것과 병행을 이룬다(ὅτι ἄξιοί εἰσιν["그들은 합당하기 때문이라"]을 ἄξιος εἶ…ὅτι ἐσφάγης["합당하시도다 (왜냐하면) 일찍이 죽임을 당하사," 5:9]와 ἄξιόν ἐστιν τὸ ἀρνίον τὸ ἐσφαγμένον["죽임을 당하신 어린 양은…합당하도다," 5:12]과 비교하라). 이 사실에 비춰볼 때, 16:6의 ἄξιοί εἰσιν("그들에게…하는 것이 합당하니")은 "성도들과 예언자들의 피를 흘렸으므로" 심판받을 만한 박해자들을 언급하는 역설적인 언어유희일 것이다. 이는 박해받는 사람들의 명백한 "합당함"을 암시하기도 한다.

합당함은 이기는 과정에 앞설 뿐만 아니라 이김의 절정과 극치이기도 하다. 이김은 타협하지 않는 일과 중첩되지만, 타협을 끝까지 거절하는 전 과정을 가리킨다는 점에서 그것과 구별된다.

타협하지 않는 사람들이 예수를 닮았다는 점이 강조된다. 예수가 그러하셨듯이 그들의 합당함은 그들의 이김 이전의 상태일 뿐만 아니라 이김의 결과를 포함하기 때문이다. 5:9에서 예수의 합당하심은 그의 이김의 결과다(νικάω, 5:5). 이렇게 합당함과 이김을 결합한 예가 "그들이 합당하다"(ἄξιοί εἰσιν)라는 언급 직후에 "이기는 자는"(ὁ νικῶν)이 언급된 3:4b-5a에 있다. 성도들을 합당하다고 인정한 것은 계 3:4 끝에 마 10:32을 암시할 것을 예상한다. 마태복음 문맥에서 "합당"(ἄξιοις)은 박해에도 굴하지 않고 예수를 충성스럽게 시인하는 사람들에게 주어지는 최후의 상을 나타내려고 3번 반복된다(마 10:33-39; 참조. 10:41-42의 "상"). 마찬가지로 여기서도 절정의 합당함에 필요한 주요 자격은 공공연하게 예수를 증언하는 믿음이다.

4b절은 고난 중에 인내했기 때문에 상을 받는다고 가르친다. 이 사실은 "큰 환난에서 나오는 자들"과 "어린 양의 피에 그 옷을 씻어 희게" 한 (ἔπλυναν τὰς στολὰς αὐτῶν καὶ ἐλεύκαναν αὐτὰς ἐν τῷ αἵματι τοῦ ἀρνίου) 사람들을 언급한 7:14에서 더욱 분명해진다. 본문이 7:14과 병행이라는 점은 3:4b-5a의 περιπατήσουσιν μετ' ἐμοῦ ἐν λευκοῖς…περιβαλεῖται ἐν ἱματίοις λευκοῖς("흰 옷을 입고 나와 함께 다니리니 그들은…흰 옷을 입을 것이요")로 더욱 확증된다. 본문에 사용된 언어는 7:9, 13에서 발전되며, 두 본문 모두 περιβεβλημένους στολὰς λευκάς("흰 옷을 입을 것이요," 참조. 3:18a)를 담고 있다. 계 4:4의 이십사 장로들 역시 "흰옷을 입고"(περιβεβλημένους ἐν ἱματίοις λευκοῖς) 있으므로, 그들은 믿음을 위해 고난 중에 인내했기 때문에 그들의 옷을 받았다고 이해된다. 그러므로 이십사 장로들은 일반적으로 7:9, 13-14의 사람들과 동일시돼야 한다(정확한 관계에 대해서는 4:4의 주석 참조). 이것이 3:4b-5에서 말하는 "흰옷"을 받는 이기는 자들의 중요성이라는 사실은 6:9-11에서도 분명해진다. "하나님의 말씀과 그들이 가진 증거로 말미암아 죽임을 당한 영혼들"은 "흰 두루마기"(στολή λευκή)를 받는다.

이런 의미에서, 요한계시록 전체에서 다른 곳은 물론이고 계 3:4b-5a에서 "흰옷"을 받는 이미지 뒤에는 정결하게 하는 불로 말미암아 시험을 받은 충성된 사람들의 충성의 결과에서 나오는 정결 사상이 있다.

마지막 때의 환난에 속한 이러한 정결함은 단 11-12장의 종말 예고의 성취다. 그 본문에 따르면, 성도들은 박해의 불을 통해 "희게 된다"(단 11:35; 12:10을 12:1과 비교하라. 그리고 11:35; 12:10의 히브리어 *laben*["희게 하다"]과 12:10 Theod.의 ἐκλευκαίνω["희게 하다"]를 주목하라). 이 본문이 계 3:4b-5의 배경으로 암시되었다는 사실은 바로 다음 절에 등장하는 단 12:1-2의 생명책에 대한 암시로 더욱 견고해진다. 게다가, 동일한 다니엘서 배경이 "흰옷"이 언급된 요한계시록의 여러 곳에 분명하게 나타난다(특히 7:9, 13-14; 4:4의 주석 참조).

M. Middoth 5.4은 산헤드린 공의회가 제사장들을 심사할 때 "흠이

있다"고 판정받은 사람들에게는 검은 옷을 입혀 직무를 수행하지 못하게 한 반면에, "무흠한 것으로 판정된 사람은 흰옷을 입고 직무를 수행"했다고 말한다. 이와 비슷한 *b. Yoma* 19a을 보라.

5절   4b절의 약속은 5절에서 사데 교회에 보낸 편지의 주요 주제인 "이기는 자"에게 주는 약속과 함께 더욱 공식적으로 재천명된다. 신자들은 우상숭배와 타협하여 증언을 중단하는 죄를 지으려는 유혹을 "이겨야" 구원의 복을 상속받을 것이다. 몇몇 주석가들이 5절을 4절에 언급된 사람들과는 다른 집단에게 주시는 말씀이라고 생각하지만, 그렇게 구별할 만한 설득력 있는 근거는 없다.

οὕτως("이와 같이")는 아마도 이기는 자들이 4절에 묘사된 것과 같은 방법(계속해서 "그들의 옷을 더럽히지" 않는 것)으로 이길 것을 강조하며 추정하는 말일 것이다.[176] 하지만 οὕτως는 우선적으로 바로 앞에 있는 Ὁ νικῶν("이기는 자")을 가리킬 수 있다. 그런 경우 이기는 것 자체만 강조된다. "이기는 자는 이김으로써" 다음의 약속을 상속받을 것이다.

이기는 자가 상속 받을 복은 3가지 다른 방식으로 표현된다. 첫째, 이기는 자는 "흰옷을 입을 것"이다. 이것은 4b절의 이미지를 부각시킨다.[177] "흰색"은 단지 정결함뿐만 아니라 충성되고 타협하지 않는 정신을 의미한다. 흰옷은 "그들의 옷을 더럽힌" 사람들, 즉 타협한 사람들과 대조를 이룬다. 더 넓은 성경적·이교적(예. 로마) 배경에서 나온 흰옷이 축제 및 승리와 연관된 비유적 의미라는 점도 기억할 필요가 있다. 본문의 문맥에서 특히 "이기는 것"이 약속 및 상과 연결되기 때문이다.

세례의 배경 때문에 본문에 의롭다함이 함의되었음을 관찰한 사람들이 있다(이와 비슷하게 슥 3:5-6에서는 "더러운 옷"을 깨끗한 "옷"으로 갈아입는 것

---

176) οὕτως("이와 같이")는 더 나은 사본이 지지하기에 οὗτος("이 사람")보다 더 나은 본문 독법이다. 두 단어 모두 필경사가 덧말로 간주하거나 구술된 것을 오해했기 때문에 발생한 변경일 수도 있지만 말이다.

177) περιβαλεῖται는 미래 중간태이며, 대부분의 번역에는 수동태의 의미로 번역된다("그가 입게 될 것이다"). 중간태도 적절하다("그는 스스로 옷을 입을 것이다"). 참조. Robertson, *Grammar*, 809, 819.

이 "죄를 제거함"을 의미한다). 의롭다함은 계 7:14에서 "어린 양의 피에" 옷을 씻는 것으로 표현된다. 찰스는 옷을 부활의 몸을 가리키는 것으로 해석한다.[178] 성경과 유대 문헌에 이런 의미가 있다는 것이 입증된 것은 사실이지만(예. *1 En.* 62:15-16), 본문에는 이 의미가 포함되지 않은 것이 분명하다. 그래서 계 19:8에는 신부에게 허락된 "빛나고 깨끗한 세마포 옷"이 "성도들의 옳은 행실"이라고 정의된다. 이 옳은 행실은 성도들이 이교 문화가 지니는 우상숭배적 측면과 타협하지 않음으로써 정결함을 유지하는 것이다(새 옷을 우상숭배의 영향으로부터 정결함을 가리키는 상징으로 제시한 예로 창 35:2을 보라). 하지만 심지어 19:8에서도 옷은 하나님의 신원하심이나 의롭다함의 뉘앙스가 있다(자세한 내용은 19:8의 주석 참조). 계 3:5에서 이기는 것은 박해에 직면해서도 그리스도인으로서 그의 증언을 유지함을 의미한다. 앞에서 언급한 편지들에서처럼, 신실함 때문에 지상에서 패하는 것은 하늘의 상과 승리로 연결된다(참조. 6:9-11과 7:13-14에서 흰옷에 부여한 의미).

계 4:4; 6:9-11; 7:9-14; 19:13에 함의되었듯이, 흰옷을 입은 사람이 받는 상은 적어도 죽을 때와 하나님이 계신 하늘의 존전에 들어갈 때 수여되기 시작하며, 그리스도가 최종적으로 재림하실 때 절정에 도달한다.[179] 그 상은 이생에서도 주어지는 것으로 보인다. 3:4은 이미 정결한 옷을 입은 충성된 사람을 묘사하며, 그리스도는 3:18에서 성도들에게 "벌거벗은 수치를 보이지 않게" 하려면 **지금** 그가 이미 입으신 "흰옷을 사서" 입으라고 권하시고(1:13-14과 3:18의 주석 참조), 계 16:15은 "[지금] 자기 옷을 지켜 벌거벗고 다니지 아니하며 자기의 부끄러움을 보이지 아니하는 자"가 받는 복을 언급하기 때문이다(이것은 3:18을 암시한다). 그러므로 "흰 옷을 입고 나[그리스도]와 함께 다니는 것"(3:4)은 다음 생에서 받을 상뿐만 아니라, 이생에서 임박한 미래에 그리스도와 함께 다니는 복을

---

178) Charles, *Revelation* I, 82-83.
179) Giblin, *Revelation*, 61도 유사한 주장을 한다.

가리키기도 한다.[180]

이기는 자에게 주시는 약속을 가리키는 두 번째 표현은 "그 이름을 생
명책에서 결코 지우지 아니하는 것"이다. 하지만 여기서 이 어구의 의미는
요한계시록 전반에서 요한이 그 어구를 사용한 방식에 의해 결정된다. "생
명책"(βίβλος[또는 βιβλίον] τῆς ζωῆς)이라는 어구는 5번 사용되었고, 신자들
의 이름이 세상의 기초가 놓이기 전에 그 책에 이미 기록되었기 때문에 신
자들의 구원이 결정되었음을 언급한다(13:8; 17:8; 20:12, 15; 21:27; 같은 의미로
사용된 빌 4:3; 눅 10:20; 히 12:23). 생명책은 다른 곳에서 불신자들의 죄를 기
록한 "책들"과 대조를 이룬다. 그들은 역사의 끝에 그런 죄에 근거하여 심
판을 받을 것이다(20:12-13). 각각 신자들과 불신자들에게 해당하는 "생명
책"과 심판의 "책"에 관한 사상은 단 12:1-2과 7:10ff.의 동일한 2중적 개념
에서 유래한다(특히 계 13:8; 17:8; 20:12의 주석 참조).

5b절에 묘사된 이기는 자들에게 약속된 복의 이러한 두 번째 측면에
서 유추할 수 있는 것은 만일 독자들이 이기지 않는다면 그들은 "생명책에
서 지워지게 될" 것이라는 점이다. 하지만 이것은 논리적으로 필요한 추론
은 아니며, 이것을 염두에 둔 것 같지도 않다. 첫째, 이기는 자에게 해당하는
다른 약속들 중 한 번 얻은 구원을 잃을 것이라고 암시적으로나마 경고하는
내용이 포함된 것이 없다. 오히려 그 약속들은 순전히 확실한 용어로 묘사
된다. 3:5b에서 이러한 표현으로 강조하는 것은 인내하고 자신의 정결함을
입증하는 사람들은 그들이 마땅히 받을 만한 약속을 확실히 받는다는 것
이다. 그들이 참 신자들이라면, 그들의 이름은 이미 "생명책"에 기록되었으
며, 그들은 구원을 상속 받기로 정해졌고, 아무것도 구원을 소유하지 못하
게 하는 것이 없을 것이다. 약간은 통상적인 방식에서 벗어난 방법으로 이
러한 상속의 확실한 보장이 부정적으로 표현된다. "내가 그의 이름을 지우
지 않으리라."

이것을 참 구원을 잃을 가능성을 언급하는 말씀으로 이해해서는 안 되

---

180) Krodel, *Revelation*, 133.

는 또 다른 이유는, 요한의 전체적인 생각의 구조를 볼 때, 스스로 불신자들임을 증명하는 사람들의 이름이 "생명책"에 기록되었다고 언급한 곳이 아무데도 없고 단지 심판의 "책들"과만 연관되었다는 데 있다(물론 불신자들의 이름이 "생명책에 기록되지 못했다"라고 언급되긴 한다[13:8; 17:8]). 그러므로 저자에게 있어 불신자들이 "생명책"에서 지워질 것이라고 생각될 수는 없을 것이다. (13:8과 17:8에 분명히 제시되었듯이) 그들의 이름은 아예 그곳에 기록되지도 않았기 때문이다.

사데 교회에 보내는 편지에서 ὄνομα("이름")가 4번 언급되었는데(1, 4, 5a, 5b절), 4번 모두 참 신자들과 거짓 예언자들을 대조하는 공통적인 주제와 관련되어 있다. 그리스도인이라는 이름을 자신의 것이라고 주장하고 그 이름으로 잘 알려져 있지만 계속해서 세상과 타협하고 증언하지 않는 사람들은, 마지막 심판 날에 참 그리스도인이라는 이름을 가지고 있지 않은 것으로 드러날 것이다. 반대로 그들이 공언하는 그리스도인의 이름에 합당하게 충성하는 사람들은 미래에 참된 그리스도인이라는 이름을 가졌다고 인정받을 것이다. 참된 그리스도인의 이름을 가지고 있음과 진정으로 영적 생활을 하고 있음을 증명해 보이는 사람들은(3:1b), 이제 그들의 이름이 "생명책"에서 지워지지 않을 것이고 마지막 날에 예수도 그가 참되다고 시인하실 것이다. 이름을 고백하지만 참되지 못한 사람들은 그들의 이름이 "생명책"에 기록되어있지도 않았을 것이며, 참되다고 인정받지도 못할 것이다.[181]

하지만 이기는 자들의 이름이 "지워지지 않는다"는 것은 충성하는 사람들에게 확신을 주는 역할을 할뿐만 아니라, 흔들리는 사람들에게는 경고로도 작용한다.

3:5b의 약속의 세 번째 측면은 그리스도가 아버지와 천사들 앞에서 신자들의 이름을 시인하실 것임을 천명한다. 이런 사상은 그리스도가 신자들의 최종 구원을 승인하며 생명책에서 그들의 이름을 읽을 것이라는 의미일

---

181) Fuller, "I Will Not Erase His Name," 303. Fuller는 3:1-5에 있는 모든 이름 사이의 관계성을 주목하지만 다른 결론을 도출한다.

수 있다. 약속의 이 부분은 서머나에서 증언의 문제와 그것을 이기는 사람들과 독특하게 관련이 있다. 그리스도의 이름을 시인하는 사람들은 그리스도가 아버지 앞에서 그들의 이름을 시인하시는 것을 보게 된다. 서로 이름을 시인한다는 이 사상은 계 3:5c의 내용이 마 10:32(= 눅 12:8)을 암시한다는 점을 인식하면 분명해진다. "누구든지 사람 앞에서 나를 시인하면 나도 하늘에 계신 내 아버지 앞에서 그를 시인할 것이요"(눅 12:8은 천사들 앞에서 시인하는 것을 강조한다. 참조. 딤후 2:12). 요한이 인용한 예수 말씀의 후반부는 공관복음의 좀 더 긴 진술의 축약일 것이며, 이것은 전반부의 내용을 상기시킨다.[182] 공관복음서의 말씀은 마태복음과 누가복음에서 박해의 문맥에 등장한다. 여기서 신자들은 예수의 본을 따라(마 10:38-39), 고난을 받더라도 그들의 믿음을 증언하라는 권함을 받는다(참조. 마 10:28-29). 우리가 서머나 교회에 보내는 편지를 분석한 것에 비춰볼 때, 사데 교회에 보내는 편지에서도 동일한 상황을 염두에 둔 것으로 보인다.[183]

5절은 이기는 자에게 주어지는 약속이 순교자들에게만 제한될 수 없고 모든 그리스도인을 포함한다는 것을 보여준다. 모든 참 신자들의 이름이 "생명책"에서 발견되지 않는다는 것은 생각할 수 없는 일이기 때문이다.[184] 모든 그리스도인을 포함한다는 것은 아버지 앞에서 그리스도가 그 이름을 시인하시는 경우에도 해당된다.

Targ. 전 9:7-8은 "그들의 행위를 주님이 인정해주신" 의인들을 언급하면서 이것을 "너희 옷을 죄의 오염이 없이 희게 하라. 그래야 좋은 이름을 얻을 것이라"는 권면과 직접 연결한다.[185]

앞에서 "생명책에서 이름을 지운다"라는 어구를 간결하게 설명했는데, 그 어구가 단 12:1-2뿐만 아니라 출 32:32-33과 시 69(68):28의 암

---

182) 참조. Bauckham, "Synoptic Parousia Parables," 164-65.
183) 이와 비슷한 결론을 내린 Thomas, *Revelation 1-7*, 264을 참조. 2 Esdr. 2:43-47에는 하나님의 이름을 고백하는 사람들이 불멸의 옷과 면류관을 받는다고 기록한다.
184) 참조. Beasley-Murray, *Revelation*, 98.
185) 참조. SB III, 795.

시이기도 하다는 것을 주목하면 좀 더 복잡해진다. 두 구절에서는 불신자들의 이름을 구원의 복의 "책에서 지운다"는 것을 언급한다(출 32:33의 ἐξαλείψω, "지우다." 비슷하게 시 68[69]:29[28]; *Jub.* 30:22; 비교. 사 4:3). 이 두 구약성경의 예는 이름을 기록하고 그다음에 지우는 문제를 언급하는데, 이것은 앞에서 우리가 계 3:5b을 주해하면서 설명한 것과 상반되는 것처럼 보인다. 하지만 두 본문에서는 오직 책 한 권만을 염두에 두었다. 반면에 요한계시록에서는 더 많은 책이 있음이 분명하다. 그러므로 출 32장과 시 69편에서 비유적으로 언급한 책은 계 3:5b과 그밖에 요한계시록 여러 곳에서 우리가 관찰하는 것과 다르다. 요한계시록의 예는 두 책에 관한 다니엘서의 이해를 더 중심적인 모델로 삼았다(참조. 단 7:10ff.; 12:1-2).

그렇지만 출 32장과 시 69편의 문맥적 사상 중 일부분은 다니엘서의 두 책 구조에 속한 것으로 계 3:5b에 활용되었다. 흥미롭게도, 출 32장과 시편의 비유는 인내하는 의인들만 하나님이 상속케 하시는 땅의 인구조사를 한 책에 기록되었음을 암시하는 역할을 한다(참조. 출 32:32-33:3; 겔 13:9). 좀 더 전반적으로 다니엘서의 사상에 엮여 있는 것이 바로 출애굽기와 시편의 이런 특징이다. 특히 계 3:5b의 "생명책"에 관한 내용이 그러하다. 요한은 출애굽기와 시편에서 가져온 비유를 다니엘서에 비추어 읽는다. 다니엘서를 출애굽기와 시편에 비추어 읽거나, 심지어 세 본문을 동일한 기반에서 읽는 것은 아니다.

계 3:5에서 "생명책"은 21:27에 언급된 것과 같은 "생명책"이다.[186] 21:27에 따르면, 역사가 시작되기 전에 이름들이 영원한 새 예루살렘의 인구조사 책에 기입되었다(두 구절 모두 사 4:3을 암시할 것이다. "예루살렘에 머물러 있는 자["몇 명," 계 3:4], 곧 예루살렘 안에 생존한 자 중 기록된 모든 사람은 거룩하다 칭함을 얻으리니"). 13:8; 17:8; 21:27에 언급된 동일한 책 역시 그 안에 기록된 사람들의 영적 보호를 강조한다. 그래서 3:5의 책을 불안정함의 비유로 보는 것은 모순이다(자세한 내용은 13:8; 17:8; 21:27의 주석

---

186) A. Y. Collins, "Apocalypse (Revelation)," 1003.

참조). 1QM 12.2-5은 택함을 받은 자들에게 그들의 구원과 미래의 부활을 확신시키려고 단 12:1-2("이름들의 책," "생명책")을 암시한다(이와 비슷한 예로 *Jos. Asen.* 15:4에 아스낫의 "이름이 살아 있는 자들의 생명책에 기록되었고…그 이름이 영원히 지워지지 않을 것"이라고 언급된 것을 들 수 있다).

아마도 요한은 그 책의 이름들이 명백한 신앙고백을 의미하는 것으로 이해되도록 의도했을 것이다. "지워질" 사람들은 얼마 동안은 교회 공동체에서 상속을 받을 자들로 여겨졌을 것이다. 그들이 믿음이 있다고 주장하는 것은 액면 그대로 받아들여졌다. 그들은 믿음이 있는 사람처럼 얼마간 행동을 했기 때문이다. 그들이 "생명책"에 자신들의 이름이 있다고 생각했던 것은, 그들의 이름이 그 책에서 발견되지 않을 최후의 심판 때 거짓으로 드러날 것이다. "지우다"라는 단어가 이 사상을 표현한다. 교회 안에 있는 사람들 중 마지막 날에 최후의 상을 받지 못하여 가짜라는 것이 드러날 사람들이 있을 것이다(본서 21:8, 27; 22:15과 특히 22:19의 주석 참조). 교회 안에 있는 사람들 가운데 생명책에 기록되었으리라고 생각했지만 짐승을 경배한 사람들은 "세상이 창조될 때부터" 영원한 도시를 상속받지 못하는 자로 예정되었다(13:8; 17:8). 이름을 "지운다"는 것은 결국 그 이름이 가짜라는 의미다. 이 사실은 마 10:32을 암시하는 계 3:5의 결론적 약속으로 뒷받침된다. 공관복음 문맥에서 이 말씀의 요지는 믿음을 고백하는 공동체 안에서 참으로 믿음의 공동체에 속하는 사람들과 그렇지 않은 사람을 구별한다는 것이다(참조. 마 10:32-39).

지움 비유가 실제로 구원의 생명을 실제로 잃어버리는 것을 암시하지는 않지만, 그 표현은 "이기는 자"라는 어구와 함께 확신만이 아니라, 벧후 1:10-11의 경우처럼 경고와 권면으로 이해돼야 한다. "더욱 힘써 너희 부르심과 택하심을 굳게 하라. 너희가 이것을 행한즉 언제든지 실족하지 아니하리라. 이같이 하면 우리 주 곧 구주 예수 그리스도의 영원한 나라에 들어감을 넉넉히 너희에게 주시리라." 그 경고는 참 신자들, 특히 갈팡질팡하는 신자들에게 자신의 삶을 돌아보고 그것을 수정하고 변화된 삶을 통해 확신을 얻게 한다. 거짓 신자들은 자신의 삶에 대해 전혀 고민하지 않는다.

"지움"이라는 묘사 배경에 고대 헬라 도시에서 사형을 집행할 때 정죄 받은 사람들의 이름을 지운(ἐξαλείφειν) 실례가 있음을 제시하는 사람이 있다. 유대인들이 이단(minim)을 저주하던 말은 소아시아의 회당에서 그리스도인들에게 적대적 태도를 취하며 보편적으로 사용되던 문구를 반영한다고들 생각한다. "나사렛 사람들과 미님을 갑자기 망하게 하옵소서. 그리고 그들의 이름을 생명책에서 지우고 의인과 함께 등록하지 마옵소서."[187] 우리가 앞에서 분석한 것은 헬라 배경을 지닌 것 같지는 않지만, 회당 암시와 어느 정도는 부합한다. 이는 그리스도인들에게 참 생명책에서 그들의 이름이 결코 지워지지 않을 것이라는 확신을 줄 수 있다.

토머스는 계 3:5에 명명된 책에 그리스도의 죽음이 **잠재적으로** 적용되는 모든 사람의 이름이 들어 있지만, 그리스도의 죽음은 믿는 사람들만 효과적으로 구원한다고 추측한다. 전혀 믿지 않는 사람들의 이름은 이 "생명책"에서 지워질 것이다.[188] 이 견해의 문제는 13:8과 17:8에 있다. 두 본문에 따르면, 역사 이전에 "생명책"에 이름을 기록한 것은 그렇게 기록된 사람들을 우상숭배를 하도록 부추기는 짐승의 유혹으로부터 보호하는 실체이다. 반대로, 이름이 기록되지 않은 사람들은 보호를 받지 못하며 스스로 믿지 않는 자들이며 우상숭배자들이라는 것을 입증한다(13:8; 17:8의 주석 참조). 그러므로 3:5에 이름을 기록한다는 것은 구원의 효과적인 결과를 보증하며, 단지 가능성만을 의미하지 않는다(3:5; 12:8; 17:8에서 그 책의 정체에 대해 논의한 것을 보라).[189]

6절 귀 있는 자는 성령이 하시는 말씀을 들으라는 권면은 특히 가사 상태에 있는 신자들을 영적으로 안주한 상태의 위기에서, 그리고 영적 죽

---

187) 참조. Hemer, *Letters*, 148-51; Moffatt, "Revelation," 365.

188) Thomas, *Revelation 1-7*, 263-64.

189) "책"에 대해서는 5장과 10장의 주석 참조. 이 책은 3:5; 13:8; 17:8; 20:12, 15; 21:27의 책과는 다르다. "그 책"의 또 다른 가능성 있는 언급에 대해서는 Charles, *Revelation* I, 84; *APOT* II, 216 n. 3을 보고, 특히 유대 묵시문학과 관련하여 Rist, "Revelation," 392-93을 보라

음에 이르는 잠에서 깨우는 것을 목표로 한다. 특히 4-22장의 충격적인 환상들은 이런 목표의 효과를 증대시킨다("들으라"는 어구에 대해서는 2:7의 주석 참조). 일부분이 3:2a, 3b-4에서 유래한 것이 분명한 16:15의 권면은 저자가 의도적으로 이 편지와 환상 부분을 극적으로 연결했음을 보여준다. "보라! 내가 도둑같이 오리니 누구든지 깨어 자기 옷을 지켜 벌거벗고 다니지 아니하며 자기의 부끄러움을 보이지 아니하는 자는 복이 있도다."

그리스도는 빌라델비아 교회가 인내하며 증언한 것을 칭찬하신다. 그는 빌라델비아 교회가 더 증언할 수 있도록 신자들에게 능력을 주시며, 자신과 종말론적인 교제를 누리며 하나 되는 복을 상속하기 위해 계속 인내하라고 격려하신다(3:7-13)

7절   7절의 그리스도의 자기묘사가 앞에서 우리가 보았던 묘사만큼 1장 내용을 문자적으로 발전시킨 것은 아니지만, 그것은 1장의 내용과 긴밀하게 연결되어 있다. ὁ ἅγιος, ὁ ἀληθινός("거룩하고 진실하사")가 원본이라면 (C 𝔐 latt sy co Epiph), 1:5a의 "충성된 증인"을 풀어 쓴 것이다. 특히 3:14에서 이 자기묘사는 1:5a의 동일한 어구를 분명히 발선시킨 것이기 때문이다. 거룩하고 진실 된 증인이신 예수는 자신에게 충성하는 사람들에게 자신과 같은 증인이 되도록 힘을 주실 것이다. ἀληθινός가 (그리스적 관점에서) **참되다**(genuine)와 (히브리적 이해에 따라) **믿음직스럽다**(trustworthy)는 두 의미를 다 포함할 수 있기 때문에, 참되고 신실한 증인 사상이 이 어구에 포함되었을 것이다(LXX은 종종 어근 'aman["신실한"]의 단어들을 ἀληθινός로 번역한다. 자세한 내용은 3:14의 주석 참조). 게다가 예수가 거짓 메시아이고 그를 따르는 사람들이 거짓 이스라엘 백성이라고 말함으로 "자칭 유대인이라 하나 그렇지 아니하고 거짓말 하는 자들"(3:9)과 대조되는 그리스도와 그의 백성은 "참된 유대인 증인들"이다.

      요한계시록 여러 곳에서 "거룩"과 "진실"은 신적 품성을 나타낸다(6:10).

그래서 이 두 단어가 여기서 사용된 것은 예수의 신성을 암시한다. 사실 이 사야서는 ἅγιος("거룩")를 거의 배타적으로 "이스라엘의 거룩하신 분"이라 는 칭호의 한 부분으로서 야웨에게 사용한다(거의 20회). 이 배경은 아마도 사 22:22 인용을 예상하며 이곳에 언급되었을 것이다. 3:9에서는 이사야서 본문을 암시하며, 예수가 야웨의 역할을 하고 그를 따르는 사람들이 참 이 스라엘임을 말한다(3:9의 주석 참조. ὁ ἅγιος τοῦ θεοῦ["하나님의 거룩하신 이"] 역시 성취의 문맥에서 메시아적인 칭호: 막 1:24; 눅 4:34; 요 6:69). "진실하사"라 는 표현은 메시아와 관련한 예언을 성취하기 시작하신 참 메시아로서 예 수를 의미한다(자세한 내용은 3:14의 주석 참조). 비록 그리스도가 유대인들에 의해 메시아인 체하는 거짓 메시아로 배척을 받았지만 말이다.

자기묘사의 두 번째 부분도 1장에 있는 어구와 동일하지 않고, 예수 가 "열쇠를 가지셨다"고 주장하는 1:18b에 근거한다.[190] 본문의 이미지가 1:18b에 근거한다는 사실은, ὁ ἀληθινός와 관련하여 우리가 살펴본 것처 럼, 거의 같은 표현(본문의 ὁ ἔχων τὴν κλεῖν["열쇠를 가지신 이"]과 1:18b의 ἔχω τὰς κλεῖς["열쇠를 가졌노니"])과 그 외의 다른 모든 서론적인 자기묘사에서 1장의 내용을 발전시켰다는 사실에서 분명히 알 수 있다.

1:18b의 열쇠는 "사망과 음부"의 열쇠인 반면에, 여기서는 그 대신 사 22:22 인용이 있다. "**다윗의 열쇠를 가지신 이, 곧 열면 닫을 사람이 없고 닫 으면 열 사람이 없는 그**"(단수 "열쇠"에서 복수 "열쇠들"로 바뀐 것은 그다지 중요 하지 않은 것 같다).[191] 다른 단어로 대체된 것은 그리스도가 "사망과 음부"의 영역 위에 가지신 주권을 강조함으로써 1:18b의 원래 문구에 나타난 사상 을 강조하려는 의도가 반영된다(아래 더 자세한 내용을 보라).

인용 본문의 요지는 예수가 구원과 심판의 권세를 가지고 있다는 것이

---

190) Hahn, *Titles*, 245에 반대함. Hahn은 본문이 1:18을 발전시킨 것이 아니라고 해석한다.

191) 3:7의 사본전통이 이 구절과 1:18 사이의 분명한 연결을 증언한다는 사실은 이런 분석을 지 지한다. 몇몇 사본에 Δαυίδ("다윗")를 ἄδου("음부")로 대체한 것(예. 104* 218 459 620 2050 2067*), 또는 του θανατου και του αδου로 바꾼 것("death and Hades"; 예. 1893)이 있다. *Odes Sol.* 17:9-13과 42:11-20은 계 3:7의 "여는 문" 이미지를 그리스도가 죽은 자들의 영역 으로부터 영혼들을 해방시킨 것으로 해석한다.

다. 1:18은 사망과 심판에 대한 그의 주권을 강조한다. 반면에 3:7은 그의 나라에 들어가는 사람들을 주관하시는 그의 권세를 강조한다. 요한은 독자들이 그리스도가 지금 참 이스라엘의 머리로서 가지신 지위와 이것이 그들에게 어떤 영향을 끼치는지 더 잘 이해하게 하려고, 이스라엘과 관련한 엘리아김의 역사적 상황을 교회와 관련한 그리스도의 상황과 비교한다. 이사야서 본문의 인용은 지역 회당을 겨냥한 논쟁으로 사용되었을 것이다. 그곳의 유대인 회당 사람들은 그 회당에서 예배하는 사람들만 하나님의 참된 백성으로 간주될 수 있다고 주장하며, 심지어 그리스도인인 유대인들마저 출교했을 수도 있다.[192] 이런 관점에서 볼 때, 타르굼은 사 22:22을 다음과 같이 풀어 해석했는데, 이는 교회의 상황에 더 적절하게 적용된다. "내가 또 **성소**의 열쇠와 다윗의 집의 권세를 그의 손에 두리니." 구원과 심판의 권능을 행사하는 하나님의 일꾼이라고 주장하는 이스라엘 민족은 더 이상 이 지위를 차지하지 못한다. 그리스도를 따르는 자들은 참 회당의 문이 그들에게 열려있는 반면에, 그리스도를 저버린 사람들에게는 문이 닫혀 있음을 확신할 수 있었다.[193]

사 22:22은 여기서 유비적으로만 적용된 것이 아니라, 이사야서의 역사적 설명을 통해 전달된 간접적·예표적 예언으로도 이해된다. 이것은 직접적인 언어적·메시아적 예언이 아니라는 의미다. 이것은 아래의 5가지 내용을 관찰한 결과다.

첫째, 신약성경에서 다윗이 그리스도와 연결되어 언급될 때는 일반적으로 예언적이고 메시아적인 의미가 감지된다(예. 마 1:1; 22:42-45; 막 11:10; 12:35-37; 눅 1:32; 20:41-44; 요 7:42; 행 2:30-36; 13:34; 15:16; 롬 1:1-4; 딤후 2:8). 이외에 신약성경 다른 곳에서 유일하게 등장하는 "다윗의 집" 역시 같은 예언적 뉘앙스를 지닌다(눅 1:27, 69; 또한 행 15:16의 "다윗의 장

---

192) 참조. Mounce, *Revelation*, 116.
193) *Sifre* 신 321은 사 22:22의 "열림과 닫음"을 유대의 율법 교사나 서기관들의 가르치는 권위에 적용한다. 참조. 마 23:13; SB I, 741, n. c.

막"도 그러하다). 요한계시록에서 다윗이라는 어구가 등장하는 경우도 예외는 아니다. 두 경우 모두 이사야서의 메시아 예언을 암시한다(계 5:5; 22:16[참조. 사 11:1, 10]).

둘째, 사 22:20의 "나의 종" 엘리아김에 대한 언급은 사 40-53장의 야웨의 종 예언과 쉽게 연결되었을 것이다. 거기서 "나의 종"이라는 어구가 13번 등장하기 때문이다(이사야서 다른 곳에서는 예언자 자신[20:3]과 다윗을 언급하는 경우[37:35] 등, 단 2번 등장한다).

셋째, "엘리아김의 어깨에 다윗의 집의 열쇠를 둔다"라는 것, 곧 유다 왕국의 행정적 책임을 지운다는 언급과, 엘리아김을 "예루살렘과 유다 집"에 있는 사람들에게 "아버지"가 되게 한다는 것, 그리고 그가 "영광의 보좌가 되게" 한다는 것은 모두 사 22:22을 예언적으로 이해하게 했을 것이다. 사 22:22에서 사용된 용어는 이스라엘의 미래 통치자를 예언한 사 9:6-7의 예언과 놀라울 정도로 병행한다("그의 어깨에는 정사를 메었고 그의 이름은…영존하시는 아버지라." 그는 "다윗의 왕좌" 위에 앉으실 것이다).

넷째, 사 22:22을 예언적·예표적 방법으로 이해할 수 있다는 사실은 계 3:9에 예언적인 "종" 본문(사 43:4; 45:14; 49:23)이 의도적으로 암시되었다는 사실에서도 분명히 알 수 있다. 하지만 그곳에서 암시는 교회에 적용된다. 비록 그것을 적용하는 것이 교회가 하나님의 종과 참 이스라엘이신 예수와 공동체적으로 일치되었음을 이해한 것에 근거하지만 말이다(예. 사 49:3-6과 눅 2:32; 행 13:47; 26:23에서 사 49:6 사용; 그리스도와 교회가 구약성경에서 이스라엘에 대해 예언한 것을 어떻게 성취하고 있는지를 주목하라).[194]

다섯째, 엘리아김과 그리스도 사이의 주요 예표적 관련은 그리스도가 엘리아김처럼 왕으로서 다윗의 보좌 위에 절대적 권력을 가진다는

194) 예. 3:9의 주석을 참조하고 France, *Jesus and the Old Testament*, 50-60, 75; LaRondelle, *Israel of God*; Beale, "Old Testament Background of Reconciliation"을 보라. Von Rad는 다른 근거에 의거하기는 하지만 계 3:7에서 이 구약 본문의 예표론적인 이해를 주장한다(*Old Testament Theology* II, 372-73).

데 있다. 엘리아김의 통치가 주로 정치적인 것에 집중된 반면에, 그리스
도의 통치는 모든 측면에서 궁극적으로 보편적인 것은 물론이고 주로
영적인 것과 관련이 있다. 엘리아김은 예루살렘과 유다와 다윗의 집만을
다스렸다. 하지만 그리스도의 주권은 모든 백성에게 확대된다. 사 22:22
의 문맥은 엘리아김과 그리스도 사이의 다른 관련성도 계시한다. 요한이
이 모든 것을 염두에 두었는지 알기는 어렵지만, 이 모든 것은 이 구약
의 본문을 그리스도에게 적용하는 것이 왜 이처럼 매력적인지 보여준다.
(1) 엘리아김이 야웨에 의해 특별히 왕위에 임명되었듯이, 그리스도는
하나님에 의해 더 큰 왕위에 임명되셨다. (2) 엘리아김의 직위는 제사장
적인 관심사를 어느 정도 포함한 것 같은데, 이러한 관심사는 그리스도
의 왕위와 관련하여 우선적인 고려 대상이 되었다. 초기 유대교가 엘리
아김의 직위를 제사장적 특성으로 이해했다는 사실은 *Targ.* 사 22:22에
서 입증된다. 앞에서 보았듯이, 엘리아김에게는 "성소"를 주관하는 통치
권이 주어졌다. *Midr. Rab.* 출 37.1은 사 22:23의 엘리아김을 "대제사장"
으로 이해한다. 그리고 계 3:12에서 그리스도 역시 하나님의 성전에 들
어가는 힘을 가진 분으로 이해되었다는 것은 우연이 아니다(1:13에서 그
리스도를 제사장으로 묘사한 내용을 주목하라). (3) 엘리아김의 권력이 왕의
권력이듯이, 그리스도의 권력 역시 하나님의 권력이다.

학자들 중에는 ὁ ἀνοίγων καὶ οὐδεὶς κλείσει가 일반 어법을 벗어났
기에 이 어구를 셈어 어법으로 분류하는 사람이 있다. 하지만 정동사가
분사 뒤에 오는 형태의 문장은 요한계시록 여러 곳(예. 1:5; 3:9)과 신약성
경 및 고전 문헌에 등장한다.[195] 본문의 문장 구조는 사 22:22 LXX(B)에
서 정동사 뒤에 εἰμι 형태의 완곡어법적인 미래 표현들이 따라오고, 이
어서 분사가 붙는 문장형태를 가지고 있다는 사실에 기인한다.

8절   참 증인이시며 생사의 모든 영역에 대해 주권을 가지신 그리스
도가 이 점과 관련하여 빌라델비아 교회를 위해 그의 능력을 행사하셨다.

---

195) 참조. BDF §468.3; MHT II, 429.

그리스도는 빌라델비아 교회의 신자들에게 구원의 생명으로 들어가는 권세를 주셨다. "볼지어다! 내가 네 앞에 열린 문을 두었으되 능히 닫을 사람이 없으리라." 언약의 생명으로 들어간다는 것은 "다윗의 집"에 들어가는 것(7절)과 하나님의 도성 및 성전에 들어가는 것(12절)으로 언급되는데, 이 모든 것은 동일하게 하나님 나라를 가리키는 이미지로 이해될 수 있다.[196] 모팻은 문이 그리스도를 상징한다고 말하지만,[197] 그런 것 같지는 않다. 그리스도 자신이 문을 여는 분으로 묘사되기 때문이다.

빌라델비아 교회가 꾸준한 순종과 증언의 삶을 구체적으로 보여주자, 그리스도는 그 교회에게 이 생명의 영역에 머물 수 있는 능력도 부여하셨다. 그들의 "작은 능력"은 그들이 그리스도의 말씀을 지키고 그의 이름을 배반하지 않는 것으로 표현된다. 그 교회가 여전히 숫자가 적었기 때문에, "작은 능력"은 (바로 이어지는 꾸준한 증언과 관련된 어구와 함께) 지역 사회에서 아직은 그 규모가 크지 않은 그들의 증언의 효과를 언급하는 것 같다("열린 문"이 행 14:27; 고전 16:9; 고후 2:12; 골 4:3에서 이와 비슷하게 "증언"을 가리키기 위해 사용된 예를 주목하라). 이는 교회가 지역 사회에서 하찮은 사회적 지위에 있었음을 암시할 수도 있다. 그들이 "그리스도의 이름을 배반하지 않았다"는 것은 이 편지의 초점이 증언에 있음을 강조한다.

이러한 8절 이해는, 도입 어구인 οἶδά σου τὰ ἔργα("네 행위를 아노니")가 삽입구(ἰδού...["보라..."])에 의해 의도적으로 단절되고 8b절에서 다시 시작되어, ὅτι 구문의 선언과 함께 계속된다. "내가 네 행위를 아노니(볼지어다 내가 네 앞에 열린 문을 두었으되 능히 닫을 사람이 없으리라), 네가 작은 능력을 가지고서도 내 말을 지키며 내 이름을 배반하지 아니하였도다." 이러한 구문론 분석(KJV, UBS3)은 동일한 도입 어구 οἶδά σου τὰ ἔργα("네 행위를 아노니")가 3:2에서도 사용된 것에 의해 지지받는다. 3:15에서는 이 도입 어구

196) Wilcock, *Heaven Opened*, 55.
197) Moffatt, "Revelation," 366. Ignatius, *Philad.* 9:1에 그리스도가 문으로 언급되었다는 이유로 이 견해에 불필요하게 매력을 느끼는 사람들이 더러 있다.

뒤에 "행위"의 내용을 언급하는 진술이 바로 따라오고, 연이어 서술문 ὅτι 가 소개된다. ὅτι는 없지만, 같은 현상이 2:2과 2:9에서도 목격된다. 또 다른 대안은 3:8의 첫 네 단어("네 행위를 아노니")를 하나의 문장으로 보고, 8절 나머지 부분을 두 번째 문장으로 취급하는 것이다(RSV). 이것은 그리스도 가 "열린 문"을 주신다는 사실이 교회의 행위의 궁극적 근거임을 암시한다.

이 구절을 정반대로 이해할 수도 있지만, 개연성은 적다. 이 경우 ὅτι는 원인("네가 작은 능력을 가지고 있기 때문에")이나 결과("그래서…")를 의미한다. 따라서 교회의 인내의 삶과 관련한 결론적인 3중 문장은 그리스도가 교회 에게 "열린 문"을 주시는 신학적 근거로 이해된다.

"(그것을, ἥν) 능히 (그것을, αὐτήν) 닫을 사람이 없으리라"라는 어구에 대명사가 반복해서 등장하는 것은 불변화사 ʾ*ašer* 다음에 대명사나 대명 사 어미가 이어지는 히브리어 구문을 반영하는 셈어 표현일 수 있다.[198] 비록 히브리어 원본이 없는 그리스어 여러 저작들에 이런 어법 위반 이 나타나는 예들이 셈어의 영향과 상관없이 등장할 수는 있지만 말이 다.[199] 필경사들 중에는 이런 구조를 표준 그리스어로 인식하지 못해 의 도적으로 덧말인 αὐτήν을 생략한 사람들도 있다(א 1006ᶜ *pc*).

9절   그리스도는 빌라델비아 교회 안에 믿지 않는 유대인들을 위 해 구원의 문을 열어 교회에게 증언하도록 능력을 계속 주실 것이다. 이 유 대인들은 "사탄의 회당"이라고 불렸다. 이 어구는 아마도 유대인들이 그 리스도인들을 박해했기에 붙여진 이름인 것 같다(참조. 2:9의 주석. Ignatius, *Philad*. 6:1은 빌라델비아 교회와 유대교의 형식을 띤 집단 간의 갈등이 2세기까지 계 속되었다고 밝힌다).[200] 이 유대인들은 실제로는 그렇지 않은데도 자기들이 참 이스라엘이라고 주장했다.[201] 실제로 그들은 거짓말쟁이다. 참된 유대

---

198) Robertson, *Grammar*, 94, 722-23; Mussies, *Morphology*, 177.

199) 예. MHT II, 435; III, 325. 자세한 내용은 13:8b의 주석 참조.

200) "사탄의 회당에서"라는 말은 앞에 언급된 어구인 "볼지어다 내가 주노니"의 대상으로 기능하 는 부분적인 표현이다. 이것은 아람어적 표현일 가능성이 많다(MHT IV, 151). τῶν λεγόντων ἑαυτοὺς Ἰουδαίους εἶναι는 "사탄의 회당에서"와 동격에 있다(Mussies, *Morphology*, 96).

201) 분사가 정동사로 이어지는 현상에 대해서는 1:5의 주석과 MHT II, 429; IV, 155을 보라.

인의 메시아이신 예수를 믿지 않으며 그의 충성스런 증인들을 박해하기 때문이다(3:14의 주석과 잠 14:5을 보라). 이 지역의 유대인들이 경제적으로 번영을 누렸다는 사실을 보면(아래에서 논의할 것임), 이들이 무역조합이나 심지어 제국 종교의 종교적 관습에 동화됨으로써 그들의 유대교 신앙을 어느정도 위태롭게 했음을 알 수 있다(이 점을 자세히 논한 2:9의 주석 참조). 탈무드(b. Shabbat 147b)에는 이렇게 천명되었다. "프리기아의 포도주와 목욕문화는 이스라엘에서 열 지파를 분리해냈다." 이것은 빌라델비아의 "유대인들"이 참 유대인이 "아니라" 거짓말쟁이라는 본문의 선언과 매우 유사하다.[202]

여기서 증언과 구원을 염두에 두었다는 사실은 도입 어구인 ἰδοὺ δίδω ("보라 내가 줄 것이라")에서 분명하게 드러난다. 이 어구는 8a절의 ἰδοὺ δέδωκα("보라 내가 주노니")를 반영한 것이며, 이 어구와 더불어 구원의 의미를 지닌 "열린 문" 이미지를 넌지시 이끌어낸다. 앞에서 보았듯이 "열린 문"은 교회의 구원만이 아니라, 그리스도가 빌라델비아 교회에서 이미 적용하기 시작하신 구원을 전하는 교회의 증언을 가리킨다. 빌라델비아의 이교 및 유대 공동체의 거대한 힘에 비해 빌라델비아 교회가 "작은 능력"만을 가진 것으로 보일지 모르지만, 하나님은 그것과 상관없이 그 교회가 유대인들 사이에서 특히 강력하게 증언하도록 하실 것이다. "열린 문"은 일차적으로 교회가 "새 예루살렘에 확실히 들어간다는 것"을 의미하지만, 동시에 "다른 사람들이 그리로 들어가게 되는 방법이기도 하다."[203] 그러므로 구원과 심판의 능력을 다 가지고 계신 예수는 그를 따르는 사람들을 통해 이 능력을 행사하신다(마 16:18).

---

202) Josephus는 라오디게아의 유대인들이 로마의 "우정을 나누는 관계이며 동맹국"이라고 불렸다고 기록한다(Josephus, Ant. 14.242). 유대인들이 총독에게 불평을 표현한 것(14.241-43)은 그들이 경제적으로 번영을 누렸음을 시사한다. 이것은 기원전 62년에 연례적으로 행하던 성전 기금 조성을 위해 유대인들이 금화 약 10kg을 예루살렘에 보내려고 시도한 것에서도 암시된다(Cicero, Pro Flacco 28.66-69). 소아시아 유대인들의 경제적 지위를 개괄적으로 연구한 Applebaum, "Social and Economic Status"를 보라. 소아시아에서 유대인들이 이교 문화에 동화된 상황을 심도 있게 논의한 Hemer, Letters, 182-84을 보라.

203) Wilcock, Heaven Opened, 56.

ἰδοὺ ποιήσω("보라 내가…하게 하리라")와 ἰδοὺ διδῶ("보라 내가 줄 것이라")
의 병행 어구에 나타나 있듯이, 9b절은 이 구절의 전반부 내용을 이어가며
그 내용을 재서술한다.[204] 두 어구가 병행이기 때문에 διδῶ는 "내가 줄 것
이다"가 아니라 "내가 ~하게 할 것이다"(KJV, RSV, NIV, 등등)로 번역해야 한
다. 이것은 히브리어를 문자적으로 번역하면서 이 동사를 이와 비슷하게
사용한 LXX에 의해 뒷받침된다.[205] 이 두 번째 문장은 믿지 않는 유대인들
이 참 이스라엘이 아니라는 것과 믿는 교회가 지금 하나님의 참 백성을 대
표한다는 사실을 보여준다. "그들로 와서 네 발 앞에 절하게[206]…하리라"라
는 표현은 전체적으로 사 45:14; 49:23; 60:14(VTG 비평 각주)과 시 86:9을
암시한다. 이 모든 구약 본문은 이방인들이 마지막 날에 이스라엘과 이스
라엘의 하나님께 와서 그 앞에 절할 것이라는 예언이다(문법학자들 사이에서
는 계 3:9b의 ἵνα가 대상을 소개하는지, 아니면 목적절 또는 결과절을 소개하는지를
두고 의견이 갈린다). 이 예언은 그리스도를 믿음으로 참 이스라엘이 된 이방
출신의 교회에서 역설적으로 성취되었다. 이들과는 대조적으로, 이스라엘
민족은 불신앙으로 인해 이방인이 되었다.

이와 마찬가지로, 하나님이 박해받는 이스라엘을 위한 그의 사랑을 열
국 앞에서 보여주실 것이라는 예언 역시 분명하게 뒤바뀌어 성취된다. 9b
절의 "내가 너를 사랑하는 줄을 [그들이] 알게 하리라"는 약속은 이스라엘
민족 대신 교회에게 적용된다. 사 43:4(과 사 41:8; 44:2; 60:10; 63:9의 LXX; 비
교. 사 48:14; Jub. 1:25)에 분명히 나와 있듯이 말이다. 그러므로 이스라엘의
마지막 때 구원이 이방인들의 구원에 불을 지필 것이라는 예언은 역설적인
방법으로 성취된다. 이것은 심지어 유대인 출신의 그리스도인들 중 남은
자가 빌라델비아 교회의 일부분을 구성한다고 하더라도 그러하다. 빌라델

---

204) διδῶ는 미래의 의미로 사용된 현재 가정법 동사이며, 미래 시제인 ποιήσω와 병행이다. 가정
법이 (대부분이 부정과거이기는 하지만, 요한계시록 여러 곳에서 미래의 의미로 등장한다
(15:4에서처럼 말이다. Robertson, *Grammar*, 928-30을 보라).

205) S. Thompson, *Apocalypse and Semitic Syntax*, 14.

206) 이것은 목적(in order that) 또는 결과(so that)로 번역될 수 있다—역주. DM, 249.

비아 교회의 구성원 대부분은 이방인 출신의 그리스도인들이기 때문이다.
그리스도는 이사야가 야웨가 하신다고 예언한 역할을 수행하신다. 그리스
도는 믿지 않는 유대인 공동체로 하여금 이방인 교회가 하나님의 사랑받는
백성임을 인정하게끔 하는 분이시다.

암시된 이사야서 본문은 이것이 유대인들이 못마땅하게 인정한다는 의
미가 아님을 보여준다.[207] 오히려 이 사실을 인정하는 것은 유대인 자신들
의 구원으로 이어진다.[208] 구원에 초점을 맞춘 것은 이방인 중의 일부에게
심판이 내리지만, 다른 많은 사람에게는 구원을 주신다는 이사야서의 예언
에서 유래했다. 이들은 이스라엘이 하나님의 참 백성임을 인정하는 사람들
이다.[209] 결론도 사 60:11의 유사한 예언이 계 21:25-26에서 구원을 언급하
는 것으로 이해되었다는 사실에서 분명해진다. 사실 사 60장의 문맥은 구원
받은 이방인들이 자원하여 경배하는 것을 묘사한다(21:24-26의 주석 참조).

유대인들의 구원을 염두에 두었다는 사실은 구원의 의미를 지니는 열
쇠와 문 이미지를 연결한 내용이 7-8a절에서 시작하여 9a절에서도 계속
되며, 궁극적으로는 1:18b에서 시작된다는 것에서도 분명하게 드러난다
(유대인의 구원을 바라보는 이런 이해는 9b절과 고전 14:25에 사용된 용어가 상당
히 유사하다는 사실로도 암시된다). 자원하여 하나님께 경배한다는 사상은
προσκυνέω가 요한계시록에 등장하는 모든 사용례에서 이 단어가 하나님이
나(10회) 짐승 및 우상을(11회) 자발적으로 "경배"하는 것을 의미한다는 사실
을 인식함으로써 강조된다. 특히 이것과 거의 같은 어구인 "발 앞에 경배하
다(προσκυνέω)"는 그리스도인이 자발적으로 표현하는 존경의 의미로서 여러
곳에서 사용되었다(22:8. 이것은 19:10과 거의 같다). 이사야의 예언은 배타적
은 아닐지라도 교회가 직접 경험하는 상황에서 즉시 성취된다. 이 편지가

---

207) Mounce, *Revelation*, 118-19과 Beasley-Murray, *Revelation*, 101이 이렇게 생각한다.
208) I. T. Beckwith, *Apocalypse*, 480-82에 반대함.
209) Caird, *Revelation*, 52-53; 참조. 사 42:6; 45:22; 49:1, 6; 49:8(LXX); 51:4; 행 13:47; 26:17-
   18, 23. 회심 사상을 부인하는 Fekkes, *Isaiah and Prophetic Traditions*, 135에 반대함.

모든 교회를 위한 것이기 때문이다.[210]

빌라델비아 교회가 인내하며 증언하고 있음에 초점을 맞춘 것은 "증언"이 모든 편지를 지배하는 주제일 가능성이 있음을 암시하는 또 다른 증거다.[211]

계 3:9을 이사야서의 예언의 역설적인 역전으로 이해하는 사람은 그 본문이 롬 11:11-31과 병행된다고 본다. 로마서 본문에서 이방인의 구원은 유대인의 구원을 유발하는 바울의 선교 전략이다. 바울은 롬 11:26-27에서 이사야의 예언을 인용하며, 그 예언이 명백하게 뒤바뀌어 성취되었다고 이해한다. 사 59-60장의 패턴은 이스라엘의 구원을 먼저 놓고, 그 구원에 이방인이 굴복하는 것이 이어진다(그래서 바울은 롬 11:26-27에 있는 사 59:20-21과 27:9의 인용구를 소개하려고 11:25에서 "비밀"이란 단어를 사용한다). 롬 11:25-27이 그리스도의 재림 때 있을 이스라엘 민족의 최종적인 구원을 암시하는지, 아니면 "이미와 아직"의 실체를 암시하는지를 두고 벌이는 논쟁은 여기서 다룰 수가 없다.[212] 롬 11장과의 병행은 증언 사상을 한층 부각시킨다. 롬 11장에서 바울의 주된 관심은 이방인들을 향한 그의 사도적 증언이 유대인들을 시기하게 하여 그들로 하여금 구원을 받도록 하는 데 있기 때문이다.

계 3:7-9에 사 40-60장이 강하게 영향을 끼쳤다는 관점에서 볼 때, 사 45:1의 암시가 계 3:8에서도 인식될 수 있다. 사 45:1의 ἀνοίξω ἔμπροσθεν αὐτοῦ θύρας καὶ πόλεις οὐ συγκλεισθήσονται ("그 앞에 문들을 열고 성문들이 닫히지 못하게 하리라")와 계 3:8의 δέδωκα ἐνώπιόν σου θύραν ἠνεῳγμένην, ἣν οὐδεὶς δύναται κλεῖσαι ("내가 네 앞에 열린 문을 두었으되 능히 닫을 사람이 없으리라")를 비교하라. 이스라엘이 그들의 대적자들과 비교하면 약하지만 고레스 왕을 통한 하나님의 회복하시는 사역으로 강하게 될 것처럼, 하나님은 빌라델비아의 작은 교회의 증언으로 하여금

---

210) Thomas, *Revelation 1-7*, 281-82. Thomas는 이사야의 예언이 그리스도의 마지막 재림 때에야 비로소 성취된다고 이해한다.
211) Thomas, *Revelation 1-7*, 277-78과는 반대다.
212) 이 논쟁을 논의한 Hoekema, *Bible and Future*, 139-47을 보라.

대적자들 가운데서 효과를 발휘하게 하실 것이다.[213] 아마도 사 45:1의 용어가 사 22:22의 용어로 흡수되었거나 혹은, 저자가 사 22:22을 먼저 생각하고 나서 45:1을 떠올렸을 것이다.

10절   그리스도는 교회가 그의 백성이 되게 하고(7-8a절) 교회를 그의 백성 신분으로 유지시키는(8b-9절) 그의 능력으로, 그들을 장차 임할 환난으로부터 영적으로 계속 보호하실 것이라고 약속하신다. 환난 중에서의 이러한 보호가 다른 곳에서는 "인을 치다"(7:1ff.), "측정하다"(11:1-2), "광야에서 양육하고 보호하다"(12:6, 14-17)라는 비유로 설명된다. 그리스도는 임박한 미래에 빌라델비아에 있는 그리스도인들에게 그의 신실하심을 보여주실 것이다. 그들이 과거에 그의 충성스러운 증인들이었기 **때문**이다. "네가 나의 인내의 말씀을 지켰은즉"은 예수가 사역하실 때의 "예수의 인내에 관한 **말씀**"을 가리킨다고 이해하는 것이 가장 좋다(목적어 소유격[τῆς ὑπομονῆς]에 이어 소유의 소유격[μου]이 따라온다. 인칭대명사 소유격을 유익의 소유격["너를 위해"]으로 이해할 수 있지만 말이다). 이 어구는 8b절("내 말을 지키며 내 이름을 배반하지 아니하였도다")을 상기시키며 또 그 구절의 요약이기도 하다. 8b절을 요약한 것은 성부 하나님께 충성하고 참되게 인내하며 증언하신 예수를 본받아 인내하며 증언한 빌라델비아 교회의 특성을 강조한다(1:5, 9; 3:7, 14의 주석 참조). 빌라델비아의 그리스도인들은 예수에 관한 초기 교회의 케리그마(설교 전통, λόγος), 특히 박해를 받는 중에서도 성부 하나님을 증언하는 그의 용맹스러운 충성심을 신실하게 증언했다. 예수의 인내는 그의 죽음으로 절정에 이르렀다.

이 그리스도인들은 장차 임할 환난으로 인해 그들의 믿음에 닥칠 위기에서 영적으로 보호받을 것이다. 한편 환난(πειρασμός)은 하나님이 믿지 않는 자들에게 내리시는 징계의 심판(πειράζω)으로 의도된다. 경건하지 않은 사람들을 심판하는 것에 초점이 있다는 사실은 κατοικοῦντας ἐπὶ τῆς γῆς ("땅에 거하는 자들")가 요한계시록 전체에서 믿지 않는 우상숭배자를 가리키

---

213) Lövestamm, "Apokalypsen 3:8b," 91-101. 참조. 사 45:2-7.

는 전문용어라는 사실로 분명해진다. 이들은 하나님의 보복하시는 다양한 형태의 환난으로 고난을 당한다(6:10의 주석; 참조. 8:13; 11:10; 12:12; 13:8, 12, 14; 14:6; 17:2, 8). 아마도 시험은 미래에 있을 마지막 때 "환난"의 어느 지점에서 강력해질 것이다. 이 환난은 (1:9; 2:9의 θλῖψις에서 그러하듯이) 이미 시작됐다. 이 임박한 시험은 일곱 편지 여러 곳에서 언급된 임박한 환난과 동일시될 수 있다(참조. 2:10, 22의 θλῖψις["환난"]).

환난이 "온 세상에" 임한다고 한 것으로 보아, 여기서 말하고자 하는 환난은 보편적 효과를 지닌 것으로 이해해야 할 것 같다(같은 어구가 12:9; 16:14에서도 보편적 의미로 사용된다). 동시에 환난은 교회를 향한 보편적인 박해가 가해지는 11:7ff.와 20:8ff.에 묘사된, 한층 강화된 마지막 기간의 환난을 가리킬 수도 있다(17:12의 ὥρα["한 동안"]는 이 기간과 동일시될 수 있다). 그리스도의 재림 때 발생할 불경건한 세계 제도의 최후의 몰락과 심판에 대한 암시가 여기에 있을 수도 있다.[214] 이것은 또한 한 "시간"에 일어나는 사건으로 언급되기도 한다(ὥρα; 11:13; 14:7, 15; 18:10, 17, 19). 또는 그 기간이 소아시아나 그 당시 알려진 세상의 모든 사람에게 즉각 임할 시련을 가리킬 수도 있다.

οἰκουμένη("[거주하는] 세상")는 12:9과 16:14에서처럼 보편적인 범위를 가리킬 수 있다. 또는 눅 2:1에서처럼 좀 더 제한적으로 로마 제국의 주민들만을 가리킬 수 있다. 혹은 행 11:28; 17:6; 19:27; 24:5에서처럼 심지어 제국의 변방에 있는 제국의 시민 몇 사람을 가리킬 수도 있다.[215] 제한된 언급을 염두에 두었더라도 눅 2:1에는 "천하(πᾶσαν)"라고 표현되었다. 이 어구는 또한 좀 더 제한된 지정학적인 언급으로 "온(ὅλην 또는 ὅλη) 세상" 또는 "세상 전역(πᾶσι)"을 가리킬 수도 있다. 특별히 흥미로운 병행 어구는 행 11:28이다. 이 구절에 따르면, 아가보가 "천하에 큰 흉년이 들리라 하더니 글라우디오 때에 그렇게 되니라"라고 예언한다.

---

214) Hughes, *Revelation*, 61.
215) BAGD, 561에 인용된 이와 비슷한 유대 문헌을 보라.

τῆς ὑπομονῆς를 목적어 소유격으로, μου를 소유의 소유격으로 이해하는 것이 가장 좋다. 그래서 τῆς ὑπομονῆς μου는 "내 인내에 관한 말씀"으로 번역된다. 단어의 순서상 μου는 λόγος("말씀")보다는 τῆς ὑπομονῆς와 결합된다. ὑπομονή("인내")와 관련된 자세한 논의, 특히 ὑπομονῆς μου("나의 인내")의 소유격 구문과 거의 동일한 ὑπομονῇ ἐν Ἰησοῦ("예수 안에 있는 참음")와 관련된 내용은 1:9의 주석을 참조하라(참조. 히 12:1-2; Ignatius, *Romans* 10:3). 신자들의 인내는 그리스도의 인내를 모델로 한다.[216] μου("나의")가 λόγος("말씀")와 결합되었다고 이해하는 사람들은 10a절의 소유격 구문을 좀 더 구체적으로 예수가 복음서에서 그를 따르는 사람들에게 환난을 견디라고 명령하시는 말씀(인내에 관한 나의 말씀")으로 이해한다.

주석가들 중에는 그리스도가 신자들을 3:10의 다가오는 환난에서 보호하시는 방법이 물리적으로 그들을 지상에서 하늘로 들어 올리신다는, 소위 "휴거"를 가리킨다고 주장하는 사람들이 있다. 이런 주장은 주로 이 견해가 τηρήω ἐκ("~로부터 지킨다")의 가장 논리적이고 문자적인 의미와 매우 잘 부합한다는 사실에 근거한다. 하지만 건드리는 계 3:10과 요 17:15 사이의 병행을 지적함으로써 이런 이해의 개연성이 적다는 것을 밝혔다. 요 17:15은 계 3:10 이외의 신약성경에서 τηρήω와 ἐκ이 동시에 등장하는 유일한 본문이다. 거기서 그리스도는 "내가 비옵는 것은 그들을 세상에서 데려가시기를 위함이 아니요 다만 악에 빠지지 않게 보전하시기(τηρήσῃς αὐτοὺς ἐκ)를 위함이니이다"라고 기도하신다. 따라서 예수는 환난에서 물리적으로 옮기는 것을 부인하시고 마귀로부터의 영적 보호를 주장하신다(τηρήω["지키다"]와 ἀπό["로부터"]가 결합된 잠 7:5과 약 1:27에서도 악이 관영한 상황 속에 사는 사람들을 악에서 보호한다는 같은 사상이 나타난다).[217]

216) Thomas, *Revelation 1-7*, 283.
217) Gundry, *Church and Tribulation*, 54-61.

건드리의 주장을 지지하기 위해 다른 병행 어구들도 언급할 수 있다. (1) 요 16:33은 계 2-3처럼 "이기는 자"(νικάω)라는 주제를 역설적으로 사용한다. 신자들은 세상에서 "환난"을 경험하게 되지만, 그리스도 안에서 "평강"을 얻을 것이다. 그리스도가 "세상을 이기었기" 때문이다(참조. 계 3:10, 12a). (2) 요 17장에도 그리스도가 자신을 따르는 사람들을 영적으로 보호하시거나 "지키신다"고 언급된다. 그들이 "아버지의 말씀을 지켰기" 때문이다(참조. 요 17:6, 11-12; 계 3:8-10). 더욱이 계 3:10이 신자들의 육신의 생명의 보호를 언급할 가능성은 없다. 앞에 있는 편지들에서는 자신의 목숨을 걸고서라도 영적으로 인내하는 것에만 초점이 맞춰져 있기 때문이다(예. 2:8-11; 2:13). 만일 3:10이 마지막 부활 이전에 물리적으로 보호할 것을 약속한다면, 이 본문은 요한계시록 전체에서 이런 내용을 암시하는 유일한 본문이다.

개중에는 본문을 요 17:15과 연결시키는 견해의 정당성에 대해 반대하는 사람들도 있다. 그 근거는 다음과 같다. (1) 계 3:10에 묘사된 시험은 불신자들에게 내리는 신적 징계이지 마귀에게서 나오는 악한 일이 아니다. (2) 요 17:15에서 말하는 보호는 인격적이고 악한 세력("악한 자에게서")으로부터의 보호인 반면에, 계 3:10의 보호는 혹독한 재난이 세상에 닥치는 어떤 기간("시련의 때에서")과 관련이 있다.[218] 첫 번째 주장에 대해 답변하겠다. 요한계시록에서는 마귀로부터 나오는 환난이 궁극적으로 신적 보좌에서 나온다는 점은 분명하다(6:1ff. 주석과 6장과 13장에 등장하는 δίδωμι ["주다"]의 신적 수동태 형식을 보라. 2:10의 주석도 참조하라). 더욱이 교회 안에 있는 몇몇 사람들은 이미 최후 환난의 출산의 고통을 통과하는 중인 것으로 이해된다(참조. 1:9; 2:9-10; 2:22). 덧붙여 말하면, 불신자들을 징계하는 시험은 하나님의 백성의 믿음을 강하게 하려는 시

---

218) 이 견해와 더불어 요 17장 병행 어구를 반대하는 설득력이 다소 부족한 주장과, 환난의 장소에서 떨어진 곳에서 물리적으로 보호한다는 사상에 대해서는 Thomas, *Revelation 1-7*, 284-90을 보라.

험과 분명히 같다(6:3-8의 주석 참조). 두 번째 주장에 답변하겠다. 요한의 두 본문(요한복음과 요한계시록)은 믿음에서 떨어지게 하는 해, 즉 불신앙을 초래하는 시험으로부터 보호를 언급한다. 이런 의미에서, "시험의 때"는 묘사의 소유격("시험하는 때"), 내용의 소유격("시험으로 가득 찬 때"), 또는 목적어 소유격("시험을 위한 때")을 가리킬 수 있는데, 마지막을 가리킬 가능성이 더 많다. 일곱 편지와 그 후에 이어지는 환상 내용을 담고 있는 여러 장들에 언급된 시험은 성도들과 불신자들이 동일하게 경험하는 시험이다. 하지만 성도들에게 시험은 그들의 믿음을 정련하는 시험인 반면에, 불신자들에게는 그들을 강퍅하게 만드는 시험일 뿐이다. 사실 요 17장 본문과 계 3:17 본문이 유사하다는 사실은 "악한 자로부터"의 보호가 예수를 따르는 사람들을 시험하는 "때"(ὥρα)와 함께 3번 언급된다는 점에서도 밝혀진다(요 16:2, 4, 32). 이 언급 바로 직후에, 그리스도가 "세상을 이긴" 까닭에, 그들이 세상의 환난 한 가운데서도 "평강"을 누릴 수 있다는 그리스도의 격려가 이어진다(요 16:33).

토머스는 요 12:27("아버지여 나를 구원하여 이때를 면하게 하여주옵소서")을 환난 전에 옮긴다는 사상을 확증하는 병행 어구로 인용한다.[219] 하지만 이것은 요 17장만 한 병행 어구는 못 된다. 요 12장("이제", 12:27, 31; 비교. 23절과 28b절)과 13장(유다의 배신이 시작되는 내용과 연결된 13:1, 31과 비교)에 등장하는 시작을 암시하는 용어에 비춰보면 병행 관계는 사라지고 만다. 이 본문들에 의하면, 예수는 이미 "때" 안으로 들어가기 시작하신 반면에, 계 3:10에서는 "때"가 아직 시작되지 않았다.[220]

토머스는 절정의 시기가 오기 전에 장차 올 환난에서 물리적인 구출을 약속하는 것이 현재 인내하는 근거이며, 임박한 시험을 **겪더라도** 영적 안전을 지켜주겠다는 약속에는 그러한 근거가 제공되지 않는다고 주

---

219) Thomas, *Revelation 1-7*, 287-88.
220) 또한 Gundry, *Church and Tribulation*, 56을 보라.

장한다.[221] 이것은 지금까지 다뤄왔던 편지들의 내용뿐만 아니라 신약
의 다른 책들과도 위배된다. 예를 들어보자. 그리스도는 서머나 교회에
게 영생을 약속하셨다. 그들이 고난을 견디고 죽기까지라도 충성한다
면 말이다. 신약의 다른 저자들과 마찬가지로(예. 벧전 2:18-23; 4장), 바
울은 그의 서신을 통해 같은 주제를 반복한다(예. 롬 8:35-39; 고후 4:16-
5:10; 6:4-10; 빌 3:10-11; 골 1:24). "대 환난"의 비교할 수 없는 물리적 공
포에서 구원하신다는 약속이 신약성경에서 고난을 이해하는 일반적
인 관점에서 예외에 해당하는 근거라고 말하는 것은 다음과 같은 이유
에서 정당성을 가진다. (1) 이 기간 동안에도 궁극적인 위협은 물리적
해가 아니라 영적인 해다. 역사 전체를 통해 하나님의 백성을 위협했
던 것이 바로 이 영적인 문제다. (2) 요한계시록에 언급된 최후의 환난
은 반드시 물리적 시험의 특성과 관련하여 강조되는 것은 아니다. 오히
려 요한계시록에서는 종말의 환난이 시작되었다는 사실이 강조된다(본
서 서론에서 다룬 "해석의 열쇠로서 1:19의 의의"와 1:9; 2:9의 주석을 참조하라).
시작된 종말에서는 환난이 더 이상 선별적인 것이 아니라 보편적이다
(11:7-10; 20:8-9의 주석 참조). (3) 마지막 때의 환난은 신적인 메시아의
죽음으로 시작되었다고 보는 것이 적절하다. 그래서 많은 사람이 있을
거라고 생각하는 마지막 때의 더 강렬해진 물리적 시험은 최악인 이 시
험과 비교할 수 없다. 메시아의 모든 백성은 마지막 환난 기간에 그가
다시 오실 때까지 그분이 보여주신 인내의 본을 본받도록 부름을 받았
다(예. 벧전 2:21; 4:1).

　　요한이 그리스도인들이 환난을 통과하는 동안 영적 보호를 받는다
는 점을 염두에 두었다는 사실은 계 3:10이 단 12:1, 10(LXX)을 암시할
수 있다는 사실에서도 분명해진다. 다니엘서 본문에서 "그 때"(τὴν ὥραν
ἐκείνην)는 바로 "많은 사람이 연단을 받아(πειράζω) 스스로 정결케 하
며…악한 사람은 악을 행"하는(10절) 때인 "환난의 날"(ἐκείνη ἡ ἡμέρα

221) Thomas, *Revelation 1-7*, 287, 327.

θλίψεως, 1절)로 설명된다. 이것은 계 3:10의 "시험"에는 신자들을 정결하게 하고 강하게 하는 것과 다른 사람들에게는 하나님의 심판을 내리는 2중 효과가 있음을 암시한다.[222]

이런 평가는 계 7:14에서도 확증된다.[223] 7:14에서 성도들은 "큰 환난에서 나오"고 흰옷을 입은 사람들로 묘사된다. 이것은 각각 단 12:1과 12:10을 암시한다(7:14의 주석 참조). 똑같은 두 구약 암시는 여기 두 본문이 교회가 마지막 때의 이스라엘이며 그들의 운명이 환난을 경험하는 것이라고 주장함을 확증한다. 게다가 계 7:14의 장면은 환난을 겪는 동안 인내하며 그것을 성공적으로 통과한 신자들에 관한 분명한 장면이다. 이것은 계 3:10의 같은 장면을 시사한다. 신자들은 환난에서 옮겨짐으로써 시험에서 보존된 것이 아니다. 오히려 그들의 믿음은 시험을 통해 보존된다. 그들은 하나님의 인 맞은 사람들이기 때문이다(7:1ff.와 7:9ff. 주석 참조). 그러므로 본문을 다음과 같이 번역하는 것이 가장 좋다. "내가 너를 다가오는 환난의 기간 동안 영적 해를 받지 않도록 **안전하게** 지켜줄 것이다."

A. 커케슬라거는 "시험의 때"가 신자들이 그리스도와 함께 휴거될 때 그리스도의 재림에 동반됨을 언급한다고 그럴싸하게 주장한다(참조. 11:11-13). 신자들은 심판에서 제외되는 반면에, 불신자들만 심판의 시험을 받을 것이라고 생각한다. 그의 가장 강력한 주장은 다음과 같다. (1) 요한계시록에서 "때"의 사용은 바벨론의 최종 멸망을 가리킨다(11:13; 14:7, 15; 18:10, 17, 19; 참조. 8:1; 하지만 17:12과 비교). (2) 본문은 3:11과 바로 연결된다. 3:11은 재림을 언급할 가능성이 있다. (3) 잠 21:23(LXX)과 행 15:29에 사용된 διατηρεῖ ἐκ은 **완벽한 분리**를 의미한다.[224]

신약성경 여러 곳에서 발견되는 "죄를 짓게 하는 유혹"이라는 더 일

---

222) Alford, *Greek Testament* IV, 586.

223) Gundry, *Church and Tribulation*, 57. Thomas, *Revelation 1-7*, 285-86을 반대함.

224) Kerkeslager, "Day of the Lord."

반적인 사상은 계 3:10에서 고려한 내용은 아닌 것 같다. 만일 서머나 교회와 빌라델비아 교회에 보낸 편지에 문학적·개념적 병행이 있다는 우리의 평가가 옳다면, 3:10은 신자들이 환난에서 물리적으로 보호받는 것이 아니라 영적으로 보호받는 것을 언급한다. 서머나 교회에 있는 신자들은 환난 중에서 죽게 될 사람이 있다고 하더라도 영적으로 보호받을 것이라는 약속을 받았기 때문이다.

11절　　그리스도는 신자들이 곧 겪게 될 시험 중에도 믿음에 굳게 서고 증언하라고 격려하기 위해("네가 가진 것을 굳게 잡아") 속히 오겠다고 약속하신다. "굳게 잡는다"라는 말은 신자들이 특별히 신실하게 믿음을 지켜야 할 시험을 겪게 될 것을 암시한다(일곱 편지에 κρατέω ["굳게 잡다"]라는 용어가 2번 더 등장하는데, 1번은 시험이 있을 것이라고 예상하는 상황에서[2:25], 다른 1번은 분명히 그런 상황이 벌어진 곳에서[2:13] 등장한다). 따라서 이 구절에서 "오리니"가 가리키는 것은, 10절에 언급되었듯이, 신자들이 환난을 통과할 때 이런 신자들을 보호하실 그리스도의 고조된 임재다.[225] 그러므로 10절의 약속은 신자들이 장차 올 시험을 피하게 될 것이라는 것이 아니라, 그의 붙들어주시는 능력으로 시험을 견딜 수 있게 된다는 약속이다.[226] 이런 인내 까닭에 신자들은 구원의 순례의 모든 여정을 성공적으로 완수할 수 있다. 악의 세력은 "신자들의 면류관을 빼앗지 못할" 것이다(2 Esdr. 2:43-47[참조. 3:5의 주석]을 보라). 신자들이 면류관을 받는다는 것은 사 22:22의 전후 문맥의 내용을 발전시킨 것일 수 있다. 사 22장에서 하나님은 악한 자인 셉나의 면류관을 빼앗아 충성스런 엘리아김에게 주실 것을 약속하신다(사 22:17, 21).

12절　　계 2:17에서처럼 빌라델비아 교회에 주신 약속의 4가지 요소

---

225) 참조. Caird, Revelation, 54. 일곱 편지와 요한계시록의 다른 곳에서 그리스도의 "강림"의 시작의 측면과 임박한 측면 사이의 긴장을 논한 부분은 본서 1:7; 2:5; 10:6-7; 12:12; 22:6-7의 주석 참조. ἔρχομαι("내가 오리니")의 현재 시제는 그것이 재림 전에 오시는 것을 언급하는지, 그리스도의 최종적이고 결정적인 강림을 언급하는지 모호하다. 아마도 둘 다를 포함하는 것 같다.

226) A. Y. Collins, *Apocalypse*, 28.

를 서로 구별되는 약속으로 해석해서는 안 된다. 이 약속은 마지막 때의 교회와 그리스도가 하나가 되는, 같은 약속의 다른 측면들이다. 지금 그리스도의 "이름"을 배반하지 않고(3:8; 비교. 10절) 환난을 겪더라도 인내하는 것(11-12절)은 죽음 이후 그리스도의 "새 이름"과 영원히 하나가 되는 상을 상속받는 근거가 된다. 이것이야말로 저자가 이 편지에서 전하는 중심 주제다.

그리스도의 이름과 하나가 되는 것은 본질적으로 "하나님의 이름" 및 "새 예루살렘의 이름"과 하나가 되는 것이다. 앞에서 보았듯이, 이 세 이름 모두 하나님과 그리스도가 마지막 날에 그 백성과 친밀하게 함께하심을 드러낸다. 이 내용은 여기와 계 2:17에서 언급된 "새 이름"의 배경이 되는 사 62:2과 65:15의 예언을 암시하며, 계 22:34과 14:1-4에 분명하게 표현된다. 이 이름으로 식별되는 일은 현재 가지고 있는 인내의 근거이기도 하다(계 3:12의 암시인 *Apoc. Elijah* 1:9; 이와 비슷한 내용을 담고 있는 *Odes Sol.* 42:20; "새 이름"의 의미를 광범위하게 논의한 본서 2:17의 주석 참조).

빌라델비아에 있는 이방 출신의 그리스도인들을 향한 유대인의 태도와 영원한 성전에서 영원히 있게 됨을 강조하는 것을 고려하면 사 62:2; 65:15과 더불어 사 56:5 역시 상기하게 된다. "여호와께 연합한 이방인은 말하기를 여호와께서 나를 그의 백성 중에서 반드시 갈라내시리라 하지 말며…나의 안식일을 지키며 내가 기뻐하는 일을 선택하며 나의 언약을 굳게 잡는 [자들]에게는 내가 내 집에서, 내 성 안에서 아들이나 딸보다 나은 기념물과 **이름**을 그들에게 주며 영원한 이름을 주어 끊어지지 아니하게 할 것이며." LXX에서는 이방인들에게 주는 "기념물"이 "이름이 있는 장소"(a named place)이다. 이것은 계 3:12에서 "기둥"이나 이기는 자에게 이름이 기록된다고 3번 반복한 것과 잘 어울린다. 12절에서 신자들을 성전에서 영원한 "기둥"(στῦλος)이 되게 함으로써 "성전"(ναός)과 영원히 동일시되게 할 것이라고 언급한 부분은 하나님의 임재라는 주제를 더욱 강조한다. 이것은 천상의 예루살렘에는 물리적 "성전"(ναός)이 없고, "주 하나님 곧 전능하신 이와 및 어린 양이 그 성전[ναός]"이시라는 언급에서 분명하게 드러난다(21:22; 또한 7:15-17). 그리고 새 예루살렘에 있는 사람들은 하나님과 어린 양의 빛으로 다

498

3:12

니고(21:23-25; 22:5), 하나님과 어린 양의 직접적인 임재 안에서 산다(22:3-4).

빌라델비아 신자들은 하나님의 성전에 영원히 거한다는 약속을 반겼을 것이다. 빌라델비아는 소아시아의 다른 도시들보다도 지진으로 인한 피해를 많이 받았기 때문이다. 참된 교회는 영적으로 파괴되지 않는 성전이기는 하지만, 교회가 물리적인 형태로 있는 동안은 고난을 받는다. 이것이 아마도 계 11:2의 "성전 바깥뜰은 그냥 두라"는 의미일 것이다(본서 11:2의 주석 참조). 하지만 최후의 절정 상황에서는 어떠한 물리적·영적 형태의 고난이 교회를 해하지 못할 것이다. 하나님의 충만한 임재가 그들 중에 나타날 것이기 때문이다. 이것은 11:2과 대응하며, 본문에서 말하는 "내 하나님 성전에 기둥이 되게 하리니 그가 **결코 다시 나가지 아니하리라**"의 의미일 것이다(두 본문에 ναός["성전"]와 ἔξω["바깥"]가 사용된 것을 주목하라).

성전과 영원히 동일시된 이기는 자에게 "하나님의 이름과 하나님의 성…의 이름과 나의 새 이름"을 기록한다는 그리스도의 약속은 겔 48:35을 떠올린다(참조. 1 Macc. 14:26ff.). 에스겔서 본문에는 새 예루살렘의 "도시 이름"이 "여호와께서 거기 계시다"로 불린다. 야웨께서 그 도시의 중앙에 그의 영광이 영원히 거할 종말론적 성전을 세우셨기 때문이다(겔 40-47장; 48:10, 21; *Targ.* 겔 48:35; *b. Baba Bathra* 75b은 히브리어의 발음 표기를 변경하여 겔 48:35을 "여호와는 그의 이름이다"라고 번역했다[Soncino 판을 보라]). 이처럼 계 3:12의 용어는 하나님의 종말 성전의 환상을 소개하려고 21:1에서 글자 그대로 반복된다. 하나님은 그의 백성과 함께 그 성전에 영원히 거하실 것이다. 그곳 성전은 겔 40-48장의 성전을 모델로 삼았다(21:10-22:5의 주석 참조). 이것은 3:12의 신적 임재 주제를 더욱 강조한다.

예수를 따르는 사람들이 환난 동안 인내하고 "성전"에서 하나님과 그리스도의 임재를 누리는 상을 받는다는 사상의 흐름은 계 7:14-17에서도 발견된다. 사실 12절에 언급된 신자들이 영원히 "장막"과 동일시된다는 것은 그들에게 보이지 않는 구원의 성막의 문을 열어주신 그리스도와 함께 시작된 과정의 절정이다. 계 3:7b-8a에 표현되었듯이 말이다. "내가 네 앞에 열린 문을 두었으되 능히 닫을 사람이 없으리라"(사 22:22을 해석적으로 풀어 쓴 타르굼 역을 다시 주목하라. "내가 **성막**의 열쇠와 다윗의 집의 권세를 그의 손에 두리니"). 이 참 성막은 지금 사탄과 연합한 유대인들의 거짓 회당과 분명히 대조되는 위치에 있다. 계 3:7-8과의 연결성은 21장에서 3:8; 3:12에 가장 근접한 병행을 찾을 수 있다는 사실에 의해서도 밝혀진다(각각 21:25과 21:2, 10). 그리스도는 충성된 사람들을 위해 하늘 예루살렘의 문들을 이곳 땅에서 "열기" 시작하셨으며, 아무도 그 문을 닫지 못한다. 이것은 그의 백성이 새 예루살렘의 "문들"을 통해 들어갈 때 절정에 도달한다. 새 예루살렘의 문은 "도무지 닫지 않을 것이다." 종말의 성전에서 한 곳을 차지하게 된다는 겔 40-48장의 약속이 성취되기 시작했다는 것은 계 11:2의 병행 어구와 11:2이 땅에 있는 믿음의 공동체가 이미 그 성전과 동일시됨을 묘사한다는 사실에 의해 암시된다.[227]

여는 말인 "이기는 자"(ὁ νικῶν)는 12절의 나머지 부분과 문법적으로 전혀 관련이 없다(미완성 독립격). 이 어구는 셈어 문체를 반영한 것 같다.[228]

이름이 기둥에 기록되는지 혹은 이기는 자 위에 기록되는지는 12절만으로는 모호하다. 하지만 기둥은 신자를 가리키는 비유이기 때문에, 이 모호함은 본문 해석에 심각한 영향을 주지 않는다. 요한계시록의 문맥에 따르면, 이름은 이기는 자들 위에 기록되는 것이 분명하다(14:1; 22:4의 주석 참조). 어느 한 유대 문헌에는 겔 48:35과 사 43:7에 부분적으로 근거하여 "하나님의 이름을 따라 세 이름이 지어질 것이며, 이 이름은 의인과 메시아와 예루살렘이다"라고 언급한다(b. Baba Bathra 75b).[229] Midr. 시 21.2과 Pesikta de Rab Kahana 22.5a에는 메시아의 이름과 종말의 성전 이름이 하나님의 이름과 똑같아질 것이라고 천명된다(전자는 겔 48:35에서 추론한 것이고, 후자는 사 62:2과 겔 48:35에 근거한다). 구약성경은

227) 특히 "바깥"에 있는 것의 의미와 관련하여 계 3:8과 21:2의 관계와 3:12과 11:2의 관계를 주목한, 고든-콘웰 신학교에서 개설한 요한계시록 주해 과목(1992-93)을 수강했던 Sean McDonough와 David O'Brien에게 감사한다.
228) 예. BDF §466; Robertson, *Grammar*, 459은 이것을 독립 주격으로 언급한다.
229) 참조. SB III, 795.

하나님의 이름이 모든 이스라엘 사람에게 부여되었다고 확언한다(예. 민 6:27; 신 28:10; 사 43:7; 단 9:18-19). 민 6:27은 아론과 그의 아들들이 "내[하나님의] 이름을 이스라엘 자손에게 둘 것[축복할 것]"이라고 지시한다.[230]

이기는 자가 성전에서 기둥으로 영원히 세워진다는 것은 "못이 단단한 곳에 박힘 같이 그를 견고하게 하리라"는 사 22:22ff.에 설명된 이미지의 연속이다. 어떤 그리스어 구약성경 사본은 사 22:23에서 엘리아김을 "기둥으로" 세워진 것으로 언급한다(바티칸 사본, Origen, Q는 στήλωσα고 읽는다. "내가 기둥으로 세우리라" 또는 "내가 기둥에 기록하리라").[231] 엘리아김이 폐위되었을 때 왕궁에서 누렸던 자신들의 영광과 지위를 결국 잃었던 엘리아김의 가신들과는 다르게(참조. 사 22:23-25), 예수를 따르는 사람들은 성전/왕궁에서 그들의 지위를 결코 다시 잃지 않을 것이다. "참" 메시아이신 예수가 그의 아버지 앞에서 그의 왕위를 잃지 않을 것이기 때문이다("기둥"은 영원함을 가리키는 비유다). 예수는 그의 죽음과 부활로써 미래에 주어질 이스라엘의 "새 이름"에 관한 이사야의 예언을 성취하기 시작하셨다. 예수를 믿는 사람들은 이처럼 그의 새 이름으로 식별된다(2:17의 주석 참조).

이사야서와 계 3:7과 21:25에 언급된 문들을 "연다"는 말은 하나님의 임재 안에 들어간다는 의미다. 이것은 계 3:12에서 사 56, 62, 65장과 겔 48장을 암시함으로 전달하는 동일한 사상을 강조한다.

동격절인 ἡ καταβαίνουσα("내려오는")는 주격이지만, τῆς καινῆς Ἰερουσαλήμ("새 예루살렘의")을 수식하기 때문에 소유격이어야 한다.[232] 이미 1-2장에서 여러 번 목격했듯이, 불규칙하게 등장하는 격의 불일치는 비록 구약의 어구와 일치하지는 않지만, 일반적으로 구약 암시에

---

230) 기둥과 새 이름이 구약 및 고대 근동의 대관식 의식에 속했던 것이라는 생각에 대해서는 Wilkinson, "ΣΤΥΛΟΣ"를 보라. Wilkinson에 따르면, 여기 혼합된 비유들을 볼 때, 이기는 자들이 새롭게 보좌에 오를 메시아의 안정성을 누리게 됨을 알 수 있다.

231) Kraft, *Offenbarung*, 82을 따름. 참조. Fekkes, *Isaiah and Prophetic Traditions*, 130-33은 LXX의 영향에 대해서는 회의적이다.

232) 예. BDF §136.1을 보라.

주의를 환기시키려고 의도된다(요한은 21:2에서 거의 같은 어구를 유지한
다). 사 64:1이 주격 구문("원하건대, 주는 하늘을 가르고 강림하시고")에 영
향을 주었을까? (소유격 위치에 있는) 불변화 명사인 예루살렘이 사 62:2
과 65:15의 암시에 속한다(이 암시의 정당성에 대해서는 2:17과 3:12의 주석
참조). 사 62:1-6에서는 미래의 구원받은 이스라엘이 비유적으로 "예루
살렘"으로 언급된다. 하나님은 그를 "새 이름으로 부를 것이다"(비교. 이
와 비슷한 사 65:15-19. 여기서 예루살렘은 비유적으로 "새 이름으로 불릴 하나님
의 종들"과 동일시된다). 구약의 암시에 주의를 환기시키려고 의도된 문체
의 일환인 문법 위반에 대해서는 1:4, 5, 10-11; 2:13, 20의 주석을 참조
하라. 문법적인 면에서 예민하고 열성이 있는 필경사들이 주격의 어구를
소유격으로 변경시키거나($\tau\eta\varsigma$ $\kappa\alpha\tau\alpha\beta\alpha\iota\nu o\upsilon\sigma\eta\varsigma$, א[2]), 정동사를 동반한 관계
대명사 구문으로 바꾸어($\mathring{\eta}$ $\kappa\alpha\tau\alpha\beta\alpha\acute{\iota}\nu\epsilon\iota$, "그것이 내려온다") 구문론적인 불
일치를 해소하려 했다.

케어드와 멀홀런드는 현재분사 $\kappa\alpha\tau\alpha\beta\alpha\acute{\iota}\nu o\upsilon\sigma\alpha$("내려오는")가 새 예루
살렘의 역사 전체를 걸쳐 내려오는 현재적 실체를 의미한다고 결론을
내린다.[233] 그러나 분사에는 그것 자체로 시제의 의미가 없고 앞뒤 구문
론적 문맥의 시간적 요소에 의존한다. 여기서 전후 문맥은 바로 앞에 있
는 "내가 기록하리니" 때문에 미래다. 이것은 21:2과 21:10의 미래적 환
상에 같은 현재 형용사적 분사와 어구가 사용된 것으로써 확증된다.

13절　　　성도들은 13절에서 "들으라"는 결론적인 권면을 받는다. 그들
은 그리스도의 이름을 배반하지 않고(참조. 3:8b, 10a) 마지막 상을 상속받기
위해 인내해야 할 환난 가운데서 영적 분별이 필요하기 때문이다. 성도들
이 하늘에 마음을 두지 않고 최종적인 상에 눈을 고정하지 않는다면, 그들
은 환난으로 인해 그들의 믿음을 타협하는 것을 비롯하여 주변에 있는 세
상 환경에 동화하려는 유혹을 받을 것이다.

---

233) Caird, *Revelation*, 55; Mulholland, *Revelation*, 130.

그리스도는 라오디게아 교회를 책망하신다. 그 교회가 증언을 하지 않고 개탄할 만한 영적 상태에 있었기 때문이다. 그리스도는 라오디게아 교회가 그와 함께 왕 노릇 하기 위해 충성된 증인이 되고 그와의 교제를 새롭게 함으로 인내하라고 권하신다(3:14-22)

14절 이 마지막 편지에서 그리스도는 3:7에서보다 더 분명하게 자기를 묘사하시며, 1:5에서 처음 언급된 "충성된 증인"으로서 그의 역할을 강조하신다. "아멘이시요 충성되고 참된"이라는 3중적 묘사는 서로 구별되는 묘사가 아니라 일반적으로 의미가 중첩되어, 그의 지상 사역 동안과 그 후 계속하여 증인으로서 그의 아버지를 증언하시는 예수의 "충성됨"을 강조한다.

3:14에서 그리스도에게 붙여진 칭호의 구약 배경[234]

이스라엘의 신실하신 하나님이 새 창조를 하시겠다는 사 65:15-16의 약속은 "하나님의 창조의 근본이신 이"와 아울러 "아멘이시요 충성되고 참된"이라는 칭호의 일차적 배경이다. 새 창조의 "충성된 증인"으로서 하나님과 이스라엘을 언급한 사 43:10-12도 "증인"의 배경을 형성한다. 이 구약의 암시들은 그리스도가 참 이스라엘이며, 신적인 "아멘이시요 충성되고 참된 증인"이심을 나타내기 위해 사용되었다. 그리스도는 이사야서의 새 창조의 예언들이 시작된 성취에서 "하나님의 새 창조의 시작"인 자신의 부활에 대한 증인이시다. 만일 창 1:1이나 잠 8:22, 30(또는 잠 8:22 그 자체)에 근거한 유대교 주해 전통을 염두에 두었다면, 그 전통이 지금 마지막 날의 새 창조에 적용된 것으로 이해될 것이다. 이것은 얼마든지 가능한 추론이다.

L. H. 실버만은 일찍이 C. F. 버니가 그의 논문에서 제안한 내용에 근

---

234) 이 단락은 Beale, "Old Testament Background of Rev. 3:14"을 요약한 것이다. ἀρχή의 또 다른 의미를 논한 M. Stuart, *Apocalypse* II, 97-100을 보라.

거하여 "아멘"이라는 어구는 히브리어 아몬('āmôn, "대 건축자")의 오역이라고 주장한다. 이 단어는 잠 8:30에서 지혜를 가리킬 때와 창 1:1에 대한 *Midr. Rab.*에서 토라를 지칭할 때 사용되었다. 실버만은 계 3:14에 등장하는 칭호들인 "충성되고 참된 증인"과 "하나님의 창조의 근본이신이"가 각각 히브리어 잠 14:25('ēd 'emet, "충성된 증인")과 8:22(rēšît darkô, "그의 길의 시작")에서 유래했다고 생각한다. 실버만은 그의 논증을 입증하기 위해 미드라쉬에 "그의 길의 시작"과 "대 건축자"가 동일시된 예를 제시한다. 두 어구 모두 토라에 적용되기 때문이다. 실버만은 계 3:14을 선행하는 히브리어 본문에 비추어 다음과 같이 읽어야 한다고 제안한다. "충성되고 참된 증인이시며, 그의 창조의 으뜸이신 대 건축자가 이렇게 말씀하신다."[235]

J. A. 몽고메리는 이와 어느 정도 비슷하게 계 3:14이 잠 8:22, 30에 의존한다고 주장했다. 특히 그는 요한이 랍비들의 방법에 따라 잠 8:30의 'āmôn("대 건축자")의 발음을 'āmēn이라고 바꾸어, 그 본문의 지혜를 "아멘"으로 이해하며 그리스도를 가리키는 칭호로 사용했다고 주장한다.[236] 실버만, 트루딩어, 몽고메리보다 더 단도직입적으로, 골 1:18과 계 3:14은 병행이며, 두 본문 모두 잠 8:22에 직접 의존했고, 예수를 절대적인 능력자가 아니라 중보적인 능력을 가지신 분으로 이해하는 유대 영지주의 사상을 반대하려는 논쟁적 목적으로 사용됐다고 주장하는 사람들이 있다.[237] 또한 골 1:15, 18에 의존함을 부정하며 잠 8:22만을 암시한다고 이해하는 사람들도 있다. 이 견해를 따르는 사람들에 의하면, ἀρχή는 그리스도가 원래 창조보다 시간적으로 우선한다는 점을 강조한다.[238]

실버만과 방금 전에 묘사한 다른 사람들의 주장은 가능할 수 있다.

---

235) Silberman, "Farewell to O AMHN"; Burney, "Christ as APXH." L. P. Trudinger, "O AMHN"은 Silberman의 분석에 동의한다.

236) Montgomery, "Education," 73.

237) 예. Hemer, *Letters*, 186-87.

238) Holtz, *Christology*, 143-47.

하지만 이 유대 전승의 시기 문제를 제외하고라도 문제를 제기할 만한 다른 요인들이 있다. 계 1:5; 3:14과 골 1:15-18의 관계와 상관없이, 두 본문은 우선적으로 요한계시록의 전후 문맥에 비추어 해석되어야 한다. 계 3:14은 1:5에 언급된 그리스도의 칭호를 문학적으로 발전시킨 것이다. 그곳에서 그리스도는 "충성된 증인"과 "죽은 자 가운데서 먼저 나신 자"로 소개되었다. 이것은 최초의 창조가 아니라 그의 사역·죽음·부활과 관련이 있다. 계 3:14의 자기묘사의 후반부의 내용("하나님의 창조의 근본이신 이")은 1:5의 "죽은 자 가운데서 먼저 나신 자"라는 어구를 발전시킨 것이 분명하다. 계 1:5에서 이 어구는 "충성된 증인" 직후에 등장한다.

　　많은 주석가가 생각하는 것과 다르게, 3:14에 등장하는 칭호들은 예수를 최초의 창조와 연결시키지 않고, 1:5에 언급된 예수 부활의 의미를 해석한다.[239] 그리스도의 부활은 새 창조의 시작으로 이해된다. 이것은 골 1:15b, 18b과 병행이다. 골 1:15b의 "만물보다 먼저 나신 이"(πρωτότοκος πάσης κτίσεως)는 창세기의 원 창조와 18b절의 "처음이요, 죽은 자 가운데서 먼저 나신 이"(ἀρχή, πρωτότοκος ἐκ τῶν νεκρῶν)를 언급하는 것 같다. 마지막에 언급한 어구는 새로운 우주적 시작으로서 부활을 언급한다(골 1:15-17뿐만 아니라 1:19-20, 23과도 연결된 것에서 분명하게 나타나듯이 말이다). 이것은 고후 5:15, 17과 병행이다. 여기서 바울은 예수의 부활을 "새 창조"를 불러일으킨 것으로 이해한다(참조. 연결어 ὥστε ["그러므로"]를 주목하라. 또한 엡 1:20-23; 2:5-6, 10).

　　계 3:14의 칭호인 "하나님의 창조의 근본이신 이"가 1:5의 "죽은 자들 가운데서 먼저 나신 이"라는 어구를 해석학적으로 발전시킨 것이라는 결론은 ἀρχή("시작")과 πρωτότοκος("먼저 나신 이")가 일반적으로 의미상 서로 관련이 있고, 특히 골 1:18b(ἀρχή, πρωτότοκος ἐκ τῶν νεκρῶν)에서 부활의 결과로서 새 시대를 다스리시는 그리스도의 주권을 가리키기 위

---

239) Burney, "Christ as APXH," 177과 Gilmour, "Revelation," 952. Rist, "Revelation," 396은 원 창조와 새 창조 모두 포함되었다고 본다.

해 거의 동의어로 사용되었다는 사실에서도 확증된다. 여기에 하나를 더 첨언하자면, 계 22:13에 등장하는 그리스도의 칭호들에서 ἀρχή("시작") 가 πρῶτος("첫째")와 동의어로 사용되었다는 점을 들 수 있다. ἀρχή("시작")가 1:5의 πρωτότοκος("먼저 나신 이")뿐만 아니라 바로 뒤에 이어지는 ὁ ἄρχων("우두머리")을 해석적으로 발전시킨 것일 가능성이 높다. 만일 그렇다면, 그것은 해석적 언어유희다. 히브리어 *rē'šît*("시작")과 *rô'š*("통치자")는 같은 어근을 가지고 있으며, ἀρχή와 ἄρχων은 전형적으로 LXX 에서 히브리어 *rô'š*를 번역한 그리스어 단어들이다(각각 75회와 90회).[240]

다시 말해서, 계 1:5의 "죽은 자들 가운데에서 먼저 나시고 땅의 임금 들의 머리"가 되신 그리스도는 3:14에서 새 창조의 주권적인 창시자로 지명되었다고 해석된다. 그래서 "하나님의 창조의 근본이신 이"라는 칭 호는 원 창조를 주관하시는 예수의 주권이 아니라, 그가 새 창조의 **창시 자**이며 **주권자**이심을 증명하는 것으로 이해해야 한다. κτίσεως("창조") 대신에 ἐκκλησία("교회")라고 바뀐 것은 부차적이다. 이것을 지지하는 사 본이 빈약하고(오직 ℵ), 그것은 아마도 무의식적으로 κτίσεως를 잘못 읽 은 데도 원인이 있을 것이다(그래서 ℵ에 따라 이 구절을 번역하면, "교회의 시 작이신 이"가 된다). 하지만 이 변경은 우연히 발생한 것이 아닐 수도 있다. 필경사가 본문을 골 1:15 및 1:18과 병행되게 하려고 의도적으로 변경을 가했을 것이다. 골로새서 본문에서 "만물보다 먼저 나신 이"는 "몸인 교 회의 머리"로 해석된다. 적어도, 변경된 본문 독법은 그 구절을 시작이신 그리스도를 언급하는 것으로 이해한 초기 해석을 반영할지도 모른다. 원 창조가 아니라, 새롭게 창조된 교회 또는 교회의 새 시대를 시작하신 이 로서 말이다.

많은 주석가는 사 65:16("아멘[*'āmēn*]의 하나님")이 ὁ Ἀμήν("아멘이신

---

240) ἀρχή가 골 1:18; 계 3:14 및 다른 여러 본문에서 "시작"과 "주권을 가진 우두머리"라는 사상을 포함할 수 있음에 대해서는 Burney, "Christ as APXH," 177과 Holtz, *Christology*, 147을 참조하라.

분') 칭호의 배경이라고 결론을 내렸다. 비록 석의적 분석으로는 이러한 주장을 지지해줄 만한 어떤 추론도 할 수 없고, 이사야서 본문과의 연결이 계 3:14의 창조 사상과는 상관없지만 말이다. 하지만 이사야서의 본문이 계 3:14의 칭호들의 **일차** 자료임을 지지하는 강력한 증거가 있다.

(1) ὁ ἀμήν("아멘이신 분")은 셈어에서 "충성스러운"(πιστός)과 "참된"(ἀληθινός)과 병행이다. 이것은 주로 πιστός로 번역되지만 가끔씩 ἀληθινός로도 번역되는 어근 'mn("충성된")의 동사와 명사 형태를 번역한 LXX의 전형적인 번역으로써 입증된다.[241] 그러므로 3중적 명칭은 이사야서의 "아멘"의 독립적인 확장 번역일 수 있다.

(2) 계 1:5(과 그곳에 암시된 시 88[89]:38[37])과 함께 사 65:16의 본문 전통 및 그 문맥은 계 3:14에 나오는 칭호의 원천이 될 수 있는 용어와 사상이 풍성한 자료다(하나님이 "충성되고 참된"으로 언급된[πιστὸς... καὶ ἀληθινός] 3 Macc. 2:11을 참조하라). 히브리어 본문은 2번이나 하나님을 "진리('āmēn)의 하나님"으로 칭한다. 이것은 각기 다른 그리스어 역본에서 τὸν θεὸν τὸν ἀληθινόν(LXX), ἐν τῷ θεῷ πεπιστωμένως(아퀼라 역, 사본 86은 πεπιστωμένως라고 읽음), 그리고 ἐν τῷ θεῷ ἀμήν(심마쿠스 역; Theod.은 두 번째 "아멘"을 ἀμήν으로 표기함)으로 번역되었다.

이 배경에 비춰볼 때, 계 3:14의 ὁ μάρτυς ὁ πιστὸς καὶ ἀληθινός ("충성되고 참된 증인") 칭호는 사 65:16의 'āmēn("아멘" = ἀμήν)의 해석적 번역으로 이해하는 것이 가장 좋다.[242] "아멘"이 먼저 언급되고, "충성되고 참된"이 다음에 이어진 것은 아마도 뒤에 언급된 두 용어가 이사야서의 "아멘"을 해석적으로 확장한 것임을 보여준다.

이 문구는 이사야서 본문과 독립된 확장 번역일 것이다. 또는 1:5의 "충성된"의 해석으로 등장한 계 3:7의 "참된"이라는 단어와 더불어, "충성

---

241) HR, 해당 부분을 보라.

242) Rissi, *Future of the World*, 21과 H. Schlier, *TDNT* I, 337. 두 사람이 이것을 지지하려고 그리스어 역본을 인용하지는 않았다.

되고"를 계 1:5로부터 취하여 이사야서의 "아멘"에 비추어 이해했을 수도 있다. 또 다른 가능성이 있다. 사 65:16에 대한 LXX, 아퀼라 역, 심마쿠스 역, Theod.의 각기 다른 독법이 이미 1세기 초에 초기 역본 형태나 주해 전통으로 존재했을 수 있다('*mn*에 3가지 방식으로 발음 표시를 붙일 수 있기에 적어도 두세 그리스어 역본들과 상응한다는 사실은 이 가능성을 한층 높인다). 그렇다면 계 3:14은 이 역본들이나 1세기의 주해 전통의 영향이 발단이 되어 구성되었을 것이다.

확장된 번역이 독립적으로 수행되었는지 아니면 의존적으로 수행되었는지를 결정하기는 어렵다. 후자가 더 가능성이 있다. 사 65:16의 그리스어 역본 4개에 계 3:14과 동일한 확장된 번역이 있다는 것은 우연이 아닌 것 같다. 어느 것이든 간에, 구약 본문들의 석의를 통해 천상적인 그리스도의 이름을 표현하는 방식은 구약 본문 석의에 근거하여 천사들의 이름을 지었던 유대교 방식과 유사한 것만은 틀림없다.[243]

(3) "아멘"은 대체로 신구약에서 하나님의 말씀 또는 기도 뒤에 표출하는 반응을 나타낸다. 그리고 아멘은 종종 예수의 믿음직한 주장을 가리키기도 한다. 사 65:16과 계 3:14은 성경 전체에서 "아멘"을 이름으로 사용한 유일한 두 본문이다.

(4) "진리의 하나님"의 "복"은 사 65:16에서는 구체적으로 언급되지 않았지만, 그다음 절에서는 하나님이 창조하실 "새 창조"라고 밝혀진다. "보라! 내가 새 하늘과 새 땅을 창조하나니." ("이전 문제/것은 기억되거나 마음에 생각나지 아니할 것이라"는 언급에서 이 두 절이 연결된 것을 주목하라.)

(5) 이사야서의 이 단락을 염두에 두었을 가능성이 많은 것은 요한이 계 3:7, 9에서 이사야서의 다른 여러 관련 본문에 초점을 맞추는 것 이외에, 계 2:17과 3:12을 기록하면서 사 62:2과 65:15을 깊이 생각한 까닭이다.

(6) 사 65:16의 암시는 계 21:5에서도 입증된다. 여기서 "보좌에" 앉으

---

243) S. Olyan, *A Thousand Thousands*.

신 이는 사 43:19과 65:17을 가리키는 ἰδοὺ καινὰ ποιῶ πάντα("보라! 내
가 만물을 새롭게 하노라")라고 선언하신다. 그러고 나서 그는 이 선언에 대
해 οἱ λόγοι πιστοὶ καὶ ἀληθινοί εἰσιν("이 말은 신실하고 참되다")이라고
말씀하신다. 이 선언 자체는 계 21:1("내가 새 하늘과 새 땅을 보니")에서 일
찍이 선언한 사 65:17의 암시를 발전시킨 것이다. 이 사실에 비춰볼 때,
21:6에서 하나님 또는 예수가 "처음"(ἡ ἀρχή)으로 명명되신 것은 우연이
아니다. 이것은 21:1, 5의 새 창조를 향한 소망이 예수의 부활로 말미암
아 이미 시작되었음을 암시한다. 이 사실은 πιστὸς καὶ ἀληθινός("충성
되고 참된")가 요한계시록의 다른 곳에서 3번 등장한다는 것에서 더욱 분
명히 드러난다. 그중 한 본문은 하나님이 "**만물을 새롭게 하실**" 것이라는
진리를 소개하는 선언이고(21:5), 두 번째 본문(22:6)도 마찬가지로 21:5-
22:5에서 새 창조에 대해 논의한 내용을 강조하고 결론을 내리는 역할을
한다(비록 21:5과 22:6에서 용어가 복수형으로 되었지만 말이다).

    (7) "충성된 증인"의 배경이 되는 시 89편이 계 1:5뿐만 아니라 3:14
의 배경도 되지만, "충성된 증인" 사상의 또 다른 구약적 배경이 있다. 특
히 3:14에 있는 표현의 문맥에 있는데, 시 88(89):38(37)보다 더 강조되
는 배경이다. 사 43:10의 LXX에서 하나님은 이렇게 말씀하신다. "주 하
나님이 말씀하시니라. '너희[이스라엘]는 나의 증인이며, **나와 내가 택한
나의 종도 증인이다.**'" 마찬가지로 43:12-13(LXX)은 43:10과 병행인데,
그 내용은 이렇다. "'너희[이스라엘]는 나의 증인이요, **나 역시 태초로부
터 증인이라.' 여호와의 말씀이니라**"(κἀγὼ μάρτυς λέγει κύριος ὁ θεός ἔτι
ἀπ' ἀρχῆς). 사 43:12의 LXX 사본들 중에는 μάρτυς가 생략된 것도 있지
만, μάρτυς는 여전히 암시되거나 가정된다.

    특히 눈에 띄는 것은 이스라엘과 하나님, (야웨의) 종이 다 "증인"으로
불린다는 점이다. 사실 타르굼은 "나의 종"을 "나의 종 **메시아**"로 해석한
다. 이스라엘, 하나님, 종 또는 메시아는 무엇을 증언하는가? 문맥을 보
면, 그들이 우선적으로 출애굽 당시 하나님이 행하신 과거의 구원 행위
(43:12-13, 16-19)와 하나님이 장차 포로생활로부터 회복시키시는 행위

를 증언한다. 포로에서의 귀환은 이전 애굽에서의 구원을 모델로 삼는
다. 사 43:18-19은 장차 행할 구원을 새 창조로 표현한다. "너희는 이전
일을 기억하지 말며 옛날 일을 생각하지 말라. 보라! 내가 새 일을 행하
리니 이제 나타낼 것이라." 그러므로 이스라엘과 하나님, 메시아는 장차
있을 회복과 새 창조의 증인들이 될 것이다. 사 44:6-8은 이스라엘을 하
나님의 과거 창조 행위와 그가 장차 이스라엘을 포로에서 구원하실 것
을 증언하는 "증인"이라고 부른다. 사 43:10-13과 44:6-8 두 본문은 모두
하나님의 참되심과 그의 주권적 행위와 비교되지 않는 우상을 증인이
대적함을 강조한다.

  사 43:10-13에서 이스라엘과 하나님, 종(메시아)이 행한 "증거"는 "태
초부터"(ἀπ' ἀρχῆς; 또한 사 44:8) 있던 사건들이다. 이것은 그들이 증언해
야 하는 미래의 새 창조와 연결된다. "태초부터"라는 어구와 이사야서의
다양한 문맥에서 ἀρχή와 함께 등장하는 이와 비슷한 공식들은 처음 창
조에서의 "시작"(사 40:21; 42:9; 44:8; 45:21; 48:16)이나 하나님이 출애굽 당
시 이스라엘을 하나의 국가로 창조하신 "시작"을 언급한다(41:4; 43:9, 13;
48:8, 16; 51:9; 63:16, 19). 하지만 사 43:12-13의 LXX에서 하나님이 "태초
부터 여전히(아직도, 심지어) 증인이시다"(κἀγὼ μάρτυς...ἔτι ἀπ' ἀρχῆς)라
는 말씀의 요지는, 과거 하나님의 구원 행위들이 새 창조의 행위였다는
것과 그런 새 창조의 행위들은 그가 행하실 미래의 구원 행위, 곧 고조된
새 창조의 기초가 된다는 증언을 강조하는 데 있다. 하나님은 과거 우주
창조 행위와 출애굽 당시 이스라엘을 한 국가로서 창조한 행위의 증인
이시다. 그리고 그는 다시 또 다른 창조의 증인이 되실 것이다.

  그러므로 강조는 이스라엘 국가와 우주 역사의 또 다른 "시작"인 장
차 올 새 창조에 대해 증거하는 **증인**으로서의 역할을 감당하는 이스
라엘과 하나님과 종에 있다. 사 43:10, 12의 "증인"은 앞서 언급한 43:9
과 직접 대조되기 때문에 **참된 증인**으로 이해해야 한다. 43:9에서 이사
야는 열국(= 거짓 우상 또는 거짓 예언자들)의 "증인들"(μάρτυρας)에게 **진리**
(ἀληθῆ)를 말하라고 명령한다. ἀληθής가 반복해서 등장하는 것은 증인들

이 **참되다**는 것을 부각시킨다. 유대 저술가들이 사 43:12의 증인을 **참된 증인**으로 보았던 것은 결코 우연이 아니다. 미드라쉬에서는 이들이 "거짓 증언"하는 사람들과 분명히 대조되기 때문이다(*Midr. Rab.* 레 6,1과 21,5).

그러므로 요한은 원 창조의 원리나 기원 또는 원천으로서 예수를 염두에 둔 것이 아니라, 새 창조의 창시자인 예수를 염두에 두었다. τῆς κτίσεως("창조의")는 부분적 소유격으로 이해하는 것이 가장 좋다. 비록 ἀρχή에 시작, 우월, 시간적 우선 등 세 가지 사상이 있는 것이 사실이지만 말이다. 이 사상들 중에 두 번째와 세 번째는 골 1:18의 병행 어구와 특히 계 1:5에서 분명하게 드러난다. 계 1:5에서는 "죽은 자들 가운데서 먼저 나신 자"라는 표현은 곧바로 "땅의 임금들의 머리"라는 표현을 통해 설명된다.[244]

ἧς κτίσεως τοῦ θεοῦ("하나님의 창조의")가 원 창조를 가리킨다고 생각하는 주석가들 중에는 ἀρχή를 "시작"이라고 번역하는 것을 싫어하는 사람들이 있다. 그들은 이 단어가 예수를 필연적으로 다른 피조물과 함께 지음을 받은 존재로 이해할 수밖에 없게 한다고 생각한다.[245] 하지만 이 어구를 새 창조를 가리키는 것으로 이해하면 우리가 주장한 결과에 이르게 된다. 의심할 여지가 없이, 새 창조(계 21:5)에 관한 메시지는 물론이고 요한계시록 전체(22:6)의 메시지는 "충성되고 참되다." 그 메시지가 "충성되고 참되신" 예수에게서 나온 것이기 때문이다(19:9, 11; 3:14; 1:5).

로마이어는 "하나님의 창조의 시작"은 새롭게 창조된 교회 공동체의 주님이신 그리스도를 의미하는 것이지, 새 창조 전체의 주님을 의미하는 것이 아니라고 주장했다. ℵ은 이런 해석을 증언하는 초기의 증거일 것이다(위에 논의한 내용을 보라). 로마이어는 계 3:14을 자신이 이해하기에 교회의 창조와만 관련이 있다고 보는 골 1:18에 비춰 해석한다.[246] 하

---

244) 유대 문헌과 헬라 문헌에서 "시작"이 시간적 우선성을 의미하는 경우에 대해서는 Holtz, *Christologie,* 145-46을 보라.

245) Ladd, *Revelation,* 65.

246) Lohmeyer, *Offenbarung,* 38.

지만 설령 골 1장이 계 3:14을 해석하는 유일한 열쇠라는 것을 인정한다고 하더라도, 골 1:18조차도 골 1:15-17의 우주 창조와 연결되었기 때문에, "하나님의 창조의 시작"을 새로운 교회 공동체에만 한정해서는 안 된다. 사실 골 1:19-20, 23에는 바울이 1:18에서 말하는 예수의 지위가 교회를 넘어 창조세계 전체에까지 확장하는 것으로 이해했음이 나타나 있다. 예수와 교회는 새 창조의 시작이지만 새 창조의 모든 면을 철저하게 다루는 것은 아니다. 하지만 로마이어의 주장을 지지한다면, 예수가 계 1:12-20의 처음 환상에서 그런 식으로 이해되기 때문에 예수가 오직 교회의 주님으로만 여겨진다고 주장할 수도 있을 것이다. 확실히 이 주장은 부분적으로는 옳다. 그러나 골로새서에서처럼, 예수와 그의 공동체는 새 창조의 시작이지만, 새 창조의 모든 면을 철저하게 설명하는 것은 아니다. 계 21:1-5이 보여주는 것처럼 말이다. 더욱이 계 1장, 특히 3:14의 주요 근거인 1:5에 미루어볼 때, 예수는 보편적인 주님이시다. 또한 계 3:14은 보편적 새 창조를 다루는 21:1, 5과 분명히 관련이 있다.

짧게 논의하기는 했지만, 마우로는 사 65장의 새 창조에 관한 예언이 성취되기 시작했을 가능성을 시사하는 언급을 했다.[247] 고후 5:14-17 역시 그리스도의 부활을 사 43:19과 65:17에서 예언된 새 창조를 시작하는 사건으로 이해한다.[248]

라오디게아 교회에 보내는 편지에 언급된 칭호들의 적실성

14절의 칭호들은 틀림없이 이 편지의 다른 부분과 어느 정도 관련이 있다.[249] 앞서 다룬 편지들을 소개하는 모든 칭호는 편지 내용과 관련이 있고 후반부에서 발전되기 때문이다. 예수는 라오디게아의 그리스도인들에게

247) Mauro, *Patmos Visions*, 129-30.
248) 이에 대해서는 Beale, "Old Testament Background of Reconciliation"을 보라.
249) Satake, *Gemeindeordnung*, 115은 이런 관련성을 전면 부인한다.

"아멘이시요 충성되고 참된 증인"으로 자신을 소개하신다. 예수는 그들도
열심을 내는 "충성되고 참된 증인"이 되기 위해 타협하기를 그치고 그를 본
받기를 원하시기 때문이다.[250] 라오디게아의 그리스도인들이 그의 경고를
듣지 않고 회개하지 않으면, "충성되고 참된" 심판자이신 그분 앞에 서게 될
것이며(19:11), 그는 그들을 토해내실 것이다(3:16). 그들이 진정 충성된 증
인이 된다면, 그들 자신이 예수 안에서 시작된 새 창조에 속한 사람들이라
는 것을 보여줄 것이다. 예수의 "충성된 증언"으로 말미암아 "죽은 자들 가
운데서 먼저 나신 자"가 되셨고(1:5), 이것이 새 창조를 시작하는 계기가 되
었듯이(3:14), 라오디게아 그리스도인들의 충성된 증언은 그들이 예수와 동
일시 된 것으로 말미암아 새 창조에 속한다는 증거가 될 것이다.

그렇다면 이 편지의 주제는 독자들이 세상과 타협하지 않고 그들이 그
리스도와 가진 관계를 증언함으로써 새 창조로 새로워질 필요가 있다는 것
이다(18-20절). 부활하신 예수의 창조의 힘으로 말미암아 그들은 영적 무
감각에서 다시 살아날 수 있으며(15-17절), 믿음 안에서 강해질 수 있다(18
절). 그 결과 그들은 회개하고(19절) 그와의 영원한 교제 안에 있음을 확증
받는다(20절). 이런 일이 발생한다면, 그들은 상을 받을 것이다(21절).

라오디게아 교회는 그리스도의 부활의 능력을 주입받아야 한다. 라오디
게아 교회는 일곱 교회 중에서 최악의 상태에 있기 때문이다. 심지어 거반
죽은 것 같은 사데 교회에도 충성된 남은 자가 있었다. 하지만 라오디게아
교회에서는 그러한 남은 자를 거의 찾을 수가 없다. 그뿐 아니라 정도는 다
르지만 다른 모든 편지에 등장하는 칭찬이 라오디게아 편지에서는 발견되
지 않는다.

형용사 "참된"($\dot{\alpha}\lambda\eta\theta\iota\nu\acute{o}\varsigma$)은 예수를 거짓 증인인 육신적인 이스라엘과
대조하여 참되거나 진실한 증인으로 명명하는 것 같다(3:9의 "자칭 유대인
이라 하나 그렇지 아니하고 거짓말 하는 자들"과 대조하여, 3:7에서 예수를 "충성
스러운"이라는 단어 없이 "진실한"이라고 묘사한 것과 비교하라). "참되다"는 표

250) A. Y. Collins, *Apocalypse*, 30.

현에는 단지 도덕적이고 인지적인 진리만이 아니라, 구속사적인 의미의
진정성도 포함되는 것 같다. 예수는 사 43:10-19에 있는 새 창조와 관련
한 하나님의 예언과 이스라엘의 증언을 친히 성취하심으로써 새 이스라
엘이 되신다. 충성되지 못한 이스라엘과는 다르게, 그리스도는 그의 부
활 이전은 물론이고 이후에도 새 창조를 완벽하게 증언함으로써 예언을
성취하셨다. 이렇게 그리스도는 자신이 이사야가 예언한 참 이스라엘이
심을 보여주셨다. 이 사실의 참됨은 이스라엘이 열국과 다르게 충성된
증인이 되어야 한다는 하나님의 말씀을 증언하는 이사야서의 배경에 비
추어 이해할 수 있다. 열국은 그들의 우상들 또는 자신들이 "진리"(ἀληθή,
사 43:9)라고 잘못 믿고 있는 거짓 증인인 우상을 선전하는 거짓 증인들이
다. 그러므로 그리스도는 다른 모든 충성된 증인이 모델로 삼는 "참된 증
인"이시다(이런 까닭에 예수는 믿음 때문에 순교한 안디바를 "나의 **충성된** 증인"이
라고만 부르셨지 "참된 증인"으로는 부르지 않으셨다[계 2:13]. 비록 두 단어가 일반
적으로 동의어가 될 수는 있지만, 오직 예수만 예언을 성취한 분이시기 때문이다).

라오디게아 교회와 관련된 문제는 그들이 무역조합 및 그 수호신들과
어떤 방식으로든 연관되려고 한 데서 발생한 것 같다. 이러한 연관성은 단
지 무역조합과만 연관되며, 각 조합에 경제적 번영을 준다고 생각된 수호
신들에게 바치는 조합의 충성심에 반대하여 그리스도를 믿는 믿음을 증
언하는 일과는 상관이 없을 것이다. 지역의 수호신들에게 충성하는 것에
는 일반적으로 황제 숭배에 충성을 표하는 것이 포함되었다. 요한이 사
43:10-13을 사용한 까닭에는 이러한 우상숭배 배경이 자리하고 있었을
것이다. 이사야서 본문은 이스라엘을 참 하나님의 "증인"으로 그리고 거짓
신들을 반대하는 자로 묘사한다(사 44:6-11에도 같은 사상이 있다). 사실 사
65:16에 "진리의 하나님"이라는 어구가 두 번 언급된 것은 불과 네 절 앞
에 언급된 거짓 신들(65:11)과 대조를 이루려는 데 목적이 있다(또한 타르
굼은 로마와 관련하여 "우상들"과 "신들"을 언급한다). 이와 비슷하게, 새 창조를
예언한 영원한 "증인"을 "충성되고 참되신" 하나님과 결합시킨 타르굼은
이스라엘에 만연한 우상숭배를 반대하는 논쟁의 문맥에서 제시된다(신

32:1-2을 해석한 *Targ. Pal.*과 *Targ. Jer.*; 참조. 신 32:12-18의 MT).

15-16절 "충성된 증인"이신 예수를 묘사하는 이미지를 염두에 두면서, 라오디게아의 그리스도인들은 그들의 믿음에 있어서 총체적으로 무능했다고 책망을 받는다. 그들의 밋밋한 증언이 구체적인 초점이다. 그들의 증언은 무능했다. 아예 증언하지 않았기 때문이든지, 아니면 라오디게아의 문화 구석구석에 자리하던 우상숭배에 참여함으로써 지속적으로 타협했기 때문이다(이러한 유의 타협이 버가모와 두아디라 교회의 편지에도 묘사되었다. 2:12-29의 주석 참조).

라오디게아 사람들을 "차지도 아니하고 뜨겁지도 아니"하다는 이미지로 표현한 것은 전통적으로 그들의 영적 열정이 부족하거나 그리스도를 향해 헌신하는 마음이 나뉘었음을 가리키는 비유로 이해되어왔다. 그러나 이런 해석의 문제는 라오디게아 교회가 "차든지 뜨겁든지" 하기를 원하시는 그리스도의 바람이 양극단을 다 긍정한다는 데 있다. 전통적인 견해는 "차든지"를 부정적으로 이해한다. 이런 이해는 예수가 독자들이 열심을 내든지("뜨거워라") 아니면 완전히 헌신하지 않든지("차가워라")를 원하시고 중간을 원하지 않으심을 의미하는 것으로 받아들인다는 것이 분명하다.[251] 하지만 그리스도가 완전히 충성하지 말라는 극단을 칭찬하셨을 것 같지는 않다(벧후 2:21과 비교).[252]

최근의 해석은 이 비유를 다르게 이해한다. 뜨거운 물, 차가운 물, 미지근한 물 비유는 1세기 라오디게아와 그 주변 지역의 독특한 특징이다. 히에라볼리의 뜨거운 물에는 치유 효과가 있었고, 골로새의 차가운 물은 순수하고 마실만하며 생기를 북돋아 주는 효과가 있었다. 하지만 라오디게아는

---

251) 가장 최근에 주장한 것으로는 Krodel, *Revelation*, 142; Thomas, *Revelation 1-7*, 305-6.
252) 이 문제는 전통적 입장을 고수한 몇몇 사람들이 인정한다. Trench, *Epistles*, 205-8은 왜 "차든지"를 선택해야 하는 것인지를 자세히 설명하려 한다.

미지근한 물만을 공급받았다는 증거가 있다. 그 물은 맛이 없는 데다 구토를 유발했다. 사실 라오디게아는 그 위치가 상업에 유리하여 도시로 성장했지만, 좋은 물을 공급 받는 곳으로부터는 멀리 떨어져 있었다. 물을 공급받기 위해 도수관을 놓으려고 해도 미지근하고 구토가 나는 물만 얻을 뿐이었다. "그리스도를 향한 그들의 행동의 결과가 그들이 가진 물과 같았다." 그래서 그리스도는 "내[그의] 입에서 너희를 토하여 버리"고 싶으셨다.[253]

하지만 앞선 분석에서 우리는 무능한 것으로 이해되는 "행위"가 바로 **증언하는** 일과 관련된 행위라고 결론을 내렸다. 그 도시의 불신자들은 영적 치료도 생명도 받지 못했다. 라오디게아 교회가 실제로 그리스도의 복음을 증언하는 역할을 하지 않았기 때문이다. 증언하는 문제가 특별한 관심의 대상임을 암시하는 2가지 이유가 있다. (1) 증언은 다른 모든 교회가 칭찬을 받거나 책망을 받은 문제다. 그러므로 라오디게아 교회의 상황이 다른 교회와 다르다는 것은 이상하다. (2) 그리스도는 "충성되고 참된 증인"으로 자신을 소개하신다. 다른 편지에 등장하는 그의 자기소개는 각 교회의 상황에 매우 적실한 관련이 있기에, 이 경우에도 동일하게 적용해야 할 것 같다. 라오디게아의 그리스도인들이 예수와 동일시된 자신들의 정체성에 합당한 책임을 감당하지 않는다면, 그리스도는 심판 때 그들을 시인하지 않고 "토해내실" 것이다.

> 몇몇 사본(A 1006 pc)에는 ὄφελον ψυχρὸς ἦς ἢ ζεστός("네가 차든지 뜨겁든지 하기를 원하노라")가 생략되었다. 하지만 이 어구가 우수한 사본들 다수에 포함되었고, 필경사가 ψυχρός("차다")와 ζεστός("뜨겁다")를 포함하는 다음 문장으로 건너뛰기 쉽기 때문에, 생략된 본문은 원본이 아닐 것이다. 알렉산드리아 사본(A)에는 이 단어들이 16절에서 15a절에서처럼 같은 순서로 열거되었다.

---

253) Hemer, *Letters*, 191. Hemer가 186-91에서 논의한 내용은 앞서 분석한 것의 기초가 된다. Hemer는 라오디게아의 물 문제를 둘러싼 배경을 이런 식으로 이해한 것을 지지하면서 다른 이차 자료를 인용한다. Hemer의 입장을 지지하는 보다 최근의 논의로는 Porter, "Why the Laodiceans Received Lukewarm Water"를 보라.

17절 그리스도가 분석하신 것과는 다르게, 라오디게아 교회는 자신들이 좋은 상태에 있다고 평가했다. "네가 말하기를 '나는 부자라, 부요하여 부족한 것이 없다.'" 라오디게아 교회는 자신들이 심각한 상태에 있다고 생각하지 않았다. 그들은 자신들이 훌륭한 영적 상태에 있다고 자랑했다. 좀더 구체적으로 말하면, 그들은 자신들의 영적 건강함이 그들의 경제적 번영으로 나타났다고 믿었을 수 있다. 선례로, 그들은 이스라엘의 물질적 풍요로움이 야웨와의 언약에 신실함을 측정하는 표준이었던 구약에 호소했을지도 모른다. 여하튼 물질적 풍요로움을 자랑했음을 염두에 두었다는 사실은 요한계시록에서 πλούσιος("부자")와 πλουτέω("나는 부요하다")가 부정적으로 사용되었다는 사실을 보면 잘 알 수 있다. 이것은 불경건한 세상 제도와 기꺼이 교류함으로써 물질적으로 번영한 불신자들을 언급하는 단어들이다(6:15; 13:16; 18:3, 15, 19). 같은 사상이 여기에도 있다. 사실 3:17의 후반부에 암시되었듯이, 라오디게아 교회는 이러한 불경건한 제도와 동일시되는 경계에 와 있었다.

많은 주석가가 주목했듯이, 이것이 경제적·영적 자랑이라는 것은 호 12:8과 계 3:17이 서로 병행이라는 사실로 암시되기도 한다. "에브라임이 말하기를, '**나는 실로 부자라. 내가 재물을 얻었는데** 내가 수고한 모든 것 중에서 **죄라 할 만한 불의를 내게서 찾아 낼 자 없으리라**' 하거니와"(MT). 많은 학자가 생각하듯이, 이 두 본문 사이에 공통적으로 있는 독특한 언어와 사상에 비춰볼 때, 그 병행 어구는 단순히 우연한 병행 그 이상이다. 요한은 의도적으로 호세아서를 암시한 것이 분명하다. 호 12:8의 전후 문맥은 이 사실을 더욱 확증한다. 호 12:7은 이스라엘이 압제를 통해 번영을 누리고 있는 "상인"이라고 표현한다. 호세아서의 보다 넓은 문맥에서 이스라엘은 그들의 물질적 풍요로움을 그들이 섬기는 우상이 내려준 혜택으로 여긴다(예. 호 2:5, 8; 12:8; 비교. 호 11장과 13장). 소아시아의 여러 그리스도인들과 마찬가지로 호세아 당시 이스라엘 백성은 우상숭배적 혼합주의가 야웨를 믿는 그들의 믿음과 불일치하지 않으며, 그들의 물질적 부유함이 하나님과 바른 관계에 있다는 증거라고 생각했다. 하지만 야웨께서는 그들이 실상은

"보잘것없다"고 그들을 정죄하셨다(호 12:11).

또한 라오디게아의 그리스도인들은 우상숭배를 하는 무역조합과 당대 문화에 속한 경제적 제도에 기꺼이 협조하여 경제적으로 윤택한 생활을 하고 있었던 것 같다. 여섯 편지를 다루며 이미 설명했듯이, 여러 경제적 요인들 때문에 영적 타협은 소아시아의 주요 도시에 살고 있던 그리스도인들에게 피할 수 없는 유혹으로 간주되었다(특히 버가모와 두아디라 교회를 설명한 주석을 참조하라). 3:7에서 부요함을 지칭하기 위해 사용된 단어들은 요한계시록에서 우상숭배를 조장하는 바벨론과 음행한 믿지 않는 "상인들"을 가리킬 뿐만 아니라(18:3, 15, 19), 우상숭배에 직접 참여함으로써 이득을 취한 사람들을 가리키려고 사용되었다(6:15. 이 구절은 사 2:10ff., 19, 21; 13:16의 우상숭배자들에 대한 암시다. 구약의 예언자들의 글에서 πλουτός["부요함"]의 어군은 주로 불경건한 이스라엘 백성을 지칭하기 위해 사용되었다).[254]

이 결론은 영적으로 "부유"(πλούσιος)한 서머나 교회가 당시 궁핍했던 (πτωχεία) 것과 의도적으로 대조된 것에서 한층 더 확증된다. 라오디게아의 "부유한"(πλούσιος) 교회는 영적으로 가난했다(πτωχός). 우리는 서머나 그리스도인들의 물질적 궁핍함이 우상숭배(예. 로마의 제의에 참여함)의 압박에 굴하지 않는 것 때문에 야기되었음을 보았다. 이로 말미암아 서머나 교회는 영적으로 부유하게 되었다. 라오디게아 교회는 서머나 교회와 거울 보듯이 정반대로서 우상숭배에 기꺼이 참여했다. 이것은 비록 가식적으로 행해졌다고 하더라고 우상을 인정하는 표였으며, 그들의 경제적 번영을 보장하는 것이었다. 하지만 이것은 역설적으로 그들이 영적으로 가난하다는 분명한 증거였다.

그들의 자기평가는 완전히 빗나갔다. 라오디게아 교회는 그들이 스스로 생각한 것과 정 반대였다. 사실 그들은 "곤고하고 가련하고 가난하고 눈 멀고 벌거벗었다." 그들은 우상숭배라는 혼합주의에 그들의 믿음을 팔아버렸기 때문이다. 타협으로 말미암아 그리스도를 증언하는 일은 무능하고 무

---

254) 참조. F. Hauck and W. Kasch, *TDNT* VI, 324.

기력하게 되었다. 17b절의 이런 묘사는 라오디게아 교회가 믿지 않는 공동
체라고 생각될 만한 지경까지 이르렀음을 암시한다(참조. 2:5; 3:1-3). 3:16에
더 분명히 표현되었듯이, 그들은 다른 이교를 신봉하는 세상 사람들과 전
혀 구별되지 않았다.

　　18절　　18절은 17절의 조건절에 상응하는 귀결절이다. 그리스도는 라
오디게아의 그리스도인들에게 지금 비유적으로 "불로 연단한 금"을 사도
록 권하신다. 라오디게아 교회의 특정한 문제에 대해 설명한 우리의 이해
가 적어도 큰 틀에서는 옳다면, 모든 불순물을 제거한 금을 사라는 이런 묘
사는 그들이 참여하여 스스로를 더럽히는 그들 문화의 우상숭배적 여러 측
면으로부터 구별돼야 할 필요를 암시한다. **정련한 금**은 죄를 제거함으로
써 생활을 순결하게 하는 것을 가리키는 성경적 관용어다(참조. 욥 23:10; 잠
27:21; 말 3:2-3; *Pss. Sol.* 17:42-43, 51[여기서 이스라엘에서 제거해야 할 "거룩하지
않은 원수들의 불결"은 우상숭배를 가리키는 것 같다]). 이 비유는 하나님의 백성
에게 미치는 정결케 하는 환난의 효과를 가리키기 위해 사용되기도 했다(슥
13:9; 벧전 1:6-9). 라오디게아 교회는 서머나 교회가 했던 것과 같은 방식으로
영적 "부유함"을 얻기 위해 자신을 "정결케"해야 한다.

　　"흰옷을 사서 입어 벌거벗은 수치를 보이지 않게" 하라는 충고에는 "연
단한 금"과 같은 비유적 의미가 있다. 이것은 사데의 그리스도인들이 "그들
의 옷을 더럽히지 않았기" 때문에 "흰옷"을 입었다는 3:4-5의 표현에서 분
명히 나타난다. 앞에서 언급했듯이, 자기 옷을 더럽히지 않(게 하고 흰옷을
입)는다는 언급 배후에 있는 사상은 사회의 우상숭배적 여러 측면에 참여
하지 않는다는 것이다. 우상숭배에 참여하지 않는 것은 박해와 고난을 촉
발하는 결과를 낳았다(3:4-5의 주석 참조). "벌거벗은 수치를 보이지 않게" 하
는 것은 하나님이 이스라엘과 다른 여러 나라들이 우상숭배에 참여한다고
책망하는 상황을 설명하려고 채용된 언어다(사 43:3; 겔 16:36; 23:29; 나 3:5;
또한 사 20:4; 참조. 출 20:26). 예언서에서 사용된 관용어구가 여기서 반복적
으로 사용된 것은 라오디게아의 죄가 우상숭배적인 특성이 있음을 드러내
려는 데 그 목적이 있다.

시력을 회복하기 위해 사용된 "안약" 이미지는 라오디게아 교회가 영적 분별력이 없음을 강조한다(요 9:39-41). 특히 라오디게아 교회는 믿음에 우상숭배를 혼합한 것이 치명적인 위험을 가져오는지를 알지 못했다. 다른 편지들의 결론과 이 편지 3:22에서 영적 분별을 권한 것(2:7a 주석 참조)은 이 교회에게 특히 적합하다. 다른 누구보다도 라오디게아의 그리스도인들은 자신의 영적 곤경에 무감각해지고 둔감해졌다. 계 3:18의 권면 중 일부분은 16:15b에 다시 등장한다. "누구든지 깨어 자기 옷을 지켜 벌거벗고 다니지 아니하며 자기의 부끄러움을 보이지 아니하는 자는 복이 있도다." 계 3:22의 권면과 함께 이 권면이 되풀이 된 목적은 독자들에게 충격을 주어 그들이 참여하고 있는 우상숭배 제도의 배후에 사탄적 실체들이 있음을 분별하도록 하는 데 있다. 다름 아닌 "용"과 그의 하수인인 "짐승", "거짓 예언자" 및 "귀신들"이 이런 상황에서 활동하고 있다(16:13-14; 참조. 고전 10:20-21)!

그러므로 만일 독자들이 18절의 3중 권면에 주의를 기울이면, 영적으로 가난하고 헐벗고 눈 먼 그들의 문제들(17절)은 해결될 것이다. 주석가들 중에는 그들이 "가난한 것과 눈 먼 것과 벌거벗은 것"과 3중적 해결책(18절)을 다음과 같은 배경에 비추어 해석해야 한다고 바르게 이해하는 사람들이 있다. (1) 라오디게아의 잘 알려진 금융 제도, (2) 안과로 유명한 라오디게아의 의학교와 더불어 그 지역의 유명한 안약, (3) 그 도시의 직물 무역 등(라오디게아는 모직물 산업과 옷 수출로 널리 유명했다).[255] 하지만 이러한 알레고리적 의미를 3중 권면 각각에 부여할 근거는 없다.[256] 이런 배경이 있다는 것을 알면, 우리가 앞에서 밝힌 라오디게아 교회의 문제가 한층 더 강조된다. 즉 그 교회의 영적 문제들은 그리스도인들이 너무나 의존해왔던 우상숭배가 만연한 사회의 여러 자원으로나 그들 자신이 가진 자원으로는 치유될 수 없다는 것이다("나는 부유하다"라는 주장에 암시되었듯이 말이다). 라오디게아 교회의 병은 그리스도와의 관계를 새롭게 함으로써만 치유될 수 있다.

---

255) 참조. Hemer, *Letters*, 199-200.
256) Swete, *Apocalypse*, 62-63과 다른 사람들이 그러하듯이 말이다.

그분에게서 참된 영적 자원을 "사야" 한다(비교. 사 55:1-3).

이어지는 19절의 권면과 함께 18절의 권면의 본질은 교회가 그리스도에게 헌신하여 다시 새로워지고 효과적인 증인이 되는 것이다. 하지만 그러한 새로움은 확실히 박해와 환난과 물질적 가난함을 초래할 것이다(2:9). 그 결과 그리스도인들은 자기들에게 정말로 **필요한 것**을 그리스도 안에서 발견하게 될 것이다(참조. 3:17a). 그리스도 안에만 진정한 부요함과 옷과 통찰이 있다. 사실 예수는 십자가의 고난 중에서도 그의 충성된 증언을 통해 모든 참 부요함의 원천을 친히 세우셨다. 독자들에게 이 세 가지 것을 자신에게서 사라는 예수의 권면에 사용된 단어들은 우연히 선택된 것이 아니다. 첫 환상(1:12-16)에서 그리스도는 이미 모든 공동체에게 자신이 **금**을 소유하고 **흰옷**을 입고 꿰뚫는 비전의 눈을 가졌다고 스스로를 소개하셨다. 계 1:13b-14(비교. 2:18)의 이런 묘사가 3:18과 연결되었다는 사실은 그리스도에 대한 묘사 중 일부분으로 3:18에서 πυρός("불")와 1:15에서 πυρόω("불타는")의 완료 분사가 사용된 것으로써 암시되기도 한다. 그리스도의 "머리와 털의 희기가 흰 양털 같다"(1:14)는 내용도 추가로 염두에 두었을까? 따라서 독자들도 모직물 산업을 신뢰할 것이 아니라 죽임을 당하셨지만 다시 살아나신 어린 양을 신뢰하라는 권함을 받는다(5:6). 어린 양은 독자들이 영원히 입을 수 있는 썩지 않는 "흰 양털"을 가지고 계신다. 예수 안에서 발견되는 부요함은 이 독자들이 사야 할 유일한 부요함이다.[257) 만일 자급자족 사상이 내포되었다면, 그 도시의 자급자족적인 부를 암시하는 것은 교회가 주변 사회의 독립적인 태도를 받아들였음을 강조한다.

라오디게아의 그리스도인들이 받은 압박 역시 유대인들로부터 일어났을 가능성이 많다. 프리기아 지역에는 상당히 많은 수의 유대인들이 있었다. (참조. Cicero, *Pro Flacco* 28,68; Josephus, *Ant.* 12.147-53).[258)

---

257) 참조. Minear, *New Earth*, 57.
258) 프리기아 지방의 유대인들의 경제 조합에 대해서는 Applebaum, "Social and Economic Status," 716-17을 보라. 소아시아의 전반적인 유대인 인구에 대해서는 Smallwood, *Jews under Roman Rule*, 121, 139-40을 보라.

Philo, *On Dreams* 1.164은 "눈 먼 것"과 성경으로부터 "시력을 회복하는 은사를 받은 것", 그리고 눈에 "기름을 바를"(ἐγχρίω) 수 있는 분이신 하나님을 언급한다. 이와 비슷하게 *Midr. Rab.* 신 8.4; *Midr. Rab.* 레 12.3; *Midr.* 시 19.15은 하나님의 법이 "눈에 좋은 안약"이라고 주장한다. 확실히 그리스도의 말씀과 묵시의 말씀은 독자들의 영적 시력을 회복할 수 있는 "안약"이다.[259]

19절   그리스도께서는 라오디게아의 그리스도인들에게 앞서 언급한 책망이 그들을 향한 심판의 진노가 아니라, 그들을 아이처럼 돌보는 그의 "사랑"의 표지로 이해하도록 격려하신다. 그러므로 그들에게 주시는 메시지는 여전히 "책망과 훈육"에 속하며, 그들을 저버리는 징계의 심판은 아니다(참조. 잠 3:12; *Pss. Sol.* 10:1-3; 14:1). 그러므로 그들은 "회개해야" 한다. 회개는 죄로 향하는 그들의 현재 행위에서 마음을 바꾸는 것이다. 또한 그들은 방관하는 이교 세상 앞에서 타협하지 않고 증인들로 "열심을 내어야" 한다. 하지만 그들이 회개하지 않으면, 그들이 불신자라는 것이 드러날 것이며, 그리스도에 의해 저버림을 당하는 최후의 심판을 받는다는 위협도 주어진다(3:16처럼).[260]

과거에 그래왔듯이, 19-21절이나 그중의 일부분이라도 14-18절에서 분리된 독립적인 문학 단위로 볼 설득력 있는 이유는 없다.[261]

20절   그리스도는 지금 독자들에게 그들이 지금까지 향유하고 있다고 주장은 하지만 실제로는 거의 잃어버린 관계를 새롭게 하라고 초대하신다. 초대의 첫 부분은 비유적인 형식으로 주어졌다. 이것은 아마도 아 5:2에 의존한 것 같다.

259) 마찬가지로 P.-R. Berger, "Kollyrium," 191도 참조하라.
260) A. F. Johnson, "Revelation," 458-59에 반대함. Johnson은 17-20절에 독자들이 이미 불신자들로 간주되었고 회개가 필요하다는 사실이 드러난다고 생각한다.
261) 참조. Hemer, *Letters*, 201-2.
262) 참조. Feuillet, "Cantique des contiques."

아 5:2	계 3:20
"나의 사랑하는 자의 소리가 들리는구나. 문을 두드려 이르기를, 나의 사랑, 문을 열어다오" (φωνὴ ἀδελφιδοῦ μου κρούει ἐπὶ τὴν θύραν. Ἄνοιξόν μοι ἀδελφή μου)[262]	"내가 문 밖에 서서 두드리노니 누구든지 내 음성을 듣고 문을 열면" (ἕστηκα ἐπὶ τὴν θύραν καὶ κρούω· ἐάν τις ἀκούσῃ τῆς φωνῆς μου καὶ ἀνοίξῃ τὴν θύραν)

19절에서 분명히 알 수 있듯이, 이것은 독자들에게 회심하라는 초대가 아니라, 이미 시작된 그리스도와의 관계 안에서 자신을 새롭게 하라는 초대다.[263] 물론 독자들 중에는 그리스도를 안다고 고백은 했지만 실제로는 그런 관계를 갖지 못한 사람들이 얼마든지 있을 수 있다. 그들에게 초대의 부름은 그들의 고백이 참이 되게 하라는 촉구일 것이다. 아 5:2에 대한 암시는 관계의 갱신에 초점이 맞춰져 있다. 아가서 본문에서는 남편이 침실 방문을 두드려 아내에게 그를 향한 그녀의 사랑을 지속적으로 표현하며 그를 방으로 들어가게 해주기를 요청한다. 하지만 아내는 처음에 그렇게 하기를 주저한다. 유비론적인 면에서, 남편인 그리스도는 그의 신부인 교회에게 동일한 행동을 하고 계신다. 이와 비슷하게, 유대인 주석가들 중에는 아 5:2의 "내게 문을 열어다오"를 하나님과의 언약 관계의 맥락에서 이스라엘의 회개를 촉구하는 것으로 해석했다(*Midr. Rab.* 출 33.3; *Midr. Rab.* 아 5.2 §2, *Pesikta de Rab Kahana* 24.12; *Pesikta Rabbati* 15.6).

20절이 눅 12:36-37의 돌아오는 주인 비유를 모델로 삼았을 수도 있다. 주인이 결혼 잔치에서 돌아와 "문을 두드리면 곧 열어주려고 기다리는" 그 종들은 복이 있다. 주인은 "띠를 띠고 그 종들을 자리에 앉히고 나아와 수종들리라." 만일 그렇다면, 요한은 이 비유를 누가복음에서처럼 재림이 아닌 교제의 갱신에만 적용했을 것이다(이것 또한 누가복음의 핵심 주제다. 같은 사상을 강조하는 요 10:2-4 참조).

비록 21절을 우선적으로 그리스도의 재림을 암시하는 것으로 해석하

---

263) E. Cortes, "Cant 5,2 en Ap 3,19b-20"에 반대함.

는 것이 최상의 해석일 수 있지만, 20절은 19절에 제시된 회개 촉구의 동기를 제공한다는 점에서 19절과 좀 더 긴밀하게 연결된다고 할 수 있다.[264] 19절에 언급된 회개는 20절의 초대에 주의를 기울이는 독자들에 의해 이행되어야 한다.[265] 20절의 초점은 그리스도의 결정적이고 최종적인 강림보다는 그의 임박한 현재와 조건적 강림에 맞춰져 있다(2:5, 16; 3:3, 20에 언급된 조건적 강림들을 논의한 2:5의 주석 참조).[266] 이것은 그가 **지금** "문에 서서" **지금** "문을 두드리고 계신다"는 그의 첫 말씀에서 부각된다. 이런 강조는 ἕστηκα("내가 서서")의 지속적 의미[267]와 κρούω("내가 두드리노니")의 현재 능동적 뉘앙스로 표현되었다. 20절을 순전히 미래의 오심을 언급하는 것으로 보기 위해서는, 이 동사들이 절대적으로 미래를 가리킨다고 해석해야 할 것이다. 하지만 이것은 현재의 회개를 강조하는 조건문의 문맥에서는 유례가 없고 무리한 해석이다(이것은 특히 ἕστηκα["내가 서서"]의 경우에 그러하다).[268] 개인화된 호소(단수형의 "누구든지")는 동일한 결론을 지향한다. 개인화된 호소는 그 지역 문제에 대한 해결책과 가장 잘 어울리며, 보편적인 마지막 강림에 대한 기대와는 어울리지 않는다.[269] 더욱이 만일 20절이 여하튼 간에 주의 만찬을 암시한다면, 이것은 여기서의 문제가 다가올 그리스도의 재림을 기다리면서 그의 오심과 관련이 있다는 점에 추가적인 증거

264) Mounce, *Revelation*, 129.
265) Ladd, *Revelation*, 67.
266) Swete, *Apocalypse*, 63-64에 반대함.
267) Zerwick and Grosvenor, *Grammatical Analysis*, 749; 참조. BW, 104.
268) 20절의 단어가 그리스도의 마지막 오심만을 언급한다고 보는 것은 너무 이상하다. 일곱 편지의 모든 결론적 권면과 약속을 그리스도의 마지막 오심을 언급하는 것으로 주장하는 Thomas(*Revelation 1-7*, 322-23)도 여기서는 그리스도와의 현재적 관계라는 "부차적인" 사상이 반영된다고 이해한다. 약 5:9의 "심판자가 문에 서 계시느니라(ἕστηκεν)"라는 어구에 현재완료형 시제가 사용되었다. 이 어구는 일반적으로 최후의 강림 대망을 가리키는 것으로 이해된다(참조. 마 24:33; 막 13:29). 하지만 계 3:20과는 다르게, 야고보서에서는 그 문맥에 조건적인 요소가 없으며, ἕστηκεν이 여전히 현재적 의의를 지니는 것으로 이해되며 미래적 의미를 지니지는 않는다. 즉 그리스도가 현재 오실 준비가 되셨다는 말이다. 그런데 계 3:20에서 그는 오실 준비가 되셨을뿐더러, 그에게 문을 여는 사람들에게 실제로 오신다.
269) Beasley-Murray, *Revelation*, 107. 그러나 Bauckham, "Synoptic Parousia Parables," 173을 보라.

를 제공할 것이다(자세한 내용은 2:5의 주석 참조). 동사 δειπνέω("먹다")와 눅 22:20, 요 13:2, 4, 21:20, 고전 11:20, 21, 25의 최후의 만찬에 사용되었고 동족 명사에 비춰 보면 성만찬 상황을 감지할 수 있다.[270]

εἰσελεύσομαι("내가 들어갈 것이다") 앞에 있는 καί는 "그러면"이라고 번역해야 한다. 그 단어는 ἐάν("만일")으로 시작되는 조건절의 귀결절을 소개하는 역할을 하기 때문이다.[271] 이것은 접속사 와우-(waw)가 비슷하게 기능하는 셈어 문체를 반영한 것 같다.[272]

21절   그리스도는 교회 안에 있는 사람들이 우상숭배의 유혹을 이기고 증언하지 말라는 압박에 저항하면, 그와 함께 다스리는 지위를 상속받을 것을 약속하신다. "충성된 증인"이 되신 그리스도가 "신실한 증언"을 타협하라는 유혹을 이기시고 모범을 보이신 것처럼 만일 그들도 같은 유혹을 이긴다면(참조. 3:14b), 그들은 메시아의 나라에서 다스리는 지위를 받을 것이다. 그리스도가 그의 아버지께로부터 받으신 것처럼 말이다. 다른 편지에서처럼, 이 약속을 상속하기 시작하는 정확한 시간이 죽게 되어 충성된 증언을 완료할 때인지 최후 재림 때인지, 아니면 둘 다인지는 모호하다. 만일 3:20b-21이 눅22:29-30에 있는 예수의 말씀에 의존한 것이라면, 재림 때 성취될 약속에 강조점을 둘 수 있다.[273] 그렇지만 누가복음의 본문에서도 제자들의 통치의 때는 분명하지 않다. "너희는 나의 모든 시험 중에 항상 나와 함께한 자들인즉 내 아버지께서 나라를 내게 맡기신 것 같이 나도 너희에게 맡겨 너희로 내 나라에 있어 내 상에서 먹고 마시며 또는 보좌에 앉아 이스라엘 열두 지파를 다스리게 하려 하노라"(눅 22:28-30; 참조. 마 19:28; 막 8:38-9:1. 이것은 재림만이 아니라, 변화산이나 오순절 때[참조. 막 9:2-8] 제자들의 삶 가운데서 시작된 것을 가리킬 것이다). 이기기를 시작하는 교회 안에 있는 사람들은 죽기 전에 이 약속의 시작을 향유할지도 모른다. 1장에 비춰볼

---

270) Mulholland, *Revelation*, 137도 이렇게 주장한다.
271) 참조. MHT II, 421-22.
272) 참조. MHT II, 422; III, 335; Zerwick, *Biblical Greek*, §457.
273) Bauckham, "Synoptic Parousia Parables," 173이 주장하듯이 말이다.

때 신자들은 이미 그리스도의 나라에 참여하고 있음이 분명하기 때문이다 (1:5-6, 9; 또한 2:26-28의 주석 참조).

셈어 문체를 반영한 미완성 독립격(*casus pendens*) 또는 독립 주격인 ὁ νικῶν("이기는 자")에 대해서는 3:12의 주석을 참조하라.

4:1-5:14: 하나님과 그리스도가 피조물을 심판하고 구원하는 주권자가 되심은 그리스도의 부활로 입증된다. 이로써 하나님과 그리스도는 영광을 받으신다.

4-5장의 요지는 그리스도의 죽음과 부활로 이룩되기 시작한 목적, 즉 하나님이 세상을 심판하시고 구원하시는 목적에 있다. 피조물을 향한 하나님의 목적은 그리스도의 통치를 통해 궁극적으로 실현될 것이며, 그로 말미암아 하나님은 영광을 받으신다. 4-5장의 목회적 목적은 고난당하는 그리스도인들에게 하나님과 예수는 주권자이시며, 그리스도인들이 직면하는 여러 사건들은 박해자들을 심판함으로써 그들을 구원하고 그들의 믿음이 정당함을 입증하는 것에서 최고조에 이르게 될 하나님의 주권적 계획에 속한 것이라는 확신을 주는 데 있다.

1-3장과 4-5장의 관계

계 3:21에서 그리스도가 지금 그의 아버지의 보좌에 앉아 계시다는 묘사는 4-5장의 환상으로 이어진다. 여기서 요한은 그리스도가 교회와 우주를 다스리는 통치자로서 보좌로 높임을 받으셨다는 과거의 사건을 좀 더 자세하고 생생한 이미지로 설명한다. 이러한 높임은 그리스도의 죽음과 부활로 성취되었다. 이것은 2-3장과 5장에서 그리스도가 권세를 받으셨음을 묘사하기 위해 사용된 비슷한 용어로써 뒷받침된다(2:28; 5:7-9, 12에 사용된 λαμβάνω["받다"]와 3:21; 5:5에 사용된 νικάω["이기다"]를 보라). 그리고 비슷하게 묘사된 "하나님의 일곱 영"(3:1; 4:5; 5:6), 성도들이 흰옷을 입음(3:5, 18; 4:4), 성도들이 보좌에 앉음(3:21; 4:4), 면류관을 씀(2:10; 3:11; 4:4), "열린 문" 등의 이미지들로도 입증된다. 5장이 때로는 그리스도가 미래에 두 번째로 보

좌에 앉으시는 것을 묘사한다고 이해되기도 하지만,[1] 요한이 염두에 둔 것
은 그리스도께서 보좌에 앉는 것이 과거에서 시작하여 미래까지 지속되는
단 한 번의 사건이라고 생각하는 것이 더 자연스럽다. 성도들의 나라(1:6, 9;
2:26-27; 3:21)는 5:10에서 발전될 주제와 밀접한 관계가 있다(비교. 4:4).

　　3:21에서 자연스럽게 전환된 "이김"이란 주제는 2-3장에서 시작되어 특
히 5장에서 발전된다. 일곱 편지 전체에서 신자들은 타협의 유혹으로 인해
환난을 받는 가운데 "이기라"는 권면을 받는다. 이기는 것은 고난을 당하는
동안 인내하는 것이다. 성도들의 이김은 3:21에서 처음으로 그리스도의 이
김과 비교된다. 그리스도의 행위는 이김과 그 후에 따라오는 통치의 근거
가 된다. 계 5:5-6에는 그리스도가 고난 중에 인내로 이기셨으며 그 결과
왕위를 부여받았다고 설명한다(참조. 5:7-13). 그가 받으신 왕위는 단순히
미래의 실체에 불과한 것이 아니라 부활 때 시작한 왕위다. 4-5장에서 그
리스도의 왕위가 시작된 실체로 제시되었다는 사실은 5:9-10에서 가장 분
명하게 드러나는데, 거기서 그리스도의 죽음과 부활이 신자들이 구원받고
제사장 나라에 **현재** 참여하는 결과를 가져왔음이 언급된다(비교. 출 19:6).
이런 관찰에 근거할 때 그리스도 역시 이미 왕 노릇 하기 시작하셨다고 추
측해야 한다. 계 5장에 그리스도의 시작된 통치가 묘사되었다는 사실은
1:5-6에 의해 강조된다. 계 1:5-6에서는 같은 내용을 담은 출 19:6에 대한
암시가 신자들에게 적용되며, 그 전에는 그리스도가 자신의 죽음과 부활의
결과로 "땅의 왕들의 통치자"가 되셨다는 주장이 소개된다. 여기서도 그의
죽음(ἐν τῷ αἵματί σου["당신의 피로"]; 5:9)은 성도들이 제사장 나라가 되는
결과를 가져온 구속으로 여겨진다.

　　신자들은 그리스도가 고난과 죽음에 직면했고 그것을 이기셨다는 사실
에 근거하여 믿음으로 인해 고난을 겪을 때 담대할 수 있다. 그리스도가 인
내의 결과로 나라를 받으신 것과 같이 신자들도 나라를 얻게 될 것이라고
장담할 수 있다. 신자들이 나라를 받게 된다는 확신은 현재 인내할 때 이미

---

1) 예. Lang, *Revelation*, 109-23을 보라.

약속된 나라에 참여하고 있다는 사실로 더욱 커진다(1:6, 9; 5:10). 신자들은 그들이 하나님 나라라는 종말론적 상을 현재 부분적으로 소유하고 있다는 사실에서 계속 인내할 수 있는 동기를 부여받고, 그들이 마지막 날에 온전한 상을 받을 것이라는 큰 확신을 얻는다. 마찬가지로 신자들은 박해자들 역시 그들이 행한 대로 심판을 받게 될 것이라고 확신할 수 있다.

하늘 예배로서의 4-5장과 교회 예배의 패턴

몇몇 사람들은 이 환상이 회당이나 초기 교회의 예배를 어느 정도 반영한다고 제안했다. 이런 의견들이 꾸준히 제시된 것을 보면, 회당 예배와 초기 교회 예배의 배경에서 나온 상당히 많은 요소가 여기에 포함되었을 개연성이 있다. 이 견해가 얼마만큼 옳다고 봐야 할지 모르겠지만, 요한은 독자들이 환상에 언급된 내용을 하늘에 투시된 교회의 예배가 아니라, 교회의 예배에 반영돼야 할 하늘의 패턴으로 보길 원했다(산에서 모세에게 계시된 성막의 하늘 패턴이 성막을 만들 때 반영돼야 했듯이 말이다). 최근 연구에서는 계 4-5장, 특히 찬송 부분에 드러난 주요 요소의 기원에 대해 예배학적 설명이 제안되었는데, 이런 설명에는 반드시 단서가 달려야 한다. 이런 견해들이 4-5장을 너 자세히 이해하는 데 이바지한 것은 사실이지만, 그 설명들은 중요한 구약의 암시들, 특히 다니엘서 본문에 초점을 충분히 맞추지 않았다.[2]

---

2) 계 4-5장의 예배학적 제안에 대해서 O'Rourke, "Hymns of the Apocalypse"; O. A. Piper, "Apocalypse of John and Liturgy of the Ancient Church"; Prigent, *Apocalypse et Liturgie*, 46-79; M. H. Shepherd, *Paschal Liturgy and the Apocalypse*, 77-84; Mowry, "Revelation 4-5"; Deichgräber, *Gotteshymnus und Christushymnus*, 46-53; Delling, "Zum gottesdienstlichen Stil"을 보라. Delling은 구약 배경도 논한다. 최근의 연구로는 4-5장의 배경이 유대교적-기독교적 배경을 대표하는 *Targ. Pal.* 출 12장의 "네 밤" 시편에 의해 주도되는 것으로 이해한 Carnegie, "Hymns in Revelation"을 보라.

또한 계 4-5장이 초기 기독교의 예배를 반영한다는 제안에 반대하는 Aune, "Influence of Roman Imperial Court Ceremonial on the Apocalypse"도 보라. Aune는 그 대신에 요한의 환상과 "황제 궁정의 의식과 제의에 대한 환상 사이에 상당히 많은 유사점"이 있고, "후자는 전

프리장의 주장은 예배와 관련한 여러 견해들 가운데 가장 설득력이 있다. 프리장은 계 4-5장이 회당에서 드리는 아침 예배의 구조와 매우 유사하다고 주장했다. (1) 하나님을 창조자로 경배함, (2) 율법과 율법의 저자로서 하나님을 경배함. 이 경배에는 이스라엘의 구원 역사를 주도하시는 하나님의 인도하심에 대한 경배가 포함됨, (3) 유월절 양을 통해 이스라엘을 애굽에서 구원하신 것에 감사함, (4) 유월절 구원을 기념하는 "새 노래" 등. 프리장은 이 회당 예배가 계 4-5장의 근거가 되는, 요한의 교회에서 거행한 유월절 의식에 중요한 영향을 주었다고 주장한다.[3]

이것은 가능한 분석이다. 하지만 다니엘서와 에스겔서의 영향이 훨씬 더 분명하다. 두 예언서의 구조가 여기에 존재할뿐더러(아래 계속되는 논의를 보라), 두 책에 대한 언어적 암시가 있다(다니엘서와 관련하여, 우리는 요한계시록의 여러 장에 반영된 암시들을 포함했다). 한편 유월절 의식을 시사하는 명확한 암시는 존재하지 않는다. 일례로, 프리장은 삼성송("거룩하다"를 3번 부르는 찬송–역주)과 "새 노래"가 유월절 의식을 직접 가리킨다고 주장하지만, 삼성송은 구약성경에서 취했을 가능성도 있다(4:8과 5:8의 주석 참조).[4] "교회가 세례와 성만찬에서 축하하고", 스위트가 주장하는 대로 "이어지는 모든 내용을 주도하는 개념"인 "새 창조와 새 출애굽 개념"은[5] 에스겔서와 다니엘서의 틀 안에 포함되고, 6장 이후에 나타나는 비슷한 개념들과 필수적으로 연결된 것으로 이해할 수 있다.

구약 사용

많은 예배 이론에 대해 비평한 부분들이 홀츠와 요른스의 더욱 주석적인 연구에도 동일하게 적용될 수 있다. 홀츠는 5장의 보좌 사상을 바르게 강조

자를 패러디한 것에 불과하다"고 주장한다(5쪽). 이런 배경에 호소하는 것은 어느 정도 타당성이 있기는 하지만, 구약과 유대교 영향에 비하면 확실히 부차적인 위치를 차지한다.
3) Prigent, *Apocalypse et Liturgie*, 46-79.
4) Prigent의 주장에 대한 비평은 Carnegie, "Hymns in Revelation," 35-36을 보라.
5) Sweet, *Revelation*, 131.

하고,[6] 요른스는 심판 주제를 정확하게 강조했다.[7] 그렇지만 두 사람 중 어느 누구도 각각의 견해를 지지해줄 만한 구약, 특히 다니엘서 본문의 문맥적 사용에 충분히 주목하지 않았다.[8]

　　마찬가지로 대다수의 중요한 주석들도 구약의 문맥적 사용을 충분히 주목하지 않았으나, 많은 주석이 구약 암시를 철저히 다루려고 시도한 것은 사실이다. 대개는 너무도 제한적이지만 말이다(각주의 참고문헌을 보라). 심지어 요한계시록의 구약 사용을 연구하는 것에만 집중한 몇 안 되는 저서들마저도 4-5장을 적절하게 주목하지 못했다. 그러니 그 본문에서 다니엘서의 사용에 대해 주목하지 않았다는 것은 더 말할 필요가 없다. 이 두 장에서 구약의 영향을 가장 철저하게 연구한 것 중 하나는 H. P. 뮐러의 연구다. 뮐러는 계 4-5장의 기원을 어떤 구약 본문들의 주도적 영향의 결과로 이해한다. 뮐러에 따르면 단 7장이 가장 두드러지게 영향을 끼친 본문들 중 하나다. 하지만 그는 그 영향을 주로 5장 후반부에 한정한다.[9] 포겔게장은 최근에 계 4장에 나오는 에스겔서 사용을 철저하게 분석했다. 그는 요한의 에스겔서 사용과 유대교의 묵시적 메르카바(보좌-바퀴)의 에스겔서 사용 간의 유사성과 상이성도 비교했다.[10]

　　그러므로 계 4-5장 이해에 필수적인 것은 구약 사용과 구약 암시들 간의 관계다.[11]

---

6) Holtz, *Christologie*, 27-53.

7) Jörns, *Hymnische Evangelium*, 23-48.

8) Schüssler Fiorenza도 동일하게 비평한다. Schüssler Fiorenza, *Priester für Gott*, 263-89.

9) H. P. Müller, "Formgeschichtliche Untersuchungen"; "Himmlische Ratsversammlung"에 있는 계 5:1-5에 관한 그의 연구의 요약을 보라.

10) Vogelgesang, "Interpretation of Ezekiel in the Book of Revelation."

11) 이 단락에서 논의하는 구약 암시들의 정당성을 심도 깊게 다룬 Beale, *Use of Daniel*, 181-228을 보라. 계 4-5장에 사용된 구약 인용을 가장 잘 개괄한 것 중에는 Swete, *Apocalypse*, cxl-clviii, 65-82; Charles, *Revelation* I, lxix-lxxx, 106-52; Sweet, *Revelation*, 114-32; Comblin, *Christ dans L'Apocalypse*, 26-42, 67-76이 있다. 새로운 주요 주장이 없는 최근 연구 R. D. Davis, *Heavenly Court Judgment*를 보라.

구조 개요

계 4-5장을 함께 개괄하면 이 두 장이 구약의 여느 환상들보다 단 7장의
구조에 더 상응하는 통일된 구조를 보여준다는 것이 드러난다. 만일 우리
가 단 7:9ff.의 내용을 살펴보고 계 4-5장과 공통점이 있는 요소들과 그것
들이 등장하는 순서를 주목하면, 놀랄 만한 유사성을 감지할 수 있다.

1. 서론적인 환상 문구(단 7:9[비교. 7:2, 6-7]; 계 4:1)
2. 하늘에 놓인 보좌(들)(단 7:9a; 계 4:2a[비교. 4:4a])
3. 보좌에 앉으신 하나님(단 7:9b; 계 4:2b)
4. 보좌 위에 계신 하나님의 모습(단 7:9c; 계 4:3a)
5. 보좌 앞에 있는 불(단 7:9d-10a; 계 4:5)
6. 보좌 주위에 있는 하늘의 종들(단 7:10b; 계 4:4b, 6b-10; 5:8, 11, 14)
7. 보좌 앞에 있는 책(들)(단 7:10c; 계 5:1-5)
8. 책(들)이 펼쳐짐(단 7:10c; 계 5:2-5, 9)
9. 나라를 영원히 다스릴 권세를 받기 위해 하나님의 보좌 앞으로 가는
   한 신적(메시아적) 인물(단 7:13-14a; 계 5:5b-7, 9a, 12-13)
10. 나라의 규모: "모든 백성, 나라, 방언"(단 7:14a[MT]; 계 5:9b)
11. 환상으로 인한 선견자의 감정적 고통(단 7:15; 계 5:4)
12. 선견자가 하늘 보좌 주위에 있는 종들 중 하나로부터 환상에 대한
    하늘의 설명을 받음(단 7:16; 계 5:5a)
13. 성도들이 나라를 다스릴 신적 권세를 받음(단 7:18, 22, 27a; 계 5:10)
14. 하나님의 영원한 통치에 대한 결론적 언급(단 7:27b; 계 5:13-14)

요한계시록의 환상과 다니엘서의 환상에는 바다 이미지도 포함된다(단
7:2-3; 계 4:6).

따라서 기본적으로 계 4-5장에는 단 7:9ff.의 열네 요소들이 같은 순서
로 반복된다. 하지만 이미지의 확장 때문에 작은 변경이 생겼다. 일례로, 계
5장에서 메시아적 인물이 보좌 앞에 나가는 시기는 선견자의 감정적 고통

이 언급되고 천사로부터 하늘의 음성을 들은 이후와 책을 펴기 전이었다. 반면에, 단 7장에서 "인자"는 선견자의 고통과 하늘의 음성을 듣기 전에 보좌 앞으로 나간다. 그리고 "인자"가 보좌 앞으로 나아가기 전에 책이 펼쳐진다. 더욱이 계 4-5장에서는 하늘 보좌를 둘러 선 종들이 단 7장에서보다 더 자세히 묘사되고, 그들이 보좌 주변에 있다는 사실이 반복적으로 언급된 반면에, 단 7장에서는 단지 3번 언급될 뿐이다.

계 4:1-5:1의 첫 번째 환상 단락만을 고려한다면, 구약의 다른 환상, 즉 겔 1-2장이 더 많은 암시의 원천이고, 앞에 열거한 것만큼이나 동일한 요소가 있다는 것은 분명하다. 그래서 에스겔서가 상당히 많은 영향을 준 것으로 여겨졌다. 하지만 순서에 있어 더 많은 변경이 있으며, 겔 1-2장에서는 중요한 5가지 요소가 생략되었다. (1) 책을 폄, (2) 신적 인물이 나라를 다스리는 권세를 받기 위해 하나님의 보좌 앞으로 나아감, (3) 땅의 모든 백성으로 구성된 나라, (4) 나라를 다스리는 성도들의 통치, (5) 하나님의 영원한 통치에 대한 언급 등. 그러므로 요한계시록의 환상 전체를 특징짓는 것은 단 7장의 구조다. 계 5:2ff.에서 겔 1-2장의 구조와 에스겔서 본문에 대한 암시는 사라진다.

계 4-5장에는 보좌가 있는 곳의 장면도 반영되었다.[12] 이런 성전 장면은 몇 가지 관찰로써 감지된다. (1) 계 4:8은 사 6:1-4의 하늘 성전 환상을 암시한다. (2) 계 11:19과 15:5ff.는 분명히 "성[장]막" 언급과 함께 4장의 장면을 발전시킨 것이다(11:19에는 "언약궤"도 등장한다). 특히 4:1에서 요한이 "하늘에 열린 문"(θύρα ἠνεῳγμένη ἐν τῷ οὐρανῷ)으로 들어간다고 한 것은 11:19과 15:5의 하늘 성전이 열린 것과 연결되었을 것이다(11:19, ἠνοίγη ὁ ναὸς τοῦ θεοῦ ὁ ἐν τῷ οὐρανῷ["하늘에 있는 하나님의 성전이 열리니"]와 이와 거의 같은 어구로 되어있는 15:5).[13] (3) 4:1과 11:19과 15:5이 연결되었다는 것은

---

12) 참조. Mauro, *Patmos Visions*, 149-68; Carrington, *Meaning of Revelation*, 113, 381-90.
13) *Test. Levi.* 5:1에는 성전에 있는 보좌에 앉아 계신 분을 계시하려고 "하늘의 문들이 열렸다"고 되어 있다(참조. *Test. Levi.* 18:6).

4:5의 "번개와 음성과 우렛소리"라는 어구가 요한계시록 뒷부분에서 3번 반복된다는 사실로도 확증된다. 이 어구가 등장할 때마다 그 이미지를 강조하는 다른 내용이 덧붙여진다.[14) 반복어구 2개는 11:19과 16:18에 등장하는데, 16:18은 15:5에서 소개된다. (4) 4:5의 "일곱 등불"은 성전에 있는 등잔대의 등불을 암시한다(4:5의 주석 참조). (5) 8:3; 9:13; 16:7의 번제단은 4장의 환상을 암시하는 본문에 등장한다(세 본문 각각에 대한 주석 참조). (6) 계 4-5장이 단 7장을 모델로 삼았다는 것을 기억하면서, 단 7:9-14을 하늘에 있는 **성전-보좌** 환상으로 이해할 수 있다면, 성전 묘사가 돋보일 것이다.[15)

한 마디로 말해서, 순전히 문학적인 면에서 볼 때 에스겔서와 다니엘서가 압도적인 영향을 끼쳤다. 겔 1-2장의 구조와 암시들은 5:2ff.에서 사라지고, 단 7장의 구조는 5:2ff.에서도 계속된다. 그러므로 계 4-5장 전체 환상은 단 7장의 지배적인 구조를 반영한다. 이것은 4-5장이 하나의 환상을 형성하고 하나의 단위로 연구돼야 한다는 관찰에 근거한다.

이렇게 계 4-5장을 단 7장의 개념적 구조 안에 배치하는 것은 중요한 해석적 함의를 지닌다. 계 4장에 반영되었다고 제안되는 다니엘서의 암시들 중에는 의구심을 살만한 것들도 등장하는 반면에, 환상 전체가 지닌 다니엘서의 보다 넓은 틀 안에서 바라 볼 경우 그 암시들의 개연성은 좀 더 높아진다. 계 4-5장에 있는 단 7장과 그밖에 다니엘서의 여러 장들에 대한 암시는 다니엘서 패턴이 존재한다는 사실을 입증하는 역할을 한다.

---

14) Bauckham, *Theology of the Book of Revelation*, 41-42.
15) Lacocque, *Daniel*, 124-26.

하나님은 피조물의 주권적인 심판자와 구원자이시다. 그러므로 하나
님은 창조의 시작과 역사 내내 영광을 받으신다(4:1-11)

환상의 도입 어구들(4:1-2a)

1절   단 7장과 겔 1장이 환상을 소개하는 어구로 시작하는 것처럼, 계 4
장도 다음과 같이 시작한다. "이 일 후에 내가 보니, 보라!" εἶδον("내가 보
니")과 ἰδού("보라")가 결합된 1a절과 유사한 구약 본문이 몇몇 있다. 그 용
어는 이와 비슷한 문맥에서 공통적으로 발견할 수 있다(슥 2:1, 5; 5:1, 9;
6:1; 겔 1:4; 2:9; 8:2, 4, 10; 10:1, 9; 렘 4:23-26; 비교. 슥 1:8; 4:2). 하지만 단 7:6a,
7a(MT)과 가장 가깝고 거의 동일한 언어적 유사성이 1a절에 존재한다는
것은 우연이 아니다.

    Μετὰ ταῦτα("이 일 후에")는 4-5장의 환상에 묘사된 사건들이 1-3장에
서 이야기한 사건들 이후에 일어나는 사건임을 암시하지 않는다. 오히려
이 어구는 1-3장 이후에 새로운 환상이 주어졌다는 것만을 가리킬 뿐이다.
"이 일 후에"는 요한이 환상을 본 순서를 가리키며, 사건이 발생한 역사적
인(또는 시간적인) 순서를 반드시 가리키는 것은 아니다. 요한계시록의 이후
단락에서도 이 어구는 이런 방식으로 사용된다(7:1, 9; 15:5; 18:1; 19:1).

    "나팔" 소리기 나고 이어서 성령에 감동되어 하늘에 올라갔다는 표현(2
절)은 이 장면이 1-3장과 연결된다는 것을 보여준다. 동일한 연결이 1:10
의 사명 단락에 등장하고, 요한이 그가 들었던 "처음에 내게 말하던 음성"
을 여기서 언급하기 때문이다(비교. 1:12에는 이것이 그리스도의 음성으로 등장
한다). 이것이 1장과 연결되었다는 것은 요한이 이어지는 환상들을 기록함
으로써 그가 받은 예언자적 사명을 계속해서 성취한다는 증거다(1:10-11의
주석 참조).

    1b-c절에 에스겔서와 출 19장의 환상들이 반영된 후, 단 2:28-29ff.의
내용을 분명하게 언급한 것이 1절 마지막 어구에서 발견된다. δεῖ("마땅히")
의 사용은 하나님의 결정을 표현한다. 계 1:1, 19에서 살펴본 단 2장에 대한
암시에 비춰볼 때, 4:1b에서 중요한 다음 단락을 소개할 때도 동일한 암시

가 포함되었다는 것은 의미심장하다.

대부분의 주석가들은 4:1을 요한계시록의 새로운 단락의 도입으로 이 해한다. 그리고 주석가들 중 대부분은 4:1이 요한계시록 마지막까지 이르 는 모든 환상을 소개한다고 여긴다.[16] 언어만 단 2:28-29, 45을 다시 반영 하는 것이 아니라, 그 암시 역시 1:1; 1:19과 동일한 방법으로 사용된 것으 로 보인다. δείξω σοι ἃ δεῖ γενέσθαι μετὰ ταῦτα("이후에 마땅히 일어날 일들 을 내가 네게 보이리라." 무엇보다도 단 2:29, 45 Theod.과 비교하라. 비록 이것이 단 2장의 이와 비슷한 모든 어구를 복합적으로 반영한 것일 가능성은 있지만 말이다). μετὰ ταῦτα("이 일 후에")가 1절을 결론짓기보다는 2절을 도입하는 것(오직 WH와 RV, ASV의 난외주만 이런 이해를 따름) 같지는 않다. 특히 계 1:10의 병 행 어구와 1:1, 19; 22:6에 반영된 단 2장의 암시를 고려하면 그렇다.

흥미롭게도, 대다수의 미래주의적 입장에 있는 주석가들은 계 4:1을 그들 의 입장을 가장 명백하게 나타내는 것 중 하나로 여긴다.[17] 하지만 1:19에서 처럼, μετὰ ταῦτα("이 일 후에")는 다니엘서의 ἐπ᾽ ἐσχάτων τῶν ἡμερῶν("장 래에" 또는 "마지막 날에")과 동의어일 가능성이 높다. 그래서 계 4:2-22:5의 모든 환상은 범위에 있어서 일반적으로 종말론적이다(1:1과 1:19의 주석에서 단 2:28-29, 45의 사용에 관해 논의한 것을 보라). μετὰ ταῦτα는 신약의 여러 본 문에서 발견되는 시작된 종말론을 지칭하는 어구들과 동일하다. 예를 들면, 막 1:15, 행 2:17, 갈 4:4, 고전 10:11, 고후 6:2, 딤전 4:1, 딤후 3:1, 벧전 1:20, 벧후 3:3, 히 1:2, 9:26, 약 5:3, 요일 2:18, 유 18 등이다. 우리는 앞에서 계 1:19에 반영된 다니엘서의 μετὰ ταῦτα 암시(와 이와 동일한 1:1의 ἐν τάχει ["속 히"])가 하나님 나라를 세우는 것과 관련된 단 2장 예언이 그리스도와 교회 안에서 성취되기 시작했음을 나타낸다는 사실을 확인했다.

우리가 1:19에서 μετὰ ταῦτα에 관해 추론한 것이 옳고 그 어구가 여기

---

16) Tenney, *Interpreting Revelation*, 70-71; Beasley-Murray, *Revelation*, 25-26; Sweet, *Revelation*, 47.

17) 예. Mussies, *Morphology of Koine Greek*, 344.

서도 동일하게 사용되었다면, 4장에서 시작하는 환상들이 1-3장에 나오는
환상들 이후의 기간만을 가리킬 필요는 없다.[18] 4:1의 결어는 단지 이후에
계속되는 환상들이 (1장에서 천명한) "실현되기"도 하고 동시에 "실현되지
않기"도 한 "후일"을 추가로 설명하며, 이 후일이 이미 시작됐지만 아직 절
정에는 도달하지 않았다는 것을 알려주는 것에 불과하다. 한 마디로 말해
서, "이후에 마땅히 일어날 일들을 내가 네게 보이리라"라는 어구는 미래는
물론이고 종말론적인 과거와 현재를 포함한다.

단 2장에 대한 암시의 중요성은 고난을 받는 그리스도인들이 하나님께
서 역사에서 일어나는 일들을 다 아실 뿐만 아니라 그것들을 정하셨고 인
도하신다는 사실로 힘을 얻을 수 있다는 데 있다.

존슨은 "이후에 마땅히 일어날 일들"이 요한계시록이 기록되던 당
시에 있었던 일 이후에 일어나는 사건을 가리킨다고 주장한다. 그래서
4-22장에 있는 환상들은 편지를 받은 역사상 실존한 교회들 시대 이후
의 기간을 언급한다는 것이다.[19] 이 견해는 단 2:28, 29, 45의 어구를 분
석하여 같은 결론에 도달한 카일의 연구에 기초한다. 하지만 카일은 "이
후에 마땅히 일어날" 사건들에는 느부갓네살 왕이 통치하던 당대의 임
박한 미래가 포함되며, 그래서 다니엘서를 기록한 저자 자신이 살던 미
래도 포함된다는 사실도 주장한다.[20] 그러므로 이 어구가 일곱 편지를
받은 역사상 실존한 교회들의 시대 이후의 기간을 언급한다는 존슨의
결론은 카일의 연구에 의해 지지를 받지 못한다. 하지만 카일의 견해와
도 달리, 꿈과 해석 **전체**가 가리킨다고 여겨지는 단 2:28(="이후에," 단
2:29, 45)의 "후일"(또는 "장래")에는 임박한 미래와 먼 미래뿐만 아니라,
바로 전의 과거와 현재도 포함된다. 이것은 단 2:37-38의 금 머리가 **현
재** 통치하고 있는 느부갓네살과 동일시된다는 사실에서 분명해진다("왕

18) Lindsey, *Late Great Planet Earth*, 66과 최근에 Thomas, *Revelation 1-7*, 337의 주장에 반
대함.
19) A. F. Johnson, "Revelation," 461, 464.
20) Keil, *Daniel*, 111-12.

은 곧 그 금 머리니이다"). 하지만 37-38절에 묘사된 느부갓네살의 통치는
너무 광범위해서 임박한 미래만 아니라 최근의 과거도 포함된다. 이것
은 계 1:1, 1:19, 4:1에 있는 단 2:28, 29의 암시가 과거에 시작되었고 현
재 계속되며 미래로 향하는 "마지막 날"을 언급한다는 우리의 결론을 지
지할 수 있다. 그럼에도 다니엘서의 "후일"(마지막 날)이 미래에 하나님이
나라를 세우심에 초점을 맞춘다는 것은 확실하다. 우리는 요한이 하나님
나라를 세우는 것이 이미 시작된 것으로 이해했다고 주장했다.

λαλούσης("말하던")의 소유격 분사는 ἥν과 일치하려면 목적격이 되어
야 한다. 관계대명사 ἥν은 선행사 ἡ φωνή("소리")를 가리킨다. 나중에 필
경사가 이것을 발견하고 소유격 분사를 목적격으로 바꾸었다(예. ℵ gig
Prim Ambr). 다른 사람들은 그것을 주격으로 바꾸기도 했는데, 분명 주
격 선행사 φωνή와 일치시키려는 의도에서 그랬을 것이다(예. 2329 pc).[21]
불규칙한 부분은 출 19:16-19에 대한 암시를 가리키는 의도적 지시어다
(1:10b-11의 주석 참조).

그리고 이어지는 분사 λέγων은 φωνή와 일치하는 여성 주격이어야
하지만, 남성형이다(필경사들이 그것을 선행사와 일치시키느라 다시 변경했다.
ℵ¹ 𝔐ᴬ). 많은 문법학자는 주격 λέγων을, LXX에서도 그렇듯이, 불변화
사인 lē'mōr를 대표하는 셈어 어법으로 여긴다(5:11-12; 11:1, 15; 14:6-7에
서도 같은 현상이 발생한다. 본서 14:7의 주석 참조).[22] 포터는 그리스어를 사
용하던 모든 시대에 λέγων을 이런 식으로 사용했다고 지적하며, 그것이
"기껏해야 LXX을 개선한 것"일 뿐이라고 생각한다.[23] 하지만 그가 제시
한 증거는 단편적이다. 본문과 요한계시록 전체에서 이런 사용은 의도
적인 LXX의 어법을 가리키는 것으로 이해하는 것이 가장 좋다. MT에서
870회 등장하는 lē'mōr 부정사 구문 중에서 770회가 LXX에서 λέγων으

21) 2가지 변형을 지지하는 더 많은 사본에 대해서는 Hoskier, *Text of the Apocalypse* II, 120을
보라.
22) MHT III, 315.
23) Porter, *Verbal Aspect*, 138-39.

로 번역되기 때문이다.[24] 그리고 λέγων은 요한계시록에서 항상 구약 암
시와 연결하여 등장한다. 여기서는 LXX에 사용된 관용어가 출애굽기의
암시에 더욱 주의를 환기시킨다.[25]

    2a절   4:1-2a의 도입 단락은 성령으로 하늘에 올라간 예언자 에스
겔의 반복적인 경험을 반영하는 것으로써 마무리된다. 이 장면은 에스겔
이외에 구약의 다른 예언자들이 증언했던 천사들의 회의 환상을 재현한 것
이다(계 4:2b, 8a, 8b, 9a, 10a에 반영된 사 6:1ff.와 왕상 22:19ff.에 있는 같은 장면들
에 대한 암시를 주목하라). 요한은 야웨의 하늘 회의 장면을 포착했다. 구약의
예언자들처럼 요한은 주님의 비밀스런 하늘 회의에 소환되어 모든 지식을
가진 사람으로서 사명을 받고 부름을 받았다(처음 사명 환상을 다룬 1:10-20
의 주석 참조). 요한은 하나님의 감춰진 목적을 전하는 예언자의 역할을 수
행하는 자로서 백성에게 가서 말해야 했다.[26] 요한은 진리와 사건의 실체를
분명하게 간파할 수 있는 무시간적인 (하늘) 영역으로 인도함을 받았다. 그
래서 1-2a절에서 요한은 자신을 다시 구약의 예언자적 권위와 연관시킨다
(참조. 1:1, 10, 12, 19-20). 그러므로 4:1의 "이리로 올라오라"라는 말과 2절에
서 요한이 영적으로 들림 받은 것을 환난 전 교회의 물리적 휴거의 상징으
로 볼 근거는 전혀 없다.[27]

    하나님의 하늘 회의의 영적이고 무시간적인 차원으로 올라간다는 것은
요한이 환상에서 본 사건들의 시간을 정확히 결정하기가 어려울 수 있다
는 점을 의미한다. 상징들 중에는 현재까지 발생했던 것을 묘사한다는 점
에서 묘사적 상징주의에 속하는 것이 있을 수 있다. 또는 상징들에는 장차

---

24) Porter, *Verbal Aspect*, 138.

25) Swete, *Apocalypse*, 66과 I. T. Beckwith, *Apocalypse* 495은 λέγων을 남성으로 이해한다. 그
    들은 저자가 음성(φωνή)을 발하는 남성과 성을 일치시키려고 했다는 것을 그 이유로 제시한
    다. λέγων을 비롯한 어법 위반이 셈어 어법인지 아니면 LXX 어법인지를 둘러싼 논의는 본서
    서론의 "'셈어 어법'과 'LXX 어법'의 차이"를 보라.

26) 참조. H. P. Müller, "Himmlische Ratsversammlung."

27) Walvoord, *Revelation*, 103은 이 내용이 4:1ff.에 암시되었다고 주장한다. 자세한 내용은
    Gundry, *Church and the Tribulation*, 68-69을 보라.

발생하게 될 것을 예고하는 결정적인 상징주의가 포함될 수도 있다.[28] 우리는 앞에서 6:1부터 22:5에 이르는 모든 환상이 어떻게 4-5장의 환상으로부터 흘러나오는지를 관찰했다(본서 서론의 "요한계시록의 구조와 계획"을 보라). 6:1-22:5의 모든 환상은 5:1ff.의 인봉된 책에 나오는 환상들이다. 그러므로 그 환상들은 다 과거와 현재와 미래적 요소가 혼합되었을 것이다. 이것은 앞에서 계 4:1에 언급된 단 2:28ff.의 암시가 이어지는 환상들의 "이미와 아직"의 전반적인 종말론적 특성을 나타낸다고 결론을 내린 것과 일치한다. 주의 깊게 해석해야만 어느 부분이 묘사적이고 어느 것이 결정적인지를 간파할 수 있다. 때로는 둘 중 어느 것인지 모호한 경우도 있을 수 있다.

보좌에 앉으신 하나님 장면(4:2b-3)

2b절 구약의 신현이 2b절의 일반적인 배경이다. 그러나 겔 1장을 가장 염두에 두고 있다. 이어지는 어구에 분명한 언급이 있기 때문이다. ἔκειτο("베풀었다")는 이전 행동의 결과를 반영했을 가능성이 있다. 이것은 "보좌"가 "놓였다"는 단 7:9a까지 거슬러 올라갈 수 있다.[29] 단 7장과 겔 1장의 이미지들의 비슷한 순서에 따르면, 여기서 보좌에 앉으신 신적 인물의 이미지는 다니엘서나 에스겔서의 문맥을 가리킬 수 있다. 4a절에서 θρόνος의 복수형("보좌들")이 반복적으로 사용되고 4-5장에 다니엘서의 패러다임이 반영된 것을 미루어보면 이런 제안이 지지를 받는다.

하나님의 보좌인 θρόνος("보좌")는 4-5장에 17번 등장한다(이것은 4-22장에 등장하는 38회 중의 17회다). 이 단어의 빈도수가 4-5장에서 이처럼 매우 높은 것은 하나님의 영역이 비록 땅과는 분리되어 있다고 하더라도 그가 세상에서 일어나는 일들을 주관하신다는 사실을 강조한다. 아무리 악이

---

28) 참조. Caird, *Revelation*, 60-61.
29) 신약성경 여러 곳에서 24회 등장하는 κεῖμαι("놓이다")가 가까운 과거를 가리키는 뉘앙스를 가진 경우는 19회다(마 3:10; 28:6; 눅 2:12; 23:53; 요 2:6; 19:29; 20:5, 6, 7, 12; 21:9). 또는 불확정적이거나 먼 과거를 가리키기도 한다(고전 3:11; 고후 3:15; 빌 1:16; 살전 3:3; 딤전 1:9; 계 21:16; 마 5:14; 눅 12:19). 4:2b의 ἔκειτο("베풀었다")를 τίθημι("놓다")의 수동태와 동일한 것으로 이해하는 Swete, *Apocalypse*, 67과 F. Bleek, *Lectures on the Apocalypse*, 197을 보라.

만연하고 하나님의 백성에게 고난을 준다고 해도, 하나님의 백성은 그들의 행복과 하나님의 영광을 위해 하나님의 손이 모든 것을 주관하신다는 것을 알 수 있다. 이것은 6-16장에 등장하는 모든 심판이 하나님의 보좌에서 나온다는 사실로써 증명된다(예. 6:1-8, 16; 8:3-6; 16:17).

보좌는 보편적인 주권을 나타낸다. 요한은 하나님이 계신 하늘 중심에 보좌가 있다는 사실을 밝힘으로써 이 사실을 강조한다.[30] 보좌 주위의 원형 구조는 하나님의 우주적이고 보편적인 왕위를 한층 부각시킨다. 이것은 고대 세계 여러 곳에서 입증되는 상징적인 배치다.[31] 천상적 존재들은 모두 중심 되는 보좌 주변에 다양하게 배치된 자신들의 자리에 의해서만 존재의 의미를 발견한다. 땅에 거하는 자들 모두는 하나님이 이 하늘 보좌로부터 자기들을 다스리신다는 주장에 대해 그들이 취하는 자세에 근거하여 평가를 받는다(참조. 6:16-17; 20:11-12).

분사 καθήμενος(문자적으로는 "앉아 있는")는 여기서 정동사("앉았다" 또는 "앉아 있었다") 역할을 한다.[32]

3절   3절에는 출 24:10과 특히 출 28:17-20의 내용이 포함되긴 했어도, 주로 겔 1:26, 28과 겔 9:2(LXX), 10:1(LXX), 28:13이 혼합되어 있다. 요한이 겔 9, 10, 28장과 출애굽기를 겔 1:26과 관련지어 염두에 둔 것으로 생각된다. 이 본문들은 모두 신현 장면을 다루고, 신현과 관련하여 녹보석을 언급한다. 여기서 겔 1장과 결합하여 가장 두드러지게 영향을 준 본문은 겔 28장과 출 28장이다. 계 4:3에 언급된 세 보석들 모두 겔 28장과 출 28장에도 언급되기 때문이다. 보석 하나하나에 개별적 의미를 부여할 필요는 없다. 이 보석들은 집합적으로 하나님의 주권적 위엄과 영광을 나타낸다. 이 보석들이 하나님의 영광이 나타난 구약의 신현 장면에 등장하며, 계 21:10-11, 18-23에서 하나님의 영광과 직결되기 때문이다.[33]

---

30) 참조. Hendriksen, *More than Conquerors*, 101-3.

31) Aune, "Influence of Roman Imperial Court Ceremonial," 10.

32) Mussies, *Morphology*, 325.

33) 참조. Hailey, *Revelation*, 해당 부분.

계 4:3의 3가지 보석은 하나님의 영광이 계시된 21장의 더욱 완전한 보석 목록을 요약하며 그것을 예상한다. 하나님의 영광은 4:3ff.에서처럼 하늘에서만 아니라 새 창조 전체에서 절정에 달할 것이다. "벽옥"이 처음 언급된 것은 3중적 목록이 보석 전체를 요약하는 것임을 강조한다. 벽옥은 21장에서 맨 처음 언급되며(2번: 21:11, 18), 21:19에서 마지막 때 성의 열두 기초석을 구성하는 보석 중 첫 번째로 등장한다. 4:3에서 보석 목록 처음에 "벽옥"이 배치된 것은 하나님의 영광과 관련이 있음을 강조한다. 그것은 영광과 분명하게 연결된 21장의 유일한 보석이기 때문이다(21:11에는 마지막 날에 세워질 성에 "**하나님의 영광**이 있어 그 성의 빛이 지극히 귀한 보석 같고 **벽옥**과 수정 같이 맑더라"라고 언급된다. 자세한 내용은 21:11의 주석 참조). 보석은 하나님 자신을 둘러싸고 있는 가까이 하지 못할 밝음, 즉 영광을 반영함으로써 보좌 주변에 있는 빛을 더욱 강렬하게 한다(참조. 딤전 6:16; 시 104:2).

"무지개"는 겔 1:28에서처럼 이어지는 환상들에 묘사된 하나님의 심판의 행위가 자비로 인해 억제될 것을 암시한다(노아 언약의 관점). 무지개가 구체적으로 어떤 기능을 하는지는 이어지는 장(章)에서 설명될 것이다. 일반적으로 말해서, 4-5장에 소개된 심판의 관점에서 볼 때, 무지개는 처음부터 하나님이 심판자로서 그의 참 백성에게 자비를 베푸실 것을 증언한다는 것이 중요하다.[34] 무엇보다도 무지개는 하나님의 영광 사상을 불러일으킨다. 겔 1:28은 무지개를 비유적으로 "그 사방 광채의 모양…여호와의 영광의 형상의 모양"과 동일시한다(마찬가지로 *Midr.* 시 89.18; *Midr. Rab.* 민 14.3; *b. Hagigah* 16a은 모두 그 근거로 겔 1:28을 인용한다. 참조. *Midr. Rab.* 창 35.3).

보석들은 무지개와 함께 이 환상이 결국 새 창조로 이어질뿐더러, 하늘에서 새 창조가 시작되었음을 이미 실제로 묘사한다는 사실을 알리는 초기의 단서다. 계 21:10-11, 18-23에 열거된 보석들은 새 창조에 대한 묘사의 한 부분이며, "무지개"는 노아 홍수 후에 등장한 새 창조를 가리키는 첫 번째 계시적 표지다. 새 창조가 그리스도의 구속 사역과 더불어 시작되었

---

34) K. H. Rengstorf, *TDNT* III, 342.

다는 사실은 3:14에서 분명하게 드러난다(3:14의 주석 참조). 5:9에서는 그의 구속 사역을 설명하려고 "새"라는 단어가 사용되었다(21:1에 논의된 "새 하늘과 새 땅"을 보라).

3절까지 이르는 환상의 구조는 이와 비슷한 구약의 다른 본문보다는 단 7장과 겔 1장의 장면에 더 상응한다(보좌를 소개하고, 그다음에 보좌에 앉으신 분을 소개하고, 그러고 나서 그를 설명하는 묘사가 이어지는 것이 그러하다). 그리고 겔 1장 언급이 이 구조 안에서 가장 부각된다.

> 사본들 중에는 ἶρις("무지개") 대신에 ιερεις("제사장들")라고 표기된 것도 있다(אᐟ A 2329). 이것은 의도하지 않은 청각적 오류로 말미암아 발생했다.[35]

보좌와 그 주위에 있는 자들과 불과 바다 장면(4:4-8a)

4절 이제 보좌 주변의 천상적 수행원들이 묘사된다. 이십사 장로들의 정체는 다양하게 제안되었다. (1) (점성학적인 배경에서) 별들, (2) 천사들, (3) 구약의 성도들, (4) 모든 성도의 천상적 대표자들인 천사들, (5) 구약과 신약의 성도들을 함께 대표하는 족장들과 사도들, (6) 구약 24권의 예언자적 계시의 대표자들 등.[36]

장로들은 신구약의 성도들과 관련해서도 확실히 언급된다. 그들은 모든 성도를 대표하는 천사들이거나 열두 사도 및 열두 지파의 우두머리들, 즉 하나님의 모든 백성을 대표하는 사람들이다. 장로들을 천사와 동일시하는 것은 천사의 많은 특징과 기능을 사람에게 적용할 수 있다고 우리가 앞에서 관찰한 몇몇 내용과 일치한다(1:20b의 주석 참조). 아마도 장로들은 열두 지파 및 열두 사도들과 동일시되는 천사들로, 신구약의 구원받은 공동체 전체를 대표한다(계 15:3-4의 노래들이 신구약의 성도들을 포함함을 시사한다).

---

35) Thomas, *Revelation 1-7*, 369.
36) 이 문제에 관한 이차 문서에 대해서는 Feuillet, *Johannine Studies*, 183-214을 참조하고, 그 밖에 다른 견해들을 개괄적으로 제시한 Brütsch, *Offenbarung* I, 220-24을 보라.

이러한 결론의 근거는 요한계시록의 환상을 요한에게 계시하는 천사가 모두 경배에 함께 참여해야 하는 존재들, 즉 "너와 네 형제 예언자들과 또 이 두루마리의 말을 지키는 자들과 함께 된 종"으로 언급되었다는 사실에서도 찾을 수 있다(22:8-9). 대부분의 해석자들이 생각하듯이, 네 생물(6절)이 피조물 전체 중 생명을 가진 생명체 전체의 천상적 대표자들이라면, 장로들은 하나님 백성의 천상적 대표자들일 것이다(1 En. 60:2에는 "천사들과 의인들" 둘 다 하나님의 보좌 "주위에 서 있다"고 기록한다). 네 생물은 피조물 전체를 대표하고, 장로들은 하나님의 특별한 피조물 중 택함 받은 사람들을 대표한다.[37]

이 사실에 비춰볼 때, 4절은 성도들이 인내하면 받게 될 면류관과 흰옷, 다스림과 관련하여 앞장에서 언급된 사상들을 발전시키고 있다(2:10, 26-27; 3:4-5, 11, 18, 21). 독자들은 하늘 장면을 보며, 인내하고 죽은 그리스도인들과 더불어 옛 성도들이 면류관, 흰옷, 왕위 등 하늘의 상을 받았음을 알게 된다(이것과 관련하여 7:14의 "나의 주여"는 천사들에게만 적합한 것이 아니라, "나라와 제사장"이라는 절정의 단계로 더욱 높아진 죽은 성도들에게도 적용될 수 있다. 20:4-6과 아울러 1:6과 5:10을 참조하라). 그리고 독자들은 그들도 이와 비슷한 상을 받을 것을 확신할 수 있다. 끝까지 충성한다면 말이다. 그 환상이 실제로 죽은 자들을 비롯하여 모든 시대의 성도들이 받을 상을 묘사하기에, 얼마든지 이렇게 확신할 수 있다.

1-3장에서처럼, 교회는 신자들에게 그들 존재의 차원이 이미 하늘에 있다는 사실을 상기시키기 위해 천사의 모습으로 묘사된다. 신자들의 진정한 고향은 믿지 않는 "땅에 거하는 자들"과 함께 있지 않다. 신자들은 상을 받고 이교 환경에 동화되지 않으려고 고투하는 동안 하늘의 도움과 보호를 받는다. 매주일 땅에서 (1:3, 9에서처럼) 모임을 갖는 교회의 목적 중 하나는,

---

37) Hurtado, "Revelation 4-5," 114. Stonehouse, "Elders and Living Beings"는, 성공하지는 못했지만, 둘을 이런 식으로 밝히는 것에 반대하는 논증을 가장 철저하게 시도하면서 장로들은 단지 대표자로서의 역할을 수행하지 않는 천사단일 뿐이라고 주장한다.

4-5장에 생생하게 묘사되었듯이, 높아지신 어린 양께 경배하는 천사들과 하늘에 있는 교회의 예배를 모델 삼아 교회의 천상적 실존과 정체성을 상기하는 데 있다. 요한계시록 곳곳에 하늘의 예배 장면이 등장하는 까닭이 여기 있다(자세한 내용은 1:20의 주석 참조).

아래 열거한 이십사 장로들의 정체를 밝히는 제안들 가운데 앞에서 언급한 견해와 중첩되고 그 견해를 지지해주는 것이 많다. (앞에서 우리는 장로들이 신구약의 구원받은 전 공동체를 대표하는 열두 지파와 열두 사도들이라고 제안했다). 아래 열거한 내용 중에서 특히 (2), (3), (4), (5)가 우리의 제안을 지지한다.

(1) **바벨론의 성신(星神)**. 이십사 장로의 기원을 유대 묵시문학에까지 추적할 수 있다고 생각하는 사람들이 있다. 그들에 따르면, 유대의 묵시문학은 궁극적으로 24개의 성신(星神)을 믿는 바벨론의 점성 신앙으로부터 영향을 받았으며, 이 신들은 천사들의 지위로 격하되었다고 한다.[38] 이것은 가능성이 없는 견해다. 유대 묵시문학이나 구약성경이나 심지어 요한과 동시대의 이교 종교가 고수하던 바벨론 신화 중에서 천사를 이십사 반열로 이해한 증거가 없다.[39] 설령 요한이 무의식적으로 이런 전통을 활용했다고 하더라도 그가 인용할 수 있는 더 근접한 구약의 병행 어구가 있었다(아래 내용 참조).

(2) **천사들**. 이 환상의 신현적 배경은 장로들을 천사와 동일시하는 데 힘을 실어준다. 이 환상들에서 하나님의 보좌 주위에 있는 천상적 존재들은 분명히 천사들이다(특히 겔 1장; 단 7장, 사 6장). 그리고 우리는 구약성경과 유대 묵시문학, 계 1장에서 "별들"이 어떻게 비유적으로 천사들을 가리키는지를 보았다(1:20의 주석 참조). 또한 장로들은 성도들의 기도를 하나님께 올려드리며(계 5:8; 참조. 8:3; Tob. 12:12, 15; *Test. Levi.* 3:5-7; *Test. Dan.* 6:2; *1 En.* 9:3; 40:6; 47:2; 104:1; *3 Bar.* 11:4; *Apoc. Paul* 7-10),

---

38) Lohse가 대표적이다. Lohse, *Offenbarung*, 35.
39) 자세한 내용은 Beasley-Murray, *Revelation*, 114-15을 보라.

하늘 환상을 해석하는(계 5:5; 7:13; 참조. 10:4, 8; 17:1ff.; 19:9; 22:8; 단 9:22; *1 En.* 19:1; 21:5; 22:6; 71장; *4 Ezra*; *2 Bar.*) 천사들의 전형적인 역할을 감당한다. 또한 장로들은 요한계시록의 다양한 본문에서 천사와 밀접하게 연관되고 그들과 같은 기능을 수행한다(4:9-10; 5:8, 14; 7:11; 19:4).[40]

(3) **높임 받은 구약의 성도들.** 한편으로, 방금 전에 인용한 요한계시록의 여러 본문에서는 장로들이 구체적으로 그룹 천사들과 다른 집단으로 구별된다(4:9-10; 5:8, 14; 7:11; 19:4). 그러므로 장로들은 구약의 성도들이나 그들을 대표하는 사람들로 간주될 수 있다.[41] 천사와 관련하여 앞서 언급한 것과 같은 중보적인 역할들은 사후 세계에서 존귀의 자리를 차지한 구약의 훌륭한 성도들의 전형적인 역할이다.[42] 더욱이 성경 어느 곳에서도 천사들이 "장로"라고 명명된 곳은 없다(사 24:23이 약간의 가능성이 있기는 하지만 말이다. 그래서 Fekkes는 이 견해를 설득력 있게 반대한다[43]). 유대 문헌에서도 천사들이 "장로"라고 불린 곳은 거의 없다. 게다가 요한계시록에서는 천사들이 면류관을 쓰거나 흰옷을 입거나 보좌에 앉은 경우가 없다. 이런 묘사들은 하늘에 있는 성도들(7:13-15; 19:7-8, 14)이나, 그들이 인내하여 죽은 후 성도들이 받는 상을 언급하는 경우에만 해당된다(참조. 2:10; 3:4-5; 3:21; 20:4).[44]

---

40) *2 En.* 3:3-4:1에서 에녹은 하늘로 올라가 바다를 보고 "통치자들"이며 천사의 특성을 지닌 "장로들"도 보았다. 단 7:9-18의 장면과 비슷한 성전 묘사를 다룬 2Q24, fragment 4에서는 "장로들"이 천상적 존재를 가리키려고 등장한다(Halperin, *Faces of the Chariot*, 89). Thomas, *Revelation 1-7*, 344-49은 본서 위아래에서 논의한 많은 증거를 고려한 후에 장로들을 천사들과 동일시한다. G. Bornkamm, *TDNT* VI, 668-69도 동일하게 주장한다.

41) 이 견해에 대해서는 특히 Feuillet, *Johannine Studies*, 183-214을 보라.

42) Feuillet, *Johannine Studies*, 193-94, 196-209.

43) Fekkes, *Isaiah and Prophetic Traditions*, 141-43.

44) 요한계시록 이외에 이 사실을 언급하는 본문들에 대해서는 Feuillet, *Johannine Studies*, 185-87을 보라. 그러나 동시에 Feuillet는 천사들이 비유적으로 "보좌"로 언급될 수 있고, 단 7:9-10의 보좌에 천사들이 실제로 앉았다는 점을 덧붙여야 한다는 점을 인정한다. 반면에 그리스도의 죽음과 부활 이후에 의복을 입고 면류관을 쓰고 보좌에 앉은 구약성도들을 묘사한 *Asc. Isa.* 8:26과 9:7-18을 보라. 다른 본문에는 성도들이 장차 올 시대에 면류관을 쓰고, 때로는 영광스러운 의복을 입은 것으로 묘사되었다(예. 1QS 4:7; 1QH 9:25; *Test. Ben.* 4:1; *b. Berakot* 17a).

역대기상의 구약 배경은 장로들을 성도와 동일시할 수 있음을 확증한다. 숫자 24는 성전에서 일하는 사람들을 제사장들의 이십사 반열(대상 24:3-19)과 성전 문을 지키는 레위인들의 이십사 반열(26:17-19), "제금과 비파와 수금"으로 노래함으로써 "여호와께 감사하고 그를 찬송하며 예언하라"는 사명을 받은 레위인 이십사 반열(25:6-31; 참조. Josephus, *Ant.* 7.363-67)로 조직한 것에 근거한다. 이 제사장들은 성전에서 그들의 임무를 수행하며 이스라엘 백성을 대표한다. (4QpIsa는 사 54:11-12의 보석들을 열두 제사장들과 열두 지파의 두령을 상징하는 것으로 설명한다. 이것 또한 계 4:4의 적절한 배경이 될 수 있다.[45]) 이십사 장로들은 동일한 집단을 대표할 수 있다(유대 문헌에서 대제사장들이 종종 "장로들"로 언급되었다는 것은 의미심장하다. 예. *m. Yoma* 1.5; *m. Tamid* 1.1; *m. Middoth* 1.8). 이 배경은 요한계시록 전체에서 왜 장로들이 중보적인 역할을 수행하고(5:8), 성전 제의에서 하늘 예배에 참여하는지를 이해하는 데 가장 훌륭한 설명이다(계 4:10; 5:11-14; 11:16-18; 19:4). 여기에 덧붙여, 히 11:2에서는 πρεσβύτερος("장로")가 위대한 구약의 성도들을 지칭하려고 사용되었다.

천사들이 아니라 구약의 성도들을 가리킨다는 사실을 지지하는 또 다른 이유는 사 24:23과 출 24:9-10이 계 4:4의 장로들에 대한 언급의 부분적인 배경이 되었을 가능성이다. 유대 전통은 사 24:23을 이스라엘의 인간 "장로들"을 가리키는 것으로 이해했다(*Targ.* 사 24:23; "그의 백성의 장로들"; *Sifre* 민 §92; *m. Aboth* 6.8; *b. Baba Bathra* 10b; *b. Aboth* 6.8; *Kallah Rabbati* 54a-b). 사 24:23이 계 4:4의 배경의 한 부분이라는 것은 두 본문에서 장로들이 하나님의 마지막 때 나팔의 증인들이고 그의 영광에 참여한다는 사실을 주목하면 분명해진다.[46] 계 4:4과 출 24:9-10이 분명하게 연결되었다. "모세와…이스라엘 장로 칠십 인이 올라가서 이스라엘의

---

45) Gaster, *Dead Sea Scriptures*, 309의 번역; 참조. 계 21:12-14; Geyser, "Twelve Tribes," 396.
46) Fekkes, *Isaiah and Prophetic Traditions*, 142.

하나님을 보니 **그의 발아래**[*Targ. Onk.* 출 24:10: "하나님의 영광의 보좌"]에는 청옥을 편듯하고 하늘같이 청명하더라": 그들은 하나님의 영광을 보고(24:16), 경배했다(24:1). *B. Berakoth* 17a은 "미래의 세상에서는 …의인들이 그들의 **머리에 면류관을** 쓰고 앉아, 하나님의 임재의 빛으로 즐거워할 것"이라고 천명하면서 그 근거로 출 24:11을 인용한다.[47]

출 24장과 사 24장의 배경이 구약과 신약의 성도들로 구성된 참되고 종말적인 이스라엘에 적용되었을 가능성이 많다. *Midr. Rab.* 출 5,12; *Midr. Rab.* 레 11.8과 *Midr. Rab.* 전 1.11, §1에서는 사 24:23이 출 24:1과 비교되어 이스라엘의 장로들이 하나님의 궁정에 앉을 때, 곧 장차 올 메시아의 때에 적용되었다. 사실 계 4장 이후 장로들의 중요한 역할 중 하나는 상과(11:18) 심판을 선언하는 것이다(11:18; 14:7; 참조. 19:3-4).[48]

포드는 Sir. 44-49장에 열거된 구약의 "유명한 이십사 족장들" 목록이 계 4:4에 나오는 장로들의 수의 배경이 된다고 주장한다.[49] 이것은 가능성은 있지만 그럴 법하지 않다. 이것을 하나님의 백성과 관련하여 중요한 숫자인 24에 대한 중요한 배경으로 첨가할 수는 있지만 말이다.

(4) **구약과 신약의 성도들을 집단적으로 대표하는 천사들.** 하지만 우리가 1-3장에서 "천사들"을 공동체를 대표하는 자로 이해한 것에 비춰볼 때(1:20의 주석 참조), 장로들은 신구약 성도들의 천사적 대표자일 가능성이 상당히 많다. 특히 숫자 24는 이스라엘의 열두 지파와 열두 사도들을 합친 수를 나타내거나 그렇게 한 결과일 것이다.[50] 계 4-5장의 중요한 배경을 제공하는 단 7:9ff.의 내용에도 천사라고 밝힐 만한 암시가 있다. 하늘 "보좌"에 앉은 천상적 존재들은 천사들이고, 다니엘서의 넓은 문맥

47) 이런 배경을 더 자세히 설명한 Fekkes, *Isaiah and Prophetic Traditions*, 141-43을 보라.
48) 구약과 유대의 병행 어구를 적절히 논의한 Baumgarten, "Duodecimal Courts," 65-72과 이와 비슷한 입장을 지닌 Geyser, "Twelve Tribes," 394-96을 보라.
49) J. M. Ford, *Revelation*, 80.
50) Krodel, *Revelation*, 155은 최근에 이와 비슷한 견해를 주장했다. 아래의 내용과 21:12-14의 주석을 참조하라. 흥미롭게도, *Asc. Isa.* 9:8-9에는 구약의 의인들이 "큰 영광 중에 서 있는 천사와 같다"고 언급된다.

(7-12장)에는 국가를 대표하는 천상적 존재들이 언급되어 있다(자세한 내용은 계 1:20의 주석 참조; *Midr.* 시 4.4은 단 7:10의 천상적 존재들을 "땅에 있는 산헤드린"을 대표하는 "하늘에 있는 산헤드린"이라고 밝힌다; 2Q24 fragment 4 는 단 7:9-18 장면을 반영하며, 거기서 "장로들"은 분명히 천상적 존재들을 가리킨다). 필론은 다음과 같은 방법으로 가장 높은 곳에 있는 천상적 존재를 언급한다. 그 존재는 분명히 천사인데, 성도들과 동일시되는 존재다. "천사들 중에서 장로의 직책(πρεσβύτατον)을 받은…하나님의 처음 난 자는 …그의 형상을 따라 지음 받은 자…이스라엘이다"(Philo, *Conf.* 146-47).

뢰이예는 계 1-3장의 천사들을 4:4ff.의 장로들과 동일시하는 것에 반대한다. 장로들은 늘 그들의 이름대로 행동하는 반면에, 천사들은 교회의 이름을 공유하고 교회의 잘못에 참여하기 때문이라는 것이 그 이유다.[51] 하지만 이것은 그 자체로 결정적인 반대 의견이 되지 못한다. 문제의 핵심이 "천사"라는 단어가 장로들에게 적용되지 않았음에도 불구하고 장로들이 천사들과 연관될 수 있는지가 아니기 때문이다. 더욱이 구약이나 신약 또는 요한계시록의 일곱 편지에서 공동체적인 대표자 사상을 표현할 때, 대표자나 대표되는 실체가 늘 함께 언급되어야 할 필요는 없다. 하지만 만일 장로들이 모든 성도를 대표하는 천사들이라면, 그들은 계 7:9-17과 19:4-9에 언급된 구원받은 허다한 그리스도인들과 구별되어서는 안 된다. 추측컨대, 사도들과 참 이스라엘이 이 무리들에 속한 사람들로 이해될 것이기 때문이다. 장로들이 5:8에서 성도들의 기도를 드리고 제삼자로서 구원받은 자들의 찬송을 부른다는 사실은 신자들과 그들을 구별시키기도 한다. 한편, 이들이 비록 모든 시대의 교회를 대표한다고 하더라도, 둘 사이가 구별된 것은 이들이 천사이기 때문이다(이것은 7:14에서 선견자가 장로 중 한 사람을 "나의 주"라고 언급한 사실에 대한 설명이 될 수 있다). 더욱이 3인칭으로 찬송을 부른다는 것은 예배에 나타나는 자연적 현상이기에 정체성의 구별을 암시하지 않을 수 있다.

---

51) Feuillet, *Johannine Studies*, 195.

또한 장로들이 사도로서만 이해되지도 않는 것 같다. 사도들은 숫자적으로 12명이었기 때문이다(참조. 21:14). 종종 그러하듯이, 사도들도 7:9-17의 허다한 그리스도인들과 구별되어서는 안 된다. 이 장로들이 이미 죽은 그리스도인들이라는 것도 개연성이 없어 보인다. 그들은 7:9-17에서 모든 시대의 구원받은 그리스도인 무리들과 구별되기 때문이다(참조. 15:2-4). 하지만 앞에서 "장로들"이 7:9-17의 그리스도인 무리들과 구별되는 집단을 가리킨다고 해도, 이런 견해에 큰 타격이 되지 않는다. 묵시적 환상들은 늘 체계를 잘 갖춰서 표현되지는 않기 때문이다. 이것은 대표 천사 견해를 고집하는 데 어울릴 만한 사례다. 우리는 앞에서 계 1-3장에 언급된 교회들의 사자(천사)가 교회와 동일시되는 동시에 교회와 구별된다는 것을 보았다. 천사들이 4:4에서 성도들과 동일시되면서도 이후의 환상에서 그들과 구별된 것은 전혀 예상하지 못할 일이 아니다. 이것은 신구약과 초기 교부들의 글에서 "장로들"의 핵심적 역할이 하나님의 백성을 다스리고 대표한다는 관찰과 일맥상통한다(예. 출 12:21; 24:9; 민 11:16-17; 왕상 8:1; 왕하 23:1; 스 5:5, 9; 6:7, 14; 10:8; 겔 14:1; 20:1; 행 20:17, 28; 벧전 5:1-5).[52] 하지만 개중에는 장로들의 대표적인 측면이 심지어 하늘에 있는 죽은 자들이나 이상적인 성도들에게 더 적용될 만하다고 주장하는 사람들이 있다. 몇 가지 예외는 있지만 위에 언급한 문헌에서 "장로"라는 용어가 인간에게만 사용된다는 것이 그 이유다(*Sifre* 민 92에는 산헤드린의 수와 관련하여 "장로가 위[하늘]에 있는 총회에[도] 앉아 있지 않는다면, 아래[땅]에 있는 총회에 앉아 있는 장로가 없다"고 천명되었다).[53]

(5) **족장들과 사도들.** 이 존재들을 모든 세대의 성도를 **함께** 대표하는 이스라엘의 열두 지파의 두령과 열두 사도들과만 동일시하는 사람들이 있다. 이렇게 동일시하는 이유는 이스라엘의 열두 지파의 이름과 사

52) 이런 사상과 더 자세한 참고문헌은 Schürer, *History of the Jewish People* II, 200-202; J. L. McKenzie, "Elders in the Old Testament"; Feuillet, *Johannine Studies*, 188-89; G. Bornkamm, *TDNT* VI, 655-68을 보라.
53) Feuillet, *Johannine Studies*, 188ff.

도들의 이름이 계 21:12-24에 언급된 새 예루살렘의 성곽과 동일시된다
는 데 있다. 다시 말하지만, 사도들이 그 무리와 일반적으로 동일시되어
야 한다면, 장로들을 7:9-17에 언급된 그리스도인 무리와 구별하는 것은
자연스럽지 않은 것 같다. 그럼에도 앞에서 주목했듯이, 이것은 치명적
인 반론은 아니다.

(6) 또 다른 관점은 장로들이 구약의 성도들과 연관된다고 이해하지
만 숫자 24가 구약성경 24권(유대인들의 분류에 따른 것-역주), 따라서 24
명의 저자가 있다는 유대 전통에 근거한다고 결론을 내린다.[54] 탈무드와
미드라쉬의 본문에는 구약성경이 전형적으로 "24권의 거룩한 책들"로
언급된다.[55] 이것이 비록 초기 기독교 전통에서 지배적인 생각은 아니었
지만, 그곳에서 입증된 것은 사실이다(예. Clement와 Jerome).[56] 아마도
가장 초기의 증거는 *Gospel of Thomas* 52일 것이다. 제자들이 예수에
게 이렇게 말씀드렸다. "예언자 24명이 이스라엘에서 말씀했습니다. 그
런데 그들은 다 주님에 대해 말했습니다."[57] 이것은 특히 매력적인 견해
다. 계 5:1ff.에 언급된 "책"이 구약성경과 동일시된다면 말이다(본서 5:1
의 주석 참조). 그렇다면 이 장로들은 그리스도에 의해 마침내 성취된 예
언을 기록한 저자이고, 그 예언을 입증하는 증인일 것이다. 적어도 이 유
대 전통은 요한으로 하여금 장로들을 구약의 성도들과 연관시키는 데
추가적인 영향을 주었을 것이다.

5절   단 7:9ff.와 겔 1:26ff.의 구조적 순서가 이제 배경으로 자리 잡았
다. 두 본문에는 보좌와 보좌 주변에 있는 것들이 언급된 후 불 비유가 묘
사된다. 5a절에 실제로 등장하는 용어들은 겔 1:13(참조. LXX)의 불 신현 묘
사에 영향을 받았다. 출 19:16의 비슷한 장면이 이차적으로 작용한 것이 분
명하지만 말이다.

---

54) Prigent, *L'Apocalypse*, 84-85.
55) 참조. *APOT* II, 624; 또한 4 Ezra 14:44-46도 참조하라.
56) 참조. Prigent, *L'Apocalypse*, 84-85.
57) *NTA* II, 302을 보라.

첫 번째 어구인 "번개와 음성과 우렛소리"는 8:5, 11:19, 16:18에서도 어구 하나 틀리지 않고 그대로 반복된다. 이 어구는 일곱 심판 장면의 매 결론에 등장한다. 그러므로 4:5의 문구는 하나님을 이 마지막 심판의 근원이신 분으로 넌지시 내비친다(여기서 하늘의 격변이 "보좌로부터" 나온다고 한 것에 주목하라). 이것은 고난당하는 그리스도인들에게 그들의 하나님이 주권자이시고 그들을 잊지 않으셨음을 확신시켜주는 역할을 한다. 하나님은 그리스도인들을 박해하는 사람들을 잊지 않으시고 불로써 확실히 심판하실 것이기 때문이다(예. 19:20; 20:9-10; 21:8).

5절 후반부는 일곱 등불 환상과 그 후에 해석이 따라오는 슥 4:2-3, 10의 패턴을 따른 것이 분명하다(계 1:12, 20도 같은 패턴을 따름). 스가랴서 본문에는 등불이 야웨의 영과 연관된다(슥 4:6). 겔 1:13에서 사용된 단어 중에는 스가랴서의 묘사와 겹친 것도 있다. 5a절에서 먼저 겔 1:13을 언급하고는 슥 4장의 사상이 떠올랐을 것이다. 두 본문 모두 "등불"(참조. LXX)에 관한 환상 이미지가 있기 때문이다. "일곱 등불"의 의미는 5:6에서 발전되었다(해당 본문 주석 참조).

6a절　　"보좌 앞에 수정과 같은 유리 바다" 같은 형상(ὡς θάλασσα ὑαλίνη ὁμοία κρυστάλλῳ)은 다음과 같은 내용을 반영했을 것이다. (1) 솔로몬 성전에 있는 물두멍, (2) 하나님의 거룩한 구별되심과 하늘의 광채, 또는 특히 (3) 홍해와 관련이 있는 천상적 유비 등. 이것들은 서로 호환된다. 그것이 하늘 성전 뜰에 있는 물두멍이라는 것은 4-5장에서 분명하게 묘사된 성전 이미지와 이후의 여러 장에서 이 장면에 사용된 이미지를 발전시킨 것에서 확증된다.[58] 홍해에 대한 암시는 계 15:2-4에서 뒷받침된다. 15:2-4에는 거의 같은 어구 ὡς θάλασσα ὑαλίνην("유리 바다 같은")이 있으며, 거기서 바다는 4:5-6에서처럼 "불"과 필수적으로 연결된다.[59] 두 본문은 두 경우 모두 "이김" 사상이 바닷가 또는 바다 위에 "서 있는" 사람들에게 적용되

58) Snyder, *Combat Myth*, 165ff.에 잘 논의되었음.
59) 참조. Hengstenberg, *Revelation* I, 259.

었다는 사실에 의해 연결되기도 한다(자세한 내용은 15:2을 보라). 15:2에 등장하는 바다는 새로운 출애굽에서의 홍해 및 모세의 새 노래와 동일시되었다. 이와 관련하여 계 4:6과 놀라울 정도로 유사한 것이 *Mekilta Rabbi Ishmael*(출 14:16에 대한 Beshallah 5.13-15)인데, 출 15:8("큰 물이 바다 가운데 엉기니이다")에 근거하여 홍해 고사에서 행해진 이적 중 하나가 바다가 엉겨 유리로 만든 그릇처럼 된 것이라고 기술한다(하늘에 있는 바다에 대해서는 *Test. Levi.* 2:7[a]; *2 En.* 3:3 참조).[60]

바다 이미지를 형성하는 데 가장 두드러진 배경이 겔 1:22이라는 사실은 "수정 같은 궁창의 형상"이란 어구와 앞에서 관찰한 겔 1장의 암시로 확증된다. 에스겔서와 본문에 사용된 표현은 하나님의 하늘 보좌의 바닥을 이룬 "수정" 또는 "얼음"과 같은 바다를 가리킨다(자세한 내용은 아래에서 설명함).

"바다"는 악 개념과도 연결된다. 케어드는 본문에서 바다가 우주적 악을 암시한다고 주장하며, 바다가 종종 구약성경과 요한계시록 여러 곳(계 13:1; 21:1과 특히 15:2, 그리고 11:7의 "무저갱"을 보라)에서 악의 의미를 지닌다는 것을 근거로 제시한다.[61] 이러한 사색은 이 본문들이 단 7장을 모델로 삼았다는 사실로 인해 지지를 얻는다. 짐승의 기원을 묘사하는 바다는 단 7장의 중요한 특징이며, 단 7장과 겔 1장에 여러 장면이 문학적으로 중요하게 연결되었기 때문이다. 일반적으로는 단 7장이 겔 1장에 의존한 것으로 본다.[62] 구약에서 홍해를 악한 바다 괴물의 거처로 묘사한 것은 이런 배경이 요한의 사상에 포함되었다는 점을 확증한다(참조. 사 51:9-11; 시 74:12-15; 겔 32:2).

다니엘서와 출애굽기 이미지의 관점에서 보면, 요한이 바다의 혼돈 세력이 하나님의 주권에 의해 잠잠하게 된 것으로 보았다는 단서가 있다. 계

---

60) 참조. McNamara, *New Testament and Palestinian Targum*, 203-4.

61) Caird, *Revelation*, 65-68. Caird와 마찬가지로, Carrington, *Revelation*, 114; Brütsch, *Offenbarung* I, 227-29; Mullholland, *Revelation*, 150-54도 계 4:6의 "바다"가 우주적 악과 결합되었다고 주장한다. Michaels, *Interpreting Revelation*, 114-17은 이 점에 대해 의문을 제기한다.

62) Rowland, *Open Heaven*, 96-100, 464-66; Kim, *Origin of Paul's Gospel*, 240-42. 6a절의 "바다"에 대한 여러 해석을 요약한 Sweet, *Revelation*, 119을 보라.

5:5ff.에는 그리스도가 죽음과 부활로 이기심으로써 악의 세력이 패했으며, 사탄의 혼돈의 물과 거처가 잠잠하게 되었다는 사실이 드러난다. 계 4:6에는 **하늘의 관점**에서 지옥의 물이 잠잠해졌다는 장면이 제시된다. 마귀가 하늘에서 결정적으로 패했기 때문에 땅에서 더욱 분노하여 그의 진노를 과시할 것이기는 하지만 말이다(자세한 내용은 5:6b; 12:12; 13:3의 주석 참조). 이것은 우주적인 "작전개시일"로 이루어진 잔잔함이다. 그때에 성도들은 마귀로부터 구원받지만, 마귀의 최종적이고 완전한 패배는 역사의 끝에 그리스도가 성도들과 심판하러 오심으로써 이루어질 것이다. 15:2-4에 묘사되었듯이 어린 양의 "이김"으로 인해 성도들도 같은 바다에서 짐승을 "이기는" 길이 열렸다. 요한이 나중에 "바다도 다시 있지 않더라"라고 말할 때(21:1), 그가 의미한 것은 이것이다. 그리스도의 나라가 땅에 완전히 세워질 때, 땅에 있는 모든 악이 패배하게 될뿐더러 완전히 제거될 것이라고 말이다. 사실 4:6에 언급된 "보좌 앞에 수정과 같은 유리 바다"는 22:1의 "하나님과 및 어린 양의 보좌로부터 나오는 수정 같이 맑은 생명수의 강"과 의도적으로 대조되는 것일 수 있다. 하나님의 보좌를 대적하는 사탄적인 악의 근원인 바다는 보좌에 그 근원을 두는 구원의 강에 의해 제거되고 대체된다.

후기 유대 문헌에서는 출 24:10과 겔 1:26을 인용하여 "바다"의 푸른색이 하나님의 하늘 보좌 앞에 있는 바닥과 보좌 자체와 비교된다(*b. Sotah* 17a; *b. Hullin* 89a; *b. Menaboth* 43b). 마찬가지로 푸른 바다는 겔 1:28을 근거로 하늘 보좌와 하나님의 형상 그 자체와 비교된다(*Midr.* 시 24.12; *Sifre* 민 §115; 비슷한 내용으로 *Midr.* 시 89.18; *Midr. Rab.* 민 4.13). 코란 27.44-45에는 솔로몬의 왕좌 앞에 있는 영빈관 바닥이 "수정처럼 매끈한…퍼진 물"과 같다고 묘사되었다.[63]

겔 1:22은 창 1:8("하나님이 궁창을 하늘이라 부르셨다")을 반영한다. 이 본문이 *Midr. Rab.* 창 4.7에는 다음과 같은 방법으로 자세히 설명된다. "[하나님이] 손으로 하신 작품[하늘]은 액체였고 둘째 날 그것이 굳어

---

63) 참조. M. Stuart, *Apocalypse* II, 112.

졌다."

　시 28편(LXX 29편)은 "그의 거룩한 궁정"과 직결된 "많은 물 위에" 거하시는 영광중에 계신 하나님을 언급한다. 그 시편은 종말론적 언급으로 결론을 내리는데, 성전에 있는 하나님의 영광과 직접 연관된 동일한 이미지를 사용한다. "여호와께서 홍수 때에 좌정하셨음이여 여호와께서 영원하도록 왕으로 좌정하시도다"(시 29:10). 요한이 요한계시록 이곳에서 시 28편(우리말 성경은 29편 – 역주)을 염두에 두었다면, 이 시편은 바다를 하늘 성전에 있는 물두멍뿐만 아니라 사탄적인 악의 장소와도 동일시하는 것을 지지한다.[64]

　6b-8a절　　요한은 6b-8a절에서 네 생물을 묘사하면서 계속하여 겔 1장(5-21절) 장면을 인용한다. 그 장면이 요한의 마음속에서는 겔 10:12-15, 20-22의 "생물들"을 묘사한 것과 합쳐졌다고 할 수도 있지만 말이다. 이 혼합된 그림은 요한 자신의 환상 묘사에 어느 정도 창조적으로 맞춰졌다.

　사 6장에 묘사된 스랍의 여섯 날개는 에스겔서의 장면을 보충한다. 네 생물은 "보좌 가운데" 있다고 언급된다. 이것은 아마도 그들이 보좌 가까이서 있다는 의미일 것이다.[65] 이 사실은 네 생물이 "보좌 주위에(κύκλῳ)" 있다는 뒤따라오는 말로써 분명해진다(그래서 RSV는 μέσῳ τοῦ θρόνου를 "보좌 각 측면에[on each side of the throne]"로 번역한다). 이것은 나중에 네 생물이 보좌 **앞에** 엎드려 경배했다는 사실로써 더 자세히 묘사된다(5:8; 19:4). 사 6:2(LXX)의 장면은 이 점에서 상당히 많은 영향을 주었다. 이사야서 본문에는 "스랍들이 여호와 주위에(κύκλῳ) 서 있었다." 브루어는 ἐν μέσῳ를 보좌와 어떤 다른 곳(가장 개연성이 있는 것은 장로들이 있는 곳) 사이를 언급하는 것으로 이해한다. 브루어는 보좌가 있는 방의 배열이 헬라 극장과 매우 유사한 형태를 지니고 있다고 생각한다(하지만 5:6의 동일한 어구를 설명한 본문

---

64) 후자에 대해서는 Snyder, *Combat Myth*, 166-68을 보라. Snyder는 바다가 악한 용을 상징하는 것으로 이해한 고대 근동의 배경에 비추어 시 29편의 홍수 이미지를 설명한다.

65) Rienecker and Rogers, *Linguistic Key*, II, 477.

주석 참조).[66]

ἐν μέσῳ τοῦ θρόνου가 보좌를 수호하는 네 생물을 묘사할 가능성이 있다(겔 1:15-26에서처럼 말이다). 홀은 그 묘사가 보좌가 언약궤를 패턴으로 삼았다는 유대교 해석에 의존한다고 주장한다. 이것은 구약성경에 뿌리를 둔 전통이다(출 25:17-22; 37:6-9을 렘 3:16-17과 비교).[67] 요세푸스는 "[땅에 있는 언약궤] 뚜껑에 "그룹" 둘이 고정되었는데…모세는 하나님의 [하늘] 보좌에 새겨진 그룹을 보았다고 말한다"라고 주장한다(Josephus, *Ant*. 3.137). 마찬가지로, *Pirqe de Rabbi Eliezer* 4과 *Midr. Rab.* 아 3.10.4에는 네 생물이 하늘 보좌 자체에 새겨져 있다고 천명된다. 의자 등받이, 팔걸이, 다리 등이 의자가 차지하는 공간 안에 있기에, 계 4:6의 네 생물이 "ἐν μέσῳ τοῦ θρόνου에 있다"는 것은 그들이 "보좌가 차지하는 공간 안에" 있다는 의미다. 또한 의자의 등받이, 팔걸이, 다리 등이 의자 주변에 있기에, 네 생물은 보좌 주위에(κύκλῳ τοῦ θρόνου) 있다는 말이다. 하지만 네 생물은 지상 성전에 조각된 것처럼 고정된 존재가 아니다. 그들은 상황이 요구하는 대로 이곳저곳으로 움직인다.[68] 치명적인 것은 아니지만, 본문을 이렇게 이해하는 데서 생기는 문제는 ἐν μέσῳ가 5:6에서는 어린 양과 관련하여 이런 식으로 분명하게 사용되지 않았다는 것이다(5:6의 주석 참조).

네 생물의 모습은 각각 사자, 송아지, 사람, 독수리인데, 십이 궁도(Zodiac)의 네 방위의 상징과 일치한다(황소자리, 사자자리, 전갈자리[가끔 사람으로 상징되기도 함], 물병자리 등). 이 네 방위는 중간에 있어서 하늘의 네 방위를 대표하며 바람의 네 방위와 사계절을 가리키기도 한다.[69] 만일 이것이 사실이라면, 그룹은 피조물 전체를 대표한다. 하지만 이 견해의 문제는 독수리가 십이 궁도에 속하지 않는다는 데 있다.[70]

---

66) Brewer, "Rev 4,6."

67) Hall, "Another Look at Rev. 4:6."

68) Hall, "Another Look at Rev. 4:6," 613.

69) Charles, *Revelation* I, 123.

70) Beasley-Murray, *Revelation*, 117을 보라.

다른 사람들은 네 생물을 하나님의 성품에 본질적인 생명과 능력의 충만함을 상징하는 것으로 해석해왔다. 여기에 열거된 각각의 동물이 각 종(種)의 우두머리라는 것이 그 이유다. 초기 교부들 중에는 주석적으로 뒷받침하지도 않은 채 네 생물이 사복음서 저자들을 대표한다고 추측했다. 별자리를 그 배경으로 염두에 두었는지와 상관없이, 네 생물들은 창조 질서의 모든 생명체를 대표하게 하려고 의도된 것 같다. 많은 주석가가 이 견해를 견지한다.[71] 후기 유대교 전통에서도 겔 1장에 등장하는 네 그룹이 동일하게 설명된다(예. *Midr. Rab.* 아 3.10.4; 참조. *Midr. Rab.* 출 23.13; *Midr.* 시 103.16; *Tanna de-be Eliyyabu* 161; *b. Hagigab* 13b). 계 4:6-8에서 네 그룹이 이처럼 대표적 역할을 한다는 사실은 9ff.절에서 중대한 의미를 지닐 것이다.

그룹("네 생물")은 피조물을 대표한다는 것 이외에도 창조주를 대표하기도 한다. 이러한 2중 상징은 묵시적 환상에서 얼마든지 예상된다. 네 생물에게 눈이 많다는 것은 하나님의 전지(全知)와 그들이 하나님의 일꾼들임을 상징한다. *Targ.* 겔 1:14에는 "살아 있는 피조물들은 그들 주인의 뜻을 행하러 보냄을 받는다"는 내용이 있다. 계 5:6, 8ff.의 내용에 비춰볼 때, 네 생물은 어린 양의 종으로도 이해해야 한다. 그들은 4장에 언급되는데, 그들이 하늘 보좌 주위에 있는 영원한 왕의 수행원일 뿐만 아니라, 인류에게 심판을 시작하고 최후의 절정 때까지 계속해서 그 심판을 시행하기 때문이다(참조. 6:1-8; 15:7).[72] 네 생물의 모든 것을 아는 눈은 온 땅을 살피며, 심판받을 만한 사람만 심판한다. 통찰력 있는 독자들은 하나님이 실제로 그들의 어려움을 아시고 그들을 위해 박해자들에게 이미 행동을 취하고 계시다는 것을 알기에, 그들에게 이 "네 생물"은 박해 중에도 끝까지 인내하라는 격려가 된다.

네 생물은 천사들 중에서 서열이 높은 실제 하늘의 피조물로 이해되도록 의도되었을까? 그들은 사 6장과 겔 1장의 모델들과는 다르기 때문에 단

71) 이 견해를 견지하는 현대 주석가들 목록은 Brütsch, *Offenbarung* I, 230-33을 보라.
72) Kiddle, *Revelation*, 92.

지 상징적 묘사에 불과할 가능성이 많다. 그밖에 다른 점이 있다. (1) 날개의 수도 다양하다. 에스겔서에서는 각 피조물에 날개가 넷이 있고, 이사야서에서는 각각 여섯 날개이며 세 쌍으로 구성되었다. 요한계시록에서는 각각이 여섯 개의 구분되지 않은 날개를 가졌다.[73] (2) 그들의 위치도 다양하다. 이사야서에서는 보좌 위에 서 있고, 에스겔서에서는 "바퀴"와 함께 보좌의 발판을 이루고 있다.[74] (3) 네 생물의 얼굴과 눈과 날개에 대한 묘사와 그들의 음성의 역할이 에스겔서와 요한계시록에서 약간 다르다. 일례로 겔 1:6-10에서는 네 생물 각각 네 얼굴(사자, 소, 사람, 독수리)을 가졌으나, 요한의 환상에서는 네 생물은 이 얼굴들 중 각각 하나만을 가지고 있다.[75] 심지어 구약성경에서조차 그룹을 다르게 묘사한다(예컨대, 왕상 6:24ff.와 대하 3:13은 겔 1:6과 다르다). 그리고 유대교 전통에서 그룹은 요한계시록에서처럼 하나님을 찬양하는 스랍과 함께 묘사된다(예. *1 En.* 61:9-11; *2 En.* 21:1). 반면에 겔 1장에는 그런 역할이 언급되지 않았다.[76] (4) 만일 "책", "인", "사자", "어린 양", "뿔", "일곱 눈" 등이 다 상징적이라면, 계 4, 5장의 환상의 다른 요소도 상징일 가능성이 많다. 이십사 장로와 관련해서도 동일하게 평가할 수 있다.

포겔게장은 4:6b의 "보좌 **가운데**"라는 난해한 문구가 겔 1:5(MT)에서 왔다고 제안한다. "그[큰 구름] 속에서 네 생물의 형상이 나왔다." 포겔게장은 네 생물의 위치를 보좌 주변에 있게 하고 그것으로써 겔 1:5을 설명하려는 요한의 바람 때문에 이 어구가 어색하게 되었으며, 네 생물

---

73) 유대교의 해석자들 중에서는 사 6장과 겔 1장의 천사들의 각기 다른 묘사들을 문자적으로 다음과 같이 어색하게 조화시키려한 사람들이 있다. 성전이 파괴된 후 날개 2개가 떨어져 나갔는데, 그것이 하늘에서 땅의 재앙을 반영한 것이라고 말이다(*Pesikta Rabbati* 33.11; *b. Hagigah* 13b).

74) M. Stuart, *Apocalypse* II, 117-19.

75) Vogelgesang, "Interpretation of Ezekiel in Revelation," 184.

76) 겔 1장과 계 4장 사이의 차이점을 더 자세하게 논의한 Vogelgesang, "Interpretation of Ezekiel in Revelation," 168-82을 보라. Vogelgesang은 요한이 에스겔서 본문을 창조적으로 활용했기에 차이점이 있다고 한다.

의 진짜 위치에 혼동이 야기되었다고 주장한다.[77] 하지만 그 어구는 좀
더 정확히 말하자면 LXX에서 온 것이다. LXX에는 "~에서(from)"가 아
니라 "~안에(in)"라고 되어 있다. 이것은 신현의 "구름"에 대해 언급할 뿐
만 아니라(1:14, 20, 28), 그 구름을 "보좌"와 연결시키기도 한다(1:26 MT에
서도 그러하다). 그러므로 요지는 이것이다. 네 생물이 서 있는 위치는 신
현의 보좌와 직접 관계가 있다. 이런 내용을 설명한 장면이 약간은 서투
르고 어색하지만 말이다. 같은 어구가 등장하는 5:6에서 어린 양과 보좌
의 관계를 설명하는 데에도 같은 결론을 적용할 수 있다.

이스라엘의 열두 지파는 광야에서 네 집단으로 나뉘었다. 각각의 집
단은 진 가운데 있는 성막을 중심으로 진의 네 방향 중 한 방향에 진을
쳤다. *Targ. Pal.* 민 2에 따르면, 각각의 집단에게는 제사장 흉배와 흉배
휘장에 있는 그들의 지파를 대표하는 보석 색깔로 만들어진 깃발이 있었
다고 한다. 사자, 수사슴(원래는 황소), 사람, 뱀(후기 전통에서는 독수리로 바
뀜) 등이 그것이다. 후기 유대교 전통은 이런 배치에 하나님의 보좌 주위
에 있는 네 수호천사들의 배치가 반영되었다고 주장한다.[78] 만일 이 자료
가 가장 초기 전통과 연관이 있다면, 이 자료는 계 4:8ff.의 네 생물이 인
류, 특히 하나님의 이상적인 공동체의 예배를 상징한다고 말할 수 있다.

네 생물에 "눈이 가득하다"는 묘사는 신성과 관련된 일반적인 종교사
적 상징일 것이다.[79] 하지만 여기서는 그런 배경과 명확하게 연결할 만
한 것이 없다. 오히려 본문의 암시는 겔 1:18과 10:12, 그리고 아마도 겔
1:14에 대한 타르굼을 반영한 전통과만 연관되기 때문이다. 겔 1장 배후
에 이런 배경이 있는지는 또 다른 문제다.

독법 κυκλόθεν καὶ ἔσωθεν("주위와 안에")은 κυκλόθεν καὶ ἔξωθεν
καὶ ἔσωθεν("주위와 안팎에")과 이와 비슷한 조합보다 선호된다(주로 046

77) Vogelgesang, "Interpretation of Ezekiel in Revelation," 57.
78) Ginzberg, *Legends of the Jews* VI, 83; III, 230-32(과 230-38); 참조. Seiss, *Apocalypse*, 106.
79) Lohmeyer, *Offenbarung*, 49.

69 [2351] *pc*). 본문의 독법은 최상의 사본과 대부분의 사본들, 그리고 전해지는 과정에서 ἔξωθεν("바깥에")을 ἔσωθεν("안에")으로 오독했을 가능성이 있다는 사실에서 지지를 받는다. 이런 오독은 두 단어가 서로 비슷하고 Σ 및 Ξ가 비슷하며 앞에 ἕξ("여섯")라는 단어가 있기 때문에 발생한 것 같다. 그 후에 몇몇 필경사는 나중에 ἔσωθεν으로 되어 있는 사본을 대하고, 또 다른 필경사는 ἔξωθεν이라고 되어 있는 사본을 보면서, 하나를 생략하기보다는 두 단어가 서로 비슷하므로 다 사용했을 수도 있다. "바깥에"는 "안에"와 잘 대조되는 용어라서, 더 긴 본문의 독법이 더 부드럽기도 하다. 그리고 두 단어는 "주위에"를 설명하기에 더 없이 좋아 보인다.

하늘의 생물들은 창조주 하나님을 찬양한다(4:8b-11)

계 4:8b-11의 찬양은 하늘에 있는 존재들과 불, 바다에 둘러싸여 보좌에 앉으신 하나님에 대한 환상을 해석한다(2-8a절). 하나님은 거룩하시고(8b절) 피조물 위에 주권을 가진 분이시다(8b, 11b절). 이것은 그가 찬송과 경배와 영광을 받으시기에(9-11절) 합당하심을 보여준다(11a절). **찬양은 환상과 4장 전체의 주제를 분명하게 한다. 즉 하나님은 그의 거룩하심과 주권으로 인해 영광을 받으셔야 한다는 것이다.**

이 단락에는 네 생물이 왜 생명체 전체를 대표하는지가 설명된다. 네 생물은 모든 피조물이 이행해야 할 역할을 한다.[80] 바꿔 말하면, 만물은 하나님을 찬양하기 위해 지음을 받았다. 하나님의 거룩하심을 찬양하고, 그의 창조 사역으로 인해 그를 영화롭게 하기 위해서 말이다. 동시에 언젠가 이 목적은 하늘에서만 아니라 땅에서도 실제로 성취될 것이다. 이것이 피조물이 고대하는 절정의 상태다. 이십사 장로들은 하나님을 찬양하고 영화롭게 하는 구원받은 사람들의 목적을 구체적으로 대표한다. 그리고 이 목적은 하늘에서 이십사 장로들에 의해서만 아니라 **땅에 있는 참된 믿음의 공동체에 의해서도** 실제로 수행된다.

---

80) Brütsch, *Offenbarung* I, 234-35.

8b절   그룹들의 찬양은 실제로 쉬지 않고 계속되는 것으로 보인다. 9-10절에 언급된 찬송이 시작과 끝이 있는 독특한 행동으로 구성된 다른 행위로 보이기는 하지만 말이다(특히 10절 시작과 더불어 καὶ ὅταν δώσουσιν τὰ ζῷα δόξαν["그 생물들이 영광을 돌릴 때에"]를 주목하라. 자세한 내용은 9절 주석 참조). 유대 문헌에는 이 그룹들이 자지도 않고 지속적으로 하나님을 찬양했다고 언급한다(*1 En.* 39:11-14; 61:12; *Test. Levi.* 3:8; *2 En.* 19:6; 21:1).

사 6장의 영향이 8b절에서도 계속된다. "거룩하다"고 3번 찬송하는 것은 스랍들이 온 땅에 충만한 하나님의 거룩하심과 영광을 노래하는 사 6:3을 배경으로 하기 때문이다. 사 6장을 가리키거나 그 본문에 근거한 전통이 있었을 것이다.[81] 사실 둘 다 포함되었을 개연성이 더 많긴 하다.[82] 사 6장이 8-9a절에 인용된 것은 그 본문의 신현 장면이 단 7장과 겔 1장의 장면과 매우 유사하다는 데 까닭이 있다. 본문의 사 6:3 사용은 15:8ff.에 언급된 하나님의 진노의 계시를 위한 기초를 제시한다. 계 15:8이 사 6:4("성전에 연기가 충만한지라")을 암시하기 때문이다.[83] 이런 연결은 본문의 사 6:4에 대한 암시가 계 4장에서처럼 하늘 성전 맥락에서 등장한다는 사실로 한층 강조된다(4:6과 15:2-7의 주석 참조).

8c절의 "주 하나님 곧 전능하신 이"라는 표현은 LXX에서 그 어구가 반복적으로 사용된 것에 근거한다(암 3:13; 4:13; 5:14-16; 9:5-6, 15; 호 12:6[5]; 나 3:5; 슥 10:3; 말 2:16).[84] 하나님을 지칭하는 두 번째 이름인 "전에도 계셨고 이제도 계시고 장차 오실 이"는, 1:4에서 관찰했듯이 구약성경과 유대 주해 전통에 근거한다. 이 3중적 칭호는 하나님의 무한하심과 역사의 주권자 되심을 표현한다. 더욱이 11:17에 비춰볼 때, 이 공식의 마지막 어구인 ὁ ἐρχόμενος ("장차 오실 이")는 미래에 단번에 이루어질 하나님의 종말론적인

---

81) Prigent, *Apocalypse et liturgie*, 57-66; Deichgräber, *Gotteshymnus*, 49.
82) Jörns, *Hymnische Evangelium*, 24-26.
83) 이 문제와 이사야서의 직접적인 영향을 자세히 설명한 Fekkes, *Isaiah and Prophetic Traditions*, 143-49을 보라.
84) 이 배경에 대해서는 Delling, "Zum gottesdienstlichen Stil," 128-33을 보라.

오심을 표현한다(1:4과 11:17의 주석 참조).[85]

　　"주 하나님 전능하신 이"와 "이제도 계시고 전에도 계셨고 장차 오실 이" 라는 두 칭호의 중요성은 시간을 초월하신 하나님에게 역사의 주권이 있음을 강조하는 데 있다. 하지만 이것은 하나님을 이해하는 추상적인 신학이 아니다. 독자들은 요한을 통해 주님의 천상적이고 비밀스런 회의실로부터 정보를 받는다. 이런 칭호들은 이 핵심적 환상의 의도가 "이제도 계시고 전에도 계셨고 장차 오실 이"의 초역사적인 관점을 주는 데 있음을 보여준다. 이것으로 말미암아 고난을 당하는 독자들은 하나님의 영원한 목적을 인식하여 환난을 당할 때 충성스럽게 인내할 수 있다. 구약성경에서 이 두 칭호의 사용례와 같이, 그리고 이미 우리가 1:4과 1:8에서 주목했듯이, 여기서도 하나님은 그의 예언자적 목적을 성취하시고 여러 가지 압도적인 역경에도 아랑곳하지 않고 그의 백성을 구원하실 수 있으시다(이 두 칭호들의 배경과 의의를 자세히 논한 1:4과 1:8의 주석 참조).

　　9절　　9a절에서는 네 생물이 "보좌에 앉으신 이에게" 찬양을 드리는 것으로 묘사된다. 천상적 존재들이 하나님을 찬양한다는 이 묘사는 구약에서 비슷하게 묘사된 일련의 신현 장면을 일반적으로 회상한 것이다. 그중에서도 사 6:1은 신현에 대한 주된 구절이다(참조. 왕상 22:19; 대하 18:18; 시 47:8[LXX 46:9]; Sir. 1:8; 단 7:9의 신현 장면들). 사 6:2-3이 8절에 암시되었기 때문이다.

　　9절의 마지막 어구에는 하나님의 보좌 묘사가 영원성에 의해 확장된다. 찬양은 "세세토록 살아 계시는 이에게"($\tau \hat{\omega}\ \zeta \hat{\omega} \nu \tau \iota\ \epsilon \mathit{i} \varsigma\ \tau o \dot{\nu} \varsigma\ \alpha \mathit{i} \hat{\omega} \nu \alpha \varsigma\ \tau \hat{\omega} \nu\ \alpha \mathit{i} \hat{\omega} \nu \omega \nu$) 드려진다. 다니엘서 이외의 구약성경에서는 이 어구의 다른 형식이 5번 가량 등장한다. 하지만 가장 근접한 언어적 병행은 단 4:34(Theod.)과 12:7에 등장하며, 각 본문에는 $\zeta \acute{\alpha} \omega$("살다")의 여격 분사 다음에 시간을 나타내는 $\alpha \mathit{i} \acute{\omega} \nu$("영원") 어구가 이어진다. 다니엘서에서 온 이 어구들은 계 4:9b에 가장 개연성 있는 집합적 영향을 주었을 것이다. 다니엘서에 기초한 이러한

---

85) 또한 결론적 어구의 종말론적 측면을 강조한 Jörns, *Hymnische Evangelium*, 27-28을 보라.

어구는 4-5장에 암시된 단 7장의 틀을 보충하기에 적합했을 것이다.

중요한 사본들 중에 직설법 대신 가정법 δωσωσιν으로 된 것들도 있다(ℵ 046 1854 2351 𝔐ᴬ). 문법학자들 중에서는 ὅταν+가정법 δίδωμι ("주다")가 반복("그들이 [찬양을] 드릴 때마다")인지 단순한 미래를 의미하는지("그들이 [찬양을] 드리게 될 때에")를 두고 의견이 갈린다. 전자라면, 이 어구는 히브리어 미완료와 같은 셈어 표현일 것이다. 따라서 이 어구는 문맥에 따라 현재, 과거, 또는 미래가 될 수 있다. 이 어구는 여기서 현재나 과거로 번역될 수 있으며, 반복적인 의미는 8절의 문맥에서 왔을 것이다.[86] 하나님을 찬양하는 것은 네 생물이 늘 해왔거나 늘 하고 있는 행위다. 만일 이것을 미래적 뉘앙스를 지니는 것으로 이해해야 한다면, 이 어구는 네 생물이 지금 하고 있는 행위가 미래에도 계속될 것이라는 사상을 나타낸다. 또는 이 어구의 미래적 의미가 하나님이 그의 손에 있는 책을 취할 때나(4:8과 5:1 사이) 어린 양이 그 책을 취할 때(5:7ff.),[87] 혹은 5:13-14의 찬송을 드리는 때[88] 등 한 번 발생한 사건을 언급할 수도 있다.

δίδωμι의 미래 직설법(δώσουσιν, "그들이 드릴 것이다")은 해석하기가 더 어렵기 때문에 원본으로 간주되며, 이 때문에 상대적으로 이해하기 쉬운 부정과거 가정법(δώσωσιν 또는 δωσι, "그들이 드릴")이 등장하게 되었을 것이다.[89]

9-10절의 모든 동사의 미래 시제가 한 번 발생한 사건을 언급한다는 사실은 ὅταν이 요한계시록 이외의 주요 본문에서 이런 식으로 사용되었고,[90] 이 단어가 요한계시록에서도 거의 이런 식으로 사용되었다는 사실에 의해 드러난다(계 10:7; 11:7; 12:4; 17:10; 18:9; 20:7; 그러나 9:5에서는 예외

---

86) MHT III, 86; Zerwick, *Biblical Greek*, 281.

87) Jörns, *Hymnische Evangelium*, 30-33; Corsini, *Apocalypse*, 130.

88) Mussies, *Morphology*, 342-47.

89) 참조. Mussies, *Morphology*, 343.

90) 참조. Jörns, *Hymnische Evangelium*, 30-33.

다). 그 독특한 사건이 5:13-14에 언급된 것과 동일시되었음에 틀림없지만, 5:8-12도 포함될 수 있다. 5:8-12에 4:9-11a과 병행하는 어구가 추가로 발견되기 때문이다. 이것은 요한계시록의 여러 곳에서 그룹들이 장로들과 함께 특정한 심판이나 구원 행위 후에 하나님을 찬양하는 예와 일치한다(5:8, 14; 7:11; 19:4). 이 결론은 4-5장의 환상들이 서로 밀접하게 연결되었음을 보여준다.

우리가 내린 결론은 바로 앞 문맥 4:8까지도 확장될 수 있다. 하지만 8b절에 언급된 그룹들의 천상적인 선포가 반드시 단번에 일어났다고 할 수는 없다. 8b절에서는 선포가 "밤낮 쉬지 않고"라는 진술로써 수반되는 내용을 설명한다. 밤낮 쉬지 않고 찬양하고 경배한다는 것은 유대교의 여러 문헌에 있듯이 장기적인 행위를 암시하는 것 같다(4:8b의 주석 참조). 그러므로 9-10절에 언급된 이십사 장로와 그룹들(네 생물)의 찬양 행위는 8b절에 묘사된 것과 다른 행위인 것 같다.

10절   네 생물이 경배하자 이십사 장로들은 엎드려 경배한다. 네 생물이 경배할 "때마다" 장로들은 즉시 찬양하기 시작한다.[91] 10절에서 하나님을 계속해서 묘사하는 가운데, 보좌에 앉으신 하나님의 신현을 나타내는 구약(특히 사 6장)과 동일한 어구가 9절부터 반복된다. 특히 하나님의 영원성을 계시한 다니엘서에 대한 암시가 반복되었다. 하나님의 영원성을 표현하는 같은 어구들은 8절에 묘사된 하나님의 동일한 품성을 더욱 강조한다. 8절에서는 하나님의 영원성이 결론짓는 3중적 칭호에 의해 암시된다. 단 4:34과 12:7에서 하나님의 영원성을 표현하는 어구는, 스스로 하나님인 것마냥 교만해지고(단 4:30-33; 11:36-37) 하나님의 백성을 박해하기(11:30-35; 12:7) 때문에 통치력을 빼앗긴 악한 왕들의 한시적 통치와 대조하려고 의도되었다. 이것은 4:8 끝에 있는 3중적 칭호의 동일한 중요성을 드러나게 한

91) Thomas, *Revelation 1-7*, 364. 요한계시록에서 나오는 면류관에 대해서는 Stevenson, "Conceptual Background to Golden Crown Imagery"를 보라. Stevenson에 따르면, 장로들이 그들의 면류관을 하나님의 발 앞에 드린 것은 창조주로서 인간에게 은혜를 베푸신 그를 경외하는 행위다. 면류관과 관련된 또 다른 설명에 대해서는 2:10의 주석 참조.

다. 앞에서 관찰했듯이, 같은 칭호가 이교의 신들에게도 해당되어 비판적으로 사용되었기 때문이다(1:4, 8의 주석 참조). 이것은 당대 사람들에게 참 하나님에게만 속하는 칭호들을 교만하게 사용하는 이교의 신이나 왕을 경배하지 말라는 경고다. 하나님의 영원하신 통치는 마침내 심판을 받게 될 악하고 신인 체하는 왕들의 한시적인 통치를 능가한다. 이러한 영원한 관점은 박해받는 그리스도인들이 계속해서 인내할 수 있는 견고한 기초가 되어야 한다. 지금은 압제자들을 당할 수 없다고 하더라도, 그들이 마침내 신원함을 받고 상을 받게 될 것을 알기 때문이다(참조. 단 12:1-3, 12).

        11절   하나님의 영원한 왕 되심과 한시적인 통치자들의 왕 됨을 대조하는 것이 10절의 의도라는 사실은 11a절의 하나님 칭호인 "우리 주 하나님"과 도미티아누스 황제를 부를 때 사용된 *dominus et deus noster*(우리 주 하나님)가 놀랄 정도로 비슷하다는 점에서 분명히 드러난다(Suetonius, *Domitian* 13).[92]

    11a절은 이십사 장로들이 하나님께 드리는 찬양으로 시작한다. 이 내용은 계 5:12-13과 매우 비슷하고, 단 3장을 반영한다(아래의 도표와 설명을 보라).

    11a절에 표현된 감탄의 근거는 11b절에서 제시된다. 하나님은 창조 사역을 마치셨기 때문에 찬송과 능력을 받기에 합당하시다는 것이다. 찬양의 근거는 3가지다. (1) 하나님의 창조는 그의 뜻에 기초하였고 그 뜻에서 나온다. (2) 하나님의 "능력"은 피조물들이 하나님을 찬양하면서 인정하듯이, 창조를 통해 계시되었다. 11b절에는 단 4장의 LXX과 Theod. 결론부분에서 묘사하는 느부갓네살의 찬송과 매우 비슷한 병행 어구가 있다(아래 단 4장 사용을 다룬 내용을 보라).[93]

---

92) 이 칭호와 이와 유사한 여러 칭호에 대해서는 K. Scott, *Imperial Cult*, 102-12을 보라.

93) 더욱 일반적인 구약성경과 유대교 배경을 주장하는 사람들도 있다. Jörns, *Hymnische Evangelium*, 37-38; Deichgräber, *Gotteshymnus*, 51.

계 4:11b	단 4:37(LXX), 35(Theod.)
ὅτι σὺ ἔκτισας τὰ πάντα καὶ διὰ τὸ θέλημά σου ἦσαν καὶ ἐκτίσθησαν ("주께서 만물을 지으신지라. 만물이 주의 뜻대로 있었고 또 지으심을 받았나이다")	τῷ κτίσαντι...τὰ πάντα ("만물을…창조하시는 이에게") καὶ κατὰ τὸ θέλημα αὐτοῦ ποιεῖ ἐν τῇ δυνάμει τοῦ οὐρανοῦ καὶ ἐν τῇ κατοικίᾳ τῆς γῆς ("그는 하늘의 권세로 땅의 사람들 가운데 자기 뜻대로 행하시나니")

ἦσαν καὶ ἐκτίσθησαν ("[만물이] 있었고 또 지음을 받았나이다")은 하나님이 실제로 창조하기를 시작하시기 전에 피조물이 그의 마음에 존재했었다는 의미로 받아들여졌거나,[94] 두 동사가 동의어(이사일의[二詞一意])로서 하나님이 "만물"을 창조하셨다는 사실을 강조하는 것으로 해석돼왔다. 첫 번째 동사는 창조 질서의 지속적인 보존을 언급하고, 두 번째 동사는 창조의 시작을 언급한다고 보는 것이 가장 좋을 듯하다. "만물은 지속적으로 존재하고 지음을 받게 되었다."[95] 동사의 시제뿐만 아니라 동사들 자체의 의미로도 이러한 뉘앙스의 차이를 보여준다.[96]

그렇다면, 하나님이 창조된 "만물"을 지속적으로 보존하신다는 것이 만물을 창조하기 시작하신 행동 이전에 언급된 까닭은 무엇일까? 사실 역순이 더 논리적인데 말이다. 그 까닭은 보존을 강조하려는 데 있다. 요한계시록 전체에서 드러나는 목회적 의도는 하나님의 백성에게 역사 안에서 그들에게 일어나는 일들이 다 하나님의 창조 목적에 속하는 것임을 인식시키려는 데 있다. 단 4:35-37의 찬송이 이 사실을 암시한다. 그 찬송에는 피조물에 대한 하나님의 주권만 아니라 지음을 받은 모든 것이 그의 목적을 위해 존재한다는 것, 특히 하나님이 역사 내내 그의 뜻을 방해 받지 않고 확실하게 이루신다는 사실이 강조된다. 하나님의 백성은 이 사실을 믿어야 한다.

94) Kraft, *Offenbarung*, 101.
95) A. F. Johnson, "Revelation," 464.
96) 미완료 시제 다음에 부정과거가 이어졌다는 사실을 주목하라. A. F. Johnson, "Revelation," 464에 반대함.

그래서 심지어 그들이 고난을 당하는 때에라도 그 고난에 구원의 목적이 있으며, 그 고난이 하나님의 뜻에 부합하다는 것을 확신할 수 있다. 그러나 하나님은 그의 백성을 위해 자신의 계획을 어떻게 수행하시는가? 계 5장은 하나님이 자신의 계획을 이행하시는 방법을 설명한다. 그리스도의 죽음과 부활을 통해, 그리고 하나님이 그를 따르는 사람들에게 주시는 성령을 통해서다.[97]

단 4:35, 37의 LXX과 Theod.에서 온 어구들은 느부갓네살이 하나님을 찬양한 것과 거의 같은 위치에 있다. 따라서 우리는 LXX이 MT이나 Theod.이 참고한 본문을 해석적으로 번역한 것이라고 결론을 내릴 수 있다. Theod.은 MT을 세밀하게 따랐으며 ποιέω("행하다, 만들다")와 θέλημα("뜻, 의지")를 사용하여 하늘과 땅에서 일어나는 역사적 사건들에 있는 하나님의 주권을 언급한다. 하지만 LXX은 Theod.과 MT에서 상당히 많이 벗어났으면서도 MT 32절에 대한 해석적 반추를 제공하는 것 같다. 이를테면 LXX은 ʿābēd(Theod.의 ποιέω)를 τῷ κτίσαντι("창조하신 이에게")로 번역하여, 아람어 동사를 역사적인 주권보다는 엄격하게 창조의 용어로 이해했음을 보여준다. 더욱이 창조 능력의 영역은 MT에서 말하는 것과 같지만 좀 더 확장된 형태로 표현되었다. "하늘과 땅과 바다와 강과 또 그 가운데 모든 피조물"(참조. 계 5:13a).

LXX과 Theod.의 독법은 지금까지 비교한 어느 본문보다 본문상으로는 계 4:11b에 더 가깝다. 두 역본은 τὰ πάντα 또는 πάντα τά("만물")를 동반한 κτίζω("만들다, 창조하다")의 부정과거 형태를 가지고 있다. 그리고 두 역본 모두 앞에는 비슷한 전치사가 있고 뒤에는 창조 행위를 표현하는 동사가 이어지는 θέλημα("뜻") 구조가 있다(이것이 해석의 전통이든, 아니면 요한이 κτίζω와 더불어 ποιέω["행하다, 만들다"]를 창조의 의미로 쉽게 사용할 수 있었든지 간에 말이다. 하지만 Theod.에서는 ποιέω가 그런 의미를 가지지 않는다).

---

97) Kraft, *Offenbarung*, 102.

계 4:11의 찬송이 10절에서 τῷ ζῶντι εἰς τοὺς αἰῶνας("세세토록 살아 계시는 이에게")라는 어구와 함께 찬양 행위를 가리키는 3개의 동사로 소개되었듯이, 영원성을 가리키는 같은 어구를 가진 동사 3개로 이루어진 도입어구가 단 4:34(Theod.)에 등장한다(τῷ ὑψίστῳ εὐλόγησα καὶ τῷ ζῶντι εἰς τὸν αἰῶνα ᾔνεσα καὶ ἐδόξασα ["내가 지극히 높으신 이를 축복하고 영원히 살아 계신 이를 찬양하며 영광을 돌렸다"]). 이와 관련하여, 단 4:34, 36(Theod.)의 δύναμις("능력") 및 τιμή("존귀")와 단 4:35, 36(LXX)의 δόξα("영광")의 사용은 계 4:11a의 세 단어와 동일하다. 다니엘서의 이러한 본문의 결합만큼 본문적·주제적·문학적 병행 어구를 포함하는 본문은 구약성경 어디에서도 발견되지 않는다. 구약성경 후기 문학에서 몇몇 일반적인 병행 어구가 있기는 하지만 말이다(1QS 11.17-22; 1QH 1.8-10, 13b-15, 25b-26a; Wis. 11:25; 13:4; 참조. 좀 더 폭넓게는 시 115:3; 134[135]:6).

11b절에 단 4:35-37의 영향이 있다는 사실은 계 4-5장이 다니엘서의 틀로 되었고 9b-11a절에 이미 다니엘서의 영향과 그 내용이 반영되었다는 사실에 근거하여 설명될 수 있다. 특히 단 4:34(Theod.)에서 온 τῷ ζῶντι εἰς τοὺς αἰῶνας("세세토록 살아 계시는 이에게")의 2중적 언급이 이를 입증한다. 흥미롭게도 Sir. 18:1에서도 같은 병행 어구가 발견된다(ὁ ζῶν εἰς τὸν αἰῶνα ἔκτισεν τὰ πάντα κοινῇ ["세세토록 살아 계시는 이가 만물을 다 창조하셨다"]). 의식적으로든 무의식적으로든 요한이 단 4:35-37의 표현을 하나님의 영원한 품성에 덧붙였을 것이다. 이것이 다니엘서 본문의 찬양 패턴이기 때문이다(Theod., LXX).

LXX에서 단 3장에 첨가된 내용(52ff절.) 가운데 계 4:11a과 그 문맥에 등장하는 것이 5가지 있다. (1) 찬양이 "당신"께 향함, (2) 하늘에 있는 존재들과 모든 피조물에게 하나님을 찬양하라고 권함, (3) 하나님은 "깊은 바다" 위에 보좌를 두고 앉아 계신 분으로 묘사되고, 그룹들은 성전에 앉아 있는 것으로 묘사됨, (4) 영원함이 반복적으로 표현됨, (5) 하나님을 찬양하는 것이 창조와 구속과 직접 연결됨 등. 이것은 요한이 다니엘서로부터 영향을 받은 유대 기독교 예배 전통에 익숙했다는 단서를 제공한다. LXX에서 "당신"께 향하는 찬양(εὐλογητὸς εἶ["당신은 복이 있으십니다"])의 삼분의 일은 단 3:26, 52-56에 있다(예. 52절, εὐλογητὸς εἶ, κύριε ὁ θεὸς, τῶν πατέρων ἡμῶν["주 우리 선조들의 하나님, 당신은 복이 있으십니다"]과 계 4:11a, ἄξιος εἶ, ὁ κύριος καὶ ὁ θεὸς ἡμῶν[우리 주 하나님, 당신은 합당하십니다]과 비교). 또한 εἰς τοὺς αἰῶνας("세세토록")가 단 3:52-88에서 거의 35번 사용된 것을 주목하라(계 4:10b도 참조). 이것은 단 3장이 초기 회당과 교회의 예배에서 이 어구가 광범위하게 사용되는 데 영향을 주었음을 의미한다.[98)]

하나님과 어린 양은 그리스도의 죽음과 부활로써 창조 위에 주권을 행사하기 시작하셨고 이로써 영광을 받으신다. 심판과 구원은 시작되었고 마침내 절정에 이를 것이다(5:1-14)

책(두루마리)을 가지고 보좌에 앉으신 하나님(5:1)

4장의 장면은 5:1에서 계속 이어진다. 4:9-11에서 찬양을 받으시는 "보좌에 앉으신 이"는 이제 그의 손에 책을 들고 계신 분으로 다시 묘사된다.

대부분의 학자들이 1b절이 겔 2:9b-10의 이미지를 반영한다고 바르게 이해한다. βιβλίον("책[두루마리]")은 κατεσφραγισμένον σφραγῖσιν ἑπτά("일곱 인으로 봉하였더라")로 더 상세하게 묘사되었다. 이것은 단 12장과 사 29:11이 혼합된 것으로 보인다(아래에 두 본문을 비교하고 논의한 내용을 보라).

계 4:1-5:1이 단 7:9ff.와 겔 1-2장 구조와 동일한 구조적 개요를 따른다는 사실을 상기할 필요가 있다(본서 4:1의 주석 앞에 있는 "구조 개요"를 보라). 이어지는 계 5:2-14의 분석에 따르면, 요한이 계속해서 단 7장의 개요를 따랐고, 겔 1-2장을 따르지 않았음이 드러난다. 겔 1-2장에 대한 암시가 5:2-

98) 참조. Delling, "Zum gottesdienstlichen Stil," 114. Delling은 11a절의 λαβεῖν("받으시는 것")을 단 5:31(MT 6:1)과 7:18이 결합된 것으로 이해한다.

14에 등장하지 않는 것은 아니지만, 단 7장에 대한 암시가 더 많이 등장한 다는 점이 관찰된다. 이러한 구약 배경이 모두 있다는 사실은 이 환상에 심 판 사상이 집중되었다는 점을 한층 더 부각시킨다.

전치사 ἐπί는 "위에" 또는 "안에"를 의미할 수 있다(후자에 대해서는 20:1을 참조하라). 그래서 여기서 말하는 책은 평평한 책이나 두루마리일 것이다(아래 내용 참조). 요한이 ἐν τῇ χειρί("손에")라는 어구를 사용할 수 도 있었을 것이다(1:16; 10:1, 8; 참조. 2:1).

다음 본문들을 비교해보라. 단 12:4(Theod.): σφράγισον τὸ βιβλίον("이 책을 봉하라"); 12:9(Theod.): ἐσφραγισμένοι οἱ λόγοι("이 말은 봉해졌 다"); 사 29:11: οἱ λόγοι τοῦ βιβλίου τοῦ ἐσφραγισμένου τούτου... ἐσφράγισται γάρ("봉한 책의 말…그것이 봉해졌으니").[99] 이 본문들을 함께 인용한 이유는 단어가 거의 같고 하나님의 계시를 감추는 봉인된 책이 라는 공통된 사상을 가지고 있으며, 이것이 심판과 결부되었다는 데 있 다.[100] 흥미로운 것은 사 29:9-12이 사 6:9-10을 발전시킨 본문이라는 사실이다. 사 6:9-10은 계 2-3장(들음 문구를 주목하라)과 4장에 반복적으 로 암시되었다. 더욱이 사 29:11-12과 계 5:3-4에는 그 책이 "인봉"되었 고 모든 사람이 윤리적으로 합당하지 않은 까닭에 그 책을 들여다볼 수 도 그 계시의 내용을 "읽을" 수도 없다고 한다(사 29:11과 계 5:4[2050 pc와 아르메니아어 역본 하나]는 모두 ἀναγινώσκω["읽다"]를 사용한다). 이런 구약 의 묘사는, 그 "책"이 심판과 관련된 것이 분명하기 때문에 겔 2장과 결 합되었다.[101]

책을 펴기에 합당하신 분(5:2-3)

2절　하늘의 전달자가 지금 우주를 향해 과연 누가 나서서 "두루마리를

99) Hengstenberg, *Revelation* I, 277; Hadorn, *Offenbarung*, 75.
100) Fekkes, *Isaiah and Prophetic Traditions*, 149-50은 사 29장 암시는 부인한다.
101) 참조. Schlatter, *Alte Testament in der johanneischen Apokalypse*, 61과 Sweet, *Revelation*, 127. Schlatter와 Sweet는 겔 2장과 단 12장이 함께 영향을 끼친 것으로 이해한다.

펴며 그 인을 떼기에" 합당한지, 그럴 수 있는지, 또는 그럴 권세가 있는지를 묻고 있다. 인을 떼기도 전에 두루마리를 편다는, 앞뒤가 맞지 않는 언급은 그리 중요하지 않다. 요지는 그 책을 소유할 권세에 있기 때문이다. 이것은 5:9에서 오직 "떼다"라는 단어만 등장한다는 사실에서 분명해진다. 6장에 인을 떼는 동작이 이어진다.

5:2에 묘사된 천사의 질문("누가 그 두루마리를 펴며 그 인을 떼기에 합당하냐?")에는 단 4:13-14, 23의 메시지를 전하는 천사와 관련한 매우 개략적인 내용이 있다(단 4:23[LXX]: "그는 한 힘 있는 자가 주님께로부터 보냄을 받은 것을 보았다"; 4:13-14[LXX]: "보라! 한 천사가 주님께로부터 힘 있게 보냄을 받아 외치기를"; 4:13-14[10][Theod.]: "한 거룩한 자가 하늘에서 내려와 힘차게 소리를 질러 이르기를").[102]

두 천사를 묘사한 용어만 비슷한 것이 아니라, 그들이 수행하는 역할도 같다. 다니엘서에 등장하는 천사는 하늘 회의의 내용을 전하는 대변인이며, 느부갓네살과 관련하여 심판과 그 후에 따라오는 회복을 선포한다. 계 5장에 등장하는 천사 역시 하늘 회의의 내용을 전하는 대변인이며, 우주와 관련하여 심판과 구원에 관한 하나님의 포고령을 선포한다.[103] 다니엘서와 요한계시록의 문맥에서 두 선포에 함의된 내용은 하나님 이외의 어느 피조물도 역사에 주권을 행사하거나 우주적인 계획을 시행하기에 합당하거나 그러한 권세를 가진 자가 없다는 것이다. 본문이단 4장을 배경으로 염두에 두었다는 것은 납득할 만하다. 단 4장의 동일한 문맥이 앞 절(계 4:9-11)에 영향을 주었기 때문이다(계 10:1, 3-4에서 단 4장의 천사를 더 분명하게 암시한 것을 주목하라. 계 10장에는 계 4-5장의 환상과 병행을 이루는 많은 어구가 있다).

---

102) 참조. Farrer, *Revelation*, 93.
103) 자세한 내용은 H.-P. Müller, "Himmlische Ratsversammlung," 254ff.를 보라.

"두루마리"

단 7:10에서 유래한 "펴 놓은 책들" 이미지가 계 5:2b에서 초점의 대상이 된다.

계 5:2b	단 7:10(Theod.)
ἀνοῖξαι τὸ βιβλίον("책을 펴기에")[104]	βίβλοι ἠνεῴχθησαν("펴놓은 책들"; 비교. 단 7:10[LXX])

2c절로 직결된 어구인 "인을 떼기"(λῦσαι τὰς σφραγῖδας)는 단 12장(사 29장 비교)의 "봉인"에서 더 영감을 받았음을 보여준다. 마지막 때에 일어날 일과 관련하여 책을 인봉하고 책을 편다는 사상은 구약성경에서 단 12장과 7장에서만 발견된다. 단 12:8-9은 마지막 날에 책의 인봉이 떼어질 미래를 암시한다. 심지어 단 12장 본문 전통에 λύσις("뗌, 해석")와 σφραγίζω("인봉하다")가 밀접하게 연관되어 있다. 각각 단 12:8(LXX)과 단 12:9(Theod.; 또한 단 8:26b과 사 29:18. 이 본문들은 부차적 배경일 것이다)을 비교하라.

책의 정체를 설명하는 다양한 해석[105]

βιβλίον("책")의 정체는 여러 다른 방식으로 설명된다.

구원의 책. 몇몇 사람들은 이 책을 세상이 창조되기 전에 기록된 모든 참 신자들의 이름이 있는 "어린 양의 생명책"으로 이해한다(참조. 3:5; 13:8; 20:12, 15; 21:27). "두루마리"가 "안팎으로" 채워져 있는 것은 구원받은 사람들의 이름이 너무 많아 책 안쪽에만 기록할 수가 없기 때문이라고 한다.[106]

---

104) 계 20:12: βιβλία ἠνοίχθησαν("책들이 펴 있고")과 ἄλλο βιβλίον ἠνοίχθη("다른 책이 펴졌으니")를 비교하라. 이 본문은 단 7:10의 분명한 암시이다.

105) 5장의 "책" 또는 "두루마리"에 대한 다양한 해석과 그 정체에 대한 주장을 요약한 Holtz, *Christologie*, 31-36; Jörns, *Hymnische Evangelium*, 38ff.; A. Y. Collins, *Combat Myth*, 22-26을 보라.

106) 예. Niles, *As Seeing the Invisible*, 55.

하지만 이어지는 몇 장에서 공개되는 책의 내용을 보면, 그 내용은 택함을 받은 자들을 둘러싼 사건들만 아니라 특히 불신자들에게 내리는 심판과도 관련이 있다. 더욱이 단 7장, 12장, 겔 2-3장에서 책들은 주로 심판의 사건들과 관련이 있다. 그 후에야 비로소 하나님의 백성의 구원이 이어진다. 계 5장의 책에 담긴 이러한 강조점은 이 책과 병행을 이루는 10장의 작은 책이 주로 심판의 사건을 포함하며, 이어서 구원 사건들이 소개된다는 점에서 명확해진다.[107]

구약성경. 다른 사람들은 이 "책"을 구약의 두루마리를 대표하는 것으로 이해한다.[108] 구약의 예언은 그리스도 안에서 성취되기에, 그리스도만이 구약의 참 의미를 풀("펼칠") 수 있으시다는 것이다(고후 1:20; 마 5:17). 이 제안은 요한계시록 내용 전체와 일관성이 있다. 요한계시록은 그리스도가 어떻게 구약의 예언을 성취하시는지에 초점을 맞추고 있기 때문이다. 하지만 이 견해의 문제는 단 7장, 12장, 겔 2-3장에 언급된 책이 구약을 상징하지 않고, 앞에서 언급했듯이 주로 결정된 심판의 사건들을 상징한다는 데 있다.

미래의 "대 환난" 사건들을 담고 있는 책. 또 다른 사람들은 이 "책"을 그리스도의 재림에 이르기까지 있을 미래 환난의 징벌적인 사건들과 성도들의 구원의 절정, 최후의 심판을 포함하는 책으로 이해한다. 하지만 본 주석은 환상의 다양한 사건이 종말론적 미래만 아니라 과거와 현재를 비롯한 시작된 마지막 때를 다루고 있음을 증명하려고 노력했다. 우리는 특히 이것이 계 1:1; 1:19; 4:1에서 논의한 사례에 해당한다는 점을 확인했다.

하나님의 심판과 구원 계획을 담고 있는 책. 본문의 "책"은 하나님의 심판과 구원 계획을 담고 있는 것으로 이해하는 것이 가장 좋다. 하나님의 계획은 그리스도의 죽음과 부활로써 시작되었으나 아직 완성되지 않았다. 천사가 묻는 질문은 창조 질서에서 누가 이 계획을 시행할 주권을 가지고 있

---

107) 참조. Caird, *Revelation*, 70-71. 그 책은 종종 죄로 인해 세상이 갚아야 할 빚 문서와 동일시되기도 했다. 2중적 문서 형태는 종종 빚 계약이었다는 것이 그 이유다. 하지만 6-21장에서 밝혀진 그 책의 내용에는 빚이나 심판뿐만 아니라 구원도 포함된다.

108) 예. Prigent, *Apocalypse et Liturgie*, 46-79; Mowry, "Revelation 4-5," 75-84.

느냐는 것이다.[109] 그 책이 심판과 구원 계획을 시행하시는 하나님의 권세를 가리킨다는 사실은 5:9-10과 5:12에 있는 찬양에서 분명하게 드러난다. 계 5:9-10에 있는 찬송에는 그리스도가 그 책을 받으시기에 합당하심이 그리스도가 자기 백성을 구원하시고 그들을 왕과 제사장으로 삼으시는 그의 권세를 가리키는 것으로 해석된다. 5:12의 찬송은 어린 양이 9-10절에 언급된 "책"을 받으신 것을 좀 더 일반적으로 그가 "능력과 부와 지혜와 힘과 존귀와 영광과 찬송을 받으시"는 것으로 해석한다.[110]

"유언"으로서 책. 바로 위에서 계 5:9-10을 5:12의 찬송으로 해석한 것은 그 책이 "받게 될" 유업을 명명한 유언임을 나타낸다(유언적 배경에 대해서는 아래 참조).

유업에 대한 언약적 약속

앞에서 밝힌 "책"에 대한 이해와 실낙원과 복낙원을 다룬 요한계시록의 더 넓은 신학적 문맥(참조. 2:7; 3:12; 22:1-5; 또한 12:14-17; 13:3의 주석 참조)에 비춰볼 때, 5장의 "책"은 유업에 대한 언약적 약속으로 이해해야 한다. 하나님은 아담에게 그가 땅을 다스릴 것이라고 약속하셨다. 아담은 이 약속을 박탈당했지만, 마지막 아담이신 그리스도는 그것을 상속하실 것이다. 인간이 그 책을 열어야 한다. 그 약속이 인간에게 주어졌기 때문이다. 하지만 그 책을 펴기에 합당한 사람은 지금까지 없었다. 모든 사람이 죄인이고 그 책에 기록되어 있는 심판 아래 있기 때문이다(5:3). 하지만 그리스도는 합당하시다. 그리스도는 그의 백성을 대신하여 죄 없는 희생제물로 최후의 심판을 받으셨기 때문이다(5:9). 그는 백성을 대표하여 구원하셨다. 그리스도가 합당하신 이유가 또 있다. 그가 백성을 구원하시고 죽음에서 다시 살아나심으로써 그에게 부과된 최후의 심판을 이기신 까닭이다(참조. 5:5-6). 그러므로 그리스도는 그 책의 약속들을 상속할(즉 "펼") 수 있으시다. 그리스도가

---

109) Sweet, *Revelation*, 122-24; Caird, *Revelation*, 72-73.
110) 참조. Prigent, *L'Apocalypse*, 104.

대표하시는 모든 사람이 그러하듯이 말이다(5:10은 그들도 그리스도의 나라와 제사장직에 참여한다고 한다. 참조. 1:5-6).

하지만 이 법적인 장면은 산산조각이 났다. 예수가 그 약속의 시행자이면서 동시에 상속자라는 것이 그 이유다. 그러나 이것이 큰 난제는 아니다. 히브리서에는 그리스도가 제사장이면서 동시에 제물로 그려졌고, 요한계시록에도 그는 주님이면서 동시에 성전으로 제시되기 때문이다(참조. 21:22).

Odes Sol. 23(기원후 100년경)은 그 책을 상속 유언장이라고 천명한다. 백성은 "봉인된 편지"를 "집어서 읽기"를 원하는 사람들로 묘사된다(7-8절). 봉인된 편지는 "하나님의 손가락으로 기록되어…두께가 두꺼워졌다"(21절). 하지만 "그들에게는 인봉을 떼는 것이 허용되지 않았다. 책을 인봉한 능력이 그들의 힘보다 더 크기 때문이다"(9절). 마지막으로 그 편지의 내용은 알려졌으며, 그 편지는 "나라와…섭리", "모든 것을 상속하여 소유하고" 불신자들을 심판할 "진리의 아들"에 관한 내용을 계시한다(18-20절. *Odes Sol.* 22.5을 주목하라: 하나님은 "나의[그리스도의] 손으로 말미암아 일곱 머리를 가진 용을 타도하셨다"; 참조. 계 12:3; 13:1). 나중에 *Odes Sol.* 23은 그 아들이 아버지와 성령님과 더불어 "세세토록 다스리신다"고 언급한다(22절). *Odes Sol.*이 계 5장과 형식적으로만 병행하는 것 같지는 않다. *Odes Sol.*이 계 5장에 의존했는지, 아니면 두 본문이 더 큰 사상의 일부분을 담고 있는지는 결정하기 어렵다. 요한계시록이 *Odes Sol.*보다 조금 일찍 기록되었기 때문에 전자일 개연성이 더 많은 것 같다.

언약적 약속인 그 책은 좁게 이해돼서는 안 되고, 포괄적인 방법으로 이해돼야 한다. 사실 그 책의 바깥쪽에도 글이 기록되었다는 것은 적어도 부분적으로는 (겔 2:10과 슥 5:1-3에서처럼) 그 책의 포괄적인 내용을 암시한다. 이런 포괄적 측면은 일곱 인이라는 비유적 숫자에 의해 한층 강조된다. 7은 요한계시록의 다른 곳에서 충만함을 의미한다. 그 책의 광대함에는 일차적으로 구약성경에서 제시된 하나님의 구원과 심판 계획이 포함되어 있다. 그것은 특히 십자가에서부터 새 창조에 이르는 모든 거룩한 역사의 발전을 포함하는 계획이다. 흥미롭게도, *Targ.* 겔 2:10은 두루마리에 "태초부터 있어왔던 것과 종말까지 계속되는 것"이 들었다고 언급한다.[111] 계 5장의 책은 종말적 특성이 있는 예정된 계획에 집중된다. 그 내용이 6-22장에서 계시되었고, 4:1에서 "이후에 마땅히 일어날 일들"이라고 요약되었다. 이것은 마지막 때를 가리키는 다니엘서의 암시다.

단 7장과 12장의 "책"의 배경도 법령적이고 종말론적인 측면을 부각시킨다. 같은 다니엘서의 언급은 겔 2-3장과 사 29장과 더불어 그 책의 심판적 특성을 강조한다. 이들 구약 본문의 문맥에 구원적 요소가 있는 것도 사실이기는 하지만 말이다. 구원과 심판에 관해 정해진 내용이 요한계시록의 환상 단락 전체에 걸쳐 자세히 묘사되었다. 예를 들면 역사를 다스리시는 그리스도의 주권, 교회 시대의 전 과정과 새 하늘과 새 땅에서 시행되는 그리스도와 성도들의 통치, 그리스도가 고난받는 백성을 보호하심, 박해하는 세상에 내려지는 그리스도의 한시적 심판과 최후의 심판 등이다. 흥미로운 것은 십계명도 안팎으로 기록되었다는 사실이다(출 32:15). 만일 십계명 돌판과 계 5:1의 책 사이에서 유비를 이끌어내려고 한다면, 그 책이 새 언약의 문서와 관련된다는 점이 암시되었을지도 모른다.

일단 인봉이 떼어지면, 독자들은 그 책의 법령적 특성과 역사의 목적을 이해할 수 있다. 심지어 독자들은 그들의 "고난이 하나님의 뜻에 따른 것"이라는 사실을 인식하며, "그들의 영혼을 그에게 위탁함"으로써 위안을 받을 수 있다. 하나님이 고난을 이용하여 그들을 "온전하게 하고, 견고하게 하고, 강하게 하고, 세우시기" 때문이다(벧전 4:19; 5:10; 본서 22:11b의 주석 참조). 세상의 혼돈 및 혼란에도 불구하고 질서 잡힌 종말론적인 계획이 있다. 그 계획은 무산되지 않으며, 사실 이미 성취되고 있는 것이다.[112]

---

111) 이와 비슷하게, *b. Erubin* 21a과 *ARN* 27a은 겔 2:10의 두루마리에 이생에서 의인들의 고난과 사후에 있을 의인의 상 및 악인의 심판이 기록되었다고 언급한다.

112) 참조. Torrance, *Apocalypse Today*, 28-33.

두루마리(Scroll)인가 아니면 책(Codex)인가?

누군가 그 책의 "인봉을 떼야" 한다는 것은 그 책이 둘둘 말린 두루마리인지 아니면 코덱스(현대의 책 형태의 전신)인지 질문이 제기된다. 이 질문에 어떻게 대답하느냐에 따라 6:1-22:5의 관점을 결정하는 해석의 열쇠가 제공될 수 있다. 그 책이 두루마리라면, 이럴 가능성이 많은데, 그 내용은 모든 인봉이 제거되어야(8:1 또는 8:6) 비로소 계시될 수 있다.[113] 비록 강세가 덜 하기는 하지만 그 책이 코덱스라고 하더라도 같은 결론을 도출해낼 수 있다. 계 5:1에 겔 2:9이 암시되었다는 사실은 안팎으로 글을 쓴 두루마리를 염두에 두었다는 사상을 지지한다(또한 슥 5:1-3을 보라. 계 6:14에 암시된 사 34:4 역시 5:1ff.의 내용이 두루마리라는 것을 가리킨다). 더욱이 두루마리는 코덱스보다 인봉하기가 더 쉽다. 한편, 비록 1세기의 사회에서 일반적으로 두루마리가 사용되었다고 하더라도, 기독교 공동체가 1세기 말에 코덱스를 사용했다는 좋은 증거가 있다.[114]

특히 4-5장과 요한계시록 전체의 예배적인 분위기 때문에, 코덱스 형식이 5:1에 묘사됐을지도 모른다(코덱스는 예배에 처음 사용되었다). 이런 이미지에 따르면, 인봉 하나하나가 각 단락을 인봉하며, 각 인봉을 제거할 때마다 그 내용이 점차적으로 드러나는 책을 그려볼 수 있게 된다.[115] 요한이 ἀνείλω("펼치다"[unroll])나 그밖에 다른 단어보다 ἀνοῖξαι("펴다"[open])라는 단어를 사용한 것을 보면, 그 책이 코덱스의 형태를 한 것임을 가리킬 수 있다(비록 사 37:14[LXX]에 두루마리에 대해서도 ἀνοῖξαι가 사용되긴 했지만 말

113) W. S. Taylor, "Seven Seals"는 이것이 개연성이 있다고 본다. 그는 인을 하나씩 뗌으로써 문서 내용의 일부가 공개된다는 것은 상식에 맞지 않는다고 생각한다.

114) 기원후 1세기 후반부터 코덱스가 사용되었음을 보여주는 문헌으로는 McCown, "Codex and Roll"; B. M. Metzger, *Text of the New Testament*, 6; E. Ferguson, "Codex," *ODCC*, 867-69을 보라. Roberts와 Skeat는 그리스도인들이 예루살렘에서 이르면 기원후 66년부터나, 아무리 늦어도 100년에는 확실히 코덱스를 사용하기 시작했다고 결론을 내린다. Roberts and Skeat, *Birth of the Codex*, 38-61. McCown; Liebermann, *Hellenism in Jewish Palestine*, 205도 같은 결론을 내렸다. 현존하는 가장 초기의 코덱스 목록에 대해서는 E. G. Turner, *Typology of the Early Codex*, 89-101을 참조하라.

115) 예. Rist, "Revelation," 406.

이다).

그러나 대부분의 주석가들은 계 5:1의 책이 두루마리라는 점에 의견의
일치를 보인다. 많은 사람이 그 책이 두루마리라고 해서 일곱 인이 다 떼어
질 때 비로소 내용이 계시된다고 결론을 내릴 필요는 없다고 생각하지만
말이다. 법적인 문서에서 (증인을 대표하는) 봉인이 문서의 내용을 요약된 형
태로 제시한다는 증거를 유언장 양식에서 발견할 수 있다. 그러므로 인을
하나씩 떼는 것은 그 문서에 기록된 내용의 한 부분을 자세하게 계시한다
는 것을 가리킬 수 있다. 그리고 어떤 두루마리는 그 내용의 일부분이 각각
의 봉인을 뗄 때 알려지도록 제작되기도 한다.[116] 계 5:1-2의 인봉에 대해
어떻게 이해하든지 간에 그 책의 내용의 일부분은 인이 하나씩 떼어질 때
마다 점차적으로 계시될 것이며, 인을 다 뗄 때까지 기다릴 필요는 없다는
것을 의미한다. 책의 내용은 8장보다는 6-7장에서 계시되기 시작한다. 그
래서 그 책이 두루마리인지 코덱스인지의 문제는 그 책의 내용이 드러나는
때를 결정하는 것과는 상관이 없다.

묵시문학적 문맥에서 인이 종말론적 사건들과 관련한 계시를 책에 감
추는 역할을 한다는 것은 사실이다(예. 단 12:4, 9; 사 29:11). 그래서 각각의
인이 책의 내용을 요약적으로 표기하는 것은 모순되는 것처럼 보인다. 하
지만 인봉은 계시 내용을 충분히 담고 있지 않다. 두루마리 안에 있는 내용
대부분은 여전히 신비에 속한다. 간추린 내용은 책 내부의 내용이 성취하
는 구약의 예언에 상응하는 내용으로 여겨질 수 있다(좀 더 점진적인 계시를
포함하기는 하지만 말이다). 더욱이 인봉을 제거하는 것은 어떤 문서의 내용
을 실행하는 것을 의미하기도 한다. 이것이 바로 계 5장에서 염두에 둔 사
실인 것 같다. 이럴 경우, 인봉에 장차 실행되거나 성취될 내용의 요약이 있
다는 것은 전혀 문제가 되지 않는다(자세한 내용은 아래의 설명을 보라). 요한
당대의 유언적인 배경과 함께 우리가 논의해온 1-5장의 시작된 종말이라

116) 참조. M. Stuart, *Apocalypse* II, 122-23; Düsterdieck, *Revelation*, 207; Charles, *Revelation*
I, 137; Morris, *Revelation*, 94; 또한 Stuart에 인용된 Ewald.

는 문맥은 요약된 내용이 있는 인봉의 2중적 의미를 가능케 한다.

찬은 문서 바깥쪽에 글을 기록하는 것을 봉인된 책 뒤표지에 글을 기록하는 것으로 이해하며, 본문의 책이 양면에 기록된 파피루스 두루마리보다는 코덱스에 더 어울린다고 생각한다.[117] 따라서 그는 ὄπισθεν("뒤에" 또는 "바깥에")이 γεγραμμένον("기록된")보다는 κατεσφραγισμένον("봉인된")을 수식하는 것으로 이해한다. 이것을 고려하여 번역하면 이렇다. "안에 기록되었고 일곱 인으로 뒤에 봉하였더라." 찬의 번역에 반대할 만한 내용이 2가지 관찰된다. (1) 4:6의 부사 ὄπισθεν과 신약성경에 있는 이 단어의 다섯 용례에 따르면, 이 단어는 앞에 있는 동사를 수식하지 뒤에 이어지는 동사를 수식하는 경우가 없다.[118] (2) 이 어구는 겔 2:9에 근거한다. 이사야서 본문에서는 책이 "앞뒤에" 기록되었다. 반면에, 요한은 에스겔서의 이미지를 바꿨을 가능성이 있다. 책의 바깥쪽에 봉인되었다는 단 12:4, 9의 암시에 의하면, 다니엘서의 이미지를 따라 변경이 발생했음을 보여준다.[119]

여기서 내부의 다른 단락들이 일곱 인으로 인봉된 두루마리나,[120] 봉인된 7개의 각기 다른 두루마리가 모아져 하나의 책이 묘사된다고 보는 사람들이 더러 있다.[121] 이것은 두루마리의 내용을 점진적으로 계시한다는 데에는 들어맞을지 모르지만,[122] 실제로 그럴 가능성은 별로 없다. 묵시적 환상에서야 얼마든지 이미지를 이상하게 혼합하는 것이 가능할 수 있지만, 두루마리를 이런 식으로 묶는 관례는 알려진 바가 없다.

2중으로 기록된 유언장

앞에서 간략하게 설명했듯이, 사실 5:1-2의 책은 부분적으로는 로마의 유

117) Zahn, *Introduction* III, 405-6.
118) Thomas, *Revelation 1-7*, 380.
119) 코덱스를 염두에 두었다고 결론을 내리는 사람들 목록은 Moffatt, "Revelation," 382을 보라.
120) Thomas, *Revelation 1-7*, 381.
121) Gill, *Revelation*, 734.
122) Thomas, *Revelation 1-7*, 381.

언장이라는 법적 배경에 비춰 이해해야 한다. 둘이 매우 유사하기 때문이다. (1) 이러한 유언장의 내용은 종종 뒷면에 요약해서 기록되기도 한다. (2) 유언장은 증인 7명이 증언하고 봉인한다. (3) 유언한 사람이 죽어야만 유언장은 공개되고(즉 봉인된 것이 제거되고) 상속과 관련한 법적 약속이 시행된다. (4) 믿을 만한 집행자는 유언이 법적 효과를 내게 한다. 요한이 이 유언장을 생각하지 않았다고 부인하지 못할 만큼 이러한 유사성은 많다. 그 책을 유언장 형식과 동일시하는 것이 옳다면, 우리는 다시 구약의 배경과 당대의 역사적 배경을 결합하게 된다(아래 내용 참조).

O. 롤러를 비롯하여 그밖에 여러 사람들은 계 5:1의 책이 유언장의 형식이 아니라 기원후 1세기 후반 로마 사회에서 사용되던 2중으로 기록된 계약서/증서의 모양을 거의 가지고 있다고 주장한다.[123] 이러한 법적 문서의 내용은 책 안쪽에 기록한다. 그런 다음 그 문서를 접고 통상적으로 일곱 인으로 봉인한다. 문서의 내용은 문서 뒤나 겉면에 충분히 또는 요약적으로 표시를 해둔다. 인봉과 겉에 기록한 것은 변조를 방지했다. 문서의 법적 내용을 집행해야 할 때 문서의 인봉이 제거된다. 롤러는 로마 세계에서 유언장이 2중으로 기록된 계약서 형식을 취한 적이 없다고 주장한다. 하지만 계 5:1의 책을 유언장과 동일시한 사람들은 유언장의 일반 형식(*per aes et libram*)이 일곱 인으로 봉인되었다고 설득력 있게 주장한다.[124] 2중 기록은 모든 종류의 계약과 증서에 사용되었으며, 유언장으로 사용된다. 특히 둘 다 일곱 인을 사용한다. 요한은 두 형식을 종합하고 싶었을 수 있고, 그 문서들이 공통적으로 일곱 인으로 봉인되었다는 사실이 그렇게 하는 데 동기를 부여했을 것이다.

배경에 있는 2중적인 문서는 그 책의 내용을 알기 위해 일곱 인을 떼

---

123) Roller, "Das Buch."

124) W. Smith, *Dictionary of Greek and Roman Antiquities*, 961-63; MacKenzie, *Studies in Roman Law*, 279; Zahn, *Introduction* III, 393ff.; Crook, *Law and Life*, 128-32; G. Schrenk, *TDNT* I, 618-10; Russell, "Roman Law Parallel"; G. Fitzer, *TDNT* VII, 941, 950; 그리고 Stauffer, *Christ and the Caesars*, 182-82. Stauffer는 아우구스투스와 베스파시아누스가 그들의 계승자들을 위해 일곱 인으로 봉한 유언장을 남겼다고 주장한다.

지 않아도 됨을 암시한다. 그 내용이 이미 문서 바깥에 기록되었기 때문이다.[125] 하지만 이것도 이 견해와 관련하여 제기될 만한 문제다. 단 8장과 12장과 계 5장의 인봉은 적어도 부분적으로나마 감추는 기능을 하는 것으로 보이는데, 2중 문서 개념에 따르면, 인봉에는 그런 감추는 기능이 없다. 문서의 내용이 인봉되었음에도 분명히 볼 수 있기 때문이다. 반면에 문서의 공개된 부분에서 그 내용이 간략한 형태로 되었다고 한다면, 이 문제는 그리 심각하지 않다. 바깥에 간략하게 기록되었다는 것은 구약성경에서 하나님이 마지막 때에 관한 내용을 계시하셨지만(다니엘서에서처럼), 그리스도에 의해 시작된 성취의 시기에서만큼은 분명하게 계시되지 않은 진리와 비유적으로 관련이 있다(참조. 엡 3:4-5. "그리스도의 비밀은 이제 그의 거룩한 사도들과 예언자들에게 성령으로 나타내신 것같이 다른 세대에서는 사람의 아들들에게 알리지 아니하셨으니." 이 본문은 계시가 구약시대에서는 어느 정도 주어졌고 새 시대엔 더 많이 주어졌음을 천명한다).

또 다른 문제는 겔 2-3장의 문서가 두루마리 형태의 책으로 되었고, 2중적으로 기록된 계약서가 아니라는 데 있다. 하지만 이것은 치명적인 반증은 아니다. 요한은 (다니엘서에 근거하여) 인봉을 언급함으로써 에스겔서의 이미지를 이미 부분적으로 변형시켰기 때문이다. 부가적인 변형이 아마도 유언이나 2중 문서 사상을 통해 이루어졌을 것이다. 두 경우 모두 다니엘서의 묵시적 인봉의 감추는 기능과 부분적으로 상응하기 때문이다(또한 사 29:11-14, 18의 인봉들도 계 5장의 묘사에 포함될 수 있다).

그러므로 인봉은 **부분적으로** 감추는 역할을 할 뿐만 아니라, 내부에 있는 내용들이 변경되거나 위조될 수 없다는 것을 보증하기도 한다. 인을 떼는 것은 자세한 내용을 충분하게 계시할뿐더러 그 내용을 **시행한다**는 의미이기도 하다. 사실 단 12장의 인봉은 감출 뿐만 아니라(8-9절) 그것이 제거될 때까지 예언의 성취를 지연시키는 역할을 한다. (사실 다니엘서의 인봉은 부분적으로만 감춘다. 10:21에서 알 수 있듯이, 다니엘은 그 책의 내용 중 얼마를 알고

---

125) Lohse, *Offenbarung*, 37-38.

있었다.) 이런 고찰은 인봉 위에 계시의 내용이 요약되었다는 것과 관련되는 인봉의 잠재적 문제를 어느 정도 덜어준다.

그러므로 계 5:2-4에 있는 천사의 질문과 그에 대한 대답은 누가 문서의 충분한 내용과 그 의미를 밝혀줄 수 있는지만이 아니라(참조. 10:7; 17:7),[126] 누가 그 내용을 시행할 수 있는가와도 관련이 있다.[127] 여기서 그 책의 내용의 계시와 시행, 그리고 구약 예언의 계시와 성취에 초점을 맞추는 것이 강조되었다는 것은 5:1-10과 연결된 1:1, 19; 4:1; 10:7; 22:6, 10에서 분명히 드러난다.

본문상의 문제

몇몇 사본들(A 2329 2344 pc 역본 하나와 교부 중 한 명)은 ἔσωθεν καὶ ὄπισθεν("안에 그리고 뒤에")을 본문으로 삼지만, 역본과 교부들의 강력한 지지를 받고 있는 다수 사본(𝔐)은 εσωθεν και εξωθεν("안팎에")을 본문으로 가지고 있다.[128] 대부분의 사본비평학자들은 전자를 선호한다. 그들은 전자가 두루마리를 묘사하기에 더 적절하다고 생각하면서, 교회가 신약성경의 복사본에 해당하는 코덱스를 보편적으로 사용하기 시작했을 후기 시대에 살았던 필경사에게 전자의 내용이 낯설었을 것이라는 점을 이유로 제시한다. 따라서 필경사들이 (후대에) ἔσωθεν καὶ ὄπισθεν을 εσωθεν και εξωθεν으로 바꾸었을 가능성이 더 많다.[129]

하지만 교회가 이미 1세기 후반부에 상당히 많은 코덱스를 사용하기 시작했으므로, 요한이 그러한 상황을 염두에 두었을 가능성이 많다. 그리고 "안에 그리고 뒤에"가 코덱스나 양면으로 된 법적 문서를 묘사하는 데 부적절하지 않다. 한편, 두루마리를 언급하는 겔 2:10에 대한

---

126) 참조. O. A. Piper, "Apocalypse of John and Liturgy of the Ancient Church," 13-16.

127) 2중 문서와 유언장 관점을 더 자세히 논의한 Holtz, *Christologie*, 32-35; Beasley-Murray, *Revelation*, 120-23을 보라.

128) 사본의 이문들 목록 전체는 Hoskier, *Text of the Apocalypse* II, 141-42을 보라.

129) Metzger, *Textual Commentary*, 737을 보라.

명확한 암시는 다른 방향을 지시한다. 물론 여기서처럼 요한이 겔 2:10
의 내용을 다른 배경과 혼합하며 그 이미지를 변경할 수 있음을 기억
해야 한다. 변형된 형태인 "안팎에"는 원본이 아니라고 주장할 수도 있
다. 4:6에서처럼 그렇게 읽는 것이 일반적으로 더 균형 잡힌 대조이고
독법도 부드럽기 때문이다. 더군다나 ℵ cop^{sa} Origen$^{2/4}$에는 εμπροσθεν
και οπισθεν("앞뒤로")이 있다. 이것 역시 원본이 아니다. 겔 2:10(B)
(ἔμπροσθεν καὶ…ὀπίσω["앞과⋯뒤"]. 몇몇 LXX 사본에는 다른 독법이 있다)에
동화시킨 것이기 때문이다. 그럼에도 이 부차적인 이문은 ἔσωθεν καὶ
ὄπισθεν이 원본임을 암시해준다. ὄπισθεν이 초기 시대에 속한 것임을 입
증하기 때문이다.[130]

이러한 본문상의 문제를 해결하는 것은 대부분의 해석자들이 생각하
는 것보다 훨씬 더 난해하다. 내적 증거를 고려한 그간의 축적된 연구 결
과는 여전히 "안에 그리고 뒤에"가 원본임을 지적하지만 말이다. 이 결론
으로 βιβλίον을 "두루마리"로 이해해야 하는지 "코덱스"의 형태로 이해
해야 하는지, 아니면 "양면에 기록된 계약서"로 이해해야 하는지가 결정
되지는 않는다.

해석적인 결론들

요한이 가끔씩 원래 문맥에서 알 수 있는 의미를 모두 가져오지 않고 단지
그 의미의 부분적인 측면만을 가져오는 방식으로 각기 다른 이미지들을 혼
합한다는 사실을 기억해야 한다. 동시에 요한은 상징을 매우 창조적으로
사용하기에, 책 비유의 정확한 역할과 구체적인 윤곽을 지나치게 철저히
분석하려는 목적으로 제시하지 않았을 가능성도 있다. 그러한 창조성은 유
대 묵시적 환상에 등장하는 상징들의 특징이기도 하다.[131] 이것은 다음 사
실로 확증된다. (1) 그 책을 "펴는 것"이 인을 "떼는 것"보다 앞에 언급된 것

---

130) Metzger, *Textual Commentary*, 737.
131) 참조. Brütsch, *Offenbarung* I, 245.

은 앞뒤가 맞지 않는다는 사실(5:2), (2) 바로 이 "책"에 대해 더 자세한 언급
이 없고, 요한계시록의 나머지 부분에서도 실제로 펼친다는 언급이 없다는
사실, (3) 비슷하지만 분명히 다른 책이 10장에 소개된다는 사실 등.

실제로 저자가 사용한 엄청난 양의 비유들을 문자적이고 조직적인 방
법으로 세심히 살피면 왜곡되고 혼란스러운 그림만 그려질 뿐이다. 예를
들어보자. 어린 양이 어떻게 역학적으로 다른 사람의 손에 있는 책을 취하
여 그것을 펴고 읽을 수 있는지(5:4, 7),[132] 또는 각 장로들이 수금을 들(고 연
주하)며 향이 가득한 대접을 동시에 들 수 있는지(5:8)[133]에 대해 질문하는
것은 적절하지 못하다. 그 책은 일반적인 상징일 것이고, 인이 하나씩 떼어
질 때마다 그 책의 내용의 계시적 상징의 여러 측면이 알려진 것 같다.[134]

주석가들 중에 이러한 묵시적 창조성에 충분히 민감하지 않은 사람들
은 늘 있기 마련이다. 예를 들어 보컴은 그 책의 내용의 점진적인 계시를
거부한다. 그 책이 그런 식으로 펼쳐질 수 있는 "매우 이상한 두루마리"라
는 게 그 이유다.[135] 하지만 이렇게 질문할 수밖에 없다. "무슨 표준으로 이
상하다는 것인가?" 사실 (Bauckham이 간과했던) 그 "책"의 배경이 될 만한
것들은 이러한 점진적 계시가 전혀 이상하지 않음을 보여준다.

대부분의 미래주의적 주석가들은 지금까지 내가 계 5장이 구약 예언의
시작된 성취에 대한 환상을 묘사한다고 논증한 것에 동의하지 않을 것이다.
인봉 비유는 다니엘서 이외에도 구약성경과 유대 묵시문학 여러 곳에서도
발견된다. 하지만 계 5:1ff.의 일곱 인은 단 12:4, 9에서 왔다(앞에서 두 본문
을 비교한 것을 보라. 또한 단 8:26 참조). 역사의 절정에 관해 다니엘이 질문한
것(예언이 언제 어떻게 성취되는지)에 하나님이 답변하신 것은 그 책을 "마지
막 때까지 봉함하라"는 것이었던 반면에, 지금은 그 대답이 요한과 더불어
최종적으로 임했다. 역사적으로 결정적인 그리스도의 죽음과 부활 사역으

---

132) Thomas, *Revelation 1-7*, 394이 제시한 왜곡된 설명을 보라.

133) 어린 양 이미지의 문제를 자세히 다룬 M. Stuart, *Apocalypse* II, 127-29을 보라.

134) 참조. Lenski, *Revelation*, 193.

135) Bauckham, *Theology of the Book of Revelation*, 80; *Climax of Prophecy*, 248-50.

로 말미암아, 다니엘서의 예언들은 성취되기 시작했기에 일곱 인은 제거되었다. 단 12:4과 계 5:9b을 비교해보면, 이런 결론의 타당함이 암시된다.[136]

계 5:9b	단 12:4(Theod.)
λαβεῖν τὸ βιβλίον καὶ ἀνοῖξαι τὰς σφραγῖδας αὐτοῦ("두루마리를 가지시고 그 인봉을 떼기에")	σφράγισον τὸ βιβλίον ἕως καιροῦ συντελείας("마지막 때까지 이 책을 봉함하라")

계 22:10("이 두루마리의 예언의 말씀을 인봉하지 말라. 때가 가까우니라")은 같은 내용을 전하기 위해 동일한 다니엘서 본문을 암시한다.[137] 계 5장 이하에서 그리스도가 책을 펴고 그 내용을 계시하신 것은 그가 요한에게 "이후에 반드시 일어날 일"을 보여주실 것이라는 4:1의 도입부를 직접 발전시킨 것이다.[138]

3절 천사의 질문에 오직 침묵만이 있을 뿐이다. 피조물 중에는 앞으로 나와 그 책을 펴거나 읽을 수 있는 사람이 하나도 없다. 이것은 하나님의 피조물 중에서는 하나님의 구원과 심판 계획을 시행할 수 있는 사람이 아무도 없음을 보여준다. 2b절에서 등장한 단 7장의 "펴진 책" 이미지가 3절에서도 저자의 생각 속에 머물러 있다. 사 29:11-12을 반추한 내용이 있을 수도 있다. 사 29:11-12에서는 그 책이 봉인된 까닭에 아무도 그 책을 보거나(참조. 사 29:18) 읽을 수 있는 사람이 없다고 한다.

---

136) Kiddle, *Revelation*, 74-75, 77. Kiddle은 그 책의 인을 떼는 것을 이런 식으로 이해한 유일한 주석가다.

137) 계 22:10이 5:1ff.와 동일한 성취 사상을 다루고 있다는 사실은 분명하다. 그 본문이 22:6부터 단 2:28ff.의 암시를 더욱 발전시키기 때문이다. 다니엘서 본문 암시는 1:1과 4:1에서도 발견된다. 시작된 성취 문맥에 등장하는 계 1:1의 다니엘서 암시는 22:6과 22:10에서처럼 ὁ καιρὸς γὰρ ἐγγύς("때가 가까우니라")로 더욱 충분히 설명된다. Bergmeier, "Die Buchrolle und das Lamm"은 계 5장의 책을 설명한 가장 좋은 주석이 1:1에 있다고 보고, 그 책의 내용은 마지막 때의 예언(즉 "반드시 속히 일어날 일들")과 동일시되어야 한다고 주장한다.

138) 참조. Alford, *Greek Testament* IV, 603.

선견자는 그 책을 펴기에 합당한 자가 없어서 크게 운다(5:4)

4절　　책을 펴기에 합당한 자가 아무도 없었기에 요한은 그가 1b절에서 예상했던 계시의 지식을 받을 수 없게 되었다.[139] 요한은 책의 인봉이 떼어질 수 없어 하나님의 영광스러운 계획이 수행되지 않을 것 같아 보였기 때문에 낙담했다. 이런 슬픔은 그의 구속자이신 예수 그리스도마저 그 책의 비밀과 능력을 풀기에 합당하지 않다는 순간적 인상으로 더 크게 느껴졌을 것이다. 이것은 요한에게는 역사의 진행 방향이 교회를 위하지 못함을 의미한다. "하나님의 백성은 쓰라린 시련을 당할 때에도 보호받지 못하며, 박해하는 세상에게 하나님의 심판은 내리지 않고, 신자들에게 궁극적인 승리는 보장되지 않으며, 새 하늘과 새 땅과 미래의 상속은 없을 것이다!"[140]

　　책을 펴고 그 내용을 보게 된다는 어구는 3b절과 3c절의 어구를 글자 그대로 재현한 것이다. 이로 인해 본문에 단 7장과 사 29장의 "책" 암시가 다시 반복되었다.

　　그래서 1-4절은 책을 묘사하기 위해 에스겔서와 다니엘서, 이사야서에 있는 이미지들에 근거한다. 단 7장이 영향을 제일 많이 끼쳤는데, 계 5:1-4의 "책"에 우주적 또는 보편적 의미가 분명하게 있고, 단 7장에 묘사된 책들도 세상 나라들에 내려지는 우주적 심판을 다루기 때문이다.[141] 반면 구약의 다른 문맥에서 "책들"은 이스라엘 안에 있는 사람들에 한정된 심판과 관련이 있다. 단 12장의 "책" 역시 보편적인 특성이 있으며, 그래서 단 7장과 더불어 주된 영향을 준 것으로 이해된다. 그 책의 보편적 범위는 계 5:2, 9, 12에서도 강조된다. "누가 그 두루마리를 펴기에 합당하냐?"라는 질문은 9절에서 공식적으로 답변된다. 거기서 그리스도가 합당하신 분으로 제시된다. 그의 죽음으로 말미암아 구원의 약속이 온 세상에서 성취되기 시작했

139) Moffatt, *Revelation*, 383.

140) Hendriksen, *More than Conquerors*, 109.

141) 책 배후에 있는 다니엘서의 배경을 온전히 묘사하려면 단 10:20ff.; 11:45-12:2; 12:10-11을 보라. 단 12:1ff.에서 "책"은 심판 및 구원과 관련이 있다. 참조. O. A. Piper, "Apocalypse of John and the Liturgy of the Ancient Church," 13. Piper는 단 12:4, 9을 "책"과 계 5장의 전체 장면에 주된 영향을 준 본문으로 이해한다.

기 때문이다. 이러한 보편적 구원이 책을 펴는 데 필수적이라는 사실은 책 자체에 보편적인 중요성이 있다는 사실을 암시한다. 12-13절은 예수가 책을 펴기에 합당하시기 때문에 피조물 전체가 보편적으로 찬송을 드린다는 선언으로써 이 사실을 더욱 부각시킨다.

선견자는 메시아가 책을 펴기에 합당하시다는 하늘의 계시를 받는다(5:5)

5절   선견자가 온 세상에 소망이 없음으로 인해 낙담하고 있을 때, 하늘로부터 책을 펼 수 있는 사람이 누군지가 선포된다. "책을 펴기 위하여…이긴" 메시아적 인물이 있다(ἀνοῖξαι ["펴기에"]는 목적이나 결과를 표현하는 부정사다). 그리스도를 묘사하는 "유다 지파의 사자"와 "다윗의 뿌리"는 창 49:9과 사 11:1, 10에서 왔다(참조. 렘 11:19; 23:5; 33:15; 슥 3:8).[142] νικάω ("이기다")는 언급한 구약 칭호들의 도입 역할을 하며, 그 칭호들에 담긴 "이김"의 중요성을 드러낸다. 두 칭호 모두 심판을 통해 그의 원수를 이길 메시아적 인물에 대한 예언을 다루기 때문이다. 예수는 이 예언들을 성취하신다. 창 49:9에 언급된 사자를 메시아적으로 해석한 내용은 타르굼 문헌과 그밖에 후기 유대교 문헌에서 등장한다.[143] 요한은 이런 유대교 전통에 영향을 받아 이 두 본문을 종합했을 것이다. 물론 요한이 직접 종합했을 수도 있지만 말이다.

νικάω ("이기다") 역시 2절에 암시된 단 7:10과 12:4, 9(과 사 29장?)의 반복인 5절의 마지막 어구와 직접 관련이 있다. 그래서 그리스도는 원수를 이기셔서 책을 펴고 그 인을 떼는 것으로 상징된, 하나님의 구원과 심판 계획을 실행하는 주권을 얻으셨다. 이 사실은 ἐνίκησεν ("그가 이기셨다")을 행위의 목적, 성취 또는 절정에 초점을 맞추는 "절정의 부정과거 또는 결과의 부정과거"로 이해하는 것으로써도 강조된다.[144] 2-3장에서 교회에게 "이기

---

142) "다윗의 뿌리"를 자세히 논의한 본서 계 22:16의 주석 참조.
143) *Targ. Neof.*와 *Targ. Ps.-J.*의 창 49:9-10; *Midr. Tanch.* 창 12.12; *Midr. Rab.* 창 97; 4 Ezra 11:37; 12:31-32(여기에서는 "다윗의 자손"과 결부하여 등장한다); 창 49:10과의 비슷한 결합이 1QSb 5.21-29에 등장한다. 참조. 1 Macc. 3:4-5.
144) B. Fanning, *Verbal Aspect*, 263-64.

라"(νικάω)는 반복된 권면의 근거와 소망은 어린 양이 교회를 위협하는 악한 세력들을 이미 "이기셨다"는 사실에 있다.[145]

메시아가 권세를 받기 위해 보좌 앞에 나가신다(5:6-7)

6a절   에스겔서의 네 생물과 이사야서의 이십사 장로들의 이미지 사이에 "죽임 당한" 어린 양이 서 계신다.[146] 어린 양이 "보좌와 네 생물과 장로들 사이에" 서 계시다는 것은 그가 보좌 위에 계시고 그룹들과 장로들이 둘러싸여 있음을 암시할 수 있다. 하지만, "보좌 사이에(ἐν μέσῳ τοῦ θρόνου)"라는 어구는 보좌 주변에 있는 안뜰의 영역을 가리키는 비유적인 방법(제유법)일 가능성이 더 많다. 어린 양이 보좌에 나아간다는 7절의 묘사에 비춰볼 때, 어린 양이 보좌 위에 앉기보다는 보좌 주변에 있는 안뜰 어딘가에 서 계시다는 것이 분명하다.

요한은 독자들이 본문과 4:6(4:6의 주석 참조)에 있는 천상적 존재들의 정확한 위치를 결정하기 위해 그의 구문을 분석하도록 의도하지는 않았을 것이다. 7:17에 사용된 μέσος("가운데에")의 경우도 이에 해당한다. 비록 5:9ff.의 넓은 문맥에서 어린 양이 보좌 위에 앉아 계심이 암시되었다고 해도, 7:17에서는 문법적으로 어린 양이 보좌와 밀접한 관계가 있음만을 언급한다고 말할 수 있다. 분명한 것은, 신약의 여러 곳에서 그러하듯이, 그리스도가 부활하신 후 하나님의 우편에 앉아 계시다는 사실이다. 종종 그가 아버지의 보좌에 앉아 계신다고 언급되기도 하지만 말이다(예. 3:21; 22:1). 5:6에서 어린 양은 보좌 가까이에 계셔서 보좌에 앉으러 갈 준비를 하고 계신 것처럼 보인다.

"보좌 사이에"가 "보좌 바로 곁 어딘가"를 의미한다는 사실은 같은 어구가 4:6에서도 사용된 것으로 보아 분명하다. 4:6에는 이 어구

---

145) Wall, *Revelation*, 102.

146) 본문과 요한계시록 전체에서 어린 양 이미지를 총체적으로 분석한 Hohnjec, *"Das Lamm" in der Offenbarung*을 보라.

에 이어 "보좌 주위에"라는 어구가 이어진다. 제안된 히브리 어법 "사이
에"(between)는 ἐν μέσῳ("사이에" 또는 "가운데")로 번역되었을지도 모른
다. 하지만 이것은 6a절의 마지막 ἐν μέσῳ 어구를 어색하게 번역하는 결
과를 낳는다. 이 어구는 "가운데"(in the midst)라고 번역하는 것이 가장
좋다. 또한 LXX은 bēn...ûbēn(사이와…사이에)을 번역할 때, 전형적으로
ἐν + μέσος보다는 ἀνά+μέσος를 사용한다(예. 창 1:4, 7, 18; 3:15; 9:16-17).

　　"죽임 당한 어린 양"의 각기 다른 배경 2가지가 제안된다. 그 배경이 구
약의 유월절 어린 양을 가리키는 것이라고 이해하는 사람들이 있는 반면
에, 사 53:7의 "도수장으로 끌려가는 어린 양"을 선호하는 사람들도 있다(참
조. 사 53:8ff.). 하지만 이 중에 어느 것도 배제해서는 안 된다. 두 경우 모두
계 5:6에서 어린 양의 중심적인 기능과 중요성을 비유적으로 묘사한다는
공통점이 있기 때문이다. 두 경우 모두 어린 양이 하나님의 백성을 위해 구
원과 승리를 성취하신다고 말한다.[147] 사 53장 배경은 "뿌리"(ῥίζα; 참조. 사
52:2과 계 5:5)와 "어린 양"(ἀμνός, LXX) 비유를 희생제사에 적용할뿐더러, 특
히 어린 양의 희생적 죽음의 속죄적 측면을 강조한다. 사실 "뿌리"는 계 5:5
에 암시된 사 11:1, 10에도 등장하는데, 이는 같은 비유가 사용된 사 53:2에
도 관심을 불러일으켰을 수 있다.

　　유월절과 사 53장 배경은 ἀρνίον("어린 양")의 사용으로도 암시된다. 이
배경 뒤에는 아람어 ṭalia'가 있으며, "어린 양"만 아니라 "종"과 "사내아이"
를 의미한다. 만일 그렇다면, ἀρνίον은 유월절 어린 양과 사 53장의 종으로
서 어린 양을 혼합하기에 가장 적합한 단어일 것이다.[148] 요한이 혼합한 부
분과 어느 정도 비슷한 것이 4 Ezra 15:10에서 사 53:7을 이스라엘이 애굽
에서 당한 고난에 적용한 예다. "나의 백성은 마치 양무리처럼 도살장으로
끌려갔다"(비슷한 예가 Pseudo-Philo 30:5에도 등장한다). 사 53:9에 희생자가
죄가 없다고 예언된 내용은 계 5:9에서 예수의 "합당하심"의 밑바탕이 된다

---

147) 참조. Comblin, *Christ dans l'Apocalypse*, 26, 31; Swete, *Apocalypse*, cxxxix.
148) 참조. J. Jeremias, *TDNT* I, 338-41; Kraft, *Offenbarung*, 109.

("그 인봉을 떼기에 합당하시도다. 일찍이 죽임을 당하사").

어린 양이 **뿔**을 가지셨다는 것은 승리하는 메시아적 어린 양을 다룬 *1 En.* 90장과 *Test. Jos.* 19에서 발견되는 유대교 전통을 배경으로 설명하는 것이 가장 좋다(이 후기 문서들을 그리스도인들이 삽입한 것으로 이해하는 사람들도 있기는 하다). 하지만 이 두 유대 문서들도 우선적으로 다니엘서에서 영감을 받은 것임이 밝혀졌다.[149] 5절에서 뿔을 νικάω("이기다")와 메시아의 이김을 보여주는 구약의 암시와 연결시킨 것은, 뿔을 5절에서 시작된 "메시아적 승리자"라는 사상의 연속으로 보는 근거를 제공한다("뿔"이 능력을 대표하는 것으로 보는 신 33:17; 왕상 22:11; 시 89:17; 단 7:7-8:24; *1 En.* 90:6-12, 37 참조). 어린 양에게 **일곱 뿔**이 있다는 것은 그의 힘이 충만함을 상징한다. "일곱"은 요한계시록과 성경 문헌에서 충만함을 가리키는 비유이기 때문이다.

그러므로 죽임을 당한 어린 양은 원수를 패배시키기는 하지만 치명적인 상처를 입은 승리자 이미지를 나타낸다. 마지막 때의 메시아적 어린 양의 희생인 그리스도의 죽음은 구원할 뿐만 아니라 이기기도 하는 희생으로 해석된다.[150] 창 49장과 사 11장, 어린 양의 "뿔"은 이김 사상을 떠올리게 한다.

6절은 "유다 지파의 사자, 다윗의 뿌리"가 어떻게 이겼는지를 이해하는 데 결정적이다. 의심의 여지가 없이 6절은 예수가 부활하신 분이며, 부활은 그의 이김에 본질적임을 묘사한다. 예수는 죽은 자 가운데서 다시 살아나심으로써 죽음을 이기셨다. 하지만 어린 양이 이기심으로 이룩한 현재적 승리의 결과는 어린 양이 계속해서 "서 계시다"는 사실뿐만 아니라, 그가 **죽임 당한** 어린 양으로 계속 존재하신다는 사실에도 있다. 현재완료 분사인 ἐσφαγμένον("죽임을 당하신")은 (고전 2:2의 "십자가에 못 박힌"이라는 현재완료

---

149) 자세한 내용은 Beale, *Use of Daniel*, 67-95을 보라.

150) Koch, "Das Lamm", 93을 보라. Koch는 유대교 전통에서 모세가 메시아적 "구원자" 대망과 연결된 "출애굽 사건의 지도자인" 어린 양으로 이해되었음을 주목한다. 사 53:12a에 있는 승리의 뉘앙스를 참조하라. 6절의 "어린 양"에 대한 다양한 견해를 자세히 논의한 Holtz, *Christologie*, 39-47; Schüssler Fiorenza, *Priester für Gott*, 268-71을 보라. 구약성경과 유대교 배경에 대해서는 Fekkes, *Isaiah and Prophetic Traditions*, 153-58을 보라. Fekkes는 유월절 배경을 주된 배경으로 본다.

시제처럼) 죽임을 당한 과거 행위의 결과로 존재하는 상태를 표현한다.[151]

부활뿐만 아니라 죽음과 같은 패배 그 자체도 역설적으로 그리스도의 승리였다. 이를테면, 사자이신 그리스도는 어린 양처럼 죽임을 당하심으로써 이기셨다. 이것은 5장에서 매우 중요한 사건이다.[152] "죽임을 당한 것 같다"라고 번역한 것은 불필요하고 오해의 소지가 있다. 마치 어린 양이 죽임을 당한 것처럼 보였지만 실제로는 죽지 않은 것처럼 말이다. 그대신 "죽임을 당하신 것으로"(as slain)라고 번역하는 것이 가장 좋다. 이것은 9절에서도 확증된다. 어린 양의 죽음은 그가 백성을 구원하고 그들을 "나라와 제사장"으로 세우신 것과 아울러 그의 "합당함"과 이김의 근거가 된다. 이와 관련하여, 2절과 4절 그리고 거의 같은 어구를 가지고 있는 9절의 ἄξιος ἀνοῖξαι τὸ βιβλίον("책을 펴기에 합당한")은 5절의 ἐνίκησεν…ἀνοῖξαι τὸ βιβλίον("이기셨고…책을 여시리라")과 동의 대구다. 9-13절에는 그리스도의 합당함의 근거로 부활이 (전제되었지만) 언급되지 않았다. 그의 구속의 죽음만 언급되고 찬양에서 반복되었다(9, 12절). 이 사실은 무척 중요하다. 4장과 5장을 마무리하는 찬양은 각각 앞서 묘사된 환상의 의미를 해석하며 요약하는 것이기 때문이다(4:8b-11; 5:9-14의 주석 참조). 그리스도의 죽음 자체가 승리라는 점이 5:10에서도 강조된다. 계 5:10은 그리스도가 그의 백성을 "나라와 제사장"으로 삼으신 것을 그의 부활이 아니라 그 백성을 위해 죽으신 그의 죽음과 바로 연결한다(5:9).

그리스도의 이김이 심지어 부활 이전에도 시작되었다는 사실은 다음과 같은 내용을 고려하면 분명하다. 첫째, 우리가 일곱 편지에서 νικάω의 사용례에서 보았듯이, 신자들은 고난과 환난 중에 그들의 믿음을 통해 인내함으로써 이긴다(예. 2:7의 주석 참조). 계 12:11은 이 사실을 매우 알기 쉽게 표현한다. 이기는 자는 그리스도에게 충성한다. 이것은 그가 고난을 당하더라

---

151) Sweet, *Revelation*, 128; Lenski, *Revelation*, 200; Mounce, *Revelation*, 146; 참조. O. Michel, *TDNT* VII, 934.

152) Vogelgesang, "Interpretation of Ezekiel," 346.

도 그 나라에 참여한다는 것을 의미한다(1:9). 성도들은 그들이 죽은 후 마지막 때의 상을 받거나 최후의 부활을 경험하기 전에도 이런 방법으로 승리한다. 예수의 이김도 그의 백성의 이김과 본질적으로 같은 것임이 틀림 없다. 예수와 그의 백성은 서로 긴밀하게 연결되었기 때문이다(3:21). 그러므로 예수의 "이김"은 그가 부활하기 이전에 일어났다고 볼 수 있다. 둘째, 1-3장에서 수많은 칭호가 거의 동일하게 예수께 적용되고는 있지만, 4-22장에서 그를 지칭하는 주된 칭호는 "어린 양"이다(27번 등장함). 더욱이 이 칭호는 구약의 예언에서 메시아의 나라와 그가 하나님의 원수를 이긴 승리를 지칭하는 메시아적 칭호를 가리키는 대체어로 사용되었다. 예를 들어 "어린 양"이 계 5:6-13에서는 단 7장의 "인자"를 대신하며, 7:16-17에서는 사 49:10의 야웨의 종을 대신한다. 어린 양은 계 17:14에서 단 4:37(LXX)의 "만주의 주와 만왕의 왕"과 동일시되며, 21:23에서는 야웨의 마지막 때의 임재와 연관된다(참조. 사 60:19-20).

이처럼 "어린 양"이 주된 칭호로 사용되고 다른 칭호들을 대체하게 된 것을 어떻게 가장 잘 설명할 수 있을까? 가장 개연성이 있는 설명은 요한이 예수가 메시아의 나라에 대한 구약의 예언들을 역설적인 방법으로 성취하기 시작하셨음을 강조하려 했다는 것이다. 구약은 메시아의 최후의 승리와 통치를 예언한다. 요한의 독자들은 이런 목표가 십자가의 고난에 의해서만 성취되기 시작할 수 있음을 인식해야 했다.[153] 이것이 계 5:5-6에 "사자"와 "어린 양"이 나란히 열거된 의도라는 것은 요한계시록의 여러 곳에 등장하는 패턴에서 감지된다. 환상들은 하늘의 음성을 해석하기 위해 하늘의 음성들 바로 뒤에 등장한다(종종 이 패턴의 순서가 바뀌기도 한다. 본서 서론의 "상징 해석"을 보라).

따라서 사자는 처음에 죽임당한 어린 양이었고, 고난을 통해 이겼다. 이처럼 사자와 어린 양이 나란히 언급된 것은 신자들이 세상을 대항해 싸우

---

153) Caird, *Revelation*, 74-75도 비슷하게 이 사실을 강조한다. 비록 Caird가 실수로 하나님의 원수들의 최종적이며 문자적인 패배에 대한 여지를 남겨두지 않지만 말이다.

는 와중에 그리스도도 세상으로부터 고난을 당하셨지만 세상을 이기셨다는 사실을 기억해야 함을 암시한다. 그리스도의 운명은 신자들의 운명이 될 것이다. 신자들이 인내한다면 말이다. 계 14:4-5에 성도들이 "어린 양이 어디로 인도하든지 따라가는 자"로 묘사되고, 심지어 사 53:7-9의 어린 양과 같이 묘사된 까닭이 여기에 있다. 어린 양과 신자들을 동일시한 것은 성도들과 어린 양의 고난을 가리키려고 σφάζω("학살하다")라는 단어가 사용된 것으로써 한층 강조된다(5:6, 12; 6:9; 13:8; 18:24. 계 5:6과 롬 8:36b의 죽임당한 어린 양에 대한 묘사가 놀라울 정도로 비슷하다는 사실을 주목하라). 같은 이유로 성도들은 "어린 양의 피에 그들의 옷을 씻었"고(7:14) "어린 양의 피 때문에" 마귀를 이겼다(12:11)고 언급된다.

어린 양은 죽음을 이기셨을 뿐더러, 역사 속에서의 심판과 최후의 심판을 통해 그의 백성을 박해하는 자들을 다 정복하실 것이다(6:1, 16; 17:14).

하지만 "고난을 통해 이긴다"는 역설을 어떻게 더 정확히 이해할 수 있을까? 일곱 편지에서 신자들이 어떻게 이기는지를 설명한 것에 비춰볼 때, 우리는 그리스도가 친히 고난을 당하고 마침내 죽으심으로써 그의 아버지께 충성하여 이기셨다고 말할 수 있다(참조. 1:5). 그리스도께서는 육체로는 패배했지만 영적으로는 승리하셨다. 그리스도는 궁극적으로 마귀에 의해 자신에게 닥친 죽음이라는 불의한 형벌에 기꺼이 복종하셨다. 그리스도는 의로운 희생자로서 그의 백성의 죄를 대속하는 대리자가 되셨다. 그는 죽음의 패배를 겪으시는 중에 통치하시고, 마귀가 더 이상 힘을 쓰지 못할 구속함을 받은 사람들의 나라를 세우심으로써 이기셨다. 5:9-10에서 암시하는 진리가 바로 이것이다. 이 본문은 어린 양의 구속과 나라를 세움을 그의 합당함의 근거로 이해한다. 그러므로 예수는 십자가에서 패배하시는 중에서도 그와 상관없이 그의 나라를 세우기 시작하셨다. 이 사상을 좀 더 충분히 설명하려면 12장을 다룰 때까지 기다려야 한다. 이것은 어린 양의 부활이 승리로 간주되지 않는다는 의미가 아니라 그의 죽음을 승리로 부각시키려는 의도가 있다는 사실을 의미한다.

1세기에 이르러서는 ἀρνίον("어린 양")이 더 이상 애칭의 의미를 지니지 않고 πρόβατον ("양")과 동의어(요 21:15-17)로 간주되었다는 것은 일반적으로 인정된다.[154] 반면에 만일 애칭의 의미가 여전히 유지된다면, ἀρνίον ("어린 양")은 구약의 예언에서 언급된 힘이 센 사자의 이미지와 그 예언이 작고 명백하게 힘이 없는 어린 양을 통해 성취됐다는 사실을 더욱 대조한다.

어린 양의 "일곱 뿔"은 단 7장에 등장하는 짐승의 뿔과 연결되었을 것이다. 어린 양은 사실 단 7:13의 인자를 대신하는 이미지이기 때문에, 단 7:7ff.의 뿔을 가진 짐승을 모방한 것이다(처음에 있었던 뿔 열 개에서 세 개가 뽑힌 짐승의 남은 뿔 일곱을 단 7:8에서 감지할 수 있을 것이다). 뿔 이미지를 사용한 동일한 유의 모방 현상은 *1 En.* 90:9-13, 16; *Test. Jos.* 19:6-8; *Midr. Rab.* 창 99.2에도 등장한다. 이 문헌들에는 유다의 후손이 사자로 묘사되었으며(창 49장), 단 7:4에 언급된 사자 바벨론을 이긴다고 언급되었다. 이어지는 내용에서는 뿔을 가진 요셉의 후손(신 33:17)이 로마를 대항한다고 기록하는데, 로마는 단 7:20에 등장하는 넷째 짐승의 뿔로 묘사된다. 단 7장은 짐승이 성도들을 이기는 장면을 묘사하는데, 계 5:6은 메시아가 원수들을 물리치는 장면을 묘사할 때 다니엘서의 동일한 이미지를 역설적으로 패러디한다. 원수가 하나님의 백성을 복종시키려고 사용하는 수단을 오히려 하나님은 그 원수를 대적하는 데 사용하신다. 심지어 원수의 모습과 비슷하게 해 가시면서 까지 말이다. 이런 모방은 하나님의 목적을 위협하려는 사람들을 조롱하는 하나님의 의를 강조한다(시 2:1-5). 어린 양이 오셔서 권세를 받으심으로 이 사상이 한층 더 강조되었다. 이 사상은 단 7:3-7과 계 13장에서 다니엘서의 짐승이 권세를 받은 일을 역설적으로 패러디한 것이기 때문이다. 이것은 짐승과 어린 양이 권세를 받음으로써 보편적인 주권을 갖게 되었다는 사실로 확증된다(13:7b, 14-16과 5:9b을 비교). 이런 패러디의 가능성은 짐승의 머리가 **죽었다**가 다시 낫게 되었고(13:3), "어린 양처럼 뿔이 있다"(13:11)고 언급된 것

---

154) BAGD, 108.

으로써 강조된다. 짐승은 기만하기 위해 그리스도를 모방한다.

어린 양은 바다 위에나 바닷가에 서 계신 것으로 묘사되기도 했다. 바다 위나 바닷가는 하나님의 보좌 바로 앞에 있으며(4:6; 5:6-7), "짐승과 그의 우상과 그의 이름의 수를 이기고 벗어난 자들이 유리 바닷가에 서" 있는 성도들과 관련이 있다(15:2). 그러므로 어린 양은 물에 있는 사탄적인 짐승의 거처에서 그 짐승을 이기신 것을 드러내려고 바다 위에 또는 바닷가에 계신다. 4:6에서 설명한 "바다"와 4-5장에 반영된 전반적인 다니엘서의 구조 이해를 보면, 이런 해석은 매력적이다.[155]

남성 분사 ἔχων("가지고")은 중성 분사보다 선호되는데, 이는 사본상의 증거에 근거하며, 분사를 중성 구문(ἀρνίον ἑστηκὸς ὡς ἐσφαγμένον["어린 양이 죽임을 당한 것 같이 서 있더라"])에 동화시키려고 중성으로(그 반대가 아니라) 바꾸었을 개연성이 있기 때문이다. 갑자기 바뀐 이유는 어린 양이 남성인 예수를 대표하기 때문이다. 하지만 바로 앞에 있는 중성 구문 ἑστηκὸς ὡς ἐσφαγμένον이 남성으로 바뀌지 않은 것은 수수께끼다.[156] 앞에서 주장했듯이, 본문에 단 7:7에 대한 암시가 있음을 표시하려고 바뀌었을 수도 있다. 계 5:6의 문법 형태가 단 7:7의 그것과 정확하게 일치하지는 않지만 말이다. 그러나 일반적이지 않은 ἔχων은 (짐승이 "열 뿔을 가지고 있다"는) 단 7:7(LXX)의 εἶχε에 주의를 환기시키는 방법일 수 있다. 계 5:6의 ἔχων(과 이형인 ἔχον)은 분사의 동사적 사용에 해당될 수 있다. "그는 일곱 뿔을 가지고." 이 동사적 번역은 부정과거 ἔσχε에 해당하는 단어를 가진 몇몇 아르메니아어 역본과 아랍어 역본에도 반영되었다.[157]

6b절   6절의 마지막 어구("일곱 눈이 있으니 이 눈들은 온 땅에 보내심을 받은 하나님의 일곱 영이더라")가 슥 3장과 4장에 의존한 것이라는 점에 대해서는 대부분의 주석가들이 의견을 같이한다. 슥 3:9에서 "일곱 눈"은 대제

---

155) 자세한 내용은 Beale, "Problem of the Man from the Sea"를 보라. 여기서 저자는 동일한 다니엘서 패러디가 4 Ezra 13:1ff.에도 있음을 주장한다.

156) Thomas, *Revelation 1-7*, 392.

157) Hoskier, *Text of the Apocalypse* II, 149.

사장 여호수아(예수) 앞에 놓인 하나님의 새긴 글("이 땅의 죄악을 하루에 제거하리라")과 연결되었다. 슥 4장에서는 "일곱 등불"(2절)과 "일곱 눈"(10절) 상징이 야웨의 전능한 영과 연결된다. 사실 대하 16:9에서는 "여호와의 눈은 온 땅을 두루 감찰하사 전심으로 자기에게 향하는 자들을 위하여 능력을 베푸시나니"라는 주장이 하나님의 전지(全知)뿐만 아니라 그의 주권을 특히 강조한다. 앞에 언급된 "일곱 뿔"은 전능 사상을 더욱 강조한다.[158]

요한은 스가랴서의 "일곱 눈"을 야웨의 영으로 해석했고, 눈과 영을 어린 양이 가지고 있다고 밝힌다. 세상에서 죄악이 제거되고(슥 3:9) 대적하는 나라를 이기는 것은 야웨의 "종 싹"의 영, 즉 메시아적인 어린 양으로만 가능하다(아래에 유대교 문헌에서 슥 4:7을 메시아적으로 해석한 내용을 보라). 하나님의 일곱 영(= 일곱 등불)은 이전에 하늘의 보좌가 있는 곳에 제한되었으며(1:4; 3:1; 4:5), 이것은 그들이 온 세상에서 활동하는 하나님을 위해서만 일함을 암시한다(슥 1:8-11; 6:5; 4:7). 하지만 죽음과 부활의 결과로 이 영들은 온 세상에서 두루 활동하는 그리스도의 일꾼이 되기도 했다.[159] 영들은 비유적으로 성령을 나타낸다.[160] 성령은 주님의 주권적인 계획을 실행하신다.[161]

슥 4장에 대한 암시가 등장한 것은 놀랄 만한 일이 아니다. 계 1장과 4장에서도 발견되기 때문이다. 아마도 5b절에 있는 사 11장에 대한 암시가 스가랴서 본문의 등장에 자극을 주었을 것이다. 슥 3-4장의 문맥에 주의를 집중하게 한 사 11장의 문맥은 다음과 같다. (1) 사 11장(LXX)의 통치자의 영적인 일곱 성품 및 슥 3-4장의 일곱 눈과 일곱 등불(비교. 사 61:1-2의 성령으로 기름 부음을 받은 자의 7중적 활동)과, (2) 사 11장과 슥 3장의 인물에게 적용된 비슷한 비유들("뿌리"와 "가지"). 동일한 유의 암시

---

158) 두 가지 사상에 대해서는 Bauckham, *Climax of Prophecy,* 164을 보라.

159) 참조. Caird, *Revelation,* 75.

160) 에티오피아 역본은 "이것은 온 땅으로 보냄을 받은 하나님의 성령이라"고 번역한다(Gill, *Revelation,* 735).

161) 자세한 내용은 1:12; 11:4의 주석 참조. 슥 4장 사용에 대해서는 Bauckham, *Climax of Prophecy,* 162-66을 보라.

적인 결합에 관해서는 앞에서 논의한 계 1:4의 주석을 참조하라.

단 2:31-35, 44-45의 영감을 받은 *Targ. Ps.-J.* 슥 4:7은 MT의 "머릿돌"을 로마를 비롯하여 "모든 나라를 통치할" 하나님의 "메시아"로 해석한다. 또한 단 7장의 네 나라를 언급하는 *Targ. Ps.-J.* 슥 6:5-12을 참조하라.

사본들 중에는 "일곱 영" 대신에 "영들"만 표기된 것이 있다. 외적인 지지와 내적인 고려는 균등하게 나뉜다(예컨대 후기 필경사들의 눈은 앞에 있는 두 "일곱"에서 "영들"로 바로 건너뛰었거나, 1:4, 12; 3:1; 4:5; 5:6a의 영향 때문에 "일곱"을 첨가했을 것이다).[162] 하지만 비록 "일곱"이 생략되었더라도, 의미는 바뀌지 않는다. "영들"은 분명히 1장, 3장, 4장에 있는 "일곱 영"과 동일시되기 때문이다. 남성형 ἀπεσταλμένοι("보냄을 받은")는 앞 문구의 ἔχων("가지고")처럼 같은 이유로 중성형 대신에 남성형을 취했다. 여기서 남성형은 οἵ("그것은")를 선행사로 취한다.

7절   어린 양이 보좌 앞으로 나아간다. 단 7:13은 권세를 받기 위해 신성을 가진 메시아 같은 분이 하나님의 하늘 보좌로 나아가는 것으로 묘사한 유일한 구약 본문이다. "보좌에 앉으신 이"에 대한 묘사는 이제 구체적으로 단 7:9ff.와 연결된다(계 4:3, 9-10; 5:1의 주석 참조). 더욱이 "나아가다"는 "책을 펴는 것"과 밀접하게 연결되었다. 이에 비춰볼 때, 단 7:13을 계 5:7의 장면 뒤에 있는 배경으로 이해해야 한다. 단 7:13ff.와 계 5:7 모두 책(또는 책들)이 펼쳐진 후에 통치할 권세를 받으려고 "하나님의 보좌 앞으로 나아가는(ἔρχομαι)" 분을 묘사한다. 그리스도가 권세를 받으셨다는 것은 그가 하늘과 땅에 있는 모든 것의 주님이신 아버지와 같은 지위에 계시다는 의미다(3:21; 11-14장). 좀 더 정확하게 말해서, 계 6:1-8에 묘사되었듯이, 그리스도는 지금 그에게 넘겨진 아버지의 통치권을 행사하신다(이것은 신약 여러 곳에서 증언된 내용이다. 예. 행 2:32-36; 고전 15:27; 엡 1:20-22; 히 1:1-5).

그러므로 계 5:5-6에 있는 어린 양에 대한 구약의 묘사에 더하여 7절에서는 단 7:13의 "인자" 사상이 첨가되었다. 단 7장처럼, 요한은 "인자"를 성

---

162) 참조. Metzger, *Textual Commentary*, 737-38.

도들의 통치뿐만 아니라, 그들이 이전에 당한 고난과도 동일시한다. 그가 성도들의 통치를 종종 그리스도의 통치와 동일시하기 때문이다(참조. 5:10). 이것은 요한이 6절에서 그리스도가 어린 양 같이 고난당하신 일에 교회를 연관시켰던 사상을 확증한다. 하지만 7절에서는 "인자"가 이김으로써 받으신 권세가 강조되었다. 5절에서 이기는 자가 다스린다는 사상은 단 7:13을 언급하는 여러 요인들 중 하나에 불과하다. 요한이 단 7:13을 언급하게 된 것은 그가 계속해서 7:9ff.의 패턴에 집착한 결과다. "책이 펼쳐지고"에 이어서 보좌에 앉은 장면이 언급된 것은 계 4:1-5:1에서 주목한 다니엘서의 패턴을 반영한 것이다. 2-6절에서 다니엘서에 등장하는 "책"을 반복적으로 암시하고 7절에서 단 7:13을 언급한 것과 더불어, 이 구조는 겔 1장의 암시보다는 단 7장에 대한 암시가 더 지배적임을 보여준다. 계 5:1에서 겔 2장의 "책"을 염두에 두었겠지만, 2ff.절에 언급된 책을 묘사하는 데 있어서 에스겔서는 다니엘서만큼 주도적인 영향을 주지 않았다.

> 단 7장의 배경과 관련해서, 단 7:14의 $\delta\acute{\iota}\delta\omega\mu\iota$("주다")와 계 5:7의 $\lambda\alpha\mu\beta\acute{\alpha}\nu\omega$("받다")와 더불어 단 7:18의 $\pi\alpha\rho\alpha\lambda\alpha\mu\beta\acute{\alpha}\nu\omega$("받다")를 주목하라. 또한 5:12a도 비교하라. 콩블랭은 단 7:13-14의 패턴이 계 5:7, 13에 반영되었다고 이해한다. 그래서 단 7장의 인자가 이사야서의 종과 중첩된다. 두 인물이 받은 권세는 $\tau\iota\mu\acute{\eta}$("존귀," 단 7:14[Theod.]; 계 5:12-13)와 $\delta\acute{o}\xi\alpha$("영광," 단 7:14 LXX; 계 5:12-13)로 표시되었고, 그 후에 그런 권세를 보편적으로 인정하는 것이 언급된다(단 7:14; 계 5:13-14).[163]
>
> 주석가들은 일반적으로 계 5장을 보좌에 앉는 장면으로 이해한다.[164] 판 위닉은 이러한 생각에 반대하는 논증을 펴려고 했지만 성공하지는 못했다.[165] 계 3:21과 22:1 그리고 아마도 7:17은 어린 양이 보좌에 앉으

---

163) Comblin, *Christ dans l'Apocalypse*, 67; 참조. H.-P. Müller, "Formgeschichtliche Untersuchung," 86-87, 141-44. Müller는 단 7:13ff.를 계 5:7ff.의 근거로 이해한다. 이와 비슷한 견해를 표명한 Bullinger, *Apocalypse*, 239; Farrer, *Revelation*, 95을 참조하라.

164) 예. Holtz, *Christologie*, 27-29.

165) van Unnik, "Worthy Is the Lamb," 446-48.

시는 모습을 그린다. *1 En.* 여러 곳에서 인자와 동일시된 이사야의 종(즉 "택함을 받은 자")이 *1 En.* 51:3; 55:4; 61:8에서는 하나님의 보좌에 앉는 권세를 받는다.

현재완료형 εἴληφεν("그가 받으셨다")은 부정과거로 기능한다.[166]

하늘에서 중심부에 있는 생명체들이 어린 양을 찬송한다. 그는 주권을 받기에 합당하시다(5:8-10)

이 단락에서 찬송은 1-8절의 환상을 해석한다. 어린 양은 책을 받으시기에 (피조물 위에 주권을 행사하시기에) "합당하시다"(받으실 수 있다). 그는 죽음으로써 백성을 구속하셨고, 그들을 왕과 제사장으로서 하나님을 섬기도록 창조하셨기 때문이다.

8절   이 구절부터 어린 양이 권세를 받은 결과가 서술된다. 8c절의 "성도들"은 단 7장의 "성도들"을 암시할 수도 있다. 두 본문에 신적 인물이 하늘의 보좌에 나아가 권세를 받는 장면에 이어 성도들이 언급되었기 때문이다(ἅγιος ["성도, 거룩한 자"]의 복수형은 단 7:18ff.에 반복적으로 등장한다). 이사야서와 시편을 반영하는 말씀들도 8b-9a절의 배경이 될 수 있다.

성도들의 기도는 6:9-11과 8:4ff.의 기도와 같은 기도로 이해해야 한다. 이 기도는 순교당한 신자들이 하나님께 원수를 갚아달라고 하는 기도이며, 경건하지 않은 사람들에게 내리는 심판과 직결된다.[167] 그러므로 여기에 언급된 기도는 단순한 찬송이 아니다. 그것은 특별히 하나님이 그의 백성의 박해자들을 심판하심으로써 그의 의로우신 명예를 변호하시라는 간구다.[168] 이것은 나중에 4장에서 현저하게 드러난 신현 신학 배후에 있는 고난의 목회적 관심을 암시한다. 9a절의 "새 노래"가 8b절의 "성도들의 기도"와 바로 연결된 것을 보면, 계 5:9-13에 언급된 그리스도의 지위와 사역은

---

166) Fanning, *Verbal Aspect*, 302-3.

167) Rist, "Revelation," 408.

168) 참조. A. F. Johnson, "Revelation," 469.

틀림없이 이런 목회적 관심사와 관련이 있을 것이다.

장로들은 수금과 대접을 들고 새 노래를 부른다(9-10절). 네 생물은 노래하지 않는다. ἔχοντες("가지고," 남성 복수 분사형)의 선행사는 οἱ εἴκοσι τέσσαρες πρεσβύτεροι("이십사 장로들")이고 τὰ τέσσαρα ζῷα("네 생물," 중성 복수형)가 아니기 때문이다. 비록 요한이 표준적인 문법적 일치의 규칙을 늘 따르지는 않지만 말이다. 오직 이십사 장로만이 이런 역할을 한다는 사실은 레위 지파의 이십사 반열이 그들에게 부분적으로 모델이 된다는 점에서 분명하다. 그들은 "제금과 비파와 수금"에 맞추어 "노래"를 부름으로써 "여호와를 찬송하고 감사하면서 예언"하라는 사명을 받았다(대상 25:6-31; 본서 4:4의 주석 참조).

복수 여성 관계대명사 αἵ("그것은")는 오직 "향"만을 가리키고 "수금"을 가리키지는 않는다. 8:3-4에서 "성도들의 기도"는 분명히 향과만 동일시되기 때문이다. 더욱이 αἵ의 정확한 선행사는 "향"이지 "대접"이 아닌 것이 분명하다. 대접도 여성 복수 명사이고 "향"은 중성 명사이긴 하지만, αἵ는 이어지는 αἱ προσευχαί("기도")의 여성 명사에 동화되었다.

향으로 묘사된 기도 비유의 배경은 시 141:2이다. "나의 기도가 주의 앞에 분향함과 같이 되며." 이것은 하나님이 박해자들을 심판하심으로써 의인들의 원한을 풀어주시기를 구하는 간구다(참조. 눅 1:9-10). 계 5:8의 비유는 6:9-11과 특히 8:3-5의 동일한 사상과 연결된다.

9절   9b-10절은 "새 노래"의 내용을 표현한다. 구약성경에서 "새 노래"는 가끔씩 하나님의 창조 사역에 감사하는 내용을 담고 있기는 하지만, 언제나 하나님이 원수를 이기신 그의 승리를 기리는 표현이었다.[169] 이 경우, "새 노래"는 악과 죄의 권세를 이긴 것을 축하하는 노래다(자세한 내용은 4:6; 5:5-7; 14:4의 주석 참조).

"새"(καινός)라는 단어는 그리스도의 구속 사역을 새 창조의 시작과 연

---

169) 시 33:3; 144:9(이 본문에는 "수금을 연주하는 것"과 "새 노래를 노래하는 것"이 결합되었다); 40:3; 96:1; 98:1; 144:9; 149:1; 사 42:10.

결시킨다. 다음 몇 가지 이유에서다. (1) 이 환상은 하나님의 창조 사역을 분명하게 언급한 4:11의 장면에 등장한다. (2) 그리스도와 그의 구속 사역을 다루는 5:12-13의 찬송은 분명히 하나님의 창조 사역과 관련한 4:11의 찬송과 병행이다(5:12의 주석 참조). (3) "새"라는 단어는 21장에서 장차 새롭게 될 창조에 3번 사용된다(21:1-2, 5). (4) 유대교 문헌은 구약의 "새 노래"를 장차 올 메시아 시대와 연결시킨다(*Midr. Rab.* 민 15.11; *Midr. Tanch.* 창 1.32; *b. Arakhin* 13b; 흥미로운 것은 *Midr. Rab.* 출 23.11은 시 98:1을 새 창조에 관한 본문인 사 65:16에 예언된 메시아 시대에 적용한다는 점이다). (5) καινός("새")는 4:3에서 이미 발견된 새 창조에 대한 단서를 발전시키고 있을지도 모른다(4:3의 주석 참조).

9-12절에 언급된 찬송은 4:11과 5:13에서 하나님을 호칭하는 것과 같은 방법, 특히 "주님은 합당하시다"와 같은 어구로 어린 양을 호칭함으로써 대부분의 신약성경 본문보다 더 그리스도의 신성을 강조한다.[170] 9-13절에서 어린 양에게 경배를 드린다는 단순한 사실은 그의 신성을 입증한다. 요한이 다른 곳에서 하나님께만 경배를 드려야 한다고 넌지시 밝히기 때문이다(22:9). 9절의 도입 어구인 ἄξιος εἰλαβεῖν("받기에 합당하시도다")은 4:11a의 도입 문구를 상기시킨다. 이 공식 안에는 다니엘서에서 발견할 수 있는 같은 내용이 있다.

9b절의 "책(두루마리)"과 "인" 상징들은 어린 양이 받으시기에 합당하신 권세를 함의한다. 이미 2-5절에서 살펴보았듯이, 여기서도 ἀνοίγω("펴다")를 βιβλίον("책")과 σφραγίς("인")와 밀접하게 연결하는데, 이것은 단 7:10과 12장으로 독자의 시선을 돌리게 한다. 다니엘서에 언급된 두 이미지가 여기서 합쳐졌다. 어린 양이 "두루마리를 가지고 그 인봉을 떼기에 합당하시다"(9b절)는 말은 단 12:4, 9을 미묘하게 암시하며, 거기서 말하는 마지막 때가 시작되었음을 나타낼 수도 있다.

ἄξιος("합당하다")의 의미는 9c-10절에서 더 자세히 설명된다. 여기서

---

170) 참조. Sweet, *Revelation*, 130-31.

어린 양이 권세를 받으시기에 합당한 근거(ὅτι ["왜냐하면"])가 서술된다. σφάζω("학살하다")는 6절의 유월절과 사 53장의 어린 양 사상의 연속이다. 어린 양이 죽음으로써 이기셨다는 것은 그가 주권을 받으시기에 합당하다는 사실의 전제다. 설령 ἀγοράζω("사다")가 어린 양의 죽음의 결과를 의미할 수 있다고 해도, 그것은 그가 권세를 받으시는 또 다른 근거를 제공한다고 이해하는 것이 가장 좋다. 그리스도가 "이기셨다"는 5절의 의미를 설명할 때 언급했듯이, 환상(1-8절)을 찬송으로 해석한 본문(9-14절)에서는 그리스도의 죽음이 강조되었을 뿐 그의 부활이 강조되지는 않았다. 3-5절과 9절 간의 개념상의 병행 어구가 이를 방증한다.

계 5:3-5	계 5:9
3-4절: 인봉된 책은 펼 수 없다. 그 책을 펴기에 **합당한 사람이 없어서다.** 5절: 인봉된 책이 펼쳐졌다. 예수가 이기셨기 때문이다.	9절: 인봉된 책이 펼쳐졌다. 예수가 **합당하시기 때문이다** = 그는 죽임을 당하셨고 사셨고 제사장 나라를 만드셨다.

두 본문이 병행이라는 사실에서 5절의 예수가 이기셨다는 말이 3-4절의 합당하다는 말과 대체로 동일하다는 점이 드러난다. 더욱이 5절에서 예수의 이김은 그가 (1) 죽으시고, (2) 백성을 사시고, (3) 그 백성을 제사장적인 왕으로 삼으셨다는 사실과 해석적으로 동등하다는 것이 밝혀진다(9-10절).[171] 9-14절의 해석적인 찬송에 부활이 분명하게 언급되지 않았다는 것은 놀라운 일이고, 승리를 가져온 그리스도의 죽음의 역설적인 특성을 강조한다.

"죽임을 당하사…사람들을 피로 사서 하나님께 드리시고"라는 문장 전체는 어린 양의 죽음이 가진 구속적 특성을 강조한다. ἐν τῷ αἵματί σου는 가치와 관련된 수단의 여격("당신의 피로써")이며, 이와 비슷한 히브리어 *b*-

171) Hohnjec, *"Das Lamm" in der Offenbarung*, 58. Hohnjec도 처음 2개를 해석적으로 동등한 것으로 이해했다.

의 사용을 반영한 것일 것이다(참조. 롬 3:25; 5:9).[172] 어린 양의 구속 행위의
대상은 9절의 결론에 묘사되었다. 모든 사람이 예외 없이 구속된다는 것이
아니라, 14:3-4, 6에 분명하게 언급되었듯이, 모든 사람이 구별 없이(모든
족속의 사람들) 구속된다는 것이다. 이 어구는 다니엘서에 반복적으로 등장
하는 이와 거의 동일한 표현으로까지 거슬러 올라갈 수 있다는 데 대부분
의견이 일치한다.[173] 다니엘서에서 이 어구는 세상의 거민들을 총체적으로
언급한다.

결론적 어구 ἐκ πάσης φυλῆς καὶ γλώσσης καὶ λαοῦ καὶ ἔθνους("각
족속과 방언과 백성과 나라 가운데에서")는 구약성경에서는 유일하게 다니
엘서에서 비슷한 형태로 발견된다. 물론 단어가 정확하게 반복된 것은
아니다. φυλή의 복수형("족속[지파]"), γλῶσσα("방언"), λαός("백성")가 단
3:4, 7, 96(단수); 4:1; 5:19; 6:26; 7:14의 Theod.에 함께 등장한다. 다니
엘서의 LXX은 φυλή의 복수형("족속[지파]"), γλῶσσα("방언"), ἔθνος("나
라," 3:2, 7, 96)를 결합하는데, 이 세 단어에 χώρα("땅," 3:4)의 복수형을 한
번 덧붙인다. LXX은 ἔθνος("나라"), γλῶσσα("방언"), χώρα("땅," 4:21, 37b;
6:26)의 복수형 등을 다양하게 조합하기도 한다. 단 3:4, 7, 31; 5:19; 6:26;
7:14의 MT도 비교하라(다니엘서 다음으로 비슷한 병행 어구는 창 10:5, 20, 31;
Judith 3:8; 4 Ezra 3:7에 등장한다).

단 7:9ff.의 내용과 동일한 틀에도 λαοί("백성"), φυλαί("족속"), γλῶσσαι
("방언," 단 7:14b)와 같은 3중 어구가 등장한다는 것은 우연이 아니다. 이
것은 요한계시록의 저자에게 이런 문구를 만드는 촉매가 되었을 것이다.
요한은 다른 곳에서 다니엘서의 문구를 다양한 조합으로 반복하는데, 통
상 다른 다니엘서 본문을 암시하는 본문에서 반복한다(계 7:9; 10:11; 11:9;
13:7; 17:15; 또한 14:6과 14:14을 비교하라). 연속해서 문구를 반복하는 중에

172) 예. MHT III, 253; IV, 156.
173) Morris, *Revelation*, 99은 동의하지 않는다.

사소한 변경이 발생했다. 이것은 꽤 의미가 있는 변경일 수 있다.[174]

외적 증거에 따르면, "각 족속과 방언과 백성과 나라"보다는 좀 더 구체적인 직접 목적어로서, τῷ θεῷ 앞이나(94 2344 *al*) 뒤(ℵ [S 2050 2344] 𝔐 [lat] sy), 또는 τῷ θεῷ 대신(1 2065* Cyrp *al*)에 ημας를 포함하는 것이 분명히 더 선호된다. 비록 알렉산드리아 사본과 에티오피아 역본만 ημας("우리를")를 완전히 배제시켰지만, (NA²⁶을 비롯하여) 많은 해석자는 여전히 이 두 사본이 원본("그가 하나님께로 구속하셨다")을 보유한다고 주장한다. 그렇게 주장하는 이유는 몇 가지가 있다. 첫째, 짧은 독법이 더 어렵고, 정확한 목적어를 가지고 있지 않다. 이런 경우, 필경사가 목적어를 모호하게 하기보다는 직접 목적어가 무엇인지를 분명하게 했을 가능성이 더 많다. 이러한 문체적 돌발 형태는 요한계시록의 특징인 셈어 영향의 또 다른 표현이다(예. 특히 9b절; 2:10; 3:9; 5:7; 11:9의 경우처럼 전체에서 일부분을 표현하기 위해 사용되는 ἐκ ["~에서"]를 가진 도입 어구를 주목하라. 이 모든 경우에서 고대 역본들과 현대의 번역 성경들도 좀 더 구체적인 직접 목적어를 보충한다).[175] 둘째, ημας("우리를")는 이어지는 10절의 αὐτούς("그들을")와 일치하지 않는다("그들을 하나님께 삼으셨다"[TR에만 10절에서 "그들을" 대신에 개연성이 없는 이문인 "우리를"이 있다]. 또한 9절의 "우리를"은 10절의 3인칭 복수인 βασιλεύσουσιν ["다스리다"]과도 조화를 이루지 못한다).

일반적으로는 9절과 10절에서 "우리를"이 원본이 아니라고 생각된다. 그리고 10절의 "그들을"이 외적 증거와 내적 증거를 근거로 논란이 덜 되었기 때문에 9절의 "우리를"은 부차적일 가능성이 많다.[176] 반면에 9절의 "우리를"과 10절의 "그들을"이 어려운 독법이므로, 둘 다 원본일 개연성이 없지는 않다. 하지만 예배 분위기에서는 9절과 10절 사이에 인칭의 변화가 얼마든지 정당화될 수 있기 때문에, 두 독법이 아주 어려운

174) 이에 대해서는 Bauckham, *Climax of Prophecy*, 326-37.
175) MHT IV, 151.
176) 이런 방식으로 논증하는 가장 심도 있는 분석은 Stonehouse, "Elders and Living Beings," 139-43을 보라.

것은 아니다. 또한 "그들로…하나님 앞에서…삼으셨으니"(10절)가 "사람들을…하나님께 드리시고"(9절)와 병행이라는 것은 9절의 어구에서 구체적인 목적어가 원본에도 있었을 가능성을 높여준다. 이뿐만 아니라, 알렉산드리아 사본을 복사한 필경사는 한 면의 칼럼 끝에서 다음 칼럼 위에 다시 글을 쓰기 시작할 때 우연히 "우리를"을 빼먹었을지도 모른다. 한 칼럼은 ΗΓΟΡΑΣΑΣ ΤΩ ΘΕΩ로 끝나고, 이어지는 칼럼은 ΕΝ ΤΩ ΑΙΜΑΤΙ ΣΟΥ로 시작한다.[177]

두 독법 모두 똑같이 가능성이 있음을 인정하는 것이 지혜로울 것이다(UBS에도 9절에 매우 높은 수준의 의심 등급을 매긴다). 이 사실에 비춰볼 때, 9절의 "우리를"은 이십사 장로들이 성도들이나 성도들의 대표자들과 동일시된다고 강력하게 주장하는 데 사용돼서는 안 되고, "우리를"이 생략된 것이 이런 동일시를 반대하는 절대적인 논증이 되어서도 안 된다.

10절   9절에 언급된 구속받은 백성의 집단을 가리키는 용어들 뒤에 다니엘서의 영향이 있다는 사실은 그 용어들에 이어 그리스도가 성도들에게 "나라"를 주셨다는 언급과 성도들이 다스린다는 묘사가 있음을 주목하면 납득할 수 있다. 이 두 요소는 단 7:14의 공식에 이어지는 동일한 두 요소다(참조. 단 7:18, 22b, 27a). 이와 관련하여 단 7:22b, 27a이 10절의 배경이 되었을 수 있다.

LXX은 단 7:22b(또한 MT)에서 성도들의 나라를 주목하면서, 성도들이 땅에서 다스린다는 통치의 능동적인 측면을 강조한다. 그래서 단 7:27a(LXX)에서는 나라의 비교적으로 정적인 개념(λαῷ ἁγίῳ ὑψίστου["지극히 높으신 이의 거룩한 백성"])보다는 동사의 부정사인 βασιλεῦσαι("다스리다")가 사용되었다(지극히 높으신 이의 거룩한 백성은 부정사의 암시된 주어일 가능성이 많다). 계 5:10은 단 7:22b, 27a(LXX)에 영향받았음을 암시한다. 두 문맥은 네 요소를 공유한다. (1) 마지막 때에 성도들에게 나라를 줌, (2) 성도들의 다스리는 행위, (3) 3중적 또는 4중적 문구는 보편성을 의미함, (4)

177) Hoskier, *Text of the Apocalypse* I, xxvi.

신적(메시아적) 인물에게 주권이 주어짐. 단 7:17-18(Theod.)도 배경에 포함될 수 있다. 동일한 네 요소가 그 문맥에서 발견되며, 거기에 등장하는 단어들은 요한계시록의 이 부분과 비교될 수 있기 때문이다.

계 5:10	단 7:22b, 27a(LXX)
ἐποίησας αὐτοὺς τῷ θεῷ ἡμῶν βασιλείαν...καὶ βασιλεύσουσιν ἐπὶ τῆς γῆς("그들로 우리 하나님 앞에서 나라를 삼으셨으니 그들이 땅에서 왕 노릇 하리로다")	단 7:22b(LXX): καὶ τὸ βασίλειον κατέσχον οἱ ἅγιοι("성도들이 나라를 얻었더라"; 비교. 이와 비슷한 단 7:22b, 27[Theod.]) 단 7:27a(LXX): καὶ τὴν βασιλείαν καὶ τὴν ἐξουσίαν καὶ τὴν μεγαλειότητα αὐτῶν καὶ τὴν ἀρχὴν πασῶν τῶν ὑπὸ τὸν οὐρανὸν βασιλειῶν ἔδωκε λαῷ ἁγίῳ ὑψίστου βασιλεῦσαι βασιλείαν αἰώνιον("[악한 세상 지도자들의]나라와 권세와 온 천하 나라들의 위세가 지극히 높으신 이의 거룩한 백성에게 붙인 바 되리니 그들이 영원한 나라를 다스릴 것이라")

하지만 계 5:10의 "나라와 제사장"이란 문구에는 출 19:6("왕 같은 제사장")의 영향도 있다. 이런 측면에서, 계 5:9b-10 역시 출 19:6과 죽임당한 유월절 어린 양 사상에 비춰 계 1:5c-6a을 다시 서술한 것이다.[178] 이것은 출애굽기의 나라와 제사장 사상이 보편화되었고 단 7장의 성도들의 보편적인 나라라는 개념과 어우러졌다는 의미다. 놀라운 사실은 이스라엘이 "나라와 제사장"이 되려고(출 19:6) "모든 나라" 중에서 택함을 받았다는 것이다(출 19:5). 이스라엘이 "열국 중에서"(ἀπὸ πάντων τῶν ἐθνῶν) 택함을 받았다는 것이 계 5:9에서는 단 7장의 보편성을 가리키는 공식과 어우러져 "각 족속과 방언과 백성과 나라 가운데서" 온 백성을 포함하는 것으로 확장되었다.[179] 이스라엘 제의의 죽임당한 어린 양은 마지막 때의 우주의 왕

178) Schüssler Fiorenza, *Priester für Gott*, 276-77, 281-82.
179) Bauckham, *Climax of Prophecy*, 327-28.

이 되셨다(비교. 11-13절). 본문이 계 1:5-6과 연결되었다는 것은 성도들이 죄 아래 종노릇 하던 것에서 해방되어 나라가 되었음을 보여준다. 이것은 이스라엘이 유월절 어린 양의 피로써 애굽에서 해방된 것으로 예시된다 (1:5-6의 주석 참조). 그리스도는 세상의 일을 모른척하지 않으신다. 일찍이 1:5-6에서 보았듯이, 그는 "자기를 따르는 충성된 사람들을 통해 그의 왕 역할과 제사장 역할을 계속 하신다."[180]

그러므로 성도들을 나라와 제사장으로 삼으신 것은 어린 양이 권세를 받는 또 다른 근거로 작용한다. 계 1:5c-6a과 연결하여 볼 때, 그리스도가 권세를 받으셨다는 것(5:7, 9b)은 보좌에 앉으신 사건으로 보아야 한다.[181] 특히 그리스도는 부활로 말미암아 "땅의 임금들의 우두머리"로서 그의 지위를 얻었다는 1:5의 언급에 비춰볼 때 그러하다. 앞 절에서 시작된 단 7장과 유월절 어린 양의 영향은 9b-10절에서도 계속된다. 출 19장은 다니엘서에서 유월절과 나라 개념 등 두 개념과 연관해서 서술되었다. 계 5:6-8을 9b-10절과 함께 이해한다면, 단 7:9ff.와 상응하는 본질적인 요소 2개가 덧붙여진다. (1) 그리스도는 모든 "족속과 방언과 백성과 나라"에 대한 주권을 가지셨다. (2) 성도들은 나라를 다스린다.

계 5:10의 βασιλεύω("다스리다")의 미래 시제와 현재 시제는 모두 좋은 사본상 증거의 지지를 받는다. 어느 것이 원본인지는 5장과 요한계시록 전체의 문맥에 근거하여 결정해야 한다. UBS와 NA 그리스어 성경은 수많은 주석가와 함께 5장의 문맥 때문에 미래형을 선호한다. 특히 UBS의 편집위원회는 알렉산드리아 사본이 20:6에서 동일한 동사의 미래 시제를 현재 시제로 잘못 읽은 것을 결정의 근거로 삼았다.[182]

하지만 현재 시제가 선호된다. 20:4-6과 후기 필경사가 천년왕국에 관심을 가진 것에 비춰볼 때, 현재 시제가 읽기 어려운 본문일 가능성이 더

180) Caird, *Revelation*, 77.
181) van Unnik, "Worthy Is the Lamb," 446-49의 전반적인 분석에 반대함.
182) Metzger, *Textual Commentary*, 738.

많기 때문이다.[183] 이뿐만 아니라, "필경사가 미래 시제를 현재 시제로 대체했다고 생각하기보다는 (신자들이 아직은 [물리적으로] 땅을 다스리고 있지 않음을 인식하여) 현재 시제를 미래 시제로 바꾸는 것이 더 쉽다고 상상할 수 있다."[184] 이 견해는 우리가 5:7-10a이 단 7장에서 예언된 성도들 및 "인자"의 나라가 성취되기 시작함을 묘사하는 것으로 이해한 것과, 성도들을 **현재적인** 나라로 이해한 1:5b-6a이 5:9b-10a에서 발전되었다는 사실에 의해 지지를 받는다.

하지만 현재 시제의 가능성을 인정하는 학자들 중에서도 그것을 미래적 현재라고 이해하는 이들이 있다. 이렇게 하는 것이 20:4-6에 언급된 미래에 이루어질 나라의 확실성의 기초가 될 수가 있다.[185] 하지만 1:5-6과의 관련성과 특히 성도들이 이미 "나라가 되었다"는 바로 앞에 진술된 내용에 의거하면, 그 동사를 이렇게 미래적으로만 이해할 수는 없다.[186] 더욱이 1:5-6과 5:9-10은 모두 성도를 나라로 삼으신 것이 그리스도의 구속적 죽음의 직접적인 결과임을 분명히 한다. 그래서 이 나라는 그리스도의 구속적 죽음 직후에 시작되었을 개연성이 높다.[187] 여기에 하나 더 첨가하자면, "이미와 아직"의 구속의 진리를 포괄하는 "새 노래"에는 그리스도의 현재적 권세("책을 펴다")를 언급하는 내용이 포함되었다. 따라서 새 노래 중 일부분인 성도의 다스림에도 시작된 사건을 언급하는 내용이 포함되었을 가능성

---

183) 현재 시제인 βασιλεύουσιν("그들이 다스리고 있다")을 선호하는 사람들은 다음과 같다. Sweet, *Revelation*, 130과 비교적 최근에 Mulholland, *Revelation*, 163. 이와 비슷하게, Düsterdieck, *Revelation*, 205, 214; Krodel, *Revelation*, 167; Harrington, *Revelation*, 85-86; 그리고 Bandstra, "Kingship and Priests," 19-20이다. Bandstra는 특별히 알렉산드리아 사본이 20:6에서 현재형을 사용하고 5:10에서도 지속적으로 현재형을 사용하는 이유를 분석했다.

184) J. H. Elliott, *Elect and Holy,* 112. Elliott은 이것을 지지하는 다른 사람들의 글을 인용한다.

185) 예. A. F. Johnson, "Revelation," 469, 471; Mounce, *Revelation*, 149.

186) 참조. Lohmeyer, *Offenbarung*, 57.

187) Schüssler Fiorenza, *Revelation*, 61-62; 같은 저자, *Book of Revelation: Justice and Judgment,* 75-76; Thomas, *Revelation 1-7*, 402에 반대함. Thomas는 성도들이 현재 가진 제사장 역할은 인정하지만, 아직은 그들이 그리스도와 더불어 통치하지 않는다고 본다.

이 많다.[188]

반면에 만일 필경사가 나라의 현재적 실체를 가리키는 10a절의 앞뒤 문맥을 너무 의식했다면, 그는 원래 미래 시제로 된 동사를 10b절에서 현재 시제로 바꾸었을 수도 있다. 어느 것이 가장 좋은 독법이든지 간에, 5:10a은 성도들이 현재적인 나라에서 이미 다스리고 있음을 분명히 언급한다. 설령 몇몇 사람이 ἐποίησας αὐτοὺς τῷ θεῷ ἡμῶν βασιλείαν καὶ ἱερεῖς("그들로 우리 하나님 앞에서 나라와 제사장들을 삼으셨으니")를 예언적 완료의 관점에서 보려고 한다고 해도, 1:5-6과의 유비와 5:9의 시작된 문맥의 연속에서 이 어구가 등장한다는 것을 고려하면, 이 견해는 개연성이 없다(자세한 내용은 1:6, 9의 주석 참조).

5:9-10의 내용이 "새 노래"(ᾠδὴν καινήν, 9절)로 요약되었기 때문에, 성도들이 "땅에서 다스린다"는 것(10a절)은 21:1과 22:5의 "새 땅에서" 행할 그들의 다스림을 언급할 수도 있다. 이것은 새 창조에 속하는 것이다(구약성경에서 "새 노래"가 언급된 7번 중에서 4번이 하나님의 주권과 이스라엘 구원과 관련한 하나님의 창조 행위와 연결되었다[시 33:1-22; 96:1-13; 149:1-9; 사 42:5-13]). 이것은 요한계시록에서는 14:3을 제외하고 모든 곳에서 καινός("새")가 새 하늘과 새 땅을 언급하든지(21:1, 2, 5), 아니면 새 하늘과 새 땅의 어떤 측면을 언급한다(3:12과 3:12에 비춰 2:17)는 점을 시사한다.

만일 그 다스림이 현재적인 것으로 이해된다면, 새 창조의 나라가 그리스도의 죽음과 부활을 통해 현재 타락한 세상으로 들어온 것을 의미한다. 우리는 이미 3:14에서 새 창조가 어떻게 예수의 죽음과 부활을 통해 현재 시작되었는지를 보았다. 이것은 신약성경 여러 곳에서 증언하는 내용이다(고후 5:15-17; 갈 6:14-15; 엡 2:10, 15; 골 1:18). 한편으로 만일 본문을 "그들이 다스릴 것이라"라고 읽는다면, 이 어구는 새 땅에서 있게 될 나라의 미래적 국면을 바라본다.[189] 이런 배경에서 5:10의 ποιέω("삼다")는 4:11의

---

188) Krodel, *Revelation*, 167.
189) I. T. Beckwith, *Apocalypse*, 513. 하지만 Beckwith는 다른 이유에서 이렇게 이해한다.

κτίζω("창조하다")와 동의어로서 창조적인 의미를 지니도록 의도됐을 수 있
다. 다른 한편으로는 미래 시제가 "왕과 제사장으로서 대속하고 임명받는
행위에 즉각 이어지는 미래"일 수 있다는 견해가 제안되기도 한다.[190] 이것
은 그리스도의 재림에 앞서 모든 시대에 걸쳐 이루어질 사건이다.[191]

KJV(TR)에서 αὐτούς("그들을")를 대신하는 ημας("우리를")는 원본이
아닐 확률이 아주 높다. 중요하지 않은 두어 개 사본의 지지를 받을 뿐이
기 때문이다. (NA[26]은 두어 개의 후기 소문자사본 이외에 gig vg[cl] sa와 2명의 교
부들[Prim과 Bea]을 열거한다). ημας("우리를")가 후기 필경사에 의해 삽입
된 이유에 대해서는 9절의 주석을 참조하라.

하늘에서 주변부에 있는 생명체들이 메시아가 주권을 받기에 합당하심을 찬송한다 (5:11-12)

9-10절의 노래에서처럼, 이곳의 노래 역시 죽임을 당하셨으나 다시 사신
어린 양이 책을 받으신 것이 그의 죽음과 (암시적으로) 그의 부활로 인해 찬
송과 영광을 받기에 "합당하심"을 의미한다고 해석한다.

11절   대부분의 주석가들은 대체로 "그 수가 만만이요 천천이라"라
는 묘사가 단 7:10에서 취한 것이라는 것을 인정한다(참조. *1 En*. 40:1; 60:1;
71:8. 이 본문들 역시 단 7:10을 암시한다. 또한 *1 En*. 14:22; 민 10:36 참조). 단 7:10
에서 온 것이 분명한 이 장면이 여기서 언급될 수밖에 없다는 점은 단 7장
이 계 5:2-10에 끼친 영향을 고려해보면 전혀 놀랄 일이 아니다. 에스겔서
의 그룹이 반복해서 언급된 것이 이제 11a절에서 단 7:10의 장면과 결부하
여 등장한다.

12절   12절에 묘사된 왕위의 특성이 일반적인 구약적 배경을 가지
고 있다고 보는 사람들이 있지만,[192] 신약의 송영 언어의 기원을 가장 철저

---

190) Caird, *Revelation*, 77.

191) Bandstra, "Kingship and Priests," 19-20.

192) 참조. Delling, "Zum gottesdienstlichen Stil," 113.

히 연구한 학자 중 한 사람인 D. H. 밀링은 대하 29:11-12이 δύναμις ("힘"),
πλοῦτος ("부"), ἰσχύς ("능력"), δόξα ("영광")의 조합의 배경이며, σοφία ("지혜")
의 사용은 단 2:20(단 2:23[Theod.]에는 "지혜"가 "힘"과 짝을 이뤄 등장한다)에
서 유래한 것이라고 결론을 내린다.[193] 이런 "지혜"의 사용은 특히 눈에 띈
다. 묵시문학적 "지혜"의 사용은 구약성경에서 단 2장에만 있는 독특한 사
례이기 때문이다. 그리고 단 2장과 계 5:12에서는 "지혜"가 하나님 나라와
결합하여 종말론적 뉘앙스를 지닌다. 이 사실에 비춰볼 때, ἰσχύς ("능력")와
δόξα ("영광")와 τιμή ("존귀")가 단 2:37(LXX)과 4:30(LXX; 참조. 4:31 LXX)에
서 함께 발견된다는 것은 우연이 아닐 것이다. 이런 조합은 LXX에서 2번밖
에 등장하지 않는다. 이 구절이 다니엘서와 어느 정도 연결성을 가진 것은
저자가 예배 전통을 통해서 간접적으로 얻은 것이든지, 다니엘서의 언어에
오랫동안 노출되어 자신이 주권 신학에서 고정적으로 사용한 어휘의 일부
분이 표출된 것일 것이다. 이런 다니엘서의 영향은 역대상의 영향과 함께
봐야 한다.

앞에서 언급한 "능력"과 "존귀"와 "영광" 등의 조합은 욥 37:22-23과
40:10에서도 발견된다(비록 δύναμις ["힘"]가 ἰσχύς ["능력"] 대신에 등장하기는
하지만 말이다). 세 단어 중 2개의 다양한 조합이 종종 LXX과 성경 이외
의 문헌 곳곳에 등장한다. 하지만 다니엘서와 요한계시록에서는 이 단어
들이 같은 순서로 등장하며, 하나님이 다른 이에게 주신 보편적인 왕권
을 언급한다.[194]

분사 λέγοντες ("이르되")는 남성이지만 11절의 φωνήν ("소리")과 일치
하려면 여성 단수가 되어야 하거나, 좀 더 개연성이 높게는 μυριάδες…
καὶ χιλιάδες ("만만이요 천천")와 같은 여성 복수여야 한다. 하지만 다음
과 같은 까닭에 남성형으로 등장했을 것이다. (1) 요한은 지금 허다한 무

---

193) Milling, "Origin and Character of the New Testament Doxology," 181-82, 215.
194) Comblin, *Christ dans l'Apocalypse*, 102-3은 단 2:37 LXX을 계 5:12-13에 영향을 준 본문
으로 이해한다. Milling, "Origin and Character," 141-43은 단 2, 4, 5, 7장을 일반적으로 "존
귀"와 "영광"이 "왕권"과 관련된 신약의 송영 언어의 중요한 배경으로 이해한다.

리가 행동의 초점이 되었음을 보고 있다.[195] (2) 남성형은 허다한 무리의 명사인 ὁ ἀριθμός("수")와 개념적으로 일치한다.[196] (3) 이 형식은 다른 곳에서 이미 주목했듯이, 히브리어 *lēʾmōr*에 해당하는 불변화하는 LXX적인 표현이다. 이처럼 분명하게 불규칙적인 성(gender)은 구약에 대한 암시(여기서는 단 7:10)에 주위를 환기시키려는 장치일 수 있다(4:1의 주석 참조). 이뿐 아니라 단 7:10에서는 천사들이 하나님을 섬기는 것이 7:11의 짐승의 행위와 직접 대조된다. 거기서 짐승은 "큰 소리로"(φωνῆς τῶν λόγων τῶν μεγάλων) 도전적으로 말한다. 계 5:12의 하늘의 천군이 "큰 음성으로 이르되"(λέγοντες φωνῇ μεγάλῃ)가 논쟁적인 대칭어일 수 있을까? 만일 그렇다면, 이러한 사용은 이미 5:6에서 주목한 단 7:8에 근거한 패러디와 일관성이 있을 것이다.

하나님과 어린 양의 다스리는 능력으로 인해 온 우주가 하나님과 어린 양을 찬송한다(5:13-14)

이 두 절에 있는 찬송은 11-12절의 찬송의 핵심 내용, 즉 죽임을 당하셨지만 다시 살아나신 어린 양이 책을 취하신 것(7절)이 그가 죽음과 부활로 말미암아 찬송과 영광을 받으시기에 "합당"하게 되셨음을 의미한다는 내용을 강조한다. 영광을 받으신 그리스도를 강조하는 것은 하나님도 영광을 받으신다는 사실로 인해 더욱 강조된다. 구원이 그리스도를 통해 이루어진 것은 하나님의 주권적인 손으로 말미암기 때문이다. 하지만 더 나아가 하나님이 그리스도와 함께 영광을 받는 분으로 언급된 것은 그리스도가 하나님과 동일한 신적인 지위에 계시고 그럼으로써 영광을 받으신다는 사실을 강조하기 위해서다. **하나님과 어린 양의 영광은 두 분의 주권에 근거하며, 이것이 4장과 5장의 환상의 요지다.**

13절   이 장면은 만물의 궁극에 하나님께 드리는 보편적인 감탄을

예상한다. 이 감탄이 절대적인 의미에서 보편적인 찬송을 대표한다면, 그것
은 하나님의 뜻에 순종하는 백성에게서뿐만 아니라 그의 대적자들에게서
도 나오는 찬송이다. 그때가 되면 대적자들도 하나님께 복종할 수밖에 없
다(빌 2:10-11; 골 1:20). 계 5:9-12과 5:13은 각각 요한계시록 전체와 특히 계
4-5장에서 언급하는 "이미"와 "아직"을 이해하는 데 좋은 예다. 악한 통치
자들과 땅에 거하는 자들은 땅에서 사는 동안 그리스도의 주권에 복종하지
도 않고 찬양하지도 않은 까닭에 심판을 받을 것이다(참조. 14:7-11; 16:4-11,
21; *1 En.* 46:6).

13a절의 찬양의 5중적 표현은 출 20:11, 시 146:6, 느 9:6을 집단적으로
반영한 표현일 것이다. 이 본문에서 하나님은 그가 만드신 다양한 피조물
의 창조자로, 그의 백성을 노예생활에서 구원하신 이스라엘의 왕으로 찬송
을 받으신다. 그래서 이 본문은 앞서 영향을 준 출애굽과 관련된 "나라"와
유월절 주제와 잘 어울린다. 단 3:38(LXX)과 4:37(LXX)은 이런 집단적 영향
의 일부분이다. 두 절 모두 앞에서 언급한 찬양의 3중적 묘사 이후 하나님
이 다양하게 지으신 피조물을 언급한다. 12b절에서 발견되는 것과 거의 동
일한 성품들이 하나님과 어린 양의 다스림을 가리키기 위해 13b절에서 다
시 사용되었다("찬송과 존귀와 영광").

단 4:31(LXX)과 더불어, 단 2:37(LXX)과 4:30에 언급된 3가지 품성이
배경에 다시 등장한다. 그 용어들은 단 4:30-31(LXX)로 더 거슬러 올라
가는데, δόξα("영광")와 τιμή("존귀")의 결합에 기인한다. 이 용어들이 여
기서는 ἰσχύς("권능")보다는 κράτος("주권")에 연결된다. 이런 결합은 LXX
의 다른 곳에서는 발견되지 않는다. 단 4:30ff.의 어법이 계 5:12-13의
찬송과 연관된다는 것은 단 4:35-37의 영향을 받았다고 관찰된 계 4:11
과 주목할 만한 비교점을 시사한다(계 4:9-10에 있는 다니엘서의 영향 참조).

분사 λέγοντας("이르되")는 τα...πάντα("만물")와 일치하는 중성보다
는 인격화된 음성의 의미에 맞추려고 남성으로 표현된 것 같다.[197] 몇

---

197) Thomas, *Revelation 1-7*, 407.

몇 사본들은 중성 복수 선행사에 정확하게 일치시키려고 중성 복수인 λέγοντα를 보유하기도 한다(A 𝔐ᴬ). 반면에 몇몇 사본에는 소유격 단수 (λέγοντος)가 등장한다. ἀκούω("듣다")가 종종 소유격을 목적으로 취하고, 중성 복수가 단수 동사를 취할 수 있기 때문이다([1611] 1854). 물론 이런 경우는 일반적으로 중성 복수가 주격인 경우에 해당한다.

14절　　전체 환상은 생명을 가진 피조물과 하늘에 있는 교회의 대표자들과 함께 끝난다. 이들은 땅에서 올라오는 찬송을 각각 최종적으로 "아멘"이라고 선언하고 경배함으로써 그 찬송을 확증한다.[198]

단 7:13-27과 관련하여 계 5:9-14의 결론 단락에서 눈에 띄는 내용은 두 본문이 같은 순서로 다음과 같은 사실을 제시한다는 점이다. (1) 그리스도("인자")가 주권을 받음(계 5:9-14; 단 7:13-14). 이것은 (2) "모든 백성과 나라와 방언"을 포함하는 나라(계 5:9b; 단 7:14), (3) 성도들의 다스림(계 5:10; 단 7:18, 22, 27a[LXX]), 그리고 결론적으로 (4) 하나님의 다스림(계 5:13; 단 7:27b)과 연결된다. 다니엘서에는 이 네 번째 요소가 요한계시록에서만큼 강조되지 않았다.

4장과 5장의 구약 배경

단 7:9ff.는 공통적인 사상과 이미지의 기본적인 구조로 인해 계 4-5장에 나오는 환상의 배경이 된 모델로 이해되어왔다. 계 4-5장에는 다니엘서 본문을 다양하게 암시하는 수많은 어구가 들어 있다. 다니엘서의 내용을 상기시키는 다양한 암시(거의 23개) 중 대략 절반 정도가 단 7장에서 온 것이며, 나머지 절반은 다니엘서의 다른 곳에서 왔다. 단 7장 이외의 암시들을 연구해보면, 그것들이 단 7장과 관련된 병행 어구와 주제를 가지고 있다는 점이 분명해진다. 따라서 이것들은 단 7장 장면들의 해석적 중요성을 보충

---

198) Swete, *Apocalypse*, 84.

하려고 사용된 것 같다.

개중에는 단 7장이 계 4-5장의 모델이 아니라고 주장하는 사람들이 있다. 이와 비슷한 수많은 구약의 신현이 단 7장의 언급과 결합되었다는 것이 그 이유다. 하지만 신현과 관계가 없는 단 2, 4, 12장의 문맥의 많은 자료는 어떻게 설명할 것인가? 요한이 요한계시록 전체에서 다니엘서를 통째로 끌어와서 거기에 사용된 언어로 요한계시록 전체를 채색했다고 대답하는 것이 가장 그럴 듯한 대답일 것이다. 하지만 이 작은 단락(주로 계 4:9-5:13)에 단 7장 자료가 이렇게 집중된 것으로 보아, 우리가 제안한 단 7장 모델이 최상의 대답이라고 생각된다. 만일 단 7장이 요한의 사상을 지배했던 패턴이라면, 다니엘서의 다른 자료들이야말로 단 7장과 결합할 수 있는 가장 가까운 자료이며, 단 7장에 대한 언급을 보충하려고 끌어올 수 있는 가장 용이한 본문들이다.

이런 보충적인 접근은 다니엘서 이외의 구약 암시와 관련해서 생각할 수도 있을 것이다(겔 1장; 사 6장; 출 19장). 구약의 다른 신현 단락, 메시아적 단락, 종말론적 단락에서 병행 어구를 형성하는 요소들(주제, 이미지, 단어)을 가져오는 것보다 단 7장의 장면을 해석하는 더 좋은 방법이 뭐가 있겠는가? 구약의 다른 본문들은 공통적인 그림이나 주제와 때때로 핵심 단어 때문에 다니엘서와 연결된다. 그 본문들은 단 7:9ff.의 "렌즈"를 통해 이해되며, 그 본문들의 의미는 단 7:9ff.의 틀 안에서 가장 잘 이해된다. 그러므로 단 7장이 다른 구약 본문들을 끌어들이는 기반이 되는 "해석학적 자석"이다.

겔 1장을 계 4-5장의 모델로 이해해서는 안 된다. 그 본문은 단지 단 7장과 많은 부분에서 병행을 이루고 있기 때문에 사용되었다고 보는 것이 더 나을 것이다. 4:1-5:1에서는 다니엘서보다 에스겔서의 영향이 더 강하다. 만일 5:2ff.와 독립적으로 이해한다면 말이다. 하지만 4-5장을 하나의 환상으로 고려할 경우에는, 겔 1-2장의 구조와 암시는 5:2ff.에서 사라지고, 단 7장의 구조가 전반적인 패턴으로 부상한다.[199]

---

199) 계 4-5장에서 단 7장과 겔 1장의 관계를 자세히 논의한 Beale, *Use of Daniel*, 181-228, 특히

초기의 몇몇 다니엘 전승도 요한에게 영향을 주었을지는 모르지만, 요한은 다니엘서의 본문을 직접 알았고 단 7장을 주요 틀로 의식했을 것이다. 이것은 구약의 다른 어느 책보다 다니엘서가 그 길이에 비해 요한계시록에서 더 많이 암시되었다는 사실에 의해서도 암시된다.[200] 이와 관련하여, 요한은 인간의 언어로는 묘사할 수 없지만 그의 마음에 다니엘서와 같은 구약의 신현 환상들에 상응하는 환상을 묘사하려 한 결과 단 7장으로 주의를 돌렸을 가능성이 많다. 얼마든지 이렇게 생각할 수 있는 것이, 단 7장이 요한이 글을 쓰던 어간에 유대교의 묵시문학가들이 사용한 해석 모델이었으며(참조 *1 En.* 46-48; 69-71; 4 Ezra 11-12, 13; *2 Bar.* 39-42), 종말론적인 문제를 이해하는 공통적 틀로 사용되었기 때문이다.[201]

단 7장이 모델로 제시되었다는 사실은 계 1장과, 앞으로 우리가 살펴볼 13장과 17장에서도 비슷한 모델이 관찰된다는 점에서 최종적으로 지지를 받는다. 2-3장과 더불어 무엇보다도 1장이 4-5장과 문학적으로 가장 근접하게 연결된 본문이다. 따라서 계 4-5장은 통일성이 있는데, 요한계시록 전체 환상의 기조가 되고 영감을 준 단 7장 및 이와 병행을 이루는 다니엘서의 다른 본문들과 연관된다. 다른 사람들은 계 4-5장의 통일성을 인정하지만 다른 접근으로써 그리한다.[202]

요한이 자신의 해석이나 문체적인 주석을 가하기보다는 단지 그가 보고 들은 것만을 기록했을 수도 있다. 하지만 여러 다른 곳에서 다양한 그리스어 역본, MT, 초기 유대교 전통과 독특하게 상응하는 언어가 요한계시록에 사용된 것을 보면, 요한이 그가 배운 성경적인 전통에 해석적 주석을 덧

224-26을 보라. 단 7장이 계 4-5장의 틀로 사용되었다는 이 주장을 부정적으로 평가한 다양한 입장들(예. Ruiz와 Moyise의 제안)에 대한 답변은 Beale, *John's Use of the Old Testament in Revelation,* 2장("Excursus: Rejoinder to Critical Evaluations of the Use of Segments of Daniel as Midrashic Prototypes for Various Chapters in Revelation")을 보라.

200) Swete, *Apocalypse,* cxlviii.

201) 참조. Beale, *Use of Daniel,* 96-106, 108-12, 153.

202) Schüssler Fiorenza, *Priester für Gott,* 264-67; Jörns, *Hymnische Evangelium,* 53-74.

붙여 그가 본 것을 묘사했을 개연성을 높여준다.[203] 환상에서 얼마나 많은
부분이 요한이 직접 본 것이고, 어느 정도가 요한이 그 환상을 더 잘 이해
하려한 결과로 요한이 사용한 구약의 암시 자료인지는 알기 어렵다.

단 7장을 모델로 삼았다는 나의 주장이 옳다면, 아래와 같은 신학적 결
론을 내릴 수 있다.

(1) 요한은 계 4-5장에서 "인자"와 성도들의 다스림을 예언한 단 7장의
예언의 성취를 묘사하려 했다. 그 성취는 그리스도의 죽음과 특별히 그의
부활, 즉 그리스도가 보좌에 나아가 권세를 받은 때에 시작되었다.

(2) 사 6장과 겔 1-2장의 장면을 단 7장의 두드러진 장면과 조합한 것
은 환상에 있는 심판 뉘앙스를 표현한다. 이 장면들은 다 심판 선언의 서론
으로 작용하기 때문이다. 유대교 전통과 계 4:11ff.가 보여주듯이, 이 구약
의 문맥들이 구속과 창조 사상에 연결되기는 했지만, 그럼에도 주로 심판
사상을 마음에 두었음이 틀림없다.[204] 좀 더 정확히 말해서, 이 구약의 장면
들은 하나님의 우주적 통치와 주권이 먼저 심판에서 표출되고 이어 구속에
서 드러남을 묘사한다. 이것이 계 4-5장과 이어지는 여러 장의 신학적 배
경이다.

(3) 심판 사상은 "그 책" 이미지에 의해 암시되기도 한다. 계 5장의 "책"
은 겔 2장, 사 29장, 단 7장, 12장에서 기원한 용어로 기술되었다. 각 본문의
문맥은 심판을 핵심 주제로 삼는데, 심판 주제는 다시 구원 또는 복 사상과

---

203) Lang, *Revelation*, 109-39; Mauro, *Patmos Visions*, 145, 176; Corsini, *Apocalypse*, 120,
134-37 이외에는 계 4-5장 전체가 단 7장을 모델로 삼았다고 보는 사람은 거의 없다. 이 세
사람들도 자세하게 석의는 하지 않고 총체적으로만 그렇다고 주장할 뿐이다. 나는 계 4-5
장 전체가 단 7장을 모델로 삼았다는 내용을 S. L. Johnson이 1970년대 중반에 달라스 신
학교에서 요한계시록을 강의할 때 처음으로 들었다. H.-P. Müller("Formgeschichtliche
Untersuchung," 86, 144)는 단 7:13ff.가 5:6-14에 막대한 영향을 주었다고 이해한다. 또한
Kiddle, *Revelation*, 77-78을 보라. 보다 일반적으로는, Comblin, *Christ dans l'Apocalypse*,
67을 참조하라. J. M. Ford, *Revelation*, 88은 특히 "인자와 같은 분의 지위와 비슷한 위치에
서 있는 '사자'와 '어린 양'이신 분"과 관련하여, *1 Enoch*과 단 7장을 계 5장에 핵심적인 영향
을 준 본문으로 이해한다.
204) A. Y. Collins, *Combat Myth*, 23, 214에 반대함. Collins는 심판 사상이 전혀 없다고 생각한다.

함께 언급된다. 단 7:10이 그 "책"의 주된 배경이기 때문에, 특히 이어지는 몇몇 장들과 관련해서 생각할 때, 심판을 선언하는 심판 뉘앙스가 더 부각된다.

(4) 마지막으로, 단 7장이 계 4-5장과 공통적인 내용을 담고 있다는 보편적인 중요성은 다니엘서가 겔 1-2장보다 신학적으로 더 우월하다는 사실을 암시한다. 겔 1-2장의 메시지는 이스라엘 국가에 관해서만 다루기 때문이다. 요한은 단 7장에 언급된, 모든 백성이 "인자"(단 7:14)와 하나님(7:27b)을 섬기는 나라라는 사상이 교회 안에서 성취된 것으로 해석한다. 하지만 교회 역시 이스라엘 성도들의 다스림을 다룬 다니엘서의 예언의 성취다.

하지만 창조 주제는 어떤 방식으로 계 4-5장과 연결될까? 창조에서 하나님의 주권은 심판과 구속에서 행사하시는 그의 주권의 기초다. 이것은 모든 피조물의 찬양을 이끌어낸다(이 점은 특히 계 4:11b에서 단 4:35-37을 배경으로 이해된다). **계 4:11과 계 5:9-13의 마침 찬송은, 창조에서의 주권이 심판과 구속에서의 주권의 기초가 된다는 사상이 두 장의 주요 주제라는 사실을 전달한다. 이 찬송들은 각 장을 해석적으로 요약한다.**[205] 두 찬송이 서로 병행한다는 사실은 첫 찬송이 두 번째 찬송의 기초로 작용함을 보여준다.[206] 특히 4:11과 5:9(비교. 5:12)의 ἄξιος εἶ("당신은 합당하십니다"), 4:11의 ἄξιος("합당하다")+ἔκτισας τὰ πάντα("당신은 만물을 지으셨습니다"), 5:12-13의 ἄξιος+τὰ πάντα("만물")를 주목하라.

병행 어구에는 요한이 창조주이신 하나님과 그리스도 안에서 행하신 사역을 통해 구속자가 되신 하나님 사이의 필수적인 해석적 관계를 이끌어내려고 의도했다는 사실이 나타난다. 이것은 어린 양에 의한 구속이 하나님의 창조 사역의 연속임을 시사한다.[207] κτίζω("창조하다," 4:11)와 ποιέω("삼다," 5:10) 사이의 유사성 역시 이런 해석적 연결을 암시한다. 5장

---

205) 참조. Minear, *New Earth*, 67; Carnegie, "Worthy Is the Lamb," 250-52.
206) Carnegie, "Worthy Is the Lamb," 248-49.
207) Carnegie, "Worthy Is the Lamb," 249.

에 뒤이어지는 장들에 나타나듯이, 타락한 피조물은 자원하는 순종에 의해서든 강제적인 복종으로든 창조주와의 관계로 다시 돌아가게 된다.[208] 4장과 5장 찬송들 간의 단어의 유사성에 의하면, 모든 피조물에 대한 하나님의 통치(4:11b)는 구체적으로 그리스도의 죽음과 부활, 그리고 성령을 통해 이루어진다. 이 성령은 그리스도가 그의 백성들로 하여금 그의 길을 따를 수 있도록 하시기 위하여 보내신 분일 뿐 아니라, 세상을 정죄하는 분이시기도 하다. 이런 연결점을 볼 때 계 5:9-10이 그리스도를 통한 하나님의 새 창조 행위에 관심을 갖는다고 앞에서 주장한 내용에 더욱 무게가 실린다 (5:10을 보라).

앞에서 분석한 것에 따르면, 만물에 나타난 하나님의 목표는 자신을 영화롭게 하고 그 영광을 즐기는 것과 피조물이 그를 영원토록 영화롭게 하는 일을 즐기게 하는 데 있음이 드러난다.

---

208) 참조. Kraft, *Offenbarung*, 102.

6:1-8:5: 일곱 인

처음 네 인: 그리스도는 교회 시대에 정화나 징벌을 위해 하늘의 악한 세력들이 사람들에게 시련을 가하는 것을 허용하신다(6:1-8)

요한은 그리스도가 이미 지상의 왕들을 다스리기 시작하셨다고 말했다 (1:5; 2:6-27). 이제 6:1-8에서 요한은 이러한 다스림이 다수의 그리스도인이 경험하는 고난의 상황에까지 확장된다고 설명한다. 이런 고난의 예들은 2-3장의 일곱 편지에 암시되었다. 그리스도인들 중에는 기원후 64년의 로마 화재 이후 네로 황제가 잔인하게 행한 대 박해와 같은 재앙 가운데 그리스도가 실제로 주권을 행사하고 계신지 의아해하는 사람들이 있었을 것이다. 그들은 기원후 60년의 파괴적인 지진과 79년의 베수비오 화산 폭발, 92년의 거의 재앙에 가까운 곡물 파동 등과 같은 광범위한 재앙들을 두고 같은 질문을 제기했을지도 모른다.[1]

계 6:1-8은 그리스도가 이처럼 명백하게 혼돈스러운 세상을 통치하신다는 것과 고난이 무차별적으로 또는 우연히 발생하지 않는다는 사실을 보여주려는 데 목적이 있다. 사실 이 단락은 구속과 심판이란 목적을 위해 그리스도가 파괴적 사건들을 발생시킨 것임을 계시한다. 교회가 겪는 모든 시련과 박해를 주관하시는 분은 바로 보좌에 앉으신 그리스도이시다. 이미 주장했듯이, 인을 뗌으로써 실제적인 계시가 시작되었고, 5장에 언급된 "두루마리"에 있는 내용이 시행되었다. 파괴하는 네 말과 말 탄 자들 각자에게 주는 명령은 그리스도가 각각의 인을 떼시는 보좌가 있는 곳으로부터 나온다. 보좌 주위에 있는 그룹들(네 생물)은 인이 떼어질 때마다 그에 대한 반응으로 말 탄 자에게 명령한다. 그러면 비로소 말 탄 자들은 파괴하기 시작한다.

---

1) 참조. Caird, *Revelation*, 79.

네 인이 떼어지는 환상의 순서는 각각의 재앙이 순서대로 발생하는 것을 의미할 수 있다.[2] 하지만 좀 더 개연성 있는 것은 재앙들이 동시에 발생한다는 것이다. 다음의 사실들이 이를 시사한다. (1) 넷째 인은 앞의 세 인을 요약한다(6:8의 주석 참조). (2) 계 6:1-8의 기초가 된 겔 14:12-13과 슥 6:5-8과 공관복음의 종말론적 강화(마 24장; 막 13장-역주)의 모델들은 동시에 발생하는 환난들을 묘사한다(아래 내용 참조). 사실 공관복음서의 병행 어구들은 상당히 획일적이기는 하지만, 그 환난들은 계 6:1-11과는 다른 순서로 되어 있다.[3] (3) 계 6:9-11에서 영화롭게 된 성도들이 인 재앙에 묘사된 네 시련 모두로부터 고난을 받은 것처럼 보인다. 하지만 모든 세대에 걸쳐 반복되는 논리적 패턴이 감지된다. 정복(첫째 말 탄 자)과 내전사태(특히 박해받는 그리스도인들이 영향을 받는다. 둘째 말 탄 자)는 기근(셋째 말 탄 자)과 사망(넷째 말 탄 자)으로 이어진다.[4]

그러므로 5장과 관련하여, 계 6:1-8은 그리스도가 십자가에서 겪으셨던 승리의 고난과 그의 부활, 하늘로 승천하여 아버지의 오른편에 앉아 통치권을 얻으신 결과, 세상에 즉각 임하게 된 파괴적인 힘의 활동을 묘사한다. 자연히 이렇게 추론할 수밖에 없는 것은 6:1-8에 묘사된 모든 사건이 그리스도의 재림 직전에 있을 심각한 시험(환난)의 기간만을 가리키지는 않기 때문이다.[5] 적어도 이 사건들 중 일부는 그리스도의 승천 직후에 시작되었다.[6] 6장에 묘사된 이러한 시작된 종말론적 관점은 시작된 종말론적 사건들과 관련하여 4-5장에서 분석한 것과 일치한다(예. 4:1과 5:9-10의 주석 참조). 특히 6장을 이런 식으로 접근하는 것은, 우리가 앞에서 주장한 대로, 그리스도가 보좌에 앉으신 것(5장)이 그의 부활과 승천을 가리키고 세대 끝에 있을 그의 재림을 가리키지 않는다는 사실에 근거한다.

2) Thomas, *Revelation 1-7*, 428, 435.
3) Charles, *Revelation* I, 158에 있는 6:1-17 개관을 보라. 참조. Court, *Myth and History*, 49-51.
4) 참조. Krodel, *Revelation*, 175.
5) Thomas, *Revelation 1-7*, 413-39에 반대함.
6) Caird, *Revelation*, 71-72.

이런 분석은 1-3장에 암시된 종말론적인 나라를 겨냥한 구약의 예언들이 그리스도의 죽음과 부활로 성취되기 시작한 것으로 이해한 것과 일관성이 있다(1:5-6, 9, 13-14, 16b; 2:18, 27; 3:7, 9, 14, 21). 예를 들어 1:5, 13-14; 2:26-28; 3:21은 메시아적 왕위를 시작하신 그리스도를 분명하게 언급한다. 그런 과정이 5장의 환상에서 확장되었다. 그리스도는 왕권을 행사하시면서 그의 종들(네 생물)을 통해 말 탄 자 하나하나에게 힘을 실어주신다. 말 탄 자들은 그리스도를 따르는 사람들 모두에게 내리기로 작정된 고난을 대표한다. 하지만 우리가 앞으로 살펴보겠지만, 이 동일한 시련들은 그리스도인들을 박해하는 사람들과 그리스도의 왕권을 거부하는 사람들에게는 심판으로 의도되었다.

이런 환난은 6장의 문맥과 요한계시록 전체에서 볼 수 있듯이, 그리스도의 마지막 재림 때에야 비로소 끝날 것이다. 다섯째 인을 뗄 때 터져나온 "언제까지?"라는 부르짖음과 여섯째 인에 묘사된 최후의 심판 장면에 비춰 볼 때, 6:2-8의 사건들은 최후의 심판보다 이전에 발생하는 것이 분명하다.[7]

구약 배경

가장 분명한 배경은 슥 6:1-8(또한 슥 1:8-15 참조)이다. 스가랴서에서는 각기 다른 색깔을 지닌 네 집단의 말들이 땅을 순찰하고 하나님의 백성을 압제하는 나라들을 징벌하라는 명령을 받는다(슥 6:5-8). 이 나라들은 하나님의 백성을 심판하는 막대기로써 하나님께 세움을 받았다. 하지만 그들은 그들에게 요구된 것보다 더 많은 보복을 이스라엘에 가했다. 하나님은 이스라엘을 향한 그의 뜨거운 사랑의 표현으로서 그들의 범죄에 해당하는 징벌을 가하실 것이다(슥 1:8-15). 그러므로 계 6:1-8의 말들이 상징하는 것은 온 세상에 임하는 자연적·정치적 재앙이 그리스도인들을 박해하는 불신자들

---

7) 6:1-8 해석사를 개관한 M. Bachmann, "Die apokalyptischen Reiter"를 보라.

을 심판하고 하나님의 백성을 신원하기 위해 그리스도에 의해 야기되었다는 사실이다. 이처럼 하나님이 당신의 백성을 신원하심은 자기 백성을 향한 그의 사랑과 공의를 증명하는 것이며, 이미 6:9-11에서 원수를 갚아달라고 부르짖는 탄원에 예상되는 응답으로 이해될 수 있다.

스가랴서와 요한계시록의 말들의 색깔은 거의 똑같다.[8] 하지만 요한계시록에서는 말들의 색깔 하나하나가 각각의 말들이 전달하는 재앙을 가리키는 비유적 색깔임이 분명하다. 흰색은 정복을, 붉은색은 피 흘림을(참조. 왕하 3:22-23), 검정색은 기근을(참조. *Targ.* 렘 14:2), 청황색은 죽음을 가리킨다.[9] 가장 명확한 차이는 요한계시록이 네 말과 그 말 탄 자들을 개별적으로 묘사하는 데 반해, 슥 1장은 네 집단의 말들을 묘사하고, 슥 6장은 병거를 끄는 네 집단의 말들을 그린다는 것이다. 하지만 차이는 그리 심각하지 않다. 요한은 말 탄 자 4명이 병거에 있다고 추론할 수 있었을 것이기 때문이다. 또한 스가랴가 네 집단의 말을 "하늘의 네 바람"이라고 요약한 것은 요한이 네 말들만을 묘사한 또 다른 요인이 되었을 것이다.

겔 14:12-23도 이 단락을 형성하는 데 중요하게 작용한 본문이다(참조. 신 32:23-25). 겔 14:21은 계 6:8b에 분명하게 인용되었고, 거기서 앞서 언급된 정복, 칼, 기근 등과 같은 시련을 일반적으로 요약하는 기능을 한다. 앞의 두 시련은 "죽음"을 포함한다. 이 에스겔서의 인용에도 짐승에 의한 고통인 시련이 하나 더 첨가된다. 인용된 용어들은 겔 14:21에서도 같은 기능을 한다. 거기서 이 용어들은 시련에 관한 앞의 진술을 "네 악한 심판"으로 요약한다. 일반적으로 이 징벌은 열국이 하나님께 불충성할 때 그 나라에 임한다. 겔 14장에 열거된 환난들은 순서대로 식량 부족과 "기근"(14:13), "들짐승"(14:15), "검"(14:17), 그리고 "죽음"(14:19)이다. 겔 14:21의 요점은 **모든 이스라엘 백성이 만연한 우상숭배로 인해 박해를 당할 것이라는 점이다**(참조. 겔 14:3-11). 환난의 목적은 이스라엘의 죄로 인해 그 나라의 대부분

---

8) Charles, *Revelation* I, 168-69을 보라.
9) 참조. Mounce, *Revelation*, 152; Haapa, "Farben und Funktionen," 217-18.

의 사람을 징벌함과 동시에 그들의 믿음을 시험함으로써 의로운 남은 자들을 정결케 하는 것이다(참조. 14:14, 16, 18, 20, 22-23).

계 6장에서도 동일한 2중 목적을 염두에 둔 것 같다. 예외가 있다면 여기서는 교회 공동체가 심판의 대상이라는 것이다. 충성된 사람들은 정결하게 될 것이다. 하지만 우상숭배와 타협하고 그리스도에게 충성하지 않는 사람들은 같은 환난으로 심판을 받을 것이다. 그런데 이 재앙의 영역은 교회의 경계를 넘어 온 세상으로 확장되는 것 같다. 재앙들이 겔 14:12-23에 동일하게 보편적으로 언급되며, 이어지는 내용(계 6:12-17과 7장 이후)에서 심판과 관련하여 보편적인 준거의 틀이 있기 때문이다. 신자들은 이 재앙들의 2중적 역할을 이해할 필요가 있다. 그래야 그 재앙을 긍정적으로 성화의 도구로 받아들일 수 있고, 이 동일한 시련이 불신자들에게 내리는 징벌이라는 것을 알 수 있다.

에스겔서 본문은 레 26:18-28에서 유래한 네 심판 사상을 발전시킨다. 레위기 본문 역시 요한의 마음에 2차적으로 작용했을 것이다. 레위기는 이스라엘 백성이 우상숭배를 하면 하나님이 그들에게 보내실 화를 다룬다. 이스라엘 백성이 충성하지 아니할 경우 하나님께서 "일곱 배" 심판하시겠다는 내용이 4번 반복된다. 7배라는 각각의 비유적 표현은 이스라엘이 먼저 언급된 화를 겪고도 회개하지 않을 경우에 임하게 될 더 강력한 재앙을 연속해서 소개한다(26:19-20의 기근과 흉작, 22절의 "땅의 들짐승", 25-26절의 "칼과 죽음과 양식의 끊김"과 29-33절의 황폐함과 "칼" 등). 이 경고들에 섞여 있는 약속은 만일 이스라엘이 우상숭배한 것을 회개한다면(참조. 26:1, 30-31), 하나님이 이스라엘에게 다시 복을 주시겠다는 것이다(신 32:24-25처럼). 그러므로 이것은 회개하여 믿음을 새롭게 하도록 촉구하고 배교한 이스라엘 백성을 영원히 징벌한다는 심판에 대한 경고이다.

만일 계 6:1-8이 이 배경을 염두에 두었다면, 그 본문에 인용된 환난들은 백성을 척결하고 심판하는 것뿐만 아니라 그들에게 회개하라는 경고로 작용하기도 한다. 각각 일곱 심판을 가졌다고 비유적으로 요약된 레위기의 네 심판이 요한계시록의 가장 두드러진 특징인 네 세트짜리 일곱 시리즈

심판의 모델로 작용했다고 할 수 있을까? 계 10:3-4의 "일곱 우레"가 이 세
트 중 하나로 해석된다면, 이것은 얼마든지 고려될 수 있다. 어떤 이유에서
그것이 명시적으로 드러나지는 않았지만 말이다(자세한 내용은 10장의 주석
참조).

그러므로 스가랴서, 에스겔서, 레위기에서 유래한 이 단락들은 계 6:1-8
을 구성하는 패러다임을 제공한다. 공관복음서의 묵시적 강설 역시 이 단
락의 부분적인 모델이다. 공관복음서의 묵시 강화가 이 장 전체에 암시되
었기 때문이다(막 13:7-9, 24-25; 마 24:6-8, 29; 눅 21:9-12, 25-26과 계 6:2-17을
비교해보라). 특히 공관복음서의 강설은 계 6장과 비슷한 순서로 다음과 같
은 요소들을 제시한다. (1) 속임(6:2의 주석 참조), (2) 전쟁, (3) 국제적인 불
화, (4) 지진, (5) 기근, (6) 박해, (7) 해와 달과 별의 우주적인 변화 등.[10] 이
부가적인 배경이 제시됨으로써 계 6:1-8이 믿지 않는 자들의 세상에 내려
지는 심판을 다룰뿐더러 그리스도인들의 박해도 다룬다는 우리의 주장이
사실임이 더욱 분명해졌다. 이것이 공관복음서 각각에 있는 묵시적 강설에
서 다루는 주제이기 때문이다(예. 눅 21:12-24). 하지만 공관복음서의 강설에
있는 예언된 사건들과 계 6장의 시간적 관계를 이해하는 것은 무척 어렵다.
공관복음서의 예언이 암시하는 것이 정확히 무엇인지에 대해서는 논란이
있기 때문이다. 그 강설은 예루살렘의 멸망을 예고한다든지, 그리스도의 재
림에 이르는 사건들을 가리킨다든지, 또는 둘이 복합되었다는 등 다양하게
해석되어 왔다.[11]

계 6:2-8의 네 심판도 당대의 역사적 사건들을 부분적으로 가리키는 것
같다. 구체적으로 어느 사건을 염두에 두었는지 알기는 어렵지만 말이다.[12]
그러나 계 6:2-8의 의미는 정확한 역사적 배경과 연결시키더라도 완전히

---

10) Charles, *Revelation* I, 158-59; Lohmeyer, *Offenbarung*, 58을 보라.

11) 참조. D. A. Carson, "Matthew," *Expositor's Bible Commentary* I (Grand Rapids:
Zondervan, 1995), 488-95.

12) Charles, *Revelation* I, 160은 첫 번째를 파르티아 원주민들, 두 번째를 로마, 세 번째를 도미
티아누스의 칙령, 네 번째를 네로의 그리스도인들 박해와 동일시한다. 다른 것을 동일시한 것
에 대해서는 Charles, *Revelation* I, 155-56, 161-83을 보라.

밝혀질 수 없다. 요한의 의도는 단지 예루살렘이나 소아시아나 로마가 아니라, 온 세상 전역에서 부분적인 효과를 지니는 재앙을 묘사하는 데 있기 때문이다("땅 사분의 일"에 관한 6:8b의 주석 참조).[13] 또한 요한이 네 말 탄 자를 이해하는 배경으로 점성학적 신화를 암시한 것 같지도 않다.[14]

1절   그리스도가 첫째 인을 떼신 것은 보좌를 호위하는 생물 중 하나가 시행한 보좌에서 나온 칙령을 나타낸다. "네 생물" 중 하나가 첫 말 탄 자에게 "나오라"(ἔρχου)고 명령하자 그 칙령은 시행된다. 이 명령이 보좌에서 기원한다는 사실은 그것이 4:5을 반영하는 "우렛소리 같은" 명령으로 묘사된 것으로써 강조된다. 계 4:5에서는 "보좌로부터" 나온 "우렛소리"가 네 생물과 직결되었다(참조. 4:6). 이 사실에 비춰볼 때, 4:5의 우렛소리는 지금 그룹들이 수행하는 환난이나 그들의 사역에 대한 하나님의(또는 그리스도의) 칙령으로 이해할 수 있다.

몇몇 사본들은 명령형 "오라" 다음에 명령형 "보라"(ἴδε)를 첨가하기도 한다(예. ℵ 2329 2344 𝔐ᴷ와 몇몇 역본들). 이는 그 명령이 말 탄 자들을 향한 것이 아니라 다음 환상에 주목하게 하려고 요한에게 주어진 것임을 암시한다(Douay와 NKJV: "와서 **보라**"[come *and see*]. 그래서 사본 2329와 𝔐ᴷ은 2절에서 εἶδον["내가 보았다"]을 ἴδε["보라"]로 대체했다). 요한계시록 어느 곳에서도 요한이 ἔρχομαι("오다") 형식으로 불린 곳이 없다. 첨가된 명령형은 마귀적 특성을 지닌 네 말 탄 자들의 신학적 난제 때문에 야기된 의도적인 변경이다. 그들은 인간에게 참혹한 고난을 가하라고 하나님께로부터 직접 명령을 받았으며, 각 경우에도 동일한 본문상의 문제가 일어난다. 그러므로 하나의 명령형이 더 어렵고, 그래서 더 나은 본문 독법

---

13) 참조. Kraft, *Offenbarung*, 117.
14) 이 배경을 논의한 Kraft, *Offenbarung*, 118을 보라. Brütsch, *Offenbarung* I, 277-78에 있는 이차 자료를 보라.

에 해당한다. 하나의 명령형("오라")은 많은 사본과 가장 훌륭한 사본의 지지를 받기도 한다(예. 𝔐ᴬ A C 등등. 그리고 대부분의 현대 영어 번역 성경은 이렇게 번역한다).

더욱이 2절의 KAIEIΔON("내가 보았다")은 필경사가 이와 비슷한 KAIIΔOY("그리고 보니")로 건너 읽어 우연히 생략됐을 수도 있지만, 의도하지 않게 명령 어구인 KAIIΔE("그리고 보아라")로 잘못 읽혔을 가능성이 더 많다. 3, 5, 7절의 동일한 두 번째 명령형의 첨가는 같은 방법, 즉 일관성을 위해 본문에 조직적으로 의미를 부여한 부차적인 삽입으로 설명될 수 있다. 현대 주석가들은 이들 본문의 "오라"라는 명령형을 교회가 그리스도께 돌아오시라고 간청하는 22:17에 사용된 동일한 명령형과 병행한다고 봄으로써, 말 탄 악한 자들에게 "오라"고 명령하는 자를 하나님과 관련시키지 않으려고 노력했다.[15] 하지만 이것은 현재의 문맥에서 방해가 된다. 이 주석가들 중에서는 6:9-11과 6:12-17을 오셔서 역사를 마무리하시라고 그리스도께 간청한다는 주제의 연속으로 보려는 사람들이 있기는 하지만 말이다.

   2절   마지막 세 말 탄 자들은 전형적인 악의 화신들이다. 하지만 첫 번째 말 탄 자가 나머지 말들을 탄 자들과 같은 악한 인물인지를 두고 논란이 있다. 몇몇 사람들은 첫 번째 말 탄 자를 온 세대를 걸쳐 영적 전쟁을 승리로 이끄시는 그리스도(또는 승리의 복음이나 승리의 교회)로 이해한다. 반면에 말 탄 자를 사탄의 형상으로 보는 사람들도 있다.[16] 첫 번째 말 탄 자를 그리스도(또는 그가 가지신 복음의 힘)라고 생각하는 사람들은 다음과 같은 병행에 의해 지지받는다.

   (1) 흰 말 탄 자는 시 45:3-5(MT)에 대한 암시일 수 있다. 시 45편에서

---

15) 예. Alford, *Greek Testament* IV, 612-13; Swete, *Apocalypse*, 85; Wilcock, *I Saw Heaven Opened*, 75-76; Prigent, *L'Apocalypse*, 107.

16) 첫 번째 선택을 고수하는 여러 주석가를 대략적으로 설명한 Brütsch, *Offenbarung* I, 280-81을 보라. 마찬가지로, Hendriksen, *More than Conquerors*, 113-17; Ladd, *Revelation*, 99; Hodges, "First Horseman"; Considine, "Rider"; Sweet, *Revelation*, 137-38.

는 말 탄 자가 그의 원수를 활로써 멸망시키는 이스라엘의 왕이다. 그는 "말을 타시고 승리하셨나이다"(시 45:6은 히 1:8에서 메시아적 예언으로 이해된다). (2) 계 19:11-16에서 그리스도는 그의 머리에 면류관을 쓰고 흰 말을 타셨으며 그의 대적자들을 물리치신다. (3) 이와 비슷하게, 계 14:14의 심판 장면은 "인자"이신 그리스도에 의해 소개된다. 그는 "흰 구름" 위에 앉으셨고 "머리에 금관을 쓰셨다." 손에 무기를 들었으며, 천사에 의해 무언가 행하라는 명령을 받으신다. (4) 그리스도 역시 요한계시록의 여러 곳에서 "이기신다"(νικάω, 3:21; 5:5; 17:14). (5) 공관복음의 묵시적 강화 전통 중에는 메시아의 화가 시작되기 전에, 그리고 인자의 다가오는 심판이 행해지기 전에 복음이 보편적으로 전파될 것을 언급하는 본문이 있다(막 13:10). (6) "흰색"은 예외 없이 요한계시록의 여러 곳에서 하나님이나 그리스도나 성도들의 거룩함을 묘사하는 좋은 의미로 사용되었다(14회). (7) 첫 번째 말 탄 자는 긍정적인 의미에서 다른 말 탄 자들과는 다르다. 첫 번째 말 탄 자에 대해서는 분명한 화가 언급되지 않았다.[17]

한편, 다음과 같은 내용을 고려해보면 첫 번째 말 탄 자가 사탄적 성품을 지닌 존재임이 드러난다.[18]

(1) "이기다"라는 단어는 다른 곳에서 성도들을 압제하는 짐승에 대해 사용된다(계 11:7; 13:7). "이기다"(νικάω)가 6:2에서는 5:5에서처럼 목적어 없이 사용되었지만, 11:7과 13:7에서는 적그리스도를 가리킬 경우 목적어를 가진다는 것을 고려하더라도, 첫 번째 말 탄 자가 반드시 그리스도여야 할 이유는 없다. 그리스도와 성도들의 "이김" 역시 요한계시록의 다른 곳에서 목적어를 지니기 때문이다(12:7; 17:14).[19]

(2) 슥 1:8-15과 6:1-8에서 말들은 전부 같은 특성을 지닌 것으로 밝혀

17) Bachmann, "Der erste apokalyptische Reiter"를 보라. Bachmann은 다른 관찰들 중 위에 언급한 (2)~(4)를 그리스도가 첫째 말 탄 자라는 주장의 근거로 언급한다.
18) Brütsch, *Offenbarung* I, 281-82과 더불어 이 입장을 취하는 사람들의 목록을 열거한 A. F. Johnson, "Revelation," 473을 참조하라.
19) Rissi, "Rider on the White Horse," 417. Considine, "White Horse," 421에 반대함.

졌으며, 이것은 계 6:1-8의 경우에도 틀림없이 동일하게 적용되었을 것이다. 즉 1장과 6장은 요한계시록의 저자에게 영향을 준 모델이기 때문이다 (*Targ.* 즉 6:1-8은 말 탄 자들을 단 2장과 7장의 네 이방 나라들의 악한 천사들과 동일시한다. 참조. *Targ.* 즉 4:7).

(3) 계 12-13장은 사탄과 그의 졸개들을 그리스도의 모습을 흉내 냄으로써 속이는 자들로 묘사한다.

(4) 공관복음의 묵시적인 강설마다 예수의 재림 이전에 있을 첫 번째 화의 목록으로 그리스도의 이름으로 와서 사람들을 "미혹하는 거짓 그리스도와 거짓 예언자"가 임할 것을 예언한다(막 13:5-6; 마 24:4-5; 눅 21:8). 이것은 첫 번째 말 탄 자가 사탄적 인물과 동일시되었음을 확증한다. 요한이 그의 재앙을 묘사할 때 공관복음에 나오는 묵시적 강설의 화를 일정부분 모델로 삼았다는 점은 일반적으로 인정되는 사실이다. "전쟁"은 공관복음서의 세 본문에 다 등장하는 두 번째 화이고, 계속하여 기근과 전염병의 두 화가 다양한 순서로 긴밀하게 이어진다. 전염병이 누가복음에만 등장하기는 하지만 말이다.[20]

(5) 말 탄 자들은 남은 세 인과 문학적으로 구별되는 4인조다. 마치 처음 네 나팔과 대접이 나머지 나팔 및 대접과 관련하여 그러하듯이 말이다. 처음 네 나팔과 대접이 병행되는 심판을 의미하기에, 동일한 병행 어구가 네 말 탄 자들에게도 존재할 개연성이 많다. 네 말 탄 자들의 공통적인 정체는 같은 순서로 제시된 다음과 같은 문학적인 병행에서 분명히 나타난다. (ㄱ) 동일한 서론적인 시각적 환상과 청각적 환상 문구가 매 경우 어린 양이 인을 떼는 것과 연결되었으며, 다음과 같은 내용이 이어진다. (ㄴ) "네 생물"이 "오라"고 명령하며, (ㄷ) 말과 말 탄 자가 그 명령에 따라 등장한다. (ㄹ) 각각의 말의 색깔과 말 탄 자가 들고 있는 것은 그가 가져오는 화의 종류를 암시한다. (ㅁ) 승인을 나타내는 같은 어구(ἐδόθη αὐτῷ["받고"])가 처음

---

20) 자세한 내용은 Rissi, "Rider on the White Horse," 413-14을 보라.

두 말 탄 자에게 사용되었다(2절. 4절에는 2번 사용됨; 참조. 8절).[21]

(6) 종종 제안되듯이, 그리스도가 자신이 주체자로 있는 환상을 포함하는 인을 떼신다는 것은 왠지 어색하다. 환상의 역설적인 특성이 그에 대한 설명은 될 수 있겠지만 말이다(참조. 5:1-6의 주석).

(7) 만일 "사망"을 가져오는 넷째 말 탄 자를 앞의 세 말 탄 자의 요약으로 이해하는 것이 바르다면, 첫 번째 말 탄 자는 틀림없이 악하다.

(8) 계 6:2과 9:6에서처럼 심판을 수행하는 귀신의 품성을 지닌 존재들은 "전쟁을 위해 예비된 말들"과 같으며, 머리에 "면류관" 같은 것을 썼으며, 승인하는 어구로 언급되었다(비교. 9:3, 5: "권세를 받았더라"). 이와 관련하여, 많은 사람이 6장의 첫 번째 말 탄 자가 적어도 부분적으로는 아시아의 파르티아인들을 암시한 것이라고 주장한다. 파르티아인들은 말을 탔으며 활을 다루는 기술이 뛰어난 까닭에 전쟁의 승리자들로 유명했다.[22]

겔 5:16-17의 영향에 비추어볼 때, 첫 번째 말 탄 자를 그리스도나 악한 세력이 아니라 하나님의 심판의 전달자이며, 이 전달자의 진노의 화살이 곧 뒤따라오는 세 말 탄 자들이라고 볼 가능성도 있다. 이것은 6:8b에서 화가 요약되었다는 사실에서도 지지받을 수 있다. 6:8b은 첫 번째 말 탄 자와 둘째 말 탄 자를 구별하지 않는다.[23] 하지만 겔 5:16-17의 "화살"은 기근에만 적용이 되고, 거기 언급된 다른 세 심판들(사나운 짐승, 염병, 살육—역주)에는 적용되지 않는다. 더욱이 겔 5장은 언약의 4중적 저주 문구를 포함하는 수많은 본문 중 하나에 불과하며, "화살" 그림은 사실상 에스겔서의 독특한 표현과 다름없다. "화살"이 신 32:23-26에서 네 가지 심판을 요약하고 있지만 말이다(참조. *Targ. Jer. Frag.* 신 32:23-26. 이 본문에서 심판은 "나의 진노의 화살"로 요약되었다). "화살"은 계 6:8a에 인용된 문구에는 언급되지 않았다.

---

21) 참조. Minear, *I Saw a New Earth*, 74.

22) 자세한 내용은 Krodel, *Revelation*, 173-74을 보라.

23) A. Feuillet, "Le premier cavalier."

그러므로 계 6장에서 반복되는 이 구약 문구의 지배적인 영향은 심판을 수행하는 네 말 탄 자들과 네 언약적 심판 사이의 병행 관계에 있다(6:8의 주석 참조). 더욱이 앞에서 첫 번째 말 탄 자가 악한 세력임을 유추한 이유들이 겔 5:16-17이 배경이라는 견해보다 더 무게가 있다. 그렇지만 첫째와 넷째 말 탄 자가 요약적인 역할을 수행한다는 것도 참일 수 있다. 이런 경우 두 말 탄 자는 서로에 의해 정체가 밝혀져야 한다.

이런 의미에서 첫 번째 말 탄 자는 거짓과 박해 또는 두 가지 모두를 사용하여 신자들을 이기고 영적으로 압제하려는 사탄적 세력을 대표한다(11:7; 13:7). 말 탄 자 이미지는 다음과 같은 존재를 가리킬 수 있다. (1) 적그리스도,[24] (2) 그리스도인들을 박해하는 정부들, (3) 마귀의 종들의 총체. 또는 요한계시록 후반부에서 짐승들이 상징하는 세력을 우선적으로 염두에 두었을 수도 있다(6:8의 주석 참조). 요한계시록 여러 곳에서 "흰색"은 우선적으로 승리가 아니라, 그리스도와 성도들의 인내하는 의를 의미한다(3:4-5의 주석 참조). 여기서 흰색은 그리스도를 흉내 내어 자신을 의롭게 보임으로써 속이려고 하는 악의 세력을 가리키는 것 같다(참조. 고후 11:13-15). 요한이 이런 식으로 묘사하는 것은 계 19:11-16에 언급된 그리스도의 의로우심과 승리를 패러디하려는 의도에 기인한다. 사탄의 이기고자 하는 노력은 그리스도를 시시하게 모방하는 것에 불과하여 우스꽝스러울 뿐이다(11:7; 13:1-13에서처럼). 그러한 시도는 처음부터 실패하기 마련인데, 궁극적으로 하나님이 그런 시도들을 그의 나라와 영광을 확립하는 데 이바지하도록 결정하셨기 때문이다(참조. 17:17).

파괴적인 이 첫 번째 말 탄 자가 궁극적으로 하나님의 손 아래 있다는 것은 ἐδόθη αὐτῷ("그에게 주어지고")라는 어구에서 분명하게 드러난다. 이것은 그가 가진 권세가 하나님에 의해 주어진 것임을 의미한다(요한계시록에서 δίδωμι["주다"]의 수동태 사용례에서 분명하게 나타난다. 예. 6:11; 7:2; 8:2-3; 8:1, 3, 5; 11:2-3; 12:14. 그리고 13장에서 반복해서 사용됨. 비교. 17:17). 이 어구는 선

---

24) Rissi, "Rider on the White Horse."

한 중재자와 악한 중재자 모두에게 사명을 주는 문맥에서 사용되며, 보다 일반적인 의미인 "허용하다, 용납하다"보다 어떤 역할을 수행하기 위한 신적 승인의 의미로 이해하는 것이 가장 좋다.[25]

사실, 악한 일을 수행하는 이 인물들은 명령("오라")을 받고 하나님의 명령을 수행한다. 나팔 재앙과 대접 재앙의 처음 네 심판 세트는 하나님의 명령에 따라 수행된다. 따라서 네 말 탄 자들의 화도 모두 틀림없이 그럴 것이다. 이것은 슥 6:7-8a에서도 확증된다. 스가랴서 본문에서 주의 천사는 네 집단의 말들에게 "가서" 하나님의 심판을 실행하라고 명령한다. 그 어구는 계 6:4a, 4b, 8에서도 같은 의미를 지닌다. 이런 관찰에 의하면, 이 심판들이 어린 양의 보좌에서 직접 나온 것임이 더욱 확증된다. 하나님의 계획에 대한 이런 통찰은 하나님의 백성이 원수들의 손에 고난을 받을 때에라도 인내할 수 있는 막대한 동기를 부여해준다.

슥 1장과 6장의 전반적인 배경 이외에, "번개"와 "우레"를 동반하며 (1b절) "화살"을 가지고 하나님의 심판을 수행하는 말 탄 자들의 이미지는 아마도 구약의 여러 본문에 부차적으로 근거했을 것이다(시 45:6; 77:18; 144:6; 겔 5:16-17; 합 3:8-11; 참조. 애 2:4). 이 모든 본문들은 하나님을 직접 심판을 행하시는 분으로 묘사하지만, 요한은 이 본문들을 심판을 행하려고 하나님이 사용하신 다른 존재들에게 적용한다(하나님이 이스라엘을 심판하실 때 사용하신 도구인 바벨론을 대표하는 "말 탄 자들"이 가지고 있는 "활"도 비슷하게 사용되었다. 렘 4:29; 6:23. 또한 사 5:26-28; 렘 50:14, 29과 비교하라). 이렇게 적용을 바꾼 이유는 계 6:2-8의 전반적인 틀이 스가랴서의 네 말 탄 자로 구성되었고, 구약의 다른 본문들이 이런 틀 안에서 이해되기 때문이다. 심지어 구약에서 하나님은 활이나 화살로 의인들에게 고난을 가하시는 분으로 묘사된다(욥 6:4; 시 37[38]:[3]2; 애 3:12).

A. 커케슬라거는 활과 면류관이 전형적으로 아폴론 신과 연관된 상

---

25) S. Thompson, *Semitic Syntax*, 14에 반대함. 이런 의미를 지지하는 이 어구의 구약 배경에 대해서는 13장의 주석 참조.

징물들이라는 증거를 제시했다. 따라서 그는 계 6:2에 있는 활과 면류관 이미지가 아폴론 형상을 반영한다고 주장한다. 아폴론은 이교 예언의 영감과 밀접하게 연관된 신이었고, 소아시아, 특히 서머나와 두아디라에서 잘 알려진 신이었다.[26] 다른 배경들과 함께 아폴론이 암시되었다면, 그 암시는 말 탄 자가 거짓 예언과 거짓 메시아의 세력을 대표한다는 점을 강조한다.

그가 "나아가서 이기고 또 이기려고 하더라"라는 결론 어구는 어색하다. 하지만 동사들이 반복된 것은 말 탄 자의 승리의 의도나 그가 승리하리라는 확신을 강조하는 셈어 문체에 속하는 관용어다("그는 나가서 이겼다", "그는 나가서 확실히 승리했다", 또는 "그는 계속해서 이겼다").[27] LXX은 절대 부정사와 이와 동일한 단어의 미완료 형태로 이루어진 히브리어 구조를 분사와 정동사로 이루어진 구조로 번역한다(예. 창 22:17; εὐλογῶν εὐλογήσω["내가 확실히 복을 주리라"]).[28] καὶ ἵνα ("그리고 ~하려고")는 LXX의 전형적인 관용어구에 속하는 것은 아니지만, 그 구조는 기본적인 관용어와 충분히 유사하다. 다루기 힘든 καί ("그리고", "심지어")가 몇몇 사본에서는 생략되었기 때문에, 다른 사본들에서는 이기려는 의도가 실제로 어떤 방법으로 수행되었다거나 확실하게 이길 것임(이 경우는 예언적 완료와 같이 기능함)을 강조하기 위해 ἵνα νικήσῃ ("이기기 위하여") 대신에 부정과거 능동태 직설법 ἐνίκησεν ("그가 이겼다")이 사용됐다.

3절   첫 번째 말 탄 자에 대한 묘사는 이어지는 세 말 탄 자들에 의해 더 자세히 설명되는 요약적 진술로 이해될 수 있다. 첫 번째 말 탄 자는 일반적인 용어로 전쟁을 소개하며, 이어지는 말 탄 자들은 전쟁의 구체적 상황들을 묘사한다고 말이다.[29] 하지만 이 재앙들을 문자적인 전쟁에 국한해

---

26) Kerkeslager, "Apollo."
27) 이 번역 중 마지막 번역에 대해서는 J. M. Ford, *Revelation*, 106을 참조하라.
28) S. Thompson, *Semitic Syntax*, 80-81; Mussies, *Morphology*, 323-24; Mussies는 6:2의 어구를 "[그가 나가서] 큰 승리를 얻었다"라고 번역한다. 참조. MHT III, 156-57.
29) Lohse, *Offenbarung*, 41-42. 또한 6:8의 주석 참조.

서는 안 된다. 이 재앙들에는 앞에서 설명한 첫 번째 말 탄 자의 정체와 넷째 말 탄 자에서 분명히 드러나듯이, 영적 갈등의 차원들도 포함되어 있다(6:8의 주석 참조). 그러므로 3-8절은 어떻게 사탄이 고난을 통해 성도들을 이겨서 그들의 믿음을 잃어버리게 하려고 하는지를 묘사한다. 하지만 역설적으로 이 시련들이 궁극적으로는 불신자들을 심판하기 위해 하나님이 사용하시는 심판의 도구들이라는 사실을 기억해야 할 것이다.

그리스도가 둘째 인을 떼시자 둘째 "생물"이 하나님의 고난의 계획을 계속 실행한다. 앞에서 그랬듯이, 둘째 생물은 둘째 말 탄 자에게 "오라"고 명령한다.

여기서 ℵ과 2324 및 몇몇 다른 사본들에 보충된 명령형이 조직적인 삽입의 한 부분(1, 5, 7절에서 그러하듯이)에 속한다는 점은 분명하다. 이어지는 καὶ εἶδον, καὶ ἰδού("내가 보았고 또 보았다")를 가진 사본이 없기 때문이다. 이 어구는 1-2, 5, 7-8절에서 약간 그럴 가능성이 있듯이, 뜻하지 않게 명령형이 혼동될 수 있다(자세한 내용은 6:1의 주석 참조).

4절   둘째 말 탄 자는 천사의 명령에 즉각 반응하여 나온다. 둘째 말 탄 자가 가하는 화는 일반적인 국제적 분쟁일 수 있지만 그리스도인들의 박해를 염두에 둔 것이기도 하다. 이 사실은 마 10:34("내가 세상에 화평을 주러 온 줄로 생각하지 말라. 화평이 아니요 검을 주러 왔노라")이 본문의 "그 탄 자가 허락을 받아 땅에서 화평을 제하여 버리며 서로 죽이게 하고 또 큰 칼을 받았더라"에 암시된다는 사실에서 분명하게 나타난다.[30] 마태복음 본문의 요지는 예수를 따르는 사람들은 박해가 닥칠 때 세상에서 그의 이름을 부인해서는 안 된다는 것이다. 그런 박해가 하나님의 주권적인 뜻에 속하기 때문이다. 예수를 따르는 사람들이 박해 중에도 충성하면 육체의 생명을 잃을지는 모르지만, 영적 생명은 구원받을 것이다(마 10:28-39). 그러므로 그들에게 유익한 효과가 있다. 이런 사상이 계 6:4에서 발전된다. 사실 μάχαιρα("칼")는 종종 이 본문 이외에 박해를 언급하는 문맥에서 사용되곤

---

30) Vos, *Synoptic Traditions*, 114-16과 그밖에 여러 주석들을 보라.

한다(마 10:34; 롬 8:35; 히 11:34, 37; 계 13:10; 참조. 13:14).

요한이 "죽이다"(σφάζω)를 그리스도의 죽음이나 그를 따르는 사람들의 죽음을 언급하기 위해 예외 없이 사용했다는 것을 주목하면, 그가 여기서 박해를 강조하는 것이 분명해진다(5:6, 9, 12; 6:9; 13:8; 18:24; 또한 신약 여러 곳에서 σφαγή의 사용; 심지어 13:3에 언급된 짐승의 죽임당한 머리는 그리스도의 고난을 패러디한 것임). "**서로** 죽이게 하고"라는 어구는 많은 주석가가 주장하듯이 내전을 암시하고, 박해를 암시하지 않을 수도 있다.[31] 하지만 이 어구는 박해의 문맥 안에서 쉽게 이해될 수 있다. 특히 요한계시록 전체에서 σφάζω("학살하다")의 사용례에 비춰보거나 공관복음의 종말론 강화에서 내전과 박해가 밀접하게 연결된다는 관점에서 볼 때 그러하다. 6:4에 언급된 죽임을 당한 사람들은 아마도 6:9에 "죽임을 당했다"고 묘사된 사람들일 것이다. 요한계시록의 찬양들은 전형적으로 앞서 언급된 단락의 주제들을 요약하는 역할을 하며(4:8-11; 5:9-13; 11:15-18; 15:3ff.; 19:1-7. 이 모든 찬양은 6:10처럼 λέγοντες["이르되"]로 소개된다[11:15과 19:1에는 "큰 음성으로 이르되"로 되어있다]),[32] 6:9-11도 이런 찬양의 범주에 포함되어야 하기 때문이다. 이것은 6:1-8의 전체 단락이 박해 주제와 관련되었음을 의미한다. 그러므로 첫째 인이 이 주제를 다루고 있다고 앞에서 내린 결론이 입증된다.

그렇다면 계 6:1-4은 앞의 단락(1:9; 2:9, 10, 13; 3:10)에서 시작된 박해 주제의 연속이다. 하지만 6:3-4의 사상은 불신자들에게 내리는 심판으로서 나라와 나라 간의 전쟁도 부차적으로 포함할 정도로 충분히 일반적이다. 이는 "땅에서 화평을 제하여 버리"는 것에 포함될 수 있다. 이어지는 καὶ ἵνα("심지어")는 목적을 암시하지는 않지만,[33] 그러한 투쟁의 범위가 심지어 그리스도인들을 박해하는 강렬한 수준에까지 이른다는 것을 구체적으로 설명한다. 나라와 나라 간의 투쟁과 박해가 동일하게 연결됐다는 점은 공

---

31) Thomas, *Revelation 1-7*, 428-29은 이것을 일반적으로 "전쟁"을 가리키는 것으로 이해한다.

32) 참조. Carnegie, "Worthy Is the Lamb," 250-54.

33) BAGD, 377.

관복음의 묵시적 강화에서 이끌어낸 것이다. 공관복음에서는 그러한 투쟁이 불신자들에게 내리는 화와 예수를 따르는 사람들을 위한 시험으로 해석된다(막 13:7-19; 마 24:6-21; 눅 21:9-19). 마찬가지로 겔 14:17의 칼로 집행되는 심판에도 동일하게 2중적 효과가 있다(*Targ.* 겔 14:17은 이 화를 두 번씩이나 "칼로 죽이는 사람들"이라고 풀어쓴다). 그리고 이미 주장했듯이, 공관복음의 강화는 요한이 계 6장을 구성할 때 사용한 원천의 일부이다.

"큰 칼"(μάχαιρα μεγάλη 또는 ῥομφαία μεγάλη)이라는 어구는 구약성경에서 세 군데서만 등장한다(사 27:1; 렘 32:24[25:38];[34] 겔 21:14[B]). 이 마지막 본문은 겔 14:21과 더불어 계 6:4에 영향을 끼친 구약 본문이었을 지도 모른다. 겔 14장의 문맥처럼, 겔 21:9-15, 21은 칼로 인한 심판이 이스라엘과 나라들 모두에게 적용된다. 더욱이 "큰 칼"(ῥομφαία μεγάλη)은 ὅπως와 σφάζω("학살하다"; 참조. 21:9-10, 21)의 가정법과 함께 등장하며, 이 문맥에서 네 번이나 ῥομφαία("칼")는 σφάζω의 동사형이나 명사형을 소개하는 목적절로 이어진다. 이사야서와 예레미야서 본문은 각각 우주적 바다 괴물과 이방 나라들에 내리는 심판을 언급한다. 신적 대리인이 서로 죽이기 위해 악한 존재에게 칼을 주는 겔 21:1-19, 38:21, *1 En.* 88:2을 보라. 반면에 *1 En.* 90:19에는 "큰 칼"이 악한 자들을 심판하기 위해 의인들에게 "주어졌다"고 기록한다(또한 *1 En.* 91:12 참조).

ἵνα("~하기 위하여") 앞에 있는 καί("그리고, 심지어")가 생략된 것은 문법에 어긋난 구문을 부드럽게 하기 위해서이며, 미래 직설법 대신에 가정법을 ἵνα 다음에 표기한 것은 동사가 전형적으로 ἵνα 다음에 이어지는 가정법에 맞추려는 시도에 기인한다.[35] 하지만 ἵνα 다음에 따라오는 미래 직설법은 원 저자의 셈어 문제를 나타내는 것일 수도 있다(LXX에서 마지막 접속사를 따라오는 히브리어 미완료형 동사를 번역할 경우에도 같은 일

---

34) HR II, 900을 보라(이 조사에는 헥사플라[Hexapla] 전통의 다양한 독법은 포함되지 않았다).
35) 바울 서신과 요한계시록을 비롯하여 기원전 4-1세기 그리스어에서는 ἵνα 다음에 가정법 대신 미래 직설법이 오는 것이 전혀 낯선 일은 아니다. MHT III, 100; Robertson, *Grammar*, 984; 또한 6:11의 주석; BDF §369.2 참조.

이 발생한다).[36]

5절   셋째 인이 떼어지자 셋째 생물이 또 다른 말 탄 자에게 인이 담고 있는 결정 사항을 수행하라고 명령한다. 이번에도 수행될 결정은 고난의 한 형태다. 이번에는 말 탄 자의 손에 들린 저울로 비유된 기근이다. 고대 세계에서 식량이 부족할 때에는 음식이 (저울에 달아져) 배급품으로 분배되었다(레 26:26; 왕하 7:1; 겔 4:10, 16에 기근을 암시하는 저울의 비유적 사용을 보라).

6절   그룹의 명령이 내려진 직후, 선견자는 누군가가 말 탄 자에게 발하는 또 다른 명령을 듣는다. 부가된 명령은 아마도 그룹 중 하나나 또 다른 천사가 아니라 그리스도에게서 나온 명령일 것이다. 그리스도는 5:6(참조. 7:17; 4:6)에서 "보좌와 네 생물 사이에" 있다고 언급되었으며, 이는 그가 이미 인을 떼는 분으로 그곳에 계시기 때문이다. 이것은 네 말 탄 자들에게 주는 명령이 하나님의 보좌가 있는 곳에서 직접 나온 것임을 강조한다.

명령은 기근의 참혹함을 더 자세히 설명한다. 기근은 심각하지만 제한되었기에 생명을 유지하는 데 필요한 음식은 남아 있을 것이다. 한 데나리온은 하루 품삯이며(마 20:2), 밀 한 되는 한 사람의 하루치 식량이다(Herodotus 7.187). 보리 석 되는 한 사람의 삼일치 식량이든지 일반 가정의 하루치 식량이다(δηναρίου가 가격의 소유격인 점을 주목하라. "한 데나리온에"). 여기에 열거된 가격들은 그 당시 로마 제국의 평균 가격의 8배 내지는 16배에 해당한다(참조. Cicero, *In Verrem* 3.81). 그러므로 기근으로 고생하는 사람들은 가족을 위해 제한된 양의 음식을 살 수밖에 없고, "포도주나 감람유"와 같은 생활에 필수적인 다른 물건을 구입할 여지가 거의 없는 실정에 처한다. 감람유와 포도주를 생산하는 올리브나무와 포도나무는 영향을 받지 않았다는 사실은 기근의 제한적인 측면을 더욱 강조한다(기원후 92년에 소아시아 지방의 포도나무의 절반을 베어버리라고 도미티아누스가 내렸던 황제의 칙령이 폐지된 것은 본문을 이해하는 부분적인 배경이 될 수 있을 것이다. 하지만 그 칙

---

36) 참조. S. Thompson, *Semitic Syntax*, 98-99.

령에서 "감람유"는 언급되지 않았다). 그러나 설령 기근의 희생자들에게 포도
주와 감람유가 공급이 된다고 하더라도, 그들에게는 이런 것을 구입할 여
력이 없었다(욜 1:10-11은 밀과 보리와 감람유와 포도주가 부족한 것이 심각한 기
근임을 암시한다). 몇몇 사람들은 "포도주와 감람유"에 성례전적인 뉘앙스가
있다고 제안한다. 하지만 그럴 개연성은 거의 없다. 이것은 이런 물품을 심
각한 기근 동안 부족했던 기본 식량으로 보는 구약의 배경과 일치하지 않
기 때문이다. 이뿐만 아니라 본문 앞뒤 문맥에서도 성례전적인 의미를 암
시하는 내용이 없다.[37]

　앞의 두 화가 그랬듯이, 이 재앙은 모든 사람에게 영향을 주지만, 특히
그리스도인들을 구체적으로 염두에 두었을 것이다. 이것은 뒤에서도 등장
할 주제(13:16-17)인 경제적으로 박해를 받는 신자라는 주제를 발전시킨 것
이다(2:9). 기근은 모든 사람에게 영향을 준다. 하지만 특별히 제한된 음식
이 공급되는 때에는 그리스도인들이 제일 먼저 영향을 받게 될 것이 분명
하다. 그들은 기본적인 생필품을 다른 사람들과 동일하게 공급받지 못함으
로써 박해를 받을 것이다. 기블린은 "감람유를 해하다"라는 어구를 "감람유
를 속이다" 또는 "감람유 값을 비싸게 받다"라고 의역한다. 이것은 수요가
많은 생필품과 관련하여 경제적 박해를 떠올린다(제네바 성경의 난외주에서
도 이렇게 번역됐다).[38] 이런 유의 박해가 임하는 까닭은 그리스도인들이 타
협을 하지 않은 데 있다. 그리스도인들은 제국의 수호신과 무역조합의 수
호신에게 충성하지 않는다(2:9; 13:16-17; 자세한 내용은 2:8-3:22의 주석 참조).
그리스도에게 충성하는 것 때문에 지금 경제적 박탈을 당하는 사람들은 만
물이 절정에 달할 때 그리스도에게서 상을 받을 것이다. 그는 그들을 영원
히 "주리거나 목마르지 않게" 하실 것이다(7:16).[39]

---

37) 성례전적인 관점을 견지하는 사람들에 대해 논의한 Prigent, *L'Apocalypse*, 112을 참조하라.
38) Giblin, *Revelation*, 81.
39) 참조. I. T. Beckwith, *Apocalypse*, 521-22. Beckwith는 5-6절의 구체적인 역사 배경이 없
　　다고 올바르게 주장한다. 곡물과 포도주와 감람유가 사치품이 아니라 기근이 닥치지 않은 때
　　에 얼마든지 먹고 마실 수 있는 기본 식료품이라는 것에 대해서는 신 7:13; 11:14; 28:51; 대하
　　32:28; 느 5:11; 시 104:14-15; 렘 31:12; 호 2:8, 22; 욜 1:10; 2:19; 미 6:15; 학 2:12을 보라. 추

7-8절   넷째 인이 떼어지자 또 다른 생물이 다른 말 탄 자에게 소리쳐 명령한다. 이번에는 청황색 말이 나온다. 앞에 나온 다른 말 탄 자들과는 다르게, 넷째 말 탄 자는 "사망"이라는 이름을 받았다.[40] "음부(하데스)"가 그를 따른다고 한다. "사망과 음부"(θάνατος καὶ ὁ ᾅδης)는 보좌가 놓인 방의 궁극적인 통치 아래 있는 사탄의 세력들이다. 이 어구는 호 13:8, 14의 반영일 가능성이 높다. "음부(ᾅδης)"와 사망(θάνατος)"과 "땅의 짐승들"은 이스라엘에게 내리는 하나님의 심판이며, 이후에 하나님은 거기서 이스라엘을 구원하실 것이다(마지막 표현에 대해서는 계 6:8b을 보라; 또한 사 28:15). 계 6:8a에서 "사망"은 일반적으로 생명의 상실이나 생명의 상실을 야기하는 것을 가리킨다. 이것은 그 단어가 "음부"와 접속사로 연결된 것과 이 단어가 "죽이다"라는 동사의 주어의 일부분이라는 사실에서 분명해진다(이 의미는 1:18에서도 분명하다).

"음부"는 죽은 자들을 가두는 영역이다. LXX은 "사망"(θάνατος)과 "음부"(ᾅδης)를 거의 동의어로 사용하여 죽은 자들의 영역을 언급한다(예. 시 6:6[5]; 48[49]:14-15; 잠 2:18; 5:5; 아 8:6; 욥 17:13-16; 33:22). 이 마귀의 세력은 땅의 사분의 일에 네 종류의 화를 가한다. 이것은 모두 사망이 찾아오고 죽음을 야기할 수 있는 방법들이다. 네 가지 심판은 사망이 시행되는 구체적인 방법들이기 때문에, 8b절의 θάνατος의 사용은 일반적인 의미에서 사망보다는 "전염병, 질병"을 언급한다.[41] 사실 LXX에서 θάνατος는 30번 넘게 히브리어 *deber*("재앙, 전염병")를 번역했다.[42] 놀라운 것은 *deber*의 이런 번역 중 2개가 계 6:1-8의 모델을 제공한 겔 14:19-21("사망"과 "전염병")과 레 26:25("염병")에 등장한다는 사실이다. 겔 14:19-21은 실제로 8절에서 직

가 참고문헌은 C. Burchard, "Joseph and Aseneth," 212, n. 81을 보라.
40) ὄνομα αὐτῷ ὁ θάνατος는 "그의 이름은 사망이라"고 번역하고 구두점은 다음과 같은 방법으로 문맥 안에 두는 것이 가장 좋다. "그 탄 자(그의 이름은 사망이니)" 또는 "그 탄 자—그의 이름은 사망이니—" 또는 "그 탄 자, 그의 이름은 사망이니." 더 자세한 내용은 M. Stuart, *Apocalypse* II, 157을 보라.
41) 참조. I. T. Beckwith, *Apocalypse*, 523.
42) Court, *Myth and History*, 64; G. Mayer, *TDOT* III, 125-27.

접 암시되었다. 8a절에서는 같은 단어가 좀 더 일반적인 의미를 지닌다. 비록 그 단어가 "전염병"이라는 구체적인 뉘앙스를 가진 것이 분명하지만 말이다. "사망과 음부"가 사탄적 뉘앙스를 지녔다는 것은 20:13-14에서 분명히 알 수 있다. "사망과 음부도 그 가운데서 죽은 자들을 내어주매…사망과 음부도 불 못에 던져지니." 같은 어구로써 "불 못에 던져진다"라고 묘사된 다른 인물은 유일하게 짐승과 거짓 예언자(19:20)와 용(20:10)이다(불신자들도 같은 운명이다[21:8]). 하지만 그리스도는 그의 부활을 통해 이 모든 마귀의 영역을 이기고 승리하셨기 때문에 지금도 그 영역을 장악하고 계신다(1:18). 이에 근거하여 사망과 음부는 땅에 재앙을 내림으로써 그리스도의 명령을 수행한다(ἐδόθη αὐτοῖς ἐξουσία ἐπὶ τὸ τέταρτον τῆς γῆς ["땅 사분의 일의 권세를 얻어"]).

사망과 음부로 말미암아 초래된 재앙은 겔 14:21의 암시로 묘사된다. 앞에서 논의했듯이, 넷째 말 탄 자는 총체적으로 앞의 세 재앙(정복, 검, 기근. 이 모든 것은 어느 정도 "사망"을 포함한다)을 요약하며, 거기에 하나를 더 첨가한다(짐승 재앙; 앞의 6:1-8의 서론을 보라). 넷째 말 탄 자가 앞의 세 말 탄 자를 한 마디로 요약한다는 사실은 "사망"이라는 포괄적인 이름을 가진 것에서 분명하게 드러난다. 즉 그 명칭은 사망을 야기하는 전형적인 네 원인을 열거한 6:8b에서 분명하게 드러나듯이, 모든 종류의 사망을 가리킨다.[43] 겔 14장에서 빌려온 네 심판은 예언서 여러 곳에서도 발견된다. 이것은 보통 4중 형식으로 구성되었으며, 레 26:18-28과 신 32:24-26의 언약적 저주 문구를 발전시킨 것이다.[44] 이 본문들 대부분은 우상숭배를 심판의 원인으로 언급한다. 이것은 앞서 우상숭배가 6:2-8에서 불신자들에게 내린 재앙의 부분적 이유였다고 주장한 것을 강조한다.

---

43) 참조. Lund, *Chiasmus*, 371; Farrar, *Revelation*, 100; Caird, *Revelation*, 80.

44) *Targ. Jer. Frag.* 신 32:22-26; 렘 15:1-4; 16:4-5; 34:17, 20(MT); 겔 5:16-17; *Pss. Sol.* 13:1-3; Sir. 39:28-31(참조. Sir. 40:8-10); 또한 *Pss. Sol.* 15:8-11; *m. Aboth* 5.11; *Sifre* 신 43 참조. 심판들 중에 세 개는 렘 14:12-18; 21:7, 9; 24:10; 29:17-18(MT); 42:17; 43:11(MT); 겔 5:12; 6:11-12; 7:15; 12:16; 33:27; Bar. 2:25; 4QpPsa(4Q171, 37.1에 공식적 어구로 등장한다.

이 4중적 형식은 계 6:1-8 전체의 근거를 제공하기도 한다. 학자들 중에는 6:1-8에 언급된 네 심판의 순서에 어떤 논리가 있음을 탐구한 사람도 있다. 이 순서는 전쟁이라는 재앙 뒤에 나타나는 순서라는 것이다. 전혀 가능성이 없는 주장은 아니지만, 논리적인 순서를 의도하지는 않았을 것이다. 심판으로 야기되는 화가 구약의 공식들과 계 6:8b 모두에서 다른 순서로 발견되기 때문이다. 하지만 구약의 공식에서처럼 3-8a절의 마지막 3가지 화는 전쟁으로 말미암은 화인 것만은 사실이다. 그래서 세 화는 전쟁 상황을 일반적으로 소개하는 첫 번째 말 탄 자를 구체적으로 묘사한 것이라고 할 수 있다(6:3의 주석 참조). 구약의 심판들을 논리적인 순서로 체계화하려는 의도가 있었을지도 모른다(앞에서 언급한 6:1-8의 서론적 언급을 보라). 그런데 서로 전쟁하는 나라들과 그러한 전쟁에 부수되는 상황들과 관련된 내용은 여기에 포함되었지만 우선적으로 염두에 둔 것은 아니다. 가장 우선적으로 염두에 둔 것은 신앙 공동체와 불신앙 공동체 모두를 겨냥한 사탄의 적대 행위다. 그러므로 요한은 문자적인 전쟁으로 인한 심판에 관한 구약의 4중 문구들이 영적 전쟁의 화를 포함하도록 확장시켰다.

겔 14장 이외에도 심판의 4중 문구가 반복해서 등장하는 것을 볼 때, 계 6:8이 앞의 세 말 탄 자들의 대체적인 요약이라는 사상이 강조된다. 그래서 네 말 탄 자 모두는 본질적으로 같다고 봐야 한다. 이것은 예외 없이 본문에 언급된 네 재앙 모두 병행 어구에 의해 하나님이 이스라엘이나 다른 나라들에 내리시는 심판으로써 판명된다. 더욱이 렘 16:4에 언급된 4중 심판은 다 "하나님이 이 백성에게서 평강을 빼앗"시는 행위로 요약된다. 이것은 "땅에서 평강을 제하여버리는" 권세를 가진 둘째 말 탄 자의 칼 심판과 매우 비슷하다(6:4). 이와 비슷하게, 겔 5:12, 16-17(또한 5:1-2)에 있는 동일한 네 심판은 "한 쌍의 저울" 사용으로 분포된다고 비유적으로 조망된다(ζυγός, 계 6:5; 겔 5:1-2). 각각의 심판은 이스라엘의 "사분의 일"에게 영향을 주며(계 6:8에서처럼, τὸ τέταρτον), 부분적으로는 죄를 지은 나라에게 보낸 "활"로 묘사되기도 한다.

겔 5장에 있는 이 심판들은 계 6:2에서 활을 가진 말 탄 자에 비유된다.

겔 5:16-17에 언급된 네 심판에 사용된 단어들을 주목하라. 다른 예들의 용례에 비춰볼 때, 이 단어들은 전형적인 심판의 어휘들이다. "내가 멸망하게 하는 기근의 독한 화살을 너희에게 보내되 기근(λιμός)을 더하여…내가 기근(λιμός)과 사나운 짐승(θηρίον)을 너희에게 보내…고 너희 가운데에 전염병(θάναος)과 살육이 일어나게 하고 또 칼(ῥομφαία)이 너희에게 임하게 하리라." 이와 비슷하게, 신 32:23-26의 언약적 심판은 *Targ. Jer. Frag.*에서 (단 7장에 있는) "네 나라"를 비롯한 "나의 [하나님의] 복수의 화살"로 요약된다. 이 나라들은 "들짐승들과 같다"(게다가 6:2의 "이김"은 구약에서 네 심판이 열거될 때마다 늘 염두에 두고 종종 분명하게 언급된 "포로" 사상과 관련이 있다 [예. 렘 15:2]). 그러므로 처음 두 말 탄 자들과 계 6:8b의 4중 문구 사이의 연결은 넷째 말 탄 자가 나머지 말 탄 자 셋을 요약한다는 주장의 개연성을 높여준다. 계 6:4과 6:8은 "칼"을 지칭하는 다른 단어가 사용되었다는 이유만으로 다른 심판을 가리킨다고 할 필요는 없다. 두 단어는 LXX에서 동의어로 사용되며, 앞에서 언급한 언약의 저주 공식에서 상호교차적으로 사용되기 때문이다(ῥομφαία는 겔 5:17; 6:12; 7:15; 12:16; Sir. 39:30; 40:9; Bar. 2:25에 등장하고, μάχαιρα는 4중 문구의 다른 예에서 발견된다).

겔 14장에서처럼, 본문에서 시련은 여러 나라들에 총체적으로 영향을 미칠뿐더러 언약 공동체 안에서 충성스런 사람들을 정결케 하고 그리스도에게 불충성하는 사람들을 징벌하는 2중 목적이 있다. 네 심판이 등장하는 겔 14:21에 근거한 초기 유대교의 석의 전통을 대표하는 Sir. 39:25-40:9(과 레 26:18-28; 신 32:24-25; 렘 15:-14; 16:4-5; 겔 5:16-17)에서는 의인과 악인 모두에게 영향을 미치는 이 재앙이 강조되었다(참조. Sir. 39:25-27; 40:1, 8-9; 반면에 *Pss. Sol.* 13:1ff.는 겔 14:13-23과 이와 병행하는 구약 본문에 등장하는 네 재앙을 "경건하지 않은 자들"과 "죄인"의 심판에만 적용하고 의인에게는 적용하지 않는다). Sir. 39-40장은 계 6:8의 주석 전통 안에 있다. 계 6:2-8, 7:1, 슥 6:5에서처럼, 심판을 행하는 자들이 하나님이 보내신(28절) "영" 또는 "바람"(πνεύματα)으로 밝혀지기 때문이다(하지만 슥 6:5에는 ἄνεμοι로 표기된다. 7:1과 6:2-8의 연결에 대해서는 7:1의 주석 참조). 이뿐만 아니라 이 "바람들" 중 두

개는, 슥 6:5, 8과 좀 더 일반적으로 계 7:1ff.에서처럼, "하나님의 진노를 진정시키는 것"이라고 명확하게 언급된다. 말 탄 자들이 가져오는 화가 의인과 악인 모두에게 영향을 미친다는 것은 뒤에 나오는 나팔 재앙과 대접 재앙의 배경인 출애굽 재앙과 맥을 같이한다. 초기 유대교의 전통에 따르면, 출애굽 재앙은 이스라엘 백성을 거룩하게 하며, 애굽 사람들은 심판받도록 했다(Wis. 11:6-14. 8장 주석의 서론을 보라).

넷째 말 탄 자는 앞에 등장한 재난들이 죽음을 유발할 수 있고 때로는 실제로 죽게 하는 것임을 보여준다. 그는 앞의 세 화를 이용하여 사망으로 이끈다. 하지만 그 재앙들이 늘 사망으로 귀결되는 것은 아니다. 이 네 재앙은 부분적인 효과가 있다. 마지막 말 탄 자는 앞의 세 말 탄 자를 요약하며, 그로 말미암아 초래되는 재앙이 "땅 사분의 일"에 제한되기 때문이다. 4가지 화가 예외 없이 모든 사람에게 해를 끼치는 것은 아니다. 그렇지만 온 세상의 많은 사람은 그 화의 파괴력을 감지한다. 슥 1장과 6장에 등장하는 네 말들 역시 온 세상에 영향을 주는 것이기 때문이다. 이 재난들의 영역은 신약의 언약 공동체의 경계를 넘어 온 세상에까지 확장되는 것 같다. 그 재난의 경계가 겔 14:12-23에 동일하게 언급되었기 때문이다. 환난의 우주적 범위는 네 말 탄 자가 등장한다는 사실에서 강조되는데, 숫자 4는 보편성을 의미하는 비유적 숫자이다(4:6-8의 주석에서 "네 생물"에 대해 논의한 내용과 7:1-3을 보라).

그러므로 네 "생물"이 온 피조물 중에서 구원받은 자들의 찬송을 대표하듯이, 네 말 탄 자들이 가져온 재앙은 재림까지 계속될 온 땅의 많은 사람의 고난을 상징한다. 말 탄 자들의 재앙이 모든 종류의 화를 대표한다는 사실은 6:8b에 인용된 언약의 4중적 저주 문구가 구약에서도 동일하게 비유적으로 사용되었다는 사실에서 분명해진다.[45] 정확한 역사적 배경으로 계 6장의 심판들의 의미를 다 포괄할 수 없는 까닭이 바로 여기에 있다.

---

45) 비유적인 수 "4" 이외에도 이스라엘은 레위기와 신명기에서 넷 이상의 더 많은 저주로 경고를 받았다. D. Stuart, *Hosea-Jonah*, xxxiii-xxxix에 열거된 광범위한 저주 목록을 보라.

한마디로 말해서, 그리스도는 그의 죽음과 부활을 통해 세상의 악한 세력들을 그의 나라의 발전을 위해 거룩함과 심판의 목적을 실행하는 도구로 삼으신다. 이것은 6:8에서 언급된 "사망과 음부"에 대한 예수의 주권에서 가장 분명하게 드러난다. 이 사실은 1장의 내용을 더 발전시킨 것이다. 그리스도는 그의 죽음과 부활로써 "사망과 음부"의 권세를 가지셨고(1:8), 지금도 그들을 그의 뜻을 시행하는 도구로 사용하신다. 하나님은 십자가의 고난에 구원과 심판의 목적이 있게끔 하셨다(달리 표현하자면, 심판의 목적과 관련하여 십자가는 십자가의 구원하는 의미를 저버리는 사람들에게 심판의 근거가 된다). 이와 마찬가지로, 고난에도 온 세대에 걸쳐 같은 목적이 있다(사실 예수와 함께 십자가에 달린 죄수 한 사람은 그의 고난을 통해 회심한 반면에, 다른 사람은 같은 환경에서 마음이 더 완악해졌다). 예수의 경우에도 그랬듯이, 그리스도인들의 분명한 패배는 그들의 영적 승리다. 만일 그들이 고난이나 박해 중에서 믿음을 타협하지 않는다면 말이다.

계 6:8의 καὶ ἐδόθη αὐτοῖς ἐξουσία ἐπὶ τὸ τέταρτον τῆς γῆς ἀποκτεῖναι("그들이 땅 사분의 일의 권세를 얻어…죽이더라")에서 αὐτοῖς("그들에게")의 선행사가 네 말 탄 자 전부를 가리키고 넷째 말 탄 자만을 지칭하지 않을 가능성이 있다. 만일 그렇다면, 8b절의 "그들이"는 1-8a절의 네 말 탄 자 모두의 요약이다.[46] 이럴 경우, 들짐승은 첫 번째 말 탄 자와 병행이고, 마지막 세 말 탄 자들은 각각 8b절에 열거된 3가지 화를 대표한다(이 병행 어구들은 아래에서 상세하게 다룰 것이다). 이런 가능성은 8b절이 하나님의 "네 악한 심판"을 언급한 겔 14:21의 4중 문구의 인용이라는 사실에 의해 시사된다. 하지만 넷째 말 탄 자가 여전히 앞의 세 말 탄 자들을 요약한다고 보아야 한다. 그가 가장 가까운 선행사이고 첫째와 둘째 말 탄 자 역시 8절의 어구와 거의 동일한 권세를 가졌다는 어구로 묘사되기 때문이다(8절의 καὶ ἐδόθη αυτω["그에게 권세를 주고"]에서 αυτω["그에게"] 1611 1854 2329 2351 𝔐ᴷ lat sy co]는 부차적인 이문이다. 이것은

46) Michael, "Position of the Wild Beasts."

이 권세를 가졌다는 어구를 2절과 4절의 어구와 동일시하려는 시도 때문에 발생
했다).[47]

넷째 말 탄 자의 "죽이려는"(ἀποκτεῖναι) 목적은 신자들에게 영향
을 준다. 바로 이어지는 문맥은 그리스도인을 "그들이 가진 증거로 말
미암아 죽임을 당한"(ἀποκτέννεσθαι) 사람이라고 묘사한다(6:9-11). 비
록 넷째 말 탄 자가 앞에 등장한 세 사람을 일반적으로 요약하기는 하지
만, 그의 등장은 "땅의 짐승들"로 인한 화를 부가적으로 소개한다. 이것
은 그리스도인들이 당할 박해를 암시하기도 한다. 요한계시록 여러 곳
에서 θηρίον("짐승")은 비록 단수형만 사용되었으나(34회) 성도들을 박
해하면서 사탄의 뜻을 행하는 짐승들만을 언급하기 때문이다. 이 결론
이 제임스 바(James Barr)의 "부적합한 전체 의미 부여하기"라는 의미론
적 원리를 위반하는 위험은 있지만, 다음의 문맥적 내용을 고려하면 가
능할 수도 있다. (1) 이 짐승들이 3번 성도들을 "죽인다"고 언급되었다
(11:7; 13:15; 13:10. 여기서 "검으로 죽임을 당하다"라는 언급은 같은 것을 지칭한
다[6:4]). (2) 이 동일한 짐승들 역시 (6:5-6에서처럼) 그리스도인들을 경제
적으로 압제한다. (3) 13장의 짐승들이 마귀의 수하에 있듯이(12:3-13:1a,
4, 11을 13:1b-18과 비교하라), 6:8b의 짐승들도 6:8a의 사탄적 영들인 "사
망과 음부"의 졸개들이다. (4) 앞에서 제안했듯이, "땅의 짐승"이라는 어
구가 6:2에 등장하는 첫 번째 말 탄 자와 정확히 병행한다면, 요한계시록
후반부에 있는 "짐승"과 동일시하는 것(특히 13:11의 "땅에서 올라온 짐승)
은 얼마든지 가능하다. 특히 앞에서 첫 번째 말 탄 자가 속임수나 박해로
신자들을 압제하려는 사탄적인 인물이라고 결론을 내린 것에 비춰볼 때
더욱 그러하다(6:2의 주석 참조). 그러므로 6:8의 짐승은 11장과 13장의
짐승과 동일시될 수 있으며, 적어도 나중에 등장한 짐승들의 사탄적 중
보자나 표상으로 간주해야 할 것이다.

다음의 내용을 고려하면 6:8의 짐승들의 정체를 이런 식으로 밝힐 가

47) 참조. Lohmeyer, *Offenbarung*, 62.

능성은 더욱 지지를 받는다.

(1) 요한은 6:8의 "짐승들"의 악한 특성을 겔 14:21(14:15도) 자체에서 추론할 수도 있었을 것이다. 에스겔서에서는 MT에 **"악한 짐승"**(단수)이라는 어구가 등장한다(*weḥayyah raʿah*; LXX에는 복수형 θηρία πονηρά ["악한 짐승들"]가 등장한다). 계 6:8의 시내 산 시리아어 성경(Syr³)은 εν τω θηριω της γης("땅의 짐승으로")로 되어 있다.[48] 이것은 이 짐승을 요한계시록 후반부에 등장하는 짐승(동일하게 단수형)과 동일시하려는 필경사의 의도를 반영하는 것 같다(13:11: θηρίον...ἐκ τῆς γῆς ["땅에서 올라온 짐승"]).

겔 14:21은 레 26:18-29의 언약의 4중적 저주 문구와 신 32:23-27의 언약적 저주들을 발전시켰다. 이 본문들에서는 "짐승(들)"을 우주적인 악과 특히 하나님의 백성을 괴롭히는 땅의 사악한 제국들과 동일시한다. 유대교 문헌들은 슥 1장과 6장의 말들을 이와 동일하게 해석했다. 일례로 *Targ. Jer. Frag.* 신 32:24은 "짐승들의 이빨"을 "들짐승과 같은 [단 7장의] 네 왕국의 이빨"로 해석한다. *Targ. Ps.-J.*은 레 26:22의 "들의 짐승들"을 레 26:44-45에 2번 언급된 네 나라와 연결시킨다. 이와 비슷하게, *Targ.* 슥 6:1-8은 말 탄 자들을 단 2장과 7장의 네 이방 나라들에 대응하는 하늘에 있는 악한 나라들과 동일시한다. 단 2장과 7장에서는 네 짐승이 하나님의 백성을 박해하는 악한 네 나라를 대표한다. *Sifre* 신 320도 마찬가지다. 반면에 *Midr. Rab.* 출 15.4은 말 탄 자들을 우상숭배 하는 나라들과 동일시한다.[49] "이것[네 말이 끄는 병거]들은 네 나라다. 이들은 하늘의 네 바람과 같다"라고 말하는 *Targ.* 슥 6:5과 네 나라가 언급되고 그중 하나가 로마라고 밝히는 *Targ.* 슥 2:1-4; 4:7을 비교하라. *Aggadat Bereshit* 56은 슥 1:8의 붉은 말(들)을 탐욕 때문에 이스라엘을 잔인하게 수탈하는 에돔(= 로마)의 천사장과 로마의 여러 왕들을 상

---

48) Hoskier, *Text of the Apocalypse* II, 178. 이문이 우연히 발생한 것 같지는 않다.
49) 참조. Soncino ed., 164, n. 1.

징한다고 해석한다.[50] 렘 12:9의 MT(이스라엘을 심판하러 오는 "들의 짐승들")의 내용은 타르굼에서는 "열국들의 왕과 그들의 군대"로 번역되었다 (렘 12:12-13 역시 "평강"을 빼앗는 "칼" 심판과 곡물의 부족을 언급한다). *Targ.* 호 13:9도 MT의 13:8의 "들 짐승들"을 "너희를 다스리는 나라들"로 해석하며, *Midr.* 시 116:3은 호 13:14의 "지하 세계[스올, 음부]의 힘"(비교. 계 6:8a)을 땅의 "여러 나라들"로 해석한다.

말 탄 자들과 "짐승들"을 이처럼 단 7장의 네 나라와 동일시하는 유대교 전통은 무척 눈에 띈다. 요한계시록의 두 "짐승" 역시 요한계시록 전체에서 단 7장에 등장하는 네 나라, 특히 네 번째 나라와 동일시되기 때문이다(11:7; 13:1-2, 11; 17:3, 7-8의 주석 참조. 이것은 12:3의 용에게도 해당된다).

(2) 레위기와 스가랴서 본문을 해석한 유대교 전통은 특히 중요하다. 두 본문은 이미 계 6:2-8의 형성에 지대한 영향을 준 구약 본문이기 때문이다. "들짐승"을 반기독교 세력과 동일시하는 것은 8b절에 등장하는 처음 세 화가 마지막 세 말 탄 자들과 정확하게 병행을 이루며 똑같은 순서로 열거되었다는 사실로써 더욱 암시된다(검과 기근과 사망. 이 의도적인 구도에 따르면 8a절의 "사망"은 앞에 등장하는 말 탄 자들을 요약하고, 구체적으로는 "전염병"을 가리킨다). 얼핏 보아서는 "들짐승"의 화는 첫 번째 말 탄 자와 관련이 없는 것 같다.

(3) 하지만 이것이 언뜻 이상하게 보일지는 모르지만, "들짐승들"은 첫 번째 말 탄 자를 비유적으로 묘사한 것이다. 말 탄 자는 앞에서 결론을 내렸듯이 사탄의 거짓말 하는 세력과 박해하는 세력을 대표할 가능성이 많다(6:2의 주석 참조; 참조. *Test. Naph.* 8:4, 6; *Test. Ben.* 3:5; 5:2. 이 두 문헌에서 "들짐승들"은 인류에게 재앙을 내리려고 하는 사탄의 수행자들이다; Ignatius, *Rom.* 4-5에서 "들짐승들"[τὰ θηρία]은 그리스도인들을 박해하는 마귀의 수단이다). 처음과 끝에 사탄적인 화를 언급함으로써 수미상관을 이루는 이유는 네 심판 모두가 궁극적으로 하나님의 수하에 있는 마귀의 직

50) SB III, 802-3.

접적인 뜻에 따라 진행됨을 강조하려는 데 있다. 심지어 첫 번째 말 탄
자를 경건한 인물로, 나머지 세 말 탄 자들을 각각 8b절에 있는 "검과 기
근과 사망"을 대표하는 것으로 이해하는 몇몇 사람들조차 "들짐승들"을
"음부"라는 악한 영역과 동일시한다.[51]

계 6:7의 φωνὴν...λέγοντος("음성을…말하되")는 불규칙 문법이다.
분사(중성 소유격)는 아마도 중성 소유격인 ζῴου("생물")에 동화되느라
φωνήν (여성 목적격)과 일치하지 않는다. 분사가 "생물"을 수식했을 가
능성도 있다. 하지만 구문론적으로 좀 더 개연성이 있는 것은, 특히 앞
에서 1:10-11을 논의한 것에 비춰볼 때, 분사가 "음성"과 더 잘 어울린
다는 점이다(1:11의 주석 참조). 이 불규칙이 λέγω의 분사형을 사용한 이
와 유사한 어법 위반의 패턴에 맞추려한 것일까(1:10-11; 4:1; 10:8; 14:7의
주석을 보라. 9:13-14; 19:6의 주석도 참조하라)? 다시 말해서, 문장의 어색함
은 구약의 암시에 주의를 환기시키려고 일부러 의도된 것일까? 만일 그
렇다면, 계 6:8의 문장 구조는 슥 6장과 겔 14장에 대한 암시를 소개하는
역할을 하며, 그 본문들의 그리스어 구약성경의 문맥에 암시된 단어를
소개하는 동일한 동사 λέγω의 분사형에 주의를 환기시키려는 데 목적이
있다(비록 주격과 목적격 형태가 사용되었지만 말이다. 슥 5:10; 6:4, 5, 8을 보라.
각각의 본문은 계시를 말하는 천사를 언급한다. 또한 겔 14:12을 보라).

네 말 탄 자에 대한 신학적 성찰

하나님과 그리스도가 악한 말 탄 자들을 궁극적으로 통제하신다는 결론은
신학적인 문제에 부닥친다. 그리스도가 이 사탄적인 파멸의 도구들 뒤에

---

51) 예를 들어, Prigent, *L'Apocalypse*, 113. Mulholland, *Revelation*, 173은 6:8의 짐승들을 요한
계시록 뒤에 등장하는 짐승들과 동일시할 수 있다고 생각하는 유일한 주석가다. 그의 논의는
매우 간략하다.

있는 궁극적 원인이라면, 그리스도의 의로우심과 거룩하심은 어떻게 유지
될 것인가?

　주석가들 중에는 신학적으로 문제가 없다고 생각하는 사람들이 있다.
그들은 그리스도를 심판의 직접적인 원인으로 보지 않는다. 때로는 요한을
"오라"는 명령을 받은 사람으로 보는 2차적인 사본상의 이문을 채택함으
로써 문제를 회피하기도 한다. 종종 그리스도가 그 명령을 받은 분으로 추
정되기도 한다(6:1의 주석 참조). 이 두 가지 대안을 거부하는 사람들은 그런
직접적인 연결을 부정하려고 하나님의 거룩함과 사랑에 관한 신학적인 전
제를 제시한다. 그리고 그리스도가 단지 네 말 탄 자들에게 그들의 화를 시
행하라고 "허락" 또는 "용인"하는 것뿐이라고 주장하는 사람도 있다.[52] 하지
만 그룹들이 네 말 탄 자들에게 명령한 것을 보면, 이렇게 생각할 수 없을
뿐더러, 계 6:2-8 뒤에 있는 구약의 주요 본문들은 예외 없이 하나님을 심
판의 궁극적인 원인으로 제시한다(슥 6:1-8; 겔 14:21; 레 26:18-28).

　신학적인 난제에 대한 해답은 그 화의 궁극적 목적이 어디에 있는지와
관련이 있다. 화(禍)는 신자들의 믿음을 정련하고 불신자들을 심판하는 데
그 목적이 있다. 4-5장을 6:1-8과 직접 연결하면 이 문제는 좀 더 분명해진
다. 6:1-8은 그리스도의 죽음과 부활의 효과를 서술한다. 그분은 십자가의
고난을 승리로 바꾸셨다. 4-5장은 단 7장의 렌즈를 사용하여 그리스도가
악한 세력들을 정복했고 그들 위에 높아지셨다고 설명한다. 그리스도는 사
악할뿐더러 짐승과 같은 나라들을 이기고 높임 받은 인자에 관한 다니엘의
예언을 성취하기 시작하셨다. 이 문제를 요한은 12:3과 13:1-2에서 분명히
암시한다(또한 4:6과 5:5을 15:2과 비교하라). 그리스도가 네 말 탄 자들을 통제
하는 주권을 가지신다는 것이 이 사실을 보여준다. 따라서 네 말 탄 자들은
단 7장의 악한 네 나라들에 상응한다.

　구체적으로 말해서, 슥 6:5에 대한 유대교의 주해 전통에 따르면, 말 탄
자들은 이런 나라들의 천상적 대응인물을 대표한다. 말 탄 자들을 천상적

---

52) Caird, *Revelation*, 81-83.

대응인물로 보는 것은 다니엘서의 네 나라와 스가랴서의 말의 네 세트가
다 "하늘의 네 바람"과 직접 연결되었다는 사실을 인식하면 얼마든지 이해
가 된다(단 7:2; 슥 6:5; 계 7:1). 이뿐만 아니라, 우리는 앞에서 말 탄 자들이
계 6:8b에 인용된 겔 14:21의 네 심판으로 요약된다는 것을 주목했다. 타르
굼 전통은 이 구절을 단 7장의 네 나라와 연결한다. 계 6:2-8에 영향을 준
공관복음서의 종말론적 강화 자체도 단 7-12장을 깊이 묵상한 결과라는
것을 주목하면, 네 말 탄 자들의 정체를 이렇게 밝히는 것의 정당성이 한층
강화된다.[53] 이 사실을 고려하면 왜 계 4-5장에서 단 7장의 틀에 곧이어 공
관복음서의 강화가 적용됐는지가 드러난다.

**다섯째 인: 박해를 받고 영화롭게 된 그리스도인들은 하나님께 박해
자들을 심판하여 하나님의 의로움을 나타내시기를 구한다. 하나님은
그의 모든 백성이 그들을 위해 정해진 고난을 완수할 때 그들의 호소
를 들어주겠다고 말씀하신다(6:9-11)**

계 6:1-8이 하늘 보좌의 칙령의 관점에서 고난을 묘사한다면, 6:9-11은 죽
었으나 영화롭게 된 성도들이 박해자들로 말미암아 시련을 당한 것에 대해
반응하는 장면을 묘사한다. 이것은 1-3장의 주제를 발전시킨 것이다(1:9;
2:9-11, 13; 3:8).[54] 이러한 고난은 의미가 있다. 그것은 그리스도인들이 그들
의 삶에서 예수의 희생적인 모델을 본받아야 한다는 하나님의 섭리적인 계
획의 일부분이다. 그러한 고난은 그리스도 자신에게서 나타났듯이 역설적
으로 하나님 나라를 진척시킨다(5:5-6의 주석 참조).

---

53) Hartman, *Prophecy Interpreted*, 145-252; Farrar, *Revelation*, 6-13; Sweet, *Revelation*,
19-21; 그리고 Beale, "Use of Daniel in the Synoptic Discourse." 특히 6장에서 요한계시록
여러 곳에 사용된 다니엘서와 공관복음 전통을 보라.
54) 요한계시록과 초기 유대교에서 박해에 대한 성도들의 반응을 폭넓게 논의한 J. J. Collins,
"Political Perspective of Revelation"과 그 논문에 인용된 자료를 보라.

  6:1-8의 시련이 이 땅에 있는 사람들 전체에게 영향을 주는 것이지만, 본문에서 성도들의 반응은 박해의 형태로 그리스도인들에게 임한 네 말 탄 자들의 시련과 구체적으로 관련이 있다.[55] 이런 관련성은 말 탄 자들이 가 하는 2가지 화를 묘사하기 위해 사용된 주요 동사들이 6:9-11에서 성도들의 박해를 묘사하기 위해 다시 등장한다는 점을 주목하면 분명하게 드러난다(6:4, 9의 σφάζω["학살하다"]와 6:8, 11의 ἀποκτείνω["죽이다"]). 더욱이 6:9-11은 6:1-8에 바로 이어지기에, 두 단락 사이에는 어떤 논리적인 연결이 존재한다. 여기서 제안하는 연결은 개연성이 매우 높다.[56] 6:1-8과 6:9-11의 이런 관련성은 요한계시록의 찬송이 전형적으로 앞 단락의 주제를 요약한다는 사실로써 입증된다. 6:9-11이 이런 찬송의 범주에 포함되어야 하기 때문에, 이 본문은 6:1-8의 사상의 연속으로 간주해야 한다(이와 관련하여 6:4의 주석 참조).

  두 단락이 이렇게 연결된다는 사실은 7:13-16에서도 시사된다. 여기서 성도들의 "큰 환난"은 기근으로 구성된다(7:13-16의 성도들이 "어린 양의 피에 씻은 흰옷"을 입었다는 사실을 주목하라. 계 7:16에서 사 49:10[비교. 9, 10절]을 사용한 것을 참조하라. 또한 계 6:5-6도 참조하라). 그리고 21:4에서 성도들의 환난은 여타의 환난 중에서 "사망"을 포함한다(참조. 6:7). 5장과 6장의 시간적 관계를 설명하는 우리의 이해가 옳다면, 6:9-11은 박해가 이미 요한 당시 몇몇 지역에서 활발하게 진행되고 있었음을 보여준다(6:8의 화의 제한된 특성을 주목하라). 더욱이 9-11절에 묘사된 장면은 과거에 박해를 받았던 그리스도인들이 지금 하나님께 호소하고 있음을 암시한다.[57] 그러므로 박해가 장차 일어날 것으로 예상되는 것만은 아니다. 이런 박해 주제는 계속해서 공관복음의 종말론적 강화의 패턴을 따른다(참조. 마 24:9-10; 막 13:9;

---

55) Heil, "Fifth Seal," 223-24 역시 이렇게 생각한다.
56) 이와 비슷하게 Minear, *New Earth*, 78, 266-69을 참조하라. 비록 Minear가 6:1-8의 화를 교회 공동체에게만 적용되는 것으로 잘못 이해했지만 말이다.
57) 참조. Lohmeyer, *Offenbarung*, 63.

눅 21:12-18).[58]

9절   다섯째 인이 떼어질 때, 보좌가 있는 곳에서부터 계시된 천사의 고난 명령이 언급되지 않고, 그 대신에 사람들이 고난에 반응한다. 요한은 박해를 받아 죽임당하고 하늘의 상을 받은 그리스도인들을 본다(11a절). 그들은 "제단" 아래 "서 있는" "죽임을 당한 영혼들"로 묘사된다. 그들은 말과 행위로 하나님의 계시의 원천이 있는 그리스도의 구속 사역을 증언한 것으로 인해 박해를 받았다(διὰ τὸν λόγον τοῦ θεοῦ καὶ διὰ τὴν μαρτυρίαν["하나님의 말씀과 그들이 가진 증거로 말미암아"]를 이런 식으로 이해하는 것과 관련해서는 1:2, 9의 주석 참조). 구약의 성도들이 이 장면에 포함될 수도 있겠지만,[59] 본문에서는 신약의 신자들에게 강조점이 있다. 본문에서는 성도들이 최근에 그리스도를 통해 역사 속에 임한 하나님의 계시를 증언한 것 때문에 박해를 받았다고 묘사되기 때문이다(1:9의 주석 참조). 실제로 순교한 사람들만을 염두에 두었을 가능성도 있다. 하지만 좀 더 개연성이 있는 것은 "죽임을 당한 자들"이라는 단어가 비유적인 표현이며, 자신들의 믿음 때문에 고난을 당한 모든 성도를 가리키는, 폭넓은 범주에 속하는 사람들을 언급한다는 해석이다(13:15-18과 18:24; 20:4).

이 전 포괄적인 동일시는 2-3장의 "이기는 자"의 사용에서도 분명하게 드러난다. 이것은 요한계시록 전체에서 그들의 믿음 때문에 죽임을 당한 사람들뿐만 아니라, 주로 죄의 유혹을 이기고 또 다양한 종류의 고난에 직면하여서도 타협하지 않은 신자들을 가리킨다(2:26-29에 관한 결론적 언급을 보라). 이것은 일반적으로 신약성경에서 희생적 순교 언어의 비유적 사용과 일관성이 있다(예. 마 10:38-39; 16:24-26; 롬 8:35-39; 12:1-2; 빌 2:17). 여기서 성도들이 문자적으로 믿음 때문에 죽임을 당한 사람을 가리키든지 그렇지 않든지 간에, 그들은 "하나님의 말씀과 그리스도의 증언"에 충성함으로

---

58) 참조. Heil, "Fifth Seal," 221-22. Heil은 6:9-11과 1-3장 사이의 병행 어구를 발견하면서, 6:9-11이 예수의 부활 직후 시작된 실체를 묘사한다고 주장한다.

59) Feuillet, "Les martyrs"; Brütsch, *Offenbarung* I, 295.

써 죽임당한 어린 양의 고난과 총체적으로 동일시된다.[60]

모든 그리스도인의 정체성의 상징은 죽임당한 어린 양이므로 그들은 다 동일한 은유로써 지칭될 수 있다. 이런 동일시는 διὰ τὴν μαρτυρίαν 다음에 곧바로 του αρνιου를 첨가한("어린 양의 증언 때문에") 사본 전승에 의해서도 강조된다(1611^c 2351 𝔐^K sy^h).[61] 로마서에서는 이것이 그리스도인들이 견뎌야 할 다양한 고난에 비유적으로 적용된다(계 5:6[참조. 6:9]의 ἀρνίον... ὡς ἐσφαγμένον["죽임을 당한 어린 양"]과 롬 8:36의 ὡς πρόβατα σφαγῆς["도살 당할 양처럼"]를 비교하라). 모든 그리스도인은 "자기 십자가를 지고 그리스도를 따라야" 하며 "자기 목숨을 잃음으로써 얻는다"는 사실을 알아야 한다. 요한계시록에서 죽은 신자들이 "쉬라"는 위로를 받는 유일한 본문에서는, 그 위로가 "하나님의 계명과 예수를 믿는 믿음을 지키는 자"와 "주 안에서 죽은 자" 등 신자들 모두에게 주신 것으로 드러난다(계 14:12-13). 6:9이 문자적으로 순교한 사람들만을 염두에 두지 않았다는 사실은 거의 같은 어구가 사용된 20:4에서 분명히 나타난다. "예수를 증언함과 하나님의 말씀 때문에 목 베임을 당한 자들의 영혼들." 이것은 20:5에 언급된 "나머지 죽은 자들"이 부활한 모든 불신자들을 가리키고, 그 불신자들이 20:4에 언급된 모든 부활한 신자들과 대조되는 것이 분명하다는 사실에서 드러난다. 20:6과 20:4 사이의 병행관계는 20:4이 단지 문자적으로 순교한 사람들보다 더 넓은 범주의 성도와 관련됨을 확증한다(자세한 내용은 20:4-6의 주석 참조).

여기서 "제단"이 죽은 자들과 함께 언급된 것은 그들의 고난이 가진 희생적 특성을 상기시킨다. 이 제단은 희생제사를 드리는 동으로 만든 제단이 아니다. 비록 희생의 피가 그 제단 아래에 부어졌고(레 4:18, 30, 34), 계 6:10에서 희생된 성도들이 제단 아래에 있다고 하더라도 말이다(또한 레

---

60) 참조. A. F. Johnson, "Revelation," 474-75.
61) 주요 사본 전통 중에서도 "어린 양" 대신 "예수 그리스도"로 표기한 사본이 있다(Hoskier, *Text of the Apocalypse* II, 179).

17:11에는 이 제단에 뿌려진 "피"에 "육체의 영혼"이 있다고 언급된다). 이 제단은 지성소 가까이에 있는 향을 피우는 금 제단이라고 하는 것이 더 낫다(8:3-5과 9:13에는 분명하게 언급되었고, 11:1; 14:18; 16:7에서는 이 언급이 발전된다). 대속죄일의 희생의 피가 이 제단에 뿌려졌으며, 그 위에서 향이 피워졌다(출 30:1-10; 레 4:7; 히 9:4).

이상한 것은 성도들이 금 제단 위에 있지 않고 "제단 아래"에 있다고 한 점이다. 이것은 제단 꼭대기에서 피를 부은 후 피가 제단 아래까지 내려왔음을 암시할 수 있다. 하지만 더욱 개연성이 있는 것은 요한계시록과 유대교 여러 문헌에서 이 제단을 하나님의 보좌와 일치시키거나 연결시키려는 까닭에 있다고 생각할 수 있다. 하나님의 주권적인 목적은 성도들을 궁극적으로 보호한다.[62] 그러므로 성도들이 제단 아래 있다는 것은 박해로 인해 그들이 물리적 생명을 잃음에도 불구하고 그들의 "영혼"을 지배하시는 하나님의 보호를 강조한다. 사실 하나님은 성도들의 믿음을 테스트하고 그들을 정결케 하려고 이런 박해를 보내신다. 시험에서 인내하는 사람들은 예수의 십자가에 상응하는 하나님의 하늘 보좌에 자신을 제사로 드린다.

그러므로 제단 이미지는 제사 및 향으로 표현된 기도 등 2가지 사상을 상기시키며, 기도에는 의를 위해 박해받는 사람들의 원수를 갚아달라고 하나님께 호소하는 내용이 담겨 있다. 예수의 고난과 비교하면 성도들을 "죽임을 당한" 자로 묘사한 이유가 한층 더 강조된다(5:6, 9, 12; 6:9의 σφάζω["학살하다"]와 비교하라). 이렇게 비교하는 목적은, 그리스도의 경우에서처럼, 그를 따르는 사람들의 희생적 고난과 패배한 것처럼 보이는 것이 궁극적으로

---

62) 예를 들어, 계 8:3-4; 9:13; 20:4, 6; *ARN* 26; *b. Ketuboth* 111a; *b. Shabbat* 152b. *Targ.* 대상 21:15에는 이렇게 기록되었다. 하나님은 "[하늘에 있는] 제단 아래에 있는 이삭과 맺은 계약의 재와…위에 있는 거룩한 집을 보셨다. 그곳에는 의인들의 영혼이 있고 영광의 보좌에 새겨진 야곱의 형상이 있었다." 하나님은 이 3가지 관찰로 인해 이스라엘에게 자비를 보이셨다. 또한 유대교 전통에 따르면, 의인들의 영혼은 하늘 제단에 제물로 드려졌으며(예. *b. Menahoth* 110a; Charles, *Revelation* I, 176), 순교한 사람들은 하나님의 보좌 근처에 있다고 한다(*b. Pesahim* 50a; *Midr. Rab.* 전 9.10.1; 2 Macc. 7:37-38; 4 Macc. 6:28-29; 딤후 4:6; Ignatius, *Rom.* 2:2; 4:2; *Pol.* 14에는 성도들의 순교가 희생제사로 이해되었다).

는 승리로 바뀔 것임을 강조하려는 데 있다.

10절   이제 6:1-8의 고난에 대한 반응이 말로 표현된다. 이것은 쓰라
린 개인적 복수를 요청하는 부르짖음이 아니다. 이런 기도는 예수(눅 23:34)
나 스데반(행 7:60)의 기도와 어울리지 않는다. 하나님께 호소하는 성도들
은 천상적 상태로 높아져서 지금은 세상의 죄악된 영향으로부터 구별된 사
람들이다. 그들은 지금 누가 결국 배반하고 배교하는지에 대해 하나님이
아시는 것을 알고 있으므로, 사람들을 향해 저주의 기도를 할 것이라고 추
측할 수 있다.[63] 그들의 반응은 하나님의 명성을 드높이고 그의 백성의 원
수를 갚아달라는 기도다. 하나님의 공의에 대한 명성이 위기를 맞았다. 만
일 하나님께서 죄를 벌하지 않으시면 그분은 불의한 분으로 간주될 것이다
(이와 비슷하게 *1 En.* 9:3-10; 22:5에 언급된 공의를 행하심으로써 하나님의 신실하
심을 보여주시기를 호소하는 기도에 주목하라). 하나님이 악을 행하는 사람들에
게 정의를 행하심으로써 자신의 거룩하심과 진리의 표준을 보여주시기를
부탁받으신다는 사실을 강조하려는 까닭에, 이 호소는 하나님이 "거룩하
고 참되신" 분이라는 묘사로 말문을 연다. 이것은 하나님이 그 호소에 응답
하시고 "심판"을 행하시겠다는 약속을 이루심(15:3; 16:5-6; 이와 비슷한 18:5-
6, 20, 24 비교)을 묘사하는 16:7과 19:2의 ἀληθιναὶ καὶ δίκαιαι ("참되고 의로
운")에 상응하는 ὁ ἅγιος καὶ ἀληθινός ("거룩하고 참되신")로써 확증된다. 그
러므로 성도들은 믿지 않는 "땅에 거하는 자들"을 심판해달라고 하나님께
호소한다. 그들은 성도들을 박해하는 죄를 지었다("땅에 거하는 자들"이 불신
자들을 가리키는 전문용어라는 사실에 대해서는 3:10과 6:17의 주석 참조).

10절의 간청이 요한계시록 후반부의 다양한 곳에서 응답을 받는다(예.
8:3ff.; 9:13; 특히 19:2).[64] "어느 때까지?"(ἕως πότε)라는 표현은 전형적으로
그리스어 구약성경의 여러 곳에서 하나님이 마침내 박해하는 사람들을 심
판하시고 압제받는 사람들을 신원하시는 때에 관한 질문에 사용되었다

---

63) 참조. Thomas, "Imprecatory Prayers," 129-30.
64) 이 주제가 요한계시록 다른 부분에서 다양하게 발전된 것을 논한 Heil, "Fifth Seal"을 보라.

(시 6:4[3]; 12[13]:2; 73[74]:10; 78[79]:5; 79[80]:5[4]; 88[89]:47[46]; 89[90]:13; 93[94]:3; 단 8:13 Theod.; 12:6-13 Theod.). 하나님이 의인을 박해한 죄인들을 심판하심으로써 그의 명예를 보호하심을 강조한 요한의 언급은 시 78[79]:10의 LXX("주의 종들이 피 흘림에 대한 복수를 알게 하소서")을 암시하는 "우리의 피 흘림에 대한 복수를 하지 않으시렵니까?"를 상기시킨다.

시 78(79)편에서 복수해달라는 이 표현은 일찍이 "어느 때까지?"라는 질문으로 소개되었는데, 그것은 하나님이 원수들을 대적하실 때를 의미한다(5-6절). 시편 기자는 죄인들이 하나님의 이름을 부르지 않고 하나님의 백성을 악랄하게 박해하는 까닭에(6절) 그들을 심판하심으로써 그의 영광스러운 이름을 유지하고(9절) 그가 존재하신다는 것을 보여주시기를(10절) 간청한다. 2절에서 여러 나라들로부터 박해를 받은 결과로 성도들의 시체가 "땅의 짐승들"(τοῖς θηρίοις τῆς γῆς)에게 먹히게 되었다고 한 것은 우연이 아니다. 이 어구는 계 6:8b에서 사용된 어구와 거의 같다. 성도들을 박해한 사람들이 그렇게 한 이유는 그들이 하나님의 진리에 관한 성도들의 증언을 저버렸기 때문이다. 그래서 하나님께 이러한 박해자들을 심판하시라고 호소하는 이유 중 하나는 하나님만이 유일하신 참 하나님이심을 보이시기를 바라는 데 있다.

성도들이 "어느 때까지?"라고 부르짖는 장면은 슥 1:12로부터 영감을 받은 것이기도 하다.[65] 슥 1:12에는 네 세트의 말들이 땅을 순찰하고서 이스라엘을 박해했던 나라가 평화를 누리고 있다는 보고를 한 뒤에, "언제까지?"라는 같은 질문이 제기된다. 그때 하나님은 친히 평화를 제하고 그 나라들을 심판하시겠다고 선포하심으로써 "언제까지"라는 질문에 응답하신다(슥 1:13-16). 그리고 순찰하러 나갔던 말들은 하나님의 심판의 도구가 된다(슥 6:1-8). 마찬가지로, 계 6:10에서도 비슷하게 네 말을 묘사한 후에 같은 질문이 제기된다. 그러나 지금 요한은 6:2-8에 언급된 말 탄 자들의 심판이 6:10의 호소에 대해 은근하고 부분적으로 예상된 응답임을 말하고자

---

65) Court, *Myth and History*, 58도 보라.

한다(이것은 앞에서 논했듯이, 말 탄 자들이 정결을 위한 시험뿐만 아니라 **저주의 화**를 내린다는 사실에 근거한다[참조. 겔 14장]). 계 6:12-17은 6:10의 호소의 결론적인 응답으로써 제시되었다.

하나님이 "그들의 피를 갚아주시기"를 간구하는 성도들의 탄원에는 하나님이 온 세상 앞에서 성도들이 옳고 그들을 박해하는 자들이 잘못되었다는 것을 보여주시기를 바라는 것도 포함된다. 이 바람은 그들이 세상 법정에서 잘못된 판결을 받았던 것을 되돌려 하늘 법정에서 하나님이 그들을 의롭다고 판정해주심으로써 이루어질 것이다(참조. 눅 18:1-8).[66] 그리고 이것은 하나님이 박해자들을 심판하실 때 이루어진다.

ὁ δεσπότης("대주재")라는 호칭은 주격이지만 셈어의 영향을 받아 호격의 기능을 한다.[67]

하나님이 성도들의 피를 갚아주시려고 그들의 박해자인 "땅에 거하는 자들"을 복수하신다는 내용은 구약의 몇몇 본문에서 그 배경을 찾을 수 있다. 호 1:4의 "내가 이스르엘의 피를 예후의 집에 갚으며"와 호 4:1-2의 "피가 피를 뒤이음"으로 인해 "여호와께서 땅에 거하는 자들에게 심판을 내리실 것이라"를 비교하라. 이보다 폭넓게는 사 26:21을 참조하라.

"참되고"(ἀληθινός) "거룩하신"(ἅγιος) 성품은 구약성경에서 신 32:4에서만 하나님에게 적용되었다. 거기서 하나님은 겔 14:21에서처럼 우상숭배를 하는 이스라엘에게 같은 심판으로 심판하시며(신 32:24-25), 그 후에 그들을 박해했던 자들을 징계하심으로써 신실한 이스라엘 백성과 이방인들을 위로하신다(32:43, τὸ αἷμα τῶν υἱῶν αὐτοῦ ἐκδικᾶται καὶ ἐκδικήσει["주께서 그 종들의 피를 갚으사 그 대적들에게 복수하시고"]). 또한 *Targ. Jer. Frag.* 신 32:23-27을 참조하라. 계 6:10b에는 병행 어구가 되는 어휘 이외에도 신 32장이 반영된 내용이 있는 것 같다. 신 32장은 시

---

66) Caird, *Revelation*, 85.
67) 참조. BDF §147.3.

78(79)편에 암시된 것으로 보이며, 겔 14:21에서 발전된 전통적인 심판의
전조 중 하나로 자리매김한다. 계 6:10b의 비슷한 어구에 대해서는 왕하
9:7도 참조하라.

11절   이제 탄원에 대한 첫 번째 대답이 상징적인 행동의 형식으로
주어진다. 죽은 성도는 각각 흰 두루마기를 보상으로 받을 것이다. 본문과
요한계시록의 다른 곳에서 그들이 받는 "흰 두루마기"는 찰스가 주장하듯
이 성도들의 영화롭게 된 몸이 아니다.[68] 다른 곳에서는 옷 이미지에 이런
의미가 있을 수 있겠지만, 본문에서는 "흰 두루마기"에 이런 의미가 있다는
언급이 없다(1 En. 62:16; 2 En. 22:8; Asc. Isa. 4:16; 8:14; 9:9). 신자들은 세상
의 끝, 즉 최종적인 부활의 때에야 비로소 영화롭게 된 몸을 받을 것이다.[69]
대신에 흰 두루마기 은유는 정결케 하는 불같은 시련으로써 시험을 받은
믿음을 견딘 결과로 순전하게 됨을 암시한다(3:4-5의 주석 참조; 참조. 계 6:11
을 암시하는 4 Ezra 2:39-44). 두루마기는 순전하게 된 보상으로 주어지는 것
이 아니라, 성도들이 순전하다거나 의롭다는 하늘의 공포, 또는 세상에 의
해 그들이 죄인으로 판정받은 것이 무효라는 선언으로써 주어진다. 그러므
로 흰 두루마기를 받았다는 것은, 믿지 않는 "땅에 거하는 자들"이 성도들
을 박해했기에 (그들이) 죄인으로 선언되고 심판받을 것이라고 탄원하는 성
도들에게 주는 확신이다.

이런 확신은 10절의 탄원에 대한 더 자세한 응답으로 표현되었다. 성
도들은 "아직 잠시 동안 쉬되 그들의 동무 종들과 형제들도 자기처럼 죽
임을 당하여 고난을 당하기(또는 그 수가 차기)까지 하라"(같은 사상에 대해 2
Esdr. 2:40-41; 1 En. 7:1-4; 4 Ezra 4:33-37을 보라; 또한 2 Bar. 21:19-23과 23:4-7
을 비교하고 1 Clement 2:7; 59:2도 보라)는 말씀을 듣는다.[70] 이 기다림의 기간
이 지난 뒤에 무슨 일이 벌어질지는 구체적으로 서술되지 않았다. 하지만

---

68) Charles, *Revelation* I, 184-88.

69) Roloff, *Revelation*, 90.

70) 계 6:9-11과 1 En. 47:1-4; 4 Ezra 4:33-37; 2 Bar. 23:4-5a의 관계를 자세하게 논의한
    Bauckham, *Climax of Prophecy*, 48-56을 보라.

10절 마지막에 있는 심판을 간구하는 탄원에 대해 긍정적인 응답이 있을 것이라는 사실은 분명하다. 기다림의 기간이 지난 후, 하나님은 성도들을 박해했던 사람들을 "심판하실 것이며" 성도들의 원수를 "갚아주실" 것이다 (이와 비슷한 *1 En.* 47:1-4; 97:3-5; 102:5; 104:3 참조).

잠시 쉬라는 권고는 하늘에 있는 성도들이 그들의 요청에 하나님이 응답해주시기를 바라면서 인내해야 한다는 의미다. 하나님이 악한 세상을 분명히 심판하신다는 **확신**은 그리스도인들이 땅에서 고난을 당하는 동안 인내하며 증언할 동기가 된다. 그들이 그들의 주님처럼 역설적인 방법으로 하나님 나라를 세우는 주인공들이라는 것을 알기 때문이다(예. 1:6, 9; 5:5-10; 2:28의 주석에 이어진 "이김의 역설에 관하여"를 보라).[71] 이 확신은 하늘에 있는 영화롭게 된 성도들에게는 심판이 내려지기까지 평화롭게 "쉴" 수 있는 근거가 되기도 한다(14:9-11과 14:12-13을 비교하라). 하나님께 고난을 받기로 작정된 모든 신자가 마침내 그들의 몫을 완수했을 때 최후의 심판이 시작된다. ἀποκτέννεσθαι("죽임을 당하다")라는 단어는 6:9의 σφάζω("학살하다")처럼 실제적인 순교가 포함되었다고 하더라도, 문자적으로보다는 비유적으로 이해해야 한다(참조. 롬 8:36에서 θανατόω["죽이다"]와 σφάζω["학살하다"]가 결합되어 비유적으로 사용되었다). 성도들의 고난을 비롯하여 고난이 발생할 것이라는 네 칙령처럼, 이것은 하나님의 보좌에서 직접 나온 6:1-8과 관련이 있다.

미래형 ἀναπαύσονται와 결합된 ἵνα는 원인, 결과 또는 명령의 의미가 있다. 여기서는 직접적인 호칭과, 14:13과 병행할 가능성이 있으므로 명령의 의미가 더 선호되는 것 같다(14:13의 주석 참조).[72] 그러므로 "그들은 쉬어야 한다"라고 번역하는 것이 가장 좋다.

몇몇 사본들 중에는 부정과거 수동태 가정법인 πληρωθῶσιν("그들이 채워져야 한다," A C 2344 pc latt 등등) 대신에 현재 능동태 가정법인 πληρωσωσιν("그들이 채워야 한다," א 𝔐) 또는 미래 능동태 직설법인

---

71) 참조. Bauckham, *Climax of Prophecy*, 56.
72) 참조. Porter, *Verbal Aspect*, 437.

πληρωστουσιν("그들이 채울 것이다," 1611 2329 *pc*)으로 표기된 것도 있다. 수동태 가정법이 더 좋은 독법이다. 다른 이문들은 필경사들의 듣기와 보기 오류 때문에 발생했을 가능성이 많기도 하고,[73] 수동태 가정법은 가장 좋은 사본의 지지를 받으며 가장 난해한 독법이기 때문이다. 한편으로는 수동태 가정법의 주어가 암시되었으며("충만한 수"), οἱ σύνδουλοι αὐτῶν καὶ οἱ ἀδελφοί의 복수 주격 구문을 소유격인 것처럼("그들의 동료 종들의 충만한 수가…채워지기까지") 봐야 할 것 같지만, 주격 복수형을 다른 두 이문의 분명한 주어로 볼 수 있다. 하지만 심지어 이러한 독법도 어느 정도 어려움이 있다. 동사의 수식어가 어느 경우든지 서술되지 않았기 때문이다("그들의 동료 종들이…그들의 수를 완료할 때까지" 또는 "그들의 고난[또는 그들의 여정 또는 최후]을 완수할/채울 때까지").[74] "잠시 동안"이라는 어구에 하나님이 결정하신 그들의 최후와 관련된 총체적 사상이 여전히 암시되어 있는 까닭에, 설령 능동태 형태 중 하나를 선호한다고 해도 의미가 크게 변하지는 않는다(πληρόω가 어느 집단의 심판이나 구원에 관한 하나님의 정한 최후의 완성을 가리킴에 대해서는 창 15:16(ἀναπληρόω); 단 8:23; 마 23:32; 눅 21:23-24; 롬 11:25; 골 1:24; 살전 2:16; 참조. 4 Ezra 4:36-37을 보라).

그럼에도 불구하고 이 어구 자체에는 신학적인 문제가 있다. 이 어구는 역사의 임박한 종말을 암시하는 것 같기 때문이다. 하지만 계 12:12("얼마 남지 않은 줄")과 20:3("천 년 동안")을 비교해보면 분명하게 나타나듯이, 하나님의 관점에서 볼 때는 짧은 순간일 수 있는 것도 인간적인 관점에서는 긴 기간일 수 있다.[75] 6:11에 언급된 하늘에서의 시간은 땅에서의 시간과 다른 것으로 간주된다. 이런 모순은 요한계시록과 신약성경 전체에 나타난 종말론의 이미와 아직의 측면에 내재된 긴장에 속한다(벧전 3:1-14).[76]

---

73) Metzger, *Textual Commentary*, 741.

74) 참조. BAGD, 672(§§5-6).

75) 참조. A. F. Johnson, "Revelation," 475; 또한 벧후 3:8-13 비교.

76) 자세한 내용은 Hoekema, *Bible and the Future*, 109-28을 보라.

9-11절에 묘사된, 일단의 많은 순교자가 지금 하나님께 호소하는 장면에도 문제는 있다. 1-3장에서는 대대적으로 순교를 당하기 시작하는 교회가 언급되지 않았기 때문이다. 하지만 만일 본문에 묘사된 순교자에 관한 장면이 박해를 받는 사람들을 일반적으로 묘사하는 비유적 표현이라는 우리의 관점이 옳다면, 이것 역시 그렇게 문제될 것은 없다(6:9의 주석 참조). 그러므로 순교가 아직은 널리 퍼지지 않았지만, 이미 1-3장에서 보았듯이, 박해는 교회의 많은 사람에게 영향을 미치고 있었다.

여섯째 인: 하나님은 믿지 않는 세상에 대해 마지막 심판을 행하심으로써 그의 의를 보이실 것이다(6:12-17)

6:10에 기록된 성도의 호소에 대한 응답이 6:11에서는 암시만 되었는데, 12-17절에서는 매우 분명하게 표현된다.[77] 하나님은 그의 백성을 박해하는 자들을 심판하심으로써 마침내 그의 명성에 걸맞게 복수하시며 그의 의를 보여주신다. 대부분의 주석가들이 동의하듯이 이 단락이 6:9-11에 있는 호소에 대한 반응이라면, 이 단락은 최후의 심판만을 다루는 것이 틀림없다. 6:11은 고난을 받게 될 하나님의 모든 백성이 최후의 심판이 시행되기 전에 그들의 고난을 채워야 함을 단언하기 때문이다. 그래서 6:12-17의 재앙 장면은 박해를 받기로 되어 있는 모든 그리스도인의 박해가 마침내 끝나고, 이제 남은 것은 박해자들에게 최후의 심판을 행하는 것뿐임을 가정한다. 이 장면은 세계 역사의 마지막 상황을 암시한다. 그러므로 이 본문이 확장된 환난기 동안 믿지 않는 사람들에게 내리는 재림 이전의 심판을 다룬다고는 볼 수 없다. 그 시점에서는 신자들을 박해하는 것이 아직 끝나지 않았기 때문이다.

     12-14절   세상의 심판이 우주의 파멸을 가리키는 전형적인 구약의 용어로 묘사되었다. 이 묘사는 우주적인 심판 은유를 공통적으로 가지

---

77) Heil, "Fifth Seal," 230도 이렇게 생각한다.

고 있는 구약의 여러 본문이 모자이크처럼 한데 어우러져 구성되었다. 본
문의 그림을 그리는 데 원천이 되는 본문들은 주로 사 13:10-13, 24:1-6,
19-23, 34:4, 겔 32:6-8, 욜 2:10, 30-31, 3:15-16, 합 3:6-11(참조. 부차적으
로 암 8:8-9; 렘 4:23-28; 시 68:7-8) 등이다. 동일한 구약 본문들은 마 24:29, 막
13:24-25, 행 2:19-20(= 욜 2:30-31)에도 영향을 주었다. 이 복음서 본문들도
계 6:12-14의 극적인 묘사에 영향을 준 묵시적 원천 본문들이다(Test. Mos.
10:3-6과 4 Ezra 5:4-8[참조. 7:39-40]은 같은 구약 전통에 서 있다). 이 모든 본문
은 적어도 다음과 같은 네 요소를 언급하며, 이것은 요한계시록의 바로 이
본문에서 발견된다. 땅이나 산의 흔들림, 달과 별과 해와(또는) 하늘이 어두
워지거나 흔들림, 그리고 피가 쏟아짐 등이다.

구약 본문들 중에서 (계 6:12-14을 형성하는 데) 가장 많은 영향을 준 본문은
사 34:4이다. 계 6:13-14a은 이사야서 본문의 패턴을 가장 밀접하게 따랐다.

사 34:4	계 6:13-14a
하늘의 만상이 사라지고 하늘들이 두루마리 같이 말리되(ἐλιγήσεται ὁ οὐρανὸς ὡς βιβλίον), 그 **만상의 쇠잔함이···무화과나무 잎이 마름 같으리라**(καὶ πάντα τὰ ἄστρα πεσεῖται...ὡς πίπτει φύλλα ἀπὸ συκῆς).	하늘의 별들이 무화과나무가 대풍에 흔들려 설익은 열매가 떨어지는 것 같이 땅에 떨어지며 하늘은 두루마리가 말리는 것 같이 떠나가고(καὶ οἱ ἀστέρες τοῦ οὐρανου ἔπεσαν εἰς τὴν γῆν, ὡς συκῆ βάλλει τοὺς ὀλύνθους αὐτῆς ὑπὸ ἀνέμου μεγάλου σειομένη, καὶ ὁ οὐρανὸς ἀπεχωρίσθη ὡς βιβλίον ἑλισσόμενον); "별들이 하늘에서 떨어지고"라는 표현에 대해서는 마 24:29, 막 13:25을 참조하라.

하늘의 갈라짐은 찢겨 둘로 나뉘고 각각의 절반이 다시 둘둘 말린 두
루마리로 그려졌다.[78] 한편, 만일 수동태 ἀπεχωρίσθη가 "사라지다"(RSV,
NEB) 또는 "물러나다"(NIV)로 번역될 수 있다면, 하늘에서 일어나는 현상
은 그 내용을 더 이상 볼 수 없는 말린 두루마리에 비유된다(같은 비유가 Sib.

---

78) Zerwick and Grosvenor, *Grammatical Analysis*, 752.

Or. 3,82과 그 책의 좀 더 넓은 문맥인 3,64, 80-88에 언급되었다. 마찬가지로 *Sib. Or.*
8.232-36, 413). 더욱이 사 34:3-4에는 "피"가 "하늘의 만상(능력)이 녹아내림
(사라짐)"과 직접 연결되었으며, 사 34:5-6은 하나님의 칼이 "하늘에서" 피를
"족하게 마셨다"고 말한다. 이것은 계 6:12b에서 달이 피처럼 된다는 것과
관련이 있을 것이다. 또한 이사야서의 묘사에 포함되는 것 중 하나는 "왕들
(국가)과 통치자들(귀인)과 위대한 자(방백)들"(βασιλεῖς, ἄρχοντες, μεγιστᾶνες)
에게 심판이 내린다는 34:12의 서술이다. 이것은 계 6:15a에서 심판을 받는
처음 세 집단의 사람들과 거의 같다: "땅의 임금들과 왕족들과 장군들(천부
장)"(οἱ βασιλεῖς τῆς γῆς καὶ οἱ μεγιστᾶνες καὶ οἱ χιλίαρχοι [참조. 시 2:2]).

　이런 영향과 더불어 욜 2:31(3:4 MT; = 행 2:20)이 해가 어두워지고 달
이 피같이 된다는 계 6:12b의 묘사의 배경으로 자리한다(해가 어두워지는 것
에 대해서는 욜 2:10; 3:15; 사 13:10; 마 24:29; 막 13:25을 보라). 하늘이 "**검은 옷**
(sackcloth)"처럼 어두워지는 것은 사 50:3에 암시된다. "내가 흑암으로 하늘
을 입히며 **굵은 베로**(as sackcloth, ὡς σάκκος) 덮느니라."

　이 묘사가 문자적인지 아니면 비유적인 것인지를 두고서 논쟁이 있
다. 본문의 묘사가 문자적이라면 이 장면은 우주의 최종적인 해체를 묘사
하는 장면이다. 문자적인 입장을 취하는 사람들 중에는 땅의 해체를 긴 환
난기의 한 부분으로 이해하는 사람도 있다(본서 6:17의 주석에서 언급한 R. L.
Thomas의 견해를 보라). 그러나 만일 이 장면이 비유적 묘사라면, 이것은 역
사의 중간에 일어나는 심판이나 최후의 심판을 의미할 수 있다.

　본문의 묘사는 비유적인 것 같다. 앞에서 언급한 구약의 배경이 되는
본문 5개는 하나님의 심판 과정에서 역사적 종말을 맞이하는 죄를 지은
나라들을 언급하는 본문들이기 때문이다. 이 본문에서 하나님은 한 나라
를 사용하여 다른 나라를 전쟁으로써 멸망시키려고 거룩한 전쟁을 수행하
신다.[79] 더욱이 요한계시록의 내용을 형성하는 데 부차적으로 사용된 마

---

79) 예. 바벨론(사 13:10-13), 에돔(34:4), 애굽(32:6-8), 이스라엘의 원수들(합 3:6-11), 이스라엘
　　자신(욜 2:10, 30-31; 참조. *Sib. Or.* 3.75-90)의 멸망. 비유적으로 우주적 붕괴를 묘사하는 또

24:29과 막 13:25 그리고 행 2:20은 동일하게 비유적인 의미를 지녔으며, 구약의 다섯 본문 중에 하나 또는 그 이상에 근거한다.[80] 하지만 사 24장과 욜 3:15-16은 최종적이고 우주적인 심판에 관심을 두는 것 같다. 두 본문에서의 묘사가 문자적일 수도 있고 비유적일 수도 있지만 말이다(참조. *1 En.* 80; *4 Ezra* 5:4-5; *Sib. Or.* 3.796-805). 계 21:2의 "처음 하늘과 처음 땅이 지나가고"는 6:12-14이 문자적인 의미임을 암시할 수 있다. 반면에 "별"과 "산"과 "섬"의 언급이 LXX과 유대교의 여러 문헌 및 요한계시록에서 인간적이거나 신적인 능력에 대한 상징으로 사용되었다는 사실은 비유적인 해석을 해야 함을 더욱 시사한다(이에 대해서는 아래 내용 참조).

그러므로 구약에서처럼, 이 우주적인 묘사들은 죄인들을 벌하시는 하나님의 심판을 가리키는 비유들이다. 심판 때 하나님은 거룩한 전쟁을 수행하시며 죄인들을 멸망시키신다. 다만 지금은 그 심판이 개별 나라만이 아니라 믿지 않는 전 세계를 향한 것이라는 점이 예외다.[81]

모든 주석가는 6:12-14의 우주적 현상이 구약과 다른 신약 본문에서처럼 심판을 의미한다는 데 의견의 일치를 보인다. 하지만 주석가들 사이에서 이것이 단지 실제로 최후의 심판과 우주의 끝이 오기 전에 있을 잠정적인 환난을 의미하는지, 최후의 심판 자체와 세상의 완전한 끝을 의미하는지에 대해서는 의견이 갈린다. 이 장면이 최후의 심판에 앞서 일어날 시련이 아니라, 최후 심판의 시작을 비유적으로 묘사한다는 점은 다음 내용을

다른 구약의 예는 무엇보다도 삼하 22:8-16(=시 18:7-15)인데 다윗이 원수를 이기고 승리한 것을 비유적으로 언급한다. 또한 전 12:1ff.(인간의 죽음을 언급한다); 사 2:19-21; 5:25, 30; 겔 30:3-4, 18; 암 8:7-10; 렘 4:23-28; 미 1:4-6 등이 있다. 어떤 본문들은 같은 표현을 문자적으로 사용한다(사 24:1-6, 19-23; 51:6; 64:1; 시 102:25-26; 겔 38:19-20; 학 2:6-7). 흥미롭게도 *Midr.* 시 104.25에는 이렇게 기록되었다. "성경에서 '지진'이라는 용어가 등장하는 본문이 어디든지 그 단어는 어느 한 나라[의 멸망]와 다른 나라[의 일어남] 간의 혼돈을 의미한다."

80) 이 세 신약 본문 모두는 기원후 70년 이스라엘에 내릴 심판을 알린다. 행 2장에도 종말론적 복에 대한 명확한 의미가 포함되기는 하지만 말이다. 공관복음 본문들에 대해서는 France, *Jesus and the Old Testament*, 227-39을 보라.

81) Fekkes, *Isaiah and Prophetic Traditions*, 158-66도 같은 결론에 도달했다.

고려하면 알 수 있다.[82]

(1) 최후의 심판이 17절에 있는 묘사 다음에 바로 임할 것이라는 점에서, 이 심판의 실제적인 법적 선언과 시행이 암시된다(20:11-15에서 입증되었듯이 말이다). 우리는 이미 6:12-14이 세상의 **최후** 심판에 대한 비유적 스케치라고 주장했다. 앞뒤 문맥, 특히 6:9-11과 관련하여 이 본문의 논리적 기능을 고려해볼 때 말이다.

(2) 좀 더 광범위한 문맥, 이를테면 앞에서 제시한 요한계시록의 전체 구조에 대한 이해는 이런 식의 본문 독법이 정당함을 입증한다(본서 서론의 "요한계시록의 구조와 계획"을 보라).

(3) 6:12-14의 다양한 어구들은 최후의 심판을 묘사하는 요한계시록의 후반부에서 발견된다. 예를 들어 6:12의 σεισμὸς μέγας ἐγένετο("큰 지진이 나며")는 우주의 최종적인 멸망의 모습을 그리는 16:18에서 반복된다(σεισμὸς ἐγένετο μέγας와 σεισμὸς οὕτω μέγας["[이같이] 큰 지진이 있어"]). 11:13에서 ἐγένετο σεισμὸς μέγας는 아마도 같은 방식으로 기능하는 것 같다.[83] 마찬가지로 6:14b의 πᾶν ὄρος καὶ νῆσος ἐκ τῶν τόπων αὐτῶν ἐκινήθησαν("각 산과 섬이 제 자리에서 옮겨지매")은 16:17-19의 최후의 심판 장면의 연속인 16:20의 πᾶσα νῆσος ἔφυγεν καὶ ὄρη οὐχ εὑρέθησαν("각 섬도 없어지고 산악도 간데없더라")에 독특하게 상응한다.

몇몇 사람은 16:17-21이 최후의 심판을 묘사하는지를 두고 논쟁을 벌이지만, 그 본문이 절정의 장면을 강조적으로 표현한다는 것은 사실이다(예. 16:17b, 18b). 이것은 흰 보좌 심판 때의 상황을 묘사하는 20:11에서도 확증된다. "땅과 하늘이 그 **앞에서** 피하여 간데없더라"(ἔφυγεν...καὶ τόπος οὐχ εὑρέθη αὐτοῖς). 20:11에서 하늘과 땅이 "보좌에 앉으신 이 앞에서" 피하여 없어진다고 말하는데, 거의 같은 어구가 6:16b에서 같은 방식으로 사용된다.

---

82) Vögtle, *Das Neue Testament und die Zukunft des Kosmos*, 72, 75-76.

83) Bauckham, "Eschatological Earthquake"도 이렇게 생각한다. Bauckham은 앞에 언급한 "지진"이 다 최후의 심판을 가리킨다고 주장한다.

계 6:14은 "하늘은 두루마리가 말리는 것 같이 떠나가고 각 산과 섬이 제 자리에서 옮겨지매"(참조. 시 45[46]:4[3])라고 묘사하며, 이런 파국적 상황을 궁극적으로 "보좌에 앉으신 이의 얼굴에서" 내려오는 것으로 이해한다(6:16).

(4) 6:17에 사용된 용어 역시 요한계시록 여러 곳에서 묘사된 최후의 심판 장면과 병행을 이룬다(6:17의 주석 참조).

(5) 6:12-13에서 해와 달과 별 전체가 멸망하는데, 8:12에서는 오직 해와 달과 별들의 삼분의 일만 잠시 타격을 받는다고 분명하게 언급된다. "하늘의 별들"이 다 "땅에 떨어진다"고 말하는 6:13은 "별들"이 부분적으로 심판을 받아 "하늘에서 땅으로 떨어진다"고 한 8:10; 9:1; 12:4과 대조를 이룬다.

"별들"은 하늘에 있는 선한 세력(예. 삿 5:20; 단 8:10; 계 1:16, 20; 유대교와 구약의 좀 더 자세한 언급에 대해서는 1:20의 주석 참조) 또는 악한 세력을 대표할 수 있다(신 4:19; 사 14:12; 24:21[또한 *Midr.* 아 8:14]; 47:13; 렘 8:2; Wis. 13:2; 계 9:1; *1 En.* 18:13-15; 21:3; *Sib. Or.* 5,511-30). 사 34:4(LXX B)은 MT의 "하늘의 모든 천군(all the host of heaven)이 사라지고"를 "하늘의 만상(all the powers, αἱ δυνάμεις)이 녹아내릴 것이고"라고 해석하고, 이것을 34:4에 있는 "별들"과 분명히 동일시한다.[84] 마찬가지로, *Midr. Rab.* 아 8:14은 사 34:5a에 있는 "칼이 하늘에서 족하게 마셨은즉"을 34:5b에서 심판을 받는 죄악된 에돔을 대표하는 악한 천사들에 대한 심판으로 해석한다. 동일한 원리로 "산"은 선한 세력을 의미할 수도 있고(예. 시온, 단 2:44; 4 Ezra 13:6-7), 악한 세력을 의미할 수도 있다(슥 4:7[*Targ.*과도 비교]; 렘 51:25; *1 En.* 18:13; 21:3; 52; 108:4; *2 Bar.* 36-40; *b. Suk.* 52a; 계 8:8). 16:20에서 "섬들과 산들"이 없어지는 것은 우선적으로 악한 세상 세력(바벨론)의 몰락을 의미한다(18-19절; 이와 비슷한 렘 51:25; *1 En.* 18:13; 21:3; 52:2, 6). 17:9-10에서 "일곱 산"이 "일곱 왕"으로 해석되었다. LXX에서 "섬"은 이방 나라나 왕을 대표한다(시 71[72]:10; 96[97]:1; 사 41:1; 45:16; 49:1, 22; 51:5; 60:9; 렘 38[31, MT]:10; 겔 26:18; 슥 2:11; 1 Macc. 8:11).

---

84) A. Rahlfs, *Septuaginta* (Stuttgart: Deutsche Bibelgesellschaft, 1935).

비록 몇몇 사본(1611 2329 2344 $\mathfrak{M}^K$ a' sa Prim)에서 σελήνη("달") 뒤에 이어지는 ὅλη("온통")가 생략되어도, 이런 독법은 부차적인 것 같다. 외적 증거가 상대적으로 부족하고, 의도하지는 않았지만 마지막 두 글자(ΛΗ)를 바로 앞 단어의 마지막 네 글자(ΛΗΝΗ)와 혼동하여 ὅλη("온통")가 누락됐을 수 있다.

15절   LXX에서는 사 34:12에만 "왕들과 통치자들과 위대한 자들"(οἱ βασιλεῖς...ἄρχοντες...μεγιστᾶνες)이라는 어구가 있다. 그리고 이것은 앞에서 살펴보았듯이, 계 6:15a에 언급된 처음 세 집단과 거의 같다(비교. 시 2:2). 사 34장에서처럼, 여기서도 이 집단의 사람들은 그들이 세상 제도를 더럽힌 까닭에 하나님의 심판을 받는다. 세상 제도는 틀림없이 파멸될 것이다. 두 경우 모두 심판을 받는 이유로서 하나님의 백성을 박해한 것을 정확히 꼽는다(참조. 사 33:1-34:13; 35:1-4; 계 6:9-12). 그들이 "굴과 산들의 바위틈에 숨어…보좌에 앉으신 이의 얼굴에서와 그 어린 양의 진노에서 우리를 가리라"고 말한 것으로(15b, 16b절) 보아, 그들이 우상숭배로 인해서도 심판을 받는다는 것이 분명하다. 이것은 사 2:10, 18-21에 언급된 이스라엘의 우상숭배자들에게 내린 하나님의 심판을 예표론적으로 이해한 것에 근거한다. "너희는 바위틈에 들어가며 진토에 숨어 여호와의 위엄과 그 광대하심의 영광을 피하라.…우상들은 온전히 없어질 것이며 사람들이 암혈과 토굴로 들어가서 여호와의 위엄과 그 광대하심의 영광을 피할 것이라. 사람이 자기를 위하여 경배하려고 만들었던 은 우상과 금 우상을 그 날에 두더지와 박쥐에게 던지고 암혈과 험악한 바위틈에 들어가서 여호와께서 땅을 진동시키려고 일어나실 때에 그의 위엄과 그 광대하심의 영광을 피하리라"(렘 4:29에서 유래한 이와 비슷한 묘사도 이 예표론적인 추론에 포함될 수 있다. 참조. 렘 4:23-28; 5:7).

15a절에 언급된 부류의 사람들이 우상숭배자들이라는 사실은 계 19:18-19에서도 분명해진다. 이 본문에서는 같은 부류의 사람들이 "짐승"의 연합군으로 언급된다. 마찬가지로 13장에서는 "부자와 가난한 자, 자유자와 종들"이 "짐승의 표"를 받고(13:16), 짐승에게 경배한 사람들(13:15)로 언급되었다. 각계각층에 속한 사람들을 암시하는 포괄적인 목록은 최후의

심판 때 땅에 거하는 모든 불신자를 염두에 두었음을 보여준다. 19:18-19에 있는 병행 어구가 입증하듯이 말이다(해당 본문 주석과 20장 서론을 보라). 그 포괄적 목록은 하나님이 사람들을 차별하는 분이 아니라, 모든 사람을 사회적·정치적·경제적 지위와 상관없이 동등한 근거 위에서 심판하는 분이심을 나타내기도 한다. 그들은 모두 평생 동안 우상숭배하고 그리스도의 왕 되심을 저버린 까닭에 동일하게 심판받는다.

16절　　땅에 거하는 사람들은 "산들과 바위에게 '우리 위에 떨어져… 우리를 가리라'"라고 필사적으로 부르짖는다. 이 부르짖음은 호 10:8을 암시한다. 이 본문은 사 2장처럼 우상숭배자들에게 내리는 심판을 언급하며, 그들이 산과 바위에 숨어 하나님의 진노를 피하려는 장면을 묘사한다. "그 때에 그들이 산더러 우리를 가리라 할 것이요, 작은 산더러 우리 위에 무너지라 하리라"(참조. 호 10:1-3, 8; 11:2). 렘 4:19에 있는 이와 비슷한 이미지 역시 암시에 포함된다. 본문은 하나님의 분노를 피하려는 우상숭배자들에게 내려지는 심판 사상을 더욱 강조한다(참조. 렘 4:23-30; 5:7). 그들은 "보좌에 앉으신 이의 얼굴에서와 그 어린 양"에게서 내려질 심판을 피할 길을 찾는다. 계 6:16과 호세아서 및 예레미야서 본문 뒤에 있는 암시는 창 3:9의 아담과 하와가 "여호와의 낯을 피하여 숨은"(ἐκρύβησαν…ἀπὸ προσώπου τοῦ κύριου τοῦ θεοῦ) 예다. 요한은 하나님이 죄로 가득한 역사를 역사가 시작되었던 동일한 방법으로 끝낼 결정을 하셨다고 전제하며, 이를 근거로 하여 창세기를 예표론적인 예언으로 이해한다(그래서 *Barnabas*의 저자는 같은 전제에 근거하여 구약성경을 해석한다. 참조. *Barnabas* 6:13: "보라! 내가 마지막에 될 일을 처음 것과 같이 하리라").

"보좌에 앉으신 이"(καθημένου ἐπὶ τοῦ θρόνου)라는 표현은 하나님의 "낯을 피하여"(ἀπὸ προσώπου)라는 창조 기사에서의 아담과 하와의 도피 이미지와 함께 이곳과 20:11의 최후의 심판 장면(θρόνον…καὶ τὸν καθήμενον ἐπ' αὐτόν, οὗ ἀπὸ τοῦ προσώπου ἔφυγεν ἡ γῆ καὶ ὁ οὐρανός ["보좌와 그 위에 앉으신 이를 보니 땅과 하늘이 그 앞에서 피하여 간데없더라"])에만 등장한다. 이 본문들이 서로 병행을 이룬다는 사실은 계 6:12-17이 최후의 심판을 묘사한다는 점을 한 번 더 암시한다.

17절　　이제 16절에서 언급된 "진노"가 우상숭배자들이 하나님과 어린 양으로부터 피하는 이유(ὅτι)로 강조된다. 지금은 하나님과 어린 양의 진노가 극심하게 부어질 때다. 그래서 "진노의 큰 날이 이르렀으니"(ἦλθεν ἡ ἡμέρα ἡ μεγάλη τῆς ὀργῆς αὐτῶν)라고 불릴 수 있다. (하나님과 어린 양의) 진노의 큰 날은 불신자들 중 어느 누구도 저항할 수 없다(그 대답은 "누가 능히 서리요?"에 암시되었다). 이런 극심한 묘사는 최후 심판의 장면과 가장 잘 어울린다(이와 비슷한 묘사가 최후의 심판 장면인 *1 En.* 62:1ff.에도 등장한다). 이 사실은 11:18의 마지막 멸망을 묘사한 것에서도 암시된다. 이 본문에는 "주의 진노가 내려"(ἦλθεν ἡ ὀργή σου)라는 병행 어구가 있다. 이뿐만 아니라, ἡ ἡμέρα ἡ μεγάλη("큰 날")의 소유격 형태가 "온 세상의 왕들"이 마침내 패하게 되는 "하나님의 큰 날의 전쟁"을 언급하는 16:14에서도 발견된다. 6:17의 "큰 날" 역시 19:17-18의 "하나님의 큰 잔치"와 동일한 것일지도 모른다. 19장에는 6:15에서 열거된 사람들과 거의 같은 부류의 사람들이 그리스도의 최후의 심판으로 멸망당한다고 언급된다(6:15 및 유사한 16:14에서처럼 말이다. 19:19의 "땅의 왕들"을 주목하라. 같은 이야기에 대해서는 20:8-10을 비교하라).

17절은 악한 자들이 최후의 심판이 임한 것으로 오해했다고 묘사하는 것 같지는 않다.[85] 첫째, 이 구절을 땅에 거하는 자들의 지속적인 반응으로 이해할 수도 있기는 하지만, 본문은 저자가 본 장면에 대한 최종적인 주석이라고 하는 것이 더 나을 것 같다. 더욱이 이것이 악한 자들의 반응일 수 있다는 점은 그것이 분명 그 사건들에 대한 잘못된 해석을 대표한다는 것을 의미하지는 않는다. 그리고 무엇보다도 이 구절에 사용된 이미지는 구약의 심판 문맥에서 왔으며, 12-14절의 구약의 동일한 우주적 묘사 중 일부분을 계승한다(이를 자세히 다룬 아래 내용 참조).

욜 2:10, 31의 우주적인 대재앙 이미지가 부분적으로 계 6:12-17 단락을 소개하는 장면의 배후에 있기 때문에(12절), 이 단락이 욜 2:10-11의 묘

---

85) I. T. Beckwith, *Apocalypse*, 528-30과 Charles, *Revelation* I, 183에 반대함.

사를 결론짓는 것으로써 마무리되는 것은 적절하다. "여호와의 날이 크고 (μεγάλη ἡ ἡμέρα τοῦ κυρίου) 심히 두렵도다. 당할 자가 누구이랴?" 요엘의 묘사는 니느웨의 심판에 대한 신탁에서 온 어구로 보충된다. 그 신탁 역시 세상의 파국적 멸망을 비유적으로 묘사한 내용으로 결론짓는다(참조. 나 1:5-6: "그로 말미암아 산들이 진동하며…땅 곧 세계와 그 가운데에 있는 모든 것들이 솟아 오르는도다. 누가 능히 그의 분노 앞에 서며 누가 능히 그의 진노를 감당하랴?"; 비교. 나 1:4). 나훔의 심판 선언은 그 나라의 우상숭배와 연결된다(나 1:14; 또한 *Midr. Rab.* 출 29.9).

이 구약의 암시들은 역사적으로 성취된 이스라엘의 심판이든지 니느웨의 심판이든지 간에 각각의 문맥에서 비유적으로 표현되었다. 여기서 구약의 암시들은 최후의 심판의 전조로 이해된다(동일한 문맥적 사용에 대해서는 사 13:9; 슥 1:14, 18; 2:2-3; 말 4:5을 참조하라. 이 본문들은 계 6:17a의 "그들의 진노의 큰 날" 배후에 있는 부가적 배경이 될 수 있다). 그리스도를 신뢰하고 "[그에게] 돌아오는" 자들만 "내 앞에 설 것이다"(렘 15:19).[86]

사본들 중에는 αὐτῶν("그들의") 대신에 αυτου("그의")를 보유한 사본이 있다. 두 독법 모두 좋은 증거에 의해 지지를 받는다. αυτου는 원래 복수형인 것을 앞에 등장하는 단수 어구인 "어린 양의 진노에서"와 동화시키려는 부차적 시도일 것이다. 비록 원래의 독법인 단수 대명사가 22:3에서 하나님과 어린 양의 보좌에 대한 언급 뒤에 발견되지만 말이다. 여기서는 복수형이 더 나은 듯하다. 복수형은 후대의 필경사들에게 모호하게 보였을 것이기 때문이다. 한편, 복수형 역시 필경사가 원래의 단수형을 16b절 전체에 동화시키려는 시도 때문에 그렇게 표기되었을 수도 있다. 16절은 악한 자들이 하나님과 어린 양의 심판을 피하려고 애쓰는 상황을 묘사한다.[87]

---

86) Hughes, *Revelation*, 92.
87) Schmid, *Geschichte des griechischen Apocalypse-Textes*, 2, 100은 문맥에 근거하여 단수형을 선호한다.

6:15-17의 구약 암시의 신학적 중요성: 여섯째 인 심판

15-16절에 있는 구약 암시들은 각각의 문맥에서 우상숭배자들이 받을 심판을 언급한다. 이것은 어떤 점에서 중요할까? 계 6:15-17은 문자적이든 비유적이든 우주가 없어진다는 것을 보여준다(6:12-14). 이 내용은 심판을 강조할뿐더러 "땅에 거하는 자들"의 분명한 안식처(6:10)가 파멸될 것임을 강조한다. 12-14절의 우주적 비유들이 구약과 신약에서 세상의 문자적 소멸이 아니라 인간 나라들의 비유적 몰락을 말했듯이, 지진 이미지는 신구약에서 (이스라엘을 비롯하여) 여러 나라들의 심판을 의미한다(호 10:1-3, 8; 눅 21:11; 23:30; 참조. 히 12:27). 본문의 강조 역시 여기에 있다.

우상숭배자들은 정치적 우상이든 경제적 우상이든 사회적 우상이든, 피조물에게 있는 어떤 것에 전적으로 헌신한다. 땅에서 순례자로 살아가며 그들의 시민권이 하늘에 있는 그리스도인들과는 대조적으로, 경건하지 않은 땅에 거하는 불경건한 자들은 "현재의 세상 질서에 안주하며, 지상에 있는 안전을 의뢰하고 눈에 보이고 덧없는 것 너머에 있는 것을 보지 못하는, 이른바 시선이 땅에 고착된 사람들이다."[88] 이런 까닭에 요한계시록의 여러 곳에서 "땅에 거하는 자들"이라는 어구는 우상숭배자들에게만 사용한다(8:18[비교. 9:20]; 13:8, 12, 14; 14:6-9; 17:2, 8; 11:10에서는 성도들을 박해하는 불신자들을 강조한다). 불신자들의 우상의 은신처인 땅을 없애야 하는 이유는, 땅이 그들의 죄로 인해 오염된 까닭에 영원하지 않은 것이 되고 말았기 때문이다. 반면에 신자들이 하나님과 함께하는 영원한 본향은 영원히 있을 것이다(참조. 히 12:26-28; 롬 1:18-25과 8:20-22을 비교하라. *Asc. Isa.* 4:18은 계 6:12-15a에서처럼 동일한 하늘과 땅의 요소들이 벨리알의 영향으로 더럽혀진 까닭에 그 요소들이 심판받게 될 것을 묘사한다). 그리고 만일 땅이 문자적으로 파괴된다면, 이것은 땅에 거하는 자들이 우상을 숭배하며 땅에서 안전을 구하던 것들이 파괴될 것임을

---

88) Caird, *Revelation*, 88.

보여주려는 데 목적이 있다(동일하게 연결짓는 *Test. Mos.* 10:3-6과 10:7을 비교하라). 인류는 바른 길을 벗어나 피조물을 경배했다(참조. 롬 1:21-25; 계 9:20).

　그러므로 창조세계 그 자체(해와 달과 별과 나무와 동물 등등)는 반드시 없애야 하는 우상이 되고 말았다. 성경은 천체를 가리켜 이스라엘과 여러 나라들이 경배하는 대표적인 거짓 신들로 반복해서 언급한다(예. 신 4:19; 17:1-4; 왕하 23:4-5; 렘 8:2; 겔 8:16; 암 5:25-27; 행 7:41-43). 피조물 중에서 가장 영원하고 고정적인 것들(예. 산과 섬)이 뿌리째 흔들린다면, 땅에 사는 사람들도 그러할 것이다. 사람들은 그들이 땅에서 안전을 위해 구한 것들이 사라져 마지막 날 하나님의 심판대 앞에서 영적으로 벌거벗은 채 드러날 것이다. 땅에 거하는 자들은 하나님의 눈에 띄지 않으려고 숨기 위해 필사적으로 노력하며(15-16절) 임박한 진노에서 피하려고 하지만(17절) 성공하지 못한다. 그들은 심지어 하나님의 심판에 직면하기보다는 바위와 산이 그들에게 떨어져서 죽는 것이 더 낫다고 생각한다(16절).

　땅에 거하는 자들은 세상의 죄를 위해 죽으신 어린 양을 믿지 않았다(참조. 1:5; 5:9). 그러므로 그들은 어린 양의 멸망시키는 진노를 당할 수밖에 없으며, 그 진노를 견디지 못할 것이다. 십자가에서 죽임을 당하신 온유한 어린 양은 이제 온 우주 위에 그의 진노를 부으시는 가장 높은 지위를 얻으셨다(1:5; 3:21; 5:5-6). 그는 자기 백성을 사랑하실뿐더러 그의 원수들의 의로운 재판장이 되신다. 12-17절에 사용된 구약의 인용들은 어린 양의 지위를 강조한다. 이 본문들은 다 하나님께로부터 나오는 심판을 묘사하기 때문이다. 이제 그 심판은 하나님의 보좌뿐만 아니라 어린 양에게서도 나온다. 어린 양은 하나님의 심판의 능력을 가지고 심판을 수행하는 분이심에 틀림없다. 이 사실은 특히 16절에서 인용된 사 2:10(또한 사 2:19, 21)의 암시에 표현되었다(이사야서 본문의 "여호와의 위엄과 그 광대하심의 영광을 피하라"와 계 6:16을 비교하라. 요한계시록 본문의 "보좌에 앉으신 이"는 이사야서의 "여호와"와 관련이 있으며, "어린 양"은 "그의 광대하심의 영광" 대신 언급되었다).[89] 같은 원리로,

---

89) 사 2장의 암시를 자세히 분석한 Fekkes, *Isaiah and Prophetic Traditions*, 161-63을 보라.

욜 2:11의 암시는 어린 양의 신성을 강조하는 또 다른 특별한 예다. "**여호와의 날이 크고 심히 두렵도다**"는 계 6:17에서 "**그들[하나님과 어린 양]의 진노의 큰 날이 이르렀으니**"로 변경되었다.

1:5-6에는 그리스도의 부활로 말미암아 발생한 두 결과가 소개된다. 그리스도는 "땅의 임금들의 머리"가 되셨으며, 이들 중 많은 사람을 그가 친히 심판하신다(6:15; 16:12; 17:12-18; 19:18-19). 그리고 그리스도는 그의 백성의 사랑하는 구속자가 되셨다. 6:15에서 최후의 심판을 받는 "땅의 임금들"은 19:18-21의 최종적으로 심판을 받는 같은 집단과 사람들이며, 21:24의 구속함을 받은 사람들과는 같지 않다(21:8, 27을 21:24과 비교해보면[해당 본문 주석 참조], 21:24이 궁극적인 보편 구원을 의미하지 않는다는 사실이 드러날 것이다).

우주의 여섯 부분은 12-14절에서 붕괴되는 것으로 묘사된다. (1) 땅, (2) 해, (3) 달, (4) 별, (5) 하늘, (6) "각 산과 섬" 등. 더욱이 15-17절에서는 사람들 중 여섯 부류가 심판을 받는다. (1) 땅의 임금들, (2) 왕족들, (3) 장군들, (4) 부자들, (5) 강한 자들, (6) "모든 종과 자유인" 등. 이 병행 어구는 우상숭배자의 궁극적 우상이 땅이라고 의도적으로 더욱 분명하게 밝힌다. 두 목록에는 일곱이 아니라 여섯 요소가 있다. 각 목록에서 여섯째 요소는 도입부의 πᾶς("각" 또는 "모든")에 의하여 문학적이고 개념적인 통일성으로 함께 언급되는 두 부분으로 구성되었다. 이 병행 어구는 앞에서 제안한 12-14절의 우주에 내려지는 심판이 15-17절에서 언급된 죄인들에게 내리는 심판을 가리키는 비유적 표현이라는 사실을 지지할 수도 있다. 병행되는 6중 패턴은 무생물과 인간의 불완전함, 그래서 둘 다 심판을 받을 수밖에 없다는 사실을 강조한다(참조. 13:16).[90] 반면에 만일 12-17절에서 피조물의 일곱 부분과 인간의 일곱 부류 간의 병행을 의도했다면, 하나님의 심판의 철저함과 완전무결함이 강조될 것이다.

---

90) Hendriksen, *More than Conquerors*, 129-31.

자연과 발광체의 우주적 질서(해와 달과 별들의 운행)는 세상이 실존하기 위한 지속적인 복지에 없어서는 안 될 것들로 이해된다(예. *1 En.* 2:1; 41:5-7). 이 질서는 사람들이 그들의 삶의 여정을 규율하는 하나님의 도덕법의 영적 질서를 거슬러 행할 때 중단되고 사라지고 말 것이다(*Test. Naph.* 3:1-5; *1 En.* 80:2-8; *4 Ezra* 5:1-7; *Sib. Or.* 5,504과 5,512-30을 비교하라). 그러므로 하나님은 사람들이 자신의 도덕 질서를 파기했기에 심판받음을 알리시려고, 천체의 규칙적인 움직임을 파기하심으로써 하늘들을 심판하신다(마찬가지로 구약에서는 땅이 열매를 맺지 못하고 황폐해진 것이 이스라엘의 신앙을 측정하는 영적 지표다). 이런 유대교 문헌에 비춰보면, 렘 31:35-36과 33:20-21, 25-26이 어떻게 같은 내용을 암시하는지 알 수 있을 것이다(자세한 내용은 계 8:12의 주석 참조).

개중에는 12-17절이 최후 심판의 시작이 아니라, 그리스도의 최후의 강림 이전에 몇 년 동안 있을 환난기를 묘사한다고 이해하는 사람들이 있다. 이런 견해를 지지하는 중요한 이유로 12-14절의 재앙 이후에 사람들이 여전히 15-16절에서 언급된 산에 숨을 수 있다는 것을 든다.[91] 하지만 이것은 12-14절과 15-16절 사이의 역사적 연속성이 가정되는 경우에 한해서만 가능하다. 반면 앞에서 분석한 것에 비춰볼 때, 12-14절과 15-16절은 동일한 마지막 때의 재앙을 묘사하고 있을 개연성이 높다. 15-17절의 묘사는 땅의 모든 백성이 숨는 것만 묘사하지 않는다. 그들은 하나님의 심판의 신호인 우주 붕괴의 조짐이 시작되는 것을 볼 때, 산과 바위더러 자신들 위에 떨어지라고 애걸한다. 그들은 계속 살기 위해서 숨는 것이 아니라, 하나님의 얼굴과 심판에서 벗어나 죽기 위해서 그렇게 한다. 그러므로 15-17절의 장면은 12-14절에서 묘사된 것과 동시대에 일어난다고 보아야 하며, 이것은 최후의 심판에 대한 묘사다.

---

91) 예. Thomas, *Revelation 1-7*, 451-52. 20세기 후반에 처음 여섯 인들을 구체적 사건들과 동일시하려 했던 시도에 대해서는 H. Lindsey, *New World Coming*, 83-96을 보라.

> 몇몇 사람들은 일곱째 인이 아직 임하지 않았다는 이유를 들어 여섯째 인이 아직은 최후의 심판이 아니라고 주장하기도 한다.[92] 아래 일곱째 인을 분석한 것에 따르면, 일곱째 인은 마지막 때의 심판을 다른 관점에서 묘사한 것으로 간주된다. 일곱째 인은 여섯째 인에서 소개된 심판의 결론이다.

신자들이 그들의 신앙을 잃지 않도록 영적으로 보호받기까지 천사들은 악한 세력이 세상을 파괴하는 일에 착수하지 못하도록 막는다 (7:1-8)

계 7:1-8은 신자들이 어떻게 인침을 받아 6장에서 열거된 처음 네 환난을 인내할 수 있는지 설명한다. 7:9-17의 환상은 인내한 사람들에게 주는 하늘의 상을 계시한다. 본문은 6:9-11에서 성도들을 간략하게 묘사한 장면을 확대한다. 그들은 고난의 과정을 성공적으로 완수한 이후 마침내 하나님의 존전에 들어가게 된다(특히 7:13-15을 보라). 7:9-17 역시 영화롭게 된 성도들이 "그들의 동무 종들과 형제들도 자기처럼 죽임을 당하여 그 수가 차기까지" 누릴 것이라고 약속받은 안식을 묘사한다(6:11). 그들의 동무 종들과 형제들은 더 많은 고난을 견뎌야 할 것이다. 이 단락도 6:9-11에서 소개된 주제, 곧 그리스도인들이 세상으로부터 잘못된 판결을 받았던 것으로부터 하나님이 언제 어떻게 그리스도인들을 신원하기 시작하시는지를 더욱 자세히 설명한다. 환난 중에서 고난을 당하는 성도들은 하나님의 보호를 받을 것을 생각하며 인내하라는 권함을 받는다. 하나님은 그들에게 인을 치심으로써 환난 중에서 그들을 보호하신다. 성도들은 미래에 하늘의 상을 받을 것이라는 약속을 받는다.

그러므로 성도들에게 인을 친다는 것은 그리스도가 성도들을 박해한

---

92) Thomas, *Revelation 1-7*, 452.

"땅에 거하는 사람들을 시험하는 시련의 때에 성도들을 어떻게 지키시는 지"를 설명한다(참조. 6:10; 환난과 관련한 단 12:1의 배경을 다룬 3:10과 7:14의 주석 참조).[93] 이 모든 본문은 최후의 심판과 상(賞)의 수여에 앞서 일어난 일들에 관심을 둔다. 그래서 7장은 틀림없이 6장 이후에 놓여 삽입구 또는 괄호로 기능한다. 하지만 7장에는 미래적인 측면도 있다. 특히 끝을 지향한다는 점에서 그렇다(7:15-17). 이런 관점에서 볼 때, 7장은 6:17의 결론적 질문(하나님 앞에 "누가 능히 서며", 그가 내리는 최후 심판의 진노를 받지 않겠는가?)에 대한 응답이기도 하다. 이것은 6:17에 대한 결정적 응답이며, 7:9ff.의 환상 이야기가 지향하는 요지다.

이와 관련하여 "허다한 무리가…보좌 앞에 서 있다"(7:9)는 것은 6:17의 질문에 대한 분명한 응답일 수 있다.[94] 그 이유는 다음과 같다. (1) 6:17과 7:9은 매우 유사하고 두 본문 모두 ἵστημι("서다")를 사용한다. (2) 두 본문 모두 보좌와 어린 양의 보좌 앞에 서 있는 사람들을 언급한다. (3) 5:6의 보좌 앞에 "서 있는" 어린 양에 대한 묘사는 그의 부활한 존재와 밀접히 연결되어, 7:9의 보좌 앞에 "서 있는" 사람들(7:17에서 "양"이라고 칭함을 받는데)이 부활한 성도들임을 시사한다. (4) 뒤에서 성도들이 "어린 양"과 가까이 "유리 바닷가에" 서 있다고 한 것(15:2-3)은 5:6에서 나온 어린 양의 부활한 존재를 반영한다.[95] ἵστημι("서다")는 다른 곳에서 그리스도(10:5, 8; 14:1)와 성도들(11:11), 모든 사람(20:12)과 관련한 부활을 언급하기도 한다.

하지만 "허다한 무리"를 이런 식으로 "누가 능히 서리요?"에 대한 대답이라고 이해하는 것에 맞서 제기할 수 있는 한 가지 반대는 ἵστημι가 부활과 전혀 관계가 없는 하늘의 천사들에 대해 5번(예. 7:1, 11), 그리고 경건하지 않은 사람들에 대해 4번씩 사용되기도 한다는 점이다. 그렇지만 의미는 본문의 전후 문맥에 의해 결정된다. 천사들이 하나님의 보좌 앞에 "서 있"

---

93) Lohmeyer, *Offenbarung*, 67; Rist, "Revelation," 418.
94) Heil, "Fifth Seal," 231.
95) (1)과 (2)에 대해서는 Hohnjec, *Das Lamm*, 80을 보라.

다는 사실도 그리스도와 성도들이 최후의 심판에서 "능히 설 수 있"도록 하는 부활로 말미암아 참여하기 시작한 실존을 암시한다.

그러므로 7장은 6장의 사건 다음에 이어지는 최후의 환난 동안 일어날 일련의 새로운 미래의 사건들을 제시하지 않는다.[96] 오히려 7장은 6장의 환상을 좀 더 깊이 설명하고 그 환상을 더 잘 이해하도록 더 큰 배경을 제시하는 삽입구다. 7:1-8은 6:1-8의 시간 직전에 놓이며, 7:9-17은 최후의 심판 이후의 시간에 초점을 맞춘다. 그 시간의 초기 국면은 6:12-17에서 묘사된다(비록 7:9-17에서 최후의 심판 이전 시대를 부차적으로 염두에 두기는 했지만 말이다. 특히 13-15절에서 그러하다. 이 문제와 관련해서는 13-15절의 주석 참조).

1절   도입 어구 Μετὰ τοῦτο("이 일 후에")는 7:1-8에서 묘사된 사건들이 시간적으로 6장의 사건들에 이어진다는 의미가 아니라, 이 환상이 요한에게 6장의 환상 이후에 나타났다는 것만을 의미한다(자세한 내용은 4:1의 주석 참조). 요한은 처음에 "네 천사들"을 본다. 그들이 **땅 네 모퉁이에서 있다**"는 것은 그들에게 **온 세상**을 장악하는 주권이 있음을 가리킨다(사 11:12; 겔 7:2; 계 20:8; 참조. *2 Bar.* 6:4-7:2; *Test. Asher.* 7:1-7; *Greek Apocalypse of Ezra* 3:6; 비교. *3 En.* 48A:10). "네 바람"이 알려진 온 세상을 비유적으로 지칭한다는 것은 렘 49:36, 단 8:8; 11:4, *1 En.* 18:2, 4 Ezra 13:5, 마 24:31, 막 13:27에 같은 어구가 사용된 것에서 분명하게 나타난다. *Targ.* 사 11:12은 MT의 "땅의 네 모퉁이"를 "땅의 네 **바람**"으로 번역했다.

천사들이 붙들고 있는 "땅의 네 바람"은 6:1-8의 네 말 탄 자들과 동일시하는 것이 가장 좋다. 이들은 분명 슥 6:1-8에 등장하는 말 탄 자들을 모델로 삼았고, 이들 역시 "하늘의 네 바람"과 동일시된다(슥 6:5. 슥 6:5과 관련하여 겔 37:9; 단 7:2; 슥 2:6에서 이 어구가 사용된 예에 대해서는 계 6:8의 주석 참조).[97] "네 바람"에 대한 이런 좁은 이해가 성경과 몇몇 유대교 문헌에서 발

---

96) Thomas, *Revelation 1-7*, 464ff.에서 주장하듯이 말이다.

97) Carrington, *Meaning of the Revelation*, 139; Kiddle, *Revelation*, 131-32; Caird, *Revelation*, 94; Beasley-Murray, *Revelation*, 142; Morris, *Revelation*, 113; Wilcock, *I Saw Heaven Opened*, 79.

견되는 이 어구에 대한 좀 더 일반적인 개념보다 더 선호된다. 요한이 스가
랴서 본문을 설명한지 얼마 안 되었기 때문에 그의 마음에서 스가랴서의
문맥이 여전히 맴돌았을 것이기 때문이다. 네 바람을 네 말 탄 자들과 동일
시하는 것은 3-8절에서 신자들을 인치는 것이 그들이 인내해야 할 네 말
탄 자들의 화로부터 그들을 어떻게 영적으로 보호하는지를 설명한다는 점
을 이해하면 더욱 분명해진다. 그러므로 네 바람을 네 말 탄 자들과 동일시
하는 것은 2-8절에서 묘사된 신자들을 인치는 것이 우리로 하여금 6:1-8의
네 말들이 놓임을 받을 때보다 이전의 상황으로 시선을 돌리게 한다는 것
을 의미한다.[98]

바람이 불지 못하게 하는 것을 해로운 행동을 막는 것으로 이해해야 한
다는 점은 바람이 불도록 허용하는 것이 반역적이며 사악한 행동이라는 증
거다.[99] 6:2-8의 주석에서 주장했듯이, 네 바람은 심판을 수행하는 악한 천
사들이다. 슥 6:5에서도 바람이 천사적인 측면을 지닌다는 것이 암시된다.
그들이 하나님의 보좌 앞에 서 있다는 것뿐만 아니라 루호트(ruḥôth, "바람
들")가 "영들"로 번역될 수도 있기 때문이다(자세한 내용은 계 6:2, 8의 주석 참
조; 바람은 히 1:7; *Jub.* 2:2; *1 En.* 69:22에서처럼 여러 곳에서 천사들이나 영들과 동
일시된다). 만일 스가랴서의 "하늘의 바람"이 "땅의 바람"으로 바뀐 것에 어
떤 중요한 의미가 있다면, 그것은 이 하늘의 천사들이 땅에 큰 피해를 입힐
것을 강조하려는 데 있다.

천사들은 땅의 바람이 "불어 땅이나 바다나 나무들을 해하지" 못하게
하려고 네 바람을 붙들고 있어야 했다(2-3절). 이렇게 그들은 말 탄 자들이
6:1-8에 묘사된 큰 피해를 입히지 못하게 한다. 이 재앙은 8:7-8에 언급된
땅과 바다와 나무에 영향을 주는 화와 동일시된다(이것은 처음 네 인 재앙의
일부를 반복한다[8:7-8의 주석 참조]). 바람에 피해를 입게 되는 세 대상이 문

---

98) Charles, *Revelation* I, 195에 반대함. Charles는 7:1-8의 사건들이 역사적 시간상으로는 6:1-
17 사건들 이후에 오는 것으로 이해한다.
99) Caird, *Revelation*, 94.

자적인 것인지는 그렇게 중요하지 않다. 땅과 바다와 나무는 바람과 더불어 6:1-8의 재앙을 나타내는 모습이며 또 그렇게 이해되어야 하기 때문이다. 아마도 땅과 바다와 나무는 (환유법으로) 땅과 거기에 사는 사람들을 나타내는 것 같다. 이들은 앞장에서 언급된 네 말 탄 자들의 화를 입었던 사람들이다. 2-3절에 명확하게 나와 있듯이, 바람이 불어 파괴하지 못하게 하는 행위는 일시적인 행위에 불과하다(이와 비슷하게 천사들이 파괴하기 전에 잠시 기다리는 행위에 대해서는 *1 En.* 66:1ff.; *2 Bar.* 6:4-7:2을 보라. *Questions of Bartholomew* 4.31-34[*NTA* I, 547f.]에서는 네 천사들이 지속적으로 파괴적인 네 바람을 붙든다).

마운스는 7:1의 "네 바람"을 6:2-8의 말 탄 자들과 동일시하는 것을 거부한다. 토머스도 마운스의 견해를 따른다. 마운스는 슥 6:5이 네 집단의 말들과 네 바람을 구별한다고 주장한다. "이[네 집단의 말 탄 자들]는 온 세상의 주 앞에 서 있다가 하늘의 네 바람을 **향해** 나가는 것이라"(RSV, JB).[100] 하지만 이것은 이 구절을 어설프게 번역한 것이다.[101] 이 구절은 모든 사본에 생략되어 있는 "네" 앞에 붙은 추측의 전치사 *l*-나 *'el*- 또는 "네 바람"을 향한 동작을 지시하는 "바람"에 붙은 어미인 방향의 지시어 *-ah*에 달려 있다.[102] 전통적인 번역은 마소라 악센트 표기법과 그리스어 산문의 표준적 어순과 일치한다는 사실을 볼 때도 선호된다.[103] 대부분의 번역본들과 주석가들은 좀 더 자연스럽고 개연성이 높은 번역을 지지한다. "이는 하늘의 네 바람이며, 주 앞에 서 있다가 나가는 것이라"(LXX; 루터의 번역, KJV, NEB, NIV, NRSV).

스가랴서와 같은 전통에 서 있어서 계 7:2-3의 배후에 있을 가능성이 높은 본문은 렘 49:36이다. 여기서 "네 바람"은 한 나라를 심판하는 하

---

100) Mounce, *Revelation*, 165; Thomas, *Revelation 1-7*, 463, 465.

101) Calvin, *Minor Prophets* I, 146-47도 주장하듯이 말이다.

102) 하지만 Wellhausen은 *lamed*를 접두어로 둔 전치사가 있다고 생각한다(참조. Edel, *Hebräisch-deutsche Praeparation*, 79).

103) 이 경우, 주어+분사+다른 수식어 순이다. F. Andersen, *Sentence*; 같은 저자, *Hebrew Verbless Clause*.

나님의 일꾼이다. *1 En.* 76장은 예레미야서 본문을 발전시킨 것 같다. 그 본문에서는 네 집단의 바람이 하늘의 네 끝에서 불어 복과 특히 진노를 가져온다. 화를 가져오는 바람은 "온 땅과 땅에 있는 물들과 땅에 사는 모든 사람과 물과 땅에 있는 모든 것을 파괴하는 해로운 바람"이다(76:4; 비슷한 *1 En.* 34-35을 보라). 이런 파괴에는 계 7:2-3, 15-17, 8:7-9:21에 서처럼 "기근", "열", "메뚜기", "태움", "전염병"이 포함된다(*1 En.* 76:5-14). 마찬가지로 *Pseudo-Revelation of John 15* (The Ante-Nicene Fathers VIII, ed. A. Roberts and J. Donaldson [reprint Grand Rapids: Eerdmans, 1970], 582-86)도 참조하라. *1 En.* 69:22에 "네 바람"과 천사들인 "바람의 영들"이 결합된 것을 주목하라. 구약의 여러 곳에서 하나님의 심판의 도구인 "바람"에 관한 총체적인 이해에 대해서는 시 18:10; 104:3-4; 사 19:1; 66:15; 렘 4:11-12; 23:19; 51:1; 호 13:15-16; *Jub.* 2:2을 참조하라.

계 7:1과 비교하기에 적절한 것 중에 Josephus, *War* 6.297-301이 있다. 요세푸스의 글에는 하늘의 마병들이 예루살렘의 임박한 멸망을 경고하는 표지로 작용한다. 그 후 역시 경고의 표지인 "네 바람으로부터 한 음성"이 나온다는 언급이 이어진다.

후기 유대교 전통 가운데 한 본문은 안식일에 하늘 궁전의 **동쪽** 문에서 나오는 두 천상적 존재를 암시한다. 그들은 어떤 사람들에게는 생명을, 다른 사람들에게는 죽음을 주는 인을 치려고 그들 손에 두 인을 가지고 있다.[104]

2-3절   네 천사가 말 탄 자들에게 재앙을 내리지 못하게 한 이유가 지금 제시된다. 요한은 다른 천사가 동쪽("해 뜨는 곳")으로부터 오는 것을 보았다. 천사가 동쪽에서 오는 것은 그가 복을 가져온다는 것을 암시하는 경우가 있다. 구약성경과 유대교에서 복은 동쪽에서 오거나 동쪽과 관련

---

104) Zohar in Exodus, folio 100.1(Gill, *Revelation*, 748-49에서 인용). "바람"을 미래의 환난 동안 통제할 수 없는 대기의 바람이라고 문자적으로 이해하는 것에 대해서는 Lindsey, *New World*, 102-3을 보라.

이 있다고 묘사되곤 하며, 종종 하나님의 등장과 메시아의 출현이 동쪽과
관련하여 언급된다(창 2:8; 겔 43:2-4; 마 2:1; *Sib. Or.* 3.652; 비교. *1 En.* 61:1ff.;
Ignatius, *Rom.* 2). 하지만 본문에서는 이 경우가 적용되지 않는다. 요한계시
록의 다른 곳에서는 악한 세력이 "해 뜨는 곳에서"나(16:12) (요한계시록에서
동쪽에서 오는 존재들을 가리키는 유일한 다른 예인) 유브라데, 즉 동쪽으로부터
오는 것으로 묘사되기 때문이다(9:14ff.).

성도들을 보호하는 천사가 동일하게 지옥 같은 곳에서 나옴으로써 성
도들을 위협하는 악한 세력을 조롱하는 패러디를 한다는 암시가 있을까?
이런 패러디는 요한계시록 곳곳에 있는 이와 비슷한 패러디와 일맥상통한
다(5:6; 6:2; 13:4, 7, 11-13의 주석 참조). 7:2에 이어지는 내용은 이 천사가 은
혜의 전령임을 증명하기에 충분하다. 그는 "살아 계신 하나님의 인"을 가졌
기 때문이다. 천사는 네 천사에게 하나님의 종들이 인침을 받기까지 땅을
해하지 말라고 명령한다. 네 천사들은 하나님의 능력을 입어 네 말 탄 자들
또는 "네 바람"을 이용하여 땅에 환난을 가할 것이다(권세를 가졌음을 묘사하
려고 신적 수동태가 사용된 것에 주목하라. ἐδόθη αὐτοῖς ἀδικῆσαι τὴν γῆν["땅을
해롭게 할 권세를 받은"]; 6:2과 13장 주석 참조).

1-3절은 6:1-8의 재앙이 내리기 직전의 때를 언급하고 있음이 틀림없다.
하나님이 신자들을 재앙의 맹습으로부터 보호하시려고 그들에게 인을 치시
는 때 말이다. 7:1-3과 6:1-8이 매우 밀접히 연관되었다는 것은 두 환상, 특
히 권세 받는 것에 관련된 7:3과 6:4, 8 사이의 중요한 연결을 통해 암시되기
도 했다. 일례로, 6:8의 ἐδόθη αὐτοῖς ἐξουσία ἐπὶ τὸ τέταρτον τῆς γῆς("그
들이 땅 사분의 일의 권세를 얻어")를 들 수 있다. 7:1-3의 시간이 6:1-8의 시간
보다 바로 앞서지 않는다면, 6장과 7:1-3 사이에 심각한 모순이 있게 된다.
6장에서는 땅과 거기 거주하는 사람들이 처음 여섯 인들에 의해 해를 당했
지만, 7장 처음에서는 땅과 거기 거주하는 사람들이 아직 해를 받지 않은
것으로 분명히 묘사되기 때문이다. 몇 절 되지 않는 공간에 이러한 모순이
있을 것 같지는 않다.

천사들은 명령하는 천사와 그의 조력자들("우리")이 "하나님의 종들의

이마에 인치기**까지**" 그들의 사명의 수행을 연기해야 했다. 그러므로 하나님의 종들은 6:1-8의 진노의 사건들이 실행되기 전에 인침을 받아야 한다. 사실 신자들이 6장의 환난을 이미 겪었다면 보호하는 인침을 받을 분명한 목적은 존재하지 않을 것이다. 이런 의미에서 이 인치는 행위는 진노의 사건들 이전에 실행돼야 한다.

인

에스겔서에 나타난 인의 특성과 배경

하나님이 왜 그의 종들에게 "인을 치시는지"를 두고 학자들 사이에서는 논의가 끊이지 않는다. 주요 주장들은 다음과 같다. (1) 물리적인 해를 받지 않게 하려고, (2) 귀신들로부터 보호받게 하려고, (3) 그들의 믿음과 그 믿음의 결과로 얻은 구원을 잃지 않도록 보호하려고 등이다. 겔 9장은 하나님의 인치심의 가장 좋은 배경으로 제안되곤 하는데 이는 백번 옳다. 그 본문에서 하나님은 천사더러 모든 참 신자에게 표를 그리라(인을 치라)고 명령하시지만, 다른 천사들에게는 충성되지 못한 이스라엘 백성을 죽이라는 지침을 내리신다. 신자들에게 있는 표는 다가오는 진노에서 그들을 보호하는 기능을 한다. 그 진노는 바벨론에 의해 야기되고, 충성되지 못한 이스라엘 백성은 이로 인해 고난을 받는다. 겔 9장은 겔 14:12-23처럼 이스라엘 가운데 남은 의인들을 물리적으로 보호하는 것에 대해 설명하는 것으로 보인다. 그들은 충성되지 못한 사람들에게서 심판의 불로 정결하게 보존된다. 이것은 유월절 당시 히브리 사람들의 문에 있는 피로 된 표식이 같은 기능을 한다는 것으로써 확증된다(출 12:7, 13, 22-28). 이것이 겔 9장과 계 7:2-3의 배후에 놓인 배경일 것이다(이것은 뒤따라오는 출애굽 재앙을 모델로 삼은 나팔 재앙과 대접 재앙의 해로움으로부터 인이 신자들을 보호한다는 사실에서 분명하게 드러난다). 충성된 이스라엘 백성에 대한 영적인 보호 역시 이 두 구약 본문에 포함될 수 있을 것이다.

에스겔서나 출애굽기 중 어느 것이든 간에, 확실히 요한의 생각에 가장 중요한 것은 신자들에게 닥치는 다양한 고난과 박해에서 물리적으로 안전을 확보하는 것이 아니라, 신자들의 믿음과 구원을 보호하는 것이다. 그것이 사탄에 의해 야기되든 땅에서 활동하는 귀신들에 의해 야기되든 상관없다(예를 들어 6:1-11에 열거된 대로 말이다. 쿰란 공동체는 공동체 회원들을 마지막 날에 살고 있는 이스라엘의 참되고 충성된 남은 자들로 보고 겔 9:4을 공동체에게 적용한다[CD 1.12, 사본 B = CD 19.12]).

인침을 받음으로써 신자들은 시련을 받는 동안 믿음으로 반응할 수 있다. 그렇게 이 시련은 그들의 믿음이 강해질 수 있는 수단이 되기도 한다(6:1-8의 주석 참조). 인의 보호 기능은 9:4에서 분명하게 나타난다. 사탄의 세력은 "땅의 풀이나 푸른 것이나 각종 수목은 해하지 말고 오직 이마에 하나님의 인침을 받지 아니한 사람들만 해하라"라는 명령을 받는다(본문이 7:3과 거의 같은 단어가 사용된 병행임을 주목하라. 16:2 역시 인의 보호적 측면을 암시한다). 이런 보호의 특성은 영적이다. 이것은 신자들과 불신자들이 비슷한 물리적 환난을 겪는다는 사실로써 분명하게 나타난다(6:1-8의 주석 참조). 하지만 이런 시련들이 하나님의 종들을 정결케 하는 반면, 경건하지 않은 사람들은 마음을 완악하게 만들어 하나님을 대적하게 한다(9:19-21). 인은 그것을 가진 백성의 구원과 밀접한 관련이 있다. 이 사실은 그리스도와 아버지의 이름이 "이마에 기록된" 사람들(14:1)이 구원과 관련하여 "속량함"을 받았다고 언급한 14:1-4에도 분명하게 나타난다(3절과 4절을 비교; *Pss. Sol.* 15:6, 9을 보라).

겔 9장에서 "표"를 의미하는 히브리어 단어는 타우(*taw*)다. 이 단어는 히브리어 알파벳의 마지막 낱말(ת)을 철자로 표기한 것으로 이해하는 것이 가장 좋다. 주석가들 중에는 예언자 에스겔 당시 타우는 십자가의 형태(+ 또는 ×)로 기록되었음을 주목하는 사람들이 있다. 그들은 이것이 계 7장의 인의 예표론적 예언일 수 있다고 추측한다. 이런 추론이 가능하기는 하지만, 개연성은 없다. 요한은 에스겔 당시에 타우가 어떻게 쓰였는지 인식하지 못했을 것이다. 하지만 요한이 겔 9장을 예표론적으로 이해한다고 해도 타우를 이렇게 생각할 필요는 없다.

Pss. Sol. 15:6, 9은 계 7:2-3과 놀라울 정도로 병행한다. "의인이 구원받기 위해 하나님의 표가 의인에게 있다.…파멸의 표는 그들(죄인들)의 이마에 있다." 이것 역시 겔 9장을 발전시킨 것이다. 의인의 표는 겔 14:12-23의 4중 재앙으로 해를 받지 않도록 그들을 보호하기 때문이다(계 15:6-7과 15:8-13; 13:2-3을 비교하라). 두 본문 모두에서 인이나 표는 4중 재앙이 언급된 다음에 등장한다(참조. 계 6:1-8; 겔 9:4과 관련하여, *b. Shabbat* 55a은 타우를 "거룩하신 분의 인"으로 언급한다). 에스겔서와 *Pss. Sol.* 두 본문에서 충성된 이스라엘 백성은 일시적 재앙의 해로부터 보호를 받는다. 재앙의 파멸은 충성되지 않은 사람들에게만 영향을 끼치고 그들의 불신앙적 정체성을 공공연하게 드러낸다.

요한 역시 겔 9장과 14장을 발전시키기는 했지만, 그는 신자들과 불신자들 모두 일시적으로 4중 재앙의 영향을 받는다고 본다(참조. 6:1-11). 이런 재앙들은 그리스도인들에게 그들의 믿음을 정결하게 할 목적으로 영향을 준다. 인은 그들이 재앙에서 불신앙으로 반응하지 않고 그들의 믿음을 잃지 않게끔 보호한다. 표가 없는 사람들은 같은 재앙으로 마음이 강퍅하게 될 뿐이다. 이것은 실제로 그들의 최후 심판에 선행하는 것이다.

계 7:2-8에서 인이 구원과 불가분리의 관계로 연결되었다는 것은 겔 9장의 표를 하나님의 이름으로 이해한 당대의 유대교로부터 추론할 수 있다. 이 때문에 유대인 출신의 그리스도인들이 타우 표시(+ 또는 ×)를 십자가와 동일시하고 겔 9장의 "인"(σφραγίς)을 세례, 곧 개종자가 하나님의 이름에 공공연히 복종하고 그리스도가 자신의 삶의 주님이 되심을 인정하는 것과 동일시하기가 쉬웠을 것이다.[105]

---

105) 참조. Daniélou, *Theology of Jewish Christianity*, 329-31과 그곳에 있는 참고문헌. Sweet, *Revelation*, 148. Black, "Chi-Rho Sign," 324-26을 보라. Black은 겔 9장과 *Pss. Sol.* 15이 유대인 출신의 그리스도인이 타우(+ 또는 ×)를 십자가 및 "인"과 동일시하는 데 영향을 끼쳤다고 주장한다. "인"을 세례와 동일시하는 초기 기독교 본문에 대해서는 Charles, *Revelation*

구원의 은유로서 인 및 인을 하나님과 그리스도의 이름과 동일시하기

Σφραγίζειν("인을 치다")은 "인증하다"와 "누구의 소유로 지명하다"의 의미도 가질 수 있다. 이 의미는 "보호"의 사상과 함께 본문에 포함된다. 성도들이 환난을 겪는 동안 인내할 때, 그들의 고백이 참되다는 것이 밝혀지며 그들이 참으로 하나님께 속한 자들임이 드러난다. 인 맞은 사람들이 "하나님의 노예들/종들"이라고 불린다는 사실은 소유 사상을 강조한다. 고대에는 노예의 이마에 표시를 하여 그들의 주인이 누구이며 또 그들이 누구를 섬기는지를 분명히 하는 것이 관례였다.[106]

인이 인증과 소유 사상을 포함한다는 것은 요한이 인을 14:1과 22:4에서 "그들의 이마에"(ἐπὶ τῶν μετώπων αὐτῶν, 이 어구는 세 본문에 다 등장한다) 기록된 그리스도와 하나님의 이름과 동일시한 사실에서 분명해진다(딤후 2:19에서는 하나님의 "인"과 "이름"이 함께 하나님께 속한 사람들이 누구인지를 밝힌다). 인이 "이마"에 있다는 비유적 표현 이외에 요한이 인과 하나님의 이름을 동일시한다는 것을 14:1에서 볼 수 있다. 여기서는 7:4에서처럼 하나님의 이름을 가진 자들을 144,000이라고 언급한다. 반면에 22:3-4에서는 그들이 7:3에서처럼 "하나님의 종들"로 불린다(7:3의 δούλους τοῦ θεοῦ와 22:3의 δοῦλοι αὐτοῦ를 비교하라). 이와 비슷한 동일시는 계 7장을 암시하는 *Apoc. Elijah* 5:4-5에서도 감지된다. "그들의 이마에 그리스도의 이름이 기록되었으며, 그들의 손에는 인이 기록되었다." 이것은 사탄의 박해로부터의 보호를 의미한다(또한 *Apoc. Elijah* 1:9-10; 본서 7:9-17의 주석의 서론을 보라).

인을 하나님의 이름과 동일시하는 것은 13:17에서 불신자들의 이마에

I, 197-99을 보라. Charles는 신약성경에서 인침과 세례가 모두 신자를 하나님이나 그리스도의 소유로 명명하는 것을 가리킨다는 사실을 인정한다. 이와 비슷한 주장을 하는 G. Fitzer, *TDNT* VII, 951-53을 보라. 참조. Hermas, *Similitudes* 9.16-17. 이 문헌에서 "하나님의 아들의 이름"은 "인"과 동일시되며, 인은 세례의 "물"과 동일시되었다(이런 식으로 동일시하는 다른 문헌에 대해서는 Brütsch, *Offenbarung* I, 322를 보라). Prigent, *L'Apocalypse*, 120은 계 7:3ff.의 인이 세례를 암시한다고 이해하며, 이것이 요한이 왜 에스겔의 "표"(sign)를 "인"(seal)으로 표기했으며, 나중에 짐승의 표가 "인"이 아니라 "표"(mark)로 언급되었는지를 가장 잘 설명한다고 주장한다.

106) C. Schneider, *TDNT* IV, 636-37에 있는 참고문헌을 보라.

있는 짐승의 "표"가 "짐승의 이름"으로 밝혀지고, 14:9-11에서 "그의[짐승을 경배하는 자의] 이마에 있는 표"가 "그의[짐승의] 이름의 표"라고도 불린다는 사실에 의해 확증된다. 그리고 우리가 2:17에서 보았듯이, 그리스도의 이름과 동일시하는 일은 실제로 그리스도가 자신을 사람들에게 계시하고 그들이 그의 이름을 시인할 때 시작된다. 이런 일이 발생할 때, 그것은 사람들이 새로운 영적 지위를 얻고 "그의 이름을 부인하지 않는 능력"을 받고 최후의 환난을 잘 견딘다는 것을 의미한다(참조. 2:13a; 3:8-10; 또한 요 17:6-26을 보라. 이곳에서 그리스도가 하나님의 이름을 신자들에게 계시한다는 것은 그들이 지금 하나님의 보호의 임재 안에 있음을 의미한다. 눅 10:17-22).

그러므로 인은 참 이스라엘이 감당해야 하는 증인의 역할을 수행할 힘을 144,000에게 준다(예. 사 42:6-7; 49:6; 51:4-8).[107] 이런 의미에서 "새 이름"과 "인"은 구속함을 받은 공동체 안에 있는 참된 회원이라는 표다. 이것이 없이는 "하나님의 영원한 성"에 들어갈 수 없다(참조. Hermas, *Similitudes* 9.16-17. 이 본문에서는 "하나님의 아들의 이름"이 "하나님의 아들의 인"과 동일시된다).

"이름"과 "인"이 하나님의 언약 공동체에 속한 사람임을 지칭한다고 보는 것은 이 용어들이 출애굽기에서도 이와 비슷하게 사용된다는 사실에 의해 확증된다. 출 28:11-21(=LXX의 28:11-21과 36:13-21)에서는 계 21:19-20의 보석들 대부분이 언급되고, 이스라엘의 언약 공동체의 회원들을 명명하기 위해 열두 지파의 이름이 보석들 위에 기록되었다. 이 열두 보석은 대제사장의 어깨 위에 입는 "인"(σφραγίς)이라고 불린다. 출 28:11의 구약 그리스어 사본 전통에는 계 7:4ff.와 같은 다양한 분사 형태가 있다.[108] 이 인들은 아론의 **이마**에 있는 "인"(σφραγίς)과 관련이 있다. 이 인은 이스라엘을 대표한다(출 28:36-38[32-34]; 36:37-38[38-40]을 참조. 28:38[34] [ἐπὶ τῶν μετώπων Ἀαρών, "아론의 이마에 있는"]을 계 7:3 [ἐπὶ τῶν μετώπων αὐτῶν, "그들의 이마에"]과 비교). 출 28:36[32]의 인은 이스라엘의 이름들이 있는 곳에

---

107) Sweet, *Revelation*, 147.
108) 사본 552의 σφραγισμενων이 대표적이다. *VTG*의 비평 각주에 있는 이문들을 참조하라.

"여호와의 성결"(ἁγίασμα κυρίου)이라는 문구로 기록되었다. 이것은 이스라
엘이 야웨의 거룩한 소유라는 사상을 전달한다(출 19:6처럼). 출 28장에 있
는 두 인의 기능은 각각 이스라엘과 그들이 하나님께 드리는 제사를 계속
해서 거룩한 상태로 유지하는 것과, 그들이 죄로 말미암아 더럽혀져 진노
를 받지 않게 그들을 구별하는 것이다. 이런 거룩함은 대제사장이 야웨 앞
에서 속죄의 제사를 드림으로써 이루어진다. 인에 기록된 이름들은 대제사
장이 야웨 앞에 들어가 섬기기 위해 필요한 준비물에 속한다.[109]

마찬가지로, 계 7:2-3에서는 하나님의 인이 그의 백성이 누구인지를 밝
히고, 어린 양의 피를 그들에게 부여함으로써 그들이 세상과 타협하는 죄
를 범하지 않도록 구별한다(7:14의 주석 참조). 그래서 믿지 않는 세상은 하
나님의 진노를 반드시 겪을 것이지만, 하나님의 백성은 그 진노를 경험하
지 않을 것이다. 이어지는 절에서는 신자들이 하늘에 있는 장막에 들어가
하나님 앞에서 제사장으로 섬기기 위해서도 인을 받아야 한다는 것이 분명
해진다(7:13-15의 주석 참조). 출애굽기 배경은 계 21:12-20과 7:3-8의 사이
의 연결점을 제공한다(자세한 내용은 7:4-8의 주석 참조).

5장과 14장에 관련된 인: 구속함을 받은 성도 전체인 144,000

계 7:3-8의 "구속함을 받은 사람들" 공동체는, 앞에서 관찰했듯이 단어와
사상이 병행하는 것을 볼 때, 14:1-4의 공동체와 동일하다. 14:1-4에서 구
속함을 받은 사람들에 대한 묘사는 7장에서 인 맞은 무리들이 누구인지
를 충분히 밝혀준다. 14:3-4에서 144,000은 "땅에서 속량함을 받은 사람들"
이며 "하나님을 위해…사람 가운데에서 속량함을 받은 사람들"이다(οὗτοι
ἠγοράσθησαν ἀπὸ τῶν ἀνθρώπων…τῷ θεῷ). 14:4과 5:9b(어린 양이 "각 족속과
방언과 백성과 나라 가운데에서 사람들을 피로 사서 하나님께 드리시고"[ἠγόρασας
τῷ θεῷ…ἐκ πάσης φυλῆς καὶ γλώσσης καὶ λαοῦ καὶ ἔθνους]) 등 두 본문 사이
의 병행이 매우 밀접하여 두 본문에 "사서", "속량함을 받아"로 언급된 무리

---

109) Kraft(*Offenbarung*, 125)는 이런 출애굽기 배경을 관찰한 유일한 주석가다.

들은 아마도 같은 무리일 것이다. 이것은 14:1-3의 144,000이 이스라엘 민족 가운데 남은 적은 수가 아니라, 교회 시대 동안 살며 그리스도가 온 세상에서 구속하신 대규모의 남은 사람들에 대해 말하는 또 다른 방식임을 의미한다.

144,000을 이렇게 이해하는 것이 옳다면, 7:3-8의 144,000은 온 땅에서 구속함을 받은 동일한 남은 자들을 대표하는 것이 분명하다. 이런 의미에서 7:9이 7:3-8에 언급된 사람들을 "각 나라와 족속과 백성과 방언에서" 온 사람들로 해석한다고 볼 수 있다. 이것은 5:9b에 있는 것과 거의 같은 어구다. 두 본문 모두 단 3-7장의 문구에 근거한다(자세한 내용은 5:9b과 7:9의 주석 참조). 숫자 144,000은, 7:9-17에 있는 무리들에 대한 환상이 증명하듯, 이것이 구속함을 받은 교회 전체를 묘사하는 장면을 비유적으로 강조하는 것이지 일부분만을 가리키는 것은 아니다.[110]

7:3-8의 인 맞은 사람들을 구속함을 받은 공동체 전체와 동일시하는 또 다른 이유는 다음과 같다. (1) 요한계시록 여러 곳에서 δοῦλοι ("종들")가 사용될 때에는 구원받은 신자들이 다 포함된다(2:20; 19:5; 22:3).[111] (2) 본문의 상당한 부분에 배경이 되는 겔 9장의 문맥은 충성된 사람들의 주요 집단들을 구별하지 않는다. 그 대신 불신자들에게서 참 신자만을 구별한다.[112] (3) 만일 사탄이 그를 따르는 **모든** 사람에게 인을 친다면(13:16-17; 14:9-11), 마찬가지로 하나님도 그를 따르는 **모든** 사람에게 동일하게 하시며 단지 일부에게만 그렇게 하지는 않으신다.[113]

모든 그리스도인의 인침

그렇다면 인침을 받은 사람들은 그들이 증언할 기회를 가질 때까지 물리적

---

110) 또한 Sweet, *Revelation*, 147 참조.

111) Prigent, *L'Apocalypse*, 119; Rissi, *Time and History*, 89. 이 단어가 1:1; 10:7; 11:18; 22:6
    에서 교회 안에 있는 예언자들 계급에 제한된다는 것은 개연성이 없다.

112) Prigent, *L'Apocalypse*, 119.

113) Hailey, *Revelation*, 205.

인 해를 받지 않도록 보호받는 특별한 순교자 집단일 수는 없다.[114] 또한 그들은 땅에 임하는 혹독한 멸망에서 보호받는, 시대의 끝에 사는 신자들의 마지막 세대도 아니다.[115] 그리고 그들이 환난을 받는 동안 물리적으로 보호받는 유대인 남은 자들, 즉 아직 회개하지 않았지만 환난이 지난 후 그리스도가 재림하여 내려오시는 것을 볼 때 회개할 자들이라는 추측도 개연성이 없다.[116] 이렇게 생각하는 이유 중 하나는 7:9-17에 묘사된 이방인 출신의 신자들이 보호받지 못하는 반면에 유대인들은 환난에서 물리적으로 보호받는 이유를 이해하기 어렵다는 데 있다.[117] 요한계시록이나 신약성경 그 어디에도 그리스도의 초림과 재림 사이의 시대 **동안** 유대인들이 이방인들보다 더 은총을 받거나 이익을 누린다는 사상은 없다.[118] 이것은 δοῦλος("종")가 요한계시록 어디에서도 유대인 출신의 그리스도인들만을 가리키는 말로 사용되지 않았다는 관찰과 일맥상통한다. δοῦλος("종")는 늘 신자들 전체, 또는 이제는 예언자로 여김을 받는 모든 성도를 가리킨다. 앞에서 보았듯이, "종들"을 그리스도인들 가운데 특별한 부류로서 예언자 역할을 하는 사람들로 이해하는 사람들도 있지만, 그 단어는 지금 모든 그리스도인이 가지는 역할을 가리킬 가능성이 매우 높다(1:1-2; 2:20의 주석 참조).[119]

3절은 천사들이 "하나님의 종들"에게 인을 친다고 구체적으로 설명한다. 이것은 인을 받은 사람들이 이미 하나님의 종이며, 따라서 신자임을 암시할 수 있다. 이런 까닭에 이 종들을 역사의 끝에 사는 신자들의 마지막 세대와 동일시하는 것이 더 적합할 수 있다. 하지만 3절을 교회 시대 동안 믿게 될 모든 사람에게 인을 치라는 하나님의 명령을 가리키는 것으로 이

---

114) Kiddle, *Revelation*, 133-36; Caird, *Revelation*, 96-99에 반대함. 요한이 그리스도인들 전반에 대해 순교라는 용어를 사용한 것을 논의한 6:4, 8, 9-10의 주석 참조.

115) Mounce, *Revelation*, 164에 반대함.

116) Gundry, *Church and the Tribulation*, 82-83에 반대함. 이 견해는 종종 롬 11:25-29을 이와 비슷하게 해석함으로써 야기되곤 한다.

117) 참조. Ladd, *Revelation*, 114.

118) 참조. I. T. Beckwith, *Apocalypse*, 536.

119) Satake, *Gemeindeordnung*, 88.

해하는 것도 가능하다. 그럴 경우 하나님의 명령은 각 사람이 그리스도를
믿을 때 성취될 것이다. 이 견해가 더 낫다. 어린 양의 죽음과 사람들 가운
데 택함을 받은 사람들을 여러 나라에서 사셨다는 표현이 직설법으로 제시
되고, 단지 가능성으로 언급되지 않기 때문이다. 이것은 어린 양이 이미 십
자가에서 완수하신 사실이다(5:9; 참조. 14:3-4). 더욱이 택함을 받은 사람들
은 그리스도의 죽음의 보호하는 위력으로부터 유익을 얻도록 "세상이 창조
될 때부터" 결정된 사람들이다. 반면에 다른 사람들은 그런 혜택을 받지 못
하도록 결정되었다(13:8; 17:8). *Odes Sol.* 8:13-19(또한 4:7-8을 보라)은 같은
사상을 발전시키며 그리스도가 하신 말씀을 이렇게 기록한다.

> 그들이 존재하기 전에 나는 그들을 알았고 그들의 얼굴에 인을 쳤다. 나는
> 그들의 팔다리를 만들었으며, 내 가슴은 그들이 내 거룩한 젖을 마시고 그
> 로 말미암아 살도록 하려고 그들을 위해 준비했다. 나는 그들로 인해 기쁘
> 며, 그들을 부끄러워하지 않는다. 그들은 내가 지은 피조물이며 내 생각의
> 힘이기 때문이다. 그러므로 내가 지은 것을 누가 대적할 수 있는가? 그들에
> 게 복종하지 않을 사람이 누구인가? 내가 원하였고 마음과 정신을 형성하
> 였다. 그들은 내 것이다. 나는 오른손에 내가 택한 사람들을 두었다. 내 의
> 가 그들 앞에 있으니 아무도 그들을 내 이름에서 빼앗지 못할 것이다. 나의
> 이름이 그들과 함께 있기 때문이다.

신자들의 이름과 표는 하나님이 그들을 주관하신다는 그의 주권적 권
세의 표지다. 이것은 그들이 하나님의 보호의 임재로부터 은혜를 입는다
는 의미다(마찬가지로 *Targ. Pal.* 창 4:15: "야웨께서 가인의 얼굴에 위대하고 존귀
한 이름의 표를 새기셨다. 그래서 그를 발견하는 사람이 그의 얼굴에 있는 표를 볼 때
에 그를 죽이지 못하게 하셨다" 참조). 그리스도인들에게 주신 이 두 표지는 불
신자들이 받는 사탄의 "이름"과 "표"와 대조된다(*b. Shabbat* 55a은 겔 9:4의 충
성된 사람들을 보호하는 표가 충성되지 않은 사람들 위에 멸망의 표가 있음을 암시한
다고 이해한다. 이것은 불신자들이 "파괴하는 천사들"의 진노를 겪을 것을 의미한다).

짐승의 이름 및 짐승의 표는 짐승을 따르는 사람들을 그에게 속한 마귀적 특성을 지닌 자로 묘사하며, 불경건한 "인간 도시"와 동일시한다. 2:17의 ὄνομα καινὸν γεγραμμένον...ὁ λαμβάνων("새 이름을 기록한 것이 있나니 받는 자")과 14:11의 τις λαμβάνει τὸ χάραγμα τοῦ ὀνόματος αὐτοῦ("그의 이름의 표를 받는 자")를 참조하라(참조. 13:16-18; 14:9; "이름"을 자세히 논의한 2:17의 주석 참조).

하나님의 인과 이름은 그리스도께 충성하고 또한 우상을 숭배하는 세상 제도와 동일시함으로써 세상과 타협하라는 압박을 받는 중에서도 타협하지 않을 힘을 성도들에게 준다. 이와 비슷하게 겔 9:4에서 표는 대다수 사람들의 죄와 타협 그리고 우상숭배에 "저항"함으로써 충성됨을 유지한 남은 사람들이 받는다(참조. 마찬가지로 *b. Shabbat* 55a; *b. Abodah Zarah* 4a; 겔 9-14장). 하나님의 인과 이름의 능력으로 말미암아 계 7:3에서 인침을 받은 사람들은 불경건한 자들의 지워지지 않는 표인 "'큰 바벨론'이라는 이름"을 이마에 가진 음녀와 동일시되기를 거절한다(17:5). 같은 이유로 그들은 "그들의 이마에 [짐승의] 표를 받기를" 거절한다(20:4). 하나님의 인침을 받은 사람들은 불경건한 세상이 기대하는 것에 동화되지 않고 그들의 증언을 지켰기 때문에 목이 베이고 피를 흘렸다(20:4). 이로 인해 그들은 "그들의 증언으로 인해 죽임을 당한" 사람들임이 밝혀졌다(6:9). 그들이 고난을 받고 심지어 육체적 생명을 잃게 될지도 모르지만, 인은 하나님과의 영적 생명을 잃지 않도록 그들을 보호한다. 2절에서 인을 **"살아 계신 하나님의 인"**이라고 표현한 까닭이 여기에 있다(여기서 소유격은 기원을 의미하는 소유격이다). 하나님은 그분만이 홀로 가지고 계신 영생을 그들에게 주신다(성도들이 이런 종류의 "영생"을 미래에 유업으로 받는 것에 대해서도 2:7, 10-11; 3:5; 11:11; 20:4, 6; 21:6, 27; 22:12, 14, 17을 참조하라. 하나님 또는 그리스도가 주시는 영생의 특성에 대해서는 1:18; 4:9-10; 10:6; 15:7을 보라).

인침을 받지 못한 사람들은 이런 방법으로 보호를 받지 못한다. 그러므로 그들은 속임을 받아 악한 세력을 예배한다(13:8; 19:20). 그들은 어린 양과 더불어 영생을 받지 못하는 사람들로 정해졌기 때문이다(13:8; 17:8;

20:15). 이 사실은 하나님의 인을 받은 모든 사람이 믿음을 안전히 지킬 것
이라고 예정되었음을 넌지시 내비친다(신자들의 믿음을 보호하기 위해 세상이
창조되기 전에 신자들을 "인친다"는 동일한 사상은 4 Ezra 2:38-41; 6:4-6; Odes Sol.
4:7-8; 8:13-19에서도 발견된다).

그러므로 인에는 6:17에 언급된 최후의 심판 날에서 보호받는 것도 포함
된다. (하나님의) 인침을 받지 못하고 "짐승의 표"를 가진 사람은 안전하게 보
호를 받지 못하고 하나님의 영원한 진노를 받을 것이다(14:9-11). 그 최후의
날에 구속함을 받은 사람들은 "능히 설 수 있으며" 하나님과 함께 영생의 유
업을 충분히 받을 것이다. 그 인이 그들을 마지막까지 지켜줄 것이기 때문이
다. 어린 양은 십자가에서 그의 백성을 위해 시작된 종말 때의 진노를 받으
셨다. 그 결과로 백성은 마지막 날에 그 진노를 받지 않을 것이다. 인은 어린
양이 자기들을 위해 치명타를 받으셨다는 사실을 믿는 사람들을 위해 이 진
노로부터의 보호를 보증한다(1:5; 5:6-9, 12). 그렇다면 인이 마귀의 권세로부
터만 보호한다고 이해하는 것은 인의 효과를 너무 제한하는 것이다.[120]

신약성경의 전반적인 신학에 비춰볼 때, "인"은 성령과 동일시할 수 있
다. 인이 우선적으로 영적 보호의 보증을 암시하기 때문이다(참조. 이와 유사
하게 고후 1:22; 엡 1:13; 4:30에서 "인"이 성령으로 기능한다). 하지만 요한이 이런
식으로 분명하게 서술한 적은 한 번도 없다.

4-8절   이제 인침을 받은 사람들이 누구인지가 좀 더 자세하게 설명된
다. 인침을 받은 자의 수는 "144,000"이다. 이 사람들은 구체적으로 모든 나
라 가운데서 구원을 받은 이스라엘 백성의 남은 자들로 밝혀진다. 4절에 언
급된 인침을 받은 사람들의 자세한 수는 5-8절에서 서술된다. 열두 지파에
서 12,000명씩 인침을 받는다.

---

120) Charles, *Revelation* I, 194-99, 205-6에 반대함.

144,000

144,000이 누구인지에 대해서는 논쟁이 있다.[121] 일반적으로 5가지 견해가 제안되었다.

(1) 주석가들 중에는 144,000을 문자적으로 이해하여 인침을 받은 사람들이 이스라엘 민족의 남은 자라고 결론을 내리는 사람들이 있다.[122] 이것은 요한이 따로 언급하지 않는 한 그의 언어를 문자적으로 이해해야 한다는 전제에 근거한다. 또한 이 견해는 통상적으로 4:1-22:5이 그리스도의 재림 직전에 있을 미래의 환난만을 가리키는 것으로 보는, 요한계시록의 구조에 대한 미래주의적 이해에 근거한다. 이에 따르면, 7:4-8은 이 환난 기간에 그리스도를 믿게 되고 또 그 기간에 순교로부터 보호받을 일단의 이스라엘 민족을 암시한다.

(2) 7:3-8을 롬 11:24-26의 예언과 연결시켜 모든 이스라엘 민족이 그리스도의 재림 때 구원받을 것이라고 생각하는 주석가들도 있다.[123] 이 견해를 주장하는 사람들 대부분은 숫자 144,000에 비유적 의미를 부여한다. 하지만 롬 11장을 미래적으로 이해하기를 고집하는 많은 사람에게, 롬 11:26의 "온 이스라엘"은 계 7:3-8에서 남은 자를 가리키는 것이 아니라, 종말의 때를 사는 이스라엘 나라 전체 또는 대다수를 분명히 가리킨다.

(3) 이와 비슷하게, 푀이예는 이 집단을 1세기에 살고 있는 불신자인 유대인들과 대조되는 당대 유대인 출신의 그리스도인 남은 자들로 이해한다. 이런 남은 자들은 기원후 70년에 예루살렘 멸망의 결과로 등장했다.[124]

(4) 많은 주석가는 요한계시록의 거의 모든 숫자가 비유적 의미를 지니

---

121) 다양한 입장을 견지하는 주석가들에 대해서는 Brütsch, *Offenbarung* I, 326-28을 보라.

122) 예. Seiss, *Apocalypse*, 160-69; Walvoord, *Revelation*, 140-41; Thomas, *Revelation 1-7*, 473-82; 참조. Kraft, *Offenbarung*, 126-28. Kraft는 마지막 견해만을 주장한다.

123) 이것이 롬 11장에 대한 유일한 해석은 아닐지라도 말이다. 예를 들어 Robertson, "Is There a Distinctive Future for Ethnic Israel in Romans 11?"을 보라.

124) Feuillet, "Les 144,000 Israelites."

는 까닭에, 144,000 역시 비유적인 수라고 바르게 이해한다.[125] 여기서 인 침을 받은 집단은 하나님의 완전한 수를 대표한다.

144,000은 12제곱에 1,000을 곱하거나 10을 제곱한 수에 12를 제곱한 수를 곱하고 거기에 다시 10을 곱한 수다. 12(와 아마도 10)의 사용은 완전 에 대한 비유적인 사상을 강조한다. 12의 제곱은 이스라엘의 열두 지파의 수에 열두 지파의 수를 곱한 수 또는 (좀 더 개연성 있는 것은) 열두 지파의 수 에 열두 사도의 수를 곱한 수일 것이다. 계 21장이 이런 주장을 확증한다. 21장에서는 열두 지파의 이름과 열두 사도의 이름이 하나님의 천상 도시인 "새 예루살렘"의 비유적인 구조를 이룬다. 이 도시는 하나님과 어린 양이 그 안에 거하시는(21:12-22:5) 하나님의 백성 전체를 대표한다(21:9-10). 새 예루 살렘에는 12개의 문이 있는데, 그 문은 열두 진주로 이루어졌으며, 문 위에 열두 지파의 이름이 기록되었다. 그 도시에는 높이가 144규빗이나 되는 성 벽이 있고, 성벽에는 열두 기초석이 있는데, 그 기초석 위에 열두 사도의 이 름이 기록되었다(또한 22:2에 "열둘"이라는 비슷한 비유가 2번 더 사용된 것 참조).

만일 이방인 신자들이 새 예루살렘을 구성하는 사람들로서 "이스라엘 자손의 열두 지파"와 동일시되는 것이 분명하다면(21:12, 14, 24; 22:2-5), 요 한이 7:4에서 이방인 출신의 그리스도인들을 유대인 출신의 그리스도인들 과 함께 "이스라엘 자손의 열두 지파"로 언급한 것은 전혀 이상하지 않다. 이것은 7:2-3의 "인침"이 "이름"을 받은 신자들과 동일하다는, 앞서 관찰한 내용으로 확증된다. 그리고 하나님과 그리스도의 이름 이외에 이방인 출 신의 그리스도인들에게 기록된 이름 중 하나가 대체적으로 "새" 이스라엘 로서 모든 그리스도인을 가리키는 "새 예루살렘의 이름"인 것이 분명하다 (3:12). 하지만 "스스로는 유대인이라고 말하지만 참 유대인이 아닌" 사람들 에게는 이름이 기록되지 않는다(참조. 3:9, 12).

인침을 받은 무리들은 "이스라엘 자손의 각 지파에서" 구속함을 받은

---

125) 본 주석 여러 곳을 보라. 이러한 비유적인 견해를 반대하는 Thomas, *Revelation 1-7*, 473-82의 주장은 설득력이 없다.

사람들이다. 그러므로 이 집단의 정체는 그들이 이스라엘 백성이라는 사실로 특징지어진다. 그렇지만 그 나라 전체가 구원받은 것으로 묘사되지는 않는다. 인침을 받은 사람들은 남은 자로서, 열두 지파 **중에서** 구속함을 받은 이스라엘의 충만한 수다. 이것은 4-8절에서 ἐκ("중에서")이 13번 사용된 것으로써 강조된다(이런 지적은 구약성경에서 군대에 갈 만한 사람들을 파악하는 인구 조사를 배경으로 했을 가능성은 있어도 반드시 그래야만 할 필요는 없다[아래 7:4-8에 대한 논의의 결론을 보라]).

유다가 목록에서 가장 먼저 등장한 것은 놀랍다. 구약성경에서 열두 지파의 목록을 제시한 예에서 유다가 먼저 언급된 경우는 극히 드물다(민 2:3ff.; 34:19; 수 21:4; 대상 12:23-37. 이 구절들에서 유다가 먼저 등장하는 것은 창 49:10의 예언의 영향 때문일 것이다. 이와 마찬가지로 pseudo-Philo 25:4; 참조. 삿 1:2ff.). 본문에서 유다가 먼저 등장한 것은 유다 지파에서 나신 메시아 왕의 우선권을 강조하며(참조. 창 49:10; 대상 5:1-2), 다른 열한 지파가 유다에게 "엎드려 경배할 것"이라는 창 49:8의 예언의 성취를 가리킨다. 겔 37:15-19은 창 49:8을 발전시키는데, 회복의 때에 "이스라엘의 모든 지파"가 "유다 지파"에 들어갈 것이며 유다로 하여금 그들을 대표하는 우두머리로 삼을 것이라고 주장한다. 그래서 겔 37:24-25은 후일에 유다 출신의 다윗이 모든 지파의 왕으로 통치할 것이라고 주장한다(또한 겔 34:23-25).

이 초기의 전통을 좀 더 발전시키면서 *Midr. Rab.* 창 98:2은 창 49:2("모여")을 열 지파의 종말론적 회복을 가리키는 것으로 해석하고, 창 49:1("너희는 모이라")을 유다와 베냐민의 회복에 적용한다. 그래서 야곱은 후일에 "그들(열 지파)이 유다와 베냐민 지파를 공경하라고 명령하였다." 이것은 유다가 왜 가장 먼저 언급되었는지에 대한 중요한 이유를 제공할뿐더러, 베냐민을 제일 나중에 언급한 이유를 알 수 있는 단서일 수도 있다(사실 베냐민은 통상적으로 맨 나중에 언급되기는 하지만 말이다). 베냐민은 유다와 더불어 수미상관을 이룬다. 이 두 지파에만 "인치다"라는 단어가 덧붙여졌고 지파들 목록의 문학적 경계를 이룬다. 따라서 베냐민이 나중에 온 것은 그가 중요한 위치에 있음을 암시한다.

그러므로 이것은 예수가 유다 지파 출신 지도자에 대한 약속의 성취라고 밝힌 5:5의 연속이다. 더욱이 유다의 우선성이 적절한 것은 창 49:10이 유다 출신의 오실 지도자가 "백성의 순종"을 가져오실 것을 예언하기 때문이다. 창 49:10의 LXX은 "그는 이방인의 대망이시다"로 표현한다. 바울은 롬 1:5에서 창 49:10을 암시하면서, "이방인 중에서 믿어 순종케 하려고"라고 말한다. 이 예언은 "육신으로는 다윗의 씨(후손)이신" 그리스도로 말미암아 성취되었다(롬 1:3; 참조. 롬 16:26). 그러므로 유다 지파에서 나시는 새 왕으로 말미암아 유다 지파가 이방인에게 이르는 복의 문이 된 까닭에 유다 지파가 먼저 언급된다(롬 5:5, 9). 이방인들이 이스라엘의 복 안으로 들어오게 하려고 다윗에게서 나신 왕족의 후손이 선택된 것은 지극히 자연스럽다. 다윗은 순수한 이스라엘 혈통이 아니라 이스라엘의 신앙으로 개종한 이방인의 후손이다(참조. 룻 4:13-22).

요한이 독자들로 하여금 인침을 받은 사람들이 이스라엘 민족뿐이라고 이해하도록 의도하면서 본문을 기록했을 수는 있지만 그 가능성은 적다. 오히려 이것은 (많은 주석가가 동의하듯이) 요한계시록에서 그리스도인들이 참 이스라엘인 하나님의 참 백성이라는 구약적 표현으로 묘사되는 또 다른 예다. 지파들의 수가 비유적이라면, 지파 자체를 언급한 것 역시 비유적 표현일 가능성이 많다.[126] 이미 그리스도인들은 참 이스라엘로 묘사되었다(계 1:6과 5:5에 출 19:6이, 계 5:9에 단 7:18, 22이, 계 2:17과 3:12에 사 62:2과 65:15이, 계 3:9에 사 43:4; 45:19; 49:23; 60:14이 적용된 것을 보라. 본서 2:9의 주석 참조). 본문의 언급은 이런 묘사를 더욱 발전시킨 것이다.

새 예루살렘에서 열두 사도가 수행하는 역할 역시 같은 결론을 지향한다. 21:14ff.에서 이런 역할과 7:4-8의 구원받은 이스라엘 백성의 수 사이에는 서로 연결점이 있는 것 같다(앞에서 논의한 내용을 보라). 새 예루살렘을 구성하면서 사도들이 열두 지파와 함께 필수적인 부분을 이룬다는 것은 사도들이 참 이스라엘의 일부분으로 간주되었음을 의미하는 것이 틀림없

126) 참조. Hailey, *Revelation*, 204.

다. 이것은 21:10-22:5의 성 묘사가 겔 40-48장에 있는 이스라엘의 마지막 때의 성전과 성 예언에 근거한다는 사실로써 강조된다(자세한 내용은 21:9-22:5의 주석 참조). 이것은 신약성경 여러 곳에서 새 언약 공동체를 이스라엘로 지칭하는 것과 맥을 같이한다(예. 롬 2:29; 9:6; 고후 1:20-21; 갈 3:29; 6:16; 엡 1:11, 14; 빌 3:3-8; 딛 2:14; 벧전 2:9).

이뿐만 아니라 계 21장에서 사도들이 기초석과 연관된 것은 이스라엘의 열두 지파를 상징하던 열두 돌이 이스라엘 역사의 다양한 상황에서 하나님이 그들을 창조하고 구원하신 초석이 되는 사건들을 기념하기로 되어 있다는 구약의 본문을 암시한다(참조. 출 28:4-9의 LXX; 28:11-21 = 36:13-21; 참조. 수 4:3-24; 왕상 18:31 LXX). 앞에서(2-3절 주석 참조) 이미 "인침"의 부분적 배경으로 고찰했던 출 28:11-21은 관련 본문들 중에서도 이 문제를 설명하기에 가장 적절한 본문이다. 출 28:11-21은 계 21:19-20에 언급된 보석 대부분을 동일하게 언급하기 때문이며, 각 보석에는 각 지파의 이름들이 실제로 기록되었기 때문이다. 계 21:12-20과 7:3-8이 연결되는 부분적인 이유는 출 28:21에서 지파의 이름이 기록된 열두 보석이 "인"(σφραγεῖς)이라고 언급되며, 이것은 아론의 이마에 있고 이스라엘을 대표하기도 하는 "인"(σφραγίς)과 관련이 있다(출 28:36-38[32-34]; 36:37-38[38-40]; 아래에 Hermas, *Similitudes* 9.16-17에 대해 설명한 것을 보라).

지파들을 문자적으로 해석하는 것에 반대하는 또 다른 이유는 열 지파가 앗수르에 포로로 잡혀갈 때 그들의 국가적 정체성을 잃었고, 같은 운명이 예루살렘 성전이 파괴되던 기원후 70년에 베냐민 지파와 유다 지파에게도 닥쳤기 때문이다(잃어버린 열 지파 중에서 남은 유대인들이 1세기에 그들의 원래 지파의 뿌리를 의식했을 가능성은 있다. 예. 행 26:7). 유대교 전통의 한 흐름에 따르면 열 지파는 절대로 회복되지 못한다고 믿었다(*b. Sanhedrin* 110b; *ARN* 31b). 그러므로 요한이 이스라엘의 각 지파에서 나온 남은 자들의 문자적인 회복이나 구원을 기대했을 개연성은 전혀 없다. 열두 지파는 더 이상 존재하지 않았기 때문이다. 문자주의자들은 비록 유대인들이 자신들의 지파적 정체성을 알지 못했을지라도 하나님은 아신다고 주장함으로써 이에 대답한다.[127] 그렇지만 수세기 동안 이루어진 혼합 결혼으로 말미암아 이런 대답은 흐려졌다. 설령 그것이 가능할 수 있다고 해도, 계 7장이나 요한계시록의 다른 곳에서 이것을 지지할 수 있는 증거를 제시할 때까지 이 대답은 사색으로만 남을 것이다. 그 대신 본문의 근접 문맥과 넓은 문맥 모두 지파의 이름을 교회에 적용하는 것의 정당성을 입증한다.

하지만 요한은 잃어버린 지파들이 흩어져 있는 미지의 장소에 보존되었고 역사의 끝에 그들의 땅으로 다시 돌아올 것임을 주장하는 유대 묵시 전통을 따랐을 수도 있다(예. *Pss. Sol.* 17:23-51; *Test. Mos.* 4:6-9; *Sib. Or.* 2,165-73; 4 Ezra 13:40-48; *2 Bar.* 78; 84:3-10; 85:4).[128] 랍비 유대교는 다양한 형태로 이 소망을 계속 발전시켰다(예. *Pesikta Rabbati* 31과 더 자세한 *b. Sanhedrin* 110b; *ARN* 31b).[129] 이 전통은 이스라엘의 모든 지파가 훗날에 회복되는 일이 있을 것이라고 믿은 구약과 유대교 전통의 일부분이었다(사 11:10-13; 27:12-13; 렘 31:7-9; 겔 37:15-23; Tob. 13:13-18; *Test. Jos.* 19:1-7[A]; 마 19:28). 하지만 만일 요한이 이러한 전통을 인식했다면, 그는 그것을 교회에 적용하려고 그 전통을 더욱 채용했을 것이다.[130]

그리고 심지어 그런 경우라고 해도, 요한이 이런 전통을 반영했는지는 분명하지 않다. 앞에서 살펴보았듯이, 요한은 이미 이스라엘이라는 칭호를 교회에 적용했기 때문이다. 계 7:3-8이 그렇게 적용한 또 다른 예일 수 있다는 것은, 구약성경의 회복 예언들이 교회의 구원을 통해 성취되기 시작했다고 해석한 요한계시록과 신약성경의 여러 곳에서 구약이 사용된 방식과 일관성이 있다(예. 계 2:17; 3:9, 12; 롬 9:24-26; 10:12-13; 고후 5:17; 6:2, 16-18).[131] 사실 일련의 회복 예언들은 계 7:9, 15-17에서 "각 나라와 모든 족속

---

127) Walvoord, *Revelation*, 142-43.

128) 예. Glasson, *Revelation*, 52.

129) Ginsberg, *Legends* VI, 408-9. 앞에서 언급한 유대 묵시문학 본문과 행 26:7에 근거하여, A. F. Johnson, "Revelation," 479은 "1세기에 열두 지파를 잃어버렸다는 이 견해는…거의 논박할 필요가 없다"며 수수께끼 같은 말을 했다.

130) 예. Beasley-Murray, *Revelation*, 141.

131) Beale, "Old Testament Background of Reconciliation"; 같은 저자, "Did Jesus and His

과 백성과 방언에서 나온" 믿는 자들에게서 성취되는 것으로 인용된다. 이 것은 신약의 여러 곳에서 유대인과 이방인으로 구성된 교회를 참 "유대인"(롬 2:28-29), "이스라엘"(롬 9:6; 갈 6:15-16), 참 "할례"(빌 2:3), "열두 지파"(참 조. 약 1:1; 5:14) 또는 흩어진 이스라엘(벧전 1:1; 2:9)과 동일시한 것과 맥을 같이한다.

그러므로 요한은 믿지 않는 이스라엘 민족에 대해 "자칭 유대인이라 하 는 자들의 비방도 알거니와 실상은 유대인이 아니요 사탄의 회당이라"고 말할 수 있었다(2:9; 3:9). 이런 신약의 발전은 이스라엘의 종교로 개종한 이 방인들이 참 이스라엘이 된다는 구약성경 개념에서 유래한다(출 12:37-38; 룻 1:16ff.; 삼하 11장). 그리고 이런 개종은 이스라엘 회복 예언의 일부분을 형성했다(예. 시 47:9; 87; 사 66:19-21; 슥 2:11; 8:23; 9:7; 14:16-19).

계 7:3-8을 문자적으로 이해할 수 없다는 것은 다음 사실만 보아도 그 가능성이 커진다. 즉 본문을 문자적으로 이해하는 것은 요한계시록에서 하 나님의 백성의 원수들을 가리키는 구약의 암시들이 이 모든 원수가 문자적 으로 환생할 것이라고 믿는 요한의 이상한 신념을 수반할 수밖에 없다는 것을 의미한다는 사실이다(예. 11:18의 소돔과 애굽; 14-18장의 바벨론; 20:8의 곡과 마곡 등).

> Hermas, *Similitudes* 9.16에 의하면 신자들은 "하나님의 아들의 이 름"을 가지고 있으며, 이것은 "하나님의 아들의 표를 받는 것"과 동일시 된다. 9:17에는 이 신자들 중에 몇몇이 "열두 돌", "열두 산", "온 세상에 거하는 열두 지파" 그리고 세상에 사는 "열두 나라"로 언급된다. 이 나라 들은 "…인을 가지고 있는 하나님의 아들의 한 이름으로 불렸다." 이것은 계 7:2-8과 21:12-20에 대한 초기의 해석을 반영하며, 열두 지파를 참 이스라엘인 교회로 이해한 것이다.

개중에는 단과 에브라임 지파가 생략되었다는 것을 근거로 열두 지 파를 문자적으로 이해해서는 안 된다고 주장하는 사람들이 있다. 두 지

Followers Preach the Right doctrine from the Wrong Texts?"

144,000 **699**

파가 빠졌고, 유일하게 모든 지파를 열거하는 구약의 회복 예언에 단과
에브라임도 포함되었기에, 이것은 요한이 이스라엘의 문자적 회복을 상
상하지 않았음을 암시할 수 있다(겔 48장).¹³²⁾ 하지만 다른 사람들은 단
이 빠진 이유가 유대교 전통에서 적그리스도가 단 지파에서 나온다고
기대했다는 데 그 까닭이 있다고 주장한다.¹³³⁾

단이 생략된 것은 그가 우상숭배와 밀접히 연관되었기 때문일 가
능성이 많다(삿 18:16-19; 왕상 12:28-30; *Targ. Pal.* 출 17:8; *Targ. Pal.* 민
11:1; *Targ.* 아 2:15; *Targ.* 렘 8:16; *Midr. Rab.* 창 43:2; *Midr. Rab.* 민 2:10; *b.
Sanhedrin* 96a; *Pesikta Rabbati* 11.13; 12.13; 46.3; 신 34:1에 대한 *Sifre* 신
357). *Targ. Pal.* 민 22:41-23:1은 단이 "이상한[즉 우상] 예배"에 빠졌다
고 언급하며, 23장 뒷부분에서는 "거짓 우상들을 섬기는 사람들은 이스
라엘 자손의 지파 가운데 세움을 받지 못한다"라고 말한다. 계 7:6에서
MAN(=므낫세)에 해당하는 약어를 ΔAN(단)으로 잘못 생각했다고 추정
하는 것은 개연성이 없다. 이런 약어의 사용을 지지하는 사본상의 증거
는 존재하지 않는다.

에브라임도 우상숭배에 연관되었다는 이유로 계 7장의 목록에서 제
외된다. 에브라임은 우상숭배를 너무도 좋아하는 바람에 다른 지파들과
구별되었었다. 바로 이런 이유로 에브라임은 하나님의 심판을 받아 몰살
당했다(호 4:17-14:8; 참조. 호 5:9). 이 두 지파가 생략된 것은 신앙을 고백
하면서도 우상숭배에 타협하는 교회의 회원들을 비판하기 위한 요한의
방편이라고 주장하는 사람들이 있다. 하지만 두 지파를 생략했다는 사실
은 오히려 정반대의 해석을 요구하는 것 같다. 신앙을 고백하는 교회를

---

132) 예. Ladd, *Revelation*, 114-16.
133) 참조. *Test. Dan.* 5:6-7; Irenaeus, *Adversus Haereses* 5.30.2; Hippolytus, *De Antichristo*,
14-15은 렘 8:16-17을 단 지파에서 나올 적그리스도에 대한 예언으로 해석한다. Kraft,
Offenbarung, 127은 창 19:17이 이러한 전통이 나오게 된 빌미를 준 본문이라고 주장한다.
특히 창 19:17은 창 3:15과 병행이며 창 49:9-11의 유다와 관련한 예언에 가깝기 때문이라고
한다. *Midr. Rab.* 민 2.7은 단 지파가 소지한 깃발의 표징이 뱀이었다고 진술하며, 이것을 지
지하려고 창 49:17을 인용한다. 또한 *Midr. Rab.* 민 13.8을 참조하라.

겉보기엔 순결한 교회로 묘사하려 했을 가능성이 더 많다. 비록 교회 전체가 신앙을 고백했어도, 교회는 옛 이스라엘처럼 부정하게 되었다. 이스라엘에서 그러했듯이, 신앙을 고백하는 교회 중에서도 남은 자만 구원을 받을 것이다. 이것은 교회에 대한 동일한 초상이 발견되는 2-3장과, 표를 받은 사람들이 예루살렘의 주민들 대다수에게 임할 진노로부터 구원받을 남은 자들이라는 겔 9장과 맥을 같이한다.

그러므로 계 7:3-8은 겔 48장의 예언과 이와 관련한 여타의 회복 예언이 정확히 문자적으로 성취된다고 묘사하지 않는다. 단과 에브라임이 제외되었기 때문이다(겔 48장에는 단이 먼저 등장하고 에브라임이 여섯 번째로 등장한다. 또한 Test. Dan 5:9-13은 단의 마지막 때의 회복을 언급한다. 성전 두루마리[11QT 39.11-13; 40.14-41.10] 역시 단을 마지막 때의 지파 목록에 포함시킨다. 적어도 요한이 회복된 종말론적 이스라엘에 관한 겔 48장의 예언의 지파들 목록을 염두에 두었다는 증거에 대해서는 7:3의 주석과 21:9-22:5의 주석 참조). 이런 사실을 고려한다면, 계 7장에 열거된 지파 목록을 비유적으로 이해해야 할 가능성이 더 많아진다. 요셉은 구약성경의 지파 목록에 종종 포함되는 경우(예. 창세기)가 있으며, 때로는 에브라임과 므낫세로 대표되기도 한다(겔 48장). 계 7장에서 열두 지파 목록을 채우고 이 목록이 하나님의 온전한 백성을 나타냄을 강조하려고 요셉과 므낫세가 단과 에브라임 대신 열거된 것으로 보인다.[134]

코르시니는 계 7:4-8의 인침을 받은 자들이 이스라엘 국가가 존재했던 구약 시대의 남은 자로서 구속함을 받는 이스라엘 민족 출신의 성도

---

134) 계 7장에서 지파의 이름과 그 순서 목록은 성경과 유대교 문헌 전체에서 매우 독특하다. 구약성경에는 열에서 열세 지파로 구성된 목록을 비롯하여 대략 20개 정도의 이문이 있다(G. B. Gray, EB IV, col. 5209). 그렇지만 숫자 12가 가장 많다. 계 7장과 비교하며 초기 유대교에서 다룬 지파들의 목록을 개괄한 Bauckham, "List of Tribes"를 보라. Bauckham은 요한의 목록을 설명하는 최근의 여러 시도들을 요약하고 평가한다. Bauckham은 주로 C. R. Smith, "Portrayal of the Church as the New Israel"의 시도를 집중적으로 다룬다. 간략하게 분석한 Winkle, "Another Look at the List of Tribes in Revelation"을 참조하라. Winkle은 단 지파가 빠진 이유가 사도직을 잃은 가룟 유다와 연관된 데 있다고 주장한다. 후기 기독교 전통만이 단 지파와 가룟 유다의 연관성을 지지하지만 말이다.

라는 기상천외한 견해를 제시한다. 코르시니는 144,000을 그 기간 이래로 구속함을 받은 자 전체를 강조하는 상징적인 수로 이해한다.[135]

분사 ἐσφραγισμένοι("인침을 받은")는 주격이다. 하지만 바로 앞에 있는 선행사 τῶν ἐσφραγισμένων("인침을 받은 사람들의")을 수식하므로 소유격이어야 한다. 몇몇 사람은 분사가 정동사로 사용되는 아람어의 영향 아래에서 주격 분사가 정동사의 수동태로 기능한다고 말함으로써 이 문제를 해결한다.[136] 문법적인 어색함이 발생한 것에 대한 더 개연성이 있는 이유는 그 단어가 5a절과 8c절의 δώδεκα χιλιάδες ἐσφραγισμένοι("인침을 받은 자가 일만 이천")로 구성된 수미상관을 소개하며 이것에 주의를 집중시키려고 의도적으로 사용됐다는 것이다. 이것은 민 1:19("[모세가] 그들을 계수하였더라")과 1:44("모세와 아론…이 [그들을] 계수하였더라")에서 이스라엘 지파들의 수를 계수하는 것과 비슷한 수미상관을 반영했을 가능성이 있다. 계 7:4과 7:8에서 주격 분사로 바뀐 것은 민 1:19의 수동태 동사(LXX "계수되었더라")와 1:44의 수동태 분사(MT "계수되었더라")를 반영했을 수도 있다.[137]

(5) 144,000에 대한 또 다른 견해는 그것이 역설적인 거룩한 전쟁을 수행하는 군인으로 이루어진 구원받은 자 전체를 가리키는 비유적 수라는 이해다. 보컴은 계 7:4-8의 수 구성이 계수된 사람들이 군인임을 암시한다고 설득력 있게 주장한다.[138] 이 견해를 입증하는 중요한 증거 4가지가 있다.

(ㄱ) 구약성경에서 인구조사를 하는 이유는 늘 국가의 군사력을 결정하는 데 있었다(예. 민 1:3, 18, 20, 등등; 26:2, 4; 대상 27:23; 삼하 24:1-9).[139] 계

---

135) Corsini, *Apocalypse*, 158-59.
136) S. Thompson, *Semitic Syntax*, 66-69.
137) 문법상의 불규칙이 사용된 목적을 이런 식으로 분석할 수 있는 가능성은 Bauckham, *Climax of Prophecy*, 217-29에서 다뤄졌다. Bauckham은 계 7:4-7에 묘사된 수 표기가 계수된 사람들이 영적 성전(聖戰)에 나가는 군인들임을 암시한다고 설득력 있게 주장한다(이 문제와 관련해서는 바로 아래에서 설명할 것이다).
138) Bauckham, *Climax of Prophecy*, 217-29. 이보다는 덜 발전시킨 형태이지만 Valentine, "Theological Aspect of the Temple Motif," 219-23도 참조하라.
139) 계 7장의 "천(1,000)" 사용 역시 민 1장과 31:14, 48에서처럼 군사적 함의를 지녔을 것이다.

7:4-8에서 반복해서 사용되는 ἐκ φυλῆς("지파에서")는 민 1:21, 23 등에서 사용된 거의 같은 어구인 ἐκ τῆς φυλῆς("그 지파에서")를 반영한 것 같다(또한 민 2:32의 "이스라엘의 자손 중에서"와 계 7:24의 같은 어구를 주목하라).

(ㄴ) 구약성경에서 계수된 사람들은 군사적 활동을 할 수 있는 연령의 남자들이었으며, 계 14:1-4의 144,000은 "순결한 남자들"이다.

(ㄷ) 민 1장에서 군사적 활동을 할 만한 사람들을 조사하는 것은 쿰란 공동체의 임박한 메시아적 전쟁 이해를 설명한 1QM에 영향을 주었다. 쿰란 공동체는 메시아 전쟁을 통해 약속의 땅을 다시 정복하게 될 것을 소망했다. 예를 들어, 1QM은 쿰란 종파의 군대를 전통적인 열두 지파로 구성했다(2.2-3, 7; 3.13-14; 5.1-2; 6.10; 14.16).

(ㄹ) 열 지파의 귀환을 바라는 종말론적 기대에는 그들이 하나님의 원수들을 결정적으로 패배시키는 최후의 전쟁에 참여한다는 소망이 포함된다는 증거가 있다(이 점은, 사 11:14를 제외하면, 설득력이 부족하다. 사 11:14은 "이새의 줄기"에 대한 언급에 뒤따라오며 계 5:5에 암시되었을 것이다). 사 11:14과 함께 보컴이 주장한 이 마지막 요소는 사 14:2과 미 5:6-9에서 더 지지를 받는다. LXX에서 미 5:6-9은 "유다"에서 나온 "이스라엘의 다스릴 자"를 언급한다. 그는 "**처음부터** 출애굽할 것이며"(5:1[2]), "그의 양떼를 칠 것이며"(5:3[4]), "이스라엘의 지파들"(4:14[5:1])과 "이스라엘 자손"(5:3), "**어린 양 같은 남은 자**" 및 "**사자 같은 남은 자**"(5:7-8[B])로 불릴 것이다. 계 7:3-8의 배후에 있는 구약의 이런 예언적 묘사들은 유다가 지파 목록 중에서 첫 번째에 위치한 이유를 제공하고, 7:3-8의 "이스라엘 자손의 각 지파"에서 나온 남은 자가 5:5과 7:9ff.의 무리들과 동일시됨을 밝히는 단서를 제공해준다. 이들은 어린 양이 목양할 양으로 암시되기도 한다(7:17).

요한계시록의 문맥에서 7:4-8의 이 군대는 어린 양이 십자가에서 역설적으로 승리하신 것과 같이 역설적으로 원수를 이긴다. 즉 군인들은 고난을 겪는 동안 그들의 믿음을 잘 유지함으로써 마귀를 이긴다(2:26-28에 대한

Boring, *Revelation*, 131.

주석의 결론을 보라. 또한 5:5-6; 7:14; 10:5-7; 12:11의 주석 참조). 그러므로 그들은 "어린 양이 어디로 인도하든지 따라가는" 사람들이다(14:4). 특히 7:4-8은 싸울 준비를 갖춘 군대를 묘사하며, 7:14은 그들의 전쟁 방법을 해석한다. 그들은 어린 양이 승리하신 방법대로 승리한다. 고난을 겪는 동안 인내하는 것으로써 말이다(7:14의 주석 참조. 7:9-17의 무리를 7:4-8의 무리와 동일시하는 것에 대해서는 7:9 주석의 서론을 보라).

구약의 인구조사 목록의 원래 의미에 비춰볼 때(민 1장ff.), 계 7:4-9의 "지파에서"라는 어구는 더 큰 불신자 공동체에서 나온 남은 자를 암시하지 않고 구약성경에서 나온 인구조사 용어의 한 부분에 불과하다. 하지만 "지파에서"라는 어구는 사실 남은 자를 의미할 수도 있다. 다음 몇 가지 이유에서다. (1) 요한계시록 문맥에서 "인을 치다"라는 또 다른 사상과 그것의 구속적 의미, (2) 쿰란 공동체의 전쟁 두루마리에서 거룩한 "남은 자"는 이스라엘 백성 중에서 남은 자이고, 민수기의 인구조사에서 가져온 언어로 표현됨(1QM 13:8; 14:9을 보라),[140] (3) 7:4-8의 ἐκ φυλῆς("지파 중에")가 5:9의 ἐκ πάσης φυλῆς("각 족속 가운데서") 및 7:9의 ἐκ παντὸς ἔθνους καὶ φυλῶν("각 나라와 족속에서")과 유사하다는 것으로 미루어볼 때, 두 어구는 땅에 거하는 대다수 사람들 중에서 구원받은 사람들을 가리킴, (4) 14:1-4의 병행 어구는 144,000을 "땅에서 속량함을 받"고 "사람 가운데서 속량함을 받"은 거룩한 용사로 언급하며, 그런 후 14:6에서는 "땅"과 "백성"을 "각 나라와 족속과 방언과 백성"(πᾶν ἔθνος καὶ φυλὴν καὶ γλῶσσαν καὶ λαόν)으로 정의한다. 그러므로 구약의 인구조사 목록에 있는 징병 언어는 요한계시록 전체에서 발견되는 남은 자 신학에 맞추려는 이차적인 목적에 힘을 보태며, 이런 사상을 더욱 풍성히 한다. 이 점은 우리가 앞에서 7:4-8에 속한 사람들이, 참된 이스라엘이라고 고백하며 가시적인 교회에서 나온 남은 자들을 대표한다고

---

140) 25세부터 60세에 이르는 모든 남자는 어떤 형태로든 쿰란 군대에서 복역해야 했다(Vermes, *Dead Sea Scrolls*, 52-53을 보라). 이 전투력은 쿰란 공동체에 속한 여성과 노인, 젊은이들(아이들)을 대표했다. 대표성을 지니는 측면이 구약의 인구조사 목록에도 있다.

결론지은 것을 더욱 강조한다.

> 보컴은 성도들이 그들의 옷을 빼는 것이 "성전에서의 승리"를 묘사하기에 적합하다는 점에 주목한다. "옷을 빤다는 것은 피 흘린 후 정결을 위해 요구되는 의식이었기 때문이다"(민 31:19-20, 24; 참조. 19:19). 보컴은 1QM 14.2-3이 쿰란 종파에 속한 용사들에게 거룩한 전쟁을 치른 후에 같은 행위를 요구했다는 사실을 관찰한다. 그들은 "죄인의 시체에서 묻은 피를 씻어야 했다." 이 전통은 역설적이게도 계 7:14에 의해 재해석되었다. "어린 양의 피에 그 옷을 씻어 희게 하였느니라."[141] 이 견해에 따르면 "어린 양의 피"는 성도들을 위해 죽으신 그리스도의 속죄의 죽음이 아니라, 그리스도의 고난과 같은 성도들의 고난을 가리킨다. 그러나 아래에서 설명하겠지만(7:14의 주석 참조), 두 가지 모두를 염두에 두었을 것이다.

하나님과 어린 양은 허다한 무리를 정결케 하는 환난 가운데서 보호하심으로 그들에게 구원을 베푸신 것으로 인해 찬양을 받으신다 (7:9-17)

144,000을 문자적으로 이해하는 사람들을 비롯하여 몇몇 주석가는 이 단락이 7:3-8의 무리들과는 다른 새로운 무리를 소개한다고 주장한다. 7:3-8의 무리들은 정확한 수가 밝혀진 반면에, 7:9ff.의 허다한 무리는 수가 밝혀지지 않았다는 것이 그 이유다. 더욱이 첫 번째 무리는 이스라엘의 남은 자들로, 두 번째 무리는 온 땅에서 나온 사람들로 밝혀진다. 다른 사람들은 다른 방식으로 이 둘을 구별한다. 144,000은 순교자로, 두 번째 무리는 순교자를 비롯

---

141) Bauckham, *Climax of Prophecy*, 226-27.

한 모든 신자로 말이다.[142] 두 무리를 순교자로만 이해하는 사람도 있다.[143]

그러나 여러 사람들이 관찰했듯이, 가장 개연성이 높은 것은 다른 관점에서 묘사한 한 무리만 있을 뿐이라는 견해다.[144] 첫 번째 무리는 참 이스라엘의 회복된 남은 자로서 구원이 보장된 교회를 묘사한다. 그들의 수가 정확하게 묘사된 것은 하나님이 누가 그의 구원의 인을 받는지 정확히 결정하셨고, 하나님만이 그의 참 "종들"의 수를 정확히 아시기 때문이다(계 7:3; 딤후 2:19). 이런 까닭에 지금까지 고난을 받았던 영화롭게 된 성도들은 6:11에서 "그들의 동무 종들과 형제들도 자기처럼 죽임을 당하여 그 수가 차기까지" 원수 갚는 것을 잠깐 기다리라는 말을 듣는다. 7:9-17에 묘사된 두 번째 장면은 실제로 허다한 수라는 관점으로 동일한 무리를 이해한다. 그들은 구원받은 남은 자들이다. 하지만 그들은 온 땅에서 모이고 교회 시대 전 기간 동안 살았던 사람들이기도 하다. 그래서 그들은 허다한 무리다.

7:9-17은 인침을 받고, 네 말 탄 자들이 땅에 최종적으로 일으킬 환난을 견딜 수 있는 사람들에게 주는 하늘의 상을 묘사한다. 7:3-8과 7:9-17에 언급된 사람들은 9-17절에 묘사된 무리가 **이스라엘**에 관한 이사야와 에스겔의 회복 예언을 성취한 것으로 언급되고(15-17절 주석 참조), 다니엘서에 예언된, 충성된 **이스라엘 백성**에게 닥칠 "큰 환난"을 인내한 것으로(14절 주석 참조) 묘사되었다는 사실로 그 정체를 밝힐 수 있다. 4 Ezra 2:33-48에 계 7:1-17이 해석된 것에 비춰볼 때, 7:3-8의 인침을 받은 사람들은 시온의 이방인 시민들로 이해되며, 7:9ff.의 무리들도 같은 집단으로 이해된다(계 6:11의 성도들과도 동일시된다). 마찬가지로 *Apoc. Elijah* 5:4-6은 7:3-8의 무리들에 대한 묘사와 7:9-17의 무리들에 대한 묘사를 합친다. 이를테면, 성도들은 "이마에 그리스도의 이름"이 있고 환난에서 나와 하늘의 "거룩한 땅"에 들어갔다는 "표"를 그들의 손에 가진 사람들이기 때문에 "불법의 아들이

---

142) 예. A. Y. Collins, *Apocalypse*, 52-53, 99.

143) 예. Caird, *Revelation*, 93-103.

144) 예. Ulfgard의 분석을 보라. Ulfgard, *Feast and Future*, 70ff.

그들을 이길 수 없을 것"이라고 묘사된다. 또한 성도들은 "흰옷"을 입고, "목
마르지 않을 것"이라는 약속을 받았다고 묘사된다(Apoc. Elijah 1:9-10도 비
슷하다). 7장의 두 단락 간의 관계를 이런 식으로 이해하는 것은 다른 곳에
나타난 패턴으로 지지받는다. 예컨대, 요한이 본 것에 대한 해석은 시각적
환상 직후 들은 음성으로 주어진다(5:6과 5:7-14; 14:1과 14:2-5; 15:2과 15:3-4;
17:1-6과 17:7-18을 비교하라). 또는 역으로 그가 들은 음성은 이어지는 시각
적 환상으로써 해석된다(5:5과 5:6; 9:13-16과 9:17-21을 비교하라).

　보컴은 두 단락의 관계가 5:5-6의 사자와 어린 양의 관계와 정확히 병
행을 이룬다는 것을 관찰했는데 이는 백번 옳다. 요한이 사자에 관해 듣고
어린 양 상징을 통해 그 의미를 본 것처럼, 그는 144,000에 관한 내용을 듣
고 허다한 무리에 대한 환상을 봄으로써 그 수가 의미하는 것을 이해한다.
"**유다 지파의** 사자[5:5]는…이스라엘 지파에서 인침을 받은 사람들의 목록
에 상응하는데[7:5], **유다 지파**가 서두에 온다.…각 족속과 방언과 백성과
나라에서 온 사람들을 구속하신[5:9] 서 있는 어린 양[5:6]은 어린 양 앞에
서 있는 모든 나라와 족속과 백성과 방언에서 나온 허다한 무리에 상응한
다[7:9]."[145] 5장과 7장 간에 병행이 존재한다는 사실은 앞에서 7:4-8이 유
다를 필두로 거룩한 전쟁에 나가기 위한 군대의 수를 묘사한다고 이해한
보컴의 주장에 의해 더욱 확증된다. 7:9-14은 이 전쟁을 고난당하는 중에
세상적인 관점에서는 패배하더라도 인내하는 믿음으로 역설적으로 싸우는
것으로 묘사한다[146](특히 사 11장과 미 5장 배경의 중요성에 대해 설명한 7:4-8의
주석의 결론을 보라. 미 5장은 훗날의 이스라엘을 "**어린 양** 같은 남은 자"와 "**사자** 같
은 남은 자"로 묘사한다[5:7-8 LXX[B]]. 이런 분석은 Test. Jos. 19:1-8에 기술된
열두 지파가 다시 모일 것이라는 종말론적 기대와 맥을 같이한다. 이 본문
에 따르면, 열두 지파는 "어린 양과 사자"로 묘사된 지도자들에 의해 마지
막 전투에서 보호를 받는다(비록 중간에 기독교적인 삽입구가 등장하기는 하지

---

145) Bauckham, *Climax of Prophecy*, 215-16.
146) Valentine, "Theological Aspect of the Temple Motif," 219-23도 비슷하게 설명한다.

만, 이 비유는 원래부터 있던 것으로 생각된다).

7:9ff.의 집단이 7:4-8에 있는 용사들과 동일한 집단이라는 것은 7:9의 "무리"(ὄχλος)가 "군대"로 번역될 수 있다는 점과, "흰옷"(7:9)과 종려나무 가지(7:9)가 다른 곳에서 군대의 승리와 연결된다는 것을 관찰함으로써 한층 더 강조된다(각각 2 Macc. 11:8과 1 Macc. 13:51을 보라; 참조. *Test. Naph.* 5:4; 또한 본서 7:9의 주석 참조). 7:10의 σωτηρία를 "구원, 승리"로 번역할 수 있다는 것도 이런 결론이 정당하다는 것을 확증한다.[147]

개중에는 만일 7:1-17의 두 집단이 동일하지 않다면, 그것은 유대 민족만 인침을 받고 이방인들은 그 혜택을 받지 못함을 암시한다고 주장하는 사람들이 있다.[148] 이렇게 결론을 내릴 만한 논리적 근거는 없다. 요한이나 그밖에 신약의 어느 기자라도 이방인들이 가까이 하지 못하는 특별한 복을 유대인들이 받을 것이라고 말할 사람은 없을 것 같다. 이것은 특히 여기에서도 해당된다. 요한은 이미 이방인들을 이스라엘과 관련한 이름으로 언급했으며 그들에게 이스라엘의 종말론적 구원에 관한 구약의 예언들을 적용했고(7:4-8의 주석 참조), 7:9-17에서도 계속 그렇게 할 것이기 때문이다.

이스라엘의 지파들이 능히 셀 수 없는 무리와 동일시된 것은 **모든 불신자**가 그들의 이마에 사탄의 표를 받았음을 관찰함으로써도 알 수 있다(7:4-8의 주석 참조). 그 표를 받는 것은 그들이 그리스도를 믿지 않을 것이라는 확실한 증거다(13:16-17; 14:9-11). 이것은 다른 모든 사람, 즉 믿는 유대인과 이방인 모두 하나님의 인을 받게 될 것을 시사한다. 그러므로 요한이 유대인들만을 가리켜 7:3-8의 인침을 받은 사람들로 언급했다는 주장은 가능성이 거의 없다.

이런 사실에 비춰볼 때, 7장에서는 다음과 같은 사상의 흐름이 파악된다. 하나님과 어린 양은 영광을 받으신다(7:9-12). 하나님과 어린 양이 하나님의 모든 백성에게 하늘에 속한 상, 즉 구속의 쉼을 주셨기 때문이다(7:15-

---

147) Bauckham, *Climax of Prophecy*, 225-26.
148) 예. Beasley-Murray, *Revelation*, 140-41.

17). 이 상은 하나님의 백성이 "네 바람"(7:1-3; 6:1-8)이 일으키는 "큰 환난"을 겪는 동안 하나님이 주신 보호의 인으로써(7:3-8) 인내한 결과다.

구속함을 받은 인류와 하늘의 천군은 구원을 이루신 하나님과 어린 양을 찬양한다(7:9-12)

9절　　4:1a에서처럼 Μετὰ ταῦτα("이 일 후에")는 이 환상의 사건들이 역사 속에서 7:1-8의 사건들 이후에 발생한다는 의미가 아니라, 단지 이 환상 자체가 앞의 환상 이후에 임했다는 의미에 불과하다. 셀 수 없는 허다한 무리는 "각 나라와 족속과 백성과 방언에서" 구원을 받은 사람들이다. 이 어구는 단 3-7장에서 온 같은 어구로서, 어린 양에 의해 속량함을 받은 사람들을 묘사하는 계 5:9에서도 발견된다(다니엘서와의 연관성에 대해서는 5:9의 주석 참조).

이들이 5:9에서 묘사된 무리와 같은 무리라는 사실은 5장과 7장 두 군데에서 그들이 어린 양과 직접 연결되었다는 사실로도 더욱 확증된다("어린 양 앞에 서서"). 5:10에는 구속함을 받은 사람들이 이스라엘 성도들이 통치할 것이라는 단 7:22, 27의 예언을 성취한 것으로 묘사되고, 출 19:6의 이스라엘의 칭호를 받는다. 본문의 "무리"도 같은 방식으로 이해해야 한다. 특히 이어지는 내용에서 그들도 이스라엘과 관련한 구약의 예언을 성취한 것으로 묘사된다(7:14-17의 주석 참조).

ὄχλος πολύς, ὃν ἀριθμῆσαι αὐτὸν οὐδεὶς ἐδύνατο("아무도 능히 셀 수 없는 큰 무리")라는 어구에는 하나님이 아브라함과 야곱에게 후손이 많아질 것이라고 약속하신 내용이 반영된다. "셀 수…없이 많게 하리라"(ἣ οὐκ ἀριθμηθήσεται ἀπὸ τοῦ πλήθους; 무엇보다도 창 32:13[12]; 16:10 LXX 참조. 또한 LXX의 창 13:16; 15:5; 22:17; 26:4; 호 2:1[1:10]; *Jub.* 13:20; 14:4-5; 히 11:12도 보라).[149] **셀 수 없이 많게 될 후손 또는 "씨"는 열국이 아니라 이스라엘이다.**

---

149) D'Aragon, "Apocalypse," 478; Mounce, *Revelation*, 171; Sweet, *Revelation*, 150; Hughes, *Revelation*, 95; Bauckham, *Climax of Prophecy*, 223; Ulfgard, *Feast*

이스라엘은 애굽에서 번성하고 이후에는 약속의 땅에서 번성하게 될 것이다. 이 약속은 출애굽 때(출 1:7; 신 1:10; 10:22)와 그 후 솔로몬의 재위 기간 동안(왕상 3:8 LXX) 이스라엘의 후손 안에서 성취되기 시작했다.

그러므로 계 7:9의 무리는 아브라함에게 하신 약속의 성취의 절정이며, 요한이 그리스도인들을 이스라엘로 언급하는 다양한 방법 중 하나로 보인다. 이것은 5:9-10의 다니엘서의 4중 문구("각 나라와 족속과 백성과 방언")의 첫 번째 적용과 맥을 같이한다. 이 본문에서 모든 나라에서 나온 구속함을 받은 사람들은 출 19:6에 나타난 이스라엘의 제사장적 사명과 단 7장에 언급된 이스라엘이 통치할 것이라는 예언을 성취한다(5:9-10의 주석 참조). 아브라함의 약속은 *Targ. Jer.* 민 23에 의해 이스라엘 민족에 적용된다. "누가 야곱의 집에 속한 후손들의 수를 셀 수 있겠는가? 그들에 대해서는 이렇게 예언되었다. '그들은 하늘의 별과 같이 될 것이다'"(이와 동일한 적용은 1QH 4.27; 9.38; *Midr. Rab.* 민 2.11-18; 참조. *1 En.* 65:12; 아래 내용 참조). 7:9의 무리는 능히 셀 수 없는 아브라함의 참 이스라엘 후손이다(참조. 갈 3:7, 29).[150]

이 무리들이 7:4-8에서 이스라엘의 지파들과 동일시된다는 것은 유대교 전통에서 암시된다. 유대교 전통은 민수기의 인구조사나 이스라엘의 지파들을 후손이 번성할 것이라는 아브라함에게 주신 약속의 성취로서 이해했다. 이스라엘 지파들을 이런 식으로 이해하는 것에 대해서는 대상 27:23, Josephus, *Ant.* 11.133을 보라. 민수기의 인구조사를 아브라함 약속의 성취로 이해한 것에 대해서는 pseudo-Philo 14.2을 보라. pseudo-Philo는 창 22:17의 약속을 인용한 후 다음과 같이 기록한다. "그들이 가나안 땅에 들어갈 때에는 숫자를 셀 수 있었지만, 잠시 후 그들의 수는 셀 수 없게 될 것이다."[151] 이와 비슷하게 *Midr. Rab.* 민 2.12은 민 2:23("이상은 이

---

and Future, 94. Ulfgard는 본문과 창세기 본문의 연결점을 주목한다. 참조. Prigent, *L'Apocalypse*, 123.

150) Hailey, *Revelation*, 206.

151) 참조. Bauckham, *Climax of Prophecy*, 223-24. Bauckham은 앞에 인용한 본문과 아브라함 약속 사이에 어느 정도 연관이 있다고 본다.

스라엘 자손이 그들의 조상의 가문을 따라 계수된 자")을 약속의 성취로 이해한다. 하나님은 "아브라함에게 약속하셨다. 그 약속은 이스라엘 자손이 애굽에서 나왔을 때 성취되었다." 이 이외에도 Philo, *Conf.* 1.147은 출 12:37-38을 풀어쓴다. "징병 적령기의 60만 명이 넘는 사람들이" 애굽을 떠났다고 주장한 후에(참조. 출 12:37), 애굽 사람들의 "무리"(ὄχλος)와 함께 **"나머지 무리들의 수를 세는 것은 쉽지 않았다"**고 한다. LXX은 38절의 히브리어 본문의 "잡족"(혼합된 무리)을 "거대한 잡족"(a great mixed company, ἐπίμικτος πολύς)으로 언급한다. 우리의 주목을 끄는 것은 *Apoc. Abr.* 29:17에 마지막 때의 시련을 받는 동안 아브라함 약속이 족장 아브라함의 남은 이스라엘 "후손"에게서 성취되고 있다고 기록된 내용이다. 이스라엘의 남은 자들은 "보호를 받을 것이며, 그들 앞에 예비된 곳을 향해 나[하나님]의 이름의 영광을 추구할 것"이다. 이 남은 자들은 구원받은 이방인들의 "거대한 무리"와 함께 존재할 것이다(*Apoc. Abr.* 29:3-4. 이 내용은 그리스도인들이 삽입했을 가능성이 크다).

아브라함에게 하신 약속을 반추하면서, 후기 유대교 전통은 아브라함의 언약에서 이스라엘이 셀 수 없을 정도로 번성한다고 했는데, 구약의 몇몇 본문이 어떻게 이스라엘 백성을 셀 수 있을지에 대해 질문했다. 그 대답 중 하나는 이것이다. 오직 하나님만이 이스라엘의 참된 남은 자들의 정확한 수를 알 수 있지만, 사람들 중에서는 어느 누구도 영원한 관점이나 천상적 관점에서 고려한다면 전체의 수를 셀 수 없다(예. *Midr. Rab.* 민 2.14, 18-19; *Sifre* 신 47; *b. Yoma* 22b). 또 다른 대답은 이것이다. 이스라엘의 대다수가 불순종하는 어느 특정한 세대 동안에는 누구든지 충성된 남은 자를 셀 수 있지만, 이스라엘 나라가 충성할 때(*Midr. Rab.* 민 2.14에 따르면 순종하는 모든 사람이 모이게 되는 메시아 시대)에는 그 수가 너무 많아 아무도 셀 수 없다(*Midr. Rab.* 민 2.18; 20:25; *Sifre* 신 47; *b. Yoma* 22b). 일례로 *Midr. Rab.* 민 20.25은 이렇게 주장한다. "이 세상에서는…악행 때문에 [충성된] 이스라엘의 수는 셀 수 있다. 하지만 장차 올 시간에는 **이스라엘 자손의 수를 측정할 수도 셀 수도 없다.**" 이 전통이 부분적으로 민 2장에 근거한다는 점이 눈에 띈다. 앞에서 보았듯이 민 2장은 계 7:3-8의 숫자 배후에 있는 본문이고

7:3-8을 7:9-17과 연결한다.

확실한 동시에 불확실한 이스라엘의 수를 설명한 유대교적 해석이 존재한다는 사실을 고려한다면, 그것이 아무리 후대의 전승이라고 하더라도, 요한계시록에 있는 같은 유의 구별이 7:3-8의 계수된 지파들을 7:9-17의 이루 셀 수 없는 무리와 구별하는 데 근거가 되지 않음을 주의해야 한다.[152] 사실 이것은 저자가 교회를 참 이스라엘이라고 말하는 또 다른 방식 중 하나일 수 있다. 7:3-8은 신앙을 고백하는 교회 안에 있는 참된 남은 자들을 가리키고, 7:9-17은 하나님의 보좌 앞에 영원토록 있는 셀 수 없는 남은 자들을 다룬다.

이와 비슷한 병행 어구가 바울이 아브라함의 후손의 약속을 쉽게 셀 수 있는 남은 자들로 이해하면서도 동시에 많은 사람을 가리킨다고 분명하게 언급한 갈 3:16, 26, 29에 등장한다. "아브라함에게 하신 약속"은 "많은 사람을 가리켜 한 것이 아니라 한 사람, 곧 그리스도를 가리키는 것이라." 그렇지만 모든 그리스도인은 그리스도와 동일시됨으로써 "하나님의 자녀"가 되었다. 그러므로 그들은 "아브라함의 자손이요, 약속대로 유업을 이을 자"다.

성도들은 "흰옷"을 입고(3:4-5; 7:13-14의 주석 참조) "손에 종려나무 가지"를 들고 하나님의 보좌와 어린 양 앞에 서 있다. "종려나무 가지"는 초막절 축제를 암시한다(레 23:40, 43; 느 8:15; 2 Macc. 10:7).[153] 구약성경에서 초막절은 해마다 곡식 추수 때 드리는 국가적인 감사절기이며, 이스라엘이 애굽에서 나올 때 하나님의 보호아래 천막에서 거하던 것을 기념하던 절기였다(레 23:40, 43). 그래서 이 날은 이스라엘이 하나의 국가로서 지속적으로 존재한 것이 궁극적으로 하나님이 홍해에서 구원하신 일과 애굽 사람들을 이기고 승리하신 사건까지 거슬러 올라갈 수 있음을 상기시켜준다. 1 Macc. 13:51과 2 Macc. 10:7에서 종려나무 가지는 원수를 이긴 승리를 상징한다.

---

152) Düsterdieck, *Revelation*, 238-44을 보라. Düsterdieck은 7:4-8의 집단을 유대인 출신의 그리스도인들과 동일시하며, 7:9ff.의 집단을 유대인과 이방인 출신의 그리스도인들과 동일시한다.
153) 자세한 내용은 Ulfgard, *Feast and Future*, 89-92, 95를 보라.

이와 마찬가지로 Philo, *Leg. Alleg.* 3.74에도 "종려나무가 승리의 상징이라"고 언급된다(φοῖνιξ, σύμβολον νίκης 참조. Suetonius, *Gaius* 32). 요한은 지금 이 이미지를 모든 나라에서 온 사람들에게 적용한다. 그들은 그들의 마지막 날의 출애굽 구원과, 그들을 박해하던 자들을 이기고 승리한 것과, 광야 순례길을 가는 동안(계 12:6, 14) "큰 환난"에서 자신들을 지켜주신 하나님의 보호를 기뻐한다(7:13-14의 주석 참조).

아브라함에게 하신 약속

창세기의 약속과 그 약속에 대한 요한의 이해

보컴은 계 7:9이 창 17:4-6; 35:11; 48:19에 언급된 족장들의 약속의 형식을 암시한다고 주장한다. 이 본문들에서 족장들은 많은 "민족"의 아비로 언급된다. 보컴은 특히 창 17:4을 언급하면서 "여러 민족"(πλήθους ἐθνῶν)이 요한의 "각 나라…에서 아무도 능히 셀 수 없는 큰 무리"(ὄχλος πολύς…ἐκ παντὸς ἔθνους)에 반영되었음을 주시한다. 보컴은 이 암시가 "나라"(ἔθνους)가 제일 먼저 언급된다는 점(이것은 요한계시록 다른 곳[5:9의 주석 참조]의 4중 문구 중에서도 독특하다)과, "나라"가 그 문구의 다른 요소들과 동떨어져 문법적으로 어색하다는 점으로 표시된다고 주장한다. 보컴은 이것의 중요성이 "7:9이 7:4-8을 재해석하여 하나님의 국가적인 백성의 대체가 아니라, 그 국가적인 한계의 폐지를 암시한다"는 데 있다고 결론을 내린다. 이것은 새 예루살렘의 문에 "열두 지파의 이름"이 있고, 나머지 문들은 만국이 그 안으로 들어오도록 열려있다고 언급한 21:12, 24-26과 일맥상통한다.[154]

이 견해는 타당성이 있으며, 궁극적으로는 앞에서 내린 결론과 일관성이 있다. 하지만 7:9의 "아무도 능히 셀 수 없는"이라는 어구는 앞에서 분석했듯이 구체적으로 아브라함의 혈통적 후손에게 주신 족장들의 약속을 상

154) Bauckham, *Climax of Prophecy*, 224-25.

기시키며, 창 17장이나 35장 혹은 48장에서 온 것이 아니다. 결과적으로 이 암시는 같은 약속의 다른 표현들을 숙고하게 한다. 게다가 창 17:4-6에 아브라함이 "많은 열국의 아비"라고 반복해서 언급되었고 여기에 이방인들이 포함된 것이 확실하기는 하지만, 이 본문은 사라에게서만 출생할 민족적 후손의 증가를 가리킨다. 이것은 나중에 아브라함에게 약속된 언약적 혈통이라고 밝혀지고(17:8-19), 이스마엘에게서 출생한 언약에 속하지 않은 "나라들의" 증가와 대조된다(17:18-21; 참조. LXX). 그러므로 17:7에서 하나님이 아브라함의 "후손"에게 자신이 "너와 네 후손에게 하나님이 되리라"고 하신 **언약과 관련한** 약속은 사라와 족장들의 몸에서 태어날 혈통적 후손에게 하신 약속이지, 17:4-6에 언급된 민족들에게 하신 약속이 아니다. 창 35:11의 "한 나라의 총회(무리)"가 이스라엘(=야곱)에게서 나온다는 언급은 35:12에서 하나님이 땅을 주실 야곱의 민족적 "후손"으로 더욱 자세히 정의되며, 창 48:19에서 에브라임의 후손이 "여러 민족이 된다"는 것은 앞의 경우와 마찬가지로 에브라임 지파의 후손의 증가를 언급하는 것으로, 특히 일찍이 야곱에게 하신 약속(창 48:3-4)에 비추어 이해해야 한다. 그러므로 창 35장과 48장에서 "민족들"은 이스라엘 민족의 후손의 증가를 비유적으로 표현한 것이지, 이방 민족을 가리키는 것이 아니다. 이에 대한 부분적인 선례는 17:20에 있다. 여기서 이스마엘의 민족적 후손은 "큰 나라"와 "열두 두령"으로 언급되었다. "열두 두령"은 LXX에서 이스라엘의 "열두 **나라**"로 번역된다. 이와 마찬가지로, 이스마엘의 나라들과 대조적으로 창 17:16은 사라의 민족적 후손을 "민족(나라)"으로 언급하는 것 같다. 여기서 "민족"은 이스라엘의 열두 지파를 가리키는 한 방법일 수 있다.

이 견해의 취약점은 구약성경에서 일반적으로나 구체적으로 창 17:16, 35:11, 48:19 이외에 족장들에게 하신 약속에서 *göy*의 복수형("고임", "민족들")이 이스라엘 이외의 민족들을 가리킨다는 데 있다. 이것은 창 17, 35, 48장의 문제의 본문들에도 동일하게 해당됨을 시사한다. 반면에, 단수형 *göy*("민족")는 12:2, 18:18, 35:11, 46:3에서 족장들의 민족적 후손만을 언급한다.

이런 논의에 타당성이 있다면, 창 17:4-6은 창세기에서 족장들의 후손이 "나라들"로 분명하게 언급된 유일한 본문이며, 여기에는 **이방인들도 포함**된다. 다른 모든 약속은, 심지어 창 35, 48장까지도, 이스라엘 국가를 염두에 두고 민족적인 후손을 언급한다. 더욱이 "후손"이 많아질 것이라는 약속은 다양한 형식으로 주어지는 상황에서 한 번도 이방인을 언급한 적이 없고, 오직 족장들의 민족적 혈통만을 언급했다(하지만 창 21:13과 48:19을 비교하라). 이런 관찰과 더불어 창 17:4-6에 이방인들이 언급된 것이 구원과 관련한 언약적 약속이 아니라는 사실을 고려하면, 창 17:4-6은 계 7:9에 대한 암시로 지목되지 않는다.

반면에 좀 더 개연성이 있는 분석은 창 17:2ff.와 특히 창 35:11과 48:3-4, 19이 이스라엘 후손의 증가를 언급한다는 것이다. 이스라엘 자손들은 온 땅에 가득 차서 다른 "나라들"이 이스라엘과 동일시되고, 따라서 그들이 참 이스라엘인 하나님의 백성에 포함된다. 이것은 앞에서 언급한 족장들에게 하신 3가지 약속이 다 어우러져 있는 창 1:26-28의 명령과 잘 어울린다. 이 분석은 창 22:17-18과 26:4에서도 확증된다. 두 본문에 의하면, 족장들의 "후손"이 많아진다는 것은 이스라엘에게만 해당하고, "나라들(민족들)"의 "복"은 이스라엘의 후손이 여러 나라를 지배한 결과로 나타난다는 것이 분명하다(참조. 창 24:60). 구약성경과 후기 유대교가 그 약속을 이스라엘의 후손(출 1:7; 신 1:10; 20:22; 왕상 3:8 LXX; 4 Ezra 3:15-17; pseudo-Philo 23)과 이방인(사 11:14; 14:2; 19:24-25; 미 5:6-9; *Jub.* 22:11; 24:10-11; 26:23; Sir. 44:21; *Apoc. Abr.* 20:5; 하지만 *Jub.* 20:10은 예외적으로 후손과 관련한 약속에 아브라함의 자손들을 다 포함시키는 것 같다)과 관련하여 이해하는 방식이 이것과 동일하다. 이러한 개념은 계 7:9과 보컴의 본문 이해와 정확히 일치한다.

요한은 후손과 관련한 창 12장의 아브라함의 언약들이 다음의 3가지 선택 중 하나를 언급하는 것으로 이해한 것 같다. (1) 이스라엘 자손들만 번성하고, 이방인들은 그렇게 번창한 것에 따른 복을 받을 것이다. 또는 (2) 이스라엘 자손들의 번성과 이방인들의 후손 증가의 복은 함께 간다. 또는 (3) 이방인들이 믿음으로 이스라엘 백성과 하나가 될 경우 이방인들은 궁극적으로 이스라엘 자손의 번성에 포함될 것이다. 이 중에서 어느 것이든 간에 요한은 계 7:9이 유대인 출신으로 이루어진 기독교회가 아브라함 언약의 성취이며, 그들이 스스로를 (열두 지파 중에서 우두머리인) 유다 지파 출신의 메시아와 동일시하고 있기 때문에, 그 성취에 참여할 수 있다는 사실을 반영했을 것이다. 메시아는 아브라함에게 속한 참 이스라엘적 "후손들"의 마지막 때의 성취다(이는 앞에서 제시한 첫 번째와 세 번째 견해와 대부분 일치하는 갈 3:16, 29과 같다. 성도들을 참 이스라엘의 성취이신 그리스도와 동일시한 계 2:17과 3:12의 주석 참조).

창 17:4이나 앞에서 언급한 그외 창세기의 약속들 중 무엇보다도 계 7:9에 가까운 것은 창 22:17-18의 본문 전통이다. "능히 그 수를 셀 수 없는 네 씨가(ητις ουκ [εξ]αριθμηθησεται απο του πληθους)[155]…또 네 씨로 말미암아 천하 만민(πάντα τὰ ἔθνη)이 복을 받으리니." 만일 요한이 이 본문 전통을 암시했다면, 그는 이스라엘의 자손이 번성함으로써 만민들에게 내린 복을, 만민들이 이스라엘의 일부분과 동일시되는 것으로 여겼을 것이다.

문법 문제

계 7:9에는 문법적 모순이 3개 있다. 첫째, 필요 없는 대명사가 있다. "아무도 그것을 능히 셀 수 없는"(which no one was able to number it, 이와 비슷한 덧말이 7:2에도 있다). 앞에서처럼, 이것은 셈어 문체 때문일 것이다(3:8과 13:8b의 주석 참조). 둘째, 단수형 παντὸς ἔθνους("각 나라")는 이어지는 사람들 집단을 가리키는 복수형 용어들과 어울리지 않는다(καὶ φυλῶν καὶ λαῶν καὶ γλωσσῶν). 이런 까닭에 번역자는 어쩔 수 없이 παντός를 복수형으로 이해해야 했다(= "모든 족속과 백성과 방언들"; 또한 뒤따라오는 조화되지 않는 복수형 분사들을 주목하라). 셋째, 주격 분사 ἑστῶτες("서 있는") 다음에 목적격 περιβεβλημένους("옷을 입고")가 이어지는데, 앞의 분사의 격과 일치하기 위해서는 주격이어야 한다. 개중에는 저자가 9절을 시작하면서부터

---

155) *VTG* 비평 각주에 등장하는 이러한 이문을 참조하라: Tht I 196 661.

εἶδον("내가 보았다")을 계속 유지했고 두 번째 분사가 목적격이 된 것은 그것을 본동사의 목적어로 간주했기 때문이라고 말함으로써 이 난제를 해결하려고 한 사람들이 있다. 하지만 이것은 첫 번째 분사가 목적격이 아니라 주격인 이유를 설명하지 못한다. 몇몇 사람은 두 번째 분사가 독립 분사이며, 9절의 구약적 특징을 부각시키는 셈어 동사의 문체를 반영한다고 주장하기도 한다.[156]

보컴은 두 번째 불규칙이 아브라함의 언약과 결합된 언어를 부각시키려는 의도에서 발생한 것이라고 주장하는데, 어쩌면 그의 말이 맞는 것 같다. 특히 요한계시록 여러 곳에서 사람들 집단을 언급하는 6개의 표준적인 4중 공식에서 "나라"라는 용어가 처음에 등장하지 않는다는 것을 주목할 때 더욱 그렇다. 이뿐만 아니라 7:9의 문구는 나머지와 구별된다. 7:9에는 단수와 복수가 섞여 있고, 이것은 복수형만 사용되거나(11:9; 17:15) 단수형만 사용된(5:9; 13:7; 14:6) 다른 공식들 중에서도 독특하다. 잉여 대명사가 사용되거나 분사의 일치가 결여되는 등 불규칙이 발생한 것은 구약 암시를 감지하게 하려는 문체적 이정표일 수 있다.[157]

10절   참 이스라엘 사람들로서 흰옷을 입은 사람들은 하늘에서 종말론적 초막절을 지키며 그들의 마지막 때의 구원을 기쁨으로 축하한다. 그들은 "보좌에 앉으신 하나님과 어린 양"으로 말미암아 구원을 받았다. 그들은 자신들의 믿음을 무너뜨리려는 악의 세력들에 맞서 승리한 결과로 "구원"(σωτηρία)을 얻었다(12:10-11; 19:1-2). "이긴 자들"은 하나님의 능력으로 구원을 얻은 까닭에(12:10-11), 그들의 승리가 사실은 하나님의 승리인 것을 알았다. "구원"에는 보호도 포함된다. 흰옷은 시험을 받는 동안 인내한 결과로 얻은 순결을 상징하기 때문이다(13-16절 주석 참조). 성도들의 믿음

---

156) S. Thompson, *Semitic Syntax*, 78-79.
157) Bauckham, *Climax of Prophecy*, 224-25.

이 보존된 것은 하나님의 주권에 속한다. 하나님은 성도들이 환난을 당하
는 중에 그들에게 주신 인을 통하여 그들의 믿음을 보호하신다(7:1-3). 이
구원의 승리는 하나님의 백성의 믿음을 유혹하고 그들을 박해한 죄 많은
세상을 하나님이 심판하심으로써 절정에 달한다(19:1-2; σωτηρία와 연결된
승리와 박해에서 구원이라는 사상에 대해서는 시 3:3을 보라. 참조. 욘 2:9-10).

　허다한 무리들을 이스라엘을 지칭하는 용어로 묘사하고 있음을 강조한
7:9-10을 이런 식으로 분석하면, 7:9-17에 등장하는 사람들은 앞 단락에
등장한 인침을 받은 이스라엘 사람들과 더욱 동일시된다.[158]

> 바울에게 σωτηρία("구원")는 때때로 죄와 심판에서의 "구출"을 의
> 미하기도 한다(마찬가지로 바울과 복음서에서 σώζω["구원하다"] 역시 같
> 은 사상을 지닌다. 복음서에서는 "구원"에 질병에서 벗어나는 의미가 포함되기
> 도 했지만, 대개는 죄로부터 구원하는 예수의 능력을 가리키는 비유로 사용되었
> 다). 그런데 구원이라는 명사가 요한복음에서는 단 1번, 요한계시록에
> 서는 3번 등장한다. 환난에서 보호하기 위해 인을 치는 문맥(계 7:1-8)
> 과 시험을 겪는 동안 인내한 사람에게 상을 준다는 문맥(7:9-17)에 따
> 르면, 7:10에서 σωτηρία의 전형적인 의미가 "보존", "구원", "안전의 수
> 단", "안전하게 보호함" 등의 의미를 지닌다는 것을 지지한다.[159] 이런
> 의미는 여전히 LXX과 신약성경에서 입증된다(예. 자체 문맥에서 본 벧전
> 1:3-9).[160]

　11-12절　　보좌 주위에 있던 천사들 역시 10절에서 드려지는 찬송에
합류하여 하나님을 드높인다. 그들은 구원하시고 보호하시고 허다한 무리
들에게 승리를 주신 하나님께 영광을 돌린다. 하나님은 "지혜와 권능과 힘"
이 있기에 이런 일을 행하실 수 있다. 그래서 하늘에 있는 천사들은 하나님
만이 이런 구원을 행하시고 이런 주권적인 품성을 가지신 분이며, 영원한

158) Comblin, "Le rassemblement de l'Israel de Dieu" 또한 참조하라.
159) LSJ, 1751.
160) J. Schneider and C. Brown, *DNTT* III, 205-16.

"찬송과 영광과 감사와 존귀"를 받으시기에 합당하심을 보여준다.

᾽Αμήν("아멘")은 하나님이 행하신 구원의 영원성과 사실적 진리를 힘주어 확증하기 위해 찬송 형식을 소개하고 맺는 기능을 한다.[161] 분명하게 언급되지는 않았지만 어린 양은 여전히 염두에 있다. 어린 양과 하나님은 온 세상에서 사람들을 구원하신 일로 인해 5:12-14에서 동일한 송영의 언어로 칭송되신다.

> 12절 끝에 있는 "아멘"이 예배용으로 나중에 첨가된 것일 수 있지만,[162] 외적 증거의 부족으로 가능성은 무척 낮다(생략은 C pc t Fulg Prim에 의해서만 증명된다). 유대교의 예배 문맥과 신약성경의 여러 곳에서 "아멘"의 2중 사용은 본문에서도 원래 2중적으로 등장했다는 방증이 된다. 7:11-12의 예배 찬송 용어의 구약과 유대교적 배경에 대해서는 특히 다니엘서와 관련하여 설명한 5:12-14의 주석을 참조하라. 다니엘서의 용어가 이곳에 자리하는 것이 자연스러운 것은 7:9에 다니엘서에서 유래한 문구가 사용되었고 7:14에는 단 12:1의 환난을 언급하는 내용이 사용되었다는 사실을 이유로 들 수 있다. 하나님의 마지막 때의 승리와 심판의 우주적 범위는 예언자들 가운데 다니엘서에서 가장 강조되었다. 이것은 본문과 요한계시록의 다른 여러 곳에서 다니엘서의 용어가 등장한 이유 중 하나다.

환난 중에 그리스도께 충성하는 것은 그리스도의 구원의 죽음으로 깨끗해졌다는 증거다(7:13-14)

9절에 언급된 "흰옷을 입은" 사람들이 누구인지는 그들이 하늘 보좌에 등장하기 전에 어디로부터 왔는지와 더불어 분명히 밝혀진다. 장로 중 하나가 요한에게 그 사람들이 누구며 어디서 온 사람인지 아느냐고 묻는다. 요

---

161) 요한복음에는 2중적인 "아멘"이 25번 등장한다. 쿰란 문헌에서 2중적 "아멘"은 하나님의 영광과 공동체에 들어온 모든 사람에게 하나님이 내리신 복에 대해 찬양하는 제사장들에게 반응하는 데 사용된다. 참조. H. Bietenhard, *DNTT* I, 97-99.

162) 참조. Metzger, *Textual Commentary*, 742.

한은 알지 못한다고 대답하고, 다시 장로에게 질문한다. "내 주여! 당신이 아시나이다." 장로에게 한 이 말은 복종과 예의 또는 존경의 태도다.[163] 하지만 이것은 화자가 지극히 높은 성도인지 아니면 천사인지에 대해서는 아무것도 알려주지 않는다("장로들"의 정체에 대해서는 4:4의 주석 참조). 장로는 요한이 모른다는 것을 분명히 확인하고 그 질문에 대답한다.

첫 번째 대답은 이 사람들이 "큰 환난에서 나오는 자들"이라는 것이다. 이 사람들이 환난을 받는 동안 죽임을 당했다는 이유로 그들의 믿음 때문에 순교를 당한 선별된 집단이라고 생각하는 사람들이 있다. 그러나 화자가 순교를 염두에 두었는지는 분명하지 않다.[164] 설령 이 사람들이 순교를 당했다고 하더라도, 이들을 고난을 당해야 하는 모든 신자의 대표자로 보는 것이 가장 좋을 듯하다.[165] 그러므로 이 장면은 일반적으로 그들의 신앙 때문에 다양한 방법으로 고난을 당한 모든 그리스도인에게 적용된다(자세한 내용은 6:4, 8, 9-10의 주석 참조). 그리스도인들은 세례를 받을 때 그리스도의 죽음에 참여하기 시작한다. "임박한 위기는 사실 **죽음에 이를 정도**의 충성을 요구한다(2:10; 12:11). 하지만 중요한 것은 물리적으로 죽는 것이 아니라 [고난의] 패턴이다."[166]

"큰 환난"

큰 환난의 배경과 특성

단 12:1이 "큰 환난" 사상의 적절한 기원으로 인정을 받는다. "그 때에 환난이 있으리니 이는 한 나라가 땅에 세워진 이래로 그때까지 없던 환난일 것이라"(Theod.). 다니엘서를 염두에 두었다는 것은 "큰 환난"이라는 어구가

---

163) Swete, *Apocalypse*, 102.
164) Charles, *Revelation* I, 209-14에 반대함.
165) 예. Brütsch, *Offenbarung* I, 337.
166) Sweet, *Revelation*, 151.

요한계시록 이외의 신약성경에서 마 24:21(θλῖψις μεγάλη)에만 등장한다는 사실로써도 분명히 드러난다. 마태복음 본문은 단 12:1을 좀 더 충분히 그리고 더 명확히 언급한다(참조. 막 13:19; 1QM 1.11ff.는 이스라엘의 성도들이 단 12:1에 예언된 임박하고 전례가 없는 "환난의 때"를 거치는 동안 하나님이 그들을 보호하실 것이라고 예언한다. 환난이 끝난 후 성도들은 영원한 복을 상으로 받을 것이다[1QM 1.8-9]).

다니엘서에 언급된 환난에는 종말론적인 원수가 성도들을 박해한다. 성도들이 하나님의 언약에 충성한다는 것이 그 이유다(참조. 단 11:30-39, 44; 12:10). 어떤 사람들은 충성된 사람들을 타락시키려고 배반하게 하고 박해할 것이다(단 11:32, 34; 12:10; 그리스어 구약[Theod.; 비교. LXX]의 단 11:32은 악한 이방인 왕이 아니라 유대인 배신자들을 "유혹하는 일"의 주체로 삼는다). 같은 사상이 계 7장의 환난에도 포함된다. 계 2, 3장에 언급된 일곱 편지는 하나님의 참된 백성으로서 그들의 정체성을 잃을 위기에 있는 세 교회(에베소, 사데, 라오디게아 교회)와 그리스도에게 향한 충성을 타협하는 과정에 있는 두 교회(버가모, 두아디라 교회)를 언급한다. 이와 비슷한 사상이 계 7:3-8에 다시 등장한다. 이곳에서는 땅에 있는 독실한 새 언약 공동체인 교회 안에 있는 남은 자만이 충성을 유지하도록 인침을 받는다.

그러므로 환난은 곧 믿음을 타협하라는 압박을 의미하며, 이런 압박은 교회 공동체 안에서 미혹하는 교훈을 통해 올 뿐만 아니라, 교회 바깥에서 노골적인 압박을 통해 오기도 한다. 가끔은 박해가 경제적인 성격을 띠기도 한다(2:9의 θλῖψις ["환난"]와 레 26:26의 θλίψαι ["재앙을 내리다"]가 그러하다. 이 두 본문은 "빵의 기근"과 "저울에 달아 빵"을 나눠주는 것을 언급하는데, 부분적으로 계 6:5-6의 배후에 있는 본문이다). 다른 경우에 환난은 옥에 갇힘과 심지어 죽음도 포함한다(2:10의 θλῖψις ["환난"]가 그러하다). 환난은 어떤 특성을 지니든지 간에 늘 신자들이 예수를 충성되게 증언하는 것 때문에 찾아온다(1:9의 θλῖψις ["환난"]가 그런 뜻으로 쓰였다. 참조. 6:9). "큰" 환난은 신자들이 겪는 유혹과 압제의 강렬함을 의미한다. 개중에는 μεγάλη ("큰")가 교회 시대의 전 여정에서 발생한 엄청난 환난들의 총체를 가리킨다고 주장하는 사람도 있다.[167] 이것은 가능성이 있지만 본문에서 강조하는 것은 아니다.

이 기간은 불신자들에게는 심판의 때이기도 하다(2:22). "큰 환난" 앞에 관사가 사용된 것은 이것이 다니엘과 그리스도가 예언하신 예견된 그 환난임을 강조한다. 하지만 이 환난이 역사의 가장 끝에서만 일어나는 것은 아니다.[168] 환난은 요한의 시대에 이미 시작됐다(1:9; 2:9-10, 22의 주석 참조. 마찬가지로, 요 16:33; 행 14:22; 롬 5:3; 8:35-36; 딤후 3:12. 바울의 θλῖψις 사용 23번 중 21번이 현재적 실체를 언급한다).

다른 곳에서 요한은 다니엘서의 마지막 때의 예언이 이미 성취되기 시작했다고 이해한다(1:1, 13, 19의 주석 참조; 요 5:24-29에서는 단 12:2에 예언된 성도들의 부활이 예수의 사역 중에 시작되고 있는 것으로 이해된다). 이 사실은 7:14에서 "큰 환난" 앞에 있는 관사가 이미 앞에서 언급한 것을 지칭한다는 사실로 지지될 수 있다. 부분적으로는 두아디라 교회(2:22의 θλῖψιν μεγάλην)에 방금 전에 발생한 "큰 환난"을 지칭할 것이다.[169] "큰 환난"은 예수의 고난과 피 흘리심과 더불어 시작됐으며, 그를 따르는 모든 사람도 마찬가지로 고난을 당해야 한다. 고난받는 신자들과 예수가 공동체적으로 하나가 된 것은 특히 1:9의 συγκοινωνὸς ἐν τῇ θλίψει...καὶ ὑπομονῇ ἐν Ἰησοῦ("예수 안에서 환난과…참음에 동참하는 자")로, 그리고 골 1:24과 벧전 4:1-7, 12-13에서 표현되었다.[170]

사실 1 Macc. 9:27의 저자는 단 12:1의 "큰 환난"이 유다 마카비가 이스라엘의 원수의 손에 죽임을 당한 후 혼란이 야기되었던 기원전 2세기에 이미 시작되었다고 이해했다. "그래서 이스라엘에는 큰 환난(θλῖψις μεγάλη)

167) Alford, *Greek Testament* IV, 628; Lenski, *Revelation*, 261.
168) *Scofield Bible*; Schüssler Fiorenza, *Priester für Gott*, 393; Mounce, *Revelation*, 173; A. F. Johnson, "Revelation," 485; Beasley-Murray, *Revelation*, 146-47; Charles, *Revelation* I, 199, 209; Thomas, *Revelation 1-7*, 494-98에 반대함.
169) Thomas, *Revelation 1-7*, 496은 본서에서 설명한 것처럼 동일하게 연결시키지만, 두 본문을 미래 역사의 끝에 일어날 혹독한 시련의 단계를 가리키는 것으로 이해한다. Lohmeyer, *Offenbarung*, 72은 7:14이 3:10의 "시험의 때"를 발전시킨 것으로 해석한다.
170) 자세한 내용은 Allison, *The End of the Ages*를 보라. 또한 H. Schlier, *TDNT* III, 145을 참조하라. Schlier는 1:9과 2:9을 7:9의 "큰 환난"의 시작 단계로 이해한다.

이 있었다. 이처럼 큰 환난은 예언자가 그들 가운데서 목도하지 못했을 뿐
더러 그 이후에도 지금까지 한 번도 일어나지 않았던 환난이다." *Midr.* 시
119.31은 단 12:10의 환난에 대한 예언을 역사 내내 있었던 이스라엘의 환
난에 적용한다. "우리가…온갖 환난으로 희게 된 지도 한참이나 지났으며,
심판을 받은 지도 한참이나 지났다. 이보다 **더 큰 시련**이 있을 수 있을까?"
이 미드라쉬 본문은 계 6:10처럼, 얼마나 지나야만 하나님이 박해자들에
게 원수를 갚아주실지 묻는 문맥에서 지속적으로 시 79:10을 인용한다. 우
리는 앞에서 계 3:10의 "시험의 때"가 단 12:1, 10을 암시하며, 그때는 예수
의 사역과 재림 이전의 기간 전체를 포함한다는 것을 보았다. 이것이 사실
이라면, 7:14의 환난을 우리가 분석하고 설명한 내용은 더더욱 지지를 받는
다. 몇몇 사람들이 3:10과 7:14 간의 병행 어구를 발견하며, 두 본문 모두 역
사의 가장 끝에 일어날 최후의 시련을 암시하는 것으로 이해하기는 하지만
말이다.[171] 환난은 현재 시작되었고, 역사의 끝에 더욱 혹독하고 강렬해질
것이다(예. 20:7-9; 단 12:1의 환난을 미래주의적으로 해석한 것에 대해서는 *2 Bar.*
48:31; *Test. Mos.* 8:1을 참조하라).

역사에서 큰 환난의 위치

대문자사본 A에 있는 이문 θλίψεως μεγάλης("큰 환난의")는 7:14의 "큰
환난"을 1:9과 2:9-10뿐만 아니라 2:22의 "큰 환난"(θλῖψιν μεγάλην)과 동
일시하는 초기 해석 중 하나를 반영한 것일 수 있다. 이것은 필경사들이
θλῖψις("환난")가 주로 바울 서신에서 언급된 현재적 실체를 언급한다는
점을 인식하는 데 불을 지폈을 것이다.

하지만 찰스는 7:14에 언급된 환난을 절대적으로 미래주의적인 관
점으로 해석해야 함을 주장하면서 그 근거로 Hermas, *Vision* 2.2.7-8
에 호소한다. 이 본문은 저자가 바르게 주장하듯이 계 7:14과 3:8, 10에
근거한다. μακάριοι ὑμεῖς ὅσοι ὑπομένετε τὴν θλῖψιν τὴν ἐρχομένην

---

171) 예. Schüssler Fiorenza, *Priester für Gott*, 393.

τὴν μεγάλην, καὶ ὅσοι οὐκ ἀρνήσονται τὴν ζωὴν αὐτῶν("다가오는 큰 환난을 얼마든지 견디고 자기 목숨을 부인하지 않을 너희는 복이 있다." 자기 목숨을 부인한다는 것은 다음 행에서 "그들의 주님"을 부인하는 것으로 정의된다).[172]

하지만 문맥에 의하면, 미래에 임할 환난은 이미 시작된 환난의 연속에 불과하다는 것이 드러난다. *Vision* 2.3.1은 헤르마스가 다른 사람들도 겪은 "큰 환난"(μεγάλας θλίψεις)을 이미 겪고 있는 것으로 묘사한다. 그리고 2.3.4은 다른 사람들이 주님을 부인하면, 그들에게 "환난이 임한다"(θλῖψις ἔρχεται)라고 주장한다. 2.2.7-8과 2.3.1에서 발견되는 "큰 환난"이라는 어구는 헤르마스가 경험한 현재적 실체 **하나**를 언급하는 4.3.4-6에도 등장한다. 이것은 "장차 올 큰 환난의 하나의 유형"(또는 "크게 임하는 환난의 유형")으로 작용한다. 이 구절들은 단 11:35과 12:10에 묘사된 내용을 암시할 뿐만 아니라,[173] 단 12:1의 비교할 수 없는 "환난"을 암시하기도 할 것이다. 이런 사실은 계 7:14처럼 Hermas, *Vision*에서 환난을 가리키는 초기의 언급이 단 12:1에 근거함을 암시한다. 과거주의자들 중에는 큰 환난이 기원후 70년에 예루살렘이 멸망하기 전과 멸망하는 동안에 발생했다고 믿는 사람들이 있다. 하지만 그들은 예루살렘이나 팔레스타인에 한정된 미래의 환난으로부터 소아시아의 교회들이 어떤 영향을 받게 될 것인지에 대해서는 적절하게 설명하지 않는다.[174]

옷을 씻어 희게 함: 구약 배경

환난이 성도들에게 끼친 영향은 그들의 옷과 관련하여 7:14의 마지막 두 어구로 표현되었다. 타협과 박해의 유혹에 대해 성도들은 자기 피로 그들을 사신 어린 양을 계속 신뢰함으로써 반응했다(5:9). 이렇게 끝까지 인내하는 믿

172) Charles, *Revelation* I, 199.
173) Bauckham, *Climax of Prophecy*, 228을 보라.
174) 일례로, D. C. Chilton, *Days of Vengeance*, 213-24을 보라.

음은 그들이 "그의 피로 그들의 죄에서 해방되었"으며(1:5), 그들의 죄가 씻
겼고, 그들이 정결하게 되었음을 증명한다(참조. 히 9:14; 요일 1:7). 같은 사상
이 19:13-14에도 등장한다. 이 본문에서도 그리스도인들은 "희고(빛나고) 깨
끗한 세마포 옷을 입었다"고 언급된다. 성도들이 이런 옷을 입은 것은 그들
이 "피에 적신 옷을 입으신" 예수와 동일시되기 때문이다. 이 "세마포는 성
도들의 의로운 행실"을 의미하며, 이것은 십자가에서 역설적으로 승리를
얻으신 예수의 정결케 하는 피를 믿는 그들의 믿음의 표현이다(19:8). 주석
가들 중에는 19:13의 피로 물든 그리스도의 옷을 그의 죽음을 암시하는 것
으로 이해하는 사람들이 있다. 하지만 그 피는 그가 멸망시킨 원수들의 피
를 가리킬 가능성이 더 많다(19:13의 주석 참조).

성도들이 "어린 양의 피에 그 옷을 씻어 희게" 했다는 것은 교회 시대 동
안 그들의 인내가 예수의 고난의 인내와 동일시됐음을 가리킨다(6:9; 12:11
의 주석 참조). 이러한 동일시는 19:13에서 예수가 "피에 적신 옷을 입으셨
다"라고 놀라울 정도로 비슷하게 묘사된 것으로써 한층 강조된다. 그러므
로 7:14에서 "어린 양의 피에 그 옷을 씻어 희게 하였느니라"라는 표현은
저항에도 불구하고 성도들이 그들을 위해 죽으신 어린 양의 죽음을 계속
해서 믿었고 그의 죽음을 증언하였다는 의미다. 어린 양은 성도들의 죄를
없앴고 그들에게 구원을 주셨다(부정과거형은 성도들이 환난을 당하는 동안 땅
에서 행한 행동을 가리킨다). 성도들이 세상을 이긴 이유(12:11)와 그들의 "구
원"과 "이김"을 어린 양에게 돌리며 찬송하는 이유가 여기에 있다(7:10).
그들은 자신들의 구원의 순수성을 상징하기 위해 "흰옷을 입은" 것이다
(περιβεβλημένους στολὰς λευκάς, 7:9은 7:13과 거의 같다).[175] 이것은 일반적으
로 더러워진 옷을 깨끗하게 한다는 구약의 비유를 반영한다. 옷을 깨끗하
게 한다는 것은 죄 용서를 의미한다(사 1:18; 64:6; 슥 3:3-5).

환난으로 인해 성도들의 믿음이 순결해졌다. 환난은 그들을 시험했
다. 성도들이 시련을 겪는 동안 인내한 것은 그들의 믿음이 참이라는 증거

175) 옷의 구원론적 함의에 대한 더 자세한 내용은 Holtz, *Christologie*, 71-74을 보라.

옷을 씻어 희게 함

다. 이것은 특히 계 6:9-11에서 분명히 나타난다. "하나님의 말씀과 그들이 가진 증거로 말미암아 죽임을 당한" 사람들이 "흰옷"(στολὴ λευκή)을 받았다. 마찬가지로 4:4의 이십사 장로들은 "흰옷을 입었다"(περιβεβλημένους ἐν ἱματίοις λευκοῖς). 믿음을 위해 고난을 당하는 동안 인내했기 때문일 것이다. 역으로 말해서, 시련 앞에서 타협하고 그리스도를 증언하지 않는 교회 안에 있는 사람들은 "더러운 옷"을 입었다(3:4). 타협은 믿음이 참되지 않다는 증거다(참조. 21:8).[176]

환난을 당하는 동안 믿음으로 인내함으로써 스스로를 희게 했다는 비유는 구약성경에서 단 11-12장에서만 발견된다. 단 11:35에는 박해와 고난이 "연단을 받아 정결하게 되며 희게 되어 마지막 때까지 이르게" 하려고 임한다고 천명되었다(또한 12:10; 단 12:10[Theod.]의 ἐκλευκαίνω["희게 되다"]와 계 7:14의 λευκαίνω["희게 하다"]를 비교하라). 단 11:35의 LXX은 MT의 "연단을 받아 정결하게 되며 그들을 **희게 하여** 마지막 때까지 이르게 하려고"를 "그들을 **깨끗하게**(καθαρίσαι) 하고 구별해내기 위함이며, **깨끗하게 되도록 하여**(εἰς τὸ καθαρισθῆναι) 마지막 때까지 이르게 하려고"로 대체했다. 이런 변경은 성도들이 마지막 때의 시련을 통해 스스로 정결케 하고 또 정결케 되는 것을 의미한다. 이것은 하나님께서 택하신 목적의 한 부분이다 (비록 ἐκλεγῆναι["선택하다, 뽑다"]가 정결케 하는 과정의 결과로 "선택되다"라는 의미에서 연단을 가리키는 비유일 수 있지만 말이다. 이 그리스어 단어는 동일한 두 의미를 지닐 수 있는 히브리어 *bārar*를 대신한다).[177] Theod.에는 이렇게 번역된다. "그들을 불로 시험하고 선택하여 그들로 하여금 마지막 때에 나타나게 하기 위하여"("시험하다"와 "선택하다"의 암시된 주어는 동사의 법령적인 특성으로 미루어 볼 때 하나님이 틀림없다). 12:10의 LXX은 다른 MT과 그리스어 용어에 "많은 사람이 **거룩하게 될 것이다**(ἁγιασθῶσι)"를 첨가한다.

그러므로 계 7:9, 14을 포함하여 요한계시록의 여러 곳에서 "정결하고,

176) 참조. A. F. Johnson, "Revelation," 486.
177) BDB, 140을 보라.

흰옷"으로 성도들의 이미지를 표현한 것은 그리스도의 구속적인 죽으심
(="피")을 믿는 믿음을 지킴으로써 증명된 정결함을 담고 있다. 3:18에서 믿
음이 불로 시험된다고 한 것은 "불로 연단한 금을 사서 부요하게 하고 흰
옷을 사서 입어 벌거벗은 수치를 보이지 않게 하라"는 권고와 거의 동일하
게 정결의 한 측면을 강조한다. 7장에 언급된 것은 마지막 때의 환난을 미
리 보여준 단 11-12장의 성취다. 단 11-12장에서는 성도들이 환난의 "연
단"과 "깨끗하게 함"과 "정결하게 함"을 통해 "희게" 되어 결국 흠이나 티가
없이 된다(참조. 계 14:4-5). 이것은 나라들 중에서 구원을 받은 무리들이 참
이스라엘과 동일시되는 또 다른 방법이다. 그들은 충성된 이스라엘의 남은
자들이 견뎌야 할 환난에 관한 다니엘서 예언을 성취한 사람들이다.

그러므로 성도들이 "깨끗하고" 그들의 옷을 "빨았고" 그 옷이 "희게 되
었다"는 것은 모두 다니엘이 예상한 최후의 환난에서 발견되는 것들이
다. 따라서 다니엘서야말로 계 7:14의 사상의 배경일 가능성이 가장 많
은 책이다(καθαρίζω["깨끗하게 하다"]와 πλύνω["빨다"]는 종종 LXX에서 거의 동
의어로 사용된다[예. 레 13:58-59; 14:1-11]; 흰옷은 계 15:6; 19:8, 14에서 "정결
한"[καθαρός]이라고 묘사되기도 한다). 이 사실은 앞에서 살펴본 다니엘서의
동일한 문맥과의 연결성을 더욱 확증한다. 그리고 이 구약 배경은 "흰옷"
을 받은 사람들이 "생명책"에 그 이름이 기록되었다고 설명한 계 3:4b-
5a에서 암시되기도 했다. 이것은 단 12:1-2에 언급된 생명책에 대한 부
분적인 암시다. 보컴은 단 11-12장이 계 7:14의 배경임을 확증하면서, 계
12:10과 요한계시록 본문에 공통적으로 등장하는 동사들의 재귀적 뉘앙
스까지도 강조한다.[178]

이런 분석에 비춰볼 때, 피에 흰옷을 씻는 비유는 우선적으로 성도들이
그들을 위해 죽으신 그리스도의 죽음을 믿는 믿음을 간직함으로써 죄에서
정결하게 되었다는 객관적인 실체를 의미한다. 그 믿음은 시련을 통해 정
결하게 된다. 성도들이 "어린 양의 피로 희게 되었다"는 언급은 의도적으

178) Bauckham, *Climax of Prophecy*, 227-28.

로 모호하게 표현되고, 그들이 고난을 당하는 동안 인내한 것이 고난 중에 참으신 그리스도의 인내를 모델로 삼았음을 암시할지도 모른다.[179] 그렇지만 "어린 양의 피"가 그리스도 자신의 피를 언급하고 성도들의 피를 가리키는 것은 아니므로, 본문의 초점은 성도들을 위해 죽으신 그리스도의 죽음의 정결케 하는 효과에 있다.[180] 사실 여러 곳에서 언급된 그리스도의 피는 늘 그의 고난을 가리킨다(계 1:5; 5:9; 12:11). 요한이 성도들의 고난을 언급하고 싶을 때에는 "성도들의 피"와 같은 어구를 사용한다(17:6; 마찬가지로 6:10; 18:24; 19:2).

그러므로 본문의 장면은 순교자들과 같은 선별된 집단을 암시하지 않고, 구원함을 받은 사람들 전체를 포괄한다.[181] 이 사실은 새 예루살렘에 들어가기 위해 "자기 옷을 빠는 사람들"이 그 성에 들어가지 못하는 모든 불신자와 대조되는 22:14에 의해 확증된다(15절. 21:7-8에 있는 이와 동일한 대조를 주목하라).[182]

옷을 피에 빠는 이미지는 창 49:11에서 유래했을 수도 있다. 그 본문에는 유다 지파에서 나올 예언된 통치자가 마지막 날에 그의 원수를 멸망시킬 때, "그 옷을 포도주에 빨며 그의 복장을 포도즙에 빨리로다"라고 언급되었다(비교. 49:1, 7). 만일 그런 암시가 있다는 것을 인정한다면, 성도들은 계 7:14에서 메시아가 십자가에서 시작하신 역설적인 승리에 공동체적으로 참여하는 것으로 이해된다(창 49:9을 암시한 5:5-6의 주석 참조. 또한 6:9-10). 창 49장과 단 11-12장 모두 계 7:14의 배후에 있는 본문일 것이다. 이것은 예수가 "피에 젖은 옷을 입은" 것으로 묘사한 19:13에 의해 지지받는다. 이 언급의 배후에 *Targ. Pal.* 창 49:11이 있는 것 같다. **"피에 적신 그의 옷은 꽉 찬 포도즙과 같다"**(또한 *Targ. Neof.*; 자세한 내용

179) Krodel, *Revelation*, 186-87; Boring, *Revelation*, 131.
180) Bauckham, *Climax of Prophecy*, 228-29에 반대함. Bauckham은 "피"의 초점이 성도들의 고난에 있다고 본다.
181) Brütsch, *Offenbarung* I, 336-37; Hohnjec, *Das Lamm*, 86-87. Hohnjec은 순교자 묘사가 모든 성도를 대표한다고 보는 다른 사람들의 견해를 따른다.
182) 참조. Lohmeyer, *Offenbarung*, 72.

은 19:13의 주석 참조).

몇몇 사본 전통에서는 ἔπλυναν("그들이 씻었다") 대신에 ἐπλατυναν(그
들이 옷을 "확장했다" 또는 "넓혔다")로 표기한다. 이것은 필경사가 의도하지
않게 본문을 잘못 읽었든지, 아니면 본문을 잘못 들었기 때문에 발생한
오기일 것이다. 철자를 바꾸었다고 해서 필경사가 피로 씻는 역설적인
비유를 받아들일 수 없었다고 결론을 내릴 필요는 없다. 뒤따라오는 동
사 "희게 하다"가 동일한 역설을 표현하지만, 사본 전통에서는 변경되지
않고 그대로 유지되었기 때문이다.

7:14ff.의 구약 배경에 대해 더 고찰할 것들

단 11-12장의 배경 이외에, 계 7:14-17에는 교회의 구원의 순례에 적
용되는 확대된 출애굽 패턴도 반영되었을 가능성이 있다. (1) 환난에서
나오는 허다한 무리(예. 출 4:31 LXX의 τὴν θλῖψιν), (2) 이스라엘 백성이
"옷을 빰(πλύνω)"(출 19:10, 14), (3) 피를 뿌림(출 24:8), (4) 그들 가운데
하나님의 장막을 칠 준비를 함, (5) 그들에게 음식과 물 및 보호와 위로
를 줌 등.[183] 이 순서는 초막절을 반영하는 7:9에서 자연스럽게 도출되
는 것이다. 초막절은 이스라엘이 애굽에서 구원을 받은 후 광야에서 순
례 생활을 하는 동안 하나님의 보호 아래 장막에 거하던 것을 기념하
는 절기다(레 23:40, 43; 앞의 7:9의 주석 참조). 출애굽 암시들은 요한계시
록의 여러 곳에서 발견된다(예. 1:5-6; 5:9-10; 15:2-4; 나팔 재앙 시리즈, 대
접 재앙 시리즈).

계 7:14-16에는 겔 37장과 결합한 사 4:4-6이 반영되었을 것이다.
"주께서…시온의 딸들의 더러움을 씻기시며(ἐκπλυνεῖ) 예루살렘의 피를
그중에서 청결하게 하실 때가 됨이라. 여호와께서 거하시는 온 시온 산
과 모든 집회 위에 낮이면 구름과 연기, 밤이면 화염의 빛을 만드시고
그 모든 영광 위에 덮개를 두시며 또 초막이 있어서 낮에는 더위를 피

---

183) 기본 패턴에 대해서는 Fekkes, *Isaiah and Prophetic Traditions*, 167을 참조하라.

하는 그늘을 지으며 또 풍우를 피하여 숨는 곳이 되리라"(참조. *Targ.* 사 4:4-6).[184]

백성은 구속함을 받아 정결해졌으므로 하나님의 임재의 구속적 안식에 들어가는 허락을 받는다(7:15-17)

15절　도입 어구 διὰ τοῦτό("그러므로", "이런 이유로")는 성도들이 그리스도 안에서 인내하고 그 결과 정결하게 된 것(13-14절)이 그들이 하나님과 어린 양의 임재에 들어가게 된 기초라고 설명한다(15-17절). 죄를 지은 사람들은 하나님이 거룩하시며 틀림없이 죄에 대해 그의 진노를 부으실 것이므로 "보좌에 앉으신 분의 임재에서" 피해야 한다(6:16-17). 하지만 어린 양이 그들을 위해 하나님의 진노를 만족시키셨고 그 결과 "깨끗하고" "의롭다"고 선언된 것을 믿는 사람들(참조. 19:8b)은 "보좌에 앉으신 하나님" 앞으로 들어가는 허락을 받는다(7:15). 그들은 하나님의 장막을 쳐주시는 임재에 들어가 그를 섬길 수 있다. 어린 양이 그들을 대신하여 "고통스러운 죽음의 저주"를 겪으심으로써 아담의 타락의 결과를 되돌리셨기 때문이다(21:3-4, 6; 22:1-4; 참조. 1:18; 5:6, 9, 12). 그들은 변함없는 믿음 때문에 하나님의 임재에 들어갈 자격을 얻었으며, 그곳에 들어가는 것 자체가 환난에 굴하지 않고 그들의 믿음을 유지한 데에 따른 상이다(22:14). 하나님과 어린 양의 임재에서 누리는 최후의 상(賞)인 안식은 7:9-12에서 성도들이 하나님과 어린 양을 영화롭게 하는 행위의 근거다.

---

184) 계 7:9-17에 반영된 구약 사용을 개괄적으로 설명한 Ulfgard, *Feast and Future*, 93-99을 보라.

제사장인 신자들과 그 사상의 구약 배경

15절은 출 19:6을 암시한 1:6과 5:10(5:9, 10과 7:9, 15을 비교하라)에 소개된 제사장 주제의 발전이다. 이와 비슷하게, 계 7:15은 하나님의 임재에 거하기 위해 백성이 "그들의 옷을 빨아" 스스로 거룩하게 해야 한다는 출 19:10, 14을 계속 반영하는 것 같다. 환난에서 나온 사람들은 제사장으로서의 역할을 한다. 그들이 피로 정결케 된 흰옷을 입고 "성전에서 밤낮 섬기기" 때문이다. 이런 묘사에는 광범위한 구약 배경이 있다. 성막에서 하나님을 섬기기 위해 제사장의 옷에 거룩함을 상징하는 피가 뿌려졌다(레 8:30). 모세는 이스라엘의 제사장들을 거룩하게 하려고 제사장들과 제단에 희생제물의 피를 뿌렸다(출 29:10-21). 이스라엘이 제사장적 특성을 지닌 국가라는 사실은 모세가 이스라엘 백성을 아론과 그의 자손들에게 하는 것과 동일한 방식으로 거룩하게 구별한 것에서도 암시된다(출 24:4-8).

이와 비슷하게, 계 1:5-6과 5:9-10에는 신자들이 예수의 "피로 말미암아" "그들의 죄에서 해방되고" "피로 사신 바" 된 결과로 제사장이 되었다고 한다(마찬가지로 히 9:14은 그리스도의 피로 신자들이 "정결하게 된" 결과 그들은 하나님을 "섬길"[λατρεύω] 자격을 얻게 되었다고 주장한다).[185] 1:5-6과 5:9-10이 연결되는 것으로 보아 여기서도 단순히 순교자들이나 그밖에 특별한 계층의 성도들이 아니라 모든 신자를 염두에 두었음이 분명하다(5:9이 7:9a; 7:10-11과 병행이라는 점을 주목하라). 또한 이것은 7:9의 "각 나라와 족속과 백성과 방언에서 아무도 능히 셀 수 없는 큰 무리"에 이어 7:10-11에서도 발견되는 동일한 찬송이 5:9ff.에서 구원받은 무리에 대해 묘사한 것과 거의 같다는 점에서도 분명하다.

---

185) Schüssler Fiorenza, *Priester für Gott*, 395-96도 7:9에 "서 있음"과 7:14의 "흰옷", 그들의 "섬김"(λατρεύω)의 구약적 함의에 근거하여, 7:15의 구속함을 받은 사람들이 제사장 역할을 한다고 이해한다.

"성전"과 성전의 구약 배경

큰 무리가 "그분의 성전에"(ἐν τῷ ναῷ αὐτοῦ)있으며, 그곳에서 하나님이 "그들 위에 장막을 치신다"라는 언급은 겔 37:26-28(참조. LXX)의 이스라엘의 회복 예언을 반영한 것이 분명하다. 에스겔서 본문에서 하나님은 이렇게 말씀하신다. "내가 **내 성소**(ἅγια)를 그 가운데에 세워서 영원히 이르게 하리라. **내 처소**(κατασκήνωσις)가 그들 가운데에 있을 것이며…**내 성소**(ἅγια)가 영원토록 그들 가운데에 있으리니." 본문이 에스겔서와 연결되었다는 사실은 계 21:3의 병행 어구에서 확증된다. 거기서 겔 37:27은 좀 더 충분히 인용되며, 21:3에 바로 이어 21:4, 6b에서는 7:16-17에서 언급된 것과 동일한 구약 암시가 등장한다. 여기서 다시 보게 되는 것은 교회에 있는 능히 셀 수 없이 많은 구원받은 사람들이 이스라엘의 마지막 때의 회복과 관련된 예언을 성취한다고 이해된다는 것이다. 겔 37:27을 교회에 적용한 것은 놀랍다. 에스겔은 이 예언이 성취될 경우 즉시 나타날 결과로 "내 성소가 영원토록 그들 가운데에 있을 때, 내가 **이스라엘**을 거룩하게 하는 여호와인 줄을 열국이 알리라"(37:28)는 것을 강조했기 때문이다.

그러므로 겔 37장은 열국과 대조하여 민족적이거나 신정 통치가 실현되는 이스라엘에 독특하게 적용될 예언이었다. 하지만 지금 요한은 그 예언이 교회 안에서 성취되고 있다고 이해한다(이러한 구약 예언의 뒤바뀐 적용에 대해서는 3:9의 주석 참조. 이 본문은 믿지 않는 유대 민족에게 "유대인"이라는 칭호가 어울리지 않음을 밝힌다). 이스라엘과 관련된 이 예언을 교회에 적용하는 것은 겔 37:27이 이스라엘을 "나의[하나님의] 백성"이라고 언급한다는 사실에 의해서도 강조된다. 이것은 계 21:3에서 보다 온전히 인용된 겔 37:27에 포함된 칭호이며, 여기서도 그 칭호가 교회에 적용되었다. 이것은 랍비 전통과 대조된다. 랍비 전통은 겔 37:27의 약속을 "유대교로 개종한 자들보다 더 주어진 이스라엘의 특권"으로, 그리고 "야웨의 지파들"과 "이스라엘에서 [순수하게] 출생한 가족들"에게만 적용될 수 있는 것으로 이해했다(*b. Kiddushin* 70b).

계 7:15은 성도들이 하나님을 섬기는 문자적 "성전"임을 묘사하지 않는다(21:22을 참조하라). 오히려 정반대다. 15b절에서 밝히듯이, 지금 성전은 어린 양의 임재와 "보좌에 앉으신 이가 그들 위에 장막을 치시"는 것으로 이루어졌다(21:22). 하나님이 자기 백성과 함께(혹은 위에) "장막을 치신다"(σκηνόω)는 것은 7:9부터 제시된 초막절 주제의 연속이다(참조. 레 23:34; 신 16:13 등의 ἑορτὴ σκηνῶν). 높임을 받은 성도들은 하나님께 감사한다. 세상에서 광야의 여정을 지나는 동안 보호해주셨을 뿐 아니라, 그들이 마침내 하나님의 충만하고 친근한 임재를 향유하기 때문이기도 하다.

15절의 동사 σκηνόω("장막을 치다")는 Shekina의 언어유희이기에 야웨께서 광야에서 그리고 이후에는 성전에서 이스라엘과 함께 계심을 상기시킨다. Shekina는 히브리어 동사 shākan의 명사형이며, 두 단어의 자음은 σκηνόω의 부정사형(σκηνοῦν)과 거의 같다.[186]

계 7:9-17은 슥 14장에 대한 당대 유대교의 해석을 반영한 것 같다. Targ. Jon. 슥 14은 MT에 다음 요소들을 첨가했다. 마지막 때에 "샘물이 예루살렘에서 나올 것이며"(8절), "땅의 주민들이…주님 앞에서 한마음으로 섬길" 것이고(9절), 주님께서 "온 땅을 두르실 것이다"(10절). 슥 14:16-21에는 MT과 타르굼 모두 "예루살렘은 안연히 거하고"(11절) 이방인들은 주님을 믿으며 주님의 집에서 초막절을 지킬 것을 예언한다.[187] 이와 관련하여, 슥 2:10-11의 예언은 겔 37:27과 더불어 계 7:15에서 언급된, 하나님이 성도들과 함께 성전 안에 거하시는 장면의 배경이 될 수도 있었을 것이다(2번이나 "내가[하나님이] 너희 중에 거하리라"라고 말씀하셨다).[188] 슥 2:11은 "그 날에 많은 나라가 여호와께 속하여 내 백성이 될 것이요"라고도 언급한다(호 1:9-10; 2:23). "내 백성"은 구약의 다른 본문에서는 이스라엘을 지칭한다. 슥 14:16-19은 분명히 이방인들이 마지

186) Sweet, Revelation, 154; Brütsch, Offenbarung I, 338.
187) 이와 관련하여 좀 더 자세한 내용은 Draper, "Heavenly Feast of Tabernacles"를 보라. Draper는 무리를 7:3-8에 인침을 받은 사람들과 동일시하지는 않는다.
188) 참조. W. Michaelis, TDNT VII, 380.

막 때에 초막절을 지킬 것을 예언한다. 이미 슥 2장에 믿는 이방인들이
마지막 날에 신실한 이스라엘 사람이 될 것이라고 예언하기 때문이다
(참조. 슥 8:20-23).

16-17절 하나님의 임재를 누리는 구원받은 무리들은 계속해서 이스
라엘의 예언된 회복의 성취로 묘사된다. 그들은 회복의 일부분으로 약속된
하나님의 임재의 위로를 누린다. 요한은 이스라엘의 회복의 여러 결과 중
하나로 하나님의 임재에 들어감을 천명한 사 49:10에 호소한다. "그들이 주
리거나 목마르지 아니할 것이며 더위와 볕이 그들을 상하지 아니하리니,
이는 그들을 긍휼히 여기는 이가 그들을 이끌되 샘물 근원으로 인도할 것
임이라"(참조. 요 6:35). 이사야서의 "샘물"은 여기서 "생명수 샘"으로 표현되
었다. ζωῆς("생명의")는 동격 소유격("생명인 샘물") 또는 좀 더 개연성이 있는
것은 형용사적 소유격("생명을 주는 샘물")이다. 이 "생명을 주는 물"은 영생
을 가리키며, 하나님과 어린 양에게서 기원한다(21:6; 22:1, 17; *1 En*. 48:1-4
은 사49:6과 더불어 사 49:10을 발전시킨 것이다; 참조. 렘 2:13 LXX; *1 En*. 96:6; 시
36:8-9; 46:4-5; 잠 14:27; 사 12:3; 33:21; 55:1-3; 욜 3:18; 요 4:14; 7:38; 이와 대조적
으로 1QH 8.4-10은 쿰란의 의의 교사를 성도들이 마셔야 할 생명수 샘물이라고 밝
힌다). 생명수 샘은 하나님과 그리스도와 영원한 교제를 누리는 생명이다.
    이 교제는 어린 양의 속죄의 죽음을 믿고 그의 구속 사역을 증언한 사
람들을 위해 보존되었다. 그래서 교회는 사 49:10의 회복 예언을 성취하며,
이와는 반대로 유대교 전통은 사 49:10-13, 21을 포로로 잡혀간 유대인들,
특히 "열 지파"에 의해서만 성취되는 것으로 해석했다(예. *Pesikta Rabbati*
31). 계 22:17은 성도들이 현 시대에 생명수에 참여하기 시작한다고 암시한
다. "목마른 자도 올 것이요 또 원하는 자는 값없이 생명수를 받으라"(22:17
의 주석 참조).
    어린 양이 "보좌 중앙에" 자리한다는 것은 하나님과 어린 양이 구원을
행하심으로 무리들에게 찬송을 받으시는 7:10과 관련이 있다. 어린 양은 그

의 죽음과 부활을 이루심으로써 높아지셨고 하나님의 오른편에 앉으셨다. 그래서 5:11-14과 7:10에서 어린 양은 하나님과 동일한 칭송을 받으시며, 7:17에서는 하나님 옆에 있는 보좌에 앉으셨다고 표현된다. 어린 양이 자신이 하나님과 동등함을 보이셨기 때문이다(이 주제를 맨 처음 언급한 곳은 5:4-14이다).[189]

그리스도가 "보좌 가운데" 있는 하나님의 위치에 계신 것은 성도들이 이전에 겪었던 (주림과 목마름, 극심한 더위로 대표되는) 환난이 제거되는 **근거**(ὅτι, 17절)다. 그리스도는 자신이 하나님의 지위에 계시므로 하나님의 위로를 제공하실 수 있다. 그리스도는 신적 품성을 지니신 성도들의 목자이시고 그들은 그의 양이기 때문에, 그는 목자가 자기 양을 보호하듯 성도들을 보호하실 것이다.

심지어 17절에 묘사된 "(그들의) 목자가 되신다"는 어린 양의 이미지 역시 사 49:9에서 유래한다. 거기서 하나님은 "그들이 길에서 먹겠고…그들의 풀밭이 있을 것"이라고 말씀하신다(또한 49:10). 시 23:1-2도 본문에 반영되었을 것이다. 시 23편에서도 목자이신 하나님이 그의 백성에게 물을 공급하시고 그들을 인도하신다는 약속을 볼 수 있기 때문이다. 사 49장과 시 23편 모두 하나님을 목자로 묘사한다. 그래서 계 7:17에서 말하는 그리스도의 목자 역할은 그가 신적 인물이심을 한층 더 강조한다. 17절의 "그들의 목자가 되사"(ποιμανεῖ αὐτούς)는 LXX의 이사야서에서 발견되는 거의 동의어인 "(풀을) 먹이다"(βοσκηθήσονται) 대신 사용되었을 수 있다. 이 사실은 계 7:17에 암시된 겔 37장 문맥에서도 시사된다. 여기서 하나님은 자신이 이스라엘 가운데 장막을 세우실 때 "다윗이 모든 이스라엘의 한 목자가 될 것이라"고 말씀하신다(겔 37:24-28; 또한 "한 목자인 다윗이 그들의 목자가 될 것이라[ποιμανεῖ αὐτούς]"고 한 겔 34:23-25도 참조하라).

어린 양과 다윗이 연결된 것은 자연스럽다. 계 5:5-6에서 어린 양은 일찍이 "유다 지파의 사자, 다윗의 뿌리"로 밝혀졌으며, 유다는 7:4-8의 지파

---

189) 자세한 내용은 Hohnjec, *Das Lamm*, 89-91을 보라.

목록에서 제일 먼저 언급되었기 때문이다(해당 본문 주석 참조). 다른 사람들
을 인도하는 양 이미지가 고대 팔레스타인에서 친숙하든 그렇지 않든 간
에, 여기서 이런 식으로 묘사된 이유는 어린 양이 그의 백성과 동일시되고
있음을 강조하려는 데 있다. 어린 양은 그의 성도들의 공동체적 대표자이
시다. 그러므로 그가 먼저 고난을 당하고 부활 때 상을 받으셨듯이, 그의 양
들도 그들의 삶에서 동일한 패턴을 따른다(1:5, 9, 20; 7:14의 주석 참조). 어린
양은 땅에서 그의 성령으로 양들을 인도하시며, 미래에는 친히 그들을 인
도하실 것이다.

　사 25:8에서 유래한 회복의 약속을 암시하는 내용이 사 49:10 끝에 첨가
되었다. "하나님이 그들의 눈에서 모든 눈물을 씻어주실 것임이라." 이사야
서 본문은 이런 슬픔의 끝이 올 것이라고 말한다. 하나님이 "사망을 영원히
멸하실 것이기" 때문이다(영어 번역 성경에는 사 25:8의 여는 말과 25:7의 마치는
말이 같다). 요한은 이런 이유를 생략했지만, 틀림없이 여기서 그 사실을 추
정했을 것이다. 그리고 이 내용을 21:4("다시는 사망이 없고")에 포함시킨다.
이 내용은 "모든 눈물을 그 눈에서 닦아 주시니" 바로 다음에 이어진다. 아
버지가 자녀의 눈물을 부드럽게 닦아주시는 장면은 다가오는 회복의 기쁨
을 표현하기 위해 이사야가 사용한 또 다른 비유다. 포로 기간에 죽음을 비
롯하여 고난을 충성스럽게 견딘 사람들은 하나님의 임재를 통해 위로를 받
을 것이며, 그들이 기다렸던 구원을 얻음으로 기뻐할 것이다(사 25:8-9; 이
와 비슷하게 이스라엘의 회복을 바라는 소망을 비유적으로 묘사한 렘 31:16 참조).
7:15-17a에서처럼, 요한은 이스라엘의 기쁨의 회복을 대망하는 구약의 소
망이 이처럼 그리스도를 위해 충성하고 고난을 당한 그리스도인들의 구원
에서 성취된다고 이해한다.

7:13-17의 시간적 위치

계 7:9-17의 장면은 하나님이 땅에 있는 그리스도인들만을 보호하신다거

나,[190] 역사가 절정에 이른 시기를 사는 교회만이 최후에 상을 받게 될 것이라고 묘사하지 않는다.[191] 13-14절은 인내하고 하나님의 임재와 그가 주시는 영원한 복을 향유하는 데 들어가 참여하기 시작하는 사람들의 **총체적 과정**을 묘사한다(자세한 내용은 아래 내용 참조).

하지만 7장 후반부의 초점은 9-12절과 15-17절에 있다. 이 본문들은 모든 그리스도인이 그들의 영원한 상을 누리고 있음을 묘사하는 것처럼 보인다. 그리고 지금은 (6:9-11에서처럼) 부분적으로 몇 사람만 이런 상을 받는 것이 아니라, 모든 세대에 걸쳐 충성된 사람들 전체가 이 상을 받는다. 이것은 이 단락에 이어 최후의 심판(6:12-17) 환상과 하나님의 종들을 인치는 사건(7:1-8)이 등장한다는 사실에 의해서도 암시된다. 그러므로 성도들의 영원한 위로는 불경건한 자들이 받는 심판의 공포와 대조되며, 그 위로는 인침을 받아 환난을 견딘 상으로 제시된다. 이것이 모든 성도가 받을, 절정에 달한 영원한 상을 묘사한 장면이라는 사실은 7:15-17과 영원한 상태를 묘사한 것(21:3-4, 6; 22:3) 사이에 존재하는 언어적 병행에서도 드러난다.[192] 계 7:14-17은 교회 시대 **내내** "이긴" 사람들을 묘사하며 그들이 증언을 마칠 때 흰옷을 입게 될 것(3:4-5)과 하나님의 영원한 성전에서 안전한 곳에 있게 될 것(3:21), 양식의 공급을 받아 다시는 주리지 않을 것이라는 약속을 받았음을 묘사한다(2:7, 17).[193]

모든 그리스도인이 이런 복의 묘사에 포함되었다는 결론은 흰옷 입은 무리가 흰옷을 입고 환난에서 나와(9절) 하나님의 임재에 들어간(13-17절) 무리들과 같은 사람들이라는 사실로 확증된다. 9절에서 이 무리는 능히 셀 수 없다고 언급된다. 이들은 "각 나라와 모든 족속과 백성과 방언"에서 나온 사람들이다. 이것은 우리가 앞에서 보았듯이 교회 시대 내내 구원받은

---

190) Wilcock, *I Saw Heaven Opened*, 82-83에 반대함.
191) Beasley-Murray, *Revelation*, 140, 144-45에 반대함. 하지만 Beasley-Murray는 9-12절이 모든 시대의 교회를 염두에 두었다는 인상을 준다는 것과, 15-17절이 하나님의 모든 백성의 영원한 행복을 예상한다는 점을 인정한다.
192) Brütsch, *Offenbarung* I, 329-30도 그렇게 생각한다.
193) 참조. Kiddle, *Revelation*, 142.

모든 사람을 가리킨다(5:9; 7:2-3, 9; 14:3-4의 주석 참조). 9절의 이런 포괄성을 고려한다면, 13-17절이 순교자들이든 그리스도인이든 유대인 출신의 그리스도인이든, 오직 이런 사람들의 마지막 세대에만 초점을 맞춘다는 생각은 본문에 어울리지 않는다.[194]

13-17절은 처음에 현재 시제와 과거 시제로 이야기를 진행한다. "이 흰 옷 입은 자들이 누구며 또 어디서 왔느냐…이는 큰 환난에서 나오는 자들인데 어린 양의 피에 그 옷을 씻어 희게 하였느니라. 그러므로 그들이 하나님의 보좌 앞에 있고…하나님을 섬기매"(13-15a절). 그런 후 15b-17절은 미래 시제로만 상황을 서술한다. 시제의 전환은 과거에 보았지만 미래의 사건들을 예고한 환상을 저자가 재서술하는 데 있어 자연스러운 현상이다. 가끔은 환상들이 과거 시제로 소개되고 또 과거 시제로 서술되기 시작한다. 하지만 그런 다음 현재 시제로 바뀐다(예. 4:2-5; 5:3-5). 이러한 시제의 전환은 요한이 더 이상 과거에 본 환상을 이야기하지 않고, 그의 마음속으로 다시 상기하는 것을 서술하고 있음을 가리킬지도 모른다.[195]

한편 7:13-17에서 과거에서 현재로, 그리고 다시 미래로 시제를 전환한 것은 시간적인 모호함으로써 전체 과정을 나타내려는 의도가 있는 것 같다. 요한은 교회 시대 내내 시험을 받는 동안 증인의 삶을 마치고("어린 양의 피에 그 옷을 씻어 희게 하였느니라"), 죽은 후 (6:9-11에서처럼) 지금 하나님의 임재에 들어가고 있는($\epsilon\iota\sigma\iota\nu$) 성도들을 본다. 하지만 미래 시제는 그 과정의 완료를 가리킨다(이 점은 6:9-11도 지향하는 내용이다).[196] 7:14에서 장로들의 말씀 중 맨 처음에 등장하는 분사 $o\iota$ $\epsilon\rho\chi\acute{o}\mu\epsilon\nu o\iota$("오는 사람들")는 현재 정동사 기능을 한다. 이것을 과거 시제의 두 정동사가 이어받는다(이러한 셈어 동사의 패턴이 1:5-6에서도 발견된다. 1:5의 주석 참

---

194) McDowell, *Meaning and Message*, 99도 그렇게 생각한다.
195) Mussies, *Morphology*, 334-36.
196) Caird, *Revelation*, 102-3.

조).[197] 현재 시제를 완료적 의미("그들이 왔다")로 번역하는 것은 가능성
은 있지만 선호되지는 않는다.[198]

14-17절이 모든 세대에 걸쳐 하나님의 임재 안으로 들어가는 교회
에 있는 사람들을 언급하고 단지 마지막 때에 있을 사람들만을 언급
하지 않는다는 사실은 22:14에서 강조된다. 이 본문에서는 교회에 있
는 사람들(참조. 22:16)이 현재 "자기 두루마기를 씻고 있다"(현재 분사 οἱ
πλύνοντες ["씻는 사람들"]는 정동사처럼 기능한다). 그렇다면 7장에서 "씻다"
에 이어지는 같은 비유가 22장에서도 그대로 이어져 복의 현재적 가능
성을 강조한다. 하지만 22장에서는 미래 직설법 대신에 현재 명령형이
사용된다. "목마른 자도 올 것이요(ἐρχέσθω) 또 원하는 자는 값없이 생명
수를 받으라(λαβέτω)"(22:17).[199]

인 시리즈의 결론인 일곱째 인: 6:10의 믿지 않는 세상을 하나님이
심판하시라는 성도들의 간청에 대한 공식적 반응인 최후의 심판이 다
시 묘사된다(8:1-5)

1절　어린 양이 마지막으로 일곱째 인을 떼자 "하늘이 반시간쯤 고요"해
졌다. 많은 주석가는 이 고요함이야말로 일곱째 인이 유일하게 내용이 없
는 인임을 증명한다고 주장한다.[200] 이런 해석으로 인해 그 뒤에 이어지는
나팔과 대접 재앙이 일곱째 인의 실제 내용이라고 생각하는 여지가 생겼
다.[201] 고요함이 하나님의 쉼을 암시한다고 주장하는 사람도 있고, 그것이
하나님의 계시가 일시적으로 중단된 것을 의미한다고 주장하는 사람도 있

197) 자세한 내용은 Charles, *Revelation* I, 202과 71-72을 보라.
198) 이 견해를 취하는 주석가들 목록은 Ulfgard, *Feast and Future*, 100을 보라.
199) 이와 비슷하게 7:9-17을 이미와 아직의 측면으로 분석한 Ulfgard, *Feast and Future*, 100-7
을 보라.
200) 예. Ladd, *Revelation*, 122.
201) 이런 생각을 논박한 Rissi, *Time and History*, 3-4을 참조하라.

다.[202] 또는 고요함을 역사의 과정 중에 나타난 하나님의 주권적이고 비밀 스러운 목적의 온전한 계시에 대한 반응, 즉 역사의 끝에 있을 인간의 경외 에 찬 침묵으로 보는 사람도 있다.[203] 종종 고요함을 그 뒤에 이어지는 일련 의 나팔 심판을 좀 더 인상깊게 하려는 극적인 휴지(休止)로 이해하는 경우 도 있다.[204] 이 마지막 제안은 일반적으로 옳다고 할 수 있다. 하지만 "고요 함"의 의미를 이해하는 열쇠는 고요함이 구약과 유대 문헌에서 지니는 함 의에서 찾아야 한다. 사실 일곱째 인은 매우 중요한 개념을 담고 있다.

일곱째 인은 여섯째 인의 주제를 이어가는 것 같다. 여섯째 인은 우주 적 대화재와 불경건한 자들이 자신의 임박한 심판에 반응하여 내지르는 공 포스런 비명을 묘사함으로써 최후 심판의 시작을 소개한다(6:12-17). 이것 은 인침을 받아 믿음의 보호를 받는 성도들의 모습(7장)과 대조된다(7:1-8). 성도들은 보호를 받아 인내하여 충성을 표현한 것에 대한 상으로 하나님의 임재 앞에 영원히 서 있을 수 있다(7:9-17). 7장 후반부의 초점은 성도들이 영원한 상을 받는 최후의 심판 이후의 시간에 맞춰져 있다.

일곱째 인은 최후의 심판을 계속해서 묘사하기 위해 여섯째 인이 중단 된 곳에서 시작한다. 6:12-17처럼, 일곱째 인은 성도들을 박해한 세상에 심 판 내리시기를 구하는 성도들의 간청에 추가적으로 응답한 내용이다(6:9- 11). 여섯째 인과 일곱째 인은 이런 간청에 대답하며, 그럼으로써 전체 인 시리즈의 논리적 절정과 요점을 이룬다. 이런 의미에서 6:1-8:1의 요지는 최후 심판이다. 하나님은 역사의 마지막에 자신이 옳고 의로우시다는 것을 보여주실 것이다. 하늘과 특히 땅에 있는 성도들은 이런 사실로 인해 위로 를 받을 수 있다. 6:12-17에서처럼, 일곱째 인의 논리적인 강조는 7:9-17에 서 성도들이 받는 영원한 상을 그린 장면과 대조함으로써 표현된다.

일곱째 인을 뗀다는 것은 모든 인이 떼어졌음을 의미한다. 앞에서 5:2을

---

202) Swete, *Apocalypse*, 106-7.
203) Beet, "Silence."
204) 예. Mounce, *Revelation*, 179; A. Y. Collins, *Apocalypse*, 54.

주석하면서 우리는 떼는 행위가 그리스도의 예언 성취의 시작과 그의 계시를 상징한다고 결론지었다. 인이 떼어짐으로써 구원과 심판에 관련한 구약 예언의 의미가 분명해졌다. 앞의 분석에 따르면, 처음 다섯 인은 구약과 신약의 예언이 성취되기 시작했음을 시사한다. 그리스도의 죽음과 부활로 말미암아 인 재앙이 실행되었다. 그러므로 처음 다섯 인은 시작된 예언의 성취와 구약의 예언을 드러내어 설명하는 것을 나타낸다. 여섯째 인과 일곱째 인은 아직 시행되지 않았다. 두 인은 마지막 심판을 다루기 때문이다. 여섯째 인과 일곱째 인은 아직 성취되지 않은 구약과 신약의 예언을 설명하는 역할을 할 뿐이다. 그렇지만 십자가는 최후 심판의 시작이었다. 십자가로 말미암아 그리스도는 희생의 대속물이 되셨고, 그의 백성은 최후 심판의 절정에 능히 "설" 수 있을 것이다(6:17의 주석과 7장 서론을 보라). 이와 비슷하게 처음 여섯 나팔은 최후의 심판의 날을 예상하는 화(禍)다(아래의 설명을 보라).

"고요함"

구약 배경

고요함은 (침묵처럼) 어떤 사람이 말하지 않기로 한 상황에서 나타나는 일상적이고 비신학적인 방법에 사용된다. 하지만 구약성경에서는 고요함이 하나님의 심판과 연결되기도 한다(그리스어 σιγή["침묵" 또는 "고요함"]가 LXX에는 거의 등장하지 않지만 말이다). 우상숭배자로서 죽은 자들은 적막함(침묵) 가운데 있다(시 115:17). 하나님의 백성을 박해한 사람들은 하나님께 심판을 받고 스올에 잠잠히 앉아 있다(시 31:17). 땅에 거하는 모든 사람이 죽는 때인 역사의 끝, 최후의 심판 직전에 "태고적인 고요함"이 있을 것이다(4 Ezra 7:30; 참조. 4 Ezra 6:39; 2 Bar. 3:7). 바벨론과 이스라엘은 그들을 향한 하나님의 심판으로 인해 잠잠히 있다(사 47:5; 겔 27:32; 암 8:2-3; 애 2:10-11; 마찬가지로 1 Macc. 1:3에는 알렉산드로스가 그의 원수들을 이기고 난 후에 "땅이 그 앞에서 조용했다"는 표현이 있다). 공공연한 종말론적 소망은 이렇게 표현된다. "주께서 땅 끝을 심판하시는 까닭에 악한 자들은 어두움 가운데서 잠잠하다"(삼상 2:9-10).

특히 관련이 있는 본문은 합 2:20과 슥 2:13이다. 이 본문에서 주님은 하늘에서 "그의 거룩한 성전"에 계신 분으로 묘사된다. 그곳에서 하나님은 불경건한 자들(즉 바벨론)에게 심판을 내리신다. 이 성전이 하늘에 있다는 것은 구약의 다른 본문(겔 1장)과 유대 묵시문학에서 추론되며, 사실 합 3:3-6과 슥 2:13-3:2에 분명히 나타나 있다. 이 두 본문에 나타난 심판에 대한 반응 또는 예상되는 반응은 "온 땅"과 "온 육체(사람)"가 잠잠히 두려워하며 서 있는 것이다(또한 사 23:2; 41:1-5 참조). 유대교 주석가들은 우상숭배로 인해 이스라엘의 심판을 예고하는 모세의 노래에 전체 피조물에게 침묵하라고 권하는 내용이 있다고 주장한다.[205] 성전 이미지는 습 1:7에서 다시 등장한다. 여기서 백성은 "잠잠해야" 한다. 하나님이 희생제물처럼 그들을 살육하실 것이기 때문이다(습 1:11도 참조하라. "가나안 백성이 다 패망하고"[잠잠하고]). 소예언서에서 발견되는 이 세 심판 선언은 "다"(all)[206]라는 단어로 암시되듯이 우주적이고 종말적인 대망으로 이해되었음에 틀림없다(또한 습 1:2-3, 14에 우주적이고 종말론적인 심판이 언급된 것을 참조하라).

계 8:1의 "고요함"은 이런 구약 배경에서 유래했을 것이다. 이것은 고요함이 "내용 없음"(emptiness)이라는 의미로 해석될 수 없다는 의미다. 고요함은 심판을 나타낸다. 몇몇 주석가들은 이 견해에 동의하지만, 그나마 이 고요함을 재림 이전, 곧 좀 더 많은 환난이 있기 전에 있을 고요한 적막함으로 이해한다. 그래서 일곱째 인의 내용은 본질적으로 이어지는 일곱 나팔과 일곱 대접이 되고 최후의 심판을 의미하지 않는다.[207] 물론 얼마든지 이런 식으로 생각할 수야 있겠지만 실제로 그럴 가능성은 거의 없다. 방금 전에 언급한 구약성경에서 고요함은 극적인 심판과 연결되기 때문이다. 더

205) Ginsberg, *Legends* VI, 947.
206) 예. D. Stuart, *Hosea-Jonah*.
207) Walvoord, *Revelation*, 150-51.

욱이 이미 암시했듯이, 이 구약 본문들에서 고요함이 최후의 심판에 앞서 시행되는 일시적 심판으로만 이해되도록 의도됐는지는 분명하지 않다. 고요함은 심판에 대한 반응일 수 있다. 그리고 고요함을 일반적으로 이처럼 2 가지 방식으로 이해하는 것이 다 포함되었을 것이다. 어느 누구도 말로써 표현할 수 없는 하나님의 심판의 어마어마한 공포가 바로 그 고요함이 전하려는 요점이다. 그 묘사가 아무리 간략하다고 하더라도, 일곱째 인을 구성하는 것이 바로 이러한 심판 사상이다. 일곱째 인에는 "아무런" 내용도 "들어 있지 않고", 일곱 나팔의 내용으로 채워져야 한다고 이해해서는 안 된다. 관련된 구약 본문이나 유대 문헌 중 어느 곳에서도 고요함에 내용이 없다는 암시가 전혀 없다.

이 사실은 8:1이 6:12-17에서 묘사된 최후 심판 장면의 연속이라는 우리의 주장과 맞아떨어진다(그리고 슥 1:14, 18이 6:17의 "그들의 진노의 큰 날"의 구약 배경이라는 점은 결코 우연이 아닌 것 같다). 그와 같이 8:1은 최후의 심판 직전이나 직후의 극적인 고요함을 묘사한다. 하지만 그런 정확함은 의도되지 않은 것 같다. 모든 사람이 안전하게 말할 수 있는 것은 8:1이 최후의 심판을 묘사하는 일반적 장면이라는 것이다. 8:1과 8:3-5(이 내용은 8:6ff.의 주석 서론에서 더 자세히 발전되었다)이 연결된 것으로 보아, 본문의 고요함은 심판이 언도되는 하나님의 하늘 성전 및 희생 제단과 관련이 있다(합 3:3-6; 슥 2:13-3:2; 습 1:7, 11). 이 사실로 인해 고요함의 의미(심판)가 더욱 강조되며, 이 의미가 구약에서 동일하게 사용된 부분과 연결되었다는 점이 한층 더 강조된다.

이 의미는 8:1의 사히드어(남 이집트 콥트어 방언의 일종─역주) 역본에서도 표현된다. 사히드어 역본에는 "고요해졌다" 대신에 "그들이 입을 다물었다"로 번역되었다.[208] 이 해석적인 의역은 땅의 거민들이 경외심을 가지며 다가오는 끔찍한 심판을 두려워해야 하기 때문에 그들에게 "조용히" 하라고 명령한 합 2장, 슥 7장, 습 1장과 관련이 있을 것이다. 1QpHab 13.1-4은 합 2:20의 잠잠함을 "하나님이 [여러 나라들 가운데] 우상을 섬기는 사

---

208) 참조. Hoskier, *Text of the Apocalypse* II, 214.

람들을 멸하실 심판의 날"로 해석한다. 이와 비슷하게 하박국서, 스바냐서, 스가랴서 본문의 타르굼은 잠잠함을 악한 자들의 멸망으로 해석한다(습 1:11도 그렇다. 하박국서, 스바냐서, 스가랴서의 다른 본문들의 LXX은 히브리어 본문의 "잠잠함"을 εὐλαβέομαι ["두려워하다"]라고 번역한다).

여기서 중심이 되는 사상은 재앙에 대한 단순한 공포가 아니라,[209] 최후의 심판 이전이나 이후에 있는 고요함이다. 이 사실은 이미 우리가 앞에서 살펴보았듯이, 8:3-5이 6:12-17과 8:1의 최후 심판 이미지의 연속이라는 사실에서 분명하게 드러난다. 고요함이 최후의 심판과 연결되었다는 사실은 특히 15:2-4뿐만 아니라 11:19과 16:18의 문학적·주제적 병행 어구에 비춰볼 때 명약관화하다. 이 병행 어구는 최후의 심판이 하나님의 하늘 성전에서 행해진다는 사실을 더욱 강조한다.

고요함은 땅이 아니라 하늘에서 일어나는 것으로 보인다. 하지만 이러한 사실은 고요함이 땅에 있는 죄인들에게 내리는 하나님의 심판을 암시한다는 우리의 결론을 약화시키지 않으며,[210] 또한 어떤 의미에서 그 사실은 심판이 하늘에서만 발생한다는 것을 의미하는 것도 아니다. 이 초점은 하나님의 심판의 기원이 하나님의 하늘 성전이라는 것에 맞춰져 있다. 그렇지만 합 2:20과 슥 2:13은 모두 고요함의 영역이 땅에 있는 사람들에게 초점이 맞춰져 있다고 언급한다. 물론 그들이 하늘 성전에 계신 "주님 앞에" 서 있는 경우에만 그러하다. 그러므로 고요함은 하나님의 성전 앞에 있는 하늘 영역 전체로 확장된다. 그리고 합 2:20에서 "온 땅"은 하늘과 땅을 비롯한 피조물 전체를 가리킨다고 할 수 있다. 따라서 본문의 강조점은 하늘에 있지만, 그렇다고 해서 땅의 영역이 배제된 것은 아니다(참조. 시 76:8).[211]

---

209) Ladd, *Revelation*, 122-23.

210) Swete, *Apocalypse*, 107.

211) Mealy, *After the Thousand Years*, 232-33에 반대함. Mealy는 고요함이 하늘에 한정되어야 하고, "반시간쯤"이 6:11의 "잠시"와 동일한 것이 틀림이 없다고 주장한다.

유대교 배경

계 8:1에는 역사의 끝에 일어나기로 예상되는 "원시적인 고요함"도 반영된
다. 이것은 땅의 모든 거민이 죽고 최후의 심판 직전에 발생하는 고요함이
다(4 Ezra 7:30). 4 Ezra 6:39과 2 Bar. 3:7, pseudo-Philo 60:2에 따르면, 고
요함은 창 1장에서 언급된 처음 창조 이전에 있었던 고요함으로 이해되기
도 한다. Midr. Rab. 출 39.9은 갈멜 산에서 바알의 예언자들을 심판하기
직전에 온 세상에 고요함이 있었다고 말하며, 이것을 처음 창조 이전에 있
었던 "혼돈과 공허"에 비교한다.

　　계 8:1에 "원시적인 고요함"이 함의되었다는 생각은 문맥과 일치한다.
여섯째 인이 하늘과 땅이 파괴되고(6:12-14) 최후의 심판이 시작된 지점까
지 서술하기 때문이다(6:12-17; 이것은 모세가 이스라엘에 닥칠 저주를 선언한 것
에 대한 반응을 기술한 Targ. Pal. 신 28:15ff.의 패턴을 따른 것이다. "땅은 떨며, 하늘
은 요동하고, 해와 달은 어두워지며, 별들의 빛은 흐려지고, 세상의 아비들은 무덤에
서 통곡하고 있을 때, 모든 피조물은 잠잠히 있다"). 성경의 사상 전체와 특히 계
20:11-21:1은 심판의 날 이후에 새 창조가 임한다고 가르친다. 그래서 8:1
은 하나님의 창조적인 말씀과 새 창조가 나오는 (최후의) 심판과 관련된 "고
요함"을 묘사하고 있을 가능성이 많다.[212] 사실 요한계시록에 반영된 이 유
대교 전통은 구약에서 이미 그 선례가 있다. 사 41:1에서 나라들은 그들에
게 선포하신 하나님의 심판 선언을 "잠잠히" 들으라는 명령을 받는다. 그
후에 이스라엘 땅에 종말론적인 새 창조가 이어질 것이다(사 41:17-20).

　　구약성경과 유대교 전통은 "고요함"을 홍해에서 일어난 애굽의 멸
망 및 이스라엘의 구원과 연결하기도 한다. Wis. 18:14에는 "조용한 고요
함"(ἡσύχου...σιγῆς)이 하나님이 애굽의 장자들을 심판하신 직후에 발생했
다. 심판은 "하늘 보좌에서 나오는" 하나님의 "능력 있는 말씀"에서 기원한
다. 이 마지막 재앙은 이스라엘 백성에게 애굽을 떠나는 길을 열어주었다

---

212) Rissi, *Time and History*, 3-6; Sweet, *Revelation*, 159도 이렇게 생각한다. 참조. Wilcock, *I Saw Heaven Opened*, 84. Mealy, *After the Thousand Years*, 230-34에 반대함.

(Wis. 19:1-2). 이 내용은 Wis. 18:21에서 중보자(모세)의 중재로 바로 이어 진다. 하나님께 백성을 보호해주시기를 기원하는 모세의 "기도"(προσευχή) 는, 계 8:3-4에서처럼, "속죄의 향"(θυμιάματος ἐξιλασμόν)과 동일시되는 것 같다. 애굽 사람들이 바다에서 죽은 것은 불과 몇 절 뒤에 언급되며(19:3-5), 바로 다음에 이스라엘 백성이 바다에서 구원함을 받았다는 내용이 이어진 다(19:5, 8). 이스라엘의 구원은 반복해서 **새 창조**로 불린다(19:6-8, 11, 18-21. 출애굽의 재앙들은 이런 새 창조의 시작으로도 이해된다. 11:17-18). 이는 다른 유대 교 문헌에서 심판을 고요함 및 새 창조와 결부시키는 것과 놀라울 정도로 비 슷하다(앞에서 언급한 내용을 보라). 이는 계 8장의 사상의 패턴에 잘 맞는다.

초기 유대교 사상의 다른 흐름들은 애굽 사람들이 바다에서 죽은 것을 고요함과 동일시하며, 그 언급 뒤에 이스라엘의 구원이 이어진다("고요함"은 이런 방식으로 *Targ. Pal.* 출 15장에서 2번 언급된다). 시 75(76):7-10(6-9)은 하 나님이 애굽 사람들을 바다에서 엎으셨을 때, "하늘로부터 심판의 소리가 들릴 수 있게 하셨으며, 하나님이 심판 중에 온유한 자를 구원하러 일어나 실 때 땅은 두려워했고 조용했다(ἡσυχάζω)"고 언급한다. 이 어구 앞에 "주 의 노하심으로 인하여 누가 주의 목전에 서리이까?"(τίς ἀντιστήσεταί σοι ἀπὸ τῆς ὀργῆς σου)라는 질문이 제기된다. 이것은 계 6:16-17의 "진노…그 들의 진노에서…누가 능히 서리요?"(ἀπὸ τῆς ὀργῆς…τῆς ὀργῆς αὐτῶν…τίς δύναται σταθῆναι)와 거의 동일하다.

이 유대교적 배경은 앞에서 계 8:1의 고요함이 7장의 삽입구 이후 6:17 의 사상의 연속이라고 주장한 것을 뒷받침해준다. 더욱이 *Mekilta de Rabbi Ishmael*, Shirata 8.20-23은 홍해에서 심판을 행하신 하나님의 비 할 데 없음(출 15:11a)을 그 심판을 발하시는 신적인 고요함으로 해석한다 (참조. 사 42:14). *Midr. Rab.* 출 23.7에는 이스라엘이 홍해를 건너던 날 밤에 천사들이 하나님을 찬송하기 원했을 때, 하나님이 찬송하지 못하게 하셨다 고 주장한다. 이스라엘이 여전히 곤경에 빠져 있었고, 애굽 사람들을 심판 하는 일이나 이스라엘을 구원하는 일이 아직 완료되지 않았다는 것이 그 이유였다. 출 14:14의 MT이나 LXX에서 모세는 이스라엘 백성에게 주님께서 애굽 사람들을 멸하실 것이므로 "조용"하고(σιγάω) 다투지 말라고 명령한다. 그러자 (하나님이) 모세에게 구원을 위해 기도하기를 그치라고 명령하시는데, 이는 하나님이 이미 모세의 기도에 응답하는 중이심을 암시한다(14:15). 바로 이 내용을 팔레스타인 타르굼과 예루살렘 타르굼은 이스라엘이 적을 "물리치기 위해…소리를 지르지" 말아야 했다고 의역했다. 그들은 애굽 사람들이 즉시 멸망한 것으로 인해 "하나님을 찬양하고 그에게 영광을 돌리는" 표현으로 "조용히" 해야 했다. 모세와 이스라엘 백성이 조용히 해야 하는 또 다른 이유는, 하나님이 "내 백성의 기도"를 들으셨고 그들에게 응답하시려는 사실에서 발견된다(참조. *Targ. Onk.* 출 2:24). 이 문단의 결론은 원수를 갚아달라는 성도들의 기도를 하나님이 들으시고 그 기도에 응답하시는 동안 천사들이 침묵하는 것을 가리키는 하늘의 침묵과 관련하여 언급할 아래의 내용과도 잘 들어맞는다(6:10의 주석과 아래 설명을 보라).

출애굽과 관련하여 고요함에 대해 반추한 이 유대교적 배경은 앞에서 계 8:1의 고요함이 심판 및 새 창조와 직접 연관이 있다고 주장한 내용을 확증한다. 사실 이 유대교 전통들은 계 8:1의 해석에 일조한다. 요한은 최후 심판과 새 창조 직전에 하나님의 백성의 최종적이고 종말론적인 출애굽을 보고 있기 때문이다(15:1-4). 이러한 전례를 사 40-55장에서도 찾을 수 있다. 사 40-55장에는 이스라엘의 회복의 약속들이 새 창조의 주제와 함께 출애굽 구원이라는 주제로 이루어졌다(예. 사 43:2, 15-21; 51:3-16).[213]

사실 출애굽 이야기 자체에 창조 주제가 들어 있다. 예를 들어 출 15:1-18에는 창조와 관련된 주제들로서 용사이신 하나님, 맹렬한 바다, 악을 이긴 승리, 그리고 그 결과로 나타난 성소를 짓고 왕권을 세우는 사상이 제시된다.[214] 계 8장에 나팔 재앙이 바로 이어지는 것은 이미 8:1을 염두에 둔 까닭에서다. 특히 *Midr. Rab.*와 타르굼에서 드러나는 출애굽의 고요함에

---

213) 자세한 내용은 Stuhlmueller, *Creative Redemption*, 66-73; Dumbrell, *End of the Beginning*, 15-18, 97을 보라.
214) Dumbrell, *End of the Beginning*, 167-70을 보라.

대한 전통의 적절성은 아래에서 더 자세히 탐구할 것이다.

고요함의 의미

다방면에 걸쳐 논의한 내용에 비춰볼 때, 계 8:1의 "고요함"은 심판 사상을 둘러싼 다양한 의미와 연관성을 가진 비유로 해석될 수 있다(자세한 설명은 아래 내용 참조).

하나님이 성도들의 기도를 들으셨다는 의미로서 고요함. 유대교 전통은 다섯 번째 하늘에서 천사들이 밤에는 하나님을 찬송하지만, 이스라엘 백성이 찬송하는 것을 하나님이 들으시기 위해 낮 동안에는 (사방이) 조용해진다고 주장한다(b. Hagigah 12b; b. Abodah Zarah 3b). 이 사상의 변형된 형태가 계 8:1에 반영되었을 수 있다. 4:9-11, 5:9-14, 7:11-12은 천사들의 찬송이 잠시 중단되었다고 언급한다. 하나님이 고난당하는 성도들의 기도를 들으시기 위해서이다.[215] 시 65:1-2은 이런 유대교 전통과 계 8:1의 부분적인 근거일 수 있다. "주 앞에는 고요함이 있을 것입니다.…기도를 들으시는 주여! 시온에 찬송이 있나이다." *Midr.* 시 65.1은 이 고요함을 불경건한 자들에 대한 심판 이전에 있을 하나님과 그의 백성의 태도로 해석한다. 그리고 b. *Erubin* 19a은 시편의 고요함을 영원한 정죄를 기다리는 사람들의 적절한 반응으로 해석한다(마찬가지로 시 31:18에 대한 *Midr.* 시 31장). *Midr. Rab.* 창 75.1은 슥 2:13에 언급된 심판의 고요함을 "가난한 자들과 탄식하는 궁핍한 자들의 압제"에 대한 반응으로 이해한다. 이것은 기도와 관련이 있다. 8:3-5이 바로 이러한 기도자들을 언급하는 까닭에 이런 구약과 유대교 배경이 계 8:1 배후에 있다는 주장은 그럴듯하다. 성도들의 기도는 맨 처음 6:11에서 언급되었다(비록 주석가들이 이런 암시된 기도자들을 8:1에서는 밝히지 않지만 말이다). 이런 식으로 본문을 읽는다면, 본문의 기도자들은 불경건한 자들에 대한 **최후의** 심판을 탄원하고 있는 것으로 해석될 수 있다(6:11-12의 주석 참

---

215) Charles, *Revelation* I, 224과 Charles를 따르는 다른 주석가들.

조). 그렇다면 8:3-4은 하나님의 보좌 앞으로 올라가는 성도들의 기도에
대해 언급하는 것이고, 5절은 그들의 기도가 심판의 실행으로써 응답받
았다고 이해한다(아래 8:3-5의 주석 참조).

보컴은 하늘에 고요함이 있어 최후의 심판을 위한 성도들의 기도가
하나님께 들려졌고 응답을 받았다는 사실을 지지하는 초기 및 후기 유
대교 문헌에서 더 많은 증거를 찾아냈다. 특히 다음 네 본문을 제시한
다.[216] *Test. Adam* 1:11-12(시리아어, 그리스어, 아르메니아어 역으로 혼합되
었음)에는 사람들의 기도가 하늘에서 들려지고 인정받았다는 내용이 언
급된다. 그리고 천사들이 조용해지고 하늘에 있는 제사장들이 분향한다
는 논평이 이어진다. 4QShirShabb^e(4Q405) 20-22.7-9에는 보좌의 움
직임을 야기하고 하나님을 찬양하는 그룹들이 묘사된다. 하지만 그들의
움직임이 그치고 "조용해진다. 기뻐 외치는 소리가 그친다.…찬양의 목
소리가…그들의 모든 부대 중앙에서 [들렸다]." *Midr. Rab.* 창 65:21은
이스라엘이 하나님을 찬양할 때, (에스겔서에 등장하는) "생물들이 조용히
하고 그들의 날개를 접었다"고 말한다. *Targ.* 아 1:1은 여호수아가 기드
온과 싸우고 태양과 달(천체를 가리키는 비유들)에게 "조용하라"고 요청할
때, 태양과 달은 "노래하기를 그쳤다." 이것은 여호수아의 요청이 들려질
수 있도록 하는 것이다.

하나님이 계시를 선언하신다는 의미로서 고요함. 이런 유대교 주제
의 또 다른 변형이 *Targ.* 겔 1:24-25에 반영된다. 여기서 수호천사들인 그
룹들은 움직이면서 하나님을 "찬양하고 감사한다." 하지만 "그들은 정지
해 있을 때면 조용하게 되었다." 하나님의 계시의 말씀을 듣기 위해서 말
이다(겔 1장의 "네 생물"은 *b. Hagigah* 13b에서처럼 묘사되었다). 이 계시가
이스라엘의 임박한 심판을 예언한다는 사실은 MT과 *Targ.* 겔 1-3장의
문맥에 비춰볼 때 분명하다. 예를 들어 이 계시의 일부분으로서 *Targ.*
겔 1:8에는 그룹들이 "그들을 위해 만들어진 손을 가지고 창공에 불붙

---

216) Bauckham, *Climax of Prophecy*, 70-83.

은 석탄을 끄집어내어 스랍들의 손에 쥐어주고는 그것을 악한 자들에게 뿌려 죄인들을 멸하라고 했다"는 내용이 첨가되었다. *Pesikta Rabbati* 33.11은 성전이 파괴될 때 겔 1장의 "네 생물"(=사 6장의 스랍들)이 그들의 날개 6개 중 2개를 잃어버렸다고 언급한다. 그 날개는 "찬양의 소리"를 발하는 날개였다. 성전이 심판을 받아 성전에서 찬양하는 지상의 제사장이 더 이상 존재하지 않았듯이, 제사장의 기능을 하는 천사들도 노래하지 않았다(이와 비슷하게 *b. Hagigah* 13b; *Midr. Rab.* 출 23.15에는 간헐적으로 "노래"하지만 하나님의 형상을 인식하지 못하는 "네 생물"이, "하나님께 영광을 돌리고" 홍해의 구원으로 인해 하나님의 형상을 인정하는 천사들과 대조된다). 계 4-5장에 겔 1-2장의 네 생물이 반복해서 언급되고, 계 8:5에 겔 10:2의 그룹들이 암시되었다는 사실에서 네 생물과 관련된 이런 사상들이 계 8:1의 배경에 포함될 수 있음을 볼 수 있다.[217] 이 본문들이 포함된다면, 계 8:1은 하늘의 나머지 천사들 무리를 비롯하여 그룹들을 대표한다. 이들은 하나님을 지속적으로 찬양하던 것을 그치고 악한 자들에게 최후의 심판을 선언하는 하나님의 음성을 들으려고 조용해졌다(이와 비슷하게 *Midr. Rab.* 출 29:9은 하나님이 시내 산에서 율법을 계시하셨을 때 수레 형상의 천사들과 스랍들이 찬송하는 것을 그치고 조용히 했다고 말한다).[218]

그러므로 계 8:3-4은 하나님의 최후의 심판을 간구하는 성도들의 기도에 대한 반응을 암시하고, 5절은 그 판결의 시행이 될 것이다. 이런 내용과 놀라울 정도로 비슷한 병행 어구가 *Zohar* 3, Shemoth 4a-4b에도 등장한다. 이 본문에서는 그룹들이 심판하는 역할을 맡은 천군과 함께 하나님의 보좌로 이동하여 노래한다. 하지만 심판이 시행되기 전과 후에는 잠잠해진다. "그리고 책들이 펴졌다. 이 시간에 그리고 주님이 그의 보좌에 오르시는 순간…노래는 그치고 침묵이 내렸다. 심판이 시작되었

---

217) 참조. Halperin, *Faces of the Chariot*, 87-96. 앞에서 인용한 겔 1:8에 첨가된 타르굼 역도 겔 10:2에 기초한다.

218) 참조. Halperin, *Faces of the Chariot*, 122.

다.…천사들의 무리가 [다시] 두려움 없이 노래하기 시작한다.…[그리고 다시] 소리가 조용해졌다. 그러자 주님께서 심판의 보좌에서 일어나셨다"(이 본문은 Tosefta에서도 발견되며, 랍비 시므온이 말한 것으로 알려졌다).

성전 제의와 관련된 고요함. 성전에서 드리는 상번제 의식의 배경을 설명한 미쉬나의 기록을 보면 기도가 계 8:1의 침묵과 연결된다는 점에 한층 더 수긍이 간다(참조. *m. Tamid*).[219] 예배 순서는 대략 요한계시록의 중요한 이미지들의 순서와 유사하다. (1) 일곱 등잔을 준비하기(계 1-3장), (2) 제물로 바쳐진 어린 양 도살하기(계 5:6), (3) 제단 아래에 제물의 피 붓기(계 6:9), (4) 침묵과 기도 시간 동안 향을 드리기(눅 1:10; 참조. 계 8:1, 4-5),[220] (5) 나팔 소리와 함께 번제와 전제(계 16:1)를 드리기(계 8:6), (6) 시편을 찬송하기(19:1-8) 등.

그러므로 일곱째 인에 포함된 사건의 묘사가 상대적으로 부족하다는 것으로 인해 일곱째 인에는 아무런 내용도 들어 있지 않다고 결론을 내려서는 안 된다. 오히려 그 반대다. 그 간단함 때문에 일곱째 인이 세 일곱 재앙 시리즈 중에서 최후의 심판을 보여주는 첫 번째 언급으로 적합하다. 계 8:1은 6:12-17에서 언급된 임박한 심판 장면을 한 단계 더 고조시킨다. 요한은 심판이 있다는 사실만을 거의 암시적으로 서술하고 자세히 언급하지 않는 것으로 만족했다. 요한계시록 뒷부분에서 반복적으로 언급할 계획이기 때문이다(11:14-19; 14:14-20; 16:17-21; 18:9-24; 19:19-21; 20:11-15).[221]

그런데 사실은 8:3-5에 최후의 심판이 더욱 묘사된다. 하지만 새 창조에 대한 묘사는 21:1-22:5에 와서야 비로소 주어진다. 침묵을 자세히 묘사한 내용 중 일부분이 18:22-24에 제시되었다. 이 본문에서는 옛 세상의 여러 소리들이 심판에 의해 조용해졌고, 그 후에 "하나님의 말씀"이 등장하며(19:13), 연이어 새 창조가 따라온다(21:1-22:5. 자세한 내용은 해당 본문의 주석 참조).[222]

219) Sweet, *Revelation*, 159; D. C. Chilton, *Days of Vengeance*, 230.
220) Edersheim, *Temple*, 167.
221) Kiddle, *Revelation*, 144-45.
222) Rissi, *Time and History*, 5.

고요함이 "반시간 가량" 지속되는 이유는 분명하지 않다. ἡμιώριον("반시간") 앞에 접두사 ὡς("처럼, 가량")가 놓인 것을 보면 이것이 대략적인 시간이라는 것이 분명하며, 요한계시록 여러 곳에서 표현된 ὥρα("한 시간")와 거의 같은 시간이다. "한 시간"은 불경건한 자들을 심판할 정해진 시간의 갑작스러움과 그 후에 나타나는 위기를 언급한다(3:3, 10; 11:13; 14:7, 15; 18:10, 17, 19. 14장과 18장에서 이 단어는 "큰 성 바벨론"의 갑작스러운 멸망을 가리킨다. 단 4:17a; 5:5; 11:45 LXX에서도 같은 의미로 사용되었다). "반시간"은 고요함의 정확한 시간적 길이를 언급하는 것이 아니라, 비유적으로 작정된 심판의 갑작스러움과 예기치 못함, 그 심판이 소개하는 위기를 강조한다(이 장면에서 ὥρα의 의미에 대해서는 18:10-19의 주석 참조). 고요함은 심판의 심각성을 강조한다. 요한계시록과 다니엘서의 여러 곳에서 시간을 숫자로 표현할 때 "반(半)"의 묵시적인 사용례에 따르면, 여기서 "절반"이라는 숫자는 위기와 심판의 때와 관련이 있다(11:3, 9; 12:6-9; 13:5; 단 7:25; 9:27; 12:7).[223]

언어적인 면에서 가장 근접한 병행 어구는 Theod.의 단 4:19(= 백스터판 LXX의 16절과 MT의 19절)이다. 여기서 다니엘은 "여러 가지 생각으로 번민했지만" 말없이 서 있다. 다니엘은 장차 일어날 일들을 예언하는 느부갓네살의 꿈을 듣고 "한 시간쯤(ὡσεὶ ὥραν μίαν) 어안이 벙벙했다." 이와 비슷한 사상이 계 8:1에도 담겨 있다. 가장 근접한 구약의 병행 어구들 중 몇몇 본문에서 "고요함"이라는 개념은 임박한 심판의 심각성을 알게 된 인간의 침묵을 언급하기 때문이다(합 3:3-6; 슥 2:13; 습 1:7; 참조. 습 1:11).

요한계시록에서 본문과 가장 가까운 유비는 18:10, 17, 19이다. 이 본문은 바벨론에 대한 심각한 최후의 심판이 "한 시간"에 내렸다고 말하며, 각각의 경우 시간을 가리키는 단어를 "화, 화"라는 슬프고 애통한 표현으로써 소개한다. 더욱이 "한 시간"이라는 표현이 마지막으로 등장하는 18:19에서는 심판 이후의 상황 묘사가 바로 이어진다(22-23절). 이것은 절대적인 고요함이다("네게서 다시는 들리지 않을 것이요"라는 어구가 반복된다는 점을 주목하

---

223) 참조. Prigent, *L'Apocalypse*, 130; Kraft, *Offenbarung*, 132.

라). 18장의 적절함은 "한 시간"이라는 언급이 LXX의 단 4:17a을 직접 암시한다는 사실로 한층 강조된다. 단 4:17a은 바벨론 왕이 받을 심판의 기간이 "한 시간"이라고 언급한다. 요한은 이것을 종말에 있을 바벨론의 멸망에 적용한다(18:10의 주석 참조).[224]

흥미로운 것은 요한계시록의 기원후 70년 저작설을 주장하는 과거주의자들 중에서 고요함을 그리스도의 죽음을 언급한다고 이해하는 사람들이 있다는 사실이다. 그들에 따르면, 그리스도의 죽음으로 천사들에 의해 시행되던 구약의 제의가 끝났다고 한다.[225]

몇몇 사본에서는 ὅταν("때마다") 대신에 οτε("때", ℵ 052 𝔐*)가 본문으로 채택되었다. ὅταν이 더 좋은 증거들의 지지를 받으며 독법이 더 어렵기 때문에 본문으로 더 선호된다(A C 1006 1611 1841). ὅταν은 반복된 행동을 언급하는 데 사용되며 한 번의 결정적인 행위를 가리키지 않는다(그래서 이 단어는 자주 "때마다"[whenever]로 번역된다). 여기서는 인을 떼는 분명한 과거를 언급해야 하기에 필경사로서는 ὅτε를 예상하게 된다.[226] 더욱이 ὅτε는 처음 여섯 인들을 소개하는 데 사용된다. 문법학자들 중에는 ὅταν을 인을 떼는 반복적인 행위를 암시하는 것으로 보는 사람들이 있다.[227] 하지만 6:1, 3, 5, 7, 12에서 ὅτε가 사용된 것으로 보아 이것은 개연성이 없다.[228] 뿐만 아니라 ὅταν은 18:9과 아마 4:9에서도 확실한 미래의 행위를 언급한다. 그러므로 8:1은 형태로는 조건적이지만 의미로는 확정적인 내용을 담고 있다.[229]

2절 　일곱 나팔을 받은 천사들의 환상은 1장에서 시작되었고 3-5절에

---

224) Bousset, *Offenbarung*, 290 역시 계 8:1의 단 4:16 Theod. 암시를 주목한다.
225) 예. Corsini, *Apocalypse*, 163.
226) BDF §382.
227) 예. MHT III, 93.
228) Robertson, *Grammar*, 973, 1146.
229) Burton, *Syntax*, 316.

서 계속되는 최후의 심판 장면에 끼어든 것으로 보인다(이 문제는 8:6ff.를 소개하는 부분에서 더 자세히 다룰 예정이다). 2절은 6절에서야 이어지는 새로운 시리즈의 심판을 소개한다는 점에서 흐름을 벗어난 것 같다. 우리는 앞에서 이런 명백한 어색함을 8:3-5과 맞물리는 문학적 전환의 한 부분으로 설명한 바 있다. 이것은 요한계시록의 여러 곳에서 병행되는 장치다. 2절이 3-5절 앞에 배치된 것은 2-5절이 인 재앙을 마무리하고 나팔 재앙을 소개하는 전환적인 삽입구로 작용한다는 의미다. 이런 전환은 문학적 · 주제적 측면에서 작용한다(자세한 내용은 8:5의 주석에 이어지는 "인 재앙에서 나팔 재앙으로 전환"을 보라). 나팔 재앙 시리즈 설명은 8:6에서 계속된다.

일곱 천사는 유대 묵시문학에서 잘 알려진 대(大)천사 7명과 동일시될 수 있다. ἑπτὰ ἀγγέλους("일곱 천사") 앞에 있는 관사 τούς("그")가 이를 증명한다(1:4의 주석을 보라. 참조. Tob. 12:15; 1 En. 20:1-8; 40; 54:6; 71:8-9; 81:5; 90:21-22; Test. Levi 3:5; Pirqe de Rabbi Eliezer 4).[230] 이것이 사실이든 아니든 간에, 일곱 나팔을 받은 천사를 2-3장에 등장하는 일곱 교회의 일곱 수호천사와 동일시하려는 시도는 가능하다(1:19의 주석 참조). 재앙을 시행하는 하나님의 도구인 천사들은 성경과 유대교 전통의 궤도를 따른다. 이에 따르면, 하나님은 천사들에게 애굽 사람들을 심판하라고 명하신다. 특히 홍해에서 임무를 부여하신 것이 대표적 예다(출 12:23; 시 78:47-48; Targ. Jer. Frag. 출 4:25; 12:42; 15:18; Jub. 49:2; Mekilta de Rabbi Ishmael, Beshallaḥ 7.30-35, 40-45).

3절 3-5절에 있는 삽입구의 주된 주제적 기능은 6:12-17과 8:1에서 시작된 최후의 심판에 대한 묘사를 다시 끄집어내어 마무리하는 데 있다. 앞에서 주장했듯이, 이 단락의 성전 분위기는 고요함의 요소를 포함하는 구약의 심판 이미지에 속한다. 그러므로 이 삽입구는 8:1부터 시작되는 최후의 심판 이미지의 연속이다. 앞에서 주목했듯이, 8:1은 요한계시록의 여러 곳에 있는 언어적 병행 어구에 의해 지지된다(앞에서 설명한 8장 서론을 보라. 특히 8:3-5의 문맥을 15:2-4의 문맥과 함께, 그리고 8:5을 11:19과 16:18의

---

230) I. T. Beckwith, Apocalypse, 550.

문맥과 함께 보라).

또 다른 천사가 등장하여 하늘 제단 곁에 섰다. 이 천사는 "임재의 천
사"(사 63:9과 *Jub*.1:29) 또는 심지어 그리스도 자신일 것이다(계 10:1과
14:14).[231] 여기서 염두에 두고 있는 제단은 제단 아래에서 박해를 받은 성
도들의 영혼이 있었던 6:9의 제단이다(6:9의 주석 참조). 이 제단이 8:3의 후
반부에 언급된 제단과 구별되는 다른 제단일 수도 있겠지만, 그럴 가능성
은 거의 없다. 몇몇 주석가들이 첫 번째 "제단"과 5절에 언급된 제단을 번제
의 제단으로, 두 번째 "제단"을 분향단과 동일시하기도 한다. 묵시문학 전체
에서 그렇듯이, 여기서도 하늘의 제단이 땅에 있는 성전의 분향단과 번제
단의 양상들을 결합한다.[232] 바로 이 제단에서 성도들이 박해자들을 심판
해달라고 하나님께 간청했다(6:10).

그들의 기도에 대해 하나님은 박해를 받기로 예정된 하나님의 백성의
수가 차면 심판이 내릴 것이라고 응답하신다(6:11). 이것은 역사의 끝에 가
서야 비로소 발생한다. 그래서 만일 6:12-17과 8:1이 이런 간청에 대한 응
답으로 이해된다면, 두 본문을 최후의 큰 심판을 묘사하는 것으로 이해해
야 한다(6:12-17의 서론적 주석 참조). 그리고 8:3-5은 6:9-10을 공식적으로
암시함으로써 6:9-11과 6:12-17+8:1 간의 연결을 분명히 한다. 8:3의 제
단이 6:9의 제단과 동일한 것이라는 사실은 "제단"(θυσιαστήριον)이라는 단
어가 반복된 것으로써만 아니라, "모든 성도의 기도"에 "많은 향"이 첨가된
것으로써도 확증된다. 이 어구는 6:9에서 발전된 5:8의 문구를 거의 그대
로 반복한다. 우리가 지금 "**모든** 성도의 기도"라고 읽는 것은, 우리가 앞에
서 주장한 것처럼 6:9에서 제단 아래에 있는 순교자들을 묘사하는 장면이
문자적으로 순교한 집단을 가리키는 좁은 의미로 이해해서는 안 되고, 정
도가 어떠하든지 간에 고난을 당하는 **모든** 성도를 대표하는 비유적 묘사로
이해해야 한다는 사실을 확증한다(마찬가지로 이것은 일곱 편지에 있는 "이기

---

231) 초기의 많은 주석가가 그렇게 생각했다. 예. Gill, *Revelation*, 756.
232) Charles, *Revelation* I, 226-30.

는 자들"과 관련해서 우리가 내린 동일한 결론을 확증한다). "보좌 앞에 있는 금 제단"의 중요성에 대해서는 4절에서 다룰 것이다.[233]

4절 "향연이 성도의 기도와 함께 천사의 손으로부터 하나님 앞으로 올라가는지라"는 6:10의 간청이 이제 천사들의 도움과 권세를 빌려 하나님 앞에 공식적으로 드려진다는 것을 암시한다.[234] 천사들은 하나님의 임재 앞에 성도들의 기도를 봉헌하는 상황에서 그들을 대표하기도 한다(일곱 편지에서 천사의 대표적 기능을 주목하라. 1:19의 주석 참조. Tob. 12:12, 15 참조). 천사가 성도들의 간구를 하나님께 드린다는 사실은 그 간구가 천사의 승인을 받을뿐더러 하나님의 승인을 받았음을 의미한다. 그렇다면 천사는 하나님의 일꾼이다. 그들의 행동은 하나님의 결정이 내리기 이전의 상황을 암시한다. 요한계시록에서 천사들은 하나님의 뜻을 실행하는 하나님의 도구다. 이것은 3절에서 δίδωμι ("주다")의 신적 수동태와 뒤따라오는 같은 동사의 능동태로 표현되었다(ἐδόθη αὐτῷ θυμιάματα πολλὰ ἵνα δώσει ["많은 향을 **받았** 으니 이는…드리고자 함이라"]).[235]

그러므로 성도들의 기도를 받아 하나님 앞에 가져가는 천사의 중보적인 역할을 보여주는 상징적 묘사는 하나님이 기도를 **이미** 기쁘게 받으셨다는 사실을 보여주는 것에 불과하다(아래 내용 참조). 이것은 성도들이 기도를 천사가 아닌 하나님께 직접 드린다는 6:10의 내용과 일치한다. 6:10은 제사장으로서 성도들이 하나님의 보좌 앞에 직접 나가는 것을 보여준다. 더욱이 천사들은 요한계시록에서 성도들보다 더 우월한 지위를 차지하지 않고, 심지어 자신들이 성도들과 "함께 된 종"이라는 것을 인정한다 (19:10; 22:9). "향연이 성도의 기도와 함께…하나님 앞으로 올라간다"는 것

---

233) Sweet, *Revelation*, 160은 ἵνα δώσει ταῖς προσευχαῖς τῶν ἁγίων πάντων을 "모든 성도의 기도에 입혀져(put on)"로 번역했는데, 맞는 것 같다. 이에 따른 장면은 단순히 향이 기도와 "섞인"(mingling. RSV에 이렇게 번역됨) 것이 아니라, 연기를 내기 위해 붉게 달궈진 석탄에 부어진 향이다(출간된 저술에선 언급되지 않았지만, Sweet는 NRSV 번역을 선호한다: "incense to offer with the prayers of all the saints").

234) 참조. Ladd, *Revelation*, 125.

235) 참조. Lenski, *Revelation*, 270.

은 하나님이 그 기도를 받으셨다는 비유적 표현이다. 구약성경에서 "기도를 향기로운 연기"로 묘사한 것은 하나님이 기도를 열납하셨음을 의미했다(예. 시 141:1-2; 참조. *Midr. Rab.* 민 13.18). 하나님이 기도를 받으셨다는 것은 구약 성전에 있는 향기로운 "분향의 연기"에 의해서도 암시된다(레 16:12-13; 참조. LXX의 θυμίαμα ["향"]와 MT의 이와 동일한 표현). 이것은 원수를 갚아달라는 성도들의 간청을 하나님이 이미 기쁘게 받으셨다는 것을 의미한다.

구약과 신약에서 향은 늘 제사와 연결된다(참조. *Test. Levi* 3:6a. 이곳에서는 천사들이 "주님께 향기로운 향기와 피 없는 영적 제물을" 드린다). 향은 하나님이 받으실 만하도록 번제에 더해진다(속죄일에 그렇게 하듯이 말이다. 예. 레 16:11-19; 참조. 출 29:18, 25; 레 2:1-2; 엡 5:2).[236] 시 141:2은 "나의 기도가 **주의 앞에 분향함과 같이** 되며"와 "나의 손드는 것이 **저녁 제사 같이** 되게 하소서"를 병치하고 있다(이와 비슷한 눅 1:9-10 비교). 향기는 하나님이 제사를 받으셨다는 비유적 표현이다. 계 8:3-5은 레 16:12-13을 반영한다. 제사장은 "향로를 가져다가 야웨 앞의 제단 위에서 피운 불을 그것에 채우고 또 곱게 간 향기로운 향을 두 손에 채워 가지고 휘장 안에 들어가서 야웨 앞에서 분향하여 향연으로 증거궤 위 속죄소를 가리게" 해야 했다(LXX). 이와 비슷하게 출 30:8-10은 "향"을 "번제" 및 "전제"와 동일시하며, 속죄일과 직접 연결한다. Wis. 18:21에는 모세가 중보자로 소개된다. 하나님께 이스라엘을 보호하시기를 구하는 모세의 "기도"(προσευχή)는, 계 8:3-4에서처럼, "향기로운 화목제물"(θυμιάματος ἐξιλασμόν)과 거의 동일시된다(자세한 내용은 8:1의 주석의 "고요함" 아래 "유대적 배경"을 보라).

그러므로 8:3-4에서 성도들의 기도와 연결된 사상은 신자들이 고난을 당했고 그들이 그리스도께 충성했기에 목숨까지도 제물로 드렸다는 점이다. 하나님은 성도들을 박해한 사람들을 벌하시기를 요구하는 6:10의 간구를 받으셨다. 성도들이 주님을 섬기며 그들의 목숨을 거룩한 전쟁에서 제

---

236) Weisberg, "Incence"를 보라.

물로 드렸기 때문이다. 성도들은 "그들이 가진 증거로 말미암아 죽임을 당"
했다(6:9; 마찬가지로, 롬 12:1; 히 13:10-15. 8:4을 거룩한 전쟁 주제와 연결시키는
것에 대해서는 8:6의 주석의 서론을 보라). 이와 비슷한 경우가 Wis. 3:1에서 발
견된다. "의인들의 영혼은 하나님의 손에 있다.…지혜가 없는 사람들에게는
의인들이 죽는 것처럼 보인다.…하지만 그들은 영생을 갈구하는 소망으로
가득 차 있다.…의인들은 큰 상을 받을 것이다. 하나님이 그들을 인정하시
며 그들은…시험하는 용광로에서 금과 같이 합당한 자임이 드러날 것이다.
하나님은 **그들을 번제로 받으실 것이다**"(계 3:4, 18; 6:9-10의 내용이 놀라울 정
도로 이와 일치한다). 이런 병행으로 인해 우리는, 성도들이 그들의 몸을 하나
님께 제물로 드렸기에, 6:10에서 언급된 그들의 기도가 8:4에서 이미 하나
님께 상달되었다고 결론을 내릴 수 있다.

향은 성도들의 충성된 희생제사로 인해 그들의 기도를 하나님이 받으
셨다는 것을 보여주는 상징이다. 그 제사는 주님을 기쁘시게 하는 향기였
다. 향기는 성도들의 기도뿐만 아니라 그리스도인의 희생 역시 하나님이
받으셨음을 분명히 보여준다. (1) 성도들이 원수를 갚아달라고 기도를 드
리는 장소는 "제단 아래"인데(6:9), 이곳에서 성도들은 기도의 응답을 받는
다(8:3에 '제단에서'라고 표현됨). (2) "향은 성도들의 기도"라는 첫 번째 언급
은 5:8에 있는데, 그곳에서 이 어구는 보좌에 나아가는 죽임당한 어린 양의
이미지(5:6-7)와 그가 "죽임을 당했다"는 사실을 언급하는 장면(5:9) 사이에
서 나오는 희생제사와 직접 연결된다.

단 9:20ff.와 10:10ff.에는 천사가 다니엘의 기도에 응답하는 장면이
나온다. 그러나 그 천사는 하나님이 이미 주신 응답을 전달하러 보냄을
받은 대리인이다. 기도에 있어 천사들의 중재 역할은 *1 En.* 9:3, 89:76,
99:3, *Test. Dan.* 6:2, *3 Bar.* 11:1-9, *Midr. Rab.* 출 21.4, 18.5, *b. Sota*
33a(= *b. Shabbat* 12b), *Midr.* 시 19:7, 88.2을 보라. 특히 계 8:3-4에 근접
한 것은 *1 En.* 9:1-11인데, 여기서 성도들은 자신들의 억울함을 풀어주
시도록 하나님께 말씀드려달라고 천사들에게 소리친다. 하나님은 홍수
를 선언하심으로써 응답하신다(또한 *1 En.* 99:3).

여격 ταῖς προσευχαῖς는 시간의 여격("기도와 동시에"),[237] 동반의 여격
("기도와 함께"),[238] 또는 심지어 이익의 여격("기도를 위하여")으로 이해될 수
있다.[239] 이 예들은 8:3에 있는 동일한 여격에도 적용될 수 있는 것들이다.
앞에서 이해한 문맥에 따르면, 마지막 선택이 가장 나은 것 같다. 하지만
케어드는 5:8에 근거하여 8:4의 여격이 지칭의 여격("기도의 표시로서")이라
고 적절하게 제안하며, 이에 근거하여 향을 기도의 상징으로 이해한다.[240]
　　향을 제사와 기도에 총체적으로 연결시킨 것에 대해서는 *Life of
Adam and Eve*(Apocalypse) 29:3-6을 보라. "내가 향을 취하여…하나
님이 내 기도를 들으시도록 제물을 드리게 하라."

　5절　　천사가 성도들의 기도를 하나님께 올려드린 것을 하나님이 공
식적으로 인정하고 그가 적극적으로 응답하셨다는 것은 4절과 5절 사이에
언급되지 않은 이음줄이다. 5절이 6:10의 간구를 이루시는 하나님의 명백
한 응답이라는 사실을 인식하면, 하나님이 그 기도를 인정하셨음이 분명하
게 드러난다. 본문(8:5)은 6:12-17과 8:1의 화(禍) 장면을 6:10의 기도에 대
한 응답이라고 공식적으로 해석한다.[241] 만일 이것이 옳다면, 8:5은 하나님
이 성도들의 기도에 응답하시는 최후의 심판을 다룬다.[242]

　하나님은 성도들의 기도에 응답하시면서, 세상에 심판을 보내신다. 천
사는 그 심판을 시행하는 일꾼이다. 향로에 "제단의 불을 담아다가 땅에 쏟
는" 천사에 대한 묘사는 최후의 심판을 암시한다(이것과 가장 가까운 병행 어
구인 모세의 유언 10:1ff.에 암시되었듯이 말이다).

　이것이 최후의 심판이라는 사실을 우리는 바로 아래에서(그리고 8:6ff. 주
석의 서론에서) 주장할 것이다. 불로 인해 "우레와 음성과 번개와 지진이" 일
어났다. 이것은 11:19, 16:18에 언급된 마지막 심판에 대한 묘사와 거의 같

237) Moule, *Idiom-Book*, 43.
238) 참조. MHT I, 75.
239) BDF §188.1; MHT III, 238; Zerwick, *Biblical Greek*, §55; Mussies, *Morphology*, 99.
240) Caird, *Revelation*, 107.
241) 참조. Harrington, *Revelation*, 135; Beasley-Murray, *Revelation*, 150-51.
242) 참조. Kiddle, *Revelation*, 147.

다. 우주적 혼란을 묘사하는 이 4중 고리는 하나님의 심판을 언급하는 구
약에 선례가 있다(예. 특히 출 19:16, 18; 시 77:18-19; 사 29:6; 에 1:1d LXX; 참조.
시 18:7-13). 공식적인 어구가 최후의 심판을 언급함으로써 나팔과 대접 재
앙 시리즈를 마무리하기에, 여기서도 틀림없이 같은 문구가 일련의 인 재
앙을 마무리할 것이다. 이 어구는 4:5에서 ("지진"이 생략된) "보좌로부터 번
개와 음성과 우렛소리"가 난다는 부분적인 어구를 발전시킨 것이며, 4:5이
최후의 심판에 관한 서론이라는 것을 보여준다(자세한 내용은 15:2의 주석 참
조). 4:5은 땅에 내리는 최후의 심판을 묘사하지 않고, 단지 그 심판을 예상
한 것에 불과하다. 그 본문에서 언급된 신현이 하늘에 제한되기 때문이다.
그러므로 "지진"이 4:5에서는 적합하지 않았을 것이다.[243]

출 19:16-18의 시내 산 신현은 요한이 8:5을 기록할 때 부분적으로 염
두에 둔 내용이다. 출 19:16-18이 4:5에서 주된 암시이거나 암시의 한 부분
에 속하기 때문이다(출 19:18 외에, "지진" 역시 시 68:8; 77:17ff.; 합 3장에서 더욱
분명하게 시내 산 현상에 속하는 것으로 이해된다). 초기 유대교 문헌과 기독교
문헌은 지진 이미지를 시내 산 신현과 결합했으며, 출애굽이 우주의 끝을
묘사한다고 이해했다.[244] 이것은 계 8:5에서도 동일한 사용이 있을 가능성
을 높여준다. 가끔 지진은 마지막 우주적 파멸이 발생하기에 앞서 나타나
지만, 파멸에는 속하지 않는 일련의 대재앙의 징조들 중 하나다(*2 Bar.* 27:7;
70:8; 4 Ezra 9:3; *Apoc. Abr.* 30:6; 마 24:7; 막 13:8; 눅 21:11). 그런데 그러한 경

) Bauckham, "Eschatological Earthquake," 227.
244) *1 En.* 1:3-9; *Assumption of Moses* 10:1-7; *Apoc. Abr.* 30:8; 히 12:25-27. 4 Ezra 3:18은
    시내 산 사건 자체를 반추한 것이다. 출애굽기를 분명하게 암시하지는 않았지만 이와 비슷한
    이미지에 대해서는 욜 2:1-10; 3:16; 미 1:3ff.; 나 1:3-6을 참조하라. 이 본문들은 주의 날에
    있을 하나님의 개입을 묘사한다. 욜 2:10과 4 Ezra 3:18 이외에, 주의 날에 하늘과 땅을 흔드
    는 진동을 언급하는 다른 본문은 사 13:13; 24:18-23이다. 이 모든 구약 본문들이 비유적이고
    종말 이전의 심판을 강조하기는 하지만, 이 본문들 내부에 최후의 심판의 예표론적인 언급이
    들어있을지도 모른다. 이것은 앞에서 종말을 분명하게 언급하는 것으로 인용한 유대교 본문들
    에 강하게 암시되었다. 이를테면, *Sib. Or.* 3.675-93; 4 Ezra 6:11-16; *1 En.* 83:3-5(홍수를 가
    리킴); 102:1ff.; *2 Bar.* 32:1. *1 En.* 1:3-9; 83:3-5; *Apoc. Abr.* 30.8; 4 Ezra 6:11-16; *2 Bar.*
    32과 히 12:25-27에서는 지진이 세상의 최종 멸망을 가리키는 **유일한** 표지다.

우 지진 이미지는 늘 일반적이며, 시내 산이나 출애굽 상황을 설명하는 명
확한 암시는 아니었다. 시내 산이나 출애굽에서 발생한 지진이 분명하게
종말론적인 사건으로 암시되는 경우, 지진은 늘 세상의 파멸이 절정에 이
르렀다는 징조였다. 지진이 유일한 종말론적 징조로 언급된 때에도 그러
하다.

계 8:5에서는 우주 종말의 절정을 염두에 두었다. 지진의 언급과 함께
시내 산이 암시되었기 때문이다. 5절에는 "우레와 음성과 번개"와 더불어
"지진"이 등장한다. 하지만 이것은 시내 산 현상을 더 자세히 언급하는 어
구다. 그곳에서 이 현상들은 산을 흔드는 데 작용했는데, 여기서도 같은 목
적으로 사용된다. 우리는 같은 어구가 11:19과 16:18에도 등장하고 있음
을 본다. 두 본문에서는 이 어구가 분명히 최후의 심판을 언급한다. *Apoc.
Abr.* 30에는 불경건한 자들에게 임하는 종말론적인 화 10개가 열거된다.
이 화들은 애굽에 내려진 열 재앙을 모델로 삼았다. 30:8에서는 "우레와 음
성과 파멸하는 지진"이 재앙들 중 맨 마지막에 언급된다. 계 8:5에서 이 마
지막 재앙은 최후의 심판을 소개하는 일련의 재앙들 중 절정으로서 시내
산 현상을 암시한다.[245]

일반적으로 인정하듯이 계 4:5, 8:5, 11:19, 16:18-21에 있는 거의 같은
어구들은 모두 시내 산에 대한 암시일 뿐만 아니라 최후의 심판 주제와 연
결된다. 더욱이 보컴은 이 어구들이 순서에 맞게 점차적으로 출 19장을 암
시하며, 조직적으로 다른 본문 위에 세워지고 있음을 관찰했다.

4:5   "번개와 음성과 우렛소리"
8:5   "우레와 음성과 번개와 지진"
11:19   "번개와 음성들과 우레와 지진과 큰 우박"
16:18-21   "번개와 음성들과 우렛소리…또 큰 지진…큰 우박."

---

245) 계 8:5과 요한계시록 이외의 병행 어구에서 지진 용어를 이렇게 해석한 것은 Bauckham의
    결론과 일치한다. Bauckham, "Eschatological Earthquake."

"환상들이 종말 그 자체에 더 가깝게 초점을 맞추며, 일곱 나팔의 제한적이며 경고성 있는 심판들이 최종적으로 회개하지 않은 사람들에게 내릴 하나님의 진노의 마지막 일곱 재앙으로 이어질 때, 이 형식들의 점차적인 확장은 각각의 심판 시리즈에서 증가하는 혹독함과 일치한다."[246] 그러므로 최후 심판의 대망을 선언하는 계 4:5의 서론 이후, 남은 어구들 하나하나는 종말이 서술되었지만 그럼에도 다 서술되지는 않았다는 공식적인 표기법이다.

출 19:16-19에는 나팔 소리 둘도 포함된다. 그래서 계 8장 앞뒤에 "[일곱] 나팔"(8:2)과 "나팔 소리"(8:6)가 언급된 것은 하나님의 진노를 가리키는 출애굽 이미지를 부분적으로 반영한다. 요한계시록에서 나팔은 마지막 때의 시작과 종결의 함의를 지닌다(*Apoc. Abr.* 30:8-31:1을 주목하라. 이 본문에는 19:16-18의 "우레와 음성과 파멸하는 지진"에 이어 "내가 나팔을 불 것이다"라는 선언이 바로 이어진다. 두 경우 모두 최후의 심판을 가리킨다).

8:3-5이 최후의 심판을 다룬다는 사실은 14:18-19에서도 확증된다. 이 본문에서 심판의 날은 분명히 8:3-5에서 사용된 것과 같은 언어로 묘사된 같은 천사에 의해 시작된다. "불을 다스리는 다른 천사가 제단으로부터" 나와 두 번째 천사에게 하나님의 최종적인 진노를 땅에 쏟으라고 명령한다.

8:3-5은 상당부분에 있어 겔 10:1-7을 모델로 삼았다. 에스겔서 본문에도 하늘 성전에 천사 같은 인물이 서 있으며(겔 1:1ff.), "그룹 밑에 있는 바퀴 사이로 들어가 그 속에서 숯불을 두 손에 가득히 움켜 가지고" 예루살렘의 "성읍 위에 흩"뿌린다(겔 10:2; 참조. 10:6-7). 이 내용은 겔 9장의 이야기 직후에 등장하는데, 겔 9장에서 천사들은 예루살렘에 있는 충성되지 않은 모든 사람을 살육하라는 명령을 받는다. 하나님의 천사가 이 사람들의 이마에는 보호 표시를 하지 않았다. 그 후 파멸하는 천사들은 살육하라는 명령을 실행한다. 겔 10장은 9장에 서술된 심판 명령을 강조하는 반복이다. 성전에서 불을 취하여 예루살렘에 뿌리라는 천사에게 주어진 명령은 예루살렘에 임박한 심판을 피할 수 없다고 앞장(9장)에서 서술한 내용을 강조한다. 에

---

246) Bauckham, "Eschatological Earthquake," 228.

스겔서가 계시하듯, 심판은 침략하는 바벨론 사람들에 의해 실제로 수행되었다. 그들은 9장과 10장에서 언급된 천사들의 보호 아래 심판을 수행하는 것으로 보인다. 에스겔서의 나머지 부분은 이런 임박한 심판의 불가피성을 여러 관점에서 몇 번씩 반복한다.

계 8:3-5이 인침을 받은 사람들을 논한 후(7:1-8)에 언급된 것도 결코 우연이 아니다. 신자들은 인침을 받은 까닭에 그들의 믿음을 위협받는 상황에서도 견딜 수 있고, 마지막 심판을 받지 않도록 궁극적인 보호를 받는다(7:9-17). 인은 신자들이 하나님의 보좌 앞에 나아가며 그곳에 영원히 거할 수 있게 하는 표지다(7:15-17). 8:1, 3-5에 있는 환상은 인침을 받지 않은 사람들에게 궁극적으로 닥칠 것이 무엇인지를 보여준다. 이 본문의 패턴은 도움을 요청하는 기도와 그 기도에 대한 하나님의 응답이라는, 구약에서 죄인들에게 내리는 하나님의 심판에 대한 묘사를 대략적으로 따랐다. 하나님의 심판은 이렇게 진행된다. 즉 하늘 성전에서 불이 나와 박해자들을 사를 것이다(시 18:6-15; 합 2:20-3:1-15). 인침을 받지 못한 사람들은 최후의 심판을 받을 것이다. 6:12-17에서 시작된 최후 심판의 이러한 반복은 에스겔서에 나타난 심판의 반복적 패턴을 반영한다.

문법학자들 중에는 εἴληφεν("가지고")을 부정과거 완료형의 전형적인 예라고 인식하는 사람들이 있다. 이 단어가 문맥에서 이어지는 부정과거 ἐγέμισεν("담아다가")처럼 분명하게 과거 뉘앙스로 사용되었다는 것이 그 이유다.[247] 하지만 로버트슨은 εἴληφεν을 "극적인 구어체의 역사적 완료형"이라고 부르기를 더 좋아한다.[248] 터너는 어근의 중복이 없다는 것을 들어 요한이 실수로 이 단어를 부정과거로 이해했다고 피상적으로 주장한다.[249] 이와는 다르게, 톰슨은 완료형을 부정과거처럼 사용하는 이유

247) 참조. Burton, *Syntax*, §80.
248) Robertson, *Grammar*, 899.
249) MHT III, 69; 이와 비슷한 Zerwick, *Biblical Greek*, 289; Mussies, *Morphology*, 265, 348 참조.

가 요한의 특징적인 셈어 문체에 있다고 주장한다.[250]

인 재앙에서 나팔 재앙으로 전환

8:3-5은 8:1의 최후 심판 장면을 이어가는데, 그것은 일곱째 인의 연속이
다. 2절은 6절에서 시작하는 일곱 나팔 재앙의 계시를 소개하는 삽입구
다.[251] 이 사실은 6절에 암시된다. 6절에는 일곱 천사들이 아직 나팔을 불지
않은 상황이라, 나팔 심판은 아직 시작되지 않았다. 하지만 5절은 그 천사
가 실행하는 심판의 실제적 활동을 언급한다. "천사가 향로를 가지고 제단
의 불을 담아다가 땅에 쏟으매 우레와 음성과 번개와 지진이 나더라."

그러므로 8:3-5은 뒤따라오는 나팔 재앙의 화와 구별되는 심판 행위를
기록하고 6:9-11에 근거한다. 6:9-11에서 박해를 받는 성도들은 "제단 아
래에서" 그들을 박해하는 사람들을 심판해달라고 하나님께 호소한다. 이
사실은 8:3-5에서 무엇보다도 "성도들의 기도"라는 어구와 직접 연결된 "제
단"이 3번 언급된 것에서 분명해진다. 천사가 성도들의 기도와 함께 향로를
취해 하나님의 보좌 앞에 올린다. 이것은 하나님께 자신들의 박해자들을
심판해달라는 6:9-11의 성도들의 기도임이 분명하다. 그 기도가 이제 천사
의 승인을 받았고 공식적으로 하나님의 보좌 앞에 상달되어 고려의 대상이
되고 있다. 8:5에서 하나님은 천사의 손을 빌려 땅에 심판의 불을 보내는
것으로써 그 기도에 응답하신다. 하나님의 응답은 최후의 심판으로 해석되
어야 하며 그 심판 이전에 있는 어떤 시련으로 해석해서는 안 된다. "우레
와 소리와 번개와 지진"은 (다른 순서이긴 해도) 11:18과 16:18에서 하늘 성
전을 언급한 것과 연결되어 일곱째 나팔과 일곱째 대접에 속한 것으로서
최후의 심판을 묘사하는 중에 등장하기 때문이다. 8:3-5이 6:12-17에서 묘

250) S. Thompson, *Semitic Syntax*, 24, 42-44.
251) Beasley-Murray, *Revelation*, 152.

사된 최후의 심판 장면의 연속이라는 사실은 이전 장면의 묘사 전체가 하늘과 땅에 영향을 주는 "지진"으로 요약되며, 8:5은 "지진"에 대한 언급으로 마무리된다는 사실에 의해 암시된다(8:5과 6:12의 σεισμός["지진"]와 6:13의 동사 형태; 최후 심판의 표인 "지진"에 대해서는 앞의 8:5의 주석 참조).

이런 의미에서 8:3-5은 박해자들을 보복해달라는 성도들의 기도에 대한 응답이며, 8:1에 묘사된 최후의 심판의 연속이다. 8:1 자체는 6:17이 멈춘 곳에서 시작한다. 8:3-5과 8:1이 통일된 단락이라는 것은 8:1의 고요함이 적어도 부분적으로나마 하늘에서 천사들의 찬양이 멈춘 것을 지적한다는 사실을 관찰하는 것으로써 드러난다. 천사들은 하나님이 심판을 촉구하는 성도들의 기도를 들으시도록 하기 위해서나, 천사들 자신이 그 기도에 대한 하나님의 계시적 응답을 듣기 위해 찬양을 멈춘다(8:1의 주석 참조). 8:3-5은 1절에서 예상했던 하나님의 응답을 서술한다.

이런 분석과 관련된 주요 문제는 나팔 심판의 서론이 8:1과 8:3-5 사이에 "끼어 있다"는 사실에 있다. 개중에는 3-5절이 나팔 심판의 서론에 속한다고 결론을 내리는 사람들이 있다. 하지만 나팔 심판은 5절의 서술 이후에야 시작한다. 가장 좋은 설명은 3-5절이 인 재앙의 결론이면서 동시에 나팔 심판의 서론으로 작용한다는 설명이다. 우리는 요한계시록의 주요 단락들 사이의 문학적 전환에서, 앞의 단락이 다음 단락으로 이어질 때 "맞물림"이 작용한다는 사실을 주목했다. 이런 전환은 각 단락들을 마무리하기도 하고 소개하기도 한다.[252]

하지만 맞물림과 같은 문체가 정확히 어떻게 서론과 결론의 기능을 하는가? 8:3-5이 최후의 심판을 결론지으면서 동시에 최후의 심판보다 앞서 발생하는 일시적인 시련들을 소개한다고 보는 것은 분명히 비논리적이며 개연성도 적다(아무도 이 입장을 지지하지 않는 것이 이해된다). 8장을 전형적인 미래주의적 입장에서 읽으면, 맞물림 현상이 관찰되지 않는다. 일곱째 인(1절)은 어떠한 내용도 들어 있지 않은 것으로 간주되고, 8장의 나머지

252) 참조. A. Y. Collins, *Apocalypse*, 55.

부분이 그 내용을 채우기 때문이다. 이런 관점에 따르면, 8:2-5은 단지 일곱 나팔의 서론에 속할 뿐이다. 하지만 맞물림 기능은 미래주의적 입장에서 본문을 읽는 것과 양립할 수 있다. 8:2-5은 여전히 기본적으로 일곱 나팔을 소개하는 일을 하기 때문이다. 이 심판이 6:9-11에 언급된 성도들의 간구에 대한 응답의 연속으로 이해되더라도 말이다.

하지만 앞에서 주장했듯이, 8:3-5의 맞물림이 뒤돌아보는 부분이 6:12-17과 8:1에서 언급된 최후 심판의 재개라고 보는 것이 나을 것이다. 이것은 6:9-11에서 심판해주시기를 간청한 내용에 계속되는 응답이다. 이 사실은 8:3-5과 정확히 병행하는 삽입구면서 동시에 맞물림 기능을 하는 15:2-4에 의해 더욱 지지를 받는다. 15:2-4 역시 연속적인 7중 심판을 행할 일곱 천사를 서론적으로 언급하는 내용 뒤에 나오고, 이 서론적인 언급은 15:5에서야 비로소 계속된다. 15:2-4은 14:14-20에서 발견되는 최후의 심판 장면을 계속 묘사함으로써 뒤따라오는 재앙 시리즈에 대한 서술의 시작을 잠시 중단한다. 이런 중단이 최후의 심판이라는 주제를 다시 시작한다는 것은 15:2을 보면 분명해진다. 이 본문에서는 성도들이 역사의 끝에 마침내 "짐승"을 무찌른 것으로 묘사된다.

더욱이 15:4에는 하나님이 그의 "심판을 나타내셨기" 때문에 "만국이 와서 주께 경배"한다고 언급된다(여기서 사용된 언어가 절정의 상황을 묘사한다는 사실에 대해서는 15:4의 주석 참조). 찰스는 8:2의 위치가 어색한 것을 고민하면서, 그의 전형적인 방법론에 따라 원래는 5절 이후에 와야 할 것을 편집자가 잘못된 곳에 배치했다고 추정한다.[253] 하지만 편집자가 왜 그렇게 혼동을 일으키는 작업을 했는지 납득할 만한 설명을 제공하기는 쉽지 않다. 여기서 한 걸음 더 나아가, 8장에서 제안되고 15:2-4에서 관찰되는 맞물림 현상을 보면, 8:2이 1절 내용을 더욱 발전시키는 삽입구가 뒤따라오는 6절 이하에 대한 서론으로 어떻게 기능할 수 있었는지 충분히 납득할 수 있다.

그렇다고 하더라도 8:3-5의 맞물림 삽입구가 6절 이하의 내용과 어떻

---

253) Charles, *Revelation* I, 221-22.

게 관련이 되는가? 15:2-4에서처럼, 여기서도 맞물림은 우선적으로 주제적인 관계가 아니라 문학적인 연결, 즉 하나의 7중 시리즈에서 다음 시리즈로 전환하는 기능이 있음을 시사한다. 어떤 주제적 관계가 존재하든지 간에, 그것은 나팔 심판을 6:9-11에 언급된 박해자들을 심판해달라는 성도들의 기도와 어느 정도 연결시킨다. 이 기도는 8:3-5의 삽입구에 명백하게 암시된다. 그러므로 삽입구는 2가지 방법으로 기능한다. 첫째로 그것은 계속해서 일곱째 인의 최후 심판을 6:9-11의 성도들의 기도에 대한 하나님의 응답으로 묘사한다. 하지만 둘째로 그 삽입구는 뒤따라오는 나팔 심판 시리즈 전체가 성도들의 간청에 대한 하나님의 반응이기도 하다는 점을 또한 보여준다.[254] 이것은 2절이 원래 1절과 3-5절 사이에 있는 것이 이치에 맞음을 보여주는 추가적인 증거다.[255]

만일 이것이 일곱 나팔에 관해 내릴 수 있는 타당한 평가라면, 일곱째 인(과 일곱째 나팔)이 묘사하는 최후의 심판은 6:9-11에 대한 하나님의 응답으로 이해해야 할뿐더러, 최후 심판의 나팔 이전에 발생할 처음 여섯 나팔의 화 역시 그렇다고 이해해야 한다(11:15-19).[256] 이것은 사상적으로 인 재앙 시리즈에서 나팔 재앙 시리즈로의 발전을 나타낸다. 처음 다섯 인은 6:10의 성도들의 탄원에 대한 공식적 반응이 아니었지만, 처음 여섯 나팔은 공식적 반응에 속한다. 이 말은 하나님이 성도들이 기도하는 중에, 그리고 심판의 날에 궁극적으로 또 근본적으로 응답하시기 전, 성도들의 복수를 위한 기도에 응답하기 시작하심을 암시한다.

사실 기도는 그리스도의 군인들이 사용하는 중요한 군사 전략들 중 하나다(자세한 내용은 아래 "나팔 심판의 구약 배경"을 보라). 이것은 처음 여섯 나팔로 촉발된 심판이 최후의 심판에 속한 화들을 작동시켰음을 암시한다.

---

254) 두 번째 기능에 대해서는 Prigent, *Apocalypse*, 135을 참조하라.
255) 앞에서 인용한 Charles의 견해에 반대함. 우리의 분석과 같은 맥락에서 Lohmeyer, *Offenbarung*, 73은 1절과 3-5절을 2절 및 7절과 마찬가지로 문학적 통일성이 있는 것으로 이해한다. 하지만 그는 여전히 두 단락이 주제와 형식면에서 함께 묶여 있다고 이해한다.
256) 후자에 대해서는 Minear, *New Earth*, 93; Farrar, *Revelation*, 112을 참조하라.

일곱째 나팔은 심판받는 사람들이 마지막 나팔 심판을 받아 마땅한 사람이라는 표시라는 점에서 최후 심판의 신호다. 또한 여기에 시사된 것은 일곱째 나팔이 처음 여섯 나팔로 시작된 고난의 절정이라는 것이다.

일곱 나팔을 6:9-11의 심판을 간구하는 기도와 연결시키는 것은 처음 네 인으로 야기된 화가 주로 하나님의 백성의 믿음을 시험하기 위한 시련이었음을 더욱 시사한다. 하지만 나팔로 야기된 화는 신자들의 믿음이 시험을 받는 동일한 교회 시대 전체 기간 동안 신자들을 박해하는 불신자들을 징계하는 시련들을 묘사한다. 이 주석 전체에서 주장했듯이, 가시적인 언약 공동체 안에 있는 거짓 그리스도인들은 교회 밖의 불신자들과 동일한 심판을 받는다. 그리고 6:1-8의 주석에서 구체적으로 주장했듯이, 동일한 시련이 참 신자들은 거룩하게 하는 반면, 불신자들은 심판한다. 따라서 일곱 나팔은 인으로 야기된 시련을 다른 방식으로 조망한다. 나팔 재앙의 2중 목적 역시 출애굽 재앙을 모델로 삼았다고 말할 수 있는데, 애굽 사람들에게 내린 재앙은 이스라엘 사람들을 보호하는 것으로 바뀌었다(자세한 내용은 아래 내용 참조).

주석가들 중에는 처음 여섯 나팔이 역사적 사건들의 시간적 순서에 있어 여섯째 인을 따른다고 보는 사람이 있다. 그래서 일곱째 인 자체에는 내용이 담겨 있지 않고 일곱 나팔과 일곱 대접을 마지막 인의 내용으로 간주한다.[257] 이 견해에 반대되는 첫 번째 논증은 일곱째 인 자체에 내용이 있으며, 그것은 최후의 심판을 비유적으로 설명한 것이라는게 우리의 결론이다(8:1의 주석 참조).

일곱째 인 자체에 내용이 들어 있다는 것은 8:3-5이 8:1에서 시작된 최후의 심판을 계속해서 묘사한 것이라고 우리가 내린 결론에 의해 지지를 받는다(8:3-5의 주석 참조). 우리가 8:1, 3-5을 이런 식으로 이해한 것이 옳다면, 나팔 시리즈는 심판의 날에 앞서 일어난 사건들을 재서술하는 것이 분명하다. 예를 들어 땅과 태양과 달과 별들이 여섯째 인에서 완전히 파괴되

---

257) 이 관점의 대표자들에 대해서는 본서 8:1의 주석 참조.

었다면, 이것은 첫 번째 나팔과 네 번째 나팔에서 부분적으로 파괴되는 일이 완전히 파괴되는 사건 전에 발생해야 함을 의미한다. 구체적으로 말하면, 처음 여섯 나팔은 처음 다섯 인과 시간적으로 병행한다. 둘 사이에는 다양한 병행과 비교가 존재한다(8:6-9:21의 주석 참조). 인과 나팔 모두 4개의 단락과 2개의 단락으로 나뉘며, 여섯 번째와 일곱 번째 사이에 삽입 단락을 가진다. 처음 네 나팔은 인간 생명의 공급원에 영향을 주는 심판을 가리키는 신호다. 반면에 마지막 세 나팔은 인간 자신을 직접 강타하는 심판을 지시하는 신호다. 앞으로 살펴보겠지만 일곱째 나팔은 여섯째 인과 일곱째 인에 병행한다.

필론(*Conf.* 1.143)은 "동일한 장소와 동일한 시간에 발생한 동일한 사건들이 한 백성에게는 파멸을, 다른 백성에게는 보호를 가져왔다"고 주장한다(이렇게 주장한 *Conf.* 1.146도 보라). Wis. 11:5-12은 애굽에 내린 재앙의 2중 기능을 증언한다. 이 구절에 따르면, 하나님은 애굽에 내린 재앙을 사용하셔서 광야에 거주하는 이스라엘 백성을 도우신다. "원수들을 심판하시는 것들로써, 바로 그 동일한 것으로써 그들(이스라엘)은 역경에 처했을 때 유익을 얻었다.…비록 자비로서 징계를 받는 것이지만, 그들은 자신들이 시험을 받을 때 불경건한 자들이 어떻게 분노로 심판을 받고 고통을 겪는지를 알았다. 불경건한 자들은 의인들과는 다른 고통을 겪었다. 주님은 의인들에게 아버지처럼 훈계하고 시험하시지만, 다른 사람들에겐 엄한 왕처럼 단죄하고 징벌을 내리신다." Wis. 11:13은 이스라엘 백성이 광야에 거주하기 이전에 일어난 출애굽 재앙의 2중 효과에만 초점을 맞추는 것 같다. "자기들이 심판을 받음으로써 다른 사람들이 유익을 얻는다는 사실을 애굽 사람들이 알았을 때, 그들은 주님을 어느 정도 느낄 수 있었다"(또한 Wis. 16:24 참조).

일곱 나팔은 출애굽 재앙의 패턴을 따른 것이 분명하다. 이런 구약의 배경은 일곱 나팔이 6:9-11의 원수 갚기를 간청하는 기도에 대한 응답이라는 사실을 더욱 강조한다. 이것은 출 3:7-9에서 재앙을 소개하는 어구를 보면 분명하다. "내[여호와]가 애굽에 있는 내 백성의 고통을 분명히 보고 그들이 그들의 감독자로 말미암아 부르짖음을 듣고 그 근심을 알고 내가 내려가서 그들을 애굽인의 손에서 건져내고…이스라엘 자손의 부르짖음이 내게 달하고 애굽 사람이 그들을 괴롭히는 학대도 내가 보았으니."[258]

---

258) Wilcock, *I Saw Heaven Opened*, 91.

8:6-11:19: 일곱 나팔

나팔 심판의 구약 배경

출애굽 재앙

나팔 심판의 주된 목적이 불신자들에게 회개하지 않으면 최후의 심판을 받을 것이라고 경고하는 데 있다고 이해되곤 한다. 나팔 심판의 특성을 "심판을 경고하는 것"으로 이해하는 열쇠는 이 내용을 구성하는 구약의 배경에 있다. 처음 다섯 나팔은 이스라엘이 출애굽 하기 직전에 애굽 사람들에게 내린 다섯 재앙을 모델로 삼았다.

첫째 나팔(8:7)은   출 9:22-25에 상응하고,
둘째 나팔과 셋째 나팔(8:8-11)은   출 7:20-25에 상응하고,
넷째 나팔(8:12)은   출 10:21-23에 상응하고,
다섯째 나팔(9:1-11)은   출 10:12-15에 상응한다.[1]

이러한 전반적인 영향이 일곱 나팔 재앙에서 감지된다. 순서의 다름과 상관없이, 그리고 나팔로 야기된 화를 묘사한 내용이 모두 출애굽 재앙의 묘사에 정확하게 상응하지 않는다는 사실과 상관없이 말이다.

재앙을 내리신 하나님의 전반적인 의도는 바로의 마음을 강퍅케 하여 이스라엘을 놓아주지 않게 하는 것(출 4:21)과 하나님이 그것을 재앙의 이적을 행하는 기회로 삼고자 하신 데 있다(출 7:3; 10:1-2). 이 이적들은 바로에게 강제로 이스라엘을 해방하도록 하려고 의도된 것이 아니라, 오히려 애굽 사람들에게 야웨의 비교할 수 없는 전능하심을 보여주는 기능을 했다(출 7:5, 17; 8:10, 22[= 8:6, 18 MT]; 9:16, 29; 10:1-2). 하나님은 재앙의 이적을 더

---

1) 참조. Müller, "Plagen."

많이 행할 수 있도록 계속해서 바로의 마음을 강퍅케 하셨다. 그렇지 않았다면 바로는 이스라엘을 놓아주었을 것이며, 하나님이 심판의 이적들을 행하심으로써 그의 전능하심을 보여줄 기회가 없었을 것이다. 출애굽 재앙은 바로와 대다수 애굽 사람들의 마음이 강퍅하다는 것을 증명하는 역할도 했다. 이 사실에 비춰볼 때, 재앙은 그들 마음의 강퍅함과 우상숭배와 하나님의 백성을 박해한 일로 인해 애굽 사람들에게 내려진 심판이었다. 우상숭배를 염두에 두었다는 사실은 각각의 재앙이 특정한 애굽의 신에게 적합한 독특한 심판이었고, 그래서 각 재앙은 각 신에 대한 격렬한 비판과 심판을 의미했다는 사실에 의해서도 입증된다.[2]

　재앙 이적의 궁극적 목적은 야웨께 영광을 돌리는 것이었다. 심지어 하나님이 바로에게 이스라엘을 놓아주는 일에 대한 마음을 바꿀 기회를 주셨을 때에도, 그의 마음은 다시 강퍅해졌다. 그 결과 애굽 사람들은 홍해에서 몰살당했으며, 그 사건은 다시 하나님께 영광을 돌리는 결과를 낳았다(출 14:4, 8, 17). 확실한 것은 하나님께 영광을 돌리는 것이 모든 재앙 이적들과 바로의 마음을 강퍅하게 한 일의 궁극적인 목적이었다는 사실이다(참조. 출 9:16). 그러므로 홍해에서 애굽 사람들이 결국 멸망한 것은 앞서 내린 모든 재앙에 담겨 있는 목적의 절정이다.

　출애굽 재앙을 경고로 인식할 수 있다고 하더라도, 그 재앙은 궁극적으로 바로와 대부분의 애굽 사람들로 하여금 회개하도록 한 것이 아니라, 그들의 마음이 강퍅하게 되었기에 심판받았음을 보여주고, 야웨는 비교할 수 없는 분이시라는 점과 그의 영광스러움을 증명하는 데 목적이 있다. 재앙이 연속해서 내리는 가운데 이스라엘을 가게 하라는 모세의 요구와 계속해서 바로의 잘못을 지적하는 기소와 임박한 심판 선언이 이어진다. 기소가 제기된 것으로 보아 우리는 바로가 백성을 해방시키지 않을 것이라는 사실과 불가피하게 심판이 닥치게 될 것을 추정할 수 있다. 바로의 마음이 여전히 강퍅한 상태에 있다는 사실에 근거해볼 때 얼마든지 이렇게 추정할 수

2) Davis, *Moses and the Gods of Egypt*.

있다. 바로는 재앙의 징후들에 부정적으로 반응했다. 그의 마음이 하나님에 의해 완악해졌기 때문이다. 그 재앙들은 바로가 마땅히 받아야 하는 경고였지만 만일 바로가 경고를 듣지 않는다면, 그 재앙들은 궁극적으로 심판으로 의도된다. 하나님은 바로의 완고한 반응을 미리 아셨고 예상하셨을 뿐더러(출 3:19; 4:21; 7:3), 그러한 반응을 촉발하기도 하셨다(4:21; 7:3).[3] 그러므로 재앙들은 대다수 애굽 사람들에게 주는 경고가 아니라 실제로는 심판이라고 이해하는 것이 가장 좋다(자세한 내용은 출 7:14-25; 7:26-8:11[MT]; 8:16-28; 9:1-7; 9:13-25; 10:12-20).[4]

반면에 요세푸스(*Ant.* 2.14.1)는 출애굽 재앙을 서술하는 한 가지 이유가 "인류" 전체에게 경고하려는 데 있다고 주장한다. 애굽 사람들처럼 하나님을 대항하면, 그들도 동일하게 심판받는다고 말이다(참조. 암 4:10). 필론(*Conf.* 1.95)은 더 날카롭게 말한다. 그에 의하면 재앙의 유일한 목적은 애굽 사람들로 정신을 차리게 하는 데 있다. 그리고 그는 "회심하여 지혜로운 마음을 가진 사람" 몇몇이 있었음을 지적한다(1.147). 필론의 주석은 몇몇 애굽 사람들이 출애굽 재앙으로 회심했고, 재앙이 그들에게 긍정적인 경고로 기능했음을 암시한다는 사실을 바르게 인정한다(출 12:38). 이것은 앞에서 분석한 것과 모순되지 않는다. 대다수 애굽 사람들이 실제로는 회개하지 않은 까닭이다. 대다수 사람들에게 재앙의 목적은 고집부리는 그들을 강퍅하게 하는 데 있었다.

출애굽 재앙은 나팔 재앙에 문학적이고 신학적인 모델이 되었다. 그러므로 나팔 재앙은 무엇보다도 땅에 거하는 대부분의 사람에게 실제로 내려진 심판으로 이해하는 것이 가장 좋다. 부차적으로 그 재앙이 남은 자들에게는 경고가 됐더라도 말이다. 경고라는 재앙의 부차적인 기능은 계 8:7-9:21에서 심판을 제한했다는 사실로 드러나는데, 이는 사람들이 회개하도

---

3) Beale, "Hardening of Pharaoh's Heart"; Piper, *Justification of God*, 139-51. Beale과 Piper 는 신학적으로 논란이 있는 이런 결론에 찬성하는 사람들과 반대하는 사람들을 언급한다.
4) Westermann, *Basic Forms of Prophetic Speech*, 66, 217-18; 참조. Hesse, *Verstockungs-problem*, 51.

록 하나님이 자신의 진노를 억제하심을 시사한다. 일곱 나팔의 주된 목적
이 경고하는 데 있다고 생각하는 사람들 중에는 불신자들이 그들의 죄를
"회개하지 않는다"고 언급한 9:20-21에 호소한다.[5] 반면, 하나님의 관점에
서 볼 때 일곱 나팔의 전반적인 목적은 결국 불신자들의 마음을 더욱 완악
하게 함으로써 그들을 심판하는 데 있다고 쉽게 결론을 내릴 수 있다. 만
일 일곱 나팔이 출애굽 재앙을 문학적인 측면에서만 모델로 삼았다면, 일
곱 나팔의 궁극적 목표가 사람들을 권면하는 데 있다고 볼 수 있다. 하지만
만일 출애굽 재앙의 신학이 일곱 나팔 구성에 구조적인 틀을 제공했다면,
일곱 나팔은 결국 대다수의 백성을 한층 더 완악하게 만드는 심판으로 이
해해야 한다. 일곱 나팔은 우상숭배 하는 불신자들에게 회개를 강요하려는
데 목적이 있는 것이 아니라, 하나님의 유일하심과 그분의 비교할 수 없는
전능하심을 보이려는 데 일차적 목적이 있다. 또한 일곱 나팔은 사람들의
마음의 완악함과 이 완악함 때문에 그들이 심판받는다는 사실을 보여주는
기능을 한다. 이것은 그들이 계속해서 우상을 숭배하고(9:20-21), 성도들을
박해하는 것(참조. 6:9-11)으로써 표현된다. 하지만 불신자들 가운데서 남은
자들은 이 재앙에 직면하여 회개할 것이다. 이것이 재앙의 일차적인 목적
은 아니라고 하더라도 말이다.

　이 모든 일시적인 심판은 일곱째 나팔에 묘사된 최후의 심판에서 절정
에 달한다(11:15-19). 요한은 출애굽 재앙을 교회의 종말론적인 시대 동안
불경건한 자들에게 내리는 심판의 예표론적 전조로 이해한 것 같다. 종말
론적인 교회 시대는 하나님의 백성이 이 세상에서 새 창조로 최종적으로
출애굽 하기 이전에 있는 시대다(자세한 내용은 8:1의 주석과 아래에서 다룰 "처
음 네 나팔의 결론"을 보라). 모든 일곱 나팔 심판의 결과와 목표는 하나님의
비교할 수 없으심과 죄인들에 대한 의로운 심판을 보이는 것뿐만 아니라,
무엇보다도 하나님의 영광을 드러내는 데 있다(11:13, 15-16; 참조. 15:4; 19:1-
7). 이 재앙들은 하나님의 백성을 박해한 사람들이 이미 회개하기를 거부한

---

5) Beasley-Murray, *Revelation*, 156.

까닭에 받게 되는 사법적인 심판이다. 그 기소장은 사람들이 강퍅한 태도로
인해 계속 회개하지 않음을 상정한다. 그들은 화의 징후들에 부정적으로 반
응하기로 결정되었다. 하나님이 이 죄인들에게 믿음으로 반응할 수 있도록
하는 "인"을 치지 않으셨기 때문이다(참조. 7:1-8; 9:4). 사실 하나님은 이 재앙
들이 하나님의 보호하는 인침을 받지 않은 가시적인 공동체 안팎의 사람에
게만 임하도록 의도하셨다. 자기 집 문에 어린 양의 피로 표시하지 않은 애
굽의 이스라엘 백성도 믿지 않는 애굽 사람들과 동일한 처지에 빠졌다.

　　이 분석은 나팔 재앙을 6:9-11에서 언급된 박해자들을 심판해달라는
성도들의 간청에 하나님이 응답하신 것으로 이해한 것과 일치한다. 일곱
나팔을 6:9-11과 연결하면, 왜 일곱 나팔의 주된 기능이 회개하지 않은 사
람들과 우상숭배자들에게 내리는 경고가 아니라 심판인지 이해가 될 것
이다.

구약성경의 나팔들

나팔 이미지는 구약성경과 유대교 문헌에서 여러 함의를 가진다. 각각의
함의는 그 이미지가 등장하는 문맥에 의해 결정된다. 구약성경에서 나팔
은 주로 다음과 같은 내용을 암시한다. 회개하라는 경고, 심판, 승리 또는
구원, 이스라엘 왕의 등극, 종말론적 심판이나 구원, 하나님의 백성을 모
음 등.[6]

　　신약성경에서 나팔은 그리스도의 재림과 그의 백성을 모으는 것을 알
리려고 울린다(마 24:30-31; 고전 15:52; 살전 4:16). 요한계시록의 문맥과 출애
굽 재앙의 배경에 비춰볼 때, 강조점은 회개하라는 경고보다는 심판에 있
다(Pseudo-Apocalypse of John에서 나팔은 최후의 심판을 선언한다). 하지만 일
곱 인과 일곱 나팔 모두 그리스도의 재림으로 촉발된 시련을 의미하는 까

---

6) 참조. Caird, *Revelation*, 107-111; Beasley-Murray, *Revelation*, 152-54; 민 10:1-10; G.
Friedrich, *TDNT* VII, 76-85; M. J. Harris, *DNTT* III, 874-75; 유대교 문헌에서의 용례를 개괄
한 Goodenough, *Jewish Symbols*, 82-115을 보라.

닭에(참조. 5:5-6:1ff.), 나팔은 그리스도의 부활에 이어지는, 그리스도의 왕 되심과 역사를 다스리시는 그의 주권의 표현으로 실행되는 심판이라고 이 해되어야 한다. 우리는 8:1에서 일곱째 인 계시가 고양된 어린 양이 여전히 역사의 비참한 사건들을 주관하고 계시다고 지적한 것을 다시 상기할 필요 가 있다. 8:6ff.에서 8절 내용과 나팔이 긴밀하게 연결된 것을 보면 그리스 도가 인 재앙 때 하셨듯이 궁극적으로 나팔 심판을 일으키시는 분이심이 한층 더 강조된다. 계 8:2은 일곱 천사가 그들의 힘을 하나님께로부터 받아 나팔 심판을 거행한다고 분명히 서술한다(이것은 8:2만 아니라 9:1, 3, 5에서도 신적 수동태가 사용된 것으로써 지지받는다).

구약성경에서 나팔은 거룩한 전쟁이 이스라엘의 원수에게나, 하나님의 원수인 이스라엘에게 벌어졌다고 경고한다(예. 삿 7:16-22; 렘 4:5-21; 42:14; 51:27; 겔 7:14; 호 8:1; 욜 2:1; 습 1:16). 여기서의 일차적 배경은 여리고의 몰락 이야기다. 여리고 성 전투에서 나팔은 거룩한 전쟁에서 임박한 승리를 선 언한다. 이 사실이 요한계시록에서도 작용한다는 것은 일곱 제사장(수 6장) 또는 제사장적 인물인(계 15:5-6) 일곱 천사(계 8-9장)가 불었던 일곱 나팔 이 병행한다는 사실에서 분명히 드러난다.[7] 제사장들은 자신들과 공식적으 로 연관된 언약궤가 상징하는 하나님의 권위를 대표한다(8:3-5에 언약궤가 존재한다는 것은 11:19에서 언약궤가 분명히 언급된 것으로써 암시된다). 여호수아 서와 요한계시록에서 "고요함"은 나팔 심판에 앞선다.[8]

이런 배경은 요한계시록에서 나팔 재앙을 이해하는 데 필수적인, 중요 한 두 사상을 분명히 한다. 첫째, 나팔로써 강조하는 것은 회개하라는 경고 보다는 심판에 있다. 사실 여리고 이야기는 우리가 출애굽 재앙의 신학적 배경에서 본 것을 확증한다. 제사장들이 분 나팔은 애굽에 내린 재앙처럼 결코 경고가 아니라 궁극적으로 심판만을 가리킬 뿐이다. 이것은 하나님이

---

7) Buchanan, *Revelation*, 204.
8) Paulien, *Decoding Revelation's Trumpets*, 232.

이미 자신과 그의 백성의 원수들에게 내리기로 결정하신 심판이다.[9]

수 6장을 모델로 하여 강조되는 두 번째 내용은 계 8-9장에서 처음 여섯 나팔이 절정의 심판에 앞서 예비적으로 가해지는 심판이라는 것이다. 엄밀히 말해 수 6장에서 처음 여섯 나팔은 일곱째 날에 임할 심판을 선언한다. 그 심판은 지진으로써 절정에 달했다. 하지만 동시에 여섯 나팔은 여리고에 내리는 결정적인 심판에서 절정을 이루는 일곱째 날에 일어날 사건으로 나아가는 과정이고, 그 사건에 반드시 필요하다. 이와 마찬가지로, 요한계시록의 처음 여섯 나팔은 결정적인 심판으로 나아가고 그 심판에서 절정을 이루는 불가피한 예비적 화로 이해해야 한다. 일곱째 나팔의 신호로써 나타나는 결정적인 심판은 역사의 끝에 이루어질 최후의 심판이다(11:15-19의 주석 참조). 이때에는 여리고 성이 예비적인 예표로 제시한 "큰 성"(11:8)이, 11:13에 묘사된 대로 마침내 그리고 결정적으로 파괴될 것이다. "그 때에 큰 지진이 나서 성 십분의 일이 무너지고"(이것이 최후 심판의 시작이고 부분적이고 일시적인 시련이 아니라는 것에 대해서는 11:13의 주석 참조). 일곱 나팔은 최후 심판에 이르기까지의 기간에 하나님의 백성을 박해한 사람들에게 고통을 주도록 결정된 시련들을 예언적으로 묘사한 것으로 이해된다.

9:20-21("이 재앙에 죽지 않고 남은 사람들은…회개하지 아니하더라")에 비춰 볼 때, 일곱 나팔은 회개하도록 경고하는 것으로도 이해할 수 있다. 애굽과 여리고의 재앙처럼 우선적으로 회개의 열매를 맺는 것이 아니라 매우 완악한 사람들에게 심판을 내리려는 목적으로 준 경고 말이다. 만일 "남은 사람들"(οἱ λοιποί)을 절대적으로 해석한다면, 경고가 아니라 심판이 나팔 재앙의 유일한 목적이다. 만일 "남은 사람들"이 끝까지 고집을 부리는 사람들만을 의미한다면, 나팔 재앙은 경고의 의미를 부차적으로 전달할 수 있다. 출애굽 재앙의 2중 목적에 비춰볼 때, 후자가 더 타당하다. 여리고에서 나팔

9) 순전한 회개를 불러일으키는 경고를 요지로 보는 대부분의 주석가들의 입장에 반대함. 예. Sweet, *Revelation*, 161; Wilcock, *I Saw Heaven Opened*, 95; Ladd, *Revelation*, 124.

을 분 것은 심판 사상과 아울러 하나님과 그의 백성에게는 승리를 의미하기도 했다. 이것은 요한계시록의 일곱 나팔에서 보았던 동일한 요지를 확중한다.

나팔 심판이 계 7장 직후에 놓인 것은 적합하다. 7장에서는 하나님의 백성이 전쟁하는 군인으로 묘사되었고(7:3-8), 그들은 땅에서 고난을 당하면서도 충성을 유지함으로써 거룩한 전쟁에서 역설적으로 승리를 거뒀다(7:14). 나팔을 하나만 부는 것과 대조하여 민 10:2-9에서 여러 개의 나팔을 부는 것은 적과 싸우라는 신호를 의미한다. 이것은 쿰란과 계 7:4-8에서 군대 조직의 배경이 되는 민 1장 이하의 전쟁 묘사가 쿰란에서 종말의 전투의 나팔을 이해하는 데 영향을 끼쳤고(아래 내용 참조), 계 8-9장의 나팔 재앙 역시 이것을 반영한 것임을 시사한다.

우리는 일찍이 6:9-11에서 자기들을 박해하는 사람들에게 원수를 갚아달라는 성도들의 기도가 일곱째 인의 최후 심판에서뿐만 아니라, 이어지는 나팔 재앙에서도 응답되었다는 사실을 확인했다. 이들의 기도는 하나님께 올라갔고, 하나님은 땅에서 시작된 심판과 최후의 심판을 야기하심으로써 기도에 응답하신다. 7장 직후에 소개된 나팔 재앙은 성도들이 거룩한 전쟁을 수행한 또 다른 방법으로 해석해야 한다. 성도들은 하나님의 심판이 그들을 박해한 사람들에게 이루어지기를 기도한다. 성도들은 희생당하는 고난으로써 역설적인 전쟁을 수행한다. 이것이 성도들이 복수를 요청한 기도를 하나님이 받으실 만한 것으로 만든다(자세한 내용은 8:4을 보라). 이것과 종말론적 전쟁을 수행하려는 쿰란의 전략 사이에 밀접한 병행이 존재한다. 전쟁 중 불 나팔에 원수의 멸망을 기원하는 기도를 기록하는 것이 전쟁 계획에 포함된다(아래 내용 참조). 세상이 혼란스럽고 역사에 악이 분명히 창궐하는 것은 그 사건들이 하나님의 통제 밖에 있다는 표시가 아니라 거룩한 전쟁의 표현이다. 이는 교회가 기도한 결과로, 그리고 하나님이 주권적으로 그들의 기도에 응답하신 결과로 나오는 것이다.[10]

---

10) Torrance, *Apocalypse Today*, 60-61.

여리고에서 그랬듯이, 성도들은 직접 싸우지 않고 하나님이 하늘에서 그들을 위해 싸우시기를 기다린다.

하나님은 원수들의 계획을 무산시키려고 자연 현상(궂은 날씨 등등)을 동원하여 하늘에서 이스라엘의 거룩한 전쟁을 수행하신다. 하나님은 10가지 재앙과 홍해의 기적으로써 애굽 사람들을 멸하셨다. 마찬가지로 아모리 족속을 멸하기 위해 해와 달과 우박이 동원되었다(수 10:10-15). "별들이 하늘에서" 가나안 족속들을 대상으로 "싸웠다." 가나안 족속들은 홍수로 멸망당했다(삿 5:19-21). 거룩한 전쟁에서의 승리를 묘사한 것 중에는 문자적인 것도 있고(출 7-15장), 비유적인 것도 있으며(시 18:4-19), 이 둘이 섞인 것도 있다(삿 5장). 대부분은 비유적이다(6:12-14의 주석과 아래 내용 참조). 이 배경에 비춰볼 때, 계 8-9장에 동일한 구약의 이미지로써 나팔 재앙이 묘사된 것에는 하나님이 거룩한 전쟁을 수행하고 계시다는 사상이 한층 더 강조된다.

애굽의 재앙이 시행되고 난 후에 이스라엘 가운데 하나님의 왕 되심과 임재를 인식시키기 위해 시내 산에서 "매우 큰 나팔 소리"가 난 것은 결코 우연이 아니다(출 19:6, 13-19).[11] 사실 필론(*Spec. Leg.* 2.188-92)은 "나팔"절이 출 19:16에 의거하여 제정되었다고 주장한다. 이 본문에서 나팔을 분 이유는 "나팔이 전쟁에 사용되는 도구이기" 때문이다. "나팔은 전쟁을 수행할 때, 군대를 각각의 진영으로 소집할 때 분다." 나팔절은 "여러 성과 우주의 다양한 곳에서 파벌을 [먼저] 잠재우시는…화평케 하시는 하나님께" 드리는 감사를 표현한다. 필론은 출 19:16의 나팔과 축제의 나팔들 모두가 "한편으로는 특히 그 나라[이스라엘]를, 다른 한편으로는 모든 인류를" 향한다는 내용을 덧붙인다.

요한은 파괴적인 재앙에 이어 왕위의 평화가 이어지는 구약의 패턴을, 11:15-19에서 앞에 있는 여섯 나팔 재앙을 뒤따라오는 일곱째 나팔로써 하나님의 종말론적 왕위를 소개하는 데 이용했을 것이다. 출애굽 배경이 존재한다는 사실은 출 19:16, 18의 신현 묘사("소리와 번개…지진")가 나팔 시

11) 참조. Beasley-Murray, *Revelation*, 154.

리즈를 소개하고(계 8:5) 마무리하는(11:19) 비슷한 묘사를 구성하는 데 사용되었다는 사실에서 분명하게 드러난다(자세한 내용은 4:5; 8:5; 11:19의 주석 참조).

우리는 앞에서 일곱 나팔이 회개를 이끌어내기 위한 단순한 경고라 기보다는 강퍅한 불신자들에게 내린 징벌적인 심판을 나타낸다고 결론을 내렸다. 이것은 쿰란의 성도들이 벨리알의 군대에 대항하여 수행할 마지막 종말론적 전쟁에서 나팔을 체계적으로 사용하는 것과 놀라울 정도로 비슷하다(1QM 3; 8.10-9.16; 10.6-8; 11.9-11; 16; 17.10-15; 18.3-5). 또한 쿰란의 전쟁은 부분적으로 수 6장과 민 10장에 근거하기도 했다(1QM 10.6-8에서 민 10:9을 인용한 것 주목). 아론의 제사장 7명이 전쟁 문서(1QM)에 언급되었다. 비록 그중 6명만 나팔을 가지고 있지만 말이다. 그들에 관해 기록된 비문에서 밝혀졌듯이, 나팔은 심판과 원수의 멸망을 선언한다(1QM 3.3-11. 예. "의를 미워하는 모든 자와 싸우기 위해서, 그리고 하나님을 미워하는 사람들에게 호의를 베풀지 않기 위해서", "그의 진노의 복수가 어두움의 모든 자녀에게", "불경건함을 멸하기 위하여"). 이것은 모든 나팔을 "살육의 나팔"로 요약한 것으로써 강조된다(8.8-9; 9.1-2; 16:9). 단순히 나팔을 부는 것만으로도 원수는 패배한다. 나팔로 선언된 패배는 성도들이 "하나님 앞에 기억하신 바 될 것과…원수들로부터 구원을 받는다"는 것을 의미한다(10.7-8). 나팔을 가지고 있지 않은 제사장은 "전쟁에서 군인들의 사기를 북돋기 위해" 모든 군대 앞에서 걸어야 했다. 나머지 6명의 제사장들은 쿰란의 군대가 적들을 공격할 때마다 일곱 번 나팔을 불어야 했다. 원수는 일곱 번 공격을 받고 난 후에는 완패할 것이며, 성도들은 원수들을 최종적으로 멸절할 때까지 그들을 추격해야 한다(8.12-9.7).

이외에도 레위 지파에 속한 제사장들조차 아론의 제사장 7명과 함께 가야 했으며, 일곱 "뿔"을 들고 원수를 어리둥절하게 만들어 승리를 가져오게 하려고 전쟁이 진행되는 동안 뿔(나팔)을 불어야 했다(7.13-15; 8.9-10). 이것은 랍비 시대에 새해가 시작되는 첫 날로 여겨졌던 티슈리 월(유대력의 일곱 번째 달-역주) 1일에 나팔을 분 것을 설명한 탈무드의 해

석과 관련이 있다. 하나님은 역사의 끝 바로 이 날에 모든 백성을 심판
하실 것이다. 이 마지막 날에 나팔이 울릴 것이다. 최후의 심판을 알리
기 위해서만 아니라 사탄을 혼란스럽게 하기 위해서도 말이다(b. Rosh
Hashanah 16a-b).

사실 성경 후기 시대의 유대교에서 나팔 상징은 대개 종말론적 의의
를 지녔다(참조. 사 27:13; 욜 2:1, 15; 습 1:16; 9:14; Pss. Sol. 11:1; 4 Ezra 6:23).[12]
쿰란의 전쟁문서에서 나팔과 뿔은 마술적인 승리를 가져다주거나 땅에
있는 성도들이 순전히 자신의 노력으로 전쟁에서 이긴다는 것을 의미하
지 않았다. 오히려 나팔과 뿔은 적의 패배가 하늘에서 천군 천사들을 통
해 전쟁하시는 하나님이 만들어내신 결과라는 궁극적인 사실을 암시한
다(예. 1QM 9.10-16; 11.17-12.11). 원수를 이렇게 심판하시는 것은 바로와
애굽 사람들에게 내렸던 심판과 비슷하다(11.9-11; 14.1).

쿰란의 나팔 심판과 요한계시록의 나팔 심판 사이의 중요한 차이는
이것이다. 쿰란이 말하는 나팔 심판은 역사의 절정 직전에 일어나지만,
우리가 이해한 바로는 요한계시록이 교회 시대 전체를 망라한다는 것이
다. 마지막 나팔만 역사의 끝을 알린다(요한의 관점에서는 일곱째 나팔이 임
박했을 수 있다. 그렇다면 교회 시대의 모든 기독교 세대도 역사의 끝이 임박하다
고 생각했을 것이다).

Life of Adam and Eve(Apocalypse) 22:1-3에는 "대 천사가…그의 나
팔을 불어" 하나님이 아담과 하와를 "판결하고 심판하려" 하셨다는 신호
를 보낸다고 묘사되었다. 이것은 아담과 하와가 하나님을 피해 "숨었다"
는 언급과 직접 연관된 내용이며(23:1-2), 계 6:17에 암시된 것도 바로 이
것이다.

나팔 재앙의 배경으로 들 수 있는 또 다른 예는 성전 제의에 동반된
음악의 일환으로 레위인들이 불었던 일곱 나팔이다(대상 15:24[여기에 하
나님의 언약궤가 함께 언급된 것을 주목하라]; 느 12:41). 일곱 나팔은 매주 7

12) Goodenough, Jewish Symbols, 111-13.

일간 불렀다(참조. 대상 15:24-16:7 문맥; 느 12:41-47). 이 나팔은 이스라엘 백성에게 "하나님 앞에서" 그들의 곤궁함을 "상기"시켜드리는 것이었고, 그들로 하여금 하나님께 감사하도록 하기 위해 하나님이 과거에 그들을 은혜롭게 기억하신 방법을 "상기시켰다"(예. 대상 16:4; 민 10:10; 시 150편).[13]

처음 여섯 나팔들: 하나님은 박해하는 세상을 천사들을 통해 심판하심으로써 성도들의 기도에 응답하신다. 여섯 나팔은 최후의 심판으로 이어진다(8:6-9:21)

처음 네 나팔들: 하나님은 불경건한 자들에게 그들이 행한 박해와 우상숭배로 인해 하나님과 단절되어 있음을 보이려고 그들이 땅에서 안전하다고 생각하는 것들을 없애신다(8:6-12)

나팔은 불신자들의 강퍅한 태도로 인해 내리는 심판을 묘사하며, 하나님의 비교할 수 없는 주권과 영광을 보여준다. 이 심판의 의도는 회개시키는 데 있지 않고, 불신자들이 하나님과 그의 백성에게 끊임없이 강퍅하게 행동하면서도 회개하지 않기에 그들을 심판하는 데 있다. 앞에서 언급했듯이, 8:3-5은 최후의 심판이 6:10에 대한 하나님의 응답임을 일차적으로 보여주지만, 나팔을 6:10의 세상을 심판하시기를 구하는 기도와 연결하는 부차적인 기능을 하기도 한다. 이러한 이해가 옳다면, 일곱째 인(과 어쩌면 여섯째 나팔도)으로 대표되는 최후의 심판만을 6:9-11에 대한 하나님의 응답으로 이해할 것이 아니라, 최후 심판의 화에 앞서 나타나는 처음 여섯 나팔로 인한 화 역시 그렇게 이해해야 한다(11:15-19). 특히 여섯 나팔은 최후 심판의

---

13) 나팔의 광범위한 배경을 논한 Caird, *Revelation*, 107-11을 보라. 처음 네 나팔과 그 나팔의 구약 배경과 유대교 배경을 분석한 Paulien, *Decoding Revelation's Trumpets*를 보라. 그러나 Paulien의 접근 방법에 중요한 단서를 달아야 한다. 그의 견해를 평가한 Beale, Review of Paulien을 보라.

절정을 예상하거나 최후의 심판에서 절정을 이루게 된다. 나팔 재앙이 "땅
에 거하는 자들"에게 복수해달라는 기도의 공식적인 응답의 시작임을 암시
하는 또 다른 증거는 마지막 세 나팔이 "땅에 거하는 자들"에게 내리는 "화"
라고 불린다는 데 있다(8:13; 11:10). 이것은 일곱 인에서 일곱 나팔로 이어
지는 사상의 발전을 표시한다.

하지만 여기서 제시한 연관성이 이치에 맞는지와 상관없이, 일곱 나팔
이 새로운 심판 시리즈의 시작을 나타내는 것만은 분명하다. 처음 여섯 화
는 일곱째 인과 일곱째 나팔로 상징된 마지막 심판 이전에 발생한다. 그러
므로 일곱 나팔은 시간적으로 일곱째 인 다음에 발생하는 것이 아니라 문
학적으로만 후속할 뿐이다. 일곱 나팔은 일곱 인을 반복한다. 하지만 처음
다섯 인이 신자들이 반드시 겪어야 하는 시련에 초점을 맞춘 것과 다르게,
지금 처음 여섯 나팔은 눈에 보이는 교회 안팎의 불신자들이 반드시 받게
되는 심판에 초점을 맞춘다. 일곱 나팔은 일곱 인에서 묘사된 몇몇 시련과
비슷하다. 하지만 이제 그 시련의 주된 목적은 심판하려는 데 있다.

6절   2절에서 소개되었다가 갑자기 다른 이야기가 중간에 끼어드는
바람에 중단된 일곱 나팔을 가진 천사들에 대한 묘사가 이제 다시 계속된
다. 일곱 천사는 나팔을 불어 각각의 나팔에 담긴 고난을 불러일으킬 준비
를 한다.

> *1 En.* 90:21-27에는 최후의 심판을 실행하는 일곱 천사들이 그려져
> 있다. 그들은 악한 천사들과 사람들을 결박하여 하나님이 판결하시도록
> 하나님께 그들을 데려간다.
>
> ἵνα("~하기를" 또는 "~하려고")가 가정법이 아니라 미래 직설법과 결합
> 된 것은 결과의 접속사 앞에 나오는 히브리어 미완료를 번역한 LXX에
> 서 온 것이 분명한 셈어 어법이다(8:3처럼).[14]

7절   첫째 천사가 그의 나팔을 불자 새로운 심판 시리즈의 첫 심판
이 시작된다. 그 심판은 "피 섞인 우박과 불"로 이루어졌고 "땅에 쏟아졌

---

14) S. Thompson, *Apocalypse and Semitic Syntax*, 98-99.

다"(*Sib. Or.* 5.377에는 마지막 때의 심판으로 "불과 피 섞인" 비가 하늘에서 내렸다고 한다). πῦρ...ἐβλήθη εἰς τὴν γῆν ("불이…땅에 쏟아졌다")이라는 어구는 8:5에 있는 πυρὸς...ἔβαλεν εἰς τὴν γῆν ("불을…땅에 쏟으매")과 거의 같다. 이것은 두 구절 모두 같은 심판을 언급하고 있음을 시사한다고 할 수 있을지도 모른다. 하지만 그럴 가능성은 적다. 8:5은 최후의 심판과 이에 따르는 결과가 제한되지 않음을 가리킨다(참조. 11:19; 14:18; 16:18). 반면에 첫 번째 나팔로 야기된 화의 효과는 "땅의 삼분의 일…수목의 삼분의 일…각종 푸른 풀"에 제한된다.

7절은 출 9:22-25에 묘사된 애굽에 내린 우박과 불 재앙을 모델로 삼았다. "여호와께서…우박을 보내시고 불을 내려 땅에 달리게 하시니라.…우박이 내림과 불덩이가 우박에 섞여 내림이…밭에 있는 모든 것을 쳤으며 우박이 또 밭의 모든 채소를 치고 들의 모든 나무를 꺾었으되." 출 9장과 계 8:7 모두 우박과 불이 하늘에서 내려 창조세계의 세 부분(땅과 나무와 식물)이 타격받는 것을 묘사한다. 출 9장의 그리스어 사본 하나[사본 75]는 출 9:23의 우렛소리(또는 폭풍)를 묘사한 것에 καὶ σάλπιγγας ("그리고 나팔들을")를 첨가하기도 했다(출 19:16-19의 영향 때문일 것이다). "여호와께서 우렛소리와 우박과 **나팔들을** 보내시고." Wis. 16:19, 22은 출 9장을 주석하면서 물과 우박이 내리는 중에 타는 불도 언급한다.

요한계시록은 출애굽기의 재앙을 수정한다. 땅과 나무의 삼분의 일만 해를 입었다고 말이다. 그런데 각종 풀이 입은 해는 변경하지 않았다. 8:11b에 좀 더 분명히 나타나듯이, 삼분의 일로 제한된 것은 앞에 언급된 어구에서 비롯되었을 것이다.[15] 어떤 의미에서 재앙의 효과가 이런 식으로 제한되었는지는 몰라도, 그 재앙은 우주적이기도 하다. 첫 번째 나팔은 한 나라 안에서만 일어나는 것이 아니라, 사람이 사는 온 땅 전체에 영향을 끼치기 때문이다(그렇지 않다면, 이스라엘이나 로마 제국이 화의 직접적인 대상이라는 요한계시록의 과거주의적 독법을 채택하게 된다). 요한계시록은 불이 해를 가하는 중요

---

15) I. T. Beckwith, *Apocalypse*, 556-57.

한 요소임을 강조한다. 출애굽기에서는 우박이 이런 역할을 담당한다. "피"가 덧붙여진 것은 나일 강이 피로 변한 애굽에 내린 첫 번째 재앙에서 왔을 것이다. 그래서 첫째 재앙은 첫 번째 나팔의 한 국면이 된다.[16]

이번 화는 땅의 한 부분을 살라버릴 문자적인 불을 언급하는 것이 아니다. 이것은 환상이 "상징으로써 전달한다"고 설명한 1:1과 맥을 같이한다. "불"은 요한계시록의 여러 곳에서 비유적으로 사용되었다(가장 분명하게 묘사된 4:5을 비롯하여 1:14; 2:18; 10:1; 19:12. 또한 9:17과 11:5의 주석 참조). 계 4:5은 특히 이 상황에 잘 맞는다. 이 본문에는 하늘에서 "보좌 앞에 타는 불"이 공식적·비유적으로 해석되었으며, 나팔 신호로 시작된 모든 재앙이 "하나님 앞"(8:2), 즉 하늘 보좌 앞에서 기원하기 때문이다(8:3-4은 구체적으로 "보좌 앞"을 "하나님 앞"과 동일시한다). 첫 번째 나팔 재앙의 영향을 받은 땅은 출 9:25, 31-32에서 분명하게 표현된 음식 공급원과 관련이 있다. 출애굽 재앙은 음식만을 파괴했다(출 9:31-32: "삼과 보리가 상하였으나…밀과 쌀보리는 자라지 아니한 고로 상하지 아니하였더라"). 이것은 기근으로 인해 밀과 보리가 부족하지만 그럼에도 여전히 공급된다고 한 계 6:6의 묘사와 놀라울 정도로 비슷하다.

그러므로 첫 번째 나팔은 셋째 말 탄 자에 의해 묘사된 기근을 비유적으로 언급하는 것 같다. 출 9:31-32에서 해가 제한되었기 때문에, 8:7에서도 해가 땅과 나무의 삼분의 일에 한정되었을 수 있다. 어떻게 해가 발생하는지는 분명하지 않다. 어쩌면 그것이 기근의 결과 중 하나일지도 모른다.

하지만 환난은 무엇보다도 겔 5:2, 12의 영향으로 인해 땅 삼분의 일로 제한된다(참조. 슥 13:8-9). 에스겔서 본문에서는 임박한 심판의 결과가 "무게를 재는 저울"에 의해 비유적으로 결정된다. 이스라엘은 세 부분으로 나뉘며 그에 따라 심판을 받는다. 삼분의 일은 불에 타고, 삼분의 일은 칼에 망하고, 나머지 삼분의 일은 포로로 잡혀가 흩어지게 된다(겔 5:2). 겔 5:12에서는 5:2에 언급된 불로 인한 심판이 생략되고 "전염병과 기근"으로 해석된다. 겔 5장은 기근을 강조함으로써 장차 임할 심판을 예고하는 것으로 마무리한다(16-17절). 더욱이 5장 전체는 장차 임할 심판이 4:9-17에서 묘사된 기근으로 이루어졌다고 예고함으로써 그 심판을 소개한다. 저울로 무게를 재는 비유(5:2)는 바로 앞에 있는 본문(4:16-17)에서 이와 비슷하게 묘사된 내용의 연속이다. "내가 예루살렘에서 의뢰하는 양식을 끊으리니 백성이…떡을 달아 먹고…물을 되어 마시다가 떡과 물이 부족하여…."

그래서 겔 5장에서 심판받는 이스라엘 삼분의 일은 대체적으로 기근이라는 틀로 묘사된다. 그리고 장차 임할 심판에서 가장 강조된 측면은 "그 성읍 안에서 불을 사른" 것이라고 비유적으로 표현된 기근의 심각성이다. 겔 5장은 계 8:7에 묘사된 나무 삼분의 일과 모든 푸른 식물이 불에 탄다고 앞에서 주장한 것이 기근에 의한 심판을 비유적으로 묘사하고 있음을 확증한다. 이와 비슷하게, *Sib. Or.* 3.540-44은 겔 5:12을 이용하여 "인류 삼분의 일"이 극심한 기근에도 불구하고 "생존할 것"(삼분의 이는 생존하지 못함)이라고 서술한다. 극심한 기근은 다음과 같이 묘사된다. "청동의 하늘…기근…철로 된 땅…씨 뿌리는 것도 적고 심는 것도 적으며…**땅에 불이 떨어질 것이다.**" 계 8:7이 겔 5장과 다른 점은 "각종 푸른 풀"이 다 타버리고 단지 삼분의 일만 그런 것이 아니라는 사실이다. 하지만 풀은 기근이 덮칠 세 번째 대상을 대표한다.

기근의 비유인 불은 계 18:8에도 암시된다. "하루 동안에 그 재앙들이 이르리니 곧 사망과 애통함과 흉년이라. 그가 또한 **불에 살라지리니.**" ἐν πυρὶ κατακαυθήσεται를 8:7의 πῦρ…ἐβλήθη εἰς τὴν γῆν…καὶ… κατεκάη("불이 땅에 쏟아지매…타 버리고")와 비교하라. 에스겔서의 배경에서 저울에 단다는 내용이 반복해서 강조되는 것에 비춰볼 때, 계 8:7은 같은 비유로 기근을 암시하는 계 6:5-6의 기근 재앙과 더욱 연결된다. 에스겔서에서 기근은 어떤 사람들에게는 고통을, 다른 사람들에게는 죽음을 가져온다(4:16-17; 5:10, 12, 16-17). 이 사실은 우리가 앞에서 출 9:19-25에 비추어 제안한, 같은 고난이 계 8:7에 전제되었다는 것을 확증한다. 겔 5장은 출애굽 재앙처럼 첫 번째 나팔 심판이 회개를 유도하는 데 우선적인 목적이 있

786

8:7

는 것이 아니라, 강팍한 우상숭배자들을 심판하는 데 있음을 보여준다(겔 5:9, 11). 이것은 계 9:20-21에 분명히 표현된다. 여섯째 나팔 재앙(또는 처음 다섯 나팔)으로 죽임을 당하지 않은 모든 죄인은 자신의 우상숭배를 회개하지 않는다.

계 8:7은 주님에 의해 곡의 종말론적 패배를 다룬 겔 38:22도 반영한다. "내가 또⋯피로 그를 심판하며 쏟아지는 폭우와 큰 우박덩이와 불과 유황으로 그와 그 모든 무리와 그와 함께 있는 많은 백성에게 비를 내리듯 하리라."[17] 유대교의 주해 전통은 겔 38:22을 출애굽의 우박 재앙 전통과 연결하여 종말론적 사건에 적용한다(Pesikta Rabbati 17.8; Pesikta de Rab Kahana 7.11; Midr. Rab. 출 12.2; 참조. Mekilta, Beshallaḥ, 2.83-84과 7.30-35. 이 문헌들은 겔 38:22을 홍해에서 애굽 사람들을 무찌른 승리에까지 해석적으로 확장한다). 만일 겔 38:22이 계 8:7에 부분적으로 암시되었다면, 마지막 전쟁 이미지는 앞서 여러 시대에 하나님에 의해 시작된 마지막 날의 심판에도 적용된다. 이 심판들은 마지막 교전까지 연결된다. 겔 38:22이 Sib. Or. 3.689.94과 아마도 3.287, 5.377의 마지막 전쟁 및 심판에도 적용된 것을 주목하라.

겔 5장에 근거하며 계 6:6과 놀라울 정도로 유사한 b. Baba Metzia 59b도 세상 삼분의 일에 강타한 기근을 언급한다. 랍비 엘리에제르(Eliezer)가 다음과 같은 거짓 교훈을 가르쳤다는 이유로 부당하게 출교를 당했다. "재앙이 세상을 강타했다. 감람유 수확량의 삼분의 일, 밀의 삼분의 일과 보리의 삼분의 일이 타격을 입었다." Midr. 시 2.9에는 이렇게 기록되었다. "고난이 세 부분으로 나뉘었다." 그중 하나는 오실 메시아의 마지막 세대를 위해 유보되었는데, 그것은 그리스도인들에게 있어 그리스도의 초림 때 실현되기 시작한 소망이다.

계 8:7은 슥 13:8-9도 환기시킨다. 슥 13:8-9은 마지막 때에 불같은 심판이 이스라엘 중 "삼분의 일"에게 영향을 미칠 것이며, "삼분의 이는

---

17) 다른 이들을 따라 Paulien, *Decoding Revelation's Trumpets*, 243도 동일하게 주장한다.

멸망하고 삼분의 일은 거기 남으리니 내가 그 삼분의 일을 불 가운데에 던져 은같이 연단하며 금같이 시험할 것이라"고 말한다. 의인과 불경건한 자 모두 같은 시험을 받을 것이다. 그러나 그 시험은 의인을 정결하게 하고 불경건한 자들만 멸할 것이다. *Midr. Rab.* 신 2.33은 슥 13:8의 "삼분의 일"을 이스라엘로, 삼분의 이를 우상숭배 하는 나라들로 이해한다.

질(Gill)은 히브리어 본문에서 "나무"를 믿지 않는 "왕들"로 해석하는 타르굼의 해석에 부분적으로 근거하여(예. *Targ.* 사 2:13; *Targ.* 슥 11:2), 계 8:7의 "나무"가 높은 지위에 있는 믿지 않는 사람들을 가리키는 것으로 본다.[18] 또한 계 8:7에 반영되었을 수 있는 사 10:16-20의 이미지도 참조하라.[19]

8-9절   둘째 나팔은 첫째 나팔의 심판 주제를 이어간다. 선견자는 "불붙는 큰 산과 같은 것이 바다에 던져지"는 환상을 본다. 산과 같은 것은 요한계시록과 구약성경 및 유대교 묵시문학 여러 곳에 표현되었듯이 한 나라를 가리키는 비유일 수 있다(계 14:1; 17:9; 21:10. 또한 구약성경과 유대교의 여러 문헌에 관련한 6:14의 주석 참조). 요한계시록 여러 곳에서 불은 심판 이미지다. 그러므로 불붙는 산은 악한 나라의 심판을 암시한다. 이 의미는 18:21의 지지를 받는다. "한 힘 센 천사가 큰 맷돌 같은 돌을 들어 바다에 던"진다. 천사는 즉시 그가 한 상징적 행동을 해석한다. "큰 성 바벨론이 이같이 비참하게 던져져 결코 다시 보이지 아니하리로다." 18:20 역시 이것이 "하나님이 너희를 위하여 그에게 심판을 행하셨음이라"고 해석한다.

렘 51:25은 바벨론의 심판을 다음과 같이 언급한다. "나는 네 원수라. 나의 손을 네 위에 펴서 너를 바위에서 굴리고 너로 불 탄 산이 되게 할 것이니"(또한 *1 En.* 18:13과 21:3을 주목하라. 여기서 타락한 천사들에게 내린 첫 번째 심판이 "불붙는 큰 산과 같은 별들"이라고 언급되었다. 이와 비슷한 내용을 담고 있는 *Sib. Or.* 5.512-31을 보라). 이 심판이 계 8:8에 암시되었다는 사실은 일곱

---

18) Gill, *Revelation*, 758.
19) Paulien, *Decoding Revelation's Trumpets*, 246.

째 나팔에서 그것이 반복해서 암시된 것(11:18b의 주석 참조)과 렘 51:27에
서 분명히 드러난다. "나팔을 불어서 나라들을 동원시켜 그를 치라." 이것은
예루살렘을 공격하는 군대를 모으는 신호다. 심판을 다루는 동일한 계시의
후반부에서 예레미야는 바벨론을 공격하는 화를 기록한 책(두루마리)을 언
급한다. 예레미야는 그것을 돌에 묶어 바다에 던지며, 이 상징적인 행동을
"바벨론이 나의 재난 때문에 이같이 몰락하여 다시 일어서지 못하리"라고
해석한다(렘 51:63-64). 이것이 계 18:21의 기초이다. 심판받는 바벨론을 비
유하는 돌과 산이라는 단어가 다 렘 51장에서 발견된다. 이 비유들은 계 8
장과 18장과도 관련되었을 가능성이 많다.

이 모든 사실을 고려할 때, 우리는 계 8:8에서 바다에 떨어진 불붙는 산
이 악한 나라의 심판을 언급한다고 결론을 내릴 수밖에 없다. 이 나라는 악
한 세상 제도에 영향을 미치는 계 11-18장의 "바벨론" 및 "큰 성"과 동일시
된다. 불붙는 산이 하나님의 심판의 대상이지 심판의 도구가 아니라는 사
실은 렘 51장과 구약의 여러 본문에서 나라들을 대표하는 산이 늘 하나님
의 심판의 대상으로 묘사된다는 사실에서 분명해진다(예. 사 41:15[*Targ.*에는
"이방인들과 나라들"로 표현함]; 42:15; 겔 35:2-7; 슥 4:7).[20]

그러므로 계 8:8의 장면은 문자적인 화산 폭발이나, 1세기에 발생하고
있거나 이후에 발생할 것이라고 예언된 그밖에 다른 자연현상을 묘사하는
것이 아니다.[21] 이러한 대 파국이 주로 비유적 언어를 담고 있는 구약성경
의 모델에서 영감을 받아 기록한 것임을 관찰하면,[22] 본문을 문자적으로 읽
는 것은 이곳과 요한계시록의 환상 단락에 적합하지 않다는 점을 알 수 있
다. 이 말은 그런 모델들이 재앙을 문자적으로 묘사하는 데 사용되지 않았
다는 의미가 아니다. 본문을 비유적인 관점이 아니라 문자적인 관점으로
이해해야 한다고 주장하는 사람이 있다면, 그렇다는 사실을 입증해야 할

---

20) Paulien, *Decoding Revelation's Trumpets*, 388.
21) Swete, *Apocalypse*, 110-11은 이곳과 7절에서 이렇게 주장한다.
22) Prigent, *Revelation*, 134-35.

책임이 그 사람에게 있다는 의미다.

둘째 나팔은 첫째 나팔로 소개된 것과 같은 화를 계속해서 보여준다. 비록 지금은 둘째 나팔이 첫째 나팔에 의해 해를 입지 않은 바다 삼분의 일과 우주의 일부분에 영향을 주지만 말이다. 7절에서처럼, 불 이미지는 심각한 기근 상태를 다시 언급한다. "삼분의 일"이란 언급은 이 또한 제한된 심판임을 보여준다. "바다의 삼분의 일이 피가 된다"는 것은 출 7:20의 직접적인 암시다. 거기서 모세는 나일 강의 물을 피로 바꾸었다. 나일 강의 물고기가 죽임을 당했듯이, 계 8:9은 "바다의 생명 가진 피조물들의 삼분의 일이 죽"었다고 말한다.

또한 이 묘사와 본문의 구약 배경은 기근 상태에 들어맞는다. 그리고 지금은 해상 무역의 부분적인 장애도 동반한다. "배들의 삼분의 일이 깨지더라." 이 내용은 이전에 풍부했던 자원의 결핍을 묘사하며 18장에서 더 자세히 언급될 것이다. 8:9에서 배들이 파선한 것은 18:11-19에 언급된 해상 무역의 원류인 "큰 성 바벨론"의 완전한 멸망을 예상한다. "모든 선장과 각처를 다니는 선객들과 선원들과 바다에서 일하는 자들이 멀리 서서 그가 불타는 연기를 보고 외쳐 이르되 '이 큰 성과 같은 성이 어디 있느냐' 하며 티끌을 자기 머리에 뿌리고 울며 애통하여 외쳐 이르되 '화 있도다, 화 있도다, 이 큰 성이여! 바다에서 배 부리는 모든 자들이 너의 보배로운 상품으로 치부하였더니 한 시간에 망하였도다'(18:17-19). 배를 부리는 사람들이 슬퍼했던 것은 바벨론의 멸망이 그들 자신의 종말을 의미한다는 사실을 깨달았기 때문이다. 8:9에는 가뭄 문제도 암시되었을 수 있다. 나일 강이 피로 바뀜으로써 마실 물이 부족했기 때문이다(출 7:18-19, 21, 24). 이것은 여기서 바다의 재앙을 더욱 강조한다. 하지만 출애굽 배경의 이런 측면은 셋째 나팔에서 비로소 분명하게 표현된다.

큰 성("큰 산" = "큰 성 바벨론")이 심판을 받자 기근이 발생한다. 이것은 전 세계 곳곳에 영향을 미친다. 여기서는 "바다"로 표현된다. 17:1, 15에서 "바다"는 믿지 않는 백성을 가리키는 비유다. 하지만 여기서 바다는 이런 의미가 아닐 것이다. 8:9b에 계속해서 바다에 있는 것이 묘사되

고 있기 때문이다. 한편 렘 51장의 영향에 비춰볼 때, 렘 28(51):42[LXX]
에 바벨론의 종말이 "바다" 비유로 묘사된 것은 결코 우연이 아닌 것 같
다. "바다가 바벨론에 넘치고…바벨론을 뒤덮었도다."[23] 렘 51:55[MT]은
바벨론이 "많은 물"에 의해 에워싸였다고 묘사한다. 두 경우에서 모두 바
다는(사 8:7에서처럼) 외국의 침략자들을 가리키는 비유다. 요한계시록의
저자가 이런 내용을 염두에 두고 있었다면 "바다"는 믿지 않는 나라들을
가리키는 비유이며, 계 17:1(참조. 17:15)의 "많은 물"에 상응하는 표현일
것이다.

겔 29:3-5은 후대의 바로에게 내릴 심판을 물고기에 재앙을 내리는
것으로 묘사한다. 하지만 이 바로는 "자기의 강들 가운데에 누워 (잡힐)
큰 악어"로 묘사된다. 그의 백성은 "너의[바로의] 비늘에 붙을 너의 나일
강의 물고기"로 불린다(Targ. 겔 29:3-5은 백성과 물고기를 분명하게 동일시한
다). 이것은 나일 강에서 물고기가 죽은 출애굽 재앙을 비유적으로 발전
시킨 것이다(후기 유대교 문헌은 출애굽 당시의 바로와 겔 29:3의 묘사를 동일시
하고, 이 본문을 출애굽 재앙 전통과 연결한다. 예. *Midr. Rab.* 출 5.14; 8.1-2; 9.3;
20.6). 만일 그렇다면, 계 8:8의 "바다의 피조물들"은 마찬가지로 백성을
가리키는 비유로 이해될 수 있다. 이곳과 다른 여러 곳에서 "바다"는 나
라들을 가리키며, 물고기는 나라들 가운데 거하는 백성을 지칭할 수 있
다.[24] 합 1:14은 바벨론에 의해 정복된 사람들을 "바다의 물고기와 같다"
고 언급한다.

τὰ ἔχοντα ψυχάς("생명 가진")의 어법 위반을 주목하라. 이 어구는
τῶν κτισμάτων("피조물들")과 일치하기 위해 목적격이 아니라 소유격이
어야 한다. 격을 일치시키지 않은 것은 셈어의 영향 때문일 것이다. 히브
리어가 그리스어보다는 어미변화가 적기 때문이다. 특히 이 어구는 창

23) 참조. Paulien, *Decoding Revelation's Trumpets*, 258.
24) Paulien, *Decoding Revelation's Trumpets*, 262.

1:20을 반영했을지도 모른다.[25] 여기서 *nephesh ḥayyâ*(문자적으로 "생명의 영혼" = "생명의 영혼을 가진")가 히브리어 문법에 따라 어미변화를 하지 않는다. 하지만 구문론적인 위치에 따라 어원이 같은 목적격 *shereṭ*("무리들")와 동격이다.

대부분의 사본에는 ὡς ὄρος μέγα πυρὶ καιόμενον("불붙는 큰 산과 같은 것이")이 있다. 하지만 몇몇 사본에는 πυρί("불과 함께"; 𝔐[K] sy[ph] Tyc)가 생략되었다. πυρί를 첨가할 분명한 동기는 없었고, 이 단어를 우연히 첨가했을 가능성 역시 거의 없다. 하지만 생략할 동기는 있었을 수 있다. 다음 나팔에 비슷한 어구인 μέγας καιόμενος("횃불같이 타는 큰 [별]")가 있지만, πυρί가 생략되었기 때문이다(10절). 필경사가 두 비슷한 어구를 혼동하고 10절에 영향을 받아 8절에도 πυρί가 생략된 것으로 보았을지도 모른다. 또한 두 나팔을 더욱 일관성 있게 병행시키려고 의도적으로 이 단어가 생략됐을지도 모른다. 또는 καιόμενον("불타는")에 비춰볼 때, πυρί가 명백한 덧말로 생각되어 생략됐을 것이다.[26] 어찌 되었든 간에, πυρί가 생략된 표현을 부차적인 것으로 간주하는 것이 제일 좋다. πυρί가 포함된 독법이 더 좋은 사본(예. A ℵ 𝔐[A] 2053 2344)의 지지를 받으며, 다양한 계열과 지리적 영역의 사본에서 등장한다.

10-11절 셋째 나팔과 더불어 기근 심판이 계속된다. 둘째 나팔에 암시된, 써서 마실 수 없는 물로 인한 비참함이 전면에 부각된다. 그래서 "강들과 물샘"이 영향을 받았다는 본문의 주장에서도 분명히 알 수 있듯이(참조. 출 7:19), 출 7:15-24이 여전히 셋째 나팔 재앙의 배경이다. 그 유사성은 시 78:44에 의해 한층 강조된다. 여기서 시편 저자는 하나님이 "그들의 강과 시내를 피로 변하여 그들로 마실 수 없게 하시며"라고 말함으로써 출애굽 재앙을 풀어쓴다(대문자사본 A는 계 8:10에서 "그리고 물의 근원"을 생략한다. 필경사가 본의 아니게 11절 초입의 καί ["그리고"]로 건너뛰었기 때문일 것이다).

25) Paulien, *Decoding Revelation's Trumpets*, 252-53.
26) B. M. Metzger, *Textual Commentary*, 742.

둘째 나팔에서처럼, 여기서도 거대한 불덩어리가 하늘에서 떨어진다. 그것은 이번에는 "큰 산"으로 묘사되지 않고 "횃불같이 타는 큰 별"로 묘사된다. 만일 이것이 처음 두 나팔의 심판과 비슷한 심판을 계속하는 것이라면, 불은 다시금 기근의 비유로 이해될 수 있다. 우리는 요한계시록과 구약성경 및 후기 유대교 문헌 여러 곳에서 별이 천사들을 가리킨다는 사실을 관찰했다(1:19의 주석 참조). 이 천사들은 종종 공동체적으로 땅에 있는 사람들과 나라들을 가리키기도 하며, 불은 요한계시록과 그밖에 이와 관련된 문헌에서 전형적으로 심판을 상징한다(8:8의 주석 참조). 여기서도 같은 원리가 적용된다. 8절에서처럼 우리는 10절에서 죄 있는 사람들의 법적 대리인인 천사의 심판을 본다.

더욱이 *Midr. Rab.* 출 9.9은 계 8:10의 배경인 물과 관련된 출 7:16-18의 재앙을 죄 있는 백성을 대표하는 법적 대리인들인 천상적 존재들(예. 나일 강의 신)에게 내리는 심판으로 해석한다. 백성도 마찬가지로 영향을 받는다. 사 24:21은 그러한 해석을 지지하기 위해 인용됐다. "여호와께서 높은 데에서 높은 군대를 벌하시며 땅에서 땅의 왕들을 벌하시리니"(*b. Suk.* 29a에 출 12:12에 대해 논평한 것 참조). 그래서 이와 비슷하게 *Midr. Rab.* 출 23.15은 애굽 사람들과 그들의 수호천사 모두가 홍해에서 심판을 받았다고 주장한다.[27] 이 해석은 *1 En.* 18:13과 21:3에 의해 지지를 받는다. 본문은 타락한 천사들을 "큰 불붙는 산과 같은 별들"로 묘사하며, *1 En.* 108:3-6은 죄 있는 백성의 심판을 설명하려고 같은 이미지를 빌려왔다(참조. *1 En.* 86-88).

계 8:10은 사람들과 그들의 대표 천사(들)가 역사의 끝에 최종적으로 정죄를 받기에 앞서, 역사속에서 줄곧 겪게 될 심판을 묘사하는 것 같다. 한편, 불타는 별은 단순히 하나님의 심판의 도구를 의미할 수도 있다. 하지만 10절의 불타는 별이 내려오는 것이 8절의 불붙은 산이 내려오는 것과 병행이라는 관찰에 근거할 때, 별은 심판받게 될 악한 나라를 대표하는 천사와

27) 참조. Gingberg, *Legends of the Jews* III, 25; VI, 6-8.

동일시돼야 한다. 여기서는 바벨론의 천사에게 내린 심판을 염두에 두었다. 8절이 큰 성 바벨론의 심판을 다루기 때문이다.

10절을 사 14:12-15의 암시라고 이해하면, 별을 바벨론의 대표 천사와 동일시하는 것은 더욱 설득력을 얻는다.[28] 이사야서 본문에서 바벨론 왕과 그의 나라에 심판이 내려진 이유가 바벨론의 수호천사인 "계명성(아침의 별)"이 "하늘에서 떨어졌으며…네가 스올 곧 구덩이 맨 밑에 떨어짐을 당"했기 때문이라고 언급한다. 계 8:8, 10에 바벨론의 세계 조직에 내린 심판을 염두에 두었다는 것은 *Sib. Or.* 5.158-60에서 사용된 이미지와 일관성이 있다. "큰 별이 하늘에서 떨어져 신성한 바다에 들어갈 것이며, 깊은 바다와 바벨론과 이탈리아 땅을 사를 것이다."

별은 "쑥"으로 불린다. 그리고 7-9절의 심판에서 그랬듯이, 별이 강타하여 물 삼분의 일이 쑥으로 변하고, 많은 사람이 그 물을 마시고 죽는다. 필론 역시 물에 내린 재앙을 비롯하여 출애굽 재앙들로 인해 "상당히 많은 사람이 죽었다"고 단언한다(*Conf.* 1.100). 여기서 심판 장면은 렘 9:15과 23:15에 근거한다. 두 본문 모두 하나님이 "그들[이스라엘]을…쑥으로 먹이고, 그들에게 독한 물을 마시게 하실" 것이라고 말한다. 물을 오염시키는 심판이 소개된 것은 이스라엘의 종교 지도자들이 영적으로 이스라엘을 바알 숭배라는 우상숭배로 오염시켰기 때문이다. 예레미야서에 나타난 이러한 심판은 일찍이 렘 8:13-14에 암시된 다가오는 기근을 묘사하는 것의 일부분이다. "포도나무에 포도가 없을 것이며 무화과나무에 무화과가 없을 것이며 그 잎사귀가 마를 것이라. 내가 그들에게 준 것이 없어지리라 하셨나니…우리 하나님 여호와께서 우리를 멸하시며 **우리에게 독한 물을 마시게 하심이니라.**" 또한 우상숭배로 인해 기근의 화가 임한다(참조. 렘 8:19).

"쑥"은 쓴 풀이며 그것으로 오염된 물을 오랫동안 마시면 유해하다. 예레미야서에서 이 단어는 심판으로 야기된 고난의 혹독함을 가리키는 비유

---

28) Caird, *Revelation*, 115; J. M. Ford, *Revelation*, 133; Sweet, *Revelation*, 163; Buchanan, *Revelation*, 215.

였다. 그 비유는 심판이 범죄에 적합함을 보이려고 선택되었다. 비유적으로 말하면, 예언자들이 우상숭배로 이스라엘을 "더럽혔"기 때문에 하나님이 고난의 혹독함이라는 마실 수 없는 물로써 그들을 오염시키시는 것으로 묘사된다. 이 비유적인 의미는 구약성경의 여러 곳에서 이 단어의 분명한 비유적 사용례에서 확증된다. 구약성경에서 "쑥"은 하나님의 분노로 말미암아 야기된 혹독한 환난을 의미하기도 한다(신 29:17-18 역시 우상숭배와 관련이 있다. 잠 5:4; 애 3:15, 19; 암 5:7; 6:12; 참조. 호 10:4). 렘 9:15과 23:15의 타르굼은 "쑥"을 직유법으로 표현하고("내가 쑥처럼 고통과…쓰라림을 보낼 것이라."), MT의 "독한 물"을 "저주의 잔"으로 바꾼다. 마찬가지로 계 8:11에서도 온 세상 조직에 만연한 바벨론은 땅에 거하는 자들과 언약 공동체 몇몇 사람들에게 영향을 끼쳐 그들로 하여금 우상숭배자가 되게 했다. 이런 우상숭배적인 오염의 결과는 바벨론과 그 영향 아래 있는 사람들에게 내려지는 심판이다.

구약의 배경에 비춰볼 때, 셋째 나팔은 물이 실제로(문자적으로) 오염이 되는 화를 일으키는 것이 아니다. 오히려 본문의 어조는 언약 공동체 "바깥에 있는 사람들"뿐만 아니라, 믿음의 공동체에 속한다고 생각하는 사람들에게도 내리는 혹독한 고난과 죽음을 가져오는 심판이다. 심판은 구체적으로 기근이라고 밝힐 수 있지만, 기근 자체는 이보다 더 광범위한 환난을 가리킬 수 있다. 10:9-10에 "쓰다"라고 분명히 상징적으로 언급된 것으로 보아(동일하게 πικραίνω, "쓰게 되다"라는 동사가 사용됨), 쑥은 심판을 의미하며, 우리가 여기서 내린 결론을 확증한다(10:9-10의 주석 참조).

8:11에서 쑥으로 독한 물을 만드는 심판은 기근 사상을 나타내며, 앞의 두 나팔로 인한 화 주제를 이어간다. 이것은 초기 유대교 문헌에서 발견되는 사상과 맥을 같이한다. 4 Ezra 6:23에서는 마지막 날 나팔을 부는 것이 기근을 가져오는 심판과 직접 연결된다. 그 기근은 계 8:10에서처럼 심지어 "물 근원"에까지 영향을 미친다(참조. 4 Ezra 6:22, 24). *Apoc. Abr.* 31에서는 나팔이 이와 비슷하게 모든 불경건한 자를 멸하는 불로 이루어진 대단원을 소개한다(비슷한 경우가 슥 9:14에도 발견된다). 하지만 이것은 단지 마실 물의

부족을 가리키는 것만은 아니다. 사람들이 독한 물이라도 마실 수밖에 없고 그렇게 함으로써 고통을 받는다는 사실로 사태의 심각함이 강조된다.

처음 세 나팔은 땅과 인간과 바다와 강에 영향을 주는 불 심판이었다. 이 화들의 부분적인 특성은 그 한계가 "삼분의 일"이라는 점으로 표시될 뿐만 아니라, *Sib. Or.* 4.174-77의 이와 관련된 묘사와 대조되는 부분으로도 드러난다. 거기서는 나팔이 "온 땅과 온 인류와 모든 도시와 강과 바다"가 불탈 것임을 알린다.

> ἐκ τῶν ὑδάτων에서 전치사 ἐκ는 원인의 의미("물 때문에")로 번역될 수 있다. 바로 뒤에 이어지는 ὅτι는 "~라는 것"이나 "왜냐하면"으로 번역될 수 있다. 11절 끝에는 대부분의 사본에 ἐκ τῶν ὑδάτων("물 때문에")이 있지만, 대문자사본 A에는 ἐκ("~로부터, 때문에") 대신 ἐπί(문자적으로 번역하면 "위에")가 나온다. 하지만 둘 다 "왜냐하면"이라는 기본적인 의미를 가질 수 있다.[29]
>
> πηγὰς ὑδάτων("생명수 샘", 계 7:17)과 πηγὴ τοῦ ὕδατος("생명수 샘물", 21:6)는 8:10의 πηγὰς τῶν ὑδάτων과 단어가 거의 일치하는 병행 어구다. 하지만 두 어구 모두 "생명"(ζωή)으로 수식된다. 반면에 8:10의 어구는 "사망"과 직접 연결된다(8:11. "많은 사람이 죽더라"). 이렇게 비슷하고 대조되는 내용은 대조적으로 병행하는 의미가 있음을 시사한다. 7장과 21장의 "생수"가 고난 중에서도 충성됨을 유지한 사람에게 주는 영원하고 영적인 생명의 상을 의미한다면(7:17; 21:6; 참조. 22:1), 8장의 죽음의 물은 영원하고 영적인 죽음과 관련된 고난의 심판을 가리킨다. 이러한 의미는 넷째와 다섯째 나팔로 넘어가는 적절한 전환이다.[30]

12절   넷째 천사는 앞의 네 나팔의 화 주제를 이어간다. 하지만 넷째 나팔은 기근을 언급하지 않는다. 지금은 해와 달과 별들이 타격을 입는다. 하지만 단지 각 천체의 삼분의 일과 낮과 밤의 삼분의 일만 영향을 받는다.

29) BAGD, 286, I.b.β.
30) Paulien, *Decoding Revelation's Trumpets*, 280-81, 284-85.

낮과 밤의 삼분의 일이 빛을 비추지 않는다는, 조금은 어색해 보이는 진술
은 일반적으로 낮 동안에는 해가, 밤 동안에는 달과 별들이 발하는 빛이 감
소한다는 것을 비유적으로 표현한 것이 틀림없다. 그래서 이것은 아직 최
후의 심판이 아니라 최후의 심판 이전에 있을 땅의 일부분에 영향을 주는
시련이다.

그 시련은 6:12-13에서 묘사된 최후의 심판을 설명한 처음 묘사와 놀라
울 정도로 비슷하다. 6:12-13에서는 해가 검어지고 달이 온통 피같이 되며
별들은 땅으로 떨어진다. 두 심판의 비슷한 점은 차이점을 부각시킨다. 이
를테면, 6:12-13은 해와 달과 별들 전체가 영향을 받았다고 말하기 때문에
심판의 부분적인 성격이 강조된다. 두 본문 간의 병행에 비춰볼 때, 두 심판
에 관한 어떤 내용은 동일하다는 암시가 있다. 6장의 우주적 혼란은 우상숭
배자들에게 내리는 심판이며, 이것은 사람들이 궁극적으로 신뢰하고 우상
숭배를 하듯 의지하는 피난처가 되며 안전하게 보였던 지상의 고향이 영원
하지 않다는 것을 암시한다(6:17의 주석 참조). 같은 사상이 8:12에도 포함된
것으로 보인다.

8:12의 화는 부분적으로 출 10:21에 근거한다. 하나님은 밤낮 3일에 걸
쳐 애굽에 흑암을 내리셨다. 대부분의 출애굽 재앙들은 애굽의 거짓 신들
에게 내린 심판으로 의도되었다(출 12:12).[31] 이것은 흑암 재앙의 경우에도
해당한다. 흑암은 부분적으로 태양 신 라(Ra)에 대항하여 벌이는 전쟁이
다. 바로는 라가 인간으로 나타난 존재라고 여겼다. 이러한 사상에 근거해
볼 때, 넷째 나팔로 인해 발생한 부분적인 흑암은 우상숭배자들에게 가해
진 흑암이다. 계 8:12의 삼분의 일이라는 한계는 출애굽기에서 흑암이 3일
동안만 있었다는 한계와, 어두움이 이스라엘 집을 비추는 빛에는 영향을
주지 않았다는 부가적인 제한에서 촉발되었을 가능성이 있다(출 10:23). 겔
32:7-8은 애굽 사람들의 이후 세대에게도 발광체를 어둡게 하는 심판을 염
두에 두었을 수 있다.

---

31) 참조. J. J. Davis, *Gods of Egypt*.

초기 유대교 전통은 흑암 재앙을 상징적인 의의가 있는 것으로 이해했다. Wis. 15-17장(기원전 1세기부터 기원후 시작까지)에는 흑암 재앙 이야기에 관한 확장된 주석이 있다. 애굽에 내린 여러 재앙은 애굽 사람들이 우상을 숭배하고 이스라엘을 압제한 까닭에 내려진 심판으로 이해된다(특히 14-16장; 17:1-2, 7-8). 특별히 흑암 재앙이 임한 것은 애굽 사람들이 가혹한 노역으로 이스라엘을 박해한 일 때문인 것으로 간주된다. 어두움은 "별들의 빛"을 어둡게 하였고, 애굽 사람들은 "태양 빛"을 받지 못했다(17:5, 20; 18:3-4). 그들은 역설적으로 심판을 받았다. 그들은 "어두움의 포로"가 되었고, "길고 긴 밤의 족쇄에 채워졌으며"(17:2), "어두움의 고리에 묶였다"(17:17). 어두움은 "지옥의 밑바닥에서 나와 그들에게 임했고"(17:14), "영원한 섭리로부터" 유배된 그들을 상징했다(17:2). "그들 위에 칠흑 같이 어두운 밤이 드려졌다. 이것은 이후에 그들을 영원히 받아들일 어두움을 가리키는 이미지다"(17:21; 또한 출 9:22에 대한 *Midr. Rab.* 출 14.2; Philo, *On Dreams*, 1.114은 출 10:21에 대해 언급한다). 어두움으로 인해 그들은 두려움과 공포로 고통을 당했다.

지혜서에서 인용한 이 본문들은 출애굽의 흑암 재앙이 부분적으로 신학적 은유로써 이해되었음을 보여주는 유대교 해석의 선례다. 계 8:12에 동일한 신학적 이해가 반영되었을 것이다.[32] 이를 테면, 요한은 사람들을 심판하려고 세상의 어느 한 부분에 내려진 흑암 재앙을 사람들의 우상숭배와 성도들을 박해한 이유 때문으로 이해한다. 그 심판은 그것이 아직은 결정적인 심판이 아니라는 것을 암시하기 위해 부분적으로 임한다. 하지만 어두움은 사람들이 하나님으로부터 분리되어 있고, 나중에 영원한 흑암 속에 있게 될 최후의 정죄를 피할 수 없다는 표징이다. 어두움은 아마도 문자적으로 깜깜해지는 것이 아니라, 우상을 숭배하고 성도들을 박해하는 사람들에게 우상숭배가 어리석고 그들이 살아 계신 하나님으로부터 떠나 있다는 사실

---

32) Kuhn은 지혜서와 나팔 재앙들 사이에 병행 어구 몇 개를 끌어낸다. Kuhn, "Erklärung des Buches der Weisheit," 334-38.

을 상기시키려고 의도된, 하나님이 정하신 모든 사건을 가리킬 것이다. 이런 사건들로 인해 우상숭배자들은 그들이 처한 절박한 곤경 속에 두려움과 공포의 삶을 살게 된다(눅 21:25-27은 재림 이전에 해와 달과 별들이 빛을 잃는 것으로 인해 나라들이 "혼란한 중에 곤고하고, 무서워하고 기절할 것"이라고 예상한다).

계 8:12에 등장하는 이미지들의 영적인 의미는 12:1-4에 사용된 같은 이미지에 의해 암시된다. 옛 언약 공동체와 새 언약 공동체의 국면들이 부분적으로 12:1에서는 해와 달과 별로, 12:4에서는 용으로 상징화되었다. 용은 "별의 삼분의 일을 끌어다가 땅에 던진다"("별[들]"은 1:20에서는 천사를, 2:28과 22:16에서는 그리스도를 가리킴).[33] 이것은 언약 공동체의 천사들 중 일부를 타락하게 한 사탄의 속임수를 가리킬 수 있다(참조. 12:9). 다니엘서와 유대 묵시 문학과 요한계시록에서 천사들이 성도들을 대표하는 까닭에, 이 장면에는 땅에 거하며 언약 공동체 안에 있는 몇몇 천사들을 속이는 것도 포함된다(12:1-4, 9의 주석 참조). 만일 이 이미지들에 8:12과 12:1-4 두 본문에 들어 있는 총체적 함의가 동일하게 포함되었다면, 8:12의 심판은 틀림없이 하늘의 천사와 언약 공동체인 교회 안에 있는 백성을 속이는 것과 연관이 있을 것이다(유 13에서 "유리하는 별들"이 거짓 선생을 가리키는 은유로 사용된 점을 주목하라).

모든 나팔 재앙에서 광범위한 환난이 언급된 것으로 보아, 교회 바깥에 있는 불경건한 박해자들도 확실히 그리고 어쩌면 일차적으로 염두에 두었을 것이다. 심판은 언약 공동체 안팎에 있는 모든 우상숭배자를 겨냥한다. 그 심판은 마귀로부터 직접 오지만, 9:1-11에서처럼 궁극적으로는 하늘 보좌에서 기원한다. 이것은 12:9, 12과 일치한다. 이렇게 기록되었다. "마귀라고도 하고 사탄이라고도 하며 온 천하를 꾀는 자라. 그가 땅으로 내쫓기니 …땅과 바다는 화 있을진저, 이는 마귀가 자기의 때가 얼마 남지 않은 줄을 알므로 크게 분 내어 너희에게 내려갔음이라." 마찬가지로, 바다와 땅이 반

---

33) Paulien, *Decoding Revelation's Trumpets*, 394-95.

복해서 8:7-11에 언급된 화의 초점의 대상이다.[34] 8:12과 12:1-4의 관계를 이렇게 설명하는 것은 앞에서 소개한 지혜서의 주제적 병행과 다섯째와 여섯째 나팔의 화와 어울린다는 것에 의해 그 정당성이 입증된다. 특히 다섯째 나팔은 해가 어두워지는 것을 묘사하며, 이것을 마귀가 불신자들을 속이는 것과 연관짓는다(9:2ff.의 주석 참조).

구약성경과 유대교 문헌들에 나타난 언약적 심판의 표시인 빛의 근원들이 빛을 잃음에 대하여

예레미야서에 비춰볼 때, 우주적인 빛의 근원들의 규칙적인 움직임이 방해를 받는다는 계 8:12의 묘사가 언약적 심판을 가리킨다는 점은 분명하게 드러난다. 여기서 하나님이 언약 백성을 심판하실 것이라는 사실은 "해를 낮의 빛으로 주셨고 달과 별들을 밤의 빛으로 정하였고"(렘 31:35), "주야로 그 때를 잃게 할 수 있을"(렘 33:19-21, 24-25) 것이라는 말로써 표현되었다. 예레미야는 심판을 의미하기 위해 이 용어를 사용한 것이 아니라, 하나님이 그의 무조건적인 언약의 약속을 이루신다는 확신을 주려고 사용했다. 하지만 우리는 구약성경 여러 곳에서 이 세 발광체들이 부분적으로나 완전히 빛을 잃는 것이 백성이 하나님께 행해야 하는 언약의 의무를 파기하여 심판을 받게 된다는 표지였다는 사실을 정당하게 추론할 수 있다(이와 관련된 구약의 언급에 대해서는 6:12-14, 17의 주석 참조). 그리고 이것이 바로 계 8:12 배후에 있는 사상이다.

　　예레미야서의 두 본문을 유대교에서 해석한 것을 보면 이러한 추론이 사실임을 알 수 있다. 유대교의 해석에 따르면, 세상은 이스라엘을 위하여 창조되었다고 한다(4 Ezra 6:55; *2 Bar.* 14:17-19; *Assumption of Moses*

---

34) Paulien, *Decoding Revelation's Trumpets*, 395. Paulien은 계 12:9-13을 "처음 세 나팔과 의도적으로 병행이 되게 한 것"으로 이해한 유일한 주석가다.

1:12. 이 본문들은 렘 31장이나 33장을 분명하게 언급하지는 않는다).[35] 이런 신앙에 비춰볼 때, 유대교 문헌들은 분명히 예레미야서 본문에 근거하여 어떤 신학을 세웠다. 만일 이스라엘이 시내 산에서 받은 토라를 지킴으로써 자신의 목적을 성취하지 않는다면, 하나님은 세상을 원래의 혼란 상태로 떨어뜨릴 것이고, 세상을 밝히는 빛의 원천들을 어둡게 하실 것이다(*Midr. Rab.* 출 47.4; *Midr.* 시 20; *b. Abodah Zarah* 3a). 이와 같은 파멸은 불가피하다. 세상은 토라로 창조되었으며(예. *Midr. Rab.* 출 47.4; *Midr. Rab.* 레 35.4; 참조. *b. Shabbat* 88a), 그 결과 토라는 세상을 지지하는 "기둥들"이 되었기 때문이다(*Midr. Rab.* 민 10.1). 시내 산 이후에도 이스라엘이 토라에 충성하느냐에 우주만물의 존재가 달렸다. 토라는 이스라엘이 지키기로 언약을 맺은 것이었다. 이스라엘이 율법에 불순종하면 우주의 멸망이 도래할 것이다(예. *Tanna de-be Eliyyahu*, 105; *Midr.* 시 6.1; 또한 *b. Pesahim* 68b; *b. Shabbat* 137b; *b. Megillah* 31b; *b. Nedarim* 31b-32a; *b. Sanhedrin* 99b 참조).

동일한 유의 사고가 발광체의 해체를 표현하기 위해 사용된 비유적 언어 뒤에 자리 잡고 있다. 그 언어는 하나님이 이스라엘의 적을 통해 이스라엘을 심판하신다는 것을 묘사한다. "아직도 대낮에 그의 해가 떨어져서"(렘 15:9). "그날에 내가 해를 대낮에 지게 하여 백주에 땅을 캄캄하게 하며"(암 8:9). 이밖에 여러 곳에서도 이와 비슷한 경우를 찾을 수 있다(자세한 내용은 6:12-14, 17의 주석 참조). 이와 마찬가지로 충성된 이스라엘이 다른 나라에 의해 전멸당하는 것은 하늘과 땅의 멸망으로 이어진다(*Midr. Rab.* 에 7.11, 13; *Midr. Rab.* 출 15.6).

동일한 사상의 흐름이, 비록 렘 31장이나 33장을 암시하지 않는다 하더라도, 유대 주석가들에 의해 열방에 적용되었다. 세상은 사람을 위해 지음을 받았다(*2 Bar.* 14:17-18). 하지만 사람들이 하나님의 토라를 거부할 때, 우주의 빛은 어두워진다(*Midr. Rab.* 출 6.6; *Midr. Rab.* 창 11.2, 6에

---

35) 더 자세한 내용은 Ginzberg, *Legends of the Jews* V, 67을 보라.

는 동일한 내용이 아담의 불순종으로부터 추론되었다). 열방이 이스라엘을 박해하고 하나님의 율법에 불순종한 것만큼 우주적 혼란이 그 나라들 위에 드리울 것이다. 우주적인 빛의 질서가 충성스러운 이스라엘 백성에게는 여전히 머무르겠지만 말이다. 애굽에 내린 흑암 재앙(출 10:22을 해석한 *Midr. Rab.* 출 6,6)과 이후에 로마도 같은 경우다. 계 8:12은 출애굽 재앙을 이해하는 데 동일한 궤적을 따르는 것 같다(*b. Suk.* 29a도 출 12:12을 열방과 그들의 거짓 신들에게 내리는 심판에 적용하여 흑암 재앙을 해석한다). 이스라엘에게 그랬듯이, 우주적인 멸망을 나타내는 비유적인 언어는 이방인들에게 내릴 하나님의 심판에도 적용될 수 있다(6:12-14, 17의 주석 참조).

우주적인 질서가 갑자기 멈추는 것을 이렇게 이해한 신학은, 비록 렘 31장과 33장을 직접 언급하지는 않지만, 하나님이 발광체들과 언약관계에 들어가셨다고 주장하는 다른 구약성경과 유대교의 여러 문헌들에서 확증된다. 이 본문들 역시 하나님의 도덕적 규정을 (특히 우상숭배로써) 악하게 변경한 사람들에게 심판이 임함을 알리려고 하나님이 해와 달과 별들의 고정된 패턴을 변경시키셨다고 주장한다(자세한 내용은 6:17의 주석을 보라. 참조. *b. Suk.* 29a). 발광체들의 우주적 질서는 세상의 지속적인 복지에 절대적으로 필요하다(예. 시 148:3-6; 욥 38:31-33; *1 En.* 2:1; 41:5-7; Sir. 26-28; *Pss. Sol.* 18:11-14). 이 질서는 사람들이 삶의 방식으로 규정된 영적 질서에서 벗어날 때 방해받는다(예. *Test. Naph.* 3:1-5; *1 En.* 2:1-5:7; 41:5-8; 80:2-8; 4 Ezra 5:1-7; *b. Shabbat* 88a; *Sib. Or.* 5.504-11과 5.512-30을 비교하라). 그러므로 우주는 인간이 행위로 하나님께 불순종할 때 무질서하게 된다(사 24:3-6, 16-21; *b. Shabbat* 88a; *Midr. Tanch.* 창 1.12; 이 단락에서 인용한 본문에서 등장하는 "뜻", "정해진", "작정", "맹세" 등의 단어들을 주목하라).

예레미야서나 그밖에 앞서 인용한 본문들 중에서 계 8:12에 직접 암시된 것은 없지만, 하나님이 우주적인 질서를 중단시킨 이유의 총체적인 신학적 배경은 반영되었다. 천체의 간섭과 조정은 백성이 하나님이 땅 위에 세우신 언약적·도덕적 질서를 파괴했기에 심판받는다는 것을 보여주는 표다. 12절에서 빛의 근원들의 중단이 비유적이라는 것은 구약성경에서 이런 이미지의 무척 많은 사용이 문자적이 아니라 분명히 비유적이며, 6:12-14 역시 이런 식으로 이해될 수 있다는 사실로 입증된다(해당 본문에서 이미지 사용을 논한 6:12-14의 주석과 특히 여기서 다룬 구약 본문을 보라. 구약 본문 대부분은 렘 15:9과 암 8:9이 분명히 그런 것처럼 비유적이다). 이와 관련하여, 욜 2:1-2, 10, 15, 그리고 3(4):15은 계 8:12의 사상에 포함된다. 이 본문들에서 "나팔을 부는 것"은 "어두움의 날"이 임하는 것을 알리는 신호로 사용되었기 때문이다. 이것은 해와 달과 별들이 어두워진다는 것과 동일하다(요엘서 자체는 출애굽 재앙 전통을 인용한다. 계 9:2, 7-8의 주석 참조). 이것은 분명히 이스라엘에 다가오는 심판을 비유적으로 묘사한다(참조. 습 1:15-16. 이 본문에도 나팔을 부는 행위가 포함되었다. 더 일반적인 경우는 사 13:10; 겔 32:7-8을 보라). 계 8:12과 놀라울 정도로 비슷한 병행 어구가 전 12:1-2에 있다. 이 본문에서 사망으로 인도하는 "악한 날들"(12:6-7)은 "태양과 빛과 달과 별들이 어두워지고 구름이 돌아오는" 때다(이와 비슷한 욥 3:3-10). 다시 말하면, 이것은 분명히 상징적이며, 다른 곳에서 비유적으로 사용된 동일한 언어에도 사용됨을 보여준다.

암 8:9 역시 계 8:12의 배경이었을 가능성이 많다. "그날에 내가 해를 대낮에 지게 하여 백주에 땅을 캄캄하게 하리라." 이스라엘에 내릴 이 심판 예언은 애굽에 내렸던 흑암 재앙의 패턴을 따른다(8절에 나일 강물이 2번 언급되었고, 10절에 "독자의 죽음으로 말미암아 애통하는" 것을 언급한 것은 9절이 출애굽 배경을 반영한 것임을 확증한다). 그리고 이 예언은 영적 기근과 관련한 저주와 함께 등장한다. "보라! 날이 이를지라. 내가 기근을 땅에 보내리니 양식이 없어 주림이 아니며 물이 없어 갈함이 아니요, 여호와의 말씀을 듣지 못한 기갈이라. 사람이 이 바다에서 저 바다까지, 북쪽에서 동쪽까지 비틀거리며 여호와의 말씀을 구하려고 돌아다녀도 얻지 못하리니"(11-12절). 그들이 하나님을 저버렸기에 하나님도 그들을 저버릴 것이며 그들에게서 떠나시고 다시는 말씀을 주지 않으실 것이다. 9절에 언급된 흑암 재앙은 심판(특히 10절에 계속 설명된 내용을 보라)과 특별히 하나님이 나라를 떠나신다는 화를 가리키는 비유일 개연성이 높다.

처음 네 나팔의 결론

넷째 나팔은 처음 네 나팔의 논리적인 절정과 강조이며 하나님을 떠난 강퍅한 불신자들의 영적 소외를 나타내는 표징이다. 어두움은 비유적 표현이며, 교회를 박해하며 우상숭배를 강요하는 자들과 교회 안에서 우상숭배 문화에 동화된 모든 사람에게 하나님이 정하신 사건들을 상기시키면서, 우상숭배는 헛것이며, 그들이 살아 계신 하나님을 떠나 있으며 이미 심판받기 시작했음을 일깨운다. 그래서 넷째 나팔은 처음 세 나팔의 근저에 있는 사상이며, 6-11절의 논리적인 절정이다.

네 나팔 모두 불경건한 자들에게 가해진 고난들과 관련이 있다. 네 나팔은 그들이 하나님을 떠났고 심판이 시작되었음을 알린다(*Midr. Rab.* 출 11.2; 12.4; 13에는 불과 곤충 재앙이 악한 자들이 겪는 지옥의 영원한 심판과 비교된다). 이 결론은 7:1-3에 의해 확증을 받는다. 거기서 참 신자들의 믿음은 "인침을 받음"으로써 "땅과 바다와 나무들"에 가해지는 해로부터 보호를 받는다. 8:7-11에서는 인침을 받지 못한 사람들이 나팔 재앙의 여러 화를 받는다. 동일한 세 실체인 땅과 바다와 나무가 해를 받는다고 표현되어 있기 때문이다. 그러므로 7:3이 겔 9:4-6을 근거로 삼았고 8:3-5이 겔 10:1-7을 모델로 삼았다는 것은 우연이 아니다(8:5의 주석 참조). 언약 공동체 안의 의로운 남은 자들이 그들의 이마에 보호의 인침을 받은 후에 징벌의 숯불이 예루살렘에 쏟아진 것처럼(겔 10장), 이곳에서도 의도적으로 동일한 패턴을 따랐으며, 이스라엘 백성이 출애굽 당시 죽음의 재앙에서 보호받기 위해 문에 표식을 받았던 과거의 사례와 결합됐다.[36] 출애굽기와 에스겔서의 배경은 나팔 재앙이 언약 사회의 가시적인 경계 안팎에 있는 인침을 받지 못한 사람들 모두에게 내려진다는 것을 더욱 암시한다.

이런 의미에서 흑암 재앙을 동반한 넷째 나팔에서 다섯째 나팔의 마귀

---

36) 참조. Farrar, *Revelation*, 113-14.

적인 심판으로 전환하는 것은 적절하다.[37) 두 경우 모두에서 태양이 어두
워진다. 다섯째 나팔은 분명히 마귀적인 해(아마도 거짓을 가리킬 것이다)를
다룬다 (9:3-4의 주석 참조). 영적 어두움에 거하는 자들은 틀림없이 어두움
의 세력에게 재앙을 받을 것이다. 그들이 하는 일은 불신앙의 어두운 커튼
을 불경건한 자들의 영적 눈에 영원히 드리우는 것이다. 따라서 넷째와 다
섯째 나팔은 어두움을 마귀적인 것과 연결시킨 지혜서와 비슷한 궤적을 따
라 출애굽의 흑암 재앙을 해석했다고 할 수 있다(일반적으로 유대교의 전통
은 악마들과 악한 천사들이 애굽 사람들의 마음을 완악하게 하고 애굽 사람들로 이
스라엘을 대적하게 한 것의 배후에 있다고 믿었다. 예. *Jub.* 48:9-18; *Testament of
Solomon* 25; *Midr. Rab.* 출 9.11; 15.15). 계 8:12의 어두움과 9:1-2의 "무저갱"
및 어두움 속에서 올라온 자들은 9:3-10에 언급된 마귀적 특성을 지닌 귀
신들이다. 이것은 요엘서에서 볼 수 있는 것과 같은 출애굽 재앙 전통에 속
한 것을 영적으로 적용한 예다. 마찬가지로 Wis. 17:3-21에서는 애굽의 우
상숭배자들이 칠흑같이 깜깜한 어두움과 지옥의 구덩이에서 올라온 악마
들에 의해 고통을 겪는다(9:3의 주석 참조).

　　8:6-12의 환난은 교회 시대 동안 언제든지 지상의 다양한 곳에 찾아오
지만, 온 땅이나 모든 백성에게 영향을 주지는 않는다. 심판(들)의 부분적인
특성은 이 심판(들)이 최후의 심판을 묘사하는 것이 아님을 의미한다. 그런
심판은 마지막 날에 완전한 심판이 있기까지 모든 불신자들에게 영향을 미
칠 수 있다. 온 세상에 사는 불경건한 자들을 가리키는 10:11의 문구는 심
판의 광범위한 효과를 나타낸다(같은 사실이 8:13과 11:10의 "땅에 거하는 자"라
는 문구에 의해서도 암시된다. 6:10, 17의 주석 참조). 10:11에서 요한은 온 땅에
있는 사람들에게 "다시 예언하라"는 명령을 받는다. 이들은 그가 8:7-9:21
에서 예언했던 사람들과 동일한 대상임이 분명하다.

　　나팔 재앙에 πληγή("재앙")가 사용된 것을 볼 때, 대부분의 화가 마
지막 때의 교회 시대 전체에 걸쳐 발생함을 알 수 있다(9:20; 11:6; 8:12의

πλήσσω["강타하다"]). 22:18에서 πληγή는 1세기 후반의 **교회 내부**에 있는 사람과 교회 시대 전체에서 요한계시록의 메시지에 귀를 기울이지 않는 사람들에게 임하는 저주에 사용되었다. "만일 누구든지 이것들 외에 더하면 하나님이 이 두루마리에 기록된 **재앙들**을 그[요한의 메시지에 불순종하는 청중]에게 더하실 것이요." 이것은 나팔 심판들 중 (대부분이 아니라면) 몇몇이라도 그리스도의 재림 전과 재림 때뿐만이 아니라 그리스도의 초림과 재림 사이에 있는 전 기간 동안 발생함을 강력히 암시한다(πληγή와 관련해서 내릴 수 있는 동일한 결론이 15-16장의 대접 심판에도 적용될 수 있다). 22:8은 나팔 심판들이 교회 안팎에 있는 사람들 모두를 강타한다는 사실을 더욱 드러낸다 (자세한 내용은 22:18-19의 주석 참조).

네 나팔 모두 창조세계의 삼분의 일에 영향을 준다는 공통점이 있다. 타격을 입은 부분들은 피조물을 구성하는 기본 요소가 체계적으로 해체되고 있음을 암시한다. 창 1장과 동일한 순서는 아니지만, 영향을 받은 요소들은 빛과 공기와 식물과 해와 달과 별들과 바다 생물들과 사람들이다.[38] "피조물의 해체"는 요한계시록이 새 창조에서 절정에 이른다는 사실과(21:1ff.) 나팔 시리즈가 옛 창조의 파멸에 이어지는 고요함을 야기한 일곱째 인 후의 역사를 새롭게 개관하기 시작했다는 점으로써 뒷받침된다. 더욱이 "피조물의 해체"라는 사상은 출애굽 재앙을 이 사상과 연결시킨 것에서 확인된다.[39] 필론(Conf. 1.96-97)은 하나님이 애굽에 내린 시련을 세 세트로 구성된 3가지 심판으로 계획하셨다고 말한다. "세상을 만드는 데 작용한 물질들은 불경건한 자들의 땅을 파괴하는 데에도 작용했고…하나님은 우주를 창조하기 위해…빚으신 것들을 다시 불경건한 자들을 멸망시키는 도구로 바꾸셨다." 재앙으로 야기된 멸망은 새 창조의 시작에 속하는 것으로도 이해돼야 한다(Wis. 11:17-18처럼). 그 재앙들로 인해 이스라엘 백성은 바다를

38) Paulien, *Decoding Revelation's Trumpets*, 229-30.
39) 참조. Ellul, *Apocalypse*, 74, 76. Ellul은 계 8:7-12에서만 "피조물 해체"를 주장한다. A. C. C. Lee, "Genesis 1 and the Plagues Tradition in Psalm 105"를 보라. Lee는 시 105편에 언급된 출애굽 재앙들을 창조의 전환으로 본다. 하지만 계 8:7-12과 관련짓지는 않는다.

통과하며 구원을 받는다(Wis. 19.5, 8). 이것은 새 창조였다(Wis. 19.6-8, 11, 18-21).

나팔 신호를 필두로 파괴가 발생하여 대부분의 경우 피조물의 삼분의 일만이 영향을 받았다는 멸망의 제한은 출애굽 재앙의 부분적인 효과에 근거했을 수도 있다. 하지만 계 8:7에서 환난이 땅의 삼분의 일로 제한된 것은 겔 5:2, 12의 영향 때문이다. 같은 본문이 우상숭배로 인해 심판이 임했음을 강조하는 다른 세 나팔에도 동일하게 영향을 주었을 것이다(참조. 겔 5:9-11). 이 결론은 계 9:20과 8:13의 "땅에 거하는 자들"이라는 언급에 의해서 더욱 부각된다(6:17의 주석 참조).

처음 네 대접과 처음 네 나팔 간의 병행 어구는 두 시리즈에 나타난 심판이 우상숭배(16:2)와 성도들을 박해한 것(16:5-7) 때문에 임한 것임을 확증한다. 특별히 둘째와 셋째 대접은 물이 "피"가 되는 것을 묘사하며, 셋째 대접은 심판받는 사람들이 "성도들과 예언자들의 피를 흘렸기" 때문에 이런 심판을 받는 것이 적절하다고 설명한다. 그러므로 "그들에게 피를 마시게 하신" 하나님은 의로우시다. 마찬가지로 물을 피로 변하게 하는 신호를 보낸 두 나팔은 박해자들이 정당하게 받아야 할 것을 받게 된다는 동일한 주제와 관련이 있음이 분명하다.

박해로 인해 세상 전체의 불경건한 자들이 심판을 받는다는 것은 8:6-12을 염두에 두었음이 분명하다. 나팔들은 하나님이 "땅에 거하는 자들을 심판하여 우리 피를 갚아 주"시기를 구하는 성도들의 기도(6:10)를 들으신 하나님의 지속적인 응답으로 이해되는 까닭이다. 계 8-9장은 출애굽 재앙을 그 효과가 온 세상에까지 미치는 나팔 재앙의 예표론적인 전조로 이해한다(Irenaeus가 이것을 제일 먼저 파악했다. *Adversus Haereses* 4.30.4). 출애굽 재앙은 이스라엘 땅(참조. 암 4:10)과 포로상태에 있는 이스라엘 백성(신 28:27-60), 그리고 온 땅에 있는 불신자들에게 이미 예표론적으로 확대 적용되었다(*Midr. Rab.* 출 11.2; 12.4, 7; 14.3; *Test. Dan* 5:8). 구약성경과 유대교 전통에서도 출애굽 심판이 이스라엘이 다시 구원받게 될 역사의 끝에 세상에 내려질 것으로 보았다(미 7:10-17; *Targ. Ps.-J.* 슥 10:9-12; 1QM 11.9-11;

14:1). *Apoc. Elijah* 2:44은 물을 피로 변하게 한 재앙(출 7:19-20)을 적그리스도가 출현하기 직전에 발생할 화에 예표론적으로 적용한다. 이와 비슷하게 흑암 재앙(출 10:21-23)은 로마 제국에 적용되었다(*Sib. Or.* 12.215-16). 요세푸스(*Ant.* 2.14)는 출애굽 재앙 이야기를 다시 말하는 목적이 "인류" 전체에게 그들이 애굽 사람들처럼 하나님을 대적하면 동일한 징계를 받는다고 경고하는 데 있다고 말한다(출 10:21의 흑암 재앙과 관련하여 Philo도 이와 비슷하게 말한다. Philo, *On Dreams* 1.114; 참조. Philo, *Spec. Leg.* 2.188-92).

이미 앞에서 주장했듯이, 처음 세 나팔들은 기근의 상태를 환기시킨다. 이것이 실제의 기근인지 아니면 고난을 비유적으로 묘사한 것인지는 결정하기 어렵다. 둘 다일 수도 있고, 혹은 더 광범위한 고난을 대표하는 실제의 기근 상태일 수도 있다(그럴 경우 기근은 부분으로써 전체를 나타내는 제유법이다).

처음 네 나팔 모두 비유적 특성을 지녔다는 것은 적어도 4가지 사실을 주목하면 밝혀진다. (1) ὡς("~과 같은"), ὅμοιος("같고"), 그리고 그러한 표현들(8:8, 10; 9:2, 3, 5, 7-10, 17, 19)이 사용된 것은 환상으로 본 것들이 정확히 묘사된 것이 아니며 그 묘사가 비유적임을 암시한다.[40] 이것은 1:1에서 σημαίνω("상징으로 전달하다")의 사용과 그 단어가 다니엘서를 배경으로 한다는 것으로써 강조된다. 다니엘서에서는 σημαίνω가 비유적인 묘사를 의미했다(1:1의 주석; 본서 서론의 "상징 해석" 항목을 보라). (2) 네 나팔 전체에 대한 다양한 이미지의 해석은 비유적인 성향을 보여주는 것 같다(예. "산"과 "별"; 8:13의 말하는 "독수리"도 마찬가지이다. 9:1-19의 주석 참조). 예를 들어, 유성 하나가 어떻게 동시에 세상에 있는 청결한 물 삼분의 일에 떨어질 수 있는지, 실제 상황을 상상하기는 어렵다.[41] (3) Wis. 15-17장에서 명확하게 드러나듯, 유대교 문헌에 출애굽 재앙이 사용된 것은 비유적 이해의 선례를 보여준다. (4) 이와 비슷하게 *Apoc. Abr.* 29:15-16과 30:1-8은 출애굽

---

40) Paulien, *Decoding Revelation's Trumpets*, 362-63.
41) Paulien, *Decoding Revelation's Trumpets*, 363.

재앙을 보편화하여, 그것을 "땅에 있는 모든 피조물"을 심판하는 데 적용한다. 이것은 나팔을 부는 것과 연결된다. 더욱이 거기에 언급된 처음 네 재앙은 불과 함께 기근의 상황을 강조한다(*Apoc. Abr.* 30:4-5. "궁핍함에서 오는 슬픔…도시의 대화재…전염병으로 인한 멸망…세상의 기근"). 이러한 고난들은 사람이 하나님을 떠나 있다는 것과 심판이 시작되었음을 시사한다.

처음 네 나팔로 인한 화는 사람들이 영원하신 하나님을 의뢰하지 않고 당대의 세상 제도를 의뢰한 것으로 인해 그들에게 내려진 고난의 광범위한 범위를 의미할 수도 있다. 고난은 땅에 거하는 자들이 신뢰하는 우상들이 영원하지 않다는 것을 지속적으로 상기시킨다. 고난은 불경건한 자들이 자기들의 필요를 채우려고 신뢰하는 세상 자원들의 결핍이다. 실제 죽음과 결합되어 있는 이런 시련들로써 불경건한 사람들은 자기들이 궁극적으로 안전하지 못하다는 사실을 떠올린다. 그들이 궁지에 빠진 이유는 안정적이지 않은 것을 신뢰한 데 있다.

이 한시적인 심판과 고난의 절정은 세상 전체와 사악한 제도의 최종적인 멸망이다. 세상이 궁극적인 종교적 신뢰의 대상으로는 불충분함을 보이기 위해 멸망이 발생한다(자세한 내용은 6:12의 주석 참조). 이 외에도, 하나님은 악의적으로 도덕 패턴을 바꾸는 사람들의 심판을 나타내기 위해 땅과 바다와 해와 달과 별들의 지속적인 안녕을 규제하고 있는 고정된 패턴을 바꾸신다(자세한 내용은 6:17의 주석 참조). 8:7-12이 얼마나 비유적인지와는 상관없이, 하나님이 우주의 다양한 측면들의 규칙을 방해하시는 것을 묘사한 것은 사람들을 규율하기 위해 제정된 하나님의 법을 사람들이 바꾼 까닭에 하나님이 그들에게 내리는 심판을 의미한다.[42]

---

42) Lindsey, *A New World Coming*, 114-19은 처음 네 나팔을 지나치게 문자적으로 이해하여 그것들이 핵폭탄에 의한 멸망과 그 효과들을 묘사하는 것으로 본다. 이와 비슷하게 Seiss, *Apocalypse*, 192-99은 나팔 재앙이 실제 자연 재해를 묘사하는 것으로 이해한다.

마지막 세 나팔 서론(8:13)

마지막 세 나팔은 13절 서론의 환상 문구("내가 또 보고 들으니")와 남은 세 나팔로 불경건한 자들에게 임할 세 "화"를 선포하는 독수리들의 선언에 의해 처음 네 나팔과 구별된다. 이렇게 문학적으로 구분하는 목적은 남은 나팔이 앞의 것보다 훨씬 더 참혹하다는 것을 강조하려는 데 있다. 여기서도 출애굽 모델이 여전히 배후에 있다. 출애굽 재앙들이 점점 더 혹독해지고 더 구체적으로 적용되기 때문이다.[43) 마지막 세 나팔의 심각함은 처음 네 나팔과 비교하여 더 길게 묘사된다는 사실에서도 암시된다. "공중에 날아가는 독수리"(ἑνὸς ἀετοῦ πετομένου ἐν μεσουρανήματι)의 모습은 시련의 절정을 예시한다. "공중을 날아간다"는 것이 다른 곳에서는 항상 그리스도의 재림 때 심판을 예상하는 모습을 한 피조물을 언급하기 때문이다(14:6의 천사; 19:17의 새들; 18:2에서는 귀신과 더럽고 가증한 새들이 모이는 것이 바벨론이 받을 최후 심판의 표다). 독수리는 비유적인 우주적 정점에서 "땅에 거하는" 모든 사람에게 선포한다("땅에 거하는 자들"에 대해서는 3:10과 6:17의 주석 참조).

다섯째와 여섯째 나팔로 야기된 화는 최후의 심판을 암시하지 않으며, 일곱째 나팔이 이를 암시한다. 그리고 독수리가 높은 곳에 있다는 것은 이미 최후의 심판이 다가왔다는 신호다. 더욱이 다섯째와 여섯째 나팔의 화는 자신의 불신앙을 결코 치료하지 못하는 모든 사람에게 닥친다는 점에서 최후의 심판과 같다. 두 화는 불신자들이 받을 영원한 고통을 개략적으로 알려준다는 점에서 일곱째 인의 기초를 놓는다(9:4-6, 11, 17-21의 주석 참조).

이 화들은 악한 자들을 직접 강타한다는 점에서 앞의 네 화보다 더 가혹하다. 악한 자들은 그들의 생명을 유지해준 환경에 내린 처음 네 심판을 겪고도 회개하지 않았기에 직접적으로 영향을 받는다. 심판의 영적 특성이 이제 좀 더 분명해진다. "하나님은 악한 자들이 어떤 사람들인지를 폭로하시려고, 욥의 경우에 의인이 어떤 사람인지를 드러내기 위해 사용된 것과

---

43) D. C. Chilton, *Days of Vengeance*, 242.

동일한 방법을 사용하신다(욥 1:8-12; 2:3-7)."[44] 마지막 세 나팔의 영적 고조는 귀신들의 직접적인 개입으로써 나타난다. 마지막 세 나팔의 심각성은 그것이 "화"라고 명명된 것으로 표현되기도 했다. 반면에 처음 네 나팔에는 그런 일반적인 용어가 적용되지 않았다. 사실 마지막 세 나팔은 9:12에서는 "나팔들"로 불리지 않고 "화"로만 명명된다.[45]

8:7-12에서 땅과 하늘에서 자연 주기의 정규적인 패턴에 단절이 발생한 것에 내포된 신학적 이유는 하나님이 세우신 윤리적·언약적 패턴을 파기한 죄인들에게 내리는 심판을 의미하려는 것이다(8:12의 주석 참조). 8:13 시작부터 암시된 이러한 신학이 분명하게 드러난다. 심판에는 우선적으로 영적인 특성이 있다. 처음 네 인과 처음 네 나팔에서처럼, 다섯째 나팔과 여섯째 나팔의 화는 교회 시대 전체에 걸쳐 활발하게 작용한다(본서 서론의 "요한계시록의 구조와 계획"을 보라).

다가오는 심판을 예고하는 구약의 선언에는 멸망을 가리키는 은유인 독수리 이미지가 포함된다(신 28:49; 렘 4:13; 48:40; 49:22; 애 4:19; 겔 17:3; 호 8:1; 합 1:8).[46] 특히 이 문제와 관련하여 가장 적절한 본문은 호 8:1("나팔을 네 입에 댈지어다. 원수가 독수리처럼 여호와의 집에 덮치리니")과 렘 4:13이다. 예레미야서 본문에는 멸망의 이미지인 독수리 다음에 심판을 선언하는 표로 나팔이 3번 불리고 "우리에게 화가 있도다"라는 탄식이 이어진다(5, 19, 21절). 계 8:13의 그림은 먹잇감을 찾아 공중에서 선회하는 독수리 그림이다. 불신자인 "땅에 거하는 자들"이 (독수리의) 먹잇감이다. 이것이 심판 이미지라는 것은 욥 9:26("먹이에 날아 내리는 독수리")에 동일하게 생생히 묘사된 부분에서 드러난다. 이와 비슷하게 눅 17:37은 죄인들의 심판을 의미하기 위해 공중에서 선회하는 독수리를 묘사한다. 이스라엘을 위협하는 언약의 저주는 새에게 먹히는 것을 포함한다(예. 신 28:26, 49; 렘 7:33-34; 16:3-4; 19:7;

---

44) Wilcock, *I Saw Heaven Opened*, 96. 8:6의 주석 참조.
45) 이와 비슷한 죄인에게 "화"를 선언한 것(계 8:13을 의존함)에 대해서는 Lohmeyer, *Offenbarung*, 77이 논의한 후기 영지주의적 병행 어구를 참조하라.
46) 유대교 문헌에 대해서는 Ginzberg, *Legends of the Jews* VI, 100을 보라.

34:18-20; 겔 39:17-20; 또한 겔 39:17-20을 암시하고 공중에 날아가는 새들을 언급한 계 19:17-18을 보라).[47]

독수리는 여기서 죄악 된 먹잇감의 임박한 멸망을 선언한다. 독수리는 4:7에서 "날아가는 독수리와 같다"(ὅμοιον ἀετῷ πετομένῳ)고 언급된 네 생물 중 하나일 것이다. 사실 앞에 언급된 생물은 심판의 전령으로 적합하다. 그 본문은 바로 "번개와 소리와 우레"가 이어지는 하늘의 심판 장면으로 처음 소개되기 때문이다(출 19:16을 암시하는 4:5). 이것은 최후의 심판을 지시하는 것으로 8:5에서 발전된다(2 Bar. 77:19과 87:1에 전반적으로 비교되었다. 여기서 독수리는 바룩으로부터 이스라엘의 아홉 지파 반에게 복과 심판의 메시지를 전한다). 14:6에서 그 병행을 찾을 수 있듯이, 독수리를 심판에 비유적으로 연결한 것은 독수리가 천사를 대표하기도 한다는 가능성과 상반되지 않는다.[48] 독수리를 이곳 8:13에 배치한 것은 자연스럽다. 독수리가 출애굽 전통에 속하기 때문이다. 출 19:4에서 하나님은 애굽 사람들에게 내린 재앙과 관련하여 그의 백성의 보호자인 자신을 독수리와 비교하신다. "내가 애굽 사람에게 어떻게 행하였음과 내가 어떻게 독수리 날개로 너희를 업어 내게로 인도하였음을 너희가 보았느니라"(참조. 신 32:11). 여기서는 출애굽기 본문에서 나온 독수리 재앙과 같은 진노에 연결된 점이 강조된다. 계 4:5과 8장에 공통적으로 드러나는 출 19장 배경을 보면, 4:7에서 소개된 다른 세 생물들 중 왜 독수리 같은 생물만 여기서 선택되었는지 설명이 된다.

12절의 우주적인 혼동 직후, 13절에서 화를 선언한 것은 사 24:16-18(LXX; 참조. MT)의 신학적인 우주론과 일치한다. "율법을 멸시하는 멸시자들에게 **화**가 있도다. **땅의 주민아!** 두려움과 함정과 올무가 네게 이르렀나니, 두려운 소리로 말미암아 도망하는 자는 함정에 **빠지겠고** 함정 속에서 올라오는 자는 올무에 걸리리니 이는 하늘에 있는 문이 열리고

---

47) Chilton, *Days of Vengeance*, 241.
48) 14:6과의 병행이 아마도 αγγελου("천사")를 가진 𝔐ᴬ의 원형을 ἀετοῦ("독수리")로 대체한 이유를 알려주는 본문일 것이다. 필경사는 선임자들이 ΑΓΓΕΛΟΥ를 ΑΕΤΟΥ로 잘못 읽었다고 추정했을 것이다.

땅의 기초가 진동함이라." 본문 앞 24:3-6에는 다음과 같은 주장이 있다. "땅이 온전히 공허하게 되고 온전히 황무하게 되리라. 여호와께서 이 말씀을 하셨느니라.…세상 백성 중에 높은 자가 죄를 범하였으며 땅이 또한 그 주민 아래서 더럽게 되었으니 이는 그들이 율법을 범하며 율례를 어기며 영원한 언약을 깨뜨렸음이라. 그러므로 저주가 땅을 삼켰고 그중에 사는 자들이 정죄함을 당하였고 땅의 주민이 불타서 남은 자가 적도다." 이와 비슷하게 호 4:1-3(LXX)은 이렇게 말한다. "여호와께서 이 **땅을 심판하시나니** 이 땅에는 진실도 없고…그러므로 이 땅이 슬퍼하며… 없어지리라." 계 8:13에서 이 구약 본문들을 염두에 두었다면, 우주적 혼동을 가져오는 윤리적 무질서를 다룬 8:12의 동일한 사상이 여기서 계속된다고 볼 수 있다.

다섯째 나팔: 귀신들은 강퍅한 불신자들에게 고통을 주라는 명령을 받는다. 귀신들은 불신자들의 영혼을 더욱 빈곤하게 만들고, 그들의 절망적인 영적 곤궁함을 상기시킨다(9:1-12)

1절   다섯째 천사가 나팔을 불자 요한은 심판에 관한 또 다른 환상을 본다. 첫째, 그는 "하늘에서 땅으로 떨어진 별 하나"를 본다. 완료시제인 πεπτωκότα("떨어졌다")의 뉘앙스는 요한이 그 별이 떨어지는 것을 보고 있는 것이 아니라 그 별이 떨어진 후에야 보고서 그것이 별임을 인지했다는 의미다.[49] 하늘에서 떨어진 별이 무엇을 가리키는지는 다양한 의견이 제시되었다.[50] 주요 논점은 이 별이 선한 존재인지 아니면 악한 존재인지의 문제다. 그 별은 "타르타로스(Tartarus, 그리스 신화에 나오는 지옥 또는 저승)"를 지배하는 대천사인 우리엘(Uriel)일 수도 있고, "영 안에서 죄를 지은 영들"을 주관하는 대천사 사라카엘(Saraqael)일 수도 있다(*1 En.* 19:1; 20:1-6; 21:1-10; *Testament of Solomon* 2장). 하지만 *1 Enoch*은 이들 대천사를 "타

---

49) J. M. Ford, *Revelation*, 143.
50) 다양한 선택 목록에 대해서는 Morris, *Revelation*, 127을 보라.

락한 별들"이라고 부르지 않는다. 그 대신 이 묘사는 전적으로 대천사들의
감금 아래에 있는 타락한 천사들을 지칭한다.

병행 어구("별 하나가 하늘에서 떨어졌다")가 사용된 것으로 미루어볼 때,
이 별은 8:10의 별과 동일한 방식으로 해석돼야 한다.[51] 우리는 앞에서
8:10의 별이 심판을 수행하는 천사라고 했으며, 좀 더 개연성이 높은 것으
로는 사 14장과 맥을 같이하여 죄인들을 대표해 죄인들과 함께 심판을 받
는 천사라고 주장했다. 천상적 존재를 "하늘에서 떨어진 별"로 묘사한 내
용은 다른 곳에서도 사탄이나 그의 천사들에 대한 심판을 가리켰다. *1 En.*
88:1-3에는 악한 천사(아마도 사탄일 것이다. 참조. *1 En.* 10:4)가 "하늘에서 떨
어져 좁고⋯캄캄한⋯무저갱으로 떨어진 별"로 언급된다(86:1-2; 참조. *1 En.*
18:11-16; 86:3; 90:23-26. 이 본문들에서 불순종한 천사들은 "무저갱"으로 던져진 "별
들"이라고 언급된다). 예수는 눅 10:18에서 이와 거의 똑같은 표현을 사용하
여 사탄의 심판을 묘사하셨다. "사탄이 하늘로부터 번개같이 떨어지는 것
을 내가 보았노라." 눅 10:17-20에서 예수는 사탄이 귀신들을 주관하는 우
두머리임을 밝히시면서, 사탄이 귀신들과 함께 예수 자신 및 그의 제자들
에게 굴복하는 과정에 있다고 선언하신다. 계 9:1의 표현 역시 "사탄이 땅
으로 내쫓겼고, 그의 사자들도 그와 함께 내쫓겼다"라는 말의 또 다른 방식
일 수 있다(계 12:9; 참조. 12:13). *Testament of Solomon* 20:14-17은 선한
천사들은 별처럼 하늘에서 떨어지지 않는다고 말한다. "하늘에 그들의 기
초가 있기 때문"이다. 반면에 "귀신들은 별처럼⋯하늘에서 떨어지며⋯번개
처럼 땅에 떨어진다." 귀신들에게는 그와 같은 기초가 없기 때문이다.

이와 비슷하게 *Sib. Or.* 5.72은 애굽을 대표하는 천상적 존재를 언급
하면서, 그들이 받을 심판을 "별에서 떨어지는 것"으로 묘사한다(이들은 유
13절에 언급된 "영원히 예비된 캄캄한 흑암으로 돌아갈 유리하는 별들"에 비교할
수 있다). *Greek Apocalypse of Ezra* 4:29ff.와 *Apoc. Elijah* 4:11 역시 사

---

51) Walvoord, *Revelation*, 158은 8:10의 별을 문자적으로 이해하는 반면에 본문의 별은 비유적
으로 이해하는 등 일관성을 놓쳤다.

14:12ff.의 내용을 백성을 미혹케 하는 적그리스도에게 적용한다.

주석가들 중에는 떨어진 별 이미지가 반드시 악한 존재를 의미하지는 않는다고 잘못 주장하는 사람들이 있다. 그들은 선한 천사들이 요한계시록에서 땅을 방문하기 위해 "내려온다"(καταβαίνω)라고 묘사됐다는 것을 그 이유로 든다(10:1; 18:1; 20:1).[52] 천사가 내려온다는 것은 구약성경과 유대교 문헌 및 신약성경에서 악한 천사들을 독특하게 표현하는 떨어지는 별과는 전혀 다른 비유 언어다. 주석가들은 떨어지는 별 은유가 선한 천사에게 적용된 예를 하나도 제시하지 못했다. "내려오다"는 악한 천상적 존재의 심판에 대해 사용될 수 있지만(*1 En.* 86:3), 그렇다고 해서 이것이 반드시 떨어진 별 은유를 선한 천사들에게도 교차적으로 적용할 수 있는 것으로 이해해야 한다는 의미는 아니다. 떨어지는 별 그림은 요한계시록과 그밖에 여러 곳에서 악한 천사의 심판만을 언급하는 "내쫓기다"(cast down)와 상관이 있다(예. *1 En.* 86:3; 88:3; 계 12:4, 9-10, 13).

(앞에서 언급했듯이) 떨어지는 별을 비슷하게 묘사한 다른 곳 이외에, 이것이 선한 천사가 아니라 하늘에서 떨어진 천사라고 결론을 내린 것 역시 11절에 암시되었다. 이곳에서 "무저갱의 사자(천사)"는 귀신적 경향을 지닌 메뚜기의 "임금"으로 불리며, "아바돈"("파멸")과 "아볼루온"("파괴자")으로 명명되었다. 1-3절에서 무저갱과 메뚜기들 위에 주권을 행사하는 하늘의 존재는 11절에서 그들의 "임금"으로 불리는 존재일 것이다(이 천사의 사탄적인 특성에 대해서는 11절의 주석 참조). 그러므로 1절의 천사는 사탄이든지 그의 하수인이다(하수인은 *2 En.* 2:1과 병행이다. "음부의 대문…의 열쇠를 가지고 있는 자들은 거대한 전갈처럼 생겼는데, 그들의 얼굴은 꺼진 등불 같고, 그들의 눈은 불과 같으며, 그들의 이는 날카롭다").

그렇다면 이 천사는 악한 인류를 대표하며, 그의 역할은 인류에게 화를

---

52) Charles, *Revelation*, I, 238-39과 그밖에 Charles를 따르는 사람들. 예. Ladd, *Revelation*, 129; Morris, *Revelation*, 127; Mounce, *Revelation*, 192; 참조. 또한 I. T. Beckwith, *Apocalypse*, 560-61; Rist, "Revelation," 431.

촉발하는 일이다. 그리스도가 그를 심판하기 시작하셨기 때문이다. 그러므
로 그는 20:1, 3에 언급된 천사가 아니다. 20:1, 3의 천사는 선한 천사이고,
"떨어진" 것이 아니라 그의 사명을 수행하려고 내려왔으며, 그의 손에 "무
저갱의 열쇠"를 가지고 마귀를 그곳에 가두려 한다. 9:1의 하늘에서 떨어진
천사에게는 "무저갱의 문을 여는" 주권("열쇠")이 주어진다. 무저갱은 사탄
이 통치하는 귀신들의 영역이다(마지막 소유격 어구는 "무저갱[또는 구덩이]으
로 이어지는 구멍"이라고 번역할 수 있다. 궁극적으로 그리스도가 이 열쇠를 주신 분
이시다. 그는 사탄을 이기셨고 지금 "사망과 음부의 열쇠를 가지고" 계시기 때문이다
(1:18). 사탄과 그의 악한 종들은 부활하신 그리스도가 그들에게 권세를 주
셔야만 땅에서 지옥의 세력들을 불러일으킬 수가 있다.

9장을 시작하는 환상들이 계시되자, 독자들은 하나님과 어린 양의 주권
의 범위가 얼마나 광대한지를 알게 된다. 하나님과 어린 양은 마침내 사탄
의 영역을 마음대로 주관하신다.[53] 그리고 악한 세력이 성도들에게 분노를
발하거나 적그리스도를 따르는 자들에게 자기파괴적인 활동을 할 때, 성도
들은 하나님이 이 모든 것을 통해 역사하시는 거대한 목적이 있다는 사실
을 기억해야 한다. 이것은 사방팔방으로 에워싸인 그리스도인들에게 소망
과 격려를 주는 기초가 된다(선하신 하나님이 어떻게 악에 대해 주권을 행하시는
지에 대해서는 6:1-8의 주석 결론을 보라).

9:1에 등장하는 실체를 악한 자로 규정한 이 결론은 LXX의
ἄβυσσος("무저갱, 구덩이")라는 단어의 사용으로 지지를 받는다. 욥기에서
는 "무저갱"(41:23[22]-24[23])이 우주적인 바다 용의 거처이다(40:17[12];
40:25[20]; 41:10[9]; 또한 사 27:1과 시 73[74]:12-13을 암 9:3과 비교). 이 용
은 "새벽 별의 형상"을 하며(41:10[9]), 자신의 영역에서 "군림하는 왕"이
며(41:26[25]), 하나님의 적대자다(예. 40:32[27]). 이 거처는 악의 세력들
을 가리키는 상징이 되었다(시 76[77]:16). "무저갱"은 하데스 개념과 같
은 뜻이며(욥 38:16; 겔 31:15; 욘 2:6), 고난의 영역이자(시 70[71]:20), 사망

53) 참조. Kiddle, *Revelation*, 155.

의 영역이다(출 15:5[AΣΘ]; 사 51:10; 63:13; Wis. 10:19). 사 24:21-22에는 하나님이 천사들과 악한 왕들을 심판하실 것이며, "그들이 죄수가 깊은 옥[bôr]에 모임 같이 모이게 되고 옥에 갇혔다가 여러 날 후에 형벌을 받을 것이라"라고 기록되었다. 떨어진 천사들은 최후의 심판을 기다리기 위해 옥에 갇혀 있다고 한다(1 En. 10:4-14; 18:11-16; 19:1; 21:7; 54:1-6; 88:1-3; 90:23-26; Jub. 5:6-14; 벧후 2:4; 참조. 4 Ezra 7:36; Prayer of Manasseh 3절). 구덩이는 계 9:1-3에서처럼 심판을 받는 장소와 귀신들이 고통을 받는 감옥이 되었다(눅 8:31; 1 En. 21:7-10).[54] 구덩이는 "짐승"과 "용"이 갇히게 될 장소이기도 하다(계 11:7; 17:8; 20:1-3). 무저갱과 연결된 이 모든 것이 계 9:1에 있는 단어에 포함된다. 하지만 기억해두어야 할 가장 중요한 것은 무저갱이 악한 영들이 하나님의 주권 아래 갇힌 심판의 장소라는 사상이다.

2절   천사가 무저갱을 열 때 그곳으로부터 짙은 연기가 올라왔다. 연기로 인해 해와 공기가 어둡게 되었다. 우리는 해와 우주의 다른 부분을 어둡게 했다는 것이 심판을 의미한다는 사실을 이미 보았다(6:12ff.와 8:12의 주석 참조). 그 이미지는 욜 2:10, 31, 3:15(참조. 사 13:10)의 "해가 어두워질 것이며"라는 반복적인 표현에 대한 암시이며, 요엘서에서 이 표현은 심판의 표였다. 부분적으로 포함되는 것이 출 10:15이다. 여기서는 "땅을 어둡게 하는" 수많은 메뚜기가 등장한다(Targ. Pal. 출 10:5, 15은 해도 어두워졌다고 말한다). 요엘서의 이미지 자체는 출 10:1-5을 발전시킨 것이 분명하다(9:7의 주석 참조; Midr. Rab. 출 14.2은 출 10:22의 흑암이 세상의 낮은 지역인 힌놈의 골짜기에서 발생했다고 주장한다). 출애굽기 본문은 모세를 통해 말씀하신 하나님을 저버리고 마음이 강퍅해진 애굽 사람들의 심판을 묘사한다. 이곳에서 심판 사상이 바뀌었다고 생각할 이유는 없다. 특히 LXX에서 "용광로의 연기"는 늘 심판과 연결되기 때문이다(창 19:28의 소돔과 고모라; 참조. 하나님의 진노를 암시하는 출 19:18). 또한 "연기"는 이 장 마지막(계 9:17-20)과 요한계

---

54) 1 Enoch에 언급된 또 다른 자료들에 대해서는 Charles, Revelation I, 241을 보라.

시록 뒷부분(14:11; 18:9, 18; 19:3)에서 심판을 분명하게 암시한다.

그러므로 2절의 묘사는 이전에 마귀의 영역에 제한되었던 심판이 땅의 영역으로 확장되고 있음을 은근히 내비친다. 그리스도의 죽음과 부활의 결과로 마귀와 그의 군대는 심판을 받기 시작했으며, 지금 그들이 받는 심판의 효과가 마귀와 동맹을 맺고 있는 믿지 않는 사람들에게 나타나려고 한다. 확장된 심판의 본질적으로 동일한 패턴이 12:7-12, 13:3-8, 16:10, 17:8에서 발생한다(비록 12:12ff.에서 성도들도 박해와 속임의 형식으로 확장된 심판의 영향을 받지만 말이다).

9:2에서 예상되는 심판의 정확한 형식은 3절에서 설명되기 시작한다. 3절은 부분적으로 속임을 포함하며(3-6절), 이것은 비유적으로 연기로써 야기된 어두움을 예상한다. 신약성경 전체와 특히 요한 문서에서 어두움은 영적으로 눈이 멀었음을 상징한다. 어두움은 고통의 결과로 나타난 슬픔의 상태를 의미한다(6절; *Midr. Rab.* 애 1.2, 23에서는 욜 2:10의 이미지가 포로의 고통으로 인한 이스라엘의 슬픔을 가리키는 비유가 되었다).

유사문미(homeoteleuton)로 인한 생략의 전형적인 경우가 2절의 이문에 나타난다. 2절을 시작하는 어구인 καὶ ἤνοιξεν τὸ φρέαρ τῆς ἀβύσσου("그가 무저갱의 뚜껑을 여니")는 생략되었다(예. ℵ 1611 2053 M^K). 필경사가 1절의 마지막 단어 τῆς ἀβύσσου("무저갱의")를 건너뛴 다음 2절의 동일한 어구로 가서 거기서부터 계속 쓰기 시작했기 때문이다. 2절을 마무리하고 3절을 시작하는 ἐκ τοῦ καπνοῦ τοῦ φρέατος("구덩이의 연기로부터")는 필경사가 시각적인 착오 때문에 2절의 ἐκ τοῦ καπνοῦ("연기로부터")에서 3절을 시작하는 동일한 어구로 건너뛴 결과 ℵ* (vg^ms)에는 생략되었다. 마운스의 주장과는 달리,[55] 2개의 생략은 덧말을 피하려고 의식적으로 시도한 결과인 것 같지는 않다. 반복은 성경 저자들, 특히 요한 계시록 문체의 특징이고(예컨대 환상 문구와 신적 권위를 부여하는 ἐδόθη["받았다"] 어구를 주목하라. 환상의 반복과 ἐδόθη의 사용은 6:4에서처럼 한 절에서도

---

55) Mounce, *Revelation*, 193.

반복되곤 한다), 여기서 필경사에게 심각한 문제를 일으키는 것은 아니기 때문이다. 이러한 비의도적인 생략은 9장 뒷부분에서도 반복된다(13, 19, 20절).

3절　메뚜기로 묘사된 마귀와 같은 존재들이 연기 나는 무저갱으로부터 땅으로 나온다. "그들은 권세를 받았다"(ἐδόθη αὐταῖς ἐξουσία). 이것은 그들이 누군가에 의해 어떤 임무를 수행하라는 사명을 받았음을 의미한다. 권세를 부여하는 동일한 어구를 6:2-8과 8:2, 그밖에 요한계시록 여러 곳에서 사용한 것을 통해 볼 수 있듯이, 하나님이나 그리스도가 그들에게 사명을 주셨다(자세한 내용은 6:2-8과 특히 13:2-7의 주석 참조). 여기서 출애굽 재앙의 모델은 하나님이 여러 재앙에 대해 절대적인 주권을 가진 분이심을 확증한다. 메뚜기의 권세는 전갈이 먹잇감에게 권세를 부리는 것과 같다 (Pliny, *Natural History* 11.30.86-88은 "뱀처럼 독이 있고" 날개를 가진 전갈과 관련된 보고를 기록한다). 이 메뚜기들의 희생자들은 다음에 이어지는 구절에 나타나 있듯이 땅에 거하는 사람들이다.

"연기"와 관련해서 이미 암시되었듯, 메뚜기는 이런 힘을 행사하면서 심판을 시행한다(9:2의 주석 참조). 사 14:29, 31이 이 구절을 이해하는 배경이 될 수 있을까? 이 본문에서는 믿지 않는 블레셋을 압제하고 "사기를 겪는" 원수를 "날아가는 불뱀"이라는 충격적인 표현으로 묘사하는데, 이는 또한 연기와도 관련되어 있다(9:5-6의 주석 참조). 계 9:3에 묘사된 심판의 해로움도 이 본문에서 "메뚜기"가 "땅 위에 나오는" 것을 묘사함으로 표현되었다. 그들은 지나가는 길목에 있는 모든 푸른 채소를 게걸스럽게 먹어치우는 메뚜기 떼처럼 파괴적이다. 이 표현에 사용된 단어들은 애굽에 메뚜기 재앙을 소개하는 출 10:12("메뚜기를 애굽 땅에 올라오게 하여")에 근거한다. 그러므로 다섯째 나팔은 앞에 열거된 다른 나팔처럼 문학적인 면으로나 주제적인 면에서 부분적으로 출애굽기 재앙을 모델로 삼았다. 하지만 우리가 이미 살펴보았듯이, 출애굽 재앙을 해석한 지혜서의 해석은 요한의 해석과 거의 비슷하다(8:12의 주석 참조). 이와 마찬가지로 Wis. 16:9은 애굽 사람들이 "메뚜기와 파리에 물려 죽었다"고 말한다. "그들이 메뚜기와 파리로 심판을 받아 마땅하기 때문에, 그들의 영혼에 대한 구제책은 어디서도 찾을 수 없었다." 요한이 비록 이 메뚜기가 죽인다는 말을 하지는 않았지만, 그는 메뚜기가 믿지 않는 사람들에게 출애굽 이야기에 서술된 것보다 더 직접적으로 해를 가했다고 이해한다(더 자세한 내용은 5절 주석 참조. 사실, 여섯째 나팔의 마귀의 특성을 지닌 존재들은 정말로 죽인다). 출애굽의 셋째 재앙의 개구리가 계 16:13의 마귀를 상징하듯이, 여기서도 애굽 사람들에게 물리적인 재앙을 내렸던 메뚜기들은 지금 마귀의 세력을 의미한다.

Wis. 17.3-21에는 애굽의 우상숭배자들이 "캄캄한 베일 아래 있으며, 이상한 유령에 무서워 놀라며 두려움에 사로잡힌다.…그리고 육중한 용모를 하고 그들에게 나타난 환상들"이 언급된다(3-4절). 우상숭배자들은 "쉿쉿 소리를 내는 뱀들" 때문에 공포에 빠졌고 "두려워서 죽었다"(9-10절). 그들은 "지옥의 바닥"에서 올라온 "괴물 같은 유령들 때문에 괴로워했다"(14-15절; 참조. 21절). 계 9:4의 마귀의 특성을 지닌 존재들이 "하나님의 인침을 받은" 사람들을 해할 수 없듯이, 어두움과 그 속에 있는 유령들은 이스라엘 백성에게는 영향을 끼치지 않았다(Wis. 16:9-10; 17:20; 18:1; 계 9:2-3과 Wis. 17:10 모두 빽빽한 "공기"를 언급하고, 그것을 "전갈"이나 "뱀"과 연결한다). Pliny, *Natural History* 11.35.104에서 신의 분노의 표로 등장하는 메뚜기를 참조하라.

4절　　출 10:15의 메뚜기가 "우박에 상하지 아니한 밭의 채소와 나무 열매를 다 먹었으므로 애굽 온 땅에 나무나 밭의 채소나 푸른 것이 남지 아니하였다"(또한 시 105:33-35). 하지만 여기서 메뚜기는 "땅의 풀이나 푸른 것이나 각종 수목은 해하지 말라"는 명령을 받는다. 메뚜기는 믿지 않는 사람들만 해롭게 해야 했다. 메뚜기는 "이마에 하나님의 인침을 받지 아니하고" "이마에 짐승의 표"를 한 사람들만 해하라는 명령을 받았다(13:16-17; 2053 *pc* vg arm TR에 있는 ἀνθρώπους ["사람들"] 다음에 μονους ["오직"]라는 단어가 덧붙여진 것은 본문의 의미를 더욱 분명히 하려고 한 부차적인 시도다).

(하나님의) 인은 궁극적으로 참 신자들에게만 주어지는데, 그것은 사탄의 지배가 아닌 하나님 나라의 일원이 되기로 예정된 사람들에게 하나님의

주권적인 권세와 소유권의 표다. 그래서 그리스도인들의 믿음은 보호하시는 하나님의 임재에 의해 안전하게 지켜진다(자세한 내용은 7:2-3; 2:17의 주석 참조). 물론 이 시기에 신자가 되는 불신자들도 있겠지만, 그들은 하나님의 뜻에 의해 이마에 인침을 받은 사람들이다. 사실 그들은 인침을 받은 까닭에 그리스도인이 된다("인침"의 성격 및 시간과 관련된 자세한 내용은 7:2-3의 주석 참조). 인침을 받은 모든 사람은 이미 실제로 믿든지 그렇지 않든지 간에, 메뚜기의 영적 해로움을 통과하고 그 영향을 받는다. 그들이 받은 해로움은 궁극적으로 그들의 구원에 도움이 되는 것으로 작용한다.

그러므로 메뚜기는 인침을 받지 않는 불신자들에게 영적 해로움을 가할 수 있다. 불신자들은 인의 보호하는 유익을 얻지 못하고 그것에서 어떤 혜택도 받지 못한다. 다섯째 인과 결부된 어두움이 어떤 방식으로든 넷째 나팔의 어두움과 연결되었다면, 인침을 받지 못한 불신자들에게 미치는 해로움은 그들을 영적 어두움 가운데 두는 것이다(8:12의 주석 참조). 동시에 본문과 8:12의 연관성에 비추어볼 때, 이 마귀적 특성을 지닌 존재는 불경건한 자들에게 그들이 살아 계신 하나님과 단절되었음을 상기시켜준다. 이렇게 일깨워주는 것은 사람들로 하여금 그들이 처한 절망적 상황을 반성할 수밖에 없도록 두려움과 낙심을 불러일으킨다. 본문이 이런 유의 고통을 염두에 두었다는 것은 5-6절에서 더욱 명확해진다. 출애굽 재앙이 이스라엘 백성에게는 해를 가하지 않고 애굽 사람들에게만 해를 끼쳤듯이(출 8:22-24; 9:4-7, 26; 10:21-23), 참 그리스도인들도 다섯째 재앙으로부터 보호받는다.

메뚜기가 **"땅의 풀이나 푸른 것이나 나무"**를 해하지 않는다는 것은 "각종 푸른 풀도 타버렸더라"고 하는 8:7과 모순되지 않는다. 여기서는 나팔 재앙으로 야기된 화가 반역하는 인류를 대상으로 할 뿐 자연을 대상으로 하지 않는다는 것이 강조된다. 더욱이 다섯째 나팔과 첫째 나팔은 서로 모순되지 않도록 일시적으로 병행일 수 있다.

스위트는 9:1-4과 눅 10:18-20의 예수의 말씀 사이의 병행을 바르게 주목한다. "사탄이 하늘로부터 번개같이 떨어지는 것을 내가 보았노라. 내가 너희에게 뱀과 전갈을 밟으며 원수의 모든 능력을 제어할 권능을 주었으니 너희를 해칠 자가 결코 없으리라.…너희 이름이 하늘에 기록된 것으로 기뻐하라." 요한계시록은 누가복음의 교훈을 발전시키고 있다.[56]

ἵνα("~하기 위하여", "그래서")와 연결된 미래 직설법(ἀδικήσουσιν, "해롭게 하다")의 사용은 전형적인 사용례와 상충된다. 그러므로 가정법을 보유하고 있는 이문은 부차적인 교정이다.[57] 미래형은 문체상 셈어 어법으로 설명될 수 있다. 히브리어 동사 체계에는 가정법을 암시하는 구체적인 형태가 없다. LXX은 결과의 접속어 뒤에 나오는 히브리어 미완료 동사를 ἵνα와 가정법으로만 아니라 ἵνα와 미래 직설법으로 번역했다. 그리고 요한계시록은 이따금 이러한 LXX의 예를 따른다.[58] 여기서 미래 직설법 구문은 명령적인 의미를 지닌 가정법처럼 기능한다.[59]

5절 메뚜기가 받은 임무(ἐδόθη αὐτοῖς, "그들이 받았다")에 2가지 한계가 포함된다. 첫째, 그들은 어느 누구도 죽여서는 안 되었다(문자적·물리적인 의미에서 그렇다. 이것은 6절에서 분명하게 나타나며, 15-20절과는 상반된다). 둘째, 그들이 사람들을 "괴롭게"하는 기간은 5개월로 제한된다. 5개월이라는 기간은 메뚜기의 생활주기나 건기에서 기인했을 수 있다. 건기에는 메뚜기가 들이닥칠 수 있다.[60] 만일 그렇다면, 이것은 혹독한 재앙이다. 이 메뚜기들은 보통 때처럼 간헐적으로 공격하는 것이 아니라 5개월 동안 끊임없이 공격하기 때문이다.[61] 본문과 10절에서 5개월이라는 기간은 문자적으로 이해해서는 안 된다. 요한계시록 여러 곳에서 대부분의 숫자는 문자적으로 이해되지 않기 때문이다. 심지어 9장에서도 마찬가지다(16절을 참조하라).[62] 하나님은 심판의 명령을 내리는 분이시다. 이 사실은 특히 다른 곳에서 "신

---

56) Sweet, *Revelation*, 169.
57) BDF §369과 Robertson, *Grammar*, 992을 보라. 두 책에는 요한계시록 다른 곳에 있는 이와 동일한 현상이 인용되었다. 예. 9:20.
58) 참조. S. Thompson, *Apocalypse and Semitic Syntax*, 98-99.
59) 이와 비슷하게, Porter, *Verbal Aspect*, 420.
60) 예. Mounce, *Revelation*, 195.
61) 참조. Rissi, *Time and History*, 26. Rissi는 5개월을 다르게 해석하는 여러 해석을 소개한다.
62) Walvoord(*Revelation*, 161-63)와 J. M. Ford(*Revelation*, 149)와 다른 사람들은 일관성이 없게 메뚜기는 상징으로 이해하면서도 "5개월"은 문자적으로 해석한다.

적 수동태"로 사용된 ἐδόθη("받았다")의 특징적인 사용례에서 분명하게 드러난다(예. 6:2; 9:3의 주석 참조). 하나님이 심판의 한계를 정하는 분이시라는 것은 그가 애굽 재앙의 시간적 한계를 결정하셨다는 사실에서도 분명하게 나타난다. 본문에서는 애굽의 상황을 염두에 두었을 것이다.

메뚜기로 야기된 고통은 다시 전갈이 쏘는 것에 비교된다(신 8:15의 문자적 쏨과 왕상 12:11, 14; Sir. 26:7의 비유적인 쏨을 비교하라). "고통"(βασανισμός와 이 단어와 같은 어근을 가진 동사 βασανίζω)은 주로 영적이고 심리적인 고통이다. 이것이 요한계시록 여러 곳에서 최후의 심판 앞에 발생하는 시련과 최후의 심판에 포함되는 심판의 성격을 언급하는 이 단어의 함의다(참조. 11:10; 14:10-11; 18:7, 10, 15; 20:10; 18장에서 사용례는 "울다"와 "슬퍼하다"는 감정적인 고통과 동의어다).

Wis. 16:1, 4에서는 βασανίζω가 이스라엘의 원수들의 "고통"을 표현하려고 2번 사용된다. 이것은 "짐승들"과 "웅크리고 있는 뱀의 쏨"이 유발한 고통이다(16:5). 이 고통은 애굽 사람들이 고통을 겪었던 "메뚜기가 무는 것"과 직결된다(16:9). 동일한 동사가 애굽 사람들이 "2중적인 슬픔과 부르짖음으로 고통을 받았다"는 말을 하려고 사용되기도 했다(Wis. 11:9, 12; 이와 비슷한 출 12:30). 마귀의 특성을 지닌 존재는 애굽 사람들에게 심리적으로 매우 "고통을 받게" 하여(βάσανος, Wis. 19:4), 그들은 극심한 공포에 떨며 절망했다(Wis. 17:3-21). 우상숭배자들이 받는 "고통"에는 그들의 속임이 포함된다(Wis. 12:23-25). 이것을 다른 말로 바꾸면, 그들이 시련을 겪는다고 해서 참 하나님을 아는 지식을 갖게 되지는 않는다는 말이다. 그들은 단지 무지한 상태에서 더 강퍅해질 뿐이다. 이처럼, *Testament of Solomon* 25:5은 마귀가 바로에게 "근심의 고통을 주고, 바로의 마음과 그 신하들의 마음을 완악하게 한다"고 말한다. 지혜서에서 계 9:4-5과 매우 비슷한 βάσανος의 유일한 다른 사용례는 2:24-3:1, 5-6(하지만 2:19과 비교)에서 발견된다. "그[마귀]의 편에 있는 사람들은 죽임을 당할 것이다. 하지만 의인들의 영혼은 하나님의 손에 있으며, 그들에게는 어떠한 고통도 임하지 않을 것이다.…하나님은 그들을 인정하시고 그들을 연단하시고 번제로 받으신 풀무에서 그들이 연단된 금처럼 합당하다고 하실 것이다"(참조. 계 3:4, 18; 6:9-10).

신 28장 역시 "훗날에"(32:20; 4:30) 이스라엘이 우상숭배로 인한(예. 28:14; 29:22-27; 30:17; 31:16-20) 메뚜기 재앙을 비롯하여(38-39, 42절) 애굽에 내렸던 재앙을 겪게 될 것을 예언한다(27, 60절). 이 훗날의 환난에는 "미치는 것[LXX에는 "정신이 온전하지 못함"]과⋯정신병과⋯맹인이 어두운 데에서 더듬는 것과 같이 백주에도 더듬"는 "재앙"(28-29절), "미치게 됨"(34절), "마음을 떨게 하고⋯정신을 산란하게" 함(65절), "생명이 위험에 처하고 ⋯확신할 수 없음과 마음의 두려움"이 포함된다(66-67절). 계 9:6은 5절의 고통을 이와 비슷하게 심리적인 방식으로 설명한다. 계 9:5에서 고통의 때가 제한되었듯이, Wis. 16:5은 이스라엘이 광야에서 당한 고난은 "영원하지 않았다"라고 주장한다. 지혜서와 신명기의 병행 어구는 애굽에 내린 재앙이 여전히 계 9:4-6의 배경임을 보여준다.

6절　　요한은 방금 전에 본 환상을 이제 부분적으로 해석한다. 마귀의 특성을 지닌 메뚜기가 가한 고통으로 사람들은 죽기를 구하는 심리적인 고통을 겪는다. 하지만 자살을 시도해도 성공하지 못한다. "구할 것이다"와 "하고 싶어 하다"라는 어구는 두 문장이 같은 내용을 전달한다는 점을 강조하는 동의적 병행법이다(자세한 내용은 9:5의 주석 참조). 성경의 다른 곳에서처럼, 이곳에서도 혹독한 고통으로 인해 고통스런 삶을 살기보다 차라리 죽고 싶어 한다(예. 왕상 19:1-4; 욥 3:1-26; 6:8-9; 7:15-16; 렘 8:3; 20:14-18; 욘 4:3, 8; 눅 23:27-30; 참조. *Sib. Or.* 2.307과 8.353. 이 본문들은 계 9:6에 의존하여 그것을 각각 지옥의 고통과 최후의 심판 이전 시기의 고통에 적용한다). 메뚜기의 효과는 교회의 타협하는 사람들과 교회를 박해하는 불경건한 자들에게 그들의 우상숭배가 헛되며 그들이 살아 계신 하나님으로부터 단절되어 있고, 그 결과 소망이 없다는 사실을 상기시킨다. 우상숭배가 이 백성이 심판을 받는 중요한 이유 중에 하나라는 사실은 8:13에서 분명하게 드러난다. 이 본문은 마지막 세 나팔로 인한 희생자들을 요한계시록에서 우상숭배자를 가리키는 전문용어인 "땅에 거하는 자"로 명명한다(3:10; 6:10의 주석 참조. 특히 13:8, 12, 14; 14:6-11; 17:2-8의 등장 예를 보라).

이와 마찬가지로, 출애굽 재앙은 애굽의 신들이 거짓이며 야웨가 유일한 참 하나님이심을 증명했다.[63] 이런 사실을 깨닫자 애굽 사람들은 심리적으로 동요했다. 그들은 그들의 종교적 헌신이 헛되고 그들이 우상을 섬기고 하나님의 백성을 박해함으로써 하나님을 대적하고 있다는 사실을 깨달았다. 이러한 깨달음에 죄에 대한 걱정스러운 자각은 있었지만 회개는 동반되지 않았다(바로가 출 9:27-28; 10:16-17에서 반응한 것을 보라). 애굽 사람들에게 그랬듯이, 지금 다섯째 나팔 재앙으로 인해서도 메뚜기의 희생자들은 마음이 강퍅해져 절망 가운데서 하나님께로 돌이키지 않았다. 이러한 강퍅함은 실제로 귀신들의 속임의 영향에 속한다. 이런 사건들은 사람들로 하여금 절망적인 곤궁에 직면하여 두려움과 공포 가운데 살게 한다. 이런 삶의 현실이 그들에게 극적으로 다가왔다(8:12의 주석 참조).

고통의 영향을 받지 않는 사람들은 하나님의 인침을 받았기 때문에 (속임이 아니라) 진리 안에 머물러 있다. 그래서 "모든 지각 위에 뛰어난 하나님의 평강이 그리스도 예수 안에서 마음과 생각을 지키실" 것이다(빌 4:7). 역설적이게도, 그들은 죽음을 두려워하지 않으며, 심지어 주님 품에 들어가려고 죽기를 구한다(빌 1:23). 불경건한 자들과 대조적으로, 하나님의 인침을 받은 사람들은 세상이 그들에게 가하는 고통과 심지어 죽음 속에서도 궁극적인 기쁨을 누린다. 그들은 예수와 하나님의 말씀을 증언한다. "어린 양의 피와 자기들이 증언하는 말씀으로써 그를 이겼으니, 그들은 죽기까지 자기들의 생명을 아끼지 아니하였도다"(계 12:11; 참조. 1:9; 2:10; 6:9; 20:4).

사람들이 죽기를 구하지만 그들의 바람을 이루지 못한다는 것은 *Apoc. Elijah* 2:5, 32에도 등장한다. 이 문헌에서는 이 내용이 적그리스도의 출현에 앞서 당할 고난에 적용되었다. *Apoc. Dan.* 12:4에서는 죽기를 구하는 것이 적그리스도와 동맹을 맺은 귀신들의 활동으로 말미암아 발생한다. 이 본문들은 아마도 어느 정도 계 9:6에 의존했을 것이다. 현재 시제 φεύγει("피하다")는 죽음이 그것을 구하는 자들을 피해갈

---

63) J. J. Davis, *Moses and the Gods of Egypt*.

것이라는 확실성을 생생하게 강조하는 미래적·예언적 현재다.[64] 이 동사는 몇몇 사본(1854 2329 2351 𝔐ᴷ lat bo, 등등)에서 앞에 있는 동사들과 시제를 맞추려고 미래 시제로 표기되었다.

7절　요한은 이제 메뚜기를 자세히 묘사한다. "같은"(ὁμοίωμα), "비슷한"(ὅμοιος)이라는 단어가 7-10절에서 반복적으로 사용되어 이것은 요한이 본 것을 정확하게 묘사하는 것이 아니라는 점을 분명히 한다.[65] 이어지는 절에 나타나듯이, 요한은 환상을 보고 마음에 구약의 비슷한 장면을 떠올리게 되었다. 그가 본 것을 대략적으로 묘사한 내용들은 요한이 이 환상들을 구약의 예언 전통과 어떻게 연결시키는지를 보여준다. 동일한 묘사 과정이 반복해서 제시되었고, 다시 제시될 것이다. 이것은 요한계시록 전체에서 요한이 사용하는 방법의 기본 요소에 속하기 때문이다.

7-9절의 장면은 이스라엘 땅을 황폐하게 만들었던 메뚜기 재앙을 묘사한 욜 1-2장에 근거한다(요엘서의 묘사가 문자적인지[66] 아니면 침략하는 군대를 가리키는 비유적인 표현인지[67]는 현재 요한의 목적에서는 그리 중요하지 않다). 여기서 나팔 신호에 이어 메뚜기들이 나온 것처럼(계 9:1), 욜 2장에서도 메뚜기 심판은 "나팔 소리"와 함께 소개되고 끝난다(2:1, 15).

요엘서의 메뚜기 심판은 출 10장의 메뚜기 재앙을 모델로 삼았다(욜 1:2과 2:2[출 10:6, 14]의 분명한 암시를 주목하라; 1:3[출 10:2]; 2:9[출 10:6]; 2:27[출 10:2; 8:18, 22]). 그러므로 요한이 요엘서를 사용하여 이미 3-5절에서 암시한 출애굽기의 묘사를 보충했다고 보는 것이 자연스럽다. 애굽 사람들이 마음이 강퍅해지고 회개하려 하지 않은 까닭에 메뚜기 재앙은 심판으로 임했다(출 10:1-2, 20). 요엘이나 요한은 이러한 의도를 벗어나지 않는다. 그 나라에 장차 복이 임할 것이라고 약속된 것으로 보아 요엘서에서는 회개가 2:18-30의 목적인 것처럼 보이기는 하지만, 욜 2:31-32은 장차 이스라엘의

---

64) 참조. MHT III, 63; Robertson, *Grammar*, 869-70; Fanning, *Verbal Aspect*, 225-26.
65) 참조. Prigent, *Revelation*, 142.
66) Keil, *Minor Prophets*, 171-78.
67) D. Stuart, *Hosea-Jonah*, 232-34, 241-42.

남은 자만 구원을 받을 것이라고 계시한다.

계 9:7-10의 묘사는 귀신들이 백성에게 사납고 두렵고 파괴적인 방법으로 영향을 미치는 사납고 두려운 존재임을 강조한다. 요엘이 실제의 메뚜기를 묘사했든지 아니면 군대를 묘사했든지 간에 메뚜기가 습격한 결과는 극심한 기근이다(욜 1:5-12, 16-20; 2:25). 메뚜기 떼를 대하는 사람들은 "애곡하고"(욜 1:8, 13; 비교. 2:12), "질리고, 낯빛이 하얘졌다"(2:6). 아마도 기근은 여기서 심리적 격동을 일으키려고 마귀의 특성을 지닌 메뚜기들에 의해 사용된 사건들 중 하나일 것이다. 욜 1:10-11에서는 기근이 "밀과 포도주와 감람유와 보리"를 상하게 했다. 이것은 계 6:6에서 기근과 관련하여 언급된 것들과 정확히 일치한다(참조. 욜 2:24).

기근은 계 8:7-11에 암시된 구약의 문맥에 등장하는 눈에 띄는 사상이기도 하다. 그런데 계 9:4에는 메뚜기들이 땅의 식물들을 해하지 말라는 명령을 받는다. 요엘서에 근거를 둔 기근 사상이 여전히 요한계시록에도 존재한다. 단 메뚜기가 그렇듯이 기근도 영적으로 묘사된다. 그리고 그들이 받은 상처는 지금 영혼의 기근으로 그려진다(암 8:11-14에서처럼 예언자들은 종종 기근을 영적으로 묘사한다). 이것은 처음 세 나팔에서 관찰되는 실제의 기근 상태가 궁극적으로 영적 기근과 영혼의 황폐함 때문에 죄인들에게 임하는 심판임을 시사한다. 메뚜기들은 악한 자들에게 굶주림과 그들의 마음의 공허함을 일으키고 폭로한다. 이것 역시 넷째 나팔 재앙에서 관찰했던 기능이었다. 출애굽 재앙 패턴이 여전히 이 이야기에 그림자를 드리운다. 우박과 불에 의해 손상된 곡식들을 메뚜기가 먹어치웠듯이(출 9:22-25; 10:12-15), 우박과 불을 가져왔던 첫 번째 나팔 재앙에 이어서, 악마 같은 메뚜기들은 처음 네 나팔이 울릴 때 살아남았던 불경건한 자들의 영혼을 먹잇감으로 삼는다.

주석가들은 9장에 묘사된 내용이 후기 셈족 전통에서 입증된 메뚜기의 실제 모습을 과장한 것에 근거했음을 주목했다. 그들의 머리는 말들의 머리 같다(참조. "메뚜기"를 가리키는 독일어는 Heupherd[문자적으로 "건초 말"]다). 그들의 "머리칼"은 실제 메뚜기의 더듬이에 해당한다. 그들의 무시무시한

"이빨"은 5개월 동안 파괴적인 효과를 내는 것을 나타낸다(8절). 질주하는 메뚜기의 소리는 전쟁에 나가는 "마병대"의 소리와 같다. 철 호심경은 가슴의 갑옷과 같은 비늘이며, 뱀의 비늘 흉배와 비슷했을 것이다(9절).[68] 찰스가 메뚜기의 얼굴을 머리에 관을 쓴 사람의 얼굴에 비교한 것(7절)이 그들의 마귀적 특성을 상기시킨다고 지적한 것은 옳은 것 같다.[69] 구약의 이미지 대신에 현대의 전투복이나 무기에서 메뚜기의 모델을 찾으려는 시도는 해석적인 오류다.[70]

메뚜기는 "전쟁을 위하여 준비한 말들 같다"고 한다. 말들이 다른 비유들과 더불어 메뚜기를 가리키는 하나의 비유에 불과한지, 아니면 7-10절의 모든 장면이 거대한 말 비유에 속한 것인지를 알기는 어렵다(17-19절의 묘사는 후자를 가리키는 것 같다). 하지만 이 모호함이 전반적 의미에 영향을 주지는 않는다. 메뚜기(또는 말들)는 "사람의 얼굴과 같은 얼굴"을 하고 있다. 이와 비슷하게, 욜 2:4-7에는 메뚜기가 "그의 모양은 말 같고 그 달리는 것은 기병 같으며…강한 군사가 줄을 벌이고 싸우는 것 같으며…용사 같이 달리며 무사 같다"라고 묘사된다.

욜 1-2장의 메뚜기와 기근을 영적으로 적용한 것은 *3 Bar.* 16:3에도 반영되었다. 거기서 하나님은 불충성한 이스라엘을 "애벌레와 날개 없는 메뚜기와 곰팡이와 보통 메뚜기"로 심판하신다. 이것은 하나님이 "자기 백성을 귀신들"로 심판하신다는 것과 직결된다. 이 4중적인 메뚜기 재앙은 욜 1:4과 2:25의 LXX에 근거한 것이 분명하다. 예를 들어 욜 2:25에는 "메뚜기와 느치와 메뚜기와 팥중이"가 언급되었다. "애벌레"로 번역되는 βροῦχος는 "비, 습윤, 담그기"를 의미할 수 있는 βρουχή와 어근이 같은 단어다. 또는 이 단어는 문맥에 따라 "곰팡이"를 가리킬 수도 있다. βρουχή는 *3 Baruch*의 저자나 그를 의존한 전승에서는 βροῦχος로 오독

---

68) 출처에 대해서는 Beasley-Murray, *Revelation*, 162을 보라.
69) Charles, *Revelation*, I, 244-45.
70) 예를 들어 Lindsey, *New World Coming*, 123-24은 전쟁용 헬리콥터와 비교한다.

됐을 수 있다.

8절   메뚜기의 더듬이를 과장한 것을 제외하고는 메뚜기가 "여자의 머리털 같은 머리털"을 가지고 있다는 것에 해당하는 설득력 있는 병행 어구는 없다.[71] "그 이빨은 사자의 이빨 같다"는 주장은 욜 1:6에 근거한다. 요엘서에 등장하는 메뚜기들은 "그 이빨은 사자의 이빨"을 한 "나라"와 같다. 후기 유대교 문헌들에서는 애굽에 재앙을 내린 메뚜기들의 이빨을 사자의 이빨에 비교했다.[72] 이것이 초기 전통을 반영한 것이라면, 이것은 그 전통이 출애굽의 메뚜기들과 요엘서 간의 연결이, 우리가 이미 다른 이유로 살펴보았듯이, 자연스러운 연결임을 보여준다.

9절   "철 호심경"은 군인의 갑옷(또는 전쟁)의 한 부분을 일반화한 묘사다(참조. 욥 39:19-20; *Targ.* 나 3:17은 앗수르 군인들의 비늘 갑옷을 메뚜기의 비늘 흉갑에 비유한다).[73] 이것은 부분적으로 욥 39:19-25(LXX과 MT)을 암시한다. 욥기에는 "흩날리는 갈기"를 입고 "두려움을 모르고 겁내지 아니하며" "완벽한 무장을 하고" "메뚜기처럼 뛰며" "나팔 소리가 날 때마다" 전장으로 달려가는 말이 묘사되었다.[74] "그 날개들의 소리가 병거와 많은 말들이 전쟁터로 달려 들어가는 소리 같다"는 것은 욜 2:4-5을 암시한다. "그의 모양은 말 같고 그 달리는 것은 기병 같으며 그들이 산꼭대기에서 뛰는 소리는 병거 소리와도 같고 불꽃이 검불을 사르는 소리와도 같으며 강한 군사가 줄을 벌이고 싸우는 것 같으니."

렘 51:14, 27도 여기에 반영되었을 것이다. "내가 진실로 사람을 메뚜기 같이 네게 가득하게 하리니 그들이 너를 향하여 환성을 높이리라"(14절. 타르굼에는 "메뚜기처럼 많은 나라의 군인들과 그들이 목소리를 높일 것이다"로 번역되

---

71) 전설적인 켄타우로스(그리스 신화에 나오는 반인반마의 괴물—역주), 신화적 점성학의 전갈과 머리 긴 파르티아의 전사들 등등을 비롯하여 추측에 근거한 여러 제안들 목록을 보려면 Prigent, *Revelation*, 142을 참조하라.

72) 예. Ginzberg, *Legends* II, 345.

73) 참조. Gordon, "Loricate Locusts."

74) 참조. Kraft, *Offenbarung*, 141-42.

었다). "극성스런 메뚜기같이 그 말들을 몰아오게 하라"(27절).[75] 예레미야서
가 본문에 암시되었다는 것은 다음의 사실로 알 수 있다. (1) 렘 51:27은 요
한계시록의 이 본문에서 메뚜기를 나오게 하는 신호로 나팔이 울린 것과
같은 방법으로 "나라들 가운데에 **나팔을 불어서**"라고 소개한다. (2) 둘째 나
팔(8:8-9)은 이미 렘 51:25, 63-64에서 인용한 바다에 떨어진 불타는 산을
암시했다. 그래서 우리는 여기서도 요한이 앞에서 암시한 것이 연속된다고
볼 수 있다. (3) 렘 51:27(28:27 LXX)의 LXX은 히브리어 본문보다 요한계시
록에 더 가깝다. "**수많은** 메뚜기 같이 그 말들을 몰아오게 하라." 이 암시는
나팔 재앙의 상당 부분이 교회 바깥에 있는 우상숭배를 조장하는 박해자들
을 향한 사상임을 재차 강조한다. 렘 51:14, 27이 우상숭배를 하는 바벨론
을 멸하려고(51:10, 17-18) 이스라엘의 원수를 갚아준다는 선언이기 때문이
다. 바벨론은 이스라엘과 성전에 악을 행했다(예. 51:11).

> *Targ.* 렘 51:26-27과 계 9:7, 9 사이의 병행 어구를 주목하라. "내가
> 내 능력의 **재앙들**을 네게 일으킬 것이다.…그에게 **전쟁을 일으킬** 사람들
> 을 정할 것이다. 그의 말들은 **메뚜기처럼 속력을 높일 것이다.**" 또한 계
> 9:9과 비교될 수 있는 것은 이스라엘의 압제자에게 내릴 운명을 예언한
> 사 33:1, 3-4이다. "화 있을진저…요란한 소리로 말미암아 민족들이 도
> 망하며…메뚜기가 뛰어오름 같이 그들이 그 위로 뛰어오르리라."
> *Testament of Solomon* 2:2-4에는 날개를 가지고 날며 사람처럼 생
> 긴 사자와 비슷한 귀신들이 언급된다.

10절   3-5절에서 시작된 메뚜기에 대한 묘사는 메뚜기의 권세를 전
갈이 먹잇감에게 행사하는 권세와 비교하고, 그들이 사람들에게 행사할
수 있는 권세를 "다섯 달" 동안으로 한정하는 것으로써 마무리한다. 요약
된 이 내용에 전갈의 자세한 모습과 그들이 어떻게 힘을 행사하는지를 묘
사하는 내용이 덧붙여졌다. 메뚜기들은 "전갈과 같은 꼬리와 쏘는 살이 있
어 그 꼬리에는…사람들을 해하는 권세가 있더라."

---

75) Bauckham, *Revelation*, 224.

사람을 삼키는 말들의 소리와 "낙담한 마음에 고통을" 주려고 쏘는 전 갈이 비유적으로 혼합된 묘사가 렘 8:16-18에 등장한다. 이것은 계 9:3-6, 9-10의 말과 같은 전갈 메뚜기 묘사와 병행한다. 더욱 눈에 띄는 것은 예레미야서의 비유들이 우상숭배자들의 심판을 암시한다는 데 있다(참조. 렘 8:19; 계 9:4, 20). 렘 8장의 타르굼은 이것을 백성이 "사는 것보다 죽는 것을 더 좋아하는 재앙"으로 이해한다(3절). 초기 유대교 문헌들은 적그리스도가 단 지파에서 나올 것으로 예상했다. 렘 8:16에는 단 지파에서 말들이 일어날 것이라고 한다(참조. *Test. Dan.* 5:6-7; Irenaeus, *Adversus Haereses* 5.30.2과 비교). 그리고 이 전통은 렘 8:16과 연결된다(참조. Hippolytus, *De Antichristo* 14-15, 이 책에서는 렘 8:16-17이 단 지파에서 나올 적그리스도에 관한 예언으로 해석된다. 이것은 아마도 단이 계 7:4-8에 있는 참 이스라엘 지파의 목록에서 생략되었기 때문일 것이다). 다섯째 나팔의 마귀적 특성을 지닌 존재들은 1절과 11절에서 확인된 적그리스도나 마귀 또는 두 가지 모두에 속한 영적 군대일 것이다(참조. 요일 2:18-26; 4:1-3. 이 본문들에서는 적그리스도의 영은 교회의 거짓 교사들의 거짓말을 통해 활동한다).

유대교 전통은 스올과 아바돈에 수천 마리의 전갈에게 권세를 행사하는 "파멸의 천사들"이 있었다고 주장한다. 전갈의 침은 치명적이다. 하지만 어떤 침은 죽이지 않고 다만 지옥의 거주자들에게 고통을 가하기만 한다.[76]

11절 귀신들의 영역을 주관하는 천사의 이름은 아바돈('Αβαδδών은 히브리어 ʾ*baddôn*, "파멸"의 번역임)과 아볼루온('Απολλύων, "파괴자"를 뜻하는 그리스어)이다. 구약성경에서 "파멸"은 종종 죽은 자들의 영역인 스올 또는 "죽음"과 동일시된다(욥 26:6; 28:22; 시 88:11; 잠 15:11; 27:20). 그 천사가 귀신들 위에 권세를 주장하는 "임금"이라는 진술과 함께 소개된 이 이름들은 그 천사(사자)가 사탄적 인물임을 암시한다(*b. Arakhin* 15b과 *b. Sanhedrin* 52a 에 언급된 "게헨나의 왕"은 동일 인물인 사탄적 인물을 가리킨다). 이 임금은 메뚜

---

76) Ginzberg, *Legends* I, 11-16; II, 312.

기의 이상하지만 초자연적인 특성을 시사하기도 한다. 자연 세계에서 "메뚜기는 임금이 없다"(잠 30:27).

본문에 등장하는 천사가 선한 천사인지 악한 천사인지는 분명하게 밝혀지지 않았다. 하지만 암 7:1의 LXX은 이스라엘을 공격해 들어오는 군대를 "동방에서 오는 메뚜기 떼"로 묘사한다. 그 메뚜기 떼의 지도자는 "한 애벌레인 임금 곡"이다. 이런 이유로 겔 38-39장에서는 메뚜기가 곡과 마곡과 연결되고, 이 사실은 사탄이 곡과 마곡의 지도자라는 계 20:8에서 발전된다. 이 배경에 의하면, 계 9:11에 등장하는 이와 비슷한 인물은 사탄적 특성을 지녔다고 할 수 있다. 비록 그 인물이 여기서 심판하는 천사로 등장하고, "심판의 천사"가 반복해서 언급된 유대 묵시 문학에서 그 천사가 선한 천사인지 아니면 악한 천사인지 구체적으로 밝혀지지 않았지만 말이다(예. *1 En.* 53:3; 56:1; 62:11; 63:1; 65:6에는 이 천사들의 사탄적 특성이 암시됐을 수 있다).

계 9:11에 등장하는 "파괴자"는 마귀 자신이든지 마귀의 악한 대리인이다. 둘 중에 어느 것이든지 간에 출애굽기를 주석한 유대교의 해석 전통에서 지지를 받는다.[77] 계 12:3-4과 13:1ff.는 이 결론과 부합한다. 이 두 본문에서는 마귀와 짐승이 각각 왕관을 쓰고 악한 군대를 이끄는 것으로 그려졌기 때문이다. 또한 이것은 9:1에서 천사의 정체를 밝히며 이미 도달했던 결론과 맥을 같이한다.

1QH3(11).16, 19, 32에서 "아바돈"을 사탄적인 "뱀(독사)", 벨리알의 지옥의 거처와 동일시한 것에 의해서도 우리가 내린 결론이 지지를 받는다. 쿰란 문서에서는 "구덩이"와 "무저갱"이 열리고 소용돌이와 화살과 "독사의 영들"이 맹렬히 쏟아져 나와(3[11].16-18; 5[13].27), 강퍅한 위선자들을 공격한다(3[11].25-27). "그들에게는 소망이 없다." 구덩이에서 나온 이러한 멸망은 불신자들에게는 영향을 끼치지만 하나님께 진정으로 충성하는 사람들에게는 영향을 주지 못하는, 특히 거짓 교훈에서 비롯된 속임수의 영향으로 해석된다(2[10].12-34; 4[12].5-22; 1QS 3-4.14. 마지막에 인용된 문헌은 구덩

---

77) 이 결론은 Mounce, *Revelation*, 198에서 내린 결론과 상반된다.

이에서 나온 멸망의 천사들을 언급한다. 그들은 사악함과 어두움의 영들과 연합하여 "가장 슬픈 원통함과 쓰라린 불행"을 가한다). 계 9:11을 이해하기 위한 이 시나리오는 9:1-6의 묘사와 비슷하다. 고통스러운 절망은 거짓의 영향에 뿌리를 두고 있다(9:17-19의 주석 참조).

계 6:8과 8:11의 이름 문구들("~의 이름은 ~이라")은 그곳에 언급된 각 재앙의 파괴적 영향을 의미하는 칭호를 소개한다. 그 문구가 여기서도 동일하게 작용한다.[78] 사탄을 지칭하는 두 이름은 사탄이 귀신들을 부려 불경건한 자들 사이에서 활동하게 함으로써 그들이 결국 몸과 영혼의 죽음에 의해 멸망될 것임을 표현한다. 귀신의 활동은 단지 "5개월 동안"만 지속되며, 이런 섬뜩한 최종 목표로 나가는 과정에 속할 뿐이다.[79] 여섯째 나팔은 이 과정의 완성을 묘사한다.

많은 주석가가 아볼루온이라는 이름에서 문제의 천사가 아폴론 신을 암시한다고 이해한다. 그는 종종 메뚜기로 상징되기도 했다.[80] 아폴론이라는 이름은 아볼루온 배후에 있는 같은 그리스어 단어에서 유래했다 (ἀπόλλυμι, "파괴하다". Aeschylus, *Agamemnon* 1082도 있다). 여기서 이런 암시가 염두에 있다면, 이 사실은 마귀가 스스로를 아폴론의 화신이라고 주장하는 도미티아누스 황제와 그밖에 여러 통치자들의 배후에 있는 인물임을 보여줄 수 있을 것이다. 아우구스투스는 사적인 만찬 연극에서 아폴론 역을 연기하기를 좋아했다. 그리고 로마인들은 아폴론을 종종 "토르멘토르"(Tormentor, "박해자" 또는 "괴롭히는 자")로 지칭하곤 했다(Suetonius, *Augustus* 70).[81] 이것은 11절에 등장하는 인물이 사탄적 존재이며 악한 천사들이 죄악 된 통치자 및 백성과 동일시될 수 있음을 더욱 시사한다.

본문에 등장하는 천사(또는 사자)의 정체를 밝힐 수 있는 가장 좋은

---

78) 참조. Lenski, *Revelation*, 297.

79) Kiddle, *Revelation*, 159.

80) 그 증거를 위해서는 Charles, *Revelation* I, 246과 I. T. Beckwith, *Apocalypse*, 563-64을 보라. 두 사람은 이 암시에 대해서 생각이 엇갈린다. A. Oepke, *TDNT* I, 397은 더 많은 증거를 인용하며, 암시가 있다는 점에 설득력이 있다고 본다.

81) 예. Morris, *Revelation*, 131; Sweet, *Revelation*, 170.

배경은 출애굽 재앙이다. 출애굽 재앙은 여기까지 계속해서 염두에 있었던 것이기 때문이다. 하지만 성경과 유대교의 해석에서 이 문제는 여전히 분명하지 않다. 선한 천사와 악한 천사 모두 출애굽 재앙이 내려질 때뿐만 아니라 홍해에서도 활동했다(계 8:2, 10-11의 주석 참조). 하지만 선한 천사들을 분명하게 언급한 내용은 주로 그들의 행동을 홍해의 구원에 한정한다. 계 9:1, 4-5과 놀라울 정도로 유사한 것은 애굽의 장자를 죽인 천사가 "멸하는 자"로 불렸다는 것이다(출 12:23. 이 단어는 계 9:11의 단어와 동의어다). "멸하는 천사, 즉 죽음의 천사가 멸하는 권세를 받았으나 이스라엘 사람들에게는 어떤 권세도 행사할 수 없었다"(*Targ. Pal.* 출 12; *Targ. Pal.*과 *Targ. Jer.* 출 4에는 모세를 대적하는 천사를 지칭하려고 동일한 칭호가 사용된다). *Jubilees*는 반복해서 이 천사를 사탄을 지칭하는 또 다른 명칭인 "마스테마의 왕"이라고 밝힌다. 그러므로 이 언급은 계 9:11의 천사와 병행한다(귀신들의 "임금"에 대해서는 *Jub.* 11:5; 17:16; 18:9, 12; 48:2-15을 보라). 이 왕-천사는 그가 애굽으로 돌아올 때 모세를 죽이려 했고, 애굽의 장자를 쳤던 천사다(*Jub.* 48:2; 49:2). 하나님은 홍수 이후 마스테마에게 악한 천사를 통솔하는 주권을 주셨다. 그래서 그는 "[악한] 천사들의 우두머리"로 알려지게 된다(*Jub.* 10:7-8; 11:5; 19:28). "멸하는 자"는 모세만 대적했던 것이 아니라 애굽을 떠난 이스라엘 백성을 대적하기도 했다(Wis. 18:22-25). 이러한 사실들에 비춰볼 때, *Targ. Pal.* 출 12에서 우박 재앙을 내리고 장자를 친 복수형 "멸하는 천사들"은 사탄의 사주를 받은 악한 영들이다. LXX의 시 77(78):49에는 이 천사들이 "악한 천사들"(ἀγγέλων πονηρῶν)이라고 분명하게 언급된다. 하나님은 이 악한 천사들을 통해 "분노와 진노와 환난을 보내셨다." 그러므로 이 모든 영들은 궁극적으로 하나님의 손 아래에 있다(출 12:12-13, 27-29; 출 12장에 근거한 구약과 유대교 전통은 모두 하나님이 장자를 치신 분이라는 것과 그가 천사를 사용하여 그의 뜻을 이루셨다고 주장한다[출 12:23]). 재앙의 기원이 사탄이라는 것 역시 Wis. 17:14에서 감지된다(이곳에서는 어두움의 재앙이 "지옥의 바닥에서" 나왔다고 표현된다).

Hermas, *Vision* 4:1에서는 선견자가 "바다 괴물과 같은 거대한 짐승이 그의 입에서 불타는 메뚜기를 쏟아내고 있는" 환상을 받는다.

이름들은 보통 구문론적으로 그 이름이 위치한 문맥에서 요구되는 격에 맞춰 소개된다. 하지만 여기서는 'Αβαδδών과 'Απολλύων이 목적격이 아니라 주격이다. 이렇게 된 이유는 아마도 두 단어가 잘 알려진 칭호였기 때문일 것이다(같은 현상이 1:4[82]과 요한계시록의 여러 곳에 나타난다).[83]

11절의 2중 이름과 비교될 수 있는 것이 호 13:14b의 "사망/스올"의 2중적인 의인화다. "**사망**아 네 **재앙**[LXX "심판"]이 어디 있느냐? 스**올**[LXX "하데스"]아! 네 **멸망**[계 9:10에서처럼 LXX에는 κέντρον ("쏘는 것")]이 어디 있느냐? 뉘우침이 내 눈 앞에서 숨으리라." 호세아서의 주장의 요점은 하나님이 심지어 사망의 영역에까지 주권을 행사하시지만 이스라엘을 사망에서 구원하지 않으실 것이라는 데 있다. 호세아의 시대는 이제 더 이상 회복할 수 없을 정도로 사악해졌기 때문이다.[84] 그래서 "해산하는 여인의 고통"이 그들에게 임할 것이다(호 13:13). 이 시나리오와 언어는 계 9:6, 10-11의 그것과 너무도 비슷하며, 계 9장의 배경이 될 수 있다. 6:8에 이미 이 본문이 암시되었기 때문이다.

12절   이 전환 구절은 이전의 나팔을 요약하고 다음에 이어질 두 나팔을 소개한다. 이 구절은 마지막 세 나팔에 묘사된 것이 서로 연대기적으로 이어질 것을 암시하는가? 아니면 단지 환상의 순서를 지칭하는 순서인가? 두 번째 의미를 의도했음을 암시한다고 판단할 단서 중 하나를 시작하는 말에서 찾을 수 있다. "첫째 화는 지나갔다." 이 말은 사건들이 역사 속에서 이미 발생했다는 의미가 아니라 단지 그 내용을 포함하는 환상이 지금 지나갔다는 의미다. 사건보다는 환상으로서 "화"를 강조한다는 사실은 도입 어구인 "보라"(ἰδού)와 결론어구인 "이 일 후에"(μετὰ ταῦτα)를 담고 있

---

82) 참조. DM, 70.
83) 계 9:11의 주격 사용에 대해서는 BDF §143을 보라.
84) Calvin, *Minor Prophets* I, 475-80.

는 두 번째 문장에 암시되었다. 이 두 어구는 요한계시록과 다른 묵시 문학에서 역사적 사건들의 순서가 아니라 환상의 순서를 언급한다(4:1의 주석 참조). 그래서 12절의 의미는 이렇다. "첫째 화 환상을 제시하는 것은 지나갔다. 보라! 첫째 환상 이후에 화 환상 2개가 더 제시될 것이다." 일차적 관심사는 환상의 순서에 있지 세 환상들에 제시된 역사적 순서에 있지 않다.

몇몇 중요한 사본은 μετὰ ταῦτα("이 일 후에")가 13절을 소개하며 이 어구가 12절의 결론 어구(A 1611 1841 𝔐ᴬ 그리고 그밖에 몇몇 역본들과 교부들의 글)가 아니라 여섯째 나팔의 도입 어구(046 1006 1854 2329 2351 𝔐ᴷ)로 사용되었음을 시사한다. 원래 결론에 위치했던 것이 그 어구가 요한계시록 전체에서 통상적으로 사용된 방식에 맞추려고 변경된 것 같다(요한계시록에 μετὰ ταῦτα[또는 τοῦτο]가 9번 등장하는데, 그중에 7번은 어떤 내용을 소개하고, 오직 2번만 결론으로 기능한다[참조. 1:19; 4:1]). 반면에, 이 어구가 13절을 소개한다고 이해한 것은 상대적으로 어색한 μετὰ ταῦτα καί를 부드럽게 하여 καὶ μετὰ ταῦτα(046), μετὰ δὲ ταῦτα(0207), μετὰ ταῦτα(𝔓⁴⁷ ℵ 2344 pc 몇몇 역본들)로 변경한 사본들을 선호한다. 만일 μετὰ ταῦτα가 12절을 마무리하는 것이라면 이 어구가 ἔτι("여전히, 아직") 뒤에서는 불필요하다는 사실은 이것을 더욱 강조한다. 요한은 어느 곳에서도 유의어 ἔτι를 반복해서 사용한 적이 없다. 그리고 대부분의 필경사들은 이런 미묘한 문체 패턴에 민감하지 못했던 것 같다.[85] 하지만 μετὰ ταῦτα의 원래의 위치가 어디였는지는 알기 어렵다. 그 위치가 본문의 의미에 결정적이지는 않다.

단수형 ἔρχεται("오다")는 복수형 δύο("두"; 몇몇 사본에 사용된 복수형 ἔρχονται는 확실히 2차적이며 조화를 위해 후대에 변경한 것이다)에 분명히 일치하지 않는다. 하지만 만일 히브리어 여성형 수사가 그렇듯이 여성형 δύο("두")에 많다는 개념이 있다면 구문 자체는 비정상적인 것은 아니다. 그래서 δύο는 "두 번"의 의미를 갖는 히브리적 표현으로 이해해야 한다.

---

85) 참조. Charles, *Revelation* I, 247.

"이 일 이후에 화 둘이 올 것이다."[86]

여섯째 나팔: 귀신들은 강퍅한 불신자들을 심판하라는 명령을 받는다. 그들은 최후의 심판으로 사람들 중 삼분의 일을 속여서 죽게 한다. 속임을 받은 나머지는 회개하지 않는다(9:13-21)

13절 "하나님 앞의 금 제단 네 뿔에서" 나오는 음성은 여섯째 나팔의 내용을 묘사하기 시작한다. 이것은 6:6에서처럼 그리스도의 음성, 또는 16:7에서처럼 천사의 음성일 것이다. 9:13은 여섯째 나팔 심판을 6:10-11과 8:3-5에서 보복을 간청하는 성도들의 기도와 연결한다. 8:3-5은 6장에서 시작된 기도를 공식적으로 전개하는 첫 언급이다(8:3-5의 주석 참조). 8:3-5의 전환에는 일곱째 인과 일곱 나팔들이 성도들의 간구에 대한 하나님의 응답이라는 점이 나타나 있다. 8:3-5에서 처음 전개되었던 것처럼 9:13에서 같은 제단이 언급된 것은 여섯째 나팔이 6:10-11의 기도에 대한 하나님의 지속적인 응답이라는 점을 강조한다.

"4"는 완전을 암시하며, (일반적으로는 동물 비유와 연결하여 사용되기는 하지만) "뿔"은 힘을 상징한다. 사람들은 가끔씩 제단의 뿔을 붙잡음으로써 다른 것에서 안전과 보호를 찾으려는 바람을 표현했다(왕상 1:50-51; 2:28-34). 여기서 "금 제단의 네 뿔"이 이어지는 나팔에서 악인들을 심판함으로써 성도들의 부르짖음에 응답하시는 하나님의 완전한 능력을 가리킬 수 있을까?[87] 이 질문에 긍정적으로 대답할 수 있는 근거가 14:18에 제시된다. 거기서 제단은 심판하는 능력과 직접 연결되었다. "불을 다스리는 다른 천사가 제단으로부터 나와." 불가타 역은 이 사상의 흐름을 발전시켜, "하나님 앞의 금 제단"을 "하나님의 **눈앞**에 있는 금 제단"으로 풀어 번역했다. 이 번역은 5:6을 겨냥하고 있음이 분명하다. 거기서 어린 양의 "뿔"은 "일곱 눈"과 아울러 언급되는데, "이 눈들은 온 땅에 보내

86) Mussies, "ΔΥΟ"; Lohmeyer, *Offenbarung*, 80-81.
87) Kiddle, *Revelation*, 161.

심을 받은 하나님의 일곱 영"이었다. 그래서 본문의 금 제단의 뿔을 어린
양의 눈과 뿔에 연결시키는 것이 적절한 이유는 "눈"에 그의 백성을 보
호하는 하나님의 전능을 암시하는 구약 배경이 있기 때문이다. 이 사실
은 성전 이미지와 연결된다(슥 4장; 5:6b의 주석 참조). 사실, ἐνώπιον("앞
에," "면전에")이라는 단어는 요한계시록에 여러 번 등장하는데, 하늘 **성전**
에 계신 하나님의 임재의 어떤 측면을 분명히 언급하는 경우가 7번 등
장한다. 4:5은 성전의 하나님의 임재에서 나오는 심판을 언급하며, 5:8
과 8:3-4 그리고 9:13은 하나님의 임재 앞에 있는 심판과 관련하여 제의
적인 기도 주제와 연결된다. 비록 11:4에 박해자들에게 임할 심판 주제
도 포함되긴 했지만 말이다(11:1-6의 주석 참조). 이러한 연결들에 의하면,
9:13이 성도들의 기도에 응답하시는 하나님의 심판 능력을 암시한다는
점이 드러난다.

몇몇 사본들에는 τεσσάρων("네(4)", 예. 𝔐*)이 포함되었지만, 사본상
의 증거에 의하면 그 단어가 생략된 것이 원본일 가능성이 크다(예. 𝔓⁴⁷ A
0207 1611 2053 2344 그리고 약간의 역본과 교부들의 글). 이 단어는 필경사가
너무 급히 읽는 바람에 이 단어를 건너뛰고 뒤에 이어지는 비슷한 낱말
κεράτων("뿔")을 읽는 바람에 우연히 생략되었을 것이다.[88] 또는 열정이
넘치는 필경사가 이 제단이 네 모퉁이에 네 뿔이 있는 구약의 성막에 있
는 제단과 동일하다는 것을 분명히 하려고 그랬을 것이다(참조. 출 27:2).
또는 τεσσάρων은 원래 환상에 속하는 것이었든지 아니면 두 제단의 동
일함을 좀 더 분명히 밝히려고 사용됐을 수도 있다.

14절   제단에서 나온 음성은 여섯째 나팔을 가진 천사에게 "결박되
어" 있었던 네 천사들을 "놓아주라"고 명령한다. 이 천사들은 분명히 9:1의
무저갱에 감금된 귀신들처럼 그들의 뜻과 상관없이 결박되었을 것이다. 그
들 역시 악한 천사일 것이다.[89] 그들이 "큰 강 유브라데"에 결박되었다는 것

88) B. M. Metzger, *Textual Commentary*, 744.
89) 참조. Morris, *Revelation*, 133.

은 하나님이 죄 지은 이스라엘(사 5:26-29; 7:20; 8:7-8; 14:29-31; 렘 1:14-15; 4:6-13; 6:1, 22; 10:22; 13:20; 겔 38:6, 15; 39:2; 욜 2:1-11, 20-25)과 그밖에 이스라엘 주변의 불경건한 나라들(사 14:31; 렘 25:9, 26; 46-47; 50:41-42; 겔 26:7-11; 비교. *Assumption of Moses* 3:1; 암 7:1 LXX은 "동쪽에서 오는" 메뚜기 같은 군대를 언급한다)을 심판하려고 유브라데("북쪽"에서) 너머에서 군대를 불러오실 것이라는 구약의 예언을 상기시킨다.

본문에 가장 강력하게 반영된 구약성경은 애굽에 임박한 심판을 묘사하는 렘 46장이다. 북쪽에서 오는 마병대는 뱀과 같고 수많은 메뚜기와 같은데, 흉배를 착용했으며(참조. 렘 46:4, 22-23), "유브라데 강가"에 서 있었다 (LXX ἐπὶ τῷ ποταμῷ Εὐφράτῃ, 26[46]:2; 또한 46:6, 10). 요한 당대에는 유브라데 건너편에서 오는 파르티아 족속의 위협이 이러한 구약 전통과 동일시되었다. 그리고 이런 공격도 천사들이 부추겨서 일어난다고 보았다(*1 En.* 56:5-8; *2 Bar.* 6에는 바벨론 사람들을 대표하는 네 천사가 예루살렘의 네 모퉁이에 서서 정해진 시간에 예루살렘 성읍을 파괴할 준비를 했다). 여기서 유브라데가 언급된 것은 유브라데가 다시 언급된 여섯째 대접 전쟁을 준비하려는 데 있다(16:12).[90] 사실 여섯째 나팔과 여섯째 대접은 "다른 관점에서 동일한 사건"을 묘사한다(이런 연결에 대해서는 9:19의 주석 참조).[91]

북쪽에서 오는 침략자들을 언급하는 구약성경의 병행 어구에서처럼, 여기서도 하나님이 궁극적으로 타락한 천사의 성향을 지닌 침략자들을 부추기신다. 이 천사들은 유브라데에 또는 그 건너편에 거주하는 사악한 나라들에 해당하는 천사들이라고 말할 수 있다(예. 단 10:13, 20-21). 그러므로 그들은 계 9:1, 11에서처럼 사악한 천사들이다. 그 천사들은 하나님에 의해 "결박되었으며", 이제 하나님은 그들을 풀어주신다. 하나님은 하늘에 있는 제단으로부터 그들을 "놓아주라"고 명령하신다. 이 네 천사들은 7:1에 언급

90) A. Y. Collins, "Apocalypse (Revelation)," 1007.
91) A. Y. Collins, "Apocalypse (Revelation)," 1007.

된 천사들일 수도 있다.[92] 하지만 대부분의 주석가들은 다르게 생각한다. 7:1에 등장하는 천사들은 세상을 파멸시키지 못하도록 파괴적인 세력을 붙들고 있는 천사들인 반면에, 본문에 언급된 천사들은 파괴하기를 억제한 것이 아니라, 억제당하고 있다가 곧 파멸을 수행할 자들이기 때문이다.

7:1과 9:14 간의 더 좋은 병행 어구는 7:1의 "땅의 네 바람"을 붙잡은 것을 유브라데에 결박된 네 천사들과 동일시한다(바람을 악한 천사들과 동일시하는 것에 대해서는 7:1의 주석 참조). 하나님의 백성이 바람에 해를 받지 않도록 인침을 받으면(7:3-8), "땅의 네 모퉁이에서" 부는 파괴적인 바람은 이제 인침을 받지 못한 자들을 덮칠 것이다. 9:14의 네 천사들이 유브라데에 있고 땅의 네 모퉁이에 있지 않다는 것은 비유의 혼합이다. 유브라데 강은 원수 사탄이 온 세상에 최후의 살육을 하려고 오는 방향과 관련한 마지막 때의 기대를 요약한다(아래 내용 참조).

"네 천사"(τοὺς τέσσαρας ἀγγέλους)에 있는 정관사는 단지 이어지는 어구인 τοὺς δεδεμένους ἐπὶ τῷ ποταμῷ τῷ μεγάλῳ("큰 강에 결박한 자들")를 언급하는 역할을 하는 것일 수 있다.[93] 한편으로 이 관사는 천사들이 "[잘 알려진] 네 천사들"이었음을 암시할지도 모른다. 그런 경우라면, 이 관사는 7:1에 소개된 네 천사들을 가리키거나, 여기서 천사들은 악하기 때문에 7:1의 "네 바람"에 있는 관사를 반복한 것일 것이다(아래 내용 참조). 7:1의 "땅의 네 바람"과 "땅의 [네] 모퉁이", 그리고 9:13-14의 "제단의 네 뿔"과 "네 천사"가 조합되는 것에 의해서도 이런 관련성이 암시된다. 성막에서는 네 뿔이 제단의 네 모퉁이에 각각 위치했다(출 27:2). 여기서도 제단의 네 뿔은 하나님이 주권을 행사하시는 우주의 네 모퉁이를 대표할 수 있다. 요한계시록 여러 곳에서 하늘 성전에 있는 것들은 우주에 있는 것들을 대표한다(계 21:1-22:5; 앞의 5장 주석 참조).[94] 전형적으로

---

92) Kiddle, *Revelation*, 161-62.
93) Düsterdieck, *Revelation*, 285.
94) 요한계시록 전체에 나타난 이러한 이미지를 철저히 연구한 Snyder, "Combat Myth"를 보라.

구약성경과 고대 근동에서는 성전이 세상의 축소판으로 표현됐다).[95]

본문에 2개의 특징적인 어법 위반이 발생했다. 남성 목적격 λέγοντα ("말하다")의 선행사는 여성 목적격인 φωνὴν ("음성")이다. 이 분사는 음성을 발하는 천사의 남성형(ὁ ἄγγελος)과 일치시키려고 남성형으로 바뀌었을 수 있다(13절). 또는 이러한 불규칙은 독자들의 관심을 끌어 14절의 구약 암시를 인식하도록 하는 기능을 할 수도 있다(렘 46[= 26 LXX]장; 분사형 λέγω의 이런 어법 위반 사용을 충분히 논의한 1:11; 4:1; 6:7; 10:8; 14:7의 주석 참조). 주격 ὁ ἔχων ("가진 이")의 선행사는 여격인 ἀγγέλῳ ("천사")이다. 요한이 ὁ ἔχων을 천사의 칭호로 이해했기 때문에 주격이 사용되었을 가능성이 있다. "나팔을 가진 이"는 13a절에 있는 주격인 "여섯째 천사"를 언급하는 삽입구로 이해하는 것이 가장 좋다.[96]

15절　　네 천사가 "결박되었다"는 것은 그들이 기다려왔던 기능을 수행하는 것이 허락되지 않았다는 의미다. 그들은 정해진 때("그 년 월 일 시에") "사람 삼분의 일을 죽이기로 준비된 자들"이다.[97] 이것은 *1 En.* 66:1과 병행이다. 이렇게 기록되었다. 홍수 때에 "장차 올 심판과 멸망을 위해 준비된… 징계 받은 천사들이 있었다." 출 9:25에 의하면 우박 재앙으로 매우 많은 애굽 사람이 "죽었다"(ἀποκτείνω ["죽이다"]에 대해서는 계 9:18-19의 주석 참조).

요한은 때가 지금 임했다는 음성을 듣는다. 천사들은 하나님의 주권적인 시간표에 따라 놓임을 받는다. 이 천사들이 놓이는 때는 시간까지 구체적으로 명기되어 "역사의 모든 세력들이 하나님의 주권 아래 있으며, 그가 전능한 분이심"을 강조한다(1:8; 4:8; 11:17; 19:15; 등등).[98] *1 En.* 56:5-6에서

---

95) Nelson, "Egyptian Temple," 150-51; Jeffrey J. Niehaus, *No Other Gods*, 5장; Wright, "Temple," 170, 180 등은 성전에서 네 뿔의 우주론적 중요성을 논의한다. Swete, *Apocalypse*, 121은 이 점을 지지한다. 특히 성전을 전 우주의 축소판으로 이해한 구약과 유대 문헌의 증거에 대해서는 C. H. Fletcher-Louis, "The Destruction of the Temple and the Relativization of the Old Covenant: Mark 13:31 and Matthew 5:18," 156-62을 보라.

96) Prigent, *Apocalypse*, 144.

97) 완료형의 기본적인 의미가 완료 분사 οἱ ἡτοιμασμένοι ("준비해왔던")에 반영되어, 일찍이 "준비하고 있었던" 것의 결과를 강조한다(Fanning, *Verbal Aspect*, 416-18).

98) Mounce, *Revelation*, 201. 계 9:15처럼, 지하의 세력들을 풀어놓으시는 하나님의 정해진 시

왕들을 자극하여 동쪽에서 오게 한다는 것과 비슷하게 천사들을 묘사한 본문은 여기서 전개된 동일한 구약 전통을 대표한다(9:14의 주석과 16:12-14의 주석 참조).

א은 ἵνα와 ἀποκτείνωσιν 사이에 μή를 첨가하여, 다른 모든 증거("그들이 죽이지 못하게 하려고")에서 발견되는 의미를 정반대로 표현한다. 이것은 아마도 의도적인 오류일 것이다. 이것이 첨가된 것은 아마도 여섯째 나팔의 천사적 존재들의 기능을 다섯째 나팔로 풀려난 존재들의 기능과 조화시키려는 의도에서 기인한 것 같다(9:4: ἵνα μὴ ἀδικήσουσιν["그것들은 해하지 말고"]).

16절　　네 천사들은 불경건한 영적 군대를 지배하는 권세가 있다. 그들은 말을 탄 수많은 군인으로 묘사되었다. 이들은 이 군사력을 이용하여 "죽이라"는 명령을 수행한다.

이 군대의 수는 "이만 만"(δισμυριάδες μυριάδων)이다. 어떤 사람은 이 수를 문자적으로 2×10,000×10,000(= 200,000,000)으로 계산한다. 하지만 정확한 수를 의도한 것 같지는 않다. δισμυριάδες("이만")가 성경 문헌에는 등장하지 않지만, μυριάς("만")가 셀 수 있는 수를 가리킨다면, 그것은 복수형이 되고 한정적인 수를 가리키는 형용사가 접두어로 붙는다(예. 1 Macc. 11:45: δώδεκα μυριάδας[120,000]; 참조. 2 Macc. 8:9의 수를 가리키는 형용사와 결합한 μύριοι["일만"]의 복수형 δισμύριοι["20,000"]와 에 1:7 LXX의 τρισμύριοι["30,000"]).

한편 μυριάς("일만")가 수를 가리키는 형용사 없이 사용될 경우에는 언제나 예외 없이 셀 수 없는 크기를 지칭한다.[99] LXX에서도 이 단어의 복수형은 셀 수 없고 분명하게 규정되지 않는 무리를 비유적으로 함의한다(창 24:60; 레 26:8; 민 10:35[36]; 신 32:30; 33:2, 17; 왕상 18:7-8; 21:12[11]; 시 3:7[6]; 아

간을 이와 비슷하게 명기한 4 Ezra 4:36-43; *1 En.* 79:1-3; 81:1-3; 92:2을 보라.
99) 참조. BAGD, 199, 529; Josephus, *Ant.* 7.318-20은 이런 유의 사용례를 제시한 대표적인 예다.

5:10; Sir. 47:6; 미 6:7; 단 7:10; 시 90[91]:7에서는 단수형이 비유적으로 사용됨).[100]
주목할 만한 본문은 *1 En.* 40:1이다. 여기서 비유적인 의미는 단 7:10(계
5:11에 암시된 "만만")의 발전으로 분명히 서술된다. "나는 천천과 만만을 보
았다. **나는 셀 수 없는 군중을 보았다**"(참조. *1 En.* 60:1; 시 67[68]:18에 있는
μυριοπλάσιον["천천 만만"]을 주목하라). 그밖에 초기 유대교와 기독교 문헌
에서도 동일한 것이 적용된다(Philo, *De Agricultura* 35, 113; Josephus, *Ant.*
7.318; *1 En.* 1:9; 14:22; *Sib. Or.* 4.139; 눅 12:1; 행 21:20; 히 12:22; 유 14; *1 Clement*
34:6).[101]

계 5:11에서 능히 셀 수 없는 무리들을 언급하려고 사용된 2중 복수형
μυριάδες μυριάδων("만만")은 본문(9:16)에 사용된 거의 똑같은 2중 복수형
이 동일하게 비유적으로 사용됨을 확증한다.[102] 접두어 δισ-("두 배")는 능
히 셀 수 없다는 비유적 측면을 강조한다. 그러므로 그 숫자를 문자적으로
번역하면 비유적으로 해석할 수밖에 없다. 그 수의 복수 형태는 분명히 규
정되지 않아서 정확히 계산할 수가 없기 때문이다("이만 만", 또는 Moffatt이
번역한 것처럼 "이억").[103]

계 9:14에 반영된 렘 46(LXX 26):2, 4, 6, 10, 22-23의 암시는 9:16의
군대의 수를 이해하는 데 빛을 비춰준다. 예레미야서에 언급된 정복하
는 군인들은 유브라데와 관련이 있고 말을 타고 "비늘 갑옷"을 입은 것
으로 묘사되었다. 그들의 "소리가 뱀의 소리 같으리니 이는 그들의 군

---

100) 참조. BAGD, 199, 529; Josephus, *Ant.* 7.318-20.
101) 참조. M-M, 419. 이 본문들 중에서 *1 En.* 40:1처럼 주목할 만한 다른 예는 *Hellenistic Synagogal Prayers* 12:81-83에 있다. "셀 수 없는 천사들의 군대가 당신을 예배합니다. 대천사들은…천천의 대전사들과 만만의 천사들과 함께…말하였다." 두 본문에서 "만"에 단수형 "천"과 함께 제한적인 수를 가리키는 형용사가 포함되었다고 해도, 이것은 여전히 비유적인 숫자다.
102) 비유적 사용의 구약의 선례에 대해서는 Mussies, *Morphology*, 225; 같은 저자, "ΔYO," 153을 보라.
103) 이러한 비유적 사용은 그 수를 계산하여 그것을 현대의 군인들에게 적용하려는 최근 시도를 무색하게 한다. 예를 들어, Lindsey, *Late Great*, 84-87; 같은 저자, *New World Coming*, 125-26; Walvoord, *Revelation*, 166 등은 공산주의 국가인 중국이 이억 명의 보병을 보유하고 있다는 1960년대의 보도와 관련하여 이런 시도를 한다.

대가…올 것임이라.…그들이 메뚜기보다 많아서 셀 수 없으"리라(22-23절).[104] 예레미야서는 동쪽이나 유브라데 강 건너편에서 셀 수 없을 정도로 많이 온 군대를 공식적으로 묘사한 요한계시록에 인용된 구약의 전통 중 하나였을 것으로 생각된다. "그들이 메뚜기보다 많아서 셀 수 없으리라"(삿 6:3, 5; 7:12; Judith 2:20, 24은 거의 같다; 사사기의 문맥은 나중에 여섯째 나팔에 묘사된 유브라데로부터 오는 군인들과 유기적으로 묶여 있다[16:16의 주석 참조]; 비슷한 전통들이 계 20:8에 반영되었다). 이와 유사하게, 4 Ezra 13:8, 11, 34-36, 44-50은 유브라데와 연관되고 마지막 때에 메시아를 대적하는 "셀 수 없는 수"를 언급한다. 이 전통은 여기서 한 걸음 더 나아가 다섯째 나팔에 등장하는 마귀의 특성을 지닌 메뚜기와 여섯째 나팔에 등장하는 마귀의 특성을 지닌 인물들 간의 연결을 암시한다.

Jos. Asen. 16:17-19에서는 벌들이 벌집에서 나온다. "벌집의 수는 셀 수가 없었다. 만만이요 천천이다.…그들의 날개는 분홍빛 같고, 보랏빛 같으며, 자주색과 같다.…그리고 금관을 머리에 썼다. 벌들은 날카로운 침을 가지고 있으며, 아무도 상하게 하지는 않을 것이다. 이 벌들이 다 아스낫의 머리부터 발끝까지 주변을 맴돌았다." 벌들은 계 9:16-19에 묘사된 파괴적인 군대와 상반되게, 의인들을 보호하는 하나님의 셀 수 없는 군대를 가리키는 것 같다.

사본들 중에는 μυριάδες μυριάδων("만만," *1006 1611 1841* [*1854*] *2053 2329* 𝔐[K] sa[ms] Tyc)을 본문으로 채용한 것들도 있다. 비록 몇몇 좋은 소문자사본의 지지를 받고는 있지만(특히 앞에 이탤릭체로 표시된 사본들), 이러한 독법은 부차적이다. 다른 독법이 더 좋은 사본상의 증거를 가지고 있기 때문이다(예. א 𝔓[47] A 2344, 이 중에 א 𝔓[47]은 δισμυριάδες μυριάδων ["이만 만"]을 본문으로 가지고 있다. 𝔐[A] 역시 A와 2344의 독법을 지지

---

104) 예레미야서에서 셀 수 없다는 것은 정복된 애굽 사람들을 언급한다고 할 수 있다(Peshitta, NASB는 그렇게 번역한다). 하지만 더 개연성이 있는 것은 셀 수 없는 수가 정복하는 군대를 가리킨다는 것이다(대부분의 번역서에 그렇게 번역되었다. 특히 Moffatt, JB, NRSV, NIV). Keil, *Jeremiah*, 192-93을 보라.

한다). 필경사들이 고의로나 무심코 5:11에 수를 맞추느라 이문이 발생한 것 같다:

17절　요한이 13-16절에서 들은 것은 17-19절에 서술된 환상에서 더 자세하게 설명된다. 16절의 마귀의 특성을 지닌 군대를 이런 식으로 묘사한 것은 환상의 유일한 주제. 이것은 3-10절에 있는 마귀의 특성을 지닌 메뚜기들에 대한 묘사와 상당히 비슷하다. 17-19절의 마귀의 특성을 지닌 존재들은 가공할 만한 말들로 제시된다. 그리고 앞에 언급된 메뚜기들처럼(7-10절), 말들도 흉배와 사람들에게 해를 가하는 꼬리를 가진 사자처럼 생겼다. 여기에 다시 가공할 만한 비유들이 여럿 등장한 것은 귀신들이 흉폭하고 두려운 존재이며 사람들을 맹렬히 공격하여 간담을 서늘하게 하고 대단히 파괴적임을 강조한다.

섬뜩한 말들에게는 "불빛과 자줏빛과 유황빛 호심경"이 있다(비록 이것이 말을 탄 자들을 가리킬 수 있으나, 아마도 말과 말 탄 자 모두에게 적용되는 것 같다. NEB 참조). "말들의 머리가 사자 머리 같"다는 것은 그들의 파괴적인 힘을 묘사한다. 이 치명적인 힘은 "불과 유황"(πῦρ καὶ...θεῖον)이 거듭 사용된 것으로써 강조된다. 불과 유황은 흉배와 말의 입에서 나오는 것에 모두 해당된다. 요한계시록 여러 곳에서 동일한 어구는 늘 불경건한 우상숭배자들(14:10; 21:8)과 용과 짐승과 거짓 예언자(19:20; 20:10)의 최후의 심판을 언급하는 데 사용된다.

그러므로 9:17은 비슷한 심판을 이야기하지만 최후의 심판보다 앞서 발생하는 심판을 다룬다. 마찬가지로, 구약성경에서 종종 "연기"와 함께 언급되는 "불과 유황"은 치명적인 심판을 암시한다(창 19:24, 28; 신 29:23; 삼하 22:9; 사 34:9-10; 겔 38:22). "입에서 나온다"(ἐκ τῶν στομάτων αὐτῶν ἐκπορεύεται)는 것은 이 심판의 파괴적인 성격을 한층 더 높여준다. 요한은 다른 여러 경우에 이런 강조를 담은 동일한 어구를 비유적으로 사용하기 때문이다. 하나님이 그의 원수를 심판하신다는 사상은 삼하 22:9의 LXX(=시 18:8)에 이와 비슷한 어구인 καπνὸς...καὶ πῦρ ἐκ στόματος αὐτοῦ("그의 입에서 나오는 연기…와 불")에 의해 비유적으로 표현되었다. 계 11:5에 있는 "그들의 입에서 불이 나와"라는 표현은 두 충성된 증인이 그들의 박해 자들을 향해 행사하는 심판을 언급한다. 불은 두 증인의 "예언"과 "증언" 을 가리키는 비유다(11:6-7). 그들의 증언을 저버리는 것은 박해자들의 영 적 심판을 불러일으키며, 그들이 받을 최후의 심판의 기초를 놓는 행위다 (11:5-6의 주석 참조).

입에서 불이 나오는 이미지가 비유적 표현인 것은 원수들을 "그의 입 에서 나오는 날카로운 검"으로 심판하시는 그리스도를 묘사한 계 1:16(참 조. 2:12, 16)과 19:15, 21의 병행 어구에 비춰보면 분명해진다. 2:16은 어 떤 형식의 임시적 심판이 있음을 시사한다. 반면에 19:15, 21은 그리스 도의 재림 때 있을 그의 원수들의 멸망과 관계가 있다. 11:5의 불처럼 그 리스도의 입에서 나오는 검은 비유적인 표현이며, (19:10-13에 암시되었듯 이) 그의 말씀으로 죄인들을 정죄하는 것을 가리킬 것이다. 이 모든 언급 을 비유적으로 해석하는 것은 4 Ezra 13:37-39의 분명한 병행 어구에서 지지를 받는다. 본문에서 입에서 나오는 불로 악인들을 불태우는 인자 환상(13:10-11)은 그가 악인들을 "꾸짖는 것"과 "그들이 마땅히 당할 고 통으로…그들을 책망하는 것", "율법으로 노력하지 않는 그들을 멸하는 것"으로 해석되었다(이렇게 해석한 *Pss. Sol.* 17:24-26; 참조. *1 En.* 62:2).

18절   마귀의 특성을 지닌 말들이 수행하는 심판이 파괴적이라는 사 실은 17절에서 결론 어구가 반복됨으로써 강조된다. "그 입에서는 **불과 연 기와 유황**이 나오더라." 지금은 단어의 순서가 바뀌었고 정동사보다는 분 사가 사용되었다는 점이 다를 뿐이다. 18절의 배경에 작용했을 여러 본문 들 중에서 창 19:24, 28의 소돔과 고모라의 예가 이곳에 반영된 가장 중요 한 본문이다. πῦρ ("불")와 καπνός ("연기")와 θεῖον ("유황")이 정확하게 다 등장 하는 본문은 창 19장이 유일하기 때문이다.[105] 세 단어가 이처럼 연결된 것 은 9:2에서 동일한 본문이 먼저 암시된 것으로 확증된다(두 도시가 불로 멸망 당한 것을 신 29:22-23에서 재앙이라고 부른 점을 주목하라). 이 구약의 배경은 여

---

105) Prigent, *Apocalypse*, 146.

기서 심판의 치명적인 심각성을 강조한다.

불과 연기와 유황은 이제 "사람 삼분의 일이 죽는" "세 재앙(화)"으로 불린다(레 26:21, 25에서 하나님은 회개하지 않는 이스라엘을 "일곱 가지 재앙"으로 고통을 받게 하겠다고 경고하신다. 그중 하나가 "죽음"이다. "내가 너희에게 죽음을 보내리라"). 이것은 15절부터 묘사된 내용의 연속이다. 이 말은 "네 천사들이 사람들 삼분의 일을 죽이는" 수단이 이 기괴한 말들이라는 의미다(15절).

세 재앙이 사람들을 육체적으로 "죽이는가?" 아니면 비유적으로나 영적으로 죽이는가? 9:15-20 이외에도 요한계시록에서 ἀποκτείνω("죽이다")를 사용한 대부분의 예를 보면, 이 단어는 문자적인 죽음을 지칭하는 것 같다(약 9번 그렇게 사용됨). 메뚜기에게는 "죽이는 것이 허락되지 않았지만" 유브라데 건너편에서 온 말들은 죽이는 것을 허락 받았다. 말들은 전 인격을 죽인다. 육체적으로만 아니라 영적으로도 말이다. 말들은 최후의 심판을 수행하지는 않는다. 그렇지만 그들이 죽이는 것은 최후의 심판과 연결되었거나 최후의 심판을 준비하는 행위다. 말들은 우상숭배자들과 타협하는 자들과 교회의 박해자들, 그리고 이미 영적으로 죽은 자들에게 육체적 죽음을 가한다(참조. 3:1-2; 8:13에서는 마지막 세 나팔의 화를 받는 사람들이 우상을 숭배하는 "땅에 거하는 자들"이라고 명명된다. 9:6, 20-21의 주석 참조).

이 사망의 재앙에는 불경건한 자들이 맞게 되는 모든 형태의 죽음이 포함된다(질병, 비극 등등). **그들의 몸에 내린 죽음은 그들의 영적 죽음이 영원하다는 것을 확증한다.** 믿지 않는 상태에서 육체적으로 죽은 사람들은 그런 상태로 영원히 있을 것이기 때문이다. 이런 의미에서 여기서 말하는 죽음은 영적인 동시에 육체적이라고 말할 수 있다. 9:17-18에서 3번 등장하는 "불과 유황"(πῦρ καὶ...θεῖον)은 요한계시록의 다른 곳에서는 전적으로 불경건한 우상숭배자들(14:10; 21:8)과 용과 짐승과 거짓 예언자(19:20; 20:10)에게만 내리는 최종적이고 영원한 심판을 가리키기 위해 사용되었다. 요한계시록의 다른 본문에서 불과 유황이 최후의 심판과 연결된다는 사실은 마귀의 특성을 지닌 말들에 의해 죽임을 당하는 것이 불신자에게 큰 심판이 임한다는 것을 확실하게 보여주는 일종의 첫 번째 막임을 시사한다(14:10; 21:8).

의인들과 대조적으로 악인들에게 재앙을 가하는 시련이 악인들에게 내리는 최후 심판의 첫 부분이라는 이해는 겔 9장의 "인침"과 연결된 *Pss. Sol.* 15에서도 발견된다(본서 7:2-3의 주석 참조). 특히 눈에 띄는 것은 *Pss. Sol.* 15:6-13과 다섯째 및 여섯째 나팔 간의 병행이다(예. 9:4ff.). *Pss. Sol.* 15:6-13에는 다음과 같은 내용이 들어 있다. "불의한 자들에게 내리는 불꽃은 그를 건드리지 못할 것이다.···하나님의 표가 의인에게 있어 그들은 구원을 받을 것이기 때문이다.···기근과 칼과 전염병이 의인에게는 임하지 않고···죄인들을 따라다니며 그들 위에 드리울 것이다.···그들에게는 멸망의 표지가 있다. 죄인들이 받을 유산은 스올의 밑바닥에 있는···어두움과 멸망이다.···죄인들은 주님의 심판의 날에 영원히 멸망할 것이다."

베크위스는 17절의 흉배에 있는 "자주빛"이 마지막 두 어구의 "연기"와 비유적으로 동의어라는 것을 주목한다. 자주빛과 "연기"는 모두 보랏빛과 푸른빛을 하고 있기 때문이다. 이것은 "불과 유황"이 참으로 3중적인 어구("불과 연기와 유황")에 속한 것이라는 의미이며, 이는 17-18절에서 3중 어구가 반복됨으로써 강조된다.[106]

19절   세 재앙은 불경건한 자들을 "해한다"(ἀδικέω). 하지만 이 해함은 육체적 죽임보다 더 광범위하다. 거기에는 다섯째 나팔 재앙으로 야기된 "해함"과 비슷한 고난의 여러 형태들이 포함될 수 있다(9:4, 10. 여기서도 ἀδικέω가 사용됨). 이 마귀의 특성을 지닌 말들의 "권세"는 그들의 꼬리에 있다. 이것은 뱀과 같고, 사람들에게 "해"를 끼친다. 꼬리에 권세가 있다는 것은 9:10에서 "그 꼬리에는···해하는 권세가 있더라"라고 전갈을 설명한 것과 같은 의미로 이해해야 한다. 만일 그렇다면, 본문에서 "해한다"는 것은 10절에서처럼 죽음이 아니라 죽음보다 먼저 일어나는 영적 고통이다.[107] 더욱이 이 (여섯째) 나팔은 다섯째 나팔처럼 하나님의 인을 받지 않은 사람

---

106) I. T. Beckwith, *Apocalypse*, 568.
107) 참조. I. T. Beckwith, *Apocalypse*, 568; Lenski, *Revelation*, 305.

들에게만 미치는 심판일 가능성이 매우 높다(참조. 9:4). 계 2:11; 7:3; 9:4에
서 ἀδικέω는 참 성도들에게는 절대적으로 영향을 줄 수 없는 영적 해로움
에 초점이 맞춰져 있다. 참 성도들은 육체적으로 죽임을 당할 수 있지만, 이
것이 그들의 영적 운명을 인치는 것이 아니라, 더 큰 영적 복과 생명을 위
해 그들을 해방시키는 역할을 한다(예. 2:10-11; 20:4-6).

다섯째 나팔과는 대조적으로, 여섯째 나팔에는 속임과 더불어 죽음이
포함된다. 그러므로 여섯째 나팔은 다섯째 나팔의 화를 더욱 강화하고 발
전시킨다.[108] 다섯째 나팔에서는 연기가 사람들에게 영향을 주지만, 여섯째
나팔에서는 연기 및 연기가 나오는 불로 사람들이 영향을 받는다는 사실로
써 화가 더욱 강화되었음이 드러난다. 이 결론은 창 19:24의 연기가 9:2에
서 처음 암시되었다는 점과 9:17-18에서 창세기 본문의 연기와 불과 유황
의 결합이 발전되었다는 우리의 관찰과 정확히 일치한다.

이것은 이 귀신들이 적어도 부분적으로는 속임으로써 사람들에게 고통
을 주고, 그런 다음 육체적인 죽음을 가함으로써 그들 희생물의 영적 운명
이 어떠할지 똑똑히 보여준다는 것을 의미한다. 연기와 그 결과로 나타나
는 어두움은 속임으로 심판하는 것을 가리키는 비유이며(8:12; 9:2-3의 주석
참조), 불은 치명적인 심판을 가리키는 비유다(9:18의 주석과 아래 내용 참조).
게다가 이 악한 피조물들의 강력한 입이 심판의 원천이라는 사실이 여전히
강조된다. "이 말들의 힘은 입에 있으니." 17-19절에서 비유의 초점을 입에
둔 것은 죽음만 아니라 속임의 심판을 의미한다. 이 속임은 고통의 본질적
측면이다. 입과 꼬리가 19절에서 서로 밀접히 연결되기 때문이다.

속임은 그리스도인들에게 우상숭배의 몇몇 형태가 적법하다고 주장하
는 거짓 교사들을 통해 나타나기도 한다(예. 2:6, 14-15, 20-21 참조). 속임의
해는 구약과 신약에서 일반적으로 심판으로 이해된다(사 6:10-12; 29:9-14;
63:17; 시 115:8; 135:18; 롬 1:18-27; 살후 2:9-12; 출 4-14장에서 바로의 마음이 완악
하게 된 것은 잘 알려진 예다). 여섯째 나팔이 가진 속임의 측면은 그것이 여섯

---

108) Lohmeyer, *Offenbarung*, 83.

째 대접과 독특하게 병행한다는 사실에 의해 암시된다. 특히 여섯째 대접에서는 속임 심판과 속임의 방법이 나오는 장면이 그려져있다. 대접을 "큰 강 유브라데"에 쏟자, "동방으로부터 왕들"이 나왔고, "개구리같이 생긴 더러운 영들이" 용과 짐승과 거짓 예언자의 "입에서 나와"(ἐκ τοῦ στόματος) 전쟁을 위해 "땅의 왕들"을 모았다고 한다(16:12-14; 또한 17:17; 20:8; 참조. 17:8). 여섯째 나팔과 여섯째 대접을 동일시하는 것은 자연스럽다. 출애굽 재앙 전통에서 개구리는 심판의 도구로 뱀과 전갈과 함께 병기되기 때문이다 (*Midr. Rab.* 출 10,1).

이와 비슷한 방법으로, 용이 교회를 속이려는 시도가 "**그 입으로** 물을 강같이 **토하여**"(ἔβαλεν ἐκ τοῦ στόματος) 여자를 물에 떠내려가게 하려"한다는 비유적인 서술로 묘사된다(12:15; 참조. 12:16). 13장 전체에서 사탄의 특성을 지닌 존재들과 관련하여 "입"(στόμα)의 다른 사용례 역시 속임이 분명하게 입과 관련되었음을 확증한다. 여기서 특별히 짐승은 용으로부터 "권세"(ἐξουσία)를 받아 사람들을 부추겨 짐승에게 "경배하게" 한다(3-8절). "그가 받은 권세" 역시 "신성 모독을 말하는 입을 받고 하나님을 향하여 비방하되 그의 이름과 하늘에 사는 자들을 비방"하는 것으로 설명된다(5-6절). 이렇게 건네받은 권세는 그 짐승이 백성을 속이려고 "성도들을 대항하여 [실제로 그리고 영적으로] 전쟁을 벌일" 수 있음을 의미한다(7절). 하지만 짐승은 "죽임을 당한 어린 양의 생명책에 창세 이후로 이름이 기록되지" 못한 사람들만을 속일 수 있을 뿐이다(7-8절). 그러므로 9:17-19에서 귀신들의 입의 효과 중 하나는 불신자들을 속이는 일을 강화하는 데 있다.

말들의 "힘"(ἡ ἐξουσία)은 그들의 입에만 있을 뿐 아니라 "그들의 꼬리"에도 있다. 19절의 마지막 어구는 머리를 가진 꼬리가 해를 가하는 기이한 이미지를 잘 묘사한 것 같다. "**꼬리**는 뱀 같고 또 꼬리에 머리가 **있어** 이것으로 해하더라"(여성형 분사 ἔχουσαι ["가지고 있는"]의 선행사는 남성형 ὄφεσιν ["뱀들"]이 아니라 여성형 οὐραῖς ["꼬리들"]이다). 주석가들은 이 해괴망측한 장면의 배경으로 추측성의 다양한 설명을 제시하려 했다. 이를테면, 양쪽 끝에 꼬리가 있는 고대 신화의 뱀같이 생긴 생명체를 제안하기도 했고, 말 등에서

뒤쪽으로 화살을 쏘는 파르티아 궁사들 등을 제안했다.[109)

하지만 뱀 같은 꼬리에 입이 있다는 것은 실제 모습을 보여주려는 의도
는 아닐 것이다. 꼬리에 "머리가 있어, 그것으로써 사람들을 해하"는 것은
"그들의 꼬리가 뱀의 머리 같고, 그것으로써 사람들을 해한다"는 의미를 지
닌 압축된 비유일 가능성이 많다. 첫 번째 어구는 귀신적인 말들의 꼬리가
뱀과 유사하다는 것에 주목하며, 두 번째 어구는 말들의 입으로 가하는 해
가 독사처럼 치명적이라고 말함으로써 그 비유를 계속한다. 이런 의미에서
그 묘사는 사실을 정확하게 묘사하기보다는 인지적 차원에서 의미를 전달
하려고 의도한 5:1-7의 어색한 장면과 같다. 서로 전혀 일관성이 없는 여러
비유들이 겹쳐져 있는 것은 실제 모습을 체계적으로 그리려는 것이 아니라
인지적인 강조를 하려는 데 목적이 있다(이를테면, 5:8을 기술한 요한의 의도를
망각하고, 각 장로들이 어떻게 수금을 들고 연주하면서 동시에 향이 담긴 대접을 들
고 있을 수 있느냐고 질문하는 것이 적절하지 않은 것과 같다. 자세한 내용은 5:2의
주석 참조).

의도된 비유가 무엇이 되었든지 간에, 19절에서 비교의 요점은 말들을
뱀에 비교함으로써 그들의 치명적인 힘을 강조하는 데 있다. 이 존재들은
입에서 나오는 독으로 사람들을 해하는 뱀에 비교할 수 있다(참조. 민 21:6.
민수기에서 "뱀"은 죄를 지은 이스라엘 백성을 광야에서 육체적인 죽음으로 벌했다.
비교. 신 32:24; 렘 8:17). 뱀 비유는 입이 속이는 거짓으로 해를 준다는 함의를
더욱 강조한다. 짐승 같은 말들을 요한계시록에서 "뱀"으로 알려진 사탄과
동일시하는 것이 본문의 무언의 의도다. 요한계시록 여러 곳에서 ὄφις("뱀")
는 오직 사탄을 가리키기 위해서만 사용되었고, 각각의 경우에서 사탄은
속이는 활동에 연관된다(12:9, 14-15; 20:2; 비교. 고후 11:3). 그리고 12:4에서
뱀의 "꼬리"로 뭔가를 내던지는 동작은 뱀이 천사들을 타락하게 할 때 사용
한 속임을 가리키는 상징이다.

여섯째 나팔에 등장하는 피조물들의 묘사에는 우주적 악의 상징인, 욥

기의 바다 용에 대한 묘사도 반영되었다(욥 40-41장). 이것은 이 피조물들을 사탄과 그의 속이는 사역과 동일시하는 것을 한층 더 강조한다. 영적·육체적 죽음과 아울러 속임이 의도되었다는 것은 성도들이 이 재앙에 해를 받을 수 없다는 사실에 의해 암시된다. 성도들이 인침을 받은 것은 본질적으로 물리적인 죽음을 당하지 않는다는 것이 아니라 거짓으로부터 보호받는다는 것과 하나님과의 언약 관계를 잃어버리지 않는다는 것을 의미한다. 뒤로 악을 행하는 마귀의 특성을 지닌 존재들을 묘사하는 반복되는 이미지(3, 5, 10, 19절)에 "그들이 거짓말의 힘으로 활동한다"는 사실이 더욱 강조된다고 볼 수 있지 않을까?[110]

17-19절에 등장하는 이미지들은 현대의 전쟁으로 인한 멸망을 가리키는 비유가 아니라 영적 죽음과 육체적 죽음으로 인도하는 속임으로 인한 멸망을 의미한다. 우리는 그 이미지들을 현대의 전쟁이나[111] 과거의 전쟁[112]과 비교하는 대신에, 요한계시록 자체에 있는 이미지들의 문맥을 비교함으로써 이런 결론에 이르게 된다.

$\mathfrak{M}^A$에 $\kappa\alpha\grave{\iota}$ $\grave{\epsilon}\nu$ $\tau\alpha\hat{\iota}\varsigma$ $o\grave{\upsilon}\rho\alpha\hat{\iota}\varsigma$ $\alpha\grave{\upsilon}\tau\hat{\omega}\nu$("그리고 그들의 꼬리에")이 생략된 것은 필경사가 [κ]αὶ에서 αὶ로 시각적으로 지나쳐 그 사이에 있는 어구를 빠뜨린 결과다.

유대교 문헌에 언급된 뱀과 전갈의 비유적인 결합

뱀(9:19)과 전갈(3, 5, 10절)의 병행은 성경과 고대의 상상에서 그것들이 전반적으로 연관되었음을 반영한다. 이 둘의 병행은 일반적으로는 심판을, 구체적으로는 속임 또는 기만을 가리키는 비유다(신 8:15; Sir. 39:30; CD 8.9-11;

110) Ellul, *Apocalypse*, 75이 이를 주장한다.
111) Walvoord, *Revelation*, 167과 Lindsey, *New World Coming*, 124-29이 이를 주장한다.
112) 참조. Lenski, *Revelation*, 300-6. Lenski는 이 장면을 15세기 이슬람의 습격과 동일시하려는 시도들을 개관한다.

눅 10:19; *m. Aboth* 2.10; *Midr. Rab.* 민 10.2). 민 21:6과 신 8:15에는 "불 뱀"이라
는 언급이 등장하며, 이것은 계 9:17-19에서 불이 뱀과 연결되어 3번 반복되
는 것과 비슷하다. 요한계시록에서처럼 민 21:6에서도 사람들의 불신앙 때
문에 뱀이 백성을 물어 많은 자들이 죽임을 당한다. Sir. 39:27-31은 계 9:3-
4, 15-19과 눈에 띄게 비슷한 병행 어구를 제시한다. "이 모든 것들이 경건한
사람들의 선을 위한 것이다. 죄인들에게 이것들은 악으로 바뀌었다. 복수를
위해 지음을 받은 영들이 있다. 그들은 분노로 사람들에게 아픔을 주며, 멸
망의 때에 힘을 내뿜는다. 그리고 그들을 만드신 분의 분노를 잠재운다. **불
과…사망…이 모든 것은 복수를 위해 창조되었다.…전갈들과 뱀들은…악한
자를 심판하여 멸망에 이르게 한다.…그들은 필요할 때 땅에 준비될 것이다.
그리고 그들의 때가 임하면, 전갈과 뱀은 그가 말씀하신 바를 넘어가지는 않
을 것이다.**" 이러한 고통은 모든 시대에 걸쳐 일반적으로 일어날 것이다.

　　이와 마찬가지로 요한은 그가 이야기하는 고난이 이미 발생했고, 재림
바로 직전의 시대에만 한정되지 않는다고 이해했다. 이것은 또 다른 분명
한 병행 어구인 눅 10:17-19에서도 시사된다. 그 본문에서 "귀신들"은 "뱀
과 전갈과…원수의 능력"으로 불린다. 그리스도인들은 지금 이들을 지배하
는 권세를 가지고 있다. 하지만 이들은 여전히 불신자들에게 "해를" 끼친다.
두 역겨운 피조물들과 결합된 해로움은 종종 비유적으로 속임으로 표현되
었다. 누가복음 본문에 암시된 내용이 속임이라는 것은 의심의 여지가 없
다. 시 57(58):4(3)-7(6)은 죄인들의 "독은 뱀의 독 같으며 그들은 귀머거리
독사같"이 "거짓을 말한다"고 언급한다(4절). 이 거짓말쟁이들은 "사자의 이
빨을 가지기"도 했다(참조. 계 9:8-10, 17; 비교. Sir. 21:2). CD 8.8-13은 예루살
렘의 대제사장과 로마의 권력자들을 "뱀의 독과 독사의 머리"에 비교한다.
이 비유는 대제사장이 야기한 거짓 교훈과 속임의 해를 설명한다(참조. CD
1.14-15). 예수는 바리새인들을 "뱀과 독사의 자식들"이라고 칭하셨다. 그들
이 사람들을 인도하는 "맹인 인도자들"이었다는 것이 그 부분적인 이유였
다(마 23:15-33). CD 5.12-14에서 동일한 거짓 교훈에 참여하는 사람들은
"불쏘시개와 재목에 불을 붙이는 자들"과 거미와 살무사에 비교되었다. 이

와 비슷하게, *Targ. Pal.* 신 32:33은 우상을 숭배하는 이스라엘 백성의 "악한 꾀와…사악한 생각"을 "뱀의 머리"라고 언급한다. *Targ. Jer.* 신 32:33은 "독사의 머리와 같은 그들의 사악함"에 대해 언급한다. *Targ. Onk.* 신 32:32-33은 이스라엘 백성의 우상숭배자들에게 내린 "재앙"이 "뱀의 머리처럼 악하게 될 것이며, 그들 행위에 대한 보응이 뱀의 독 같을 것"이라고 주장하면서, 이러한 심판을 계 9:18에서 그러하듯 소돔과 고모라에 내린 심판에 비교한다. *Midr. Rab.* 민 10.2에는 이스라엘을 박해하는 우상숭배를 하는 나라들이 받을 하나님의 심판이 "사람의 생명을 앗아가는 바실리스크(쳐다보거나 입김을 부는 것만으로도 사람을 죽일 수 있다는 뱀과 같이 생긴 전설의 괴물—역주)" 같을 것이라고 언급된다. 그리고 이스라엘 안에 있는 사악한 사람들에게 내리는 하나님의 심판이 "벌이 쏘고 전갈이 무는 것"에 비교된다. 전갈에 물려 고통을 당하는 사람들은 "그들의 정신이…미치게 되고, 그들의 마음이 혼란스러울 것이다." 우리는 여기서 뱀과 전갈이 교리적인 속임을 의미하기 위해 사용될 수 있다는 것을 본다. 그들이 물거나 쏘면 죽음에 이를 정도의 정신적 혼란이 야기될 수 있기 때문이다. 잠 23:32-33은 이러한 이미지를 보충하는 데 추가할 수 있는 본문이다.

잠언에서는 포도주를 너무 많이 마실 경우 입게 되는 화를 "뱀처럼 물며 독사같이 쏘는" 것과 같다고 한다. "네 눈에는 괴이한 것이 보일 것이요, 네 마음은 구부러진 말을 할 것이다." 또한 미드라쉬와 잠언에서는 뱀과 전갈 비유가 기만의 화와 관련이 있다(잠 23:29. 미드라쉬에 심판의 가혹함이 출애굽기에서 바로에게 내린 심판에 비교된 것은 우연이 아니다). 1QH 3(11).16-18, 25-27; 5(13).27에는 "구덩이"와 "무저갱"이 열려 연기와 화살과 "독사의 영들이" 나와 강퍅한 위선자들을 공격하여 "그들에게는 소망이 없어졌다"고 언급된다. 구덩이에서 나온 이 환난은 불경건한 자들에게 영향을 주지만 하나님께 진실로 충성하는 사람들에게는 영향을 끼치지 못하는 기만적인 영향(특히 거짓 가르침)으로 해석된다(2[10].12-34; 4[12].5-22). *B. Aboth* 2.10에는 토라의 지혜로운 대표자들의 말이 토라에 순종하지 않는 사람들을 해롭게 하고, 앞의 이미지와는 정반대로, 이런 해를 "전갈의 쏨과…뱀의 쉿쉿

거림과⋯불타는 숯불"로 묘사한다. 이것은 계 11:5과 비슷하고, 해를 가하여 심판하는 것을 강조하는 위에 언급된 몇몇 이미지와 대체로 중복된다. 사실 이러한 언급들은 전갈과 뱀 비유를 교훈에 밀접히 연결한다. 이 경우엔 참된 교훈에 올바르게 반응하지 않는 사람들에게 나타나는 결과에 초점이 맞춰져 있지만 말이다.

계 9:17-19에 나타난 구약과 유대교의 다른 선례들

욥 40-41(LXX)장에는 계 9:17-19과 병행하는 수많은 묘사들이 있다. 욥 40장은 "넘치는 노를 보내고 교만한 자를 발견하여 모두 낮추라"는 말로 시작한다(40:11[6]). 우주적인 바다괴물은 "하나님이 만드신 것 중에 으뜸"(40:19[14]), "용"(40:25[20]), "모든 교만한 자들에게 군림하는 왕"(41:34 MT)으로 묘사되었다. 그는 "겉으로는 샛별 모습"을 하고(41:10[9]; 참조. 사 14장), 철로 만든 "흉배"를 차고 있으며(41:5-7[4-6]), 큰 꼬리(40:17[12], 31[26])와 "강한 턱의 힘"을 가지고 있다(41:14[13]). "그의 이빨 주위는 공포가 있고"(41:6[5]), 그는 하나님을 대항하여 "그의 입으로 전쟁을 벌인다"(40:32[27]-41:2). "그의 입에서 나오는 불"과 이와 비슷한 표현에 반복되는 비유적 강조가 있다(41:11[10]-13[12]; ἐκ στόματος αὐτοῦ ἐκπορεύονται ὡς λαμπάδες καιόμεναι...ὡς...πυρός. Ἐκ μυκτήρων αὐτοῦ ἐκπορεύεται καπνὸς καμίνου καιομένης πυρὶ...ἡ ψυχὴ αὐτοῦ ἄνθρακες φλὸξ δὲ ἐκ στόματος αὐτοῦ ἐκπορεύεται).

계 9:17-19의 이미지는 Wis. 16:5에서도 선례를 찾을 수 있다. 이 본문에는 애굽 사람들이 "짐승들의 끔찍한 사나움"으로 재앙을 당했으며, "그들은 굽은 뱀이 쏘는 것으로 멸망을 당했다"고 서술된다. 애굽 사람들은 또한 "뱀"과 "사자"와 "분노로 가득 찬 알려지지 않은 야수들"에 의해 멸망했다. 야수들은 "불같은 독을 뿜거나 악취가 나는 연기를 사방에 흩뿌리거나 그들의 눈에서 두려운 불꽃을 날렸다"(Wis. 11:15-19). 욥 20:15-16(LXX)에는 불의한 압제자의 심판이 이와 비슷하게 기술되었다. "[A사본에, "죽음의"] 사자가 그[사악한 자]를 집에서 끌어낼 것이며, 그는 용의 독을 빨며 뱀의 혀에 죽을 것이라." 여기서도 계 12:3-9과 20:2에서처럼 δράκων("용")이 ὄφις("뱀"; 사 27:1; Sir. 25:15-16에서도 그러함)와 동의어다. 이러한 배경이 불경건한 백성을 심판하시는 하나님의 간접적 도구들의 악한 특징을 입증한다.

9:17-19과 비슷한 사상의 궤적은 *Targ.* 렘 8에서도 발견된다. 여기서 속임을 당하는 이스라엘(5절)은 우상숭배(2, 16, 19절)를 회개하지 않은 것 (5-6, 22절) 때문에 벌을 받는다. 이스라엘은 하나님이 "방임한" 군대를 비유적으로 대표하는 "독사"(14, 17절)에게 "죽임을 당한다." 이 죽음은 "재앙"으로 언급된다(22절).

20절   이 재앙들은 끔찍한 죽음을 가져왔다. 이 재앙을 용케 피한 사람들도 영향을 받은 건 마찬가지다. 그들은 회개하지 않았고, 이것은 그들이 나팔 재앙으로 발생한 화에 어느 정도 피해를 입었음을 암시한다. 하지만 그들은 해를 받았음에도 회개하지 않았다. 세 재앙이 모든 악한 자들에게 어떤 식으로든 영향을 주었다는 것을 강조하려고, NEB는 20a절을 "이 재앙에서 생존한(survived) 나머지 인류는"이라고 번역했다. 적어도 재앙은 경고로 작용했다. 그 재앙이 구원하는 효과를 지니는 것으로 의도된 것이 아니라 정죄의 결과를 지닌 것이기는 하지만 말이다. 그러나 이보다 더 중요하게 생각해야 할 것은, 살아남은 자들이 치명적이지는 않았던 말들의 꼬리로 실제 고통을 받은 것 같다는 사실이다(19절의 주석 참조). 다시 말해서, 귀신들은 속이는 상황에서 그들이 붙잡은 많은 사람을 죽게 했지만, 그런 상황에서도 나머지에게는 고통을 줄 뿐 죽지 않게 했다. 앞에서 살펴보았듯이, 이것은 여섯째 나팔이 죽음을 도입했다는 점에서 다섯째 나팔보다 한층 고조된 것이지만, 여섯째 나팔은 택함을 받지 못한 모든 살아남은 자들에게 다섯째 나팔의 고통을 여전히 가한다.

"재앙들"은 대다수의 우상숭배자들에게 귀신을 숭배하는 것을 "회개하게"할 의도로 제시되지 않았다. 그 재앙들은 단지 "하나님의 인침을 받지 못한"사람들에게 강퍅한 상태에 머물도록 하는 영향만을 줄 뿐이다(참조. 9:4). 이 재앙들은 교회 안에서 타협하는 자들 가운데서 남은 자들과 교회 바깥에 있지만 이전에 인침을 받아 결국 인의 보호 기능으로 혜택을 받게 되는 우상숭배자들에게만 구원의 효과를 가진다(자세한 내용은 본서 8:6-7의 주석 참조).

출애굽 재앙의 패턴이 여기서도 분명히 드러난다. 장자 죽음의 재앙이 남은 애굽 사람들의 마음을 부드럽게 하기보다는 강퍅하게 했듯이, 여기서도 재앙은 남은 사람들에게 죽음과 계속적인 기만이라는 2중 효과를 지닌다(참조. 출 14:4-8, 17). 장자의 죽음이 결정적인 홍해 심판으로 이어졌듯이, 여기서도 다른 사람들의 죽음이 경고가 되어 회개로 이어지지 않고 일곱째 나팔이 울려퍼질 때 만성적으로 완악한 사람들에게 내리는 최후 심판을 위한 준비로 이어진다(11:18). 이러한 반응은 재앙의 목적을 암시한다. 특히 출애굽 재앙 전체(8:13의 주석 참조)와 9:17-19에서 추론되는 속임 및 심판 사상에 내재된 전반적인 목적이 강퍅하게 하는 것임에 비춰볼 때 그러하다. 이것은 여섯째 나팔이 다섯째처럼 하나님의 보호의 인을 받지 못한 사람들만을 대상으로 하는 심판을 의미할 것이라는 개연성과 일관성이 있다(9:4). 그러므로 여섯째 나팔은 어떤 사람들에게는 영적·육체적 사망을 주고, 속임의 결과로 하나님의 경고에 주의하기를 거절할 뿐더러 참 하나님을 믿는 믿음으로 돌아서기를 거부하는 다른 사람들에게는 강퍅하게 하는 것을 포함한다.

이러한 신학은 가나안 사람들을 심판하시는 하나님의 목적을 설명한 지혜서에 분명하게 표현되었다. 지혜서의 이런 설명은 애굽 재앙을 이와 비슷하게 신학적으로 설명한 것을 직접적으로 따른다. 하나님은 "그들을 잔인한 짐승들로 즉시 멸하지 않으시고…조금씩 심판하셨다. 주님은 그들에게 회개할 자리를 주셨다. 그들의 세대가 악하다는 것과 그들의 타락이 그들 속에 심어졌다는 것과 그들의 생각이 절대로 변하지 않을 것이라는 사실을 모르지 않으셨다. 그 세대는 처음부터 저주받은 씨앗이었다. 주님은 사람이 두려워서 그들이 지은 죄들을 용서하신 것이 아니다"(Wis. 12:9-11; 이와 비슷한 내용을 담고 있는 롬 1:18-25을 보라).

남은 불신자들을 "경고하는" 이유는 많은 사람이 실제로 회개하도록 하려는 데 있는 것이 아니다. 그들에게는 회개란 것이 없다. 오히려 하나님이 영적인 개혁의 충분한 기회를 제공하심으로써 그의 주권을 보이시고, 특히 "인침을 받지 못한" 모든 무리를 일곱째 나팔이 불 때 최종적으로 심판하셔서 그의 의로우심을 드러내시려는 데 신학적인 목적이 있다. 목회적인 목적은 독자들에게 그럼에도 그들이 충성된 증언에 반대하는 일이 역사가 끝날 때까지 계속될 것이며 그들은 낙담하지 말아야 한다는 것을 상기시키는데 있다. 이런 일은 독자들이 신뢰할 수 있는 하나님의 계획의 한 부분이다.[113] 이와 비슷하게 *1 En.* 92:2은 절망한 성도들을 이렇게 권면한다. "이 시대 때문에 심란해하거나 낙담하지 말라. 지극히 거룩하시고 크신 분이 모든 것을 위하여 날을 정하셨기 때문이다." 사람의 회개와 관련한 하나님의 주권적인 계획의 문제는 여기서 충분히 분석할 수 없고, 이와 관련된 성경의 다른 본문을 살펴보아야 적절히 다룰 수 있다.[114]

20절의 나머지 부분은 21절과 함께 불경건한 사람들이 회개하지 않은 내용에 대해 말해준다. 첫째, 우상숭배, 즉 "그들이 손으로 행한 일"이다. 여기서 우리는 구약에 언급된 물질로 만든 우상의 전형적인 목록을 본다. 여기에 가장 근접한 본문은 단 5:4, 23이다(또한 시 115:4-7; 135:15-17; 신 4:28을 보라).[115] 다니엘서는 바벨론 왕이 그의 부친에게 내린 심판에 대한 경고를

113) Kiddle, *Revelation*, 157-58, 165.

114) 하나님의 주권과 인내와 책임과 회개를 둘러싼 신학적 긴장에 대해서는 Luther, *Bondage of the Will*; Calvin, *Eternal Predestination*; Boettner, *Reformed Doctrine of Predestination*; Carson, *Divine Sovereignty and Human Responsibility*; Piper, *Justification of God*; Volf, *Paul and Perseverance*를 보라. 이 저서들을 다음과 대조해보라. Marshall, *Kept by the Power of God*; Daane, *Freedom of God*; Shank, *Elect in the Son*; Forster and Marston, *God's Strategy*; Pinnock, *Grace Unlimited*.

115) 또한 Lohmeyer, *Offenbarung*, 83. 단 5:4, 23 Theod.에는 금속과 나무의 완전한 목록이 있다. 반면에 시편과 신명기 본문에는 6개 중에 2개만 언급되었다. 단 5:23 LXX은 MT와 Theod.의 목록을 "모든 우상들과 사람의 손으로 행한 일들"로 대체한다. 참조. Prigent,

주의하지 않았다고 그에게 판결을 내린다. 바벨론 왕은 계속해서 우상을 "찬양했다." 변하지 않고 회개하지 않는 동일한 태도가 계 9:20에 반영된다.

하지만 죄의 목록은 우상들의 영적인 본질을 요약하는 것으로 말문을 연다. 우상들 뒤에는 귀신의 세력이 있다(신 32:17 LXX; 시 95:5 LXX; 시 105:36-37; *Jub.* 11:4; *1 En.* 19:1; 99:6-7; 고전 10:20). 17-19절의 무서운 피조물들은 귀신들일 가능성이 높은데, 만일 그렇다면 그들이 우상에게서 온전히 돌아서게 하리라고 기대할 수는 없다. 돌아서게 하는 것은 귀신들이 우상숭배자들을 통솔하던 힘을 상실함을 의미하기 때문이다. 우상들은 사람들을 어두움 속에 붙들어두려고 어두움의 세력들이 사용하는 주요 도구들 중 하나다.

우상들의 전형적인 목록에는 이곳에서처럼 그들의 성품과 관련된 해석과 논평도 포함되어 있다. 우상들은 "보지 못하고 듣지 못하고 걷지 못한다"고 말이다(또한 Wis. 15:15-17; *Sib. Or.* 5.78-85; *Ep. Jer.* 4-73). 우상을 믿는 것은 헛되다. 사람들을 사용하여 속이는 귀신을 제외하고는 우상 뒤에는 아무것도 없기 때문이다(고전 8:4). 우상숭배자들에게 내린 구약의 심판 중에는 그들이 역설적이게도 우상들의 영적이지 못한 이미지를 반영하게 되는 일도 있다. 그래서 그들은 영적으로 "보지 못하고, 듣지 못하고, 걷지 못한다." 시 115:8과 135:18은 우상들의 목록을 마무리 지으면서 "우상들을 만드는 자들과 그것을 의지하는 자들이 다 그와 같으리로다"라고 선언한다(참조. 시 6:9-10).[116] 이것이 바로 귀신들이 계 9:20-21의 우상숭배자들을 영적인 무지와 무감각으로 마비시키는 바로 그 방법일 것이다. 그렇다면 우상숭배자들은 그들이 행한 죄로 인해 심판을 받는다. 그러므로 19절에 언급된 해로움에는 우상숭배에 참여하도록 백성을 속이는 일도 포함된다. 귀신들이 사람들을 강팍케 함으로써 사람들은 하나님의 경고에 무감각

Apocalypse, 147.

116) Beale, "A Retributive Taunt against Idolatry"에 있는 구약의 여러 곳과 이사야서 전체, 사 6장의 패턴을 보라.

해지고, 자기들이 행하는 우상숭배를 회개하지 않는다. 심지어 그들의 동료
우상숭배자들이 비참하게 죽음으로써 경고를 받는 때에도 말이다.

καὶ τὰ εἴδωλα("그리고 우상들")와 καὶ τὰ χαλκᾶ("그리고 동"), 그리고
οὔτε ἐκ τῶν κλεμμάτων αὐτῶν("도둑질을…아니하더라")은 이어지는 어구
와 혼동됐기 때문에 몇몇 사본에서 생략됐다(유사문미[homeoteleuton]로
인한 생략의 오류).

21절   우상숭배자들은 그들의 악한 행위도 회개하지 않았다. 여기에
언급된 죄의 목록은 우상숭배와 분리할 수 없다. 십계명이 이 목록에 영감
을 주었을 것이다. 십계명에는 우상숭배가 첫 번째로 언급되었으며, (대부분
의 주석가들이 주목하듯이) 그 후 여기에 언급된 죄 4개 중에 3개가 뒤따라오
기 때문이다. 더욱이 이 네 죄악들은 성경 여러 곳에서 우상숭배와 연결되
었다(예. 렘 7:5-11[!]; 호 3:1-4:2; Wis. 12:3-6; 왕하 9:22; 사 47:9-10; 48:5; 미 5:12-
6:8; 나 1:14; 3:1-4; 행 15:20; 롬 1:24-29; 갈 5:20; 엡 5:5; 골 3:5; "음행"[πορνεία]에
대해서는 계 2:14, 20-22의 주석 참조). 이러한 죄들은 우상숭배에 연관된 활동
에 속한 것이든지 실제로 우상숭배 그 자체의 행위들이든지 둘 중 하나다.
사실 우상숭배는 이처럼 다른 여러 악에 책임이 있는 근원적인 죄다(Wis.
14:22-29; 롬 1:18-32).[117]

요한계시록에서 "회개하다"(μετανοέω)라는 단어의 사용례 대부분이 2-3
절(7번)과 여기 본문(20-21절)과 16:9, 11에 등장한다. 일곱 편지(2-3장)에
서 독자들이 회개해야 했던 만연한 문제는 이교 문화, 특히 우상숭배와 타
협한 것이었다(예를 들어, 2:6, 9-10, 13-15, 20-22; 3:4의 주석 참조). 여기서 "회
개하라"는 일곱 편지, 특히 2:21-23의 "회개하라"와 연결될 수 있다. 그 본
문에서 이 단어는 우상숭배에서 돌이키라고 촉구하며 3번 등장한다. 그 본
문에서 우상숭배는 "음행"(πορνεία)으로 언급된다. 또한 그 본문은 회개하지
않으면 사망의 벌을 받을 것이라는 분명한 언급이 등장하는 유일한 본문이
다. 만일 일곱 편지와 9장이 이런 식으로 연결된다면, 핵심은 우상숭배 문

117) 참조. Sweet, *Revelation*, 174.

화와 타협하는 태도에서 회개하지 않을 교회들이 많이 있다는 것이다. 결정을 내리지 못하는 사람들에게 내리는 경고는 그들이 숭배하고자 유혹을 받는 우상의 배후에 무시무시한 귀신들이 있다는 것이다. 그들은 우상들이 사람들을 영적 무지라는 무감각한 상태 아래 두려고 귀신들이 채용한 도구라는 사실을 알아야 한다. 귀신들을 섬뜩한 비유로 묘사한 이유는 하나님의 참 백성에게 그들이 현실에 안주한 상태에서 나오도록 충격을 주려는 데 있다. 그들도 인식하다시피, 영적 방관자들은 실제로 우상들 뒤에 숨어 있다(2:7의 주석 참조).

οὔτε ἐκ τῶν κλεμμάτων αὐτῶν("도둑질을…아니하더라")이 앞에 있는 비슷한 단어배열과 혼동되어 몇몇 사본에 빠져 있다(유사문미에 의한 생략의 오류). 어떤 사본(א A pc)에는 πορνείας("음행") 대신에 πονηρίας("악")로 표기되었는데, 전자가 더 선호된다. 목록에 있는 다른 모든 악이 구체적이며 일반적이지 않고, 음행이 우상숭배 행위의 특징이기 때문이다.

10-11장의 삽입구

여섯째 인과 일곱째 인 사이에 해석적 삽입구가 있었듯이(7장), 여섯째 나팔과 일곱째 나팔 사이에도 비슷한 삽입구가 있다. 여기서 삽입구는 10:1에서 시작하여 11:13까지 확장된다. 10-11장은 요한계시록의 전반부와 후반부를 함께 연결하기 위한 나팔 시리즈 안에 놓였다. 이것은 문학적인 맞물림 장치다. 맞물림은 요한계시록의 후반부를 소개하고 동시에 그것을 전반부와 연결하는 기능을 한다(본서 서론의 "요한계시록의 구조와 계획"을 보라).[118]

    10장은 11:1-13에 있는 삽입구의 주요 내용을 시작하는 서론이다. 이 서론의 요점은 선견자에게 그가 이미 받은 예언 과제를 수행하도록 재임명하는 데 있다. 선견자의 과제는 2가지다. 그는 그리스도인들의 인내의 증언

---

118) A. Y. Collins, *Apocalypse*, 65-66.

과 그로 인해 겪을 고난, 그리고 그들의 증언에 적대적으로 반응하는 사람들의 운명에 관해 예언해야 한다. 10장 자체는 주제 변화에 근거하여 네 단락으로 나눌 수 있다(1-2절, 3-4절, 5-7절, 8-10절).

7장의 삽입구처럼, 10장과 11장은 앞장(8-9장)의 미래 사건들에 이어지는 다른 사건들을 이야기하지 않고, 같은 시간 동안에 일어나는 일을 다룬다(본서 서론의 "요한계시록의 구조와 계획"을 보라).[119] 10:6-7에 의하면, 일곱째 나팔 소리는 더 이상 시간적인 지체가 없으며 역사를 향한 하나님의 계획이 완료된다는 표시다. 그래서 11:15에서 일곱째 나팔 소리가 울리기 시작하면 영원한 나라가 세워지고 최후의 심판이 발생한다. 11:1-13에 묘사된 사건들이 시간적으로 10:6-7의 "더 이상 지체하지 아니하리라" 이후에 일어난다면, 절정에 달한 일곱째 나팔 이전에 지체가 있다는 모순이 생긴다. 이러한 모순은 그 천사가 "더 이상 지체하지 아니하리라"고 맹세한 사실에 의해서도 부각된다.

그러므로 11:1-13은 시간적 지체가 아니라 7장의 경우처럼 삽입구라는 문학적 지체다.[120] 처음 여섯 나팔은 불경건한 자들이 교회 시대 내내 겪게 되는 심판에 초점을 맞추었던 것에 비해, 10:1-11:13의 삽입구는 같은 시간 동안에 있는 불경건한 자들과 경건한 자들의 관계를 설명한다. 불경건한 자들은 경건한 자를 박해한다. 그리스도인이 아닌 사람들은 이런 관계로 인해 교회 시대 내내 나팔 심판으로 벌을 받는다.

여섯째 인과 일곱째 인 사이, 그리고 여섯째 나팔과 일곱째 나팔 사이에 놓인 지체함을 묘사한 문학적 병행은 그것들 사이에 존재하는 주제의 병행이 있음을 시사한다. 7장은 그리스도인들이 6개의 나팔 심판로부터 영적으로 파괴적인 해를 받지 않도록 인침을 받는다는 것을 보여준다. 11:1-13은 그리스도인들이 인내하고 복음을 충성스럽게 증언하기 위해 인침을 받는

119) Rissi, *Time and History*, 43.
120) Hendriksen, *More than Conquerors*, 150-51.

다는 것을 계시한다.[121] 이것은 그들의 증언을 저버리는 사람들에 대한 최후 심판의 기초가 되기 시작한다.

그러므로 삽입구는 여섯째 나팔과 일곱째 나팔 사이에 시간적으로 끼어드는 것이 아니라, 앞의 여섯 나팔이 다루는 시간대인 교회 시대를 더 자세히 해석해준다. 특히 이 막간은 나팔 재앙에 묘사된 심판의 신학적 기초를 설명한다. 이것은 나팔 재앙이 자신의 박해자들을 보복하고 심판해줄 것을 간구하는 성도들의 간청에 하나님이 응답하신다는 앞장들을 이해할 단서를 더 분명하게 표현한다(6:9-11; 8:3-5; 9:13). 그 결과 10-11장의 요한의 예언은 경건한 자들에게 주는 보상보다는 불경건한 자들에게 내리는 심판에 더 초점이 맞춰져 있다. 11장에 나타난 그리스도교 증인들의 이야기는 우선적으로 그리스도인들이 박해자들을 심판할 기초를 어떻게 놓았는지를 보여주려는 의도에서 서술되었다. 증인들은 고난 중에서도 증언하였기에 하나님으로부터 신원함을 받는다.

계 10:6b-7은 11:14과 함께 고난받는 신자들의 충만한 수가 차고(6:10; 11:7a) 사람들의 회개하지 않는 상태가 더 이상 손을 댈 수 없을 정도가 될 때(9:21; 11:7-10) 하나님이 역사를 끝내시는 일을 더 이상 지체하지 않으실 것이라고 선언한다(11:11-13, 18).[122]

요한은 심판을 예언하라는 사명을 다시 받는다. 그는 심판을 선언하면서 기뻐하는 동시에 슬퍼한다(10:1-11)

작은 책을 가진 천사 환상(10:1-2)

1절   요한은 천상적인 존재가 "하늘에서 내려오는 것"을 본다. 주석가들 중에는 지금 선견자의 위치가 4:1-2과 다르게 더 이상 하늘에 있지 않다는

---

121) Sweet, *Revelation*, 175.
122) 참조. Farrer, *Revelation*, 123.

사실에 주목하는 사람들이 있다. 그러나 4장에서도 그는 "영으로" 천상적인 차원에 올려갔지 몸으로 올려간 것이 아니었다. 그럼에도 계시를 받는 위치의 변경이 있다.

환상의 내용은 "큰 소리로 외치는"(3절) "하늘에서 내려오는 힘 센 다른 천사"로 이루어졌다. 첫 번째 "힘 센 천사"는 5:2에 등장하며, 그 또한 "큰 소리로 선언한다." 요한계시록에서 "힘 센 천사가 큰 소리로" 외친다고 한 것은 단 2회에 불과하다. 그리고 이 천사는 10장과 5장을 연관짓는 여러 연결점 중에 첫 번째다. 이 연결점들은 이곳의 계시가 5장의 계시와 유사하다는 것을 시사한다.[123]

이 천상적인 존재가 "천사"로 불리기는 했지만, 그는 천사 그 이상의 존재다. 그는 5:2과 18:21의 "힘 센" 천사와는 급이 다르다. 만일 그가 천사라면 그는 매우 특별한 천사다. 그가 요한계시록에 등장하는 다른 천사와는 다르게 장엄한 방법으로 묘사되기 때문이다. 그는 구약성경에서 하나님에게 또는 요한계시록에서 하나님이나 그리스도에게만 부여된 성품을 지녔다. 그래서 이 천상적인 존재는 신적 품성을 지닌 그리스도 자신이든지 야웨의 신적 권한을 지닌 천사다(아래 내용 참조). 주석가들 중에는 이 천사가 요한계시록에서 묘사하는 그리스도와 비슷하다는 점을 인정하지만, 그 천사가 그리스도일 수가 없다고 결론을 내리는 사람들이 있다. ἄγγελος("천사")가 요한계시록 어디에서도 그리스도에게 사용된 적이 없고 급이 낮은 천상적 존재에게만 사용되었다는 것을 그 이유로 든다.[124] 하지만, 14:14의 "인자 같은 이"는 전후 문맥에서 다른 여섯 천사들과의 관계를 볼 때 천사로 간주될 수 있다(본서 14:14-16의 주석 참조. 이 외에도 단 7:13의 인자와 단 8장의 대천사 미가엘은 서로 동일시되거나 밀접한 관계가 있다).

천사의 신적 분위기를 설명하는 첫 번째 묘사는 그가 "구름으로 옷 입

---

123) 참조. Caird, *Revelation*, 125.
124) Alford, *Greek Testament* IV, 649; Swete, *Apocalypse*, 126; I. T. Beckwith, *Apocalypse*, 580; Hendriksen, *More than Conquerors*, 149; Ladd, *Revelation*, 141; Morris, *Revelation*, 137.

었다"는 설명이다. 구약성경에서는 하나님만 하늘이나 땅에서 구름을 타고 오신다(구약 배경에 대해서는 아래의 설명을 보라). 유일한 예외가 있다면 단 7:13일 것이다. 거기서는 인자가 옛적부터 계신 분에게서 권세를 받으려고 구름을 타고 오신다(신약성경에서 단 7:13의 인용을 주목하라. 마 24:30; 26:64; 막 13:26; 눅 21:27; 행 1:9; 계 1:7; 14:14-16). 11:12에서 두 증인이 "구름을 타고 하늘로 올라간다"는 내용은 여기서 말하려고 하는 것에 부정적인 영향을 주지 않는다. 이것은 하나님의 말씀이 나오며 두 증인을 하늘로 호위하는 하나님의 영광스러운 구름을 가리키기 때문이다.[125] 그리고 단 7:13의 구름은 그 본문에서 등장하는 사람 같은 형상의 신적 특성을 이해하는 단서다. LXX(Theod.과는 대조된다)은 MT에 암시된 것을 강조한다. "인자 같은 이가 하늘 구름을 타고 와서 옛적부터 항상 계신 이로(ὡς) 왔다"(유대교와 기독교에서 인자의 신성을 언급한 부분은 1:13의 주석을 참조하라).

　구름에 대한 또 다른 언급은 계 14:14에 등장한다. 여기서 요한은 "흰 구름이 있고 구름 위에 인자와 같은 이가 앉으"신 것을 본다. 바로 이어지는 절에는 "또 다른 천사가 성전으로부터 나"왔다고 언급된다. 이것은 14:14의 "인자"가 천상적 인물임을 강하게 시사한다(14:14-15의 주석 참조). 이 사실에 비춰볼 때, 10:1의 등장인물은 야웨 자신으로 언급된, 구약성경의 "야웨의 천사"와 동일할 것이다(예. 창 16:10; 22:11-18; 24:7; 31:11-13; 출 3:2-12; 14:19; 삿 2:1; 6:22; 13:20-22; 슥 3:1-3과 유 9과 비교; 참조. 단 3:25; 행 7:30, 35, 38).

　이것은 계 1장에 단 7:13이 2번 암시되었다는 사실에 의해서도 확증된다. 7절의 "구름을 타고 오시는" 이는 13절에서 "인자와 같은 이"와 동일시되며, 그는 옛적부터 계신 신적 존재의 품성을 받았다. 이것은 우리가 앞에서 관찰한 다니엘서에 등장하는 인자가 초기 유대교와 기독교에서 신적인 인물로 해석되었다는 사실과 맥을 같이한다(자세한 언급은 2:18의 주석 참조). 단 7:13(MT, Theod.)과 계 1:7에서 신적 품성을 지닌 인자는 "구름을 타고"

---

125) 구약과 신약과 요한계시록에서 말하는 이 개념에 대해서는 본서 아래 내용과 Kline, *Image of the Spirit*을 보라.

오신다. 이것은 그가 계 10:1의 "힘 센 천사"처럼 구름으로 둘러싸였음을 암시한다. 계 1장에서 인자 형상은 분명히 예수다. 그는 10:1에서 주의 천사와 동일시될 수도 있다.

10:1의 천사가 신적 존재임을 암시하는 또 다른 증거는 그의 머리 위에 있는 무지개다. 사상적으로 특히 근접한 본문은 겔 1:26-28인데, 에스겔서 본문에서는 "주님의 영광"이 "사람의 모양 같더라.…내가 보니 그 허리 아래의 모양도 불 같아서 사방으로 광채가 나며 그 사방 광채의 모양은 비 오는 날 구름에 있는 무지개 같으니 이는 여호와의 영광의 형상의 모양이라"라고 서술되었다. 에스겔서에서 이 본문은 특히 적절하다. 왜냐하면 다니엘서에 등장하는 인자의 모습이 계 1:13ff.에 이미 그려졌고,[126] 계 10:2, 8-10이 겔 1-3장의 환상 패턴을 따랐기 때문이다. 계 10장에서 천상적인 존재는 에스겔서에 등장하는 인물처럼 책을 가졌고, 예언자는 그 책을 받아서 먹는다.

이 곳 외에 "무지개"(ἶρις)가 언급된 신약의 유일한 본문은 계 4:3이다. 여기서 "무지개는 [하나님이 앉으신] 보좌에 둘러" 있다(무지개의 구약적 배경에 대해서는 4:3의 주석 참조). 4:3과는 대조적으로, 본문에서는 ἶρις에 정관사 ἡ("그 무지개")가 있다(ℵ 2053 𝔐ᴷ에 관사가 생략된 것은 필경사의 부차적인 작업 때문임이 확실하다). 이것은 이전에 언급된 것을 가리키는 정관사일 것이다.[127] 따라서 4:3의 무지개가 지금 10:1의 천상적인 존재에게 적용된다. 4:3의 신적인 무지개가 10:1의 천상적 존재에게로 이전된 것은 본문의 천상적 존재가 4:3에 언급된 하나님과 동일함을 밝히기 위함이다. 이러한 적용의 근거는 그리스도가 이미 "옛적부터 계신 이"와 연결되었다는 데 있다 (1:13-14).

1절의 결론적인 두 어구는 그 천사가 적어도 하나님이나 그리스도의 특성을 가진 존재임을 확증한다. "그의 얼굴은 해 같고"(τὸ πρόσωπον αὐτοῦ ὡς

---

126) 참조. Rowland, "Risen Christ in Rev. i.13ff."

127) Michaels, *Interpreting Revelation*, 118도 이런 가능성을 지적한다.

ὁ ἥλιος)는 1:16에서 그리스도를 묘사하는 거의 같은 어구(ἡ ὄψις αὐτοῦ ὡς ὁ ἥλιος)를 상기시키며, 마 17:2에 기록된 그리스도의 변화된 모습을 묘사하는 어구를 정확히 재생한다. 10:1의 마지막 묘사로 우리는 1:15을 떠올리게 된다. "그[그리스도]의 발은 풀무불에 단련한 빛난 주석 같다." 이것은 1장의 그리스도 묘사와 10:1의 천사 묘사 사이의 의도적인 연결을 다시 확증한다. 10장의 천사가 단 10-12장의 환상에 등장하는 천상적 존재를 모델로 삼았다는 것은 1절에 암시되었고 2-6절에 분명히 서술되었다. 그 존재가 "인자와 같은 이"(ὡς ὁμοίωσις υἱοῦ ἀνθρώπου)로 언급되는 까닭에 이것은 무척 중요하다(단 10:16 Theod.; 참조. 10:6, 18 LXX과 10:18 MT). 이것은 계 1장의 인자 환상과 이곳의 천사에 대한 묘사가 서로 연결됐음을 더욱 입증한다. 특히 1장을 시작하는 환상이 단 10장에 부분적으로 기초한다는 것을 염두에 둔다면 더욱 그렇다(1:12-18의 주석 참조). 10:1의 인물이 구약에 등장하는 천사처럼 주님의 신적 품성을 지닌 천사라는 결론의 정당성은 1:15의 어구와 본문 간의 어휘의 차이가 적다는 데서도 확인된다(단 10:6[MT, LXX]에 등장하는 천상적인 존재도 "발은 빛난 놋과 같"다). 천상적 존재의 발은 지금 "풀무불 같은 주석" 대신에 "불기둥" 같다고 언급되었다. 이렇게 바뀐 이유는 야웨가 광야에서 이스라엘과 함께 계시던 상황을 떠올리게 하려는 데 있다. 그때 야웨는 이스라엘을 보호하고 인도하기 위해 "구름 기둥과…불기둥으로" 나타나셨다(구약성경에서 이 어구의 사용례에 대해서는 아래 계속되는 설명을 참조하라). 비슬리-머리는 구약성경과 계 10:1 사이에 있는 언어의 유사성이 우연이라고 주장한다. 구약을 암시하려는 의도가 전혀 없다는 것이다.[128] 하지만 요한계시록은 이와 같이 미묘하지만 의도적인 구약 암시로 가득하다. 발보다는 다리가 기둥과 비교하기에 더 쉬운 까닭에, 천상적인 존재의 "발"(feet)은 (환유에 의해) "다리"(legs)를 가리키는 것으로 이해해야 한다.[129]

---

128) Beasley-Murray, *Revelation*, 171.

129) Buchanan, *Revelation*, 233.

이어지는 몇몇 장에 계시되었듯이(11:3-12; 12:6, 13-17), 하나님이 광야에서 이스라엘과 함께하셨다는 내용의 핵심은 동일한 하나님의 임재가 세상의 광야에서 새 이스라엘의 충성된 증인들을 보호하고 인도하신다는 것을 알리려는 데 있다.[130] 무지개와 광야의 신현 암시는 자신의 언약을 수행하시는 하나님의 신실하심을 반영한 것이고, 여기서는 6-7절에서 천사가 천명하는, 하나님이 다시 모든 역사에 대해 가지신 그의 언약을 신실하게 이루신다는 것을 예상한다.[131]

그러므로 10:1의 천사는 구약에서처럼 그리스도 자신과 동일시될 수 있는 신적 품성을 가진 주님의 천사다.[132] 천사를 이런 식으로 밝히는 것을 한층 강조하는 것은 10:3에서 이 천사가 사자에 비교되듯이, 5:5에서 그리스도도 사자에 비교된다는 점이다.[133] 개중에는 ἄλλος가 항상 같은 종류의 "다른 것"을 의미한다는 사실에 근거하여 이렇게 동일시하는 것을 반대하며, 이 천사는 틀림없이 앞장에서 언급된 여러 천사들과 같은 천사 한 명을 가리킨다고 주장하는 사람들이 있다.[134] 하지만 반드시 그것이 ἄλλος의 전형적인 의미라고 할 이유는 없다.[135] 설령 이 단어가 여기서 그런 의미를 지닌다고 해도, 그것은 단지 10:1에 등장하는 존재의 모습이 다른 천사적 존재와 같다는 것만을 의미할 뿐이다. 백 번 양보해서 이렇게 말할 수는 있다. 10:1의 천사는 구약에서 주의 천사의 모습으로 나타나신 그리스도라고 말이다. 사실 주님의 신적인 천사는 구약성경에서 천사처럼 나타났지만, 그는 다른 천사 같은 피조물보다 확실히 더 높은 위치에 있다. 여기서 주의 신적인 천사가 예언자에게 사명을 주려고 등장하는 패턴은 구약성경에서 반복되는 패턴을 반영한다(예. 창세기, 출 3:2-12; 삿 6:22; 왕하 1:3-15; 대상 21:18).

주의 신적인 천사는 죄를 범한 이스라엘에게 언약에 관한 기소를 담

---

130) Kiddle, *Revelation*, 169; Mounce, *Revelation*, 207-8; Caird, *Revelation*, 126.
131) Farrer, *Revelation*, 123.
132) Kline, *Images*, 70-75, 82-84; Kraft, *Offenbarung*, 147 등도 이처럼 생각한다.
133) Mulholland, *Revelation*, 200.
134) Walvoord, *Revelation*, 169-70.
135) 참조. BAGD, 39-40.

당하는 하나님의 중재자로서 예언자적 역할을 수행하며 사사기에 등장한다(삿 2:1-3; 5:23; [참조. 6:8-10]은 주의 천사를 언급하는 것 같다[6:11]. 그렇지 않다면, 적어도 2:1-3과 5:23에서 천사의 역할은 예언자적 역할이다). 주의 천사는 다른 사람들에게 자신의 예언자적 역할을 그대로 잇는 예언자로서의 사명을 주기 위해 나타난다. 계 10장에서는 그리스도가 예언자적 증인으로서 그의 역할을 그대로 행하는 사명을 요한에게 주려고 동일한 방법으로 나타나신다. 11장이 이를 보여준다. "예언하는 두 증인"은 요한의 예언자로서의 사명을 발전시키는 자들이다.[136]

앞에서 언급한 것 이외에, 아래 열거한 구약 배경 역시 계 10:1의 천사에 대한 묘사가 하나님의 나타나심이나 그리스도의 나타나심을 묘사하거나, 혹은 둘 다임을 보여준다. 출 19:9-19에서 하나님은 시내 산에 "빽빽한 구름"과 "불" 가운데 강림하시고, "우레"와 "나팔 소리"가 하나님의 오심을 알린다. 이 상황은 계 10장에 반영되었다. 여기서 "우레"와 "나팔 소리"가 3-4, 7절에 이어진다(Philo, *De Decalogo* 44은 출 19:18을 "기둥처럼 서 있는 구름이 강림하여 그 발과 함께 땅위에 심겼다"로 풀어쓴다). 구약과 신약에서는 하나님과 인자만이(인자에 대해서는 앞에서 언급한 내용을 보라) 구름을 타고 하늘이나 땅에 오신다. 성도들 중에는 영광의 구름과 동일시되는 사람들도 있다. 하지만 그들이 하나님과 연합되었다는 것을 명시하기 위해서만 그럴 뿐이지 그들이 신적 정체성을 갖는 것은 아니다(출 24:18; 고전 10:1-2; 계 11:12). 이스라엘이 광야에서 방황하는 동안 하나님은 "구름 기둥"과 "불기둥"의 형태로 그들 중에 거하셨다(출 13:20-22; 14:24; 민 14:14; 느 9:12, 19; 또한 출 40:38; 민 9:15-16; 14:14; 신 1:33; 4:11; 5:22; 시 78:14; 105:39; 사 4:5; 겔 1:4 참조). 종종 하나님은 "구름 기둥"으로만 거하시는 분으로 언급되곤 한다(출 14:19; 33:9-10; 34:5; 민 12:5; 신 31:15; 시 99:7). 심지어 천상적 존재의 도래와 관련하여 "구름"이 언급된 경우, 그 존재는 늘 하나님이다(출 14:20; 16:10; 19:9, 16; 24:15-16, 18; 40:34-37;

---

136) 이 사상을 좀 더 자세히 설명한 Kline, *Images of the Spirit*, 70-96을 보라.

레 16:2; 민 9:17-22; 10:11-12, 34; 11:25; 12:10; 16:42; 삼하 22:12; 왕상 8:10-11;
대하 5:13-14; 시 18:11-12; 68:4; 97:2; 104:3; 사 19:1; 렘 4:13; 단 7:13; 겔 1:28;
10:3-4; 나 1:3; 마 17:5; 막 9:7; 눅 9:34-35).

계 10:1의 천사가 단순히 그리스도의 특성을 소유한 그리스도를 대
표하는 천사에 불과할 가능성은 있다. 만일 그렇다면, 미가엘이 좋은 후
보일 것이다. 그는 12:7-9에서 그리스도를 대표한다(12:7-9의 주석 참조).
개중에는 10:1의 천상적인 존재가 "하나님의 **강한** 자"란 뜻의 이름을 가
진 가브리엘이라고 생각하는 사람들이 있다.[137] *3 En*. 35:1-4에는 "모든
천사"가 "키 큰" 거인으로 묘사되며, "그들의 얼굴 모양은 빛과 같고…발
은 불타는 주석 같고, 말을 할 때 그들의 음성은 허다한 무리가 소리를
내는 것 같다"고 소개된다. 천사들은 "책들이 펼쳐진" 하늘 법정의 구성
원들이다(단 7:10을 암시함; 참조. 계 10:1-2).

　　2절　　천사의 손에는 책이 들려 있었다. βιβλαρίδιον은 "작은 두루마
리"로 번역할 수 있다. 이 단어는 βιβλάριον의 지소어(指小語)이다. 또한
βιβλάριον은 5장에서 사용된 βιβλίον의 지소어이다.[138] 여기서 작은 두루
마리는 선견자가 삼키기에 충분할 정도로 작다(9-10절).

　　주석가들 중에는 이런 식으로 두루마리를 구체적으로 밝히는 것을 꺼려
하고, 단지 그 책을 그 안에 복음의 비밀이 들어 있는 하나님의 말씀이라고

---

137) Charles, *Revelation* I, 258-59; Farrer, *Revelation*, 123; Beasley-Murray, *Revelation*,
170.

138) βιβλαρίδιον은 βιβλίον과 관련해서 보면 2중 지소어일 수 있다. 그래서 작은 것을 더욱 강
조한다. Beasley-Murray, *Revelation*, 171은 βιβλαρίδιον과 βιβλίον 모두 "작은 두루마리"
를 뜻하는 지소어라고 하며, 두 단어 사이에 의미론적인 차이가 없다고 생각한다. 하지만
βιβλίον은 신약시대가 시작되기 오래 전에 그 단어가 지닌 원래의 지소적 의미를 잃었다. 예
를 들어 이 단어는 LXX에서 토라와 그밖에 구약의 성문서를 가리키는 일반 단어로 사용되었
다("책"을 뜻하는 히브리어의 *sēpēr*의 번역으로 사용되었다; G. Schrenk, *TDNT* I, 615-20;
U. Becker, *DNTT* I, 243-44). βιβλαρίδιον의 지소어의 의미는 선견자가 그것을 먹고 삼키
기에 충분할 정도로 작다는 사실에서 드러난다(9-10절; 참조. Mussies, *Morphology*, 116).
더욱이 -αρίδιον을 비롯한 다양한 지소사(指小詞)들은 어근 βιβλ-에 첨가될 때 전형적으
로 지소적 의미를 지닌다(반면 5장의 ἀρνίον은 지소적 의미를 잃어버렸다). 참조. Mussies,
Morphology, 116-17.

만 두루뭉술하게 밝히려고 하는 사람들이 있다.[139] 다른 사람들은 이 두루
마리를 세상에 선언될 심판만을 포함하는 책으로 이해한다. 이따금씩 5장
의 큰 두루마리가 6:1-8:5만을 포함한다는 가정하에, 10장의 작은 두루마리
는 계 11:1-13의 내용만을 포함한 것으로 협소하게 정의되기도 한다.[140]

그러나 이 주장은 너무 기계적이다.[141] 우리는 다른 근거에서 반대 주
장을 했다(본서 서론의 "요한계시록의 구조와 계획"과 5:1ff.의 주석 참조). 더욱
이 "백성과 나라와 방언과 많은 임금들"에게 예언할 것이라는 11절의 주장
은 11:1-13에 제한될 수 없다. 동일한 보편적 문구가 이어지는 여러 장에
서 심판받게 되는 허다한 무리들에게 사용되고 있기 때문이다(11:9; 13:7-8;
14:6ff.; 17:15). 이 문구에 "임금들"이 첨가된 것은 나중에 보게 될 여러 환상
에서 심판받는 "왕들"을 예상한다(16:12, 14; 17:1-2, 10-12, 15-16, 18; 18:3, 9;
19:18-19). 11:1-13이 10장을 좀 더 자세히 설명한 것은 사실이지만, 그 설
명은 이어지는 여러 장에서 계속된다.

그러므로 작은 두루마리는 적어도 11-16장의 내용을 염두에 두고 있
다고 봐야 한다. 다른 예언자적 사명은 17:1-3에서 암시되며, 그것은 일련
의 새로운 예언적 환상들을 촉발한다. 하지만 만일 17장의 예언자 사명이
이전에 준 사명들을 단순히 갱신한 것에 불과하다면, 작은 두루마리에는
17-22장의 내용도 포함될 수 있다. 몇몇 학자들은 작은 두루마리가 5장에
있는 책과 같지만, 그것이 앞에 있는 책의 여러 측면 중 하나만을 발전시킨
것임을 나타내려고 "작은"으로 표현했다는 결론을 내린다. 그래서 두 두루
마리가 이스라엘과 이방인들에게 내려지는 심판을 포함하는 것으로 종종
해석되곤 한다. 후자는 전자에 씨의 형태로 포함됐다는 것이다.[142]

---

139) Morris, *Revelation*, 138-43.

140) Charles, *Revelation* I, 260, 269; Lilje, *Last Book*, 158; Lohmeyer, *Offenbarung*, 87;
Lohse, *Offenbarung*, 56; Schrenk, *TDNT* I, 619; Satake, *Gemeideordnung*, 73; Rissi,
Time and History, 43.

141) Beasley-Murray, *Revelation*, 171.

142) Feuillet, *Johannine Studies*, 226; 이 책의 정체를 밝히려는 또 다른 제안에 대해서는
Brütsch, *Offenbarung* I, 408을 보라.

사실 이 펼쳐진 두루마리가 5장에서 어린 양이 받아 펼친 책과 연결
되지 않았다면, 그것이 어떤 책인지를 밝히기는 어렵다(5:2-5의 ἀνοῖξαι τὸ
βιβλίον["책을 펴다"]과 여기와 8-10절에 있는 βιβλαρίδιον ἠνεῳγμένον["펼쳐진
책"]을 비교하라; 또한 5:9 참조).[143] 두 책 사이에는 약간의 차이가 있다. 5장에
서는 하나님이 책을 가지고 계시고, 여기서는 한 천사가 책을 가지고 있다.
5장에서는 어린 양이 책을 취하셨으나, 여기서는 요한이 책을 취한다(10:8-
10). 5장에서 책이 펼쳐지자 하늘에서 찬송이 울려퍼졌다고 기록한 것을 볼
때, 5장의 장면은 하늘이지 땅이 아니다.

하지만 유사성도 상당히 많아 두 두루마리 사이에 밀접한 연결이 있을
가능성이 크다.[144] (1) 두 책 모두 펼쳐진다. (2) 두 책 모두 그리스도가 가
지고 계신다(10장의 천사가 주님의 천사인 경우). (3) 그리스도는 사자에 비유
된다(5:5; 10:3). (4) 두 책 모두 겔 2장의 두루마리를 암시한다. (5) 두 책 모
두 "외치는" "힘 센" 것과 연관된다. (6) 두 책 모두 "영원히 살아 계시는" 하
나님과 연결된다(5:13; 10:15). (7) 두 책 모두 단 12장의 마지막 때에 관한
예언과 직접 관련이 있다. (8) 두 환상에서 누군가가 천상적 존재에게 다
가가 그의 손에서 책을 취한다. (9) 두 환상에서 요한의 예언자적 사명에
대해 하늘에서 말하는 음성과 관련해 거의 동일한 언어가 사용된다(10:4
과 특히 10:8 ἡ φωνὴ ἣν ἤκουσα ἐκ τοῦ οὐρανοῦ πάλιν λαλοῦσαν μετ᾽ ἐμοῦ καὶ
λέγουσαν, Ὕπαγε λάβε와 4:1의 ἐν τῷ οὐρανῷ...ἡ φωνὴ ἡ πρώτη ἣν ἤκουσα ὡς
σάλπιγγος λαλούσης μετ᾽ ἐμοῦ λέγων, Ἀνάβα ὧδε). (10) 마지막으로, 두 두루
마리는 "백성과 나라와 방언과 족속/임금들"의 최종적인 운명과 관련이 있
다(참조. 5:9-10. 여기서 임금들은 4중 문구와 직접 연결된다. 왜 임금들이 그 문구에
첨가되었는지에 대해서는 10:11의 주석 참조).

그러므로 합리적으로 추정할 수 있는 것은 10장에 소개된 두루마리의

---

143) Sweet, *Revelation*, 176과 A. Y. Collins, *Apocalypse*, 65-66도 동일하게 생각한다. 하지만 5
장과의 연결을 부인하는 A. F. Johnson, "Revelation," 496에 반대한다.

144) Prigent, *Apocalypse*, 151.

의미가 일반적으로 5장의 그것과 동일하다는 것이다. 5장의 두루마리(책)는 심판과 구원과 관련된 하나님의 계획을 가리키는 상징이었다. 그 계획은 그리스도의 죽음과 부활로 인해 시작되었다. 그리스도는 보좌에 앉으신 하나님으로부터 두루마리를 받아 그것을 펼치셨다. 이것은 그리스도가 아버지의 계획을 이루는 데 있어 주권을 가지고 있다는 것과 그가 그것을 완성하기 시작하셨음을 상징한다. 자신의 죽음과 부활로써 자기 백성을 구원하신 그리스도는 그 책을 취하기에 합당하셨다. 그는 그 책 안에 있는 계획을 성취하고 구원받은 자들 위에 그의 나라를 세울 권세를 가지셨다(5:2-5, 9-10, 12). 그 책에 있는 계획은 십자가부터 새 창조에 이르기까지의 역사를 망라한다. 두루마리의 내용의 핵심은 6-22장에 계시되었다(특히 본서 서론의 "요한계시록의 구조와 계획"을 보라). 이 역사적 파노라마는 정해져 있고 그 특성상 종말론적이다. 6-22장이 4:1에서 다니엘서의 종말론적인 암시("이후에 마땅히 일어날 일들")로 요약되기 때문이다. 그 책의 배경인 단 7장과 12장(5:2-5, 9의 주석 참조) 역시 그 책의 법령적 측면과 종말론적 특성을 강조한다. 구속과 심판에 관해 결정된 것은 요한계시록의 환상 단락 전체에 걸쳐 자세히 묘사되었다. 그리스도가 역사에 주권을 가지고 계시다는 것, 교회 시대의 전 과정과 새로운 세상에서 그리스도와 성도들이 통치한다는 것, 그리스도가 고난을 당하는 그의 백성을 보호하신다는 것, 성도를 박해하는 세상을 역사의 중간에 그리고 최종적으로 심판하신다는 것, 최후 심판을 하신다는 것 등이다.

5:9-10은 5:12의 찬송에 의해 해석된다. 여기서도 5장의 책이 "받게 될" 상속과 관련한 유언을 담고 있다. 두루마리는 상속이라는 주제를 다룬 언약적 약속으로 이해된다. 특히 로마의 유언을 배경으로 검토해볼 때, 그리고 실낙원과 복낙원에 관한 요한계시록 전체의 광범위한 신학적 문맥에 비춰볼 때 그러하다(참조. 2:7; 3:12; 12:14-17; 13:3; 22:1-5). 하나님은 아담에게 그가 땅을 다스릴 것이라고 약속하셨다. 아담이 이 약속을 박탈당했지만, 마지막 아담이신 그리스도는 그것을 상속하실 것이다. 한 사람이 그 책을 열어야만 했다. 그 약속은 인류에게 하신 약속이기 때문이다. 하지만 아

무도 그것을 열기에 합당하지 않다는 것이 드러났다. 모든 사람이 죄인이고 그 책에 포함된 심판 아래 있기 때문이다(5:3). 그렇지만 그리스도는 의인으로서 고난과 최후의 심판을 당하셨고, 그가 대표하고 구원하실 백성을 대신하여 희생양이 되신 까닭에 그 책을 펴기에 합당하시다(5:9). 의심할 여지없이, 그는 자기 백성을 구원하고 부활로써 자기에게 부과된 최후의 심판을 이기셨기에 그 책을 펴기에 합당한 분으로 여김을 받으셨다(참조. 5:5-6). 그러므로 그리스도는 그 책의 약속들을 상속할(즉 "그 책을 펼") 수 있으시다. 그런 까닭에 그리스도가 대표하신 모든 백성도 그 책의 약속들을 상속한다(5:10은 그의 백성도 그의 나라와 제사장직에 참여할 수 있음을 보여준다. 참조. 1:5-6).

계 5장은 고난을 견디는 역설적인 수단으로 그리스도가 이기셔서 그가 받을 상속인 그 책에 대한 주권이 자신에게 있다는 것을 보여주었다. 10장의 책은 이어지는 절들에서 설명될 동일한 역설적 패턴과 연결된다.

10:2b은 우리가 5장에서 그 책을 마침내 상속된 우주적인 내용을 담고 있는 유언으로 이해한 것이 사실임을 입증한다. 4:3에서 하나님의 보좌 주변에 있는 "무지개"가 그 천사에게 적용되었다(10:1). 이것은 그리스도가 그의 상속이 되는 아버지의 계획에 대한 주권을 잡으셨음을 의미한다. 펼쳐진 책과 천사가 서 있는 곳은 관련이 있다. 그 책은 지금 펼쳐져 있기 때문에 천사는 "그 오른발은 바다를 밟고 왼발은 땅을 밟고" 서 있을 수가 있다. 두루마리/유언을 소유하고 있다는 것은 그리스도가 지금 온 우주를 다스리는 주권과 통치권을 가지고 있다는 의미다(어떤 것에 발을 딛고 서 있다는 것은 그것을 지배하는 주권을 암시한다. 수 10:24-26). 이것은 요한에게 그리스도의 주권에 관해 "백성과 나라와 방언과 많은 임금들에게" 예언하라고 명령하는 근거다(11절).[145]

바다와 땅을 밟고 있는 "발"이 "불기둥과 같다"는 것은 그리스도께서 땅에 대해 가진 지배권이 어떤 것인지를 의미한다. 요한계시록의 여러 곳에

---

145) Lenski, *Revelation*, 313.

사용된 πῦρ("불")는 예외 없이 믿지 않은 사람들에 대한 심판을 가리키는 비유적 표현으로 사용되었다(24번 가량). 심지어 출애굽기에서 "불기둥"은 그의 백성을 보호하시는 하나님의 임재와 연결되었을뿐더러 애굽에 내린 심판과도 연결되었다(출 14:19-25). 1:15에서 언급된 그리스도의 "발은 풀무불에 단련한 빛난 주석 같다"(πόδες αὐτοῦ...ὡς...πεπυρωμένης)고 묘사된 것은 다시금 두아디라 교회의 타협하는 사람들을 심판하는 그의 역할을 강조하려고 2:18에 적용된다(2:20-27). 그러므로 여기서 그리스도가 믿지 않는 모든 "땅에 거하는 자들"에게 심판자로 서 계시다는 것이 본문의 요지다. 심판이 "작은 두루마리"와 11절의 요한의 예언자적 메시지의 두드러지는 초점이라는 것이 10장에 암시된 많은 교훈 중에서 첫 번째 교훈이다.

거대한 천사의 우주적인 주권은 (하늘이나 산이나 공기나 별이나 달이나 그 밖에 어떤 것과 결합되지 않고) "바다와 땅"이라는 어구만 사용된 것에서도 분명하게 드러난다. "바다와 땅"이라는 어구는 그렇게 사용될 때 일반적으로 하나님의 피조물 전체를 지칭한다(욥 11:9; 시 146:6; 잠 8:29; 사 42:10; 욘 1:9). 그리고 구체적으로는 아담과 노아와 장차 임할 이상적인 다윗 같은 왕이 다스리게 될 온 땅을 지칭한다(창 1:26, 28; 9:2; 시 72:8; 슥 9:10; 시 89:25[참조. 11-12절]도 그럴 가능성이 있는 본문이다. 창 9장과 슥 9장, 그리고 시 89편에서 "언약"의 사용을 주목하라).

천상적인 존재에게 "바다와 땅"을 다스릴 주권이 있다는 것은 용을 지배하는 주권이 궁극적으로 하나님께 있음을 보여준다. 용이 "바다 모래 위에 서 있다"(12:17)는 것은 "바다에서 나온 짐승"(13:1)과 "땅에서 올라온 짐승"(13:11)을 떠올리게 한다.[146] 사실 용이 땅과 바다 위에 자신의 주권을 행사하는 것은 하나님의 심판의 손에 의해 하늘에서 쫓겨나 땅에 거하게 된 까닭이다(12:12-13). 13장에서 6번 사용되었고 짐승들의 활동의 권세를 설명하는 ἐδόθη("받아")를 궁극적으로 신적 수동태로 이해해야 하는 이유가 바로 여기에 있다. 하나님의 작정은 마침내 마귀와 그의 부하들의 모든 활

---

146) Brütsch, *Offenbarung* I, 393.

동을 지배할 것이다(참조. 17:17). 10:3-7에는 그 천사가 우주에 대해 어떤
주권을 가지고 있는지가 더 자세히 설명된다.

분사 ἔχων("가지고 있는")은 셈어 문체를 반영했으며, 정동사로 기능
한다.[147] 비록 주격 분사를 독립적인 동사로 사용하는 것이 초기 그리스
어와 코이네 그리스어에서도 입증되긴 했지만 말이다.[148] 그렇지만 동사
의 사용에는 여전히 규칙을 벗어나는 예외가 있기 마련이다. 이것은 왜
필경사가 분사를 정동사인 εἶχεν("그가 가졌다"; 𝔐ᴬ latt)으로 변경했는지
설명한다. 또한 이러한 변경은 주격 ἔχων과 그 선행사인 목적격 ἄγγελον
ἰσχυρὸν καταβαίνοντα("한 힘 센 천사가 내려오는데") 사이에 격이 일치하
지 않는 것을 해결한다.

앞에서 10:1을 분석한 것에 의하면, 1절의 마지막 두 어구는 구약의
암시, 특히 단 10:6과 12:6-7(이 본문에서 인자는 "물 위에" 서 있다)에서 온
천상적인 인자에 대한 암시로 가득한 1:15-16을 직접적으로 발전시켰
다. 구체적으로 말해서, 10:2a의 καὶ ἔχων("그리고 가지고 있는")은 불같은
모습을 가진 천상적 인물의 발을 묘사한 방식을 따랐다. 이것은 계 1:15-
16에서 동일한 순서를 반영한다. 1:15-16에서 καὶ ἔχων은 단 10:6에 근
거한 이와 비슷한 묘사를 금세 따른다. 분사의 예외적인 사용을 설명할
수 있는 가장 그럴듯한 이유는 10:1-2에서 구약의 암시에 주의를 환기
시키려는 데 있다. 이것은 일찍이 1:15-16에서 발생했던 것이고, 여기서
는 천상적인 인자에 대한 암시를 더 자세히 소개한다(10:5-7). 그러므로
예외적인 사용으로 보는 것이 셈어 어법의 문체적인 영향이라고 보는
것보다 더 나은 설명이다. 예외적인 사용이 구약을 암시하는 중에 발생
하기 때문이다. 동사의 이런 예외적 사용은 특정한 구약 암시에 주목을
끌거나 1:15-16절을 상기시키려고 했든지 또는 둘 다 의도한 것으로 보
인다. 이런 결론은 1:16의 καὶ ἔχων("그리고 가지고 있는")에 10:2(εἶχεν["그

147) MHT I, 225; Robertson, *Grammar*, 1135; Mussies, *Morphology*, 325.
148) Robertson, *Grammar*, 1132-35; MHT I, 222-24; Porter, *Verbal Aspect*, 375-76.

가 가졌다"], 2344 א *pc* latt, 대문자사본 A에 동사나 분사가 없긴 하다)에 있는 어구와 똑같은 이문이 존재한다는 사실로도 입증된다. 그리고 1:16의 분사가 구약 암시(암시 중에 분사가 등장한다)를 타나내는 셈어 문체로 가장 잘 설명된다는 것으로도 확증된다.[149]

10장의 "두루마리"는 5장의 "두루마리"와 동일한 책인가?

주석가들 중에는 10장의 책이 모든 면에서 5장의 책과 동일하다고 주장하는 사람들이 있다. 마지막 인은 8:1에서 또는 적어도 여섯째 나팔 이후에 떼어졌다. 그래서 10:2의 천사의 손에 있는 "펼쳐진" 책은 그 전에 인봉되었던 책이 분명하다. 이것을 가장 강력하게 지지하는 주장들 중 대표적인 것 몇 가지를 소개하면 다음과 같다. (1) 앞에서 열거했듯이 두 책 사이에는 수많은 병행이 있다. (2) βιβλαρίδιον은 βιβλίον의 약칭이 아니다. 요한계시록에 있는 그밖의 다른 지소어 형태들은 원래의 지소적 의미를 잃었기 때문이다.[150] 10:8의 본문 독법으로는 βιβλίον이 더 낫고,[151] βιβλαρίδιον과 βιβλίδιον은 Hermas, *Vision* 2.1,4에서 분명히 βιβλίον과 동의어로 사용되었다.[152] (3) 계 5장과 10장의 모델이 된 겔 2:9-10의 두루마리는 처음에는 펼쳐지지 않았다가 나중에 하나님에 의해 펼쳐져, 예언자가 그것을 읽을 수 있게 되었다. 이것은 10장의 책이 처음에 펼쳐지지 않았다가(5장) 나중에 요한을 위해 인이 떼졌음을 암시한다.[153]

149) Charles, *Revelation* I, cxxiv은 1:16과 10:2에 다 있는 ἔχων("가지고 있는")이 히브리어의 영향 아래 정동사로 기능한다고 이해한다. Robertson, *Grammar*, 414, 1135은 1:16의 남성 주격인 ἔχων이 소유격 αὐτοῦ("그의")를 선행사로 두면 격이 잘못된 것이고, 여성형인 φωνή가 선행사라면 성(gender)이 잘못된 것으로 판단한다. Robertson은 이런 경우를 분사의 독립적인 동사적 사용이라고 결론을 내린다.

150) Mazzaferri, *Genre of Revelation*, 268-69.
151) Mazzaferri, *Genre of Revelation*, 267ff.
152) Bauckham, *Climax of Prophecy*, 244은 앞의 두 가지 점에서 Mazzaferri의 견해를 따른다.
153) Bauckham, *Climax of Prophecy*, 246-47; Boring, *Revelation*, 139-40.

보컴은 두 책이 **정확하게** 동일하다는 가정하에 2가지 중요한 신학적 결론을 내린다. 첫째, 두루마리가 펼쳐졌다는 것은 온 세상에 내리는 2개의 제한된 심판을 계시한다. 이것은 회개를 일으키도록 의도되기는 했지만 회개에 이르는 결과를 낳지는 못했다. 둘째, 첫째와 대조적으로, 일곱째 우레가 인봉하라고 한 것(10:4)은 하나님이 회개를 목적으로 경고성 심판을 더 이상 사용하지 않을 것임을 시사한다. 이 사실은 요한이 그 책을 먹는 것으로써 분명히 강조된다.[154]

두 책은 같은 책일 가능성이 높다. 하지만 중요한 단서들을 덧붙어야 한다. (1) 첫째, 요한계시록의 다른 지소어들이 지소적 의미를 잃었기 때문에 βιβλαρίδιον이 그 지소적 뉘앙스를 잃었다고 말하는 것은 가능한 주장이지만 필수적인 추론은 아니다(특히 Mazzaferri는 4가지 예만을 논한다). (2) 절대적인 것은 아니지만, 주요 사전들은 βιβλαρίδιον이 "작은 책"을 의미한다는 데 일치한다. 특히 계 10장에서 그렇다.[155] (3) βιβλαρίδιον이 10:8의 βιβλίον과 동의어이기에 그 지소적 의미를 잃었다고 결론을 내리기보다는, 본문의 문맥에서 βιβλίον이 원래의 지소적 사상을 보유하고 있다거나, 좀 더 단순하게 말해서 그 단어가 하나의 "책"으로서의 "작은 책"을 언급한다고 할 수는 없었을까?[156] 아마도 이 점은 Hermas, *Vision* 2.1, 4에도 해당될 것이다.[157] (4) 10:2의 책은 정관사 없이 소개된다. 그래서 요한이 그것을 처음 보고 있다는 인상을 준다.[158] (5) 아무 데도 5장의 인봉된 책이 펼쳐졌다고 언급한 곳이 없다.[159] (6) 무엇보다도 엄연한 사실은 요한이 이곳

---

154) Bauckham, *Climax of Prophecy*, 257-60.

155) BAGD, 141; G. Schrenk, *TDNT* I, 617; H. Balz, *EDNT* I, 217; *GELNT* I, 61; 참조. Kraft, *Clavis*, 76과 *PGL*, 296. 이들은 그 단어에 동일한 의미를 인용하고, Hermas, *Vision* 2의 사용을 그 예로 인용한다.

156) βιβλίον의 원래의 약칭 사상에 대해서는 Schrenk, *TDNT* I, 617을 보라.

157) J. B. Lightfoot and J. R. Harmer, *The Apostolic Fathers* (Grand Rapids: Baker, 1992)를 개정한 M. W. Holmes는 Hermas, *Vision* 2.4.2의 βιβλίον을 "작은 책"으로 번역한다.

158) Michaels, *Interpreting Revelation*, 61.

159) Michaels, *Interpreting Revelation*, 61은 20:11, 15에 와서야 비로소 이처럼 분명하게 언급하게 되었다고 추측하지만, 이것도 불분명하다.

에서만 βιβλαρίδιον이라는 단어를 선택했고 요한계시록의 다른 곳에서는 이 단어를 사용하지 않는다는 것이다. 반면에 그는 βιβλίον이라는 단어를 대략 20번(그리고 βίβλος라는 단어를 5번) 사용한다. 10장에 βιβλαρίδιον이 독특하게 소개된 것이 전혀 의미가 없다고 믿기는 어렵다.

두 책이 똑같은 것인지에 대한 문제 때문에 10장의 전반적인 해석이 결정적으로 바뀌지는 않는다. 제한된 심판보다는 교회의 고난이 회개를 이루도록 하는 데 더 나은 전략이라는 보컴의 결론은 가능한 결론이기는 하지만, 이것이 두 책이 동일하다는 전제에서 도출할 수 있는 유일한 논리적 귀결은 아니다. 본 주석에서 5장부터 분석해온 것에 따르면, 회개보다는 심판의 목적이 강조되었고, 이것이 두 책이 동일한 책이라는 사실에 더 쉽게 들어맞을 수 있다. 사실, 11장 이후부터 교회의 고난은 계속해서 회개보다는 심판을 강조한다. 그곳에서 초점은 세상을 회심케 하는 새로운 전략이 아니라 교회의 증언을 거부한 세상의 태도에 맞춰져 있다. 세상이 교회의 증언을 거부하는 것은 미래에 있을 심판의 근거를 놓는 일이고, 이로 인해 현재의 심판도 시작된다(11:5-13의 주석 참조).

분명히 서술되지는 않았지만, 5장의 책은 일곱째 인이 떼어진 후에 펼쳐졌을 게 확실하다. 일곱 나팔은 인 재앙으로 인해 화가 미친 동일한 지면을 다른 관점에서 다룬다. 그렇다면 10장에서 요한이 "펼쳐진 책"을 천사가 들고 있는 것을 보았다고 한 사실은 5-9장에서 이미 제시된 계시의 심화를 암시한다. 완료 시제인 ἠνεῳγμένον("펴 놓인")은 과거와 현재의 행위와 그것의 지속적인 효과("펼쳐져 있는")를 포함할 수 있다.[160] 비록 10장의 초점이 여전히 "펼쳐진" 책의 지속적인 결과에 있지만 말이다. 따라서 마이클스는 이렇게 결론을 내린다. 두 책을 동일시하는 것이 사실이라면, 이런 사실이 내포된다. "요한이 본 환상들은 1-11장에서 하늘의 비밀로 소개된 하나님의 계획이 12장[또는 11장?]부터 20장의 극적인 사건들에서 공적으로(심

---

160) Fanning, *Verbal Aspect*, 103-20.

지어 정치적으로) 실현되었다는 점에서 통일성이 있다고 볼 수 있다."[161]

한편 βιβλαρίδιον이 소개된 이유가 더 큰 책인 5장의 두루마리보다 더 작은 신학적인 규모를 암시하려는 데 있다는 사상은 여전히 더 선호되는 견해다.

βιβλαρίδιον ἠνεῳγμένον("펴 놓인 작은 두루마리," א* A C² P 1 2351 al) 대신에 βιβλίον ἠνεῳγμένον("펴 놓인 책," 𝔓⁴⁷ᵛⁱᵈ 𝔐* gig vgᵐˢˢ)으로 표기한 사본들이 있다. 아마도 필경사가 전자를 후자로 잘못 읽었을 것이다. 더 그럴듯한 설명은, 사본 전수의 초기 단계에서 2절을 매우 비슷한 어구인 βιβλίον τὸ ἠνεῳγμένον이 등장하는 8절과 조화시키려고 전자가 후자로 바뀌었다는 것이다. 이렇게 조화시키려는 움직임에 힘을 실어 주는 것은 βιβλίον과 이 단어와 동의어인 βίβλιος가 요한계시록 전반에 사용된 반면, βιβλαρίδιον은 이곳 10:2, 9-10에만 등장한다는 사실이다. 더욱이 10:8 이외에 βιβλίον은 다른 곳에서 5번이나 ἀνοίγω와 함께 등장한다(5:2-5; 20:12). 또한 2절에 발생한 다른 중요한 이문에서 βιβλιδαριον("작은 두루마리")은 βιβλαρίδιον과 동일한 의미를 지녔다([א¹] C* 1006 1611 1841 2053 2344 al). 이는 "작은 두루마리"가 원래의 본문임을 더 확증한다. 외적인 증거(예. A C) 역시 이것을 선호한다(마찬가지로 10절에서 βιβλαρίδιον에 해당하는 이문인 βιβλίδιον 역시 "작은 책"이란 뜻이다).

동일한 이유로 βιβλαρίδιον은 10:9-10의 βιβλίον보다 더 좋은 독법으로 간주될 수 있다. 2절과 9-10절 사이의 이문들을 지지하는 증거들 사이의 차이는 상대적으로 경미해서 2절에서 내린 결론이 9-10에서도 여전히 유효하다.

동일한 이문들이 8절에서도 발견된다. 하지만 거기서는 βιβλίον이 선호된다. 그 독법은 A C 2053과 그밖에 소문자사본들의 지지를 받는

---

161) Michaels, *Interpreting Revelation*, 61. Bauckham, *Climax of Prophecy*, 257은 11ff.장에서 두루마리 책이 펼쳐졌다는 것이 교회가 7장에서 이미 부름을 받은 고난의 더욱 깊은 의미를 계시한다고 주장한다.

반면에, A와 C는 2, 9-10절의 독법인 "작은 책"을 지지한다.

천사의 외침과 일곱 우레(10:3-4)

천사의 큰 외침은 2절에 묘사된 우주적인 주권을 표현하는 선언이다. 그 외침은 큰 소리로 부르짖는 사자의 외침에 비유된다. 사자 비유 역시 그 천사가 두루마리를 소유한 것으로 인해 피조물 위에 가지고 있는 주권적인 지위를 암시한다. 사자 이미지에는 5:5의 두루마리와 관련하여 이와 비슷한 함의가 있기 때문이다. 그 천사가 그리스도든지, 아니면 적어도 그의 유일무이한 대리인이라는 암시를 4 Ezra 11:37; 12:31에서 찾을 수 있다. 이 본문에는 악한 자들을 향한 메시아의 심판이 "사자가 포효하는 것과 같다"고 묘사된다. 또한 계 10:7에 암 3:7이 분명하게 암시된 것을 보면, 계 10:3의 사자의 부르짖음은 암 3:8을 암시한 것일 개연성도 있다. "사자가 부르짖은 즉 누가 두려워하지 아니하겠느냐? 주 여호와께서 말씀하신즉 누가 예언하지 아니하겠느냐?"[162] 이것은 3절의 천사의 모습을 한 화자의 기독론적 특성만 아니라 신적 측면을 더욱 강조한다(사 31:4과 호 11:10에는 하나님의 음성이 사자의 음성에 비유된다).

　"일곱 우레"에게 명령하는 주권적인 음성이 들렸다. 그 결과 "일곱 우레가 그들의 소리를 발하였다." 두 소리가 이런 식으로 서로 관련되었다는 점은 천사의 음성이 우레의 소리처럼 이해할 수 없는 메시지를 전달한다는 사실에 의해 암시된다.[163] 일곱 우레는 천상적인 존재나 존재들의 선포를 가리키는 비유로 이해해야 한다. 이것은 6:1에서 "네 생물" 중 하나가 명령한 것이 ὡς φωνὴ βροντῆς("우렛소리 같다")라고 묘사되었고, 같은 어구가 19:6a에서 하늘의 허다한 무리들의 찬송(19:6b-8에서 말로 표현됨)에 사용된 것으로 분명해진다. 이와 동일하게 요 12:28-29의 "하늘에서 (나는) 소리"

---

162) Bauckham, *Climax of Prophecy*, 259.
163) 참조. Lohmeyer, *Offenbarung*, 85; Lohse, *Offenbarung*, 56.

는 "우레"와 천사의 소리로 묘사된다.[164]

하지만 요한이 일곱 우레가 발하는 계시를 기록하려고 할 때, 하늘에서 그것을 기록하지 말라는 음성이 들렸다. "일곱 우레가 말한 것을 인봉하고 기록하지 말라"(4절). 패러(Farrer)는 그 음성이 1:10의 그리스도의 음성 묘사를 다시 언급하는 4:1과 유사하다는 점을 근거로 제시하면서, 그 음성이 그리스도의 음성이라고 주장한다.

4:1	10:4
ἐν τῷ οὐρανῷ...ἡ φωνὴ ἡ πρώτη ἣν ἤκουσα ὡς σάλπιγγος λαλούσης ("하늘에···내가 들은 바 처음에 내게 말하던 나팔 소리 같은 그 음성이 이르되").	ἤκουσα φωνὴν ἐκ τοῦ οὐρανοῦ λέγουσαν ("[내가] 들으니 하늘에서 소리가 나서 말하기를").[165]

요한은 계시되는 소리를 듣자마자 일곱 우레의 메시지를 기록하려 했다. 이것은 요한이 환상 경험을 하는 내내 적어도 환상의 일부를 기록해왔다는 것을 시사한다. 혹은 그가 기록하려고 했다는 언급이 단순히 문학적인 관례일 것이다. 다시 말해서, 요한은 일곱 우레가 말한 것을 그에게 환상으로 계시되었던 다른 것들과 함께 나중에 기록하려 했다(1:11, 19에서 그가 받았던 명령처럼 말이다). 그 전까지 요한은 일곱 우레의 계시를 기록하지 말라는 말을 똑똑히 들었다.

주석가들은 기록을 금지한 의미와 "일곱 우레"의 정확한 정체를 두고 궁리를 해왔다. 그중에는 하나님이 그의 백성에게 미래에 있을 심판들을 다 계시하지 않으심으로써 자신의 주권적인 전지(全知)를 증명하며 그 백성이 자신을 더 의지하도록 하는 것이 요점이라고 설명하는 주석가들이 있

---

164) Kraft, *Offenbarung*, 148과 그밖에 여러 사람들이 주장하려는 것처럼, 계 10:3-4의 우레를 1:4과 4:5의 "하나님의 일곱 영"과 동일시할 수 있는지를 결정할 만한 증거는 충분치 않다.

165) Farrer, *Revelation*, 127.

다.[166] 다른 사람들은 고후 12:4과의 병행을 이끌어내어 요한은 바울처럼 계시를 받았지만, 그 계시가 형언할 수 없는 것이어서 기록할 수 없었다고 설명한다. 그 경우, 기록의 금지는 다른 교회가 계시를 듣지 못하게 하려는 것임을 강조한다.[167] 여기서의 요지는 하나님이 요한계시록 전반에 걸쳐 계시하셨지만 그의 계획 전체는 여전히 역사의 마지막까지 사람들에게 감춰졌다는 것이다.[168]

케어드는 일곱 우레가 소리 내는 것을 기록하지 말라는 명령이 하나님이 회개하지 않는 사람들에게 은혜를 베푸셔서 일곱 우레로 상징된 심판을 "취소하셨음"을 의미한다고 제안한다. 하나님이 인간의 죄와 자학이 진행되는 것을 중지하고 더 많은 사람을 구원하시려고 "시간을" 단축하신다는 것이다.[169] 하지만 이 제안은 나중에 요한이 일곱 대접 심판에 관한 계시를 실제로 기록했다는 사실과 조화시키기 어렵다.[170] 또한 요한계시록 전반에서와 특히 다니엘서에서 "인봉한다"는 비유는 미래 사건들의 취소가 아니라, 미리 정해진 사건들이 현재 성취되는 것을 연기하거나 그 사건들이 어떻게 성취될지 계시하지 않음을 언급한다. 이 의미 둘 다 본문에 적합하다. 단 12:4-9이 계 10:5-7에 분명히 암시되었기 때문이다(5:1ff.의 주석 참조. 여기서 단 12장에서 빌려온 "인봉" 비유는 이미 이런 사상을 염두에 두고 제시되었다).

앞에서 언급한 것과 비슷하지만 요한의 의도에 더 가까운 것은 일곱 우레가 땅에서 발생하는 또 다른 재앙 시리즈를 나타낸다는 마운스가 제안한 견해다. 하나님은 이 재앙을 보내지 않기로 결정하셨다. 그 이유는 불경건한 사람들이 여섯 나팔 재앙에 직면해서도 회개하지 않은 것을 볼 때 다른 재앙을 만나도 회개하지 않을 것이 뻔하다는 것이다. 더 이상의 재앙이 없을 것이므로(대접 재앙은 시간적으로 나팔 재앙과 병행이라는 가정하에), 마지막 때

---

166) Hendriksen, *More than Conquerors*, 149-50.
167) Charles, *Revelation* I, 261-62; Morris, *Revelation*, 139.
168) A. F. Johnson, "Revelation," 497.
169) Caird, *Revelation*, 126-27; 또한 Farrer, *Revelation*, 125; Michael, "Thunder Voices."
170) 참조. Beasley-Murray, *Revelation*, 172.

의 심판이 지금 임할 수도 있다. 이런 이유로 천사는 10:6b에서 종말이 "지체하지 아니하리니"라고 선언한다. 일곱 우레의 재앙은 그것이 결코 일어나지 않을 것이기에 요한에게 계시되지 않았다.[171] 역사는 이 재앙들이 실행되기를 기다릴 필요가 없다. 종말은 곧 이를지도 모른다. 하지만 이 견해만큼 개연성이 높은 것은 요한계시록의 어느 곳에서도 하나님이 심판을 취소했음을 암시하는 곳이 없다는 사실이다. 사실 요한계시록의 강조는 회개하지 않는 사람들에게 임하는 심판에 있다. 케어드의 견해에 답변하면서 지적한 것처럼, 요한계시록에서는 "인봉"을 "취소"라는 의미로 사용하지 않는다.

만일 마운스의 견해를 용납할 수 없다면, 그 대안으로는 일곱 우레가 어떤 연유로 계시되지 않았지만, 인과 나팔과 대접과 병행하는 심판의 또 다른 7중 시리즈를 가리킬 수 있다는 견해가 있다. 이것은 "우렛소리"라는 어구로 암시된다. 이 소리는 6:2의 하늘에서 나와 심판의 7중 시리즈 가운데 첫 번째 시리즈를 소개한다. 이것이 요한의 의도라는 사실은 구약성경과 요한계시록에서 심판을 나타내기 위해 βροντή("우레")를 사용한다는 사실에 비춰보면 감지된다(출 9:23-34[5번 등장]; 19:16, 19; 삼상 7:10; 12:17; 시 29:3; 77:17-18; 81:7; 사 29:6; 계 4:5; 6:1. 19:6에서 그 단어는 하나님이 "큰 음녀"를 심판하신 것을 기리는 하늘의 찬송을 가리킨다. 비교. 19:1-5). 일곱 우레는 시 29장에 기초했을 가능성이 많다. 여기서 하나님의 심판의 우레는 7번 언급되었으며, "주의 음성"과 동일시되었다.[172] 시편에 언급된 이 심판들은 하나님이 "영원한 왕으로 앉으셨음"을 보여준다. 요한은 시편에 등장하는 우레를 사용하여 그리스도가 새로이 획득하신 주권을 강조한다(계 10:2). 그리스도는 그의 주권을 영원하신 하나님으로부터 받으셨다(6a절). 그리스도의 주권적인 권세는 일곱 우레의 계시를 불러일으키는 그(또는 그의 천사)의 음성으로 표현된다.

171) Mounce, *Revelation*, 209-210.
172) Kiddle, *Revelation*, 169; Wilcock, *I Saw Heaven Opened*, 101; Sweet, *Revelation*, 178; Feuillet, *Johannine Studies*, 219은 이것을 지지하는 다른 사람들을 열거한다.

1절의 "무지개" 앞에 있는 정관사처럼, "일곱 우레"와 결합된 정관사 (αἱ)는 이 언급이 이미 요한과 어쩌면 독자들에게도 알려진 것임을 암시한다. 정관사는 "그" 일곱 우레가 잘 알려진 묵시적 이미지임을 지칭할 수 있다.[173] 하지만 더 가능성이 있는 것은 정관사가 시편 암시를 소개하는 일종의 도입 형식으로 기능한다는 것이다(13:10, 18; 17:9의 정관사와 함께한 ὅδε의 기능이 그러하듯이 말이다). 유대교 전통에서 시내 산에서 우레와 같은 하나님의 음성(출 19:16-19)은 "일곱 음성" 또는 "일곱 소리"로 언급되었다 (*Midr. Rab.* 출 15.28과 아마도 28.6;[174] *b. Shabbat* 88b과 *Midr. Rab.* 출 5.9은 시내 산에서 하나님의 말씀이 일곱 언어로 나뉘었다고 말한다). 게다가 시 29:1-9의 신적인 우레는 하나님이 시내 산에서 우렛소리 가운데 토라를 주시는 것과 관련하여 유대교 문헌에서 출 19:16-19을 보충 설명하려고 제시되었다.[175] 이것은 시사하는 바가 크다. 계 4:5, 8:5, 11:19, 16:18에서는 "우레"를 포함하는 문구가 출 19:16-19을 근거로 형성됐기 때문이다(8:5의 주석 참조).

"우레와 소리와 번개와 지진"이라는 표현에 속하는 "우레"는 요한계시록에서 최후의 심판을 나타낸다(8:5; 11:19; 16:18; 하지만 14:2에서는 βροντή가 하늘의 수금 타는 사람들의 소리를 가리킨다). 구약성경과 요한계시록 여러 곳에서 이 단어의 사용례에 근거해 볼 때, 여기서 우레 이미지는 최후의 심판 **이전에** 있는 어떤 심판을 지칭할 수 있다. 이 단어가 8, 11, 16장의 자세한 표현과 다르게 사용되었고, 최후의 심판을 소개하는 일곱째 나팔이 아직 이르지 않았기 때문이다.[176]

---

173) 이에 대한 자료는 Charles, *Revelation* I, 261을 보라.

174) 더 자세한 언급은 Ginzberg, *Legends* VI, 39을 보라.

175) *Midr.* 시 1.18; 119.60; *Mekilta de Rabbi Ishmael*, Shirata, Baḥodesh 9을 보라. 또한 시 29편을 동일한 시내 산 사건에 적용하지만 여기서는 출 18장이나 20장을 설명하는 것으로 보는 본문은 *Mekilta de Rabbi Ishmael*, Shirata, Baḥodesh 5과 Amalek 3; *Sifre* 신, Piska 343 이다.

176) 동일한 근거에서 I. T. Beckwith, *Apocalypse*, 574, 578은 일곱 우레가 신적 분노의 **징조**라고 주장한다. 요 12:28-31의 우레는 그리스도의 죽음과 부활로 시작되는 세상에 내리는 심판을 의미하는 것으로 해석된다.

일곱 우레가 인, 나팔, 대접 재앙과 더불어 또 다른 일곱 심판 시리즈를 언급한다는 사실은 레 26장에 등장하는 4개의 7중 재앙을 모델로 삼았을 것이다. 만일 그렇다면, 최후의 심판은 일곱 번째 요소로서 일곱 우레에 포함된다(*Midr.* 시 92.10에서 시 29편의 우레들은 메시아가 오실 때 발생할 최후의 심판에 적용된다). 사실 레위기의 네 재앙 패턴이 처음 네 인 재앙을 구성하는 데 이미 부분적으로 모델이 되었다(6:2-8 주석의 서론을 보라). 일곱 우레는 전혀 새로운 것이 없이 앞서 소개된 동시대의 7중 주기를 반복하는 것이라서 감춰져 있을 것이다.[177] 교회 시대 동안 회개하지 않은 사람들을 대상으로 다양한 징계가 내린다는 내용은 앞에서 충분히 언급했다.

이제 초점은 일곱 인과 일곱 나팔이 발생하는 동일한 기간 동안 회개하지 않은 사람들과 충성된 증인들 사이의 관계에 맞춰진다. 심판의 **이유**가 이제 초점이다. 악한 자들은 증인들의 메시지를 거부하고 그들을 박해하는 까닭에 고난을 당한다. 일곱 우레와 관련된 이러한 제안은 또 다른 7중 시리즈(인, 대접, 화)가 16장에 계시된다는 관찰과 조화를 이룬다. 16장의 시리즈는 일곱 인과 일곱 나팔에서는 분명하지 않았던 어떤 것을 계시할 것이다. 대접은 불신자들이 하나님과 어떤 관계이며 짐승과 어떤 관계에 있는지를 묘사한다. 불신자들은 짐승에게 충성하느라 하나님께 회개하지 않는다. 이것 역시 9:20-21에서 소개된 주제를 더욱 깊이 확장한다.

일곱 우레가 계시하는 것을 "인봉하라"는 명령은 22:10에서 "예언의 말씀을 인봉하지" 말라는 명령과 대조된다. 이런 까닭에 우리는 여기서 기록되지 않은 상태로 교회에게 전달된 예언의 일부분만을 볼 수 있다(*1 En.* 9:1-2에는 "번개의 비밀들"과 "우레의 비밀과…그 소리의 비밀들"은 땅에 있는 복과 저주의 사건들을 다 가리킨다). 4b절의 명령은 본문과 5-6절에 등장하는 천사의 모델이 되는 다니엘서의 천사가 준 비슷한 명령을 반영한다(단 12:4, 7, 9 Theod.; 본문과 다니엘서에 σφραγίζω ["인"]가 동일하게 사용된 것을 주목하라. 또한 단 8:26 참조). 단 12장에서 예언이 성취되는 방법은 인봉되었다. 다시 말해

---

177) Kiddle, *Revelation*, 172과 Moffat, "Revelation," 412이 동일하게 주장한다.

서, 그 방법은 다니엘이나 그밖에 다른 사람들에게는 계시되지 않았다. 요
한은 다니엘처럼 계시를 받았다. 하지만 그는 다니엘과 다르게 그 계시를
이해했다. 요한이 계시를 이해했다는 사실은 일곱 우레가 그에게 알려졌
음을 암시하는 정관사에서 분명히 나타난다(그는 아마도 시내 산과 시 29편의
일곱 우레에 관한 유대교 전승을 통해 알았을 것이다). 명령이 내리기 전에 요한
이 일곱 우레의 계시를 기록하려 했다는 점도 그가 어느 정도 우레의 의미
를 이해했음을 암시한다. 하지만 다니엘처럼 요한도 그 계시를 독자들에게
는 알리지 말아야 했다.[178] 또한 단 12장과 같은 맥락에서, 인봉한다는 것은
다른 7중 시리즈 대부분의 내용과는 대조적으로 일곱 우레의 모든 것이 먼
미래에 임할 심판을 암시할 가능성이 높다.

천사의 맹세(10:5-7)

5-6절   일곱 우레의 계시를 인봉하라는 앞의 명령과 대조적으로, 천사
가 하나님께 하는 맹세는 구속사가 어떻게 절정에 이르게 될지를 계시한
다.[179] 천사와 그가 하나님께 말하는 것을 묘사한 부분은 단 12:7의 직접적
인 암시다. ἐν("영원히 살아 계시는 분으로[by]")을 동반한 맹세는 그리스어에
서 흔하지 않다. 하지만 여기서 이런 문장 구조가 사용된 것은 단 12:7의 언
어에 동화시키려는 시도 때문이다.

단 12:7은 요한계시록 이 본문에서 부차적으로 염두에 두었을 신
32:40의 발전이다. 신 32:40에서 하나님은 불경건한 자들을 심판하겠다고
맹세하신다. 신명기 본문에서 심판에 초점이 있다는 점은 단 12:7에 있는
유사한 초점을 강조하며, 이 2중적인 구약의 배경은 계 10:6이 심판 선포
를 소개하는 부분임을 알려준다. 누군가 맹세를 한다는 것은 하나님이나
그리스도의 신격보다 아래에 있음을 암시하기에, 주석가들 중에는 천사

---

178) Hailey, *Revelation*, 243-44.
179) Feuillet, *Johannine Studies*, 219-22은 5-7절을 마지막이 가까이 왔음을 천명하는 3-4절
      과 의도적으로 대조하며 역설적인 긴장 관계에 있다고 본다. 또한 Harrington, *Revelation*,
      148 참조.

가 신적인 존재가 될 수 없다고 주장하는 사람들이 있다.[180] 하지만 하나님
은 신 32장과 구약성경 여러 곳에서 실제로 맹세하셨다(창 22:16; 출 32:13; 사
45:43; 렘 49:13; 겔 20:5; 암 6:8; 히 6:13).[181] 더욱이 요한복음에서처럼, 그리스도
는 여기서 그의 언약을 신실하게 수행하시는 하나님에 대한 증인으로 묘사
된다. 이것은 일찍이 그리스도를 1:5과 3:14에서 "증인"으로 묘사한 것을 발
전시킨 것이다.[182]

본문의 배경에 신 32:40이 포함된 것 역시 신 32:32-35에서 하나님의
심판이 "뱀과…독사의 진노"로 묘사되었다는 사실에 우리의 주의를 환기시
킨다(참조. 계 9:19). 사실 *Targ. Pal.* 신 32:33은 악한 자들의 계획을 "뱀의
머리"와 "독사의 머리"에 비교한다. 이것은 요한계시록의 앞 문맥에서 의미
심장한 이미지였다(9:19). 신명기 문맥에는 현재의 본문과 놀라울 정도로
유사한 또 다른 내용이 포함되어 있다. 신 32:34-35은 하나님의 심판이 "인
봉되었다"(σφραγίζω)고 서술한다. *Targ. Jer.* 신 32:34은 이것을 확대하여
최후의 심판에 적용한다. "심판의 잔이 악한 자들을 위해 만들어지고 정해
진 것이 아닌가? 그 잔이 큰 심판의 날을 위해 내 보석에 **인봉**되지 않았는
가?" 또한 이것은 묵시문학에서 "인봉" 비유가 "취소하다"는 사상이 아니라
하나님의 약속에 따라 성취될 감춰진 계획을 암시함을 보여준다(신 32:40;
Philo, *Leg. Alleg.* 3.106은 신 32:34-35을 하나님이 심판을 행하시기 전에 "회개의 시
간을 주심"을 암시하는 것으로 이해한다). 이외에 또 다른 유사성이 심판의 임박
성에서 발견된다. 신 32:35(LXX)에는 "멸망의 날이 가까이 왔다(ἐγγύς)…예
비 된 심판이 와 있다(πάρειμι)"라고 기술되어 있다.

이 신명기 배경은 계 10:4-5에 있는 일곱 우레가 또 다른 일곱 심판 시
리즈임을 더욱 암시한다. 이 내용은 계시되지 않았지만 그것의 실행은 임
박했고 심지어 시작되었다. 일곱 우레 중 일부의 시작과 임박함은 부분적

---

180) 예. I. T. Beckwith, *Apocalypse*, 580.

181) D. C. Chilton, *Days of Vengeance*, 264.

182) D. C. Chilton, *Days of Vengeance*, 264.

으로 우리가 앞에서 주장했던 것에 근거한다. 이를테면, 일곱 우레가 일곱 인 및 일곱 나팔과 병행을 이루고, 각각의 시리즈의 처음 여섯 화들은 시작되었다는 것이다. 게다가 신 32:32의 심판은 "쓴 것"(πικρία)이라고 언급되었다. 이것은 요한이 8:11에서 셋째 나팔 재앙을 묘사하고 10:9-10에서 11:1-13의 화를 묘사하려고 사용한 단어와 동일한 단어다.

맹세의 내용 이전에 하나님에 대한 묘사가 더 자세히 주어진다. 하나님은 온 우주의 창조자이시다. 하늘과 땅과 바다와 각각의 언급 후에 따라오는 καὶ τὰ ἐν αὐτῇ("그 가운데 있는 물건")는 만물을 창조하신 하나님의 절대 주권을 강조한다. 이 강조에는 창조의 시작에 나타난 하나님의 우주적인 주권을 교회 시대의 마지막 날과 다가오는 새 창조를 다스리는 그리스도의 절대적인 주권(또는 적어도 그를 대표하는 천사의 다스림)과 연결하려는 저자의 의도가 있다.[183] 6절에서 보편성을 장엄하게 표현한 것은 2절과 5절에 등장하는 땅과 바다를 그리스도의 보편적 주권을 상징하는 것으로 해석한 것을 확고히 한다. 창조자(이신 하나님)의 전 세계적인 주권이 이제 그리스도에게 이양되었다. 그러므로 장대한 천사가 들고 있는 책에는 땅에 사는 모든 생명체에게 적합한 메시지가 있다. 하나님의 보편적인 주권과 그리스도의 주권 사이의 동일한 연결이 5장의 책과 직접 관련하여 4장과 5장에서도 언급되었다. 이 사실 역시 4, 5장과 10장 사이의 연결을 더욱 암시한다. 사실 본문에서 하늘과 땅과 바다를 언급한 것은 5:13의 표현과 비슷하며 동일한 구약 본문에 기초한다.[184]

맹세는 계속해서 단 12:7을 따른다. 비록 그 사상이 약간 변형되긴 했지만 말이다. 다니엘서에서 맹세의 내용은 이렇다. "반드시 **한 때 두 때 반**

---

183) 이와 비슷한 Kiddle, *Revelation*, 171-72 참조.

184) 5:13의 주석을 보라. 참조. 출 20:11; 시 146:6; 느 9:6; 단 4:37 LXX. 단 4:37에서는 하나님이 다양한 피조물의 창조자로, 또 그의 백성을 굴레에서 구원하신 이스라엘의 왕으로 찬송을 받으신다. 이 배경은 계 11:6, 8; 12:6, 14; 15:3-4에서 발전된 출애굽 및 광야 주제와 잘 어울린다. 이 구절들은 하나님의 고난받는 백성이 받을 복을 언급하며, 원수들이 받을 심판에 관련한 나팔과 대접 재앙의 모델이 되는 출애굽 재앙을 다룬다(참조. 행 4:24). 하나님을 영원하시고 창조자라고 묘사하는 어구들의 적절성을 다룬 자세한 설명은 10:7의 주석 참조.

때를 지나서 성도의 권세가 다 깨지기까지이니 그렇게 되면 이 모든 일이 다 끝나리라"(아래 LXX의 번역을 참조하라). 이와는 대조적으로, 본문의 맹세는 "더 이상 시간이 없을 것이다"라고 한다. 이것은 역사의 끝에 시간이 폐지되고, 따라서 시간 없음으로 대체될 것이라는 철학적 의미로 이해해서는 안 된다.[185] 그러한 교리는 영원한 상태의 무시간적 측면에 관한 성경 외적인 자료나 묵시문학에 근거하여 추론할 수 있는 내용이지만(예. *2 En.* 3:2; 65:7), 계 10:6은 이런 철학적인 질문과 관련해서는 아무런 정보도 제공하지 않는다. 본문의 사상은 역사를 향한 하나님의 **목적**이 완성될 미래의 정해진 때가 있다는 것이다.[186] 이 표현은 "더 이상 **지체**하지 않을 것이다(한글개역개정처럼―역주)"라고 번역될 수도 있다(χρονίζω는 합 2:3에서 지체라는 의미가 있다. 이 본문에서 예언자의 환상은 그것을 실행할 정해진 때가 되면 "지체하지 않을 것이다." 마찬가지로 마 25:5; 24:48; 히 10:37). 본문의 핵심은 이것이다. **하나님이 자신의 목적을 완성하시고 역사를 끝내기로 결정하셨을 때, 역사의 종료는 더 이상 지체되지 않을 것이다.**

단 12:7 MT의 결론 어구("그들이 거룩한 백성의 권세를 다 깨뜨리자마자, 이 모든 일이 다 완성되리라") 대신에, LXX에서는 이렇게 번역되었다. "[그 때에] 거룩한 백성의 혹독한 타지 살이[참조. Theod.]가 끝날 것이며, 그러면 이 모든 일이 다 완성되리라".

𝔐^A에 καὶ τὴν γῆν καὶ τὰ ἐν αὐτῇ("땅과 그 가운데 있는 물건")가 생략된 것은 필경사가 앞에 있는 거의 동일한 어구인 καὶ τὰ ἐν αὐτῷ("과 그 가운데 있는 물건")와 혼동하여 해당 어구를 지나쳐 뒤에 이어지는 καὶ τὴν θάλασσαν καὶ τὰ ἐν αὐτῇ("바다와 그 가운데 있는 물건")로 건너뛰었기 때문일 것이다. 이와 비슷하게 몇몇 사본들에는 καὶ τὴν θάλασσαν καὶ τὰ ἐν αὐτῇ가 생략되었으며(예. ℵ* 1611 2344), A사본에는

185) Lenski, *Revelation*, 317-18과 Johnston, "Eschatological Sabbath," 49-50이 주장하듯이 말이다.
186) Barr, *Words for Time*, 76을 보라.

필경사가 시각적 착오를 일으킴으로써 시작하는 καὶ τὰ ἐν αὐτῷ를 지나쳐 그 문구의 끝부분으로 건너뛰었기 때문에 마지막 두 어구가 생략되었다. 세 어구를 다 가지고 있는 외적 증거의 질과 수를 볼 때, 세 어구가 원래 있었다고 결론내리는 것이 선호된다.

7절   이 절은 자세히 분석할 가치가 있는 난해한 표현들로 가득 찼다.

10:7의 특별한 문제들

시간의 범위

"더 이상 시간이 없을 것이다"라는 맹세의 의미가 무슨 뜻인지 이제 더 자세히 제시하려고 한다. 계속되는 맹세에서 우리는 다니엘서에서 빌려온 그 맹세의 의미가 어떻게 변경되었는지를 분석할 수 있다. 단 11:29-12:13의 예언은 하나님의 백성이 겪게 될 마지막 때의 고난과 박해, 원수들을 멸망시키는 하나님의 심판, 하나님 나라를 세움, 성도들의 통치 등을 다룬다. 예언적인 사건들은 역사의 절정으로 나아가고 마침내 절정에 이를 것이다. 단 12:7에는 이 예언적인 사건들이 하나님의 예언적 계획이 "완성되고" 난 후, "한 때와 두 때와 반 때" 동안 이루어질 것이라고 언급되었다. 계 10:7에 ἐτελέσθη("이루어지리라")가 등장하는 것은 단 12:7의 지속적인 영향을 넌지시 드러낸다(단 12:7 LXX의 συντελεσθήσεται["완성되리라"]). 요한은 "한 때와 두 때와 반 때"를 최후의 심판으로 이어지는 교회 시대로 이해한다(자세한 내용은 11:3; 12:6; 13:5을 보라).

다니엘서에서 유래한 3중적 시간 문구가 교회 시대 전체를 아우른다는 사실은 특히 계 12:4-6에서 추론할 수 있다. 그 기간은 그리스도의 승천부터 시작하여 교회의 고난의 시간을 거쳐 그리스도의 재림으로 마무리된다(참조. 단 12:7-8).[187] 그러므로 10:6-7은 역사의 끝이기도 한 이 기간의 끝을

---

187) Rissi, *Time and History*, 25.

이야기한다. 다니엘은 이 예언을 충분히 "이해하지 못했다"(단 12:7-8). 그는 천사에게 예언이 성취되기까지 **얼마나 오래일지**(단 12:6)와 그 예언이 **어떻게** 성취될지(단 12:8; "그 일의 결국")를 질문한다. 천사는 다니엘에게 예언의 충분한 의미가 "마지막 때까지 감춰져 있고 봉함될" 것이므로, 마침내 예언이 성취되고 모든 것이 "지혜 있는 자"(maskilim)에게 계시될 때까지는 이것들을 깨달을 수 없을 것이라고 말한다(단 12:9).

단 12장과는 대조적으로 계 10장의 천사의 맹세에서는 **언제 어떻게** 그 예언이 완성될지가 강조되기 시작한다. 이 내용은 11장에서 확장된다. 일곱째 천사가 그의 나팔을 불 때 단 11:29-12:13의 예언은 성취되고 역사는 종말에 이를 것이다. 다시 말해서 역사를 향한 하나님의 목적은 완성될 것이기에 하나님이 이 역사적인 시대에 그러한 목적들을 시행하실 시간이 더 이상 필요가 없어진다(이런 의미에서 "더 이상 시간이 없을 것이다"). 도입 어구인 "일곱째 천사가 소리 내는 **날**"은 일곱째 나팔을 부는 것이 일정한 시간적 범위를 포함하고 뚜렷하게 일회적인 행위가 아니라는 의미일 것이다. 이 사실을 근거로 찰스와 래드, 그밖에 여러 사람들은 일곱째 나팔의 내용을 너무 대략적으로 일곱 대접이나 환난의 마지막 짧은 기간과 동일시한다.[188] 랑은 막 13:4과 눅 21:7 사이에 있는 단어의 유사성을 근거로 이에 동의한다. 하지만 그는 지나칠 정도로 많은 문법적인 병행 어구를 유추해낸다(아래 내용 참조).[189] 찰스는 6-7절이 적그리스도가 등장하기로 정해진 역사의 순간이 도래하면 그가 지체하지 않고 모습을 드러낼 것이며 마지막 환난이 시작될 것이라는 사상에 초점이 맞춰져 있다고 이해한다.[190] 만일 "일곱째 천사가 소리 내는 날 그의 나팔을 **불려고 할 때**"가 마지막 나팔로써 표시되는 역사의 절정 직전의 짧은 시련의 때를 정확히 가리킨다면, 이런 찰스의 이해는 그럴듯할 것이다. 하지만 이것은 지나치게 구체적이고, 심지

---

188) Ladd, *Revelation*, 145.
189) Lang, *Revelation*, 180-81.
190) Charles, *Revelation* I, 263-66.

어 정확하지 않은 번역일 수 있다. 그러므로 "일곱째 천사의 소리"는 지체 없이 임하는 환난의 마지막 단계가 아니라, 전체 역사의 맨 끝에 임한다.[191]

ὅταν μέλλῃ σαλπίζειν은 문자적으로 "그가 소리를 내려고 할 때"로 번역될 수 있다. 이것은 그 비밀이 천사가 그의 나팔을 불기 전에 완성된다는 것을 암시할 수 있다(NASB, NIV). 그리고 이것은 마지막의 짧은 기간 동안에 시련이 있다는 여지를 남긴다. 사실 요한계시록에서 μέλλω와 부정사 사용의 대부분은 이러한 이해를 지지한다. 하지만 μέλλω와 부정사는 신적인 결정(예. 1:19; 6:11) 또는 미래 직설법의 의미를 강조할 수 있다.[192] 특히 행동이 잠재적일 뿐 아니라 확실히 일어날 것임을 암시한다면 말이다. 요한계시록에 있는 이런 구문 12개 중에서 삼분의 이는 이러한 뉘앙스 하나나 둘 다 가능하다(나머지 4개는 임박하게 발생할 미래의 사건을 가리킨다). 그래서 10:7을 더 낫게 번역한 것은 "그가 소리를 내기 시작할 때"(KJV) 또는 "그가 소리를 낼 때"이다. 그러므로 하나님의 비밀은 일곱째 천사가 그의 나팔을 불기 시작할 때 완성될 것이다(NEB).[193]

부정사를 동반한 ὅταν μέλλῃ는 신약성경 다른 곳에서는 막 13:4과 눅 21:7에만 등장한다. 여기서 이 어구는 확정적인 미래 또는 확실한 미래라는 의미를 지닌다(아마도 두 의미가 다 포함되었을 것이다. 마가복음에서는 부정사가 계 10:7의 τελέω와 비슷한 συντελέω의 형태다. 이것은 나팔 "소리를 냄"을 더 설명한다). 확실한 미래라는 의미는 문맥이 현시대가 언제 마침내 끝나게 되는지의 문제에 관심을 갖는다는 사실에서 명확하게 드러난다.[194] 또한 마가복음과 누가복음에서 앞에 πότε ταῦτα ἔσται ("언제 이 일이 일어날 것인가")를 가지고 있는 ὅταν μέλλῃ+부정사의 동의적 병행법은 그곳에서 절대적인 미래의 뉘앙스가 있음을 확증한다(또한 이어지는 막 13:7, 10과 눅

191) I. T. Beckwith, *Apocalypse*, 582-83.
192) Burton, *Syntax*, 36.
193) Mounce, *Revelation*, 212도 이 해석을 지지한다.
194) Lang, *Revelation*, 180-81에 반대함. Lang은 그곳에서 강조가 종말 이전에 있을 일정한 시간에 있다고 이해한다.

21:9에서 δεῖ ["반드시 ~하다"]가 동일하게 사용된 것도 참조하라).

신적 당위성의 뉘앙스가 계 10:7에 강조되었다면, 이렇게 번역할 수 있을 것이다. "그가 반드시 소리를 낼 때"(μέλλω가 1:1; 4:1; 22:6에서 δεῖ ["반드시 ~하다"]와 병행으로 사용된 1:19의 의미가 이것이다). 계 10:6-7이 분명히 6:11의 발전된 형태이므로, 미래를 가리키든지 확정적인 측면을 가리키든지, 둘 다 가능하다.

"비밀"의 내용

6:1과 10:6b-7의 개념적 연결이 두 구절 사이의 언어적 유사성에 의해 강하게 암시된다.

6:11	10:6b-7
ἔτι χρόνον μικρόν, ἕως πληρωθῶσιν ("잠시 동안⋯차기까지 하라").	ὅτι χρόνος οὐκέτι ἔσται...ὅταν... ἐτελέσθη τὸ μυστήριον τοῦ θεοῦ ("시간이 없으리니⋯때에⋯하나님의 그 비밀이 이루어지리라").[195]

이 병행으로 미루어볼 때, 10장의 비밀의 내용은 성도들이 고난을 받아야 한다는 하나님의 작정과 관련이 있다. 이것은 성도들을 박해하는 자들의 심판으로 바로 연결된다. 6:10에서 성도들은 얼마나 더 기다려야 하나님이 그들의 압제자들을 심판하실지 묻는다. 하나님은 그 심판과 성도들을 위한 원수 갚음이 "잠시 더" 지체될 것이고, "그들의 동무 종들과 형제들도 그리스도처럼 죽임을 당하여" 정해진 고난(또는 충만한 수)이 성취될 때에야 비로소 이루어진다고 대답하신다(6:11). 10:6-7은 성도들의 기도에 대한 응답으로, 하나님이 고난받도록 정하신 모든 신자가 마침내 그들의 운명을 완수할 때, 최후의 심판이 지체하지 않고 비로소 시작될 것임을 천명

---

195) 10:6에서 ἔτι는 다수 사본 유형에 속한 몇몇 사본들과 번역서들에서 ὅτι로 시작하는 구문에서도 발견된다(Hoskier, *Text of the Apocalypse* II, 272). 이것은 본문을 6:11과 연결시키려는 초기 필경사들의 시도를 반영한 것일 수 있다.

한다.[196]

6:11에 언급된 원수를 갚아달라는 외침과의 연결은 10:6에서 단 12:7 과 신 32:40을 2중으로 암시한 것에 의해서도 지지를 받는다. 신명기의 암 시는 7절에서도 계속된다. 구약 두 본문의 핵심은 하나님이 그의 백성을 압 제하는 자들을 심판하심으로써 그 백성을 신원해주실 것이라는 확신에 있 다. 단 12:7에는 이스라엘의 박해자들에게 내리는 심판(참조. 11:32-45)이 원 수가 이스라엘을 "흩어버리는 일"을 마친 후에 일어날 것이라고 언급된다 (*Midr.* 시 119.30-31에서 단 12:7이 사용되어 동일한 주제가 언급되었다. 그리고 계 6:11의 주요 암시인 시 79:10도 핵심 사상을 강조하기 위해 제시되었다). 신 32장은 "여호와께서 자기 백성을 판단(신원)하시고"(36절), "정의를 붙들고", "그 대 적들에게 복수하시고"(41, 43절), "그 종들의 피를 갚으"실 것이라고 분명하 게 천명한다(43절. 이 본문이 시 79:10에 암시되었을 것이다). 다니엘서와 신명 기가 동일하게 유대 문헌에 인용되어 같은 요지를 강조한다. 특히 (다니엘 서의) "네 나라"와 "곡과 마곡"에 내리는 하나님의 심판이 그러하다(*Midr.* 시 17.9-10; *Pesikta Rabbati* 31).

물론 이 나라들은 요한계시록의 이어지는 장에서 성도들을 박해하고 심판받는 동일한 대적자들이다.

6:10-11과 연결점이 있다고 주장하면서 "지체하지 아니하리라"라는 말 속에 혹독한 환난의 최종 단계로 이루어진 최후의 심판이 잠깐 연기되었다 는 내용이 포함된다고 동시에 주장할 수는 있다.[197] 하지만 이것은 설득력 이 거의 없다. 비록 7절의 시작하는 어구가 역사의 맨 끝 이전의 어떤 기간 을 암시하더라도, 그 어구가 혹독한 환난이 닥칠 마지막 역사적 단계를 가 리킨다고 볼 필요가 없다. 대신에 그 어구는 단순히 최후의 심판의 절정으 로 즉시 연결되며(11:14-19; 20:11-15) 최후 심판의 시작 단계를 포괄하는 기

---

196) 또한 Kiddle, *Revelation*, 172-73. 6:9-11과의 연결에 대해서는 Heil, "Fifth Seal," 233-34을 참조하라.

197) Moffatt, "Revelation," 412과 Beasley-Murray, *Revelation*, 173-74; 부분적으로 동의하는 Charles. 또한 Lilje, *Last Book*, 155; Lohse, *Offenbarung*, 56 참조.

간을 가리킬 수 있다(6:12-17; 17:14; 18장에서처럼 말이다). 그러나 이러한 시간의 범위는 여전히 지체함을 암시한다. 이것은 6b절의 "지체하지 아니하리라"라는 강조와 정반대다. 그래서 "소리 내는 날들(days)"은 단지 최후의 심판이 결정적으로 닥치는 확실한 때를 가리키는 집합적인 표현일 수 있다.

지체하지 아니하리라는 주장의 핵심은 다니엘에게 예언된, 역사를 향한 하나님의 언약적 계획의 절정이 마침내 성취될 것이라고 천명하는 데 있다. 7절의 "그럴 때 그 비밀이 이루어지리라"는 어구는 6절의 "시간이 더 이상 없을 것이라"를 풀어 설명한 것이다(καί는 단순한 접속사가 아니라 시간적 연결어다. "그럴 때"). 모든 사람이 마지막까지 이어지는 역사적인 "시간"의 의미를 간파할 수 있는 것은 아니다. 그 시간은 "비밀" 속에 감춰져 있기 때문이다. 하나님이 그 의미를 감추셨다. 그래서 그 시간은 신비롭다.

그러므로 "하나님의 비밀"(τὸ μυστήριον τοῦ θεοῦ)에서 "하나님의"는 출처의 소유격이나 주어 소유격으로 보는 것이 가장 좋다. 다니엘서에서 하나님이 비밀의 계시자이시기 때문이다. 암 3:7은 다니엘서의 비밀 사상을 갖추었고, 이러한 소유격 이해를 한층 더 확증한다. 아모스는 하나님이 "자기의 비밀[*sôd*]을 그 종 예언자들에게 보이"신다고 주장한다(동일한 다니엘-아모스의 결합이 1QpHab 7.4-5에도 등장한다).[198] 아모스서 본문이 이곳 요한의 사상의 흐름에 있다는 것은 하나님의 종인 예언자들에게 비밀이 계시된다는 병행 어구(계 10:7)에서뿐만 아니라, 암 3:4-8의 전반적인 문맥에서도 분명히 나타난다. 즉 하나님이 사자처럼 부르짖으시는 것(암 1:2; 3:4, 8; 계 10:3)과 나팔 소리가 남에 관한 문맥이다(암 3:6; 계 10:7). 두 경우 모두 암 3장과 계 10장에서 심판의 징조로 등장한다.[199] 하나님이 비밀을 계시하시는 대상이 되는 사람들만이 이 역사의 의미를 이해할 수 있다. 다니엘은 이해할 수 없었다. 하지만 지금 천사는 그 비밀의 의미를 요한과 그가 편지하는 교회들에게 계시하기 시작한다.

---

198) Beale, *Use of Daniel*, 35-37을 보라.
199) Farrer, *Revelation*, 124.

비밀은 계시될 수 있다. 그리스도의 죽음과 부활, 높아지심으로 마지막 날이 시작되었고, 마지막 날과 관련한 다니엘의 예언들이 성취되었기 때문이다. 5장에서 그리스도는 두루마리에서 인을 제거하셨다. 이것은 단 12장의 마지막 날에 대한 예언들이 성취되기 시작함으로써 새롭게 계시된 동일한 사상을 분명히 암시한다(5:1-5, 9의 주석 참조). 그러므로 그리스도의 초림과 재림 사이의 시대를 향한 예언적 비밀의 성취는 "시간이 더 이상 있지 않을" 때 완성될 것이다. "하나님의 비밀"은 그리스도의 높아지심의 때(또는 그의 사역의 때)부터 일곱째 나팔이 소리를 내는 때 발생할 역사의 절정까지 확장된다. 이것은 하나님의 예언적 비밀이 그리스도의 초림 때 계시되기 시작했음을 의미한다. 10:6-7, 11과 놀라울 정도로 병행을 이루는 롬 16:25-26에 의하면 더더욱 이렇게 결론을 내릴 수 있다. "나의 복음과 예수 그리스도를 전파함은 영세 전부터 감추어졌다가 이제는 나타내신 바 되었으며 **영원하신 하나님의 명**을 따라 **예언자들**의 글로 말미암아 **모든 민족**이 믿어 순종하게 하시려고 **알게 하신 바** 그 **비밀의 계시**를 따라 된 것이니."

μυστήριον("비밀")이라는 단어는 다니엘이 즐겨 사용하는 단어이기 때문에 선택되었다. 그리스어 구약성경에서 마지막 날에 대한 함의를 지닌 이 단어는 다니엘서에서만 사용된다. 본문에서도 마찬가지로 더 자세한 계시가 동반될 때 비로소 이해되는 마지막 때의 예언에 관한 해석을 지칭하려고 요한이 이 단어를 사용한다(단 2:19, 27-30, 47; 참조. 단 4:6[9] Theod.). 더욱이 신약성경의 다른 곳에서도 이 단어는 유대인들이 기대했던 것과 정반대의 방법으로 구약 예언이 성취된 것을 가리킨다(예. 마 13:11; 막 4:11; 눅 8:10; 살후 2:7[참조. 단 8:23-25; 11:30-45]; 롬 11:25; 엡 3:3-4, 9).[200] 다니엘서에 나오는 언급과 관련하여 μυστήριον이 이렇게 사용된 것은 이미 계 1:20의 경우에서 살펴보았다(1:20의 주석과 1장 주석의 결론을 보라). μυστήριον("비

---

200) 복음서의 사용례에 대해서는 Ladd, *Presence of the Future*, 222-29을 참조하라. Beale, *John's Use of the OT in Revelation*, 3장. 여기서 나는 요한계시록을 비롯하여 신약성경 전체에서 μυστήριον이 구약 예언의 예상 밖의 성취의 시작을 언급한다고 주장했다.

밀")이 다니엘서와 관련되었다는 것은 단 4:6(9)을 암시한 것으로 보이는 계 17:5, 7에서도 분명히 증명된다.

그러므로 본문에서 천사는 다니엘이 그가 한 예언에서 이해하지 못한 "언제"와 "어떻게"를 요한에게 설명하기 시작한다. 천사는 요한에게 마지막 나팔로 선언되는 최후의 심판과 하나님 나라의 설립 때 **최종적 완성**이 이루어질 거라고 말한다. 다니엘은 그 예언을 알고 있었지만, 요한처럼 그것이 그의 시대에 성취될 것이라는 소망을 받지 못했다. 요한의 기대는 "이미와 아직"의 관점에 의해 균형을 잡아야 할 필요가 있지만 말이다(요한의 임박한 대망에 대해서는 1:1, 3, 7; 2:5, 16; 3:3, 11; 16:15; 22:6, 7, 10, 12의 주석 참조). 다니엘은 절정에 **이르기 전에** 그 사건들이 성취될 소망도 받지 못했다. 이와는 대조적으로, 요한은 절정에 이르기 전에 일어날 사건을 겨냥한 다니엘의 종말론적인 예언이 예수의 구속 사역으로 말미암아 실제로 성취되기 시작했다고 이해했다. 다니엘의 관점에서는 멀리 있던 일이 요한의 때에는 실제로 일어나고 있다. 종말론적인 시작을 이렇게 이해했다는 점은 천사가 **펼쳐진 책을 가지고 있다**는 사실에서 명확하게 드러난다(우리가 5장에서 그리스도가 두루마리를 가지고 펴시는 것에 대해 내린 결론에 비춰볼 때 그러하다).

요한은 다니엘의 예언이 "어떻게" 성취되는지를 알 수 있는 통찰도 받았다. 그 성취 방법을 이런 식으로 설명한 것이 "비밀"의 초점이다. 7절은 단 12:7b을 해석한다. 단 12:7b에는 악한 나라가 "성도들의 권세"를 이길 때에야 비로소 멸망될 것이라고 예언되었다. 천사는 요한에게 이 예언이 신비로운 방법으로 성취되고 있다고 설명한다. 다시 말해서, 하나님이 악한 나라를 멸망시키신다는 예언은 역설적으로 악한 나라가 성도들을 이기는 물리적인 승리로 성취된다. 하나님의 백성은 그들이 물리적으로 패배를 당하는 상황에서 이미 영적으로 승리하기 시작했다. 그들의 원수들은 분명히 물리적으로 승리하는 가운데 이미 영적으로 패배하기 시작한다. 불신자들은 눈에 보이지 않는 패배를 당하기 시작했다. 그들의 박해하는 행위는 그들이 궁극적으로 심판을 당할 발판을 놓는 작업의 시작이기 때문이다. 이와 같은 적대 행위들은 그들이 사탄에게 충성하고 심지어 사탄과 동질감을 느낀다는 증거다. 사탄은 예수의 십자가와 부활에서 이미 심판을 받기 시작했다. 원수들도 이미 이 시작된 심판 아래 있다. "그러므로 교회의 박해는 하나님이 교회의 박해자들에 대해 승리를 쟁취하시려는 비밀 무기다."[201] 그리스도의 재림 때 이 심판은 절정에 이를 것이다.

　　성도들의 승리의 신비로움은 그리스도가 같은 악한 왕국에게 패배함으로써 승리하셨다는, 동일하게 역설적인 특성을 지닌 것으로 이해될 수 있다. 이런 비교는 앞에서 10장이 5장과 병행이고 이 사실에 비춰 해석해야 한다는 우리의 관찰에 근거한다. 5장에서 그리스도의 죽음은 이미 승리의 시작이었다. 그가 타협이라는 영적인 패배에 대항하는 "충성된 증인"이셨고(1:5), 그가 백성의 죗값을 지불하심으로써 그 백성을 구속하셨기 때문이다(5:9-10; 1:5-6). 마찬가지로 10장은 그리스도를 믿는 사람들이 그의 발자취를 따를 것이라고 말한다. 신자들의 패배는 승리의 시작이다. 그들은 타협이라는 영적 패배에 대항하는 충성된 증인들이며, 승리의 면류관을 받을 때 그들의 죽음이 영적 부활이라는 것을 보게 될 것이기 때문이다(2:10-11).

　　5장의 두루마리와 10장의 두루마리 사이에는 다른 점이 하나 있다. 하지만 이것 역시 내가 방금 전에 제시한 역설적인 해석을 암시한다. 5장의 "두루마리"는 βιβλίον이다. 반면에, 10:2, 9-10에서 그 두루마리는 βιβλαρίδιον("작은 두루마리")이다. 이런 작은 차이가 있긴 하지만 두 책 사이의 유사성(10:2의 주석 참조)은 그리스도처럼 그리스도인들도 그들만의 "책"이 있으며, 이것 역시 그들의 목적을 알려주는 상징임을 암시한다. 그리스도인들은 십자가의 우주적인 모델을 **작은 규모**로 본받는 모방자들이 됨으로써, 그리스도가 그러하셨듯이, 역설적으로 다스려야 한다. 그리고 이것은 그리스도나 어쩌면 그의 대리인인 천사가 온 세상을 포괄하는 거대하고 우주적인 인물로 묘사된 이유가 될 것이다(10:1-3).

　　그러므로 동일한 목적들이 지금 하나님의 백성에 의해 성취될 것이라는 점에서, 이 작은 책은 5장의 책이 상징하는 같은 목적들을 밝히는 새

---

201) Caird, *Revelation*, 128은 앞에서 논의한 내용과 비슷하게 단 12장과 연결성이 있다고 한다.

로운 형태다.[202] 조금은 일관성이 없기는 하지만, 10장의 두루마리 역시 βιβλίον으로 1번 언급된다(8절). 이것은 두 책이 일반적으로 동일하다는 것을 보여준다. 이러한 단서로 인해 독자들은 10장의 두루마리가 5장의 그것과 전혀 다른 유의 책이 아니라 단지 크기가 작은 책으로 생각하게 된다.[203] 이것이 10:2, 9-10에 사용된 지소 형식을 의도한 것이라는 점은 이 책이 요한계시록을 통틀어 지소("작은")의 의미를 지닌 유일한 지소 형태라는 사실에서도 드러난다.[204] 요한은 이것이 5장의 큰 책에 비교되는 "작은 책"이며, 큰 책을 모델로 삼았다는 사실을 강조하고 싶어 한다.

단 12장의 예언이 성취되는 신비로운 방법을 이런 식으로 이해하는 것은 5장과의 병행에 의해서만이 아니라 11:1-3에 이어지는 내용에 의해서도 증명된다. 그 본문에서 증인 역할을 하는 교회의 박해와 패배는 그리스도인들의 부활과 원수들의 패배로 이어지는 수단이다. 앞에서 기술한 10:7과 6:11 사이의 병행 어구에 의하면, 10장의 비밀의 내용이 성도들이 고난을 당할 것이라는 하나님의 분명한 칙령과 관련됨이 드러난다. 성도들의 고난으로 인해 그들을 박해한 사람들은 최후의 심판을 받는다. 그래서 10:7에 언급된 비밀의 계시에는 (대부분의 주석가들이 주장하듯이) 예언의 성취가 시작되었다는 사상뿐 아니라, 이전에 예언이 성취되던 방식인 은밀한 방법도 포함된다.

11:1-13은 증인들의 고난에 초점이 맞춰져 있다. 그 고난은 의인들이 마지막 상을 받고 불경건한 자들이 최후의 심판을 받을 때 절정에 도달한다(11:14-18). 일곱째 나팔(11:15-18)이 "세 번째 화"의 내용을 담고 있다고 보는 것이 가장 타당하다. 일곱째 나팔이 "화가 속히 이르는도다"라는 진술에 바로 이어지기 때문이다(11:14). 임박함("속히 이르는도다")의 표현은 10:6의 "시간이 더 이상 없을 것이다"라는 표현과 동의어다.

---

202) Caird, *Revelation*, 126. 이와 비슷한 Brütsch, *Offenbarung* I, 401, 407-8; Prigent, *Apocalypse*, 152 참조.
203) 참조. Sweet, *Revelation*, 177.
204) Mussies, *Morphology of Koine Greek*, 116, 120.

"복음선포"

7절의 마지막 어구는 앞에 있는 맹세의 내용이 하나님이 구약성경에서 "그의 종 예언자들에게" 예언하신 내용의 발전이라고 분명히 밝힌다. "하나님의 비밀"이라는 어구에서처럼, "그의 종 예언자들"이라는 어구는 단 9장의 예언을 소개하기 위해 2번 등장한다. 그 예언은 계 10:5-7이 다니엘서의 예언에 집중되었음을 더욱 밝혀준다. 하지만 "그의 종 예언자들"은 구약의 예언서 여러 곳에서 반복되는 문구로 등장한다(다니엘서 이외에 15번 등장). 그러므로 여기서 염두에 둔 다니엘서의 예언은 마지막 때에 관련한 구약의 전반적인 예언의 한 부분으로 이해되며, 거기에는 구약의 예언자들도 포함된다.[205] 요한계시록의 다른 곳에서는 그리스도인 증인들이 "예언자들"로 불리며 (11:10, 18; 16:6; 18:20, 24; 22:6, 9), 이러한 예에는 구약의 예언자들과 신약의 예언자들이 포함된다(특히 마 24:34-37과 살전 2:15과 관련해 조망된 계 22:6, 9; 18:24). 심지어 11:18의 "너의 종 예언자들"이라는 어구는 이 둘을 포함할 수 있다. 특히 그 어구가 10:7에서 구약 문구를 가리키는 또 다른 암시이기 때문이다. 요한의 사역이 "예언하는 것"인 까닭에, 요한은 신약 예언자들 중 한 명이다(1:3; 22:7, 10, 18-19; 참조. 11:6과 19:10, 여기서 "예언"은 그리스도인들에게서 기인하는 것으로 이해된다).

구원과 심판을 다 포함하는 그리스도의 "복음"은 하나님이 구약시대에 그의 예언자들에게 예언적으로 "선포하셨다"(εὐηγγέλισεν). 또한 예언의 성취가 시작되었다는 사실이 새 시대의 예언자들에게 선포되었다. 예언된 복음의 성취는 인간의 관점에서는 신비롭고 예상치 못한 방식으로 이루어지고 있고 또 이루어질 것이다. 하지만 하나님은 영원 전부터 그 예언이 이런 방법으로 성취될 것을 계획하셨다. 하나님이 6절에서 "세세토록 살아 계신 이"로 언급된 까닭이 바로 여기에 있다. 그는 본질적인 존재에 있어서 영원하실뿐더러, 복음과 관련한 그의 뜻 역시 영원 전부터 계획되었다. 이와 동일하게, 6절에서 하나님을 창조자로 언급한 것에는 하나님이 피조물 전체

---

205) Morris, *Revelation*, 141.

에 주권이 있으신 분이시므로 피조물 전체에 대해 복음과 관련한 그의 영원하신 뜻을 이루실 수 있음을 암시하는 비슷한 기능이 있다.

여기서 우리는 요한계시록에서 유일하게 사용된 동사 εὐαγγελίζω("복음/좋은 소식을 선포하다")를 만나게 된다. 명사 εὐαγγελία("복음")는 14:6에만 등장한다. 여기서 그 단어는 구원(14:1-5)과 심판(14:6-11)을 망라하는 예수에 관한 "영원한 좋은 소식"의 의미로 사용되었다. 또한 14:6-7에는 10:11과 같은 4중의 전 세계적 문구와 10:6에 나오는 4중의 우주적 문구가 포함되기도 했다. 이것은 두 본문에서 εὐαγγελίζω와 εὐαγγελία의 의미의 결합에 우리의 관심을 집중시킨다.

사해사본에서는 "비밀"(rāz)이 다니엘서를 전반적인 배경으로 삼아 사용되었고, 쿰란 공동체 내부에서 예언이 성취되기 시작하는 것으로 보았다. 구약의 예언자들의 관점에서 "비밀"이었던 것이 이제는 그 공동체의 영감 받은 해석자들에 의해 드러났다.[206]

크라프트는 일곱 우레의 비밀(secrets)(4절)과 "비밀(mystery)"(7절)이 죽은 자들의 부활과 관련이 있다고 주장한다. 크라프트는 종말론적 부활 주제를 다루는 고전 15:51과 단 12:2-4, 7-13의 병행 어구에 근거하여 이렇게 주장한다. 고전 15:51은 "마지막 나팔"을 신호로 하여 성취되며 다가오는 역사의 끝에 관련된 계 10장의 "비밀"과 공통된 내용을 담고 있다(참조. 살전 4:16에서도 나팔은 죽은 자들의 부활의 신호다). 마지막 때에 죽은 자들의 부활이 어떻게 일어날지를 일곱 우레의 비밀이 다룬다. 이것은 다니엘과 요한이 "인봉해야" 했지만 바울은 계시한 주제다. 이 사실에 근거하여 크라프트는 "일곱 우레"와 "비밀"이 일곱째 나팔만을 언급한다고 주장한다.[207] 이 주장은 시사하는 바가 크다. 부활이 일곱째 나팔이 초점을 맞추고 있는 역사의 끝과 관련한 사건들 중 하나인 것이 확

---

206) Beale, *Use of Daniel*, 12-42을 보라. 여기서 나는 이것을 지지하는 다른 이차 문헌도 인용했다.

207) Kraft, *Offenbarung*, 148-49.

실하기 때문이다. 10:5-7이 부활 주제와 관련이 있다는 사실은 11:11-12의 문맥의 지지를 받는다. 이 본문은 두 증인의 부활을 이야기하고, 10장의 두루마리 내용을 발전시킨 11:1-13에 속한다. 그러므로 부활 주제가 10:5-7의 요한의 종말론적인 기대에 속한다고 할 수 있다. 하지만 이것을 요한이 여기서 관심을 갖는 유일한 주제로 보아서는 안 된다.

몇몇 사본들(1854 2351 𝔐ᴬ)에는 부정과거 직설법 ἐτελέσθη("이루어졌다")가 부정과거 가정법 τελεσθῇ("이루어져야 한다")로 바뀌었다. 일반적으로 미래를 이야기할 때는 가정법(또는 미래형)이 사용될 것으로 예상되며, 특히 앞에서 ὅταν이 가정법과 함께 사용될 때(ὅταν μέλλῃ σαλπίζειν, "그의 나팔을 불려고 할 때에") 그러하다. 원문인 부정과거 직설법은 미래 사건의 확실성을 강조하는 셈어의 예언적 완료를 나타낸다. 부정과거는 요한이 히브리어에서 바로 이어 등장하는 완료형을 미완료형으로 바꾸는 와우(waw)를 καί로 해석한 결과로 사용된 것일 가능성이 높다. 그래서 본문은 문자적으로 "마치게 될 것이다"라고 번역할 수 있다.[208] 또는 이것은 그 동작을 미래로 옮겨버리는 "무시간적인 부정과거"일 수도 있다.[209] NEB는 이 본문을 미래 완료 수동태로 번역한다("will have been fulfilled").

요한의 예언자적 사명의 갱신(10:8-11)

8절   선견자에게 일곱 우레의 계시를 기록하지 말라고 명령했던 4절의 하늘의 음성이 이제 그에게 "네가 가서 바다와 땅을 밟고 서 있는 천사의 손에 펴 놓인 두루마리를 가지라"고 명령한다. 이 명령은 5-7절을 계속해서 4절과 대조하는데, 4절에서는 계시 봉인에 이어 천사가 구속사의 절정에 관해 계시하는 진리를 언급한다. 8-10절에서는 더 많은 계시가 책의 형

---

208) MHT IV, 152; 이와 비슷하게 Mussies, *Morphology*, 337.
209) Robertson, *Grammar*, 846-47.

태로 같은 천사의 손에서 발표된다.

여기서 요한은 이 천사가 바다와 땅에 서 있다고 세 번째 언급한다. 이렇게 반복하는 것은 단순히 수사적 목적[210]을 위해서가 아니라, 지금 이 천사(그리스도)가 온 세상에 주권을 행사하고 있다는 사실을 더욱 강조하기 위해서다(2절 주석 참조). 유대교 해석자들도 겔 2-3장의 두루마리(9-10절에 분명히 암시됨)가 전 세계적인 범위를 염두에 둔 것으로 이해한다. *ARN* 25에서는 그 두루마리가 "이 세상과 올 세상"을 언급한다. *b. Erubin* 21a은 두루마리가 하나님의 법과 관계 있는 것으로 이해한다. 하나님의 법은 "땅보다 길고 바다보다 넓다." *Targ.* 겔 2:10에는 두루마리가 "처음부터 있었고 마지막에도 있을 그런 것"이라고 언급되었다. 그러므로 천사가 가지고 있다가 요한에게 준 그 책에는 땅의 모든 거주자에게 적용할 만한 메시지가 들어 있다.

또한 "펼쳐진 책"은 강조할 목적으로 2절부터 반복해서 언급된다. 책이 펼쳐졌다는 것은 천사가 최근에 얻은 주권을 상징한다(2절 주석 참조). 신적인 특성을 지닌 천상적인 인물의 손에서 두루마리를 취하는 행동은 5장과 10장 사이에 있는 중요한 병행이다.

5:7-8	10:8
ἦλθεν καὶ εἴληφεν ἐκ τῆς δεξιᾶς τοῦ καθημένου ἐπὶ τοῦ θρόνου, καὶ ὅτε ἔλαβεν τὸ βιβλίον ("그가 나아와서 보좌에 앉으신 이의 오른손에서 두루마리를 취하시니라. 그 두루마리를 취하시매").	Ὕπαγε λάβε τὸ βιβλίον τὸ ἠνεῳγμένον ἐν τῇ χειρὶ τοῦ ἀγγέλου τοῦ ἑστῶτος ἐπὶ τῆς θαλάσσης καὶ ἐπὶ τῆς γῆς ("네가 가서 바다와 땅을 밟고 서 있는 천사의 손에 펴 놓인 두루마리를 가지라"; 참조. 10절: ἔλαβον τὸ βιβλαρίδιον ἐκ τῆς χειρὸς τοῦ ἀγγέλου ["내가 천사의 손에서 작은 두루마리를 갖다"]).

이미 앞에서 우리가 살펴본 5장과 10장(2절 주석 참조) 사이에 있는 병

---

210) Mounce, *Revelation*, 214은 이렇게 생각한다.

행 어구와 함께 두 본문의 유사성이 전달하는 의미는, 요한이 나아가서 책을 취한 것이 5장에서 어린 양의 동일한 행동이 지니는 중요성과 비슷한 중요성을 가진다는 것이다. 우리는 앞에서 이것이 천사에게 무슨 의미인지를 이미 살펴보았다(10:2). 5장에서 그리스도가 **펼친** 책을 가졌다는 상징성과 10:1-2에서 지극히 높은 천상적 존재가 그렇게 한 것은 요한이 펼쳐진 책을 가진 것에도 적용돼야 한다. 어린 양이 두루마리를 취하여 펼친 것은 그가 자신의 죽음과 부활로써 시작된 심판과 구원에 관련된 하나님의 계획을 실현할 권세를 최근에 얻었음을 상징한다. 요한의 비슷한 행위는 그가 심판과 구원을 시행하는 예수의 권위에 참여하고 그 권위와 동일시함을 보여준다.

요한이 모든 면에서 그 책을 지배하는 그리스도의 주권과 동일시되는 것이 아니라는 점은 확실하다. 예수는 그의 죽음과 부활로 사람들을 구원하셨으며, 그만이 남은 역사를 예정된 종말로 인도할 주권을 가지고 계시기 때문이다. 하지만 교회사의 전 과정과 새로운 세상에서 성도들이 그러하듯이, 요한은 그리스도의 다스림에 참여한다. 이런 의미에서 요한 역시 하나님의 아들이 받은 약속된 기업에 참여한다. 더욱이 어린 양이 고난 중에 인내함으로써 역설적으로 통치하기 시작하셨듯이, 요한도 동일한 방법으로 예수와 더불어 통치한다(1:9). 10:7의 의미를 논하면서 자세히 살펴봤듯이, 그리스도인들에게는 그리스도처럼 그들만의 "책"이 있다. 이것 역시 그들의 목적을 알려주는 상징이다. 그리스도인들은 큰 우주적 모델인 십자가를 작은 규모로 본받는 사람들이 됨으로써, 그리스도가 그러셨듯이, 역설적으로 통치할 것이다.

하지만 이 장의 강조는 요한이 그 책을 가진 사실의 중요성에 있다. 모든 그리스도인들이 그 책을 가지신 그리스도와 어떻게 동일시되느냐가 최우선적 초점이 아니다. 그렇지만 10장과 11장의 해석적 연결성에 의하면, 요한의 예언자로서의 역할과 요한이 고난을 통해 통치한다는 사실이 그리스도인 전체에게 해당된다는 것이 드러날 것이다. 이것은 요한과 11장의 "두 증인"이 예언자로 언급되었다는 사실로 미루어볼 때 분명하다(11:6, 10,

18; 이와 비슷한 16:6; 18:20, 24; 22:6, 9 참조).[211]

ἡ φωνὴ ἦν("~던 음성이")은 오독(誤讀)이든지, 아니면 φωνή가 ἤκουσα("내가 들었다")의 목적어로 더 적합하다고 생각한 필경사에 의해 의도적으로 목적격인 φωνήν으로 바뀌었을 것이다. 특히 4절의 병행 어구와 긴밀히 연결된다는 점에서 그렇다(1006 1841 1854 2053 2329 2344 *al* a [gig] vg^d; Tyc Prim). 더 나은 사본의 증거로 미루어볼 때 주격이 원본인 것 같다.

10:8의 어법은 10:4의 거의 같은 어구에 주의를 집중시킨다. ἤκουσα φωνὴν ἐκ τοῦ οὐρανοῦ λέγουσαν("내가 들으니 하늘에서 소리가 나서 이르기를," 10:4)과 ἡ φωνὴ ἦν ἤκουσα ἐκ τοῦ οὐρανοῦ πάλιν λαλοῦσαν("하늘에서 나서 내게 들리던 음성이 또 내게 말하여 이르되," 10:8)을 비교하라. πάλιν("다시")은 8a절에 처음 등장하는 관계절이 그러하듯, 공식적으로 8절과 4절을 연결시킨다(5절의 관계절도 비슷하게 기능한다).[212] "하늘에서 나서 내게 들리던"에 이어지는 λαλέω와 λέγω(둘 다 "말하다")의 분사 형태는 주격인 ἡ φωνή("음성이")와 조화시키려고 원래 목적격이던 것을 주격으로 바꿨거나(𝔐^K), 이어지는 명령형의 화자를 가리키려고 주어 역할을 하게 한 것 같다. 외적 증거의 우세함과 질에 의하면 목적격 분사들이 원본임이 분명하다.

이 두 분사는 예외적으로 독립된 정동사로 사용되었다. 분사의 이러한 사용례는 셈어 문체를 반영한 것 같다(아래 내용 참조).[213] 보통 이런 경우에, 분사는 4절과 관련하여 8절의 뒤돌아보는 기능을 강조한다. 4절에서 분사가 등장한 곳에 명령형이 뒤따라온다.

우리는 1:10-11과 4:1에서 λέγω("말하다")의 분사형 사용에 발생한 불규칙 문법이 구약에 대한 암시를 부각시키려는 셈어의 문체라는 것을

---

211) 또한 Sweet, *Revelation*, 179을 보라.

212) Mealy, *Thousand Years*, 166을 보라.

213) 참조. S. Thompson, *Apocalypse and Semitic Syntax*, 69; Mussies, *Morphology*, 325-26, 350. Mussies는 독립된 동사로 채용된 분사를 분명한 셈어 사용의 반영으로 이해한다. Charles, *Revelation* I, 108, 267은 분사의 사용을 히브리어 문체를 반영한 어법 위반이라고 생각한다.

살펴보았다. 동일한 현상이 본문에서 분명히 발생하고 있다. 다음 몇 가지 이유에서다. (1) 1:10-11; 4:1; 10:4, 8의 언어가 유사하다. (2) 이 모든 분사의 사용은 "소리"에 초점이 맞춰져 있다. (3) 그 분사들이 에스겔의 예언자적 사명(겔 1-3장)에 대한 암시에 직접 이어지든지 그것을 소개하며, 요한의 사명에 적용된다(1:10; 4:1-2; 10:9-10의 주석 참조). (4) 또한 모든 본문이 시내 산 위의 우렛소리를 암시하는 출 19:16-19과 직접 연결된다. 1:10-11의 이례적인 구문은 출 19:16-19에 있는 시내 산의 "소리"에 초점이 맞춰졌다. 우리가 10:4에서 출 19:16-19과 "일곱 우레"의 연결을 관찰할 수 있었던 것은 우연이 아니다(계 10:1, 3-4, 7에 있는 출 19:9-19의 패턴을 설명한 계 10:4의 주석과 10:1의 주석 참조; "구름"과 "불"을 동반한 신적 존재가 하늘에서 내려올 때 "우레"가 소리를 발했고, 신적 존재는 "나팔 소리"와 연결된다).

이 사실에 비춰볼 때, 분사의 예외적인 사용과 함께 푯말 역할을 하는 πάλιν("다시")이라는 단어 역시 "소리"가 10:8을 이해하기 위한 더 넓은 문맥으로 언급되는 10:4의 구약 암시를 돌아보게 하는 역할을 하는 것 같다. 10:8의 분사들은 단 12:4, 9에 대한 암시를 소개하는 10:4의 분사를 상기시킨다. 다니엘에게 그러했듯이, 요한에게도 독자들에게 감춰진 일부 계시가 있었다(10:4의 주석 참조). 하지만 7-11절은 요한의 청중들이 시대의 전환기에 살고 있었기에 요한에게서 더 많은 계시를 받았음을 보여준다. 시내 산의 심판하는 우레와 율법은 구약에서 그러했듯이 더 이상 구원과 심판을 이해하는 일차적인 신학의 틀이 아니다. 이제 복음의 "좋은 소식"에는 그리스도와 교회의 역설적인 고난이 구원과 특히 심판을 이해하는 최고의 패러다임이라는 사실이 계시된다. 적어도 10:8의 뒤돌아보게 하는 언어는 10:4의 "일곱 우레"에 계시되지 않은 것과 이제 "펼쳐진 책"에 계시된 것을 대조한다(자세한 내용은 4절의 주석 참조. 거기서도 22:10과 함께 동일한 대조가 관찰된다).[214]

---

214) Bauckham, *Climax of Prophecy*, 260 역시 두 본문에서 이런 대조를 주목한다.

9-10절　　　책을 취하여 먹으라는 명령과 그 명령을 수행하는 행위는 요한이 예언자로 재임명된 일을 공식적으로 묘사한다. 본문의 이 임명은 에스겔이 받은 임명을 가리키는 암시이며, 요한은 이미 1:10과 4:1-2에서 임명받았다. 여기서는 정확히 겔 2:8-3:3을 언급하고 있는 것이 분명하다. 에스겔은 이후에 동일한 전철을 밟는 요한처럼 두루마리를 취하여 먹으라는 말을 들음으로써 예언자로 임명을 받았다. 두 사람에게 두루마리 속의 계시된 메시지는 "입에 꿀처럼 달았다."

에스겔을 임명한 것의 자세한 의미는 겔 2-3장 전체의 더 넓은 사명 내러티브에 비춰 이해해야 한다. 에스겔은 이스라엘 백성에게 그들이 불신앙과 우상숭배를 회개하지 않을 경우 그들에게 닥칠 운명을 경고하라고 부름을 받았다(3:17; 5-14장). 에스겔은 이스라엘 백성이 "그들 중에 예언자가 계속 있었다는 사실"을 훗날 알게 되도록 말씀을 선포해야 했다. 하지만 에스겔은 그가 전하는 메시지를 "이스라엘이 들으려 하지 않을 것"이라는 말씀도 들었다. "이스라엘의 온 집은 이마가 굳고 목이 곧은" 사람들이다(2:2-8; 3:4-11). 그래서 에스겔의 메시지는 우선적으로 심판의 메시지였다. 이것은 두루마리에 묘사된 것으로써 강조되었다. "그 안팎에 글이 있는데 그 위에 애가와 애곡과 재앙의 말이 기록되었더라"(2:10). 예언자가 두루마리를 먹는 것은 그 메시지에 자신을 동일시하는 것을 의미한다(참조. 3:10: "내가 네게 이를 모든 [재앙의] 말을 너는 마음으로 받으며"). 에스겔은 경고를 전달만 하는 것이 아니라, 특히 하나님이 이미 결정하신 심판을 선언하는 하나님의 임명된 사역자였다. 하지만 에스겔의 메시지에 반응하고 회개할 남은 자도 있을 것이다(3:20; 9:4-6; 14:21-23).

두루마리가 달콤하다는 것은 하나님의 말씀에 생명 유지의 특성이 있음을 나타낸다. 그 말씀은 예언자에게 사역을 수행할 수 있는 힘을 불어넣는다(신 8:3). 그 말씀이 달콤한 것은 하나님의 말씀에 순종하는 사람들을 교훈하고 인도함에 있어 그 말씀이 지니고 있는 긍정적이고 기쁘게 하는 효과를 나타내기도 한다(예. 시 19:7-11; 119:97-104; 잠 16:21-24; 24:13-14). 에스겔이 수행할 과제가 진지한 것이었지만, 그는 재앙의 메시지를 기쁨으로 받았다. 그 메시지는 선하고 거룩한 하나님의 뜻이기 때문이다. 달콤함은 예언자의 짧은 즐거움을 나타내는 비유다. 에스겔은 심판을 선포해야 하는 그의 소명의 전반적인 목적에 초점을 맞추었기에, 그 메시지를 오랫동안 즐겁게 생각하지 않았다. 에스겔이 요한처럼 두루마리가 그의 뱃속에서 썼다고 언급하지는 않았지만, 그는 "그 위에 애가와 애곡과 재앙의 말이 기록되었"다고 언급한다(2:10). 이것은 에스겔이 두루마리를 먹은 후에 그에게 "썼음"을 암시한다(3:3a, 14). 쓰다는 것은 이스라엘에 닥친 운명을 염려한 그의 슬픔을 가리키든지, 백성이 회개하지 않는 것 때문에 폭발한 그의 분노를 가리킨다. 이 내용과 병행하는 주목할 만한 본문은 렘 6:10b-11a과 특히 렘 15:16-17에서 발견된다. "내가 주의 말씀을 얻어먹었사오니 주의 말씀은 내게 기쁨과 내 마음의 즐거움이오나…주께서 분노로 내게 채우셨음이니이다." 예레미야가 먹은 하나님의 말씀에 대해 보인 즐거움과 분노는 각각 예언자 자신의 위로와 그의 원수들에 대한 심판을 언급한다(MT에서는 za'am["분노"]인 것을 LXX에서는 계 10:9-10에 사용된 동사와 같은 어근의 명사 πικρία["쏨"]가 사용되었다).

요한이 두루마리를 먹는 행동에는 역사적 상황은 다르지만 에스겔이 한 것과 같은 의미가 있다. 두루마리를 먹는 것은 두 예언자에게 그들이 하나님의 손의 예언자적 도구로 섬기는 데 있어 하나님의 뜻에 전적으로 동일시하고 복종하는 것이 전제 조건이 됨을 의미했다. 두 예언자의 메시지는 두루마리와 더불어 하나님의 말씀의 능력을 전달한다. 그 메시지는 사실 하나님의 말씀이기 때문이다. 하지만 요한은 이스라엘이 아니라 교회에 경고한다. 그는 교회를 향해 불신앙과 우상숭배에 타협하는 것을 경고하며, 불신자들의 세계에도 경고한다(11절 주석과 11장 주석 참조).

요한과 그밖에 기독교 예언자들은 실제로 하나님의 심판 선언에 즐거워했다. 다음 몇 가지 이유에서다. (1) 하나님의 말씀은 그의 거룩한 뜻을 표현한다. 그 뜻은 궁극적으로 재앙의 사건들로써 그의 영광을 돋보이게 한다(11:17-18; 14:7; 15:3-4; 19:1-2). (2) 하나님의 의와 정의와 거룩하심은 그가 죄를 심판할 때 드러난다. (3) 교회를 박해하는 자들을 심판하는 것은 그리스도인들을 신원하는 것이며, 그들이 세상의 판결과 달리 의롭다는 것을 계시한다(참조. 6:9-11; 18:4-7). 19:1-4에는 성도들이 심지어 하나님이 심판을 행하실 때 "할렐루야"라고 외친다고 묘사된다. (4) 10:8-11은 11:1-13에서 확장되었다. 여기서 심판 메시지의 일부는 충성된 사람들에게 하나님의 말씀에 충성하여 인내하라는 격려가 된다. 이것은 요한에게 달콤한 메시지다. 하지만 그리스도인들도 하나님처럼 보다 폭넓은 공의의 틀을 떠나 심판의 고통을 고소하다는 듯이 즐기지는 않는다.

에스겔서에서처럼 달다는 것은 짧은 즐거움을 가리키는 비유다. 요한은 그가 받은 메시지의 요지를 묵상할 때 심판에 초점을 맞출 수밖에 없었다. 이런 강조가 10절에 나타난다. 반면에, 9절에서는 쓰고 단 맛의 순서가 거꾸로 되었다. 요한은 처음에는 단맛을 느끼고, 두루마리를 소화하고 난 후에는 쓴맛을 느꼈다. 더 오래 지속되는 감각은 쓴맛이다.[215] 이것은 요한이 심판을 깊이 생각한 반응을 의미한다. 그래서 "쓰다"라는 단어가 처음과 끝에 배치된 것은 수미상관을 형성하며, 본문의 요지를 강조한다.[216]

주석가들 중에는 뱃속에서 두루마리가 쓰다는 것을 에스겔서의 배경에 첨가된 새로운 발전으로 간주하는 사람이 있다. 하지만 우리가 에스겔서와 예레미야서에서 살펴보았듯이, 쓴맛은 이미 두루마리와 하나님의 말씀을 소화하는 것에 연결되었다.[217] 몇몇 사람들이 겔 3:14의 쓴맛을 요한이 경험한 쓴맛과 상관있는 것으로 이해하지 않지만,[218] 에스겔서와 요한계시록 두 곳에서 메시지의 강조는 심판이다. 요한은 쓴맛을 더 분명히 표현한다. 교회와 세상에서 사람들이 요한의 메시지를 듣고도 회개하지 않은 것은 구약의 예언자들과 예수에게 그랬듯이, 요한이 깊이 생각할수록 "쓰고" 슬픈 일이다(눅 19:41; 참조. 렘 9:1).[219] πικραίνω("쓰다")를 통해 심판을 피할 수 없

215) 참조. I. T. Beckwith, *Apocalypse*, 579.
216) Michaels, *Interpreting Revelation*, 119도 이 사실을 주목한다.
217) Charles, *Revelation* I, 267-68.
218) Lohmeyer, *Offenbarung*, 87.
219) LXX에서 πικραίνω 어군이 슬픔과 비통과 증오와 분노를 가리키기 위해 사용되었다는 G. T. D. Angel, *DNTT* I, 201-3의 연구를 보라.

고 기독교적 증언에 반응하지 않는 많은 사람이 있을 것을 생각하는 요한의 고뇌를 강조한다.

요한계시록에서 이 동사의 유일한 다른 용례가 "많은 사람"을 죽인 셋째 나팔 재앙의 심판을 언급한다는 사실로 미루어볼 때, 본문에서도 심판이 강조되었다는 것을 알 수 있다(8:3의 주석 참조). 나팔과 심판이 연결된 것은 적절하다. 10:1-11:13이 일곱째 나팔 심판 이전의 모든 기간을 해석하며 요약하는 삽입구에 해당하기 때문이다. 이것은 "쓴 (쑥)"을 언급한 셋째 나팔을 포함하는 기간이다(신 29:18; 잠 5:4; 렘 23:15; 애 3:15에는 하나님의 심판의 결과로 나타난 고통을 가리키는 은유로서 πικρία 또는 πικρός를 보라). 겔 2-3장에서처럼, 요한의 두루마리의 상징적인 초점은 11:1-13에서 자세하게 설명될 심판에 있다. 겔 2-3장에서 유래한 재앙을 담고 있는 두루마리 암시는 계 10장을 동일한 두루마리를 암시하는 5장에 더욱 연결시킨다.

두루마리 은유에 포함된 또 다른 의미는 단맛이 믿는 사람들에게 복음에 있는 하나님의 구속의 은혜를 지칭하는 반면, 쓴맛은 이 은혜가 혹독한 고난 속에서 경험돼야 한다는 사실을 지칭한다는 것이다(참조. 고후 2:15-16). 작은 두루마리는 5장의 큰 책으로 상징된 그리스도의 포괄적인 목적을 본받는 데 있어 그리스도인들의 작은 규모의 목적을 시사하기 때문이다.[220] 확실히 이 목적은 고난을 통해 하나님의 은혜를 경험한다는 내용을 포함한다. 복음의 단맛에는 그리스도인들의 외침이 하늘에 닿을 때(6:9-11), 그들이 인내하며 증언한 것으로 인해 이미 정당성을 입증받기 시작했다는 내용이 들어 있다. 그리고 하나님이 역사의 마지막에 모든 사람 앞에서 마침내 그리스도인들의 편을 들어주실 것이다(11:11-13, 18). 단맛과 쓴맛은 후기 유대교 주석 전통에서처럼 단순히 구원과 심판을 가리킬 수도 있다.

하지만 이런 사상을 어느 정도 염두에 두었는지와는 상관없이, 에스겔서의 배경과 요한계시록의 이어지는 장에 비춰본다면, 심판을 강조한다는 사실이 가장 부각된다. 요한계시록, 특히 11장에서는 상보다는 심판에 더

---

220) Hendriksen, *More than Conquerors*, 151.

많은 초점이 있다. 이것은 에스겔서의 두루마리와 단 7:10, 12:4, 9과 그밖
에 심판의 메시지를 소개하는 구약의 신현들을 모델로 삼은 5장의 두루마
리가 심판을 강조한다는 점에서도 확증된다.[221] 일곱 인은 5장의 두루마리
가 재앙의 두루마리였음을 더 자세히 보여주었다.

> *ARN* 25과 *b. Erubin* 21a은 겔 2장의 두루마리가 구원과 심판 모두
> 를 비유하는 것으로 이해한다.
>   계 10:9에서 몇몇 사본들은 κοιλίαν("뱃속")을 καρδιαν("마음")으로 대
> 체했다(A 2351 *pc*). 아마도 두 단어가 비슷했기 때문에 무심코 그랬든지,
> 아니면 겔 3:10의 암시와 "마음"이 등장하는 렘 15:16-17의 병행 어구에
> 근거하여 "뱃속"의 비유적 중요성을 해석하려고 그렇게 했을 것이다.

11절   11절은 καί에 의해 10절의 단맛과 특히 두루마리의 쓴맛에 직
접 연결된다. καί에는 "그러므로", "이에 근거하여", 또는 "이것과 관련하여"
라는 의미가 있다. 요한은 두루마리의 쓴맛과 단맛을 지닌 심판을 땅의 불
경건한 백성에게 선언해야 한다. 요한이 임명받아 전해야 할 메시지가 바
로 이것이기 때문이다. 요한은 두루마리를 소화시킨 후, 이제는 그 내용을
다른 사람들도 알 수 있도록 해야 한다.[222] 8-10절에서 요한이 다시 사명
을 받는 장면을 상징적으로 설명한 부분은 그가 "**다시**(πάλιν) 예언해야" 한
다는 의미로 해석된다. 요한은 앞에서 적어도 두 번에 걸쳐 사명을 받았다
(1:10-20; 4:1-2). 처음 사명에는 책 전체가 포함되고, 두 번째 사명에는 아
마도 책의 나머지 부분이 포함되었을 것이다. 이전에 받은 이 두 번의 사명
으로 2-3장과 4-9장에 있는 예언자적 메시지가 탄생했다(주석가들 중에는
10:11에서는 4:1-2의 사명만 염두에 있다고 주장하는 사람도 있다).

뵈이예는 10장의 의도가 요한이 새롭고 다른 예언자적 과제를 수행하
려고 사명을 받은 것임을 보여주려는 데 있다고 믿는다. 6-9장에서 요한이
이스라엘을 대상으로 심판을 예언하는 이전 과제와는 대조적으로, 여기서

---

221) Ladd, *Revelation*, 142.
222) Bruce, "Revelation," 1612.

는 세상의 나라들에게 예언하라는 사명을 받는다는 점이 그 이유다.[223] 푀이예의 주장은 내가 동의하지 않는 그의 4-9장과 11장 분석에 의존한다. 나는 4-9장의 심판이 이스라엘에 한정되는 심판이라기보다는 해당 장을 보편적으로 이해해야 함을 주장했다(예를 들어 6:12-17; 7:1-8의 주석 참조. 열두 지파는 Feuillet가 이해하듯이 문자적으로 이해해서는 안 된다). 더욱이 10:11, 11:9, 13:7, 14:6에 있는 우주성을 의미하는 4중 문구("백성과 나라와 방언과 임금[또는 족속]")는 일찍이 등장했다(5:9; 7:9). 거기서 이 문구는 구원의 보편적 범위를 암시한 반면, 지금 이 문구는 심판의 보편적 범위를 의미한다 (이것은 5장과 7장에도 암시된다. 범세계적인 구원에 포함되지 않은 사람들은 모두 확실히 심판을 받는다). 요한계시록에서 구원과 심판 단락 2곳에 다 등장하는 이 4중 문구는 2곳에서 동일하게 보편적 초점을 지니고 있음을 드러낸다.[224]

하지만 10:11의 핵심은 푀이예의 입장과는 다르게, 세상의 여러 나라에 **"다시 예언하라"**는 요한에게 주어진 명령에 있다. 푀이예의 견해는 "지금부터 계속해서 예언하라", 또는 "이번에는 예언하라", 또는 단순히 "여러 나라에 예언하라" 같은 표현들을 요구한다. πάλιν("다시")은 6-9장의 예언하라는 것과 대조가 아니라, 만일 예언할 것이 있다면, 동일한 사람들에 관해 동일한 유의 예언을 계속함을 의미한다. πάλιν은 푀이예의 이해를 반영하는 "차례로(in turn)"나 "다른 한편"이라는 의미로 간혹 사용되기는 한다.[225] 하지만 우리의 문맥 분석에 따르면, 이 단어의 원래의 의미가 선호된다. 요한의 예언의 대상이 앞장에서 언급한 대상과 다른 사람들이라면, 10장은 이에 대해 전혀 암시를 하지 않는 셈이다. 그러므로 10:11에서는 요한이 이전에 받은 예언자적 사명이 갱신되고 심화된다.[226]

선견자는 많은 천상적 존재로부터 명령을 받는다. "그들이 내게 말하기를(λέγουσιν)"(개역개정판은 단수형 "그가"로 번역했음 – 역주). 요한에게 말하는

---

223) Feuillet, *Johannine Studies*.
224) Prigent, *Apocalypse*, 156.
225) BAGD, 606-7.
226) Brütsch, *Offenbarung* I, 403도 같은 이유로 Feuillet에 동의하지 않는다.

천사는 4절과 8절에 언급된 "하늘에서 나는 소리" 배후에 있는 존재(들)와 1-3절과 9-10절에 언급된 천사일 것이다. 또는 복수형이 사용된 것은 야웨의 천상 회의에서의 의견 일치를 나타낼 수 있다.

대부분의 번역 성경에서는 ἐπί를 "대하여"(about) 또는 "관한"(concerning)으로 번역한다. 그래서 "네가 많은 백성과 나라와 방언과 임금**에 대하여** 다시 예언하여야 하리라"(RSV, NIV, JB; NEB는 "위에"[over], KJV는 "앞에"[before]라고 번역함).[227] 이 번역은 요한의 예언의 초점이 보편적이고 죄 때문에 심판을 받게 될 사람들과 자신의 믿음으로 인해 고난을 받지만 구원받을 사람들에게 동일하게 관심을 갖는 것을 암시한다. 하지만 앞뒤 문맥과 다른 심판의 문맥에서 같은 단어가 사용된 점이 명료하게 나타내듯이, 강세는 회개하지 않는 사람들에게 내리는 심판에 있다. προφητεύω ἐπί는 LXX에서 예레미야서에 2번, 아모스서에 2번, 그리고 에스겔서에 21번 등장한다.[228] 그 표현은 전형적으로 죄를 지은 이스라엘이나 다른 나라들"에게"(against) 예언하는 것을 가리킨다(이런 식으로 18번 사용). 이 어구는 복을 예언하는 데 3번만 사용되었고, 그것도 모두 에스겔서에만 등장한다. 이 어구가 요한계시록의 이곳에 적합한 이유는 그것이 대부분 에스겔서에 사용되었고, 에스겔서가 8-10절에서 가장 염두에 둔 책이라는 데 있다. "**대하여**(about) 예언하라"라는 번역이 틀린 것은 아니지만, "**에게**(against) 예언하라"가 더 정확하다.[229]

"**에게** 예언하라"는 것이 더 선호되는 또 다른 이유는 요한이 요한계시록의 나머지 부분에서 4중 문구인 "백성과 나라와 방언과 많은 임금들"을 부정적인 방법으로 사용한다는 데 있다. 동일한 4중 문구가 5:9과 7:9에서는 어린 양에 의해 구속함을 받은 땅 위에 사는 백성을 가리키려고 긍정

227) Mounce, *Revelation*, 217; Newport, "Semitic Influence," 331도 이렇게 번역한다.
228) 개요를 보려면 HR II, 1231-32을 참조하라.
229) "에게(against) 예언하라"의 의미인 προφητεῦσαι ἐπί에 관해서는 Newport, "Semitic Influence," 331을 보라. 참조. Robertson, *Grammar*, 605. "거슬러"라는 ἐπί의 뜻은 눅 12:52-53을 참조하라. Ladd, *Revelation*, 148이 앞에 열거된 LXX의 사용례에 "대하여"라는 의미가 있다고 결론을 내린 것은 일반적으로는 옳지만 부정확하다.

적으로 사용되었다. 5장과 7장, 그리고 요한계시록 전체에서 등장하는 이 어구는 (비록 다른 순서로 배열되었고 다양한 조합으로 등장하지만) 다니엘서에서 반복해서 사용된 같은 어구에 기초하여 만들어졌다. 다니엘서에서 4중 문구는 보편적인 것을 지시한다(계 5:9의 주석 참조). 단 3:4, 7 LXX에서는 그 공식 앞뒤에 "나팔 소리"가 등장한다. 여기 계 10:11에서도 그 공식 앞에 "일곱째 천사가 소리 내는 날 그의 나팔을 불려고 할 때에"가 언급된다(10:7). 요한은 구속함을 받은 모든 사람에 대하여 이 어구를 사용했지만(5:9; 7:9), 지금과 이후부터는 바벨론이나 짐승과 자신을 동일시함으로써 심판을 받게 될 불신자들에 대해 이 어구를 사용한다(11:9; 13:7-8; 14:6ff.; 17:15). "임금들"이 이 문구에 삽입된 것은 이 단어에 부정적인 특성이 있음을 암시한다. 이 단어는 이어지는 환상에서 심판을 받게 될 "왕들"을 예상한다(16:12, 14; 17:1-2, 10-12, 15-16, 18; 18:3, 9; 19:18-19).

"에게 예언하라"라는 어구는 8-10절에 겔 2-3장에서 온 두루마리 이미지가 사용된다는 점에서도 보장된다. 에스겔서의 문맥에서는 이 어구가 의심의 여지없이 심판을 언급한다. 더욱이 10장의 사상을 발전시킨 11:1-3에는 심판이 강조된다.

προφητεύω("예언하다")는 단순히 미래에 관한 하나님의 말씀을 가리키는 것이 아니라, 현실을 설명하는 하나님의 계시된 해석도 포함한다. 1:3, 22:7-10, 18-19에서 προφητεία("예언")의 사용례에 의하면, 요한계시록 전체의 초점은 **현재**에 맞춰져 있다. 요한은 그의 1세기 독자들에게 "이 책의 예언의 말씀을 듣고 지키라"고 권면한다. 만일 독자들이 그 책에 있는 하나님의 명령에 순종하지 않는다면, 그들은 요한계시록에 기록된 재앙들을 **현 시대**에 겪게 될 것이다(22:18-19). 그러므로 요한계시록의 "예언"에는 현 시대를 살고 있는 독자들이 순종하기로 결정해야 할 하나님의 명령이 포함되어있다. "예언"을 이런 식으로 이해하는 것은 당대의 청중들에게 윤리적인 반응을 요구하면서 미래와 더불어 현재에 대한 계시된 해석을 강조하던 구약의 사상과 일관성이 있다(1:3의 주석 참조). 구약성경과 요한계시록의 이 본문에서는 현재 청중들의 상황과 그 상황을 해석하신 하나님의 교훈에 대

해 그들이 어떻게 반응하는지에 초점이 있다. 그러므로 요한은 언약 공동체 바깥에 있는 불경건한 사람들에게뿐만 아니라, 새 이스라엘 안에 있지만 타협하는 사람들에게도 예언해야 한다. 이들은 모든 "백성과 나라와 방언"에서 온 사람들이며, 세상으로부터 구원받았다고 하지만 세상과 연합하는 사람들이다. 에스겔이 옛 이스라엘에게 그의 메시지를 전했듯이, 요한도 타협하는 교회인 새 이스라엘에게 그의 메시지를 전한다.

원래 복수형이던 λέγουσιν("그들이 말했다")이 몇몇 필경사들에 의해 λέγω("그가 말했다")로 바뀌었다. 화자가 9-10절에 등장하는 천사라고 말하는 것이 미지의 집단보다는 더 자연스럽게 보이기 때문이다. 이런 변경은 9b절의 καὶ λέγει μοι와 조화를 이룬다.

마차페리는 πάλιν("다시," "차례로")이 여기서 사명을 주는 일이 재임명을 가리키는 것이 아니라, 요한이 구약의 예언자들, 특히 에스겔에게 예언자의 옷을 입히는 것처럼 "다시" 예언하라는 사명을 받는 것을 암시한다고 주장한다.[230] 하지만 이 생각은 이미 9-10절에서 에스겔의 재임명 암시에 포함되었던 내용이다. 본문에서는 πάλιν을 부가적으로 언급하여 재임명을 강조했을 수는 있다. 그럼에도 πάλιν은 1:10-11과 4:1-2의 임명처럼 요한의 반복된 임명을 구체적으로 언급하는 것으로 이해하는 것이 더 낫다. 계 1, 4장은 에스겔의 임명에 대한 암시를 요한에게 이미 적용했기 때문이다. 비록 10:9-10의 임명이 1장과 4장의 암시보다는 에스겔의 임명 내러티브를 더욱 의지하긴 하지만 말이다.

하나님은 그의 백성과 함께하시고 그들이 증언할 때 함께하신다고 확신을 주신다. 그들의 증언은 얼핏 보기에 패배로 이어지는 것 같지만, 박해자들이 심판받음으로써 절정에 달할 것이다(11:1-13)

11:1-13은 교회가 복음의 지속적이고 충성스런 증인으로서의 역할을 수행

---

230) Mazzaferri, *Genre of Revelation*, 294-96.

하기 위해 인침을 받는다는 것을 보여준다. 교회의 증언 사역은 그들의 증언을 거부하는 사람들에 대한 최후 심판을 위한 기초를 놓는다. 10장에서는 예언자적 소명을 위한 요한의 재임명에 초점이 맞춰져 있었는데, 지금은 초점이 그가 전하라고 임무를 부여받은 메시지로 이어진다. 그 메시지는 그리스도인들의 지속적인 증언을 거부하고 그들을 박해하는 사람들에게 심판이 내린다는 메시지이다. 10장 서론에 2차적으로 포함된 이 메시지가 이제 초점의 중심이 된다. 심판은 원수를 갚고 자신들을 대적하는 사람들에게 환난을 가해 달라는 성도들의 기도에 대한 첫 번째 분명한 응답이다(이를테면, 6:9-11; 8:3-5; 9:13의 발전이다). 이것은 일곱 나팔이 암시하는 것을 분명하게 표현한다. 우리는 앞에서 11:1-3의 사건들이 처음 여섯 나팔이 불릴 때와 동일한 기간에 발생한다고 주장했다(본서 서론의 "요한계시록의 구조와 계획"과 9장 마지막 부분에서 다룬 "10-11장의 삽입구"를 보라).

11:1-13이 기원후 70년 이전의 유대교 자료 중 하나를 각색한 것이라는 가설을 제안하는 사람들이 있다.[231] 두 자료가 일반적으로 제시되는데, 하나는 1-2절에, 다른 하나는 3-13절에 반영되었다고 한다. 예를 들어, 몇몇 사람들은 1-2절 배후에 있는 원자료가 기원후 70년에 로마가 포위하는 동안 성전에 피신했던 유대인들을 겨냥한 것이라고 주장한다.[232] 성전 안에 있던 사람들은 하나님의 보호를 받지만 예루살렘 성은 파괴된다는 것이 그 메시지다.[233] 원래의 예언이 "문자적으로 성취되지 않았을 때, 하나나 그 이상의 새로운 해석이 덧붙여져 전승된 것으로 보인다." 그중에 하나는 요한이 제단과 성소와 경배하는 자들과 "바깥뜰"을 파괴된 지상의 유대인들의 성전과 예루살렘 성이라고 영적으로 해석한

---

231) Charles, *Revelation* I, 270-74; I. T. Beckwith, *Apocalypse*, 584-88(참조. 605-6); Beasley-Murray, *Revelation*, 176-80. 계 11장과 구약, 유대교 문헌, 신약성경, 그리고 초기 기독교 문서들 간의 수많은 문학적·주제적 병행 어구들을 잘 수집한 Berger, Auferstehung, 22-36, 263-89을 보라.

232) Josephus, *War*, 6.283-86에 서술된 사건을 논한 McNicol, "Rev. 11:1-14," 196-97과 A. Y. Collins, *Crisis and Catharsis*, 64-69을 보라.

233) Charles, *Revelation* I, 274.

것이다.[234] 이런 이론은 가능할 수는 있지만, 개연성이 있는 이론으로 보기는 어렵다. 요한계시록 이외에 이러한 자료가 존재한다는 증거가 없기 때문이다.[235] 그리고 설령 그런 자료가 있다고 하더라도, 그 자료의 문학적 또는 구전의 문맥과 적용을 알지 못하는 까닭에 우리로서는 그 의미가 무엇인지 알 도리가 없을뿐더러, 요한이 자료를 어떻게 자신의 목적에 맞게 적용했는지도 알 수 없다. 같은 이유에서 문제의 단락이 원래 기원후 70년의 사건을 "기독교 공동체의 관점에서" 해석한 기독교 예언자가 한 말인 것 같지도 않다.[236] 핵심 질문은 이것이다. 이 단락이 요한계시록의 문맥에서 어떤 역할을 하는가?

하나님은 그의 백성 중에 함께하시겠다고 확신을 주신다. 이로써 하나님의 백성은 박해와 고난 중에서도 보호받는다(11:1-2)

1-2절에 등장하는 비유들은 어렵고, 주의 깊게 연구돼야 한다.

11:1-2에 사용된 은유들

예언자의 메시지의 시작은 연출된 비유다. 요한은 갈대를 받아 "하나님의 성전과 제단과 그 안에서 경배하는 자들을" 측량하라는 명령을 받는다. 그는 "성전 바깥마당은 측량하지 말고 그냥 두"어야 했다. "이것은 이방인에게 주었은즉 그들이 거룩한 성을 42개월 동안 짓밟게" 할 계획이었다. 분명하게 서술되지는 않았지만, 10:9-10에서 명령했던 천사가 요한에게 이 명령을 내린 것이 분명하다.

---

234) A. Y. Collins, *Crisis and Catharsis*, 67-69.
235) 자료 이론에 대해 찬성하거나 반대하는 다른 주석가들에 대해서는 Brütsch, *Offenbarung* II, 8-9을 보라. Giet, *L' Apocalypse*은 11ff.장에 언급된 수많은 암시를 기원후 66-70년에 로마가 예루살렘을 포위한 사건과 동일시한다.
236) Roloff, *Revelation*, 129.

이것은 4:1, 5:12, 11:15, 14:7에서처럼, 셈어 *lēʾmōr*와 동일한 불변화
형을 보여주는 예라기보다는 1a절의 단수 λέγων("말하다")의 일관된 사
용이다.[237] 그렇지만 창 22:20 LXX의 병행 어구를 주목할 필요가 있다.
몇몇 사본에 και ειστηκει ο αγγελος가 포함된 것은 말하는 자가 누구
인지를 분명히 하려는 시도 때문이었을 것이다(ℵ² 046 1854 2329 2351 *al* a
sy Tyc Bea).

주요 해석들

이 두 절을 둘러싼 적어도 5개의 해석이 있다.

1. 몇몇 수정된 미래주의적 관점과 마찬가지로, 요한계시록을 이해하
는 세대주의적 미래주의의 입장은 이 두 절을 그리스도의 재림 직전에 있
을 대환난의 시간에 투영시킨다.[238] 몇몇 주석가들은 다른 사람들보다도
더 철저히 문자적인 방법으로 11장 전체를 해석한다.[239] 전형적으로 성전
과 제단은 문자적인 "거룩한 성" 예루살렘에서 문자적으로 회복된 성전을
가리킨다고 해석된다. "그 안에서 경배하는 자들"은 믿음을 가진 유대 민
족 중에서 남은 자들이다. 성전과 제단과 경배하는 자들을 측량한다는 것
은 약간의 해석상의 차이가 있겠지만, 그들이 물리적으로 하나님의 보호
를 받을 것을 시사한다. 이를테면, 사이스는 2:27, 12:5, 19:15의 "지팡이"의
사용에서 유추하여, 거룩하게 할 목적으로 유대인 출신의 신자들을 징벌
하는 것이 요점이라고 주장한다.[240] 하지만 "지팡이"의 다른 사용례에 따르
면, 그것은 불신자들의 심판과 시 2:9의 인용을 가리킨다. 반면에 11:1은 겔
40-48장을 암시한다(아래 내용 참조). 따라서 "바깥마당"은 일반적으로 문자
적인 42개월 동안 남은 자들을 박해하고 예루살렘을 문자적으로 장악할 이

---

237) MHT, II, 454; III, 315에 반대함.
238) 참조. Seiss, *Apocalypse*, 233-41; Lang, *Revelation*, 182-84; Walvoord, *Revelation*, 175-
    77; Lindsey, *New World*, 142ff.
239) 예. Seiss, *Apocalypse*.
240) Seiss, *Apocalypse*, 237-41.

방인들과 동일시된다.

2. 요한계시록의 과거주의적 이해는 이와 비슷하게 문자적 접근을 취한다. 그래서 성전과 제단과 바깥마당을 실제로 예루살렘에 있는 제의 기구의 종합으로 이해하지만, 미래에 있을 일로는 보지 않는다. 1-2절에 묘사된 것은 기원후 70년 성전과 예루살렘이 문자적으로 파괴되기 전과 파괴되는 동안에 벌어지는 사건들이다.

3. 수정된 미래주의자들 중에는 위의 1번 관점처럼 1-2절의 내러티브를 미래로 전락시키지만, 그것을 비유적인 묘사로 이해하는 사람이 있다.[241] 성소와 제단과 경배하는 자들에 관한 이미지들은 "측량하는 것"으로써 역사의 끝에 구원의 보장을 받을 이스라엘 민족 안에 있는 사람들을 가리킨다고 한다. 바깥마당과 거룩한 성은 구원이 보장되지 않은 유대인들 중 불신자들을 대표한다. 두 집단 모두 42개월 동안 박해받고 고난받을 것이다.

4. 앞의 이해와 비슷하지만 다른 입장은 그 장면을 미래로 전락시키지 않는다. 이 입장은 바깥마당을 신앙을 고백했지만 배교한 교회와 동일시한다. 배교한 교회는 속임을 당할 것이며, 참되고 영적인 이스라엘을 박해하는 믿지 않는 사람들과 연합할 것이다.[242] 이 견해는 문맥을 넓게 볼 때 이점이 있다. 요한이 이미 교회 중 일부가 하나님을 참되게 경배하는 자로 입증을 받지 못했음을 인정했기 때문이다(2:6, 14-16, 20-23; 3:1-3, 16). 더욱이 신약성경에서 사용된 "내주다"(ἔξω와 함께 사용된 ἐκβάλλω)는 신앙의 참된 공동체로부터의 추방이라는 부정적 의미를 지닐 수 있다(마 5:13; 눅 13:28; 14:35; 요 6:37; 12:31; 15:6).

5. 마지막 견해 역시 본문을 비유적으로 이해하지만, 바깥마당을 해

---

241) 참조. I. T. Beckwith, *Apocalypse*, 596-600; Brütsch, *Offenbarung* II, 7-23; Ladd, *Revelation*, 150-51.

242) 이 견해를 지지하는 사람들 중에는 Charles, I, 274-78; Kiddle, 189; Hendricksen, 152-55; Lenski, 329-30; Lund, *Revelation*, 133; Ford, 176-77이 포함된다. 또한 기원후 70년 배경에 비추어 본문을 이해하고 배교자들을 오직 이스라엘 민족과만 동일시하는 Swete, 133; Feuillet, *Johannine Studies*, 235-50; Rissi, *Time and History*, 96-98; Harrington, 151-52; McKelvey, *New Temple*, 158-60; 그리고 Chilton, 273-74을 보라.

를 받을 수 있는 참되고 영적인 이스라엘에 대한 물리적 표현으로 해석한
다.[243] 이 견해는 언어학적으로 가능하다. "내주다"가 믿지 않는 세상에 의
해 배척과 박해를 받는 하나님의 참된 백성에게 일어나는 일을 가리킬 수
도 있기 때문이다(마 21:39; 막 12:8; 눅 4:29; 20:15; 요 9:34-35; 행 7:58; 참조. 1
Macc. 7:16-17; Josephus, *War* 4.316-17; 히 13:11-12). 측량의 중요성은 그들이
육체적으로 해를 받음에도 불구하고 그들의 구원이 안전하게 보호받는다
는 것을 의미한다. 이것은 7:2-8의 "인침을 받는 것"을 상세하게 발전시킨
것이며, *1 En.* 61:1-5과도 일치한다. *1 Enoch*에는 천사가 택함 받은 의로
운 자들을 "측량"함으로써 그들의 몸이 파멸됨에도 그들의 믿음은 강해지
고 파멸되지 않을 것임을 확신시킨다. 구약성경에서 "측량"은 보호의 칙령
을 가리키는 비유(삼하 8:2; 사 28:16-17; 렘 31:38-40; 겔 29:6 LXX; 슥 1:16), 또
는 심판을 가리키는 비유(삼하 8:2; 왕하 21:13; 애 2:8; 암 7:7-9)로 사용되었다.
흥미로운 것은, 미 2:5이 하나님의 임박한 심판으로부터 보호를 받지 못할
이스라엘 백성을 지칭한다는 점이다. "그러므로 **여호와의 회중에서** 분깃에
줄을 댈(줄을 측량할) 자가 너희 중에 하나도 없으리라."

겔 40-48장 배경에 비춰본 비유적 견해

측량은 겔 40-48장의 성전 예언 배경에 비춰 이해하는 것이 가장 좋다.[244]

---

243) 바깥마당을 해를 받을 수 있는 참되고 영적인 이스라엘을 가리키는 물리적 표현으로 이해
하는 비유적 견해에 대해서는 Minear, "Ontology and Ecclesiology," 98; Caird, 131-32;
Sweet, 183-84; Hailey, 251-52; Krodel, 219-21; Prigent, 160-63을 보라. 이 견해를 지지
하는 프랑스 주석가들 목록에 대해서는 Feuillet, *Johannine Studies*, 236을 보라. 11:1-2
의 성전을 지상의 성전이 아닌 하늘에 있는 성전으로 분석한 Bachmann, "Der 'Tempel
Gottes' von Apk 11.1"을 보라.

244) Lohmeyer, *Offenbarung*, 89-91; Ernst, *Die eschatologischen Gegenspieler*, 130; Kraft,
Offenbarung, 152; Prigent, *Apocalypse*, 159도 같은 생각이다. Strand, "Old Testament
Background to Revelation 11:1"은 다양한 차이로 인해 에스겔 의존을 반대한다. 하지만
Strand의 주장은 설득력이 없다. 요한계시록에 구약의 유비적 사용의 특성을 고려하면, 구
약의 이미지는 다양한 문맥을 의식하여 철저하지는 않지만 다양한 정도로, 각각의 본문에
서 요한계시록의 목적에 맞게 적용되기 때문이다(Beale, "Use of the Old Testament in
Revelation"을 참조하라).

에스겔서 본문에서 성전의 확실한 재건과 이어지는 성전 보호는 성전 전체
의 다양한 부분들을 측량하는 천사에 의해 비유적으로 묘사되었다(LXX의
이 단락에서는 διαμετρέω와 μέτρον이 각각 30번 등장한다). 같은 에스겔서 본문
에 의존한 계 21:15-17에서는 천사가 "성과 그 문들과 성곽을 측량하려고
금 갈대 자를 가졌다"(계 11:1에서처럼 μετρέω가 κάλαμος와 함께 등장). 이곳에
서 측량한다는 것은 성에 거주하는 사람들을 해를 받지 않게 하고 부정하
고 속이는 사람들의 오염으로부터 안전하게 지키는 것을 가리킨다(21:27).
이런 식으로 경계선을 긋는 것은 하나님의 종말론적 공동체의 보호를 보
장한다. (3:12; 21:12-14, 24-26; 22:2에 분명히 나타나듯이) 이 성전 공동체는
유대인과 이방인 출신의 그리스도인들로 이뤄진다. 에스겔서와 계 21장에
서 측량으로써 비유적으로 묘사된 것은 하나님이 장차 임재하신다는 불변
하는 약속이다. 하나님은 "정결한 예배와 정결한 공동체" 안에 영원히 거하
실 것이다.[245]

　계 11장에서 측량하는 일은 절정 이전에 땅에 사는 성전 공동체와 함
께하겠다고 보증하시는 하나님의 임재를 의미한다. 하나님의 백성의 믿음
은 그의 임재로 인해 지켜질 것이다. 믿음이 없는 곳에는 하나님이 임재하
지 않을 것이기 때문이다. 도리를 벗어난 신학적 혹은 윤리적인 영향들 때
문에 신자들의 참 믿음이나 예배가 더럽혀지거나 오염되지 않을 것이다.
11장에서 이것은 하나님의 종말론적 임재의 약속이 기독교 공동체의 설립
과 더불어 시작된다는 것을 의미한다. 측량하라는 명령은 그 명령을 내리
기 이전에 이미 제정된 결정을 의미한다는 것으로 하나님의 관점에서 이해
돼야 한다. 심지어 교회 시대가 시작되기 전부터 하나님은 교회의 참 신자
들이 될 모든 사람의 구원을 보장하리라고 결정하셨다. 그러므로 측량하는
것에는 7:3-8의 인을 치는 것과 동일한 의미가 있다(7:3의 주석 참조).[246]

　측량하는 행위가 측량의 대상인 성전이 역사 속에서 그때가 되기 전까

245) J. W. Wevers, *Ezekiel* (NCBC; London: Nelson, 1969), 295-96.
246) Lohmeyer, *Offenbarung*, 89; Ernst, *Die eschatologischen Gegenspieler*, 130.

지(기원후 95년) 하나님의 백성을 대표하는 것으로 인정받지 못한다는 점을 암시한다는 주장은 설득력이 없다. 이런 점에서, 교회가 요한이 글을 쓰던 당시에 이미 60년 정도 존재했기에 측량하는 행위가 교회에 적용될 수 없다고 추론하는 것은 설득력이 없다.[247]

만일 성전과 제단과 도시를 문자적으로 이해하는 견해가 옳다면, 요한은 (성전 안에 있는) 믿음을 가진 유대인들을 (바깥마당에 있는) 믿지 않는 유대인들과 구분했을 것이다. 하지만 그런 구별은 요한계시록 어디에서도 발견되지 않는다.[248] 바깥마당이 거짓 신자들을 의미한다는 주장(위의 세 번째 견해)은 가능성이 없다. 11장에 이어지는 내용에는 배교자나 타협하는 자들이 언급되지 않고, 단지 참 증인들과 그들을 박해하는 자들만 대조되었을 뿐이다. 1-2절에 있는 언어의 상징적 특성은 크기에 상관없이 갈대 자를 가지고 사람들("경배하는 자들")을 문자적으로 측량할 수 없다는 사실에서 분명히 드러난다.[249]

문자적 미래주의의 견해에 신학적으로 반대되는 점은 이것이다. 제단이 있는 미래의 성전은 구약의 제사 제도의 부흥을 의미하며, 반대로 히 10:1-12은 그리스도의 희생제사가 예전의 제사제도를 예표론적으로 성취하고 영원히 폐지했다고 주장한다. 그러한 미래적 제사가 그리스도의 희생제사의 단순한 기념일뿐이라는 대답은 설득력이 없다. 겔 40-48장에 예언된 성전에 제사제도가 포함되었다는 사실은 히 10:1-12에 비춰 재해석해야 한다(아래 내용 참조).

그래서 앞에서 설명한 다섯 번째 견해가 가장 개연성이 높다. 대부분의 주석가가 바깥마당을 어느 정도 부정적인 언급으로 이해한다. 이방인들이 바깥마당에 모였지만 그들이 부정한 까닭에 성전 복합 건물의 경계 안으로는 더 이상 들어갈 수 없다는 것을 그 이유로 제시한다. 하지만 바깥마당을

---

247) Seiss, *Apocalypse*, 236-37에 반대함.
248) A. F. Johnson, "Revelation," 502.
249) Feuillet, *Johannine Studies*, 235-36. 대부분의 사람들이 측량 자의 길이가 180cm에서 3m 사이라고 추정한다.

반드시 부정적으로 볼 필요는 없다. 그것이 완전히 부정적인 기능만을 하지는 않았기 때문이다. 헤롯이 지은 성전의 가장 바깥쪽에 위치한 이 지역은 "하나님을 경외하는" 이방인들을 위해 마련되었다. "이방인의" 뜰인 바깥마당 안쪽으로는 (유대인) 여자들의 뜰이 있으며, 그 안에는 (유대인 남자들인) 이스라엘의 뜰이 있고, 그 안쪽으로는 제사장들의 뜰이 있다.[250] 이방인들이 의식적으로는 부정한 것으로 여겨졌을지는 몰라도, 이 바깥마당에서 하나님을 예배할 수 있었다(행 13:43; 16:14; 17:4, 17; 18:7을 보라. 여기서 "하나님을 경외하는 자들"은 이따금 회당에 들어오기도 했다). 사실 바로 이런 이유로 "바깥마당"은 하나님의 참 백성을 가리키는 긍정적인 표현일 수도 있다. 지금 요한은 이방인들이 유대인과 동일하게 새 언약의 공동체 안으로 받아들여졌다고 믿고 있다("중간에 막힌 담이 허물어졌다," 엡 2:14). 그리고 만일 계 11:1-2에서 요한이 솔로몬 성전이나, 제2성전, 또는 에스겔의 종말론적인 성전만을 염두에 두고 있다면, 바깥마당의 분명한 함의가 더욱 강하게 유지된다. 이 성전들은 본질적으로 안뜰과 바깥뜰로만 나뉜다. 그렇다면 본문의 대조는 가장 내부에 있는 성소와 바깥마당 사이의 대조다. 바깥마당은 이스라엘의 경배자들을 위한 공간이었다.

하지만 앞에서 주목했듯이, 요한의 초점의 대상은 겔 40-48장의 종말론적인 성전이지, 헤롯 성전이나 솔로몬 성전이 아니다.[251] 그러므로 계 11장은 기원후 70년에 예루살렘 성전이 멸망되기 전의 예루살렘 성전을 반영하지 않는다. 따라서 여기에 요한계시록의 연대가 기원후 70년 이전임을 지지하는 근거는 없다. 이처럼 에스겔서와의 연결성을 고려하면, 계 11장이 원래 기원전 70년 이전의 성전을 염두에 두고 기록된 유대교 문헌에 근거한 것 같지 않다.[252]

에스겔서에서는 측량으로 인해 안뜰과 바깥뜰 모두 이스라엘에 있던

250) Morris, *Revelation*, 146은 헤롯 성전이 본문의 배경이라고 추측한다.
251) Quispel, *Secret Book*, 73.
252) 참조. Lohmeyer, *Offenbarung*, 91.

이전의 "가증한 것", 즉 성소에서 거짓 신들을 예배하는 불신자들과 성소에서 우상숭배에 참여하는 제사장들의 더러움에서 안전하게 지킴을 받는다(겔 44:8-10). 이런 더러움을 종말론적인 성전에서 제거하는 것은 성전 벽과 성전 바깥의 일반적인 땅을 구분하는 오십 규빗의 울타리에 의해 강조된다.[253] 만일 요한이 에스겔서의 문맥을 염두에 두었다면, 그가 지금 에스겔이 기대한 것과 상반되게 실제 종말론적인 성전에 속한 영역(바깥마당)에 불신자들과 우상숭배자들이 거주하게 될 것이라고 주장하는 것 같지는 않다. 오히려 본문은 자신의 영혼이 비가시적 성전에 속한 사람들의 몸은 어느 정도 고난을 받을 것이지만, 그들의 영혼은 우상숭배의 영향으로 더럽혀지지 않게 될 것을 서술한다. 따라서 그들은 우상숭배에 참여하는 불신자들이 되지 않을 것이다.

에스겔의 대망은 시대의 구속사적 전환을 가져온 그리스도의 죽음으로 인해 이처럼 예상 밖의 방법으로 성취되기 시작하는 것으로 해석된다. 그리스도의 사역은 이제 구약의 대망을 이해하는 주요한 해석학적 렌즈다. 계 11:1-2에서 교회인 성전은 참 성전이신 그리스도의 십자가의 패턴을 따른다.[254] 그리스도처럼 교회는 고난을 당하고 패배한 것처럼 보일 것이다. 하지만 그 모든 것을 통해 하나님의 임재는 교회의 신자들과 함께 있을 것이며, 그들을 영원한 사망으로 인도하는 더러움에서 보호할 것이고, 그들에게 궁극적인 승리를 보장할 것이다. 11:1ff.의 내용이 그리스도의 고난의 패턴을 따르는 기독교 공동체를 그리고 있다는 사실을 주목하면, 본문이 기독교 시대 전체 과정의 모든 신자를 염두에 두었고, 단지 1세기나 역사의 마지막 시대에 살 신자들만을 염두에 둔 것이 아니라는 사실을 알 수 있다. 그리스도의 고난은 그리스도의 초림과 재림 사이에 사는 모든 성도의 특징적 패턴이다.

ναός("성전")가 종종 성전 전체 건물에 사용되기도 하지만(마 26:61; 27:5;

---

253) 참조. Keil, *Ezekiel* II, 268-73.
254) Krodel, *Revelation*, 220.

요 2:20), 여기서는 대제사장만 들어갈 수 있는 지성소나 성전 내부를 가리킨다(이것은 요한계시록에서 거의 13번 사용된 이 단어의 의미인 것 같다). 주석가들 중에는 "성전"이 그리스도인을 가리키는 비유, 즉 참 이스라엘로서 그리스도인을 지칭하는 방법이라고 생각하는 사람들이 있다. 이 생각은 일반적으로 옳다. 구약성경에서 "하나님의 성전"이라는 어구는 하나님의 임재가 땅에 독특하게 거한 장소를 지칭했다("하나님의"는 소유 또는 내용을 가리키는 소유격일 것이다). 겔 40-48장에 언급된 새 성전에 관한 예언(특히 43:1-12; 37:26-28)에서 하나님은 그의 임재가 영원할 것을 약속하셨다. 계 11:1에서는 이제 하나님의 임재가 거하시는 영적 성전을 이룬 언약 공동체 전체에 초점이 있다(또한 고전 3:16-17; 6:19; 고후 6:16; 엡 2:21-22; 벧전 2:5). 이것은 에스겔의 성전에 대한 예언을 영적으로 해석한 것 그 이상이다.[255] 이것은 구속사적인 이해이기도 하다. 에스겔이 예언한 내용의 참되고 실제적인 성취는 영적 수준에서 이루어지기 시작했고, 새 창조에서 물리적으로 그리고 영적으로 더 온전한 형태로 절정에 도달할 것이다(계 21:1-22:5의 주석 참조).

요 2:19-22에서 이미 그리스도는 자신의 부활의 몸을 참 성전과 동일시하셨다. 이것은 계 21:22에서 발전된다(마찬가지로 막 12:10-11의 병행 어구). "주 하나님과 어린 양이 성전이 되시는" 까닭에, 요한은 새 예루살렘에서 "성전을 보지 못했다"고 말한다. 어린 양을 성전과 동일시하는 것은 미래의 새 예루살렘에 한정될 이유가 없다. 그 동일시는 그리스도가 부활하셨을 때 이루어지기 시작했고, 부활하신 그리스도가 계 1:12-20에 나오는 하늘 성전 장면의 중심인물이시기 때문이다.

그러므로 그리스도와 동일시된 사람들인 그리스도인들 역시 현재 성전과 동일시된다. 요한계시록의 여러 곳에서는 예외 없이 ναός가 현재 하늘에 있는 성전(7:15; 14:15, 17; 15:5-6; 16:1, 17)이나 미래의 새 시대를 주도할 하나님의 임재의 성전을 가리킨다(3:12; 7:15; 11:19; 21:22). 이런 용례로

---

255) Lohmeyer와 Ernst가 강조하는 내용이다. Lohmeyer, *Offenbarung*, 89; Ernst, *Die eschatologischen Gegenspieler*, 130.

미루어볼 때, 이것은 11:1-2에서도 동일하게 발견된다. 하늘에 있는 하나
님의 성전에 속한 하나님의 백성은 땅에 있는 동안에도 "하나님의 성전"
으로 지칭된다. 사실 요한계시록에서 "하나님의 성전"이라는 어구가 사용
된 다른 유일한 본문에서(11:19), 이 어구는 마지막 때의 **천상적인** 성전을
지칭한다. 이것은 신자들이 땅에 거하는 동안 그들을 보호하는 동일한 실
체다. 구약의 성전이 하늘과 땅을 연결한다고 이해되었다는 것은 전혀 우
연이 아니다.[256] 계 11:1-2은 다가올 시대의 성전이 현시대로 들어왔음을
묘사한다. 11:1-2의 성전을 비가시적인 하늘에 있는 성전 대신에 땅에 있
는 성전 건물과 동일시하고 싶은 사람이 있다면, 그는 이것이 요한계시
록에서 ναός("성전")를 완전히 독특하게 사용한 것이라는 사실을 알아야
한다.[257]

유대교 전승에서는 슥 4:7에 언급된 성전의 "모퉁이 돌"이 이미 "장차
모든 나라를 다스릴" 하나님의 "기름부음을 받은 자"로 해석되었다(*Targ.
Ps.-J.* 슥 4:7). 슥 6:12-13은 메시아적 인물을 "가지"로 부르면서 "그가 성전
을 짓고…다스리고…그의 보좌에 앉은 제사장이 될 것이라"고 2번 반복
한다(타르굼은 "기름 부음 받은 자"를 "가지"로 대체한다). 마찬가지로 *Targ.* 사
53:5은 이사야의 종이 "성전을 세울 것이라"고 주장한다.

쿰란 공동체 역시 에스겔서의 성전을 영적으로 해석했다. 공동체 회원
들은 예루살렘 성전이 더럽혀졌다고 선언하고,[258] 스스로를 참되고 영적
인 성전으로 간주했다(1QS 5.5-6; 8.4-10; 9.3-6; 11.7ff.; CD 3.19-4.6; 4QFlor
1.2-9).[259] 하나님이 쿰란 성전에 계시다는 것은 벨리알의 속이는 계략에 당
하지 않는다는 보장이 된다(4QFlor 1.7-9,[260] CD 3.19). 쿰란 공동체는 이러

256) Terrien, "Omphalos Myth," 317-18, 323과 그곳에 있는 참고문헌을 보라. 또한 본서 9:14을
　　주석하면서 인용한 이차 자료를 보라.
257) Bachmann, "Himmlisch," 478.
258) J. M. Ford, *Revelation*, 174-75.
259) Gärtner, *Temple and Community*, 16-44과 McKelvey, *New Temple*, 45-53.
260) Dupont-Sommer, *Qumran*, 312은 4QFlor이 박해로부터 안전하게 지켜주는 것을 강조한
　　다고 해석한다.

한 영적 보호를 겔 44장의 성전 예언의 성취로 보았다(CD 3.19-4.6; 4QFlor 1.15-17). 측량이라는 은유는 이 성전이 폭력을 당하지 않고 안전하게 지켜짐을 표현하는 데도 사용된다(참조. 1QH 11.26에 나오는 "의의 밧줄"과 "진리의 도수관"; 참조. 11.19-27).[261]

계 11:3-7의 두 증인처럼, 쿰란에서도 영적 성전에서 경배하는 것은 문자적으로 제사를 드리는 것이 아니라, 하나님의 말씀을 선포하고 진실한 마음에서 나오는 순종으로 이루어진다(1QS 9.3-5; 4QFlor 1.6). 성전과 성전에 있는 속죄 제단이 파괴된 후, 주님께 진정한 헌신과 율법의 말씀으로 자신의 식탁을 성결하게 하는 것으로써 속죄가 가능해졌다. 제단을 이처럼 영적으로 이해한 것은 겔 41:22의 제단에 근거한다(*m. Aboth* 3.2, 6; *b. Berakoth* 55a; *b. Menahoth* 97a). 계속해서 율법 연구에 집중하는 일은 겔 40-47장에 예언된 성전을 건축하는 것과 동일했다(*Midr. Rab.* 레 7.3). 회개는 어느 한 사람에게 "마치 그가 성전과 제단을 건축하고, 그곳에서 제물을 드린 것과" 같은 것으로 여겨질 수 있었다(*Midr. Rab.* 레 7.2. 계 11:1과의 유사성을 주목하라).

문자적으로 본다면 τὸ θυσιαστήριον은 "희생제사의 장소"로 번역될 수 있다.[262] 본문에서 이 단어는 고난당하는 언약 공동체를 지칭한다. "제단"은 지금 공동체에서 행해지는 하나님의 백성의 예배 방법을 가리킨다. 6:9-10과 맥을 같이하는 제단은 충성된 증인들에게 고난이 수반되는 희생적 소명을 의미한다(11:3-9에 천명되었듯이 말이다. 6:9-10의 주석 참조). 6:9-10에 신자들이 제단과 밀접하게 연결되었다는 점은 6장 본문과 11:1-2에서 신자들이 예배자일 뿐만 아니라 자신들을 복음의 제단에 제사를 드려야 하는 제사장이기도 하다는 것을 암시한다. 신자들이 증언하라고 부름을 받은 것은 복음이다. 그리스도인들이 성전과 성전에서 예배하는 제사장으로 묘사된 것은 벧전 2:5에서도 발견된다. 사실 계 1:6과 5:10은 그리스도인들을 제사

262) BAGD, 366 참조.

장과 동일시하면서 벧전 2:5에도 등장하는 같은 구약 본문(출 19:6)을 암시
한다. 11:1-2에서 땅에 있는 살아 있는 이 성전이 요한계시록에서 어떻게
하늘 성전을 언급하는 다른 본문과 관계되는지는 12장 이하에서 분명하게
설명될 것이다. 하지만 간략하게 설명하자면, 그리스도인들은 땅에 거하는
하늘 공동체에 속한 사람들이다.

θυσιαστήριον을 이렇게 이해하는 것은 다른 본문에서 사용된 이 단어
의 사용례로 입증된다. 히 13:9-16에서 신자들에게는 하나님께 제사를 드
리는 제단(즉 그리스도)이 있다고 한다. 신자들은 거짓 교훈에 속임을 당하
거나 그들의 소망을 영원하지 않은 예루살렘 "도시"에 소망을 두지 말고,
"장차 올 도성을 찾아야" 한다. 그리고 이미 여기에 그러한 도성이 있다(참
조. 히 11:22). 신자들은 영적 제단에 초점을 맞추고 기꺼이 "그의 치욕을 짊
어지고 진영[진영 = 성전과 예루살렘] 밖으로 그에게 나아"간다(히 8:1ff.;
10:19-20은 그리스도를 참 성전이라고 말하며 신자들은 그를 통해 현재 그 성전에 들
어간다고 언급한다).

"그[성전] 안에서 경배하는 자들"은 성전 공동체 안에서 함께 예배하는
신자들을 가리킨다. 계 11:1의 의미를 조명해주는 *1 En.* 1:3-4에서 성도들
을 측량하는 것은 그들의 "의와 믿음을 강하게" 한다. 그래서 "택함을 받은
사람들은 택함을 받은 사람들과 함께 거하기 시작한다." 계 11:1의 "경배하
는 자들"은 하늘 성소에 있는 사람들과 동일시될 수 있을 것이다. 비록 그
들이 여전히 땅에 살고 있지만 말이다. προσκυνέω("경배하다")는 요한계시
록 다른 곳에서 하늘에서 하나님께 예배하는 "장로들"에게 사용된다(4:10;
5:14; 7:11; 11:16; 19:4; 참조. 히 12:22-23).[263] "경배하는 자들"이 땅에 있다는
것은 1-2절과 믿음의 공동체가 땅에 있다는 3-10절의 더 넓은 문맥에서
암시되었다. 하지만 측량으로 암시되었듯이, 초점은 하늘에서 예배할 자격
이 있는 사람들에게 맞춰진 것 같다. 이 초점은 근접한 11:11-12에 등장하
는 땅에 있는 신자들 공동체의 궁극적이고 천상적인 운명과 요한계시록 다

---

263) 참조. Giblin, "Revelation 11.1-13," 455.

른 곳에서 προσκυνέω의 사용례와 13:6("그의 장막, 곧 하늘에 거하는 사람들")에 의해 암시된다. 확실히 "경배하는 자들"을 측량하는 것은 땅에서 그들에게 닥치는 일과 상관없이, 그들이 하늘에 있는 영적 성전에 속한 사람이라는 것을 보장한다.[264]

　　앞에서 "제단"을 분석한 것은 초기 기독교의 해석과 어울린다. Ignatius, *Eph.* 5:2에는 "제단의 장소"가 "온 교회"의 권위 있는 하나 됨이다(*Trallians* 7:2; *Philadelphians* 4). 이러한 하나 됨을 유지하라는 권면은 모든 사람이 와야 하는 "하나의 성전[ναός], 하나님[과]…하나의 제단 …한 분이신 예수 그리스도"에 근거한다(*Magnesians* 7:2). 이 제단은 "성전[ναός]의 돌인 신자들과 동일시된다. 이것은 교회 안에서 모든 사람이 운반하는 "성전 제단[ναοφόροι]"이다(*Eph.* 9; 또한 *Eph.* 15). 또한 신자들에게 그들의 몸을 "하나님이 기뻐하시는 거룩한 산 제물로 드리라. 이는 너희가 드릴 영적 예배니라"라고 권하는 롬 12:1도 참조하라. 11:1의 제단이 구체적으로 분향단을 언급하는지 아니면 번제단을 언급하는지에 관해서는 6:9의 주석을 참조하라. 전자가 더 개연성이 있지만, 후자를 선호하는 사람들도 있다.

　　τὴν αὐλὴν τὴν ἔξωθεν τοῦ ναοῦ라는 어구는 "성전의 바깥마당" 또는 "성전 바깥에 있는 뜰"이라고 번역될 수 있다.[265] 전자가 더 좋은 번역이다. τὴν ἔξωθεν은 τὴν αὐλήν을 수식하는 전형적 위치에 있는 반면에, 후자의 독법은 가능하기는 하지만 관사를 대명사로 바꿔야 하고 거기에 "있다"라는 동사를 보충해야 하기 때문이다. 어떤 식으로 번역하든지 간에 해석의 차이는 발생하지 않는다.[266] 스나이더는 "성전 바깥에 있는 뜰"을 선호한다. 그는 이 뜰이 번제단이 놓여 있는 성소 바깥에 있는 뜰을 가리킨다고 결론을 내린다. 스나이더는 11:2에서 염두에 두고 있는

---

264) 마찬가지로 쿰란 공동체의 성도들은 예배할 때 하늘에 있는 공동체와 동일시되었다. 예. 1QS 11.7ff.; 1QH 3(11).21ff.; 6(14).12ff.; McKelvey, *New Temple*, 37-38.
265) 참조. I. T. Beckwith, *Apocalypse*, 599.
266) 하지만 I. T. Beckwith, *Apocalypse*, 599을 보라.

것이 분향단이 아니라 바로 이 뜰에 있는 제단이라고 생각한다.[267] 하지만 이렇게 동일시하는 것은 분명하지도 논리적으로 필요하지도 않다.

몇몇 사본에는 2a절에 "바깥[ἔξωθεν]뜰"(א 2329 al vgˢ syᵖʰ Vic) 대신에 "안[ἔσωθεν]뜰"이라고 표기되었다. 이것은 필경사가 글 또는 소리의 유사성으로 인해 ξ[Ξ]를 σ[Σ]로 혼동한 데서 비롯된 의도하지 않은 변경이다. 이 변경은 필경사가 원래 성전 안뜰을 염두에 두었고 선임 필경사들이 본문을 잘못 베껴 쓴 것이라고 생각했기 때문일 수도 있다.[268] 마찬가지로 A사본에는 2b절 끝에 μετρησουσιν이 있다. 아마도 앞에 있는 μετρήσῃς를 πατήσουσιν으로 혼동했기 때문에 그랬을 것이다.

마흔두 달

"마흔두 달"이라는 수는 문자적인 수가 아니라,[269] 다니엘이 반복해서 예언한 환난의 종말론적 기간을 가리키는 비유다(단 7:25; 9:27; 12:7, 11-12). 유대교 문헌들에는 다니엘서의 세 때 반이란 기간이 다양한 방식으로 이해된다. 예를 들어 신자들이 겪는 환난의 총체적인 기간(Midr. 시 10.1), 이스라엘의 바벨론 포로와 연결된 기간(단 7:25과 합 2:3과 시 80:6을 결합한 b. Sanhedrin 97b), 또는 이스라엘의 최후의 구속 이전에 반드시 지나갈 기간 등(b. Sanhedrin 97b-98a)이 있다.

다니엘서와 요한계시록의 몇몇 기간들이 왜 동일한 문구로 정확하게 서술되지 않았는지는 분명하지 않다.[270] 하지만 본문과 13:5에서 "마흔둘"이라는 정확한 수는 아마도 동일한 방식으로 표현된 엘리사가 수행한 심판의 사역(11:6의 주석 참조) 그리고 42번에 걸쳐 진을 친 이스라엘의 광야 생활을[271] 상기시키려는 의도에서 도입되었을 것이다. 마흔두 번 진을 친 것은 42년

---

267) Snyder, *Combat Myth*, 176-78.
268) 참조. B. M. Metzger, *Textual Commentary*, 746.
269) Walvoord, *Revelation*, 178에 반대함.
270) 유대교 달력을 배경으로 추론한 사변적 제안들에 대해서는 Thiering, "Three and a Half Years"를 보라.
271) 민 33:5-49과 Morris, *Revelation*, 147.

으로 볼 수도 있는데, 이스라엘이 40년 동안 광야에 머무는 징계를 받기 전이미 2년이 지난 것으로 보이기 때문이다.[272] 이러한 배경은 처음 여섯 나팔에 나타난 출애굽 주제를 이어가며, 11장(6-8절)과 12-16장에서 계속될 출애굽 암시를 예상한다. 사실 12:6과 12:14은 신앙의 공동체가 3년 반 동안 "광야"에서 방황하는 것을 천명한다. 반면에 12:14에서 "세 때 반"은 다니엘서에 등장하는 문구에 정확히 상응한다(단 7:25; 12:7).

그러므로 11-13장에 등장하는 3년 반을 언급하는 4곳 모두 다니엘서를 통해 엘리야의 사역과 이스라엘의 광야 여행을 설명하는 종말론적이고 예표론적인 해석을 의미한다. "1260일"을 해석함에도 동일한 뉘앙스가 있다. 그 기간이 날로 명명된 이유가 분명하지는 않지만 말이다. 다니엘서에서 환난의 초점은 성전 찬탈에 있다(9:27과 12:11은 7:25과 12:7에서 비교적 모호하게 언급된 것을 구체적으로 설명한다. 참조. 8:11-13). 성전에 있는 "멸망의 가증한 것"에 대한 예언의 첫 성취는 기원전 167부터 164년 사이에 안티오코스 에피파네스의 압제 기간에 발생했다(1 Macc. 1-3장; 2 Macc. 5장; 1 Macc. 1:20-64과 4:52ff.를 비교하라; Josephus, *War* 1.19과 5.394은 이 기간을 "3년 6개월"로 요약한다). 마 24:15과 막 13:14에는 단 9:27의 성취가 로마군대가 예루살렘을 포위하는 시점에서 얼추 시작하는 것으로 이해된다. 그 기간은 3년 6개월간 지속되었다(참조. 눅 21:20-24). 사실 계 11:2을 예루살렘 포위를 이해하는 역사적인 "회상"으로 보는 사람들이 있다.[273]

이 처음 성취는 다니엘서의 3년 반이 환난 중 하나(특히 성전에 대한 환난)임을 강조한다. 계 11:1-2의 사용도 이런 것임이 분명하다. 계 13:5-6은 같은 기간을 언급한다. 비록 거기서 공격의 대상은 "하늘에 있는 자들"로 정의된 "하나님의 장막"으로 표기되었지만 말이다. 13:5-6은 기간이나 공격 대상에서, 땅에 살지만 그들의 진정한 정체는 하나님의 하늘 성전인 성도들을 압제한 것을 묘사한 11:1-2과 동일한 것 같다(13:5-6의 주석 참조).

---

272) Farrer, *Revelation*, 132.
273) Court, *Myth and History*, 87. Court는 Giet, *L'Apocalypse*, 27, 36-37을 따랐다.

12:6과 12:14에서의 사용례는 11:1-2이 모든 교회 시대에 걸쳐 신앙 공동
체를 공격하는 것을 암시한다는 사실을 확증한다. 12:6에서는 메시아 공동
체("여자")가 3년 반 동안 "광야"에서 피할 곳을 찾음으로 용의 맹습에서 안
전하게 보호를 받는다. 광야에는 하나님이 여자를 위해 예비한 **장소**가 있
다. 12:14은 거의 동일하다. 그리스도인들이 마귀로부터 안전하게 보호를
받는 "장소"(τόπος)는 아마도 하나님의 비가시적인 성소일 것이다. 다니엘
서에서 그 장소는 세 때 반 동안 공격의 대상이었고, 계 11:1-2과 13:5-6
에서도 같은 이야기를 하기 때문이다. τόπος는 신약성경과 단 8:11[LXX이
고 Theod.은 아님]을 비롯하여 LXX에서 "성소"와 동의어일 수 있다(τόπος
의 이런 의미에 대해서는 12:6의 주석 참조). 12:6; 12:14; 13:5-6이 11:1-2과 병
행하기 때문에 우리는 11:1-2의 성전을 문자적인 건축물이 아니라, 박해를
받지만 하나님에 의해 보호를 받은 신자들의 공동체로 정의할 더 충분한
기초를 확보한 셈이다.

이런 의미에서 세 때 반은 성도들의 운명에 대해 2가지 관점을 제시한
다.[274] 성도들은 환난을 받지만(11:2; 12:14; 13:5-6), 영적 해로부터 궁극적으
로 보호를 받는다. 공동체로서 그들의 존재는 재림까지 보장되기에, 성도들
은 증언하라는 그들의 공동체적 소명을 이룰 수 있다(11:3; 12:4, 14).

요한계시록의 문맥에서 11:3, 12:6, 14에 등장하는 비유적인 세 때 반
의 기간은 11:2과 13:5-13에 등장하는 같은 기간과 구별되어야 하는 건 아
닐 것이다.[275] 물론 11:2과 11:3이 서로 가까이 있기에 이런 동일시를 주장
할 수도 있다. 그렇지만 주석가들 중에는 11:3과 12:6, 14이 두 증인이 설교
하는 환난의 전반부이고, 11:2과 13:5-13은 환난이 심각하고 적그리스도
가 절대적으로 통치하는 환난의 후반부라고 생각하는 사람들이 있다. 이러
한 구분은 단 9장과 12장, 그리고 예수의 묵시적 강화를 이해한 것에 근거

274) 참조. Satake, *Gemeindeordnung*, 127.
275) Rissi, *Time and History*, 64; Harrington, *Revelation*, 153; Mounce, *Revelation*, 221; 이
와 비슷하게 Sweet, *Revelation*, 182-83; Hailey, *Revelation*, 252-53.

한다(막 13장과 병행본문; Victorinus, Hyppolytus, Augustine 등이 이렇게 주장한
다).[276] 단 9:27에는 7년이 종말론적인 "이레"로 언급되었다. 7년은 환난의
사건들이 발생하는 동안 3년 반씩 두 부분으로 나뉜다.

요한계시록에서 그 기간을 가리키는 모든 언급은 단 9:27뿐만이 아니
라 다니엘서 전체에 나타난 **모든** 언급에 근거한 비유적인 3년 반만을 일반
적으로 암시한다. 하지만 단 9장을 구체적으로 염두에 두었을 가능성이 있
다. 그러면 11:2-3과 12:6, 14에 있는 기간은 환난의 전반부를, 13:5-7은 교
회 시대 마지막에 발생할 혹독한 박해를 가리킨다(13:5의 주석 참조; *Asc. Isa.*
4:12에 등장하는 1335일 언급을 주목하라. 참조. 4 Ezra 5:4). 그러나 만일 그렇다
면, 문자적인 3년 반이나 문자적인 환난 기간의 후반부는 염두에 두지 않은
것이 된다. 이런 관점에서 비유적인 기간은 시간이 아니라 다니엘서에서
가르치고 있는 박해의 심각성을 강조한다. 교회의 환난이 얼마나 지속되는
지와 상관없이, 그 기간은 박해의 심각성의 관점에서 두 국면으로 나뉠 수
있다. 요한계시록에 암시된 다니엘서의 3년 반의 기간이 무엇을 가리키는
지 관계없이 문제의 핵심은 이것이다. 교회가 세상과 평화로운 관계에 있
는 시간은 존재하지 않는다는 것이다. 그 시간이 교회가 증언하는 중이든
지 증언이 끝날 때이든지 간에 말이다.[277]

계 12:5-6은 3년 반이라는 기간이 그리스도의 부활 때 시작되었으며,
그의 재림 때 절정에 도달할 것을 보여준다(12:5-6의 주석과 14:14-20을 보
라). 11:2은 "거룩한 성"이 "짓밟힐" 기간을 시사한다. 8절은 이러한 짓밟힘
이 예루살렘에서 "주님이 십자가에 못 박히신" 때에 시작했다고 한다. 그래
서 3년 반이다. 특히 교회가 짓밟힘으로 박해받는 궁극적 근거는 그리스도
의 죽으심이다(교회의 박해의 근거로서 그리스도의 죽음과 부활에 대해서는 12:12
을 보라).[278] 그래서 이 기간은 그리스도의 부활 때 시작되었으며, 그의 재림

---

276) Glasson, *Revelation*, 67-70; A. F. Johnson, "Revelation," 503.

277) Sweet, *Revelation*, 183.

278) Rissi, *Time and History*, 40.

때 절정에 도달할 것이다.

3년 반이라는 기간이 교회의 증거를 대표하기 위해 선택된 또 다른 이유는 그리스도의 사역이 그 정도 지속되었다는 데 있다.[279] 다시 한 번 증인들은 유일한 증인이신 그리스도와 동일시된다(11:2, 7과 1:5을 비교하라; 3:14). 11:3-12에 언급된 증인들의 경력을 서술하는 패턴은 그리스도의 경력을 모방하려는 의도로 제시된다. 이런 모방으로는 그들의 선포와 표적들로 인해 사탄의 적개심을 사고, 박해를 당하며(요 15:20), 그리스도가 십자가에 달리신 그 성에서 난폭하게 죽임을 당했다는 것 등이 있다. 또한 세상은 자기가 희생시킨 자들을 지켜보며(계 1:7) 기뻐한다(참조. 요 16:20). 그 후에 증인들은 다시 살아나 구름을 타고 하늘로 올라간다. 하나님이 그들을 신원해주셨기 때문이다.[280] 모세와 엘리야 같은 예언자들의 선례 역시 이러한 패턴을 가리키며, 좀 더 자세하게 패턴을 제시하려고 3-13절에 암시된다. 2절에 있는 이 기간은 10:7의 "하나님의 비밀"과 동일한 기간이다. 앞에서 주장했듯이, 11:1-13은 10:7에서 언급된 기간의 확장이기 때문이다 (10:6-7의 주석 참조).

Apoc. Elijah 2:52-53에서는 "풍요로운" 기간과 환난을 당하던 신자들의 "안식"이 3년 반 지속되며, 이후에 적그리스도의 최후의 맹습이 있다고 언급된다. 비슬리-머리는 계 11:1, 3-13과 13:5의 3년 반 기간을 그리스도의 재림 직전에 있을 적그리스도의 통치와 동일시한다.[281]

거룩한 성

미래주의적 문자주의의 관점은 요한의 환상을 이해하기에 타당해 보이지 않는다. 이 관점에 따르면 요한의 환상에는 천상적 상징이 들어 있고, 지상의 실체와 1대1로 대응하는 정확한 이미지가 포함되지 않았다. 예를 들

---

279) 예. G. Ogg, *NBD*, 223-25; House, *Chronological and Background Charts*, 102-8.
280) Kline, *Images of the Spirit*, 90-91.
281) Beasley-Murray, *Revelation*, 200-1.

면, 비록 여기서 "거룩한 성"(ἡ πόλις ἁγία)이 구약성경과 신약의 여러 곳에서 문자적인 예루살렘에 사용되었다고 하더라도, 요한계시록에서 πόλις는 틀림없이 한정적으로 사용됐다. 21:2, 10과 3:12에서 πόλις는 충성된 이방인과 유대인들이 거주하는 미래 하늘에 있는 하나님의 도성에 사용된다. 11:2의 "거룩한 성"은 하늘에 있는 예루살렘의 어떤 측면을 가리키는 것 같다. 이 어구가 사용된 요한계시록의 다른 예들(21:2, 10; 22:19)이 하늘에 있는 예루살렘을 언급하는 까닭이다. 11:2은 천상적 도시의 처음 형태를 언급하는 것이 분명하며, 도시의 한 부분은 땅에 거하는 신자들과 동일시된다. 20:9은 교회 시대의 기간을 포함하며, "사랑하시는 성(城)"에 대해 말한다. 이는 하늘에 속한 신앙 공동체의 지상적 표현을 가리킨다. 히브리서에서 하늘에 있는 도성에 대한 언급은 동일한 "이미와 아직"의 특성을 지닌다(히 11:10; 12:22; 13:14).

11:2에서 거룩한 성이 짓밟힌다는 것은 바깥마당과 관련하여 앞에 등장한 어구(καί를 주목하라)를 이해하는 데 도움이 된다. 바깥마당은 이러한 근거로 볼 때 우리가 앞에서 분석한 것을 확증하면서 거룩한 성처럼 긍정적인 의미로 사용되었음이 밝혀질 것이다. 우리가 주장한 것처럼, 만일 "거룩한 성"이 박해를 받은 참 하나님의 백성이라면, 바깥마당도 참 신자들을 대표하며 전반적으로 거룩한 성처럼 확실히 모독을 당한다고 이해하는 것은 어렵지 않다.

21:15-17에서 그 성을 측량해야 한다고 한 것은 그것이 겔 40-48장과 동일시되고, 그러므로 계 11:1-2의 성전과도 동일시된다는 사실을 보여준다. 땅에 있는 신자들은 하늘에 있는 예루살렘에 속한 사람들이고 하늘 예루살렘의 대표자들이다. 거룩한 성의 정체를 이런 식으로 밝히는 것은 용과 짐승이 여자(= 새 언약 공동체)와 성도들을 "세 때 반"이라는 똑같은 기간 동안 박해한다는 사실에 의해서도 확증된다(11:3; 12:6, 14; 13:5의 주석 참조).

그러므로 바깥마당은 성전에 속한 영역이고, 하나님이 거하시는 신앙 공동체다. 바깥마당은 성전의 지상적 표현이다. 바깥마당이 성전 복합 건물에 속하는 본질적 부분이라는 것은 그것이 이전에는 성전의 벽으로 보호받았으나 이제는 그 보호에서 "내줌이 되었다"는 2절로 암시된다. 요한이 물질적인 성전 건물의 한 부분을 집어 밖으로 내던짐을 말하지 않는다는 것이 확실하기에, 묘사의 상징적 측면이 전면에 부각된다.[282] 바깥마당을 내준다(또는 내던진다)는 것과 그곳을 측량하지 않는다는 것은 (물리적, 경제적, 사회적 등등) 다양한 형태의 세상적 해로부터 보호를 받지 못한다는 것을 의미한다.

그러므로 바깥마당과 거룩한 성 모두는 박해를 받게 될 하나님의 백성을 가리킨다. 박해는, 다니엘이 예언했듯이, "성소[τὸ ἅγιον]와 백성이 내준 바 되며 짓밟힐[συμπατηθήσεται]" 기간 동안 발생할 것이다(단 8:13 [Theod.]; 또한 1 Macc. 3:45, 51; 4:60; κατατάω를 사용한 2 Macc. 8:2; 마찬가지로 사 63:18은 이스라엘의 "원수들이 너희 성소를 짓밟을" 방법을 언급하려고 다니엘서와 비슷한 단어를 사용한다). 단 8:13의 "짓밟음" 사상과 병행일 수 있는 LXX의 슥 12:13(참조. κατατάω) 역시 그 암시에 부분적으로 포함됐을지도 모른다. "내가 예루살렘을 모든 민족에게 밟히는 돌이 되게 하리니, 그것을 짓밟는 사람마다 철저히 그것을 모독하리라."[283] "모든 민족"이 "그 성을 짓밟는" 것은 그들에게 "제단"과 성전이 "헐리는" 것과 동일하다(Pss. Sol. 2:2, 20[19]; 7:2; 17:25).

결과적으로 바깥마당과 예루살렘 성은 긍정적인 함의와 부정적인 함의를 모두 품은 채 언급되었다. 요한은 긍정적인 비유의 결합을 강조하기로 선택했다. 그는 도시와 관련해서 8절에서는 정반대를 강조한다. 8절의 "큰 성"은 2절의 **거룩한 성**과 대조된다. "짓밟는 나라들"은 단 8장과 사 63장에서 분명하게 언급되었듯이, 참 언약 공동체에 속하지 않은 박해자들이다. "짓밟는" 행위를 이해하는 데 작용하는 이 배경은 비유적으로 짓밟힘을 당하는 사람들이 속임을 당하거나 배교하지 않고, 박해를 받고 있는 참 신앙 공동체를 의미한다. 요한계시록에서 박해자들은 믿음이 없는 이방인들과 유대인들을 모두 포함한다(유대인들에 대해서는 2:9-10과 3:9의 주석 참조).

---

282) Feuillet, *Johannine Studies*, 237.
283) Bauckham, *Climax of Prophecy*, 270-71.

앞의 분석에 반대할 수 있는 한 가지가 있다면 그것은 11:2b이 유대인들의 심판을 예언하는 눅 21:24과 병행으로 보인다는 사실이다. "예루살렘은 이방인의 때가 차기까지 이방인들에게 밟히리라." 이와 대조적으로 앞의 분석에서 우리는 요한이 이것을 교회의 박해를 지칭하는 예언으로 바꿨음을 볼 수 있다.[284] 하지만 누가의 문맥(과 공관복음 병행 어구들)과 계 11:2 모두 단 7-12장에서 유래한 마지막 때의 환난에 관한 예언을 발전시키고 있다.[285] 공관복음 문맥에서는 유대인들의 불신앙 때문에 예루살렘이 압제를 당한다. 하지만 바벨론의 침공과 유수에서처럼, 참 신자들은 믿지 않는 유대인과 함께 고난을 당한다. 사실 공관복음의 주요 목적 중 하나는 그리스도를 따르는 사람들에게 임박한 고난을 대비하여 그로 인해 넘어지지 않게 하는 데 있다. 계 11:2은 심판 사상보다는 공관복음의 이러한 특별 주제를 발전시킨다.

요한은 성도들의 고난의 문제를 다룬 다니엘서의 예언을 주로 발전시킨다. 요한은 성전과 성도들의 박해를 예루살렘의 박해와 결합하고(단 8:11-13), 그것이 3년 반 동안 지속될 것이라는 내용을 첨가한다(단 7:25; 9:27; 11:31-41; 12:7, 11). 요한이 공관복음 전통을 염두에 두었을 가능성도 있지만, 그 전통 배후에 있는 내용에서 출발하여 다니엘서에 의존함으로써 그 본문을 더욱 분명하게 해석했을 것이다. 다니엘서에서 "짓밟음"은 성전과 참 성도들에 대한 박해를 가리킨다. 단 7-12장에 있는 환난에 관한 예언단락의 주요 흐름이 바로 이것이다. 제기될 만한 질문은 이것이다. 누가는 복음서에서 "짓밟는다"는 내용을 왜 자신이 발전시킨 방식으로 발전시켰을까? 계 11:2은 다니엘서의 사상을 꾸준히 발전시키고 있다.

보컴은 최근에 다니엘서가 바깥마당을 "내주고" 거룩한 성을 "짓밟는" 두 행위 모두의 중요한 배경이라는 생각을 더욱 지지했다.[286] 11:1-2

---

284) 이에 대해 Feuillet는 개연성이 없다고 판단한다. Feuillet, *Johannine Studies*, 236-37.

285) 공관복음의 종말론적 강화에서 이 문제를 논의한 Hartman, *Prophecy Interpreted*, 145-77 을 보라.

286) Bauckham, *Climax of Prophecy*, 267-73.

은 10:7이 끝난 곳에서 시작한다. 그곳에서 요한은 "언제까지"를 사용하며 단 12:7을 암시했다. "언제까지"에 대한 답은 역사의 끝까지가 될 것이다. 천사는 다니엘에게 그 끝이 원수가 "성도의 권세가 다 깨지기까지" 오지 않을 것이라고 말했다. 다니엘서의 전형적인 시간은 끝날까지 지속된다(단 12:11). 계 11:1-2에서 요한은 단 12:7을 이와 비슷한 본문인 단 8:13-14의 도움을 받아 해석한다. 이 본문 역시 다니엘서의 표준적인 시간으로 대답하는 "언제까지"로 시작한다. 단 12장에서는 역사가 끝날 때까지 "성도들은 흩어짐을 당한다"는 것이 강조된 반면에, 단 8:13b에서는 역사가 끝날 때까지 "매일 드리는 제사와 망하게 하는 죄악과 관련된 일과 성소와 백성이 내준 바 되며 짓밟힐" 것이라고 표현된다(NRSV). 특히 일반적으로 "매일 드리는 제사를 없애버렸고 그의 성소[성전 건물의 바깥마당]를 헐었으며"로 번역되는 단 8:11의 결론은 "그의 성소를 내주었으며"로 번역될 수 있다. 이것은 성소 안과 그 안에 있는 제사장들이 이방인 세력들에 의해 바깥마당이 더럽혀지고 짓밟히는 일에서 어느 정도 보호받음을 암시한다. 이것은 요한이 "성전의 바깥마당이 내줌"이 된다고 말한 구체적인 배경이다. 그러므로 요한은 단 12:7과 동일한 실체를 언급하려고 단 8:11-13을 암시한다. 이것은 요한에게 성전인 교회의 물리적 고난을 지칭할 뿐 아니라, 영적 성전에서 섬기는 하나님의 제사장인 그리스도인들에 대한 영적 보호를 암시한다.

πόλις의 문자적 사용에 대해서는 2 Esdras 21:1(=느 11:1); 사 48:2; 52:1; 66:20; 단 9:24; Tob. 13:10(9); *Pss. Sol.* 8:4; 2 Macc. 1:12; 3:1, 14; 9:14; 15:14; *3 Macc.* 6:5; 마 4:5; 27:53을 보라.

결론

성전, 제단, 경배하는 자들, 바깥마당, 거룩한 성에 대한 묘사는 하나님의 새 백성과 관련하여 서로 다르면서도 상호 보충적인 측면을 강조한다. 다시 말해 성전은 하나님이 땅에서 독특하게 함께하시는 사람들을, 제단은 희생적인 소명을 받은 사람들을, 경배하는 자들은 그들의 예배하는 방식으로서 희생적인 삶을, 바깥마당은 이방인과 유대인으로 구성된 교회로서 그들의 증언을 위해 고난당함을, 거룩한 성은 하나님이 임재하시는 구별된 공동체를 가리킨다는 것이다. 이러한 분석이 옳다면, 성전과 거룩한 성은 수미상관을 이루며, 신자들의 공동체에 거하시는 하나님의 임재는 하나님의 백성에 대한 묘사를 소개하고 마무리한다. 하나님의 백성은 특히 박해 중에서도 그들 가운데 계시는 하나님의 임재로 특징지어진다. 이 주제는 3-13절에서 더욱 발전될 것이다.

성전과 제단과 바깥마당과 거룩한 성을 기독교 공동체와 동일시하는 것은 우리가 앞에서 교회를 이스라엘의 예언과 이름 및 제도와 동일시했던 것과 맥을 같이한다(1:6-7, 12; 2:9, 17, 26-27; 3:9, 12; 5:10; 7:2-8, 14-15). 1-2절의 상징성 역시 3-7절의 분명한 상징들의 계속된 사용에 의해 입증된다.

11:1-2에 있는 이 5가지 묘사가 다 비유적이며 신앙 공동체에 적용될 수 있다는 점은 3:12에서 그 선례를 찾을 수 있다. 3:12에는 이와 비슷한 이미지 5개가 이기는 자들에게 비유적으로 적용되었다. **기둥**, **성전**, 하나님의 이름, **예루살렘 성**의 이름, 그리고 그리스도의 새 이름 등이 그것이다.

13:6은 신앙 공동체를 향한 짐승의 적대 행위를 이와 비슷하게 묘사한다. "짐승이 입을 벌려 하나님을 향하여 비방하되 그의 이름과 그의 장막, 곧 하늘에 사는 자들을 비방하더라."

1절을 마무리하는 ἐν αὐτῷ의 선행사로서 가능성 있는 것이 3가지 있다. 측량하는 갈대 자, 성전 또는 번제 등이 그것이다. 첫 번째 대안은 "그것으로 [측량하는…]" 또는 "그것을 이용하여"로 번역하는 것이다.[287] 비록 κάλαμος("갈대 자")가 선행사로 고려하기에는 너무 멀리 떨어져 있지만 말이다. 두 번째 대안인 성전이 선행사일 가능성은 있다. 특히 ἐν αὐτῷ가 "그[= 성전] **안**에서 경배하는 사람들"이라고 가장 전형적인 의미로 번역될 수 있기 때문이다. 하지만 "제단"이 선행사일 개연성이 가장 높다. 제단이 "거기서 경배하는 사람들"에게 더 가까이 있기 때문이

---

287) BAGD, 260.

다.[288] 비록 전치사 ἐν이 "곁에(by)", "가까이(near)", "앞에(before)" 또는 "에(at)"로 번역되어야 하지만 말이다. "성전"이나 "제단"이 선행사라면, "경배하는 자들"은 성전이나 제단과 동일시될 수 없다. 만일 그렇다면, 특히 선행사가 "제단"인 경우, 이것은 정확히 하나님의 임재(=성전 또는 아마도 제단) 안에 거하는 신자들을 묘사한다고 보아야 한다. 하나님을 위해 그들의 삶을 희생제물로 드림으로써 하나님을 섬기는(="제단에서 경배하는") 신자들의 삶 말이다. 하지만 요한이 그 비유들을 이런 식으로 정확히 분석하도록 의도하지는 않았을 것이다. 이 경우 성전은 **자기 백성과 함께 또 그들 안에 거하시는 하나님의 임재를 가리킬 수 있다.** 이로 인해 그들은 성전의 일부분으로 간주된다. 제단은 백성의 희생적인 운명을, 그들의 경배는 그들이 성전에서 하나님께 드리는 제사장적인 섬김(봉사)을 가리킬 것이다. "그 안에서 경배하는 자들"이라는 어구를 소개하는 καί가 동격으로도 기능할 수 있을까? (즉 "이른바[또는 즉], 그 안에서 경배하는 자들." 이렇게 경배하는 자들을 성전 및 제단과 동일시할 수 있을까?) καί를 이런 식으로 번역하는 것은 13:6에 비춰볼 때 가능할 수는 있다. 여기서 하나님의 "장막"이 (비록 καί와 함께 사용되지는 않았지만) 분명히 "하늘에 사는 자들"로 정의되었다(13:6이 몇몇 번역 성경에서는 "그의 장막, 즉 하늘에 장막을 치고 있는 사람들"로 번역되었다[RSV, NRSV, NASB, Moffatt; 무엇보다도 New Living Translation]; 13:6의 주석 참조). 앞에서 살펴보았듯이, καί의 동격적인 의미를 암시하는 추가 증거는 요한이 계 11:1-2과 13:6에서 암시한 단 8:11이다. 이 본문이 중요한 것은 그 본문에 있는 하나님의 "수많은(host)" 성도들이 "하나님의 장막"과 동일한 것처럼 보이기 때문이다(자세한 내용은 13:6의 주석 참조).

---

288) Reader, "Riddle of the Polis in Rev. 11:1-13," 409; 참조. BAGD, 258.

하나님이 그의 백성 가운데 계심은 교회가 박해 중에도 예언자적 증언을 할 때 승리할 것을 보증한다. 이로 인해 그들을 박해하는 사람들은 심판을 받을 것이다 (11:3-6)

3절　3-6절은 1-2절의 "측량하는 것"의 일차적인 목적을 설명한다. 그것은 하나님이 장막, 즉 그의 종말론적 공동체 가운데 임재하심으로써 그들이 예언자적 증언을 효과 있게 할 수 있도록 확신을 주려는 데 있다(μάρτυς, μαρτυρία, μαρτυρέω에 대해서는 1:2, 5, 9; 2:13; 3:14; 6:9의 주석 참조). 그들은 구약의 위대한 예언자들(모세와 엘리야, 4-6절)과 같은 예언자들이 될 것이다. 그들은 예언자로서 예수를 **증언한다**(참조. 1:9; 2:13; 12:11, 17; 17:6에 등장하며 이런 의미를 지닌 μάρτυς 어군을 보라).

서론적인 καὶ δώσω("그리고 내가 주리니")는 하나님의 백성이 고난을 받는 중에서도 그들과 영원히 함께하시는 효과 또는 목적을 서술함으로써 1-2절의 사상을 이어간다. 하나님이 그 백성으로 하여금 세상의 심판을 받아 고난을 받도록 "이방인들에게 내주시는(ἐδόθη)" 것을 허락하시지만(2절), 그는 성도들에게 믿음으로 인내할 힘을 "주실" 것이다. 또한 하나님은 그들에게 박해자들이 영적으로 심판받을 것을 예언하라는 사명을 주실 것이다. "내가 나의 두 증인에게 권세를 주리니 그들이…예언하리라."[289] 이것은 신앙 공동체가 10:11에서 요한이 받은 예언자적 재임명에 어느 정도 참여하고 있음을 보여준다. 특히 요한과 온 공동체가 "백성과 방언과 나라들"에게 예언해야 하기 때문이다.[290]

본문의 δώσω("내가 주리니")와 προφητεύσουσιν("그들이 예언할 것이요"), 그리고 2b절의 πατήσουσιν("그들이 짓밟을 것이요")의 미래 시제는 1-6절의 사건들이 요한의 관점에서 아직 일어나지 않았음을 의미할 수 있다. 하지

---

289) 공식적 인가를 암시하는 본문에 δίδωμι("주다")가 사용된 것에 대해서는 6:2-11에서 수동태 ἐδόθη를 주석한 내용을 보라. 11:3에서는 미래 능동태에도 같은 뉘앙스가 있다.

290) 참조. Prigent, *Apocalypse*, 163-65.

만 시제 그 자체는 시간을 결정할 수 없다. 이 본문에서 시제와 법(mood)
은 미래에서 현재로 그리고 직설법에서 가정법으로 바뀌고 있기 때문이다
(4, 5a-b, 6a-b절에 있는 현재 시제들). 2절의 부정과거 수동태 ἐδόθη가 동일한
의미를 갖고 과거의 때를 언급하지 않는 것처럼, 미래 시제의 동사들은 미
래의 시간보다는 신적인 결정을 강조할 가능성이 높다. 마찬가지로 ἐδόθη
는 예언적 완료의 전형적인 예로 이해할 필요는 없다.[291] 문맥이 시간의 궁
극적인 결정 요인이 되어야 하며, 우리가 문맥을 분석한 것에 의하면 1-6
절은 과거·현재·미래 등 교회 시대 전체를 망라한다.[292]

"두 증인"은 그가 모세와 엘리야가 되었든지, 에녹과 엘리야, 바울과 베
드로, 또는 기원후 68년에 살해된 유대의 두 대제사장이 되었든지 간에 두
명의 예언자를 의미하지 않는다.[293] 두 증인 중 어느 누구도 그리스도교 공
동체의 일부분에만 속하지 않았다. 그들이 유대인 출신의 그리스도인이 되

291) S. Thompson, *Apocalypse and Semitic Syntax*, 40이 이해하듯이 말이다.
292) 시간대를 미래에 한정하는 사람들은 4-6절의 현재 시제들을 "미래적 현재"로 분류한다. 예.
    Mussies, *Morphology*, 33.
293) Lindsey, *New World Coming*, 149-50에 따르면 모세와 엘리야이고, Seiss, *Apocalypse*,
    242-68; Lang, *Revelation*, 185에 따르면 에녹과 엘리야(구약의 예언자들이 다시 출현하기를
    기대한 것과 관련해서는 4 Ezra 6:26; *Apoc. Elijah* 4:7; 5:32; *Ethiopic Apocalypse of Peter*
    2을 보라; 참조. Irenaeus, *Adversus Haereses* 5.5; Tertullian, *De Anima* 50; Hippolytus,
    On Daniel 22; *Gospel of Nicodemus* [*Acts of Pilate*] 25; *History of Joseph the Carpenter*
    31)이며, Munck, *Petrus and Paulus*, 17-19; Court, *Myth and History*, 90-104에 따르
    면 바울과 베드로다. Munck에 반대되는 견해를 보려면 Satake, *Gemeindeordnung*, 128-
    29을 보라. Alford, *Greek Testament* IV, 659; Leivestad, *Christ the Conqueror*, 228-30;
    Walvoord, *Revelation*, 179에 따르면, 기원후 68년에 순교한 유대의 두 대제사장(참조.
    Josephus, *War* 4.314-18) 또는 미지의 예언자들이다. 그밖에 Titus에 의해 순교당한 유대
    인 출신의 두 그리스도인들을 비롯하여 두 증인의 정체를 밝힌 목록에 대해서는 Considine,
    "Two Witnesses," 290-92; Prigent, *Apocalypse*, 165; Brütsch, *Offenbarung* II, 19-20;
    Mounce, *Revelation*, 223을 보라. M. Stuart, *Apocalypse* II, 226-27에는 두 증인이 기원후
    70년 직전에 예루살렘의 멸망을 예언한 기독교의 예언자들이라고 소개되었는데, 이는 개연
    성이 부족하다. 둘 중에 기독교 공동체 한 부분에만 속한 사람은 없다. 그가 유대 출신의 그
    리스도인이든지(Brütsch, *Offenbarung* II, 7-29; Rissi, "Judenproblem," 49-50은 예루살렘
    에 있던 유대인 출신의 그리스도인들이라고 주장한다), 특별히 은사를 받은 예언자이든지(A.
    F. Johnson, "Revelation," 504과 Minear, *New Earth*, 99), 또는 순교자(Kiddle, *Revelation*,
    183; Caird, *Revelation*, 134-38; Trites, *New Testament Concept of Witness*, 164-70;
    Morris, *Revelation*, 147-48)이든지 말이다.

었든지, 기독교 예언자 또는 순교자가 되었든지 말이다. 본문과 요한계시록의 다른 곳에서 예언자들이 순교자에만 한정되지 않음을 시사하는 단서는, 19:10과 22:9에서 요한이 자기에게 경배하려 하자, 자기에게 경배하지 말라고 한 **천사**(!)가 자신을 가리켜 "나는 너와 및 예수의 증언을 받은 네 형제들과 같이 된 종"과 "나는 너와 네 형제 예언자들과 또 이 두루마리의 말을 지키는 자들과 함께 된 종"이라고 밝힌다는 사실이다. 요한계시록에서 μάρτυς(와 그 단어와 관련된 어군)는 아직은 "순교자"라고 구체적으로 정의되지 않았다. 그 단어는 단지 "증인"을 의미할 뿐이다.[294] 또한 "두 증인"은 "하나님의 말씀"과 "예수의 증언"과 같은 개념들을 의미하지도 않는다. 그들은 행동하고 말하는 사람들로 묘사되기 때문이다.[295]

오히려 두 증인은 신앙 공동체 전체를 가리킨다. 그들의 일차적인 역할은 예언하는 증인이 되는 것이다.[296] 세례 요한이 엘리야가 실제로 재탄생한 것이 아니라 "엘리야의 심정과 능력으로" 왔듯이(눅 1:17), 두 증인도 모세와 엘리야가 환생한 것이 아니다.[297] 그렇지만 두 증인은 구약의 두 인물을 모델로 삼았다(5-6절의 주석 참조). 증인들은 "촛대"로 불린다. 그들의 말씀이 등불처럼 탈 것이기 때문이다. 엘리야의 "말이 등불처럼 탔"고(Sir. 48:1) 세례 요한의 말이 "켜서 비추이는 등불"이듯이 말이다(요 5:35). 이 두 증인들은 예언자의 옷을 입었다. 증인들이 온 세대의 교회이면서 동시에

---

294) 자세한 내용은 Trites, "Μάρτυς and Martyrdom"을 보라. 법적인 증언으로서 μαρτυρία("증언" 사용에 대해서는 1:9의 주석 참조. 그 어군은 항상 법적 의미를 지니는 것은 아니지만, 성경 밖의 이교도나 유대교 자료, LXX과 신약성경에서 일반적으로 이런 방식으로 사용되었다. 특히 요한 문헌에서 그러하다(H. Strathmann, *TDNT* IV, 483-85, 490, 502-3; A. A. Trites, *DNTT* II, 1039-43, 1047-49; 같은 저자, *NT Concept of Witness*, 154-74, 그리고 "μάρτυς and Martyrdom." 또한 Trites는 계 11-12장과 18-19장에서 이 단어의 법정적 분위기를 지적한다.

295) Strand, "Two Witnesses of Rev. 11:3-12"에 반대함.

296) Goppelt, *Typos*, 197; Considine, "Two Witnesses," 285-8; Satake, *Gemeindeordnung*, 129-32; Beasley-Murray, *Revelation*, 183-84; Wilcock, *I Saw Heaven Opened*, 105-6; Mounce, *Revelation*, 222-24; Hailey, *Revelation*, 253-61; Krodel, *Revelation*, 222-24.

297) Seiss, *Apocalypse*, 246-49, 267이 항변하지만, 또 다른 영적 의미의 엘리야와 같은 인물이 세례 요한 이후에도 온다는 것은 여전히 유효하다.

세대 끝에 올 두 명의 인물일 가능성은 거의 없다.[298] 구약은 하나님의 백성
의 종말론적인 공동체 전체가 성령의 예언의 은사를 받을 것이라고 예언했
다(욜 2:28-32). 초기의 기독교 공동체는 요엘의 예언이 그들 중에서 성취되
기 시작했다고 이해했다(행 2:17-21). 이 예언의 은사는 교회 전체가 온 세
상에 "증언하는" 수단이 될 것이다(행 1:8).

증인들이 공동체를 가리킨다는 사실은 아래의 6가지 내용에 의해 입증
된다.

1. 증인들은 4절에서 "두 촛대"로 불린다. 이는 교회와 동일시되어야 한
다. 이와 비슷하게 *Sifre* 신 10과 *Pesikta Rabbati* 51.4은 마지막 때의 의로
운 이스라엘 백성을 슥 4:2-3의 등잔대(촛대)에 비유한다. 그리고 *Pesikta
Rabbati* 7.7은 동일한 등잔대를 "모든 이스라엘"을 대표하는 것으로 해석
한다. 더 중요한 것은 계 1:20에서 촛대를 가리켜 "일곱 촛대는 일곱 교회"
라고 분명하게 밝힌다는 사실이다. 이곳에 언급된 촛대가 1장에 언급된 것
과 다른 것 같지는 않다. 그리고 5장에서 교회 전체가 "나라와 제사장"으로
제시되고 1장에서도 촛대가 "나라와 제사장"과 동일시되었듯이, 11:4은 증
인들을 왕과 제사장 기능에 연결한다(11:4의 주석 참조).

2. 7절에서는 "짐승이 그들과 더불어 전쟁을 일으켜 그들을 이"길 것이
라고 한다. 이것은 다니엘이 예언한 마지막 악한 나라가 개인이 아닌 이스
라엘 국가를 박해한다고 한 단 7:21에 근거한다.

3. 공동체적인 해석은 모든 불신자들의 세계가 증인들의 패배와 부활을
볼 것이라는 9-13절의 진술에 의해서도 지적된다. 이것은 증인들을 세상
곳곳에서 볼 수 있다는 의미다. 하지만 이 주장은 린지와 같은 사람들의 주
장에 힘을 실어주지는 않는다.[299] 그는 요한이 전 세계에 텔레비전으로 중
계되어 모든 사람이 보게 될 일화를 염두에 두고 있다고 생각한다.

4. 두 증인은 3년 반 동안 예언한다. 이 기간은 "거룩한 성"과 "여자"와

---

298) Ladd, *Revelation*, 154이 주장하려는 것처럼 말이다.
299) Lindsey, *New World Coming*, 151.

"하늘에 있는 장막"이 압제를 당하는 기간과 동일한 기간이다(11:2; 12:6, 14; 13:6). 이 본문들이 공동체의 박해에 대해 말하는 것이라면, 증인들을 그렇게 공동체와 동일시하는 것은 가능하다. 한 여자의 이미지가 3년 반 동안 존재하는 신앙 공동체를 의미한다면, 두 명의 예언자 이미지도 동일한 기간 동안의 같은 실체를 대표할 수 있다(이와 비슷하게 음녀 한 사람은 17장에서 불경건한 공동체를 대표한다). 11:3을 앞의 두 절 내용의 연속으로 이해하는 것이 옳다면, 두 증인은 고난의 기간에 있는 참 이스라엘과 "거룩한 성"을 설명하는 또 다른 묘사다. 앞에서 이미 주목했듯이, 3년 반이라는 기간은 **공동체**로서 이스라엘이 당할 환난의 때를 예언한 단 7:25, 12:7, 11(과 아마도 단 9:27까지)에 근거한다. 숫자 2는 요한계시록 전체에서 다른 수들이 그러하듯이, 문자적인 수보다는 어떤 개념을 나타낸다(1:4, 12, 16, 20; 2:10; 3:10; 4:4-7; 5:1, 6; 6:1-8; 7:1-9; 9:5, 10, 14-15의 주석 참조). 여기서는 환난의 기간이 실제로 얼마나 지속되는지와 상관없이, 환난을 경험하는 참 언약 공동체에 비유의 강조가 있다.

5. 종종 요한계시록 여러 곳에서 신자들의 공동체 모두는 예수에 대한 "증언"의 원천과 동일시된다(6:9; 12:11, 17; 19:10; 20:4).

6. 이 예언자들이 두 개인이 아니라는 마지막 단서는 모세와 엘리야 두 사람의 능력이 두 증인에게 동일하게 부여되었고 두 사람 사이에 나뉘지 않았다는 사실을 주목하는 것에서 찾을 수 있다.[300] 그들은 동일한 예언자적 쌍둥이다.[301]

그런데 1장의 촛대 수에 맞춘 일곱 증인이 아니라 두 증인이라고 표현한 이유는 무엇일까? 그 차이는 증인이 개인임을 밝히려는 것이 아니라 그 반대에 있다. 숫자 2의 출처는 율법을 범한 사람을 재판하는 근거로서 최소한 두 명의 증인을 요구하는 구약의 율법이다(민 35:30; 신 17:6; 19:15). 이 법적 원리는 신 19:15에 근거하여 신약성경에서도 계속된다(참조. 마 18:16; 눅

---

300) Bauckham, *Climax of Prophecy*, 275-76.
301) Giblin, *Revelation*, 114.

10:1-24, 이 본문에는 각각 두 명씩 35그룹이 존재한다; 요 8:17; 고후 13:1; 딤전 5:19;
히 10:28). 그러므로 법적 요건을 충족한 증인에 강조점이 있다. 이런 까닭
에 하나님은 심판을 선언하거나 심판을 집행하기 위해 또는 하나님의 진리
의 말씀을 전달하기 위해 두 명의 천사를 보내곤 하신다(2 Macc. 3:26, 33; *3
Macc.* 6:18; *2 En.* 1:4; pseudo-Philo 27:10; 64:5-9; *3 En.* 18:23-24; 눅 24:3-9; 행
1:10-11; *Gospel of Peter* 36-42; 두 사람은 같은 역할을 수행할 수 있다: 1Q22).

이러한 법적인 분위기는 우리가 법적 증인을 언급하는 것으로 해석한
μαρτυρία("증거")의 사용에 의해 한층 강조된다(1:9의 주석 참조). 그 단어가
요한계시록에서 사용된 9번 중 적어도 6번이 세상의 법적 제도에 의해 배
척과 처벌을 받은 증인을 언급한다는 것을 주목하면 이러한 뉘앙스가 전
달된다(1:9; 6:9; 12:11, 17; 20:4). 11:3의 μάρτυς와 11:7의 μαρτυρία의 경우가
분명히 이런 뉘앙스에 어울린다. 사실 이곳 세상 법정에서 그리스도인들의
증언을 받아들이지 않는 것은 하늘 법정에서 박해자들에 대한 심판의 근거
가 된다.

두 명이 언급된 또 다른 이유가 될 만한 것은 일곱 교회에 보낸 편지
(2-3장) 중에서 오직 두 촛대(즉 교회)만 그들이 증언하지 못했다고 책망을
받지 않았다는 점을 들 수 있다. 만일 그렇다면, 3절에서 이것은 교회의 **효
과적인** 증언을 더욱 강조한다. 개중에는 2-3장의 일곱 촛대 대신에 두 촛
대가 사용된 것은 11:3ff.에서 단지 교회 중 일부분(예언자들, 순교자,[302] 또
는 유대인 출신의 그리스도인들)만을 염두에 둔 것을 암시한다고 주장하는 사
람들이 있다. 이것은 비유적인 의미로서는 얼마든지 가능할 수 있겠지만,
11:3-4이 교회의 7분의 2를 언급한다고 결론을 내리는 문자적인 견해에 가
깝다.[303] 그러나 1-3장의 모든 교회가 증언하는 "촛대"로서 부름을 받았다
는 사실은 증인을 묘사하는 본문의 초점이 교회 전체에 있음을 암시한다.

---

302) 예. Harrington, *Revelation*(M. Glazier 판).
303) Caird, *Revelation*, 134-35이 그렇게 생각한다. 비록 Caird는 그 수가 온 세상에 있는 교회
    의 7분의 2를 언급한다고 추론하지만 말이다.

우리가 11장을 논의한 모든 내용으로 미루어볼 때도 이러한 비유적 강조가 옳음이 입증된다.

증인들은 "베옷을 입었다." 이것은 몇 사람이 회개할 것이라는 소망도 담고 있겠지만, 그들의 메시지로 인해 야기될 심판 때문에 슬퍼하는 것을 암시한다.[304] 구약성경에서는 베옷이 회개를 가리킨 적이 이따금 있지만, 주로 심판에 대해 슬퍼하는 표시가 된다. 구약성경에 베옷이 42번 등장하는 것 중 27번이 슬픔만을, 그리고 13번은 회개를 동반한 슬픔을 언급한다. 이와 동일하게, 마 11:21과 눅 10:13에서도 회개의 슬픔을 언급하는데 σάκκος가 사용되었다. 엘리야(왕하 1:8)와 그의 예표론적 대응인물인 세례 요한(막 1:6)이 베옷을 입은 것처럼, 교회도 비슷하게 베옷을 입는다. 교회의 신자들에게 동일한 예언자적 소명이 있기 때문이다(다른 사람들의 죄와 심판 때문에 슬퍼하는 예언자의 옷으로서 베옷에 대한 설명은 *Asc. Isa.* 2:9-11을 보라).[305] 앞에서 주목했던 "두 증인"이 지닌 구약의 법적 배경과 이어지는 절의 증거에 의하면, 두 증인이 베옷을 입었다는 사실은 심판으로 인한 슬픔을 강조한다. 심판을 강조한다는 사실은 증인들이 그들을 박해하는 자들과 재판하는 관계(특히 5-6절)에 있고, 11:13에서 드러나듯이, 그들의 예언자적 과제가 소망이 가득한 복음 전도가 아니라는 사실에서 분명히 드러난다(11:13의 주석 참조).

4절   5-6절은, 증인들의 증언 내용이 본질적으로 그 증언을 배척하는 사람들에게 죄가 있다는 판결이라는 점에서, 심판이 증인들로 말미암아 이미 시작되었음을 보여준다. 하지만 증인들이 누구인지는 시작된 판결이 5-6절에 묘사되기 전인 4절에서 좀 더 자세히 정의된다.

증언의 법적인 특성은 증인들이 보이지 않는 법정에서 증언할 때 서 있는 위치로 강조된다. 그들은 "이 땅의 주 앞에 서 있다." 주님은 땅의 모든 것을 아시는 재판장이시다. "그의 눈은…온 세상에 두루 다니는 눈이기" 때

---

304) G. Stählin, *TDNT* VII, 63은 본문의 베옷을 심판을 경고하는 의미로 이해한다.

305) 참조. Sweet, *Revelation*, 184.

문이다(참조. 슥 4:10, 14; 계 5:7). 주님이 이처럼 가까이 계신다는 사실은 증인들이 하나님의 직접적인 영감과 사명을 받았음을 강조한다.[306] 증인들은 비록 위험한 세상에 살고 있지만, 주님의 주권적인 임재 가까이에 있다. 그들을 주님과의 관계에서 떨어뜨릴 수 있는 것은 아무것도 없다.[307] 이러한 사상은 보다 광범위한 개념에 속하는 것 같다. 유대교 문헌에서 "주 앞에 서 있다"라는 표현은 충성된 자들이 하나님과 영원히 안전한 관계에 있음을 의미했다(예.*Jub.* 30:18-20; 1QH 4[12].21; 18.24-29[21.9-14]).

성막과 성전에서 촛대는 하나님의 임재 안에 있었으며, 그곳에서 퍼져 나오는 빛은 하나님의 임재를 분명하게 상징했다(민 8:1-4; 출 25:30-31에서 촛대는 "진설병" 직후에 언급된다. 또한 40:4; 왕상 7:48-49). 또한 슥 4:2-5의 등잔대 위에 있는 등불은 반대에도 아랑곳하지 않고 성전 재건을 마칠 수 있도록 이스라엘(=촛대, 등잔대, 6절)에게 능력을 공급하시는 하나님의 임재 또는 성령을 대표하는 것으로 해석되었다(슥 4:6-9).

그래서 이제는 새 이스라엘인 교회가 땅에 있는 하나님의 영적 성전이며, 교회는 성령과 하나님의 임재로부터 능력을 공급받는다. 그들은 하나님의 보좌 앞에 서서 세상과 맞선다. 이것은 하나님의 장막인 그의 종말론적인 공동체 가운데 그가 임재하신다는 11:1-3에서 시작된 주제의 연속이다. 하나님의 임재는 교회의 예언자적 증언을 효과적으로 수행할 수 있는 확신을 준다. 1-2절의 성전은 외적으로는 해를 받을 수 있지만 내적으로는 해를 받을 수가 없다. 이 주제는 증언하는 교회가 짐승의 공격을 쉽게 받지만(11:7-10), 궁극적으로는 그 공격의 치명적인 결과에 어떤 영향도 받지 않음이 판명되는(11:11-12) 성전에 대한 묘사의 연속이다.[308]

증인들은 "두 감람나무와 두 촛대"로 밝혀진다. 앞에서 살펴보았듯이, "촛대"는 1-2장에 나온 "촛대"의 반복되는 의미였기에 교회를 가리킨다.

---

306) Kraft, *Offenbarung*, 157.
307) 참조. Prigent, *Apocalypse*, 156-67.
308) Minear, "Ontology and Ecclesiology," 98.

"동일한 책에서 동일한 상징을 두 개의 다른 사상을 지칭하려고 사용하는 것은 상식에 어긋난다."[309]

감람나무와 촛대가 4절의 결론 어구에 나란히 함께 등장하는 것은 슥 4:14에서 유래했다(참조. 4:2-3, 11-14). 스가랴서의 환상에서 촛대는 (부분으로 전체를 의미하는 표현법으로서) 스룹바벨이 기초를 놓은 두 번째 성전을 의미했다(1:13-15의 주석 참조). 촛대 양편에는 등불을 밝히려고 기름을 공급하는 감람나무가 있었다. 스가랴는 감람나무를 "온 땅의 주 앞에 서 있는 기름 부음을 받은 자들"이라고 해석한다(4:14). 이들은 대제사장 여호수아와 스룹바벨이다.

슥 4장에 있는 모든 환상의 의미는 6-10절에 요약되었다. 성전 건축이 시작되긴 했지만, 적대 세력들의 반대로 그 사역이 멈추었다(7절의 "산"은 아마도 바사인들 또는 그보다 약한 주변 세력을 가리킬 것이다). 슥 4장의 요점은 반대 세력이 극복되고 성전이 완성될 것이라는 하나님의 확신이다. 성전 건축의 처음 시작은 위태로워 보였고 적대 세력으로 인해 완성될 가능성이 거의 없어 보였지만 말이다(10a절). "이는 [육체의] 힘으로 되지 않고 능력으로 되지 않고, 오직 나의 영"과 많은 은혜로 될 것이다(6-9절). 하나님은 그의 열매를 맺는 영(기름)을 제공하셔서 그 영이 제사장과 왕(감람나무)을 통해 성전을 완공하게 하실 것이다. 슥 3:9의 "돌"이 4:10의 "여호와의 일곱 눈"과 동일시 될 "일곱 눈"과 결합된 것을 주목할 필요가 있다. 두 경우 일곱 눈은 성전의 기초석을 섭리적으로 돌보며, 그 돌을 놓는 행위가 곧 성전이 완공될 것이라는 하나님의 확신을 나타냄을 비유적으로 암시한다.

이 배경은 요한이 이 시점에서 슥 4:14을 적절하게 사용함을 보여준다. 요한의 창조적인 스가랴서 사용은 원래 문맥의 의미를 훼손하지 않는다.[310] 요한은 11:1-2에서 압제를 당해도 참 성전이 세워지고 보존될 것을 말했으며, 여기서는 동일한 단락의 절정으로 슥 4:14을 사용한다. 스가랴서 본문

---

309) Kiddle, *Revelation*, 181.
310) 하지만 Court, *Myth and History*, 91-92을 비교하라.

에서 반대를 무릅쓰고 성전을 세우는 일에 제사장과 왕이 성령의 핵심적인 수단이 되었듯이, 여기서도 두 증인은 11:1-2의 성전과 관련하여 동일한 역할을 수행할 힘을 성령으로부터 받는다. 슥 4장의 성전과 관련하여 하나님의 영적인 성전은 대수롭지 않아 보인다. 특히 그것이 눈에 보이지 않고 그 성전의 운명이 세상 세력들의 반대에 부딪히기 때문이다. 타르굼은 스가랴서에 언급된 반대 세력인 "산"을 요한이 염두에 두었던 반대 세력인 로마로 해석한다(*Targ. Ps.-J.* 슥 4:7;[311] 그리고 본서 11:8의 주석 참조). 기독교 공동체가 반대에도 불구하고 교회 시대를 통해 하나님의 성전으로 성공적으로 세워진다는 것은 교회가 충성된 예언자적 증인 노릇을 할 수 있도록 성령께서 힘을 북돋아주신다는 사실로 확신할 수 있다(1:13-15; 19:10의 주석 참조). 물론 11:1-2을 논하며 앞에서 관찰했듯이, 교회는 참 성전이신 그리스도와 동일시되기 때문에 성전이다. 성령은 부활을 통한 그리스도의 승리의 증거다. *Targ. Ps.-J.* 슥 4:7에는 이와 비슷하게 성전의 모퉁이 돌이 메시아와 동일시된다. 메시아는 악한 나라들을 이김으로써 성전 건립의 완성을 보장하실 것이다.

스가랴서의 암시는 예언자가 성령에 감동을 받았다는 사실을 강조한다. 요한은 이미 슥 4장의 등불을 하나님의 영과 동일시했기 때문이다(4:5; 5:6).[312] 계 11:4은 행 1:8에 천명된 교회의 사명을 묘사하는 상징적 그림이다. 스가랴서와 대조적으로, 제사장적 인물과 왕적인 인물은 개인이 아니라 우주적인 교회를 대표한다. 사실, 교회의 왕과 제사장이라는 2중 역할은 이미 앞에서 분명하게 천명되었으며(1:6; 5:10), 나중에 다시 천명될 것이다(20:6). 이와 비슷하게 유대교 문헌들은 슥 4:3, 11-14을 이스라엘에 있는 모든 의인뿐만 아니라 일반적으로 제사장적이고 왕적인 인물을 언급하는 것으로 해석했다.

슥 4장의 넓은 문맥은 스가랴서와 본문의 문맥이 연결되었음을 드러낸

---

311) Sperber, *Bible in Aramaic* III, 482에 언급된 코덱스 f.
312) Prigent, *Apocalypse*, 166-67.

다. (1) 슥 1:16-17과 2:1-5에서 예루살렘이 확실히 재건되어 "하나님의 집이 그 안에 건립될 것"이고 하나님이 "예루살렘 가운데 영광이 되실 것"을 의미하기 위해 천사가 예루살렘을 "측량한다"(비교. 계 11:1-2). (2) 하지만 사탄은 세상의 세력을 이용하여 예루살렘에 하나님의 성전이 재건되는 것을 대적한다(슥 3:1-2; 4:7). 짐승과 세상이 증인들을 대적하듯이 말이다(계 11:5-10).

유대교 문헌에서는 슥 4:2-3, 11-14이 일반적으로 제사장적 인물과 왕적 인물을 언급하는 것으로 해석되었고(참조. *Midr. Rab.* 민 18.16-17; *Midr. Rab.* 애 1.16, 51; *Pesikta Rabbati* 8.4), 가끔은 동일한 본문들이 구체적인 메시아적 함의를 지닌 제사장적이고 왕적인 인물들을 가리키는 것으로 이해됐다(CD 9.10-11; *Midr. Rab.* 민 14.13; *ARN* 30b; 그리고 아마도 *Testament of Simeon* 7:1-2과 *Test. Levi* 2:10-11도 그런 것 같다).[313] 계 20:4-6은 이 왕과 제사장들이 순교자들이나 교회 내의 특별한 집단이 아니라 하나님의 백성 전체임을 보여준다.[314] *B. Sanhedrin* 24a에는 슥 4:3, 12-14에 등장하는 두 감람나무가 토라(할라카)를 적용하는 데 능수능란한 사람들로 해석되었다. 토라의 적용은 계 11:5-6의 두 증인의 예언자적 증언에 비교될 수 있다.

슥 4장의 금 촛대는 유대교 문헌에서 이스라엘의 의인들을 가리키는 비유로 이해된다. 특히 금 촛대는 마지막 때에 모든 세대로부터 모일 이스라엘과 동일시된다(참고자료에 대해서는 1:12의 주석 참조).

민 8:2-3에 대한 *Midr. Rab.* 민수기는 촛대 위 일곱 등잔에 계속해서 불을 밝히는 이스라엘이 받게 될 상급을 하나님이 "그들의 영혼을 모든 악한 것들로부터" 보호하실 것(15.4)과 그들의 복이 "결코 없어지지 않을 것"(15.6)으로 천명한다. 하나님의 임재는 이 일곱 등불의 불 가운

313) 카라임(Karaite) 전통에 따르면, 슥 4:14의 두 인물은 메시아의 성품을 지닌 엘리야와 다윗의 후손 메시아(Messiah ben David)와 동일시되었다(Wieder, "Doctrine of the Two Messiahs among the Karaites").
314) Satake, *Gemeindeordnung*, 129-30.

데 거하신다(15.9).

몇몇 사본에는 4절 맨 앞에 있는 "두 감람나무"라는 어구가 생략되었다. 필경사가 처음에 등장하는 αἱ δύο를 건너뛰고 바로 두 번째 αἱ δύο를 읽었기 때문이다(2053ᵗˣᵗ pc).

א 1006 1841 1854 2053 그리고 𝔐ᴬ은 여성 복수인 αἱ δύο ἐλαῖαι καὶ αἱ δύο λυχνίαι("두 감람나무와 두 촛대")와 일치시키려고 남성 복수인 ἑστῶτες("서 있는")를 여성형 복수인 εστωσαι로 대체했다. 남성 복수는 요한의 문체적 불일치의 또 다른 예일 수 있다. 비록 그것이 단순히 서론의 남성 복수 οὗτοι("이들")이거나[315] 상징 뒤에 있는 남자들(모세와 엘리야)과 관련되거나,[316] 즉 4장에 나오는 단어의 순서를 유지하려고 이어지는 αἱ δύο ἐλαῖαι καὶ αἱ δύο λυχνίαι를 삽입한 것일지도 모르지만 말이다. 즉 4장에서는 4:11의 촛대(등잔대)와 직접 연결된 여성형 αἱ δύο ἐλαῖαι가 이어지는 절(4:14)에서 남성형인 οἱ δύο υἱοὶ...παρεστήκασιν τῷ κυρίῳ πάσης τῆς γῆς("이는…둘이니 온 세상의 주 앞에 서 있는 자")와 동일시된다. LXX의 한 이문은 일반적이지는 않지만 분명하게 παρεστήκασιν을 남성형인 οι παρεστηκουσιν으로 읽는다.

5절   "측량하는" 목적과 결과가 더 자세히 설명된다. 이제는 두 촛대에서 불타는 성령의 불이 꺼뜨릴 수 없는 것으로 설명된다. 아무도 촛대를 영적으로 이길 수 없다.[317] 증인들의 영혼은 해를 입을 수가 없다. 그들이 거하는 눈에 보이지 않는 장막으로 보호를 받기 때문이다. 그들의 예언자적 증언을 평계로 "만일 누구든지 그들을 해하고자 하면," 그런 사람들 자신이 증인들에 의해 해를 당할 것이다. 하나님이 그의 백성 중에 함께 계심으로써 그들은 궁극적이고 영원한 의미에서 해를 당하지 않을 것이라는 보증을 받는다. 그래서 그들이 받은 권세(5-6절)는 겉으로 그들의 메시아적

---

315) Robertson, *Grammar*, 410, 704.
316) 참조. Mussies, *Morphology*, 138.
317) 참조. Wilcock, *I Saw Heaven Opened*, 105.

적법성을 보여주지는 않지만, 하나님이 그들을 보호하심을 보여준다.[318] 증인들은 신체적·경제적·정치적·사회적 해를 당할지도 모른다. 하지만 그들이 하나님과 누리는 영원한 언약적 지위는 결코 영향을 받지 않을 것이다. 그들이 측량을 받은 한 가지 이유는 박해를 받음에도 불구하고 예언자적 증거를 순조롭게 하려는 데 있다. 증인은 고난을 받고 심지어 죽을 수도 있다. 하지만 7a절이 입증하듯이, 아무도 그들을 꺾을 수가 없고, 증인들은 그들이 "측량을 받고" 소명을 받은 영적 사명을 성공적으로 수행할 것이다.[319] "그들이 그 증언을 **마칠 때에**"(7a절) 그들의 증언은 예수의 구속사(예. 1:9; 6:9의 주석 참조), 특히 그의 죽음과 부활과 주 되심에 초점이 맞춰져 있다(1:12-18의 주석과 5장을 보라). 5절은 증인들의 메시지를 저버리고 그들을 압제하는 사람들을 묘사한다. 증인들의 증거를 저버리는 것은 미래의 영원한 심판의 기초를 놓는 행위다. 원수들이 증인들을 배척하는 일이 발생한다면, 심판의 경고를 비롯한 예언자적 메시지의 진리에 의해 압제자들에 대한 최후의 심판이 시작된다(참조. 요 12:48: "내가 한 그 말이 마지막 날에 그를 심판하리라").

최후 심판의 이러한 첫 법적·영적 국면이 각각 5a절과 5b절의 결론 어구에 표현된다. 첫 번째 어구인 "그들의 입에서 불이 나와서 그들의 원수를 삼켜버릴 것이요"는 문자적으로 봐서는 안 된다.[320] 이것은 원수들에게 뒤따르는 심판에 대한 법적 선언으로 이해하는 것이 가장 좋다. 이러한 기소는 실제로 그런 심판의 시작 단계이며, 적어도 거기까지는 심판을 진행시킨다.

이러한 비유적 이해는 요한계시록의 여러 곳에서 지지를 받는다. 1:16 (참조. 2:12, 16)과 19:15, 21에서 요한은 그리스도를 "그의 입에서 나오는 날카로운 칼"로써 원수를 심판하신다고 비유적으로 묘사한다. 2:16에 있는 동일한 그림은 동일한 형태의 일시적 심판을 암시한다. 반면에 19:15, 21

---

318) 참조. Satake, *Gemeindeordnung*, 125.

319) 참조. Prigent, *Apocalypse*, 167.

320) 이와 비슷한 비유가 *2 En.* 1:5에 등장한다. 이 본문에서 에녹을 인도하던 두 천사는 동시에 "그들의 입에서…불이 나오는 것"과 "노래하는 것"으로 묘사되었다. 참조. *APOT* II, 431.

은 재림 때 있을 그리스도의 원수의 멸망을 다룬다. 그리스도의 입에 있는 검은 그의 말씀으로 죄인들을 단죄하는 것을 비롯하여 그의 진리 선언을 가리키는 비유다(19:10-13에 암시되었듯이 말이다. 2:23과 히 4:12을 비교하라). 계 11:5에 언급된 증인들의 입에서 나오는 불에는 선고라는 동일한 의미가 있다. 하지만 그것은 그리스도가 기소하시는 것처럼 절정에 이르렀을 때 말하게 되는 것은 아니다. 하지만 증인의 입에서 나오는 불은 2:16에서 그리스도가 발하시는 비유적인 기소와 부분적으로는 시간적으로 병행된다.

1, 2, 11, 19장의 이러한 언급들을 비유적으로 해석하고 해당 장들과 분명하게 병행이 되는 내용이 4 Ezra 13:25-39에서 발견된다. 이 본문에서 인자의 입에서 나오는 불로 악한 자들을 불태우는 인자 환상(13:10-11)은 그가 악한 자들을 "책망하는 것", "그들이 고통을 받게 될 고통으로⋯그들을 꾸짖는 것", 그리고 "율법에 의해 행위 없는 그들을 멸망시키는 것"으로 해석되었다. 메시아의 의로운 심판을 묘사하는 같은 비유가 사 11:4에 제시된다. "그의 입의 막대기로 세상을 치며 그의 입술의 기운으로 악인을 죽일 것이라." 메시아의 심판 역시 유대교 문헌에서 비유적으로 묘사되었다(*Pss. Sol.* 17:24-26; 참조. *1 En.* 62:2). 이와 비슷하게 구약성경에서는 하나님의 심판이 그의 입에서 나와 사르는 불로 그려진다(삼하 22:9; 시 18:8; 참조. 시 97:3; *Asc. Isa.* 4:18).

예레미야와 엘리야에게 부여된 예언자적 사명이 주로 염두에 있을 것이다(예레미야가 다시 올 것이라는 내용이 마 16:13-14에 반영되었듯이, 예레미야에 대한 기대가 예레미야를 기억하는 데 영감을 주었을 것이다). 예레미야를 통해 심판한다는 것 역시 비유적 표현이다. "너희가 이 말을 하였은즉, 볼지어다! 내가 네 입에 있는 나의 말을 불이 되게 하고 이 백성을 나무가 되게 하여 불사르리라"(렘 5:14; 본문의 LXX과 계 11:3에 등장하는 δίδωμι["주다"]를 비교해보라). 계 11:5에서처럼 회개에 관한 예레미야의 예언은 열국이 권면을 저버리는 경우 심판의 도구가 된다. 아하시야 왕이 우상숭배한 일에 대한 경고로 엘리야는 반복해서 불을 내려 왕이 보낸 군인들을 살라버렸다(왕하 1:10-17 LXX: κατέβη πῦρ⋯καὶ κατέφαγεν, "불이 하늘에서 내려와⋯살랐더라"; 참조. *Jos. Asen.* 25의 요셉과 *Test. Abr.* A 10:11-12의 아브라함). 엘리야는 "그가 참 예언자임을 증명하려고" 불을 내렸다(Josephus, *Ant.* 9.23; 참조. 왕하 1:10). 요한계시록 이곳에서 엘리야가 암시된 것은 다음 절에서 그를 분명하게 언급할 것을 예상한다. 모세의 예언자 직분 역시 그가 불경건한 자들을 심판하기 위해 하늘에서 불을 내려오게 하는 능력으로 증명된다. 모세와 엘리야는 종종 불을 내려오게 할 수 있는 그들의 능력에 근거하여 비교되곤 했다(Philo, *Conf.* 2.282-84; *Pesikta Rabbati* 4).

같은 문구인 πῦρ ἐκπορεύεται ἐκ τῶν στομάτων αὐτῶν("그 입에서 불이 나오더라")이 처음과 다른 순서이기는 하지만, 9:17-18에 2번 등장한다. 9장에서 땅에 거하는 적대적인 자들을 죽이려고 마귀의 특성을 지닌 말들의 입에서 불이 나온다. 이 비유의 사용은 귀신적인 말들이 불신자들을 영적으로 그리고 어쩌면 물리적으로 죽이는 것을 가리킨다. 이것은 14:10과 21:8에서 받게 될 큰 심판의 확실함을 위한 첫 단계다. 우리는 9:17-18을 논의하면서 계 1, 2, 19장, 4 Ezra, *Pss. Sol.*, 그리고 *1 Enoch*의 동일한 병행 어구들이 9장에 묘사된 장면을 이와 같이 비유적으로 해석하는 것을 지지하고 있음을 확인했다. 그 결론은 11:5의 불 비유에 대한 비유적 해석을 지지하며, 이러한 해석과도 일관성이 있다. 2:16과 더불어 계 9:17-18은 시작했지만 아직 절정에 이르지 않은 심판에 적용되는 불 비유의 선례를 제공한다. 이것은 여기서도 해당된다. 9:17-18은 심판의 선언이 아니라 심판의 시작이다. 11:5에서 선언 그 자체는 심판의 첫 단계이든지, 마지막 심판의 첫 국면의 시작이다.[321] 두 경우 모두 해당될 수 있다. 불이 실제로 "그들의 원수를 삼킨다"는 것은 시작된 심판의 실재를 보여준다.

심판의 방법은 11:5b에 더 자세히 설명된다. 증인들을 죽이려는 사람들은 죽임을 당할 것이다. 이것은 죄를 범한 것에 맞는 응징을 요구하는 모세의 율법에 묘사된 전형적인 심판에 해당한다(동해보복법, *lex talionis*). 사실 이 내용은 지속적으로 신 19:15을 암시하며, 3절에서 처음으로 넌지시 제

---

321) Considine, "Two Witnesses," 387.

시되었다. 공정한 판결을 위해 두 증인만 요구될뿐더러, 심판은 범한 죄 그
대로 집행된다. "그가 그의 형제에게 행하려고 꾀한 그대로 그에게 행하여
너희 중에서 악을 제하라"(신 19:19). 민 35:30도 이를 반영할 수 있다. "사람
을 죽인 모든 자 곧 살인한 자는 **증인들의 말을 따라서** 죽일 것이나 한 증
인의 증거만 따라서 죽이지 말 것이요"(참조. 레 24:17-21).

　　11:5b에 소개된 정의의 역설적 패턴은 요한계시록 곳곳에서 반복된다
(16:6; 13:10; 18:5-7의 주석 참조). 교회의 증인들은 그들의 증언 때문에 죽임을
당하는 경우가 종종 있다(2:13; 6:11; 13:15). 하지만 교회의 예언자적 메시지에
포함된 내용은 증인을 배척하는 모든 사람에게 영적인 사망이 있다는 선고다.

> 이어지는 내용에 비춰볼 때, 5b절에서 가정법과 결합된 εἰ ("누구든지
> 그들을 해하고자 한다면")는 서술의 조건적 요소를 소개하는 것이 아니
> 라, 5a절의 직설법과 결합된 εἰ ("누구든지 그들을 해하길 원하면")처럼 실
> 제 상황을 묘사한다.[322] 그래서 몇몇 사본은 가정법(εἴ τις θελήσῃ) 대신
> 에 직설법(εἰ τις θελει)으로 대체함으로써 5b절을 이런 식으로 해석했다
> (C 𝔐; Prim). 브룩스와 윈베리는 이러한 구성을 "후기 필경사들이 교정
> 한 문법적인 오류"로 간주한다.[323] 하지만 포터는 이러한 문법 구조는 헬
> 레니즘 그리스어에서 잘 알려진 것이며, 고전 자료에서도 등장함을 주목
> 한다.[324]

　　6절　　이 구절은 구약의 배경으로 층층이 채워졌다.

두 증인의 모델인 모세와 엘리야의 사역

두 증인이 예언자적으로 선언하는 심판의 효과는 그들이 증언하는 기간 동

---

322) 참조. BAGD, 219.
323) J. A. Brooks and C. L. Winbery, *Syntax of New Testament Greek* (Lanham: University
　　Press of America, 1979), 121.
324) Porter, *Verbal Aspect*, 309.

안 시작된다. 모든 증인들이 고난을 당하기는 하지만 박해로 죽는 것은 아니다. 그들은 박해를 당하는 동안 계속해서 증언함으로써 영적인 심판을 가한다. 두 증인에게는 이 심판을 집행하는 예언자적 "권세"가 있다. 그들의 "권세"는 엘리야와 모세가 그들을 대적하는 사람들에게 심판을 수행했던 예언자적 권세의 패턴을 따른 것이다. 이 사실은 요한이 구약의 두 예언자들의 사역을 두 증인에게 연결시키면서 ἐξουσία("권세")를 2번 사용한 것에서 강조된다. 두 증인은 예언자 모세와 엘리야가 역사의 끝 이전에 다시 와서 이스라엘을 회복하고 불경건한 자들을 심판할 것이라는 구약과 유대교의 대망의 성취다(이 소망과 관련해서는 아래 내용 참조).

사실 마 9:4-7에서는 엘리야와 모세가 예수가 하나님의 아들이시라는 하나님의 선언에 대해 증언하려고 나타났다. 계 11:3의 "내 두 증인"은 이 두 인물을 염두에 두었을 가능성이 무척 많다.[325] 두 예언자의 암시는 두 증인이 (모세로 대표되는) 율법과 (엘리야로 대표되는) 예언자들이 궁극적으로 지향했던 것을 증언한다는 점을 의미할 수 있다.[326] 구약성경에서 율법이 종종 비유적으로 "빛" 또는 "등불"로 묘사되었기 때문에, 증인들이 "촛대"라고 불린(4절) 것은 매우 적절하다(시 119:105; 잠 6:23; *Test. Levi* 14:4; pseudo-Philo 15:6). 숫자 "2" 역시 율법과 연결하기에 적합하다. 그 숫자는 율법을 범한 사람을 정죄하기 위해 적어도 두 명의 증인이 있어야 한다는 구약의 요구에 근거한다(3절의 주석 참조).

율법의 정체를 이런 식으로 밝히는 것은 *Midr. Rab.* 신 3.16-17에도 반영되었다. 이 자료에는 신 10:1에 있는 율법의 두 돌판이 "[증언해야 할] 두 증인에 해당하고⋯이 세상과 오는 세상에 해당한다"라고 언급된다. 그런 후 이 미드라쉬는 두 증인을 모세 및 엘리야와 동일시한다. 모세는 "이 세상에서만" 봉사한 것이 아니라 "내[하나님]가 예언자 엘리야를 그들에게

---

325) Court, *Myth and History*, 98.

326) 예. Charles, *Revelation* I, 283; I. T. Beckwith, *Apocalypse*, 595-96; Feuillet, *Johannine Studies*, 245-47; McDowell, *Meaning and Message*, 113; Ladd, *Revelation*, 154-55; Harrington, *Revelation*, 154-55; Preston and Hanson, *Revelation*, 88.

장차 데려올 때에도 그렇게 할 것이다. 너희 두 사람은 함께 올 것이다." 여기서 모세와 엘리야의 심판 역할이 강조된다. 구체적인 예는 엘리야가 이스라엘에 비가 내리지 않게 한 것(왕상 11장; 참조. 신 11:16-17)과 모세가 물을 피로 바꾼 것(출 7:17-25)이다. 두 사람이 행한 이 일들은 하나님의 백성을 박해하고 하나님께 불순종하고 우상을 섬긴 왕들에게 내린 심판이다. 재앙은 회개를 이끌어내기 위한 것이 아니라 마음이 강퍅하고 고집 센 왕들에게 심판을 내리는 것을 목적으로 한다.

계 11:6도 이와 같다. 예외가 있다면, 더 이상 개인적인 예언자나 왕에게 초점이 맞춰져 있지 않다는 것뿐이다. 이제는 교회의 예언자적 공동체 전체가 적대적인 우상숭배자들과 교회를 박해하는 타락자들에게 고통을 가한다. 11:6의 마지막 어구는 삼상 4:8에서 애굽 재앙을 요약하는 표현을 따라 하나님의 성이 "여러 가지 재앙으로 불경건한 공동체를 친다"고 결론을 내린다.

베드로와 바울이 여기서 모세와 엘리야와 더불어 모델의 일익을 담당한다는 주장은 가능성이 전혀 없지는 않다. 그들은 각각 교회가 유대인과 이방인들에게 증언하는 일을 대표한다(갈 2:7-9). 더욱이 그들은 자신들의 증언으로 인해 로마에서 죽임을 당했다.[327] 두 증인에 대한 묘사는 모든 참 예언자들의 "초월적인 모델"에 따라 되었고, "예수가 예루살렘에 등장하신 모습을 길잡이로 삼으며, 많은 예언자의 이야기에서 유래한 언어로써 일반적인 소망을 그린다."[328]

지금까지 11:1-5을 설명한 우리의 비유적 해석이 옳다면, 6절에 언급된

---

327) 11:5-6의 등장인물과 베드로 및 바울을 비교한 Munck, *Petrus und Paulus*, 1950; Court, *Myth and History*, 90-104을 보라.

328) Minear, *New Earth*, 103. 두 증인을 묘사하는 데 사용된 모든 참 예언자의 "초월적인 패턴"과 관련해서는 구약의 예언자들을 총체적으로 언급한 *Jub.* 1:12-13을 보라. "내가 나의 **증인들**을 그들에게 보내어 그들에게 **증언할** 것이며…그들은 **증인들**을 죽이며 율법을 추구하는 사람들을 박해할 것이다." *Jub.* 30:4, 15-18은 "야곱의 두 아들"(시므온과 레위)이 불경건한 자들에게 재앙을 내리며 "모든 사람을 고통 중에 죽였다"고 하며, 축성된 이스라엘 백성이 "주님의 성소를 더럽히는" 사람들을 심판하는 일에 그들의 모범을 따라야 한다고 천명한다.

재앙 역시 비유적인 것으로 이해해야 한다. 처음 여섯 나팔과 초기 유대교 문헌에 출애굽 재앙 이미지가 비유적으로 사용된 부분에서도 비유적 분석의 정당성이 입증을 받는다(본서 8:12의 주석과 8:13의 주석 사이의 "처음 네 나팔의 결론"을 보라). 하늘을 닫아 비가 내리지 않게 하는 것은 하늘의 개입을 표현하는 이미지다. 이것은 백성이 하나님이 땅에 세우신 언약 질서와 도덕적 질서를 범한 까닭에 그들이 심판받고 있음을 계시하는 표다(8:10-12에 있듯이 말이다). 구약성경에서처럼 이곳에서도 심판은 우상숭배 때문에 임한다(왕상 17:1; 레 26:1, 19). 하늘에서 자연의 정상적인 질서가 중단된다는 말은 문자적인 것이 아니라, 박해자들에게 그들이 행하는 우상숭배가 어리석고 그들이 살아 계신 하나님으로부터 멀어져 있으며 이미 심판의 처음 형태를 경험하고 있음을 상기시키려는 의도로써 하나님이 정하신 사건들을 지적하는 것 같다. 이러한 사건들로 인해 그들은 절망적인 상황에서 두려움과 떨림으로 살아갈 수밖에 없다(8:10-12의 주석 참조).

두 증인에 의해 촉발된 고통의 3년 반 사역은 예수의 사역 길이만 아니라 엘리야의 심판 사역과도 상관이 있다. 엘리야는 "하늘을 닫아 3년 6개월 동안 비가 내리지 않게" 했다(눅 4:25; 약 5:17).[329] 11:5에서 증인들의 입에서 불이 나온다는 말은 증인들을 엘리야와 연결짓는 것을 더욱 확증한다. 예언자 엘리야가 행한 심판 사역은 하늘에서 불을 내린 것으로써 입증되었다. 엘리야의 사역을 등불에, 그의 예언자적 말을 불에 비유한 선례는 이미 앞에서 살펴보았다. 일례로 Sir. 48:1을 들 수 있다. "그때에 예언자 엘리야가 불처럼 서 있었고, 그의 말은 등불처럼 탔다." 엘리야의 사역이 "회개하지 않고 그들의 죄에서 떠나지 않은" 이스라엘과 함께 끝나듯이(Sir. 48:15), 요한의 두 증인의 사역 역시 같은 반응을 얻는다(계 11:11-13; 참조. 9:20).

하지만 엘리야처럼 불로 원수들을 멸망시키는 사역은 복음의 시대에

---

329) 왕상 17:1과 18:1에서 엘리야가 무기한의 시간(하지만 3년 이하)을 언급하는 것과 관련하여 그가 사역할 동안 비가 내리지 않게 한 것에 대해서는 Mounce, *Revelation*, 225을 보라. *Vitae Prophetarum* 21:5은 그 기간을 3년으로 한정한다.

는 더 이상 적합하지 않다. 그런 유의 사역이 복음으로 고난받는 종들의 삶에서는 영적 수준으로 바뀌었다. 이러한 선례는 눅 9:54-62과 눅 10:1-16을 비교하면 알 수 있다. 실제 불로써 심판하는 엘리야의 사역에 대한 암시에 이어 제자도의 어려움을 묘사하는 교훈이 이어지고, 그것은 그리스도가 제자 70명을 둘씩 짝지어 보내시면서 사명을 주실 때 제자들이 한 심판 설교에 비유적으로 적용된다. 구약성경에서 어느 예언자의 입에서도 불이 나온 적이 없다는 사실에 비춰볼 때, 요한계시록 본문에 불이 비유적으로 적용되었음이 분명하다. 더욱이 엘리야는 하늘에서 불을 불러 내렸다. 반면에 계 11장에서는 불이 예언자의 입에서 나온다. 교회에게 모세나 엘리야 또는 그리스도와 똑같은 예언자적 권세가 있는 것은 아니다. 예언자적 사역은 지금 그러한 이적으로 입증되지 않는다. 그렇지만 교회의 예언자들은 구약의 예언자들처럼 하나님 앞에 서 있으며(4절), 성령의 예언자적 은사를 동반하는 더 가까운 신적인 교제로부터 배제된 대다수의 이스라엘 백성과 대조된다. 그래서 교회의 증인에게는 예언자적 권세가 있다. 그리고 교회의 증언은 믿지 않고 박해하는 자들에게는 심판을, 믿음으로 반응하는 사람들에게는 복을 가져다준다.

교회가 예언자의 위치에서 최후의 심판에 관한 메시지를 비롯하여 복음에 관한 하나님의 진리를 선포함으로써, 궁극적으로 회개하지 않는 사람들에게 고통을 안겨줄 것이다. 고통은 최후의 심판을 예상하며 타락한 사람들의 마음을 강퍅하게 하여 죄 가운데 있게 하고, 마침내 큰 날의 심판에 맞게 무르익도록 한다. 이러한 고통은 우선 사람의 영적인 영역에 영향을 준다. 특히 양심에 재앙을 내린다. 땅에 거하는 자들이 자기들을 "괴롭게 한"(ἐβασάνισαν) 예언자들의 죽음으로 인해 즐거워하는 장면이 11:10에 분명하게 나타난다. 예언자들의 사역의 초기 결과는 불경건한 자들이 자포자기하며 낙심한 일이었다. 아마도 불의한 자가 복음의 메시지를 거절할 때 어떤 유의 고통을 받는지를 보여주는 좋은 예는 벨릭스다. 바울이 "의와 절제와 장차 오는 심판을 강론하자" 벨릭스는 두려워하고 진리에 대해 분개하며 바울을 내보냈다(행 24:24).

M. Aboth 2.10에서는 토라를 가르치는 지혜로운 교사의 말씀들이 토라에 순종하지 않는 사람들에게 해를 준다고 기록되었다. 이러한 해는 "전갈이 쏘는 것과 같고…독사가 무는 것…불타는 숯불"과 같다. 이와 비슷하게 요한은 예언자들의 증언을 거절하는 일이 계 9장에서 마귀의 특성을 지닌 전갈들과 뱀들이 시행하는 심판으로 이어짐을 묘사한다.

역사의 끝 이전에 이스라엘을 회복하고 불경건한 자들을 심판하러 예언자 모세와 엘리야가 올 것이라는 구약과 유대교의 대망에 대해서는 다음의 문헌들을 보라. 모세에 대해서는 신 18:15, 요 1:21, 6:14, 7:40, 행 3:22-23, CD 9.10-11, 4QTest. 4-8, 1 Macc. 4:44-46, Josephus, *Ant.* 20.97-99, *Targ. Pal.* 신 33. *Midr. Rab.* 출 2.4; *Midr. Rab.* 신 2.9; *Sifre* 신, Piska 355; J. Jeremias, *TDNT* IV, 856-73을 보고, 엘리야에 대해서는 말 3:1-5, 4:1-6, Sir. 48:1-10, 마 11:10-14, 27:47, 49, 막 9:11-13, 15:35-36, 눅 1:15-17, pseudo-Philo 48:1, *m. Eduyoth* 8.7, *b. Menahoth* 45a, *Midr. Rab.* 출 18.12, *Midr. Rab.* 민 14:4, *Midr. Rab.* 아 1.1 §9, *Pirqe de Rabbi Eliezer* 43, Ginberg, *Legends* IV, 233-35, Justin, *Dialogue* 49:1, J. Jeremias, *TDNT* II, 928-41을 보라. 두 사람이 올 것이라는 기대에 대해서는 *Midr. Rab.* 신 3.17, 4 Ezra 6:26을 보라. 4 Ezra 6:28은 엘리야와 에녹을 언급한다. *Pesikta Rabbati* 4은 두 사람을 폭넓게 비교한다. *Targ. Jer.* 출 12은 모세와 왕적인 메시아가 미래에 "함께 나올 것"이라고 주장한다. 유대교 내에 있던 두 인물에 대한 대망을 논의한 Hahn, *Titles*, 352-406을 보라. 모세와 아론과 비교된 두 메시아 대망에 대해서는 *Targ.* 아 4:5과 7:4을 보라. 유대교에서 두 메시아 대망을 다룬 문헌은 K. Berger, *Auferstehung*, 265-66을 보라.

우리가 분석한 증인들은 쿰란에서 그 선례를 찾을 수 있다. 쿰란의 공동체 규범(1QS 8.4-10)에는 공동체 전체가 참 성전으로 묘사된다. 그 성전은 무너질 수 없고, "심판을 증언하는 진리의 **증인들**이며 악한 자들에게 심판을 내리고…악을 심판하라고 선언한다." 여기서 한 걸음 더 나아가 쿰란은 (모세와 같은) 예언자가 마지막 때에 올 것과 제사장과 왕의 직분을 동시에 가진 메시아를 언급하려고 슥 4장과 신 18:15-18을 결합한다(CD 9.10-11; 4QTest 3-8).

두 증인의 사역과 나팔 재앙의 관계

재앙과 고통의 성격은 처음 여섯 나팔, 특히 처음 두 화로 인해 불경건한 자들이 경험했던 것과 동일한 것 같다(고통과 그것의 유대교 및 구약 배경에 대해서는 9:5-6의 주석 참조).[330] 이것은 다음의 어휘와 개념상의 병행 어구에 의해서도 확인된다. (1) 두 곳 모두 "재앙"으로 언급된다(πληγή, πλήσσω, 8:12; 9:20; 11:6). (2) 두 곳 모두 "땅에 거하는 자들"을 향한다(τοὺς κατοικοῦντας ἐπὶ τῆς γῆς, 8:13; 11:10). (3) 입에 심판할 "권세"가 있다(ἐξουσία, 9:3, 10, 19; 11:6). (4) 재앙에는 기근이 포함된다(참조. 8:8-9. 9:7-10; 11:6a의 메뚜기). (5) "죽이다"(ἀποκτείνω, 9:15, 18, 20; 11:5). (6) "해를 받다"(ἀδικέω, 9:10, 19; 11:5). (7) 심판을 집행하는 자들의 "입에서 불이 나온다"(πῦρ ἐκπορεύεται ἐκ τοῦ στόματος αὐτῶν, 9:17-18; 11:5; 참조. 16:8-9). (8) 물이 "피"로 바뀐다(αἷμα, 8:8; 11:6). (9) "하늘"에서 또는 "하늘"로부터 나타나는 효과가 있다(οὐρανός, 8:10; 9:1; 11:6; 참조. 8:12). (10) 재앙은 불신자들에게 그들이 영적으로 절망적인 상황에 있음을 상기시키고, 그로 인해 낙담케 하며 마음에 "고통"을 준다(βασανισμός와 동족 동사, 9:5-6; 11:10). (11) 처음 여섯 나팔과 두 증인의 이야기는 모두 죽임을 당하는 불신자들의 구체적인 비율과 그들이 회개하지 않는 상태가 전혀 변하지 않는다는 말로 결론짓는다(9:20; 11:13, 두 경우 모두 οἱ λοιποί로 끝난다).

그러므로 나팔들과 증인들은 둘 다 예언적인 특성과 영적으로 절망시키는 효과를 갖는다는 점에서 동일한 것으로 보인다. 증인들의 증언은 불

330) Lenski, *Revelation*, 339; Giblin, "Revelation 11.1-13," 444.

경건한 자들이 하나님과 멀리 떨어져 있음을 나타내려고 땅에 있는 안전을 제거하는 처음 네 나팔과 같다. 그들이 박해하고 우상을 숭배하는 까닭이다(8:6-12; 11:10의 주석 참조). 증인들의 메시지는 다섯째와 여섯째 나팔처럼 마음이 완악한 불신자들에게 고통과 징벌을 가한다. 11장에서 심판을 받는 불경건한 자들이 나팔 재앙으로 인한 화를 겪는 사람들과 동일하다는 사실은 10:11에 암시되었다. 거기서 요한은 온 세상의 백성에게 **"다시 예언하라"**는 명령을 받는다.

　이 심판은 원수를 갚아주고 그들을 대적하는 사람들에게 보복해달라는 성도들의 기도에 대한 첫 번째 **분명한** 응답이다(6:9-11; 8:3-5; 9:13). 병행 어구인 6:9의 "그들이 가진 증거"와 11:7의 "그들이 그 증언을 마칠 때"는 이러한 해석을 지지한다(자세한 비교는 아래 11:7의 주석을 보라. 참조. 11:3). 두 본문 모두 끝까지 증언하며 인내하고 그것 때문에 박해를 받는 신자들을 묘사하는 동일한 사상을 염두에 두고 있다. 자신들을 박해하는 사람들을 심판해달라는 하늘의 성도들은 이제 "그들이 가진 증거"와 그것을 위해 그들이 고난을 당한 것 자체가 압제자들을 심판하는 수단이라는 말을 듣는다. 나팔 재앙에서 암시되었던 것이 여기서는 분명하게 표현되었다(8:3-5과 9:13에서 기도와 나팔 재앙의 관계를 비교하라). 심판의 시작으로 인해 위로가 시작되었다는 가르침은 심판을 위한 기도가 궁극적으로 절정의 방법으로 응답받을 것이라는 구체적 확신을 제공한다.

　성도들의 기도 및 증인들의 역할의 문맥적 관계 그리고 여섯 나팔과 두 증인들을 설명하는 의미 및 주제의 병행에 근거해볼 때, 나팔과 증인들 간에 통합된 관계를 또한 관찰할 수 있다. 예언자적 증거에 직면하고도 완고하여 회개하지 않은 것 때문에 심판이 개시된다. 이것 자체가 증거의 한 부분이다. 증인들의 증거의 주요 주제는 하나님의 의로우심이다(참조. 행 24:24). 두 예언자들은 복음과 화를 선언하며, 화를 실행하기 시작한다고 그려진다. 하지만 실제로 마귀적인 심판들을 촉발함으로써 벌을 가하는 이는 나팔을 부는 천사들이다. 심판을 수행함에 있어 두 증인과 천사들이 결합되어 있다는 점은 출애굽 재앙 배경과 맞아떨어진다. 출애굽 당시 하나님은 모세의 증거를 통해 심판하셨다. 사람들이 그 증거를 거절한 것이 심판의 이유였다. 심판 중에는 천사를 통해 집행된 심판도 있다(예. 출 12:23; 14:19-28). 그리고 유대교 전통은 애굽에 내린 재앙들 중 상당수가 악한 천사와 마귀적 특성을 지닌 대리인들을 통해 시행되었다고 이해한다.

> 일반적으로 유대교 전통은 하나님이 애굽 사람들의 마음을 강퍅하게 하신 수단이 귀신들과 악한 천사들이었다고 믿는다(예. Wis. 17-19; *Jub.* 48:9-18; *Testament of Solomon* 25; 8:12의 주석 참조).

땅에 속한 박해자들은 증거의 기간이 끝날 때 눈에 보이는 교회를 이긴다(11:7-10)

7절   도입 어구인 "그들이 그 증언을 마칠 때"는 이어지는 7b-13절이 역사의 끝에 발생함을 보여준다. 교회는 세상 앞에서 그리스도를 증언하는 역할을 완수했을 것이고 패배한 것처럼 보일 것이다(마 24:9-22). 이것은 그리스도의 재림과 모든 성도가 최종적으로 신원받는 일 직전에 발생한다(11:11-12의 주석 참조).

7절은 1-2절의 "측량하는 일"이 교회의 증언하는 과제의 성공적인 완료를 보장함을 보여준다. 성공적 완료에는 모든 교회 시대에 걸쳐 그리스도인들의 믿음과 구원을 보호하는 것이 포함된다. 이것이 효과적인 증언의 전제이기 때문이다. 여기서는 6:9, 11의 반향과 함께, 2절에 언급된 그리스도교의 성전인 교회가 당하는 고난의 혹독함과 강렬함, 그리고 그 고난의 역사적 절정이 묘사되었다.[331]

---

331) 참조. Mulholland, *Revelation*, 206-207.

6:9, 11	11:7
τὰς ψυχὰς τῶν ἐσφαγμένων…διὰ τὴν μαρτυρίαν ἣν εἶχον…ἕως πληρωθῶσιν καὶ…οἱ μέλλοντες ἀποκτέννεσθαι ("그들이 가진 증거로 말미암아 죽임을 당한 영혼들이…죽임을 당하여 그 수가 차기까지").	ὅταν τελέσωσιν τὴν μαρτυρίαν αὐτῶν… ἀποκτενεῖ αὐτούς ("그들이 그 증언을 마칠 때에…그들을 죽일 터인즉").[332]

두 본문 모두 성도들이 "증언하는 일"로 인해 적대적인 세상에게 "죽임을 당"함을 말한다. 증인의 역할은 구속사에서 정해진 때(ὅταν, ἕως)에 "마칠" 것이다. 증인들이 세상의 관점에서는 패할 것 같지만(7-10절), 그들의 죽음은 세상의 최종적 패배로 이어질 것이다(11-13절). 세상에 속한 박해자에게 내리는 절정에 달한 이 심판은 6:9-11에서 언급된 성도들의 간구에 대한 충분한 응답이다.

성도들의 패배는 단 7장에 있는 용어로 표현된다.

단 7장	계 11:7
"무저갱에서 올라온 [넷째] 짐승이"(3절, θηρία ἀνέβαινον ἐκ τῆς θαλάσσης) "성도들과 더불어 싸워 그들에게 이겼다(21절 Theod., ἐποίει πόλεμον μετὰ τῶν ἁγίων καὶ ἴσχυσεν πρὸς αὐτούς; 마찬가지로 8절 LXX, ἐποίει πόλεμον μετὰ τῶν ἁγίων 참조)	"무저갱으로부터 올라오는 짐승이 그들과 더불어 전쟁을 일으켜 그들을 이기고" (τὸ θηρίον τὸ ἀναβαῖνον ἐκ τῆς ἀβύσσου ποιήσει μετ' αὐτῶν πόλεμον καὶ νικήσει αὐτούς).[333]

---

332) 6:9-11과의 연결은 몇몇 사본($\mathfrak{p}^{47}$ א 2344)에 의해서도 인정되었던 것 같다. 이들 사본에는 11:7에 증인들이 그들의 임무를 마칠 바로 그 "때"(πότε) 짐승이 나타났다는 내용을 첨가한다. πότε는 요한계시록에서 이곳 외에 6:10에만 등장하는데, 거기서 성도들은 "얼마나 더 있어야" 원수를 갚아주시는지 묻는다.

333) 대문자사본 A는 7절에서 짐승이 "**넷째**(τεταρτον) 짐승"이라는 내용을 덧붙여, 이 구절을 단 7:21과 좀 더 긴밀하게 연결한다. 다니엘서 본문에서 하나님의 백성의 대적자는 분명히 "넷째 짐승"과 연결된다(단 7:19).

단 7:21은 장차 하나님의 백성을 박해하고 이길, 땅에 있는 마지막 나라에 관한 예언이다. 그 후에 박해자들은 심판을 받고, 성도들은 세상 나라를 상속받을 것이다(단 7:22-27). 구체적으로 단 7:22은 하나님이 "성도들에게 심판을 주셨다"고 말한다. 이것은 성도들이 대망해오던 것이며, 계 6:10-11에서 압제하는 사람들을 심판해주시기를 구한 성도들의 기도에 대한 예언적 응답이다. 요한은 다니엘서의 이 예언이 역사의 끝에 세상이 교회를 박해함으로써 성취될 것이라고 내다봤다. θηρίον("짐승") 앞에 있는 정관사 τό는 이것이 단순히 성도들을 압제하는 불특정한 압제자가 아니라 다니엘이 예언한 바로 그 압제자임을 구체화하는 한 방법이다. 그리고 계 12, 13, 17장은 단 7장을 더욱 암시함으로써 이 짐승을 더 자세히 묘사할 것이다.

단 7:21이 이스라엘의 성도들을 향한 공격을 언급하므로, 계 11장에서도 짐승은 개인 두 사람에게가 아니라 충성된 사람들의 공동체에 대해 전쟁을 일으킨다. 증인을 이해하는 이러한 다각적인 관점에 의심의 여지가 없다는 사실은 계 13:7에 동일한 단 7:21의 암시가 사용되었다는 사실에 의해 나타난다. 여기서 "증인들"은 "성도들"로 대체된다. ποιῆσαι πόλεμον μετὰ τῶν ἁγίων καὶ νικῆσαι αὐτούς("성도들과 싸워 이기게 되고"). "증인들"을 집단적으로 해석한 것은 계 19-20장으로부터 더욱 정당성을 입증 받는다. 20:8-10에서 짐승은 "성도들의 진과 사랑하시는 성"을 향해 최후의 "전쟁"을 일으킨다.[334] 11:7의 예언자들을 공동체적으로 해석하는 것 역시 19:19의 지지를 받는다. 19:19이 그 후에 이어질 전쟁을 언급하기는 하지만 말이다(거기서 짐승은 마지막 전투에서 그리스도와 "그의 군대"를 "향하여 전쟁을 일으킨다"고 언급된다).

분사의 명사적 용법으로 사용된 어구 τὸ ἀναβαῖνον ἐκ τῆς ἀβύσσου("무저갱에서 올라온")는 그 짐승이 교회의 증언하는 기간 내내 무저갱에서 올라온다는 사상을 포함하기에는 시간적으로 모호하다. 특히 이 분사 구문에

---

334) Minear, "Ontology and Ecclesiology," 97.

서 정관사가 반복되는 것을 고려하면(앞에 τὸ θηρίον), 이 어구는 짐승의 특징에 초점이 맞춰져 있고 지금은 역사의 끝에 있을 교회의 죽음에 적용된다.[335] 다시 말해서, 짐승의 영은 역사 내내 땅에서 교회를 박해하는 사람들 배후에 서 있다. 그리고 역사의 끝에 가서는 마침내 교회를 이기려고 공공연하게 자기 모습을 드러낼 것이다(요일 2:18; 4:3이 전하려는 사상이 바로 이것이다. 그리고 요한1서의 이 본문은 동일한 다니엘서의 대망에 기초한다). 짐승이 교회가 증언하는 기간 내내 (무저갱에서) "나오고" 단지 그들의 증언이 마칠 때에만 나오는 것이 아니라는 사실은 계 13:1, 7에서 확증된다. 여기서는 다시 짐승의 활동이 단 7:3, 21의 암시에 의해 묘사된다(비록 계 13:7이 11:7에서처럼 최종 기간을 언급할 수 있지만 말이다). 13장에서 "짐승이 바다에서 나오는"(단 7:3, ἐκ τῆς θαλάσσης θηρίον ἀναβαῖνον) 단 하나의 이유는 "성도들과 싸워 그들을 이기려는" 데 있다(계 13:1, 7).

단 7장에서 짐승은 성도들을 박해하는 악한 왕과 나라를 대표한다. 계 11:7에 묘사된 적대적인 세상 권세들에 의한 박해는 2절에 암시되었듯이 "42개월" 동안 벌어진다. 이 동일한 기간은 11:2-3과 12:6, 14에서는 교회의 환난 및 증인과 관련하여 언급된다(12:17에서 용이 여자의 후손과 "전쟁을 일으킨다"는 말은 13:7과 동일한 사상을 언급하는 것 같다). 하지만 이 본문에서 "짐승이 무저갱으로부터 올라온다"는 말은 짐승이 우선적으로 교회 시대 끝에 실제로 땅에 모습을 드러냄을 가리킨다. 그때에 짐승은 교회를 근절하려 하지만, 오히려 재림 때 그리스도에 의해 자신이 멸망당할 것이다(17:8-14). 짐승이 "전쟁을 한다"는 말과 동일한 언어를 사용한 어구가 요한계시록 후반부에서 짐승의 최후의 패배를 가리키기 위해 사용되었다(16:14; 17:14; 19:19-21).

11:7에 묘사된 "짐승이 무저갱으로부터 올라온다"는 말은 짐승 자신이 궁극적으로 죽기 직전에 성도들에게 퍼붓는 최후의 맹습을 가리킨다. 이것은 17:8, 11-14, 20:7-10의 병행에 의해 증명된다.

---

335) 참조. Court, *Myth and History*, 100.

11:7	17:8	20:7
ὅταν τελέσωσιν τὴν μαρτυρίαν αὐτῶν, τὸ θηρίον τὸ ἀναβαῖνον ἐκ τῆς ἀβύσσου("그들이 그 증언을 마칠 때에 무저갱으로부터 올라오는 짐승이").	τὸ θηρίον...μέλλει ἀναβαίνειν ἐκ τῆς ἀβύσσου καὶ εἰς ἀπώλειαν ὑπάγει("짐승은…장차 무저갱으로부터 올라와 멸망으로 들어갈 자니").	ὅταν τελεσθῇ τὰ χίλια ἔτη, λυθήσεται ὁ Σατανας ἐκ τῆς φυλακῆς αὐτοῦ ("천 년이 차매 사탄이 그 옥에서 놓여").

11:7이 역사의 끝에 성도들을 향한 마지막 맹공격을 가리킨다는 사실은 이 마지막 공격을 언급하려고 17:8a에 11:7a가 반복되었다는 점에서 특히 분명해진다(자세한 내용은 17:8; 20:7의 주석 참조). "용"은 짐승에게 힘을 불어넣어 역사 내내(13:1-4), 그리고 역사의 끝에(19:19-21; 20:7-10) 전쟁을 일으키게 한다. 용과 짐승이 이렇게 연합되었기 때문에 용은 성도들을 멸망시키기 위해 최후의 노력을 기울인다고 언급된다. 그리고 이것은 짐승이 가하는 동일한 공격과 일치한다(17:8, 11ff.; 19:19-21; 20:7-10과 비교하여 13:5ff. 와 20:7-10의 주석 참조).

두 증인이 박해로 말미암아 죽임을 당하는 것은 그리스도의 죽음과 마지막 때 고난당하는 엘리야 대망의 패턴을 따랐다. 엘리야 대망을 둘러싼 가능한 해석에 따라, 복음서에서 그리스도는 엘리야가 박해를 받았고 인자도 박해를 받을 것이지만, 엘리야가 "만물을 회복하려고" 다시 올 것이라고 "기록되었다"고 주장하신다(막 9:11-13). 세례 요한은 최근에 박해를 받은 엘리야로 밝혀졌지만, 장차 올 엘리야는 누구인지가 밝혀지지 않았다. 그렇다면 엘리야가 고난을 받을 것이라는 사실은 어디에 "기록되었을까?" 그러한 기대는 잃어버린 묵시문학에서 발견된다고들 추론한다.[336] 그러나 이러한 대망은 아마도 왕상 19:2, 10의 예표론적

---

336) Black, "Rev. 11:3f.," 237이 이렇게 추정한다. 하지만 Bauckham, "Martyrdom of Elijah"는 *Apoc. Elijah*나 그밖에 다른 자료에서도 기독교 이전의 유대 전승에서 에녹과 엘리야의 순교를 암시하는 어떤 증거도 제공하지 않는다고 결론을 내린다.

인 이해에서 발전되었을 것이다(10절, "그들이 내 생명을 찾아 빼앗으려 하나이다"). Pseudo-Philo 48:1에는 이러한 이해의 결과가 반영된 것 같다. 즉 엘리야가 하늘로 올라갔지만 마지막 때에 땅에 다시 올 것이라고 말이다. "그때가 도래하면 너는 그때에 시험을 받을 것이다. 그리고 너는 하늘을 닫고, 네 입으로 하늘이 열릴 것이다. 그 후에 너는 너보다 앞서 살았던 사람들이 올라간 그곳으로 올림을 받을 것이다. 그리고 내가 세상을 기억할 때까지 너는 그곳에 있을 것이다. 그때 나는 너를 오게 할 것이며, 너는 죽음이 무엇인지를 맛볼 것이다." 초기 교회도 종말에 에녹과 엘리야가 와서 적그리스도에게 죽임을 당하고 다시 살아날 것이라고 기대했다(Gospel of Nicodemus 25[9]; History of Joseph the Carpenter 31).

엘리야와 함께 모세도 고난과 배척당하는 일에 연결되었다(눅 24:26-27; 행 7:17-44; 히 11:24-27). Assumption of Moses 3:11은 모세가 고난을 당하는 중에 "증인"이었다고 말한다. 최근 연구에 따르면, 모세가 사 53장의 고난받는 종의 한 모델이었다고 한다.[337]

8절   증인들의 시체가 "큰 성 길"에 놓여 있다는 묘사는 문자적으로 모든 교회가 죽임을 당해 더 이상 증언을 할 수 없음을 암시하는 것은 아니다. 오히려 이 어구는 과장법으로써 참 교회가 증인의 역할을 하는 중에 패배한 것처럼 보이고, 작고 하찮은 것처럼 보이며, 치욕적인 대우를 받게 될 것을 강조한다. 묻히지 못하고 길에 버려지는 것은 성경의 세계에서는 치욕이었다(삼상 17:44, 46; 왕하 9:10; 시 79:1-5; 사 14:19-20; 렘 8:1-2; 9:22; 16:4-6; 22:19; Tob. 2:3-8; Pss. Sol. 2:30-31[26-27]; Sib. Or. 3,634-46; Jub. 23:23; Josephus, War, 3.376-78, 380-84; 4.314-18; 5.33; Philo, De Iosepho 25).

그런 식으로 묘사되던 때에 교회의 공적 영향은 예전 같지 않을 것이다. 박해는 더 혹독해질 것이고 교회에는 남은 자만 남을 것이기 때문이다. 교회는 완전히 없어지지는 않지만 지하로 쫓겨날 것이다.[338] 역사 속 교회의 음성이

---

337) Allison, New Moses, 68-71; 특히 Hugenberger, "Servant of the Lord."
338) Farrer, Revelation, 134.

부분적으로는 잠시 침묵할 수 있다. 하지만 우주적인 고요함은 역사의 마지막에 교회에 닥칠 것이다. 일찍이 신자들의 작은 집단들이 잠시 침묵하는 중에도 계속 존재했듯이, 적은 규모의 남은 증인들은 장차 8절 이하의 시나리오 속에서도 계속 남아 있을 것이다.[339] 작은 교회의 지속적인 존재는 요한계시록의 다른 본문에서도 암시되는데, 작은 교회는 최후 심판 직전의 기간 동안 박해를 당하는 작은 공동체다(20:7-10; 17:8; 또한 마 24:15-22, 37-39). 사실, 요한계시록과 복음서 사이에 존재하는 병행은 하나님이 이 시점에 교회의 박해자들을 멸망시키지 않으신다면, 교회가 실제로 완전히 없어진다는 사실을 나타낸다.

많은 주석가는 8절의 "성(城)"을 지리적으로 실제의 예루살렘, 곧 2절에서 성을 문자적으로 암시했다고 여겨지는 부분의 연속으로 이해한다(문자적 이해를 옹호하는 다양한 관점에 대해서는 2절 주석 참조). 이러한 이해는 박해자들을 그리스도인이 아닌 유대인들로 제한한다.[340] "큰 성"(ἡ πόλις ἡ μεγάλη)이라는 명칭은 다른 곳에서 문자적 예루살렘을 지칭하기 위해 사용되었다(렘 22:8; *Sib. Or.* 5.154, 226, 413; 참조. Josephus, *Ap.* 1.197, 209). 하지만 시체가 버려진 "큰 성"은 지상의 예루살렘 성이 아닌 불경건한 세상과 동일시되는 것이 가장 좋다.[341] 요한계시록에서 "큰 성"이 사용된 여러 용례에 따르면, 그 표현은 "큰 성 바벨론"을 지칭하고 예루살렘을 가리키지 않는다 (14:8[𝔐에서]; 16:19; 17:18; 18:10, 16, 18, 19, 21).

이것에 대해 과거주의적 관점에서 응수한다면, 배역한 예루살렘이 지금 바벨론이라는 명칭으로 불릴 만하다고 지적할 수 있을 것이다. 때때로 "큰 성"을 지칭하는 언급들이 예루살렘의 멸망을 예언한 구약에 대한 암시와 연결된다고 주장되곤 한다. 하지만 그 예언들은 구약의 문맥에서 이스라엘 이외의 열방들의 심판을 가리킨다. 그리고 비록 그 예언들이 예루살

---

339) 참조. Hendriksen, *More than Conquerors*, 157.
340) 여러 주석가들 중에서 D. C. Chilton, *Days of Vengeance*, 279-84의 과거주의 관점을 보라. 참조. Brütsch, *Offenbarung* II, 29-30. Brütsch는 다른 세상 공동체가 2차적으로 반영되었다고 이해한다.
341) Minear, "Ontological and Ecclesiology," 95.

렘을 지칭한다고 하더라도, 이것은 해결할 수 없는 문제가 아니다. 이스라 엘과 관련된 모든 종류의 구약의 예언들은 교회 및 여러 나라들에 다시 적 용되었기 때문이다(예. 1:7b; 3:9; 7:3-9).

그러므로 11:8에서 불경건한 세상은 총체적으로 "큰 성"이라는 비유로 명명된다. 구약의 예언자들은 전형적으로 바벨론을 하나님의 백성이 불경 건한 정부 아래 포로로 잡혀 사는 지역으로 언급한다. 하나님의 백성은 그 곳에서 그들의 신앙을 이교적인 국가 종교와 타협하려는 유혹을 받았고, 타협하지 않으면 박해를 받았다(예. 단 1-6장).

"큰 성"은 "영적으로 하면 소돔이라고도 하고 애굽이라고도" 한다. 다시 말해서, 불경건한 세상은 악명 높은 바벨론과 같을뿐더러 그밖에 구약성 경의 잘 알려진 사악한 나라들에 비유된다. 그들 도시는 "영적으로" 바벨론 과 같았다. 그 도시들 역시 성도들이 박해를 받으며 나그네로 살던 곳이었 기 때문이다. "그 성"은 사악하며 심판으로 멸망될 것이라는 점에서 소돔과 같다(참조. 신 29:22-26; 32:28-33; 사 1:9-15; 3:9; 렘 23:14-15; *Asc. Isa.* 3:10). 큰 성은 성도들을 박해하는 까닭에 애굽과 같다. 욜 3:19에 따르면, 애굽은 "황 무지가 되겠고 에돔은 황무한 들이 되리니 이는 그들이 유다 자손에게 포 악을 행하여 무죄한 피를 그 땅에서 흘렸음이니라." 애굽은 이스라엘을 박 해한 모든 나라를 가리키는 상징이 되었다(*Midr. Rab.* 창 16.4; *Midr. Rab.* 레 13.5; 참조. *Mekilta de Rabbi Ishmael* Beshallah 6). Wis. 19:14-17에서 애굽과 소돔은 함께 박해자로 간주되는 것 같다. 두 장소는 하나님의 백성을 유혹 하는 영향력을 가진다(겔 16:26, 44-57). 이스라엘이 소돔과 애굽처럼 되어 심판받은 것처럼(암 4:10-11), 세상도 계 11:8에서 이스라엘과 소돔 및 애굽 을 닮아 동일한 운명을 겪을 것으로 묘사된다.

πνευματικῶς("영적으로")는 그 성을 문자적이거나 지상적인 방법으로 이 해할 것이 아니라, 영적인 눈을 통해 비유적으로 이해해야 함을 보여준다 (고전 2:14의 πνευματικῶς도 그렇다).[342] 그 성은 불경건하고 지리적인 한 장소

---

342) *PGL*, 1105에 있는 참고문헌들도 보라.

에 위치한 것이 아니라, 땅에 있는 불경건한 영적 영역 모두를 가리킨다. 물론 그 성이 문자적인 예루살렘이라고 추정한다면, πνευματικῶς는 분명 그 성의 영적인 특성만을 가리킬 것이다. 그러나 그 성을 이런 식으로 제한하여 동일시하는 것은 개연성이 거의 없다는 점이 드러났다.

"그들의 주께서 십자가에 못 박히신 곳"이라는 표현은 주석가들에게 이곳과 요한계시록의 다른 곳에서 "큰 성"을 문자적인 예루살렘과 동일시하는 중요한 이유를 제공한다. ὅπου ("~한 곳")는 "소돔과 애굽"에 결합된 πνευματικῶς에 종속된 것이 아니라 예루살렘을 다시 문자적으로 묘사한 것으로 이해된다. "큰 성…우리 주님도 십자가에 못 박히신 곳", "영적으로 소돔과 애굽으로 불렸던 곳"은 예루살렘의 영적인 특성을 묘사하는 삽입구로 이해된다. 이것과 관련된 문제는 이 절의 마지막 어구를 바로 앞에 있는 어구의 연속이 아니라 8절의 시작을 다시 언급한다고 보는 것이 어색하다는 데 있다. 마지막 어구는 πνευματικῶς로 소개되고, "소돔과 애굽"에 십자가의 못 박힘을 덧붙여 그 성의 영적인 특성을 계속해서 묘사하는 것으로 이해하는 것이 더 자연스럽다.[343]

이 결론은 요한계시록의 다른 곳에서 ὅπου ("~한 곳")가 사용된 것을 보면 확증된다. 다른 곳에서 그 단어는 문자적인 지역을 소개한 적이 없고, 늘 상징적이고 영적인 지역을 소개한다. 이 단어는 하나님의 보호가 있는 지역(12:6, 14; 14:4) 또는 사탄과 그의 영적 동맹자들이 거주하는 곳(2:13; 20:10. 17:3과 17:9을 비교하라)을 언급한다. ὅπου의 선행사는 상징적인 곳들이다(12:6, 14의 "광야"; 17:9의 "머리"와 "산"; 20:10의 "불과 유황 못"; 나머지 사용례도 그럴 것이다). ὅπου를 "영적인 지역"을 가리키는 전문 용어로 이해하면 안 되지만, 다른 곳에서 이런 의미로 사용되었다는 점과 11:8의 가장 자연스러운 구문(ὅπου는 가장 가까운 선행사인 영적 "소돔과 애굽"을 가리킨다)임을 감안한다면 이곳에서도 영적인 의미가 있을 가능성이 크다.

세상 도시는 영적으로 예루살렘과 같다. 예루살렘은 그리스도를 죽임으

---

343) 참조. Caird, *Revelation*, 137-38.

로써 다른 불경건한 나라들같이 되었다. 아니, 더 불경건했다. 박해는 그 도시의 주요 특징이다. 이런 예루살렘에 대한 암시는 일련의 영적인 묘사의 절정이다. 요한 당시의 "큰 성"은 우선적으로 로마와 로마의 동맹국들을 가리켰을 것이다. 로마는 불경건한 제국의 중심이었고, 그 당시 실제로 하나님의 백성을 박해했다. 영적인 설명들의 순서상 로마를 가리키는 이 용어가 제일 먼저 오고, 그런 다음 "큰 성"의 정체가 시간적 순서로 소돔과 애굽과 예루살렘으로 밝혀진다.

9절에서 "그들이 보다"의 주어는 온 세상 사람들이며 "그들의"(αὐτῶν)의 복수형 선행사는 "그들의 주님이 못 박힌 곳이라"에서 계속된다. 그래서 "그들의"가 가리키는 사람들은 온 세상에 있는 사람들이어야 하고, 과거든지 미래든지 "그들의[이스라엘의] 주님을 십자가에 못 박은" 문자적인 예루살렘의 주민들에게 한정될 수 없다.[344] 하지만 그리스도가 어떻게 불신자들의 "주님"이라고 불릴 수 있었는가? 최상의 이해방식은 "그들의 주님이 못 박히신 곳"이라는 어구를 불신자들의 세상 전체에 적용되는 믿지 않는 이스라엘을 가리키는 총체적인 비유로 이해하는 것이다. 이 비유의 본질은 그리스도를 죽였다는 데 있다(예를 들어 살전 2:15; 행 2:36에는 이것이 예루살렘에 거주한 유대인들의 가장 대표적 행위로 언급된다). 그러므로 세상은 그리스도를 따르는 사람들을 박해하는 것으로 특징지어진다. 요한계시록 역시 그리스도가 이스라엘의 주님만이 아니라 믿지 않는 세상의 주님이시라고 언급한다(1:5; 17:14; 19:16). 그러므로 여기서 그리스도를 세상의 주님으로 생각하는 것은 적절하다(특히 11:15a 참조).

11:8, 13에 "성(城)"의 정체는 적어도 5가지로 밝혀졌다. (1) 로마, (2) 일반적인 예루살렘, (3) 불신앙적인 예루살렘, (4) 적대적인 세상, (5) 배교한 교회 등. 리더는 이 견해들 각각의 약점과 강점을 설명했지만,[345] 2

---

344) 과거주의자들과 미래주의자들이 각각 주장하듯이 말이다. Holtz, *Christologie der Apokalypse*, 9-10이 주장하듯이 8b절의 복수형 αὐτῶν의 주어는 8a절의 두 증인일 가능성이 높다.

345) Reader, "Riddle of the Polis," 411-14. 1637년부터 1965년까지 11:2, 8, 13; 14:20; 16:10,

절의 "**거룩한 성**"과 8절의 "**큰 성**"의 차이를 주목하지 못했다. 두 형용사는 요한계시록에서 하늘에 있는 예루살렘과 불경건한 세상 도시를 가리키기 위해 각각 사용되었다. 리더는 네 번째 견해를 거부함으로써 이러한 구별을 간과했다. 이는 11:13이 역사의 끝에 타락한 세상의 대대적인 회심을 가리킨다는 가정에 근거한다.

8절의 이문들 가운데 거의 모두가 원본의 어색함이나 짧은 내용을 부드럽게 하려는 시도에 기인한다. 많은 증거가 단수형 τὸ πτῶμα ("시체," A C 1006 1841 2053 2351 𝔐ᴷ Tyc)를 뒤따라오는 복수형 αὐτῶν (𝔓⁴⁷ ℵ 1611 1854 2329 𝔐ᴬ latt sy [sa boᵖᵗ])과 9b절의 복수형인 τὰ πτώματα αὐτῶν에 일치시키려고 복수형 τα πτωματα로 바꾸었다. 동사 ἔσται ("있을 것이다")가 본문이 암시하는 것을 표현하기 위해 "그들의 시체"와 "길에" 사이에 덧붙여졌다. ὁ κύριος αὐτῶν ("그들의 주님이")은 그리스도가 어떻게 자신을 죽인 사람들의 주님으로 언급될 수 있는지 이해하는 일이 신학적으로 어려운 문제였기 때문에, ὁ κύριος ἡμῶν ("우리 주님이," 1 pc)으로 바뀌었다(동일한 이유로 𝔓⁴⁷ ℵ*에는 αὐτῶν이 생략되었다).

9절　　앞에서 8절을 주석하면서 주장했듯이, 그 성이 우주적인 도시와 동일시되었으며 경멸적으로 언급되었다고 단정한 내용은 9절에서 1번, 10절에서 2번에 걸쳐 불신자들을 가리키는 범세계적인 언급에 의해 더욱 입증된다. 불신자들은 그 성의 세계적인 거리를 활보하는 불경건한 도시의 시민들이다.

9절은 두 예언자의 시체를 목도하고도 장사지내기를 허락하지 않는, 교회에 적대적인 백성을 묘사한다. τῶν λαῶν καὶ φυλῶν καὶ γλωσσῶν καὶ ἐθνῶν ("백성과 족속과 방언과 나라들")이라는 우주적인 문구는 조소하는 방관자들이 세계 도처에 살고 있음을 보여준다. 이것은 동일한 문구가 5:9과 7:9에서 온 세상에 있는 구원받은 자들을 가리키기 위해 긍정적인 의미로

19에 나오는 "성(city)"의 정체성을 밝히는 역사적인 개요에 대해서는 van der Waal, *Openbaring van Jezus Christus*, 249-50을 보라.

사용된 것에서 분명히 드러난다. 두 본문에서 이 어구는 다니엘서에 반복된 문구의 보편적인 의미에 근거했다(5:9의 주석 참조). 이 문구의 부정적인 사용은 11장 서론의 한 부분인 10:11에서 시작된다. 많은 주석가는 소유격인 "백성과 족속들과 방언들과 나라들"과 함께 사용된 ἐκ를 세상에 있는 **몇몇** 사람을 가리키는 (전체의) 부분을 의미한다고 이해한다. 요한계시록이 기원후 70년 이전에 기록되었다고 생각하는 사람들은 이 구조가 모든 나라에서 와서 예루살렘에 있는 백성을 가리킨다고 이해한다.[346] 더욱 개연성이 있는 것은 그 구조가 구체적이고 부분적인 개념("몇몇")이 아니라 불신자들로 구성된 온 세상을 가리키는 총체적 언급이라고 이해하는 것이다. 이것은 10:11에서 사용된 그 문구와 11:10의 "땅에 거하는 사람들"과의 병행으로 입증된다.

βλέπουσιν("그들이 보다")의 복수형 주어는 분명히 온 세상에 흩어져 있는 백성이다. 복수형은 8절 끝에 있는 αὐτῶν의 선행사를 이어간다. "그들의 시체"(τὸ πτῶμα αὐτῶν)를 바라보는 장면은 교회가 증인의 역할을 하는 중에 패배한 것처럼, 그리고 작고 하찮게 보일 것이라는 8a절의 과장법의 연속이다.

τὸ πτῶμα("시체")는 집합적 단수일 것이다. 이것은 요한계시록의 여러 곳에서 몇몇 사람이 각각 소유하고 있는 것을 가리키는 단수의 사용과 일관성이 있다(예. 창 48:12; 레 10:6; 삿 13:20; Wis. 4:18; 행 18:6).[347] 이러한 사용은 단수형 στόμα("입")가 "그들의 입"(τοῦ στόματος αὐτῶν)이라는 어구로 등장하는 11:5에 분명하게 나타난다. 하지만 우리는 8a절과 9a절에서 τὸ πτῶμα("시체")의 단수형 다음에 9b절에서 복수형 τὰ πτώματα("시체들")가 이어지는 이유가 어디에 있는지 질문할 수밖에 없다. 장례의 문맥을 별도로 취급해야 한다는 스위트의 대답[348]은 설득력이 없다. 단수에

346) 참조. Charles, *Revelation* I, 288.
347) I. T. Beckwith, *Apocalypse*, 601; Swete, *Apocalypse*, 137.
348) Swete, *Apocalypse*, 138-39.

서 복수로 바뀐 이유는 증인들의 공동체적인 특성 때문일 것이다.[349] 그들은 증언하는 그리스도의 한 "몸"이다. 하지만 그들은, 여러 곳에서 분명하게 표현되었듯이, 온 땅에 흩어져 있는 많은 증인이기도 하다(예. 1:9의 συγκοινωνὸς ἐν τῇ θλίψει καὶ βασιλείᾳ καὶ ὑπομονῇ ἐν Ἰησοῦ). 이와 비슷한 현상이 12:4-5, 13, 17에도 등장한다. 여기서 사내아이인 그리스도와 "예수의 증거를 가진 사람들"은 모두 "여자"의 후손과 동일시된다.[350] 우리가 앞에서 주장했듯이 두 증인을 교회로 이해하는 것이 옳다면, 이 공동체적인 해석은 특별히 가능성이 높다.

시체가 사람들의 주목을 받는 기간인 사흘 반은 그리스도가 무덤에 계셨던 기간을 상기시킨다(그 기간이 단지 사흘뿐이었지만 말이다). 이것은 증인들을 "충성된 증인이신" 그리스도와 비유적으로 더욱 동일시할 수 있는 근거가 된다(1:5). 그러므로 예수의 사역 기간인 3년 반이 증인들의 사역의 과정과 동일시될 수 있듯이(11:2-3), 그의 사역 끝에 그가 분명히 패배한 것처럼 보이는 시간은 두 증인이 증언하는 기간의 마침과 연결된다. 짧은 일주일의 절반인 "사흘 반"은 긴 일주일의 절반인 "3년 반"과 의도적으로 대조된다. 이 대조는 적그리스도의 승리가 증인들의 승리에 찬 증언에 비해 짧고 하찮은 것임을 강조하려는 데 목적이 있다.[351]

불경건한 방관자들은 "그 시체를 사흘 반 동안을 보면서 무덤에 장사하지 못하게 한다." 이것 역시 혹독한 박해를 암시한다. 이 장면은 시 78(79):3b에서 인용하였을 것이다. 시편에서 "나라들"은 "거룩한 성전"을 더럽히며, "예루살렘을 황폐하게" 하며(1절), "주의 종들의 시체를 공중의 새에게 밥으로, 주의 성도들의 육체를 땅의 짐승에게 주며 그들의 피를 예루살렘 사방에 물 같이 흘렸으나 **그들을 매장하는 자가 없**"었다(2-3절). 죽은 이스라엘 사람들과 생존한 이스라엘 사람들 모두 박해자들에게 "비방거리"

---

349) Krodel, *Revelation*, 226.
350) MHT, III, 22은 τὸ πτῶμα를 총칭적인 단수로 이해한다.
351) Farrer, *Revelation*, 136; Brütsch, *Offenbarung* II, 31.

및 "조소와 조롱거리"가 되었다(4절). 시편에는 보복적인(*lex talionis*) 심판을 요구하는 기도가 포함된다(12절). 이것은 계 11:1-10에서도 발견되는 패턴이다. 거기서 "나라들은" 하나님의 영적인 "성전"의 물리적 표현을 더럽히며(1-2a절), "예루살렘"을 짓밟고(2b절), 증인들은 그들이 받은 박해에 상응하는 심판으로 그들을 압제한 자들을 고통스럽게 한다(5, 10절). "짐승"은 증인들을 죽이며(7절), 그들의 시체는 장사되지 못한다(9절). 증인들을 박해했던 자들은 증인들의 수치스러운 죽음을 두고 기쁨과 조소를 표현한다(10절). 이러한 병행 어구들은 우연일 수 없다. 우리가 앞에서 살펴보았듯이, 11장은 6:9-11의 내용을 다양한 방법으로 발전시킨 것이며, 특히 6:10에서 시 79:5, 10에 근거한, 원수를 갚아달라는 성도들의 부르짖음에 지속적으로 응답한 것이기 때문이다. 시편의 배경과 계 6:9-11과의 관련성은 11:7-12에서 두 명의 개인 그 이상을 염두에 두었으며, 두 증인은 충성된 언약 공동체인 그리스도인들을 대표한다는 사실을 다시금 암시한다.[352]

계 11:7-10과 비슷한 본문이 1 Macc. 7:16-17이다. 여기서는 경건한 이스라엘 사람 60명이 배교자들과 연합한 불경건한 왕에 의해 살해를 당한다. 그 상황을 묘사하기 위해 시 79:2-3이 인용되었다. "그들이 주의 성도들의 육체를 땅의 짐승에게 주며 그들의 피를 예루살렘 사방에 물같이 흘렸으나 그들을 매장하는 자가 없었나이다." 계 11:7-10에서처럼 1 Macc. 7:10-30의 시편 사용은 다니엘서에 예언된 종말론적인 대적자에 대한 암시와 연결된다(예. 단 11:30-35). 4QTanh(4Q176) 1은 시 79:2-3을 마지막 때의 기간에 적용하며, 매장되지 못해 버려둔 "당신의 [하나님의] 예언자들의 시체"를 언급한다. 이것은 두 증인이 "성소에서 예배하는" 성도들과 연결된 것과 맥을 같이한다(11:1).

---

352) 계 11장을 6:9-11의 원수 갚기를 구하는 성도들의 간청에 대한 부분적 응답으로 이해하는 것에 대해서는 본서 6:10의 주석과 11장의 주석의 서론을 보라. 제단과 관련하여 11:1의 주석을, 증인들이 심판을 행하는 것과 관련하여 11:6의 주석을, 그리고 증인들의 사역과 고난의 완성과 관련하여 11:7의 주석을 참조하라.

10절   10절의 시작과 끝은 증인들의 시체를 방관하는 세상 사람들을 "땅에 사는 자들"(οἱ κατοικοῦντες ἐπὶ τῆς γῆς)로 지칭한다. 이 어구는 요한계시록 전체(3:10의 주석 참조)에서 하나님의 백성을 박해한다는 이유로 하나님의 심판을 받는 불신자들을 가리키는 전문 용어다(6:10; 8:13). 본 문맥은 이 어구가 모든 땅에 사는 박해자들을 언급한다는 사상을 강조한다(구약성경에서 이 어구의 보편적인 사용례를 보라. 사 24:6; 26:21). 하지만 하나님을 믿지 않는 불신자들이 "땅에 거하는 자들"이라고도 불리는 것은 그들이 우상숭배자들이기 때문이다. 이 어구는 13-17장에서 전적으로 우상숭배자들을 지칭하기 위해 사용됐다(13:8, 12, 14; 14:6-9; 17:2, 8; 또한 8:13과 9:20을 비교하라). 우상숭배자들은 궁극적으로 세상의 여러 측면을 의지하고 하나님을 의지하지 않으므로 "땅에 거하는 자들"이라고 불린다(6:17의 주석 참조).

요한계시록의 다른 곳에서 얻을 수 있는 이러한 통찰은 왜 "땅에 사는 자들"이 "즐거워하고 기뻐하는"지, 또 증인들이 죽임을 당했을 때 왜 축하하는지에 대해 더 나은 이해를 제공한다. 두 예언자들은 그리스도 안에 있는 구원을 전했을 뿐만 아니라, 그리스도를 저버리는 일이 우상숭배에 이르게 되며, 장차 심판을 받게 된다는 메시지도 선포했다(참조. 행 17:30-31; 살전 1:8-10). 심판에는 불신자들이 의뢰하는 땅의 파괴도 포함된다(6:12-17; 21:1). 세상은 영원히 지속되지 않을 것이며, 하나님의 심판에서 보호해주지 못한다. 이러한 심판의 선언은 땅에 사는 자들을 "괴롭혔다." 그 선언으로 인해 그들이 궁극적 안전이라고 여겼던 것이 위협을 받기 때문이다. 두 예언자가 심판을 선언하지 못하게 된 것은 우상숭배자들에게는 위안이었다. 그들이 고통을 받는 부분적인 이유는 심판이 실제로 그들에게 임하기 시작했다는 데 있다("고통"의 특성에 대해서는 11:6; 9:5-6의 주석 참조). 두 증인이 죽은 것 역시 박해자들이 그들이 받는 초기 심판이 감소되었음을 인지했다는 의미다. 그들은 기뻤다. 증인들의 죽음으로 예언된 심판이 발생하지 않을 것이라고 추론했기 때문이다.

"땅에 사는 자들"은 구약성경에서 심판받을 이스라엘에 사는 사람들을 가리키기 위해 사용된다(호 4:1; 욜 1:2, 14; 2:1; 렘 6:12; 10:18). 학자들 중

과거주의적 해석자들은 본문에서 이 어구를 이런 식으로 이해하며, 요한 계시록을 기원후 70년에 예루살렘에 내린 역사적 심판을 예언하는 책으로 본다.[353] *1 Enoch*에서 이 어구는 어떤 경우에는 성도들을, 다른 상황에서는 불신자들을 가리키는 데 사용된다.[354] 이 어구의 의미는 우리가 요한계시록에서 그렇게 하려 했듯이, 문맥에 의해 결정되어야 한다.

다양한 사본들은 현재 시제 χαίρουσιν("그들이 즐거워하다")과 εὐφραίν-ονται("그들이 기뻐하다")를 미래 시제로 바꾸었다(전자는 2020 latt co, 후자는 2329 𝔐ᴷ latt). 그렇게 함으로써 이 동사들을 다른 미래형 동사 및 7-13절의 전반적인 미래 분위기와 조화되도록 꾀하였다.

11:3-10은 막 13:9-13의 종말 패턴을 반영한다. 마가복음에는 그리스도의 "증인들"이 적의에 찬 세상에게 말하기 위해 성령의 능력을 입게 되며, 그 결과 미움을 받고 박해를 받아 죽임을 당하게 될 것이 예언되었다.[355]

하나님은 그의 백성을 죽음에서 다시 살리시고 그들의 원수를 심판하심으로써 그들이 승리하게 하신다(11:11-13)

11절　　하나님은 교회 시대의 끝에 증인들이 분명한 패배를 당한 후에 그들을 다시 회복시켜 그에게로 옮기신다. 회복은 그들의 패배 상황의 역전으로 나타난다. 회복 장면은 하나님이 원수들 앞에서 증인들을 다시 살리시는 것으로 묘사되었다. 부활 장면은 겔 37:5, 10 LXX에서 바로 가져왔다(몇몇 필경사는 겔 37:10 LXX에 사용된 단어와 정확하게 일치시키려고 εἰσῆλθεν ἐν αὐτοῖς ["그들 안에 들어갔다," A 1006 1841 1854 2329 2351]를 εισηλθεν εις αυτου[𝔓⁴⁷ ℵ 𝔐ᴷ]로 변경했다). 겔 37:1-14은 하나님이 이스라엘을 바벨론의 포로생활에서 회복하신다는 예언이다. 포로 중에 있는 이스라엘 국가는

353) 예. Charles, *Revelation* I, 290-91. Charles는 다른 면에서는 과거주의자가 아니다.
354) Charles, *Revelation* I, 289.
355) Kiddle, *Revelation*, 196-200.

해골만 남은 시체와 같았다. 그들이 가나안 땅과 하나님께로 회복되는 일
은 해골이 소생하는 것과 같을 것이다. 요한계시록의 증인들처럼 이스라엘
은 박해자들에 의해 "죽임을 당했고" 그 후에 생명을 얻을 것이다(겔 37:9).
하나님은 증인들을 정복당하게 내버려 두심으로써 그들을 버리신 것처럼
보였을 것이다(시 79:10, "이방 나라들이 어찌하여 '그들의 하나님이 어디 있느냐'
말하나이까"). 하지만 하나님은 증인들을 구원하시고 그가 그들의 언약의 보
호자이심을 증명함으로써 그들의 원수를 갚아주신다.

　　11:11-12에 표현된 구원은 죽음에서 실제로 부활하는 것일 수 있다. 하
지만 그것이 초점의 대상은 아닌 것 같다. 증인들이 정복당하는 사건이 그
들 모두의 실제적인(문자적인) 죽음으로 이어지지 않았기 때문이다(7절의
주석 참조). 오히려 요한계시록의 다른 곳과 본문 간의 병행에 따르면, 신자
들의 공동체는 여전히 존재하고 하나님은 그들을 압제하는 사람들을 멸
함으로써 증인들의 원수를 갚아주신다는 것이 드러난다(겔 38장에 근거한
20:7-10). 증인들이 하늘로 올라가는 것은 적어도 최종적이고 결정적인 구
원과 마지막 때에 하나님이 그 백성을 신원하심을 비유적으로 천명한다.
이와 같은 비유적 이해는 에스겔서의 예언의 지지를 받는다. 에스겔서는
이스라엘이 포로에서 회복될 것을 말하려고 문자적이지 않은 부활 용어를
사용한다.

　　겔 37:10-13은 회복된 이스라엘을 "극히 큰 군대…이스라엘 온 족속…
내 백성"으로 표현한다.[356] 에스겔이 하나님의 충성된 나라 전체의 회복을
예언했으므로, 요한은 단지 충성된 인물 두 사람이 아니라 교회의 모든 충
성된 사람들에게서 그 예언이 성취되었다고 이해한다. 사실 두 증인이 상
징적인 인물이라면, 그들의 순교와 그들의 높아짐도 모두 상징적으로 이해

---

356) *Assumption of Moses* 10:8-10은 이스라엘의 회복에 대해 동일한 공동체적 사상을 반영한
다. 절정에 달했을 때, "오 이스라엘아, 너는 행복할 것이다.…하나님이 너를 높이실 것이며…
너를 별들의 하늘에 도달하게 할 것이다. 너는 높은 곳에서 볼 것이며 게헨나에 있는 너의 원
수들을 볼 것이다." 참조. *Odes Sol.* 29:3-5.

해야 한다.[357] 요한은 에스겔의 예언을 회복된 교회에 적용한다. 그는 교회의 성도들이 땅에서 사는 동안 걸어갔던 포로와 고난의 순례길에서 마침내 풀려났음을 보고 있기 때문이다. 이로써 증인들이 하나님의 참 백성이라는 사실이 입증된다(참조. 겔 37:12-13).

증인들의 구원을 "구경하는 자들은 크게 두려워하였다." 이 "두려움"(φόβος)은 구약성경 및 신약성경 그리고 요한계시록 여러 곳에서 사용된 성도들이나 회개한 사람들이 가진 하나님을 믿는 "두려움"(경외)이 아니다(계 14:7[?]; 15:4; 19:5). 오히려 그것은 10절에서 언급된 증인들의 죽음을 즐거워하고 기뻐하는 것의 전세 역전, 이른바 교회의 "원수들"이 그들의 경건한 대적자들의 예상치 못한 구원에 놀라는 고통스러운 공포다(12절 참조). φόβος는 성경 여러 곳에서 이런 식으로 사용된다. 요한계시록에서 명사의 다른 사용례 둘은 이런 의미를 가진다. 18:10, 15에서 φόβος는 믿지 않는 왕들과 상인들이 "큰 성 바벨론"이 갑자기 무너진 것을 알고 고통스러워하는 데 사용되었다. 그들은 그들의 생활을 유지하려고 바벨론에 의지했기에 이런 두려움으로 인해 "울고 애통한다."

여기서 땅에 사는 자들의 공포는 예상치 못한 재앙과 이스라엘 백성의 구원을 본 애굽 사람들의 그것과 같다. "그들이 크게 두려워하더라"(11:11b와 시 104[105]:38: μέγας ἐπέπεσεν φόβος ἐπὶ τοὺς αὐτούς 비교). 이 동일한 어구는 홍해의 구원에 근거한 상황에도 적용된다. 약속의 땅의 불경건한 주민들은 이스라엘 백성이 홍해에서 구원을 받았다는 놀라운 사실과 자기들에게 닥친 임박한 운명을 깨달았기에 "놀람과 두려움이 그들에게 임하였다"(출 15:16: ἐπιπέσοι ἐπ' αὐτοὺς τρόμος καὶ φόβος). 욘 1:10, 16에서는 하나님이 개입하신 것을 안 불신자들이 보인 공포의 반응에 동일한 언어가 사용되었다(행 19:17에서도 마찬가지다). 신자들도 이런 식으로 반응할 수 있을 것이다. 그런 경우에도 반드시 믿음의 반응이 아니라 단순한 공포와 두려움의 반응일 수 있겠지만 말이다(눅 1:12; 2:9; 행 5:5, 11; 참조. 눅 8:37). 구약의 출애굽

---

357) Brütsch, *Offenbarung* II, 32; Considine, "Two Witnesses," 389.

전통은 홍해 재앙 전에 "그들[이스라엘]이 떠날 때에 애굽이 기뻐하였으니 그들이 그것들[재앙]을 두려워"했다는 사실이 전혀 우연이 아님을 확증한다(시 105:37; 참조. 계 11:10). 이스라엘을 홍해에서 구원하실 때 하나님은 그들을 가리려고 "구름을 펼치셨고" 그 후 하늘의 도움을 베푸셨다(시 105:38-40. 참조. 계 11:12의 "구름"). 여기서 출애굽이 이처럼 강하게 반영된 것은 적절하다. 모세를 통해 내린 재앙들이 11:6에서 암시되었고, 출애굽 재앙 배경이 9-10장의 나팔 재앙 이야기 대부분의 배후에 자리 잡고 있기 때문이다.

τὰς τρεῖς ἡμέρας καὶ ἥμισυ("삼 일 반")는 몇몇 사본에서 τρεῖς ἡμέρας καὶ ἥμισυ(א 𝔐ᴬ 1854 2344)로 축소되었다. 정관사가 생략된 것은 이 어구를 관사가 없는 9절의 동일 어구 사용과 일치시키려는 시도 때문일 것이다. 후기의 필경사들은 9절에서 사용된 것을 환기하는 τάς의 기능에 둔감했다.

어떤 사본들은 ἐπέπεσεν("위에 떨어졌다") 대신에 ἔπεσεν("떨어졌다")이라고 읽는다(𝔓⁴⁷ א 1841 2053 𝔐ᵏ). 전자가 바로 다음에 이어지는 ἐπί("위에") 때문에 덧말처럼 보였든지, 아니면 전자가 이와 유사한 짧은 동사 형태라고 잘못 읽었기 때문일 것이다.

12절 증인들의 구원을 묘사하는 내용은 계속된다. 게다가 이것은 11절에서처럼 문자적인 묘사일 수도 있다. 음성이 나서 교회를 구름 속으로 올릴 때에 문자적으로 몸이 휴거된다고 언급하는 것처럼 말이다(살전 4:16-17). 만일 여기서 휴거가 문자적이라면, 휴거는 환난을 받기 전이 아니라 그들이 환난을 다 겪고 난 후에 비로소 교회 전체에게 일어난다. 하지만 계 4:1과의 병행을 비교해보면 최선의 해석은 우선적으로 11:12을 4:1처럼 비문자적으로 보는 해석이다.

4:1-2	11:12
ἐν τῷ οὐρανῷ…ἡ φωνὴ ἡ πρώτη ἣν ἤκουσα…λαλούσης μετ' ἐμοῦ…'Ανάβα ὧδε…ἐγενόμην ἐν πνεύματι…ἐν τῷ οὐρανῷ	ἤκουσαν φωνῆς μεγάλης ἐκ τοῦ οὐρανοῦ λεγούσης αὐτοῖς, 'Ανάβατε ὧδε καὶ ἀνέβησαν εἰς τὸν οὐρανὸν

4:1-2a의 요점은 요한이 지금 예언자로 사명을 받고 있음을 보여주는 데 있다. 이것은 1:10 이후 그런 사명을 받는 것에 대한 두 번째 서술이다. 두 본문 모두 성령 안에서 행해진 에스겔의 반복된 비문자적 휴거에 근거하는데, 이는 에스겔이 받은 예언자적 사명을 나타낸다(1:10ff.; 17:1-3; 21:9-10). 4:1에서 요한은 야웨의 천상 회의를 어렴풋이 보게 된다. 이 장면은 구약의 다른 예언자들처럼 에스겔이 목격한 천사들의 회의 환상을 재현한 것이기 때문이다. 이 환상 경험을 통해 예언자들의 예언자 직분이 세워진다(계 4:2b, 8a, b, 9a, 10a에 반영된 사 6:1ff. 및 왕상 22:1ff.와 같은 장면 암시를 주목하라). 구약의 예언자들처럼 4:1에서 요한은 하나님의 비밀스런 회의에 호출되어 예언자로서 부름과 사명을 받는다. 이것은 하늘의 무시간적이고 비가시적인 차원에서 일어나는 일이다. 11:11에서 "성령이" 두 증인/예언자에게 "들어갔다"고 하는데, 이것은 4:2a의 결론 부분과 같다. "내가 성령 안에 있었다." 이처럼 4:1과의 관련성에 비춰볼 때, 11:12의 "하늘로부터 큰 음성이 있어"는 일곱째 나팔 소리의 시작을 의미할 수 있다. 4:1의 "음성"이 "나팔 소리처럼 큰 음성"이라고 밝혀지기 때문이다(1:10-11의 φωνὴν μεγάλην ὡς σάλπιγγος λεγούσης와 4:1을 비교하라; 참조. 고전 15:52; 살전 4:16-17).

그러므로 4:1-2에서 요한의 영적인 휴거를 교회의 물리적 휴거를 가리키는 상징으로 볼 만한 근거가 빈약한 것처럼, 11:12의 동일한 묘사를 단지 증인들의 문자적인 휴거로 이해할 수 있는 가능성은 적다. 이러한 결론은 17:1-3과 21:9-10에 있는 거의 동일한 비문자적인 휴거의 표현에서 사용된 ἀποφέρω("데려가다")로 지지받는다. 두 본문은 다시 예언자적 권위를 입증하고 동일한 에스겔서 본문에 근거를 둔다. 11:12에서 증인들이 들어간 하늘은 눈으로 볼 수 있는 하늘이 아니라 비가시적인 차원이다. 4장에 기록된 요한의 휴거 장면은 사진처럼 정확한 묘사라기보다는 증인들의 휴거처럼 신학적 의도를 반영한 것이다.

10장과 11장 사이의 병행 어구에서 볼 수 있듯이(10:8의 주석 참조), 우리는 이미 10장에 반영된 요한이 받은 세 번째 예언자적 사명이 11장에서 증

인들에게 적용되었다고 주장했다.358) (1) 11:12에서 증인들이 타고 올라가
고 그들이 들은 "하늘로부터 큰 음성이" 나왔던 구름은 10:1의 구름과 동일
시될 수 있다. 10:1에서 천사의 모습을 한 그리스도가 "하늘에서 내려오고"
그곳에서 "큰 소리로 부르짖었다." 11:12에서 "구름"(τῇ νεφέλῃ)과 결합된 정
관사는 정관사가 사용되지 않는 10:1의 구름을 가리키는 것으로 이해하는
것이 가장 좋다. (2) 요한과 증인들 모두 "예언자"로 불린다(10:11; 11:3, 10,
18). (3) 두 경우 모두 심판을 선언한다. (4) "모든 백성과 족속과 방언과 나
라"가 심판의 대상이다(10:11). 이것이 확증하는 것은 11:12을 하나님이 예
언자로 부르며 인증하시는 장면으로 보는 것이다. 사실, 11:1-13에서 요한
에게 말씀하시는 이는 10:9-10에서 그에게 사명을 주시는 천사의 모습을
한 그리스도의 음성일 가능성이 매우 높다(천사를 그리스도와 동일시하는 것과
관련해서는 10:1의 주석 참조).359)

증인들이 구름 속으로 받아들여진 것은 하나님의 승인을 보여준다. 10:1
과 구약성경에서 구름은 심판할 때나 하나님의 예언하는 종에게 사명을
줄 때 하나님의 임재를 나타낸다.360) 엘리야의 예언자적 권위의 정당성은
이와 동일한 방법으로 그의 사역 말기에 하나님에 의해 확증되었다(왕하
2:11). "엘리야가 회오리바람으로 하늘로 올라가더라"(구약성경에서 "회오리
바람"[sĕ'ārâ]은 전형적으로 신현을 가리키기 위해 사용되고, 겔 1:4의 신현의 "큰 구
름"과 동일시된다). 엘리야의 지상 사역 말기에 일어난 사건과 비슷하게, 그
는 종말에도 그러한 권위를 가질 것으로 예상되었으며, 미래에 그가 다시
오는 것은 겔 37:1-14의 일반적인 부활과 밀접하게 연결된다(Midr. Rab.
아 1.1, 9).

마찬가지로 신약성경과 유대교 전통 역시 모세의 사역이 그의 "승천"으
로 마무리되었다고 주장한다. 이것은 그의 사역을 하나님이 인준하신 것으

---

358) Kline, *Images of the Spirit*, 92-93.
359) 참조. Kline, *Images of the Spirit*, 92-93.
360) 구약성경에서 하늘 구름의 이러한 중요성에 관해 10:1의 주석과 Kline, *Images of the Spirit*,
여러 곳을 보라.

로 해석된다. 이와 동일하게 예수가 하나님의 대변인으로서 자격을 갖추었다는 사실은 그의 지상 사역 마지막에 "하늘에 큰 음성이 있고⋯하늘이 열리는 것"(Gospel of Peter 35-36)과 "그가 올려져 구름이 그를 가리고⋯하늘로 올려지신 것"(행 1:9, 11)으로써 확증되었다. 예수의 사역이 모세와 엘리야의 사역과 연관되었다는 사실은 두 예언자가 변화산에 나타나 그리스도와 함께하고, 하나님이 구름 속에서 그를 인정하는 말씀을 하셨다는 것에서 입증된다. 예수는 장차 구름을 타고 다시 오실 것이다. 이것은 예수 자신과 그를 따르는 고난받는 성도들에게는 하나님 앞에서 그들의 정당함을 인정하는 증표이며, 박해자들에게는 심판의 표시다(막 13:9-27; 14:62; 마찬가지로 계 14:12-20).[361] 11:11의 "구름" 앞에 있는 정관사는 10:1의 내용을 가리킬 뿐만 아니라, 부차적으로 이 구름과 신약성경의 유관 본문들을 가리킬 수 있다.

이 세대의 끝에, 하나님을 믿지 않는 세상은 심판과 구원의 메시지를 전하는 증인들의 예언자적 말씀을 완전히 거부했다(4-10절). 하지만 그리스도는 모든 사람에게 증인들이 참 예언자임을 증명하심으로써 마침내 증인들이 정당하다는 것을 입증하실 것이다(그 음성이 그리스도의 음성이라는 사실이 1:10-11과 4:1-2의 병행 어구에 의해 암시된다). 이렇게 인정하시는 분이 성부 하나님이 아니라 그리스도시라는 점은 적절하다. 세상은 그리스도가 예언자로서 적법하신지에 대해서도 의문을 제기했기 때문이다. 만일 그 음성이 성부 하나님으로부터 나온 음성이라면, 그 선언은 세상이 증인들에게 내린 판결을 뒤집는 음성이다. 성부가 세상이 그리스도에게 내린 판결을 뒤집으셨듯이 말이다.

이러한 정당성의 인증은 에스겔과 특히 요한에게 적용된 예언자적 사명을 설명하는 같은 언어로 제시되었다. 에스겔과 요한은 일차적으로 계시를 거부하는 사람들에게 심판을 선언하기 위해, 2차적으로는 믿음이 있는 남은 자들에게 인내하라고 권면하기 위해 예언자로 임명을 받았다(예를 들

---

361) 참조. Sweet, *Revelation*, 188.

어 4:1-8의 주석과 5장의 결론을 보라). 동일하게 증인들의 주된 사역은 심판을 선언하는 것이다. 다른 점은 그들이 사역을 시작할 때가 아니라 사역을 마칠 때 공식적으로 예언자라고 인준을 받았다는 사실이다. 박해자들은 하나님이 이처럼 그들을 예언자로 인준해주신 증표를 "인식하고" 두려워했다. 박해자들은 이제 예언자들의 심판 선언이 공허한 것이 아니라 곧 이루어질 것을 알고 공포에 휩싸였다. 하나님이 정확하게 어떤 방식으로 세상 앞에서 증인들의 정당성을 인정해주셨는지는 본문만 봤을 땐 분명하지 않다. 하지만 이 이야기의 요점은 정당성 인정의 정확한 형식이 아니라, 증인들이 하나님의 진정한 대변인이었다는 계시에 있다.

우리는 요한계시록(20:12-15과 21:1ff.도)뿐만 아니라 신약의 다른 본문(고전 15:52; 살전 4:16-17)에서도 하나님의 백성이 그리스도처럼 마지막 때에 몸의 부활로써 하나님의 인정을 받는다는 것을 안다. 이 사실에 비춰볼 때 비록 11:11-12의 요점은 상징적으로 전달되고 예언자들의 정당성 인정과 확인의 비유적 의미를 강조하지만, 요한계시록과 신약성경의 이 본문들은 정당성 인정의 정확한 형식이 문자적인 부활을 통해 일어날 것임을 암시한다. 흥미로운 것은, 유대교에서는 때때로 계 11:11에 암시된 겔 37:1-14이 미래에 있을 최후의 부활을 가리키는 문자적 예언으로 이해된다는 점이다(예. *Sib. Or.* 2.221-25; *Midr. Rab.* 창 13.6; 14.5; 73.4; 96.5; *Midr. Rab.* 신 7.6; *Midr. Rab.* 레 14.9; 참조. *4 Macc.* 18:18-19과 초대기독교 문서인 *Odes Sol.* 22.8-9).

모세의 사역이 하늘로 "승천"하는 것으로 마무리되었다는 전통에 대해서는 Philo, *De Sacrificiis Abeli et Caini* 3.8; Josephus, *Ant.* 4.320-26, *Midr. Rab.* 신 9.5, *Sifre* 신 Piska 357, *Assumption of Moses* 10:11-13을 보라. 또한 유 9절에 함의된 내용을 주목하라. 이 본문들은 신 34:5-6의 해석에 근거했을 것이다(참조. *Targ. Pal.* 신 33).[362] *Test. Levi*

---

362) 모세가 죽지 않았다는 믿음에 대해서는 J. Jeremias, *TDNT* IV, 855을 보라(참조. *Sifre* 신 357; *b. Sota* 13b).

2:10-11에는 마지막 때에 레위가 "하늘에 올라갈 것이며…주님 앞에 서고…그의 비밀을 백성에게 선포할 것이다.…그리고 너[레위]와 유다로 말미암아 주님께서 인간들 사이에 나타나실 것이다"라고 기록되었다. *Gospel of Nicodemus*(= *Acts of Pilate*) 25에는 아마도 계 11장에 의존하여, 에녹과 엘리야가 "세상 끝날까지 살 것이다. 하지만 그들은 적그리스도를 대적하고 그에게 죽임을 당하도록 하나님께로부터 보냄을 받을 것이다. 그리고 사흘 뒤에…에녹과 엘리야는 다시 살아나 구름을 타고 하늘에 올라가 주님을 만날 것"이라고 천명되었다.

계 11:11-13과 놀라울 정도로 비슷한 본문은 4 Ezra 6:23-27이다. 거기에는 마지막 때에 일어날 일이 이렇게 표현된다. "나팔이 크게 울리고, 모든 사람이 그 소리를 들을 때 갑작스러운 두려움에 충격을 받을 것이다. 동시에 땅은 공포에 충격을 받는다.…그리고 출생부터 죽음을 맛보지 않고 하늘로 올림을 받은 사람들이 나타날 것이다.…악이 제하여질 것이기 때문이다." 이것은 계 11:11-13이 최후 심판의 일곱째 나팔과 연결된다는 추가적인 단서가 될 수 있다.

12a절의 이문들 중에는 ἤκουσαν("그들이 들었다") 대신에 ηκουσα("내가 들었다")를 보유한 사본이 있다($\mathfrak{P}^{47}$ ℵ^c $\mathfrak{M}$ a gig sy^h co Tyc Bea). 전자가 강력한 외적 증거(ℵ A C P 2053 *pc* vg sy^{ph})의 지지를 받고 있으며, 내적 증거를 봐도 선호되는 본문이다. 일인칭 단수는 그 단어를 요한계시록의 이와 비슷한 본문에 동화시키려는 의도 때문에 쓰였을 것이다. 요한계시록에서 예외 없이 하늘의 음성을 들은 사람은 요한뿐이다(1:10; 4:1; 5:11, 13; 6:1, 3, 5, 6, 7; 7:4; 8:13; 9:13, 16; 10:4, 8; 12:10; 14:2, 13; 16:1, 5, 7; 18:4; 19:1, 6; 21:3). 이런 병행 어구들 때문에 필경사들은 타락한 사람들의 귀는 하늘에서 들려오는 하나님의 음성을 들을 수도 이해할 수도 없다는 선입견을 갖게 되었을 것이다.

사본들 중에는 소유격 어구 φωνῆς μεγάλης ἐκ τοῦ οὐρανοῦ λεγούσης ("하늘로부터 큰 음성이 있어 이르기를") 전체를 목적격(φωνην μεγαλην εκ του ουρανου λεγουσαν)으로 다시 쓴 것도 있다(A 1611 2053 2329 2351 $\mathfrak{M}^K$). 이

것은 아마도 요한의 문체에 동화시키려는 노력으로 보인다. 여러 곳에서
요한은 보통 ἀκούω 다음에 φωνή의 목적격을 사용한다(약 15번). 소유격을
목적격으로 바꾼 것은 사본상의 이문이 없는 12:10(ἤκουσα φωνὴν μεγάλην
ἐν τῷ οὐρανῷ)의 영향 때문이었을 것이다. 이런 의미에서 소유격이 더
난해한 독법이기에 원본으로 추측된다(비록 φωνή의 소유격이 14:13; 16:1;
21:3에 등장하지만 말이다). 그러므로 요한계시록은 가끔 일관성이 없기는
해도, 일반적으로 고전 그리스어와 성경 그리스어의 다른 본문에서 종종
발견되는 특징을 따른다.[363] 즉 이해하지는 못하지만 소리를 감지했음을
암시하려고 ἀκούω 다음에 φωνή의 소유격이 이어지거나, 소리를 이해하
면서 감지했음을 암시하려고 φωνή의 목적격이 따라오는 경우다.

1611과 𝔓[47]은 οἱ ἐχθροὶ αὐτῶν("그들의 원수들") 대신에 οι ιε εχθροι
αυτων("그들의 원수 15명")라고 읽는다. 이러한 이문은 대문자 형태의
ΟΙΕΧΘΡΟΙΑΥΤΩΝ을 필경사가 I와 E이 중복되는 것으로 잘못 읽었기
때문이다. I는 ΟΙ의 마지막 낱말로 읽혔고, IE가 숫자 15로 간주되었으
며, 마지막으로 E이 다시 ΕΧΘΡΟΙ의 첫 글자로 취급되었다.[364]

13절   증인들이 말한 심판은 악한 자들이 잘못 판단한 사람들이 신
원함을 받는 것을 목도한 직후에 시작된다. 그 심판은 이렇게 묘사되었다.
"그 때에 큰 지진이 나서"(ἐγένετο σεισμὸς μέγας). 이 지진은 최후의 심판을
묘사하는 6:12과 16:18에서 다른 순서(σεισμὸς μέγας ἐγένετο)로 등장한다.
11:11-13의 사건들이 세상 역사의 마지막에 일어나는 것이라고 말한 것이
옳다면, 6장과 16장의 병행이 이 사실을 확증한다.

여기에 사용된 어휘는 사실 겔 38:19에서 왔다.[365] 에스겔서 본문에서
는 σεισμὸς μέγας("큰 지진")가 역사의 마지막에 회복된 이스라엘을 없애버
리려고 하는 곡에 내려진 최후의 심판을 가리키기 위해 사용되었다. 겔 38

363) 참조. T. Owings, *A Cumulative Index to New Testament Greek Grammars* (Grand
    Rapids: Baker, 1983), 103; Hanna, *Grammatical Aid*, 206과 그곳에 있는 참고문헌.
364) Royse, "Text of Rev. xi. 12."
365) P. E. Hughes, *Revelation*, 130.

장을 언급한 것은 당연하다. 겔 37장이 부활 이미지로써 이스라엘의 회복을 설명하기 때문이다(이 어구가 등장한 유일한 다른 본문은 겔 3:12과 렘 10:22이다. 이 본문들은 각각 이스라엘을 심판하러 오시는 하나님의 신현을 어렴풋이 묘사하고, 임박한 이스라엘 심판을 언급한다). 계 11:11-13에서도 동일한 패턴을 따른다. 이러한 겔 38:19의 암시는 13절을 최후의 대단원과 연결시킨다. 겔 38장을 해석하면 그 내용은 자연스럽게 대단원과 연결될 수밖에 없다. 그래서 요한은 이러한 방식을 이용하여 계 19:17과 20:8-9에서 겔 38-39장을 사용했다.

계 11:19에서 최후의 심판을 묘사하면서 σεισμός("지진")가 등장한 것은 여기서도 최후의 심판 장면이 묘사되었음을 알려준다. 6:12에서 "큰 지진"이 최후의 심판의 시작을 표시했듯이(일곱째 인으로 절정에 달한다), 11:13의 "큰 지진"도 동일한 최후의 심판의 시작 국면을 암시한다. 이것은 이어지는 일곱째 나팔에 의해 절정에 이를 것이다. 사실 일곱째 인과 일곱째 나팔에서는 역사에 내린 심판의 절정이 "번개와 음성과 우레와 지진"이라는 더 온전한 문구로 표시된다(8:5과 11:19. 11:19에는 "큰 우박"이 덧붙여졌다. 이 문구를 자세히 논의한 8:5의 주석 참조).

지진의 부분적인 효과는 이것이 최후 심판의 시작에 불과하다는 사실을 암시한다. "성 십분의 일이 무너지고 지진에 죽은 사람이 칠천이라." 죽임을 당한 7천 명은 보복법이 불신자들에게 적용되었음을 의미한다. 다시 말해서, 두 증인들은 구약의 엘리야 편에 있었던 충성된 7천 명과 넌지시 동일시되는 것 같다. 만일 그렇다면, 비유적인 7천 명의 충성된 증인들(=두 증인)이 죽임을 당했듯이, 그들을 박해하던 자들도 반드시 죽임을 당해야 마땅했다(범죄에 적합한 심판의 예는 11:5-6의 주석 참조). 그리고 이러한 상관관계는 숫자로 표현된다.[366] "성 십분의 일"은 사실 예루살렘을 염두에 두었다면 7천 명으로 추산될 수 있다. 예루살렘은 1세기에 인구가 7만 명이었을 수 있기 때문이다(초기에는 예루살렘의 인구가 12만 명에 달하기도 했지만

---

366) Caird, *Revelation*, 140.

말이다[Josephus, *Ant.* 1.33, 197]).[367] 그러므로 개중에는 숫자를 문자적으로
이해하여 그것을 실제로 예루살렘에 거주하는 주민을 가리키는 것으로 이
해하는 사람들도 있다.[368] 여전히 실제의 예루살렘을 염두에 두었을 수도
있지만, 11:8을 주석하면서 주장했듯이, 예루살렘은 온 세상을 비유적으로
대표한다.[369]

13절의 후반부에는 난해한 문제가 자리하고 있다. 지진에서 살아남은
사람들이 참 신자가 되었는가? 아니면 비록 하나님의 능력을 인정하지 않
을 수는 없지만, 여전히 적대적인 상태로 남았는가? 그들이 "두려워하고
영광을 하늘의 하나님께 돌린" 반응이 단 4:34과 유비라는 점을 근거로 쉽
게 긍정적으로 이해될 수 있다. 두 본문에 동일한 언어가 등장하고 두 본문
의 관심사가 "큰 성" 바벨론의 주민들과 관련되기 때문이다(참조. 단 4:30; 계
11:8). 다니엘서에서 바벨론 왕은 하나님의 심판을 경험한 후에 "내가 하늘
의 왕에게 영광을 돌린다"라고 고백한다(단 4:37 Theod.[δοξάζω τὸν βασιλέα
τοῦ οὐρανοῦ]과 계 11:13[ἔδωκαν δόξαν τῷ θεῷ τοῦ οὐρανοῦ]과 비교하라). 이
것은 여러 곳에서 그러하듯이 참 언약적 믿음의 표현일 수 있다(참조. 사
42:12; 렘 13:16; 마 5:16; 또한 단 5:21-23; 눅 7:16; 17:18; 18:43; 벧전 2:12; *Test. Abr.*
18:11). 더욱이 요한계시록에서 하나님께 영광을 돌리는 본문에서는 하나님
의 영적 공동체 편에 있는 사람들만이 그렇게 한다(12번 등장함).

무너진 "성 십분의 일"과 죽은 "칠천 명"을 비유적으로 이해하는 것은
이러한 관점과 일치한다. "십분의 일"과 "칠천"은 역사의 마지막에 심판받
을 불신자들의 총수를 강조한다. 사실 6:12-17에 기록된 심판의 절정을
경험하는 "땅에 거하는 자들"의 마지막 세대의 충만한 수는 이렇게 7개의
사회 집단으로 분류된다(멸망되는 우주의 각기 다른 부분처럼 말이다; 6:12-17
의 주석 참조). 따라서 이것은 모든 강퍅한 불신자의 심판으로 인해 생존자

---

367) 다양한 인구 계산법에 대해서는 Court, *Myth and History*, 183을 보라.
368) 예를 들어 Charles, *Revelation* I, 291-92은 이것을 요한이 사용한 유대교 자료의 의미로 이
    해한다.
369) 참조. Beasley-Murray, *Revelation*, 187.

들이 진정으로 회개하고 증인들의 메시지를 믿게 되는 것을 의미할지도 모른다.[370]

반면에 단 4장에 기록된 느부갓네살의 반응은 이스라엘의 신앙에 진정한 회심을 표현한 것이 아니다. 구약성경 여러 곳에서는 "하나님께 영광을 돌린다"는 것이 항상 참 이스라엘의 반응을 암시하는 것만은 아니다. 이 어구는 하나님의 주권의 실재를 인정하지 않을 수 없는 불신자들의 반응을 표현할 가능성이 많다(예. 수 7:19; 삼상 6:5; 참조. 벧전 2:12; 요 9:24에서 사용된 이 어구는 둘 중 어느 방법으로든 이해될 수 있다. 이와 비슷한 경우로 잠 1:24-32; 행 12:23을 보라). 더욱이 단 2:46-47에서 느부갓네살 왕이 하나님의 주권을 인정한 것은 잠시뿐이었다. 이어지는 3장에서 느부갓네살은 성도들에게 우상을 숭배하라고 강요한다. 더욱이 단 2장과 4장에서는 느부갓네살 왕이 바벨론의 신들을 예배하기를 그쳤다는 암시가 전혀 없다. 그는 단지 다른 신들에 야웨를 추가했을 뿐이다. 다른 신들을 멀리하는 것은 이스라엘의 신앙에서 반드시 요구되는 것이었다(출 20:3-5; 신 6:4-15). 다른 것에 새로운 신을 첨가하는 것은 고대 근동의 혼합주의적인 세계에서는 흔한 일이었으며, 이는 느부갓네살에게도 자연스러웠을 것이다. 왕의 아들이 단 5장에서 우상을 숭배하는 것으로 묘사되었다는 사실은 단 4장의 이야기 이후에 다른 신을 공식적으로 버리지 않았음을 암시한다. 느부갓네살은 불신자들이 역사의 마지막 때에 취할 행동과 상당히 비슷하게, 억지로 하나님을 인정할 수밖에 없었다(빌 2:10-11; 벧전 2:12; 느부갓네살의 반응을 이런 식으로 평가한 이유를 더 자세히 설명한 계 14:7의 주석 참조).

13절을 마무리하는 어구인 "하늘의 하나님"은 구약성경에서 예외 없이 땅에서 일어나는 모든 사건에 대해 주권을 행사하시는 하나님을 가리킨다(창 24:7; 대하 36:23; 스 1:2; 6:9-10; 7:23; 느 1:4-5; 2:20; 시 136:26; 단 2:18-19, 37,

---

370) Bauckham, *Climax of Prophecy*, 273-83은 이런 식으로 매우 설득력 있게 주장한다. Bauckham을 따르고 이 견해를 약간 변경시킨 다른 사람들에 대해서는 아래의 논의를 보라. Bauckham은 회개가 증인들이 순교를 당하고 하나님에게 신원함을 받은 후에 나타난 결과라고 결론을 내린다(또한 Harrington, *Revelation*, 124).

44; 욘 1:9; 또한 창 24:3; 스 5:11; 7:12, 21). 이 칭호는 느부갓네살이 단 4:37에
서 하나님을 찬양한 이야기의 확장으로 LXX에 3번 등장한다. 단 2장에서
4번 사용된 것과 함께 이 칭호의 사용이 요한계시록 본문의 배경이 단 4장
임을 더욱 입증하는 증거다. 느부갓네살의 반응을 부정적으로 분석한 것이
정확하다고 가정하면, 단 4장을 의존한다는 사실은 계 11:13이 하나님의
하늘 주권을 인정하면서도 여전히 불신자로 남은 사람들을 언급한다는 생
각을 뒷받침한다.

　계 11:11b, 13에 욘 1:9-10, 16이 암시되었을 가능성도 이러한 결론을
한층 강화시킨다. 블레셋 선원들은 폭풍을 만나 그들의 신들에게 기도했다
(욘 1:5). 그들은 "하늘의 하나님"(θεὸν τοῦ οὐρανοῦ)이라는 말을 듣자 "크게
두려워했다"(ἐφοβήθησαν...φόβον μέγαν). 게다가 "그 사람들이 여호와를 크
게 두려워하여 여호와께 제물을 드리고 서원하였다"(1:16). 여기서 그들이
다른 신들을 경배하는 일을 중단했다는 암시는 없다. 이것은 또 다른 신을
경배할 필요가 있음을 설득당한 혼합 숭배자의 전형적인 예다.[371] 그것은
순전한 언약적 회개의 사례가 아니다.

　요나서에 언급된 2중적인 "두려워하다"라는 표기는 계 11:11-13에 반영
되었다. 요나서도 요한계시록의 넓은 문맥에 적합하다. 요한계시록에서 언
급된 교회들 중에는 자신들이 그리스도에게 끝까지 충성할 수 있다고 생각
하지만 여전히 우상숭배에 참여하는 교회가 있다(예. 2:12-29의 주석 참조).
이 사실은 우상숭배자들이 최후의 심판을 겪는 모습을 담은 계 6:12-17,
11:10ff.와 일치한다(8:13과 9:20의 주석 참조). 요나서 본문과 비슷한 또 다른
본문은 삼상 6:5ff.이다. 여기서 블레셋 사람들은 그들에게 내린 재앙이 "너
희와 너희의 신들"로부터 제거되도록 법궤를 이스라엘로 되돌려주어 "여호
와께 영광을 돌리라"는 권고를 받는다(삼상 6:5-6 LXX). 하지만 이것은 다른
신을 섬기는 것을 포기하라는 권면이 아니다. 블레셋 사람들은 그 권면을
따른 이후에도 여전히 이스라엘의 원수로 남았다(삼상 7:7ff.). 다시 말하지

---

371) D. Stuart, *Hosea-Jonah*, 462-65.

만 이것은 야웨를 믿는 참 믿음의 예가 아니다(Wis. 2:14-16과 5:1-14에서 계 11:11-13과 같은 패턴을 따른 분명한 병행 참조).

우리는 이미 앞에서 증인들의 죽음과 모독과 신원이 그리스도의 사역의 마지막 패턴을 따른 것이었다고 주장했다. 마 28:1-4은 계 11:11-13과 같은 용어를 사용하여 그리스도 사역의 마지막 부분의 패턴을 서술한다. 그리스도는 부활하셨다. 그 당시 "큰 지진"이 있었다. "주의 천사가 하늘에서 내려왔다." 그리고 "지키는 자들이 그를 두려워하여 떨고 죽은 자처럼 되었다." 아래 그리스어 본문을 비교해보라.

마 28:1-4	계 11:11-13
σεισμὸς ἐγένετο μέγας...ἄγγελος... καταβὰς ἐξ οὐρανοῦ...ἀπὸ δὲ τοῦ φόβου αὐτοῦ ἐσείσθησαν...ἐγενήθησαν ὡς νεκροί.	φόβος μέγας ἐπέπεσεν ἐπὶ τοὺς θεωροῦντας...φωνῆς μεγάλης ἐκ τοῦ οὐρανοῦ...ἐγένετο σεισμὸς μέγας... ἀπεκτάνθησαν ἐν τῷ σεισμῷ...οἱ λοιποὶ ἔμφοβοι ἐγένοντο.

계 11:12-13은 증인들의 승천을 목도한 박해자들의 반응을 묘사한다. "구경하는 자들이 크게 두려워하더라…하늘로부터 큰 음성이 있어…그 때에 큰 지진이 나서…지진에 죽은 사람이…그 남은 자들이 두려워하여." 마 28장의 배경은 "두려워하는 자들"을 불신자들과 동일시하는 것을 더욱 확증한다(하지만 그리스도가 십자가에 못 박히신 것을 둘러싼 사건과 백부장이 믿음으로 반응한 사실을 묘사한 마 27:51-54과 비교하라).

ἔμφοβος는 전형적으로 "깜짝 놀라다, 불안해하다, 겁내다, 무서워 떨다, 두려워하다, 무서워하다" 등으로 번역된다. 이 단어는 LXX이나 신약성경에서 명사 φόβος가 사용된 "야웨를 경외하다"와 유비되는 표현으로 사용된 적이 없다. 비록 φόβος가 ἔμφοβος처럼 부정적으로 사용될 수도 있지만, ἔμφοβος가 긍정적인 뉘앙스를 가진 φόβος의 동의어로 사용된 적은 한 번도 없다. φόβος의 명사형은 요한계시록의 여러 곳에서 부정적으로만 사용되었다(11:11; 18:10, 15; ℵ 2351 pc lat sy^ph에는 13절에서 εμφοβοι 대신에 εν φοβω로 표

기되었다). 13절의 ἔμφοβος를 11절의 φόβος와 동일한 의미를 가진 단어로 보는 것이 자연스럽다.

사실 γίνομαι 형태와 함께 사용된 ἔμφοβος는 신자들과 불신자들 모두에게 적용되기는 하지만, 신약성경에서 늘 "무서워 떨다" 또는 "겁내다"를 의미하며, 믿음의 의미는 포함하지 않는다(참조. 눅 24:5, 37; 행 10:4; 24:25). ἔμφοβος의 이러한 부정적 의미는 계 9:20, 19:21, 20:5의 병행 어구에서도 확증될 수 있다. 이 본문들은 11:13처럼 οἱ λοιποί("그 남은 자들")에 대해 언급하고 시대의 끝을 다룬다. 하지만 이 본문들은 οἱ λοιποί를 최후 심판의 시작을 겪는 불신자들에게만 사용한다(비록 2:24과 12:17에서 λοιπός의 다른 격이 하나님의 백성을 가리키기는 하지만 말이다). 앞의 분석 때문에 ἔμφοβος를 어느 경우에나 "믿지 않는 두려움"을 가리키는 전문용어로 이해할 필요는 없다. 문맥이 단어의 의미를 결정하는 궁극적인 요인이다. 하지만 믿지 않는 두려움의 의미가 11:13에 있는 것 같다. 다른 문맥적인 요인들로 미루어 볼 때 이 의미가 선호되며, 적어도 다른 곳에 사용된 예에 비춰볼 때 이 의미가 전형적이라는 것이 드러난다.

무너진 "성 십분의 일"과 죽임을 당한 "칠천 명"은 하나님이 불경건한 사람들 중 **상당히 많은** 사람들에게 심판을 내리기 시작하셨고 남은 자들도 곧 전례를 따를 것을 암시한다. 이 점에 있어서 "칠천 명"을 심판한 것은 생존자들에게는 겁나는 일이었다. 그들이 할 수 있는 유일한 일은 그들 앞에 놓인 임박한 심판을 받아들이고 하나님을 그러한 심판을 행하시는 진정한 주권자로 인정하는 것뿐이다(6:16-17과 빌 2:10-11에 암시되었듯이 말이다. 참조. 사 45:23-24). NIV 성경에서 11:11을 "terror"로 번역하고 13절에서 "terrified"라고 번역한 것은 본문의 대의를 반영한다.

계 11:9-13의 패턴은 미 7:8-17의 현저한 형식에서 발견된다. (1) 원수(ἐχθρά)는 이스라엘이 이김을 당한 것을 두고 기뻐한다(ἐπιχαίρω). (2) 이스라엘이 포로에서 구원을 받고 회복되는 것은 "다시 살아나는 것"으로 묘사되었고 "애굽에서 나오는 것"과 같았다. (3) 원수들은 그 구원을 "보며," "손으로 그 입을 막는다." (4) 그들은 그로 인해 부끄러움을 당한다. (5) 심판으

로 원수들의 "성읍은 평평해지고 나뉠 것이다." (6) 원수들의 마지막 반응
은 "놀라고" 하나님을 "두려워하는"(φοβέω) 것이다. 두 본문에 눈에 띄는 병
행 어구가 있다는 것과, 계 11장 전체에서 이미 반영된 출애굽에 연관되었
다는 점에서 미 7장이 계 11장의 배후에 있다는 사실은 분명하다. 미 7장이
본문의 배경이라면, 원수들이 "두려워"한 것이 참된 회개가 아니라는 결론
은 더욱 지지받는다. 미가서에서 심판은 모두를 아우르고, "두려움"은 혹독
한 심판에 처하게 된 사람들이 경험하는 공포이기 때문이다.

더욱이 계 8:6에서 시작하여 11:12에 이르기까지 구약적 배경을 가지고
있는 심판의 문맥을 고려할 때, 11:13의 생존자들이 심판을 당하는 불신자
들이라는 입장이 선호된다.[372] 11-12절이 역사의 마지막에 하나님이 모든
교회의 정당함을 입증하심을 강조한다는 것은 11-13절에서 신원함을 받지
못하는 사람들은 하나님의 백성 중에 들지 못한다는 점을 암시한다. 이뿐
아니라 11:3-6에 있는 예언자들의 증언의 목적은 회개를 이끌어내는 데 있
지 않고 분명히 "고통을 주는 데" 있다(11:10). 증인들은 하나님을 대적하는
사람들에게 그의 시작된 심판을 실행하는 하나님의 일꾼들이다(11:5-6의 주
석 참조).[373]

한편으로 "남은 자들"이 하나님의 심판 때에 구원받을 것이라는 언급은
요한계시록에 처음으로 등장한 것 같다. 특히 이것은 9:20-21의 회개하지
않은 "남은 자들"과 16:9의 "회개하여 하나님께 영광을 돌리지 않은" 타락
한 사람들과 대조된다(참조. 16:11). 21:24-26은 이러한 대규모적인 회개의
또 다른 예일 것이다(이와 다른 평가는 21:24-26의 주석 참조). 이뿐만 아니라
14:7에서 믿지 않는 나라들에게 주어진 "하나님을 두려워하고 그에게 영광
을 돌리라"는 권면과 15:4에서 나라들에게 적용된 표현("주여! 누가 주의 이름
을 두려워하지 아니하며 영화롭게 하지 아니하오리이까?")은 11:13에서 사용된 비

---

372) Hendriksen, *More than Conquerors*, 159; Rist, "Revelation," 449; Lenski, *Revelation*,
　　 351; Preston and Hanson, *Revelation*, 90; Mounce, *Revelation*, 229; 참조. McNicol,
　　 "Revelation 11:1-4." McNicol은 믿지 않는 이스라엘이 심판의 대상이라고 생각한다.
373) Satake, *Gemeindeordnung*, 122, 132-33.

숫한 용어가 구원을 얻는 믿음을 암시한다는 가장 강력한 증거다.[374]

그러나 역사의 절정의 때에 회심한다는 사상은 요한계시록 어디에서도 발견되지 않는 사상이다. 이것은 구원을 얻은 사람들이 "제한된 집단" 또는 불신 세상에서 구원함을 받은 "남은 자들"이라는 기본적인 생각과 상충된다(7:1-8; 14:1-5; 18:4).[375] 이러한 회개를 이스라엘의 마지막 회심과 동일시하는 몇몇 사람은 롬 11장에 호소한다. 하지만 계 11:13이 역사의 마지막에 땅에 있는 대다수 이방인들의 회심을 언급한다고 생각하는 사람들에게는 이렇게 볼 만한 선례가 요한계시록이든 신약성경의 다른 곳이든 없다. 사실상 어느 종류의 회심이든 배제되는 것으로 보인다. 13a절은 최후의 심판의 시작을 묘사하며, "땅에 사는 자들" 대다수의 회개를 묘사하지 않기 때문이다. 13a절의 지진 이미지는 마지막 심판의 시작을 나타낸다. 마지막 심판은 11:19에서 최후의 심판을 알리는 지진 이미지로 절정에 도달한다. 부분적으로 최후의 심판에 대한 묘사를 포함하는 일곱째 나팔(11:18)이 11:13의 흐름을 이어간다는 사실은 이 결론을 확증한다. 특히 11:19의 지진 이미지가 일곱째 나팔 자체의 절정이기 때문이다.[376]

그러므로 유대인이든지 이방인이든지, 회개는 배제되어야 한다. 회개가 13a절에 표시된 최후의 심판이 시작된 **이후에** 있게 된다고 봐야 하기 때문이다. 이렇게 "두 번째 기회"로 주어지는 회개는 성경 어느 곳에서도 딱히 비슷한 예를 찾을 수가 없다.

이 골치 아픈 논의의 결과로 지금까지 계속 제시해온 점증되는 증거를 보면, 13절에 묘사된 반응을 회개로 보아서는 안 된다는 견해를 선호하게 된다.[377]

---

374) 특히 Bauckham, *Climax of Prophecy*, 273-83의 주장처럼 말이다. 또한 Harrington, *Revelation*, 123; Krodel, *Revelation*, 228; Schüssler Fiorenza, *Revelation: Justice and Judgment*, 79.

375) Reader, "Riddle of the Polis," 413.

376) 참조. M. Stuart, *Apocalypse* II, 239.

377) Bauckham을 제외하고 13절에서 마지막 때 불신자들 대다수가 회개할 것이라고 보는 다른 사람들은 다음과 같다. Krodel, *Revelation*, 227-28; Schüssler Fiorenza, *Revelation:*

15:4에 언급된 "주여! 누가 주의 이름을 두려워하지 아니하며 영화롭게 하지 아니하오리이까?"라는 질문이 하나님의 비교할 수 없는 공의와 의로우심을 보편적으로 인정하고 있음을 폭넓게 언급한다는 사실은 나중에 결론으로 도출될 것이다. 하나님의 공의와 의로우심을 인정하는 것은 기꺼이 하기도 하고 억지로 하기도 하며, 신자들뿐만 아니라 불신자들도 인정하는 내용이다. 이와 비슷한 견해이지만, 악한 자들 편에서 볼 때는 강요된 경배일 뿐이라는 사실에 대해서는 14:7의 주석을 참조하라. *Testament of Solomon* 17:4에서 솔로몬은 악한 귀신에게 "하늘과 땅의 하나님을 두려워하라"고 명령한다. 이것은 회개를 촉구하는 것이 아니라, 하나님의 주권에 존경을 표하라고 촉구하는 것이다.

Wis. 4:10-5:5은 계 11:3-13과 비슷해서 엘리야-모세-그리스도 패턴을 모방했다는 생각이 든다. 여기서 저자는 마지막 회개가 아니라 경건한 자들의 최종적인 구원과 악한 자들의 심판을 서술한다. 거기서는 비유적으로 의인들 전체가 언급되든지, 문자적으로 에녹 또는 엘리야가 언급된다. "그는 옮겨졌다.…신속하게 데려감을 당했다.…그래서 죽은 의인들은 불경건한 자들을 정죄할 것이다.…불경건한 자들은 그를 볼 것이며 멸시할 것이다.…그[하나님]는 그들을 근본부터 흔들 것이며, 그들은 완전히 초토화될 것이다.…그들은 **두려움으로** 올 것이다.…그때에 의로운 사람이 자기를 박해한 사람들 앞에 매우 당당하게 설 것이다.…그들이 그것을 볼 때, 그들은 **공포와 두려움으로 떨 것이며** 그의 구원을 이상하게 여기며 놀랄 것이다. 그들은 저희끼리 이렇게 말할 것이다. '이 사람이 우리가 전에 조롱하고 비난하던 사람이 아닌가. 우리는 그를 가

Justice and Judgment, 79; Caird, *Revelation*, 140; Beasley-Murray, *Revelation*, 187; A. F. Johnson, "Revelation," 507; I. T. Beckwith, *Apocalypse*, 589-90; Giblin, "Revelation 11.1-13," 444-54; Lund, *Revelation*, 135; Trites, *Concept of Witness*, 169-70; Feuillet, *Johannine Studies*, 249-50; Brütsch, *Offenbarung* II, 35-36; Harrington, *Revelation*, 157; Ladd, *Revelation*, 159-60; 그리고 A. Y. Collins, *Apocalypse*, 73. Collins는 13절을 이스라엘의 마지막 회개로 이해한다. 이와 비슷하지만 설득력이 없는 D. C. Chilton, *Days of Vengeance*, 285 참조.

지고 놀았지.…그의 말년은 추할 거야. 그런데 지금 그가 하나님의 자녀
의 수에 들어 있다니. 그는 성자들 무리 중에 있어.'"

Greek Apocalypse of Ezra 7:5-13은 "예언자 엘리야를 하늘로" 올
리시는 하나님의 능력을 언급하면서, 그것을 "만물이 두려워하고 당신의
능력의 얼굴로부터 떠는 것"과 직접 연결시킨다. 이 내용에 이어 최종적
인 구원과 최후 심판에 대한 언급이 이어진다. *Sib. Or.* 2.221-50은 그리
스도와 연결하여 마지막 부활을 묘사하면서 겔 37:1-10을 암시한다. 그
리스도는 모세와 엘리야를 비롯하여 구약의 예언자 아홉 명과 함께 "구
름을 타고 영광중에 오실 것이다." 그때에 마지막 구원과 최후의 심판이
발생한다. *Apoc. Elijah* 4:7-14은 마지막 심판을 언급함으로써 절정에
도달할 계 11:7-9을 암시한다(*Apoc. Elijah* 5:22-35).

계 11:3-13은 종말론적 예언자들을 기다리는 유대교의 대망과 맥을
같이한다. *Apoc. Elijah* 5:32-39을 주목하라. 마지막 날에 "엘리야와 에
녹이 내려올 것이다. 그들은 세상의 육체를 제거하고 영적 육체를 취하
며, 죄의 아들을 쫓아가 그를 죽일 것이다."[378] 계 11:11-13 역시 증인들
이 궁극적으로 세상, 즉 짐승을 이긴 승리를 묘사한다. 이는 15:2-4에서
분명히 드러난다. 요한계시록이 *Apoc. Elijah*로 대표되는 해석 전통을
반영한다면, 요한은 그 전통을 보충하려고 그것을 엘리야-모세라는 포
괄적인 틀 안에 넣었을 것이다(마치 요한이 엘리야-모세 패턴을 두 증인을 설
명하는 더 우세한 예언자적·기독론적인 틀에 맞췄듯이 말이다).[379]

계 11:3-6에 서술된 예언자들의 증언의 목적이 회개를 이끌어내는
데 있지 않고 "고통을 가하는 데" 있다는 결론에 동의하지 않는 몇몇 사
람은 본문이 **목적**과 **결과**를 흐리게 하는 셈어 문체를 반영한다는 그럴
싸한 사실에 근거하여 그렇게 한다.[380] 그래서 그 고통은 예언자들의 사

378) Black, "Rev. 11:3f.," 229-30 참조.
379) 비교. *Apoc. Elijah* 4:7ff.(참조. Charlesworth I).
380) 이 원리를 신약의 다른 본문에 적용한 예는 Moule, *Idiom-Book*, 142-43을 보라.

역을 평가하는 인간의 반응에 불과하고, 하나님이 정하신 목적은 아니다. 하지만 "셈어 문체"를 이런 식으로 이해하는 것은 더욱 충분한 근거가 필요한 전제다.

　11:1-13을 비롯하여 요한계시록의 환상에서 과거·현재·미래 시제로 옮겨가거나 변환되는 현상은 설명하기 어렵다. 과거 시제를 가진 동사들은 요한이 환상을 본(여기서는 음성으로 들은) 시간을 가리킨다. 현재 시제 동사들은 생생한 기억의 표현일 수 있다. 마치 그가 환상을 다시 경험하고 있는 것처럼 말이다. 미래 시제 동사들 중에는 환상이 미래를 언급하기 때문에 포함된 것도 있지만,[381] 모든 환상이 다 미래를 다루는 것은 아니다(이 주석에서 시종일관 주장했듯이 말이다). 미래 시제 동사들 중에는 단지 요한의 환상 경험 직후나 그리스도의 죽음과 부활 이후, 또는 그밖에 어떤 특정한 문맥이 가리키는 출발점 이후의 때를 언급하는 것이 있다. 물론 세 시제가 환상의 관점에서 실제의 과거와 현재와 미래를 언급할 수 있다(7:16-17의 주석 참조). 11:7-13의 미래 시간이라는 틀 안에서 미래와 함께 사용된 과거 시제들은 구약의 용례와 맥을 같이하는 예언적 완료로 설명될 수 있다.[382]

일곱째 나팔: 하나님은 절정에 도달한 나라를 세우시며, 마지막 심판을 행하신다(11:14-19)

서론(11:14)

10:1-11:13의 문학적·신학적 삽입구가 끝났다. 그러므로 14절은 9:21이 끝난 곳에서 시작한다. "둘째 화는 지나갔으나"(9:13-21) 그리고 "보라! 셋째 화가 속히 이르는도다." 9:12에서처럼 연대기적인 용어는 세 화 환상에 나

---

381) Mussies, *Morphology*, 334-36, 181.
382) 참조. S. Thompson, *Apocalypse and Semitic Syntax*, 47-49. 이 이외의 분석에 대해서는 Porter, *Verbal Aspect*, 236을 보라.

타난 역사적 순서가 아니라 단지 환상의 순서를 언급할 뿐이다(자세한 내용
은 9:12; 4:1의 주석 참조). 두 번째 화 환상은 완료되었으며, 세 번째 환상이 임
박했다. 이 환상 순서의 특성 때문에 최후 심판을 설명하는 묘사는 11:11-
13에 있는 삽입구의 결론과 11:18-19의 일곱째 나팔의 결론에도 포함될 수
있다.

11:15-19이 셋째 화/일곱째 나팔 내용에 포함되는가?

종종 11:15-19이 일곱째 나팔의 내용이 아니라 그 나팔의 내용을 예상하는
것이라고 생각하는 사람들이 있다. 12-14장은 셋째 화/일곱째 나팔의 공식
적 내용인 16장의 일곱 대접의 더 자세한 내용으로 인도하거나 그 내용을
설명하는 사건으로 이해된다.[383] 12-14장만이 셋째 화의 내용을 형성한다
고 생각하는 사람들이 있는 반면에,[384] 12-21장 전체를 셋째 화의 내용으
로 간주하는 사람들도 있다.[385] 11:15-18의 간략한 찬송은 20장에서 벌어
질 것을 바라는 대망에 불과하다고 간주된다.[386] 11:15-19이 최종 화/최종
나팔의 모든 내용이 아니라고 주장하는 한 가지 이유는 그때에 일곱째 나
팔을 붊으로써 어떠한 일도 일어나지 않고, 다른 곳에서는 묘사되지 않은
일련의 행동들에 대해 선언하는 찬송만 있다는 것이다.[387]

　　이 견해들과 대조적으로 우리는 11:15-19을 역사의 절정을 설명한 본
문으로 이해한다. 천사가 일곱째 나팔을 불 때 역사를 향한 하나님의 계획
이 "완성될 것이라"고 10:7에서 선언되었기 때문이다. 여기서 찬송은 심판

383) I. T. Beckwith, *Apocalypse*, 608; Lang, *Revelation*, 187-88; Ladd, *Revelation*, 160;
　　Walvoord, *Revelation*, 184; Krodel, *Revelation*, 229. Seiss, *Apocalypse*, 270-71에 의하면,
　　12-20장의 내용이다. 자세한 내용은 본서 서론의 "요한계시록의 구조와 계획"을 보라.
384) Sweet, *Revelation*, 190; 본서 서론의 "요한계시록의 구조와 계획"을 보라.
385) Charles, *Revelation I*, 292-93.
386) Feuillet, *Johannine Studies*, 251; Sweet, *Revelation*, 191-93.
387) Beasley-Murray, *Revelation*, 187-88; 이와 비슷한 Morris, *Revelation*, 152 참조.

과 구원의 행동들을 묘사하며, 그러한 행동을 예상만 하지는 않는다. 원리 상으로는, 직접적인 묘사가 결여되었거나 환상 형식 대신에 찬송 형식이 등장한 점은 찬송이 일곱째 나팔의 내용만 예상한다고 보는 데 결정적인 요소가 아니다. 요한은 11:15-19에서 본문이 다루는 주제를 자세하게 묘사 하지 않았다. 이 묘사들은 6:12-17에서 시작된 내용이며, 요한은 나중에 더 자세한 내용이 되풀이 될 것을 알고 있었기 때문이다. 더욱이 11:15-19의 묘사는 처음 네 나팔에서 묘사된 부분과 비교하면 더 짧지는 않다. 비록 처 음 두 화인 다섯째 나팔과 여섯째 나팔의 묘사보다는 짧지만 말이다. 이뿐 만 아니라 찬송은 환상만큼이나 화 또는 나팔의 내용을 묘사할 수 있다(예. 5:8-10은 과거 사건을 이야기하는 찬송이다).

　　그러나 여전히 15-19절이 심판의 혹독함보다는 하나님 나라의 설립을 강조하는 까닭에, 이 본문이 일곱째 나팔의 내용이 될 수 없다고 생각하는 사람들이 있다. 하지만 그 내용의 길고 짧음을 떠나서, 최후의 심판보다 더 혹독할 수 있는 것이 무엇이겠는가! 이 단락은 하나님 나라뿐만 아니라 최 후 심판의 화도 강조한다(18-19절). 최후 심판의 화는 절정에 도달하고 영 원한 하나님 나라가 마침내 땅에 출현했다는 것을 나타낸다. 하나님 나라 의 도래는 원수들에게는 화다. 하나님 나라는 심판 때 원수들에게 내릴 심 판을 보장하기 때문이다. 우리가 볼 때 11:15-19의 일곱째 나팔은 다섯째 나팔과 여섯째 나팔보다 더 극심한 화다. 일곱째 나팔은 절정에 도달한 최 후의 심판, 곧 믿지 않고 죽은 모든 사람이 심판받아 멸망당할 때를 가리키 기 때문이다(18절).[388] 최후의 심판에 대한 묘사가 짧은 것은 최후의 심판 이 긴 기간을 다루는 것이 아니라 결정적인 사건이라는 데 기초하기 때문 일 것이다. 반면에 앞서 언급한 나팔 재앙으로 인한 화들은 광범위한 시련 의 기간을 망라한다.

　　이러한 분석이 옳다면, 이것은 11:15-19을 셋째 화의 내용으로 받아

---

388) 특히 본서 서론의 "요한계시록의 구조와 계획"을 보라. 또한 Lenksi, *Revelation*, 360도 그렇 게 생각한다.

들이지 않는 또 다른 이유에 대한 대답이 될 것이다. 이를 테면, οὐαὶ ἡ
τρίτη("셋째 화")가 11:15-19에 명확하게 사용되지 않은 반면에, 다섯째와
여섯째 나팔은 분명하게 "화"와 동일시되었다(9:12; 11:14). 하지만 12장의
환상에서는 οὐαί가 사용되었고(12:12의 주석 참조), 이 모든 것으로 인해, 셋
째 화는 12장 이하의 내용과 동일시된다.[389] 하지만 8:13에는 세 화가 마지
막 세 나팔과 일치할 것이라고 이미 선언되었다.[390] 만일 11:15-19이 일곱
째 나팔이라면, 그것 역시 세 번째 화인 것이 틀림없다(이와 비슷하게, *Sib.
Or.* 8:239-43에는 최후의 심판이 "하늘로부터 울리는 **나팔**"과 함께 시작한다. 나팔은
"세상의 화로 인해…구슬픈 소리를 낸다).

그러므로 "셋째 화가 속히 임하는도다"라는 11:14과 "일곱째 천사가 나
팔을 불 때"라는 11:15a의 언급을 설명하는 가장 자연스러운 해석은 바로
뒤에 이어지는 15b-19절이 세 번째 화/일곱째 나팔의 내용을 담고 있다는
해석이다. 12:1에서 시작하는 내용이 일곱째 나팔의 내용을 형성할 수 있는
지는 12장을 주석해야만 알 수 있는 사안이다(우리는 이미 이에 대해 부정적인
결론을 내렸다. 본서 서론의 "요한계시록의 구조와 계획"과 본서 12:1ff.의 주석 참조).

일곱째 나팔(11:15-19)

15절   "셋째 화"는 일곱째 나팔이다. 요한은 일곱째 나팔이 울릴 때 하
늘에서 "큰 음성들"이 나는 것을 듣는다. 그 음성들은 천사들, 혹은 더 개연
성이 있는 하늘에 있는 성도들의 무리들에게서 나왔을 것이다(7:9; 19:1, 6에
서처럼). 첫째 화와 둘째 화(다섯째 나팔과 여섯째 나팔) 역시 하늘의 선언으로
시작되었다(8:13; 9:13-14).

하나님 나라의 원수들이 다 패했고 심판을 받은 까닭에(11:18), 하늘의
음성들은 "우리 주와 그의 그리스도의 나라가 임하였다"라고 선언할 수 있
다. 하나님은 이전에 사탄에게 세상을 주관하도록 허락하신 통치권을 이제

---

389) 예. Sweet, *Revelation*, 190; Forck를 인용한 Brütsch, *Offenbarung* II, 37을 주목하라.
390) 참조. Prigent, *Apocalypse*, 171.

자신이 취하신다.[391] 일곱째 나팔은 일곱째 인과 일곱째 대접처럼 역사의 마지막을 서술한다(본서 서론의 "요한계시록의 구조와 계획"을 보라).

이 단락이 마지막 나팔의 공식적 내용을 예상하는지 또는 그 내용 자체인지와 관계없이(앞에서 다룬 내용을 보라), 본문에 사용된 과거 동사들은 예언적 완료형으로 이해할 수 있다.[392] 하지만 이것은 하나님 나라가 세워지고 하늘의 천군이 이에 대한 응답으로 찬양을 돌리는 미래를 투영하는 것일 수도 있다. 그런 경우 과거 시제 동사들은 미래의 관점에서 과거의 행동들을 묘사한다.

"영원히 통치하시는" 분이 "우리 주님"인지 "그의 그리스도"인지는 분명하지가 않다. "단수형이 하나님과 그리스도를 떼려야 뗄 수 없는 하나(unity)로 이해했을" 수 있다(이와 동일한 현상에 대해서는 22:3을 보라).[393] 하지만 16-17절에서는 영원히 통치하시는 주님이 본문의 초점의 대상임이 드러난다(눅 1:33처럼 5:12-13은 어린 양이 이 무한한 통치에 참여하시기에 그가 여기에 포함됨을 보여준다). 구약성경에서 예언된 오랫동안 기다려왔던 메시아적 나라의 절정의 성취가 이루어졌다(12:10에도 이 점이 강조된다). 고전 15:24-28에서 그리스도가 역사의 절정에 그의 나라를 성부 하나님께 바치고 자신은 성부에게 복종하시는 것을 본문의 내용과 어떻게 관련시킬지를 설명하는 것은 쉽지 않다. 아마도 그리스도는 그의 통치의 구속사적인 국면을 포기하고, 그의 아버지와 나란히, 하지만 그에게 복종하면서, 이 영원한 나라에 참여하시는 것 같다.

본문의 내용과 관련이 있는 구약의 전례가 있다면, 단 7장일 것이다. 단 7장에서는 세상의 악한 나라들이 패하고 그들의 나라는 영원히 다스리시는 인자의 권세 아래로 넘겨진다(다른 곳에서도 이런 패턴을 발견할 수 있다. 참조. *Sib. Or.* 3.46-56; *Pss. Sol.* 17:1-5). 단 7장에서 온 권세의 바뀜 구조를 염두

---

391) I. T. Beckwith, *Apocalypse*, 609.

392) Rist, "Revelation," 451.

393) Holz, *Christologie der Apokalypse*, 202.

에 두었다는 사실은 11:7에서 분명히 드러난다. 11:7은 적대적인 세상 나라들이 성도들을 박해하지만, 나중에는 인자와 성도들이 그들을 다스린다고 말하는 단 7:3, 21을 이미 암시했다(단 7:13-14, 18, 22, 27).

단 2:44 Theod.의 예언인 ἀναστήσει ὁ θεὸς τοῦ οὐρανοῦ βασιλείαν ἥτις εἰς τοὺς αἰῶνας가 ἐγένετο ἡ βασιλεία...τοῦ κυρίου...βασιλεύσει εἰς τοὺς αἰῶνας τῶν αἰώνων에 반영되었을 것이다(참조. 또한 단 7:14, 27). 홍해에서 하나님이 애굽 사람들을 이기고 승리하신 그의 주권에 대한 인정 역시 본문의 배경이 된다(참조. 출 15:18: κύριος βασιλεύων τὸν αἰῶνα καὶ ἐπ' αἰῶνα; 또한 시 10:16; 144[145]:13; 146:10; 미 4:7; Wis. 3:8을 보라. 이 본문들은 동일한 기본 어구가 등장하는 구약의 유일한 예들이다. 좀 더 넓게는 욥 21; 시 21[22]:28; 슥 14:9). 이 본문을 배경으로 한 18-19절의 주석을 참조하라. 11:15에 암시된 시 2:2에 대해서는 11:18의 주석을 참조하라.

사본의 외적 증거를 근거로 남성 분사 λέγοντες(A 2053 2351 𝔐ᴷ)와 여성 분사 λέγουσαι(𝔓⁴⁷ ℵ C 051 1006 1611 1841 2329 2344 𝔐ᴬ) 사이에서 결정을 내리기는 쉽지 않다. 둘 다 좋은 사본의 증거가 있기 때문이다. 하지만 남성형이 확실히 가장 난해한 본문이며, 어떻게 여성형이 발전하게 되었는지 가장 잘 설명한다. 필경사들은 앞에 등장한 분사의 주어인 여성형 φωναὶ μεγάλαι에 일치시키려고 남성형을 여성형으로 바꾸려고 했을 것이다. 우리가 앞에서도 보았듯이, 이러한 일치의 결여는 요한계시록의 특징이며, 어색한 것을 부드럽게 만드는 필경사의 경향이 늘 동반되었다. 남성형은 음성들이 남성적 존재들에게서 나온 것으로 이해한 요한의 이해를 반영하고 있는지도 모른다(6절에 장로들이 언급된 것과 17a절에서 λέγοντες를 동반하여 그들의 찬양을 소개한다는 점을 주목하라).[394]

한편으로 이것은 셈어 lē'mōr와 동일하게 어미변화를 하지 않는 한 예일 수 있다. 그렇다면 이것은 불규칙 그리스어 문법 형식을 통해 구약의 암시를 환기하며 소개하는 역할을 하는 LXX의 어법일 수 있다. 이

---

394) 참조. Robertson, *Word Pictures*, 384; M. Stuart, *Apocalypse* II, 240.

런 관점에서 흥미롭게도 λέγοντες는 모세의 노래를 소개하기도 한다
(출 15:1; "그들이 말하여 이르기를"). 단 2장에서 동일한 분사 형태는 꿈으
로 주어진 계시 전체를 알게 해달라고 요구하는 도입부에서 발견된다
(단 2:7 LXX: "그들이 다시 대답하여 이르되"). 덧말인 lē'mōr(정동사에 바로 따
라오는 "이르되")는 LXX에서 수백 번 λέγων/λέγοντες/λέγουσα(종종 어미
변화를 하지 않는 형태로)로 번역되는데, 동일한 현상이 계 5:9, 6:10, 7:2-3,
10, 13, 14:18, 15:3, 17:1, 18:2, 15-16, 18, 19:17, 21:9에도 등장한다.[395]
계 15:3은 특히 눈에 띈다. 그곳에서 덧말(ᾄδουσιν τὴν ᾠδὴν Μωυσέως...
λέγοντες는 5:9과 거의 일치한다)은 모세의 노래를 직접 암시하기 때문이다
(출 15:1). 이것은 요한이 다른 곳에서도 구체적인 구약 본문을 분명하게
염두에 두었다는 증거다.

　　16-17절　　하나님의 보좌 주위에 있던 이십사 장로들이 엎드려 하나
님께 경배하며 15절에서 언급된 하늘의 선포에 반응한다(이십사 장로들의 정
체에 대해서는 4:4의 주석 참조). 그들은 하나님이 그 나라를 절정에 도달하게
했다고 생각한다. 이것이 그 나라의 완성된 모습이라는 사실은 18절에서
분명해진다. 여기서 하나님의 모든 원수는 최종적으로 패배하고 최후의 심
판을 받았다고 한다. 이와 병행인 19:6(ἀλληλουϊά, ὅτι ἐβασίλευσεν κύριος ὁ
θεὸς ὁ παντοκράτωρ) 역시 11:17의 끝에 있는 하나님의 통치에 대한 언급이
그 나라의 절정에 도달한 형태라는 것을 암시함을 보여준다(εὐχαριστοῦμέν
σοι, κύριε ὁ θεὸς ὁ παντοκράτωρ...ὅτι...ἐβασίλευσας). 19:6의 찬양은 불경건
한 세계 조직인 "큰 성 바벨론"의 최후 심판에 대한 반응이다. 이십사 장로
들이 보좌에 앉아 있다는 사실은 그들이 하나님의 왕권에 참여하고 있음을
암시한다(4:4에서처럼).

---

395) S. Thompson, *Apocalypse and Semitic Syntax*, 70. LXX에서의 등장횟수의 통계 수치는
Porter, *Verbal Aspect*, 138-39을 보라. Porter는 췌언(pleonasm)의 사례가 LXX에서처럼
모든 시대에 다양하게 사용되던 관용어였다는 증거를 제시하지는 않았지만 "그리스어를 사
용하는 기간 내내" 발생했다고 주장한다. 하지만 Thompson은 췌언이 "LXX에 의해 향상되
고 용인된 그리스어 관용어"일 수 있었다고 용납할만한 조건을 달았다. 4:1의 주석 참조.

　　장로들은 하나님께 감사하면서 1:4, 8과 4:8에서 하나님에게 붙여진 3 중적인 이름을 의미심장하게 변형시켜 하나님을 칭한다. 하나님은 과거("전에도 계셨고"), 현재("지금도 있고"), 미래("장차 오실 이")의 하나님이시다. 이 3 중적인 하나님의 칭호는 구약성경과 유대교에서 하나님을 비교할 수 없는 역사적 주권을 가진 분으로 묘사할 때 사용되었다. 그래서 하나님은 애굽이든 바벨론이든 다른 나라든 상관없이 엄청난 역경에도 아랑곳하지 않으시고 그의 백성을 구원하심으로써 예언을 성취할 수 있으시다(이 배경에 대해서는 1:4, 8의 주석 참조). 요한계시록에서 일찍이 같은 문구의 사용으로 등장한 같은 사상이 여기에도 포함된다. 시간을 초월하신 하나님은 역사의 전 과정을 인도하신다. 하나님은 역사의 처음과 끝에서 주권자로 계실뿐더러 역사의 중간에도 주권을 발휘하시며 보이지 않게 역사를 인도하신다 (1:4, 8의 주석 참조). κύριε ὁ θεὸς ὁ παντοκράτωρ("주 곧 전능하신 하나님")라는 칭호가 덧붙여진 것은 이 사상을 강조한다. 이 어구는 하나님을 그의 백성의 역사를 주권적으로 안내하시는 분으로 언급하기 위해 예언서에서 반복적으로 사용된다(자세한 내용은 1:8의 주석 참조).

　　3중 어구의 마지막 부분(ὁ ἐρχόμενος, "장차 오실 이")은 본문에서 ὅτι εἴληφας τὴν δύναμίν σου τὴν μεγάλην καὶ ἐβασίλευσας("친히 큰 권능을 잡으시고 왕 노릇 하시기 때문이라")로 대체되었다.[396] 이것은 하나님을 지칭하는 3중 명칭 중 마지막 부분이 미래를 통제하시는 그의 주권을 가리키는 총체적인 언급일 뿐만 아니라, 구체적으로는 마지막 때를 가리킴을 의미한다. 하나님이 세상 역사에 들어오시고 그의 백성을 대적하는 모든 사람을 멸하시며 그의 영원한 나라를 세우심으로써 역사를 끝내실 때 말이다. 비록 이때가 요한의 때에 아직 발생하지 않았다고 하더라도, 요한은 일곱째인 환상에서 끝에 일어날 일을 보았다. 지금 요한이 듣고 있는 사건들은 과거 시제로 표현되었다. 그 사건들이 찬양을 드리는 사람들의 관점에서는

---

396) 필경사들 중에는 11:17을 앞에 등장한 3중 형식과 일치시키려고 καὶ ὁ ἐρχόμενος를 덧붙인 사람들이 있다. 자세한 내용은 아래를 보라.

이미 발생했기 때문이다. 이러한 까닭에 3중 형식에서 변경이 일어났고, 동사의 시제는 이 단락이 일곱째 나팔의 내용으로서 하나님 나라가 실제로 세워지고 심판이 실행되었음을 이야기한다. 동일한 유의 변경이 16:5에서도 발생한다. 여기서도 문구의 마지막 어구가 "이것들을 심판하시니"로 바뀌었다. 16:5은 마지막 심판이 돌진하듯 임하는 것을 강조하고, 11:17은 마지막 심판 자체를 강조한다. 하나님이 역사 내내 다스리셨지만, 최후의 나라는 하나님이 모든 대적자를 완전히 복종시킴으로써 그의 아들과 백성과 함께 땅에서 절정에 이르게 할 통치다.

그리스도가 로마 군인들을 자극하여 이스라엘을 대적하게 하심으로써 기원후 70년에 예루살렘이 멸망했을 때 이 통치가 절정에 도달했다고 주장하는 사람들이 더러 있다.[397] 하지만 이것은 구약시대에 앗수르와 바벨론에게 행사하여 이스라엘을 대적하게 한 주권과 동일하다. 3중 형식의 마지막 어구의 변경으로 강조되는 것은 18절에 제시되었듯이, 하나님의 통치가 구약시대에 실행되었던 것보다 더 포괄적이고 절정에 도달했다는 이해에 있다. 이것은 단순히 하나님이 세상의 여러 사건을 주관하신다는 것이 아니라 "세상 나라"를 장악했던 영적·물리적 세력을 멸하신 통치를 말한다(15절). 15절에 언급된 하나님이 "세상의 나라"를 통치하고 다스린다는 것은 하나님을 대적하던 모든 세력을 이긴 전우주적으로 결정적인 승리로 이해해야 한다. 이것은 이스라엘을 징계하기 위해 다른 불경건한 나라들이 사용된, 이스라엘만의 결정적 패배에 불과한 것은 아니다(요한계시록에서 κόσμος가 사용된 유일한 본문인 13:8과 17:8에서 이 단어는 보편적인 함의를 지닌다).

다른 사람들은 11:15-16의 통치가 그리스도의 죽음과 부활로써 성취되었다고 주장한다.[398] 시 2편은 신약의 여러 곳(행 4:25-27; 히 1:1-5)과 계 2:26-28, 12:5에서 그리스도의 초림 때 성취되기 시작한 것으로 이해된다.

---

397) 예. D. C. Chilton, *Days of Vengeance*, 290-91.
398) 예. McDowell, *Meaning and Message*, 121-26; Hailey, *Revelation*, 262-63.

이것은 계 11:15-18에서도 가능한 해석일 수 있다. 하지만 다른 본문들과 다르게 여기서 이 문제는 심판의 문맥에서 다뤄지고 있다. 계 19:15의 시 2편 사용 역시 심판의 문맥에 등장한다. 19:15-21이 최후 심판의 시작을 언급하기에 11장의 시 2편 사용은 동일한 사건을 가리킬 가능성이 많다. 또한 초림 때 시작된 나라에 관한 문제를 다룬 12:10은 11:15이 같은 사건을 다룬다는 점을 보여주려고 종종 11:15과 병행으로 제시되기도 한다. 하지만 이것은 설득력 있는 병행 어구는 아니다. 하나님 나라의 초기 형태와 절정에 이른 형태에 대한 묘사는 요한계시록 여러 곳에 흩어져 있는데 이 둘을 혼동해서는 안 된다(전자는 1:5-6, 9; 2:26-28; 3:21; 5:5-10에, 후자는 7:12; 15:2-4; 19:1-8; 21:1-22:5에 언급되었다). 11:15-19의 전체 분석에 따르면, 찬송은 절정에 이른 하나님 나라의 모습을 언급한다. 11:18a과 20:12-13 사이에서 눈에 띄는 병행은 본문이 절정에 도달한 하나님 나라를 보여준다는 점을 강하게 시사한다. 하나님 나라가 절정에 이르렀다는 사실은 그리스도의 통치보다는 하나님의 통치를 더 강조하는 것으로 드러난다. 이것은 그리스도의 통치가 이미 절정에 도달했기 때문에 그리스도의 통치보다 하나님의 통치가 강조된 고전 15:25-28과 병행을 이룸을 시사한다.

"그리고 당신(주님)이 왕 노릇 하셨도다"(καὶ ἐβασίλευσας)라는 어구의 배경에서 LXX 시편에서 발견되는 "주께서 [나라들 위에] 왕 노릇 하신다"라는 반복구를 감지할 수 있다(시 46[47]:9[8]; 92[93]:1; 95[96]:10; 96[97]:1; 98[99]:1).[399]

𝔓[47]의 필경사는 의도하지는 않았지만, ἐπὶ τοὺς θρόνους αὐτῶν("자기 보좌에")을 생략했다. 그는 이 어구의 첫 단어인 ἐπι를 지나쳐 이 어구 바로 뒤에 이어지는 ἔπεσαν의 επ로 건너뛰는 바람에 그런 예기치 않은 실수를 범했다.

사본상의 몇몇 증거는 ὅτι 앞에 καὶ를 덧붙인다(𝔓[47] ℵ C 2344 pc a vg^ms). ὅτι 자체는 ℵ A P 046 1 1611 1854 2053과 라틴어 및 콥트어 사

399) Jörns, *Das hymnische Evanglium*, 102.

본의 지지를 받는다. καὶ를 선호하는 사본은 외적 지지를 받는다. 더욱이 καὶ ὅτι는 구문론적으로 어색하기에 필경사가 본문을 부드럽게 하려고 καὶ를 생략하려는 유혹을 받았을 것이다. 하지만 필경사는 순간적으로 앞에 있는 καὶ나 뒤에 이어지는 καὶ를 슬쩍 보고는 실수로 καὶ를 첨가했을 가능성이 많다. 또는 요한계시록 앞부분에 등장했던 다른 3중 형식의 영향을 받아 καὶ를 의식적으로 덧붙였을 수도 있다. 앞에서 καὶ는 늘 세 번째 어구(ὁ ἐρχόμενος)를 소개한다. 또 다른 이문인 καὶ ο ερχομενος οτι는 11:17을 1:4, 8, 4:8의 3중 형식에 일치시키려고 했기 때문에 발생했다(051 1006 1841 2042 2065 2073 2432 *al* vg^cl [bo] Tyc [Bea]).

18절   찰스와 크로델은 본문에 묘사된 내용의 순서를 15-17절에 묘사된 천년왕국 이후에 발생할 사건들의 순서로 이해한다.[400] 천년왕국 이후에 최종적인 반란이 있을 것이고, 그 후 최후의 심판과 보상이 이어질 것이다. 이 견해의 문제는 15절의 나라가 영원한 나라라고 언급되었다는 데 있다. 더욱이 18절의 마지막 묘사가 18절을 시작할 때 발견되는 최후의 심판 주제를 다른 언어로 반복하고 있다. 이것은 15-19절 전체가 종말을 엄격하게 시간적인 순서로 묘사하는 것이 아님을 의미한다.

18절은 독자들에게 종말의 진행과정에서 한 발 뒤로 물러서, 15-17절에 언급된 영원한 나라가 세워지기 직전의 때를 다시 생각하게 하는 것으로 이해하는 것이 가장 좋다. 하지만 18절 전반부는 시작된 하나님의 종말론적 통치를 처음 표현한 것으로 이해할 수 있다. 하나님의 첫 번째 행동은 불경건한 자들을 심판하는 것이고, 그다음은 그의 백성에게 상을 주시는 것이다. 만일 그렇다면, 17절의 마지막 단어인 ἐβασίλευσας("당신은 통치하기 시작하셨다")와 18절을 시작하는 단어인 ὡργίσθησαν("그들이 분노하게 되었다")은 기동(起動)의 부정과거다.[401]

18절은 불경건한 자들에 대한 심판으로 시작하고 마친다. 중간에 있

---

400) Charles, *Revelation* I, 295-96; Krodel, *Revelation*, 230.
401) Burton, *Syntax*, §54.

는 내용은 다른 사람들이 심판받는 반면에, 충성된 사람들에게는 하나님이 "상"(μισθός)을 주실 것을 강조한다. 그 "상"은 성도들이 구원을 받는 것과 그리스도와 함께 왕 노릇 하는 지위에 있는 것, 그리고 거기에 수반되는 복들이다.[402] 이 구절의 강조점은 심판에 있다. 이 구절은 이 주제에 묶여 있기 때문이다. 그러나 동시에 상은 성도들을 박해한 자들을 심판함으로써 성도들이 신원함을 받는 것을 포함할 것이다. 마찬가지로 22:12은 영생을 받는 사람들과 심판을 받는 사람들 모두에게 μισθός를 적용한다(요한계시록에서 μισθός가 등장하는 유일한 본문인 계 22:12에서 사용된 사 40:10을 설명한 주석 참조).

첫째, 악한 나라들은 하나님과 그의 백성에게 "분노하는" 것으로 묘사되었다. "주와 그 기름 부음을 받은 자"(시 2:2; 계 11:15b)는 (시 2:1-2, 5, 10-12의 모델을 따라) 그들의 죄악 된 도발을 분연히 심판하신다. 최후의 심판은 "주의 진노(ὀργή)가 내려"라는 어구로 표현되었다. 요한계시록에서 ὀργή가 사용될 때마다 역사의 끝에 최종적으로 큰 진노가 부어지는 때를 언급한다(6:16, 17; 14:10-11; 16:19; 19:15). 열국의 분노(ὠργίσθησαν)를 하나님이 그의 분노(ὀργή)로 심판하시는 것은 범죄자에게 적합한 징계 패턴의 또 다른 예다.[403] 증인들의 증언으로 말미암아 땅에서 열국이 심판받기 시작하는 것은 이미 그러한 역설로 표시되었다(11:5의 주석 참조). 이어지는 어구인 "죽은 자를 심판하실 때"(ὁ καιρὸς τῶν νεκρῶν κριθῆναι)라는 말은 의심의 여지 없이 이 본문이 최후의 심판을 묘사하는 것임을 확증한다.

구약성경과 유대교 문헌에 따르면, 죽은 불신자들이 모두 역사의 끝에 심판받을 것으로 예상했다(단 12:2). 계 20:12-13의 병행 어구는 이런 해석을 분명하게 만든다. ἐκρίθησαν οἱ νεκροί...ὁ ᾅδης ἔδωκαν τοὺς νεκροὺς... καὶ ἐκρίθησαν("죽은 자들이…심판을 받으니…사망과 음부도…죽은 자들을 내주매 각 사람이…심판을 받고"). 18절 마지막 부분은 심판의 특성을 상세히 설명

---

402) Kiddle, *Revelation*, 209.
403) Morris, *Revelation*, 153.

한다. 하나님은 박해자들을 "멸하실"(διαφθεῖραι) 것이다. 그들이 "**땅**", 즉 하나님의 백성을 "망하게 하는 자들"(τοὺς διαφθείροντας)이기 때문이다. 하나님의 심판과 박해를 모두 표현하려고 같은 단어가 사용된 것은 다시금 하나님의 심판이 범죄에 상응하는 심판이라는 것을 강조하려는 데 그 목적이 있다. 이제 절정에 도달한 심판은 "눈에는 눈"의 판결과 유사하다. 심판의 심각성은 범죄의 심각함과 동일하다. 구약성경에서 살인자들에게 해당하는 것이 여기에 적용된다. 하나님의 백성을 멸하는 범죄는 당연히 하나님에 의해 멸망당하게 한다. "악인이 죄악을 낳음이여…그의 재앙은 자기 머리로 돌아가는도다"(시 7:14-16).

8:8과 19:2에서처럼 심판은 역사상 실재한 바벨론에 심판을 선언한 예레미야서의 패턴을 따른 것이 분명하다.

렘 28(51):25	계 11:18c
τὸ διεφθαρμένον, τὸ διαφθεῖρον πᾶσαν τὴν γῆν("온 세계를 멸하는 멸망의 산아"; Odes Sol. 1-2).	διαφθεῖραι τοὺς διαφθείροντας τὴν γῆν("땅을 망하게 하는 자들을 멸망시키실").

바벨론은 마지막 때에 심판받을 종말론적인 세상 공동체의 예표다. 이러한 이유로 18절은 11:13에서 멸망된 "큰 성" 바벨론과 묶였다(11:8의 주석 참조).

충성된 사람들이 받을 상은 심판에 관한 두 진술 사이에 문학적으로 샌드위치 형식으로 놓여 있다. 이것은 그들이 받을 상에, 하나님이 그들을 박해했던 자들을 심판하심으로써 그들을 신원해주셨다는 사실을 아는 것에서 나오는 만족이 포함되었음을 시사한다. 또한 이것은 6:9-11에서 언급된 증인들의 복수를 위한 기도와 연결된다. 나팔로 인한 화와 10:1-11:13의 삽입구에 하나님이 어떻게 그 기도에 극적으로 응답하기 시작하셨는지가 나타나 있다. 이것은 상을 받는 사람들이 "예언자"로 불린 이유다. 이로 이해 그 예언자들은 "예언자"로서(11:10; 비교. 10:7) "예언한"(11:3) 증인들과 동일시된다(11:3-12).

그들은 "종", "성도들", 하나님의 이름을 "경외하는 자들", "큰 자나 작은 자"로도 불린다. 이런 명칭들 모두는 6:9-11의 간구가 성취되었음을 보여준다. 이 점은 18:24-19:5의 병행 어구에서 더욱 분명하게 드러난다. 하나님은 "음행으로 **땅을 더럽게 한[멸한]** 큰 음녀[바벨론]를 심판하사 자기 종들의 피를 그 음녀의 손에 갚으셨다"(19:2의 ἔφθειρεν τὴν γῆν과 11:18b의 τοὺς διαφθείροντας τὴν γῆν을 비교하라. 16:6도 마찬가지다). 그러한 이유로 그는 "그의 모든 종과 그를 경외하는 자들과 큰 자와 작은 자들"로부터 찬양을 받으신다. 이러한 심판은 바벨론이 "예언자들과 성도들과 땅에서 죽임을 당한 모든 사람의 피"를 흘렸기 때문에도 임한다(18:24b과 19:2b 주석 참조. 두 본문은 6:10의 간구에 대한 궁극적 응답이다). 18:24-19:5은 11:18처럼 역사를 마무리하는 심판의 절정과 관련이 있으며, 이런 주제적 연관성은 11:17과 19:6 사이에서 관찰한 병행 어구에 의해 강조된다.

마운스는 18절이 신자들 집단을 둘로 나눈다고 주장한다. 그들은 (1) "예언자들"과, (2) "성도들과 주의 이름을 경외하는 자들과⋯큰 자와 작은 자들"로 불리는 그밖의 모든 신자다.[404] 마운스는 16:6("성도들과 예언자들")과 18:24("예언자들과 성도들"), 그리고 22:9에 언급된 둘 사이의 분명한 구별에 기초하여 이러한 결론을 내린다. 이것은 가능할 수 있지만 확실하지는 않다. 이 구절들 자체가 한 집단에 대해 더 자세히 묘사할 수 있기 때문이다.[405] 우리가 11:3-13에서 두 예언자적 증인들이 교회 전체를 가리킨다고 밝힌 것이 옳다면, 11:18에서 충성된 사람들을 다양하게 묘사한 것들 하나하나는 교회 전체에 적용된다.[406] 19:5이 이 점을 확증한다. 거기서 "그의 모든 종들"과 "그를 경외하는 사람들"과 "작은 자나 큰 자"는 동의어로 보이는 까닭이다(16:6; 18:20, 24에서 이와 비슷하게 "성도들"과 "예언자들"을 동일시한

---

404) Mounce, *Revelation*, 232. 또한 Lenski, *Revelation*, 356-57.

405) I. T. Beckwith, *Apocalypse*, 609-10.

406) Prigent, *Apocalypse*, 174; Satake, *Gemeindeordnung*, 39, 51-53, 57, 92; Brütsch, *Offenbarung* II, 41-42.

것을 보라).[407)]

하지만 만일 마운스와 그 외 다른 사람들이 제안한 구별이 18절에 존재한다면, 더 많은 은사를 받은 집단이 단지 "예언자"로만 불릴 때 교회의 예언자가 아닌 사람들이 구별된 4가지 명칭으로 불리는 이유는 무엇인가? 이런 논리라면 신앙 공동체 안의 구별된 다섯 집단이 상을 받을 것이라는 개연성 없는 결론이 도출된다. 확실한 것은 이것이다. 구약성경에서 "나의/그의 종 예언자"가 이스라엘 안에 있는 어떤 특별한 부류의 사람들을 가리킨다는 사실은 여기서도 이와 비슷하게 구별할 수 있다는 의미일 수 있다(구약의 병행과 관련해서는 10:7의 주석 참조). 하지만 만일 11:3-12의 "예언자적 증인"이 교회를 대표한다는 우리의 결론이 옳다면, 이런 동일시는 11:18에서도 적용이 가능하다. 후일의 새 시대에서는 성령이 언약 공동체에 있는 모든 사람에게 하나님과의 관계에 있어서 예언자적인 지위를 부여하신다(행 2:16-21에 인용된 욜 2:28-32). 게다가 하나의 집단을 염두에 두었다는 것은 모든 교회가 예수를 "증언한다"는 사실에서도 분명히 나타난다(1:9; 2:13; 6:9-11; 12:11의 주석 참조). 더욱이 19:10은 "예수의 **증언**은 예언의 영이라"고 천명한다. 그러므로 교회 전체가 예언자적 표를 지닌다.

이처럼 모든 교회가 예언자적 특성을 지닌다는 것은 예언자들이 "종"으로 불리듯이(10:7), 모든 신자가 "종"이라는 이름을 갖고 있다는 사실에서도 더욱 명료하게 드러난다(2:20; 7:3; 19:2, 5; 22:3의 주석 참조). 11:9에 있는 4중 문구인 "백성과 지파와 방언과 나라"는 신앙 공동체 전체를 동일하게 가리킨다. 그러므로 "예언자들"과 "성도들"(유대인 출신의 그리스도인들)과 "그의 이름을 경외하는 사람들"(이방인 출신의 그리스도인들) 등 독립된 세 집단이 있다는 가정은 개연성이 없다.[408)]

15-19절이 기원후 70년에 하나님이 이스라엘을 심판하신 것을 언급한

---

407) Satake, *Gemeindeordnung*, 57.

408) Feuillet, *Johannine Studies*, 252-53; Harrington, *Revelation*, 159-60; Lang, *Revelation*, 191에 반대함.

다고 이해하면, 그 본문에서 절정에 이른 하나님 나라와 심판을 분명하게
묘사한 것(17b절의 주석 참조)과, 특히 18절에서 "죽은 자를 심판하실 때"라
고 명확하게 언급한 사실을 이해하지 못하게 된다. 거의 모든 주석가와 번
역자가 κριθῆναι를 "심판 받다"라고 번역하지만, 과거주의자들 중에서는
그 단어를 "신원함을 받다"라고 번역하는 사람들이 있다. 다시 말해서, 이들
은 최후의 심판을 받는 믿지 않고 죽은 자들이 아니라, 하나님이 예루살렘
을 멸망시킴으로써(18절 마지막 어구가 이를 가리킨다고 여겨진다) 신원함을 받
은 죽은 그리스도인들이라고 한다.[409] 이 견해의 취약점은 요한계시록에서
κρίνω의 사용례 8개 모두 불경건한 자들의 심판을 언급한다는 사실에서
드러난다(6:10; 16:5; 18:8, 20; 19:2, 11; 20:12-13). 이와 마찬가지로 κρίσις는
그리스도인이 아닌 사람들의 "심판"을 늘 가리킨다(14:7; 16:7; 18:10; 19:2).
만일 요한에게 죽은 신자들의 "정당성 인정"을 표현하려는 의도가 있었다
면, 그는 분명히 이런 의미를 가지고 6:10과 19:2에서 그와 같은 방법으로
사용된 ἐκεδικέω라는 단어를 사용했을 것이다. 게다가 악한 자들의 심판을
분명하게 언급하는 20장의 병행 어구는 11:18의 κριθῆναι가 분명히 믿지
않고 죽은 자들의 심판을 언급한다는 것을 확증한다(20:12-13의 ἐκρίθησαν
οἱ νεκροί...τοὺς νεκρούς...ἐκρίθησαν과 11:18의 ὁ καιρὸς τῶν νεκρῶν κριθῆναι
를 비교하라). 마지막으로, 시 2편이 불경건한 모든 세력의 심판을 가리키려
고 19:15-21에 사용되었으므로, 시 2편의 사용은 여기 심판의 문맥에서도
같은 대상을 가리킬 가능성이 많다.

시 113(115):21(13)의 "높은 사람이나 낮은 사람을 막론하고 여호와
를 경외하는 자들"(τοὺς φοβουμένους τὸν κύριον, τοὺς μικροὺς καὶ τοὺς
μεγάλους)은 이와 거의 같은 어구(τοῖς φοβουμένοις τὸ ὄνομά σου, τοὺς
μικροὺς καὶ τοὺς μεγάλους)가 등장하는 요한계시록의 배후에 있는 본문

---

409) D. C. Chilton, *Days of Vengeance*, 291. 비록 κρίνω를 "신원함을 받다"라고 번역하는 것이
     신학적으로 가능할 수는 있지만, BAGD, 451-52에는 그런 의미가 언급되지 않았다. 신약성
     경과 이와 관련한 문헌에서 발견되는 수많은 의미 범위 중에서 그런 의미가 없을뿐더러, LSJ
     에도 그런 의미가 없다.

일 것이다. 시편에서 이 어구는 참 이스라엘의 태도를 우상숭배를 하는 열국들의 태도와 대조한다. 이것은 박해자들의 우상숭배 문제와 관련된다는 점에서 요한계시록 본문에 적합하다(참조. 11:10; 9:20; 8:13; 6:12-17).

몇몇 사본($\mathfrak{P}^{47}$ A [2351] pc)은 여격 τοῖς ἁγίοις καὶ τοῖς φοβουμένοις를 바로 뒤에 이어지는 복수 목적격인 τοὺς μικροὺς καὶ τοὺς μεγάλους와 일치시키려고 목적격인 τους αγιους και τους φοβουμενους로 바꾸었다. 이는 시편의 표현과 일치시키려는 시도에 영향을 받았을 것이다. 반면에 다른 사본들($\aleph^2$ 𝔐)은 τοὺς μικροὺς καὶ τοὺς μεγάλους를 바로 앞에 있는 여격 τοῖς ἁγίοις καὶ τοῖς φοβουμένοις와 조화를 이루게 하려고 τοις μικροις και τοις μεγαλοις로 바꾸었다.

19절   최후 심판의 또 다른 국면이 시작된다. 글을 마무리하며 언급된 "번개와 음성들과 우레와 지진과 큰 우박"은 이미 최후의 심판 행위를 가리키려고 반복해서 언급되었던 내용이다(4:5; 8:5; 16:18. 그리고 8:5b의 주석 참조). 구약성경에서 이와 같은 일련의 우주적 현상들은 신현을 가리킨다.[410] 여기서 일련의 현상들은 하나님의 하늘 성전 내부에서 나온다. 일곱째 인에서처럼 일곱째 나팔과 더불어 역사의 끝이 이르렀다. 여러 현상들의 조합은 하나님이 최후의 심판을 행하시러 등장하신다는 사실을 강조한다.

일곱째 나팔은 출 15:13-18에 기록된 모세의 노래의 한 단락을 중심으로 만들어졌다. 그곳에서 하나님은 그의 백성을 구원하셨기에 찬송을 받으신다. "그들을 불러 주의 거룩한 안식처에 들어가게 하신다"(13절). 이 구원을 "여러 나라가 듣고 분노하였다"(계 11:18에서처럼, 출 15:14 LXX의 ἔθνη... ὠργίσθησαν). 여러 나라들의 분노에도 불구하고 하나님은 그 백성을 그의 "처소"와 "성소" 안으로 들어가게 하셨다(출 15:17). 그래서 "여호와께서 영원무궁 하도록 다스리시도다"라고 선언한다(18절. 계 11:15에서 단어가 일치하는 병행 어구를 보라). 이 암시들은 일련의 나팔 환상을 마무리하기에 적절한 방법이다. 처음 여섯 나팔들은 출 15장의 출애굽 재앙을 모델로 삼았기

---

410) Jörns, *Das hymnische Evanglium*, 106.

때문이다. 더욱이 계 11:19에 "지진"으로 성의 일부가 파괴되고(13절) 난 이후와 또 다른 "지진"이 언급되기 전에(19b절) 언약궤가 등장한 것은 여리고 성의 멸망을 상기시킨다. 이것은 이스라엘 백성이 출애굽과 광야의 방황이 끝나 마침내 약속의 땅에 성공적으로 들어갔음을 나타낸다.

그러므로 계 11:15-19은 출애굽과 광야 및 여리고 패턴의 예표론적인 성취로써 악한 세상 나라가 처할 종국과 교회가 받을 상을 설명한다. 여리고 이야기에서 나팔을 7번 불었다는 것 역시 또 다른 연결점이다. 나팔은 엿새 동안 연이어 불었다(이 배경에 대해서는 8장 서론의 주석 참조). 언약궤는 나팔 부는 사람들의 뒤를 따랐다. 이것은 11:15-16이 일곱째 인의 내용을 형성한다는 점을 더욱 암시한다. 더 이상 세 때 반은 존재하지 않으며(비교. 11:2-3, 10-11), 절정의 완전한 이레(7)가 도달했다.

하지만 법궤의 등장은 심판을 표시하는 것만이 아니라, 하나님이 그의 구원받은 공동체에 은혜롭게 임재하시며, 구속함으로써 은혜를 공급해주심을 표시하기도 한다. 구약의 속죄일에는 희생의 피가 국가의 죄를 덮는 표시로서 언약궤의 시은좌에 뿌려졌다. 이것은 하나님이 그의 백성에게 지속적으로 임재하신다는 보장이다. 이스라엘의 성막과 성전에 자리하고 있는 언약궤의 중요성이 여기에 있다. 언약궤는 바벨론 포로 기간에 사라졌지만, 유대인들 중에는 하나님이 은혜롭게 이스라엘을 회복시키고 그 백성의 중앙에 거하시며(2 Macc. 2:4-8; *2 Bar.* 6장; 참조. Josephus, *Ant.* 18.4.1), 그들을 부활시키시는(*Vitae Prophetarum* 2:11-19) 마지막 때에 언약궤가 돌아올 것을 기대했던 사람들이 있다. 구약성경은 이때에 언약궤가 문자적으로 다시 등장할 것이라고 기대하지는 않았다. 흥미로운 것은 2 Macc. 2장과 *2 Bar.* 6장을 제외하고 유대교 문헌에서 언약궤의 문자적인 재등장을 기대한 곳이 없다는 사실이다. 나머지 문헌은 언약궤가 땅에 묻혔다고 보도한다.[411] 그 대신 구약성경은 언약궤로써 표시되었던 하나님의 임재가 이스라엘 중에 다시 나타날 것을 고대했다(렘 3:16-17에 분명히 언급되었듯이 말

---

411) 참조. Charles, *Revelation* I, 298.

이다).

언약궤가 문자적으로 다시 출현하지 않고 하나님이 임재하신다는 사실
이 계 11:19에 담긴 사상이다. 이 사상은 종말론적 성전이 세워지는 일을
하나님이 그의 백성 가운데 거하시는 것으로 해석한 21:3, 22에서 확장된
다. 역사가 절정에 도달할 때, 하나님은 이전보다도 더 완전하고 강력한 방
식으로 그의 백성과 함께 거하신다. 이것은 성전의 다른 부속물과 그의 백
성으로부터 언약궤를 분리시켰던 휘장이 지금 없어진 것을 관찰하는 것으
로써도 알 수 있다.[412] 모든 신자는 "작은 자나 큰 자나" 구약시대에 할 수
있었던 것보다 더 훌륭한 방식으로 하나님의 임재를 향유한다. 그러므로
11:19의 언약궤는 마지막 날의 심판과 상 모두를 지칭하기에 적합한 상징
이다. 6:9-11에 언급된 성도들의 원수를 갚아달라는 간구는 11:15-19에서
완전히 응답을 받는다.

> 유대교 미드라쉬 중 하나는 죽은 자들의 부활을 알리는 나팔 소리가
> 7번 나는 것이 출 19:16을 근거로 발전된 시내 산의 일곱 소리 패턴을 따
> 른 것이라고 주장한다.[413] 이것은 계 11:19b의 4중적인 우주 현상의 기
> 초가 되기도 했다(4:5; 8:5의 주석 참조). 또한 이것은 이미 10:3-4의 "일곱
> 우레" 배후에 있는 것으로 살펴본 시내 산 우레에 관련한 전통들과 연결
> 된다.
>
> 그리고 성전 제의의 한 부분으로, 1주간 제사장들이 매일 부는 일
> 곱 나팔도 본문의 배경이 될 수 있다(대상 15:24; 느 12:41; 참조. 대상 15:24-
> 16:7; 느 12:41-47; 역대상에서 나팔이 하나님의 언약궤와 연결된 것에 주목하라).
> 제사장들이 나팔을 부는 목적 중 하나는 계 11:16에서처럼 하나님이 과
> 거에 은혜를 베푸신 것을 두고 이스라엘이 하나님께 감사하게 하려는
> 데 있다(예. 대상 16:4; 민 10:10; 시 150편). 계 11:15-19에서 나팔은 역사적
> 인 이레의 마지막에 울림으로써 성도들에게 하나님이 그들을 구원하시

---

412) 참조. Mulholland, *Revelation*, 211-12.
413) Ginzberg, *Legends of the Jews* VI, 39.

고 하나님 나라를 세우시고 악한 자들을 심판하신 것에 감사하라고 선언한다.

탈무드 전통 역시 랍비 전승 기간에서 신년의 시작으로 여긴 티슈리월(유대력 일곱 번째 달—역주) 1일에 나팔을 불어야 한다고 주장한다. 이 날에 모든 백성을 심판하시는 하나님의 종말론적 심판이 임할 것으로 예상했다(참조. b. Rosh Hashanah 16). 신년은 "우주 창조의 기념일일 뿐만 아니라, 더 중요하게는 창조의 갱신으로 여겨졌다. [이 날은] 세상이 해마다 재탄생하는 [때]다."[414] 신년의 나팔 역시 지속적이고 궁극적인 하나님의 왕 되심, 사람들의 행위대로 심판하시고 상을 주시는 하나님의 주권, 그리고 이스라엘이 결국 회복될 될 것이라는 소망을 선포했다.[415] 이것은 하나님이 그의 나라를 최종적으로 세우시고 심판을 이루신 것을 일곱째 나팔로 선언한 요한계시록의 선포와 매우 유사하며, 아마도 요한이 요한계시록을 기록한 배경이었을 것이다.

시 98(99):1-5 역시 출 15장을 암시한 것일 수 있다. "여호와께서 다스리시니 만민이 떨[분노할] 것이요, 여호와께서 그룹 사이에 좌정하시니…주의 크고 두려운 이름을 찬송할지로다.…주께서…정의와 공의를 [심판을] 행하시나이다." 그 후에 6-8절은 앞의 절을 모세와 이스라엘의 출애굽 경험과 연결시킨다. 시편 저자가 출 15장의 패턴에 마음이 끌렸다는 것은 요한이 동일하게 출 15장의 패턴을 사용했을 가능성이 크고, 그 패턴이 계 11:15-19에 기여했음을 보여준다. 하지만 계 11:17-18의 부정과거 동사를 시 98:1과 관련하여 "무시간적인 것"으로 이해하는 것은 잘못이다("여호와께서 다스리시니 만민이 떨[분노할] 것이요").[416] 오히려

---

414) Gaster, *Festivals of the Jewish Year*, 109.
415) 구약성경과 유대교의 참고문헌에 대해서는 *b. Rosh Hashanah* 16; Goulder, *Midrash and Lection*, 175, 312-13, 338을 보라. Goulder, *The Evangelists' Calendar: A Lectionary Explanation of the Development of Scripture* (London: SPCK, 1978), 245ff.를 인용한 D. C. Chilton, *Days of Vengeance*, 288-90을 비교하라.
416) L. L. Thompson, *Revelation*, 40에서 그렇게 설명하듯이 말이다.

이 동사들은 구약의 예언적 완료형과 동일하다.[417]

C 사본이 ὤφθη("보였다")를 εδοθη("받았다")라고 잘못 읽은 것은 우연이다. 𝔐^k와 sy^ph에 καὶ σεισμός가 생략된 것은 필경사들이 καί 앞에 있는 σεισμός에서 καί 바로 뒤에 있는 σεισμός로 건너뛰어 읽는 바람에 생긴 예상치 못한 실수다.

---

417) *Gesenius' Hebrew Grammar*, ed. E. Kautzsch and A. E. Cowley (Oxford: Clarendon 1910), §106n.

NIGTC 요한계시록 (상권)

Copyright © 새물결플러스 **2016**

1쇄 발행 2016년 11월 17일
4쇄 발행 2024년 3월 24일

지은이 그레고리 K. 비일
옮긴이 오광만
펴낸이 김요한
펴낸곳 새물결플러스

편 집 왕희광 정인철 노재현 이형일 나유영 노동래
디자인 황진주 김은경
마케팅 박성민
총 무 김명화 이성순
영 상 최정호 곽상원
아카데미 차상희

홈페이지 www.holywaveplus.com
이메일 hwpbooks@hwpbooks.com
출판등록 2008년 8월 21일 제2008-24호
주 소 (우) 04114 서울시 마포구 신촌로28가길 29
전 화 02) 2652-3161
팩 스 02) 2652-3191

ISBN 979-11-86409-82-4 94230 (상권)
ISBN 979-11-86409-81-7 94230 (세트)

책값은 뒤표지에 있습니다.